Accedi
ai **servizi riser**

COLLEGATI AL SITO **EDISES.IT**

ACCEDI AL **MATERIALE DIDATTICO**

SEGUI LE **ISTRUZIONI**

Utilizza il codice personale contenuto nel riquadro per registrarti al sito **edises.it** e accedere ai **servizi** e **contenuti riservati**.

Scopri il tuo **codice personale** grattando delicatamente la superficie

Il volume NON può essere venduto, né restituito, se il codice personale risulta visibile.
L'**accesso ai servizi riservati** ha la durata di **un anno** dall'attivazione del codice e viene garantito esclusivamente sulle edizioni in corso.

Per attivare i **servizi riservati**, collegati al sito **edises.it** e segui queste semplici istruzioni

Se sei registrato al sito

- clicca su *Accedi al materiale didattico*
- inserisci email e password
- inserisci le ultime 4 cifre del codice ISBN, riportato in basso a destra sul retro di copertina
- inserisci il tuo **codice personale** per essere reindirizzato automaticamente all'area riservata

Se non sei già registrato al sito

- clicca su *Accedi al materiale didattico*
- registrati al sito o autenticati tramite facebook
- attendi l'email di conferma per perfezionare la registrazione
- torna sul sito **edises.it** e segui la procedura già descritta per *utenti registrati*

EdiSES edizioni

Concorso **1226 posti** Agenzia Dogane e Monopoli

Teoria e **test** per la prova **preselettiva**

EdiSES edizioni

Concorso 1226 posti Agenzia Dogane e Monopoli - Teoria e test per la prova preselettiva
I Edizione, ottobre 2020

9 8 7 6 5 4 3
2024 2023 2022 2021 2020

Le cifre sulla destra indicano il numero e l'anno dell'ultima ristampa effettuata

Progetto grafico e fotocomposizione: ProMedia Studio di A. Leano – Napoli
Grafica di copertina: curvilinee
Stampato presso: Litografia Sograte s.r.l. – Città di Castello (PG)
Per conto della EdiSES – Piazza Dante 89 – Napoli

ISBN 978 88 3622 153 0

www.edises.it

Sommario

Libro I
Test attitudinali

Libro II
Elementi di diritto penale e funzioni della Polizia giudiziaria

Libro II
Inglese

Libro IV
Office automation

Premessa

Il volume è indirizzato a quanti intendono prepararsi alla **prova preselettiva** dei concorsi per complessivi **1226 posti** nell'Agenzia delle Dogane e dei Monopoli (bandi in *Gazzetta Ufficiale n. 78 del 6 ottobre 2020*). Si tratta di due selezioni per il reclutamento di **460 Assistenti doganali** e **766 tra Funzionari doganali, Ingegneri** e **Chimici**, che prevedono un percorso iniziale comune per la preselezione e prove differenziate per le fasi successive.

L'opera riporta una **trattazione manualistica** delle materie previste dalla prova preselettiva: *test attitudinali* (per la verifica della capacità logico-deduttiva e di ragionamento logico-matematico), *elementi di diritto penale e funzioni della Polizia giudiziaria, lingua inglese* e *strumenti di office automation.*

Per ciascuna di tali materie il volume offre una sintesi, ragionata ed esaustiva, di tutto il programma e una nutrita serie di **quesiti a risposta multipla** che consentono una verifica e un allenamento in vista della prova preselettiva.

Il testo è corredato di un **software online**, basato su un *database di oltre 18.000 quesiti*, che consente infinite simulazioni della prova di preselezione. In particolare è disponibile un **Video-corso di Logica** (oltre 20 ore di lezioni) e **spiegazioni in aula virtuale**, per alcune categorie di quesiti, indicate nel volume da una specifica icona.

Ulteriori materiali didattici sono disponibili nell'area riservata a cui si accede mediante la registrazione al sito *edises.it* secondo la procedura indicata nel frontespizio del volume.
Eventuali errata-corrige saranno pubblicati sul sito *edises.it*, nella scheda "Aggiornamenti" della pagina dedicata al volume.
Altri aggiornamenti sulle procedure concorsuali saranno disponibili sui nostri profili social.

Facebook.com/infoconcorsi
Clicca su 👍 (**Facebook**) per ricevere gli aggiornamenti
blog.edises.it

Indice

Libro I
Test attitudinali

Libro II
Elementi di diritto penale e funzioni della Polizia giudiziaria

Capitolo 1 I principi del diritto penale

Capitolo 2 Nozione e struttura del reato

Capitolo 3 Gli elementi costitutivi del reato: l'elemento oggettivo

Capitolo 4 Antigiuridicità e cause di giustificazione

Libro III
Inglese

Libro IV
Office automation

Libro I

Test attitudinali

SOMMARIO

Capitolo 1
Logica verbale

I quesiti di **logica verbale** valutano l'attitudine verbale del candidato, verificandone la competenza linguistica, la padronanza di linguaggio e la ricchezza di vocabolario. Questi quesiti, che richiedono una strategia risolutiva di tipo linguistico, assumono diverse forme, ma si fondano principalmente su relazioni e associazioni tra parole, individuazione di termini contrari, sinonimi, anagrammi ecc.
Si tratta di una tipologia di test, dunque, che presuppone competenze pregresse non sempre facilmente *recuperabili* nel poco tempo a disposizione per prepararsi alle prove di selezione (è evidente, infatti, che uno studio approfondito di un dizionario dei sinonimi e dei contrari non è la scelta consigliabile se mancano poche settimane alle prove). È però possibile, con lo studio e l'impegno e grazie ad alcuni accorgimenti, conseguire un grado di preparazione *mirata* al superamento della prova.
Analizzeremo di seguito le più comuni tipologie di quesiti di logica verbale, generalmente riscontrabili nelle banche dati.

1.1 I sinonimi

Si parla di sinonimia quando due termini risultano intercambiabili all'interno del medesimo contesto senza apprezzabili variazioni di significato.

Gli studi linguistici e psicolinguistici chiariscono che si possono stabilire sinonimie tra i termini secondo diverse regole: possono essere sinonimi due termini che esprimono una diversa generalità, intensità, emotività, moralità, professionalità, colloquialità, specificità dialettale ecc. Il linguista Ullman (1966) riporta alcuni esempi: *caldo* e *rovente* sono sinonimi con diversa intensità, *rigettare* e *declinare* sono sinonimi che assumono una diversa coloritura emotiva, *decesso* è un sinonimo di *morte* usato maggiormente in un contesto tecnico-professionale ecc.
Il compito di individuare i sinonimi dei termini viene facilitato dal fatto che alle prove si prevede la scelta di un termine tra quattro o cinque alternative, per cui è possibile riconoscere il termine tra quelli proposti anziché recuperarlo dalla memoria senza alcun suggerimento.
Verifichiamo ciò direttamente con un esempio: pensate ad un sinonimo di *oberato*. Alcuni non ricorderanno il significato del termine per cui non si sforzeranno più di tanto nel cercare di recuperarlo dalla memoria, altri proveranno una vaga sensazione di incertezza, altri ancora ce l'avranno "sulla punta della lingua", altri sapranno rispondere con esattezza e infine alcuni saranno convinti erroneamente di sapere la risposta.
È evidente che con le alternative fornite dal test possiamo *riconoscere* il sinonimo grazie al fatto che lo vediamo stampato sulla pagina insieme ad altri termini. In questo caso il rischio di errore deriva più che altro dai distrattori (cioè dai termini alternativi che vengono immessi tra le risposte possibili al solo scopo di indurre in errore).

ESEMPIO

Indicare qual è il sinonimo di *Oberato.*
A. Avvinazzato
B. Impedito
C. Aggravato

In questo esempio, da considerarsi di difficoltà medio-bassa, il distrattore più efficace è la risposta B, Impedito. Infatti alcuni, pur sapendo adoperare appropriatamente il termine in una frase, potrebbero cadere in errore valutando il termine nella sua *relazione conseguente*: cioè se si pensa all'uso del termine oberato in una frase come "oberato da impegni", si potrebbe proseguire con "dunque ostacolato o impedito nel fare una certa cosa", da cui potrebbe derivare la risposta errata. Naturalmente la risposta esatta è la lettera C, Aggravato.

1.2 I contrari

I test verbali prevedono nella stragrande maggioranza dei casi delle prove di ricerca dei contrari di contenuti verbali, aggettivali, nominali ecc. La ricchezza del lessico è un prerequisito fondamentale per l'ottima riuscita in questo tipo di prove.
È di aiuto anche in questo caso mettersi nei panni del redattore del test per evitare di cadere nelle "trappole" che è solito tendere.
Il redattore sa che uno degli errori più frequenti in queste prove è dovuto alla pressione del tempo, quindi inserirà, tra le risposte, anche il sinonimo della parola stimolo. Inoltre, inserirà spesso anche un termine analogo al sinonimo e un termine in assonanza (di suono simile). È molto frequente, infatti, che la nostra risposta cada sul sinonimo anziché sul contrario del termine, proprio perché per abitudine è automatica la ricerca di una parola con significato simile anziché contrario a quella data.

> Aiutatevi costruendo mentalmente una frase che contenga il termine stimolo ed il suo contrario.

ESEMPIO

Indicare il contrario di *Abiurare.*
A. Disfarsi
B. Convertirsi
C. Rifiutarsi

Il termine in questione ha una bassa frequenza di uso per cui risulta di difficoltà elevata. Osservando le alternative proposte, notiamo che è stato inserito il sinonimo, risposta C, accanto alla risposta corretta, Convertirsi. Qui, in caso di incertezza, è di aiuto costruire la frase con il termine e il suo contrario, come forma rafforzativa: "ha abiurato il cattolicesimo convertendosi al buddismo". (Si pensi per esempio a quante volte nei libri di storia si è letto che un sovrano ha abiurato una certa religione per abbracciarne un'altra).

1.3 Le analogie verbali

L'analogia è una relazione di contiguità logica, un rapporto di somiglianza, tra due parole; è il rapporto che la mente coglie tra due o più termini che hanno, nella loro forma o nel loro significato, qualche tratto comune.

Le prove di analogia verbale sono le più diffuse tra i test di logica verbale. Sono scelte come materiale stimolo elettivo perché efficace più di altre prove per la misura delle abilità di ragionamento induttivo. Per affrontare efficacemente questo tipo di prove è necessario possedere un lessico sufficientemente ricco, una buona padronanza della lingua italiana e una discreta cultura generale.

La prima cosa da fare è comprendere il nesso, ovvero la relazione, tra i termini.

> Le tipologie di relazioni instaurabili tra serie di parole sono pressoché infinite; se non riuscite a cogliere subito una relazione di significato fra i vari termini, cercate di individuarne un'altra tra le seguenti possibili:

•• TABELLA 1.1 Tipologie di relazioni

Relazioni tra i termini di un insieme	Esempi di caratteristiche comuni
Relazione etimologica	Origine dei termini
Relazione semantica	Significato dei termini
Relazione ortografica	Lettera iniziale, suffissi, dittonghi ecc.
Relazione grammaticale	Verbi, sostantivi, aggettivi ecc.
Relazione geografica	Stati dello stesso continente, città della stessa nazione, città della stessa regione ecc.
Relazione temporale	Personaggi o eventi della stessa epoca
Relazione di appartenenza	Opere di un medesimo autore, artisti di una medesima corrente, animali di una medesima specie, musicisti di uno stesso genere, romanzi ambientati nella stessa città ecc.
Relazione funzionale	Il coltello taglia, la penna scrive ecc.
Relazione causale	Tra nuvole e pioggia, farmaco e guarigione ecc.

Questi quiz vengono comunemente chiamati *proporzioni verbali* perché assomigliano nella forma alle proporzioni matematiche, ma al posto dei numeri sono costituite da vocaboli tra i quali occorre individuare il nesso. In tali prove si richiede infatti di individuare il rapporto di somiglianza tra parole, fatti, oggetti e di riconoscere il termine o i termini che spiegano la relazione o che esprimono un certo grado di somiglianza tra essi. Per questo motivo tali tipologie di quesiti possono essere definite anche equivalenze semantiche o analogie concettuali.

In generale, in tali quiz sono proposte due coppie di parole, di cui una o entrambe sono incomplete. Il candidato deve individuare, fra quelli proposti, il termine che completa la coppia.

Solitamente, questi esercizi si presentano sotto forma di vere e proprie proporzioni matematiche:

1° termine : 2° termine = 3° termine : 4° termine

1.3.1 Le proporzioni verbali semplici

Nella prova possono essere presentate **proporzioni a una sola incognita** o **analogie semplici** composte da due coppie di termini in relazione tra loro, nelle quali manca un termine della prima o della seconda coppia. Occorre dunque individuare il termine che completa la proporzione secondo un determinato criterio.

ESEMPI

Relazione etimologica e semantica
Eremo : Eremita = Probo : ?
A. Problematico
B. Proibire
C. Probiviro

Il termine Eremita, riferito a chi si apparta dal mondo, di solito per motivi religiosi, deriva etimologicamente da Eremo, luogo isolato di contemplazione e preghiera. Il termine Probo significa onesto, integro, retto, da cui deriva Probiviro che propriamente significa "uomo probo", più comunemente membro di un gruppo ristretto con compiti delicati all'interno di un'istituzione (collegio dei probiviri). Gli altri termini evidentemente non hanno alcuna relazione etimologica.

Relazione ortografica
Trama : Vello = Brama : ?
A. Merlo
B. Bello
C. Spello

Questo tipo di esercizi può trarre in inganno proprio per la sua semplicità. È essenziale in questo caso non prefigurare la risposta sulla base del solo esame della proporzione.
L'unica relazione possibile tra i due termini noti della proporzione impostata è quella di tipo ortografico, che è prodotta dalla sostituzione della prima lettera di ciascun termine: la T di trama viene sostituita dalla B di brama. Quindi l'unico termine, tra quelli suggeriti, che soddisfa la relazione ortografica è il termine Bello (la lettera B in sostituzione della lettera V di vello).

Relazione grammaticale
Dire : Andato = Elegante : ?
A. Folla
B. Adesso
C. Molto

Anche questo tipo di esercizio richiede molta accortezza, oltre alla conoscenza della grammatica di base. È bene esaminare attentamente i termini della proporzione e le risposte suggerite. È difficile capire la relazione tra i termini se non individuiamo quali sono i termini noti della proporzione e il tipo di relazione che li accomuna. Dire e Andato sono i termini noti, sono due verbi, quindi dato che il termine Elegante è un aggettivo, la risposta corretta sarà data da un altro aggettivo. Il termine Molto ha diverse funzioni nella lingua italiana, ma una di queste è proprio la funzione di aggettivo (può anche essere un avverbio o un pronome indefinito). La risposta corretta è, dunque, la C.

Relazione geografica
Calabria : ? = Toscana : Firenze
A. Catanzaro
B. Piacenza
C. Reggio Calabria

La relazione tra i termini della proporzione è facilmente individuabile anche ad un primo sguardo: Firenze è il capoluogo regionale della Toscana, quindi la risposta giusta sarà A, Catanzaro, capoluogo regionale della Calabria. L'esempio ha un unico distrattore in Reggio Calabria, altro noto capoluogo tra le province calabresi. Dato che sono molto frequenti i richiami a nozioni geografiche, si consiglia di ripassare la materia.

Relazione causale
Soluzione : Problema = Accordo : ?
A. Disaccordo
B. Concordia
C. Conflitto

La coppia dei termini Soluzione e Problema è in *relazione causale consequenziale*, ovvero la Soluzione è qui da intendersi nella accezione di raggiungimento di un risultato da sostituire a una serie complessa di elementi ovvero a un Problema.
Qui l'incognita da individuare tra i cinque termini proposti dovrà esprimere la stessa consequenzialità inversa riferita al termine Accordo, per cui, tra le alternative proposte, la risposta giusta è la C, Conflitto, perché è l'unico termine che esprime con la stessa intensità e nella stessa direzione della coppia precedente la relazione di causalità consequenziale.

Relazione temporale
? : Lorenzo il Magnifico = Federico Barbarossa : Marco Polo
A. Carlo Magno
B. Dante Alighieri
C. Leonardo da Vinci

L'unica relazione tra il Barbarossa e Marco Polo è di tipo temporale; entrambi sono ascrivibili al periodo medioevale. Lorenzo il Magnifico, invece, appartiene al periodo rinascimentale come Leonardo da Vinci, quindi la risposta esatta è la lettera C.

Le combinazioni in questo tipo di prove sono pressoché infinite. È da tenere presente che non si può ricordare e sapere ogni cosa su qualsiasi argomento, quindi per affrontare serenamente le prove fate un ripasso veloce degli eventi storici, recupererete la gran parte delle informazioni e nozioni che vi aiuteranno più di qualsiasi altra cosa per questo tipo di prove.

ESEMPI

Relazione di appartenenza
Tordo : Merlo = Capodoglio : ?
A. Trota
B. Scoiattolo
C. Fagiano

I termini da confrontare sono tutti appartenenti al regno animale. La relazione nota è quella tra Tordo e Merlo, che appartengono all'ordine degli uccelli, diversamente dal Capodoglio. Il distrattore inserito in questo esempio è la trota, trattandosi di un animale marino, come il capodoglio. Escludendo ovviamente il fagiano, non resta altro che lo scoiattolo, piccolo mammifero di terra ferma. Anche il capodoglio è un mammifero, quindi la risposta esatta è B, Scoiattolo.

Relazione funzionale
Lavastoviglie : ? = Scooter : Benzina
A. Piatti
B. Acqua
C. Elettricità

L'analogia tra i vocaboli è spiegata dalla relazione funzionale tra i termini della proporzione. Naturalmente la Benzina è il propellente necessario per la locomozione dello Scooter.
Il distrattore più insidioso tra i termini proposti è principalmente l'acqua che, pur essendo un elemento indispensabile per il buon funzionamento della lavastoviglie, non è l'elemento che attiva il motore dell'elettrodomestico.
La risposta esatta è dunque la C, Elettricità.

1.3.2 Le proporzioni verbali complesse

Nella prova possono essere presentate **proporzioni a più incognite** o **analogie complesse** composte da due coppie di termini in relazione tra loro, nelle quali mancano due termini. Occorre dunque individuare la coppia di parole che completa la proporzione secondo un determinato criterio.

Il rapporto logico esistente tra i termini deve essere rispettato, pertanto, oltre al significato e alla relazione tra le parole, decisiva è anche la posizione che ciascun termine occupa nella proporzione.

ESEMPIO

Medico : Poliziotto = x : y

Questo tipo di prova richiede necessariamente la scelta tra una serie di alternative perché fin qui non abbiamo elementi per dare risposte affidabili.

La risposta è da scegliere tra una di queste possibilità:

A. x = Divisa y = Camice
B. x = Malato y = Ladro
C. x = Manette y = Siringhe

La risposta corretta in questo caso è la B, perché il medico e il poliziotto hanno a che fare rispettivamente con i malati e con i ladri, cioè sono le due categorie cui è finalizzata la loro professione: curare i malati, arrestare i ladri. Le altre risposte che al limite potevano essere plausibili, ad esempio le risposte A e C, non hanno il medesimo ordine della coppia iniziale.
In questo tipo di prove, occorre, quindi, prestare la massima attenzione sia al significato dei termini sia all'ordine di presentazione delle risposte.

1.3.3 Le possibili forme grafiche di presentazione delle analogie verbali

Abbiamo descritto alcune chiavi di lettura per risolvere con profitto le analogie verbali. Altri elementi di "distrazione" escogitati dai redattori delle prove di esame fanno ricorso alle più varie modalità di presentazione grafica del materiale stimolo. Potrete incontrare le analogie verbali sotto queste diverse possibili rappresentazioni.
Siate dunque pronti anche a questo tipo di evenienza. Occorre qualche istante in più per riconoscere i termini noti, ma la chiave per la risoluzione del problema non cambia.

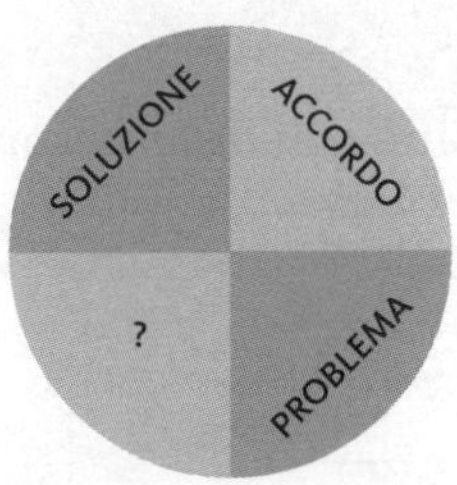

SOLUZIONE → PROBLEMA

ACCORDO → ?

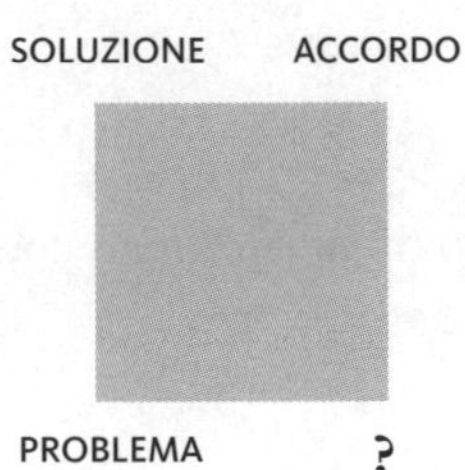

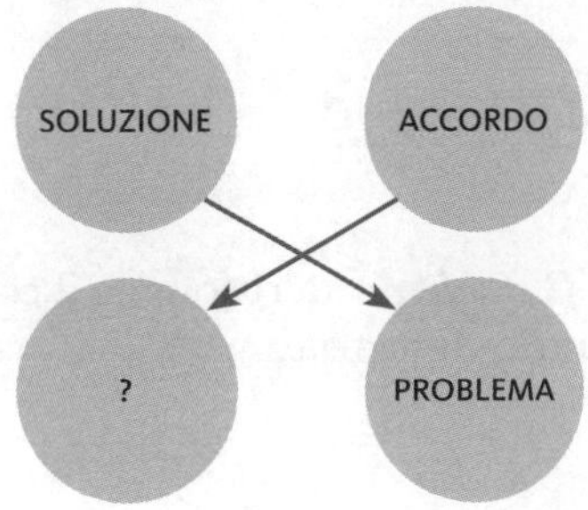

Un'altra forma grafica in cui si presentano le analogie verbali è costituita da una matrice 2 × 2, in cui sono proposti tre termini mentre uno è incognito. Quest'ultimo è da ricercare tra le opzioni date.

1° termine	2° termine
3° termine	4° termine

L'incognita può presentarsi in uno qualsiasi dei quattro quadranti e il legame tra i termini dati e il termine incognito può essere del tipo riportato di seguito.

orizzontale (1° e 2° termine; 3° e 4° termine)	1° termine ↔ 2° termine 3° termine ↔ 4° termine
verticale (1° e 3° termine; 2° e 4° termine)	1° termine ↕ 3° termine 2° termine ↕ 4° termine
incrociato (1° e 4° termine; 2° e 3° termine)	1° termine ⤡ 4° termine 2° termine ⤢ 3° termine

ESEMPI

Relazione di sinonimia

umiltà	urgenza
fretta	?

A. animo
B. propensione
C. modestia

La risposta è C. Poiché il termine *urgenza* è un sinonimo di *fretta*, occorre individuare fra le opzioni di risposta un sinonimo di *umiltà* (*modestia*, appunto).

Relazione di antonimia

ludibrio	?
emancipato	ammirazione

A. dileggio
B. imparziale
C. soggetto

La risposta è C. *Ludibrio* (derisione) è il contrario di *ammirazione*, così come *emancipato* è il contrario di *soggetto*.

Relazione semantica

proscenio	nave
?	palcoscenico

A. viaggio
B. rotta
C. prua

La risposta è C. Il *proscenio* è la parte anteriore del *palcoscenico* così come la *prua* è la parte anteriore della *nave*.

Relazione causale

denti	piedi
scalpiccio	?

A. mani
B. stridio
C. tramestio

La risposta esatta è B. I *piedi* provocano *scalpiccio*, i *denti* lo *stridio*.

Relazione grammaticale

mandante	agente
agito	?

A. sicario
B. capitano
C. mandato

La risposta è C. *Agito* è il participio passato di agire e *agente* ne è il participio presente; analogamente, *mandante* è il participio presente di mandare il cui participio passato è *mandato*.

Relazione anagrammatica

strano	macerati
?	ricamate

A. nastro
B. stremo
C. strenuo

La risposta è A. *Ricamate* è l'anagramma di *macerati* così come *strano* è l'anagramma di *nastro*.

Relazione ortografica: cambio di consonante

canna	essa
esca	?

A. pesca
B. canta
C. uscio

La risposta è B. Si tratta di un cambio di consonante: da *essa*, sostituendo una consonante, si ottiene *esca*, da *canna* si ottiene *canta*.

Relazione ortografica: scarto di sillaba

foga	biglia
biga	?

A. impulso
B. corsa
C. foglia

La risposta è C. Si tratta di uno scarto di sillaba: togliendo la sillaba *li* da *biglia* si ottiene *biga*, mentre togliendo la sillaba *li* da *foglia* si ottiene *foga*.

1.4 Le classificazioni concettuali

1.4.1 Il termine da scartare

Anche nei comuni giochi enigmistici si trovano esercizi di questo tipo, in cui si chiede di individuare il **termine da scartare** nell'ambito di una serie.

> Si tratta di quesiti in cui, data una serie di termini, si chiede di individuarne uno da scartare perché non legato agli altri dalla relazione (etimologica, semantica, funzionale ecc.) che li accomuna. Occorre, dunque, riconoscere la relazione esistente tra i termini e le ragioni di incongruenza del termine discordante.

Nei giochi enigmistici viene chiamato "caccia all'intruso".
Sono frequenti i raggruppamenti del tipo: classe degli strumenti a corda, classe dei vini, classe dei mammiferi, le diverse classi grammaticali (sostantivi, aggettivi, verbi, avverbi ecc.), e così via. È letteralmente impossibile riuscire a prevedere tutte le possibili classi che potreste incontrare nella prova. Tuttavia, sapere che è possibile incontrare esercizi di questo tipo predispone mentalmente a ricercare un livello di categorizzazione non sempre individuabile ad un primo sguardo.
Anche in questo caso, dunque, la prima cosa da fare è comprendere il nesso, ovvero la relazione, tra i termini. Come già accennato le tipologie di relazione possibili sono pressoché infinite.

ESEMPI

Relazione etimologica
Individuare, tra le alternative proposte, il termine da scartare.
A. Antenato
B. Antefatto
C. Antifurto

Nelle alternative A e B, il prefisso *anti-* deriva da *ante* che significa "prima, davanti", mentre nell'alternativa C, il prefisso deriva da *anti-* con il significato di "contro".

Relazione semantica
Individuare, tra le alternative proposte, il termine da scartare.
A. Restio
B. Disposto
C. Orientato

Tutti i termini indicano un atteggiamento favorevole nei confronti di qualcosa ad eccezione della A: la parola "restio" infatti significa "riluttante a fare qualcosa".

Relazione ortografica
Individuare, tra le alternative proposte, il termine da scartare.
A. Spasso
B. Contrabbando
C. Contrappasso

Tutti i termini finiscono per "asso" tranne nell'alternativa B.

Relazione grammaticale
Individuare, tra le alternative proposte, il termine da scartare.
A. Il
B. La
C. Un

Sono tutti articoli determinativi tranne la C.

Relazione temporale
Individuare, tra le alternative proposte, il termine da scartare.
A. Baricco
B. Dante
C. Mazzantini

Si tratta di tutti scrittori contemporanei, ad eccezione di Dante che è dunque il termine da scartare.

Relazione di appartenenza
Individuare, tra le alternative proposte, il termine da scartare:
A. Sardina
B. Orata
C. Balena

I termini proposti sono tutti pesci tranne la balena che è un cetaceo.

Relazione funzionale
Individuare, tra le alternative proposte, la parola da scartare.
A. Bicicletta
B. Coltello
C. Motocarro

In tutte le alternative sono elencati mezzi di locomozione tranne nella B.

Nell'affrontare quesiti di questo tipo, ricordate di passare in rassegna anche gli aspetti superficiali delle parole: con quale lettera iniziano (ad esempio se iniziano tutte con consonanti tranne una); se contengono sillabe in comune (ad esempio le parole risotto, trottola, nottola, ottobre, ecc. hanno tutte in comune il gruppo sillabico *otto*); se sono composte dallo stesso numero di lettere tranne una, e così via. Si suggerisce, quindi, di analizzare le alternative proposte prima ad un livello di "superficie", per poi passare a livelli di classificazione via via più "elaborati". Abituarsi ad analizzare i raggruppamenti proposti in questo modo impedisce il sovraccarico del nostro sistema di elaborazione delle informazioni e consente di risparmiare del tempo prezioso.

1.4.2 L'abbinamento errato

Questa tipologia di esercizi consiste in una serie di coppie di parole legate tra loro da una relazione (di significato, grammaticale, ortografica ecc.) tra le quali il candidato deve individuare e scartare l'abbinamento di termini errato. Prima di tutto, quindi, sarà necessario capire da che tipo di relazione sono unite le coppie di termini e, in un secondo momento, individuare l'abbinamento errato tra quelli proposti.

ESEMPI

Relazione geografica
Individuare l'abbinamento errato:
A. Reykjavik/Svezia
B. Parigi/Francia
C. Bucarest/Romania

La risposta esatta è A: queste coppie di parole sono legate da una relazione geografica, infatti si tratta di una serie di Paesi abbinati alle loro capitali, tranne che nel caso della Svezia, la cui capitale è Stoccolma e non Reykjavik che invece è la capitale dell'Islanda.

Relazione causale
Individuare l'abbinamento errato:
A. Medicina – guarigione
B. Corsa – affanno
C. Riposo – stanchezza

In ogni coppia i termini sono legati tra loro da una relazione di causa-effetto tranne nella C non essendo il riposo una possibile causa di stanchezza.

Relazione storico-geografica
Individuare l'abbinamento errato:
A. Medici – Firenze
B. Della Scala – Genova
C. Visconti – Milano

Gli abbinamenti si riferiscono a celebri dinastie aristocratiche e alle relative città di appartenenza.
Sono tutti corretti tranne nell'alternativa B: la famiglia Della Scala o famiglia scaligera, infatti, fu una celebre dinastia veronese.

1.5 Gli anagrammi

L'**anagramma** consiste nella permutazione delle lettere componenti una parola o una frase in modo da ottenere altre parole o frasi di significato diverso. Inoltre, è un gioco letterario ed enigmistico che non ha origini troppo recenti: se ne attribuisce la paternità al poeta greco Licofrone di Calcide.
Oltre alla ricchezza di lessico, questa attività di permutazione richiede molta fantasia e creatività.
Per trovare un anagramma, la prima cosa da fare è quella di scrivere su un foglio la parola che si vuole anagrammare. Alcuni anagrammi sono abbastanza semplici in quanto basta invertire soltanto una o due lettere e, infatti, si riconoscono a colpo d'occhio. Se il colpo d'occhio non ha dato alcun risultato può essere utile scrivere le lettere della parola oppure del nome in ordine diverso; ad esempio in ordine alfabetico. Questa operazione, infatti, dà la possibilità di concentrarsi maggiormente sulle lettere, senza essere confusi dal significato della parola.
I tipi di anagramma più comuni sono:

- **anagramma semplice**, quando due o più parole sono composte dalle stesse lettere diversamente combinate (calendario – locandiere);
- **anagramma a frasi**, quando, anagrammando una parola, si ottengono più parole (bibliotecario – beato coi libri; calendario – l'ora di cena);
- **frase anagrammata**, quando da una frase si ricavano una o più frasi (mangiare del riso – il magro desinare – si dorme in galera).

ESEMPIO

Quale, tra le seguenti parole, è un anagramma di una città italiana capoluogo di provincia?
A. Cantina
B. Mora
C. Mirino

La risposta è B. In questo caso è abbastanza semplice individuare la risposta esatta perché si tratta di una parola molto breve. Infatti, invertendo le due consonanti della parola *Mora*, ovvero *m* e *r*, si ottiene *Roma*.

1.6 Le prove di vocabolario

Le prove di vocabolario, quelle cioè in cui si richiede il significato di un termine, sono una tipologia piuttosto frequente nelle prove di selezione.

Non ci sono molti trucchi da svelare dato che la buona riuscita dipende dalla ricchezza del lessico e dalla conoscenza del significato delle parole.
Come al solito nei test il compito è facilitato perché non si richiede una definizione scritta del termine, ma la scelta tra una lista di alternative, per cui viene favorito il recupero mnestico delle definizioni, qualora si fosse dimenticato o in caso di incertezze.

ESEMPIO

Qual è il significato del termine *Laconico*?
A. Conciso
B. Malinconico
C. Dispendioso

Qui potrebbe aiutarci la conoscenza dell'etimologia del termine, che deriva da *lakonicos*, ovvero "proprio dei Laconi" cioè gli spartani, noti per la loro ridotta loquacità. La risposta corretta è dunque Conciso (ma sarebbero state corrette, se previste, anche le risposte stringato, breve, sintetico, succinto).

Allenatevi con il vocabolario: prendete un buon dizionario e abituatevi a leggere le definizioni. Vi siete mai chiesti quante siano le parole di cui non conoscete il significato? Provate con queste, ne sapreste dare una definizione corretta?
In ogni caso confrontate la vostra definizione con quella del dizionario: *abulico, ignavia, flemmatico, vetusto, lepido, ubertoso, abietto, renitente, reietto, recondito, precetto, sornione, sapido, orpello, pleonastico, futile, dissoluto, corroborare, coltre, colluvie, borro, asterso, arguire, anelare, chetichella, cinabro, concrezione, concupito, copula, dedalo, biasimare, demiurgico, esacerbare, estrapolare, emendare, eluso, escussione, esecrabile, esiziale.*

Questo è solo un assaggio. Se non siete riusciti a dare una definizione corretta di almeno la metà dei termini, sarebbe utile imparare il significato di almeno dieci nuove parole al giorno.

Per favorire la memorizzazione e il recupero dei termini nuovi si potrebbero scrivere delle frasi che li comprendano.

1.7 Significato dei termini nel contesto

Questa tipologia di quesiti è finalizzata alla verifica della ricchezza di lessico e della capacità di comprensione e contestualizzazione dei termini. Gli esercizi si focalizzano sulle ambiguità di significato delle parole: casi di omonimia, polisemia, espressioni figurate ecc.
Si parla di **omonimia** quando due parole sono uguali nella forma, ma hanno significati del tutto differenti e spesso anche diverse funzioni grammaticali. Invece, si tratta di **polisemia** quando una parola ha più significati che hanno qualcosa in comune.

Di seguito, proponiamo due tipologie diverse di esercizi: nella prima (***tipologia n. 1***) si chiede di trovare un termine che accomuni le due parole date, nella seconda (***tipologia n. 2***), invece, si chiede il significato che assume una parola all'interno di una determinata frase.

Tipologia n. 1

ESEMPI

Quale tra i termini elencati ha un significato associabile con entrambe le parole proposte?

Analisi – Gara

A. Campione
B. Logica
C. Tirocinio

La risposta esatta è A: il termine "campione", infatti, può far rifermento sia a un campione prelevato per un'analisi sia a un campione di una gara sportiva.

Quale tra i termini elencati ha un significato associabile con entrambe le parole proposte?

Entrare – Rubare

A. Ballo
B. Scena
C. Convento

La risposta esatta è B: il termine associabile alle parole date è "scena". Infatti, in senso figurato, si dice "entrare in scena" per indicare una persona, un fatto o un elemento nuovi che assumono un ruolo importante in una determinata situazione; "rubare la scena" è un'altra espressione figurata che vuol dire attirare l'attenzione su di sé a scapito di qualcun altro.

Tipologia n. 2

ESEMPI

"Il Comune ha organizzato una pesca di beneficenza per il fine settimana". Qual è il significato della parola "pesca" nella frase proposta?
A. Frutto
B. Cattura di pesci
C. Lotteria

La risposta esatta è C: "Pesca" rappresenta un caso di omonimia, infatti presenta significati del tutto diversi fra loro. La pesca di beneficenza è un'estrazione di una serie di premi numerati, che vengono messi in palio, a scopo benefico, quindi, in questa frase, pesca ha significato di "lotteria".
In questa tipologia di esercizi è necessario leggere con attenzione la frase in cui è contenuta la parola analizzata, per capire il significato che assume nel contesto.

"La faccenda ha avuto una coda sgradevole". Qual è il significato della parola "coda" nella frase proposta?
A. Conseguenza
B. Lista
C. Fila

La risposta esatta è A: uno dei più significati di "coda" è continuazione, strascico, "conseguenza". In questa frase, infatti, si intende la conseguenza negativa della faccenda.

1.8 I modi di dire

Un modo di dire è un'espressione convenzionale, caratterizzata da un significato non prevedibile a partire dai significati dei suoi componenti. Infatti, si tratta di una frase dotata di un significato figurato distinto dal suo significato letterale: espressioni come *essere al verde, essere in gamba, prendere un abbaglio* non significherebbero nulla se considerate solo come somma dei significati dei loro componenti; se considerate in blocco, invece, rimandano a un significato traslato, risultato di procedimenti metaforici e condiviso dall'intera comunità linguistica.
Sempre più spesso, nei concorsi pubblici, vengono somministrati quesiti sui modi di dire della tipologia riportata di seguito.

ESEMPIO

L'esatto significato dell'espressione "andare a Canossa" è:
A. riconoscere i propri errori e chiedere scusa
B. cercare la cosa sbagliata o un risultato impossibile
C. fare cose sciocche

La risposta esatta è A. La frase viene usata, in senso figurato, per dire "fare penitenza, umiliarsi". Questa espressione si riferisce a un episodio accaduto al castello della marchesa Matilde di Canossa, dove, all'epoca della lotta per le investiture (nel 1077), l'imperatore Enrico IV si recò per ottenere, umiliandosi in veste di penitente, il perdono di papa Gregorio VII, ospite della contessa Matilde.

1.9 Inserzione di termini in testi incompleti

Un quesito di logica verbale frequentemente somministrato è costituito da testi incompleti, ossia da testi in cui manca un sostantivo o un aggettivo, che occorre inserire secondo il genere e la forma corretta, oppure un verbo, che occorre inserire nella coniugazione corretta ecc.
Questa tipologia di quesiti è finalizzata alla verifica della ricchezza di lessico ma anche della capacità di comprensione e contestualizzazione dei termini. Non si tratta di vere e proprie prove di vocabolario, in quanto non si chiede in modo specifico il significato di una parola, ma si chiede di inserire un termine in una frase o una serie di termini in un brano da cui sono stati espunti.
Nella scelta dei termini incogniti occorre tener presente sia l'*aspetto semantico* (il significato più adatto al contesto) che l'*aspetto grammaticale*. Possono essere oggetto di prova testi di qualsiasi argomento, su qualsiasi disciplina, ma ancora una volta l'intento non sarà quello di testare conoscenze acquisite su determinati argomenti o materie, quanto piuttosto la capacità di utilizzare correttamente i termini in contesti appropriati.

ESEMPIO

Individuare, tra le alternative proposte, quella che completa correttamente la frase.
"Di certo ____________ molte più possibilità, se ____________ le parole giuste".

A. avevi avuto; trovavi
B. avrai; avessi trovato
C. avresti avuto; avessi trovato

La risposta esatta è C: per una corretta risoluzione dell'esercizio è necessario leggere con attenzione la frase incompleta e le opzioni di riposta. In questo caso bisogna avere una buona conoscenza dei verbi e della *consecutio temporum* (la concordanza dei tempi). Leggendo tutte le opzioni di risposta e procedendo per esclusione, si osserva che l'unica risposta ammissibile, che segue le regole della grammatica italiana, è la E: «Di certo "avresti avuto" molte più possibilità, se "avessi trovato" le parole giuste».

Consideriamo un altro esempio.

ESEMPIO

Individuare, tra le alternative proposte, le parole che danno un senso logico al brano. "Il luogo in cui Maurizio De Giovanni ha voluto farsi fotografare non è ____________. Uno scrittore che vive a ____________, e nella sua città ha ambientato il ____________ di romanzi gialli del commissario Ricciardi, ha ____________ che

il suo posto è lì, in mezzo a una strada del centro storico, in uno dei __________ dei Quartieri __________".
A. casuale/Napoli/ciclo/deciso/vicoli/spagnoli
B. voluto/Roma/settore/deciso/viali/ostiensi
C. importante/Palermo/palinsesto/abiurato/portici/antichi

La risposta esatta è A: diversamente dal primo esempio, qui ha un ruolo importante la cultura generale dei singoli candidati. Infatti, se il candidato conosce lo scrittore De Giovanni sicuramente sarà avvantaggiato nella risoluzione del quesito perché saprà che vive a "Napoli" e che è l'autore del "ciclo" di romanzi gialli del commissario Ricciardi. Comunque, è possibile dedurre quale sia la risposta esatta anche analizzando la frase da un punto di vista linguistico (per esempio non esistono né il *palinsesto* né il *settore* di romanzi).

1.10 Nozioni di semantica

Come si è visto, i quesiti di logica verbale possono assumere le forme più disparate; tutte le tipologie hanno però in comune l'obiettivo di verificare la competenza linguistica, la ricchezza di vocabolario, la padronanza di linguaggio, caratteristiche queste già acquisite e difficilmente modificabili in breve tempo.
Senza avere la pretesa di coprire le infinite sfumature linguistiche, riteniamo possa rivelarsi utile in questo contesto possedere delle nozioni di semantica, scienza che studia appunto il significato delle parole. In particolare, gli schemi su prefissi e suffissi potrebbero tornare utili per risalire al significato dei vocaboli che non si conoscono.

1.10.1 Prefissi e suffissi

I **prefissi** sono particelle che, poste davanti alla radice di una parola, ne determinano il significato rafforzandolo (*prefisso rafforzativo*), capovolgendolo (*prefisso inversivo*) o precisandolo (*prefisso illativo*).
I **suffissi** sono invece delle particelle che, aggiunte alla radice di una parola, concorrono alla formazione di una nuova parola.
Il notevole sviluppo dei linguaggi settoriali delle scienze, delle tecnologie, della politica, ecc., ha portato alla proliferazione di una gran quantità di termini, formati da un nome o da una radice nominale che funge da base, sia italiana che straniera o anche latina o greca, e da prefissi e suffissi in gran parte derivati dal greco antico o dal latino.
Riportiamo di seguito un elenco dei principali prefissi e suffissi in uso nella lingua italiana.

•• TABELLA 1.2 **I principali prefissi**

Prefisso	Significato del prefisso	Parole formate con il prefisso
a-(an-)	senza	anonimo, analcolico, apolitico, afasico, analfabeta, analfabetismo, apolide

(*segue*)

Prefisso	Significato del prefisso	Parole formate con il prefisso
aero-	dell'aria	aeroporto, aeroplano, aeromodellismo, aeromobile, aerostato
allo-	diverso	allomorfo, allogeno
ambi-	doppio	ambiguo, ambivalente, ambidestro
ana-	sopra, indietro	anacronistico, anamnesi
ante-	prima, davanti	antenato, antiporta, antefatto, anteprima, antipasto, anteporre
anti-	contro	antipatico, antifurto, antisemita, antipapa, antisemitismo, antitesi, antitetico
antropo-	uomo	antropologia, antropologo, antropofago, antropomorfismo
archeo-	primitivo, antico	archeologo, archeologia
arci-	molto grande	arciprete, arcipelago
auto-	da solo, da se stesso	autoanalisi, autotassazione, autonomo, autonomia, automatico, automatismo
auto-	automobile	autovettura, autoricambi, autostrada, autorimessa
avan-	davanti, prima	avanguardia, avanscoperta, avanspettacolo
bibli-	libro	biblioteca, bibliografia, biblioteconomia, bibliotecario
bio-	vita	biologo, biologia, biosfera, bioetica, biomasse
cine-	movimento, cinema	cinetica, cinematica, cinematografo, cinefilo, cineteca
cino-	cane	cinofilo, cinodromo
circum-	intorno	circumnavigare, circumnavigazione
con-	insieme	convergere, convenire, consentire, consesso, convegno
cosmo-	universo	cosmodromo, cosmologia, cosmonauta
crono-	tempo	cronometro, cronografo, cronologia, cronologico
de-	al contrario	dequalificato, dequalificare, demotivato, demotivare, delegittimare, delegittimato, destituito, destituire, depennare, deportare, deportato
demo-	popolo	democrazia, demografia, demagogia, democratico, demagogo, demografico
dia-	attraverso	diacronico
dis-	contrario, male	disamore, disonore, disonorevole, disprezzo, disprezzabile, disarmonia, dismetria, disarmonico, disfunzione, disoccupazione, disoccupato
eco-	ambiente	ecologia, ecologico, ecosistema
elio-	sole	elioterapia, eliocentrico
emi-	metà	emisfero, emiplegia, emiparesi, emistichio

(*segue*)

Prefisso	Significato del prefisso	Parole formate con il prefisso
emo-	sangue	emodialisi, emoderivati, ematico, ematuria
endo-	dentro	endoscopia, endovena, endovenosa
entro-	dentro	entroterra
etero-	altro	eterodossia, eterosessuale, eterologo, eterogeneo
eu-	bene, buono	euforico, euforia, eugenetica, eutanasia
extra-	al di là	extraurbano, extraorario, extracomunitario
filo-	che ama, che è amico	filosofo, filosofia, filantropo, filantropia, filologia, filologo
fisio-	natura	fisioterapia, fisiologia, fisiatria, fisiatra, fisionomia
fono-	suono	fonografo, fonologia, fonetica, fonico, fonogramma
foto-	luce	fotografia, fotografo, fotografare, fotone, fotosintesi, fotoreporter, fotocellula, fotogramma
geo-	terra	geografia, geologia, geografo, geologo, geocentrico, geotermia, geotermico, geometria, geometra
gero-	anziano	geriatra, geriatria, geriatrico, gerontocrazia
gonio-	angolo	goniometro
idro-	acqua	idrante, idraulico, idrico, idrocarburi, idrografia
in (im)-	al contrario	intollerabile, infido, implacabile, impossibile, insuccesso, insospettabile, insopprimibile, intollerabile, intolleranza, inappellabile, infallibile, inapplicabile, insofferenza
infra-	tra	infrasettimanale, infrastrutture
inter-	tra	interlinea, intermezzo, internazionale, interplanetario, interdipendenza, interconnessione
intra-	dentro	intramuscolare
iper-	molto	iperattivo, ipertonico, iperemia, ipertrofico, ipermercato
ipo-	sotto	iponimo, ipogeo, ipotermico, ipotonico
iso-	uguale	isoterma, isobara, isocrona, isobata, isocrono, isodinamica
macro-	grande	macroscopico, macroeconomia
maxi-	molto grande	maxiprocesso, maxicappotto, maxistruttura
mega-	grande	megalomane, megalomania, megawatt, megaohm
meta-	al di là	metafisica, metafisico, metempsicosi
micro-	piccolo, minuscolo	microscopio, microscopico, microscheda, microprocessore, microspia, microstazione, microstoria, microonda, Micronesia, micromillimetro

(*segue*)

Prefisso	Significato del prefisso	Parole formate con il prefisso
mini-	molto piccolo	minigonna, miniatura, minicomputer, minicalcolatore, minigolf, minibus, minielaboratore, miniabito, miniassegno, miniappartamento
miso-	avverso	misogino, misoginia, misantropo, misantropia
mono-	uno solo	monolocale, monogamia, monogamo, monoblocco, monoalbero, monoasse, monocamera, monocolo, monologo, monolito, monolitico, monoplano, monoplegia, monopolio, monopolista, monopolizzare, monoposto, monoteismo
morfo-	forma	morfologia, morfogenesi
multi-	molto	multiproprietà, multilaterale, multicolore, multilateralità, multimilionario, multinazionale, multimediale, multiplo, multipolare
necro-	morte	necrologio, necroforo, necropoli, necrosi, necrofagia, necrofago
neo-	nuovo	neologismo, neorealismo, neorealista, neoplatonico, neonazista, neolitico, neoplasia
neuro-	che riguarda i nervi	neurologo, neurologia, neuropatia
omo- e omeo-	uguale	omonimo, omosessuale, omosessualità, omogeneo, omogeneità, omeopatia, omeopatico, omologo, omologare
onni-	tutto	onniscienza, onnisciente, onnipotenza, onnipotente, onnivoro
orto-	corretto	ortografia, ortodossia, ortodosso, ortofonia, ortodontia, ortodontico
paleo-	antico	paleolitico, paleocristiano, paleografia, paleontologia
pan- e panto-	tutto	pangermanesimo, panarabismo, pantografo, panslavismo
para-	presso, simile, come	paramedico, parafrasi, parafrasare, parafarmaceutico
pato-	sofferenza	patologo, patologia, patogeno
pedo-	fanciullo	pedagogo, pedagogia, pedofilia, pedofilo, pediatria, pediatra
peri-	intorno	perimetro, periscopio, peritoneo, perizoma
piro-	fuoco	pirico, pirotecnico
pluri-	molti	pluriomicida, plurinazionale, plurivalente, plurimillenario, plurinominale, plurisecolare

(*segue*)

Prefisso	Significato del prefisso	Parole formate con il prefisso
poli-	molto	polimetria, poligrafia, polimorfismo, polimorfo, poliedrico, poliedro, policlinico, poliartrite, policromia, policromo, poligamia, poligono, polisemia, politeama, politecnico, polivalente, polivalenza, politeismo
post-	dopo	postadolescenza, postfazione, posticipo, postindustriale, postmoderno
pre-	prima, davanti	prefisso, prefazione, precedenza, precoce, precocità, precauzione, predestinazione, precompresso, preconoscenza, precottura, precludere, prefigurazione, prelazione, pregiudizio, preludio, prematrimoniale, premonizione, prematuro, premeditato, premeditare, prevenire, prevenzione, preavvertire, preadolescente
pro-	in luogo di	proconsole
proto-	primo	prototipo, protomartire
pseudo-	falso	pseudonimo, pseudoverità
psico-	anima, mente	psicologo, psicologia, psichiatria, psichiatra, psicoanalisi, psicodramma, psicosomatico
radio-	raggio	radioattività, radiologo, radiologia, radioattivo, radioamatore, radiazione, radiocomando
retro-	dopo, indietro	retrovisore, retromarcia, retrogrado, retrobottega, retroterra, retroguardia, retrospettiva
ri- e re-	di nuovo	rifare, revisionare, ritornare, richiamare, rispedire, rimando, rimandare, richiamo, restituire, restituzione, riordino, riordinare
s-	al contrario (non)	scontento, sleale, sfavorevole, spietato, smemorato, slegare, spaiato
semi-	metà	semiserio, semidio, seminfermità
sopra- e sovra-	sopra	soprabito, soprannaturale, sopranazionale, sovrapporre, sovrapposizione
stra-	molto, oltre	straordinario, straricco, strafacile
sub-	sotto	subcosciente, subconscio, subacqueo, subumano, subalterno
super-	sopra, più grande	superuomo, superstrada, supersfida, superstite, superstizione, supersonico
sur-	troppo	surriscaldato, surriscaldamento, surclassare
tecno-	tecnica	tecnologia, tecnocrazia, tecnocrate, tecnico
tele-	da lontano, a distanza	televisione, telecomunicazione, teleutente, teleferica, telegrafo, telefono, telefonia, telematica, telespettatore

(*segue*)

Prefisso	Significato del prefisso	Parole formate con il prefisso
termo-	calore	termostato, termosifone, termoregolazione, termica, termoreattore, termonucleare, termoelettrico, termoidraulica
tetra-	quattro	tetrarchia, tetrafarmaco, tetraplegia
topo-	luogo	topografia, topografo, toponomastica, toponimo, topografica
tra(n)s-	oltre	transalpino, transessuale, transnazionale, trasformazione, trasformare, trasporto, trasportare, trasferire, trasferta, trascorrere
ultra-	oltre, eccessivo	ultraconservatore, ultrareazionario, ultraricco, ultrapovero
vice-	in luogo di	vicepresidente, vicepreside, vicesegretario, vicecomandante, vicedirettore
zoo-	animale	zoologia, zoologo, zoochimica, zoofilia, zoocultura, zoofilo, zootecnia, zootecnico

•• TABELLA 1.3 **I principali suffissi**

Suffisso	Significato del suffisso	Parole formate con il suffisso
-aio	che svolge un mestiere	fioraio, macellaio, birraio, merciaio, calzolaio, pastaio
-aiolo	che svolge un'attività	pizzaiolo, barcaiolo
-algia	dolore, sofferenza	nevralgia, nostalgia, mialgia, lombalgia, sciatalgia
-archia	comando	monarchia, diarchia, oligarchia, tetrarchia, diarchia, anarchia
-crazia	potere	democrazia, tecnocrazia, aristocrazia
-dromo	corsa	velodromo, autodromo, motodromo
-eria	dove si svolge un'attività, dove si vende qualcosa	acciaieria, birreria, macelleria, drogheria, cartoleria, libreria, merceria, vineria
-fero	che porta	soporifero, fiammifero, odorifero
-filia	amicizia, amore	bibliofilia, pedofilia
-filo	che prova amore, passione	bibliofilo, cinofilo, cinefilo
-fobia	paura	claustrofobia, agorafobia, sessuofobia, fotofobia
-fonia	suono	sinfonia, polifonia
-fono	suono	vibrafono, telefono, interfono
-forme	forma	informe, filiforme, multiforme
-foro	che porta	tedoforo

(*segue*)

Suffisso	Significato del suffisso	Parole formate con il suffisso
-geno	generatore	cancerogeno
-gino	donna	misogino
-grafia	scrittura, descrizione	stenografia, geografia, cartografia, topografia, tipografia, litografia, serigrafia, ecografia
-grafo	che scrive, che descrive	geografo, stenografo, cartografo, topografo, tipografo, ecografo, litografo
-gramma	lettera, testo scritto	telegramma, fotogramma, fonogramma
-iatra	medico	geriatra, pediatra, fisiatra, laringoiatra, odontoiatra
-iatria	cura	pediatria, geriatria, fisiatria, laringoiatria, odontoiatria
-iere	che svolge un'attività	banchiere, biscazziere, droghiere
-ificio	dove si fabbrica	calzaturificio, mobilificio, tomaificio, suolettificio
-ista	che svolge un'attività	automobilista, velista, turista, ciclista
-ite	una malattia	appendicite, tracheite, laringite, otite, sinusite, tonsillite, neurite, encefalite, gastrite, laringite
-logia	discorso, studio	antropologia, geologia, biologia, cardiologia, astrologia, epatologia, filologia, psicologia
-logo	che studia	antropologo, epatologo, cardiologo, biologo, astrologo, psicologo, filologo
-metria	misura	pluviometria, dismetria, geometria
-metro	che misura	pluviometro, igrometro, barometro, tassametro
-morfo	forma	amorfo, antropomorfo
-nomia	regola	agronomia
-nomo	che regola	agronomo
-oide	simile	conoide
-onimo	nome, parola	antonimo, sinonimo, omonimo, toponimo
-osi	una malattia	artrosi, fibrosi, osteoporosi, cirrosi
-patia	sofferenza, dolore	neuropatia, epatopatia, cardiopatia
-scopio	che vede	microscopio, caleidoscopio, telescopio
-teca	custodia, conservazione	biblioteca, emeroteca, paninoteca, enoteca, videoteca, filmoteca, discoteca
-tecnia	esercizio di una tecnica	zootecnia
-tipo	impronta	archetipo, normotipo
-tomia	che taglia	dicotomia, laringotomia, tracheotomia, anatomia, laparotomia
-trofia	nutrimento	ipertrofia, ipotrofia, eutrofia, distrofia
-voro	che mangia	onnivoro, erbivoro, carnivoro

Quesiti di verifica 1
Logica verbale

1) Qual è il significato di *desueto*?

A. Stantio
B. Antico
C. Disusato

2) Qual è il significato di *palustre*?

A. Relativo ad una palude
B. Lucido
C. Famoso

3) Qual è il significato di *simulacro*?

A. Effigie
B. Falsità
C. Simulazione

4) Qual è il significato di *unanimità*?

A. Attivismo sfrenato
B. Concordanza totale
C. Situazione controversa

5) Un contrario di *estratto* è:

A. immesso
B. indigeno
C. straniero

6) Un contrario di *fulgido* è:

A. rapido
B. opaco
C. splendente

7) Un contrario di *scialbo* è:

A. stupito
B. chiaro
C. vivace

8) Una sola delle soluzioni completa correttamente l'eguaglianza di significati proposta:

"grafomane : x = y : lirica"

A. x = scrittura; y = canto
B. x = scrittore; y = libro
C. x = scrittura; y = melomane

9) Completa i termini mancanti della seguente proporzione:
"strumento : orchestra = x : y"

A. x = tromba; y = assolo
B. x = uccello; y = stormo
C. x = marmo; y = statua

10) Completa i termini mancanti della seguente proporzione:
"discorso : candidato = x : y"

A. x = monologo; y = attore
B. x = carta; y = albero
C. x = pianista; y = concerto

11) Completa i termini mancanti della seguente proporzione:
"Alpi : Monte Bianco = x : y"

A. x = montagna; y = roccia
B. x = Padania; y = pianura
C. x = Himalaya; y = Everest

12) Individuare la parola da scartare.

A. Staffetta
B. Maratona
C. Sollevamento pesi

13) Individuare la parola da scartare.

A. Panama

B. Sombrero
C. Foulard

14) Individuare la parola da scartare.

A. Banane
B. Nocciole
C. Pinoli

15) Individuare la parola da scartare.

A. Tebaldi
B. Simionato
C. Milva

16) Individuare la parola da scartare.

A. Panforte
B. Cassata
C. Calzone

17) Individuare la parola da scartare.

A. Thomas More
B. Francis Drake
C. Henry Morgan

18) Individuare la parola da scartare.

A. Vascello
B. Bastimento
C. Brigantino

19) Individuare la coppia anomala rispetto alle altre.

A. Franco e Ciccio
B. Stanlio e Ollio
C. Fred Astaire e Ginger Rogers

20) Individuare l'intruso.

A. Elvis Presley
B. Michael Jackson
C. Barbra Streisand

21) Individuare l'intruso.

A. Cabaret
B. Riso Amaro
C. Mary Poppins

22) Completare correttamente la frase seguente: "Marco è stato assunto come ... da una grande ditta".

A. magazzinatore
B. magazziniere
C. magnetizzatore

23) Completare correttamente la frase seguente: "... lo si giudichi, è un incapace".

A. Comunque
B. Per quanto
C. Quindi

24) Individuare l'alternativa che completa la frase nel modo più corretto nel contesto dato: "Mio padre, Atticus Finch, sparò a un cane ...".

A. idrofugo
B. idrorepellente
C. idrofobo

25) Individuare, tra le alternative proposte, quella che completa correttamente la frase seguente: "La scienza che studia la costituzione, la struttura e l'evoluzione della crosta terrestre è la ...".

A. geodesia
B. geologia
C. geometria

26) Completare correttamente la frase seguente: "... si sforzasse, non riusciva a ricordare il suo nome".

A. Anche se
B. Mentre
C. Per quanto

27) Individuare l'alternativa che completa la frase nel modo più corretto nel contesto dato: "Trovai lavoro come ... in un'azienda informatica".

A. sistematico
B. sistemico

C. sistemista

28) Individuare l'alternativa che completa correttamente la frase: "Se ti fossi curato subito ... prima".

A. guariresti
B. avresti guarito
C. saresti guarito

29) Individuare l'alternativa che completa correttamente la frase: "Se ... più concordi, ... concluso di più".

A. fossimo – avessimo
B. eravamo – avessimo
C. fossimo stati – avremmo

30) Qual è il significato di *sindacare*?

A. Criticare
B. Fare proselitismo
C. Difendere

31) Qual è il significato di *lena*?

A. Vigore
B. Infamia
C. Debolezza

32) Qual è il significato di *rivendicazione*?

A. Compensazione mediante scambio
B. Riaffermazione di un diritto negato
C. Intimidazione

33) Qual è il significato di *minatorio*?

A. Esplosivo
B. Di minaccia
C. Dirompente

34) Qual è il significato di *incontinente*?

A. Trascendente
B. Intemperante
C. Immanente

35) Qual è il significato di *accollarsi*?

A. Aderire
B. Assumere su di sé
C. Incollarsi

36) Qual è il significato di *perspicace*?

A. Acuto
B. Loquace
C. Pervicace

37) Un contrario di *idrorepellente* è:

A. riarso
B. astemio
C. permeabile

38) Un contrario di *furbizia* è:

A. furia
B. ingenuità
C. perseveranza

39) Un contrario di *castigatezza* è:

A. carità
B. morigeratezza
C. licenziosità

40) Un contrario di *lecito* è:

A. interdetto
B. lesivo
C. legittimo

41) Un contrario di *scorporare* è:

A. escludere
B. spogliare
C. includere

42) Un contrario di *rinsavire* è:

A. voltare
B. scendere
C. impazzire

43) Un contrario di *lenire* è:

A. distrarre
B. aggravare
C. formare

44) Un contrario di *defalcare* è:

A. dedurre
B. aggiungere
C. togliere

45) Un contrario di *gioviale* è:

A. affabile
B. bonario
C. scontroso

46) Completa i termini mancanti della seguente proporzione:
"scalatore : corda = pianista : *x* = chimico : *y*"

A. x = sgabello; y = composto
B. x = leggìo; y = libro
C. x = tastiera; y = provetta

47) Tempo sta a cronometro come pressione sta a ...:

A. altimetro
B. termometro
C. barometro

48) Quali tra i termini proposti completano correttamente la seguente proporzione?
"Adda : *x* = *y* : mare"

A. x = lago; y = Ionio
B. x = monte; y = Adriatico
C. x = fiume; y = Tirreno

49) Completa correttamente la proporzione sostituendo alla *x* uno dei seguenti artisti.
"Mecenate : Orazio = Giulio II : *x*"

A. x = Michelangelo
B. x = Bernini
C. x = Botticelli

50) Individuare la parola da scartare.

A. La Scala
B. Prado
C. Louvre

51) Individuare la parola da scartare.

A. Traviata
B. Turandot
C. 'O Sole Mio

52) Individuare la parola da scartare.

A. Merengue
B. Valzer
C. Rumba

53) Completare la frase "Avevo sperato che tutto ... bene".

A. finiva
B. finisse
C. finirebbe

54) Quale delle seguenti voci verbali completa correttamente la frase: "Se ... prima, non avresti perso il treno"?

A. uscivi
B. saresti uscito
C. fossi uscito

55) Individuare l'alternativa che completa la frase nel modo più corretto nel contesto dato: "Annalisa ha iniziato a lavorare come ... in un istituto bancario".

A. sportantina
B. sportellente
C. sportellista

56) Qual è il significato di *oppugnare*?

A. Lottare
B. Affiggere
C. Contestare

57) Qual è il significato di *appariscente*?

A. Lampante
B. Semplice
C. Vistoso

58) Qual è il significato di *elusivo*?

A. Sfuggente
B. Invalso
C. Esclusivo

59) Qual è il significato di *onta*?

A. Vendetta
B. Disonore
C. Ripicca

60) Qual è il significato di *vessare*?

A. Disperdere
B. Rovesciare
C. Tormentare

61) Qual è il significato di *affresco*?

A. Dipinto murale
B. Progetto
C. Sinopia

62) Qual è il significato di *dipanare*?

A. Impastare
B. Dirimere
C. Svolgere

63) Qual è il significato di *assoggettare*?

A. Identificare il soggetto grammaticale
B. Legare
C. Sottomettere

64) Un contrario di *vessatorio* è:

A. persecutorio
B. liberatorio
C. prevaricatore

65) Un contrario di *raffinatezza* è:

A. furbizia
B. rozzezza
C. finezza

66) Un contrario di *omega* è:

A. inizio
B. traguardo
C. sosta

67) Un contrario di *centellinare* è:

A. tracannare
B. farfugliare
C. tirare

68) Un contrario di *detrimento* è:

A. salute
B. vantaggio
C. pulizia

69) Un contrario di *laico* è:

A. civile
B. ateo
C. confessionale

70) Un contrario di *tracotanza* è:

A. abbondanza
B. affabilità
C. boria

71) Un contrario di *ubbidire* è:

A. schiarire
B. trasgredire
C. adempiere

72) Quali tra i termini proposti completano correttamente la seguente proporzione?
"prode : valoroso = x : y"

A. x = granito; y = roccia
B. x = fragile; y = delicato
C. x = scampolo; y = tessuto

73) Quali, tra i termini proposti, completano correttamente la seguente proporzione?
"agosto : x = y : martedì"

A. x = settembre; y = lunedì
B. x = 8; y = 2
C. x = mercoledì; y = luglio

74) Quale tra i termini proposti completa correttamente la seguente proporzione?
"torrido : gelido = *x* : fiacco"

A. x = indolente
B. x = spossato
C. x = vigoroso

75) Individuare l'alternativa che completa correttamente la seguente proporzione tra parole.
"guaina : fodero = *x* : *y*"

A. x = flemma; y = calma
B. x = faretra; y = frecce
C. x = panoplia; y = arco

76) Quali tra i termini proposti completano correttamente la seguente proporzione?
"*x* : *y* = giallo : colore"

A. x = senso; y = vista
B. x = limone; y = arcobaleno
C. x = Asia; y = continente

77) Individuare la parola da scartare.

A. Iblei
B. Peloritani
C. Gennargentu

78) Individuare la parola da scartare.

A. Delfino
B. Rana
C. Slalom

79) Individuare la parola da scartare.

A. Daino
B. Gnu
C. Barasinga

80) Individuare la parola da scartare.

A. Geco
B. Lontra
C. Vipera

81) Individuare la parola da scartare.

A. Afrodite
B. Demetra
C. Rea Silvia

82) Completare correttamente la frase seguente: "Questo progetto nasce dalla ... fra aziende internazionali".

A. coperativa
B. cooperazione
C. costruzione

83) Completare la frase: "Il sole le ... la pelle".

A. arrossò
B. arrossì
C. arrostì

84) Completare correttamente la frase seguente: "Chiedo ... per il mio increscioso comportamento dell'altro giorno".

A. pena
B. venia
C. apprezzamento

85) Completare la frase: "I marosi ... la diga foranea".

A. fratturarono
B. frangettero
C. fransero

86) Individuare l'abbinamento errato:

A. porta/ingresso
B. corda/petrolio
C. scale/palazzo

87) Individuare l'abbinamento errato:

A. anatomia/corpo
B. biologia/organismi viventi
C. antropologia/documenti

88) Quale, tra le seguenti parole, è un anagramma di una città italiana capoluogo di provincia?

A. Cervelli
B. Nasi
C. Ritorno

89) Qual è il significato dell'espressione "prendere lucciole per lanterne"?

A. Illudere il prossimo
B. Travisare qualcosa
C. Fare un buon affare

90) Quale tra i termini elencati ha un significato associabile con entrambe le parole proposte?
Casa – Calcio

A. Pallone
B. Porta
C. Finestra

91)

quadrato	?
cubo	volume

A. geometria
B. pagina
C. area

92)

miniera	?
scope	pesco

A. scoppio
B. mina
C. minerai

93) Qual è il significato di *sofisma*?

A. Ragionamento vano
B. Ragionamento illogico
C. Ragionamento capzioso

94) Un sinonimo di *schietto* è:

A. scialbo
B. sincero
C. insipido

95) *Diradare* significa:

A. rendere folto
B. rendere meno fitto
C. orientare in una direzione

96) "La polizia ebbe l'ordine di caricare i manifestanti". Qual è il significato della parola "caricare" nella frase proposta?

A. Attaccare
B. Sostenere
C. Moderare

97) Un contrario di selvatico è:

A. agreste
B. addomesticato
C. lieto

98) Individuare, tra i seguenti verbi, un contrario di *dilazionare*.

A. Rimandare
B. Rimanere
C. Anticipare

99) Un contrario di *ratifica* è:

A. licenziamento
B. offerta
C. disdetta

100) Il contrario di *incolume* è:

A. leso
B. curato
C. sceso

RISPOSTE CORRETTE

1) C	21) B	41) C	61) A	81) C
2) A	22) B	42) C	62) C	82) B
3) A	23) A	43) B	63) C	83) A
4) B	24) C	44) B	64) B	84) B
5) A	25) B	45) C	65) B	85) C
6) B	26) C	46) C	66) A	86) B
7) C	27) C	47) C	67) A	87) C
8) C	28) C	48) C	68) B	88) A
9) B	29) C	49) A	69) C	89) B
10) A	30) A	50) A	70) B	90) B
11) C	31) A	51) C	71) B	91) C
12) C	32) B	52) B	72) B	92) C
13) C	33) B	53) B	73) A	93) C
14) A	34) B	54) C	74) C	94) B
15) C	35) B	55) C	75) A	95) B
16) C	36) A	56) C	76) C	96) A
17) A	37) C	57) C	77) C	97) B
18) B	38) B	58) A	78) C	98) C
19) C	39) C	59) B	79) B	99) C
20) C	40) A	60) C	80) B	100) A

Capitolo 2
Ragionamento critico-verbale

Per verificare la capacità di comprensione di un testo argomentativo cogliendone i tratti salienti, deducendone implicazioni e traendone conclusioni, nonché riconoscere nessi di causalità tra elementi (*critical thinking*), le prove di selezione frequentemente propongono i cosiddetti quesiti di **ragionamento critico-verbale**, ovvero quesiti riguardano deduzioni semplici, sillogismi, condizioni necessarie e sufficienti, negazioni e problemi logico-verbali, in cui, da determinate premesse, è possibile ricavare conclusioni logicamente necessarie.
Le strategie risolutive di tali quesiti si incentrano su un'attenta analisi linguistica, anche se spesso le regole logico-matematiche agevolano la risoluzione.
Le domande che rientrano in questa tipologia possono essere raggruppate nelle seguenti abilità:

- analisi: identificare motivazioni, supposizioni e conclusioni all'interno di brevi testi argomentativi;
- valutazione: individuare i difetti di un ragionamento; riconoscere i punti deboli e di forza; valutare risposte che ribaltano o supportano un'argomentazione;
- deduzione: trarre conclusioni attendibili e riconoscere quelle infondate.

I quesiti che seguono la logica deduttiva sono molteplici. Nella maggior parte dei casi si tratta di:

- quesiti che richiedono di interpretare degli enunciati e, generalmente, trarne delle conclusioni mediante ragionamento deduttivo;
- quesiti che, per essere risolti, presuppongono un ordinamento dei dati in base a uno o più criteri e in cui, generalmente, il testo fornisce già un ordinamento parziale tra i dati: per la risoluzione del quesito deve essere stabilito l'ordinamento totale;
- quesiti in cui, data una serie di diagrammi insiemistici, occorre identificare il diagramma rappresentativo delle relazioni esistenti tra termini dati;
- "problemi" logico-verbali o quesiti di *problem solving* linguistico, in cui rientrano domande che si risolvono mediante regole linguistiche, talvolta con l'ausilio di banali calcoli matematici o che comunque richiedono delle abilità di calcolo, che tuttavia non sono preminenti ai fini della risoluzione dei problemi.

Altre prove che possono essere fatte rientrare in questa tipologia sono quelle che richiedono di comprendere e interpretare il significato di un testo, trarne delle conclusioni o escluderne implicazioni: è proposto un brano più o meno lungo, su un determinato argomento, seguito da affermazioni (o domande) che fanno riferimento al brano stesso. Il candidato deve semplicemente analizzare ogni risposta e decidere quale sia quella giusta, in base alle informazioni contenute nel testo (esplicitamente o implicitamente) e non in base a quanto eventualmente conosca sull'argomento.

Spesso, i quesiti di comprensione del testo richiedono di individuare affermazioni logicamente deducibili dal brano oppure di individuare informazioni che contraddicono il brano.

2.1 I sillogismi

Il **sillogismo** è un tipo di ragionamento dimostrativo teorizzato per la prima volta da Aristotele, costituito da tre proposizioni, e cioè da **due premesse** (una maggiore e una minore) e da una **conclusione**, che si deduce dalle premesse. L'elemento che costituisce il punto di unione tra le altre parti del ragionamento viene detto termine medio. Per esempio, nel ragionamento:

- ciascun animale è mortale
- ciascun uomo è un animale
- dunque ogni uomo è mortale

il termine medio è "*animale*" perché è incluso in entrambe le premesse e costituisce l'elemento di connessione tra le due.
Aristotele distingueva tre tipi di sillogismo, a seconda della funzione che il termine medio ha nelle premesse.

Un **primo tipo** è quello in cui il termine medio funge una volta da soggetto e una volta da predicato.

ESEMPIO

«Tutti gli uomini sono mortali; Socrate è uomo; dunque Socrate è mortale».

Un **secondo tipo** è quello in cui il termine medio funge da predicato in entrambe le premesse.

ESEMPIO

«Nessun metallo è più leggero dell'acqua; ogni gas è più leggero dell'acqua; dunque nessun gas è un metallo».

Un **terzo tipo** prevede il termine medio come soggetto in tutte e due le premesse.

ESEMPIO

«Tutti gli uomini sono animali; tutti gli uomini sono ragionevoli; dunque alcuni animali sono ragionevoli».

> Un sillogismo è vero solo se le sue premesse sono assunte come vere e non bisognose di dimostrazione.

Per risolvere tali quesiti, dunque, è importante seguire il ragionamento solo sulla base delle premesse fornite, prescindendo dalle proprie conoscenze, perché spesso la conclusione del sillogismo non corrisponde alla realtà. La conclusione che gli asini volano, ad esempio, può essere la risposta giusta anche se tutti noi sappiamo che gli asini non volano, sempre che sia rispettato il ragionamento proposto.

> Il contenuto delle frasi è pressoché ininfluente ai fini della risoluzione del quesito, quindi è bene trattare le frasi solo dal punto di vista della struttura e non del contenuto che potrebbe essere fuorviante.

Ricordate che il sillogismo è ragionamento allo stato puro: per ragionare correttamente è dunque necessario staccare la forma dal contenuto. I sillogismi non sono né veri né falsi ma coerenti o incoerenti: tutto dipende dalle premesse che si avevano in partenza.

ESEMPIO

Partendo dalle premesse false:

- tutte le cose verdi sono piante
- le rane sono verdi

saremo autorizzati ad accettare quale conclusione esatta l'affermazione secondo cui "le rane sono piante". Si giungerà dunque a conclusioni che sappiamo non corrispondere alla realtà ma che risultano coerenti dal punto di vista logico. Per rispondere correttamente a quiz di questo genere è quindi fondamentale seguire il ragionamento solo sulla base delle premesse fornite e mai sulla base delle proprie conoscenze.

Per risolvere un sillogismo è fondamentale individuare il corretto rapporto tra i termini: a tale scopo può essere utile rappresentare graficamente quanto contenuto nelle premesse.
Ci serviremo di rappresentazioni mediante insiemi. Gli insiemi sono gruppi di più elementi accomunati da una medesima caratteristica. Il più classico dei diagrammi utilizzati è quello di Eulero-Venn, rappresentato da un cerchio (o da un'ellisse).
Dal punto di vista grafico il sillogismo può essere rappresentato in quattro varianti diverse a seconda del rapporto che esiste tra i termini:

- **variante universale affermativa** (tutti gli A sono B, oppure tutti i cani sono animali),
- **variante universale negativa** (nessun A è B, oppure nessun cane è un vegetale),
- **variante particolare affermativa** (alcuni A sono B, alcuni cani sono mordaci)
- **variante particolare negativa** (alcuni A non sono B, oppure alcuni cani non sono mordaci).

Variante universale affermativa. Tutti gli A sono B viene rappresentato nella mente del buon risolutore di test nel seguente modo:

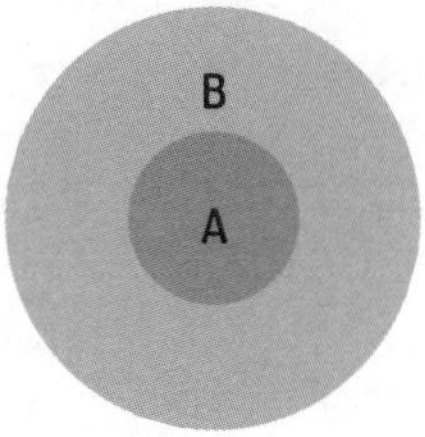

Tutti gli A sono B non significa che tutti i B sono A, cioè **non è una premessa convertibile**. Ad esempio, se diciamo *Tutti i cani sono animali*, non siamo autorizzati a dire che *Tutti gli animali sono cani.*

Variante universale negativa. Nessun A è B viene rappresentato così:

Nel primo caso vi era piena inclusione di A in B, in questo non c'è alcuna sovrapposizione tra A e B.
Caratteristica di questa variante è la **convertibilità**. Se nessun A è B allora sarà anche vero che nessun B è A.

Variante particolare affermativa. Alcuni A sono B viene rappresentato graficamente nel seguente modo:

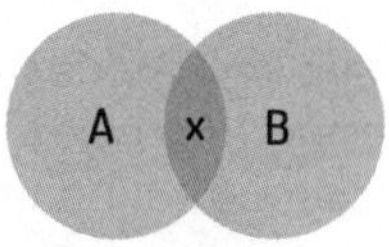

La caratteristica delle premesse particolari affermative sta nella loro **convertibilità**, infatti se *Alcuni A sono B*, allora anche *Alcuni B sono A*.

Variante particolare negativa. Alcuni A non sono B viene rappresentato come segue:

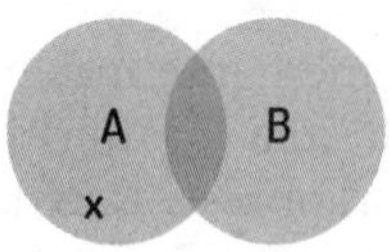

Viene rappresentata sempre con la sovrapposizione delle due aree, ma si pone attenzione alla parte non sovrapposta.
Caratteristica di questa variante è la **non convertibilità**.
Se la premessa particolare negativa è *Alcuni animali non sono cani*, la conversione *Alcuni cani non sono animali* non è accettabile. Il buon risolutore sa che la premessa *Alcuni animali non sono cani* implica che *Alcuni animali SONO cani.*

> **Errori di ragionamento**
> Il buon risolutore non si fa ingannare dagli errori determinati dal cosiddetto *effetto "atmosfera"*.

Partendo dalle premesse
Alcuni A sono B
Alcuni B sono C

Si conclude che
quindi, alcuni A sono C
L'errore di "atmosfera" è creato dalla comunanza del quantificatore "alcuni" presente sia nelle due premesse sia nella conclusione.
Il buon risolutore immagina una configurazione di questo tipo:

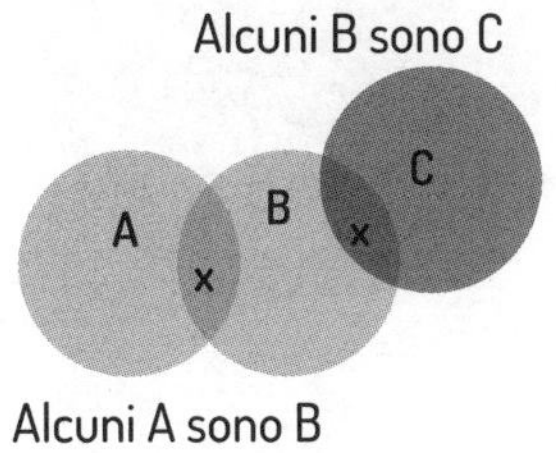

non facendosi condizionare dalla superficiale affinità.
Un altro errore può derivare da una conversione illecita già accennata.
Abbiamo ricordato che le premesse universali negative e le particolari affermative possono essere legittimamente convertite, mentre non è legittima la conversione delle altre premesse.
Se consideriamo il sillogismo (universale affermativo):
Tutti gli A sono C
Tutti i B sono C
Quindi, tutti gli A sono B
notiamo che non è corretto. Infatti il buon risolutore si rappresenta una configurazione di questo tipo a partire dalle due premesse:

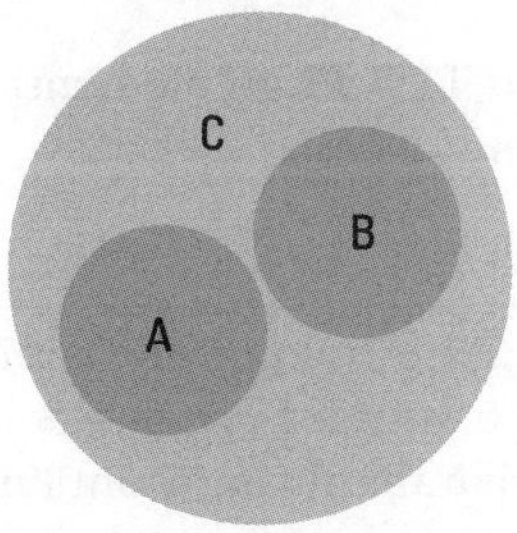

L'insieme C può contenere i due sottoinsiemi A e B che tuttavia mantengono la loro reciproca autonomia. Per riportare l'esempio in un contesto concreto si pensi al rapporto tra stoviglie, piatti e bicchieri. Tutti i piatti (A) rientrano nell'insieme stoviglie (C); tutti i bicchieri (B) rientrano nell'insieme stoviglie (C) ma non c'è alcuna sovrapposizione tra i due insiemi B e A.
Se invece il sillogismo fosse stato:
Tutti gli A sono B (oppure tutti i milanesi sono lombardi)
Tutti i B sono C (oppure tutti i lombardi sono italiani)
Quindi tutti gli A sono C (quindi tutti i milanesi sono italiani)
le conclusioni sarebbero da considerare accettabili?

Dalla figura sottostante si capisce immediatamente la risposta.

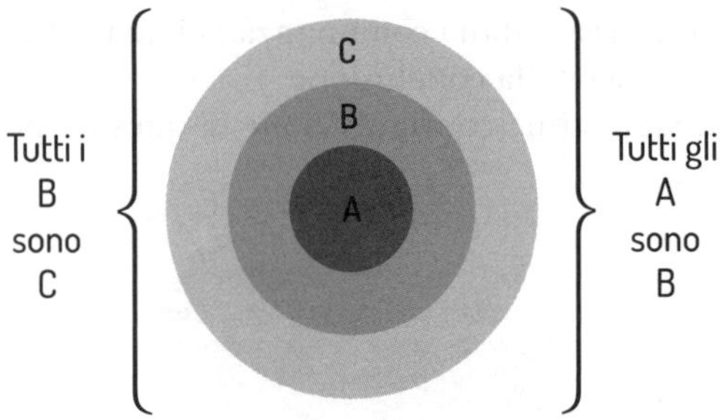

È corretto concludere che → Tutti gli A sono C →

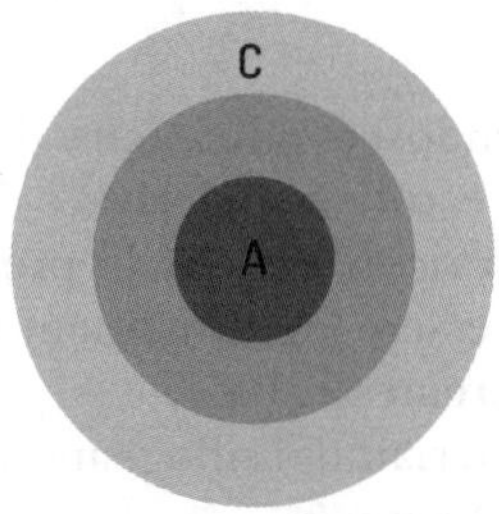

2.1.1 Come aiutarsi con i diagrammi insiemistici

Esistono tre tipi di relazioni che possono intercorrere fra due o più insiemi, e cioè:

INCLUSIONE: si ha quando TUTTI gli elementi di un insieme sono anche elementi di un secondo insieme.

ESEMPIO

Se abbiamo due insiemi, italiani e bolognesi, sappiamo che tutti i bolognesi sono anche italiani, e quindi l'insieme della categoria bolognesi è incluso in quello degli italiani (uno contiene l'altro). Il diagramma è rappresentato da un cerchio dentro l'altro.

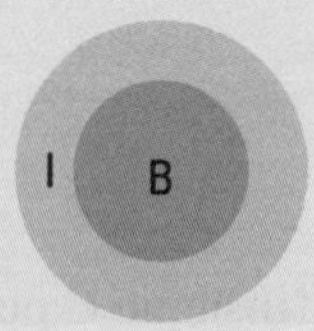

ESCLUSIONE: si ha quando NESSUN elemento di un insieme appartiene ad un secondo insieme.

ESEMPIO

Se abbiamo due insiemi, napoletani e milanesi, si può agevolmente ricavare che nessun napoletano è allo stesso tempo milanese, per cui i due insiemi risultano disgiunti. Avremo perciò due cerchi affiancati, senza alcun punto di contatto.

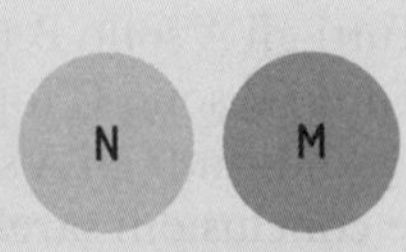

INTERSEZIONE: si ha quando ALCUNI elementi di un insieme sono anche elementi di un secondo insieme.

ESEMPIO

Se abbiamo due insiemi, giovani e persone dai capelli biondi, possiamo sostenere che alcuni giovani avranno i capelli biondi (altri castani, rossi, neri...). L'insieme dei giovani, quindi, si interseca con quello delle persone coi capelli biondi.

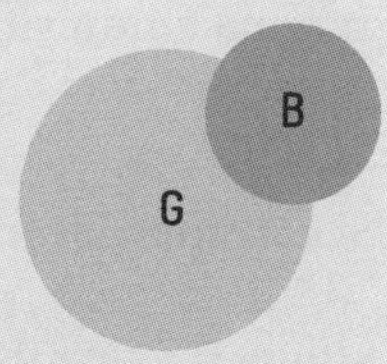

La seguente figura rappresenta due gruppi di elementi distinti che non esprimono alcuna relazione: il gruppo dei cani e il gruppo dei gatti:

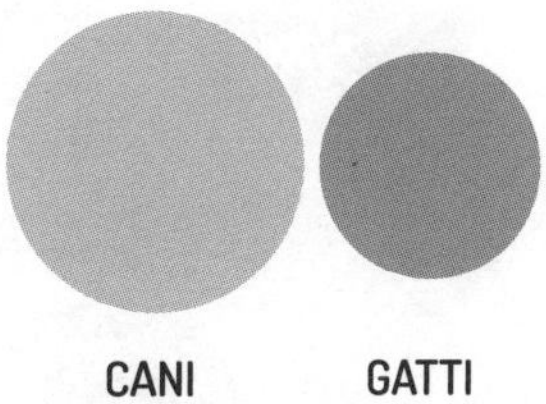

Se diciamo "tutti i cani sono randagi e alcuni gatti sono randagi..." esprimeremo questa nuova relazione nel modo riportato di seguito.

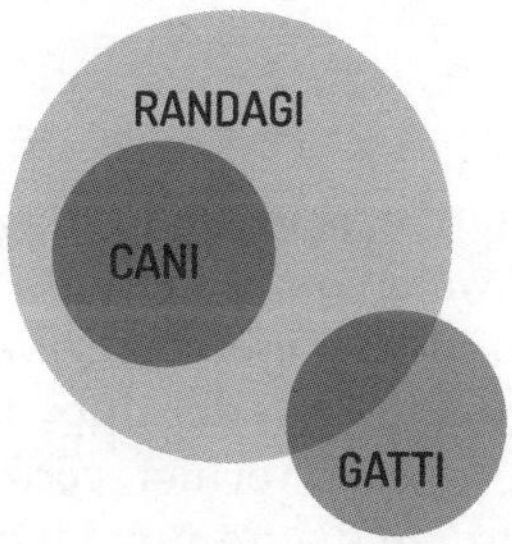

Si noti che c'è un'inclusione totale nell'ovale "randagi" ove vengono totalmente compresi i cani, mentre si sovrappone parzialmente il gruppo dei gatti (solo alcuni sono randagi).

Provate adesso a chiedervi quale potrebbe essere la relazione che spiega il seguente diagramma considerando che si sta parlando del gruppo dei cani e del gruppo dei gatti.

È evidente che esiste una categorizzazione "sovraordinata", che ricomprende entrambi i gruppi, che potrebbe essere "mammiferi", "animali da compagnia", "animali pelosi", "non uccelli" ecc.
Con questo ultimo esempio abbiamo indicato una risposta possibile a partire dal diagramma e non viceversa. Questa infatti potrebbe essere un'altra tipologia di quiz.

ESEMPIO

Si considerino tre categorie: cacciavite, utensili, ferramenta.

Quale tra i seguenti cinque diagrammi illustra la relazione tra gli elementi?

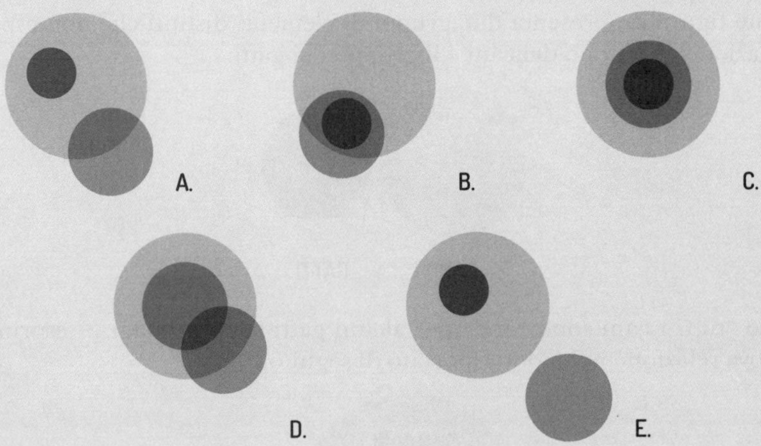

Naturalmente la risposta esatta corrisponde al diagramma C dove la ferramenta include gli utensili che a loro volta comprendono i cacciavite. Gli errori possono derivare dal fenomeno della cosiddetta ipercorrezione che in questo caso potrebbe essere determinata da un ragionamento del tipo "la ferramenta non comprende soltanto utensili, ma anche minuteria, vernici, ecc.", per cui ci si attenderebbe di vedere tra le possibili alternative un diagramma di questo tipo:

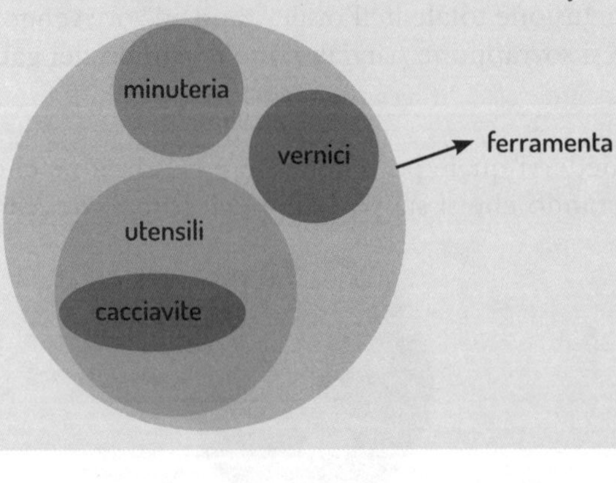

o ancora un diagramma che includa tra gli utensili anche altri oggetti:

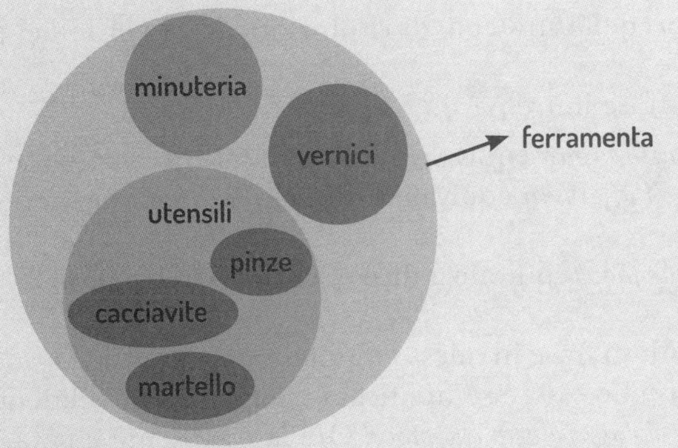

In effetti questi diagrammi non sono sbagliati, semplicemente non si attengono al problema.

2.2 Le negazioni

Le **negazioni** sono enunciati espressi in forma negativa, da cui bisogna dedurre la conclusione corretta. Possiamo trovarle formulate in diversi modi.

Se dico "Non tutti i biondi sono furbi", vuol dire che qualche biondo può non esserlo. Questo perché il contrario di non tutti è qualche/qualcuno.
Per lo stesso motivo, se dico "Non è vero che tutti i biondi sono furbi", significa che alcuni biondi non sono furbi.
Queste negazioni particolarmente semplici possono essere risolte grazie all'ausilio di uno schema grafico. L'espressione può infatti essere rappresentata graficamente come segue:

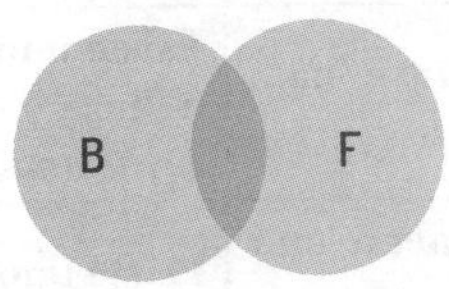

L'area grigia indica gli individui che presentano entrambi gli attributi. Appare subito evidente che esiste una parte di biondi che non sono furbi ed una parte di furbi che non sono biondi.

Vediamo un esempio più complesso.

ESEMPIO

Un signore chiese ad un filosofo di guardare dalla finestra per vedere se pioveva; il filosofo per tutta risposta disse "non credo sia giusto negare che ci si sbagli nell'affermare che è falso dire che piove!"

Pioveva o era bel tempo?
Si tratta di una tipologia di quesiti piuttosto frequente.
Se non si adottano delle strategie di risoluzione, ci si perde nel dedalo delle negazioni.
Scomponiamo la frase in tre parti:

- *non credo sia giusto negare* equivale a dire *è giusto affermare*, o meglio *è vero;*
- *che ci si sbagli nell'affermare* equivale a dire che *è corretto negare* o meglio *che ci si sbaglia a dire;*
- *che è falso dire che piove* equivale a dire *che non è vero che piove.*

Ricostruiamo la nuova frase in questo modo: *È vero che ci si sbaglia a dire che non è vero che piove*, che potrebbe essere semplificata maggiormente elidendo la prima parte, *... si sbaglia a dire che non è vero che piove.* Ora la frase è più chiara, infatti si può concludere che stava piovendo!

La risoluzione di tali quesiti è facilitata dalla identificazione di proposizioni equivalenti a quelle da negare. In generale, due espressioni logiche, formate con le stesse proposizioni logiche, si dicono *equivalenti* se assumono gli stessi valori di verità in corrispondenza degli stessi valori di verità attribuiti alle proposizioni semplici che le costituiscono. Pertanto, occorre individuare proposizioni che, pur variando nella qualità o quantità, esprimono la medesima sentenza.
Di seguito illustriamo diverse tipologie di proposizioni e le corrispondenti proposizioni a esse equivalenti.

Proposizioni	Proposizioni equivalenti
Tutti sono/hanno... *Tutti gli uomini sono mortali* *Tutti i numeri pari sono divisibili per 2*	**Non esiste alcuno che non sia/abbia...** *Non esiste alcun uomo che non sia mortale* *Non esiste alcun numero pari che non sia divisibile per 2*
Non tutti sono/hanno.../ Almeno uno è/ha... *Non tutte le ciambelle sono con il buco*	**Esiste uno che non è/ha.../ Almeno uno non è/ha...** *Esiste una ciambella che non è con il buco*
Non tutti non sono/hanno.../ Almeno uno non è/ha... *Non tutti gli studenti non hanno superato il test*	**Esiste uno che è/ha.../ Almeno uno è/ha...** *Esiste uno studente che ha superato il test*
Nessuno è/ha... *Nessuno studente ha studiato*	**Non esiste uno che sia/abbia...** *Non esiste uno studente che abbia studiato*
Nessuno non è/ha... *Nessun uomo non è ragionevole*	**Non esiste uno che non sia/abbia.../ Tutti sono/hanno...** *Tutti gli uomini sono ragionevoli*
Qualcuno/qualcosa è/ha... *Qualche numero naturale è dispari*	**Non è vero che tutti non sono/hanno...** *Non è vero che tutti i numeri naturali sono non dispari*

(segue)

Proposizioni	Proposizioni equivalenti
Qualcuno/qualcosa non è/ha... *Qualche numero naturale non è dispari*	**Non è vero che tutti sono/hanno...** *Non è vero che tutti i numeri naturali sono dispari*

La negazione logica di una proposizione *p* è la proposizione *non p* che risulta essere falsa se *p* è vera e vera se *p* è falsa.
In generale, la negazione logica può essere fatta anteponendo a una proposizione il *non* o qualunque espressione linguistica a esso equivalente come, ad esempio, *non è vero che, è falso che...*
Può essere utile, per la risoluzione di tali quesiti, ricordare le due regole seguenti:

1. Due negazioni o, in generale, un *numero pari di negazioni* che operano sulla stessa proposizione si annullano, ossia lasciano inalterato il significato logico su cui esse operano.
2. Tre negazioni o, in generale, un *numero dispari di negazioni* che operano sulla stessa proposizione negano una sola volta la proposizione, ossia ne fanno assumere il significato logicamente opposto.

La posizione delle negazioni in una proposizione è fondamentale. In italiano, ad esempio, non sempre due negazioni negano; in alcuni casi affermano.
Si consideri il seguente esempio.

ESEMPIO

Letizia non può non correre = Letizia deve necessariamente correre
Letizia non può correre ≠ Letizia può non correre

Nel primo caso, le due negazioni rafforzano invece di annullarsi.
Nel secondo caso, invece, la posizione del *non* fa assumere alla proposizione un significato diverso, in quanto il predicato della proposizione logica è costituito da due verbi: potere e correre.

Nello schema riportato di seguito illustriamo diverse tipologie di proposizioni e le corrispondenti negazioni, seguite da esempi chiarificatori.

Proposizioni	Negazioni
Tutti sono... *Tutte le ciambelle sono con il buco*	**Non tutti sono.../Esiste qualcuno che non è.../Almeno uno non è.../Qualcuno non è...** *Esiste qualche ciambella che non è con il buco*
Non tutti sono.../Esiste qualcuno che non è.../Almeno uno non è.../Qualcuno non è... *Esiste qualche animale che non è randagio*	**Tutti sono...** *Tutti gli animali sono randagi*
Nessuno è... *Nessun napoletano è stonato*	**Almeno uno è.../ Qualcuno è...** *Almeno un napoletano è stonato*
Qualcuno è.../ Almeno uno è... *Qualche impiegato è biondo*	**Nessuno è...** *Nessun impiegato è biondo*

(segue)

Proposizioni	Negazioni
X o Y *Esco o studio*	**Non X e non Y** *Non esco e non studio*
Non X e non Y *L'automobilista non guida e non passeggia*	**X o Y** *L'automobilista guida o passeggia*
X e Y *Esco e studio*	**Non X o non Y** *Non esco o non studio*
Non X o non Y *Non mangio o non dormo*	**X e Y** *Mangio e dormo*

2.3 Condizioni necessarie e/o sufficienti

Le deduzioni logiche in senso stretto richiedono la fondamentale distinzione tra **condizione necessaria**, **condizione sufficiente** e **condizione necessaria e sufficiente**.

In generale, date due proposizioni X e Y, per esprimere che Y si deduce logicamente da X (o che X ha come conseguenza Y) si usa in genere la notazione

$$X \Rightarrow Y$$

che si legge "X implica Y", e sta a significare che *se è vera X, allora è vera anche Y.*
Se vale questa implicazione si dice che *X* è **condizione sufficiente** per il verificarsi di Y o anche che Y è **condizione necessaria** per il verificarsi di X.
Qualora si abbia simultaneamente che

$$X \Rightarrow Y \quad \text{e} \quad Y \Rightarrow X$$

si dice che le due proposizioni X e Y sono logicamente equivalenti o anche che X è **condizione necessaria e sufficiente** per il verificarsi di Y.

ESEMPIO

Se bevo tutto il vino contenuto nella bottiglia, resterò senza vino.
Ebbene, la prima proposizione è condizione sufficiente, ma non necessaria, affinché si realizzi anche la seconda, perché la bottiglia potrebbe restare vuota anche a seguito di altri eventi, come la sua rottura accidentale. Se invece dicessimo: "*Solo se bevo tutto il vino contenuto nella bottiglia, resterò senza vino*", allora la premessa diventerebbe una *conditio sine qua non* della conclusione.

ESEMPIO

Se i pedali girano, la bicicletta cammina.
Anche in questo caso, valgono le stesse considerazioni. Infatti, i pedali potrebbero funzionare ma la bicicletta potrebbe essere ugualmente ferma, per esempio per una ruota forata, o un qualsiasi altro guasto.

Vediamo un altro esempio.

ESEMPIO

Condizione necessaria	Condizione sufficiente
Solo se trattate con i pesticidi, le piante di granoturco non si ammalano. ↓	*Se trattate con i pesticidi, le piante di granoturco non si ammalano.* ↓
La premessa è *conditio sine qua non*, dunque: "*Se NON tratto le piante con i pesticidi sicuramente si ammaleranno*", ma anche "*Se le piante non si sono ammalate è certo che io le abbia trattate con pesticidi*".	"*Se le piante non si sono ammalate non è detto che le abbia trattate*", potrebbero essersi salvate per altri motivi.

I quesiti con la condizione necessaria o con la condizione sufficiente o con la condizione necessaria e sufficiente variano tantissimo; di seguito esponiamo una metodologia efficiente per identificare la loro risoluzione quando, data un'affermazione, si chiede di identificare cosa è possibile dedurre con certezza da tale affermazione.

Dal punto di vista verbale, se X è *condizione sufficiente* per il verificarsi di Y, avremo una frase del tipo "**Se** X..., allora Y...". In tal caso, se è vera "Se X ..., allora Y ...", è possibile dedurre con certezza che: "Se non Y ..., allora non X ...".

Se, invece, X è *condizione necessaria* per il verificarsi di Y, avremo una frase del tipo "**Solo se** X..., allora Y...". In tal caso, se è vera "Solo se X ..., allora Y ...", è possibile dedurre con certezza che:

- "Se Y ..., allora X ...";
- "Se non X ..., allora non Y ...".

Se, infine, X è *condizione necessaria e sufficiente* per il verificarsi di Y, avremo una frase del tipo "**Se e solo se** X ..., allora Y ...". In tal caso, se è vera "Se e solo se X ..., allora Y ...", è possibile dedurre con certezza che:

- se Y ..., allora X ...;
- se non Y ..., allora non X ...;
- se non X ..., allora non Y ....

Schema riepilogativo

Quesiti sulla condizione sufficiente: Se ..., allora ...

Indicando con 'X' e 'Y' due proposizioni qualsiasi, quando nella traccia di un quesito compare un'asserzione del tipo "se X, allora Y" oppure "è sufficiente X per Y", si dice che X è condizione sufficiente di Y. Se è vero che "se X, allora Y", allora necessariamente è anche vero che "se NON Y, allora NON X". Considerando le possibili negazioni di X e Y, si hanno i seguenti quattro casi possibili di condizione sufficiente, fra i quali quello più frequente nei quesiti è il primo:

Se X, allora Y	Se NON X, allora Y	Se X, allora NON Y	Se NON X, allora NON Y
↓	↓	↓	↓
Se NON Y, allora NON X	Se NON Y, allora X	Se Y, allora NON X	Se Y, allora X

Quesiti sulla condizione necessaria: Solo se ..., allora ...

Indicando con 'X' e 'Y' due proposizioni qualsiasi, quando nella traccia di un quesito compare un'asserzione del tipo "solo se Y, allora X" oppure "è necessario Y per X", si dice che Y è condizione necessaria di X. Da un punto di vista logico questo significa che "se X, allora Y" e, se ciò è vero, allora necessariamente è anche vero che "se NON Y, allora NON X". Considerando le possibili negazioni di X e Y, si hanno i seguenti quattro casi possibili di condizione necessaria, fra i quali quello più frequente nei quesiti è il primo:

Solo se Y, allora X	Solo se Y, allora NON X	Solo se NON Y, allora X	Solo se NON Y, allora NON X
↓	↓	↓	↓
Se X, allora Y	Se NON X, allora Y	Se X, allora NON Y	Se NON X, allora NON Y
↓	↓	↓	↓
Se NON Y, allora NON X	Se NON Y, allora X	Se Y, allora NON X	Se Y, allora X

Quesiti sulla condizione necessaria e sufficiente: ... se e solo se ...

Indicando con 'X' e 'Y' due proposizioni qualsiasi, quando nella traccia di un quesito compare un'asserzione del tipo "X se e solo se Y", si dice che una proposizione è condizione necessaria e sufficiente dell'altra. Questo implica necessariamente: 1) "se X, allora Y"; 2) "se Y, allora X"; 3) "se NON Y, allora NON X"; 4) "se NON X, allora NON Y". Inoltre, "X se e solo se Y" implica anche "NON X se e solo se NON Y". Considerando le possibili negazioni di X e Y, si hanno i seguenti casi possibili di condizione necessaria e sufficiente:

	X se e solo se Y	
↓	↕	↓
Se X, allora Y		Se Y, allora X
⇅		⇅
Se NON Y, allora NON X		Se NON X, allora NON Y
↑		↑
	NON X se e solo se NON Y	

	X se e solo se NON Y	
↓	↕	↓
Se X, allora NON Y		Se NON Y, allora X
⇅		⇅
Se Y, allora NON X		Se NON X, allora Y
↑		↑
	NON X se e solo se Y	

2.4 Deduzioni logiche da premesse

È utilissimo imparare ad applicare i diagrammi di Venn soprattutto per affrontare e risolvere con minor sforzo tutti quei problemi logici in cui si pongono quesiti a seguito di ragionamenti di tipo sillogistico come questo.

ESEMPIO

- Tutti gli albini sono bianchi
- Serena odia le ciliegie
- Tutte le persone che odiano le ciliegie sono bianche

Quale tra le seguenti affermazioni è necessariamente vera, in considerazione delle premesse?

A. Tutti i bianchi sono albini
B. Serena è albina
C. Serena è bianca

Tracciamo il diagramma di Venn per vedere che tipo di aiuto ci può dare. Si consiglia di annotare a lato del foglio i vari gruppi o nomi che vengono citati per poi, solo successivamente, iniziare a disegnare il diagramma.

Il primo passo da seguire è quello di tracciare una circonferenza sufficientemente grande da contenere eventualmente altri cerchi all'interno, oppure in sovrapposizione. Poi segniamo a lato del nostro foglio per gli appunti i gruppi, le persone e le azioni/sentimenti/comportamenti/atteggiamenti citati. Qui c'è il gruppo degli albini, il gruppo di bianchi, Serena che odia le ciliegie.
Ci viene chiesto quale affermazione segua logicamente le premesse. Se abbiamo tracciato il grafico, abbiamo segnato un grosso cerchio per il gruppo di bianchi:

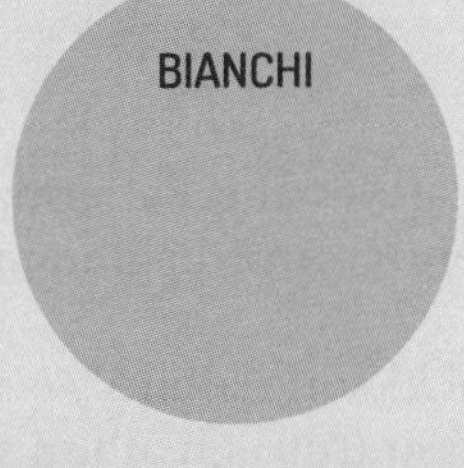

La relazione di inclusione tra albini e bianchi è questa: tutti gli albini sono bianchi

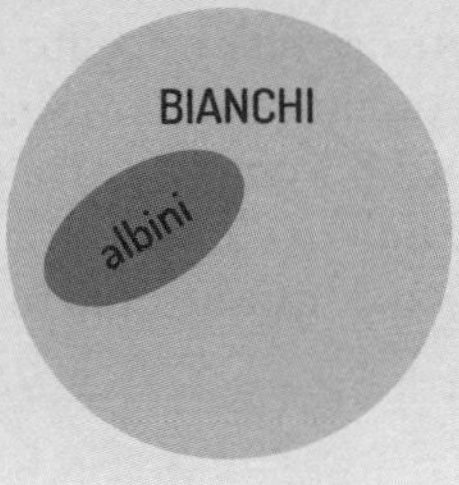

Come si nota, il gruppo dei bianchi contiene al suo interno tutto il gruppo degli albini. La seconda premessa "Serena odia le ciliegie" non sappiamo dove inserirla perché ancora non si hanno informazioni sufficienti per relazionarla al resto. Invece l'ultima affermazione consente di completare il diagramma di Venn, "tutte le persone che odiano le ciliegie sono bianche".

Adesso il diagramma contiene anche le persone che odiano le ciliegie che si collocano all'interno del cerchio "Bianchi", senza intersecarsi con l'ovale "Albini", perché nessuna informazione in tal senso ci autorizza ad intersecare albini con le persone che odiano le ciliegie.
Avevamo in sospeso un dato: adesso sappiamo dove collocare l'asserzione "Serena odia le ciliegie", infatti la inseriamo all'interno dell'ovale "persone che odiano le ciliegie" come in figura sotto:

Siamo quindi pronti per verificare qual è l'affermazione logicamente desumibile dalle premesse rappresentate sotto forma diagrammatica.

La conclusione A, "Tutti i bianchi sono albini", è del tutto inammissibile, infatti il rapporto di inclusione è inverso (tutti gli albini sono bianchi e non viceversa!), quindi non possiamo accettarla. Anche la conclusione B, "Serena è albina", non è logicamente ammissibile, non c'è nessun dato che ci consente di giungere a questa conclusione. Infine la conclusione C, "Serena è bianca", appare in tutta la sua evidente limpidezza, infatti Serena fa parte dell'ovale "Persone che odiano le ciliegie" incluso totalmente nell'ovale dei "Bianchi", per cui per logica conseguenza anche Serena è bianca in quanto parte del gruppo delle persone che odiano le ciliegie.

Un problema apparentemente più complicato è il seguente.

ESEMPIO

Tutti i D sono A, alcuni C sono B, alcuni B sono A, alcuni A sono C, alcuni A sono B. Quale tra i seguenti diagrammi rappresenta le relazioni descritte?

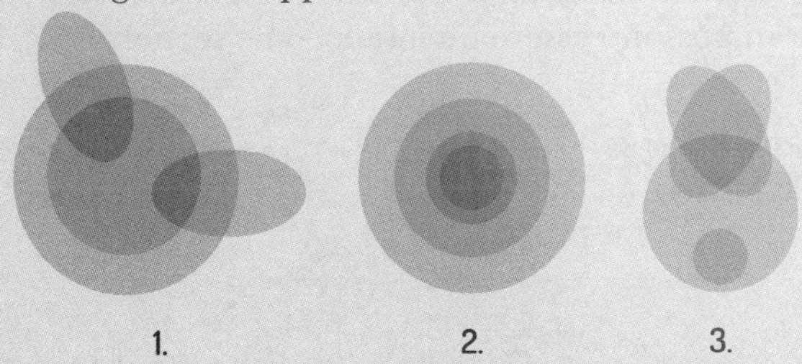

Per risolvere il quesito bisogna procedere per gradi; disegniamo la prima relazione "Tutti i D sono A" così:

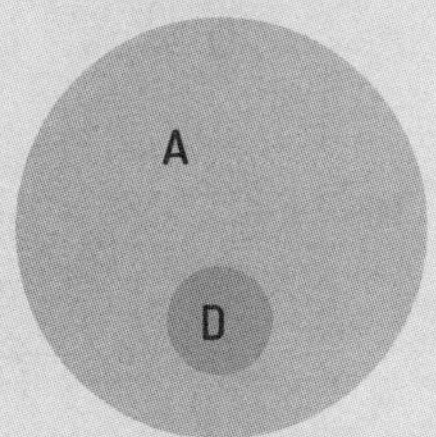

Fin qui non ci sono problemi. Poi passiamo alla seconda informazione, alcuni C sono B. Prima di disegnare la relazione occorre aspettare perché i due gruppi C e B non sappiamo dove collocarli in relazione agli altri, ma immaginiamo che la relazione potrebbe essere una delle seguenti da un punto di vista diagrammatico:

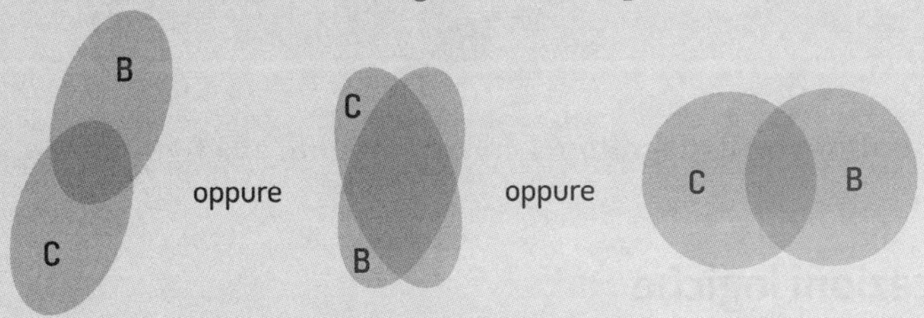

L'informazione successiva invece possiamo includerla, infatti alcuni B sono A possiamo integrarla con il primo diagramma così:

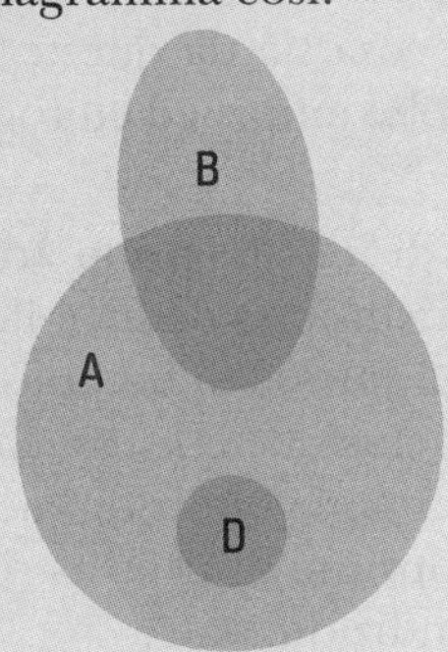

Qui il rapporto di parziale inclusione è espresso dalla zona grigia compresa tra B e A, che ci informa della reciprocità relazionale necessaria: "alcuni A sono B". Successivamente viene detto "alcuni A sono C", ciò significa che possiamo inserire la nuova relazione come abbiamo fatto appena sopra. Tuttavia, occorre a questo punto riprendere la parte che avevamo lasciato in sospeso, cioè "alcuni C sono B". Le due informazioni possono essere integrate come segue:

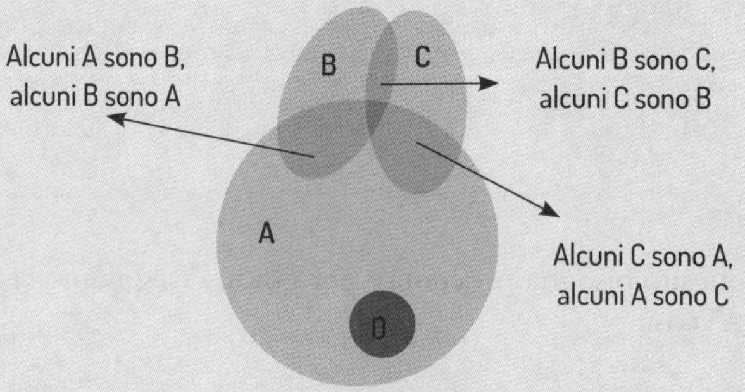

Ma possiamo anche raffigurarla così:

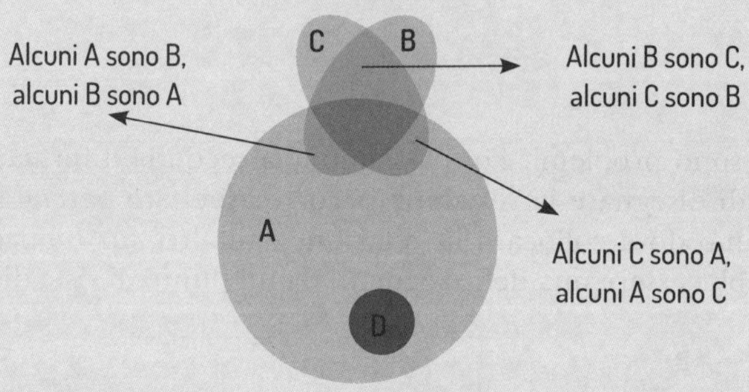

che poi non è altro che il diagramma corrispondente alla figura n. 3.

2.5 Implicazioni logiche

Sono classificati come "implicazioni logiche" tutti quei quesiti la cui traccia da un lato fornisce delle informazioni e dall'altro richiede cosa si possa dedurre (o anche non dedurre) da tali informazioni o cosa sia da queste implicato (o non implicato). Si tratta, quindi, di una tipologia molto ampia ed eterogenea di quesiti, di cui gli esempi più frequenti sono i seguenti:

- sono fornite le due premesse di un sillogismo aristotelico e si chiede quale delle alternative di risposta sia la conclusione deducibile (o non deducibile) da esse;
- vengono proposte molteplici premesse di un polisillogismo e si richiede di trovare tra le opzioni di risposta la conclusione che esse implicano (o non implicano);
- sono riportate asserzioni contenenti condizioni necessarie e/o sufficienti e si chiede di riconoscere quale delle opzioni di risposta riporti un'affermazione deducibile (o non deducibile) dalle condizioni date;

- è espressa la negazione (o la falsità) di un enunciato e si chiede di individuare tra le alternative di risposta l'enunciato la cui verità (o falsità) è implicata (o non implicata) dalla negazione data.

Quando ci si trova di fronte a un quesito appartenente alla categoria "implicazioni logiche", il primo passo verso la sua soluzione è comprendere il tipo di esercizio logico che esso contiene (sillogismo aristotelico, polisillogismo, condizione necessaria e/o sufficiente, negazione ecc.). Una volta compreso questo, bisogna adottare le modalità di risoluzione che sono specifiche per l'esercizio logico dato e che sono illustrate di seguito.

ESEMPIO

Quale delle seguenti rappresenta la conclusione corretta della frase "Le volpi sono astute; alcuni animali astuti sono notturni; gli animali che possono vedere nel buio sono notturni"?

A. Tutti gli animali astuti sono volpi
B. Tutti gli animali che possono vedere nel buio sono astuti
C. È possibile che alcune volpi possano vedere nel buio

La risposta esatta è la C.

Per risolvere il quesito, è opportuno esaminare le tre asserzioni della traccia mediante diagrammi, per poi ragionare sulla rappresentazione grafica ottenuta. "Le volpi sono astute" equivale a "tutte le volpi sono (animali) astuti", per cui si tratta di un enunciato universale affermativo: ciò significa che l'insieme delle volpi è incluso in quello degli animali astuti. "Alcuni animali astuti sono notturni" è un enunciato particolare affermativo, pertanto l'insieme degli animali astuti e quello degli (animali) notturni si intersecano tra loro e l'intersezione è non vuota, ossia essi hanno alcuni elementi in comune. "Gli animali che possono vedere nel buio sono notturni" è un altro enunciato universale affermativo: dunque, l'insieme degli animali che possono vedere nel buio è incluso in quello degli (animali) notturni.

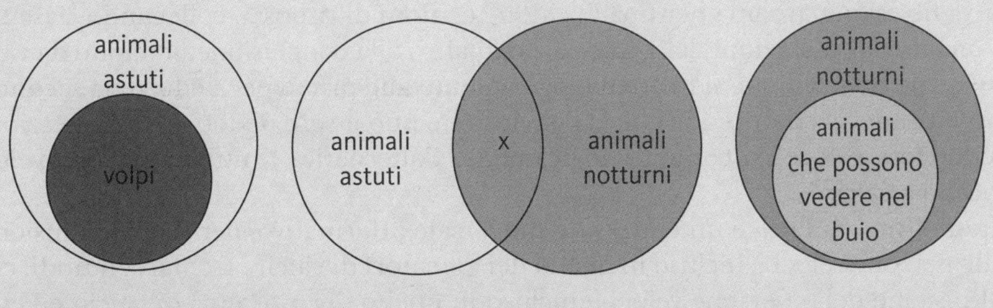

Ora, stando alle informazioni a disposizione, non è possibile sapere CON CERTEZZA quali siano i rapporti tra l'insieme delle volpi e quello degli animali che possono vedere nel buio. Tuttavia, tali informazioni sono compatibili con una POSSIBILITÀ: posto che l'insieme degli animali astuti e quello degli animali notturni si intersecano tra loro, anche l'insieme delle volpi, essendo incluso in quello degli animali astuti, e l'insieme degli animali che possono vedere nel buio, essendo incluso in quello degli animali notturni, potrebbero intersecarsi tra loro e avere alcuni elementi in comune. Questa POSSIBILITÀ rende corretto concludere che "è possibile che alcune volpi possano vedere nel buio".

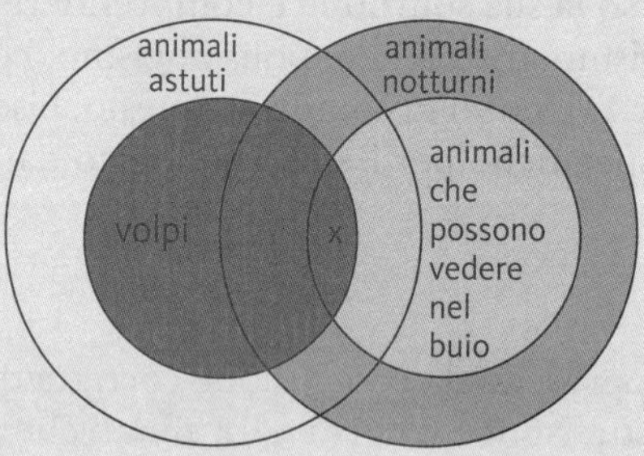

Consideriamo un altro esempio.

ESEMPIO

"Chi gioca a calcio è veloce; Federico è veloce". Quale delle affermazioni elencate consentirebbe di dedurre che "Federico gioca a calcio"?

A. Tutte le persone veloci giocano a calcio
B. Alcune persone veloci giocano a calcio
C. Tutte le persone che giocano a calcio sono veloci

La risposta esatta è la A.

In questo tipo di quesito una o più di una delle asserzioni riportate nella traccia vanno considerate come premesse di un ragionamento di cui è già nota la conclusione, che in questo caso particolare è "Federico gioca a calcio". La soluzione consiste nell'individuare, tra le alternative di risposta, la premessa aggiuntiva, ossia l'affermazione che, se fosse logicamente connessa a una o a più di una delle asserzioni della traccia, permetterebbe di dedurre la conclusione già nota. A questo scopo conviene esaminare una per una le cinque opzioni di risposta, collegando ciascuna da un lato alle asserzioni della traccia e dall'altro alla conclusione, in modo da valutare quale delle cinque si connetta logicamente alle prime per dedurre la seconda. Così facendo, si comprende che la conclusione può essere dedotta se all'asserzione "Federico è veloce" si connette logicamente l'alternativa "Tutte le persone veloci giocano a calcio".

Quest'ultimo, infatti, è un enunciato universale affermativo, per il quale l'insieme delle persone veloci è incluso in quello dei giocatori di calcio. È chiaro, quindi, che se l'insieme delle persone veloci è incluso in quello dei giocatori di calcio e Federico è un elemento del primo insieme, allora necessariamente egli è un elemento anche del secondo insieme, cioè Federico gioca calcio.

2.6 Test di logica concatenativa

Problemi frequentemente incontrati sono i test di logica concatenativa ovvero quei problemi che vincolano le sequenze di azione a delle premesse.
Un tipico problema potrebbe essere questo.

ESEMPIO

Maria, Anna e Lucia sono tre sorelle e almeno due sono bionde. Sapendo che se Maria è bionda anche Anna lo è, che se Lucia è bionda lo è anche Maria, e che tra Anna e Lucia almeno una non è bionda, si può dedurre che:

A. Maria e Lucia sono bionde
B. Lucia è bionda e Anna non è bionda
C. Lucia non è bionda e Anna è bionda

Con l'ausilio di un semplice schema grafico è possibile risolvere questo tipo di problemi semplicemente e senza errori.

Partiamo dalla premessa che pone un primo vincolo importante: *almeno due delle tre sorelle sono bionde*, che possiamo schematizzare come segue:

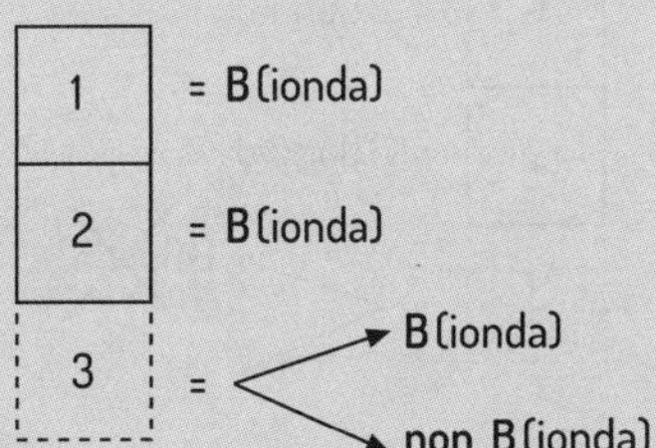

Ancora, ovviamente, non sappiamo il nome delle bionde né quante sono bionde (potrebbero essere anche tutte e tre bionde, ma non potrebbero essere una bionda e due non bionde, né nessuna bionda).

È utile a questo punto mettere su una riga le iniziali dei nomi delle tre sorelle:

M(aria) **A**(nna) **L**(ucia)

preparandoci a collegare tra loro i nomi con le affermazioni riportate successivamente dal problema.
Una prima indicazione è "se Maria è bionda anche Anna lo è" e questa affermazione la rappresenteremo come vincolo condizionante unidirezionale (indicato da una freccia) in questo modo:

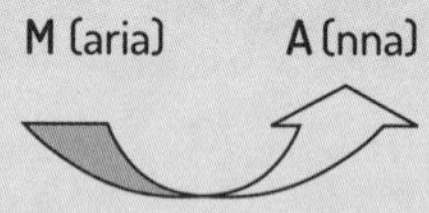

La seconda indicazione data è "se Lucia è bionda lo è anche Maria" che rappresenteremo in questo modo:

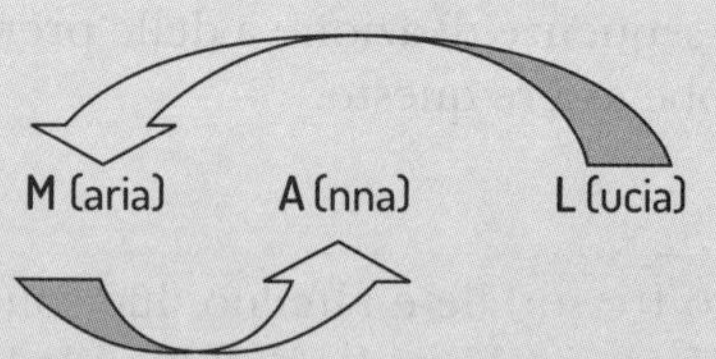

Infine la terza indicazione "tra Anna e Lucia almeno una non è bionda" la rappresenteremo così:

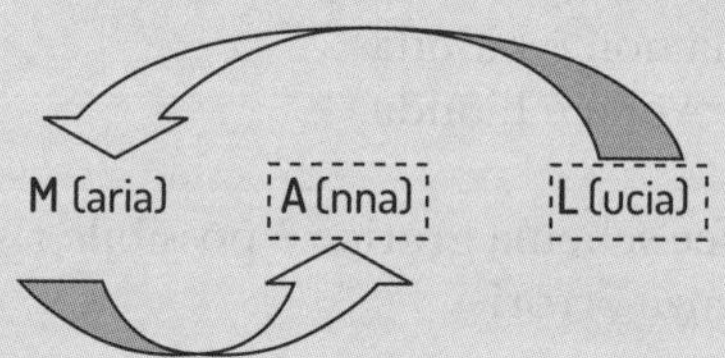

Quest'ultima affermazione ha risolto la premessa in questo modo:

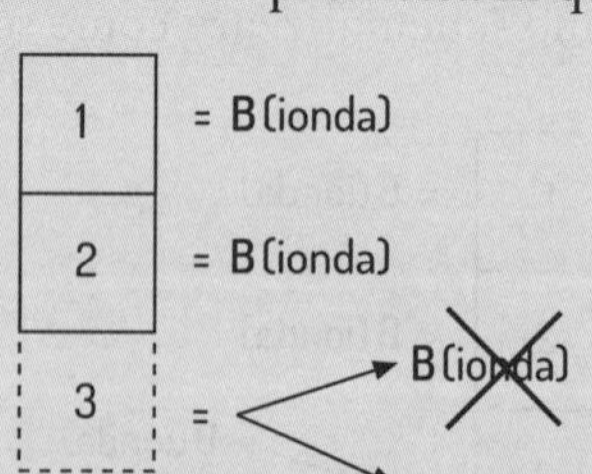

cioè una sorella è non B(ionda), quindi solo due sorelle sono B(ionde).

Dato che l'incertezza è soltanto tra A(nna) e L(ucia), sicuramente M(aria) è bionda, quindi se M(aria) è bionda lo è anche A(nna), (come da premessa) per cui la non bionda è necessariamente L(ucia).

Ritornando alle alternative proposte e con l'ausilio dell'ultima figura rappresentata possiamo dedurre che:

A.	Maria e Lucia sono bionde	FALSA
B.	Lucia è bionda e Anna non è bionda	FALSA
C.	Lucia non è bionda e Anna è bionda	VERA

2.7 Test di logica verbale "binomiale"

Di seguito proponiamo un quesito piuttosto frequente nelle prove di selezione. Il quesito riguarda due individui, di cui si vuole conoscere una data caratteristica (in questo caso la nazionalità). Tra le alternative di risposta, occorre identificare l'*affermazione necessariamente vera* su uno o entrambi gli individui, basandosi su affermazioni fatte dagli stessi.

ESEMPIO

Un uomo e una donna sono di diversa nazionalità, uno è tedesco e l'altro inglese. L'uomo dice "Io sono un tedesco" mentre la donna dice "Io sono inglese". Se almeno uno dei due mente, quale delle seguenti affermazioni risulta necessariamente vera?

A. Solo l'uomo mente
B. La donna è tedesca e l'uomo è inglese
C. Nessuno dei due è tedesco

È importante non lasciarsi fuorviare dalle alternative proposte, che potrebbero agire come distrattori. Il ragionamento che può essere fatto è molto semplice e basta un attimo per risolverlo.
Partiamo con l'ipotesi che sia l'uomo il mentitore: SE l'uomo bugiardo ha detto "io sono tedesco" ci informa che in realtà è inglese, ALLORA necessariamente la donna dovrà essere tedesca, dato che il problema fissa che le due persone sono di *nazionalità diversa* e *almeno uno* sia mentitore (non esclude infatti la possibilità che entrambi siano mentitori come in effetti viene dimostrato).
Per chi invece predilige la trasformazione nella forma grafico-simbolica del problema potremmo schematizzare come segue: denominiamo con due simboli diversi le due nazionalità: * e +; quindi trasformiamo la premessa "un uomo e una donna di diversa nazionalità" in ♂ ≠ ♀ (♂ diverso da ♀).
L'uomo che dice "io sono tedesco" lo trasformiamo in ♂ = *
La donna che dice "io sono inglese" lo trasformiamo in ♀ = +

Siccome almeno uno dei due mente, SE mente l'uomo trasformiamo la sua affermazione in ♂ ≠ * che è come dire ♂ = +, ma dato che non possiamo accettare la soluzione ♂ = ♀ (cioè ♂ = + e ♀ = +), ALLORA ♀ ≠ +, che è come dire ♀ = *. Quindi necessariamente entrambi mentono, cioè la donna è tedesca e l'uomo è inglese e la risposta corretta è B.

2.8 Le prove di comprensione di brani

In quasi tutte le prove di selezione sono previsti esercizi volti a verificare la capacità di comprendere un testo, decodificarne i contenuti più importanti, contestualizzare le informazioni, identificare le intenzioni comunicative dell'autore, le strutture del testo, gli scenari, gli eventi e le storie descritte, le conclusioni a cui si può giungere.

In genere vengono presentati brani piuttosto lunghi, al termine dei quali sono poste alcune domande sia su quanto esposto che su quanto deducibile dal testo.
Dato che si lavora sotto la pressione del tempo, occorre verificare quante domande oppure quanti brani debbono essere letti e fare delle valutazioni circa l'opportunità o meno di saltarli, lasciandoli per ultimi. Infatti, le prove di lettura dei brani richiedono molto più tempo rispetto agli altri item e attribuiscono lo stesso punteggio degli altri quiz, per cui la decisione di affrontarli soltanto quando abbiamo risposto a tutte le altre prove non è da scartare.

È consigliabile comunque dare una lettura rapida ma attenta alle domande inerenti il brano prima ancora di averlo letto. È un modo per familiarizzare con i temi e gli argomenti del brano che andremo a leggere e per riconoscere e focalizzare l'attenzione sui contenuti del brano che ci interessano per rispondere ai quesiti.
Un altro suggerimento è quello di distinguere tre momenti principali: prima della lettura, durante la lettura e dopo la lettura. Ognuna di queste fasi ha obiettivi e finalità specifiche. La prima fase aiuta a creare una visione globale del testo (ad esempio, leggendo il titolo e la fonte del brano). La seconda fase è quella in cui si selezionano le informazioni importanti e si crea una scala di priorità tra le informazioni ricavate (distinguendo fra salienti e marginali). L'ultima fase, in cui si dovrà rispondere ai quesiti, aiuta a fissare i concetti e permette di verificare la propria efficacia nella comprensione dei brani.

Naturalmente queste procedure artificiose hanno una validità limitata esclusivamente a occasioni d'esame del tutto particolari (elevata pressione temporale, rapidità di risposta, ecc.) e non costituiscono certo la metodologia indicata per memorizzare dati nel lungo periodo.
Il compito di comprensione dei testi non si esaurisce nella semplice frammentazione del brano in tanti dettagli informativi, dato che di frequente si richiede al candidato di trarre delle conclusioni da quanto ha letto, del tipo:

- Quali conclusioni è possibile trarre dal brano che avete letto?
- Qual è lo stile del brano?
- Quale tra le seguenti argomentazioni è la più corretta?
- Quale potrebbe essere il titolo del brano?

2.8.1 Leggere per comprendere

Quando si affronta la lettura di un testo scritto si possono utilizzare varie strategie di lettura in base allo scopo che ci si propone.

Lettura **di consultazione o selettiva** (*scanning*): consiste nella ricerca di particolari informazioni su testi definiti appunto "di consultazione" (enciclopedie, dizionari, cataloghi, schede bibliografiche, nonché saggi e manuali). Non si legge tutto il testo, ma lo si esamina velocemente, "saltando" da un punto all'altro, ricercando gli elementi di interesse. Si definisce, infatti, lettura *non sequenziale* perché non segue l'ordine con cui l'autore ha organizzato il testo che si consulta, ma la scelta personale del lettore.

Lettura **orientativa o esplorativa o di superficie** (*skimming*): la si utilizza ogni volta che si vuole elaborare un'idea sommaria dei contenuti trattati nel testo, senza perdere troppo tempo. Si scorre il testo, sorvolando sui dettagli e prestando, invece, attenzione a importanti indicatori come titoli, sottotitoli, frasi iniziali e conclusive dei paragrafi, da cui si può capire quali temi si affrontano e in che modo. Si tratta di una lettura *sequenziale*, in quanto, pur nella sua rapidità, segue l'ordine del testo, dall'inizio alla fine.

Lettura **analitica o intensiva o di approfondimento** (*receptive reading*): se lo scopo è quello di cogliere in modo accurato e completo il significato del testo, si effettua un esame analitico, in modo da poter cogliere le diverse informazioni e le connessioni che le legano. Come la lettura orientativa, quella analitica è *sequenziale*, in quanto viene effettuata dall'inizio alla fine secondo l'ordine dato dall'autore.

2.8.2 La velocità di lettura

Leggere in modo spedito può essere di grande utilità sia nella fase di studio sia nella risoluzione dei quesiti, ma non è sufficiente. È necessario leggere in modo tale da **capire** e **comprendere** in maniera approfondita il messaggio del testo o della domanda. *Capire* significa decifrare la forma del messaggio, *comprenderlo* significa entrare in profondità nei suoi significati fino a gestirli in modo consapevole. Nella *lettura silenziosa* ognuno adatta ritmo e velocità alle proprie capacità di lettura e alla complessità del testo. Di conseguenza è in essa che si possono adottare tecniche di **lettura veloce** tali da accelerare i tempi senza trascurare preziose informazioni.
Un lettore allenato legge da 100 a 300 parole circa al minuto; con la lettura veloce si può arrivare a 800-1000 parole al minuto, senza penalizzare la comprensione del testo.

ESEMPIO

Si consideri il testo seguente che può essere definito equivalente a un brano di diverse prove di selezione. La prima versione è in modalità normale; nella seconda versione sono stati indicati i punti di fissazione per una lettura veloce "in orizzontale". Un utile allenamento è quello di leggerli in entrambe le modalità, annotando il tempo impiegato nella lettura calcolandolo con il cronometro.

> «Il gioco d'azzardo è un'attività ludica che ha tre caratteristiche fondamentali: lo scopo del gioco è l'ottenimento di un premio (denaro, beni materiali, buoni, ecc.); per parteciparvi è necessario rischiare una somma più o meno ingente di denaro o equivalenti (propri beni ecc.); la vincita è più dovuta al caso che alla perizia del giocatore.

La storia del gioco d'azzardo è strettamente legata alla storia dell'uomo, tanto che i primi cenni di quest'attività si riscontrano addirittura nel 3000-4000 a.C. Nella civiltà egizia, infatti, era già praticato il gioco dei dadi (il termine "azzardo" deriva dal francese "hasard", a sua volta termine di origine araba, "az-zahr", che significa proprio "dadi"). Più a est, in India, Giappone e Cina, si hanno testimonianze di forti scommesse, sia al gioco dei dadi sia alle corse dei carri.

Non da meno, nella Roma imperiale, personaggi come Nerone, Caligola, Claudio furono certamente accaniti giocatori (oggi probabilmente diremmo "giocatori patologici o compulsivi").

Connaturata con il gioco d'azzardo, inoltre, pare essere la propensione per il barare, confermata dal ritrovamento di dadi appesantiti da un lato.

Se il gioco dei dadi vanta la storia più lunga, nei secoli a noi più vicini c'è stata una notevole espansione delle modalità di gioco, a partire dalle scommesse sui cavalli ("lo sport dei re"), alle lotterie, delle quali si ha testimonianza dai secoli XVI-XVII. La roulette fu inventata nel XVI secolo dal filosofo Blaise Pascal, mentre le slot machine nel 1895 dall'americano Charles Fay».

«Il ***gioco d'azzardo*** è un'attività ludica che ha ***tre caratteristiche*** fondamentali: lo scopo del gioco è l'***ottenimento di un premio*** (denaro, beni materiali, buoni, ecc.); per parteciparvi è necessario ***rischiare una somma*** più o meno ingente di denaro o equivalenti (propri beni ecc.); la ***vincita*** è più dovuta al ***caso*** che alla perizia del giocatore.

La ***storia*** del gioco d'azzardo è strettamente legata alla ***storia dell'uomo***, tanto che i primi cenni di quest'attività si riscontrano addirittura nel ***3000-4000 a.C.*** Nella civiltà ***egizia***, infatti, era già praticato il ***gioco dei dadi*** (il termine "azzardo" deriva dal ***francese "hasard"***, a sua volta termine di ***origine araba, "az-zahr"***, che significa proprio "dadi"). Più a est, in ***India***, ***Giappone*** e ***Cina***, si hanno testimonianze di ***forti scommesse***, sia al gioco dei dadi sia alle ***corse dei carri***.

Non da meno, nella ***Roma imperiale***, personaggi come Nerone, Caligola, Claudio furono certamente ***accaniti giocatori*** (oggi probabilmente diremmo "giocatori patologici o compulsivi").

Connaturata con il gioco d'azzardo, inoltre, pare essere la ***propensione per il barare***, confermata dal ***ritrovamento di dadi*** appesantiti da un lato.

Se il gioco dei dadi vanta la ***storia più lunga***, nei secoli a noi ***più vicini*** c'è stata una notevole ***espansione delle modalità*** di gioco, a partire dalle ***scommesse sui cavalli*** ("lo sport dei re"), alle lotterie, delle quali si ha testimonianza dai ***secoli XVI-XVII***. La ***roulette*** fu inventata nel XVI secolo dal filosofo Blaise Pascal, mentre le ***slot machine nel 1895*** dall'americano Charles Fay».

Una lettura veloce richiede che l'occhio sappia procedere nella pagina prevedendo come continua una parola anche senza vedere come termina. Dal testo che segue sono state eliminate gradualmente alcune vocali. Cercare di leggere speditamente integrando sul momento. Sottolineare le parole che non si riesce subito ad integrare e ripetere la lettura fin quando non si commettono più errori. Cronometrare il tempo impiegato per svolgere l'esercizio.

ESEMPIO

Itiner_ri_ molt_ v_ri_ p_r p_es_gg_ e mot_v_ d'int_r_ss_, ch_ attr_v_rs_ nell_ su_ prim_ p_rt_ _n_ plag_ mar_n_ d'_ cc_z__n_l_ b_ll_zz_, e n_ll_ s_c_nd_ l_ z_n_ d__ m_nt_ Lepini a_ m_rg_n_ d_ll_ p__n_ Pontina, t_cc_nd_ paesi r_cch_ d_ f_sc_n_ e d_ st_r__. D_ Gaeta s_ s_g__ l_ l_t_r_n__ ch_, s_l tr_cc__t_ d_ll'_nt_c_ v__ Fl_cc_, c_rr_ _n _n_ spl_nd_d_ sc_n_r__ l_ng_ l_ c_st_ r_cc__s_, p_nt_gg__t_ d_ _nt_ch_ t_rr_ d_ g__rd__.

(da *Guida rapida d'Italia*, vol. 4, Milano, TCI, 1997)

La soluzione è la seguente:
Itinerario molto vario per paesaggi e motivi d'interesse, che attraversa nella sua prima parte una plaga marina d'eccezionale bellezza, e nella seconda la zona dei monti Lepini al margine della piana Pontina, toccando paesi ricchi di fascino e di storia. Da Gaeta si segue la litoranea che, sul tracciato dell'antica via Flacca, corre in uno splendido scenario lungo la costa rocciosa, punteggiata da antiche torri di guardia.

2.8.3 Analisi del testo

Si focalizzi l'attenzione sulle modalità di lettura ed analisi dei quesiti. Al fine di interpretare correttamente ciò che richiede una domanda, grazie anche all'ausilio dell'analisi delle alternative, è utile comprendere che il testo e la risposta corretta devono essere coerenti tra loro da un punto di vista non solo logico e grammaticale, ma anche per ciò che concerne l'intenzione di chi ha formulato il quesito; tale lavoro di analisi permetterà nella risoluzione dei quesiti di escludere alcune alternative errate.
L'**intenzione comunicativa** si riferisce al fatto che chi trasmette il messaggio si propone di ottenere una certa finalità (informare, persuadere, esprimere opinioni o sentimenti, dare o chiedere consigli, chiedere qualcosa, ecc.) e, di conseguenza, costruisce il messaggio nella maniera che ritiene più efficace per raggiungere lo scopo prefissato. Si ricordi che, affinché si verifichi un processo comunicativo, occorrono sei elementi:

- **emittente**: chi trasmette il messaggio
- **destinatario**: persona/e a cui è rivolto il messaggio
- **messaggio**: insieme di parole, suoni, immagini che costituisce il testo
- **referente**: persona, cosa o situazione su cui verte il messaggio
- **codice**: linguaggio nel quale è espresso il messaggio
- **canale**: mezzo attraverso il quale passa il messaggio (la carta se si tratta di un mezzo scritto).

Il **contesto** è la specifica situazione all'interno della quale si colloca il testo ed è delimitato da precisi confini "fisici" come, ad esempio, le colonne degli articoli di giornale, le copertine di libri e riviste, e "logici" come l'ambiente in cui è collocato il messaggio.
La **coerenza logica** si ottiene organizzando i contenuti in modo che ci sia *progressione dell'informazione*, cioè che ogni unità informativa si agganci alla precedente e costituisca il supporto per l'informazione successiva.

La **coesione linguistica** si riferisce al piano formale del testo, cioè all'uso di un linguaggio che, oltre a rispettare le regole ortografiche, grammaticali e sintattiche, esprima le connessioni tra un blocco di testo e l'altro. L'aggancio tra i vari blocchi di testo avviene mediante **connessioni logiche** di vario tipo (tempo, spazio, causa/effetto, opposizione, esemplificazione, conclusione, ampliamento) o mediante la **ripresa di un termine**.

2.8.4 I quesiti di comprensione dei brani (le tipologie testuali)

Ogni testo, sia di ambito letterario che non, in base al modo in cui è costruito e al suo contenuto, va ricondotto ad una specifica tipologia. Gli studiosi sono soliti dividere i testi in cinque tipologie: descrittivi, narrativi, regolativi, espositivi, argomentativi. Durante la lettura di un brano il riconoscimento immediato della tipologia testuale facilita notevolmente la scelta della strategia da adottare per rispondere. Infatti, ognuna di queste tipologie ha delle caratteristiche peculiari schematizzate qui di seguito.

> **Testi descrittivi.** Hanno come finalità il "mostrare" una determinata realtà (persone, luoghi, oggetti, sensazioni), privilegiando la dimensione spaziale rispetto a quella temporale. La descrizione può procedere *dal generale al particolare o viceversa.* Può essere *sintetica* o *analitica.* La progressione dell'informazione avviene prevalentemente per *ampliamento,* cioè mediante connettivi come "e, inoltre, quindi", o mediante nessi di luogo che indicano la collocazione dei vari elementi nello spazio (in alto, in basso, a destra, a sinistra, davanti, dietro, ecc.). I tempi verbali utilizzati sono l'*imperfetto* e il *presente. Paragoni* e *metafore* servono a rendere più evidenti le immagini e le sensazioni. Le descrizioni sono di tipo soggettivo o oggettivo. Le *descrizioni soggettive* sono ricche di osservazioni personali, si trovano nei testi letterari, ma anche in testi non letterari come articoli giornalistici, lettere, diari. Le *descrizioni oggettive* solitamente s'incontrano in enciclopedie, manuali scolastici e sono caratterizzate da *linguaggio neutro, termini tecnici e scientifici,* sono *particolareggiate e precise.*

> **Testi narrativi.** Raccontano una vicenda cogliendone le relazioni temporali e i rapporti di causa ed effetto. La progressione dell'informazione si sviluppa sull'asse temporale e i collegamenti tra i blocchi testuali sono segnalati da *connettivi logici*: temporali, causali, di opposizione, ecc. I tempi verbali utilizzati sono il passato remoto, l'imperfetto, i due trapassati.

> **Testi regolativi.** Danno ordini, istruzioni, consigli, dettano regole, norme o leggi. Le forme verbali prevalenti sono il *congiuntivo* o l'*imperativo,* accompagnate spesso da formule di cortesia che servono ad attenuare l'ordine o la prescrizione. Nelle leggi, nei codici, nei regolamenti è frequente l'uso del presente indicativo. Il linguaggio è chiaro, ma, secondo il tema trattato, sono utilizzati termini tecnici di ambito giuridico, medico, culinario, ecc. La progressione dell'informazione si sviluppa per ampliamento, con ripresa o istituzione di un termine o per ellissi.

- **Testi espositivi.** Hanno come finalità quella di "fornire informazioni"; essi, infatti, espongono o spiegano idee, fenomeni, concetti, anche complessi, in modo semplice e ordinato. La progressione dell'informazione avviene attraverso connettivi logici di vario tipo e connettivi che esplicitano l'organizzazione del testo. Normalmente l'esposizione è suddivisa in paragrafi, talvolta introdotti da titoli esplicativi per rendere più chiara la suddivisione della materia. La lingua è chiara, precisa e si serve della terminologia specifica dell'ambito culturale a cui il testo si riferisce. La sintassi è lineare, il tono del discorso è neutro e oggettivo. Nel testo espositivo possono essere adoperati grafici, cartine, diagrammi, schemi, mappe, immagini, ecc. per dare una sintesi visiva degli argomenti e per chiarire il contenuto. Spesso il testo espositivo è collegato a quello argomentativo, di cui costituisce la premessa.

- **Testi argomentativi.** Si tratta di testi nei quali chi scrive discute un problema, esprime la propria opinione su di esso, utilizzando argomentazioni ed esempi per sostenere la sua tesi e demolire quella dell'avversario. La parola *argomento* assume in questo caso un significato direttamente riconducibile al verbo latino *arguere*, da cui deriva, che vuol dire "dimostrare". Un argomento è, quindi, un ragionamento dimostrativo costituito da proposizioni logicamente collegate. Un insieme di argomenti connessi tra loro costituisce un'*argomentazione*.

Nel testo argomentativo vanno individuati tre elementi fondamentali:

- lo **scopo**, vale a dire: sostenere la validità di una teoria, di un'idea, di un'opinione; convincere gli interlocutori della validità della propria teoria; confutare, cioè dimostrare false le teorie altrui; confrontarsi con altre opinioni;
- gli **argomenti**, che sono i ragionamenti a sostegno della propria tesi e/o contro le tesi altrui;
- gli **esempi**, che sono i fatti, le persone, le circostanze citati per rinforzare e avvalorare la tesi.

Pur non seguendo un unico modello, nei testi argomentativi è possibile riconoscere una struttura sempre uguale con dei capisaldi:

- l'esposizione del **problema**;
- l'enunciazione della **tesi**, cioè dell'idea che si vuole dimostrare;
- una o più **antitesi**, vale a dire la/le tesi opposta/e alla propria;
- la **confutazione** della/delle antitesi con argomenti ed esempi;
- la **dimostrazione** della tesi con argomenti ed esempi;
- la **conclusione** con la ripresa della tesi ed il suo rafforzamento.

Si tratta di un tipo di testo estremamente rigoroso sul piano della coerenza logica ed è pertanto di fondamentale importanza l'uso di connettivi appropriati. I più utilizzati sono i connettivi logici di spiegazione, esemplificazione, opposizione, conclusione, ma anche quelli che esplicitano l'organizzazione testuale. Il tono del testo può presentare sfumature soggettive, quando chi scrive esprime valutazioni e giudizi ricorrendo all'ironia se non addirittura al sarcasmo per demolire le posizioni dell'avversario.

Ecco alcuni esempi di testi espositivi ed argomentativi tratti da prove di selezione.

ESEMPI DI TESTI

«La conoscenza aumenta sicuramente nel corso degli studi scolastici medi, mentre dopo il diploma della Scuola media superiore sono possibili sia un aumento che una diminuzione delle nozioni non utilizzate nella vita. In ogni caso, la conoscenza si modifica sostanzialmente quando lo studente entra nell'università».

Il brano sopra riportato è un esempio di testo espositivo. Esso può essere suddiviso in due paragrafi (coincidenti con i due punti fermi); la progressione dell'informazione è affidata sia ad un connettivo logico avversativo (*mentre*) sia ad una locuzione di tipo conclusivo (*in ogni caso*) che segnala la logica deduzione di quanto affermato nel primo paragrafo. Il linguaggio è estremamente chiaro, il tono è neutro.

«Il fenomeno della specializzazione delle Scienze [individuazione di sei discipline fondamentali, con compiti, metodi e strutture ben distinte, cioè matematica, astronomia, fisica, chimica, biologia e sociologia, e altre in esse comprese] – fin dall'inizio del secolo XIX – non faceva che riprodurre, entro l'organizzazione delle ricerche, una delle più tipiche situazioni che si venivano imponendo nella nascente industria per evidenti ragioni economiche: la suddivisione del lavoro. Come questa mirava a incrementare la produzione delle merci, così quella si rendeva necessaria per incrementare la produttività scientifica. Il primo vantaggio della specializzazione è una precisa delimitazione dei campi di indagine perché permette al singolo ricercatore di assimilare in breve tempo le tecniche ivi solitamente applicate e quindi di metterle subito a profitto dell'indagine. Ma vi è anche un altro aspetto, non meno importante. Con le ricerche specialistiche nascono anche i linguaggi appositamente costruiti da ogni scienza per denotare tutte e sole le proprietà che essa intende prendere in considerazione nei fenomeni indagati: linguaggi che favoriscono in misura notevolissima l'esattezza delle espressioni, il rigore dei ragionamenti, la chiarificazione dei principi che stanno alla base delle singole teorie. Tale specializzazione e tecnicizzazione dei linguaggi scientifici ha però avuto anche un'altra conseguenza assai meno positiva. E invero è stata proprio essa a far sorgere nello scienziato specialista una tendenza a rinchiudersi nella propria disciplina, senza nemmeno chiedersi se questa necessitasse di una qualunque integrazione o di un coordinamento con il lavoro dei ricercatori impegnati in altri campi di indagine. Si ebbe così un frantumarsi della scienza in tante scienze particolari, dando luogo a un mosaico di risultati concreti, ove non era rintracciabile, se non con grande difficoltà, un disegno fornito della benché minima organicità».

Da L. Geymonat, *Lineamenti di filosofia della scienza*, EST, 1986, Ed. Mondadori

Il brano sopra riportato è un esempio di testo espositivo intrecciato con un testo argomentativo. La prima parte è sicuramente di tipo espositivo in quanto l'autore – il filosofo Ludovico Geymonat – intende spiegare il fenomeno della specializzazione delle scienze evidenziandone i vantaggi. La progressione dell'informazione e un'esposizione più chiara si ottengono mediante l'utilizzo di connettivi logici (**esplicativi**, come "*cioè*", e **conclusivi**, come "*quindi*") e di accorgimenti di vario tipo (i due punti eplicativi e la ripresa di un termine – ad esempio "tale" – per creare coesione e coerenza). Tutta la prima parte rappresenta l'esposizione del problema e la premessa a quanto l'autore verrà a concludere, pur mantenendo un tono distaccato, nella seconda parte. Infatti, da *tale specializzazione e tecnicizzazione...* si può notare che l'autore esprime la sua opinione introdotta da un connettivo di tipo avversativo (*però*) e avvalorata dal connettivo rafforzativo (*invero*). Egli conclude "argomentando", cioè "dimostrando", gli effetti negativi del processo di specializzazione delle scienze. Si noti il connettivo *così* per indicare la conseguenza di quanto introdotto nella seconda parte.

«La matematica è un'ostentazione di audacia della pura ratio; uno dei pochi lussi oggi ancora possibili. Anche i filologi si dedicano spesso ad attività nelle quali essi per primi non intravedono il minimo utile, e i collezionisti di francobolli e di cravatte ancora peggio. Ma questi sono passatempi inoffensivi, ben lontani dalle cose serie della vita. La matematica, invece, proprio in esse abbraccia alcune delle avventure più appassionanti e incisive dell'esistenza umana».

Robert Musil, *L'uomo matematico*, in Der lose Vogel, 1911

Il brano in questione è un testo di tipo argomentativo che può essere schematizzato nel modo seguente:

Tesi	La matematica è un'ostentazione di audacia della pura *ratio*; uno dei pochi lussi oggi ancora possibili.
Esempi a sostegno della tesi	Anche i filologi si dedicano spesso ad attività nelle quali essi per primi non intravedono il minimo utile, e i collezionisti di francobolli e di cravatte ancora peggio.
Antitesi	Ma questi sono passatempi inoffensivi, ben lontani dalle cose serie della vita.
Conclusione che riprende la tesi	La matematica, invece, proprio in esse abbraccia alcune delle avventure più appassionanti e incisive dell'esistenza umana.

Come si può notare, in questo testo è chiaramente individuabile la tesi, che è anche esposizione del problema *matematica = un lusso*. Per avvalorare quest'uguaglianza, cioè che la matematica è uno dei pochi lussi che l'uomo può concedersi, l'autore porta degli esempi di attività percepite come "lussi" servendosi del connettivo rafforzativo "anche".
Tuttavia, questi "passatempi" non hanno, secondo l'autore, lo stesso valore della matematica: infatti il connettivo avversativo "ma" introduce l'antitesi, ciò che contrasta con il pensiero dell'autore. L'opinione di chi scrive è ripresa, in forma ciclica, dal connettivo "invece", presente nell'ultimo paragrafo.

2.8.5 Analisi della sintassi del testo

Nella preparazione del test è di fondamentale importanza lo sviluppo di adeguate competenze linguistiche senza le quali il meccanismo stesso della comprensione sarebbe compromesso. È necessario, quindi, per un approccio corretto ai quesiti interrogarsi su:

1. l'utilità e l'impiego della sintassi;
2. le modalità con le quali la sintassi aiuta a ragionare.

Utilità e impiego della sintassi

La padronanza della sintassi è uno strumento importante che serve a comunicare con efficacia perché riproduce il funzionamento della lingua. Pertanto, saper sviluppare un ragionamento, interpretare il variare del ritmo di un discorso, cogliere l'alternanza tra frasi lunghe e brevi, sono le chiavi per la comprensione di qualunque tipo di testo.
Per comprendere in maniera esaustiva l'importanza dell'analisi sintattica del testo occorre esaminare la struttura di un quesito di analisi testuale, in cui le informazioni ottenute da un'analisi logica, sintattica e semantica del testo sono più importanti di quelle ricavate dalle conoscenze nozionistiche. L'interpretazione e l'analisi di un brano costituiscono l'esempio più appropriato.
In alcuni scrittori si riconosce la presenza di modelli, studiando i quali si impara a **smontare** un testo e a **ricostruirlo** dopo averne interpretato le dinamiche interne.
L'esempio che segue è tratto da *Il barone rampante* di Italo Calvino.
Il brano che qui si propone proviene dalle prime pagine del romanzo ed è particolarmente utile per l'analisi dei diversi stili sintattici impiegati nella narrazione e i loro scopi ai fini della comprensione del testo.

> «Di scivolare per la balaustra di marmo delle scale, a dire il vero, eravamo già stati diffidati, non per paura che ci rompessimo una gamba o un braccio, che di questo i nostri genitori non si preoccuparono mai e fu perciò – io credo – che non ci rompemmo mai nulla; ma perché crescendo e aumentando di peso potevamo buttar giù le statue di antenati che nostro padre aveva fatto porre sui pilastrini terminali delle balaustre a ogni rampa di scale».

Il primo periodo è ampio e articolato, poiché la frase principale è preceduta e seguita da una serie di **subordinate** che presentano una grande varietà di modi verbali (infinito, congiuntivo, indicativo, gerundio). Le subordinate sono talvolta interrotte da incidentali e sono ricche di complementi.

> «Difatti, Cosimo una volta aveva già fatto crollare un trisavolo vescovo con la mitria e tutto; fu punito, e da allora imparò a frenare un attimo prima di arrivare alla fine della rampa e a saltar giù proprio a un pelo dallo sbattere contro la statua. Anch'io imparai, perché lo seguivo in tutto, solo che io, sempre più modesto e prudente, saltavo giù a metà rampa, oppure facevo le scivolate a pezzettini, con frenate continue. Un giorno lui scendeva per la balaustra come una freccia, e chi c'era che saliva per le scale? L'Abate Fauchelafleur che se ne andava a zonzo col breviario aperto davanti, ma con lo sguardo fisso nel vuoto come una gallina. Fosse stato mezz'addormentato come il solito!»

L'autore qui interrompe la narrazione ordinaria prima con una frase interrogativa e poi con una esclamativa; in tal modo il narratore sembra **rivolgersi** direttamente **al lettore**.

> «No, era in uno di quei momenti che pure gli venivano, d'estrema attenzione e apprensione per tutte le cose. Vede Cosimo, pensa: balaustra, statua, ora ci sbatte, ora sgridano anche me (perché ad ogni monelleria nostra veniva sgridato anche lui che non sapeva sorvegliarci) e si butta sulla balaustra a trattenere mio fratello».

Questo periodo è basato su **frasi minime**, talvolta vere e proprie **frasi nominali** (*balaustra, statua*) per descrivere la rapidità con cui precipitano gli eventi. Si noti inoltre il passaggio al **presente** che è il tempo dell'immediatezza.

> «Cosimo sbatte contro l'Abate, lo travolge giù per la balustra (era un vecchietto pelle e ossa), non può frenare, cozza con raddoppiato slancio contro la statua del nostro antenato Cacciaguerra Piovasco crociato in Terrasanta, e diroccano tutti a piè delle scale: il crociato in frantumi (era di gesso), l'Abate e lui».

Il periodo finale è lungo ma lineare, composto tutto da frasi **coordinate** al presente.

Utilizzo di una sintassi complessa. La sintassi complessa che caratterizza l'inizio del brano serve a comunicare tante cose insieme che non sono separate tra loro. Esiste, infatti, un legame tra la presenza delle statue e l'atteggiamento dei genitori (che pensano più alla gloria del casato che ai figli). La ricchezza della sintassi serve proprio a mostrare questi legami.

Utilizzo di una sintassi semplice e lineare. Alla fine di questo brano, l'autore opta per una sintassi semplice perché deve raccontare eventi che si svolgono con estrema rapidità. Si noti che la parola balaustra sostituisce la frase *Cosimo sta scendendo giù per la balaustra,* e *statua* al posto di *...alla fine della balaustra c'è la statua*: il pensiero è più veloce delle frasi, e l'autore lo riassume in due sostantivi. Le frasi coordinate che descrivono le azioni in successione servono a dare l'idea della velocità con cui gli eventi precipitano. In questo modo il lettore si sofferma sulla caduta provocata dall'abate senza doversi fermare a riflettere per capire cosa è successo.

Utilizzo di una sintassi "senza regole". Nel primo periodo è presente una licenza sintattica. La frase *...che di questo i nostri genitori non si preoccuparono mai* è introdotta da un "che" irregolare tipico della lingua parlata, in luogo delle congiunzioni corrette "perché, dato che, poiché". La violazione della regola in questo caso serve a dare immediatezza al racconto.

Le modalità con le quali la sintassi aiuta a ragionare

Sintassi significa "ordinamento". Infatti, è in base alle regole della sintassi che si mettono in ordine le parole per ottenere frasi e periodi di senso compiuto.
Inoltre, pensare e ragionare significa ordinare secondo una certa logica fatti, pensieri, informazioni, per costruire un quadro coerente della realtà. C'è uno stretto legame tra sintassi e pensiero ed è per questo che bisogna esercitarsi molto nella lettura, soprattutto quella analitica; senza tale esercizio non si potrà ottenere un accettabile livello di comprensione dei quesiti, sia di quelli di logica che degli altri.

Come esempio si propone un brano tratto da *Il giorno della civetta* di Leonardo Sciascia. Si tratta della ricostruzione dei fatti relativi ad un delitto e dell'interpretazione degli stessi da parte del protagonista, il capitano Bellodi. Egli parte da alcune ipotesi, per cercare di trovare collegamenti e spiegazioni evidenziati dalla sintassi, strumento essenziale (linguistico e logico) per condurre un ragionamento.

> «Niente fantasia gli aveva raccomandato il maggiore. Va bene, niente fantasia. La Sicilia è tutta una fantastica dimensione: e come ci si può star dentro senza fantasia? Niente: soltanto i fatti.
> I fatti erano questi: un certo Colasberna era stato ammazzato mentre stava per salire sull'autobus per Palermo, in piazza Garibaldi, alle sei e mezzo del mattino; l'assassino aveva sparato dall'angolo via Cavour-piazza Garibaldi e per la via Cavour era fuggito. Lo stesso giorno, alla stessa ora, un tale che abita nella stessa via Cavour usciva o stava per uscire di casa: avrebbe dovuto tornare la sera, come al solito ad ora di avemaria dice la moglie, ma non torna; e così per cinque giorni. Alla masseria di Fondachello dicono di non averlo visto; lo aspettavano quel giorno, ma non si è fatto vivo. Scomparso col mulo e gli arnesi di lavoro, tra la porta di casa sua e la masseria di Fondachello, sei sette chilometri di strada, era scomparso senza lasciar traccia.
> Se il Nicolosi fosse risultato pregiudicato o comunque legato alla malavita, si poteva anche pensare ad una fuga; o che gli avessero saldato un conto ammazzandolo e facendone scomparire ogni traccia. Ma se non era pregiudicato, se non c'erano per lui ragioni di una fuga più o meno meditata, se non era uomo da aver conti da rendere o da pretendere per legami diretti o indiretti con la malavita, allora la sua scomparsa veniva a coincidere in concreto, e niente fantasia, con l'uccisione di Colasberna».

All'inizio del brano si trova la **parola-chiave** *i fatti* e il narratore (nella prospettiva del capitano Bellodi) elenca uno dopo l'altro eventi e informazioni. Le frasi si susseguono intervallate solo da segni di punteggiatura (a parte la congiunzione temporale "mentre"). Poi si cominciano a incontrare elementi di raccordo, i **connettivi**: la congiunzione *ma*, che introduce un fatto insolito, e alcune **parole *ripetute***: l'aggettivo *stesso*, che stabilisce uno stretto legame tra due elementi (luogo e ora dell'omicidio e abitudini dell'uomo scomparso) e il participio *scomparso*, che acquista rilievo perché al capitano appare la chiave di volta del mistero. L'ultimo paragrafo si apre con un *se* ed è composto da due periodi ipotetici. Il capitano Bellodi non sa se Nicolosi (lo scomparso) è pregiudicato e, quindi, fa delle **ipotesi**. Il verbo al congiuntivo (*fosse risultato*) individua un periodo ipotetico della possibilità. Gli altri *se* sono seguiti da indicativi (*non era, non c'erano, non era*) che spostano l'ipotesi nella realtà, come sottolinea l'*allora* che conclude il ragionamento.
I suggerimenti che si ricavano dalla lettura di questo brano, applicabili sempre, sono essenzialmente due:

- mettere ordine nel discorso;
- ragionare per mezzo di ipotesi.

Mettere ordine nel discorso. Per svolgere con efficacia la sua indagine, il capitano Bellodi deve ordinare gli elementi che ha a disposizione. L'ordine degli eventi sembra mostrarsi in una semplice successione; eppure emerge un fatto insolito, la congiunzione avversativa *ma* evidenzia la differenza rispetto al normale, e alcune scelte lessicali (per esempio la ripetizione dell'aggettivo *stesso*) mettono in risalto coincidenze insolite e significative. Da quanto detto si evince che un discorso ben costruito è lo strumento per fare chiarezza nel pensiero.

Ragionare per mezzo di ipotesi. Per arrivare ad una conclusione (scoprire una legge scientifica, fare luce in un'indagine ecc.) spesso è necessario formulare un'ipotesi di partenza. Per tale motivo il **periodo ipotetico** è una struttura molto importante, e proprio perché è uno strumento linguistico tanto usato ha molte forme e sfumature. In questo caso, il primo periodo ipotetico è logicamente **della possibilità**, ed è espresso con il congiuntivo nell'ipotesi (trapassato perché la narrazione è al passato), ma con l'imperfetto indicativo nella principale (dove l'idea di possibilità è espressa dal verbo *potere*). L'indicativo nel periodo ipotetico che conclude il brano ha lo scopo di dimostrare che anche quella connessione logica, lo stretto legame esistente tra il *se* e l'*allora* è una realtà, non una fantasia come i fatti elencati all'inizio. Per rendere più vivace il ragionamento e per evidenziarne i punti di passaggio, l'autore usa abilmente un salto di tempo verbale: dall'imperfetto passa al presente (*... ma non torna*). Non si tratta di una scorrettezza grammaticale: il salto evidenzia l'importanza che esso assume nel ragionamento del capitano. Per gli stessi scopi espressivi, Sciascia forza le regole del periodo ipotetico usando prima il congiuntivo e poi l'indicativo, entrambi in teoria due periodi ipotetici della possibilità. Ciò è significativo, perché è come se il congiuntivo volesse indicare che la prima ipotesi è possibile, ma forse infondata, e con l'indicativo mostrare che la seconda serie di ipotesi anticipa la realtà.

ESEMPIO

Si propone la lettura di un breve testo – un articolo di giornale – sul quale sviluppare una serie di ragionamenti.

> «Se si vuole ridurre e delegittimare la violenza bisogna sapere che la pena di morte, lo si voglia o no, diventa una legittimazione solenne, da parte dello Stato, del diritto di togliere la vita. Insomma, è la legittimazione di una cultura della morte e non della vita».
>
> [da "La Stampa", 29 aprile 2001]

Per procedere nel ragionamento in maniera ordinata bisogna porsi una serie di domande:

1. Nell'ipotesi che si voglia ridurre la violenza, secondo l'autore la pena di morte risulta utile?
   Non risulta utile perché per l'autore la pena di morte è *legittimazione di una cultura della morte e non della vita.*
2. Se si parla d'ipotesi, la domanda è: quale subordinata introduce l'ipotesi?
   Se si vuole ridurre e delegittimare la violenza (periodo ipotetico della realtà).
3. Secondo l'autore, che cosa rappresenta la pena di morte? Quale proposizione subordinata lo dice?
   Rappresenta una legittimazione del diritto di togliere la vita da parte dello Stato. *"Che la pena di morte diventa una legittimazione solenne, da parte dello Stato, del diritto* (proposizione soggettiva) *di togliere la vita* (proposizione dichiarativa) ".

4. Quale connettivo introduce la sentenza conclusiva?
   Insomma (connettivo logico di tipo conclusivo).
5. Tra le alternative proposte, qual è quella che riassume l'idea dell'autore?
   A. *Bisogna ridurre la violenza, perciò è necessaria la pena di morte perché essa è un forte deterrente* (è da escludere perché si è già affermato che per l'autore la pena di morte è inutile).
   B. *Siccome non si può ridurre la violenza, non è necessario abolire la pena di morte, perché anch'essa fa parte della cultura della vita.* (Tale affermazione travisa il pensiero dell'autore, perché egli parte dall'ipotesi "se si vuole ridurre e delegittimare la violenza..." che è una frase condizionale. L'espressione "siccome non si può ridurre la violenza" presenta la questione come un dato di fatto reale che contrasta con l'assunto di partenza dell'autore).
   C. *Se si decide di combattere la violenza, è necessario abolire anche la condanna capitale perché tale pena giustifica ufficialmente il ricorso alla morte.* Questa è l'alternativa che corrisponde inequivocabilmente al pensiero dell'autore. Egli infatti parla di "legittimazione di una cultura della morte e non della vita".

A che cosa servono i complementi? Ogni volta che si legge un testo, soprattutto di carattere descrittivo e informativo, bisogna osservare che le cose e le persone si esprimono nel discorso mediante soggetti e complementi, e le azioni che essi compiono o subiscono sono predicati. Questa semplice nozione va ricordata tenendo conto dell'importanza dei complementi. Essi sono le risposte alle domande che ci si deve porre ogni volta che si deve interpretare la descrizione di una realtà o il racconto di un evento: **chi? che cosa? quando? dove? come? perché?**
I complementi, prima ancora che nella lingua, esistono "nel pensiero": sono il metodo che consente di dire e di pensare le cose e le relazioni tra di esse. In poche parole, padroneggiare il significato dei complementi e saperli usare è indispensabile per capire e per comunicare.
Gli esercizi che seguono sono tratti da reali prove preselettive ed hanno il semplice scopo di stimolare lo sviluppo di una vostra "*personale*" metodologia di acquisire informazioni e catalogarle in modo tale da renderle immediatamente rintracciabili.

2.8.6 Esempi di prove sulla comprensione di brani

Comprensione del senso di un brano

«Ancora vent'anni fa era possibile elencare moltissimi filosofi, storici, sociologi, psicologi che i giovani leggevano con avidità considerandoli dei maestri. [...] Prendete ora qualsiasi giovane e domandategli quali autori legge abitualmente considerandoli dei maestri. Spesso non ne nominano nemmeno uno. [...]
Non sanno più la storia. Girano il mondo e non sanno localizzare su una carta geografica dove sono gli Stati. Navigano in internet ma, poiché su internet ci sono solo frammenti, fanno un minestrone di frammenti che non riescono a ordinare. [...] Non sono i giovani che sono apatici, morti, ignoranti, pigri, siamo noi che non abbiamo capito che l'essere umano è, nel profondo, un combattente, che ha al suo interno una spinta irrefrenabile a salire in alto. È questa

che bisogna risvegliare. Ma non la si risveglia con il "poverino, poverino" e con la pigrizia. E la si uccide con l'indifferenza. La si risveglia solo additando una meta e dimostrando, con il tuo esempio, che ci credi e che sei pronto a batterti insieme a loro per raggiungerla».

(Da Francesco Alberoni, *"In ogni giovane apatico si nasconde un combattente"*, Corriere della Sera, 7/3/2005, p.I.)

Delle tre considerazioni che la situazione descritta potrebbe far venire in mente SOLO UNA, stando a quanto appena letto, sarebbe condivisa da Alberoni. La si individui.

A. Al giorno d'oggi mancano le personalità eminenti di un tempo, dotate di straordinarie prerogative intellettuali e culturali
B. Il tramonto delle grandi ideologie giustifica il disimpegno intellettuale e pratico di tanti giovani rimasti senza "fedi"
C. La presunta apatia dei giovani d'oggi riflette in realtà le carenze degli adulti, che non sanno impegnarsi con loro nella comune rincorsa di nuovi traguardi

Seguendo i suggerimenti sopra descritti andiamo alla ricerca delle informazioni più pertinenti iniziando a leggere rapidamente le tre alternative proposte. È altresì indispensabile fare attenzione anche alle istruzioni, in questo caso si richiede di individuare l'unica conclusione che sarebbe considerata accettabile da quanto letto, in altri casi si potrebbe richiedere di individuare l'unica affermazione non attinente al brano. Dunque si presuppone che dalla lettura del brano, nella fattispecie un articolo apparso su un grande quotidiano, si possano esprimere delle considerazioni e che, tra le tre proposte, soltanto una sarebbe condivisa dall'autore Francesco Alberoni.
Esaminiamo una ad una le tre considerazioni proposte.
L'alternativa A, "*mancano le personalità eminenti di un tempo* ...", non è suffragata dal testo. Si dice che i giovani non hanno nessuna figura di riferimento, il che potrebbe implicare che non ci siano le personalità di un tempo, tuttavia, il nostro compito non è lavorare sulle implicazioni probabili, ma individuare delle conclusioni sulla base di quanto abbiamo letto. La considerazione corrispondente alla lettera A è dunque da scartare.
Neanche l'alternativa B è desumibile dal brano. Non si dice né si lascia intendere che il disimpegno intellettuale dei giovani sia giustificato dalla caduta delle ideologie.
Non ci resta che la conclusione C, in cui si asserisce che l'apatia dei giovani riflette le carenze degli adulti che non si impegnano con loro per il raggiungimento di nuovi traguardi. La porzione del testo sottolineata nel brano indica i passaggi che confermano questa conclusione.

Individuazione di affermazioni che contraddicono un brano

«Quanti vestiti e camicie e cravatte ci sono nel vostro armadio? Quanti divani nel vostro salotto e stoviglie nella vostra cucina? Quanti televisori e computer e stereo ed elettrodomestici in giro per la casa? E quante macchine nel vostro garage? [...] Il 95% di quello che ci serve ce lo abbiamo già. [...] Se di questi beni ne volessimo di più, non sapremmo neanche dove metterli. [...] Ci è finito lo spazio. Ma attenzione, solo lo spazio fisico. Quanta memoria volete nel vostro PC e quanta banda per le vostre connessioni in rete? Quanti canali volete in televisione o varietà di voci sulla stampa? Di quanta energia volete disporre per la vostra casa e per l'ufficio? [...] Mai abbastanza. E qui, invece, di spazio ne abbiamo a dismisura. Perché [...]

tutti questi beni sono immateriali. Sono bit, energia, informazioni. [...] Stiamo parlando [...] del sintomo di un trend, in crescita vigorosa e dilagante. La crescita a due cifre del consumo è ormai diventata appannaggio dell'immateriale. O della Cina, dove alla saturazione dei beni materiali c'è un bel po' di gente che ci deve ancora arrivare. Grande mercato, tenetelo da conto. Finché dura».

(Da Vito Di Bari, "*La crescita dei beni immateriali*", IL SOLE-24 ORE, lun. 14-2-2005, p. 10.)

UNA delle affermazioni seguenti risulta INGIUSTIFICATA alla luce di quanto affermato nel brano. La si individui.

A. La grande maggioranza dei beni materiali che ci servono li possediamo già
B. Anteporre i beni materiali a quelli immateriali è indubbiamente riprovevole
C. La prospettiva di una crescita a due cifre dei nostri consumi di beni materiali sembra irrealistica

Inizialmente si procede ad una lettura rapida delle cinque frasi. Stavolta occorre individuare l'affermazione ingiustificata; ci aspettiamo dunque quattro alternative coerenti con il brano ed una sola che invece contrasta con quanto riportato nell'articolo. Si tratta di un brano tratto dal quotidiano economico *Il sole 24 ore*, quindi il tema trattato ha a che fare con l'economia. Leggendo le cinque alternative prima di leggere il brano sappiamo che i concetti chiave saranno i consumi, la distinzione tra beni materiali e immateriali, un giudizio di valore (riprovevolezza dell'anteposizione dei beni materiali ai beni immateriali), le prospettive dei consumi dei beni immateriali, la situazione della Cina, le prospettive di sviluppo dei beni immateriali.
Adesso leggiamo il brano e focalizziamo i punti salienti concentrando la nostra attenzione sulle considerazioni relative ai consumi dei beni immateriali e materiali, sui giudizi di valore (giusto, sbagliato, desiderabile, riprovevole, ecc.), sulla Cina, sull'andamento futuro dei consumi.

«Quanti vestiti e camicie e cravatte ci sono nel vostro armadio? Quanti divani nel vostro salotto e stoviglie nella vostra cucina? Quanti televisori e computer e stereo ed elettrodomestici in giro per la casa? E quante macchine nel vostro garage? [...] Il 95% di quello che ci serve ce lo abbiamo già. [...] Se di questi beni ne volessimo di più, non sapremmo neanche dove metterli. [...] Ci è finito lo spazio. Ma attenzione, solo lo spazio fisico. Quanta memoria volete nel vostro PC e quanta banda per le vostre connessioni in rete? Quanti canali volete in televisione o varietà di voci sulla stampa? Di quanta energia volete disporre per la vostra casa e per l'ufficio? [...] Mai abbastanza. E qui, invece, di spazio ne abbiamo a dismisura. Perché [...] tutti questi beni sono immateriali. Sono bit, energia, informazioni. [...] Stiamo parlando [...] del sintomo di un trend, in crescita vigorosa e dilagante. La crescita a due cifre del consumo è ormai diventata appannaggio dell'immateriale. O della Cina, dove alla saturazione dei beni materiali c'è un bel po' di gente che ci deve ancora arrivare. Grande mercato, tenetelo da conto. Finché dura».

Vestiti, camicie, cravatte, divani, stoviglie ecc. sono beni materiali di cui siamo saturi (nel mondo occidentale): possediamo già il 95% di ciò che ci serve, dunque la crescita dei beni materiali non potrà essere a due zeri. Queste prime righe dell'articolo ci autorizzano dunque a eliminare le alternative A e C, entrambe vere. Energia, informazioni, canali televisivi, ecc. sono beni immateriali, la cui crescita è dilagante. Il brano invece non esprime alcun giudizio di valore in merito all'anteposizione dei consumi dei beni materiali ai beni immateriali. L'affermazione ingiustificata è dunque quella corrispondente alla lettera B.

Individuazione di affermazioni logicamente deducibili da un brano

In questo esempio, è richiesto di individuare l'unica affermazione logicamente deducibile dal brano, tratto da un testo altamente specialistico. Passiamo rapidamente in rassegna le alternative proposte, eventualmente sottolineando le parole e i concetti chiave, e poi leggiamo il brano sottolineando i punti salienti.

> «All'inizio il bottone fu trattato come fosse un ornamento, fabbricato e venduto dai gioiellieri. Le donne erano disposte a spendere e a fare spendere talmente tanti denari ai famigliari per tale acquisto, da incorrere nel rigore delle leggi contro il lusso [...]. Progressivamente la funzione pratica dei bottoni passò in primo piano e i bottoni furono fatti di ottone o di rame, o di vetro [...]. I bottoni permisero per la prima volta alle donne del XIII secolo di portare vesti aderenti che danno slancio alla figura, e di modellare la forma del braccio con maniche strette. Al desiderio di sfoggiare comunque grande quantità di tessuto, indice di ricchezza, che l'uso dei bottoni evidentemente contrasta, si supplì con lo strascico e con la sovrapposizione di diversi capi di vestiario [...]. I bottoni però, oltre a permettere di aprire e chiudere lo scollo degli abiti e le maniche, resero quest'ultime addirittura completamente staccabili. [...] Il detto: "È un altro paio di maniche" ci giunge proprio dal Medioevo, quando per necessità pratica, o [...] per esigenza decorativa, le maniche potevano essere riposte in una cassapanca lontano dall'abito di cui facevano parte. Di solito in casa si portavano maniche di tipo modesto, più ricercato ed elegante quando si usciva».
>
> (Da Chiara Frugoni, *Medioevo sul naso. Occhiali, bottoni e altre invenzioni medievali*, Laterza, Roma-Bari, 2001, pp. 102-103)

Solo UNA delle affermazioni seguenti è CORRETTAMENTE dedotta dalle premesse contenute nel brano. La si individui.

A. Nell'Alto Medioevo, prima dell'invenzione dei bottoni, a nessuno era venuto in mente di sovrapporre diversi capi di vestiario
B. I bottoni consentirono alle donne medievali l'agognata economia di tessuto nella confezione dei loro abiti
C. L'introduzione dei bottoni non rispose originariamente ad un'impellente esigenza pratica

Nonostante l'argomento molto particolare, questo brano non comporta grossi problemi dal punto di vista della comprensione. Ci viene chiesto di individuare l'unica alternativa corretta, dunque ci aspettiamo quattro alternative false ed una sola corretta. L'alternativa A non è corretta in quanto l'idea di sovrapporre le vesti fu una conseguenza dell'uso dei bottoni e nulla è detto circa il comportamento prima dell'invenzione dei bottoni. La B è falsa perché anzi le donne amavano sfoggiare abiti lussuosi. L'unica considerazione plausibile è quella corrispondente alla lettera C. La risposta è contenuta nel primo rigo del brano "All'inizio il bottone fu trattato come fosse un ornamento..."; non rispondeva dunque ad un'esigenza pratica.

Individuazione del presupposto o supposizione implicita di un ragionamento

Prima delle due guerre mondiali non esistevano armi di distruzione di massa della portata di quelle che esistono oggi; in particolare, non c'erano le armi nucleari. Dopo la Seconda Guerra Mondiale, durante la cosiddetta Guerra Fredda, invece, il possesso di armamenti nucleari sempre più letali da parte delle due maggiori potenze militari, la NATO e l'Unione Sovietica, ha creato un equilibrio di potere che era identificato, in modo agghiacciante, con l'espressione "distruzione mutua assicurata".
La lezione che ci ha insegnato la storia è che in quel periodo, dal 1945 in poi, non è scoppiata la terza guerra mondiale.
Se si vuole continuare per quella strada, a prescindere da tutto, è indispensabile mantenere le riserve di armi nucleari letali.

Quale (una o più) delle seguenti affermazioni è una supposizione implicita del brano precedente?

1 La terza guerra mondiale non scoppierà se le potenze maggiori mantengono degli arsenali nucleari forti
2 La NATO avrebbe annientato l'Unione Sovietica (e viceversa) se la terza guerra mondiale fosse scoppiata
3 La minaccia di mutua distruzione ha impedito le aggressioni tra la NATO e l'Unione Sovietica durante la Guerra Fredda
4 Le due guerre mondiali sono scoppiate almeno in parte a causa della mancanza di armi sufficientemente letali da funzionare come deterrente per gli attacchi reciproci tra le nazioni nemiche

A. La 3 e la 4
B. La 1 e la 2
C. La 2 e la 3

Questa è un'argomentazione "classica" che fa parte della tesi a favore del mantenimento del deterrente nucleare come politica di salvaguardia della pace. I sostenitori hanno controbattuto ritenendo l'argomentazione difettosa, e sostenendo che la minaccia di distruzione mutua assicurata (o M.A.D., dall'inglese *Mutually assured destruction*) non è necessaria né sufficiente a prevenire una guerra che sarebbe catastrofica. Tutto questo contribuisce a rendere la questione un vero esame di valutazione critica. Qualunque posizione si sostenga a riguardo del dibattito sul nucleare, e a prescindere da quanto si sia sensibili all'argomento, il compito qui è di analizzare l'argomentazione in modo imparziale, determinando semplicemente: (1) qual è il ragionamento *esplicito*; (2) cos'altro si *suppone*. Non ci si deve lasciar influenzare o distrarre dalle opinioni personali che si hanno in merito.
Cominciamo identificando la conclusione principale. Non dovrebbero esserci problemi a collocarla nell'ultima frase: la raccomandazione che, qualsiasi altra cosa facciamo, dobbiamo mantenere le armi nucleari (Non è chiaro a chi si faccia riferimento con l'uso della prima persona plurale, ma comunque non è importante ai fini dell'analisi).
Le ragioni offerte a supporto di questa conclusione sono le seguenti:

(Ragione 1) Prima delle due guerre mondiali… non c'erano armi nucleari.

Ma

(Ragione 2) Durante la Guerra Fredda... c'era la minaccia di distruzione mutua assicurata.

(Ragione 3) In quel periodo non è scoppiata la terza guerra mondiale.

È semplice però notare che la conclusione non deriva solamente da queste tre premesse. Ci deve essere anche una supposizione secondo cui le armi nucleari rappresentano la spiegazione causale della non aggressione durante la Guerra Fredda.

Il fatto che il possesso di armi nucleari sia coinciso con un periodo di non aggressione non è sufficiente. Possono esserci state altre motivazioni di genere diverso – limitazioni economiche, diplomazia, poca volontà di affrontare un altro conflitto ecc. – a giustificazione del fatto che la terza guerra mondiale non sia scoppiata. Potrebbe perfino essere che tutto questo sia accaduto nonostante la presenza di armi nucleari, e non grazie alla loro esistenza. In questo caso, allora è ovvio che non ci sia alcun "obbligo" al riguardo: si può concludere che, oggi come allora, una situazione di stallo come quella avvenuta durante la Guerra Fredda non necessiti dell'esistenza di un deterrente nucleare.

Pertanto, la 3 è una supposizione implicita del brano.

La conclusione afferma che "a prescindere da tutto", è indispensabile detenere una minaccia nucleare. Ciò non implica che la minaccia nucleare, di per sé, garantirebbe la non aggressione in futuro. L'autore è abbastanza accorto da fermarsi prima.

In altre parole, ritiene che l'accumulo di riserve di armi nucleari sia una condizione necessaria, ma non sufficiente.

La 2 può essere una supposizione piuttosto certa, ma non una da cui l'argomentazione possa dipendere, quindi non è neanche necessaria. L'argomentazione sostiene che, secondo quanto riportato, la NATO avrebbe potuto annientare l'Unione Sovietica (e viceversa), e che la possibilità che accadesse era sempre presente durante il periodo della Guerra Fredda. Non è necessario supporre che qualunque delle due parti lo avrebbe fatto.

La 4 è una supposizione su cui si fonda il ragionamento.

L'autore si serve del paragone tra le due guerre mondiali, che sono avvenute realmente, e la terza, che invece non è scoppiata, come motivazione per il mantenimento delle armi nucleari. Se le prime due guerre fossero state combattute nonostante la presenza di un deterrente equivalente al nucleare, allora la conclusione non sarebbe più supportata. Da qui deriva la necessità di una supposizione aggiuntiva secondo cui, almeno in parte, la causa delle due guerre mondiali è da attribuirsi alla mancanza di una minaccia equivalente.

Dicendo che l'argomentazione si basa su determinati presupposti non si vuole per forza sostenere che il ragionamento sia difettoso. Lo diventerebbe solo se la/e supposizione/i fossero chiaramente ingiustificate. In questo caso, che la pretesa di un deterrente nucleare sia giustificata è discutibile, e in parte è il motivo per cui è sempre esistito un dibattito così acceso sulla questione del disarmo nucleare.

Pertanto, la 3 e la 4 sono supposizioni implicite del brano e la risposta esatta è la A.

Individuazione del passaggio logico errato

Negli Stati Uniti d'America i test di logica non sarebbero necessari se gli esami nelle materie di base consistessero in temi scritti piuttosto che in domande a risposte brevi oppure a scelta multipla. Domande di questo tipo non danno la possibilità agli studenti né di pensare in maniera logica in modo indipendente né di presentare coerentemente le loro argomentazioni in forma scritta. Quindi, negli Stati Uniti i temi scritti dovrebbero essere più ampiamente utilizzati come mezzo di valutazione degli studenti.

Quale delle seguenti affermazioni mette in luce il passaggio logico errato nel brano precedente?

A. Scrivere temi non offre necessariamente l'opportunità di mettere alla prova le abilità logiche degli studenti
B. Molti studenti usualmente non studiano materie di base
C. Domande a risposte brevi oppure a scelta multipla possono essere valutate in maniera più obiettiva rispetto ai temi scritti

Tra le alternative proposte, l'unica che evidenzia la presenza di un passaggio logico errato nel brano è quella in cui si afferma che "Scrivere temi non offre necessariamente l'opportunità di mettere alla prova le abilità logiche degli studenti". Infatti, nel testo si dichiara che se gli esami nelle materie di base consistessero in temi scritti i test di logica non sarebbero necessari poiché questi ultimi, costituiti da domande a risposte brevi o a scelta multipla, non consentono agli studenti né di pensare in maniera logica in modo indipendente né di presentare coerentemente le loro argomentazioni in forma scritta.
Come si nota, il discorso verte esclusivamente sugli esami nelle materie di base e dunque ciò non consente di concludere che in generale scrivere temi dia l'opportunità di mettere alla prova le abilità logiche degli studenti.
La risposta corretta è, pertanto, la A.

Individuazione e applicazione di un principio

Si dovrebbero addestrare ratti allo scopo di bonificare i campi minati. Alcuni esperimenti hanno dimostrato che i ratti sono troppo leggeri per saltare in aria e che amano compiere azioni ripetitive. L'impiego di animali consentirebbe lo svolgimento di compiti pericolosi con un uso minore di macchinari e, soprattutto, ridurrebbe il rischio di morte per gli esseri umani.

Quale delle seguenti affermazioni esprime il principio alla base di questo ragionamento?

A. Si dovrebbero addestrare i primati a compiere alcune mansioni ordinarie e ripetitive
B. Gli esseri umani dovrebbero utilizzare i roditori nonostante questi trasmettano malattie
C. Si dovrebbero utilizzare le vespe per rilevare gas nocivi nell'aria grazie al loro olfatto sviluppato

Il quesito chiede di capire quale tra le alternative di risposta si basi sul principio su cui si fonda il ragionamento della traccia, pertanto il primo passo da compiere consiste nell'individuare tale principio. Esso è così riassumibile: bisognerebbe impiegare degli animali per svolgere compiti pericolosi per l'uomo.

Tra le alternative di risposta, quella che si basa sullo stesso principio è: "si dovrebbero utilizzare le vespe per rilevare gas nocivi nell'aria grazie al loro olfatto sviluppato". Qui, infatti, si parla dell'impiego di alcuni animali, nella fattispecie vespe, per svolgere un compito pericoloso per l'uomo, cioè la rilevazione di gas nocivi nell'aria. La risposta corretta è, pertanto, la C.

Individuazione di ragionamenti analoghi

La teoria della relatività di Einstein è una teoria rivoluzionaria. Solo i grandi scienziati sanno formulare teorie rivoluzionarie, quindi Einstein dovrebbe essere definito un grande scienziato.

Quale delle seguenti affermazioni ha la stessa struttura logica del suddetto ragionamento?

A. Il dipinto *Impressione. Levar del sole* di Monet è una grande opera in tutti i sensi. Solo chi è davvero un grande artista ha il talento per produrre grandi opere, quindi dovremmo definire Monet un grande artista
B. Il dipinto di Marco non è una grande opera d'arte. Solo i grandi artisti producono grandi opere d'arte, quindi Marco non può essere definito un grande artista
C. La grande arte scaturisce esclusivamente da grandi artisti. Leonardo da Vinci può essere definito un grande artista, quindi la *Gioconda* è una grande opera d'arte

Questo tipo di quesito chiede di stabilire quale tra le opzioni di risposta contenga l'affermazione con la stessa struttura logica del ragionamento della traccia. L'analogia non deve essere intesa dal punto di vista del contenuto, ma della forma, cioè della struttura logica.
Pertanto, occorre individuare la struttura logica del ragionamento della traccia. Qui l'affermazione solo i grandi scienziati sanno formulare teorie rivoluzionarie ha il seguente senso: tutti coloro che sono autori di teorie rivoluzionarie sono grandi scienziati. Indicando con A la proprietà "autore di una teoria rivoluzionaria", con B la proprietà "grande scienziato", con x un qualsiasi individuo e con x_1 uno specifico individuo – nella fattispecie Einstein – la struttura logica dell'intero ragionamento della traccia è così rappresentabile: x_1 è A; tutti gli x che sono A sono B; quindi x_1 è B.
Adesso bisogna vagliare le opzioni di risposta, per riconoscere in quale di esse il ragionamento riportato mostri la stessa struttura logica dell'argomentazione della traccia. Da quest'analisi risulta che la stessa struttura logica è presente nella seguente opzione: "Il dipinto *Impressione. Levar del sole* di Monet è una grande opera in tutti i sensi. Solo chi è davvero un grande artista ha il talento per produrre grandi opere, quindi dovremmo definire Monet un grande artista". Infatti, indicando con A la proprietà "autore di una grande opera", con B la proprietà "grande artista", con x un qualsiasi individuo e con x_1 uno specifico individuo – nella fattispecie Monet – la struttura logica del ragionamento nell'opzione in esame è così rappresentabile: x_1 è A; tutti gli x che sono A sono B; quindi x_1 è B. La risposta corretta è, pertanto, la A.

2.9 Relazioni d'ordine

2.9.1 Le parentele

Si chiamano esercizi delle parentele quelli che richiedono l'individuazione dei **rapporti di parentela** tra due o più soggetti, a partire da descrizioni piane del tipo "il fratello del cugino della moglie".

Evidentemente la difficoltà di questi compiti è molto attenuata se riusciamo a costruire un grafico ad albero che rappresenti visivamente quanto espresso verbalmente.

Potreste incontrare un problema del tipo indicato di seguito.

ESEMPIO

Vania è figlia della sorella di Mirella. Iva è la mamma di Loretta e nonna del fratello di Vania. Sole è la figlia del figlio di Mirella e bisnipote di Iva. Che relazione di parentela intercorre tra Vania e Sole?

A. Sono sorelle
B. Sono nipote e zia
C. Sono biscugine o cugine di secondo grado

In questi esercizi conviene iniziare a disegnare il grafico dalle affermazioni riguardanti i soggetti "protagonisti" del quesito; si consideri, inoltre, che nel testo potrebbero essere presenti informazioni e nomi non utili alla risoluzione del quesito.

Disegniamo il grafico dalle affermazioni su Vania e Sole: innanzitutto sappiamo che "Vania è figlia della sorella di Mirella", ovvero

```
Sorella di M — M
     I
     V
```

Inoltre sappiamo che "Sole è la figlia del figlio di Mirella", cioè:

```
    M
    I
figlio di M
    I
    S
```

Dall'unione dei due grafici precedenti si ottiene:

```
Sorella di M — M
     I         I
     V     figlio di M
               I
               S
```

Da ciò deduciamo immediatamente che il rapporto di parentela tra Sole e Vania è quello indicato nella risposta C, cioè sono biscugine o cugine di secondo grado, in quanto Vania è cugina del figlio di Mirella e, quindi, cugina di secondo grado di sua figlia Sole.

Osserviamo che le altre affermazioni presenti nel testo sono dei distrattori, in quanto le informazioni "Iva è la mamma di Loretta e nonna del fratello di Vania" e "Sole è bisnipote di Iva" non sono utili alla risoluzione del quesito.

Il sovraccarico cognitivo di questo problema viene ridotto del tutto con il grafico che rende immediatamente visibili i rapporti di parentela che vengono via via descritti. Il segreto è quello di tracciare il grafico a partire dalle sequenze che riportano la maggior parte delle informazioni.

2.9.2 Le età

Proviamo un esercizio semplicissimo per descrivere l'uso delle tabelle come ausilio per la risoluzione dei problemi relativi alle relazioni d'ordine concernenti le età.

ESEMPIO

Gina, Lino e Pina sono tre amici. I loro cognomi sono Ginetti, Linetti e Pinetti, ma l'ordine dei nomi può non corrispondere all'ordine dei cognomi. Le loro età sono di 18, 20, e 21 anni, ma non sappiamo a chi appartengono.
Partendo dalle seguenti indicazioni:

1. La signorina Ginetti ha tre anni più di Pina
2. Il signor Pinetti ha venti anni

scopriamo nome e cognome di ciascuno e l'età.

Costruiamo una tabella segnando sulle righe i nomi delle persone e le età, sulle colonne i cognomi e le età. Agli incroci apporremo uno 0 quando l'informazione non conferma l'incrocio, 1 quando l'informazione conferma l'incrocio, o meglio 1 rappresenterà delle relazioni positive, 0 delle relazioni negative. Analizzando il contenuto del problema segneremo, man mano che troviamo relazioni valide o non valide, i codici corrispondenti.
Se la signora Ginetti ha tre anni più di Pina, si deduce che Ginetti ha 21 anni e Pina 18 anni, quindi segneremo 1 all'incrocio di riga Pina / 18 anni e 0 sulle restanti età (20 e 21 anni). Lo stesso vale per l'incrocio Ginetti / 21 anni.
Si deduce inoltre che Ginetti non è il cognome di Pina, per cui mettiamo uno 0 anche all'incrocio Ginetti / Pina.
Infine ci viene detto che Ginetti è una signora, per cui annulliamo anche la casella di incrocio tra Ginetti / Lino.
Rimane libera la casella di associazione Gina Ginetti, per cui possiamo inserire 1 nello spazio corrispondente e 0 negli altri spazi corrispondenti ai cognomi ormai non più attribuibili a Gina.

	Ginetti	Linetti	Pinetti	Anni 18	Anni 20	Anni 21
Gina	1	0	0	0	0	1
Lino	0					
Pina	0			1	0	0
Anni 18	0					
Anni 20	0					
Anni 21	1	0	0			

Dalla prima frase abbiamo ricevuto molte informazioni, e ce ne rendiamo conto visivamente dal numero di caselle segnate sulla tabella. Se passiamo alla seconda informazione, si riempiranno altre caselle informative. Sappiamo che Pinetti ha venti anni ed è maschio (il signor Pinetti), per cui riempiamo le corrispondenti caselle come nella tabella sottostante.

	Ginetti	Linetti	Pinetti	Anni 18	Anni 20	Anni 21
Gina						
Lino		0	1	0	1	0
Pina		1	0			
Anni 18		1	0			
Anni 20		0	1			
Anni 21						

Abbiamo recuperato tutti i dati; unendo i codici delle due tabelle otteniamo la tabella:

	Ginetti	Linetti	Pinetti	Anni 18	Anni 20	Anni 21
Gina	1	0	0	0	0	1
Lino	0	0	1	0	1	0
Pina	0	1	0	1	0	0
Anni 18	0	1	0			
Anni 20	0	0	1			
Anni 21	1	0	0			

Si tratta semplicemente di riassumere le informazioni già disponibili in tabella per rispondere al quesito iniziale:
Gina Ginetti ha 21 anni
Lino Pinetti ha 20 anni
Pina Linetti ha 18 anni

2.9.3 Collocazione di oggetti e/o individui

I quesiti del tipo di quelli riportati di seguito chiedono l'identificazione, tra le alternative di risposta, dell'esatta collocazione da dare a oggetti e/o individui rispettando determinati criteri.

La logica di risoluzione di tali quesiti non è matematica, infatti non occorre applicare i concetti propri del calcolo combinatorio (disposizioni, permutazioni…).

Consideriamo un primo esempio.

ESEMPIO

La signora F, moglie di un ambasciatore delle Nazioni Unite, ha invitato diverse mogli di delegati per un pranzo. Ella desidera che le sue ospiti siano in grado di conversare almeno con una persona, seduta direttamente alla propria destra o sinistra. Ha dunque preparato la seguente lista:

la signora F parla solo inglese
la signora G parla inglese e francese
la signora H parla inglese e russo
la signora J parla solo russo
la signora K parla solo inglese
la signora L parla solo francese
la signora M parla francese e tedesco
la signora N parla inglese e tedesco
la signora O parla inglese e francese
la signora P parla tedesco e russo
la signora Q parla francese e tedesco
la signora R parla solo inglese

Quale delle seguenti disposizioni soddisfa i desideri della signora F?
I. FOLMPJHKGQNR
II. FRNLPKHJGMQO
III. FRGJHOLMQPKN

A. Solo la I
B. Solo la III
C. La I e la III

La risposta corretta è la C. Di seguito, sono indicate le tre disposizioni, in cui si sono aggiunti ai nomi delle signore, a destra e a sinistra della rispettiva lettera, le iniziali delle lingue che ciascuna parla e che può essere usata per parlare con le persone sedute alla propria destra e sinistra:

I. ${}_{i}F_{i}$ ${}_{i}O_{f}$ ${}_{f}L_{f}$ ${}_{f}M_{t}$ ${}_{t}P_{r}$ ${}_{r}J_{r}$ ${}_{r}H_{i}$ ${}_{i}K_{i}$ ${}_{i}G_{f}$ ${}_{f}Q_{t}$ ${}_{t}N_{i}$ ${}_{i}R_{i}$
II. ${}_{i}F_{i}$ ${}_{i}R_{i}$ ${}_{i}N_{t}$ ${}_{f}L_{f}$ ${}_{t}P_{r}$ ${}_{i}K_{i}$ ${}_{i}H_{r}$ ${}_{r}J_{r}$ ${}_{i}G_{f}$ ${}_{f}M_{t}$ ${}_{t}Q_{f}$ ${}_{f}O_{i}$
III. ${}_{i}F_{i}$ ${}_{i}R_{i}$ ${}_{i}G_{f}$ ${}_{r}J_{r}$ ${}_{r}H_{i}$ ${}_{i}O_{f}$ ${}_{f}L_{f}$ ${}_{f}M_{t}$ ${}_{t}Q_{f}$ ${}_{t}P_{r}$ ${}_{i}K_{i}$ ${}_{i}N_{t}$

Le disposizioni che soddisfano la signora F sono la I e la III. Nella I ciascuna ospite può conversare con *entrambe* le signore sedute alla propria destra e sinistra. Nella III ciascuna ospite può conversare *almeno* con una persona seduta direttamente alla propria destra o sinistra.
Nella disposizione II, invece, le signore L e P non possono conversare con alcuna delle due signore sedute direttamente accanto a loro.

Consideriamo un altro esempio.

ESEMPIO

Cinque amici occupano a teatro cinque poltrone contigue nella stessa fila: Anselmo è a fianco di Bruno ma non di Cesare, il quale è a lato di Dario ma non di Enrico, e questi è a lato di Bruno ma non di Dario. In quale ordine sono seduti?

A. Cesare, Dario, Anselmo, Bruno, Enrico
B. Cesare, Dario, Bruno, Enrico, Anselmo
C. Dario, Cesare, Enrico, Bruno, Anselmo

Ricostruiamo la sequenza delle poltrone occupate dalle informazioni forniteci.
Se Anselmo è al fianco di Bruno possiamo ipotizzare le due seguenti configurazioni:

Anselmo – Bruno oppure **Bruno – Anselmo**

Inoltre Cesare è al lato di Dario, quindi

Cesare – Dario oppure **Dario – Cesare**

Inoltre Enrico è al lato di Bruno, che era già di fianco ad Anselmo, quindi:

Anselmo – Bruno – Enrico oppure **Enrico – Bruno – Anselmo**

Sappiamo che Cesare (che è di fianco a Dario) non sta al fianco di Enrico e neanche di Anselmo, quindi:

Cesare – Dario – Anselmo – Bruno – Enrico
opp. **Enrico – Bruno – Anselmo – Dario – Cesare**

Notiamo che dalle informazioni dateci entrambe le configurazioni presentateci sono valide, in particolare però solo la prima è presentata tra le opzioni. Quindi A è l'opzione corretta.

Di seguito, proponiamo quattro quesiti relativi a uno stesso problema. Il problema è più complesso di quelli appena visti, in quanto, oltre alla collocazione di bambini in classe, occorre individuare il tipo di sport praticato da ciascuno.

ESEMPIO

Leggere il testo del seguente problema e rispondere ai quesiti 1-4.

Cinque bambini (Gabriele, Luca, Sasha, Christian e Andrea, non necessariamente in quest'ordine) frequentano le cinque diverse classi della stessa scuola elementare e praticano cinque sport diversi (nuoto, calcio, judo, atletica, karate, non necessariamente in quest'ordine). Si sa che:

1. Gabriele, che pratica il nuoto, non frequenta la classe III;
2. Luca frequenta la II classe e non pratica né il judo, né il calcio;
3. Il bambino che frequenta la classe III non pratica il judo;
4. Christian frequenta la classe I e non gioca a calcio;
5. Andrea, che pratica il karate, frequenta la classe V.

(Fonte: Selexi s.r.l.)

1) Quale sport pratica Christian?

A. Judo
B. Nuoto
C. Calcio

Per risolvere il quesito, è opportuno aiutarsi con una tabella. Iniziamo assegnando ciascuna riga a uno sport e ciascuna colonna a un bambino.
In base all'informazione 5. sappiamo che Andrea pratica karate e frequenta la V, per cui scriviamo 'V' nella casella Karate-Andrea ed eliminiamo con il segno X tutte le combinazioni tra Karate e gli altri Bambini, che ovviamente non lo praticano, e tra Andrea e gli altri Sport.
In base all'informazione 1. sappiamo che Gabriele pratica nuoto, per cui eliminiamo tutte le combinazioni tra Gabriele e gli altri Sport e tra Nuoto e gli altri Bambini, che ovviamente non lo praticano.
In base all'informazione 2. sappiamo che Luca frequenta la II classe e non pratica né judo né calcio, per cui: eliminiamo le caselle Luca-Judo e Luca-Calcio; concludiamo che egli pratica Atletica e scriviamo la classe che frequenta, cioè 'II', nella casella Luca-Atletica; eliminiamo le combinazioni tra Atletica e gli altri Bambini, che non praticano atletica.
In base all'informazione 4. sappiamo che Christian frequenta la classe I e non gioca a calcio, per cui: eliminiamo la casella Christian-Calcio; concludiamo che Christian pratica judo, scrivendo la classe che frequenta, cioè la I, nella casella Christian-Judo; eliminiamo la casella Sasha-Judo.

		BAMBINI				
		GABRIELE	LUCA	SASHA	CHRISTIAN	ANDREA
SPORT	NUOTO		×	×	×	×
	CALCIO	×	×		×	×
	JUDO	×	×	×	I	×
	ATLETICA	×	II	×	×	×
	KARATE	×	×	×	×	V

La risposta corretta è, dunque, la A.

2) Quale dei bambini pratica l'atletica?
A. Luca
B. Sasha
C. Gabriele

Come si evince dalla tabella riportata nel commento al quiz precedente, a praticare l'atletica è Luca. La risposta corretta è, dunque, la A.

3) Quale classe frequenta Gabriele?
A. La classe I
B. La classe III
C. La classe IV

Per individuare la classe frequentata da Gabriele bisogna fare riferimento a quanto riportato nella traccia del quesito riguardo alle classi. Infatti, dalle informazioni 2., 4. e 5. si evince che: Luca frequenta la II classe, Christian la I e Andrea la V. Resta, dunque, da individuare chi frequenta la III e la IV.

		BAMBINI				
		GABRIELE	LUCA	SASHA	CHRISTIAN	ANDREA
SPORT	NUOTO	IV	×	×	×	×
	CALCIO	×	×	III	×	×
	JUDO	×	×	×	I	×
	ATLETICA	×	II	×	×	×
	KARATE	×	×	×	×	V

Poiché nella traccia si precisa anche che Gabriele non frequenta la III, la sua classe è necessariamente la IV. La risposta corretta è, pertanto, la C.

4) Quale bambino pratica il calcio?
A. Christian
B. Andrea
C. Sasha

Sulla base delle informazioni riportate nella traccia sappiamo che:

- Gabriele pratica il nuoto;
- Luca non pratica il calcio;
- Christian non pratica il calcio;
- Andrea pratica il karate.

Ne consegue che l'unico che gioca a calcio è Sasha. La risposta corretta è, pertanto, la C.

2.9.4 Gli eventi cronologici

Si tratta di quiz in cui, dati alcuni elementi tra i quali vengono espresse delle relazioni, si chiede di ordinarli secondo un determinato criterio: per esempio, dal più giovane al più vecchio, dal più al meno recente, dal più grande al più piccolo ecc. Si tratta di una tipologia di quesiti piuttosto rara, di cui, per completezza riportiamo un esempio.

ESEMPIO

Oggi Marcella è andata a trovare la nonna (1) appena finito di mangiare (2). Tornerà a ritrovarla (3) dopo aver ritirato la borsa (4) che aveva lasciato in macchina cinque giorni fa (5).
Individuare quale delle seguenti sequenze rappresenta il corretto svolgimento cronologico degli eventi.

A. 12354
B. 21435
C. 52143

Per risolvere questo esercizio è sufficiente servirsi di un foglio per prendere appunti su cui si traccia una linea temporale come si vede nel disegno:

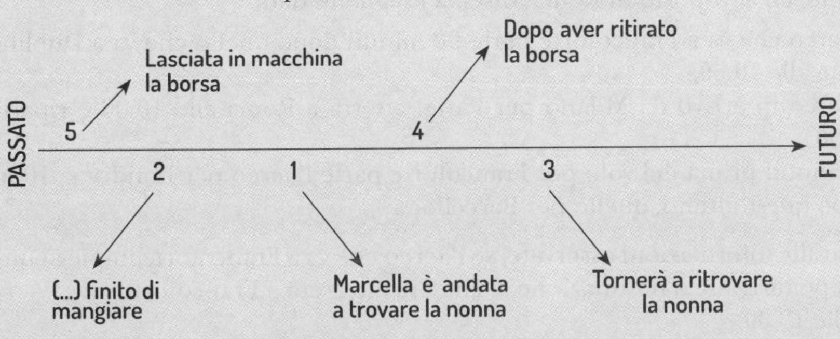

Si deve tracciare una linea abbastanza lunga da contenere i cinque eventi dell'esercizio. Su un punto qualsiasi della linea orizzontale (*continuum*) si inserisce il primo evento citato, in questo caso Marcella che va a trovare sua nonna, segnato con il numero 1.
Poi decideremo dove inserire il secondo evento "appena finito di mangiare" 2. Se l'evento si colloca sulla linea temporale dopo che Marcella è andata a trovare la nonna segneremo il codice 2 a destra del codice 1, se invece è un evento che avviene precedentemente lo segneremo a sinistra del codice 1. Poiché Marcella finisce di mangiare prima di andare dalla nonna, allora inseriremo il codice 2 a sinistra del codice 1, perché è un avvenimento cronologicamente più lontano. Manteniamo uno spazio sufficiente tra i due eventi perché è possibile trovare degli esercizi che inseriscono eventi anche tra i due eventi prima descritti, comunque non in questo caso. Proseguiamo.
La frase "tornerà a ritrovarla" ci indica che questo evento si colloca temporalmente dopo il codice 1, quindi alla destra di 1. Però un evento cronologicamente anteriore al 3 è l'evento segnato con il numero 4, cioè "aver ritirato la borsa" che avviene

prima di tornare dalla nonna, per cui alla sinistra di 3 ma alla destra di 1. Ma non basta, c'è ancora un altro evento da collocare nella sequenza che è "la borsa (...) che aveva lasciato cinque giorni fa" indicata con il codice 5. Qui ci vuole un minimo di scaltrezza; abbiamo imparato che l'ideatore di queste prove intende mettere in difficoltà l'esaminando, per cui ricerca le complicazioni che stravolgono tutto proprio alla fine quando generalmente si pensa di avere "strada libera". Invece questo evento citato per ultimo è quello cronologicamente più distante, quindi si collocherà necessariamente prima dell'evento codificato con il numero 2.
Senza l'aiuto del piccolo grafico molto più difficilmente saremmo riusciti ad individuare l'esatta sequenza cronologica descritta, quindi ora siamo certi che la risposta giusta è quella alla lettera C.

Un altro esempio di quesito è riportato di seguito.

Non tutte le informazioni date nel testo dei quesiti appartenenti alla tipologia seguente sono utili al fine della risoluzione degli stessi.

ESEMPIO

Massimo, all'aeroporto di Roma, osserva i seguenti dati:

1. L'aereo che va a Francoforte parte 90 minuti dopo quello che va a Dublino che parte alle 10.00.
2. L'aereo in arrivo da Milano per Parigi atterra a Roma alle 10.00 e riparte alle 10.30.
3. 25 minuti prima del volo per Francoforte parte l'aereo per Londra e, 10 minuti dopo quest'ultimo, quello per Barcellona.

In base alle informazioni osservate, se l'aereo che va a Francoforte impiega un'ora e mezza per arrivare a destinazione, a che ora atterrerà a Francoforte?
A. Alle 13.00
B. Alle 13.30
C. Alle 13.40

In base ai dati, ordiniamo, per orario, le partenze e gli arrivi all'aeroporto di Roma così come si evincono dal testo.

Partenze	Arrivi
ore 10:00 Dublino ore 10:30 Parigi ore 11:05 Londra ore 11:15 Barcellona ore 11:30 Francoforte	ore 10: Milano

Dallo schema si evince che l'aereo per Francoforte parte da Roma alle 11.30, pertanto, se impiega un'ora e mezza per arrivare a destinazione, atterra a Francoforte alle 13.00; la risposta esatta è la A. Occorre osservare che, ai fini della risoluzione del quesito, i dati 2 e 3 non sono stati utili.

2.10 Relazioni insiemistiche

Un'altra tipologia di quesiti frequentemente assegnata nelle prove di selezione è costituita dalle relazioni insiemistiche.

> A differenza dei quesiti di logica deduttiva che possono essere risolti grazie all'ausilio dei diagrammi insiemistici, tali quesiti hanno a oggetto proprio tali diagrammi.

La rappresentazione grafica utilizzata è costituita dai diagrammi di Eulero-Venn. Generalmente, i diagrammi si presentano sotto forma di cerchi o ellissi, ma possono essere anche poligoni (quadrati o rettangoli).
L'insiemistica è uno dei modelli di logica matematica di più semplice e rapida soluzione.
Nei test inerenti i diagrammi insiemistici, per ciascun quesito, occorre *individuare il diagramma che soddisfa la relazione insiemistica tra i termini dati.*
In tali quesiti, infatti, sono dati 3 termini, corrispondenti a 3 insiemi; occorre identificare la relazione esistente tra *parte* o *tutti* gli elementi dei 3 insiemi considerati.
Tali test, quindi, per la loro risoluzione, richiedono un ragionamento sillogico e la conoscenza dei diversi rapporti di classificazione, nonché dei concetti di parte e di tutto.
Si commenta il modello in base al diagramma:

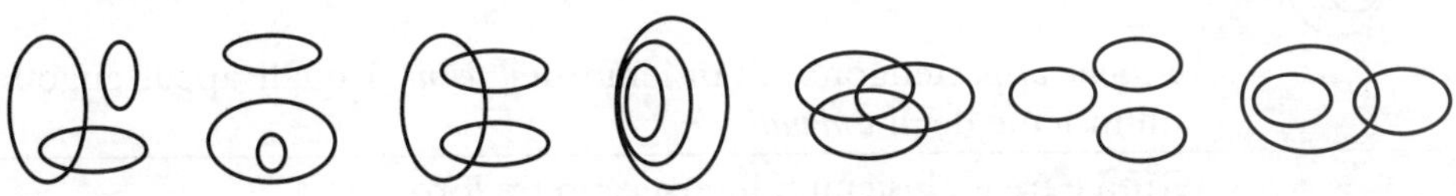

DIAGRAMMA 1 DIAGRAMMA 2 DIAGRAMMA 3 DIAGRAMMA 4 DIAGRAMMA 5 DIAGRAMMA 6 DIAGRAMMA 7

Diagramma 1 	Due insiemi sono intersecati e un terzo è disgiunto. Esiste una relazione tra *parte* degli elementi del primo insieme e *parte* degli elementi del secondo, ma non esiste alcuna relazione tra gli elementi dei primi due insiemi con gli elementi del terzo. Siano i tre termini: *Cantanti italiani, Cantanti rock, Chitarre* Alcuni *cantanti italiani* sono *cantanti rock* e viceversa. Le *chitarre* (strumenti musicali) non sono né *cantanti italiani* né *cantanti rock.*
Diagramma 2 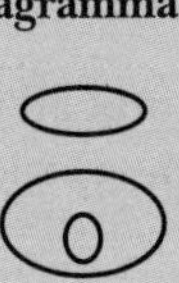	Un insieme è sottoinsieme del secondo mentre un terzo è disgiunto da entrambi. *Tutti* gli elementi del primo insieme sono elementi del secondo, ma non esiste alcuna relazione tra gli elementi dei primi due insiemi con gli elementi del terzo. Siano i tre termini: *Insetti, Gamberi, Mosche* Le *mosche* sono *insetti,* per cui l'insieme delle *mosche* è incluso nell'insieme degli *insetti.* I *gamberi* sono crostacei, per cui non sono né *insetti* né tantomeno *mosche.*

(segue)

Diagramma 3 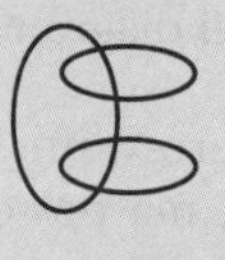	Un insieme è intersecato agli altri due che tra loro però sono distinti. Esiste una relazione tra *parte* degli elementi del primo insieme e *parte* degli elementi del secondo insieme; analogamente, esiste una relazione tra *parte* degli elementi del primo insieme e *parte* degli elementi del terzo insieme. Non esiste alcuna relazione tra gli elementi del secondo e del terzo insieme. Siano i tre termini: *Donne, Preti cattolici, Persone loquaci* Premesso che per persone si intendono uomini e donne e che i preti sono uomini, tra le *persone loquaci* vi sono sia *donne* sia *preti cattolici*. Tuttavia, le *donne* non possono essere *preti cattolici* e viceversa.
Diagramma 4 	Gli insiemi sono l'uno sottoinsieme dell'altro. *Tutti* gli elementi del primo insieme sono elementi del secondo insieme; *tutti* gli elementi del secondo insieme sono elementi del terzo insieme. Siano i tre termini: *Leoni, Felini, Animali* I *leoni* appartengono all'insieme dei *felini*, i quali appartengono all'insieme degli *animali*.
Diagramma 5 	Tutti e tre gli insiemi si intersecano tra loro. Esiste una relazione tra *parte* degli elementi dei tre insiemi. Siano i tre termini: *Inglesi, Persone alte, Laureati* Esistono *inglesi* che sono *persone alte* e *laureati*. Esistono *persone alte* che sono *inglesi* e *laureate*. Esistono *laureati* che sono *inglesi* e *persone alte*. I tre insiemi considerati si intersecano ma non coincidono.
Diagramma 6 	I tre insiemi sono disgiunti. Non esiste alcuna relazione tra gli elementi dei tre insiemi considerati. Siano i tre termini: *Teatri, Attori, Microfoni* Nonostante la relazione apparente, perché riferibili tutti all'ambiente dello spettacolo, i tre insiemi non sono in alcuna relazione tra loro: i *teatri* non sono *attori* né *microfoni*.

(segue)

Diagramma 7

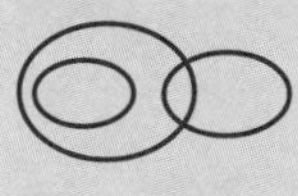

Un insieme è sottoinsieme del secondo e il terzo è intersecato al secondo.
Tutti gli elementi del primo insieme sono inclusi nel secondo insieme. *Parte* degli elementi del terzo insieme sono inclusi nel secondo insieme.
Siano i tre termini:
Numeri compresi tra 6 e 9, Numeri compresi tra 5 e 15, Numeri compresi tra 13 e 23
I *numeri compresi tra 6 e 9* sono:
{6, 7, 8, 9}
I *numeri compresi tra 5 e 15* sono:
{5, 6, 7, 8, 9, 10, 11, 12, 13, 14, 15}
Tutti i *numeri compresi tra 6 e 9* del primo insieme appartengono all'insieme dei *numeri compresi tra 5 e 15.*
I *numeri compresi tra 13 e 23* sono:
{13, 14, 15, 16, 17, 18, 19, 20, 21, 22, 23}
Gli elementi 13, 14 e 15 del terzo insieme sono inclusi nel secondo insieme ma non nel primo insieme.

Si analizza, mediante successive rappresentazioni, un esempio, in cui il diagramma da individuare è da ricercare tra i 7 diagrammi proposti nel modello appena commentato.

ESEMPIO

Individuare il diagramma che soddisfa la relazione insiemistica esistente fra i tre termini seguenti:
Calciatori, Palloni, Terzini
A. Diagramma 5
B. Diagramma 2
C. Diagramma 4

Tutti i terzini sono calciatori (calciatore è un termine generico, atto a designare i terzini, gli attaccanti, il portiere…); i palloni sono oggetti.

Nel linguaggio insiemistico, quindi, l'insieme dei "terzini" appartiene all'insieme dei "calciatori" ossia i "terzini" sono un sottoinsieme dell'insieme dei "calciatori". Inoltre, poiché "nessun pallone" è "un calciatore", l'insieme dei "calciatori" è disgiunto dall'insieme dei "palloni".
Il diagramma che rappresenta i tre insiemi è il numero 2 e la risposta corretta è la B.

In figura è mostrato il diagramma di Eulero-Venn con i tre insiemi.

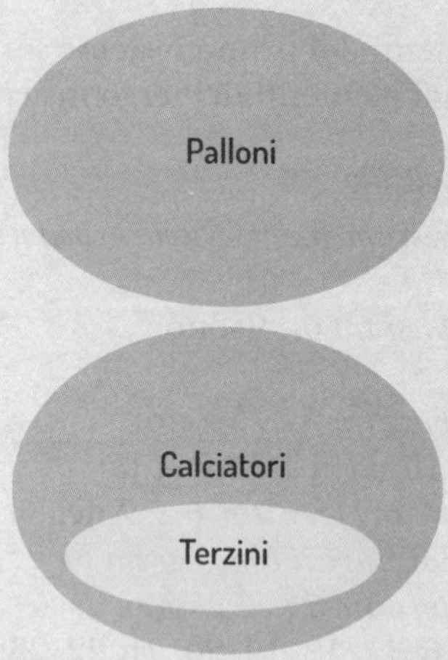

In esso si nota che l'insieme dei terzini è incluso in quello dei calciatori, mentre l'insieme dei palloni è disgiunto dagli altri due.

2.11 Analisi documentale

Per **analisi documentale** si intende la verifica del grado di comprensione del contenuto di un documento che illustra, per esempio, una serie di regole da osservare in un determinato contesto.

Nell'analisi documentale di un testo si possono ricavare regole che derivano da quanto esplicitamente o implicitamente indicato, dedurre se una particolare affermazione è in contrasto con le previsioni del documento o, infine, se le informazioni contenute in esso non consentono di rispondere al quesito posto.

ESEMPIO

Complesso Sportivo Stainforma		
PISTA DI ATLETICA E PALESTRA		
Orari di apertura		
dal lunedì al venerdì	dalle 9:00	alle 21:00
sabato	dalle 9:00	alle 14:00
domenica	chiuso	
PISCINA		
Nuoto libero		
dal lunedì al sabato	dalle 10:00	alle 15:00
Corsi per bambini		
lunedì – mercoledì – venerdì	16:00 – 17:00	

Corsi per adulti	
lunedì – mercoledì – venerdì	17:00 – 18:00
	18:00 – 19:00
	19:00 – 20:00
Informazioni e iscrizioni	
La segreteria è aperta dal lunedì al venerdì dalle 9:00 alle 13:00 e dalle 16:00 alle 20:00	

Per rispondere alle domande da 1 a 5 riportate di seguito, segnare:
A. se l'affermazione si ricava da o è implicita in ciò che è riportato nel documento;
B. se l'affermazione contraddice ciò che è riportato nel documento;
C. se non è possibile dare una risposta sulla base dei dati forniti dal documento.

1. Le iscrizioni in piscina possono effettuarsi tutti i sabati entro le ore 14:00.
2. Il centro sportivo è riservato ai bambini di età superiore ai dieci anni.
3. La domenica la pista di atletica è chiusa.
4. Il sabato non sono previsti corsi di nuoto con la presenza dell'istruttore.
5. Il sabato alle ore 17:00 la palestra è aperta.

Analizzando il cartello che precede possiamo attribuire ad ognuna delle affermazioni la lettera A, B o C, a seconda del caso.
Per la domanda 1 la risposta corretta è la B perché il cartello ci dice che la segreteria è aperta dal lunedì al venerdì, e non il sabato.
Per la 2 la risposta corretta è la C dal momento che il cartello non fornisce alcuna indicazione in merito all'età minima per poter fruire del complesso sportivo.
Per la domanda 3 la risposta corretta è la A in quanto il cartello specifica precisamente gli orari di apertura del complesso.
Per la domanda 4 la risposta corretta è ancora la A, perché leggendo il cartello si capisce che il sabato non sono previsti corsi di nuoto.
Per la domanda 5, infine, la risposta corretta è la B perché il cartello dice che la palestra il sabato chiude alle ore 14:00.

2.12 Diagrammi di flusso

I **diagrammi di flusso** sono grafici che consentono di descrivere le differenti operazioni sotto forma di uno schema in cui le diverse fasi del processo e le differenti condizioni che devono essere rispettate vengono rappresentate da simboli grafici detti blocchi elementari. I blocchi sono collegati tra loro tramite frecce che indicano la cronologia.

I diagrammi trovano la loro applicazione in diversi ambiti: in campo industriale schematizzano i processi, in campo economico vengono usati a supporto delle presentazioni per aiutare i destinatari a visualizzare meglio i contenuti, ma storicamente sono sempre stati molto usati in informatica.
Vediamo con un esempio pratico, l'impiego che i diagrammi di flusso possono avere nell'ambito di un test di selezione.

ESEMPIO

In un negozio di informatica il gestore stabilisce di avere una scorta pari a 10 confezioni da 50 pezzi di dvd. A fine giornata il gestore controlla la scorta di dvd e decide se e come effettuare l'ordine: se ci sono più di 10 confezioni, non effettua l'ordine; se ci sono esattamente 10 confezioni, invia un ordine normale; se ce ne sono meno di 10, invia un ordine urgente.

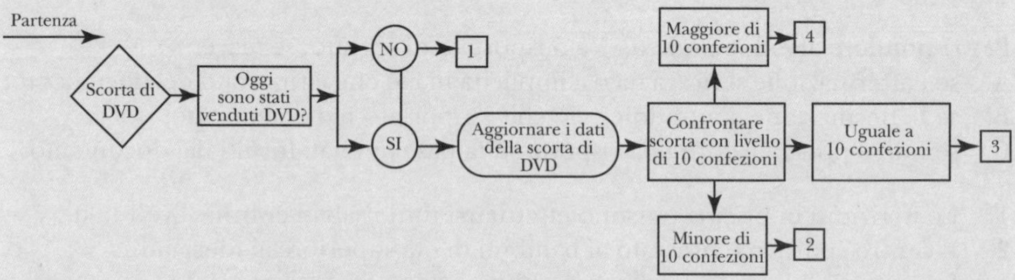

A quale operazione effettuata dall'addetto del negozio di informatica corrisponde il quadratino 3?

A. Invia un ordine normale
B. Non effettua l'ordine
C. Invia un ordine urgente

Per determinare la risposta corretta bisogna percorrere logicamente il diagramma di flusso dell'esempio fino a raggiungere il quadratino 3. Rispondendo positivamente alla domanda: "Sono stati venduti dvd?" il negoziante giunge alla necessità di aggiornare la scorta di dvd. Verifica il numero di confezioni in magazzino e scopre che sono esattamente 10. Per tale motivo invia un ordine normale al suo fornitore e quindi la risposta corretta è la A.
Sulla base delle stesse istruzioni è possibile concludere che l'operazione corrispondente ai quadratini n. 1 e 4 equivale all'operazione "Non effettua l'ordine".
L'operazione corrispondente al quadratino n. 2 è invece "Invia un ordine urgente".

2.13 Altri esercizi di ragionamento critico-verbale

Non tutti gli esercizi di logica possono essere categorizzati e inseriti all'interno di una sezione particolare. Consideriamo questa parte la più interessante perché consente di aprirsi agli orizzonti della logica con dei veri e propri rompicapo.
In parte la "cassetta degli attrezzi" fornita fin qui dovrebbe essere d'aiuto, ma in parte occorrerà elaborare strategie risolutive nuove e innovative, comunque mai banali.

ESEMPIO

Mentre un uomo osservava un ritratto, qualcuno gli chiese "Di chi è il ritratto che guardi?" ed egli rispose "Io non ho fratelli e sorelle, ma il padre di quest'uomo" disse indicando la persona raffigurata "è il figlio di mio padre". Si consideri la seguente affermazione:

Chi è la persona raffigurata nel quadro?
A. È il suo ritratto
B. È il ritratto di suo padre
C. È il ritratto di suo figlio

Il problema posto è, come si vede, molto complicato.
C'è un ritratto che raffigura qualcuno, la persona che osserva risponde alla domanda indicando la persona rappresentata nel quadro. Segmentiamo la risposta in tre pezzi.

Io non ho fratelli e sorelle	ma	Il padre di quest'uomo	è	Il figlio di mio padre
1		2		3

Il primo blocco "non ho fratelli o sorelle" è sufficientemente chiaro, forse troppo, come vedremo successivamente, perché ci costringe a focalizzare l'attenzione sulla persona che sta parlando.
Il secondo blocco deve essere focalizzato attentamente, il padre di quest'uomo, stiamo parlando del padre dell'uomo ritratto sul quadro… ed ecco che ci dice chi è il padre dell'uomo ritratto… è il figlio di mio padre.
Poiché sappiamo che suo padre non ha altri figli oltre a lui, il figlio di suo padre non è altri che se stesso cioè colui che sta parlando.
Pensate un attimo a voi stessi: voi siete figli di vostro padre. Se nel vostro vocabolario non esistesse il termine IO, indicando la vostra fototessera potreste dire ai vostri amici "questo è il figlio di mio padre" al posto di "questo sono IO".
Detto ciò dovreste aver già individuato qual è la risposta esatta al quesito posto.
Riprendiamo la frase "il padre di quest'uomo" e la frase "è il figlio di mio padre" e sostituiamo "è il figlio di mio padre" con il termine io.
Allora giungiamo alla conclusione "il padre di quest'uomo" è… "io, o meglio sono io!"
Quindi la persona ritratta sul quadro è suo figlio (risposta C).

Quesiti di verifica 2
Ragionamento critico-verbale

1) "Giovanni gioca e studia. Chi studia trova lavoro e legge. Luisa studia e suona. Chi suona è sensibile e ha molti amici. Chi legge è sensibile". Se le precedenti affermazioni sono vere, NON si può affermare con certezza che:

A. Giovanni legge
B. Luisa trova lavoro
C. Giovanni ha molti amici

2) "Chi non ha un cane non va in montagna. Antonio non va in montagna. Chi va in montagna respira aria pura". Quale tra queste affermazioni NON è corretta?

A. È impossibile che chi va in montagna non abbia un cane
B. È possibile che Antonio non abbia un cane
C. È impossibile che Antonio respiri aria pura

3) Tutti gli studiosi sono portati per la logica. Davide ama giocare a dama. Chi ama giocare a dama ha un debole per le donne. Quale delle seguenti affermazioni è sicuramente vera?

A. Non si può negare che Davide abbia un debole per le donne
B. Tutti gli studiosi amano giocare a dama
C. Chi è portato per la logica non può non amare la dama

4) "Se piove non utilizziamo la barca". Se la precedente affermazione è vera, allora è anche vero che:

A. Se non utilizziamo la barca, allora piove
B. Non è sufficiente che piova perché non utilizziamo la barca
C. Se utilizziamo la barca, allora non piove

5) "Soltanto se la porta è chiusa, riesco a concentrarmi". In base alla precedente affermazione, è necessariamente vero che:

A. È sufficiente che la porta sia chiusa per riuscire a concentrarmi
B. Riesco a concentrarmi anche con la porta aperta
C. Se la porta non è chiusa non riesco a concentrarmi

6) "Solo se il camino è acceso, si avverte l'atmosfera natalizia". In base alla precedente affermazione, è necessariamente vero che:

A. È sufficiente che il camino sia acceso per avvertire l'atmosfera natalizia
B. Si può avvertire l'atmosfera natalizia anche con il camino spento
C. Se il camino non è acceso, non si avverte l'atmosfera natalizia

7) Due fratelli, Andrea e Marco, sono tali che Andrea dice solo bugie il lunedì, mercoledì e venerdì e negli altri giorni dice sempre la verità, mentre Marco dice solo bugie il martedì, giovedì e sabato e negli altri giorni dice sempre la verità. Se ascoltate la seguente conversazione: Andrea: "oggi è domenica"; Marco: "ieri era domenica"; Andrea: "siamo in estate", quale tra le seguenti affermazioni è vera?

A. È un lunedì ma non d'estate
B. È un lunedì d'estate
C. È una domenica d'estate

8) Sulla base delle informazioni riportate nel documento:

ASL
Ufficio prenotazioni

Orari di apertura

lunedì, mercoledì, venerdì	dalle 9:00	alle 12:30
martedì e giovedì	dalle 9:00	alle 17:00
sabato	dalle 9:00	alle 12:00

Visite specialistiche
Le visite ortopediche si svolgono esclusivamente nei giorni pari.
Le visite cardiologiche si svolgono esclusivamente nel pomeriggio.

Valutare la seguente affermazione
Marco ha prenotato le due visite, ortopedica e cardiologica, per lo stesso giorno
indicando:

A. Se l'affermazione può essere confortata da quanto è riportato nel documento
B. Se l'affermazione contraddice ciò che è riportato nel documento
C. Se non è possibile dare una risposta sulla base dei dati forniti dal documento

9) "È assurdo contestare che è sbagliato non riconoscere che la mostra dei quadri di Picasso è stata visitata da molte persone". Basandosi sulla precedente affermazione, individuare quale delle seguenti alternative è esatta:

A. Molte persone hanno visitato la mostra dei quadri di Picasso
B. La mostra dei quadri di Picasso non è stata visitata da molte persone
C. Non è possibile stabilire se la mostra dei quadri di Picasso sia stata visitata da molte o poche persone

10) "In base alle notizie in suo possesso, il giornalista ha scritto che non è falsa l'ipotesi secondo cui l'incendio non è doloso". Basandosi sulla precedente affermazione, quale delle seguenti alternative è vera?

A. Le notizie in possesso del giornalista lo hanno indotto in errore
B. L'incendio non è doloso in base alle notizie in possesso del giornalista
C. Sicuramente l'incendio non è doloso

11) Individuare quale tra i seguenti diagrammi soddisfa la relazione insiemistica esistente fra i tre termini seguenti: Computer, Stampanti, CD-ROM

DIAGRAMMA 1 DIAGRAMMA 2 DIAGRAMMA 3 DIAGRAMMA 4

DIAGRAMMA 5 DIAGRAMMA 6 DIAGRAMMA 7

A. Diagramma 6
B. Diagramma 4
C. Diagramma 5

12) Individuare quale tra i seguenti diagrammi soddisfa la relazione insiemistica esistente fra i tre termini seguenti: Cani, Cavalli, Quadrupedi dal pelo marrone

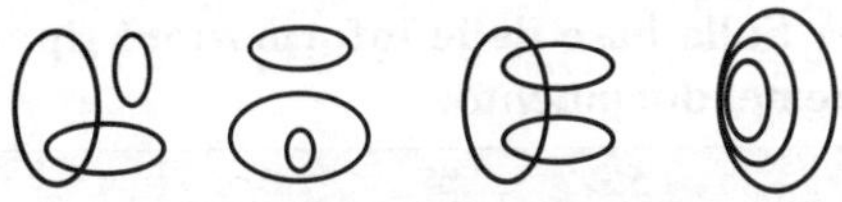

DIAGRAMMA 1 DIAGRAMMA 2 DIAGRAMMA 3 DIAGRAMMA 4

DIAGRAMMA 5 DIAGRAMMA 6 DIAGRAMMA 7

A. Diagramma 2
B. Diagramma 3
C. Diagramma 6

13) Individuare quale tra i seguenti diagrammi soddisfa la relazione insiemistica esistente fra i tre termini seguenti: Agrumi, Bevande, Spremute

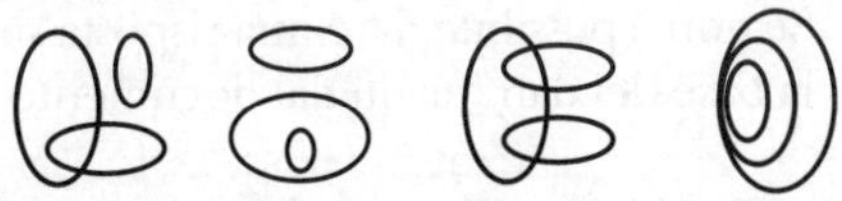

DIAGRAMMA 1 DIAGRAMMA 2 DIAGRAMMA 3 DIAGRAMMA 4

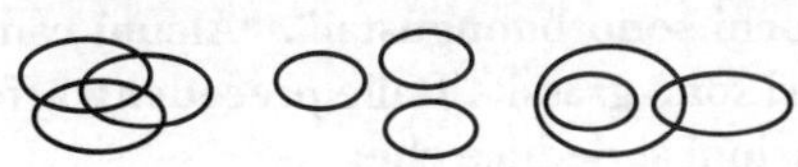

DIAGRAMMA 5 DIAGRAMMA 6 DIAGRAMMA 7

A. Diagramma 1

B. Diagramma 2
C. Diagramma 4

14) Individuare quale tra i seguenti diagrammi soddisfa la relazione insiemistica esistente fra i tre termini seguenti: Lavoratori dipendenti, Persone di nome Luigi, Residenti a Teramo

DIAGRAMMA 1 DIAGRAMMA 2 DIAGRAMMA 3 DIAGRAMMA 4

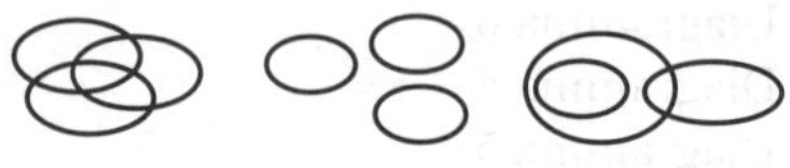

DIAGRAMMA 5 DIAGRAMMA 6 DIAGRAMMA 7

A. Diagramma 5
B. Diagramma 3
C. Diagramma 4

15) Sulla base delle informazioni riportate nel documento:

ASL
Centro Unico Prenotazioni (C.U.P.)
Orari di apertura al pubblico

Prenotazione visite specialistiche da lunedì a venerdì	dalle 8:00	alle 12:00
Ritiro referti martedì e giovedì	dalle 10:00	alle 13:00

Valutare la seguente affermazione
Annamaria ha prenotato una visita oculistica al C.U.P. venerdì alle 11:30
indicando:

A. Se l'affermazione si ricava da o è implicita in ciò che è riportato nel documento
B. Se l'affermazione contraddice ciò che è riportato nel documento
C. Se non è possibile dare una risposta sulla base dei dati forniti dal documento

16) "Tutti i cuochi sono grassi". "Tutti i cuochi sono buongustai". "Alcuni camerieri sono grassi". Dalle precedenti affermazioni si deduce che:

A. Tra le persone grasse vi sono sia cuochi sia camerieri
B. Tutti i buongustai sono cuochi
C. Tutti i buongustai sono grassi

17) "Sandro è una persona atletica; le persone alte sono tutte atletiche; le persone alte sono magre". Se le precedenti affermazioni sono vere, quale delle seguenti è sicuramente vera?

A. Sandro è una persona alta
B. Tutte le persone atletiche sono alte
C. Chi è alto è magro e atletico

18) "Tutti i cani sono fedeli e tutti gli animali fedeli sono mammiferi. Alcuni mammiferi possono passeggiare sui tetti". Una sola delle deduzioni qui elencate completa correttamente il sillogismo:

A. È impossibile che alcuni cani non possano passeggiare sui tetti
B. È impossibile che alcuni mammiferi non siano fedeli
C. Non è impossibile che alcuni cani possano passeggiare sui tetti

19) Delle tre società Alpha, Beta e Gamma almeno due sono lussemburghesi. Sapendo che se Alpha è lussemburghese anche Beta lo è, che se Gamma è lussemburghese lo è anche Alpha, e che tra Beta e Gamma almeno una è non lussemburghese, si può dedurre che:

A. Gamma non è lussemburghese e Beta è lussemburghese
B. Alpha non è lussemburghese e Beta è lussemburghese
C. Alpha, Gamma e Beta sono lussemburghesi

20) Quattro cavalli, Adamo, Bisset, Carolina e Demiurgo, partecipano ad una gara equestre. I proprietari dei cavalli sono Fini, Gini, Lini e Mini, non necessariamente in questo ordine. È inoltre noto che: il cavallo del signor Gini ha vinto il primo premio e non si chiama Carolina;

Demiurgo è arrivato terzo; il cavallo del signor Lini si chiama Bisset ed è arrivato prima di Carolina; il cavallo del signor Fini non è arrivato terzo. Quale cavallo è arrivato ultimo?

A. Il cavallo del signor Fini
B. Il cavallo del signor Lini
C. Adamo

21) Si consideri la proposizione: "Nessun cane ha tre zampe"; dire che tale proposizione è FALSA significa che:

A. Almeno un cane ha tre zampe
B. Tutti i cani hanno un numero di zampe diverso da tre
C. Tutti i cani hanno quattro zampe

22) "Recenti ricerche di laboratorio condotte in Italia hanno mostrato che le cellule tumorali sono rivestite da una proteina che impedisce al sistema immunitario di attaccarle. Occorre dunque studiare un farmaco che consenta di eliminare tale proteina". Quale delle seguenti affermazioni indebolisce la precedente argomentazione?

A. Le persone colpite da tumore hanno un sistema immunitario più forte di quello delle persone sane
B. Le cellule tumorali sono di difficile individuazione
C. La proteina che riveste le cellule tumorali è essenziale per una corretta funzionalità epatica

23) La perizia balistica non ha escluso l'impossibilità che il colpo non sia stato sparato dalla casa di fronte. La precedente affermazione è logicamente equivalente a:

A. Il colpo deve essere stato sparato dalla casa di fronte
B. Il colpo potrebbe essere stato sparato dalla casa di fronte
C. Il colpo non è stato sicuramente sparato dalla casa di fronte

24) "Non si può escludere che, se Davide non avesse perso gli occhiali, l'esecuzione del pezzo musicale sarebbe stata perfetta". In base alla precedente affermazione, quale delle seguenti è certamente vera?

A. Se l'esecuzione del pezzo musicale fosse stata perfetta, è possibile che Davide avrebbe trovato gli occhiali
B. È possibile che l'esecuzione del pezzo musicale sarebbe stata perfetta qualora Davide non avesse perso gli occhiali
C. L'esecuzione del pezzo musicale sarebbe stata perfetta se Davide avesse avuto con sé gli occhiali

25) J è più anziano di K ma più giovane di L. K e L sono entrambi più giovani di M. N è più anziano di J. Se le precedenti informazioni sono corrette, X è più anziano di J se è anche vero che: 1) X è più anziano di N; 2) N è più giovane di L e X è più giovane di M; 3) X e M hanno la stessa età. Quali sono le condizioni sicuramente corrette?

A. 1), 2) e 3)
B. 1) e 3)
C. Solo 3)

26) Individuare quale tra i seguenti diagrammi soddisfa la relazione insiemistica esistente fra i tre termini seguenti: Persone con i capelli rossi, Maggiorenni, Patentati

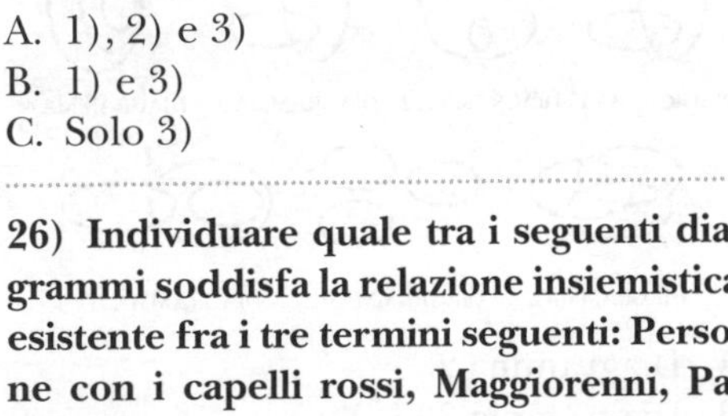

A. Diagramma 6

B. Diagramma 1
C. Diagramma 5

27) Individuare quale tra i seguenti diagrammi soddisfa la relazione insiemistica esistente fra i tre termini seguenti: Olandesi, Motociclisti, Spagnoli

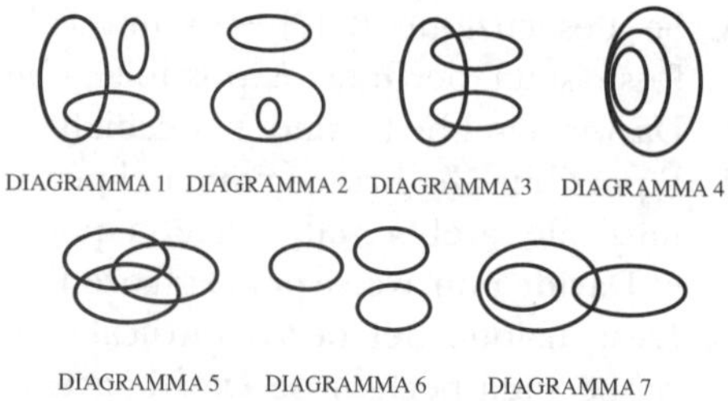

A. Diagramma 6
B. Diagramma 2
C. Diagramma 3

28) Individuare quale tra i seguenti diagrammi soddisfa la relazione insiemistica esistente fra i tre termini seguenti: Elementi chimici, Sodio, Alberi

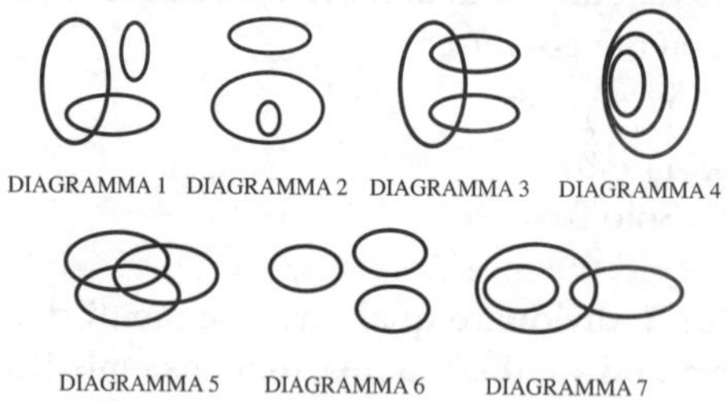

A. Diagramma 2
B. Diagramma 3
C. Diagramma 6

29) Sulla base delle informazioni riportate nel documento:

ARCHIVIO NOTARILE

Orari di apertura
dal lunedì al venerdì dalle 9:00 alle 11:30

Copie
Le copie degli atti si possono ritirare dopo tre giorni dalla richiesta.

Valutare la seguente affermazione

Luca, per poter richiedere la copia di un atto notarile, ha dovuto presentare una marca da bollo

indicando:

A. Se l'affermazione si ricava da o è implicita in ciò che è riportato nel documento
B. Se l'affermazione contraddice ciò che è riportato nel documento
C. Se non è possibile dare una risposta sulla base dei dati forniti dal documento

30) Prova di percorso logico

Il gestore di un pub prepara esclusivamente panini con hamburger, e stabilisce, quindi, di avere sempre una scorta di almeno 200 hamburger tra freschi e congelati. Ogni giorno, alla chiusura del pub, controlla le scorte per stabilire cosa ordinare ai fornitori. Se il numero di hamburger è superiore a 100, invia un ordine di 50 hamburger freschi. Se, invece, è minore di 100, controlla la scorta di hamburger congelati: se è superiore a 100, invia un ordine di 100 hamburger freschi; se la scorta è compresa tra 50 e 100 hamburger congelati, invia un ordine di 100 hamburger freschi e 50 congelati; se, infine, è inferiore a 50, invia un ordine di 100 hamburger freschi e 100 congelati.

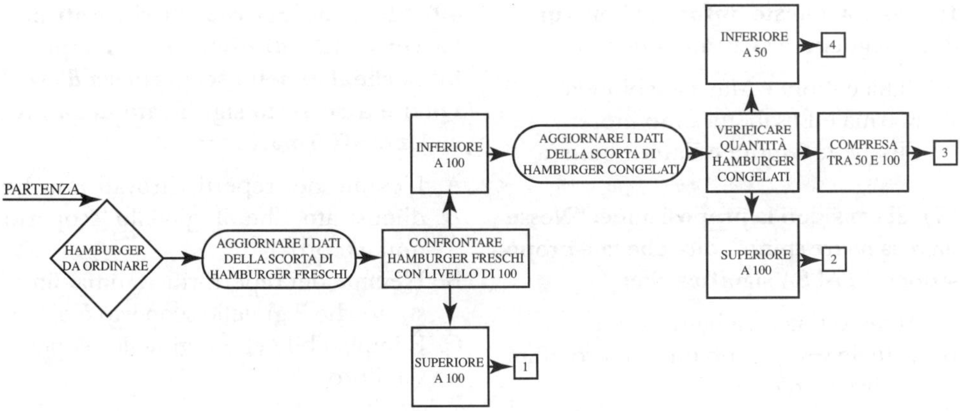

A quale operazione effettuata dal gestore del pub corrisponde il quadratino 3?

A. Ordina 100 hamburger freschi
B. Ordina 100 hamburger freschi e 50 congelati
C. Ordina 200 hamburger congelati

31) "I ladri sono ingiusti; i ladri sono uomini; dunque ... sono ingiusti". Si individui il CORRETTO completamento del sillogismo:

A. Alcuni uomini
B. Alcuni giusti
C. Alcuni ladri

32) "Tutti i miei parenti hanno la patente nautica. Alcuni di essi non hanno la barca". Questo significa che:

A. I miei parenti non hanno la barca
B. Alcuni miei parenti non hanno la patente nautica ma hanno la barca
C. Alcuni miei parenti, pur essendo patentati, non hanno la barca

33) "Antimo è napoletano; tutte le persone con i capelli castani sono italiane; tutti i napoletani sono italiani." Se le precedenti informazioni sono vere, quale delle seguenti è necessariamente vera?

A. Tutti i napoletani si chiamano Antimo
B. Antimo è italiano
C. Antimo ha i capelli neri

34) "Tutti i pompieri sono coraggiosi. Tutti i marinai sono coraggiosi. Tutti i marinai amano il mare". Se le precedenti informazioni sono corrette, quale delle seguenti informazioni addizionali consentirebbe di concludere che tutti i pompieri amano il mare?

A. Tutti i pompieri sanno nuotare
B. Non ci sono pompieri che siano anche marinai
C. Tutte le persone coraggiose amano il mare

35) L'affermazione "non tutti gli oggetti di vetro sono prodotti a Venezia" equivale a:

A. Alcuni oggetti di vetro non sono prodotti a Venezia
B. Tutti gli oggetti di vetro vengono prodotti fuori Venezia
C. Non tutti gli oggetti prodotti a Venezia sono oggetti di vetro

36) Alberto ha tre figlie, Katia, Elisabetta e Marina, due delle quali sono bionde e una mora. Se Katia è bionda, allora lo è anche Elisabetta; se Elisabetta è bionda allora lo è anche Marina.

In base a queste informazioni, quale delle seguenti è sicuramente vera?

A. Katia è mora e Marina è bionda
B. Marina e Elisabetta sono more
C. Elisabetta è mora e Katia è bionda

37) Si consideri la proposizione: "Nessuna rosa ha tre spine"; dire che tale proposizione è FALSA significa che:

A. Almeno una rosa ha tre spine
B. Tutte le rose hanno un numero di spine diverso da tre
C. Tutte le rose hanno quattro spine

38) Sulla base delle informazioni riportate nel documento:

ARCHIVIO NOTARILE

Orari di apertura
dal lunedì al venerdì dalle 9:00 alle 11:30

Copie
Le copie degli atti si possono ritirare dopo tre giorni dalla richiesta.

Valutare la seguente affermazione:
"*Avendo presentato la richiesta di martedì, Andrea non potrà ritirare copia del ricorso prima di venerdì*"
indicando:

A. Se l'affermazione può essere confortata da ciò che è riportato nel documento
B. Se l'affermazione contraddice ciò che è riportato nel documento
C. Se non è possibile dare una risposta sulla base dei dati forniti dal documento

39) "Non è indimostrabile che non bere vino può fare bene alla pressione". La precedente affermazione è equivalente a:

A. Non bere vino non fa certamente bene alla pressione
B. Bere vino non fa bene alla pressione
C. Non bere vino può fare bene alla pressione

40) "L'esame dei reperti ritrovati non ha consentito di dimostrare l'impossibilità che il gioiello scoperto sia d'oro." Qual è il corretto significato della precedente affermazione?

A. L'esame dei reperti ritrovati non ha dimostrato che il gioiello scoperto non è d'oro
B. L'esame dei reperti ritrovati ha dimostrato che il gioiello scoperto è d'oro
C. È impossibile che il gioiello scoperto sia d'oro

41) Individuare quale tra i seguenti diagrammi soddisfa la relazione insiemistica esistente fra i tre termini seguenti: Americani, Architetti, Sportivi

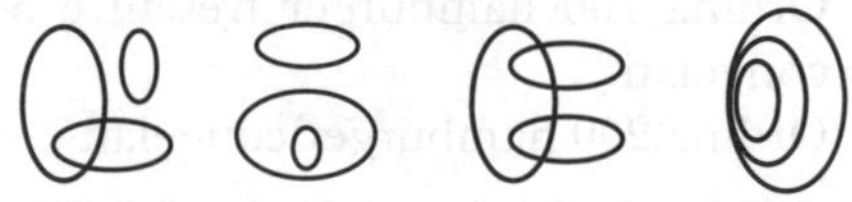

DIAGRAMMA 1 DIAGRAMMA 2 DIAGRAMMA 3 DIAGRAMMA 4

DIAGRAMMA 5 DIAGRAMMA 6 DIAGRAMMA 7

A. Diagramma 3
B. Diagramma 1
C. Diagramma 5

42) Individuare quale tra i seguenti diagrammi soddisfa la relazione insiemistica esistente fra i tre termini seguenti: Dadi, Bulloni, Oggetti sferici

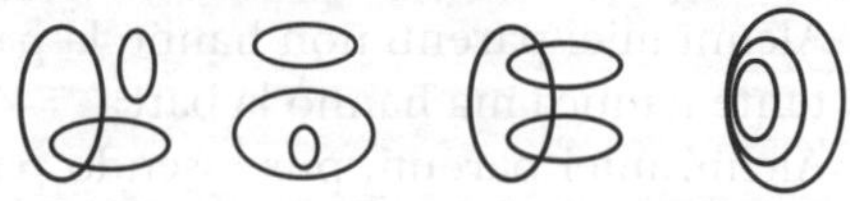

DIAGRAMMA 1 DIAGRAMMA 2 DIAGRAMMA 3 DIAGRAMMA 4

DIAGRAMMA 5 DIAGRAMMA 6 DIAGRAMMA 7

A. Diagramma 3
B. Diagramma 6
C. Diagramma 2

43) Individuare quale tra i seguenti diagrammi soddisfa la relazione insiemistica esistente fra i tre termini seguenti: Svizzeri, Sciatori, Italiani

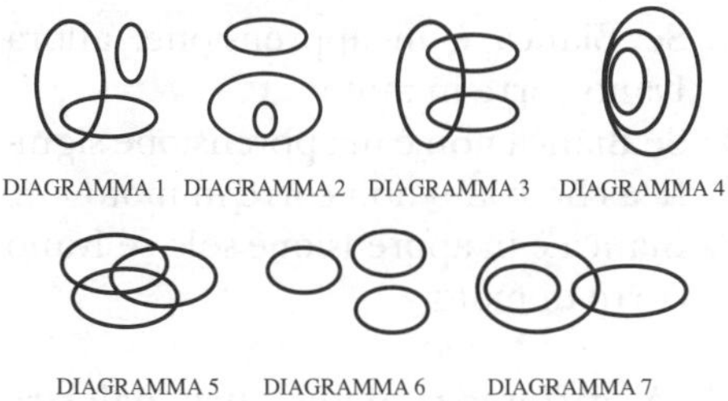

A. Diagramma 6
B. Diagramma 4
C. Diagramma 3

44) Individuare quale tra i seguenti diagrammi soddisfa la relazione insiemistica esistente fra i tre termini seguenti: Francesi, Casalinghe, Persone con la patente di guida

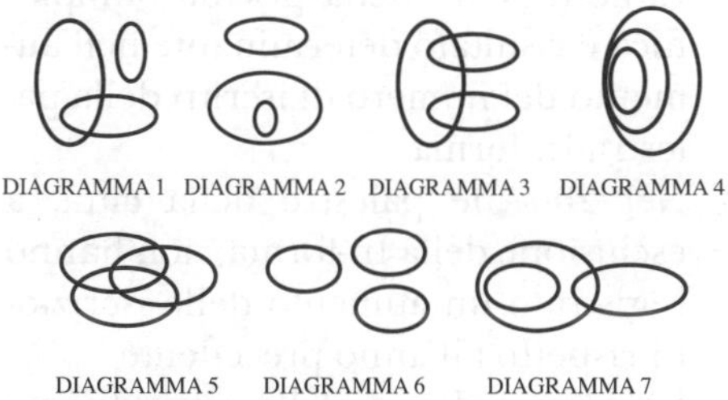

A. Diagramma 3
B. Diagramma 1
C. Diagramma 5

45) Individuare quale tra i seguenti diagrammi soddisfa la relazione insiemistica esistente fra i tre termini seguenti: Astronavi, Viaggi, Stelle

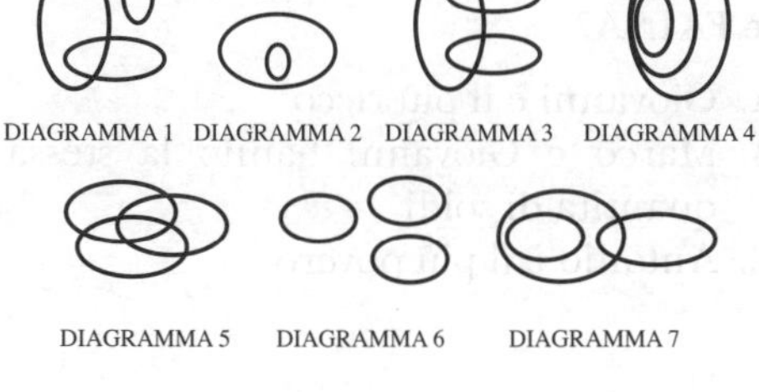

A. Diagramma 1
B. Diagramma 6
C. Diagramma 4

46) Sulla base delle informazioni riportate nel documento:

Ospedale S. Gerardo
Reparto di Maternità

Orario di visita	Orario di apertura nido
Lun-ven dalle 17:00 alle 18:00	Lun-ven dalle 17:00 alle 17:30
Sab dalle 17:00 alle 19:00	

Valutare la seguente affermazione
La signora Maria si è recata al S. Gerardo sabato pomeriggio per salutare sua figlia, che aveva appena partorito, e conoscere la sua nipotina appena nata
indicando:

A. Se l'affermazione può essere confortata da quanto è riportato nel documento
B. Se l'affermazione contraddice ciò che è riportato nel documento
C. Se non è possibile dare una risposta sulla base dei dati forniti dal documento

47) Individuare quale tra i seguenti diagrammi soddisfa la relazione insiemistica esistente fra i tre termini seguenti: Medici, Farmaci, Farmacie

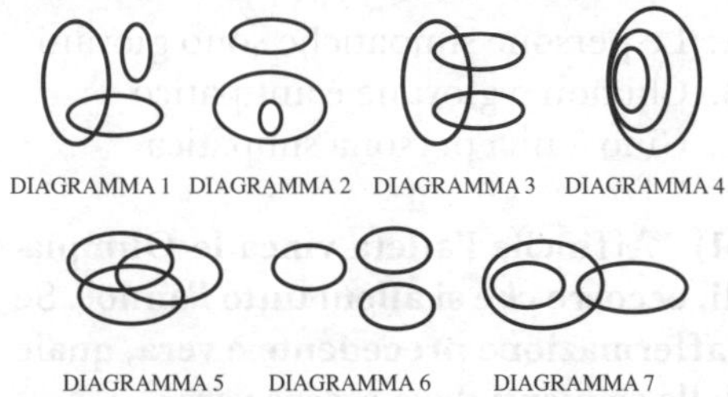

A. Diagramma 5
B. Diagramma 4
C. Diagramma 6

48) Individuare quale tra i seguenti diagrammi soddisfa la relazione insiemistica esistente fra i tre termini seguenti: Uomini, Deputati, Senatori

DIAGRAMMA 1 DIAGRAMMA 2 DIAGRAMMA 3 DIAGRAMMA 4

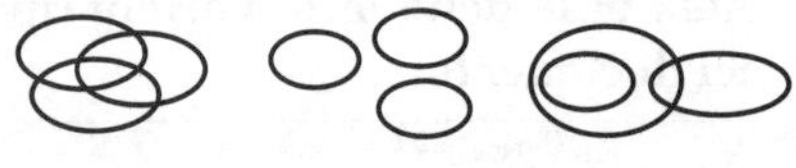

DIAGRAMMA 5 DIAGRAMMA 6 DIAGRAMMA 7

A. Diagramma 1
B. Diagramma 5
C. Diagramma 3

49) "Andrea è laureato. I ricchi vivono in case di loro proprietà. Tutti i laureati sono persone responsabili." Se le precedenti informazioni sono corrette, quale delle seguenti informazioni addizionali non consentirebbe di concludere che Andrea vive in una casa di sua proprietà?

A. Andrea è una persona responsabile
B. Andrea è ricco
C. Tutti i laureati sono ricchi

50) "Andrea è una persona simpatica". "Tutti i giovani sono simpatici"; "Gino è un giovane". In base alle precedenti informazioni, quale delle seguenti affermazioni è necessariamente vera?

A. Le persone simpatiche sono giovani
B. Chi non è giovane è antipatico
C. Gino è una persona simpatica

51) "Affinché l'atleta vinca le Olimpiadi, occorre che si alleni tutto l'anno". Se l'affermazione precedente è vera, quale delle seguenti deve essere vera?

A. Se l'atleta si allena tutto l'anno, allora vince le Olimpiadi
B. Se l'atleta non si allena tutto l'anno, allora non vince le Olimpiadi
C. È sufficiente che l'atleta si alleni tutto l'anno perché vinca le Olimpiadi

52) "Se Ivano corre in moto, allora Bianca è in apprensione". Se l'argomentazione precedente è vera, quale delle seguenti è certamente vera?

A. Se Bianca è in apprensione, allora Ivano corre in moto
B. Se Bianca non è in apprensione significa che Ivano non corre in moto
C. Bianca è in apprensione solo se Ivano corre in moto

53) A differenza delle altre palestre della città, nel 2007 la palestra In-forma ha aumentato le iscrizioni rispetto all'anno precedente. Il motivo di tale aumento è riconducibile all'allestimento in sede di una piscina olimpionica. Quale delle seguenti conclusioni NON può essere dedotta dalla precedente affermazione?

A. L'allestimento della piscina olimpionica è risultato determinante nell'aumento del numero di iscritti della palestra In-forma
B. Nel 2007 le palestre della città, a esclusione della In-forma, non hanno registrato un aumento delle iscrizioni rispetto all'anno precedente
C. Le altre palestre della città diverse dalla In-forma non sono dotate di piscina

54) Su un pianetino vivono tre persone: Antonio, Marco, Giovanni. Esiste una persona sul pianeta, più ricca di tutte le altre. Marco è più ricco di Antonio. Antonio è più povero di Giovanni. Quale delle seguenti conclusioni è sicuramente FALSA?

A. Giovanni è il più ricco
B. Marco e Giovanni hanno la stessa quantità di soldi
C. Antonio è il più povero

55) "Non si può escludere che, se Luigi non si fosse ubriacato, la festa sarebbe riuscita". In base alla precedente affermazione, quale delle seguenti è certamente vera?

A. È possibile che la festa sarebbe riuscita, qualora Luigi si fosse ubriacato
B. La festa sarebbe riuscita se Luigi fosse stato sobrio
C. È possibile che la festa sarebbe riuscita qualora Luigi non si fosse ubriacato

56) Giovanni ha tre figli, Michele, Giampiero e Andrea, due dei quali sono alti e uno è basso. Se Michele è alto, allora lo è anche Giampiero; se Giampiero è alto allora lo è anche Andrea. In base a queste informazioni, quale delle seguenti è sicuramente vera?

A. Andrea e Giampiero sono bassi
B. Giampiero è basso e Michele è alto
C. Michele è basso e Andrea è alto

57) Individuare quale tra i seguenti diagrammi soddisfa la relazione insiemistica esistente fra i tre termini seguenti: Università, Istituti Magistrali, Licei

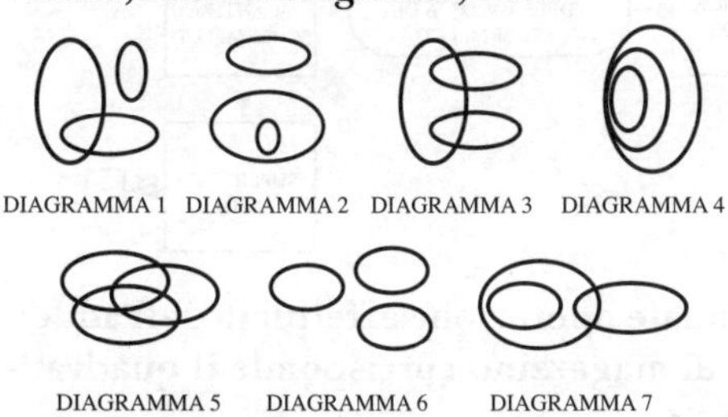

A. Diagramma 2
B. Diagramma 6
C. Diagramma 4

58) Individuare quale tra i seguenti diagrammi soddisfa la relazione insiemistica esistente fra i tre termini seguenti: Cittadini europei, Italiani, Milanesi

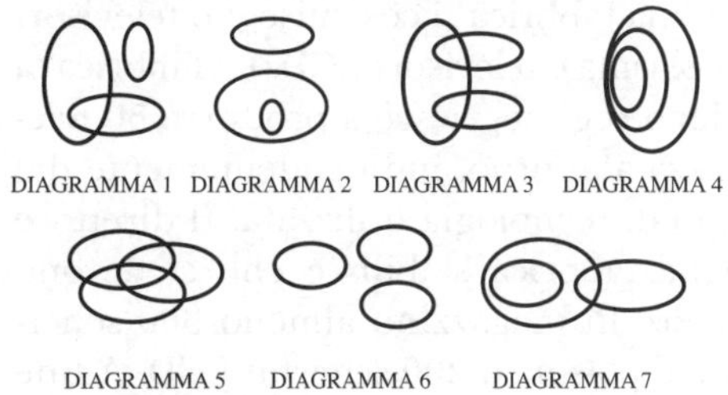

A. Diagramma 4
B. Diagramma 1
C. Diagramma 3

59) Individuare quale tra i seguenti diagrammi soddisfa la relazione insiemistica esistente fra i tre termini seguenti: Persone con i capelli castani, Architetti, Milanesi

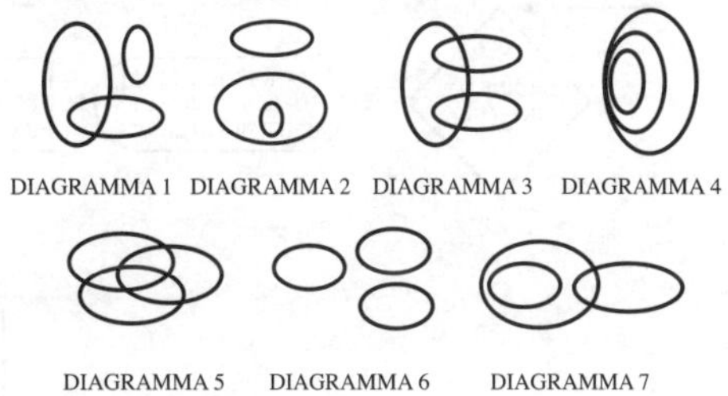

A. Diagramma 5
B. Diagramma 4
C. Diagramma 2

60) Individuare quale tra i seguenti diagrammi soddisfa la relazione insiemistica esistente fra i tre termini seguenti: Pasticceri, Cuochi, Camerieri

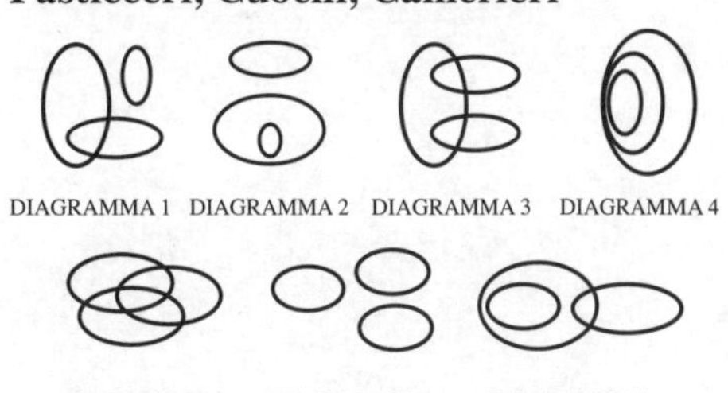

A. Diagramma 2

B. Diagramma 1
C. Diagramma 5

61) Prova di percorso logico
In una fabbrica si costruiscono televisori al plasma e televisori LCD. La fabbrica, a pieno regime, riesce a produrre 50 televisori al giorno, indipendentemente dal tipo di tecnologia utilizzata. Il direttore della fabbrica stabilisce che ci devono essere in magazzino almeno 300 schermi al plasma o 200 schermi LCD. A fine giornata un addetto al magazzino verifica le scorte dei due prodotti per decidere quale ordine inviare ai fornitori: se per entrambe le tecnologie ci sono scorte maggiori del minimo stabilito, non invia l'ordine; se la quantità di schermi di entrambe le tecnologie è inferiore al minimo, invia un ordine urgente; se, infine, ci sono meno di 300 schermi al plasma ma più di 200 schermi LCD o più di 300 schermi al plasma ma meno di 200 schermi LCD, invia un ordine normale.

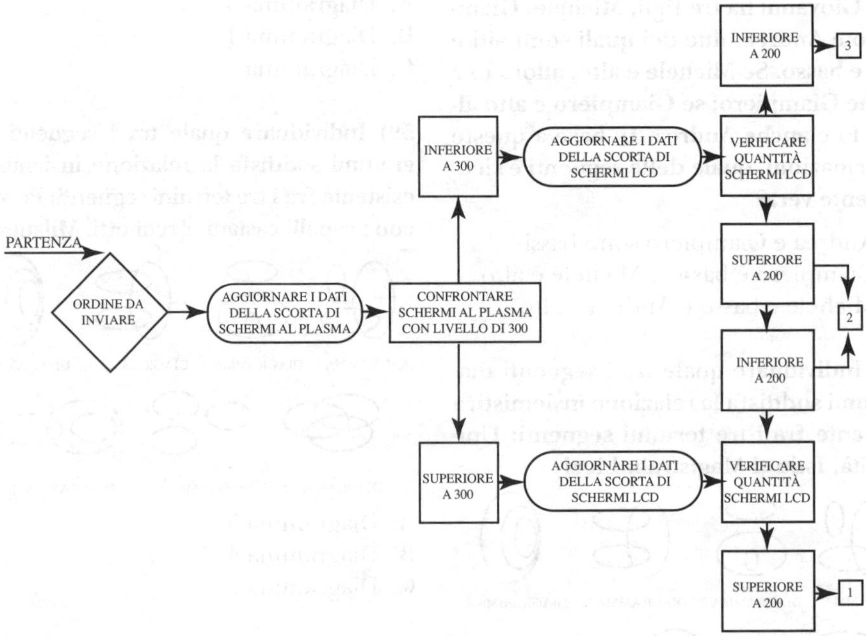

A quale operazione effettuata dall'addetto al magazzino corrisponde il quadratino 2?

A. Inviare un ordine normale
B. Inviare un ordine urgente
C. Inviare un ordine di schermi al plasma

62) "Annamaria ama le patatine fritte; chi è magro non ama le patatine fritte; chi è attivo è magro". Se le precedenti affermazioni sono vere, allora è certamente FALSO che:

A. Chi è attivo non ama le patatine fritte
B. Annamaria è attiva
C. Annamaria non è magra

63) "Tutti gli insegnanti sono competenti; Roberto è tenace; tutte le persone tenaci sono competenti". In base alle precedenti affermazioni, quale delle seguenti è necessariamente vera?

A. Roberto è competente
B. Non esistono insegnanti tenaci
C. Tutte le persone tenaci sono insegnanti

64) "Tutti i professori sono colti; Maurizio è colto; tutti i professori sono affascinanti". In base alle precedenti affermazioni, quale delle seguenti è necessariamente vera?

A. Nessun professore è colto e privo di fascino
B. Tutte le persone affascinanti sono colte
C. Maurizio è affascinante

65) "Se c'è lo sciopero dei treni, rimando la partenza per le vacanze". In base alla precedente affermazione, è necessariamente vero che:

A. Rimando la partenza per le vacanze solo se c'è lo sciopero dei treni
B. L'unica possibilità che io rimandi la partenza per le vacanze è che ci sia lo sciopero dei treni
C. Se non ho rimandato la partenza per le vacanze, vuol dire che non c'è stato lo sciopero dei treni

66) "Giovanni è più vecchio di Carlo; Lorenzo è più vecchio di Mario; Mario è più giovane di Alessandro; Carlo e Alessandro sono gemelli". Sulla base delle precedenti affermazioni, quale delle seguenti è certamente vera?

A. Lorenzo è più vecchio di Alessandro
B. Giovanni è più vecchio di Mario
C. Carlo è più giovane di Lorenzo

67) Se l'affermazione "Nessun cuoco è magro" è FALSA, quale delle seguenti affermazioni è necessariamente vera?

A. Tutti i cuochi sono magri
B. Almeno un cuoco è grasso
C. Almeno un cuoco è magro

68) "Nessun computer può sostituire il cervello umano". Se la precedente affermazione è FALSA, allora si può essere certi che:

A. Il cervello umano è insostituibile
B. Non esistono computer che possono sostituire il cervello umano
C. Esiste almeno un computer che può sostituire il cervello umano

69) "È sufficiente che Sandra segua la dieta perché il medico non le prescriva il farmaco Obex". Se l'argomentazione precedente è vera, quale delle seguenti è certamente vera?

A. Sandra segue la dieta soltanto se il medico le prescrive il farmaco Obex
B. Se il medico non prescrive a Sandra il farmaco Obex vuol dire che lei segue la dieta
C. Se il medico prescrive a Sandra il farmaco Obex vuol dire che lei non segue la dieta

70) "Non si può escludere che, se Bruno non avesse perso il biglietto, l'addetto alla sicurezza l'avrebbe fatto entrare nel cinema". In base alla precedente affer-

mazione, quale delle seguenti è certamente vera?

A. Se l'addetto alla sicurezza avesse fatto entrare Bruno nel cinema, è possibile che quest'ultimo non avrebbe perso il biglietto
B. È possibile che l'addetto alla sicurezza avrebbe fatto entrare Bruno nel cinema, qualora quest'ultimo avesse perso il biglietto
C. L'addetto alla sicurezza avrebbe fatto entrare Bruno nel cinema se quest'ultimo avesse mostrato il biglietto

71) "La visita ortopedica non ha consentito di dimostrare l'impossibilità che il legamento del pollice sia rotto". Qual è il corretto significato della precedente affermazione?

A. La visita ortopedica ha dimostrato che il legamento del pollice non può essere rotto
B. La visita ortopedica ha dimostrato che il legamento del pollice è rotto
C. La visita ortopedica non ha dimostrato che il legamento del pollice non è rotto

72) Individuare quale tra i seguenti diagrammi soddisfa la relazione insiemistica esistente fra i tre termini seguenti: Scienziati, Professori, Orsetti lavatori

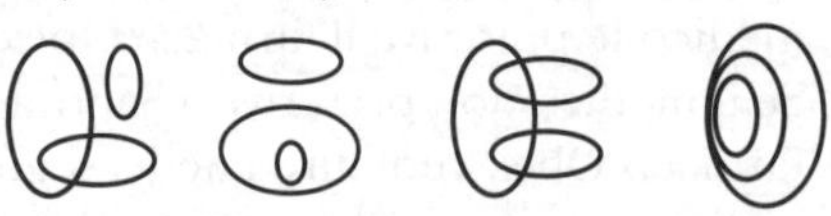

DIAGRAMMA 1 DIAGRAMMA 2 DIAGRAMMA 3 DIAGRAMMA 4

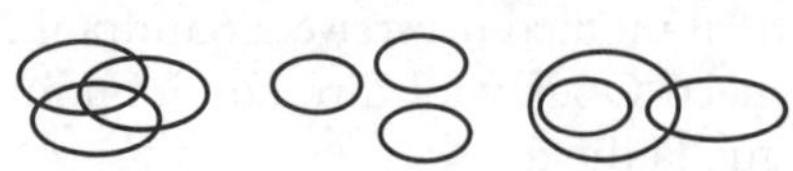

DIAGRAMMA 5 DIAGRAMMA 6 DIAGRAMMA 7

A. Diagramma 1
B. Diagramma 3
C. Diagramma 4

73) Individuare quale tra i seguenti diagrammi soddisfa la relazione insiemistica esistente fra i tre termini seguenti: Artisti, Pittori, Cassieri

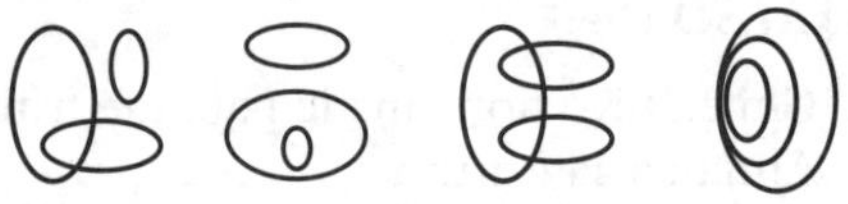

DIAGRAMMA 1 DIAGRAMMA 2 DIAGRAMMA 3 DIAGRAMMA 4

DIAGRAMMA 5 DIAGRAMMA 6 DIAGRAMMA 7

A. Diagramma 2
B. Diagramma 5
C. Diagramma 4

74) Sulla base delle informazioni riportate nel documento:

MULTISALA HOLLYWOOD	
Orario spettacoli	
Sala 1 - Sala 2 - Sala 3	16:30 - 19:00 - 21:30
Sala 4 - Sala 5 - Sala 6	16:00 - 18:00 - 20:00

Valutare la seguente affermazione:
Paolo e Bruna sono andati al cinema Hollywood a vedere un film di fantascienza allo spettacolo delle 20:00 in Sala 2
indicando:

A. Se l'affermazione si ricava da o è implicita in ciò che è riportato nel documento
B. Se l'affermazione contraddice ciò che è riportato nel documento
C. Se non è possibile dare una risposta sulla base dei dati forniti dal documento

75) "Non si può escludere che, se Rita non avesse avvertito del ritardo, i genitori si sarebbero preoccupati". In base alla precedente affermazione, quale delle seguenti è certamente vera?

A. È possibile che i genitori si sarebbero preoccupati qualora Rita non avesse avvertito del ritardo

B. I genitori si sarebbero preoccupati se Rita avesse dimenticato di avvertire del ritardo
C. È possibile che i genitori si sarebbero preoccupati, qualora Rita avesse avvertito del ritardo

76) "È sbagliato non ammettere che le precauzioni prese non sono bastate per impedire il rovesciamento della barca". Basandosi sulla precedente affermazione, individuare quale delle seguenti alternative è esatta.

A. La barca si è rovesciata nonostante le precauzioni prese
B. Le precauzioni che si possono prendere per impedire il rovesciamento di una barca sono inefficaci
C. Si può affermare che le precauzioni prese sono state sufficienti per impedire il rovesciamento della barca

77) "Non si può negare la falsità della tesi secondo la quale gli ufo non esistono". Qual è il corretto significato della precedente affermazione?

A. L'esistenza degli ufo è falsa
B. È impossibile sapere con certezza se esistano o meno ufo
C. Non si deve dire che gli ufo esistono

78) "Affinché il dirigente possa preparare la sua relazione è necessario che la segretaria inserisca i dati nel computer". Se la precedente affermazione è vera allora è anche vero che:

A. Il fatto che il dirigente abbia terminato la sua relazione implica che la segretaria abbia inserito i dati nel computer
B. Se il dirigente non ha ancora preparato la sua relazione, significa che la segretaria non ha ancora inserito i dati nel computer
C. Se il dirigente non prepara la sua relazione è per colpa della segretaria

79) Quale delle seguenti affermazioni non è compatibile con l'informazione "Solo se trattate con i pesticidi, le piante di granoturco non si ammalano"?

A. Le piante di granoturco ammalate non sono state trattate con i pesticidi
B. Le piante di granoturco sane sono state trattate con i pesticidi
C. Le piante di granoturco sane non sono state trattate con i pesticidi

80) In base all'informazione "In tutti i paesi della Provenza si trovano cespugli di lavanda", quale delle seguenti affermazioni è necessariamente vera?

A. I cespugli di lavanda si trovano solo nei paesi della Provenza
B. Non esistono paesi della Provenza dove non si trovino cespugli di lavanda
C. In alcuni paesi della Provenza si trovano cespugli di lavanda

81) In base all'informazione "tutti gli alberi da frutto sono molto pregiati", quale delle seguenti affermazioni è necessariamente vera?

A. Non esistono alberi più pregiati di quelli da frutto
B. Non esistono alberi da frutto poco pregiati
C. Gli alberi da frutto sono più pregiati di quelli sempreverdi

82) "Tutte le volte che ho copiato il compito in classe, sono stato scoperto". Se la precedente affermazione è FALSA, quale delle seguenti è certamente vera?

A. Quando non copio il compito in classe, non raggiungo la sufficienza
B. Quando copio il compito in classe, non vengo mai scoperto

C. Almeno una volta ho copiato il compito in classe e non sono stato scoperto

83) "La casa di Gabriella è a metà strada tra la casa di Paola e la casa di Pamela. La casa di Pamela è a metà strada tra la casa di Giuseppe e la casa di Gabriella". Dalle informazioni fornite si può dedurre che:

A. La distanza tra la casa di Paola e la casa di Pamela è uguale alla distanza tra la casa di Paola e la casa di Gabriella
B. Paola abita più vicino alla casa di Gabriella che non alla casa di Pamela
C. Pamela abita più vicino alla casa di Gabriella che non alla casa di Giuseppe

84) Tra Fabio, Massimo, Daniele, Katia e Valeria vi sono i seguenti vincoli di parentela: Katia è la nipote di Massimo; Valeria è la mamma di Fabio e di Katia; Daniele è il nonno materno di Fabio. In base alle precedenti informazioni è plausibile che Massimo sia:

A. Il fratello di Fabio
B. Il papà di Valeria
C. Il fratello di Valeria

85) Su un pianetino vivono tre persone: Antonio, Marco, Giovanni. Marco è più ricco di Antonio. Antonio è più povero di Giovanni. Quale delle seguenti conclusioni è sicuramente VERA?

A. Giovanni è il più ricco
B. Marco e Giovanni hanno quantità diverse di soldi
C. Antonio non è il più ricco

86) "Monica è più vecchia di Carlo; Lorenzo è più vecchio di Mario; Mario è più giovane di Sara; Carlo e Sara sono gemelli". Sulla base delle precedenti affermazioni, quale delle seguenti è certamente vera?

A. Lorenzo è più vecchio di Sara
B. Monica è più vecchia di Mario
C. Mario è più vecchio di Monica

87) "Non esiste campo senza recinto". Se la precedente affermazione è FALSA, quale delle seguenti è necessariamente vera?

A. Non vi sono recinti senza campi
B. Nessun campo ha il recinto
C. Esiste almeno un campo senza recinto

88) Se l'affermazione "Tutte le barche a remi sono leggere" è falsa, quale delle seguenti affermazioni è necessariamente vera?

A. Alcune barche a motore sono leggere
B. Almeno una barca a remi non è leggera
C. Tutte le barche a remi sono pesanti

89) In una gara, Sara ha battuto Giovanni; Giovanni non si è classificato primo; Luisa non è stata l'ultima; Daniele è stato battuto da Giacomo e da Luisa in quest'ordine; Giacomo è rimasto indietro rispetto a Giovanni. Chi ha vinto?

A. Daniele
B. Giacomo
C. Sara

90) Sulla base delle informazioni riportate nel documento:

ASL
Ufficio prenotazioni

Orari di apertura

Lunedì, mercoledì, venerdì	dalle 9:00	alle 17:30
martedì e giovedì	dalle 9:00	alle 13:00
sabato	dalle 9:00	alle 12:00

Visite specialistiche
Le visite oculistiche si svolgono esclusivamente nei giorni pari.
Le visite dermatologiche si svolgono esclusivamente nel pomeriggio.

Valutare la seguente affermazione
Marco ha prenotato le due visite, oculistica e dermatologica, per lo stesso giorno
indicando:

A. Se l'affermazione può essere ricavata da quanto è riportato nel documento
B. Se l'affermazione contraddice ciò che è riportato nel documento

C. Se non è possibile dare una risposta sulla base dei dati forniti dal documento

91) Se oggi è lunedì, qual è il giorno successivo al giorno che precede il giorno prima di domani?

A. Sabato
B. Domenica
C. Lunedì

92) In una maratona Sergio è stato più veloce di Giorgio, Daniele ha battuto Giovanni ma ha perduto rispetto a Giorgio, Giovanni ha sopravanzato Ugo. Chi è arrivato per ultimo?

A. Daniele
B. Giovanni
C. Ugo

93) Le aziende con allevamenti sono risultate al censimento dell'agricoltura del 2007 circa 675.835 (pari al 26,1% del totale), con una flessione del 35,2% rispetto al 1997, che indica l'abbandono della pratica zootecnica da parte di un gran numero di aziende. La zootecnia ha il suo punto di forza nella Pianura Padana, dove i bovini vengono allevati con criteri moderni e prevalentemente in funzione della produzione del latte.
Quale delle seguenti affermazioni è contenuta nel (o deducibile dal) testo?

A. Nel 1997 le aziende con allevamenti erano più di 900.000 e meno di 1.000.000
B. Nel 1997 le aziende con allevamenti erano più di 1.000.000
C. Nella Pianura Padana si allevano bovini esclusivamente in funzione della produzione del latte

94) Il male non ci ferma: possiamo cadere mille volte, ma il male non ci definisce, come invece definisce la mentalità mondana, per cui alla fine gli uomini giustificano quello che non riescono a non fare. Caratteristica della vera moralità è allora il desiderio di correzione. Il termine "correggere", che traduce il latino "regere cum", indica il camminare reggendosi assieme.
Una sola delle seguenti affermazioni è coerente con il significato del brano precedente. Quale?

A. Non importa fare il male o il bene: l'importante è fare, tanto poi qualcuno potrà intervenire a correggere gli errori
B. Le persone non possono essere fermate dalle azioni malvagie perché alla fine qualcuno giustificherà quello che non riescono a fare
C. Una persona veramente morale non ha come caratteristica quella di non fare mai il male, bensì il desiderio di correzione

95) La conoscenza aumenta sicuramente nel corso degli studi medici, mentre successivamente alla laurea sono possibili sia un suo ulteriore incremento, sia un impoverimento legato alla perdita delle nozioni non strettamente legate alla routine professionale. In ogni caso, le caratteristiche della conoscenza si modificano sostanzialmente quando il sanitario entra in contatto con la realtà professionale.
Quale delle seguenti affermazioni NON può essere dedotta dalla lettura del brano precedente?

A. Gli studenti di medicina aumentano le loro conoscenze durante gli studi
B. Gran parte delle nozioni acquisite durante gli studi va comunque perduta dopo la laurea
C. Una parte delle nozioni acquisite durante gli studi può andare perduta dopo la laurea

96) Concetto cardine per l'approccio McKenzie è che la maggior parte dei dolori lombari abbiano un'origine di natura meccanica. Il dolore insorge per una deformazione meccanica dei tessuti molli tale da attivare il sistema nocicettivo. L'esame di McKenzie utilizza metodi meccanici, movimenti ripetuti e posizioni mantenute per determinare le caratteristiche di tale deformazione del tessuto molle. Ciò consente di inquadrare il paziente in una o più delle sindromi meccaniche e di scegliere il metodo di trattamento appropriato. Avvicinando il problema da una prospettiva meccanica, McKenzie ha identificato due principali fattori di predisposizione derivanti dallo stile di vita: *a*) la postura seduta scorretta; *b*) la frequenza della flessione. Tali fattori meccanici sono causati da un complessivo stile di vita che porta a un cedimento, per eccesso di logoramento, dei tessuti molli che sostengono la spina dorsale. Tali fattori predisponenti sono affrontati nel piano di trattamento a breve e lungo termine per ciascun paziente, in quanto specificamente collegati al disturbo del paziente stesso.

In base al brano, individuare tra le seguenti l'affermazione vera.

A. La possibilità di effettuare un trattamento adeguato è legata alla diagnosi di una specifica sindrome
B. Il mal di schiena deriva dall'attività del meccanico
C. Per guarire il mal di schiena occorre correggere la postura scorretta

---

97) Pochi giorni fa, l'Istituto archeologico di Halle, in Germania, ha annunciato di aver risolto il mistero del manufatto di bronzo con Sole, Luna e stelle d'oro, datato 1600 avanti Cristo, ritrovato vicino alla città tedesca di Nebra: il Disco di Nebra è un orologio astronomico usato per calcolare le discrepanze fra il calendario solare e quello lunare. La notizia contiene due rivelazioni. La prima è che, nell'Età del bronzo, i nordeuropei erano più evoluti di quanto ci si aspettasse. E la seconda è che, già 3600 anni fa, gli esseri umani – da Babilonia alle rive del Reno – erano alle prese con il grande ingannatore: il tempo. La scienza deve ancora trovare la risposta a un mistero ancor più grande del Disco di Nebra: per quale meccanismo biologico il tempo passa lentamente in gioventù – dando la sensazione che la vita sia lunga – e si mette a correre con l'età adulta? In compenso, sappiamo che il corpo umano è pieno di "cronometri" cellulari, regolati chimicamente: sono la dopamina e altre molecole, a far sì che il fluire del tempo paia interminabile durante un convegno sui tassi d'interesse argentini e che invece voli via, in una notte d'amore. Ma il più spettacolare degli enigmi rimane quello della freccia del tempo. Ai nostri occhi – giovani o vecchi che siano – il tempo dà sempre la sensazione di un flusso, che va diritto lungo la traiettoria passato-presente-futuro. Peccato che, in fisica, questo tempo unidirezionale non abbia significato. "Passato, presente e futuro sono solo illusioni", scrisse Einstein a un amico. Secondo la Relatività speciale, due eventi che possono apparire simultanei da una visuale, possono non esserlo da un'altra. "La conclusione più immediata – osserva il divulgatore Paul Davies – è che sia il passato che il futuro siano prefissati. Per questo motivo, i fisici concepiscono il tempo nella sua interezza: un 'tempo-rama' analogo a un panorama, con tutti gli eventi passati e futuri osservati insieme". La percezione del tempo è soggettiva, e pure illusoria. Per di più, secondo la teoria della gravità quantistica, lo spazio e il tempo non sarebbero continui come ci appaiono, bensì avanzerebbero in pezzi "discreti". Un po' come la musica che ascoltiamo: è codificata in blocchi di bit, ma la udiamo come una cosa continua.

Secondo il testo del brano, la percezione del tempo come più lento durante la giovinezza e più veloce durante l'età adulta è dovuta:

A. a un fenomeno quantistico denominato futu-rama
B. all'invecchiamento del sistema cerebrale
C. ad alcune molecole che fungono da cronometri chimici

98) Il clima della Valle d'Aosta presenta una notevole varietà, legata alla complessità morfologica del territorio; in genere il clima stesso può essere definito come semicontinentale di montagna, di tipo temperato freddo, con precipitazioni assai scarse, specie in autunno e in inverno: la piovosità è assai ridotta soprattutto nella parte centrale della valle (Aosta 580 mm di pioggia media annua, Saint Marcel 475 mm, circa la metà di Napoli). Ciò obbliga a ricorrere all'irrigazione artificiale delle colture.

Quale delle seguenti affermazioni PUÒ essere dedotta dalla lettura del brano?

A. L'irrigazione artificiale delle colture in Valle d'Aosta deve essere effettuata in autunno e in inverno
B. La piovosità media annua a Napoli è inferiore a 475 mm
C. La piovosità media annua a Napoli è di poco superiore a 1 m

99) Richard C. Lewontin, eminente genetista di popolazioni dell'Università di Harvard, e Martin Kreitman, suo giovane collaboratore, stanno sequenziando un gene particolare in diverse varietà di Drosofila. La Drosofila è il celeberrimo moscerino della frutta che costituisce da oltre mezzo secolo il banco di prova preferito dei genetisti. Il gene di cui Kreitman e Lewontin stanno analizzando la sequenza dirige la sintesi di un enzima piuttosto banale, una deidrogenasi dell'alcool, ideale per cogliere le differenze genetiche, spesso infinitesime, tra individui di una stessa specie. In genetica queste differenze si chiamano polimorfismi. Il più noto caso nell'uomo è quello dei gruppi sanguigni (A, B, AB, O). Uno dei risultati più sorprendenti delle ricerche di Kreitman e Lewontin è che le regioni silenti dei geni, dette introni, mutano esattamente alla stessa frequenza delle regioni codificanti, dette esoni. Questi segmenti dormienti, che si trovano all'interno dei geni degli organismi superiori, non sono mai "tradotti" o "espressi" in prodotti finiti, cioè in proteine.

Delle seguenti affermazioni, una sola NON è tratta dal brano. Quale?

A. Le differenze genetiche tra individui di una stessa specie si chiamano polimorfismi
B. I polimorfismi dei gruppi sanguigni sono diversi da quelli degli enzimi
C. Le regioni dei geni si distinguono in introni ed esoni

100) L'isola di Creta è in una posizione geografica particolarmente favorevole: allungandosi da Ovest a Est, è un ponte naturale dal Peloponneso all'Asia Minore. Il suo carattere prevalentemente montuoso consente lo sfruttamento del suolo soltanto in piccole zone: la fascia costiera Canea, la pianura di Eraclion, dove sorge Cnosso, la pianura orientale costiera dove c'è Zakros e la pianura di Mesarà, nella quale si trovano Festos e Haghia Triada. La disposizione stessa dei palazzi al centro delle aree pianeggianti mostra subito quale fosse la loro principale funzione: la raccolta dei prodotti agricoli e la loro ridistribuzione. Nel neolitico, con la trasformazione dell'uomo da cacciatore in agricoltore, il passaggio dall'insediamento più antico, in grotta, allo stanziamento all'aperto è molto probabilmente legato allo sviluppo dell'agricoltura. Dei primi insediamenti all'aperto, presumibilmente capanne di paglia e fango, non sono rimaste tracce. Le più antiche strutture risalgono al sub-neolitico/Minoico Antico I e testimoniano, pur nella loro semplicità, un'abitazione legata all'agricoltura. La pianta di una casa di Magasà (circa 2800 a.C.) presenta un ingresso che si affaccia su di un vestibolo usato forse come magazzino, da dove si passa in un'unica stanza. Questa struttura racchiude in sé i due elementi tipici dell'architettura minoica.

Su quale dei seguenti argomenti NON sono fornite informazioni dal testo?

A. Il passaggio dal Paleolitico al Neolitico
B. La topografia dell'edilizia privata
C. La topografia dell'edilizia pubblica

RISPOSTE CORRETTE

1) C	21) A	41) C	61) A	81) B
2) C	22) C	42) B	62) B	82) C
3) A	23) B	43) C	63) A	83) B
4) C	24) B	44) C	64) A	84) C
5) C	25) B	45) B	65) C	85) C
6) C	26) C	46) B	66) B	86) B
7) A	27) C	47) C	67) C	87) C
8) A	28) A	48) C	68) C	88) B
9) A	29) C	49) A	69) C	89) C
10) B	30) B	50) C	70) C	90) B
11) A	31) A	51) B	71) C	91) C
12) B	32) C	52) B	72) A	92) C
13) B	33) B	53) C	73) A	93) B
14) A	34) C	54) B	74) B	94) C
15) C	35) A	55) C	75) A	95) B
16) A	36) A	56) C	76) A	96) A
17) C	37) A	57) B	77) B	97) C
18) C	38) A	58) A	78) A	98) A
19) A	39) C	59) A	79) C	99) B
20) A	40) A	60) A	80) B	100) C

Capitolo 3
Logica numerica e *problem solving*

I quesiti di **logica numerica** valutano le capacità di ragionamento, le abilità di calcolo mentale e l'intuito logico-matematico.
I test di logica numerica richiedono, spesso, semplice attitudine al calcolo mentale, per la cui risoluzione è sufficiente possedere nozioni matematiche di base e la capacità di risoluzione diretta e immediata. Le prove di selezione costituite da quesiti di logica numerica devono essere affrontate senza l'ausilio di calcolatrici. Pertanto, la rapidità di calcolo mentale è uno dei prerequisiti fondamentali per affrontare tali prove. Il calcolo mentale deve essere esercitato: l'abilità di calcolo, se non è innata, non può essere insegnata ma è il risultato di una pratica sedimentata negli anni. A prescindere dalla capacità innata, tale abilità può essere potenziata utilizzando metodi per velocizzare i calcoli, i cosiddetti trucchi. Le strategie di calcolo a mente utilizzano tali tecniche atte a ottenere operazioni intermedie più semplici. Nella fase di preparazione della prova è fondamentale imparare alcune di tali tecniche.
Tra i quesiti di logica numerica di cui ci occuperemo nel corso della presente trattazione, occorre annoverare:

- quesiti di *ragionamento numerico*, in cui si deve individuare il nesso logico tra i numeri e/o le lettere di una serie. Tali quesiti sono senza dubbio i più frequenti, anche se, spesso, sono assegnati quesiti con sequenze costituite anziché da numeri da lettere, le serie alfabetiche. Meno frequenti sono, invece, le serie alfanumeriche, costituite da successioni di lettere e numeri in cui possono esistere nessi logici tra le lettere e tra i numeri in maniera disgiunta oppure possono esistere nessi logici lettere-numeri;
- quesiti di *logica numerica nelle configurazioni grafico-geometriche*, in cui i numeri o le lettere di una serie sono presentati sotto svariate forme grafiche. La tecnica risolutiva di questi quesiti è la stessa di quella delle serie presentate sotto forma di successione di numeri e/o lettere, in più occorre considerare la posizione reciproca di tali numeri e/o lettere nelle figure;
- quesiti di *interpretazione di dati in grafici e tabelle* (si parla in quest'ultimo caso di quesiti di ragionamento critico-numerico), che valutano l'abilità di trattare ed estrapolare informazioni numeriche dai dati presentati sotto forma di grafici e tabelle;
- quesiti che richiedono l'*applicazione di formule di calcolo*. Gli esempi più frequenti di tale categoria sono quelli dei quiz in cui si richiede di prevedere un risultato attraverso l'espressione di giudizi in probabilità oppure dei quiz su spazio, velocità e tempo, che non richiedono particolari strategie risolutive ma, in generale, la conoscenza delle relazioni fondamentali tra queste tre grandezze;
- problemi matematici incentrati solo sul *calcolo di valori*, in cui il quesito è posto sotto forma di testo matematico e la cui risoluzione richiede l'applicazione di diverse formule;
- problemi logico-matematici risolvibili con *semplici formule*. La risoluzione dei quesiti di questa categoria richiede, infatti, addizioni, moltiplicazioni, l'utilizzo di equa-

zioni di primo grado o di sistemi di equazioni, oltre a un minimo di ragionamento logico per comprendere il problema.

Nei problemi logico-matematici incentrati sul ***problem solving***, il calcolo matematico ha un ruolo secondario rispetto alla comprensione della strategia risolutiva.
Nel *problem solving* rientrano:

- problemi la cui risoluzione richiede di *selezionare le informazioni rilevanti* per usarle in modo appropriato;
- problemi la cui risoluzione richiede di *individuare analogie*, ovvero di individuare informazioni o gruppi di informazioni equivalenti presentati sotto forme diverse, graficamente, verbalmente e sotto forma di tabelle;
- problemi che richiedono di *stabilire e applicare procedure appropriate*, ovvero problemi la cui risoluzione necessita come principale abilità quella di sviluppare un metodo di risoluzione.

In questo capitolo, dopo aver fornito alcune nozioni di aritmetica di base e alcuni metodi utili per velocizzare i calcoli, proponiamo, per i diversi quesiti di logica numerica e *problem solving* appartenenti alle tipologie più frequentemente somministrate nelle prove di selezione, una breve trattazione teorica dell'argomento.
La conoscenza delle tipologie di quiz che più frequentemente e più probabilmente saranno somministrate nel corso della prova ha il vantaggio di diminuire l'ansia da esame entro livelli più tollerabili rispetto al compito, oltre a fornire una chiave utile per la risoluzione stessa dei quesiti.
Sapere in anticipo che è possibile trovare degli esercizi che richiedono di attivare un processo risolutivo di un certo tipo – ad esempio individuare quale cifra segue una certa sequenza di numeri, e sapere che più frequentemente le sequenze numeriche prevedono progressioni che aumentano o diminuiscono di una costante – può, infatti, essere un validissimo aiuto.

3.1 Abilità di calcolo mentale

Calcolatrici, telefonini e computer, utilissimi nella vita quotidiana, di fatto, impigriscono il cervello umano, mettendo a dura prova, quando è richiesta, la rapidità di calcolo mentale, in altre parole il livello di velocità nell'eseguire i calcoli. Le prove di selezione costituite da quesiti di logica numerica devono essere affrontate senza l'ausilio di tali dispositivi. Pertanto, la rapidità di calcolo mentale costituisce uno dei prerequisiti fondamentali per affrontare tali prove.
L'abilità di calcolo, se non è innata, non può essere "insegnata" ma è il risultato di una pratica sedimentata negli anni. Il calcolo mentale deve essere esercitato.
A prescindere dalla capacità innata, tale abilità può, tuttavia, essere potenziata utilizzando metodi per velocizzare i calcoli, i cosiddetti *trucchi*. Le strategie di calcolo a mente utilizzano tali tecniche atte a ottenere operazioni intermedie più semplici.
In matematica, esistono **numerosi metodi per velocizzare i calcoli**; di seguito proporremo le tecniche più efficaci per le tipologie di quesiti più frequentemente somministrate. Generalmente, la risoluzione dei quesiti chiede l'applicazione di una combinazione di due o più di tali tecniche.

3.1.1 Nozioni di aritmetica fondamentali per la risoluzione dei quesiti di abilità di calcolo

Non si può pretendere di risolvere tali quesiti senza avere alcune nozioni di aritmetica di base.

Sistema di numerazione decimale

La **base** di un sistema di numerazione è il numero di unità necessarie per formare un'unità di ordine superiore.
Il sistema di numerazione decimale, anche conosciuto con il nome di sistema in base 10, è il sistema di numerazione elementare, **a base 10** o **decimale**, perché è formato dai primi 10 numeri come elementi, ossia 10 simboli, detti cifre:

0, 1, 2, 3, 4, 5, 6, 7, 8, 9

La cifra nel numero cambia valore in funzione della sua posizione rispetto alle altre. Ogni cifra dell'ordine superiore vale tante unità dell'ordine immediatamente inferiore quante ne indica la base del sistema di numerazione. Questo è il motivo per cui tale sistema è anche detto **posizionale**.
In questo sistema, 10 unità di un dato ordine formano 1 unità dell'ordine immediatamente superiore, per cui i numeri hanno un valore differente secondo la posizione occupata ovvero:

- **dieci unità** formano **una decina;**
- **dieci decine** formano **un centinaio;**
- **dieci centinaia** formano **un migliaio;**
- **dieci migliaia** formano **una decina di migliaia;**
- **dieci decine di migliaia** formano **un centinaio di migliaia;**
- ...

Per leggere i numeri occorre dividerli in gruppi di tre cifre, incominciando da destra verso sinistra; tali gruppi formano la:

- 1ª classe o classe delle unità;
- 2ª classe o classe delle migliaia;
- 3ª classe o classe dei milioni;
- 4ª classe o classe dei miliardi;
- 5ª classe o classe dei bilioni.

Classe	Ordine	Valore		
unità	1	unità semplici		1
	2	10 unità	1 decina	10
	3	10 decine	1 centinaio	100
	4	10 centinaia	1 migliaio	1.000
migliaia	5	10 migliaia	1 decina di migliaia	10.000
	6	10 decine di migliaia	1 centinaio di migliaia	100.000
	7	10 centinaia di migliaia	1 milione	1.000.000

(*segue*)

Classe	Ordine	Valore		
milioni	8	10 milioni	1 decina di milioni	10.000.000
	9	10 decine di milioni	1 centinaio di milioni	100.000.000
	10	10 centinaia di milioni	1 miliardo	1.000.000.000
miliardi	11	10 miliardi	1 decina di miliardi	10.000.000.000
	12	10 decine di miliardi	1 centinaio di miliardi	100.000.000.000

I numeri decimali sono posti dopo la virgola e si enunciano nell'ordine riportato di seguito.

Denominazione	Valore
decimi	0,1
centesimi	0,01
millesimi	0,001
decimillesimi	0,0001
centomillesimi	0,00001
milionesimi	0,000001
decimilionesimi	0,0000001
centimilionesimi	0,00000001
miliardesimi	0,000000001
decimiliardesimi	0,0000000001

ESEMPIO

I valori delle cifre del numero 1.234,567 sono rappresentati di seguito.

parte intera				parte decimale		
1	2	3	4	5	6	7
migliaia	centinaia	decine	unità	decimi	centesimi	millesimi

Sistema sessagesimale di unità di misura

Il sistema di unità di misura del tempo e degli angoli è detto **sessagesimale** perché usa come base il numero 60. Non si passa da un'unità all'altra moltiplicando per 10 o per potenze di 10. In tale sistema c'è, quindi, un rapporto di 1/60 tra un'unità di misura e un suo sottomultiplo.
L'unità di misura principale del **tempo** è il **secondo** (s) o minuto secondo.
I multipli del secondo sono:

- il minuto primo (m): 1 min = 60 s;
- l'ora (h): 1 h = 60 m = 3.600 s.
- Un multiplo dell'ora è il giorno (g): 1 g = 24 h.

I multipli più importanti del giorno sono il mese e l'anno.

ESEMPIO

Il tempo 15 ore 25 minuti e 34 secondi si scrive 15 h 25 m 34 s.

Nel sistema di **misurazione angolare** l'unità di misura fondamentale è il **grado** (°) ed è la 360-esima parte dell'angolo giro.

Il grado è l'ordine massimo, mentre i suoi sottomultipli sono:

– il primo (′), ottenuto come la 60-esima parte del grado (ordine centrale): $1' = \left(\frac{1}{60}\right)^{\circ} = 60''$;

– il secondo (″), ottenuto come la 60-esima parte del primo (ordine minimo): $1'' = \left(\frac{1}{60}\right)' = \left(\frac{1}{3.600}\right)^{\circ}$.

ESEMPIO

Una misura angolare di 44 gradi, 23 primi e 42 secondi si scrive 44°23′42″.

Proprietà delle operazioni fondamentali	
Proprietà commutativa	La somma di due o più numeri è invariante rispetto all'ordine degli addendi. Dati due numeri naturali *a* e *b*, si ha: $a + b = b + a$ Il prodotto di due o più numeri non varia al variare dell'ordine dei fattori. Dati due numeri naturali *a* e *b*, si ha: $a \times b = b \times a$
Proprietà associativa	La somma di più numeri non varia se a due o più di essi si sostituisce la loro somma. Dati tre numeri naturali *a*, *b* e *c*, si ha: $a + b + c = (a + b) + c = a + (b + c)$ Il prodotto di più numeri non varia se a due o più di essi si sostituisce il loro prodotto. Dati tre numeri naturali *a*, *b* e *c*, si ha: $a \times b \times c = (a \times b) \times c = a \times (b \times c)$
Legge di annullamento del prodotto	Il prodotto tra fattori è nullo se almeno uno di questi è nullo. Dati due numeri naturali *a* e *b* sarà: $a \times b = 0 \rightarrow$ uno dei due fattori o entrambi sono nulli

(*segue*)

Proprietà delle operazioni fondamentali	
Proprietà distributiva della moltiplicazione rispetto all'addizione	Il prodotto di una data somma per un numero è uguale alla somma dei prodotti che si ottengono moltiplicando, nell'ordine, gli addendi della somma data per il numero. Dati tre numeri naturali a, b e c, si ha: $(a + b) \times c = ac + bc$
Proprietà invariantiva	La differenza di due numeri è invariante rispetto alla somma o alla differenza con uno stesso numero. Dati tre numeri naturali a, b e c con $a \geq b$, sarà: $a - b = (a \pm c) - (b \pm c)$ in cui il simbolo ± si legge più o meno. Il quoziente di due numeri è invariante rispetto al prodotto o alla divisione di entrambi per uno stesso numero. Dati tre numeri naturali a, b e c, sarà: $a : b = (a \cdot c) : (b \cdot c) \qquad a : b = (a : c) : (b : c)$ Occorre che sia $c \neq 0$.
Proprietà distributiva della divisione rispetto all'addizione e alla sottrazione	Il quoziente di una data somma (o differenza) per un numero, non nullo, è uguale alla somma (o differenza) dei quozienti che si ottengono dividendo, ordinatamente, gli addendi della somma (o differenza) data per il numero. Dati tre numeri naturali a, b e c con $c \neq 0$, sarà: $(a \pm b) : c = (a : c) \pm (b : c)$

Ecco alcuni quesiti che non richiedono particolari conoscenze matematiche ma prontezza nella risoluzione.

ESEMPIO

Qual è la differenza tra i 2 risultati delle operazioni seguenti? 5.514/2 e 5.512/2

A. 1
B. 3
C. 0,5

La differenza si ottiene nel modo seguente: (5.514 – 5.512)/2 = 2/2 = 1.
La risposta corretta è la A.

ESEMPIO

Quale valore si ottiene dal prodotto fra i 2 risultati delle operazioni seguenti? 660/330 e 720/360

A. 8
B. 0,5
C. 4

La differenza si ottiene facilmente considerando che 660/330 = 2 e che 720/360 = 2.
Pertanto, 2 × 2 = 4.
La risposta corretta à la C.

Scomposizione di un numero

I **numeri primi** sono tutti quei numeri divisibili solo per se stessi e per 1; i numeri diversi dai numeri primi si dicono **composti**.
Il numero 1 non è considerato né numero primo né numero composto.
Nei primi dieci numeri, sono primi 2, 3, 5, 7, mentre sono composti 4, 6, 8, 9, 10.

Criteri di divisibilità

Per scomporre un numero nel prodotto di fattori, occorre conoscere i seguenti criteri di divisibilità di un numero per un dato fattore, in base ai quali è possibile stabilire quando il numero è divisibile per il fattore dato.

Principali criteri di divisibilità	
Per 2	Termina con cifra pari
Per 3	La somma delle sue cifre, reiterata fino a ottenere un numero di una cifra, è divisibile per 3
Per 4	Le ultime due cifre sono o entrambe 0 oppure un multiplo di 4
Per 5	L'ultima cifra è 0 oppure 5
Per 6	È divisibile per 2 oppure per 3
Per 7	La differenza (in valore assoluto) tra il numero ottenuto eliminando la cifra delle unità e il doppio della cifra delle unità è 0 oppure un multiplo di 7
Per 8	Le ultime tre cifre sono o tre zeri oppure un multiplo di 8
Per 9	La somma delle sue cifre è un multiplo di 9
Per 10, 100, 1.000...	Termina con uno, due, tre, ... zeri
Per 11	La differenza (in valore assoluto) tra la somma delle cifre di posto pari e quella delle cifre di posto dispari è 0 oppure un multiplo di 11
Per 12	È contemporaneamente divisibile per 3 e per 4
Per 13	La somma del quadruplo della cifra delle unità con il numero formato dalle rimanenti cifre è 13 oppure un multiplo di 13
Per 17	La differenza (in valore assoluto) tra il numero ottenuto eliminando la cifra delle unità e il quintuplo della cifra delle unità è 0 o un multiplo di 17
Per 25	Le ultime due cifre sono o entrambe 0 oppure un multiplo di 25

Dopo aver fornito tali nozioni, è utile proporre un quesito inerente le cifre dei numeri.

ESEMPIO

Si consideri un numero di tre cifre dove la cifra delle unità è uguale alla somma di quella delle decine con quella delle centinaia. Se si somma questo numero con quello ottenuto scambiando la cifra delle decine con quella delle centinaia e si divide il risultato per la somma delle cifre del numero dato, si ottiene:

A. 56,5
B. 56
C. 55

Sia C D U il numero di tre cifre. Poiché C sono le centinaia, D le decine e U le unità, possiamo scrivere il numero dato come:

100C + 10D + U

Il numero ottenuto scambiando la cifra delle decine con quella delle centinaia è D C U, che può essere scritto come:

100D + 10C + U

Il quesito richiede di trovare il numero che sia il risultato delle seguenti operazioni:

$$\frac{(100C+10D+U)+(100D+10C+U)}{C+D+U}$$

Siccome la cifra delle unità è uguale alla somma di quella delle decine con quella delle centinaia, scriviamo U = D + C, sostituendo a U il suo valore; il numero richiesto dal quesito è il risultato di:

$$\frac{(100C+10D+U)+(100D+10C+U)}{C+D+U}=\frac{(100C+10D+D+C)+(100D+10C+D+C)}{C+D+D+C}=$$

$$=\frac{110C+110D+2C+2D}{2C+2D}=\frac{110(C+D)+2(C+D)}{2(C+D)}=$$

$$=\frac{112(C+D)}{2(C+D)}=\frac{112}{2}=56$$

Il numero che si ottiene è 56, la risposta corretta è B.

Potenza di un numero

Siano *a* e *b* due numeri naturali, si definisce **potenza** di base *a* ed esponente *b* il prodotto di *b* fattori uguali ad *a*; in simboli:

$$a^b=\underbrace{a\cdot a\cdot\ldots\cdot a}_{b\text{ volte}}$$

ESEMPIO

$4^5 = 4 \cdot 4 \cdot 4 \cdot 4 \cdot 4 = 1.024$

Si ricordano i seguenti casi particolari: $a^1 = a$ e $a^0 = 1$.

Proprietà delle operazioni con le potenze	
Prodotto di potenze	Il prodotto di due o più potenze aventi la stessa base è una potenza avente la stessa base ed esponente uguale alla somma degli esponenti
Quoziente di potenze	Il quoziente di due o più potenze aventi la stessa base è una potenza avente la stessa base ed esponente uguale alla differenza degli esponenti
Potenza di una potenza	La potenza di una potenza è una potenza di stessa base ed esponente uguale al prodotto degli esponenti È necessario che, contemporaneamente, la base e uno o più degli esponenti non siano nulli; altrimenti si ricade nella forma indeterminata 0^0
Potenza di esponente negativo	La potenza di base qualsiasi, naturale o frazionaria, elevata a un esponente negativo è uguale all'inverso della base elevata all'opposto dell'esponente negativo, ossia allo stesso esponente preso senza il segno meno
Potenza di un prodotto	La potenza di un prodotto è uguale al prodotto delle potenze dei singoli fattori

Può essere utile, al fine della risoluzione di diversi quesiti, memorizzare alcune potenze del 2, del 3, del 4 e del 5.

Potenze del 2								
2^0	2^1	2^2	2^3	2^4	2^5	2^6	2^7	2^8
1	2	4	8	16	32	64	128	256
Potenze del 3								
3^0	3^1	3^2	3^3	3^4	3^5	3^6	3^7	3^8
1	3	9	27	81	243	729	2.187	6.561
Potenze del 4								
4^0	4^1	4^2	4^3	4^4	4^5	4^6	4^7	4^8
1	4	16	64	256	1.024	4.096	16.384	65.536
Potenze del 5								
5^0	5^1	5^2	5^3	5^4	5^5	5^6	5^7	5^8
1	5	25	125	625	3.125	15.625	78.125	390.625

Di seguito, invece, proponiamo quadrati, cubi, quadrupli e quintupli perfetti dei numeri naturali da 1 a 20.

Numeri	Quadrati	Cubi	Quadrupli	Quintupli
1	1	1	1	1
2	4	8	16	32
3	9	27	81	243

(*segue*)

Numeri	Quadrati	Cubi	Quadrupli	Quintupli
4	16	64	256	1.024
5	25	125	625	3.125
6	36	216	1.296	7.776
7	49	343	2.401	16.807
8	64	512	4.096	32.768
9	81	729	6.561	59.049
10	100	1.000	10.000	100.000
11	121	1.331	14.641	161.051
12	144	1.728	20.736	248.832
13	169	2.197	28.561	371.293
14	196	2.744	38.416	537.824
15	225	3.375	50.625	759.375
16	256	4.096	65.536	1.048.576
17	289	4.913	83.521	1.419.857
18	324	5.832	104.976	1.889.568
19	361	6.859	130.321	2.476.099
20	400	8.000	160.000	3.200.000

Non spaventatevi! Non vi chiederanno potenze così alte.

Un quesito frequente in diverse prove di selezione, e che richiede la conoscenza delle potenze del 2, è quello dei *conigli*, di cui riportiamo un esempio di seguito.

ESEMPIO

Un contadino possiede una coppia di conigli. Essi, superata l'età di un anno, generano ogni anno una nuova coppia di conigli. Tutte le coppie, raggiunta l'età di un anno, si riproducono fornendo ogni anno una nuova coppia di conigli. Quanti sono i conigli all'inizio del sesto anno?

A. 64
B. 12
C. 24

Nei quesiti sui conigli si chiede quante coppie di *conigli* possiederà il contadino all'inizio dell'*n*-esimo anno, nell'ipotesi (teorica) che nessun coniglio muoia, per varie cause.
Dal testo del quesito si evince che ogni coppia di conigli genera ogni anno (eccetto il primo dopo la nascita, durante il quale giunge alla maturità sessuale) un'altra coppia di conigli.
Pertanto, il contadino, all'inizio del primo anno, avrà ancora 1 coppia di conigli. All'inizio del secondo anno, avrà 2 coppie di conigli. All'inizio del terzo anno, le

2 coppie avranno generato altre 2 coppie di conigli; in tal modo, le coppie saranno diventate 4. All'inizio del quarto anno, le 4 coppie di conigli avranno generato altre 4 coppie di conigli; in tal modo, le coppie saranno diventate 8. All'inizio del quinto anno, le 8 coppie di conigli avranno generato altre 8 coppie di conigli; in tal modo, le coppie saranno diventate 16. All'inizio del sesto anno, le 16 coppie di conigli avranno generato altre 16 coppie di conigli; in tal modo, le coppie saranno diventate 32.
Tale tipologia di quesito si risolve, dunque, applicando le potenze del 2.
Considerato che, dopo l'età di un anno, ciascuna coppia genera ogni anno una nuova coppia di conigli, il numero di conigli all'inizio dei diversi anni è:

Inizio primo anno: $1 \times 2 = 2^1 = 2$	la coppia di conigli non ha ancora generato conigli
Inizio secondo anno: $2 \times 2 = 2^2 = 4$	la coppia di conigli (cioè 2 conigli) genera 2 conigli
Inizio terzo anno: $4 \times 2 = 2^3 = 8$	le 2 coppie di conigli (cioè 4 conigli) generano altri 4 conigli
Inizio quarto anno: $8 \times 2 = 2^4 = 16$	le 4 coppie di conigli (cioè 8 conigli) generano altri 8 conigli
Inizio quinto anno: $16 \times 2 = 2^5 = 32$	le 8 coppie di conigli (cioè 16 conigli) generano altri 16 conigli
Inizio sesto anno: $32 \times 2 = 2^6 = 64$	le 16 coppie di conigli (cioè 32 conigli) generano altri 32 conigli

Espressioni aritmetiche

Un'**espressione aritmetica** è costituita da un certo numero di operazioni aritmetiche le quali devono essere risolte rispettando la regola secondo cui le moltiplicazioni e le divisioni hanno sempre la precedenza rispetto alle somme algebriche.
Nelle espressioni è frequente l'uso delle: parentesi tonde ( ); parentesi quadre [ ]; parentesi graffe { }.
In presenza di parentesi, occorre procedere dall'interno verso l'esterno risolvendo prima le tonde, poi le quadre e, infine, le graffe. Qualora fossero presenti anche potenze, è consigliabile risolverle quanto prima per semplificare i calcoli.

ESEMPIO

$\left[3^2+2\cdot(-5+11-3)\right]\cdot 2^3-11=$	risolviamo le potenze ed eliminiamo la parentesi tonda
$=\left[9+2\cdot(3)\right]\cdot 8-11=$	eseguiamo il prodotto all'interno della parentesi quadra
$=\left[9+6\right]\cdot 8-11=$	eseguiamo la somma all'interno della parentesi quadra
$=15\cdot 8-11=$	eseguiamo il prodotto
$=120-11=109$	

Un'espressione aritmetica frazionaria è costituita da una successione di operazioni e di numeri frazionari. Le regole di precedenza esposte nel caso di numeri interi restano inalterate.

3.1.2 Metodi per velocizzare i calcoli

Di seguito esporremo alcuni metodi la cui applicazione può essere particolarmente utile durante una prova di selezione. Anche se tali metodi richiedono un numero di operazioni più lungo rispetto alla singola operazione (moltiplicazione, divisione ecc.) richiesta dal quesito, una loro implementazione al momento della selezione agevola la rapidità di calcolo.

Trucco n. 1: moltiplicare un numero per 1,5

Per moltiplicare un numero **per 1,5**, si può aggiungere al numero stesso la sua metà, oppure si può calcolare la sua metà e moltiplicarla per 3.

ESEMPIO

14 × 1,5 =
= 14 + 14/2 = 14 + 7 = 21
= 14/2 × 3 = 7 × 3 = 21

Trucco n. 2: dividere un numero per 1,5

Per dividere un numero **per 1,5**, si può calcolare il suo doppio e dividerlo per 3.

ESEMPIO

30 : 1,5 = 30 × 2 : 3 = 20

Trucco n. 3: moltiplicare un numero per 4, per 8 o per 16

Per moltiplicare un numero **per 4**, si può **moltiplicare il numero due volte per 2**, ossia si può calcolare il doppio del doppio del numero stesso.
Per moltiplicare un numero **per 8**, si può **moltiplicare il numero tre volte per 2**, ossia si può calcolare il doppio del doppio del doppio del numero stesso.
Per moltiplicare un numero **per 16**, si può **moltiplicare il numero quattro volte per 2**, ossia si può calcolare il doppio del doppio del doppio del doppio del numero stesso.

ESEMPI

23 × 4 = 23 × 2 × 2 = 46 × 2 = 92
23 × 8 = 23 × 2 × 2 × 2 = 46 × 2 × 2 = 92 × 2 = 184

Trucco n. 4: dividere un numero per 4, per 8 o per 16

Per dividere un numero **per 4**, si può **dividere il numero due volte per 2**, ossia si può calcolare la metà della metà del numero stesso.

Per dividere un numero **per 8**, si può **dividere il numero tre volte per 2**, ossia si può calcolare la metà della metà della metà del numero stesso.
Per dividere un numero **per 16**, si può **dividere il numero quattro volte per 2**, ossia si può calcolare la metà della metà della metà della metà del numero stesso.

ESEMPI

324 : 4 = 324 : 2 : 2 = 162 : 2 = 81
488 : 8 = 488 : 2 : 2 : 2 = 244 : 2 : 2 = 122 : 2 = 61

Trucco n. 5: moltiplicare un numero per 5, per 50, per 500

Per moltiplicare un numero **per 5** (soprattutto se si tratta di un numero pari), si può dividere il numero per 2 e moltiplicare il risultato per 10.
Per moltiplicare un numero **per 50**, si può dividere il numero per 2 e moltiplicare il risultato per 100.
Per moltiplicare un numero **per 500**, si può dividere il numero per 2 e moltiplicare il risultato per 1.000.

ESEMPIO

1.204 × 5 = 1.204 : 2 × 10 = 602 × 10 = 6.020

Trucco n. 6: dividere un numero per 5, per 50, per 500

Per dividere un numero **per 5**, si può moltiplicare il numero per 2 e dividere il risultato per 10.
Per dividere un numero **per 50**, si può moltiplicare il numero per 2 e dividere il risultato per 100.
Per dividere un numero **per 500**, si può moltiplicare il numero per 2 e dividere il risultato per 1.000.

ESEMPIO

4.350 : 5 = 4.350 × 2 : 10 = 8.700 : 10 = 870

Trucco n. 7: moltiplicare o dividere un numero per 10, per 100 o per 1.000

Tale trucco è noto. Per **moltiplicare** un numero **intero** per 10 o per 100 o per 1.000, basta aggiungere alla sua destra, rispettivamente, 1 o 2 o 3 zeri. Se il numero è **decimale**, allora si sposta la virgola, rispettivamente, di 1 o 2 o 3 posti verso destra.
Per **dividere** un numero **intero** per 10 o per 100 o per 1.000, basta eliminare alla sua destra, rispettivamente, 1 o 2 o 3 zeri. Se non ci sono zeri, si sposta la virgola, rispettivamente, di 1 o 2 o 3 posti verso sinistra. Se il numero è **decimale**, allora si sposta la virgola di 1 o 2 o 3 posti verso sinistra.

ESEMPI

43 × 10 = 430	583 × 100 = 58.300	88 × 1.000 = 88.000
5,65 × 10 = 56,5	12,674 × 100 = 1.267,4	27,52 × 1.000 = 27.520
650 : 10 = 65	234 : 100 = 2,34	3,414 : 1.000 = 0,003414

Trucco n. 8: moltiplicare un numero per un numero multiplo di 10

Per moltiplicare un numero **per 20** basta moltiplicarlo **per 2** e moltiplicare il **risultato per 10**.
Per moltiplicare un numero **per 30** basta moltiplicarlo **per 3** e moltiplicare il **risultato per 10**.
Per moltiplicare un numero per **90** basta moltiplicarlo **per 9** e moltiplicare il **risultato per 10**.

ESEMPI

38 × 20 = 38 × 2 × 10 = 76 × 10 = 760
18 × 40 = 18 × 4 × 10 = 72 × 10 = 720

Trucco n. 9: moltiplicare un numero per 11, per 21, per 31, ..., per 91

Per moltiplicare un numero **per 11** basta moltiplicarlo **per 10 e aggiungere al risultato il numero stesso.**
Per moltiplicare un numero **per 21** basta moltiplicarlo **per 20 e aggiungere al risultato il numero stesso.**
Per moltiplicare un numero **per 31** basta moltiplicarlo **per 30 e aggiungere al risultato il numero stesso.**
Per moltiplicare un numero **per 91** basta moltiplicarlo **per 90 e aggiungere al risultato il numero stesso.**
Analogamente, per moltiplicare un numero **per 101** basta moltiplicarlo **per 100 e aggiungere al risultato il numero stesso.**

ESEMPI

28 × 11 = 28 × 10 + 28 = 280 + 28 = 308
12 × 21 = 12 × 20 + 12 = 240 + 12 = 252
75 × 91 = 75 × 90 + 75 = 6.750 + 75 = 6.825

Trucco n. 10: moltiplicare un numero per 9, per 19, ..., per 99

Per moltiplicare un numero **per 9** basta moltiplicarlo **per 10 e sottrarre dal risultato il numero stesso.**
Per moltiplicare un numero **per 19** basta moltiplicarlo **per 20 e sottrarre dal risultato il numero stesso.**
Per moltiplicare un numero **per 99** basta moltiplicarlo **per 100 e sottrarre dal risultato il numero stesso.**
Analogamente, per moltiplicare un numero **per 999** basta moltiplicarlo per **1.000 e sottrarre dal risultato il numero stesso.**

ESEMPIO

274 × 9 =274 × 10 – 274 = 2.740 – 274 = 2.466

Trucco n. 11: moltiplicare un numero a due cifre per 11

Per moltiplicare un numero a due cifre **per 11**, basta inserire tra le due cifre che compongono il numero la somma delle cifre stesse; se tale somma è maggiore della decina, si aggiunge la prima cifra della somma alla prima cifra del numero dato e si lascia la seconda cifra della somma al centro delle due cifre del numero originario.

ESEMPI

$$35 \times 11 = \begin{bmatrix} 3 = \text{prima cifra del numero 35} \\ 8 = 3+5 \\ 5 = \text{seconda cifra del numero 35} \end{bmatrix} = 385$$

$$49 \times 11 = \begin{bmatrix} 4 = \text{prima cifra del numero 49} \\ 13 = 4+9 \\ 9 = \text{seconda cifra del numero 49} \end{bmatrix} = \begin{bmatrix} 5 = 4+1 \\ 3 = \text{seconda cifra della somma } 4+9 \\ 9 = \text{seconda cifra del numero 49} \end{bmatrix} = 539$$

Trucco n. 12: moltiplicare un numero per 25

Per moltiplicare un numero **per 25** basta moltiplicare il numero per 100 e dividere il risultato per 4.

ESEMPIO

18 × 25 = (18 × 100) : 4 = 1.800 : 4 = 450

Trucco n. 13: moltiplicare numeri con la virgola (numeri decimali)

Per moltiplicare numeri con la virgola occorre spostare le virgole in modo da ottenere dei numeri interi da moltiplicare tra loro, successivamente si aggiungono le posizioni delle virgole precedenti.

ESEMPIO

3,02 × 5,3

1. Spostare la virgola di 2 posizioni per il numero 3,02, ottenendo 302.
2. Spostare la virgola di 1 posizione per il numero 5,3, ottenendo 53.
3. Moltiplicare tra loro i numeri 302 e 53, ottenendo 16.006.
4. Aggiungere le tre posizioni delle virgole precedenti, ottenendo 16,006.

Trucco n. 14: elevare al quadrato un numero che termina con 5

Per elevare al quadrato un **numero che termina con 5**, si può moltiplicare il numero formato dalle cifre prima del 5 per il numero a esso immediatamente successivo e far seguire il prodotto ottenuto dal numero 25.

ESEMPI

$$25^2 = \begin{bmatrix} \text{prima cifra} = 2\times(2+1) = 2\times 3 = 6 \\ \text{seconda e terza cifra} = 25 \end{bmatrix} = 625$$

$$85^2 = \begin{bmatrix} \text{prima cifra e seconda cifra} = 8\times(8+1) = 8\times 9 = 72 \\ \text{terza e quarta cifra} = 25 \end{bmatrix} = 7.225$$

Trucco n. 15: trovare il quadrato di un numero a partire dal quadrato di un numero maggiore del numero dato

Il quadrato perfetto di un generico numero n è n^2.
La successione dei quadrati perfetti gode di diverse proprietà, che consentono di calcolare il quadrato di un numero a partire dal precedente o dai successivi numeri.
Ad esempio, la successione delle differenze tra due quadrati perfetti consecutivi è la successione dei numeri dispari positivi:

1, 3, 5, 7, 9, 11, 13, 15, 17, 19, 21, 23, $2n - 1$, $2n + 1$, ...

L'n-esimo quadrato perfetto è, pertanto, equivalente alla somma dei primi n numeri dispari.

Nella tabella seguente sono riportate tali somme.

N.	Somma dei primi *n* numeri dispari	Quadrato
2	1 + 3	4
3	1 + 3 + 5	9
4	1 + 3 + 5 + 7	16
5	1 + 3 + 5 + 7 + 9	25
6	1 + 3 + 5 + 7 + 9 + 11	36
7	1 + 3 + 5 + 7 + 9 + 11 + 13	49
8	1 + 3 + 5 + 7 + 9 + 11 + 13 + 15	64
9	1 + 3 + 5 + 7 + 9 + 11 + 13 + 15 + 17	81
10	1 + 3 + 5 + 7 + 9 + 11 + 13 + 15 + 17 + 19	100
11	1 + 3 + 5 + 7 + 9 + 11 + 13 + 15 + 17 + 19 + 21	121
12	1 + 3 + 5 + 7 + 9 + 11 + 13 + 15 + 17 + 19 + 21 + 23	144
...	...	...
n	1 + 3 + 5 + 7 + 9 + 11 + 13 + 15 + 17 + 19 + 21 + 23 + ... + $2n - 1$	n^2

Dati due numeri n e m, con $n < m$, il quadrato di n si può ottenere dalla differenza tra il quadrato di m e il prodotto tra la somma dei due numeri per il valore assoluto della differenza dei due numeri:

$$n^2 = m^2 - (n+m)\,|n-m| \qquad \text{con } n < m$$

Quando i due numeri sono consecutivi per cui la differenza tra gli stessi è = 1, la formula diviene semplicemente:

$$n^2 = m^2 - (n+m) \qquad \text{con } n < m \text{ e } n = m - 1$$

Tale tecnica può essere utilissima in quanto, a partire dal quadrato di un numero m, si calcola il quadrato di n.

ESEMPI

Il quadrato di 15 può essere calcolato a partire dal quadrato di 20 nel modo seguente:

$$15^2 = 20^2 - (15+20)|15-20| = 400 - 35 \times 5 = 400 - 175 = 225$$

Essendo 39 e 40 due numeri consecutivi, il quadrato di 39 può essere calcolato, invece, a partire dal quadrato di 40 nel modo seguente:

$$39^2 = 40^2 - (39+40) = 1.600 - 79 = 1.521$$

Trucco n. 16: trovare il quadrato di un numero a partire dal quadrato di un numero minore del numero dato

Dati due numeri n e m, con $n > m$, il quadrato di n si può ottenere dalla somma tra il quadrato di m e il prodotto tra la somma per la differenza dei due numeri:

$$n^2 = m^2 + (n+m)(n-m) \quad \text{con } n > m$$

Quando i due numeri sono consecutivi per cui la differenza tra gli stessi è $n - m = 1$, la formula diviene semplicemente:

$$n^2 = m^2 + (n+m) \qquad \text{con } n > m \text{ e } n = m + 1$$

ESEMPI

Il quadrato di 23 può essere calcolato a partire dal quadrato di 20 nel modo seguente:

$$23^2 = 20^2 + (23+20)(23-20) = 400 + 43 \cdot 3 = 400 + 129 = 529$$

Essendo 40 e 41 due numeri consecutivi, il quadrato di 41 può essere calcolato, invece, a partire dal quadrato di 40 nel modo seguente:

$$41^2 = 40^2 + (40+41) = 1.600 + 81 = 1.681$$

Trucco n. 17: moltiplicare due numeri di due cifre

Per moltiplicare tra loro due numeri di due cifre, basta eseguire le operazioni riportate di seguito:

1. Calcolare il complemento a 100 del primo numero.
2. Calcolare il complemento a 100 del secondo numero.
3. Calcolare il prodotto dei due complementi. Tale prodotto rappresenterà le ultime due cifre del prodotto.
4. Calcolare la differenza tra ciascun fattore e il complemento dell'altro fattore. Tale differenza rappresenterà le prime due cifre del prodotto. Se il prodotto calcolato

al n. 3 è maggiore di 100, occorre aggiungere la cifra delle centinaia di tale prodotto alla differenza appena calcolata.

ESEMPIO

Calcolare il prodotto 94 × 91.
Facendo riferimento allo schema riportato di seguito, eseguiamo le operazioni richieste dal trucco.

1. Il complemento a 100 del primo numero è: 100 – 94 = 6.
2. Il complemento a 100 del secondo numero è: 100 – 91 = 9.
3. Il prodotto dei complementi è: 6 × 9 = 54 = ultime due cifre del prodotto 94 × 91.
4. Osservando la matrice riportata al centro dello schema seguente, la differenza tra ciascun fattore e il complemento dell'altro fattore, in sostanza, la differenza tra i numeri della diagonale principale, ovvero la differenza tra i numeri della diagonale secondaria, è: 94 – 9 = 91 – 6 = 85 = prime due cifre del prodotto 94 × 91.

$$\left.\begin{array}{l} 100-\mathbf{94}=\mathbf{6} \\ \\ 100-\mathbf{91}=\mathbf{9} \end{array}\right| \Rightarrow 6\times 9=\mathbf{54} \qquad \begin{array}{cc} 94 & 6 \\ & \!\!\!\times\!\!\! \\ 91 & 9 \end{array} \left| \begin{array}{l} \Rightarrow 94-9=\mathbf{85} \\ \\ \Rightarrow 91-6=\mathbf{85} \end{array}\right. \qquad \Rightarrow \mathbf{8554}$$

Il prodotto 94 × 91 è, dunque, uguale a 8554.

L'esempio seguente è un po' più complesso.

ESEMPIO

Calcolare il prodotto 95 × 74.
Facendo riferimento allo schema riportato di seguito, eseguiamo le operazioni richieste dal trucco:

1. Il complemento a 100 del primo numero è: 100 – 95 = 5.
2. Il complemento a 100 del secondo numero è: 100 – 74 = 26.
3. Il prodotto dei complementi è: 5 × 26 = 130 (30 sono le due ultime cifre del prodotto).
4. Osservando la matrice riportata al centro dello schema seguente, la differenza tra ciascun fattore e il complemento dell'altro fattore, ossia la differenza tra i numeri della diagonale principale, ovvero la differenza tra i numeri della diagonale secondaria, è: 95 – 26 = 74 – 5 = 69. Poiché la differenza calcolata al n. 3 è 130 > 100, occorre aggiungere 1 (cifra delle centinaia) a 69.

$$\left.\begin{array}{l} 100-\mathbf{95}=\mathbf{5} \\ \\ 100-\mathbf{74}=\mathbf{26} \end{array}\right| \Rightarrow 5\times 26=\mathbf{130} \qquad \begin{array}{cc} 95 & 5 \\ & \!\!\!\times\!\!\! \\ 74 & 26 \end{array} \left| \begin{array}{l} \Rightarrow 95-26=69 \\ \\ \Rightarrow 74-5=69 \end{array}\right| \Rightarrow 69+1=\mathbf{70} \Rightarrow \mathbf{7030}$$

Il prodotto 95 × 74 è, dunque, uguale a 7030.

Trucco n. 18: trovare quanti sono i divisori di un numero

Dato un numero intero n, questo può essere scritto come prodotto di numeri primi p_i , con la loro molteplicità v_i; ossia: $n = p_1^{v_1} \cdot p_2^{v_2} \cdot ... \cdot p_m^{v_m}$.

Il numero di divisori positivi di n è: $d(n) = (v_1 + 1) \cdot (v_2 + 1) \cdot ... \cdot (v_m + 1)$.

ESEMPIO

Quanti divisori ha il numero 360^4?

A. 384
B. 24
C. 585

La risposta corretta è la C. Poiché il numero 360 scomposto è $360 = 2^3 \cdot 3^2 \cdot 5$, il numero 360^4 può, a sua volta, essere scomposto nel modo seguente: $360^4 = 2^{3 \cdot 4} \cdot 3^{2 \cdot 4} \cdot 5^4 = 2^{12} \cdot 3^8 \cdot 5^4$. Pertanto, il numero di divisori positivi di 360^4 è: $d(360^4) = (12+1) \cdot (8+1) \cdot (4+1) = 13 \cdot 9 \cdot 5 = 585$

Trucco n. 19: usare la scomposizione in fattori 2, 5, 10, 100, ...

Per moltiplicare due numeri è possibile scomporli in fattori opportuni e applicare le proprietà commutativa e associativa.
Tale tecnica è utile quando tra i fattori di un numero ci sono il 2, il 5, il 10, il 100, ...

ESEMPIO

$14 \times 6 =$	
$= (2 \times 7) \times (2 \times 3)$	(scomposizione)
$= 2 \times 2 \times 3 \times 7$	(proprietà commutativa)
$= 4 \times 21$	(proprietà associativa)
$= 84$	

Trucco n. 20: approssimare un numero: troncare o arrotondare

Per approssimare un numero alla cifra di posto n si può procedere in due modi:

1. Per **troncamento**, cioè eliminando tutte le cifre dopo la cifra di posto n e sostituendo le cifre eliminate con tanti 0 quante sono le cifre eliminate.
2. Per **arrotondamento**, cioè sostituendo il numero dato con un numero troncato alla cifra di posto n che è più vicina al numero dato.
   Tale procedimento è attuato mediante:
   - **approssimazione per difetto**, se la cifra immediatamente a destra è 1, 2, 3 oppure 4; in tal caso, si sostituiscono con 0 tutte le cifre a destra del posto n e si ottiene un numero minore di quello originario;
   - **approssimazione per eccesso**, se la cifra immediatamente a destra è 5, 6, 7, 8 oppure 9; in tal caso, si aumenta di 1 la cifra di posto n e si sostituiscono con 0 tutte le cifre alla sua destra e si ottiene un numero maggiore di quello originario.

ESEMPIO

Il numero **2.946,84892**, se è richiesto di:
- troncare all'unità, diventa **2946**
- arrotondare alle *migliaia*, diventa **3.000**
- arrotondare alle *centinaia*, diventa **2.900**
- arrotondare alle *decine*, diventa **2.950**
- troncare alle *decine*, diventa **2.940**
- arrotondare alle *unità*, diventa **2.947**
- arrotondare ai *decimi*, diventa **2.946,8**
- arrotondare ai *centesimi*, diventa **2.946,85**
- arrotondare ai *millesimi*, diventa **2.946,849**
- troncare ai *millesimi*, diventa **2.946,848**

Un quesito concernente gli arrotondamenti è del tipo riportato di seguito.

ESEMPIO

Qual è la somma dei numeri 12.185 e 6.122 dopo averli arrotondati a meno di 10^2?

A. 18.260
B. 18.300
C. 18.200

La risposta corretta è la B. I due numeri dati si arrotondano a meno di 10^2 nel modo seguente: 12.185 ≈ 12.200 e 6.122 ≈ 6.100.
La loro somma, dopo averli arrotondati, è: 12.200 + 6.100 = 18.300.

Trucco n. 21: eseguire stime con gli arrotondamenti

Per eseguire stime con gli arrotondamenti, occorre arrotondare i numeri a 1 oppure 2 cifre significative e poi utilizzare le normali regole di calcolo.

ESEMPIO

509 × 795 ≈ 500 × 800 = 400.000

Il risultato esatto è 404.655.

3.2 Esercizi con frazioni e percentuali

Gli esercizi con frazioni e percentuali sono presenti quasi sempre nelle prove di selezione. Si tratta di esercizi piuttosto semplici; di seguito formiamo, oltre a una breve introduzione teorica dell'argomento, una serie di quesiti.

3.2.1 Frazioni

Una frazione è una coppia ordinata di numeri (*a*, *b*), con *b* non nullo, che assume il valore numerico $a : b$ e viene indicata con $\frac{a}{b}$; *a* è detto *numeratore* e *b* è detto *denominatore.*

Data una certa quantità *x*, se ne può calcolare la frazione, moltiplicandola per la quantità stessa. Ad esempio se la nostra quantità è $x = 120$ e vogliamo calcolarne i 3/5 allora scriveremo:

$$\frac{3}{5} \cdot 120 = \frac{3}{\cancel{5}} \cdot \cancel{120}^{24} = 3 \cdot 24 = 72$$

Un quesito semplice che coinvolge le frazioni è il seguente.

ESEMPIO

A quanto ammontano i 3/4 di 124?

A. 95
B. 93
C. 102

Calcoliamo i 3/4 di 124:

$$\frac{3}{\cancel{4}} \cdot \cancel{124}^{31} = 3 \cdot 31 = 93$$

La risposta corretta è la B.

Talvolta in alcuni quesiti con le frazioni è necessario impostare un'equazione per ricavare l'incognita.
In questo paragrafo ci limitiamo a proporre quesiti che necessitano di semplici equazioni per essere risolti, come quello riportato di seguito.

ESEMPIO

I 2/5 di una quantità sono pari a 12, quanto vale tale quantità?

A. 34
B. 32
C. 30

Detta *x* la quantità incognita, possiamo scrivere che i 2/5 di *x* sono uguali a 12:

$$\frac{2}{5} \cdot x = 12 \quad \Rightarrow \quad x = \frac{5}{2} \cdot 12 = 5 \cdot 6 = 30$$

La risposta corretta è la C.

Il seguente è un quesito analogo a quello appena visto ma viene proposto in un contesto pratico.

ESEMPIO

Giacomo ha visto i 4/9 di un film. Sapendo che ne ha visti 88 minuti, per quanti minuti ancora deve rimanere davanti allo schermo per arrivare a vedere la fine del film?

A. 110
B. 198
C. 121

Sia x la durata dell'intero film. Se Giacomo ne ha visti i 4/9, cioè 88 minuti, allora vuol dire che i 4/9 di x sono pari a 88 minuti:

$$\frac{4}{9}\cdot x = 88 \Rightarrow x = \frac{9}{4}\cdot 88 = 9\cdot 22 = 198$$

L'intero film dura 198 minuti.
I minuti che ancora deve vedere sono: 198 – 88 = 110. La risposta corretta è A.

Un ulteriore quesito viene proposto di seguito.

ESEMPIO

Un giocatore incallito possiede un certo capitale ma ne perde i 2/3 in una serata al casinò. La sera successiva, con ciò che gli è rimasto, ritorna al casinò per rifarsi e raddoppia i suoi averi. Cosa possiamo affermare sul capitale iniziale?

A. Il capitale iniziale è aumentato di 1/3
B. Il capitale iniziale è diminuito di 1/3
C. Il capitale iniziale è aumentato di 1/2

Sia x la somma inizialmente a disposizione del giocatore. Egli ne perde i 2/3 per cui ciò che gli rimane è pari a 1/3 della somma iniziale:

$$x - \frac{2}{3}\cdot x = \frac{3x - 2x}{3} = \frac{1}{3}x$$

Il giorno dopo il giocatore riesce a raddoppiare tale cifra, quindi alla fine possederà:

$$2\cdot\frac{1}{3}x = \frac{2}{3}x$$

Alla fine delle due giornate, il giocatore avrà i 2/3 di quello che inizialmente possedeva; per cui avrà perso 1/3 del suo capitale. La risposta corretta è B.

3.2.2 Confronti fra frazioni

Due frazioni possono essere confrontate se sono riportate a due frazioni equivalenti che abbiano lo stesso denominatore. A tal punto si confrontano i numeratori. La frazione con il numeratore più alto ha valore maggiore.

Ad esempio, volendo confrontare le due frazioni:

$$\frac{2}{3};\frac{1}{2}$$

dobbiamo calcolare il minimo comune multiplo dei denominatori.
Siccome mcm $(2;3)=6$ allora abbiamo:

$$\frac{2}{3}=\frac{4}{6}$$

$$\frac{1}{2}=\frac{3}{6}$$

Siccome allora $\frac{2}{3}>\frac{1}{2}$.
In alternativa si può pensare, per ognuna delle frazioni, di dividere il numeratore con il rispettivo denominatore e confrontare i numeri decimali:

$$\frac{2}{3} = 0,\overline{6}$$

$$\frac{1}{2} = 0,5$$

da cui deduciamo la stessa relazione di prima.

Proponiamo un esempio di confronto tra numeri.

ESEMPIO

Indicare qual è il numero maggiore tra 0,25; –3/2; 7/13.

A. 0,25
B. –3/2
C. 7/13

Scartando subito il numero con segno negativo ci restano 0,25 e 7/13.
Individuiamo la frazione generatrice di 0,25:

$$0,25 \rightarrow \frac{25}{100} = \frac{1}{4}$$

A questo punto riportiamo le due frazioni allo stesso denominatore. Il minimo comune multiplo dei denominatori è mcm(4; 13) = 52

$$\frac{1}{4}=\frac{13}{52};\frac{7}{13}=\frac{28}{52}$$

La frazione più grande è quindi 7/13 e la risposta corretta è C.

3.2.3 Percentuali

La percentuale è un rapporto che ha come denominatore 100.

Ad esempio possiamo scrivere:

$$15\% = \frac{15}{100} = 0{,}15$$

Il simbolo % si legge "per cento" e significa "fratto 100" o anche "diviso 100".
Come appare chiaro dall'esempio, la percentuale può essere espressa anche come numero decimale oppure può essere riportata ad una frazione equivalente che non abbia denominatore pari a 100. Riproponendo l'esempio precedente:

$$\frac{15}{100} = \frac{3}{20}$$

Nella seguente tabella si riporta uno schema di percentuali più comunemente usate:

5%	10%	20%	25%	33,3%	50%	66,6%	75%	100%	150%	200%
0,05	0,1	0,2	0,25	0,3	0,5	0,6	0,75	1	1,5	2
$\frac{1}{20}$	$\frac{1}{10}$	$\frac{1}{5}$	$\frac{1}{4}$	$\frac{1}{3}$	$\frac{1}{2}$	$\frac{2}{3}$	$\frac{3}{4}$	$\frac{1}{1}$	$\frac{3}{2}$	$\frac{2}{1}$

Come tutte le frazioni, la percentuale può essere anch'essa impropria, vale a dire, avere un numeratore maggiore del denominatore (150% in tabella), oppure apparente, con il numeratore multiplo del denominatore (200% in tabella).

Talvolta può succedere di incorrere nel simbolo ‰ (per mille) che indica un rapporto con denominatore pari a 1000. Ad esempio:

$$35‰ = \frac{35}{1000} = \frac{7}{200} = 0{,}035$$

Un quesito tipico sulle percentuali è il seguente.

ESEMPIO

Quanto vale il 12% di 950?

A. 114
B. 122
C. 98

Calcoliamo il 12% di 950.

$$\frac{12}{10\not{0}} \cdot 95\not{0} = \frac{\cancel{12}^{6}}{\cancel{10}_{5}} \cdot 95 = 114$$

La risposta corretta è la A.

Un quesito in cui si chiede di calcolare un valore dopo una diminuzione percentuale è il seguente.

ESEMPIO

Se un abito, il cui costo è € 120, viene scontato del 35% quale sarà il suo costo finale?
A. € 82
B. € 78
C. € 85

Calcoliamo dapprima il 35% di € 120:

$$\frac{35}{100}\cdot 120\,€ = \frac{35}{5}\cdot 6€ = 42€$$

Lo sconto praticato sull'abito è di € 42. Per ottenere il prezzo finale dobbiamo sottrarre lo sconto al costo iniziale dell'abito: €120−€42=€78. La risposta corretta è B.
Un metodo più veloce per calcolare il prezzo finale può essere moltiplicare il prezzo iniziale direttamente per 65%. Sappiamo infatti che se un abito viene scontato del 35% il suo prezzo finale sarà il 65% di quello iniziale (100%−35%=65%). Per cui:

$$\frac{65}{100}\cdot 120\,€ = \frac{65}{5}\cdot 6€ = 78€$$

Un quesito in cui si deve invece calcolare una quantità finale dopo un aumento percentuale è il seguente.

ESEMPIO

La popolazione di una cittadina è costituita da 120.000 abitanti. In seguito a un incremento delle nascite tale popolazione aumenta dell'8%. Quanti saranno ora gli abitanti?
A. 128.700
B. 131.100
C. 129.600

Calcoliamo dapprima l'8% di 120.000:

$$\frac{8}{100}\cdot 120000 = 9600$$

La popolazione è aumentata di 9600 unità per cui la popolazione totale, dopo l'aumento, sarà di 120000 + 9600 = 129600. La risposta corretta è C.
In alternativa potremmo moltiplicare direttamente la popolazione per 108% (il totale 100% più l'aumento 8%) ottenendo direttamente la popolazione incrementata:

$$\frac{108}{100}\cdot 120000 = 129600$$

In qualche quesito si può incorrere in un prodotto di percentuali.

ESEMPIO

Il 2% degli oggetti prodotti da una catena di montaggio incorre in un difetto di fabbricazione che nel 50% dei casi può essere riparato. Se in una giornata vengono prodotti 5600 oggetti, quanti sono gli oggetti incorsi in un difetto di fabbricazione che sono stati successivamente riparati?

A. 56
B. 100
C. 112

Il 2% degli oggetti prodotti incorre in un difetto di fabbricazione, per cui possiamo scrivere gli oggetti con difetto di fabbricazione nel modo seguente:

$$\frac{2}{100}\cdot 5600 = 112$$

Di questi oggetti, però, il 50% viene riparato per cui possiamo scrivere gli oggetti riparati come:

$$\frac{50}{100}\cdot 112 = \frac{1}{2}\cdot 112 = 56$$

La risposta corretta è A.
In alternativa, poiché gli oggetti incorsi in un difetto di fabbricazione sono pari al 2% del totale e di questi il 50% è riparato, la percentuale degli oggetti successivamente riparati è pari alla metà del 2% (2% : 2 = 1%). Pertanto, gli oggetti riparati sono pari a:

$$\frac{1}{100}\cdot 5600 = 56$$

3.2.4 Percentuali e tasso di interesse

Nelle prove di selezione è possibile incontrare dei test di logica numerica sulle percentuali in cui si adopera un linguaggio tecnico legato a capitali, interessi e tasso di interesse. In realtà il più delle volte si tratta di applicare semplici calcoli di percentuale. Rammentiamo la formula che lega il capitale C, l'interesse maturato I e il tasso di interesse annuale r:

$$I = C\cdot r\cdot \frac{t}{A}$$

In questa formula t è il tempo che può essere espresso in mesi o giorni. A rappresenta la base annua che si esprime anche essa in mesi o giorni a seconda di come venga espresso il periodo t.
Invertendo la formula si può ottenere anche il tasso di interesse che viene sempre indicato in percentuale.

$$r = \frac{I}{C}\cdot\frac{A}{t}$$

ESEMPIO

Qual è il tasso di interesse annuale che garantisce, a fronte di un capitale impiegato di € 12.000, un interesse (semplice) di €90 in 3 mesi?

A. 0,03
B. 0,0075
C. 0,0225

Se l'interesse trimestrale è di €90, l'interesse annuale (calcolato su 12 mesi, cioè 4 trimestri) sarà pari 4 × €90 = €360.
Il tasso di interesse si può calcolare come rapporto tra interesse maturato e capitale impiegato:

$$\frac{€\ 360}{€\ 12000} = \frac{3}{100} = 0{,}03 = 3\%$$

Per cui la risposta corretta è A.

Possiamo risolvere il quesito anche con l'utilizzo della formula del tasso di interesse.

Dalla traccia si evince che il periodo è $t = 3$ mesi. Se esprimiamo t in mesi, altrettanto dobbiamo fare per la base annua A; siccome un anno è costituito da 12 mesi, allora scriveremo $A = 12$ mesi. Il capitale, indicato nella traccia, è $C = €12000$, così come l'interesse $I = €90$, pertanto scriviamo:

$$r = \frac{I}{C}\cdot\frac{A}{t} = \frac{€\ 90}{€\ 12000}\cdot\frac{12\,\text{mesi}}{3\,\text{mesi}} = \frac{3}{100} = 0{,}03$$

3.3 Esercizi con proporzioni

Una proporzione è un'uguaglianza di rapporti tra grandezze, a due a due omogenee, o fra misure di grandezze.
In una proporzione $a : b = c : d$ i termini a e c si chiamano antecedenti, i termini b e d conseguenti, i termini b e c medi e i termini a e d si dicono estremi.

I termine		II termine		III termine		IV termine
a	:	b	=	c	:	d
Antecedente		Conseguente		Antecedente		Conseguente
Estremo		Medio		Medio		Estremo

Se i medi sono uguali la proporzione si dice continua e il medio è detto *medio proporzionale*.

3.3.1 Proprietà delle proporzioni

Teorema fondamentale sulle proporzioni numeriche

Quattro numeri reali positivi ordinati sono in proporzione se e soltanto se il prodotto dei medi è uguale al prodotto tra gli estremi:

$$a:b=c:d \qquad b\cdot c=a\cdot d$$

Da questo si deduce che se uno dei quattro termini della proporzione è incognito esso può essere calcolato secondo la tabella riportata di seguito:

Termine ignoto	Formula
a	$a=\frac{b\cdot c}{d}$
b	$b=\frac{a\cdot d}{c}$
c	$c=\frac{a\cdot d}{b}$
d	$d=\frac{b\cdot c}{a}$

Proprietà dell'invertire

Scambiando ogni antecedente con il proprio conseguente si ottiene ancora una proporzione:

$$a:b=c:d \qquad b:a=d:c$$

Proprietà del permutare

Scambiando fra loro i medi oppure gli estremi si ottiene ancora una proporzione:

$$a:b=c:d \qquad \begin{matrix} a:c=b:d \\ d:b=c:a \end{matrix}$$

Proprietà del comporre

La somma del primo e del secondo termine sta al primo (o al secondo) come la somma del terzo e del quarto sta al terzo (o al quarto):

$$a:b=c:d \qquad \begin{matrix} (a+b):a=(c+d):c \\ (a+b):b=(c+d):d \end{matrix}$$

Proprietà dello scomporre

La differenza tra il primo e il secondo termine sta al primo (o al secondo) come la differenza tra il terzo e il quarto sta al terzo (o al quarto):

$$a:b=c:d \qquad \begin{array}{l}(a-b):a=(c-d):c\\(a-b):b=(c-d):d\end{array}$$

Proprietà del comporre e dello scomporre

La somma del primo e del secondo termine sta alla differenza tra il primo e il secondo termine come la somma del terzo e del quarto sta alla differenza tra il terzo e il quarto:

$$a:b=c:d \qquad (a+b):(a-b)=(c+d):(c-d)$$

Un esercizio semplice è il seguente.

ESEMPIO

Data la proporzione $X:12=15:20$, quanto vale X?

A. 16
B. 12
C. 9

Basta applicare la formula derivata dal *teorema fondamentale delle proporzioni numeriche*:

$$X:12=15:20 \qquad X=\frac{12\cdot 15}{20}=\frac{180}{20}=9$$

La risposta corretta è C.

Il seguente quesito pratico può essere ricondotto al concetto di proporzione.

ESEMPIO

In un planisfero la distanza tra due località, che nella realtà si trovano a 100 chilometri l'una dall'altra, è pari a 2 centimetri. Qual è la scala della carta?

A. 1 : 5.000.000
B. 1 : 100
C. 1 : 10.000

La scala di un planisfero è una proporzione che indica a quale distanza nella realtà corrisponde una distanza rappresentata nel planisfero. Ad esempio una scala 1:1.000.000 vuol dire che una distanza di 1 centimetro sul planisfero corrisponde a 1.000.000 di centimetri nel mondo reale, oppure che una distanza di un decimetro corrisponde a 1.000.000 di decimetri nella realtà.

Quindi se sul planisfero due località che si trovano a 100 chilometri, vale a dire a 100.000 metri, cioè a 10.000.000 centimetri, sono piazzate a una distanza di 2 centimetri, allora la scala sarà pari a 2 : 10.000.000. Dividendo ambo i termini per 2 abbiamo 1 : 5.000.000, per cui la risposta corretta è A.

3.3.2 Problema del "tre semplice" diretto e inverso

Proporzionalità diretta e "tre semplice"

Due grandezze variabili e tra loro dipendenti sono direttamente proporzionali quando al raddoppiare, triplicare ecc. di una anche il corrispondente valore dell'altra raddoppia, triplica ecc.
Se x e y sono direttamente proporzionali e k è una costante, allora possiamo scrivere:

$$y = kx$$

Da questo si evince che il rapporto tra y e x è costante:

$$y = kx \Rightarrow \frac{y}{x} = k$$

Date una grandezza A, che assume valori a e a', e una grandezza B, direttamente proporzionale ad A, che, in corrispondenza di tali valori di A, assume valori b e b':

$$\begin{array}{ccc} A & & B \\ a & \rightarrow & b \\ a' & \rightarrow & b' \end{array}$$

In tal caso, potremo scrivere la proporzione:

$$a : a' = b : b' \;\Rightarrow\; a : b = a' : b'$$

(nell'ultimo passaggio abbiamo scambiato i medi).
In un problema del "tre semplice" diretto abbiamo due grandezze, A e B, che sono direttamente proporzionali. Vengono forniti due valori per la grandezza B (ad esempio b e b') e un valore per la grandezza A (ad esempio a, corrispondente al valore b di B). Si chiede di fornire il valore incognito x della grandezza A corrispondente al valore b' di B.
Si può quindi impostare la proporzione e risolverla:

$$a : x = b : b' \;\Rightarrow\; x = \frac{a \cdot b'}{b}$$

Analizziamo un quesito sulla proporzionalità diretta.

ESEMPIO

In una casa editrice, 34 redattori correggono 1.768 pagine di bozza al giorno. Lavorando allo stesso ritmo, quante pagine saranno corrette al giorno da 60 redattori?

A. 3.300

B. 3.090
C. 3.120

La risposta esatta è C.
Il numero di redattori e le pagine corrette sono due grandezze direttamente proporzionali: all'aumentare dei redattori aumentano le pagine di bozza.
Impostiamo, quindi, la proporzione:

$$34 \text{ redattori} : 60 \text{ redattori} = 1.768 \text{ pagine} : x \text{ pagine}$$

da cui:

$$x = \frac{60 \text{ redattori}}{34 \text{ redattori}} \cdot 1.768 \text{ pagine} = 3.120 \text{ pagine}$$

Proporzionalità inversa e "tre semplice"

Due grandezze variabili e tra di loro dipendenti sono inversamente proporzionali quando al raddoppiare, triplicare ecc. di una, il corrispondente valore dell'altra diventa la metà, un terzo ecc.
Se x e y sono inversamente proporzionali e k è una costante, allora possiamo scrivere:

$$y = \frac{k}{x}$$

Da questo si evince che il prodotto tra x e y è costante:

$$y = \frac{k}{x} \Rightarrow y \cdot x = k$$

Date una grandezza A, che assume valori a e a', e una grandezza B, inversamente proporzionale ad A, che, in corrispondenza, assume valori b e b', possiamo scrivere la proporzione:

$$a : a' = \frac{1}{b} : \frac{1}{b'} \Rightarrow a : \frac{1}{b} = a' : \frac{1}{b'}$$

(nell'ultimo passaggio abbiamo scambiato i medi).
In un problema del tre semplice inverso abbiamo due grandezze A e B che sono inversamente proporzionali. Vengono forniti due valori per la grandezza B (ad esempio b e b') e un valore per la grandezza A (ad esempio a, corrispondente al valore b di B).
Si chiede di fornire il valore incognito x della grandezza A corrispondente al valore b' di B.
Si può quindi impostare la proporzione e risolverla:

$$a : x = \frac{1}{b} : \frac{1}{b'} \Rightarrow x = \frac{b}{b'} \cdot a$$

Analizziamo un quesito sulla proporzionalità inversa.

ESEMPIO

In una casa editrice, per la pubblicazione di una nuova collana 10 correttori di bozze, lavorando allo stesso ritmo, impiegano 18 giorni. In quanti giorni potrebbe essere eseguito il lavoro se i correttori fossero 15?

A. 12
B. 24
C. 26

La risposta esatta è la A.
Il numero di correttori di bozze e i giorni impiegati per compiere il lavoro sono due grandezze inversamente proporzionali: all'aumentare del numero di correttori di bozze diminuisce il tempo impiegato.
Possiamo impostare la seguente proporzione:

$$10 \text{ correttori} : 15 \text{ correttori} = \frac{1}{18 \text{ giorni}} : \frac{1}{x \text{ giorni}}$$

dove x è il numero di giorni che i 15 correttori impiegano per fare il lavoro.
Ricaviamo:

$$= 12 \text{ giorni}$$

Tre composto

I problemi del "tre composto" presentano generalmente tre o più grandezze, alcune delle quali possono essere direttamente proporzionali tra loro, mentre altre possono essere inversamente proporzionali.
Supponiamo di avere tre grandezze: A, B e C. Supponiamo che per la grandezza A sia fornito un valore a e ve ne sia un altro incognito x. Supponiamo inoltre che la grandezza B sia direttamente proporzionale ad A (con valori b e b') mentre C sia inversamente proporzionale (con valori c e c').
In tal caso potremo impostare la proporzione:

$$a : x = \frac{b}{c} : \frac{b'}{c'}$$

Nell'impostare la proporzione, a secondo membro, tra le quantità conosciute, abbiamo inserito a numeratore quelle relative alla grandezza direttamente proporzionale e a denominatore quelle relative alla grandezza inversamente proporzionale.
Risolvendo abbiamo:

$$x = \frac{a \cdot \frac{b'}{c'}}{\frac{b}{c}} \Rightarrow x = a \cdot \frac{c}{b} \cdot \frac{b'}{c'} \Rightarrow = a \cdot \frac{c}{c'} \cdot \frac{b'}{b}$$

Analizziamo un quesito sul tre composto.

ESEMPIO

In una casa editrice, 4 correttori di bozze correggono 9 pagine in 20 minuti. Quanti correttori dovrebbero essere impiegati per correggere 90 pagine in 12.000 secondi?

A. 20
B. 12
C. 4

La risposta esatta è la C.
Le grandezze in gioco sono i correttori di bozze, le pagine e il tempo.
Il numero di correttori è la grandezza incognita in uno dei termini della proporzione, quindi cerchiamo di porre le altre grandezze in relazione di diretta o inversa proporzionalità con il numero di correttori. Fissato un determinato periodo di tempo, il numero di pagine corrette sono direttamente proporzionali al numero di correttori (più correttori ci saranno, più pagine potranno essere corrette).
Fissato invece un determinato numero di pagine, un maggiore numero di correttori sarà in grado di correggerlo in un tempo minore. Quindi, il numero di correttori e la quantità di tempo sono inversamente proporzionali.
Considerato che 12.000 secondi = 12.000/60 = 200 minuti, possiamo riassumere schematicamente le informazioni nel modo seguente:

Correttori	4	x	incognita
Pagine	9	90	direttamente proporzionale
Tempo	20 minuti	200 minuti	inversamente proporzionale

Impostiamo quindi la proporzione:

$$4 \text{ correttori} : x = \frac{9 \text{ pagine}}{20 \text{ minuti}} : \frac{90 \text{ pagine}}{200 \text{ minuti}}$$

da cui:

$$x = 4 \text{ correttori}$$

Il quesito rientra nella tipologia dei problemi del tre composto. In realtà, in base ai dati avremmo potuto risolverlo con un ragionamento intuitivo come il seguente: 4 correttori correggono 9 pagine in 20 minuti, 90 pagine, ossia un numero di pagine pari a 10 volte quello di partenza, saranno corrette in 200 minuti, ossia un numero di minuti pari a 10 volte quello di partenza, sempre da 4 correttori.

3.4 Esercizi su medie

Il concetto di **media** è molto ampio e può comprendere qualsiasi valore di sintesi di un carattere in grado di descrivere una caratteristica della popolazione, essenziale è che tale valore sia compreso tra il valore più piccolo osservato (o osservabile) e il valore più grande osservato (o osservabile) del carattere.

Nelle prove di selezione, spesso, è oggetto di domanda la media aritmetica di una successione di numeri.

Dati n numeri, x_1, x_2, ..., x_n, la **media aritmetica** di tali numeri si ottiene dal rapporto tra la loro somma e il loro numero (n); in simboli:

$$m = \frac{x_1 + x_2 + ... + x_n}{n}$$

In forma compatta, la media aritmetica può essere indicata nel modo seguente:

$$m = \frac{\sum_{i=1}^{n} x_i}{n}$$

La media aritmetica è un valore ottenuto a calcolo e non coincide necessariamente con qualcuno dei numeri dati.

ESEMPIO

Gli stipendi lordi mensili (in euro) percepiti da 8 impiegati di un'azienda sono i seguenti:

1.780, 2.100, 1.920, 1.970, 2.310, 2.208, 1.880, 1.885

Lasciando inalterati i costi complessivi dell'azienda per il personale, quanto sarebbe il reddito lordo di ciascun impiegato nell'ipotesi di uno stipendio uguale per tutti?

A. 2.000 euro
B. 1.605,3 euro
C. 2.006,625 euro

La risposta è un importo uguale alla media aritmetica.
Il costo complessivo per il personale è dato dalla somma dei singoli stipendi lordi:

$$1.780 + 2.100 + 1.920 + 1.970 + 2.310 + 2.208 + 1.880 + 1.885 = 16.053$$

Ripartito in parti uguali tra gli 8 impiegati, ognuno riceverebbe:

$$m = \frac{16.053}{8} = 2.006{,}625 \text{ €}$$

La risposta corretta è la C.
Si noti che cinque impiegati guadagnerebbero più di quanto guadagnano realmente e tre guadagnerebbero meno.

Quando, in una successione di numeri, uno o più numeri si ripetono più di una volta, è possibile utilizzare una formula della media aritmetica che tiene conto dei *pesi* ossia del numero di volte in cui ciascun numero si ripete nella successione stessa; in tal caso la media aritmetica è definita *ponderata*. Pertanto, se i k numeri di una successione si ripetono, rispettivamente volte, la formula della media aritmetica è:

$$m = \frac{x_1 n_1 + x_2 n_2 + ... + x_k n_k}{n} = \frac{\sum_{i=1}^{k} x_i n_i}{n}$$

ESEMPIO

In una data collettività, esiste la seguente distribuzione delle famiglie per numero di figli:
36 famiglie hanno 0 figli;
53 famiglie hanno 1 figlio;
88 famiglie hanno 2 figli;
26 famiglie hanno 3 figli;
12 famiglie hanno un numero di figli maggiore o uguale a 4.
Determinare il numero medio di figli per famiglia.

Poiché nella collettività esistono 36 + 53 + 88 + 26 + 12 = 215 famiglie, il numero medio di figli per famiglia si ottiene nel modo seguente:

$$m = \frac{0 \cdot 36 + 1 \cdot 53 + 2 \cdot 88 + 3 \cdot 26 + 4 \cdot 12}{215} = 1{,}65$$

Si noti che, per calcolare la media aritmetica, abbiamo posto l'ultima modalità (4 e oltre) uguale a 4. La media aritmetica, pari a 1,65 figli per famiglia, rappresenta un valore teorico, e non solo perché non è un numero intero, ma anche perché rappresenta il numero di figli che ogni famiglia avrebbe se si ripartissero i figli in numero uguale tra tutte le 215 famiglie.

Proponiamo, di seguito, alcuni quesiti tipici sulla media aritmetica.

ESEMPIO

Ludovica ha superato 8 esami universitari e la media dei suoi voti è 20. Quale voto minimo deve prendere al prossimo esame affinché la sua media diventi almeno 21?

A. 30
B. 21
C. 29

è noto che:

$$\text{media dei primi 8 esami} = \frac{\text{somma dei voti dei primi 8 esami}}{8} = 20$$

mentre Ludovica si è prefissata l'obiettivo:

$$\text{media dei primi 9 esami} = \frac{\text{somma dei voti dei primi 8 esami+voto del 9°esame}}{9} \geq 21$$

Dall'espressione della media dei voti dei primi 8 esami si deduce che la somma dei voti dei primi 8 esami è pari a 20 × 8 = 160, che sostituita nella media dei primi 9 esami dà:

$$\frac{160 + \text{voto del nono esame}}{9} \geq 21$$
$$160 + \text{voto del nono esame} \geq 21 \cdot 9$$
$$\text{voto del nono esame} \geq 21 \cdot 9 - 160$$
$$\text{voto del nono esame} \geq 189 - 160$$
$$\text{voto del nono esame} \geq 29$$

La risposta corretta è la C.

Un altro quesito.

ESEMPIO

L'età media dei partecipanti a una festa è 24 anni. Se l'età media degli uomini è 28 anni e quella delle donne è 18 anni, qual è il rapporto tra il numero degli uomini e quello delle donne?

A. $\frac{3}{2}$
B. 2
C. $\frac{14}{9}$

Non è noto il numero (u) degli uomini né il numero (d) delle donne. Nel calcolo dell'età media (24) del gruppo costituito da $u + d$ partecipanti si è tenuto conto di tali numeri e si è applicata la formula:

$$\text{età media} = \frac{u \cdot 28 + d \cdot 18}{u + d}$$

Le frequenze con cui si presentano gli uomini e le donne sanciscono l'importanza assunta da ciascuna modalità nella somma, per cui possono essere considerate come i "pesi" assunti dalle modalità; per questo motivo l'espressione appena data fornisce la media aritmetica ponderata.

Dal calcolo si è ottenuto $\frac{u \cdot 28 + d \cdot 18}{u + d} = 24$, da cui:

$$u \cdot 28 + d \cdot 18 = 24(u + d)$$
$$28u + 18d = 24u + 24d$$
$$28u - 24u = 24d - 18d$$
$$4u = 6d$$
$$\frac{u}{d} = \frac{3}{2}$$

La risposta corretta è la A.

3.5 Esercizi su progressioni aritmetiche e progressioni geometriche

3.5.1 Le successioni

Un insieme di numeri reali costituisce una **successione** se è possibile individuare in esso un ordine con il quale tali numeri sono ordinati, ossia una regola mediante la quale i numeri si susseguono.

I numeri della successione sono anche detti **temini** della successione. Una successione può essere costituita da un numero infinito di termini oppure da un numero finito di termini. In una successione infinita di termini che si susseguono in un determinato ordine è sempre possibile far corrispondere la successione dei numeri naturali (1, 2, 3, ..., n, ...) alla sequenza di termini della successione (a_1, a_2, a_3, ..., a_n, ...).

3.5.2 Le progressioni aritmetiche

Un particolare tipo di successione è rappresentato dalle progressioni aritmetiche.

Una **progressione aritmetica** è costituita da tre o più termini tali che la differenza tra ogni termine e il precedente è costante, fatta eccezione per il primo termine (che non ha un termine precedente).

La **differenza** costante tra i due generici termini consecutivi è detta **ragione** della progressione e si indica con la lettera d.
Pertanto, indicati i termini della progressione nel modo seguente a_1, a_2, a_3, ..., a_n, ..., allora la ragione d è tale che:

$$d = a_2 - a_1,\ d = a_3 - a_2, ..., d = a_n - a_{n-1}$$

Analogamente ogni termine della progressione può essere ricavato aggiungendo la ragione al termine precedente:

$$a_2 = a_1 + d,\ a_3 = a_2 + d, ..., a_n = a_{n+1} + d$$

ESEMPIO

Si consideri la progressione 2, 5, 8, 11, 14, ...
In tale progressione si ha:

$$a_1 = 2 \quad a_2 = 5 \quad a_3 = 8 \quad a_4 = 11$$

Tale progressione è infinita perché costituita da un numero infinito di termini. La ragione della progressione è pari a 3, infatti:

$$a_2 - a_1 = 5 - 2 = 3$$
$$a_3 - a_2 = 8 - 5 = 3$$
$$...$$

Siccome la ragione $d = 3 > 0$, allora la progressione è crescente.

Relazioni tra i termini di una progressione aritmetica

Si consideri la seguente progressione aritmetica:

$$a_1, a_2, a_3, \ldots, a_n, a_{n+1}, \ldots$$

Sia d la ragione della progressione e siano a_s e a_r rispettivamente il termine s-esimo e il termine r-esimo della progressione. In tal caso sussiste la relazione tra i due termini in questione:

$$a_s = a_r + (s - r) \cdot d$$

In particolare, se $s = n$ e $r = 1$, l'equazione appena data diventa:

$$a_n = a_1 + (n-1)d$$

Proponiamo un tipico quesito assegnato nelle prove di selezione.

ESEMPIO

A uno spettacolo teatrale, il pubblico in sala si è disposto in file in modo da comporre 17 file. Ogni fila conteneva 5 persone in più della precedente. Se nella prima fila c'erano 3 persone, quante persone c'erano nell'ultima fila?

A. 83
B. 88
C. 78

La risposta esatta è la A.

Possiamo condurre un ragionamento intuitivo come il seguente: le file successive alla prima sono 17 – 1 = 16; poiché ogni fila conteneva 5 persone in più della precedente, l'ultima fila aveva un numero di persone in più rispetto alla prima pari a 16 × 5 = 80; quindi nell'ultima fila c'erano 80 + 3 = 83 persone.

Risolviamo ora il quesito con l'uso delle progressioni. Poiché per ciascuna fila il numero delle persone cresce di 5 unità, le persone in fila rappresentano i termini di una progressione aritmetica di ragione $d = 5$.

Ciò che il quesito chiede di determinare è il numero di persone della diciassettesima fila, ovvero il 17° termine della progressione. Tale termine si trova con la formula seguente:

$$a_n = a_1 + (n - 1)d$$

dove:

a_n è il termine incognito (in questo caso il 17°);
a_1 è il primo termine della progressione (in questo caso 3);
n è il numero delle file (in questo caso 17);
d è la ragione (in questo caso 5).

Si ha:

$$a_{17} = 3 + (17 - 1) \times 5 = 3 + 80 = 83$$

Somma di termini consecutivi di una progressione aritmetica

La somma S_n di n termini consecutivi di una progressione aritmetica è data da:

$$S_n = \frac{a_1 + a_n}{2} \cdot n$$

Di seguito, proponiamo un quesito frequentemente assegnato nelle prove di selezione.

ESEMPIO

Qual è la somma dei primi 100 numeri naturali?
A. 5000
B. 5050
C. 10000

La risposta corretta è la B.

I numeri naturali costituiscono una progressione aritmetica di ragione $d = 1$.

$$a_1 = 1 \quad a_2 = 2 \quad a_3 = 3 \quad a_4 = 4 \quad \ldots \; a_{100} = 100 \; \ldots$$

La somma dei primi 100 numeri naturali è data dall'equazione appena data dove $n = 100$. Quindi:

$$S_{100} = 100 \cdot \frac{1+100}{2} = \ {}^{50}\cancel{100} \cdot \frac{101}{\cancel{2}_1} = 50 \cdot 101 = 5050$$

Un altro quesito frequentemente assegnato è del tipo riportato di seguito.

ESEMPIO

Qual è il 15° termine di una progressione aritmetica di ragione $d = -13$ con primo termine $a_1 = 250$?
A. 68
B. 28
C. 26

La risposta corretta è la A.
Si applica l'equazione $a_n = a_1 + (n-1)d$, dove $n = 15$:

$$a_{15} = 250 + (15-1) \cdot (-13) = 250 + (14) \cdot (-13) = 250 - 182 = 68$$

Inserzione di medi aritmetici tra numeri

Gli m medi aritmetici sono m numeri intercalati tra i due estremi a e b che formano una progressione aritmetica.
La distanza tra due medi aritmetici consecutivi è pari alla ragione d della progressione aritmetica che si vuole creare tra i due estremi a e b.
Tale ragione è data dalla formula:

$$d = \frac{b-a}{m+1}$$

ESEMPIO

Inserire $m = 5$ medi aritmetici tra i numeri $a = 5$ e $b = 47$.
Nel caso in questione si ha:

$$d = \frac{47-5}{5+1} = \frac{42}{6} = 7$$

Pertanto i 5 medi aritmetici si ottengono partendo dal numero $a = 5$ e aggiungendo, di volta in volta, la ragione $d = 7$.
$a = 5$, 12, 19, 26, 33, 40, $b = 47$

3.5.3 Le progressioni geometriche

Una **progressione geometrica** è una successione di numeri tali che il **rapporto** fra un termine e il precedente è costante ed è detto **ragione** (q).

Per cui, detto a_1 il termine iniziale della successione, avremo:

$$a_2 = a_1 \cdot q$$
$$a_3 = a_2 \cdot q = a_1 \cdot q \cdot q = a_1 \cdot q^2$$
$$a_4 = a_3 \cdot q = a_2 \cdot q \cdot q = a_1 \cdot q \cdot q \cdot q = a_1 \cdot q^3$$

In generale, la formula del generico termine della progressione sarà:

$$a_n = a_1 \, q^{n-1}$$

ESEMPIO

Consideriamo una semplice progressione geometrica con termine iniziale $a_1 = 3$ e ragione $q = 2$. In tal caso ogni termine della progressione sarà il doppio del precedente, infatti dovrà essere moltiplicato per $q = 2$.
Quindi:

$$a_1 = 3$$
$$a_2 = a_1 \cdot q = 3 \cdot 2 = 6$$
$$a_3 = a_2 \cdot q = 6 \cdot 2 = 12$$
$$a_4 = a_3 \cdot q = 12 \cdot 2 = 24$$

Se scriviamo i numeri della progressione in sequenza otteniamo:

$$3, 6, 12, 24, 48, 96, \ldots$$

ESEMPIO

Consideriamo ora il caso di una progressione geometrica di ragione $q = 1/2$, cioè una progressione geometrica in cui ogni numero è la metà di quello precedente. Se come termine iniziale consideriamo 128 avremo:

$$a_1 = 128$$

$$a_2 = a_1 \cdot q = 128 \cdot \frac{1}{2} = 64$$

$$a_3 = a_2 \cdot q = 64 \cdot \frac{1}{2} = 32$$

Questa volta la progressione apparirà nella forma seguente:

128, 64, 32, 16, 8, 4, …

Proviamo ora a individuare la ragione della seguente progressione:

7, 28, 112, 448, 1792, …

La ragione si ottiene dividendo tra loro qualsiasi coppia di numeri consecutivi:

$$q = \frac{28}{7} = \frac{112}{28} = \frac{448}{112} = \ldots = 4$$

Proponiamo un quesito analogo a quelli frequentemente assegnati nelle prove di selezione.

ESEMPIO

Un nano spaziale raddoppia la sua altezza ogni giorno. Al nono giorno comincia a ridurre la sua altezza con una velocità doppia. Dopo quanti giorni dall'inizio sarà ritornato alla sua altezza iniziale?

A. 15
B. 12
C. 10

Possiamo condurre un ragionamento intuitivo come il seguente: il nano cresce per 8 giorni con una certa velocità, poi inizia a decrescere con il doppio del ritmo. Se decresce con il doppio della velocità gli basteranno la metà dei giorni (impiegati per crescere) per ritornare all'altezza iniziale, quindi 8 : 2 = 4. Sommando questi 4 giorni agli 8 precedenti abbiamo un totale di 4 + 8 = 12 giorni (risposta B).

Risolviamo ora il quesito con l'uso delle progressioni. Per fare questo fissiamo una qualsiasi altezza iniziale in metri, per esempio 10.
L'altezza del nano spaziale fino al nono giorno può essere rappresentata come una progressione geometrica di ragione $q = 2$ (il nano raddoppia la sua altezza).
A questo punto inizia la decrescita che avviene con velocità doppia rispetto alla crescita. Notiamo che una decrescita con lo stesso ritmo della crescita avrebbe avuto come ragione $q = 1/2$ (il nano si sarebbe dimezzato di giorno in giorno) ma visto che tale decrescita deve avere il doppio della rapidità allora avremo una ragione pari a $q = 1/4$.

Abbiamo perciò la seguente tabella:

Giorno	Altezza (m)	Note
0	10	
1	$2 \times 10 = 20$	Progressione geometrica di ragione 2
2	$2 \times 20 = 40$	
3	$2 \times 40 = 80$	
4	$2 \times 80 = 160$	
5	$2 \times 160 = 320$	
6	$2 \times 320 = 640$	
7	$2 \times 640 = 1280$	
8	$2 \times 1280 = 2560$	
9	$2560 \cdot \frac{1}{4} = 640$	Progressione geometrica di ragione 1/4
10	$640 \cdot \frac{1}{4} = 160$	
11	$160 \cdot \frac{1}{4} = 40$	
12	$40 \cdot \frac{1}{4} = 10$	

Quindi dopo dodici giorni il nano sarà ritornato alla sua altezza iniziale.

3.6 Esercizi con equazioni e sistemi di equazioni di primo grado

Spesso, la risoluzione dei quesiti richiede l'applicazione di **equazioni di primo grado**, ossia di particolari uguaglianze tra espressioni letterali, vere soltanto per determinati valori attribuiti alle variabili che vi compaiono, ovvero l'applicazione di **sistemi di equazioni**, ossia di insiemi di equazioni considerate simultaneamente per la loro eventuale risoluzione comune.

3.6.1 Applicazione di equazioni alla soluzione di problemi

Le equazioni costituiscono uno strumento efficace per risolvere diversi quesiti.
Ad esempio, all'equazione $3x = 9$ si può far corrispondere il seguente problema:

Trovare un numero il cui triplo è 9

Si dice anche che un'equazione rappresenta il **modello matematico** di un problema aritmetico.
Un problema è di **primo grado** se può essere risolto per mezzo di un'equazione di primo grado a una incognita, che prende il nome di **equazione risolvente**. L'insieme a cui deve appartenere l'incognita del problema si chiama **dominio del problema**.
Un problema è costituito da **incognite** e **dati**. Le **incognite** sono gli elementi che occorre determinare. I dati sono rappresentati da relazioni implicite o esplicite che intercorrono tra le incognite e da eventuali condizioni cui queste sono sottoposte. I **dati espliciti** sono quelli chiaramente enunciati nel testo del problema. I **dati impliciti** sono quelli che hanno origine dall'applicazione di teoremi, proprietà algebriche o più in generale relazioni matematiche esistenti tra i dati, ma non esplicitamente dichiarate nel testo.

ESEMPIO

Trovare il numero che sommato al suo triplo dà 48.
A. 144
B. 12
C. 22

Se indichiamo con x il numero da determinare, il triplo di x è $3x$.
Traducendo in termini algebrici il dato "il numero che sommato al suo triplo dà 48" si ottiene l'equazione:

$$x + 3x = 48$$

da cui

$$4x = 48 \Rightarrow x = 12$$

Il numero richiesto è, quindi, 12 e la risposta corretta è la B.

Anche se un problema può essere risolto mediante un'equazione a una sola incognita, può contenere più incognite non indipendenti tra loro, ma legate da relazioni esprimibili per mezzo di equazioni algebriche. In questo caso si può scegliere come incognita uno qualunque degli elementi che non sono noti ed esprimere i rimanenti per mezzo delle relazioni esistenti tra loro.

ESEMPIO

La somma di tre segmenti misura 42 cm; qual è la misura (in cm) di ciascuno sapendo che il primo è i del secondo e il secondo a sua volta è i del terzo?

A. 7; 12; 23
B. 15; 14; 13
C. 9,6; 14,4; 18

In questo problema le incognite sono le lunghezze in cm dei tre segmenti e i dati le relazioni esistenti tra le loro lunghezze. Vi sono tre incognite e tre dati. Riassumiamoli nella seguente tabella:

Incognite	Dati
Lunghezza del primo segmento	La somma dei tre segmenti è 42 cm
Lunghezza del secondo segmento	Il primo segmento è i del secondo
Lunghezza del terzo segmento	Il secondo segmento è i del terzo

Possiamo indicare con x una qualunque delle tre lunghezze ed esprimere le altre due in termini di questa. È opportuno tuttavia scegliere l'incognita x in modo che le altre si possano esprimere nel modo più semplice. In questo caso conviene indicare con x la lunghezza del terzo segmento.
Leggendo il problema a partire dal terzo segmento, possiamo scrivere le tre relazioni seguenti:

terzo segmento = x

secondo segmento = x

primo segmento = del secondo segmento $= \frac{2}{3} \cdot \frac{4}{5} x$

In generale, poiché:

primo segmento + secondo segmento + terzo segmento = 42

impostiamo l'equazione nell'incognita x (terzo segmento):

$$\frac{2}{3} \cdot \frac{4}{5} x + \frac{4}{5} x + x = 42$$

da cui possiamo ricavare la x:

$$\frac{8}{15} x + \frac{4}{5} x + x = 42 \Rightarrow \frac{8+12+15}{15} x = 42 \Rightarrow$$

$$\Rightarrow \frac{35}{15} x = 42 \Rightarrow 35x = 42 \cdot 15 \Rightarrow x = 18$$

Determinata la lunghezza del terzo segmento possiamo risalire alle lunghezze degli altri due segmenti utilizzando la seconda e la terza relazione:

secondo segmento $= \frac{4}{5} x = \frac{4}{5} \cdot 18 = 14{,}4$

primo segmento $= \frac{2}{3} \cdot \frac{4}{5} x = \frac{8}{15} x = \frac{8}{15} \cdot 18 = 9{,}6$

La risposta esatta è, dunque, la C.

3.6.2 Applicazione di sistemi alla soluzione di problemi

Un problema è di primo grado in più incognite quando ciascun dato del problema è traducibile in un'equazione di primo grado in cui figurano tutte o parte delle sue incognite.
In generale, si preferisce ricorrere all'uso di un sistema quando le incognite di un problema sono tante. In tal caso, le relazioni esistenti tra le varie incognite sono tradotte in altrettante equazioni. L'uso del sistema rispetto all'equazione consente di tradurre in modo più naturale i dati del problema in equazioni. Infatti, non occorre più esprimere tutte le incognite in funzione di una sola.

Prendiamo in esame un problema già esaminato, che è stato risolto mediante una sola equazione, e vediamo che è possibile risolverlo anche con un sistema.

ESEMPIO

La somma di tre segmenti misura 42 cm; qual è la misura (in cm) di ciascuno sapendo che il primo è i del secondo e il secondo a sua volta è i del terzo?

Per risolvere il quesito si imposta un sistema di tre equazioni in tre incognite.
Siano *x*, *y* e *z*, le misure, rispettivamente, del primo, del secondo e del terzo segmento.
Il sistema è il seguente:

$$\begin{cases} x+y+z=42 \\ x=\dfrac{2}{3}y \\ y=\dfrac{4}{5}z \end{cases}$$

I passaggi successivi per la risoluzione del sistema sono i seguenti:

$$\begin{cases} x+y+z=42 \\ x=\dfrac{2}{3}y \\ y=\dfrac{4}{5}z \end{cases} \Rightarrow$$

$$\Rightarrow \begin{cases} x+y+z=42 \\ x=\dfrac{2}{3}\left(\dfrac{4}{5}\right)z=\dfrac{8}{15}z \\ y=\dfrac{4}{5}z \end{cases} \Rightarrow$$

1. Si sostituisce nella seconda equazione il valore di *y* che si ricava dalla terza equazione.

$$\Rightarrow \begin{cases} \frac{8}{15}z+\frac{4}{5}z+z=42 \\ x=\frac{8}{15}z \\ y=\frac{4}{5}z \end{cases} \Rightarrow$$

2. Si sostituisce a x e a y nella prima equazione i valori che si ricavano dalla seconda e terza equazione.

$$\Rightarrow \begin{cases} \frac{35}{15}z=42 \\ x=\frac{8}{15}z \\ y=\frac{4}{5}z \end{cases} \Rightarrow$$

3. Si esegue la somma a primo membro della prima equazione.

$$\Rightarrow \begin{cases} z=\frac{42\cdot 15}{35}=18 \\ x=\frac{8}{15}z \\ y=\frac{4}{5}z \end{cases} \Rightarrow$$

4. Si ricava il valore di z.

$$\Rightarrow \begin{cases} z=18 \\ x=\frac{8}{15}\cdot 18=9{,}6 \\ y=\frac{4}{5}\cdot 18=14{,}4 \end{cases} \Rightarrow$$

5. Per sostituzione, si ricavano i valori di x e di y.

Pertanto, le misure dei segmenti sono rispettivamente:

9,6 cm; 14,4 cm; 18 cm

3.7 Le equazioni simboliche

Le variabili delle equazioni presenti nei quesiti concernenti le trasformazioni simboliche non sono le usuali lettere *x*, *y*, *z*..., bensì simboli grafici di qualsiasi tipo, oppure lettere o qualsiasi altro elemento che non ricordi i numeri, per questo sono note come **equazioni a variabili simboliche** o semplicemente come **equazioni simboliche**.

La prova consiste nella trasformazione dei simboli in numeri a partire da una espressione più o meno complessa e si risolve applicando la seguente logica: **a simbolo uguale corrisponde numero uguale**.

Assegnati ai simboli i corrispondenti numeri e sostituendoli nella o nelle equazioni date, la tecnica di risoluzione di tali equazioni è la stessa di quella delle equazioni con variabili letterali.
Questi esercizi richiedono un'elevata capacità di analisi, di associazione e di astrazione oltre a una decisa rapidità e fluidità nel calcolo matematico. Indubbiamente l'esercizio assiduo e la pratica continua con questo tipo di trasformazioni potenziano sensibilmente la performance.

Riportiamo un esempio.

ESEMPIO

Se
@ + £ + £ = –5
£ = 2
allora @ è uguale a:
A. –3
B. –9
C. –1

Occorre tenere presente, innanzi tutto, la logica di risoluzione di tale tipologia di quesiti: *a simbolo uguale corrisponde numero uguale.*
Sapendo che £ = 2 e sostituendo nell'equazione @ + £ + £ = –5, si ha:

$$@ + 2 + 2 = -5$$

Trasportando a secondo membro i due numeri (+2 e +2), si ha:

$$@ = -5 -2-2$$

da cui:

$$@ = -9$$

La risposta esatta è, dunque, la B.

Un altro esempio meno banale del precedente potrebbe essere quello riportato di seguito.

ESEMPIO

Se:
● + 3 = □
△ + ● = □
11= ● + ■ + ● + △
△ + 1 = ■
allora □ è uguale a:
A. 0
B. 5
C. 4

I passaggi per arrivare alla soluzione sono pochi, basta seguire un metodo molto semplice che risponde alla ricerca della massima semplificazione. A tale scopo si procede semplificando le prime informazioni disponibili.

Se ● + 3 = □ e △ + ● = □ allora ● + 3 = △ + ● che diventa △ = 3 in quanto i due ● si annullano a vicenda (– ● + ● = zero). Sostituendo △ = 3 nella quarta equazione si ottiene ■ = 4. Sostituendo △ = 3 e ■ = 4 nella terza equazione si ha 11 = ● + 4 + ● + 3 → 11 – 4 – 3 = ● + ● → ● = 2. Sostituendo ● = 2 nella prima equazione si ha □ = 5.
Pertanto la risposta corretta è la B.

3.8 Esercizi con il calcolo combinatorio

Nelle prove di selezione, spesso, si incontrano quesiti che richiedono l'applicazione del **calcolo combinatorio**, che fornisce le regole per la determinazione del numero di disposizioni e di combinazioni in un qualsiasi contesto.
Lo schema di cui ci si serve è il seguente: da una scatola contenente n oggetti distinti, indicati con a_1, a_2, ..., a_n, si eseguono k estrazioni, si vogliono contare quante differenti estrazioni possono essere effettuate.
Tale numero cambia a seconda della *modalità di estrazione* e della rilevanza attribuita all'*ordinamento*. Con riferimento alla modalità di estrazione, si distingue a seconda che le estrazioni degli oggetti dalla scatola avvengano *con reinserimento* o *senza reinserimento*. Nel primo caso, una volta estratto, un oggetto è reinserito nella scatola, per cui nelle successive estrazioni lo stesso oggetto può essere estratto di nuovo. Nel secondo caso, invece, una volta estratto un oggetto, esso non è più reinserito nella scatola, e nelle successive estrazioni non potrà essere estratto di nuovo. Con riferimento all'ordinamento, due coppie, o in generale due gruppi, differiscono tra loro se, pur essendo costituiti dagli stessi oggetti, differiscono per l'ordine con cui sono disposti tali oggetti. In tal caso si parla estrazione *con ordinamento*, in caso contrario di estrazione *senza ordinamento*.
A seconda della modalità di estrazione e dell'ordinamento, si distinguono diversi aggruppamenti di n oggetti (o elementi) distinti a gruppi di k (o di classe k o a k a k), con $k \leq n$.

3.8.1 Disposizioni semplici

Le **disposizioni semplici** di n elementi a gruppi di k rappresentano il numero di gruppi possibili di k elementi che si possono formare tra gli n originari e sono tali che due gruppi differiscono tra loro:

- per almeno un elemento;
- oppure per l'ordine degli elementi.

Si indicano con $D_{n,k}$ e sono pari a:

$$D_{n,k} = n \cdot (n-1) \cdot (n-2) \cdot \ldots \cdot (n-k+1)$$

ESEMPIO

Siano date 4 lettere, quante parole di 2 lettere (anche di senso non compiuto) si possono formare in modo che due parole differiscano tra loro per almeno una lettera oppure per l'ordine delle lettere?

A. 12
B. 4
C. 24

Siano date le 4 lettere *w, x, y* e *z*, aggruppiamole a 2 a 2, in modo che due parole differiscano tra loro per almeno una lettera oppure per l'ordine delle lettere.
Si ottengono le coppie:

wx *xw*
wy *yw*
wz *zw*
xy *yx*
xz *zx*
yz *zy*

Esse sono pari al numero di disposizioni semplici di 4 elementi a gruppi di 2:

$$D_{4,2} = 4 \cdot (4 - 2 + 1) = 4 \cdot 3 = 12$$

La risposta corretta è la A.

3.8.2 Permutazioni semplici

Le **permutazioni** di n elementi possono essere definite come le disposizioni semplici di n elementi a gruppi di n e sono tali che due gruppi differiscono tra loro per l'ordine degli elementi.
Si indicano con P_n e sono pari al prodotto degli n interi decrescenti a partire da n:

$$P_n = D_{n,n} = n \cdot (n-1) \cdot (n-2) \cdot \ldots \cdot 3 \cdot 2 \cdot 1 = n!$$

dove $n!$ è il **fattoriale di *n*.**
Convenzionalmente, si pone $0! = 1$.
Le disposizioni semplici di n elementi a gruppi di k, attraverso il fattoriale, sono scritte nel modo seguente:

$$D_{n,k} = \frac{n!}{(n-k)!}$$

ESEMPIO

Siano date 4 lettere, quante parole di 4 lettere (anche di senso non compiuto) si possono formare in modo che due parole differiscano tra loro per l'ordine delle lettere?

A. 12
B. 24
C. 33

Siano date le 4 lettere *w*, *x*, *y* e *z*, aggruppiamole a 4 a 4, in modo che due parole differiscano tra loro per l'ordine delle lettere:

wxyz wxzy wyxz wyzx wzxy wzyx

xwyz xwzy xywz xyzw xzwy xzyw

ywxz ywzx yxwz yxzw yzwx yzxw

zwxy zwyx zxwy zxyw zywx zyxw

Tali raggruppamenti sono pari al numero di permutazioni di 4 elementi:

$$P_4 = 4 \cdot 3 \cdot 2 \cdot 1 = 24$$

La risposta corretta è la B.

3.8.3 Combinazioni semplici

Le **combinazioni semplici** di n elementi a gruppi di k rappresentano il numero di gruppi possibili di k elementi che si possono formare tra gli n originari e sono tali che due gruppi differiscono tra loro per almeno un elemento. I gruppi formati costituiscono un sottoinsieme delle disposizioni semplici di n elementi a gruppi di k.
Si indicano con $C_{n,k}$ e sono pari a:

$$C_{n,k} = \frac{D_{n,k}}{P_k} = \frac{n\cdot(n-1)\cdot(n-2)\cdot\ldots\cdot(n-k-1)}{k\cdot(k-1)\cdot(k-2)\cdot\ldots\cdot3\cdot2\cdot1} = \frac{n!}{k!(n-k)!} = \binom{n}{k}$$

dove è il **coefficiente binomiale**.

ESEMPIO

Siano date 4 lettere, quante parole di 2 lettere (anche di senso non compiuto) si possono formare in modo che due parole differiscano tra loro per almeno una lettera?

A. 12
B. 6
C. 8

Siano date le 4 lettere *w*, *x*, *y* e *z*, aggruppiamole a 2 a 2, in modo che due parole differiscano tra loro per almeno una lettera.
Si ottengono le coppie:

wx
wy
wz
xy
xz
yz

pari al numero di combinazioni semplici di 4 elementi a gruppi di 2:

$$C_{4,2} = \binom{4}{2} = \frac{4 \cdot 3 \cdot 2 \cdot 1}{2 \cdot 2} = 6$$

La risposta corretta è la B.

ESEMPIO

In un campionato di calcio partecipano 14 squadre. Se ogni squadra deve incontrare tutte le altre sia in casa sia in trasferta, quante partite vengono disputate in totale?

A. 364
B. 182
C. 196

Considerando solo il girone di andata, occorre calcolare il numero di gruppi possibili di 2 squadre che si possono formare tra le 14 squadre e sono tali che due gruppi differiscono tra loro per almeno una squadra; in altri termini, occorre calcolare le combinazioni semplici di 14 elementi a gruppi di 2; ossia: $C_{14,2} = \binom{14}{2} = \frac{14!}{2! \cdot 12!} = 91$.
Nel girone di andata e in quello di ritorno, si disputano complessivamente $91 \cdot 2 = 182$ partite.
La risposta corretta è la B.
Si poteva giungere allo stesso risultato più velocemente, considerando che la partita di andata della squadra X contro la squadra Y diventa, al ritorno, la partita Y contro X. Considerando, quindi, come diverse le partite dove appaiono le stesse squadre, il numero di partite è pari alle disposizioni di 2 squadre distinte, ossia alle disposizioni semplici di 14 elementi distinti di classe 2; ossia $D_{14,\,2} = 14 \cdot 13 = 182$.

Un altro quesito.

ESEMPIO

Per trasmettere segnali Lamberto solleva 5 bandierine, di cui 3 gialle e 2 blu, su un'asta. Quanti segnali diversi può ottenere Lamberto?

A. 10

B. 25
C. 5

La risposta corretta è la A.
Su 5 punti dell'asta, occorre sceglierne 2 in cui posizionare le bandierine blu, mentre negli altri punti saranno disposte le bandierine gialle. Occorre, cioè, trovare il numero di modi in cui disporre 2 oggetti (le bandierine blu) su 5 punti.
Indichiamo con b ciascuna delle bandierine blu, esistono 5 modi diversi di assegnare il posto alla prima bandierina blu:

b ... ... b ... ... b ... ... b ...   . b

Per ognuno di tali posti esistono 4 modi diversi di assegnare il posto all'altra bandierina blu.

b b ... ...   b ... b ... ...   b ... ... b ...   b ... ... b (prima bandierina blu al primo posto)
b b ... ... b b ... ... b ... b ...   ... b ... ... b (prima bandierina blu al secondo posto)
b ... b ... ... b b ... ... b b ...   . b ... b (prima bandierina blu al terzo posto)
b ... ... b ...   ... b ... b ...   . b b ...   . b b (prima bandierina blu al quarto posto)
b ... ... b   ... b ... ... b   ... ... b ... b   ... ... b b (prima bandierina blu al quinto posto)

In totale, esistono 20 modi diversi di disporre le 2 bandierine blu. Poiché assegnazioni del tipo "primo posto e secondo posto alla bandierina blu" sono uguali ad assegnazioni del tipo "secondo posto e primo posto alla bandierina blu" occorre dividere per 2 il numero 20, ottenendo 10 modi diversi di assegnare le due bandierine.
A tale risultato si poteva giungere direttamente calcolando il numero di combinazioni semplici di 5 elementi a gruppi di 2: $C_{5,2} = \binom{5}{2} = \frac{5 \cdot 4}{2} = 10$.

3.8.4 Disposizioni con ripetizione

Le **disposizioni con ripetizione** di n elementi a gruppi di k rappresentano il numero di gruppi possibili di k elementi che si possono formare tra gli n originari e sono tali che due gruppi differiscono tra loro:

- per almeno un elemento;
- oppure per l'ordine degli elementi;
- oppure per il numero di ripetizioni di uno stesso elemento.

Si indicano con e sono pari a:

$${}_rD_{n,k} = n^k$$

ESEMPIO

Le targhe automobilistiche sono costituite da 2 lettere, 3 cifre, 2 lettere. Sapendo che le lettere possono essere scelte tra le 26 lettere dell'alfabeto inglese, quante targhe differenti possono essere ottenute?

A. $26^2 \cdot 10 \cdot 26^2$
B. $26^2 \cdot 10^3 \cdot 26^2$
C. $26 \cdot 10 \cdot 26$

La risposta corretta è la B.
Le targhe automobilistiche sono costituite da: 2 lettere, 3 cifre, 2 lettere.
Sapendo che le lettere possono essere scelte tra le 26 lettere dell'alfabeto inglese, con due lettere scelte tra 26, con possibile ripetizione e tenendo conto dell'ordine, si possono ottenere ${}_rD_{26,\,2} = 26^2$ disposizioni.
Con le tre cifre si possono ottenere ${}_rD_{10,\,3} = 10^3$ numeri (ovviamente sono i numeri da 001 a 999 + 000).
In generale, se un'operazione consta di k passi, di cui il primo prevede n_1 modi possibili, il secondo n_2 modi possibili, ..., il k-esimo nk modi possibili, l'operazione può essere effettuata in $n_1 \cdot n_2 \cdot ... \cdot n_k$ modi possibili.
In totale, il numero di targhe automobilistiche è pari al prodotto: ${}_rD_{26,\,2}\ {}_rD_{10,\,3}\ {}_rD_{26,\,2} = 26^2 \cdot 10^3 \cdot 26^2$

3.8.5 Combinazioni con ripetizione

Le **combinazioni con ripetizione** di n elementi a gruppi di k rappresentano il numero di gruppi possibili di k elementi che si possono formare tra gli n originari e sono tali che due gruppi differiscono tra loro:

- per almeno un elemento;
- oppure per il numero di ripetizioni di uno stesso elemento.

Si indicano con ${}_rC_{n,k}$ e sono pari a:

$${}_rC_{n,k} = \binom{n+k-1}{k} = \frac{(n+k-1)!}{k!(n-1)!}$$

3.8.6 Permutazioni con ripetizione

Dato un insieme di n elementi di cui α, con $\alpha < n$, tutti uguali tra loro, le **permutazioni con ripetizione** di n elementi di cui α uguali tra loro sono tutti i possibili gruppi tali che:

- ognuno di essi contiene tutti gli n elementi;
- ogni raggruppamento differisce dagli altri per l'ordine secondo il quale si susseguono gli elementi.

Si indicano con ${}_{(\alpha)}P_n$ e sono pari a:

$${}_{(\alpha)}P_n = \frac{n!}{\alpha!}$$

dove $n!$ e $\alpha!$ sono, rispettivamente, i fattoriali di n e di α.

Ecco un esempio di quesito in cui si chiede l'applicazione di tale formula.

ESEMPIO

Quanti anagrammi distinti si possono formare con le lettere della parola RANA?

A. 16
B. 6
C. 12

La risposta esatta è la C.
Calcoliamo gli anagrammi della parola RANA, anche senza significato.
Tali anagrammi si ottengono considerando che si tratta di una parola formata da $n = 4$ lettere, di cui 2 lettere A uguali tra loro.
Trovare il numero di anagrammi della parola equivale a trovare il numero di permutazioni con ripetizione di $n = 4$ elementi, con ripetizione pari a $r = 2$. Si ha:

$${}_{(2)}P_4 = \frac{4!}{2!} = 12$$

Se gli elementi uguali tra loro sono più di uno, ossia se un elemento si ripete α volte, un altro elemento si ripete β volte ecc., allora la formula delle permutazioni con ripetizione diviene:

$${}_{(\alpha;\beta)}P_n = \frac{n!}{\alpha! \cdot \beta!}$$

ESEMPIO

Una partita di calcio tra due squadre è terminata con il risultato di 4 a 3. In quanti modi diversi possono essersi succedute le reti?

A. 5
B. 35
C. 12

La risposta corretta è la B. Siano Y e J le due squadre e siano y e j le rispettive reti segnate dalle due squadre. Ipotizziamo che abbia vinto la squadra Y, è possibile rappresentare la successione di reti nell'incontro considerato con una permutazione di 7 simboli di cui 4 uguali a y e 3 uguali a j. La permutazione yjjyjyy sta a indicare che:

1. La squadra Y ha segnato la prima rete.
2. La squadra J ha segnato una rete.
3. La squadra J ha segnato un'altra rete.
4. La squadra Y ha pareggiato.
5. La squadra J ha segnato una rete.

6. La squadra Y ha segnato una rete.
7. La squadra Y ha segnato la rete finale, portandosi in vantaggio.

Per rispondere al quesito proposto bisogna calcolare il numero delle permutazioni dei 7 simboli considerati, di cui 4 uguali a y e 3 uguali a j. Tale numero è pari alle permutazioni seguenti:

$$_{(4;3)}P_7 = \frac{7!}{4! \cdot 3!} = 35$$

3.9 Esercizi con le probabilità

Alcune prove possono richiedere di prevedere un risultato attraverso l'espressione di giudizi in probabilità.
Lo sviluppo del pensiero probabilistico si fonda sul concetto di variabilità. La variabilità dei fenomeni naturali e sociali e la conseguente incertezza dei singoli fatti o eventi sono gli aspetti che la realtà sensibile e i suoi stati di natura chiedono di fronteggiare. La variabilità è caratteristica delle popolazioni (molecole, piante, aziende, ...). L'incertezza è, invece, caratteristica degli eventi e del loro avverarsi (se, come, quando, ...). Variabilità e incertezza descrivono due momenti concettualmente differenti, che vanno affrontati con strategie diverse e che si sono consolidati nel calcolo delle probabilità. A differenza della variabilità, l'incertezza non si riferisce a popolazioni, ma a singoli eventi che possono avverarsi oppure no. L'incertezza può essere misurata e ordinata in termini di probabilità degli accadimenti aleatori e di misura del rischio.
Per introdurre la probabilità e la sua misura, l'incertezza degli eventi naturali e sociali è ricondotta a situazioni astratte e modellizzabili. Ci riferiamo agli esperimenti aleatori rappresentabili dai cosiddetti giochi di sorte (dadi, monete, urne, ...).

3.9.1 Definizioni

- **Esperimento aleatorio**: insieme di azioni con esito imprevedibile (prove aleatorie).
- **Evento**: esito di una prova casuale (evento elementare e) o di un esperimento aleatorio (insieme di eventi elementari E).
- **Spazio degli eventi**: insieme S di tutti i possibili risultati di un esperimento aleatorio.

ESEMPIO

I possibili risultati di 2 lanci di una moneta con **T**esta e **C**roce genera uno spazio S di 4 risultati: TT, TC, CT, CC. Se la moneta è perfettamente simmetrica, ogni esito è ugualmente possibile.

Operazioni logiche su eventi

Le operazioni su eventi definiscono degli insiemi su cui si fonda una particolare misura che è la probabilità.

Unione: $E_1 \cup E_2 \cup \dots E_i \cup \dots$

Intersezione: $E_1 \cap E_2 \cap \dots E_i \cap \dots$

Evento complementare di E, non E: $\overline{E}$, tale che $E \cup \overline{E} = S$

Evento impossibile: insieme vuoto $\varnothing$, tale che $\varnothing \cup S = S$

Misura di probabilità

Funzione che associa a un evento $E \in S$ un valore numerico $P(E)$ che soddisfa i seguenti assiomi fondamentali (Kolmogorov):

$P(E) \geq 0$

$P(S) = 1$

$P(E_1 \cup E_2 \cup \dots \cup E_i \cup E_h \cup \dots) = P(E_1) + P(E_2) + \dots + P(E_i) + P(E_h) + \dots$

con E_i e E_h eventi mutuamente esclusivi per ogni i e h (se si avvera E_i non si avvera E_h). $E_1|E_2$ si legge "E_1 condizionato (o dato) E_2": si suppone di aver osservato il verificarsi di E_2 e ci si chiede se e in quale misura questa informazione modifichi la valutazione di probabilità su E_1.

3.9.2 Operazioni sulle probabilità

Operazioni	E_1 ed E_2 **compatibili**: $E_1 \cap E_2 \neq \varnothing$		E_1 ed E_2 **incompatibili**: $E_1 \cap E_2 = \varnothing$
$P(E_1 \cup E_2)$	$P(E_1) + P(E_2) - P(E_1 \cap E_2)$		$P(E_1) + P(E_2)$
$P(E_1 - E_2)$	$P(E_1) - P(E_1 \cap E_2)$ $P(E_1) - P(E_2)$ se $E_2 \subset E_1$		$P(E_1)$
	E_1 ed E_2 **dipendenti:** $P(E_1\|E_2) \neq P(E_1)$ $P(E_2\|E_1) \neq P(E_2)$	E_1 ed E_2 **indipendenti:** $P(E_1\|E_2) = P(E_1)$ $P(E_2\|E_1) = P(E_2)$	
$P(E_1 \cap E_2)$	$P(E_1)P(E_2\|E_1) = P(E_2)$ $P(E_1\|E_2)$	$P(E_1)P(E_2)$	0

Se due eventi sono **incompatibili**, la probabilità della loro unione (o si avvera un evento o si avvera l'altro) è uguale alla somma delle loro rispettive probabilità:

$$P(E_1 \cup E_2) = P(E_1) + P(E_2)$$

Se due eventi sono **indipendenti**, la probabilità della loro intersezione (gli eventi si avverano entrambi) è uguale al prodotto delle loro rispettive probabilità:

$$P(E_1 \cap E_2) = P(E_1)P(E_2)$$

3.9.3 La misura della probabilità

Si possono dare tre definizioni di misura della probabilità: definizione classica; definizione frequentista; definizione su scommessa.

Definizione classica

Se si conoscono le regole dell'esperimento aleatorio, la misura discende dall'applicazione degli assiomi del calcolo delle probabilità a quelle regole. In queste situazioni, la probabilità dell'evento (E) è data dal rapporto tra il numero (n_f) di casi favorevoli all'evento e il numero (n_p) dei casi possibili, qualora siano tutti ugualmente possibili; in simboli:

$$P(E) = \frac{n_f}{n_p}$$

Gli esempi classici vengono dai giochi di sorte: dadi, monete, urne.

ESEMPIO

Data una **moneta ideale e simmetrica** con le tradizionali facce **T**esta e **C**roce, e immaginando che il lancio della moneta si realizzi sempre su **T** o **C**, segue che:

$$P(T) = P(C) = \frac{1}{2} = 0{,}5$$

Allo stesso modo, il lancio di un **dado simmetrico**, che in ogni faccia ha rispettivamente i punti da 1 a 6, configura un esperimento aleatorio in cui tutti i punti da 1 a 6 hanno la stessa probabilità di avverarsi:

$$P(1) = \ldots = P(6) = \frac{1}{6}$$

Sia un'**urna** composta da 10 palline identiche tranne che per il colore, così differenziate: 1 nera, 4 bianche, 5 rosse. Da un'estrazione puramente casuale si deduce che:

$$P(\mathbf{B}\text{ianca}) = \frac{1}{10} = 0{,}1; \qquad P(\mathbf{N}\text{era}) = \frac{4}{10} = 0{,}4; \qquad P(\mathbf{R}\text{ossa}) = \frac{5}{10} = 0{,}5$$

Vale ancora $P(\mathbf{B}\text{ianca}) + P(\mathbf{N}\text{era}) + P(\mathbf{R}\text{ossa}) = 1$.

Definizione frequentista

Nell'uso corrente, la probabilità di un evento è stimata dalla **frequenza relativa** con cui l'evento stesso compare in un campione molto ampio di osservazioni, dove per frequenza relativa di un evento si intende il rapporto tra il numero di volte in cui si è verificato nel campione una data modalità di un carattere e il numero di unità del campione.
La frequenza relativa dell'evento in una distribuzione statistica si assume, quindi, come stima della probabilità incognita dell'evento.

ESEMPIO

Dato un campione di 10.000 neonati, rispettivamente di 5.100 **M**aschi e 4.900 **F**emmine, tenendo conto della frequenza relativa dei neonati, distinti per sesso, la probabilità di ciascun sesso alla nascita sia così definita:

$$P(\mathbf{M}\text{aschio}) = \frac{5.100}{10.000} = 0{,}51; \qquad P(\mathbf{F}\text{emmina}) = \frac{4.900}{10.000} = 0{,}49$$

La frequenza relativa è una buona stima della probabilità incognita solo se il campione delle osservazioni è sufficientemente ampio da assicurare una tendenziale stabilità della frequenza al crescere delle osservazioni.

Definizione su scommessa

Dati due eventi contrapposti, A e B, si immagini di scommettere sull'avverarsi di A contro B impegnando una posta s (perdita certa), a fronte di una vincita S (incerta). Il rapporto (odds) tra la puntata s e la vincita S di A contro B misura la fiducia che lo scommettitore ideale ha dell'avverarsi, rispettivamente, di A e B; in simboli: $P(A) = s/S$.

ESEMPIO

Se lo scommettitore è disposto a scommettere 100 su A per ricevere 400 nel caso in cui A si avvera (e ovviamente a perdere 100 nel caso in cui A non si avvera), la probabilità vale $P(A) = 100/400 = 0{,}25$. Ne segue che $P(B) = 0{,}75$.
La scommessa di A contro B è di 1 a 3.

Consideriamo alcuni esempi in cui sono forniti dei dati sulla base dei quali produrre la risposta probabilistica.

ESEMPIO

Una persona deve lanciare per sei volte un dado in rapida successione. Qual è la sequenza più probabile tra quelle sotto riportate?

A. Nessuna
B. 111111
C. 126453

Per rispondere correttamente occorre evitare di incorrere nell'errore dovuto alla cosiddetta "*euristica della rappresentatività*" che favorisce una distorsione di giudizio, inducendoci a considerare la sequenza C, 126453 come molto più probabile della B perché la B ci appare troppo ordinata, e quindi non dovuta al caso. Dal punto di vista del calcolo della probabilità i sei lanci del dado sono indipendenti e quindi le probabilità delle sequenze presentate sono perfettamente identiche (risposta A).

ESEMPIO

Qual è la meno probabile?

A. Nessuna
B. 111111
C. 126453

La risposta alla domanda è ugualmente risolvibile. Si è propensi a segnalare come meno probabile la sequenza 111111, che tuttavia ha la stessa probabilità di verificarsi delle altre sequenze presentate (risposta A).

ESEMPIO

In un ipotetico ordine di nascita negli ospedali italiani indicare se vi sono ed eventualmente quali sono le coppie di sequenze equiprobabili (cioè che hanno la stessa probabilità di verificarsi):

A. MMMMFM e FFMFFF
B. FFFFMF e FMMFFM
C. Tutte equiprobabili

In base a quanto detto, la risposta corretta è quella corrispondente alla lettera C: sono tutte equiprobabili.

3.9.4 Probabilità condizionate

Dati due eventi A e B, la probabilità dell'avverarsi di A se si è avverato B, cioè la probabilità di A condizionato a B, $P(A|B)$, è uguale alla probabilità dell'intersezione $A \cap B$ (o, simmetricamente, $B \cap A$):

$$P(A \cap B) = P(A)P(B|A) = P(B)P(A|B)$$

quindi

$$P(A|B) = \frac{P(A)P(B|A)}{P(B)}$$

Se A e B sono tra loro indipendenti e $P(B|A) = P(B)$, quindi:

$$P(A \cap B) = P(A)P(B)$$

ESEMPIO

Un'urna contiene tre palline nere (indicate con N_1, N_2, N_3) e due rosse (indicate con R_1 e R_2); supponiamo di estrarre dall'urna due palline senza reimmissione nell'urna, ovvero senza rimettere la prima pallina estratta nell'urna.

1) Qual è la probabilità che la seconda pallina sia rossa?
2) Qual è la probabilità che la seconda pallina sia rossa, supposto che la prima pallina sia nera?
3) Qual è la probabilità che ambedue le palline siano rosse?

La prova è l'estrazione di due palline da un'urna.

1) Gli eventi elementari sono:

E_1\{prima pallina nera, seconda pallina rossa\}
E_2\{prima pallina rossa, seconda pallina rossa\}

Gli eventi individuati sono a loro volta eventi intersezione di altri eventi. Più precisamente:

$E_1 = N_1 \cap R_2 \qquad E_2 = R_1 \cap R_2$

dove:

- N_1 e R_2 sono tra loro dipendenti;
- R_1 e R_2 sono tra loro dipendenti.

L'evento unione degli eventi dati è:

E\{seconda pallina rossa\} = $E\{R_2\}$

Calcoleremo le probabilità degli eventi come rapporto tra casi favorevoli e casi possibili.

Le probabilità e sono calcolate considerando che all'atto dell'estrazione della seconda pallina il numero totale di palline estraibili si riduce da 5 a 4. Si ha:

$$P(E) = P(E_1) + P(E_2) = P(N_1 \cap R_2) + P(R_1 \cap R_2) =$$
$$= P(N_1) \cdot P(R_2 | N_1) + P(R_1) \cdot P(R_2 | R_1) =$$
$$= \frac{3}{5} \cdot \frac{2}{4} + \frac{2}{5} \cdot \frac{1}{4} = \frac{3}{10} + \frac{1}{10} = \frac{4}{10} = \frac{2}{5} = 0{,}4$$

2) L'evento complesso, intersezione dei due eventi elementari N_1 e R_2, è:

E\{prima pallina nera, seconda pallina rossa\}

La probabilità del verificarsi di tale evento è:

$$P(E) = P(N_1 \cap R_2) = P(N_1) \cdot P(R_2 | N_1) = \frac{3}{5} \cdot \frac{2}{4} = \frac{3}{10} = 0{,}3$$

in quanto R_2 e N_1 sono tra loro dipendenti.

3) L'evento complesso, intersezione dei due eventi elementari R_1 e R_2, è:

E\{prima pallina rossa, seconda pallina rossa\}

Gli eventi elementari R_1 e R_2 sono tra loro dipendenti e non equiprobabili.
Abbiamo quindi:

$$P(E) = P(R_1 \cap R_2) = P(R_1) \cdot P(R_2 | R_1) = \frac{2}{5} \cdot \frac{1}{4} = \frac{1}{10} = 0{,}1$$

Un altro esempio un po' più complesso del precedente è riportato di seguito.

ESEMPIO

Un sacchetto contiene un certo numero di palline rosse e una pallina nera. Se si estraggono contemporaneamente due palline, la probabilità che siano entrambe rosse è 1 su 2. Quante palline complessive contiene il sacchetto prima delle estrazioni?

A. 6
B. 7
C. 4

La risposta corretta è C. Siccome le palline a ogni estrazione non sono reintrodotte nel sacchetto perché estratte contemporaneamente, le estrazioni sono dipendenti; la composizione del sacchetto cambia da un'estrazione all'altra e, quindi, la probabilità di ottenere una pallina rossa alla seconda estrazione è diversa dalla probabilità di ottenere una pallina rossa alla prima estrazione.
Sia x il numero di palline rosse contenute nel sacchetto, poiché il sacchetto contiene 1 pallina nera, il numero di palline nel sacchetto è pari a $1 + x$. Alla seconda estrazione, poiché non è prevista reintroduzione nel sacchetto, il numero di palline rosse diviene $x - 1$ e il numero totale di palline contenute nel sacchetto è $1 + (x - 1)$. Siano R_1 e R_2 le due palline rosse, in base ai dati si ha:

$$P(R_1 \cap R_2) = P(R_1) \cdot P(R_2 | R_1) = \frac{x}{1+x} \cdot \frac{x-1}{1+(x-1)} = \frac{1}{2}$$

da cui:

$$P(R_1 \cap R_2) = P(R_1) \cdot P(R_2 | R_1) = \frac{x-1}{1+x} = \frac{1}{2}$$

Dopo semplici passaggi si ottiene il valore incognito della $x = 3$. Essendo 3 le palline rosse, il numero di palline contenute nel sacchetto è $3 + 1 = 4$.

La probabilità di un evento può essere anche espressa in termini percentuali, come mostrato negli esempi che seguono.

ESEMPIO

In un cesto ci sono 50 palline colorate (20 bianche, 10 rosse, 15 verdi e 5 blu).

1) Che probabilità c'è, in percentuale, di estrarre una pallina verde?
2) Che probabilità c'è di estrarre una pallina non blu?
3) Che probabilità c'è di estrarre una pallina bianca seguita da una rossa?

Si tratta di esercizi risolvibili mediante semplici formule; conviene cercare di risolverli senza guardare le alternative.

1) Se nel cestino ci sono 50 palline di cui 15 verdi, ho statisticamente 15 possibilità su 50 di estrarre una pallina verde, quindi:

$$\frac{15}{50} = 0,3 \times 100 = 30\%$$

2) Nel cestino vi sono solo 5 palline blu e 45 non blu. In questo caso:

$$\frac{45}{50} = 0,9 \times 100 = 90\%$$

L'esercizio poteva anche essere risolto sommando singolarmente le probabilità di estrazione di una pallina verde, rossa e bianca.

$$\frac{20}{50}=40\% \qquad \frac{10}{50}=20\% \qquad \frac{15}{50}=30\% \qquad \text{Totale}=90\%$$

3) Nel terzo caso la risposta richiede un minimo di ragionamento.
Prima dell'estrazione della pallina bianca ho il 20/50 = 40% di probabilità di estrarne una. Dopo aver estratto la pallina bianca ho il 10/49 = 20,4 ≃ 20% di possibilità di estrarne una rossa (dopo la prima estrazione c'è una pallina in meno nel cestino). La probabilità di due estrazioni consecutive è il prodotto delle probabilità, quindi:

$$\frac{20}{50}\times\frac{10}{49}=\frac{200}{2450}=\frac{4}{49}=8{,}16\%$$

3.9.5 Teorema delle probabilità totali

Alcuni quesiti richiedono l'applicazione del *teorema delle probabilità totali*, secondo cui siano E_i = i = 1, 2, ..., n una partizione dello spazio campione, per ogni evento A appartenente a tale spazio, si ha:

$$P(A)=\sum_{i=1}^{n}P(E_i)P(A|E_i)$$

Un esempio è riportato di seguito.

ESEMPIO

Il 25% dei dipendenti di una casa editrice è costituito da maschi; il 30% di questi sono castani, mentre tra le femmine il 40% sono castane. Qual è la probabilità che, scegliendo a caso un dipendente, questi sia un castano?

A. 0,750
B. 0,375
C. 0,300

La risposta esatta è la B.
Nella figura seguente, è schematizzata la situazione proposta nel quesito:

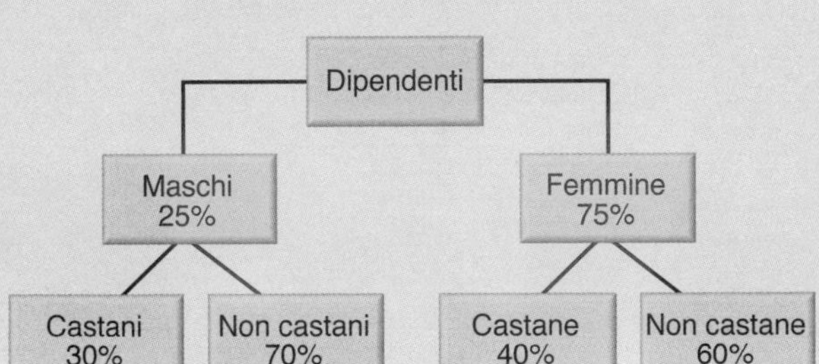

I dipendenti della casa editrice sono per il 25% uomini e per il 100 – 25 = 75% donne.
A loro volta, dei dipendenti uomini, il 30% sono castani, ovvero in percentuale gli uomini castani sono:

$$P(\text{Maschio} \mid \text{castano}) = 0{,}25 \times 0{,}30 = 0{,}075$$

che rappresenta la probabilità che, scelto a caso un dipendente, questi sia un maschio castano.
Delle dipendenti donne, il 40% sono castane, ovvero in percentuale le donne castane sono:

$$P(\text{Femmina} \mid \text{castana}) = 0{,}75 \times 0{,}40 = 0{,}30$$

che rappresenta la probabilità che, scelto a caso un dipendente, questi sia una femmina castana.
Scegliendo a caso un dipendente, la probabilità che sia un castano si ottiene sommando i valori delle probabilità appena ottenute:

$$P(\text{dipendente castano}) = P(\text{Maschio} \mid \text{castano}) + P(\text{Femmina} \mid \text{castana}) = 0{,}075 + 0{,}30 = 0{,}375$$

3.9.6 Probabilità e calcolo combinatorio

Talvolta, per determinare i casi favorevoli e i casi possibili relativi al verificarsi di determinati eventi sono applicati i concetti propri del calcolo combinatorio.
Si consideri il seguente esempio.

ESEMPIO

Qual è la probabilità (approssimata) di ottenere un ambo al lotto giocando due numeri su una sola ruota?

A. $\dfrac{\binom{87}{3}}{\binom{90}{5}}$

B. $\dfrac{\binom{88}{3}}{\binom{90}{5}}$

C. $\dfrac{\binom{88}{5}}{\binom{90}{5}}$

In una ruota ci sono 5 numeri, i casi favorevoli sono quelli in cui i due numeri giocati sono fissi e gli altri 3 numeri sono variabili, ossia tutte le terne che si possono formare con gli 88 numeri restanti. I casi favorevoli sono dunque pari al numero di combinazioni semplici di 88 elementi a gruppi di 3: $C_{88,\,3}$.
I casi possibili sono tutte le cinquine che si possono formare con i 90 numeri, pari al numero di combinazioni semplici di 90 elementi a gruppi di 5: $C_{90,\,5}$.
Pertanto, la probabilità richiesta è:

$$P(E)=\frac{\binom{88}{3}}{\binom{90}{5}}=0{,}002496879\ldots$$

La risposta corretta è la B.

3.10 Esercizi su spazio, velocità e tempo

I quesiti su spazio, velocità e tempo non richiedono particolari strategie risolutive da adottare ma, in generale, la conoscenza delle relazioni fondamentali tra queste tre grandezze.
Lo spazio s percorso e il tempo t di percorrenza sono due grandezze direttamente proporzionali.
Difatti, due grandezze sono direttamente proporzionali se il loro rapporto è costante; il rapporto tra spazio percorso s e tempo di percorrenza t è proprio pari alla velocità v con cui procede il soggetto del quesito ed è supposta costante; pertanto, le tre grandezze sono legate dalla relazione:

$$v=\frac{s}{t}$$

che rappresenta la legge fisica del moto rettilineo uniforme.
Da tale relazione si ricava la relazione inversa che esprime il tempo t in funzione dello spazio s e della velocità t:

$$t=\frac{s}{v}$$

Analogamente, per determinare lo spazio percorso in un dato tempo e a una data velocità, la relazione da applicare è la seguente:

$$s=v\cdot t$$

La velocità v e lo spazio percorso s sono grandezze direttamente proporzionali. Pertanto, fissato un tempo t, se raddoppia, o triplica, o quadruplica, …, la velocità con cui si procede allora raddoppia, triplica, quadruplica, …, anche lo spazio che si percorre.
Talvolta, determinati quesiti richiedono il calcolo del **tempo di reazione**, ossia del tempo che intercorre dal momento della percezione di una situazione di pericolo all'inizio della frenata. Durante tale tempo il veicolo percorre uno spazio, definito spazio totale di arresto o distanza di arresto, pari allo spazio percorso nel tempo

di reazione, detto **spazio di reazione**, più quello percorso durante la frenata, detto **spazio di frenata**. La lunghezza di tale spazio dipende anche dalla velocità del veicolo.

Consideriamo un quesito in cui si richiede di calcolare il valore della grandezza *tempo.*

ESEMPIO

Per raggiungere il suo ufficio, Davide può percorrere due strade diverse.
La prima è una strada di 6 km lungo la quale si incontrano tre semafori, che costringono Davide a fermarsi al rosso a ciascun semaforo per tre minuti in media.
La seconda è una strada di 8 km, lungo la quale si incontra solo un semaforo che costringe Davide a fermarsi per due minuti in media.
Quando Davide non è fermo a un semaforo, guida a una velocità media di 24 km/h.
Quanto tempo risparmia in media Davide percorrendo la strada più veloce?

A. 2 minuti
B. 1 minuto
C. 7 minuti

La risposta corretta è la A. Se procede a una velocità media di 24 km/h, per conoscere il tempo impiegato per percorrere le due strade, considerando il tempo di sosta ai semafori, ragioniamo nel modo seguente.
Sia $t_{6\ \text{km}}$ il tempo (in minuti) impiegato per percorrere la strada lunga 6 km, in assenza di semaforo; per conoscere il tempo impiegato per percorrere tale strada a una velocità di 24 km/h, si applica la relazione del tempo *t* in funzione dello spazio e della velocità, da cui:

$$t_{6\ \text{km}} = \frac{s}{v} = \frac{6\ \text{km}}{24\ \text{km/h}} = \frac{1}{4}\ \text{h} = 15\ \text{min}$$

Per la diretta proporzionalità tra le grandezze, avremmo potuto risolvere il quesito impostando la proporzione:

$$24 : 60 = 6 : t_{6\ \text{km}}$$

da cui il termine incognito (un estremo) lo avremmo ricavato dal quoziente tra prodotto dei medi e l'altro estremo.
Considerando che, lungo tale strada, l'automobilista è costretto a fermarsi a 3 semafori, per un tempo di 3 min ciascuno, il tempo totale impiegato è:

$$t_{\text{comp } 6\ \text{km}} = 15 + 3 \times 3 = 24\ \text{min}$$

Sia $t_{8\ \text{km}}$ il tempo (in minuti) impiegato per percorrere la strada lunga 8 km, in assenza di semaforo; per conoscere il tempo impiegato per percorrere tale strada, sempre a una velocità di 24 km/h, si applica la relazione del tempo *t* in funzione dello spazio e della velocità:

$$t_{8\ \text{km}} = \frac{s}{v} = \frac{8\ \text{km}}{24\ \text{km/h}} = \frac{1}{3}\ \text{h} = 20\ \text{min}$$

Avremmo potuto risolvere il quesito impostando la proporzione:

$$24 : 60 = 8 : t_{8\ km}$$

da cui il termine incognito (un estremo) lo avremmo ricavato dal quoziente tra prodotto dei medi e l'altro estremo.
Considerando che, lungo tale strada, l'automobilista è costretto a fermarsi a 1 semaforo, per un tempo di 2 min, il tempo totale impiegato è:

$$t_{comp\ 8\ km} = 20 + 2 = 22 \text{ min}$$

Percorrendo la strada più veloce, ossia quella di 8 km, l'automobilista risparmia, in media, 24 – 22 = 2 min.

Consideriamo un quesito in cui si richiede di calcolare il valore della grandezza *distanza.*

ESEMPIO

La distanza tra la città A e la città B è di 200 km. Alle nove di mattina un treno parte da A diretto a B e, viceversa, un treno parte da B diretto ad A. Un'ora dopo, il primo treno ha percorso metà del tragitto. Sapendo che il secondo viaggia a 2/5 della velocità del primo, quanto sono distanti i due treni alle 10 del mattino?

A. Alle 10 del mattino i due treni si sono già incontrati
B. 100 km
C. 60 km

La risposta corretta è la C.
Il tragitto da A a B (o da B ad A) è di 200 km.

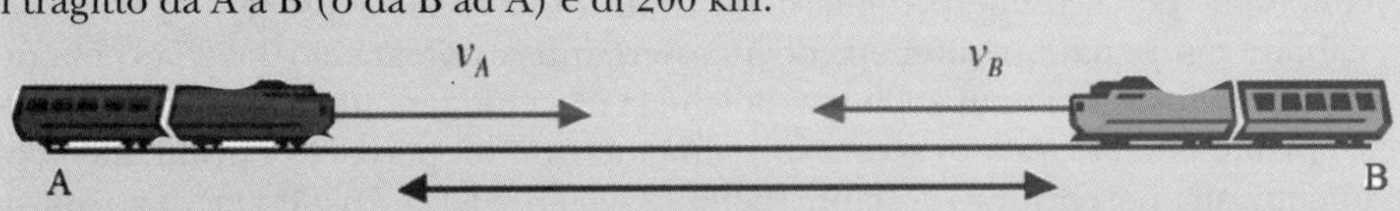

Dopo un'ora, ossia alle 10 del mattino, il treno A ha percorso metà del tragitto, ossia 100 km; la sua velocità è pertanto v_A = 100 km/h.
Il treno B viaggia con una velocità pari ai 2/5 della velocità del treno B, ossia a:

$$v_B = \frac{2}{5} \cdot 100 \text{ km/h} = 40 \text{ km/h}$$

Il treno B ha percorso alle 10 del mattino 40 km.
La distanza tra i due treni, a quell'ora, è, appunto, 100 km – 40 km = 60 km.

Vediamo un altro esempio che costituisce una variante sul tema (Legrenzi, 1996).

ESEMPIO

Bianchi è andato dalla città A alla città B in *x* ore. Nel viaggio di ritorno, per la stessa strada, la sua velocità media è raddoppiata. Quale delle seguenti espressioni corrisponde al numero totale di ore impiegate da Bianchi per il viaggio di andata e ritorno?

A. 2/3 *x*
B. 3/2 *x*
C. 5/3 *x*

Se il signor Bianchi all'andata ha impiegato *x* ore, al ritorno, avendo raddoppiato la velocità media, avrà impiegato *x*/2 (cioè la metà del tempo dell'andata).
Pertanto, l'espressione della somma dei due tempi è data da *x*+*x*/2, quindi 3/2*x*. Infatti 2/2 + 1/2 è uguale a 3/2.

Un altro esempio di test sulle distanze o una sua variante, che potreste incontrare, è il seguente.

ESEMPIO

Un'auto percorre 20000 km nel corso di un lungo viaggio. Per ridurre i consumi le cinque ruote vengono intercambiate con regolarità. Quanti chilometri avrà percorso ogni gomma alla fine del viaggio?
A. 15000
B. 10000
C. 16000

Per risolvere questa tipologia di problemi si può ricorrere a due modalità risolutive, di cui una fa ricorso al semplice calcolo matematico, l'altra ad una forma di aiuto grafico:

- la soluzione matematica parte dal seguente ragionamento: dividiamo i 20000 chilometri per il numero totale delle ruote (5). Questo passaggio ci serve per stabilire ogni quanti chilometri dovrà essere intercambiata la ruota: la ruota dovrà essere sostituita ogni 4000 km. Poiché la macchina monta al massimo 4 ruote sappiamo che la ruota di scorta inizialmente non ha percorso i primi 4000 chilometri, ma percorrerà i restanti 16000 (20000 – 4000 = 16000 km). La risposta giusta è dunque 16000 chilometri.
- Un altro modo per risolvere il problema potrebbe fare ricorso all'aiuto di un semplice grafico. Tracciamo una linea sul foglio che rappresenta i 20000 chilometri:

Suddividiamo la linea in cinque parti uguali, tante quante sono le ruote dell'auto:

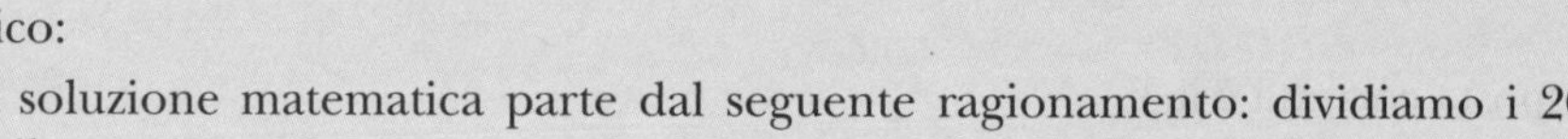

e segniamo al primo segmento le ruote montate (la ruota 1, la ruota 2, ecc.). Al secondo segmento sostituiamo la ruota 1 con la ruota di scorta che abbiamo etichettato con il numero 5, e poi al terzo segmento sostituiamo la ruota 2 e reintroduciamo la ruota 1 e così via. Arrivati all'ultimo segmento, notiamo che ogni ruota è presente in 4 segmenti.

Dato che la linea totale rappresenta la lunghezza del percorso, sappiamo che ciascun segmento rappresenta 4000 chilometri, per cui verifichiamo quante volte è presente ad esempio la ruota numero 1 (in grassetto è evidenziato il numero di volte che la ruota numero 1 è stata montata). Moltiplicando 4000 chilometri per il numero di volte in cui una ruota è stata montata (4 volte) otteniamo il numero di chilometri percorsi dalla ruota 1, cioè 16000 chilometri.

Di seguito, proponiamo un quesito in cui si richiede di calcolare il valore della grandezza *velocità*.

ESEMPIO

Alle ore 13:30 il contachilometri di un'automobile segna 11.715. Sapendo che alle ore 15:00 il contachilometri segna 11.865, qual è stata la sua velocità media?

A. 100 km/h
B. 60 km/h
C. 75 km/h

La risposta esatta è la A.
Per calcolare la velocità media dell'automobile, dobbiamo conoscere lo spazio percorso e il tempo.
Lo spazio percorso si ottiene calcolando la differenza tra i due valori sul contachilometri nei due tempi considerati:

$$s = 11.865 - 11.715 = 150 \text{ km}$$

Il tempo è la differenza tra i due orari:

$$t = 15{:}00 - 13{:}30 = 1 \text{ h } 30 \text{ m}$$

ossia 1,5 h.
A questo punto, calcoliamo la velocità media usando la formula:

$$v = \frac{150 \text{ km}}{1{,}5 \text{ h}} = 100 \text{ km / h}$$

3.11 Esercizi sulle pesate

Sono quesiti in cui si devono pesare alcuni elementi che sono uguali tra loro tranne uno che ha un peso diverso. Le domande possono essere relative a quesiti con la bilancia a uno o a due piatti.
Nella risoluzione, si spiegheranno contestualmente le strategie risolutive per entrambe le tipologie.

ESEMPIO

Jack possiede 12 pipe apparentemente identiche, una delle quali è però più pesante delle altre. Avendo a disposizione una bilancia a due piatti, quante pesate saranno sufficienti per essere certi di individuarla?

A. 4
B. 7
C. 3

La risposta corretta è la C. La strategia risolutiva non è immediata perché prevede di pesare due gruppi di elementi alla volta. Dopo la prima pesata, le 6 pipe del piatto più pesante, dove c'è quindi la pipa più pesante, verranno ripesate.
Viene pesato quindi in seguito il gruppo delle 6 pipe più pesanti suddividendolo in due gruppi da 3 e 3. La terza pesata prevede di comparare solo due pipe tra loro, perché nel caso in cui il peso delle due pipe risultasse uguale sarebbe proprio la pipa non pesata quella di peso differente. Altrimenti la bilancia segnalerà quale delle due pipe è la più pesante.
Vediamo la risoluzione in modo schematico:

	Piatto 1	**Piatto 2**	**Non pesato**
1ª pesata	6 pipe	6 pipe	–
2ª pesata	3 pipe	3 pipe	–
3ª pesata	1 pipa	1 pipa	1 pipa

Consideriamo altri quesiti.

ESEMPIO

Ci sono dieci pile di dieci monete da 50 centesimi ciascuna. Uno dei mucchietti è fatto di sole monete false, ma non sapete quale. È noto però il peso di una moneta buona e si sa che una moneta falsa pesa un grammo in più del dovuto. Qual è il numero minimo di pesate necessarie a determinare qual è il mucchietto di monete false?

A. Una sola pesata
B. Tre pesate
C. Cinque pesate

Numeriamo i dieci mucchietti di monete con i numeri da 1 a 10. Nel mucchietto *n* lasciamo *n* monete. Quindi, ad esempio, nel quarto mucchietto lasceremo 4 monete, nel quinto ne lasceremo 5 e così via. Per fissare le idee supponiamo che una moneta originale pesi 10 grammi, di conseguenza una moneta falsa peserà 10 + 1 = 11 grammi. Se i mucchietti creati fossero tutti composti da monete originali, per il fatto che in ognuno abbiamo lasciato un numero progressivo di monete, essi dovrebbero pesare secondo quanto presentato in tabella:

Mucchietto	1	2	3	4	5	6	7	8	9	10	Totale
Peso (grammi)	10	20	30	40	50	60	70	80	90	100	550

Sappiamo però che uno di questi è composto da monete false, per cui, se ad esempio tale mucchietto è il quarto esso peserà non 40 grammi ma $4 \times 11 = 44$ grammi e il totale dei mucchietti peserà 554 grammi. Se invece il mucchietto di monete false fosse l'ottavo allora esso peserebbe 88 grammi invece che 80 e il totale delle monete a sua volta peserebbe 558 grammi.
Notiamo perciò che siamo in grado, con un'unica pesata, di determinare il mucchietto di monete false. Basta pesare tutti insieme i mucchietti. La bilancia indicherà un peso pari a 550 grammi + x grammi. A seconda di quanto valgono quegli x grammi in più determineremo il mucchietto con le monete false proprio come il mucchietto denotato con il numero x.
Basta una sola pesata (risposta A).

ESEMPIO

Con una bilancia a due piatti s'intende individuare, fra 54 palline, l'unica che ha peso superiore alle altre (le altre 53 hanno tutte lo stesso peso). Quante pesate al massimo sono necessarie per identificare la pallina più pesante?

A. Quattro
B. Sei
C. Cinque

Nella prima pesata si pongono 54 : 3 = 18 palline su ambo i piatti della bilancia e se ne lasciano 18 da parte. Se la bilancia pende su uno dei lati, allora quello contiene il mucchietto nel quale vi è la pallina più pesante. Se la bilancia è in equilibrio, allora la pallina più pesante è nel mucchietto tenuto da parte. Per la seconda pesata, si considera il mucchietto da 18 palline tra le quali vi è quella più pesante. Nella seconda pesata, si pongono 18 : 3 = 6 palline su ambo i piatti della bilancia e si tengono da parte 6 palline. Nel caso la bilancia resti in equilibrio allora il mucchietto da 6 messo da parte, contiene quella più pesante, viceversa la bilancia penderà dal lato delle 6 palline con quella più pesante, che vengono considerate per la pesata successiva. Nella terza pesata, si pongono 6 : 3 = 2 palline su entrambi i piatti della bilancia e se ne lasciano 2 da parte. Nel caso la bilancia resti in equilibrio, allora tra le due palline scartate vi è quella più pesante, viceversa la bilancia pende dal lato delle 2 palline con quella più pesante, che vengono selezionate per la pesata successiva. Nella quarta e ultima pesata, si pone una pallina su entrambi i piatti e se ne lascia una da parte. Se la bilancia è in equilibrio, allora la pallina più pesante è quella scartata. Viceversa, la bilancia ci indica la pallina più pesante, pendendo dalla sua parte. Riusciamo, quindi, a risolvere il quesito con un massimo di 4 pesate (risposta A).

ESEMPIO

Con una bilancia a piatti e un certo numero di pesi si vogliono pesare oggetti di peso inferiore a 125 g con un errore non superiore a un grammo.
Inoltre non si possono mettere pesi nel piatto su cui poggia l'oggetto. Qual è il numero minimo di pesi sufficiente a tale scopo?

A. 8

B. 16
C. 7

La risposta corretta è la C. I pesi sono di: 1, 2, 4, 8, 16, 32, 64. In tal modo la somma può coprire tutti i numeri interi fino a 127 grammi. Tutto ciò è possibile perché è presente la possibilità di un errore fino a un grammo.

3.12 Interpretazione di dati da tabelle (ragionamento critico-numerico)

L'abilità di trattare ed estrapolare informazioni numeriche dai dati presentati sotto forma di tabella può essere saggiata attraverso test appositamente predisposti.
Il più delle volte si presentano diversi dati sotto forma di tabella e poi si formulano una o più domande inerenti a essa.
I quesiti appartenenti a tale tipologia sono, spesso, identificati con la denominazione di quesiti di ragionamento critico-numerico.
Per la risoluzione di tali quesiti, occorre eseguire operazioni aritmetiche utilizzando i dati in esse contenuti.
Si osservino attentamente le tabelle riportate, di seguito saranno riportati alcuni esempi di quesiti: si risponda alle domande successive indicando l'unica risposta corretta.

Donne occupate in Italia per distribuzione geografica e area lavorativa
Periodo t

Area attività	Nord	Centro	Sud	Totale
Ricerca e Cultura	76.453	39.242	35.600	151.295
Ambiente	140.210	57.696	147.500	345.406
Servizi alla persona	229.501	81.032	68.128	378.661
Tecnica specializzata	203.068	91.867	99.738	394.673
Amministrativa	896.525	331.478	267.729	1.495.732
Informatica	12.585	3.734	2.330	18.649
Educazione e formazione	354.169	166.668	330.277	851.114
Assistenza e cura	47.301	11.886	21.634	80.821
Vendita	519.379	208.657	213.368	941.404
Artistica	11.556	8.739	3.694	23.989
Mestieri e artigianato	427.582	172.819	113.478	713.879
Lavori non qualificati	999.180	337.022	450.789	1.786.991
Totale	**3.934.828**	**1.524.215**	**1.767.345**	**7.226.388**

Donne occupate in Italia per distribuzione geografica e area lavorativa Periodo t + 1				
Area attività	**Nord**	**Centro**	**Sud**	**Totale**
Ricerca e Cultura	91.454	46.790	44.033	182.277
Ambiente	127.021	41.551	105.982	274.554
Servizi alla persona	223.968	88.296	75.449	387.713
Tecnica specializzata	262.267	90.460	103.736	456.463
Amministrativa	920.436	347.560	262.468	1.530.464
Informatica	9.815	7.709	2.019	19.543
Educazione e formazione	329.472	167.521	355.804	852.797
Assistenza e cura	64.296	20.317	23.295	107.908
Vendita	520.273	207.788	190.585	918.646
Artistica	21.286	6.127	1.745	29.158
Mestieri e artigianato	372.448	155.836	112.851	641.135
Lavori non qualificati	1.085.246	324.858	365.941	1.776.045
Totale	**4.044.225**	**1.516.333**	**1.652.265**	**7.212.823**

ESEMPIO

Confrontando i dati relativi all'occupazione femminile nei servizi alla persona del periodo t con quelli del periodo t + 1 è possibile affermare che:

A. il numero di donne occupate nei servizi alla persona è aumentato in tutte le aree territoriali (Nord, Centro e Sud Italia)
B. il numero di donne occupate nei servizi alla persona è aumentato solo al Nord Italia
C. il numero di donne occupate nei servizi alla persona è aumentato nel suo totale ma diminuito nel Nord Italia

Per rispondere al quesito occorre confrontare i dati delle due tabelle. Questo tipo di test richiede attenzione e velocità nella ricerca delle informazioni.
La prima risposta "Il numero di donne occupate nei servizi alla persona è aumentato in tutte le aree territoriali (Nord, Centro e Sud Italia)" richiede di confrontare i dati delle due tabelle relative alle informazioni inerenti i Servizi alla Persona nelle tre aree geografiche in cui sono raggruppati i dati. Qui è necessario confrontare i dati della tabella del periodo t con quello del periodo t + 1 solamente osservando il numero di donne impiegate nella riga Servizi alla persona delle tre aree. Da un rapido confronto si osserva che a Nord le donne impiegate nel settore sono diminuite passando da 229mila circa a 223mila circa. La risposta A è dunque da scartare.
La seconda affermazione "Il numero di donne occupate nei servizi alla persona è aumentato solo al Nord Italia" è falsa, infatti, come già osservato, al Nord si è verificata una riduzione del personale occupato nei servizi alla persona. La risposta B è dunque errata.

Esaminiamo la terza affermazione "Il numero di donne occupate nei servizi alla persona è aumentato nel suo totale ma diminuito nel Nord Italia". Siamo già a conoscenza del fatto che il numero delle donne occupate nei servizi alla persona è diminuito di circa 6mila unità nel Nord Italia, dobbiamo verificare se è vero che nel totale il numero delle donne occupate in questa categoria sia effettivamente aumentato. Stavolta il dato che andiamo a ricercare sarà sulla colonna del totale individuata sulla riga Servizi alla persona e possiamo affermare con certezza che l'alternativa è corretta, infatti da poco più di 378mila si arriva a 387.713 donne occupate nel settore in esame.

L'esempio seguente fa riferimento alle stesse tabelle proposte in precedenza.

ESEMPIO

Confrontando i dati generali dell'occupazione femminile nelle tre aree territoriali si può affermare che:

A. l'occupazione femminile è aumentata in termini assoluti dal periodo t al periodo t + 1
B. l'occupazione femminile è aumentata in termini assoluti dal periodo t al periodo t + 1 solo nel Nord Italia
C. l'occupazione femminile è drasticamente diminuita in termini assoluti dal periodo t al periodo t + 1

Questo blocco di affermazioni richiede il confronto dei valori assoluti di tutta l'occupazione femminile italiana, quindi dobbiamo controllare un solo dato, quello del totale generale (in basso a destra della tabella) cioè il dato 7.226.388 della prima tabella con quello della seconda, 7.212.823, del totale relativo al Nord Italia per le due tabelle, e del totale Sud Italia nei due anni in considerazione.
Da ciò si evince che è vera l'affermazione "L'occupazione femminile è aumentata in termini assoluti dal periodo t al periodo t + 1 solo nel Nord Italia", infatti si passa da poco più di 3.934.000 a 4.044.225 unità.

Un ulteriore quesito che potrebbe essere posto sulle tabelle riportate in precedenza è il seguente.

ESEMPIO

Osservando i dati forniti dalla tavola relativa al periodo t + 1 è possibile affermare che:

A. i lavori non qualificati occupano il maggior numero di donne in termini assoluti
B. il numero di donne occupate nel settore artistico è molto simile in tutte le zone territoriali (Nord, Centro e Sud Italia)
C. l'attività lavorativa che occupa meno donne è quella artistica

Questo blocco di domande richiede di osservare soltanto la tabella relativa al periodo t + 1. È vera l'affermazione A, "I lavori non qualificati occupano il maggior numero di donne in termini assoluti", infatti occupano circa 1.776.000 persone.

3.13 Interpretazione di dati da grafici

Talvolta i dati possono essere presentati sotto forma di grafico. Il grafico è un sistema di rappresentazione visiva di valori numerici, che rende i dati maggiormente comprensibili e rende più immediata la comparazione tra valori diversi. La scelta tra le varie tipologie di grafico dipende dai dati che si vuol fare emergere. Per esempio, partendo dai valori contenuti nelle tabelle sull'occupazione femminile analizzate nel paragrafo precedente, proviamo a vedere alcune possibili rappresentazioni grafiche.

3.13.1 I diagrammi a barre

I **diagrammi a barre** sono i grafici più comuni; possono essere di due tipi: a **colonne** o a **nastri**. Consistono in una successione di **rettangoli** (colonne o nastri) **equidistanti**, tanti quante sono le categorie, la cui altezza (o lunghezza) è proporzionale ai valori della categoria corrispondente.

Tali diagrammi si servono spesso di un sistema di riferimento cartesiano ortogonale. Se si devono rappresentare saldi di un fenomeno e tra gli stessi compaiono valori negativi, occorre utilizzare anche il secondo e il quarto quadrante del riferimento, rispettivamente, per un ortogramma a nastri e per un ortogramma a colonne.

ESEMPI

Nel grafico sotto riportato vengono rappresentati i dati sull'occupazione femminile in un determinato periodo divisi per aree geografiche (Nord, Centro, Sud). Sulle ordinate sono indicati i valori numerici, sulle ascisse le aree geografiche. Per ciascuna area i dati sono ripartiti per settori occupazionali (Ricerca e cultura, Ambiente, Servizi alla persona, Tecnica specializzata).

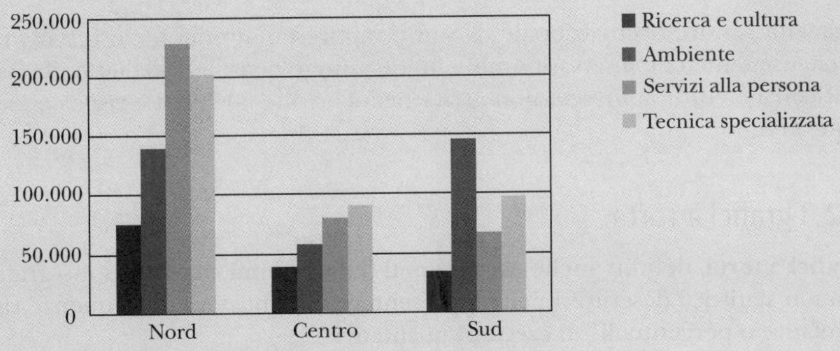

Sulla base dei dati riportati nel grafico, quale area geografica evidenzia una maggiore presenza nei servizi alla persona?

A. Sud
B. Nord
C. Centro

Per ciascuna area geografica, i servizi alla persona sono rappresentati dal terzo rettangolo. Si vede chiaramente che la presenza più massiccia si ha a Nord, dove supera le 200.000 unità. La risposta esatta è la B.

Il seguente grafico rappresenta sempre l'occupazione femminile in un determinato periodo: sulle ordinate abbiamo sempre i valori numerici, sulle ascisse questa volta abbiamo i diversi settori occupazionali con i dati raggruppati per area.
Mentre il primo grafico mette in risalto le differenze di occupazione tra aree geografiche, il secondo evidenzia le differenze tra settori occupazionali.

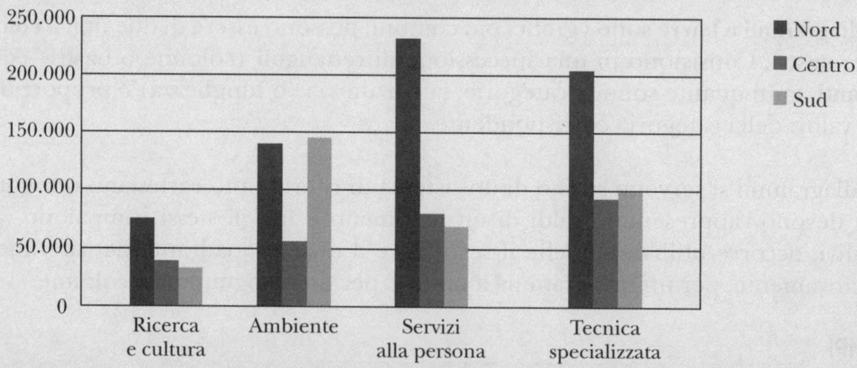

Qual è il rapporto tra il settore Ambiente e il settore Ricerca e cultura al Sud?

A. Il primo è maggiore del secondo
B. Il primo è minore del secondo
C. Sono equivalenti

Per ciascun settore occupazionale, il Sud è rappresentato dal terzo rettangolo. Si nota chiaramente che il settore Ambiente raggiunge quasi le 150.000 unità e il settore Ricerca e cultura, invece, non arriva neanche alle 50.000. La risposta esatta è dunque la A.

3.13.2 I grafici a torta

I **grafici a torta**, definiti anche **aerogrammi** o **diagrammi circolari**, sono grafici utilizzati in statistica descrittiva per rappresentare distribuzioni di frequenze (assolute, relative o percentuali) di **caratteri qualitativi**.

Un diagramma circolare è costruito dividendo il cerchio in settori circolari che mostrano le proporzioni delle parti rispetto all'insieme: l'area del cerchio esprime l'intensità o la frequenza totale (in termini assoluti, relativi o percentuali) del carattere esaminato, mentre le aree dei settori circolari esprimono le intensità o le frequenze delle varie modalità del carattere.

Pertanto, nel caso siano rappresentate:

- *frequenze assolute* – esprimenti il numero di volte in cui una data modalità del carattere si presenta nel collettivo – la somma delle aree dei settori è pari alla numerosità del collettivo;
- *frequenze relative* – esprimenti il rapporto tra la frequenza assoluta e il numero totale di unità del collettivo – la somma delle aree dei settori è pari a 1;
- *frequenze relative* percentuali, la somma delle aree dei settori circolari è pari a 100 (esprime, appunto, il 100% dei casi).

Tali grafici non hanno assi, consentono pertanto di visualizzare una sola serie di dati. Risultano particolarmente utili quando si vogliono mettere in evidenza le proporzioni relative o i singoli contributi rispetto al totale; per tale motivo non dovrebbero rappresentare più di cinque o sei modalità di un carattere, diversamente risulta difficile interpretarli.

ESEMPIO

Nei due grafici di seguito riportati viene rappresentata la distribuzione occupazionale femminile nel settore Ricerca e cultura del periodo t, divisa per aree geografiche (1) e l'occupazione femminile totale (Nord + Centro + Sud) del periodo t (2).

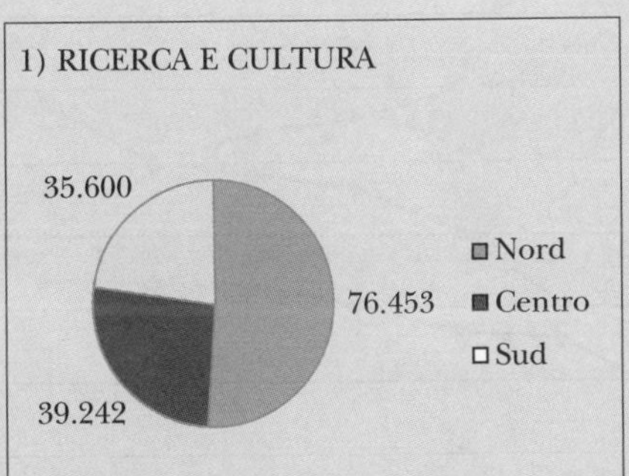

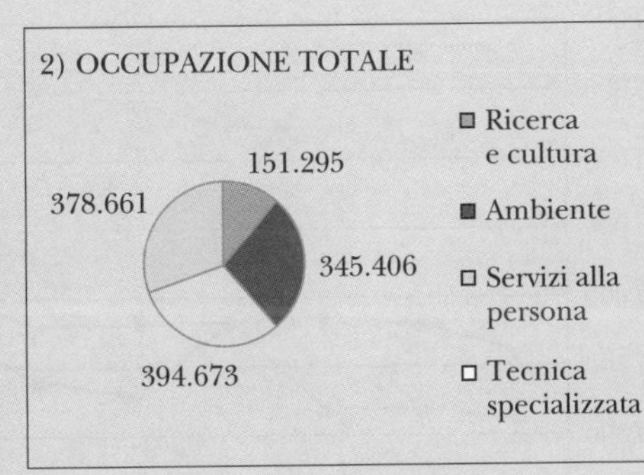

Qual è l'incidenza delle lavoratrici del Nord nel settore Ricerca e cultura?

A. 15%
B. 19,5%
C. Nessuna delle alternative

Il totale delle donne impiegate nel settore Ricerca e cultura è 151.295 unità (76.453 + 35.600 + 39.242). L'incidenza delle lavoratrici del Nord è pari a: 76.453/151.295 = 50,5%.
La risposta esatta è dunque la C.

3.13.3 I grafici a linee

I **grafici a linee** sono rappresentazioni grafiche di osservazioni in un riferimento cartesiano ortogonale, in cui ciascuna osservazione è rappresentata da un punto del piano, in modo da creare una corrispondenza biunivoca tra l'insieme dei punti del piano e l'insieme delle osservazioni. Tali punti sono uniti, quindi, con una linea continua.

I grafici in questione consentono la rappresentazione di due o più variabili come i diagrammi a barre, ma si prestano per rappresentare dati continui, cioè per individuare linee di tendenza nel tempo.
Sono particolarmente utili per rappresentare **serie storiche**: sull'asse orizzontale si pone il tempo (espresso in giorni, settimane, mesi, anni ecc.) e sull'asse verticale si pongono i valori che rappresentano la misura della grandezza oggetto di studio nei diversi periodi temporali.

ESEMPIO

Nel grafico di seguito riportato, vengono rappresentate le tendenze dei settori occupazionali con le variazioni mensili. Ciò consente di valutare i trend di crescita.

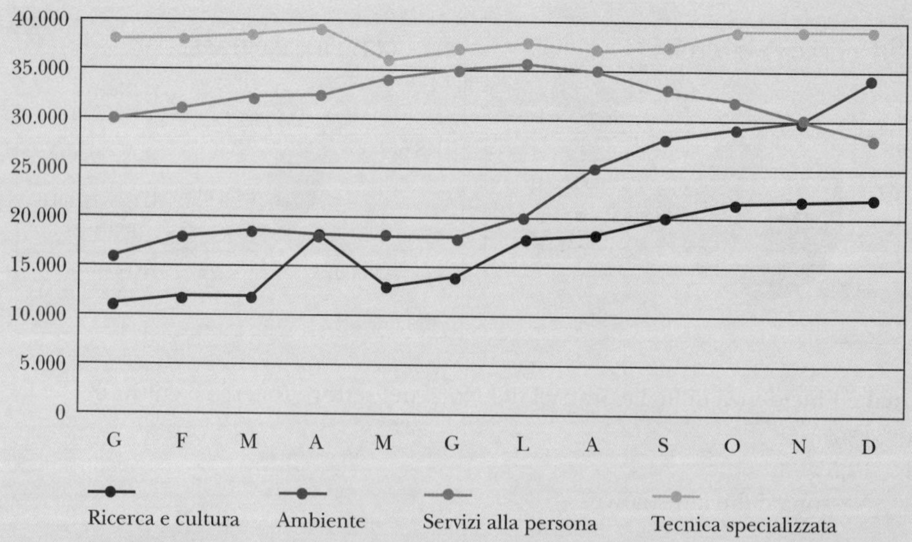

In corrispondenza di quale mese il valore del settore Ricerca e cultura coincide con il valore del settore Ambiente?

A. Marzo
B. Aprile
C. Gennaio

La risposta corretta è la B, Aprile.

In corrispondenza di tale mese, entrambi i settori presentano un valore pari circa a 18.000.

3.14 Le serie numeriche

I quesiti concernenti le sequenze numeriche sono i più comuni e i più frequenti. Sono prove che si basano su un semplice principio costituito dalla ricerca della regola che spiega la progressione di una certa sequenza costituita da numeri; tali sequenze sono, pertanto, denominate **serie numeriche**.
Generalmente, le serie sono costituite da numeri appartenenti all'insieme dei numeri naturali.
Nella sequenza, generalmente, manca un elemento (posto sotto forma di punto interrogativo o di puntini sospensivi) che il risolutore deve scegliere, tra le alternative proposte, dopo aver individuato il nesso logico esistente tra i numeri della serie.
Le relazioni tra i numeri di una serie possono essere di diversa tipologia.
I numeri mancanti possono essere più di uno e, in tal caso, il ragionamento sottostante la scelta è analogo.
Tali quesiti verificano la capacità di ragionamento, oltre che la capacità di eseguire i calcoli; questo è il motivo per cui, spesso, sono identificati con la denominazione generica di quesiti di "**ragionamento numerico**".

Tipologia n. 1

Consideriamo un esempio.

ESEMPIO

Data la sequenza numerica:

2 4 6 8 ?

qual è il numero che completa la serie?

A. 1
B. 3
C. 10

Non c'è bisogno di dilungarsi troppo nelle spiegazioni, la risposta esatta è 10, quindi l'alternativa C. Infatti, la sequenza costituisce una progressione crescente di due in due:

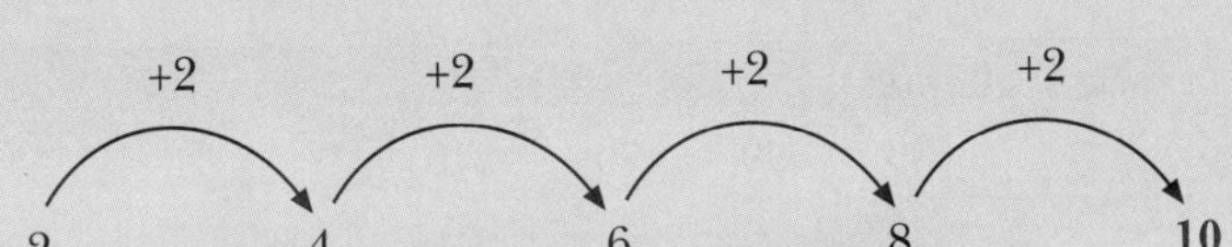

Le **serie più frequenti** appartenenti alla tipologia appena esposta sono tali che:

1. Ciascun numero, a partire dal secondo, si ottiene **sommando** al precedente una quantità costante oppure quantità crescenti o quantità decrescenti.

2. Ciascun numero, a partire dal secondo, si ottiene **sottraendo** dal precedente una quantità costante oppure quantità crescenti o quantità decrescenti.
3. Ciascun numero, a partire dal secondo, si ottiene **moltiplicando** il precedente per una quantità costante oppure per quantità crescenti o per quantità decrescenti.
4. Ciascun numero, a partire dal secondo, si ottiene **dividendo** il precedente per una quantità costante oppure per quantità crescenti o per quantità decrescenti.

Quando un numero della serie, a partire dal secondo, si ottiene dal precedente mediante una quantità variabile, vi è anche una chiave di lettura diversa, che porta comunque al medesimo risultato della precedente. In altre parole, si può anche stabilire che ciascun numero della serie, a partire dal secondo, si ottiene dal precedente applicando a esso una sequenza di due operazioni, con due quantità costanti.

ESEMPIO

Osserviamo la seguente serie:

2 5 14 41 ?

Notiamo che:
5 si ottiene da 2 sommando ad esso $3 = 3^1$, ossia $2 + 3^1 = 5$
14 si ottiene da 5 sommando ad esso $9 = 3^2$, ossia $5 + 3^2 = 14$
41 si ottiene da 14 sommando ad esso $27 = 3^3$, ossia $14 + 3^3 = 41$.
In pratica, ciascun numero, a partire dal secondo, si ottiene dal precedente sommando ad esso una potenza di base 3, con esponente via via crescente.
Pertanto si ha $41 + 3^4 = 41 + 81 = 122$.

Tuttavia, notiamo che è possibile anche interpretare la serie nel modo seguente:
5 si ottiene da 2 moltiplicandolo per 3 e sottraendo 1 al risultato, ossia $2 \times 3 - 1 = 5$
14 si ottiene da 5 moltiplicandolo per 3 e sottraendo 1 al risultato, ossia $5 \times 3 - 1 = 14$
41 si ottiene da 14 moltiplicandolo per 3 e sottraendo 1 al risultato, ossia $14 \times 3 - 1 = 41$.
Quindi, $41 \times 3 - 1 = 122$. Siamo pervenuti alla stessa risoluzione dedotta con il ragionamento precedente.

Tipologia n. 2

Consideriamo un esempio appartenente a una tipologia di serie diversa.

ESEMPIO

Completare la serie seguente:

33 99 70 210 ?

A. 280
B. 181
C. 190

La risposta esatta è la B.

Nella serie, la relazione tra i numeri di posto pari è diversa da quella che lega i numeri di posto dispari. In particolare:

1. I numeri di posto pari si ottengono moltiplicando per 3 i numeri di posto dispari immediatamente precedenti.
2. I numeri di posto dispari si ottengono sottraendo 29 dai numeri di posto pari immediatamente precedenti.

Pertanto, il numero mancante, **181**, si ottiene nel modo seguente:

$$33 \underbrace{\quad}_{\times 3} 99 \underbrace{\quad}_{-29} 70 \underbrace{\quad}_{\times 3} 210 \underbrace{\quad}_{-29} \mathbf{181}$$

Le **serie più frequenti** appartenenti alla tipologia appena esposta sono tali che:

1. I numeri di posto pari si ottengono **sommando/sottraendo** un dato numero ai/dai numeri di posto dispari immediatamente precedenti; i numeri di posto dispari si ottengono **sommando/sottraendo** un dato numero ai/dai numeri di posto pari immediatamente precedenti.
2. I numeri di posto pari si ottengono **moltiplicando/dividendo** per un dato numero i numeri di posto dispari immediatamente precedenti; i numeri di posto dispari si ottengono **moltiplicando/dividendo** per un dato numero i numeri di posto pari immediatamente precedenti.
3. I numeri di posto pari si ottengono **sommando/sottraendo** un dato numero ai/dai numeri di posto dispari immediatamente precedenti; i numeri di posto dispari si ottengono **moltiplicando/dividendo** per un dato numero i numeri di posto pari immediatamente precedenti.
4. I numeri di posto pari si ottengono **moltiplicando/dividendo** per un dato numero i numeri di posto dispari immediatamente precedenti; i numeri di posto dispari si ottengono **sommando/sottraendo** un dato numero ai/dai numeri di posto pari immediatamente precedenti.

Tipologia n. 3

Consideriamo un altro esempio.

ESEMPIO

Completare la serie seguente:

11 8 ? 24 44 72

A. 17
B. 19
C. 22

La risposta esatta è la C.

La serie data è composta da due sotto-serie:
11 ? 44 prima sotto-serie, composta dal 1°, dal 3° e dal 5° numero della serie
8 24 72 seconda sotto-serie, composta dal 2°, dal 4° e dal 6° numero della serie
La relazione matematica esistente tra i numeri della prima sotto-serie è diversa dalla relazione esistente tra i numeri della seconda sotto-serie.
Ciascun numero della prima sotto-serie, a partire dal secondo, si ottiene moltiplicando per 2 il numero immediatamente precedente:

$$11 \underbrace{\quad}_{\times 2} 22 \underbrace{\quad}_{\times 2} 44$$

Ciascun numero della seconda sotto-serie, a partire dal secondo, si ottiene moltiplicando per 3 il numero immediatamente precedente:

$$8 \underbrace{\quad}_{\times 3} 24 \underbrace{\quad}_{\times 3} 72$$

Supposta una ripartizione delle stesse in due sotto-serie, le **serie più frequenti** appartenenti alla tipologia appena esposta sono tali che:

1. Nella prima sotto-serie, ciascun numero, a partire dal secondo, si ottiene **sommando** un dato numero al numero immediatamente precedente. Nella seconda sotto-serie, ciascun numero, a partire dal secondo, si ottiene **sommando** un dato numero (diverso da quello della prima sotto-serie) al numero immediatamente precedente.
2. Nella prima sotto-serie, ciascun numero, a partire dal secondo, si ottiene **sottraendo** un dato numero dal numero immediatamente precedente. Nella seconda sotto-serie, ciascun numero, a partire dal secondo, si ottiene **sottraendo** un dato numero (diverso da quello della prima sotto-serie) dal numero immediatamente precedente.
3. Nella prima sotto-serie, ciascun numero, a partire dal secondo, si ottiene **moltiplicando** per un dato numero il numero immediatamente precedente. Nella seconda sotto-serie, ciascun numero, a partire dal secondo, si ottiene **moltiplicando** per un dato numero (diverso da quello della prima sotto-serie) il numero immediatamente precedente.
4. Nella prima sotto-serie, ciascun numero, a partire dal secondo, si ottiene **dividendo** per un dato numero il numero immediatamente precedente. Nella seconda sotto-serie, ciascun numero, a partire dal secondo, si ottiene **dividendo** per un dato numero (diverso da quello della prima sotto-serie) il numero immediatamente precedente.

Più in generale, si può stabilire che:

- nella prima sotto-serie, ciascun numero, a partire dal secondo, si ottiene dal precedente mediante una certa operazione (addizione, sottrazione, moltiplicazione o divisione) con un numero fissato;
- nella seconda sotto-serie, ciascun numero, a partire dal secondo, si ottiene dal precedente mediante una operazione in generale diversa da quella della prima sotto-

serie, con un numero fissato, anch'esso generalmente diverso da quello usato nella prima sotto-serie.

ATTENZIONE! Spesso, il criterio di identificazione delle serie appartenenti a tale tipologia è la successione dei numeri da cui sono composte: non necessariamente in ordine crescente o in ordine decrescente.

Tipologia n. 4

Un'altra sequenza numerica piuttosto frequente è del tipo indicato di seguito.

ESEMPIO

Completare la serie seguente:

169 100 49 ?

A. 21
B. 16
C. 25

La risposta esatta è la B.
Poiché i numeri dati sono quadrati perfetti, il numero incognito dovrebbe essere anch'esso un quadrato perfetto. Si ha:

169	100	49	?
=	=	=	
13^2	10^2	7^2	

Tra le alternative di risposta, sono presenti 2 quadrati perfetti: 16; 25.
Pertanto, occorre identificare una ulteriore relazione tra i numeri della serie.
Poiché la serie è decrescente, il numero incognito deve essere minore del penultimo numero dato, ovvero minore di 49. I quadrati perfetti presenti nelle alternative di risposta sono tutti minori di 49, per cui neanche tale criterio è sufficiente al fine della identificazione del termine incognito.
Dallo schema delineato, si evince che le basi delle potenze (13; 10; 7) decrescono di 3 unità di volta in volta.
Pertanto, il numero mancante deve essere il quadrato del numero 4 (= 7 – 3); ovvero il numero **16**:

169	100	49	**16**
=	=	=	=
13^2	10^2	7^2	$\mathbf{4^2}$

Le **serie più frequenti** appartenenti alla tipologia appena esposta sono tali che:

1. I numeri sono **quadrati/cubi di dati numeri**. Questi ultimi possono essere decrescenti o crescenti.
2. I numeri che occupano posto pari (o dispari) sono **quadrati/cubi dei numeri che occupano posto** dispari (o pari).

3. Ciascun numero di **posto dispari è quadrato perfetto** di un numero dato; ciascun numero di **posto pari è cubo perfetto** dello stesso dato numero.

Tipologia n. 5

Proviamo a risolvere la successione riportata di seguito.

ESEMPIO

Completare la serie seguente:

3 25 8 ? 6 22

A. 14
B. 20
C. 16

La risposta esatta è la B.

La serie data è costituita da 3 sotto-serie:

3 25	prima sotto-serie, composta dal 1° e dal 2° numero della serie
8 ?	seconda sotto-serie, composta dal 3° e dal 4° numero della serie
6 22	terza sotto-serie, composta dal 5° e dal 6° numero della serie

La somma tra i numeri di ciascuna sotto-serie è costante e pari a 28:

3 — 25	8 — 20	6 — 22
3 + 25 = **28**	8 + 20 = **28**	6 + 22 = **28**

Il numero mancante è, pertanto, **20**.

Le **serie più frequenti** appartenenti alla tipologia appena esposta sono tali che la serie data si divide in 3 sotto-serie formate, rispettivamente, dal 1° e dal 2° numero, dal 3° e dal 4° numero, dal 5° e dal 6° numero. Le sotto-serie sono tali che:

1. è **costante**:
- 1.1 La **somma** dei numeri di ciascuna sotto-serie.
- 1.2 La **differenza** dei numeri di ciascuna sotto-serie.
- 1.3 Il **prodotto** dei numeri di ciascuna sotto-serie.
- 1.4 Il **quoziente** dei numeri di ciascuna sotto-serie.

2. Il secondo numero di ciascuna sotto-serie si ottiene:
- 2.1 **Sommando** una quantità **costante** al primo numero della sotto-serie.
- 2.2 **Sottraendo** una quantità **costante** dal primo numero della sotto-serie.
- 2.3 **Moltiplicando** per una quantità **costante** il primo numero della sotto-serie.
- 2.4 **Dividendo** per una quantità **costante** il primo numero della sotto-serie.

Si noti che il caso 1.2 è equivalente al caso 2.2. Difatti se la differenza $a - b = k$ (dove k è costante), allora è anche vero che b si ottiene da a sottraendo ad esso una quantità costante k, ossia $b = a - k$.

ESEMPIO

Consideriamo la serie:

8 5 12 9 20 ?

Possiamo risolvere il quesito notando che:

8 – 5 = 3

12 – 9 = 3

Pertanto 20 – 17 = 3, individuando in 17 il numero che completa la serie.
Tuttavia possiamo anche notare che:

8 – 3 = 5

12 – 3 = 9

Pertanto 20 – 3 = 17, che è il numero che completa la serie.

Analogamente, il caso 1.4 è equivalente al caso 2.4. Difatti, se il quoziente $a : b = k$ (dove k è costante), allora è anche vero che b si ottiene da a dividendolo per una costante, ossia $b = a/k$.

ESEMPIO

Consideriamo la serie:

30 6 75 15 100 ?

Possiamo risolvere il quesito notando che:

30 : 6 = 5

75 : 15 = 5

Pertanto 100 : 20 = 5, individuando in 20 il numero che completa la serie.
Tuttavia possiamo anche notare che:

30 : 5 = 6

75 : 5 = 15

Pertanto 100 : 5 = 20, che è il numero che completa la serie.

Con esercizi che presentano numeri a tre cifre di solito si richiede di sommare o sottrarre una costante.

ESEMPIO

315 292 269 246 ?

Quale numero completa la serie?

A. 223
B. 220
C. 221

La sequenza presenta dei numeri decrescenti. Ciascun numero diminuisce di 23 unità rispetto al precedente, quindi la risposta esatta sarà 223, cioè la risposta A.

315 → (– 23) → 292 → (– 23) → 269 → (– 23) → 246 → (– 23) → **223**

Se avete riscontrato delle difficoltà vi suggeriamo di provare ad esercitarvi con "*l'intruso nella scacchiera*".

In questa scacchiera ci sono almeno quattro intrusi. Sapete indicare quali sono?

	a	**b**	**c**	**d**
a	254 221	625 592	125 92	41 8
b	599 566	425 372	145 112	62 29
c	111 78	211 182	225 192	333 300
d	116 83	559 526	118 85	785 752
e	214 181	561 528	101 68	437 404
f	311 278	95 63	362 329	511 478
g	321 288	218 185	34 1	182 147

Soluzioni: gli intrusi si trovano nelle caselle b/b; c/b; f/b; g/d.

Tipologia n. 6

Consideriamo un altro esempio.

ESEMPIO

Completare la serie seguente:

14 2 ? 16 8 2

A. 4
B. 7
C. 12

La risposta esatta è la B.
La serie data è costituita da 2 sotto-serie:

14 2 ? prima sotto-serie, composta dal 1°, dal 2° e dal 3° numero della serie
16 8 2 seconda sotto-serie, composta dal 4°, dal 5° e dal 6° numero della serie

In ciascuna sotto-serie il quoziente tra i primi due numeri è pari al terzo numero:

$$14 \underbrace{\qquad}_{:} 2 \underbrace{\qquad}_{=} 7 \qquad\qquad 16 \underbrace{\qquad}_{:} 8 \underbrace{\qquad}_{=} 2$$

Il numero mancante è, pertanto, **7**.

Le **serie più frequenti** appartenenti alla tipologia appena esposta sono tali che:

1. La serie, **composta da 6 numeri**, si divide in 2 sotto-serie formate, rispettivamente, dal 1°, dal 2°, dal 3° numero, e dal 4°, dal 5°, dal 6° numero. Le sotto-serie sono tali che:
   - 1.1 La **somma dei primi due numeri** di ciascuna sotto-serie è pari al terzo numero della stessa.
   - 1.2 La **differenza dei primi due numeri** di ciascuna sotto-serie è pari al terzo numero della stessa.
   - 1.3 Il **prodotto dei primi due numeri** di ciascuna sotto-serie è pari al terzo numero della stessa.
   - 1.4 Il **quoziente dei primi due numeri** di ciascuna sotto-serie è pari al terzo numero della stessa.
2. La serie, **composta da 5 numeri**, si divide in 2 sotto-serie formate, rispettivamente, dal 1°, dal 2°, dal 3° numero, e dal 3° (comune a entrambe), dal 4°, dal 5° numero. Le sotto-serie sono tali che:
   - 2.1 La **somma dei primi due numeri** della prima sotto-serie è pari al terzo numero della stessa. La **somma dei primi due numeri** della seconda sotto-serie è pari al terzo numero della stessa.
   - 2.2 La **differenza dei primi due numeri** della prima sotto-serie è pari al terzo numero della stessa. La **differenza dei primi due numeri** della seconda sotto-serie è pari al terzo numero della stessa.
   - 2.3 Il **prodotto dei primi due numeri** della prima sotto-serie è pari al terzo numero della stessa. Il **prodotto dei primi due numeri** della seconda sotto-serie è pari al terzo numero della stessa.
   - 2.4 Il **quoziente dei primi due numeri** della prima sotto-serie è pari al terzo numero della stessa. Il **quoziente dei primi due numeri** della seconda sotto-serie è pari al terzo numero della stessa.

Tipologia n. 7

Consideriamo un altro esempio.

ESEMPIO

Completare la serie seguente:

1 1 2 3 5 8 ?

A. 8
B. 12
C. 13

La risposta esatta è la C.
Notiamo che nella serie, ciascun numero, a partire dal terzo, è dato dalla somma dei due numeri precedenti.
In figura è mostrata la relazione tra i numeri della serie.

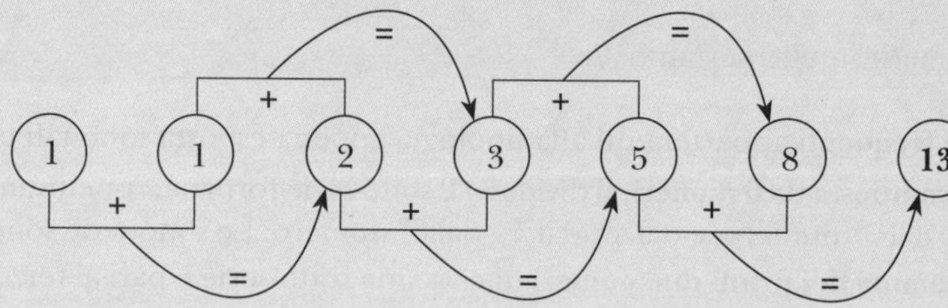

Pertanto, il numero che completa la serie è **13**.

Più in generale, nella tipologia appena esposta si individuano i seguenti casi più frequenti:

1. Nella serie, ciascun numero, a partire dal terzo, è dato dalla **somma** dei due numeri precedenti
2. Nella serie, ciascun numero, a partire dal terzo, è dato dalla **differenza** dei due numeri precedenti
3. Nella serie, ciascun numero, a partire dal terzo, è dato dal **prodotto** dei due numeri precedenti
4. Nella serie, ciascun numero, a partire dal terzo, è dato dal **rapporto** dei due numeri precedenti.

> Come avrete capito, in questo tipo di esercizi l'aiuto delle risposte alternative non è utilizzabile, occorre invece concentrarsi sulla scoperta della regola. È solo una questione di abitudine e scaltrezza.

Tipologia n. 8

Un'altra sequenza numerica potrebbe essere la seguente.

ESEMPIO

6 7 9 13 21 ?

Quale numero completa la serie?

Per rendere la prova simile a quella che troverete in sede di esame si inseriscono anche le alternative, ma abituatevi a lavorare senza le risposte, che consulterete, ovviamente, solo quando pensate di avere trovato la soluzione.

A. 28
B. 42
C. 37

Occorre avvicinarsi al problema con la massima apertura e senza ipotesi precostituite, cioè non bisogna intestardirsi su una ipotesi e cercare delle varianti che partono da essa; il suggerimento è di affrontare il problema valutando tutte le possibili combinazioni che vi vengono in mente partendo dalla superficialità (esempio è una sequenza di numeri pari, oppure di numeri dispari, trovare la regola del "salterello" come quelle che abbiamo visto prima, oppure trovare una progressione geometrica crescente, ecc.) e applicandole il più rapidamente possibile, senza drammatizzare se non riusciamo a trovarla al primissimo tentativo. Se si pensa di essere fermi su un quesito da troppo tempo, passate avanti ed eventualmente tornateci in seguito; è più probabile che scatti il cosiddetto "insight", l'idea che avevate a disposizione nella vostra "cassetta degli attrezzi", ma che non avevate preso in considerazione.
Sicuramente in questo nostro esempio, dato che abbiamo applicato la regola del "salterello" avrete sottoposto la sequenza a questa verifica, infruttuosamente purtroppo.
Qui la soluzione si ottiene considerando che ciascun termine aumenta secondo una progressione geometrica di ragione 2; è ottenibile dal precedente più un numero che si raddoppia progressivamente. La risposta esatta è dunque la C, 37.

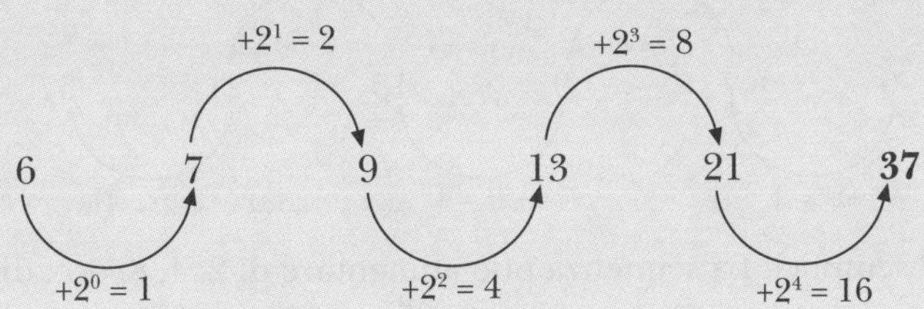

Tipologia n. 9

Consideriamo un'altra sequenza numerica.

ESEMPIO

4 7 12 21 ?

Quale numero completa la serie?

A. 42
B. 38
C. 48

La soluzione è data dalla moltiplicazione del primo numero per il fattore 2 a cui si toglie 1 per ottenere il secondo numero della sequenza, cioè il 7.
Il secondo numero della sequenza lo moltiplichiamo sempre per il fattore 2, ma togliamo 2 per ottenere il terzo numero della sequenza che è il 12, poi ancora moltiplichiamo il terzo numero della sequenza per il fattore 2 ma stavolta sottraiamo 3 per ottenere il quarto numero della sequenza che è il 21, quindi l'incognita ovvero il numero che completa la serie è dato dalla moltiplicazione del quarto numero della sequenza, cioè il 21 sempre per il fattore 2 a cui togliamo 4 unità.

Per chiarire maggiormente:

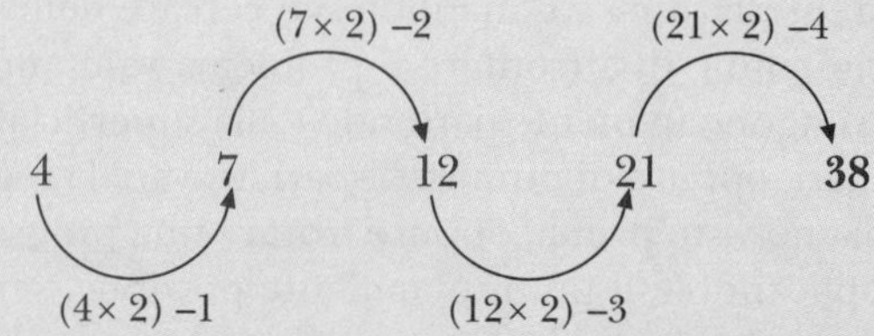

La risposta esatta è dunque la B, 38. Questa volta la regola era leggermente più complicata, e l'esercizio poteva richiedere un po' più di tempo.

Alcune regole utili per la risoluzione delle serie numeriche

Le regole che aiutano a risolvere le serie numeriche sono dunque le seguenti:

A. numeri che aumentano secondo una progressione geometrica

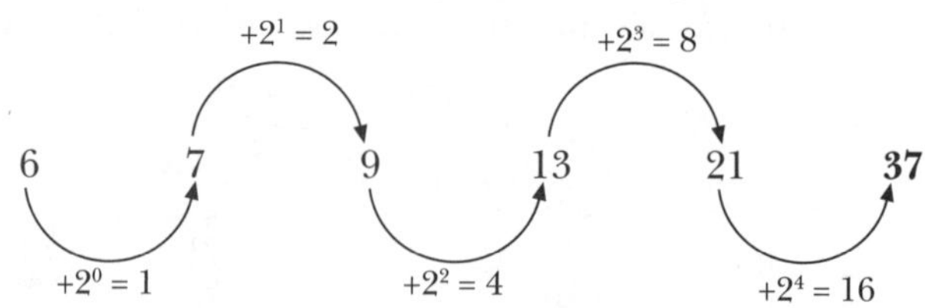

B. progressioni semplici. La sequenza può aumentare di 2, 4, 8, ecc. di 3, 5, 7, 9 ecc.

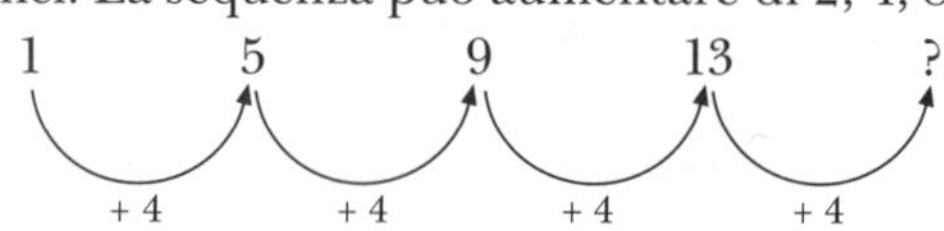

C. aumentare o diminuire coppie contigue o non contigue dette anche "*a salterello*"

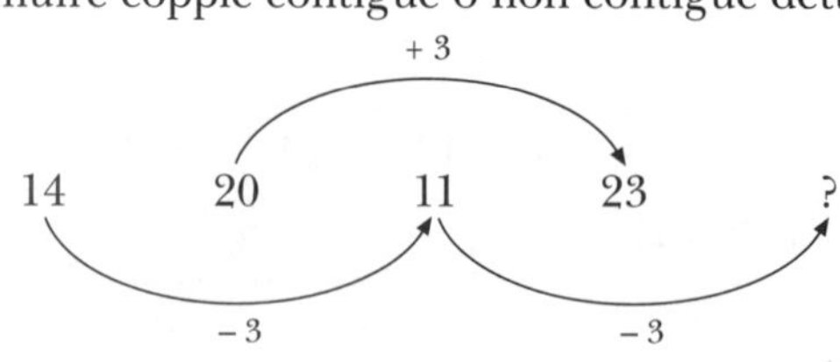

D. differenze o somme tra numeri contigui (e più raramente moltiplicazioni e divisioni)

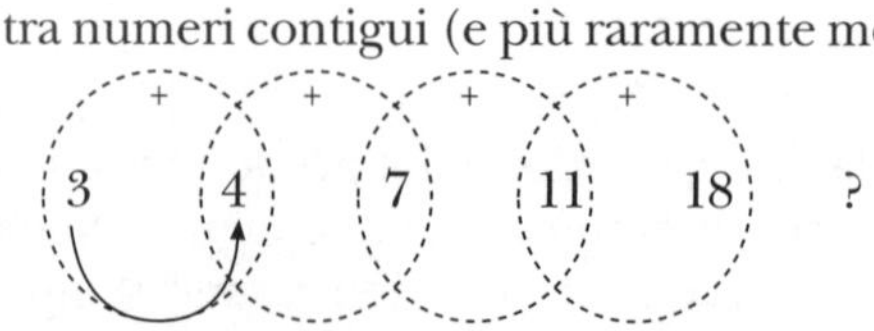

E. raddoppiare o triplicare e togliere una costante (cioè ad esempio raddoppiare e togliere sempre lo stesso numero) oppure un valore progressivo (ad esempio raddoppiare ogni numero e poi togliere 1, al successivo raddoppiare il numero ottenuto in precedenza e togliere 2, e così via oppure raddoppiare il numero e poi aggiungere 1, raddoppiare il secondo e poi aggiungere 2 ecc.)

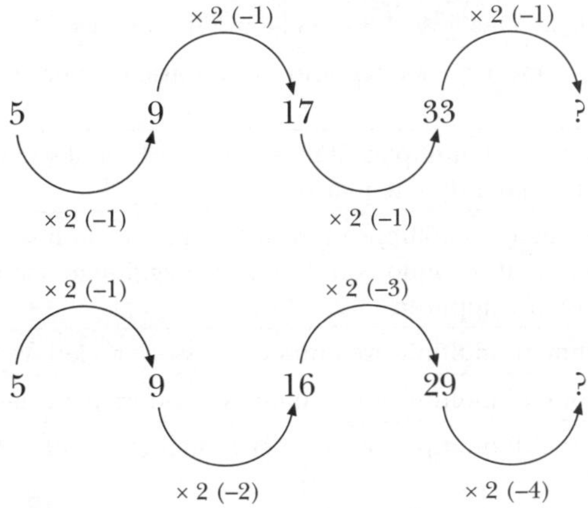

F. addizionare un valore ad ogni numero (solitamente 1) e raddoppiare la somma per ottenere il numero

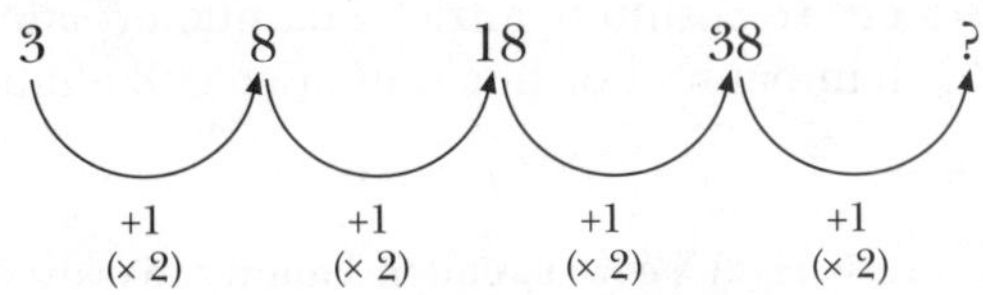

Queste riportate sono le regole più frequenti, quindi, se siete in grado di applicarle rapidamente partendo dalla più semplice, avete un'elevata probabilità di trovare la soluzione esatta.
È ovvio che risulta indispensabile una certa rapidità di calcolo a mente.

	Riepilogo delle chiavi risolutive delle più frequenti serie numeriche
1	Serie che aumentano o diminuiscono di una costante *n* (es. +3, +3, …)
2	Serie che aumentano o diminuiscono progressivamente (es. –1, –2, –3, …)
3	Serie in cui la somma dei numeri è costante (es. danno tutte lo stesso valore 23)
4	Serie in cui il prodotto dei numeri è costante (es. tutte le serie considerate danno sempre risultato 36)
5	Serie in cui si chiede di scartare numeri non divisibili per un certo valore (es. non divisibili per 5)
6	Serie in cui si sommano i numeri e si aggiunge una costante
7	Serie in cui si moltiplicano o si sommano i valori per se stessi e si somma o si toglie una costante
8	Serie grafiche in cui gli opposti sono il doppio, il triplo, …
9	Serie grafiche in cui si calcola la differenza o la somma dei numeri più esterni di riga o più esterni di colonna
10	Serie grafiche in cui si calcola la differenza o la somma dei numeri più esterni di riga o più esterni di colonna e si divide o si moltiplica per una costante

(segue)

	Riepilogo delle chiavi risolutive delle più frequenti serie numeriche
11	Serie alternate di numeri che aumentano o diminuiscono per valori costanti o progressivi
12	Serie in cui si somma o si moltiplica il primo numero con il secondo, per dare il terzo, il secondo con il terzo per dare il quarto, …
13	Serie in cui si somma o si moltiplica il primo numero con il secondo e si aggiunge o si toglie una costante, il secondo con il terzo e si aggiunge o si toglie lo stesso valore precedente (la costante appunto), …
14	Serie che richiedono di moltiplicare i numeri e associarvi lettere corrispondenti
15	Serie che richiedono di moltiplicare i numeri e dividere per una costante
16	Serie che richiedono di moltiplicare progressivamente (es. ×1, ×2, ×3, …)

3.15 Le serie alfabetiche

Le sequenze possono essere costituite anziché da numeri anche da lettere. A tale proposito si consiglia di imparare l'ordine numerico dell'alfabeto, cioè A = 1, B = 2 e così via.

Alfabeto italiano (prima riga) e corrispondenti numeri d'ordine (seconda riga)																				
A	B	C	D	E	F	G	H	I	L	M	N	O	P	Q	R	S	T	U	V	Z
1	2	3	4	5	6	7	8	9	10	11	12	13	14	15	16	17	18	19	20	21

Solitamente gli esercizi con sequenze di lettere, in Italia, non comprendono le lettere K, J, W, X, Y.
L'abbinamento lettera-numero d'ordine sarebbe il seguente:

Alfabeto inglese (prima riga) e corrispondenti numeri d'ordine (seconda riga)																									
A	B	C	D	E	F	G	H	I	J	K	L	M	N	O	P	Q	R	S	T	U	V	W	X	Y	Z
1	2	3	4	5	6	7	8	9	10	11	12	13	14	15	16	17	18	19	20	21	22	23	24	25	26

ESEMPIO

Data la sequenza di lettere:

A D G L ?

quale lettera completa la serie?
A. M
B. O
C. C

Anche in questo caso non è molto difficile scoprire la regola della sequenza: la risposta esatta è la B.

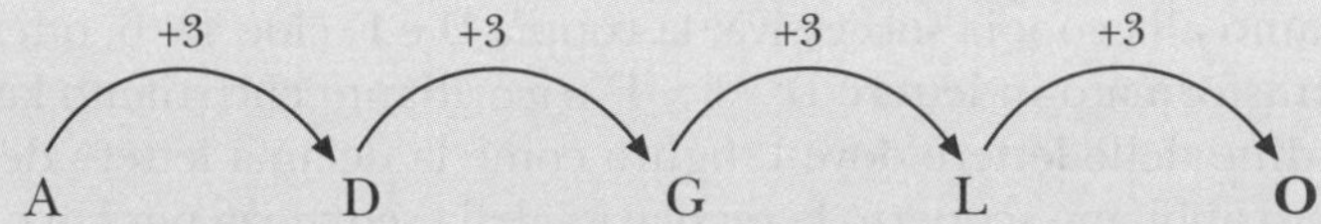

Passiamo ad esaminare esempi più complessi.

ESEMPIO

Data la sequenza di lettere:

B D F L ?

quale lettera completa la serie?

A. R
B. O
C. U

Anche in questo caso occorre fare ricorso al numero d'ordine di ciascuna lettera e scoprire la "regola" sottostante. Questo compito risulta più gravoso perché non siamo abituati a pensare al numero d'ordine delle lettere. Come nell'esercizio precedente trasformiamo le lettere in numeri in modo da individuare qualche regolarità nascosta:

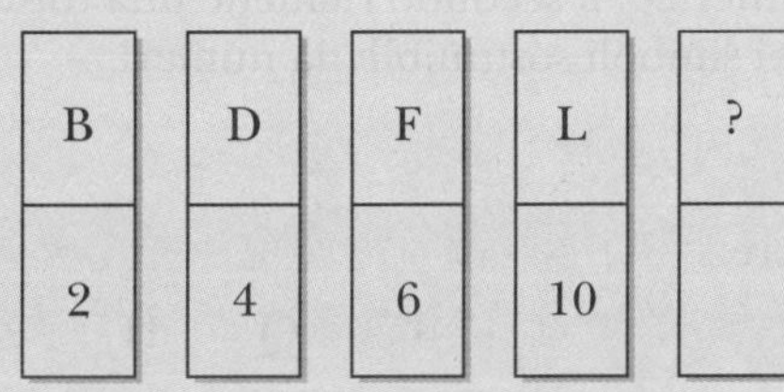

Abbiamo trasformato le lettere in numeri, così balza agli occhi una regola che possiamo sottoporre a verifica. La prima più immediata è la progressione di 2 in 2 (il ritmo del +2), che però non viene confermata nel passaggio da 6 a 10 e quindi dobbiamo abbandonare questa ipotesi per passare ad altro.

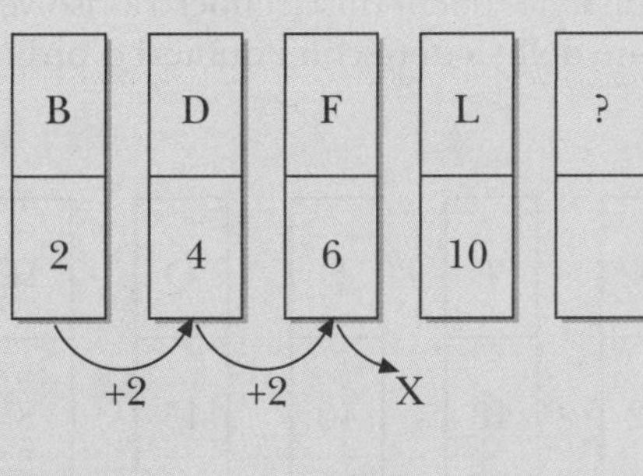

Provate adesso a sommare le prime 2 lettere B e D, otterrete 2 + 4 = 6 che trasformato in lettere sarebbe B + D = F.

Adesso passiamo alla coppia successiva, la coppia D e F, cioè 4 e 6, otterremo 4 + 6 = 10 ovvero trasformato in lettere D + F = L (ricordiamo che stiamo lavorando sul numero d'ordine delle lettere dove L figura come la decima lettera dell'alfabeto). A questo punto abbiamo scoperto la regolarità della sequenza per cui è facile giungere alla conclusione che la lettera mancante è la sedicesima dell'alfabeto ovvero la lettera R, quindi la risposta A è la risposta esatta.
La sequenza è completata dalla lettera R:

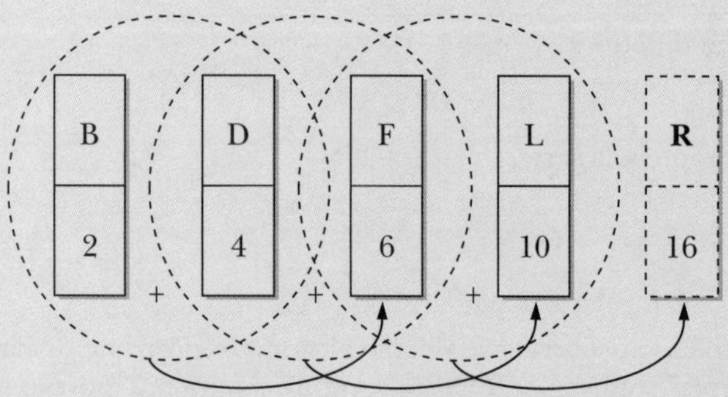

Risolvere le sequenze numeriche oppure le sequenze di lettere è pur sempre un esercizio di ragionamento numerico, il secondo richiede una trasformazione in più, dove le lettere costituiscono dei simboli sostituibili da numeri.

ESEMPIO

Data la sequenza di lettere:

Z N T L Q H ?

quale lettera completa la sequenza?

A. G
B. I
C. N

Questo esercizio è difficilissimo, pochi riuscirebbero a risolverlo senza ricorrere alle strategie di trasformazione delle lettere con i numeri d'ordine corrispondenti. Procediamo come segue:

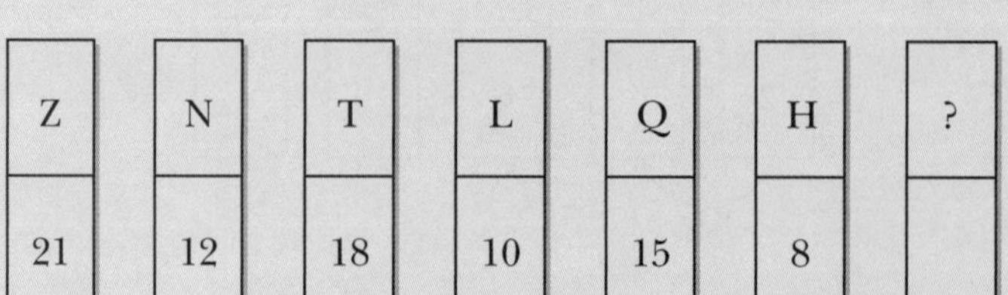

Anche con questo esercizio occorre lavorare con le coppie, però non contigue. Infatti la sequenza è mossa da due regole:

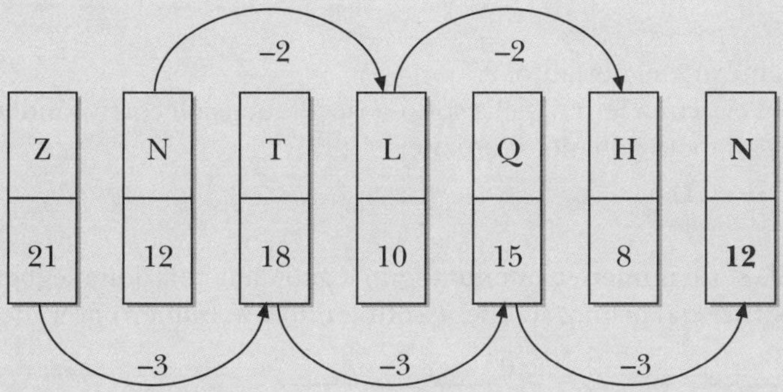

A questo punto appare evidente che la risposta esatta è N, dodicesima lettera dell'alfabeto, quindi la risposta è la C.

3.16 Le serie alfanumeriche

Le serie alfanumeriche sono costituite da successioni di lettere e numeri in cui possono esistere nessi logici tra le lettere e tra i numeri in maniera disgiunta oppure possono esistere nessi logici lettere – numeri.

Così come accade con i test costituiti da serie alfabetiche, anche la risoluzione dei test costituiti da serie alfanumeriche si ottiene associando a ogni lettera un numero corrispondente alla posizione della lettera nell'alfabeto.

ESEMPIO

Completare la seguente successione di numeri e lettere, utilizzando l'alfabeto italiano:

1 L 4 H ? ? 16 D

A. 8 I
B. 6 L
C. 9 F

La serie alfanumerica data è costituita dalla sotto-serie numerica:

1 4 ? 16

e dalla sotto-serie alfabetica:

L H ? D

Per l'alternanza delle due sotto-serie, i termini mancanti nella serie data sono, rispettivamente, un numero e una lettera.

I numeri della sotto-serie numerica sono i quadrati perfetti dei numeri 1, 2, 3 e 4:

$$\underbrace{1}_{=1^2} \quad \underbrace{4}_{=2^2} \quad \underbrace{\mathbf{9}}_{=3^2} \quad \underbrace{16}_{=4^2}$$

Il numero mancante è, pertanto, 9.
Attribuendo a ciascuna lettera della sotto-serie alfabetica il corrispondente numero d'ordine nell'alfabeto italiano, si ottiene:

L	H	?	D
10	8	?	4

I numeri della serie numerica ottenuta sono legati dalla relazione seguente: ciascun numero, a partire dal primo, si ottiene sottraendo 2 al numero precedente. Si ha:

$$10 \underbrace{\quad}_{-2} 8 \underbrace{\quad}_{-2} \mathbf{6} \underbrace{\quad}_{-2} 4$$

Il numero mancante è, pertanto, 6, cui corrisponde, nella sequenza delle lettere dell'alfabeto italiano, la lettera F.
La risposta esatta è la C, in quanto i termini mancanti sono, rispettivamente, **9** e **F**.

Spesso, i quesiti concernenti le serie alfanumeriche sono della tipologia riportata di seguito.

ESEMPIO

Completare la seguente successione: C9, I7, G10, J3, ...1

A. C
B. K
C. B

Ciascuna lettera dell'alfabeto internazionale corrisponde a un numero che è pari alla sua posizione nell'ordine alfabetico. Sussiste quindi la seguente corrispondenza tra numeri e lettere:

A	B	C	D	E	F	G	H	I	J	K	L	M	N	O	P	...
↓	↓	↓	↓	↓	↓	↓	↓	↓	↓	↓	↓	↓	↓	↓	↓	
1	2	3	4	5	6	7	8	9	10	11	12	13	14	15	16	

Ciascun termine della successione è costituito da una lettera e da un numero. In particolare, il numero determina la lettera che sarà presente nel termine successivo. Ad esempio, nel primo termine, C9, il numero 9, che corrisponde alla lettera I, determina il fatto che la lettera nel termine successivo sia I.
Di seguito vi è quindi il termine I7; qui, il numero 7 determina il fatto che nel termine successivo la lettera sia G (la settima lettera dell'alfabeto).
Di seguito vi è il termine G10; qui, il numero 10 fa sì che nel termine successivo vi sia la lettera J (la decima lettera dell'alfabeto internazionale).
Il termine J3 fa in modo che nel termine successivo la lettera presente sia C (la terza lettera dell'alfabeto).

Di seguito sono illustrati i nessi logici della sequenza alfanumerica:

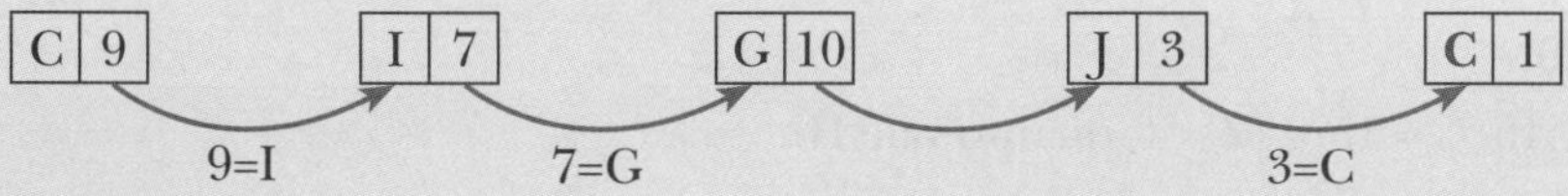

La risposta corretta è la A.

Altri quesiti sono del tipo indicato di seguito.

ESEMPIO

Completare la sequenza: AB 2 1 – CD 4 3 – EF 6 5 – GH 8 7 – ..?..

A. LI 9 10
B. 10 9 IL
C. IL 10 9

La riposta corretta è la C.

I trattini (–) dividono la sequenza alfanumerica in gruppi.
A loro volta, i gruppi sono costituiti da:

- due lettere consecutive dell'alfabeto italiano;
- due numeri, che rappresentano la posizione occupata nell'alfabeto italiano, rispettivamente, dalla seconda e dalla prima lettera del gruppo.

A tal fine, poiché la risoluzione dei test costituiti da serie alfabetiche o da serie alfanumeriche si ottiene associando a ogni lettera un numero corrispondente alla posizione della lettera nell'alfabeto, le lettere delle serie date sono analizzate come numeri con riferimento alla loro posizione nell'alfabeto. Ad esempio A = 1, B = 2...
Nei quesiti di tale tipologia, sono dati quattro o cinque gruppi, mentre un gruppo (talvolta due gruppi) deve essere identificato tra le alternative di risposta.
Per la risoluzione occorre considerare che la sequenza completa dei gruppi è:

AB 2 1 – CD 4 3 – EF 6 5 – GH 8 7 – IL 10 9 – MN 12 11 – OP 14 13 – QR 16 15 – ST 18 17 – UV 20 19

Il primo gruppo (AB 2 1) è costituito dalle due lettere consecutive A e B e dai due numeri 2 e 1, che rappresentano la posizione occupata, rispettivamente, dalla lettera B e dalla lettera A nell'alfabeto italiano.

Pertanto, il quesito può richiedere di completare la sequenza:

AB 2 1 – CD 4 3 – EF 6 5 – GH 8 7 – ..?.. la cui soluzione è: IL 10 9
AB 2 1 – CD 4 3 – ..?.. – GH 8 7 – IL 10 9 – MN 12 11 la cui soluzione è: EF 6 5
EF 6 5 – GH 8 7 – IL 10 9 – MN 12 11 – ..?.. – QR 16 15 la cui soluzione è: OP 14 13
AB 2 1 – CD 4 3 – EF 6 5 – GH 8 7 – ..?.. – ..?.. la cui soluzione è: IL 10 9 – MN 12 11

Determinati quesiti concernenti le serie sono del tipo riportato di seguito.

ESEMPIO

Se B = 16, C = 15, ... Z = 1, quanto vale H?

A. 13
B. 11
C. 10

La risposta corretta è la B. Per risolvere il quesito, occorre considerare solo le 16 consonanti dell'alfabeto italiano.
Se B = 16 e C = 15, … , Z = 1, allora la corrispondenza tra le consonanti e i numeri è la seguente:

D = 14, F = 13, G = 12, H = 11, L = 10, M = 9, N = 8, P = 7, Q = 6, R = 5, S = 4, T = 3, V = 2, Z = 1

Altri quesiti sono, invece, di questo tipo.

ESEMPIO

Se 0 è "A", 3 è "D", 7 è "H", come si scrive "QUADRO" usando numeri invece di lettere?

A. 14 18 0 3 15 12
B. 15 18 0 3 15 12
C. 15 18 1 3 15 12

Si noti che il numero che corrisponde alla lettera dell'alfabeto è dato dal valore della collocazione della lettera nell'ordine alfabetico cui è sottratto 1.

Ad esempio A è la prima lettera, ma siccome 1 – 1 = 0 allora ad A corrisponde 0.
La lettera D è la quarta lettera, ma siccome 4 – 1 = 3 allora a D corrisponde 3.
La lettera H è ottava in ordine alfabetico; pertanto 8 – 1 = 7.
In pratica si stabilisce la seguente corrispondenza tra valori numerici e lettere dell'alfabeto italiano:

A	B	C	D	E	F	G	H	I	L	M	N	O	P	Q	R	S	T	U	V	Z
↓	↓	↓	↓	↓	↓	↓	↓	↓	↓	↓	↓	↓	↓	↓	↓	↓	↓	↓	↓	↓
0	1	2	3	4	5	6	7	8	9	10	11	12	13	14	15	16	17	18	19	20

Pertanto la parola QUADRO corrisponde a 14 18 0 3 15 12. Quindi, la risposta esatta è la A.

3.17 Le serie numeriche nelle configurazioni grafico-geometriche

Gli esercizi di ragionamento numerico sono presentati sotto svariate forme grafiche. Possiamo trovare sequenze numeriche all'interno o ai vertici di figure geometriche regolari o irregolari, ai vertici di stelle a 6 o 8 punte, alle estremità di figure umane o animali stilizzate, entro sezioni di cerchio, oppure in matrici quadrate, o sotto forma di tessere del domino, e in un'infinita varietà di altre configurazioni.

3.17.1 Sequenze con cerchi

Si presentano alcuni esempi con i relativi commenti e soluzioni. Da questo momento gli esercizi non presenteranno l'elenco delle risposte, è preferibile infatti abituarsi a sviluppare il ragionamento numerico indipendentemente dalle alternative.
Con le figure circolari generalmente si procede formulando ipotesi muovendosi in senso orario o in senso antiorario per individuare delle regolarità. È una giusta strategia, ma occorre non fermarsi a ciò.

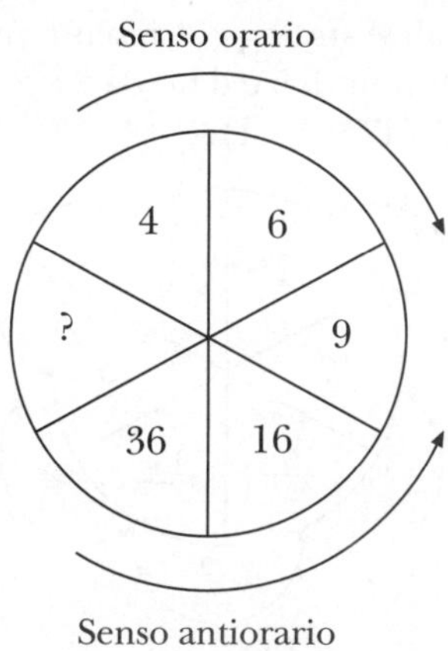

I numeri all'interno degli spicchi potrebbero essere distribuiti secondo il seguente criterio:

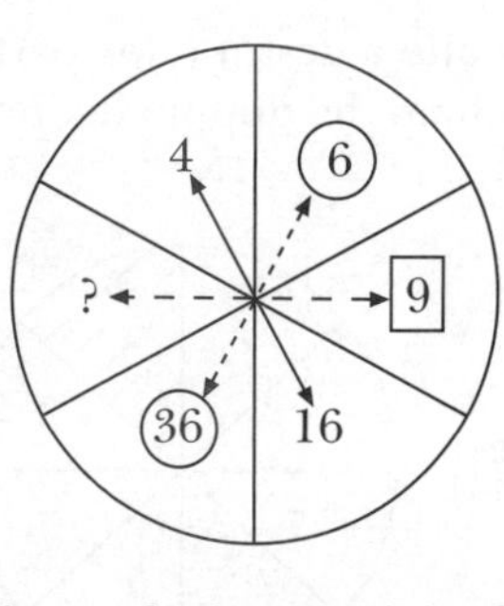

Infatti, nel nostro esempio notiamo che i numeri 4 e 6 hanno al loro opposto il risultato di una moltiplicazione con se stessi, (4 × 4 = 16) e (6 × 6 = 36), quindi la nostra incognita sarà verosimilmente 81 (9 × 9).

Ed ora un altro esempio con un'altra figura circolare.

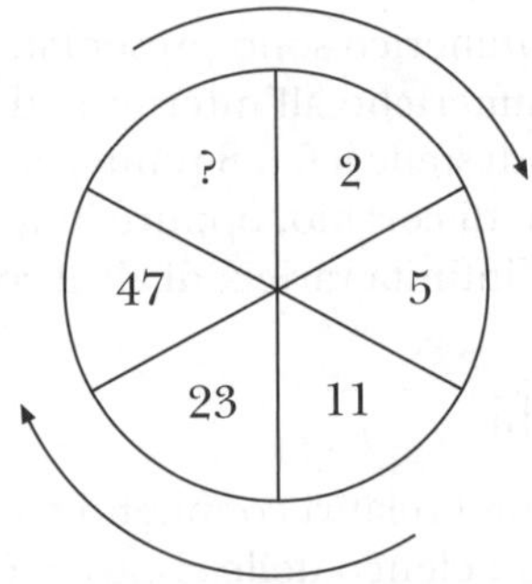

Per scoprire la regola che sottende la sequenza occorre un piccolo sforzo: prima di tutto si nota che la progressione è in senso orario crescente, e che non sono applicabili semplici operazioni regolari.
Quando la soluzione non ha quell'immediatezza che si trova nelle "configurazioni" più semplici, occorre provare altre strategie. Ciascun numero è, a partire dal numero 2, il doppio del precedente + 1, quindi 5 è dato da $2 \times 2 + 1$, 11 è dato da $5 \times 2 + 1$, ecc. fino alla soluzione, che sarà 95 $(47 \times 2 + 1)$.

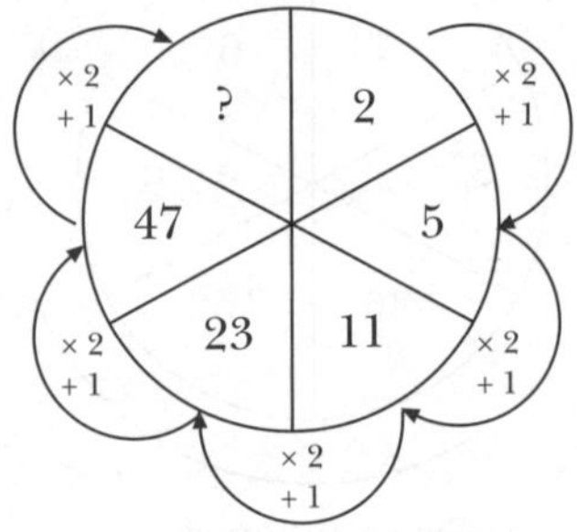

Il prossimo esercizio segue la stessa regola, tuttavia la progressione non avviene in senso orario.
Partendo dal primo spicchio in alto a destra (cioè partendo dal numero 1) si osserva che lo spicchio opposto è il risultato del doppio del primo spicchio + 1.

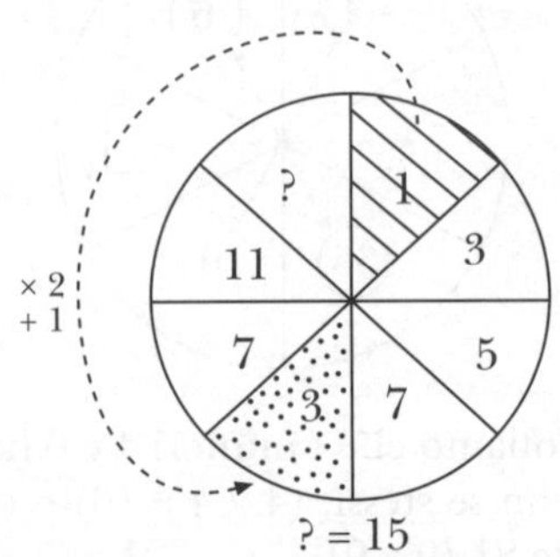

La stessa regola vale per gli altri spicchi opposti, cioè per 3 e 7, per 5 e 11 e per 7 e ?.

3.17.2 Sequenze con triangoli e quadrati

Oltre alle sequenze con i cerchi possiamo avere sequenze con triangoli o quadrati ai cui vertici vengono collocati dei numeri secondo una certa regola. La particolarità di queste serie numeriche e le strategie risolutive variano a seconda della configurazione: nel caso di numeri ai vertici dei triangoli più spesso il numero al vertice è dato dalla combinazione (somma, sottrazione, moltiplicazione o divisione) dei numeri alla base o da una regola che dia senso all'uso del triangolo. Nel caso di numeri all'interno di quadrati le soluzioni combinatorie sono molto più numerose, per cui il numero mancante potrebbe derivare dalla combinazione dei numeri che si trovano sulla stessa diagonale, o sullo stesso lato, oppure partendo da un punto e ruotare in senso orario oppure antiorario.

ESEMPIO

Qual è il numero mancante indicato dal punto interrogativo?

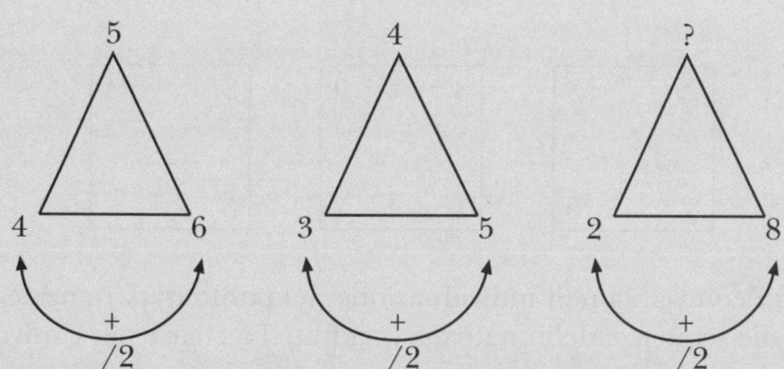

Il numero mancante è il risultato della somma dei numeri alla base dei triangoli diviso 2. Dunque il risultato sarà 5 (dato da 8 + 2 diviso 2).

Il prossimo esercizio invece combina due figure geometriche.

ESEMPIO

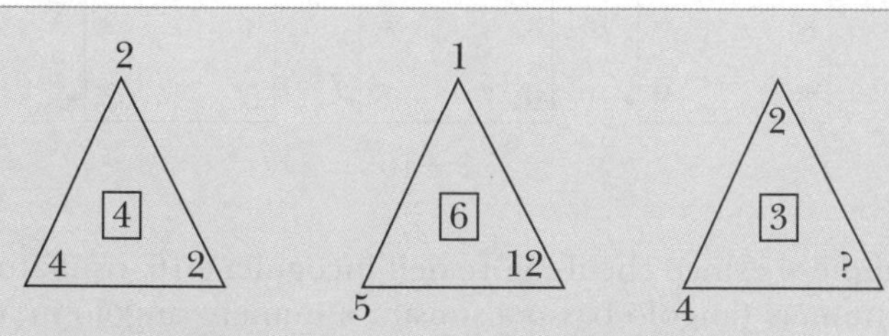

Si noti che all'interno del triangolo c'è un'altra figura geometrica che contiene un numero. Inoltre un'altra caratteristica della sequenza è la presenza di numeri sia all'interno del triangolo che all'esterno. Cerchiamo a questo punto di capire quali regole accomunano le cifre dei primi due triangoli per scoprire l'incognita del terzo.

Al risultato della somma dei valori interni al triangolo si sottraggono i valori esterni per ottenere il valore interno al quadrato. Quindi 4 + 2 – 2 = 4; 12 – 5 – 1 = 6; + 2 – 4 = 3. La cifra mancante è 5.

Le regole generali per questo tipo di problemi sono le seguenti:

- Le operazioni di una serie si muovono nel medesimo senso, cioè se alla prima figura abbiamo proceduto in senso orario, anche le altre saranno in senso orario.
- L'esatta sequenza di operazioni della prima figura è valida anche per le altre figure della stessa serie.
- Se si iniziano i calcoli da un certo punto della figura, occorre iniziare dal medesimo punto anche nelle altre configurazioni.

Ma mostriamo queste regole con un esempio.

ESEMPIO

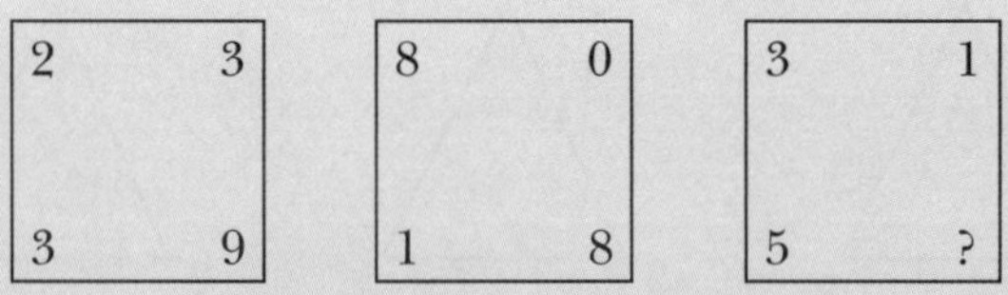

La fase più difficoltosa sta nell'individuazione del punto di partenza e della regola da applicare alle sequenze delimitate dai quadrati. La chiave per risolvere il problema è questa: si parte dal numero in basso a sinistra e lo si moltiplica, proseguendo in senso orario, per il numero dell'angolo superiore sinistro. Nel nostro esempio si moltiplica 3 × 2, poi si somma tale prodotto (6) al numero presente all'angolo superiore destro, nel nostro caso 3, per ottenere il risultato dell'angolo inferiore destro (9).

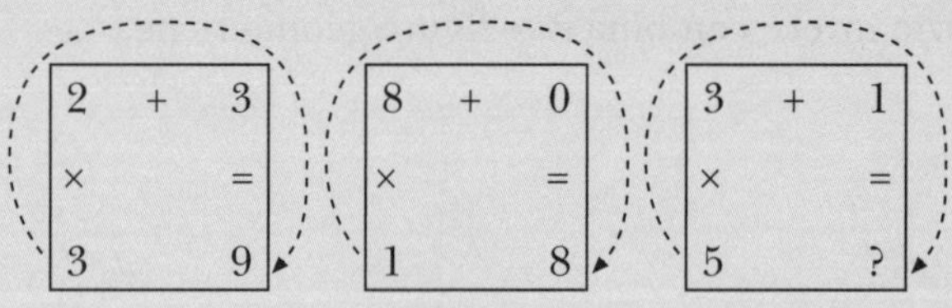

? = 16

Dal nostro esempio si evince che il valore dell'incognita è 16, risultato del prodotto dei primi due numeri (angolo basso a sinistra × numero angolo in alto a sinistra) che sommeremo al numero in alto a destra per ottenere l'incognita all'angolo in basso a destra. Ricordiamo che all'interno di queste figure sono ammissibili tutte le operazioni.

Vediamo infine un esempio in cui si combinano sequenze di lettere con sequenze di numeri. Il livello di difficoltà è medio.

ESEMPIO

Quale numero completa la serie?

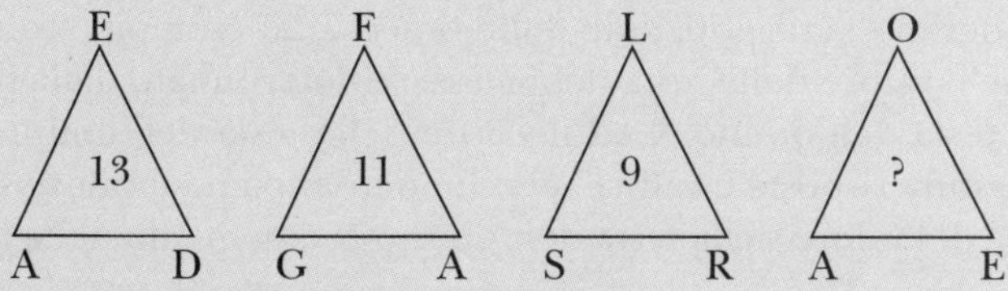

A. 15
B. 10
C. 7

Il numero al centro della figura è la somma dei valori delle lettere agli angoli. Ciascuna lettera assume un determinato valore in ragione di una semplice proprietà: se la lettera è una vocale il valore attribuito sarà 5, mentre se è una consonante il valore assegnato sarà 3.
Quindi la soluzione è quella della lettera A, 15.

3.18 Le serie con configurazioni particolari

È possibile trovare delle serie numeriche in una cornice e con una disposizione grafica che ne "condiziona" la soluzione. Si possono incontrare degli esercizi in cui la disposizione nello spazio assume un significato come nell'esempio che segue.

ESEMPIO

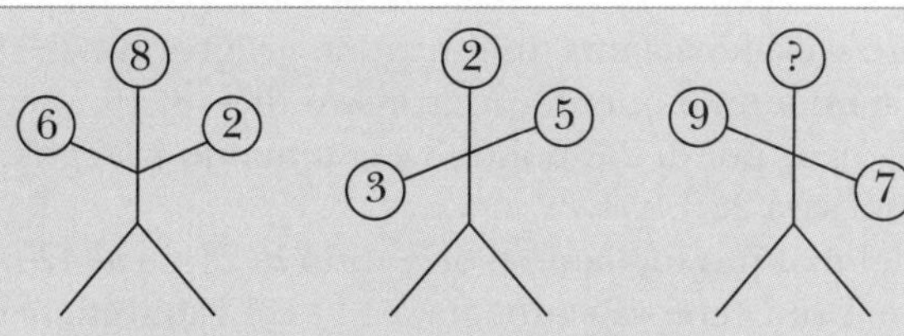

Omino X Omino Y Omino Z

A. 6
B. 2
C. Nessuna risposta è valida

Qui occorre prestare attenzione alla disposizione nello spazio delle braccia degli omini, infatti se ci fate caso noterete che il numero sulla testa è dato dalla somma dei numeri delle braccia se sono entrambe alzate (vedi omino X), e dalla differenza tra il valore del braccio alzato con quello del braccio abbassato (vedi omino Y).

La soluzione sarà 2, dato dalla differenza tra il valore del braccio alzato (9), ed il valore del braccio abbassato (7).
Esercizi di questo tipo potrebbero farci perdere molto tempo alla ricerca di regole che non considerano la disposizione delle braccia, ad esempio molti rispondono 6 credendo che il valore della testa debba essere determinato dalla sottrazione tra il valore della testa dell'omino X ed il valore della testa dell'omino Y, oppure rispondono "nessuna risposta è valida" perché pensano che il valore sia determinato dalla somma del valore della testa dell'omino X con quello della testa dell'omino Y.

Proviamo con un altro esercizio.

ESEMPIO

Un orologio procede secondo una sequenza particolare ma, nonostante la sua bizzarria, è regolarissimo. Abbiamo studiato quattro ore prese successivamente. Quale sarà la prossima ora?

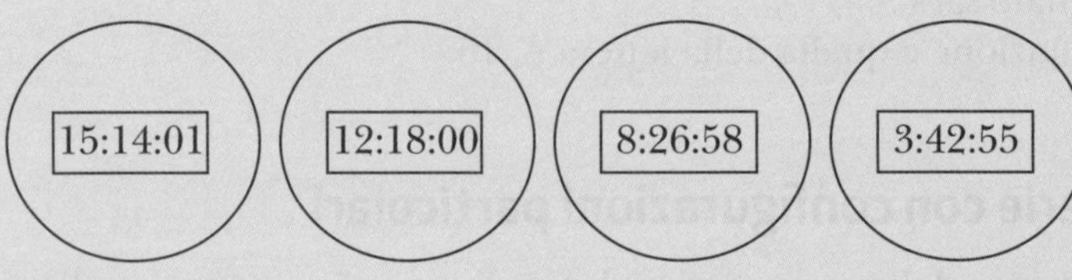

I quattro orari presi in successione dimostrano una regolarità che non rispetta però il normale funzionamento di un orologio.
Per trovare la soluzione è necessario esaminare separatamente ore, minuti e secondi.
Dall'esame delle ore si evidenzia una diminuzione progressiva di 3, 4 e 5; dall'esame dei minuti invece si nota un aumento progressivo di 4, 8, 16; i secondi hanno una diminuzione prima di 1, poi di 2 e poi di 3. Assumendo la regolarità dichiarata la prossima ora segnata sarà 22:14:51.
Infatti, se dalle 3 del mattino togliamo 6 ore, sono le 21; se ai 42 minuti ne aggiungiamo 32, abbiamo 1 ora (che va sommata a 21) e 14 minuti; se ai 55 secondi ne togliamo 4, avremo 51 secondi.

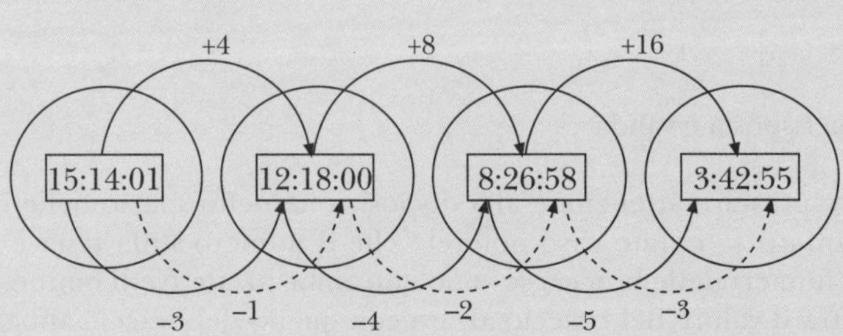

3.19 Le matrici quadrate

Nelle matrici quadrate si presentano delle serie numeriche disposte su un medesimo numero di righe e di colonne come nell'esempio seguente.

5	4	1
1	6	3
2	5	?

Queste prove richiedono rapidità di calcolo e flessibilità cognitiva dato che per risolverle è necessario calcolare in rapida sequenza tutte le possibili combinazioni in orizzontale e in verticale (ma mai in diagonale), che danno ragione alla particolare configurazione che non è mai casuale, a meno che, tra le risposte possibili, non sia presente la risposta "non è possibile risolvere la matrice" o una frase simile.

ESEMPIO

Qual è il numero mancante dalla seguente matrice?

5	5	5
6	2	4
9	3	?

Dai resoconti verbali di alcuni soggetti che vi si sono sottoposti, ai quali veniva richiesto di pronunciare ad alta voce tutti i calcoli che stavano facendo per trovare la soluzione, le persone più rigidamente ancorate alla struttura dei dati non andavano oltre alla somma delle righe e delle colonne, per cui non riuscivano a risolverla correttamente.

5	5	5	= 15
6	2	4	= 12
9	3	?	
= 20	= 10		

Una procedura di questo tipo poteva essere valida con una configurazione come la seguente:

9	5	3
8	4	5
2	5	?

nella quale la somma dei numeri della prima e della seconda riga è sempre 17.

Possiamo dire infatti che la procedura seguita non era in sé sbagliata, ma fuorviante in quanto esclusiva. Chi risolve brillantemente la matrice invece supera la fissità funzionale legata alla strutturazione dei dati ed inizia a verificare rapidamente se vi sono altre configurazioni che potrebbero spiegare i dati ottenuti.
Quindi, si procede con calcoli che prendono in considerazione l'ordine di riga e di colonna e si sommano o sottraggono i primi numeri di riga e di colonna con i secondi o con i terzi.
E se non si giunge ad una soluzione soddisfacente, come in questo caso, si somma il primo numero di riga e di colonna con il secondo numero di riga e di colonna.
Nell'esempio il terzo numero di riga è dato dalla metà della somma dei primi due numeri di riga, cioè $(5 + 5)/2 = 5$, $(6 + 2)/2 = 4$, ecc.

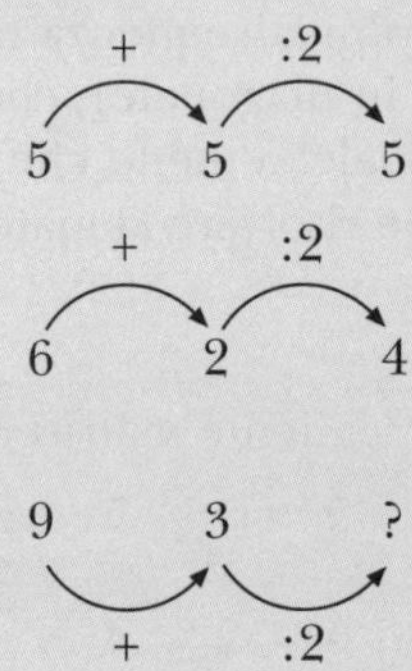

La risposta corretta è 6, cioè $(9 + 3)/2$.

3.20 Esercizi sugli insiemi e sulle ripartizioni

Il concetto di insieme costituisce l'elemento fondante di quella parte della matematica che è la teoria degli insiemi. Con questo termine indichiamo ogni raggruppamento, collezione, aggregato di elementi, indipendentemente dalla loro natura.
Un diagramma di Eulero-Venn (o semplicemente diagramma di Venn) è una rappresentazione grafica di un insieme che consiste nel racchiuderne gli elementi all'interno di una linea chiusa non intrecciata, come quella riportata di seguito.

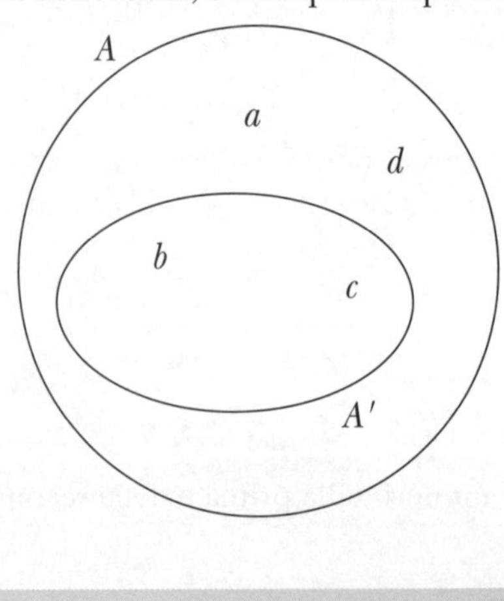

Nella figura proposta, l'insieme A è composto dagli elementi indicati con a, b, c, d; questo viene indicato con la notazione $A = \{a, b, c, d\}$. In riferimento a un singolo elemento dell'insieme, la notazione $a \in A$ ci indica che l'elemento a "appartiene" all'insieme A. Inoltre, gli elementi b e c appartengono all'insieme A' che è contenuto in A (la notazione usata è la seguente: $A' \subset A$). Per tale motivo A' è detto "sottoinsieme di A".
Consideriamo i due insiemi, mostrati in figura, $A = \{a, b, c, d\}$ e $B = \{b, c, e\}$.

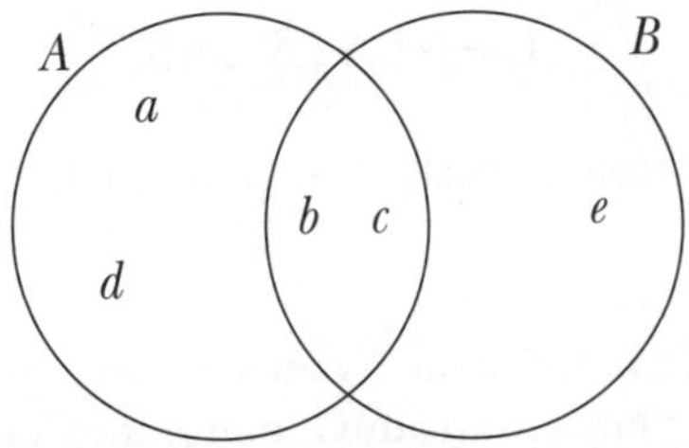

L'unione tra i due insiemi è costituita da tutti gli elementi che si possono trovare in A, in B o in tutti e due. L'unione viene indicata con $A \cup B = \{a, b, c, d, e\}$.
Invece, l'intersezione tra due insiemi è composta da quegli elementi presenti in entrambi gli insiemi. Indichiamo l'intersezione con $A \cap B = \{b, c\}$.

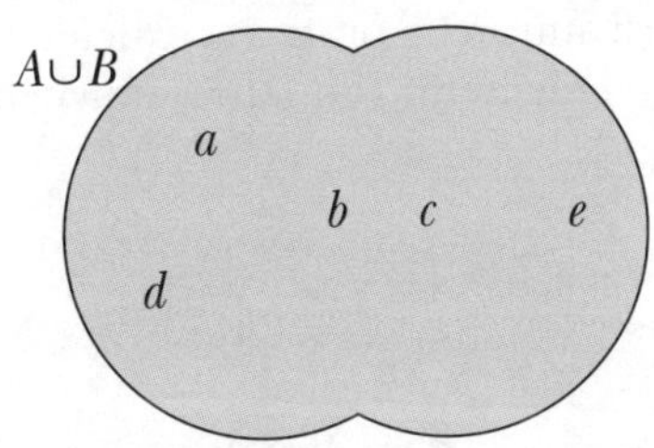

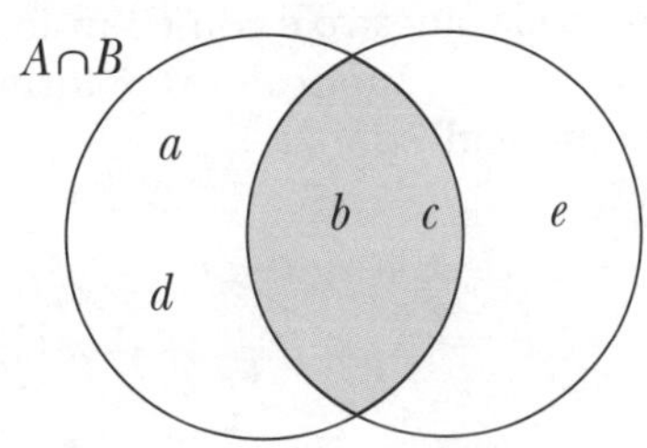

La differenza tra A e B (indicata con $A-B$) è costituita da tutti gli elementi presenti in A a cui vengono sottratti quelli anche presenti in B. Nel nostro caso $A - B = \{a, d\}$. Abbiamo inoltre $B - A = \{e\}$.

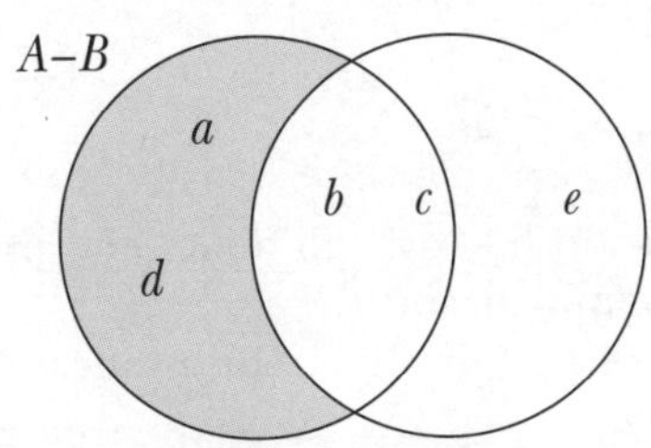

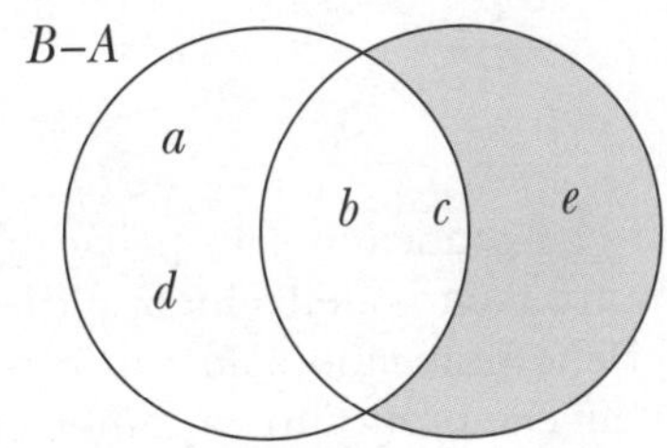

Di seguito, proponiamo un quesito.

ESEMPIO

Posti A = {21, 22, 23} e B = {22, 23, 24}, qual è l'insieme risultante dall'unione di A e B?

A. {22, 23}
B. {21, 22, 23}
C. {21, 22, 23, 24}

La risposta corretta è la C. Dati due insiemi, A e B, la loro unione è l'insieme C i cui elementi appartengono all'insieme A oppure all'insieme B, oppure a entrambi. Dati i due insiemi A = {21, 22, 23} e B = {22, 23, 24}, la loro unione è l'insieme:

C = {21, 22, 23, 24}

Di seguito proponiamo un tipico quesito assegnato nelle prove di selezione.

ESEMPIO

Marco ha 16 amici: di questi, 6 giocano a pallacanestro, 8 giocano a calcio e 4 praticano entrambi gli sport. Quanti praticano almeno uno sport?
A. 16
B. 10
C. 14

Indichiamo con A l'insieme degli amici di Marco, con P l'insieme degli amici che praticano pallacanestro e con C l'insieme degli amici che praticano calcio. Abbiamo che $P \subset A$ e $C \subset A$. Inoltre $P \cap C$ è formato da 4 elementi (i quattro amici che praticano entrambi gli sport).

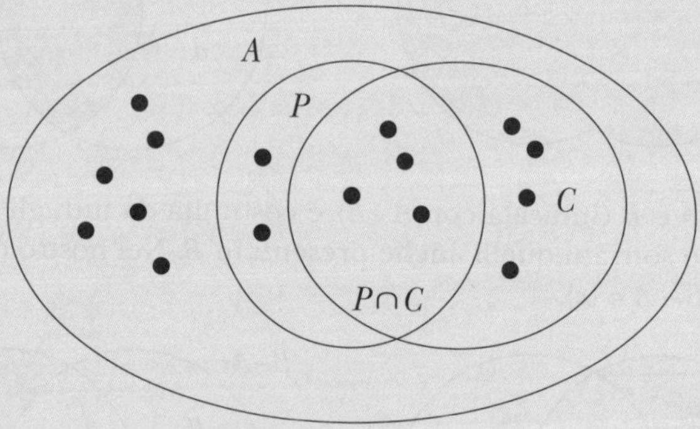

Gli amici che praticano solo pallacanestro sono $6-4=2$ (gli amici che praticano pallacanestro meno quelli che praticano entrambi gli sport).
Gli amici che praticano solo calcio sono $8-4=4$ (gli amici che praticano calcio meno quelli che praticano entrambi gli sport).
Quindi gli amici che praticano almeno uno sport sono dati da quelli che praticano solo calcio più quelli che praticano solo pallacanestro più quelli che li praticano entrambi cioè $4+2+4=10$ (risposta B).

Analizziamo un quesito un po' più complesso.

ESEMPIO

In una popolazione di 100 studenti, 70 seguono un corso di spagnolo e 50 uno di giapponese. Quanti sono gli studenti che sicuramente seguono entrambi i corsi?

A. Da 20 a 50
B. 50
C. 20

Se S è l'insieme degli studenti che seguono il corso di spagnolo, S contiene 70 elementi, mentre G, che è l'insieme di studenti che seguono il corso di giapponese, contiene 50 elementi. Dobbiamo determinare il numero di elementi dell'insieme $S \cap G$, vale a dire, gli studenti che seguono entrambi i corsi.
Dobbiamo individuare i casi in cui $S \cap G$ ha il numero maggiore possibile e minore possibile di elementi.
Il caso con il numero maggiore possibile di elementi si ha quando i 50 studenti di giapponese frequentano tutti anche spagnolo. In tal caso abbiamo 50 studenti frequentanti ambo i corsi e quindi $S \cap G$ contiene un numero massimo di 50 elementi.
Il caso di minore sovrapposizione si ha quando, tolti dai 100 studenti totali i 70 di spagnolo, dei 30 che restano (e che non frequentano spagnolo), si ha che tutti frequentano giapponese. Per arrivare a 50 studenti di giapponese restano 20 studenti che, per forza di cose, frequentano sia il corso di giapponese che di spagnolo. In tal caso abbiamo 20 studenti frequentanti ambo i corsi e quindi $S \cap G$ contiene 20 elementi.
Perciò il numero di studenti che frequentano ambo i corsi può variare da 20 a 50 (risposta A).

Analizziamo un ulteriore quesito in cui la rappresentazione mediante i diagrammi di Venn è sicuramente di aiuto.

ESEMPIO

In un gruppo di 24 amici, 18 hanno l'hobby della pittura, 15 hanno l'hobby della recitazione, 17 hanno l'hobby della ceramica. Quanti sono, al minimo, coloro che coltivano tutti e tre gli hobby?

A. 2
B. 4
C. 6

La risposta esatta è la A.
Indichiamo con P l'insieme degli amici che hanno l'hobby della pittura, con R quello degli amici che hanno l'hobby della recitazione e con C quello degli amici che hanno l'hobby della ceramica. Ciò che il quesito richiede di calcolare è il nu-

mero minimo di amici che coltivano tutti e tre gli hobby, ovvero l'insieme intersezione $P \cap R \cap C$ (l'area in grigio scuro in figura).

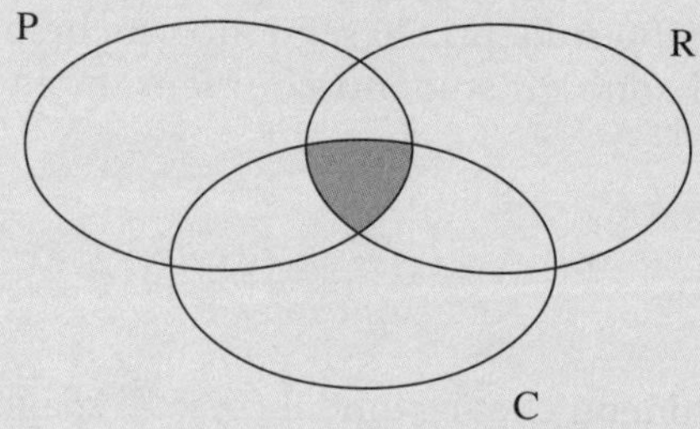

24 è il numero totale di amici.
Possiamo condurre un ragionamento intuitivo come il seguente:

- se 18 hanno l'hobby della pittura, allora non hanno tale hobby: 24 – 18 = 6 amici
- se 15 hanno l'hobby della recitazione, allora non hanno tale hobby: 24 – 15 = 9 amici
- se 17 hanno l'hobby della ceramica, allora non hanno tale hobby: 24 – 17 = 7 amici.

In totale, non hanno almeno uno dei 3 hobby: 6 + 9 + 7 = 22 amici.
Possiamo concludere che, al minimo, coltivano tutti e tre gli hobby:

24 – 22 = 2 amici

3.21 *Problem solving*

Questa tipologia di quesiti testa la capacità di comprendere, confrontare, utilizzare e analizzare informazioni matematiche, che si presentano non solo sotto forma di dati numerici espressi in quantità e tabelle, ma anche di grafici, diagrammi e di ragionamento spaziale. Oltre a un livello base di matematica, è richiesta una conoscenza operativa di elementi come equazioni algebriche semplici e probabilità. Nell'ambito dei quesiti che misurano la capacità di problem solving, saranno prese in esame tre tipologie.

3.21.1 Selezionare le informazioni rilevanti

Quando sono sottoposti a un'enorme quantità di dati, i ricercatori devono essere in grado di individuare le informazioni che sono pertinenti e rilevanti. Il candidato deve essere in grado di riconoscere quali dati o risultati devono essere considerati rilevanti e utili, e quali devono invece essere scartati.

ESEMPIO

Le cifre sotto riportate mostrano i risultati di un sondaggio sulla dimensione dell'auto attuale, e di quella precedente, svolto su un campione di 1000 persone:

		Auto attuale			
		Grande	Media	Piccola	**Totale**
Auto precedente	Grande	100	120	20	**240**
	Media	80	200	80	**360**
	Piccola	40	160	200	**400**
	Totale	**220**	**480**	**300**	**1000**

Ponendo che la tabella sia rappresentativa delle persone che oggi intendono cambiare la macchina, in che percentuale ci si può aspettare che gli acquirenti la cambino per una più grande?

A. 12%
B. 22%
C. 28%

Occorre individuare le parti della tabella che sono rilevanti per rispondere alla domanda, e trovare il modo di utilizzare tali valori per ottenere la risposta esatta. I dati presentati riguardano l'ultima volta che i soggetti esaminati hanno cambiato la macchina, ma la domanda riguarda l'intenzione di acquistare un'auto nuova: in apparenza sembrano due cose diverse. Tuttavia, il quesito ci informa che la tabella è rappresentativa di quelli che hanno intenzione di cambiare la macchina in questo momento, il che significa che potremmo anche sostituire le intestazioni della tabella scrivendo "Auto attuale" sulla sinistra e "Auto nuova" in alto.
Una volta comprese le informazioni che si hanno a disposizione, occorre chiarire che cosa chiede di trovare la domanda: in questo caso, la percentuale degli acquirenti che, con molta probabilità, cambieranno l'auto attuale per una più grande. Uno dei gruppi con questa caratteristica è quello composto dalle persone che attualmente possiedono una macchina di grandezza media e prima ne avevano una piccola. Elenchiamo tutti i gruppi che soddisfano questo stesso requisito:

Auto attuale	**Auto precedente**	**Numero**
Grande	Media	80
Grande	Piccola	40
Media	Piccola	160

Sulla base di questo prospetto, le persone che ci si aspetta facciano il cambio per un'auto più grande sono 280. L'ultimo passaggio da fare è calcolare in modo corretto la percentuale corrispondente. Il numero totale di persone su cui è stata svolta l'indagine era 1000, quindi:

$$280 / 1000 \times 100 = 28\%$$

La risposta corretta è C.

Il fatto che sia una delle scelte possibili può aumentare la fiducia nel fatto che sia corretta, ma occorre comunque essere prudenti, poiché gli ideatori dei quesiti propongono come soluzioni alternative delle opzioni che contengono errori in cui si può incorrere con facilità. Se avete tempo, ricontrollate i passaggi.

3.21.2 Individuare analogie

Il lavoro scientifico è reso più efficace e funzionale se i ricercatori riescono a rilevare nei dati nuovi dei modelli già incontrati. Se si riconosce una similitudine con qualche dato rilevato in passato, e si individuano anche le differenze, è possibile utilizzare le informazioni nuove in modo più efficace. Nell'ambito di questa abilità è inclusa la capacità di riconoscere, nell'insieme dei dati, le relazioni di causa ed effetto e di identificare le possibili cause che generano modelli e variazioni.

ESEMPIO

La tabella mostra i risultati di un sondaggio sugli elettrodomestici posseduti dalle famiglie di una determinata città. Quale grafico a barre rappresenta accuratamente i dati sotto riportati?

Utensile	Lavastoviglie	Aspirapolvere	Lavatrice	Forno a microonde	Robot da cucina	Tostapane
% possesso	68	98	77	54	34	92

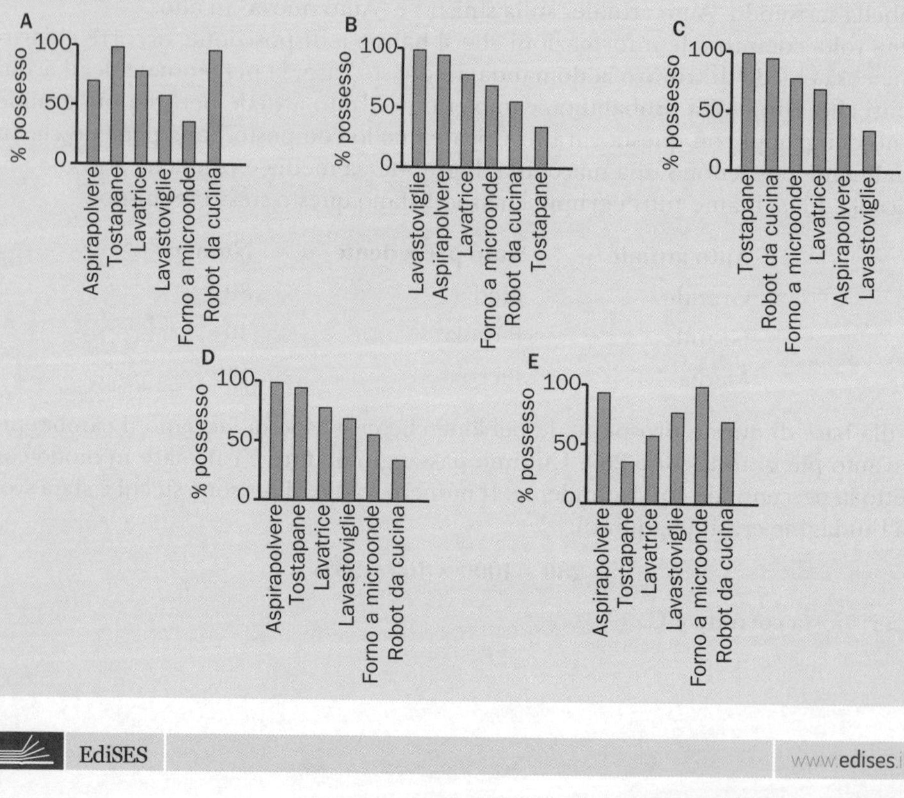

A. Grafico A
B. Grafico D
C. Grafico C

La domanda è, in realtà, piuttosto semplice: l'importante è far corrispondere correttamente l'elettrodomestico all'altezza della barra. Il problema principale (che può trarre in inganno coloro che non osservano attentamente i grafici e il testo della domanda) è che, in alcuni casi, l'ordine degli elettrodomestici nei grafici è diverso da quello presentato in tabella. Inoltre, non è sempre possibile leggere l'altezza esatta delle barre alla scala a cui sono tracciati i grafici, pertanto bisogna confrontare le altezze relative delle diverse barre.
Di fatto, il grafico corretto è quello riportato nell'alternativa B. Gli elettrodomestici sono stati ordinati per percentuali di possesso decrescenti. Nell'opzione A, gli elettrodomestici sono ordinati come nella D, ma le barre seguono l'ordine della tabella. Gli altri grafici contengono errori simili: può essere una buona idea quella di provare ad individuare l'errore caso per caso.

È possibile far rientrare in questa tipologia anche il quesito proposto di seguito.

ESEMPIO

Indicare le frazioni che rappresentano rispettivamente il rapporto fra la parte bianca e l'area totale della figura 2 e fra la parte bianca e la parte nera della figura 1.

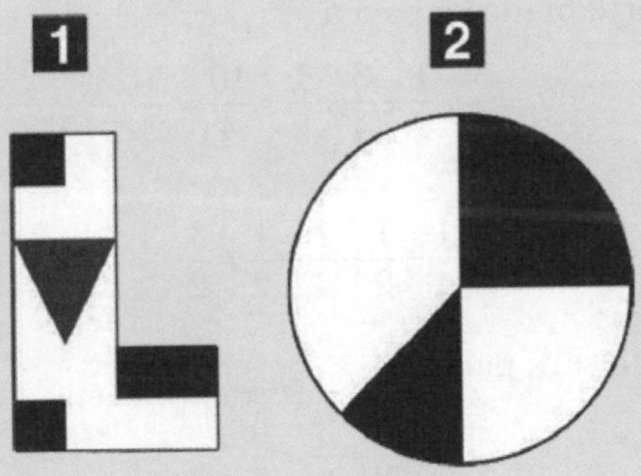

A. $\frac{8}{5}$; $\frac{8}{3}$

B. $\frac{5}{3}$; $\frac{8}{5}$

C. $\frac{5}{8}$; $\frac{5}{3}$

Osservando con attenzione il cerchio della Figura 2 si nota che la parte bianca rappresenta:

- 1/4 dell'area totale, per la porzione di cerchio in basso a destra;
- 1/4 più 1/8 dell'area totale, per la porzione di cerchio in alto a sinistra.

In totale, la parte bianca, rispetto all'area totale del cerchio, è:

$$\frac{1}{4}+\frac{1}{4}+\frac{1}{8}=\frac{5}{8}$$

Per quanto riguarda la Figura 1, invece, la si può pensare suddivisa in quattro quadrati:

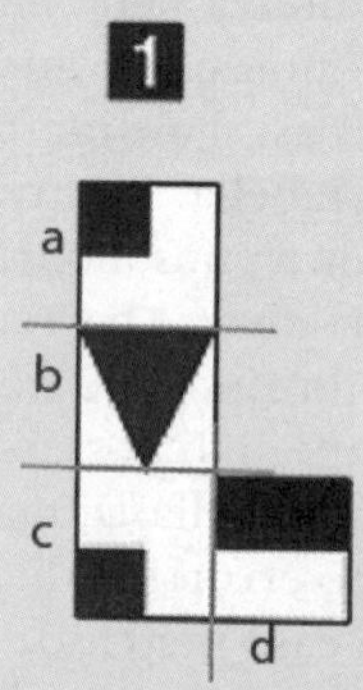

in ognuno dei quali il rapporto tra parte bianca (B) e nera (N) è il seguente:

a. 3/4 B; 1/4 N
b. 1/2 B; 1/2 N
c. 3/4 B; 1/4 N
d. 1/2 B; 1/2 N

per cui, in totale, la parte bianca è pari a

$$\frac{3}{4}+\frac{1}{2}+\frac{3}{4}+\frac{1}{2}=\frac{10}{4}=\frac{5}{2}$$

e la parte nera è pari a

$$\frac{1}{4}+\frac{1}{2}+\frac{1}{4}+\frac{1}{2}=\frac{3}{2}$$

e quindi il loro rapporto sarà pari a

$$\frac{5}{2}\div\frac{3}{2}=\frac{5}{3}$$

Le frazioni risultanti sono allora 5/8 e 5/3 e la risposta corretta è la C.

3.21.3 Stabilire e applicare procedure appropriate

Per risolvere un problema è necessario combinare dati diversi, che talvolta possono anche apparire discordanti, trovando il metodo più appropriato. Non è sempre detto che la procedura da applicare sia immediatamente chiara, e potrebbe quindi essere necessario svolgere una strategia di ricerca, al fine di trovare informazioni aggiuntive o i metodi necessari a utilizzare i dati di cui si dispone.

ESEMPIO

Il ghepardo può raggiungere una velocità massima di 110 km/h e la zebra di 60 km/h. Se entrambi stanno correndo alla massima velocità seguendo una linea retta, e il ghepardo è più indietro di 100 m, quanti secondi ci vorranno al ghepardo per raggiungere la zebra?

A. 10
B. 7,2
C. 7,5

I quesiti variano nel grado di complessità e difficoltà. Questa domanda fornisce relativamente poche informazioni (solamente tre numeri) ed è piuttosto diretta. Le velocità reali, in questo caso, non hanno importanza; ci si deve concentrare sulla velocità relativa tra i due animali. Il ghepardo corre più velocemente della zebra di 50 km/h e si può quindi ragionare come se la zebra rimanesse ferma, e il ghepardo, più indietro di 100 m, si stesse avvicinando a una velocità di 50 km/h.

Il calcolo è piuttosto semplice: il tempo necessario è uguale a $\frac{\text{distanza}}{\text{velocità}}$.

Per calcolare la risposta, occorre esprimere i valori in unità di misura congruenti (in questo caso, cominciamo con km, h e km/h).
Il ghepardo dista dalla zebra 100 m o 0,1 km, quindi:

tempo = h

La risposta è richiesta in secondi. In un'ora ci sono 3600 secondi, quindi:

tempo = 3600 × = 7,2 secondi

Se avete difficoltà a ricordare le relazioni che intercorrono tra tempo, distanza e velocità, ricordate che la velocità è sempre espressa in termini di una distanza diviso un tempo, es. km/h. Tutte le formule relative possono essere calcolate di conseguenza.

ESEMPIO

Il ponte degli U2

Gli U2 – noto complesso irlandese – stanno per esibirsi nella propria città natale, Dublino. Mancano pochi minuti all'inizio del concerto, però per raggiungere il palco i musicisti devono attraversare un ponte nella completa oscurità. Hanno a disposizione una sola torcia elettrica. Essendo instabile, sul ponte possono andare solo due persone per volta. La torcia è indispensabile per attraversare il ponte quindi deve essere riportata indietro. Si sa che ogni componente impiega tempi diversi ad attraversare il ponte: Bono, 1 minuto; Edge, 2 minuti; Adam, 5 minuti; Larry, 10 minuti. Inoltre, si sa che: la torcia non può essere lanciata da una parte all'altra; se il ponte viene attraversato da due persone la velocità sarà data dal più lento. Qual è il tempo minimo che impiegheranno i 4 per raggiungere il palco?

A. 18 minuti
B. 17 minuti

C. 16 minuti

La risposta esatta è la B. Il quesito proposto è una variante di un test utilizzato negli anni '90 nella selezione del personale da parte di Microsoft. Nel testo del quesito originale, infatti, è scritto che "Mancano 17 minuti all'inizio del concerto...", ciò che si chiede di determinare è il giusto ordine di attraversamento affinché tutti i membri del gruppo siano dall'altra parte del ponte entro 17 minuti.
In questo quesito, per calcolare il tempo minimo di attraversamento del ponte, occorre premettere che, quando 2 componenti attraversano il ponte assieme, il più veloce si adegua al passo del più lento. In questo caso, i componenti seguono l'ordine di attraversamento riportato:

Bono (1 minuto) ed Edge (2 minuti) escono	tempo 2 minuti
Edge (2 minuti) torna indietro a portare la torcia	tempo 2 minuti
Adam (5 minuti) e Larry (10 minuti) escono	tempo 10 minuti
Bono (1 minuto) torna indietro a portare la torcia	tempo 1 minuto
Bono (1 minuto) ed Edge (2 minuti) escono	tempo 2 minuti

Tempo totale: 2 + 2 + 10 + 1 + 2 = 17 minuti

Vediamo un'ulteriore variante del quesito.
Gli U2 – noto complesso irlandese – stanno per esibirsi nella propria città natale, Dublino. Mancano pochi minuti all'inizio del concerto, però per raggiungere il palco i musicisti devono attraversare un ponte nella completa oscurità. Hanno a disposizione una sola torcia elettrica. Essendo instabile, sul ponte possono andare solo due persone per volta. La torcia è indispensabile per attraversare il ponte quindi deve essere riportata indietro. Si sa che ogni componente impiega tempi diversi ad attraversare il ponte: Bono, 1 minuto; Edge, 3 minuti; Adam, 4 minuti; Larry, 8 minuti. Inoltre, si sa che: la torcia non può essere lanciata da una parte all'altra; se il ponte viene attraversato da due persone la velocità sarà data dal più lento. Qual è il tempo minimo che impiegheranno i 4 per raggiungere il palco?

A. 17 minuti
B. 18 minuti
C. 16 minuti

La risposta esatta è la A. Per calcolare il tempo minimo di attraversamento del ponte, sappiamo che, quando 2 componenti attraversano il ponte assieme, il più veloce si adegua al passo del più lento. In questo caso, i componenti seguono l'ordine di attraversamento riportato:

Bono (1 minuto) ed Edge (3 minuti) escono	tempo 3 minuti
Bono (1 minuto) torna indietro a portare la torcia	tempo 1 minuto
Bono (1 minuto) e Adam (4 minuti) escono	tempo 4 minuti
Bono (1 minuto) torna indietro a portare la torcia	tempo 1 minuto
Bono (1 minuto) e Larry (8 minuti) escono	tempo 8 minuti

Tempo totale: 3 + 1 + 4 + 1 + 8 = 17 minuti

I problemi seguenti si risolvono mediante calcoli matematici abbastanza semplici che possono essere talvolta bypassati da procedimenti empirici, dopo aver però compreso l'aspetto logico del problema. In altre parole la complessità è relativa solo alla comprensione su come impostare il quesito.

Vediamo un esempio.

ESEMPIO

Una strada lunga 104 metri ha in totale 28 platani posti su entrambi i lati. Sapendo che i platani sono tra loro equidistanti, a quale distanza in metri è posto un platano dall'altro?

A. 4
B. 3,7
C. 8

La risposta corretta è la C. I platani sono disposti su due file, quindi sono 14 per ogni lato in 104 metri. Poiché il primo platano è situato all'inizio, cioè a zero metri, si deve dividere 104 per 13 per ricavare la distanza tra i singoli platani, che è pari a 8.

Spesso, sono assegnati determinati quesiti la cui risoluzione richiede la conoscenza dei quadrati dei numeri naturali compresi tra 1 e 25.

ESEMPIO

Il piccolo Federico gioca con 550 tessere quadrate di legno colorato, tutte delle stesse dimensioni. Ha costruito con esse il quadrato più grande possibile; quante tessere sono avanzate a Federico?

A. 21
B. 25
C. 19

La risposta corretta è la A.
Il quesito si risolve trovando il lato del quadrato più grande possibile costruibile con le tessere date. Tale lato si ottiene considerando la parte intera della radice quadrata approssimata del numero di tessere dato. In altri termini, occorre trovare quel numero il cui quadrato sia prossimo al numero di tessere date. Il quadrato costruito avrà per lato proprio quel numero.
Nel quesito, il numero delle tessere è 550; pertanto, occorre trovare la radice quadrata approssimata del numero 530 o, in altri termini, il numero il cui quadrato è prossimo a 550. Quest'ultimo numero è 23; infatti: $23^2 = 529$.
Con 550 tessere, il piccolo Federico ha costruito il quadrato più grande possibile; gli sono avanzate, quindi, 550 – 529 = 21 tessere.

Un altro esempio di quesito frequentemente assegnato è il seguente.

ESEMPIO

Una lumaca è caduta in un pozzo profondo 16 metri. Durante la mattina risale di 5 metri, ma prima di mezzanotte scivola indietro di 4 metri. Riuscirà a uscire dal pozzo durante la mattina:

A. dell'undicesimo giorno
B. del dodicesimo giorno
C. del sedicesimo giorno

La risposta corretta è la B. La lumaca ogni giorno risale di 1 metro; infatti:

5 m al mattino – 4 m la sera = 1 m al giorno

Dopo 11 giorni è risalita di 11 metri. Al dodicesimo giorno, di mattina, risale di 5 metri, per cui arriva a 11 + 5 = 16 m ed esce dal pozzo.

Il quesito riportato di seguito è analogo al precedente.

ESEMPIO

Una lumaca si trova ai piedi di una parete alta 15 metri. Per 12 ore sale faticosamente per 3 metri e dopo, riposandosi per altre 12 ore, scivola lungo la parete per 2 metri. Di seguito ripete ciclicamente queste stesse azioni. Quante ore, dall'inizio della propria scalata, impiegherà la lumaca per giungere sulla sommità della parete?

A. 300
B. 336
C. 312

Trascorse 24 ore la lumaca sarà salita di un metro lungo la parete: ai 3 *m* percorsi durante le prime 12 ore dobbiamo sottrarre i 2 *m* persi durante le successive 12 ore.
Consideriamo tale processo ripetuto per altre 12 volte: 12 × 24 ore = 288 ore. Dopo questo numero di ore la lumaca sarà giunta a 12 metri di altezza. Avendo già riposato nelle ultime 12 ore trascorse, la lumaca ricomincerà la propria scalata e, nelle successive 12 ore, percorrerà gli ultimi 3 metri rimanenti, giungendo in cima al muro ed impiegando un tempo pari a 288 ore + 12 ore = 300 ore. La risposta corretta è A.

Il seguente quesito è analogo ai precedenti.

ESEMPIO

Su una pista rettilinea lunga 1 km, un gambero avanza nelle ore diurne di 40 metri e di notte arretra di 25 metri. Arriverà alla fine della pista durante le ore diurne del:

A. sessantatreesimo giorno
B. sessantasettesimo giorno
C. sessantacinquesimo giorno

La risposta corretta è la C. Ogni giorno il gambero percorre 40 m – 25 m = 15 m. Prima delle ore diurne del penultimo giorno avrà percorso 1000 m – 40 m = 960 m. Il penultimo giorno è incognito e si ottiene considerando che il gambero avrà percorso 960 metri in 960/15 = 64 giorni.
Percorrendo altri 40 metri, il gambero arriverà alla fine durante le ore diurne del 65° giorno.

I quesiti seguenti sono di diversa tipologia.

ESEMPIO

Sono al buio; estraggo (senza reinserirle) alcune scarpe da una scarpiera disordinata contenente 5 paia diverse di scarpe. Qual è il minimo numero di scarpe che devo estrarre per essere sicuro di trovarne un paio utilizzabile, cioè una destra e una sinistra dello stesso paio?

A. 5 scarpe
B. 6 scarpe
C. 9 scarpe

La risposta corretta è la B. Il numero minimo di scarpe che occorre estrarre per essere sicuri di prendere dalla scarpiera due scarpe dello stesso paio si trova identificando l'ipotesi peggiore in cui le scarpe estratte siano tutte diverse tra loro, ossia l'ipotesi in cui le prime 5 scarpe estratte appartengono a 5 paia diverse. Tuttavia, alla sesta estrazione, qualsiasi scarpa appartiene a 1 delle 5 paia già estratte, per cui sicuramente si è trovato un paio utilizzabile.
Il numero minimo di scarpe da estrarre è, dunque, 6.
In generale, il numero minimo di oggetti da estrarre è pari al numero di categorie di oggetti diversi (scarpe, calzini, penne...) cui si somma 1.

ESEMPIO

Un distributore automatico vende caramelle a 10 centesimi di euro l'una. Le caramelle sono di tre colori, mescolate fra loro, ed escono in modo casuale. Luca conta al suo interno 10 caramelle blu, 11 verdi e 12 rosse. Quanti soldi deve essere disposto a spendere per essere sicuro di averne almeno una blu e tre verdi?

A. 2,50 euro
B. 1,60 euro
C. 1,30 euro

La risposta corretta è la A. Chiedersi quanti soldi Luca deve essere disposto a spendere per essere sicuro di avere almeno 1 caramella blu e 3 caramelle verdi equivale a chiedersi qual è il numero di caramelle che Luca è disposto ad acquistare per averne almeno 1 blu e 3 verdi. Tale numero si trova identificando l'ipotesi peggiore in cui:

- le prime caramelle erogate dal distributore siano le 12 rosse, a un costo di 1,20 euro;
- le successive caramelle erogate siano le 10 blu, a un costo ulteriore di 1 euro;
- le ultime caramelle erogate siano le attese 3 verdi, a un costo di 0,30 euro.

In totale, Luca deve essere disposto a spendere 1,20 + 1 + 0,30 = 2,50 euro, per essere sicuro di avere almeno 1 caramella blu e 3 caramelle verdi.

ESEMPIO

Apriamo, a caso, un dizionario e osserviamo che la pagina di destra è la 111, poi solleviamo alcuni centimetri di fogli e, sempre a destra, leggiamo 777. Quante pagine pari vi sono fra le due letture?

A. 332
B. 333
C. 334

Consideriamo la pagina pari più alta (776) e quella più bassa (112) nell'intervallo di pagine da 111 a 777. La differenza 776 – 112 = 664 ci dà il numero di pagine comprese tra 776 e 112, anche se nella sottrazione non conteggiamo la pagina iniziale (112 che è pari). Dividendo tale numero per 2 otteniamo il numero di pagine pari presenti in questo intervallo, cioè 332, a cui dobbiamo ancora aggiungere la pagina 112, che non era stata conteggiata nell'intervallo, calcolando la differenza. Il risultato finale è 333 (risposta B).

ESEMPIO

Il primo Marzo del 1987 era Domenica. Che giorno era il primo Marzo 1994?

A. Venerdì
B. Sabato
C. Martedì

I giorni in un anno sono 365 mentre 364 è multiplo di 7 (la settimana). Questo vuol dire che, ogni anno, un determinato giorno (ad esempio il primo marzo) slitterà, lungo la settimana, di una posizione in avanti (per cui, ad esempio, un Martedì diventerà Mercoledì). Quando si incorre in un anno bisestile i giorni antecedenti il 28 Febbraio slitteranno di due posizioni lungo la settimana nell'anno successivo a quello bisestile mentre i giorni successivi al 28 Febbraio slitteranno di due posizioni lungo la settimana nello stesso anno bisestile (è il caso del primo Marzo). Si ricorda che un anno è bisestile se il suo numero è divisibile per 4.
Approntiamo quindi la seguente tabella:

Anno	Caratteristiche	Primo Marzo
1987		Domenica
1988	Bisestile	Martedì
1989		Mercoledì
1990		Giovedì
1991		Venerdì
1992	Bisestile	Domenica
1993		Lunedì
1994		**Martedì**

La risposta corretta è C.

ESEMPIO

Dal centro della città ogni minuto parte un tram che in 7 minuti arriva alla stazione, qui si ferma un istante e poi ritorna indietro. Un tram, in un giro completo, quanti altri tram incontrerà?

A. 15
B. 13
C. 14

Il quesito suppone che il tram non sia uno dei primi a partire altrimenti incontrerebbe un numero limitato di tram durante il suo tragitto. Quindi la situazione è supposta a regime. Notiamo che il viaggio complessivo dura 14 minuti (7 all'andata e 7 al ritorno), la traccia stessa del quesito ci lascia intendere di considerare nullo il tempo di fermata alla stazione. Siccome ogni minuto vi è un tram in partenza, questo vuol dire che, per ogni tram che arriva a destinazione in centro città, ve ne è uno che parte. Quindi il tram in partenza incontrerà il primo tram proprio mentre sta per partire; passato un minuto incontrerà il secondo tram, passati due minuti incontrerà il terzo tram e così via, fino al quattordicesimo minuto (la fine della corsa) quando incontrerà il quindicesimo tram che è sul punto di partire. I tram incontrati sono in tutto 15 (risposta A).

ESEMPIO

Un'infermiera deve numerare 238 provette in serie progressiva (1, 2, ..., 9, 10, 11, ..., 99, 100, 101, ..., 238); le sono state messe a disposizione solo etichette numerate da 0 a 9. Quante etichette dovrà utilizzare per portare a termine il lavoro affidatole?

A. 238
B. 476
C. 606

Per numerare le provette etichettate con numeri a una cifra (da 1 a 9) l'infermiera userà 9 etichette, una per ogni provetta. Per ognuna delle provette da etichettare da 10 a 99 (che sono in totale 90) l'infermiera dovrà usare 2 etichette ciascuna, in quanto tali provette sono etichettate con numeri a due cifre. Avremo quindi $2 \times 90 = 180$ etichette. Per ognuna delle provette da etichettare da 100 a 238 (che sono in totale 139) l'infermiera dovrà usare 3 etichette ciascuna, in quanto tali provette sono etichettate con numeri a tre cifre. Abbiamo in totale $3 \times 139 = 417$ etichette. Quindi il totale delle etichette sarà $9 + 180 + 417 = 606$.
La risposta corretta è C.

ESEMPIO

Un sarto, in ritardo nella consegna di una giacca fantasia per un cliente, ha bisogno di una serie di quattro bottoni uguali. Dà incarico al figlio di recarsi in solaio e portargli quattro bottoni dello stesso colore scelti in un cassetto contenente 84 bottoni blu, 32 turchesi, 28 celesti e 4 verdi, tutti della stessa forma e grandezza. Poiché il figlio del sarto nella penombra non riesce a distinguere i colori, quanti bottoni dovrà prendere come minimo per averne sicuramente quattro dello stesso colore?

A. 16
B. 13
C. 4

Nella peggiore delle ipotesi il figlio dopo aver estratto 12 bottoni, se non avrà con sé una quaterna di bottoni uguali dovrà per forza avere 3 bottoni per ognuno dei 4 colori (4 × 3 = 12). In tal caso all'estrazione del tredicesimo bottone sicuramente completerà una delle quaterne. Quindi il numero massimo di bottoni è 13.
La risposta corretta è B.

ESEMPIO

Nel negozio di un concessionario una manovra di parcheggio porta sette automobili ad essere allineate una dopo l'altra, paraurti contro paraurti. Quanti paraurti si toccano effettivamente l'uno contro l'altro?

A. 12
B. 6
C. 8

Per sette auto allineate in fila, vi sono 6 coppie di paraurti che si toccano (il paraurti posteriore dell'auto antecedente con quello anteriore dell'auto seguente).
Per cui abbiamo 6 × 2 = 12 paraurti che si toccano l'uno contro l'altro.
La risposta corretta è A.

I quesiti che proporremo di seguito prevedono corrispondenza tra lettere e numeri.

Il quesito seguente richiede abilità nell'individuare corrispondenza numerica tra una data parola e un dato numero. Generalmente, si tratta di parole costituite da un dato numero di lettere, mentre il numero cui le stesse sono associate si ottiene eseguendo una certa operazione sul numero delle lettere.

ESEMPIO

Posto che, secondo una regola nascosta, a PIPA corrisponde 16 e ad ARANCIA corrisponde 28, che numero corrisponde a LANCIA?

A. 24
B. 22
C. 40

La regola "nascosta" è la seguente: a ciascun parola corrisponde un numero pari al numero di lettere della parola moltiplicato per 4.
Alla parola PIPA (di 4 lettere) corrisponde il numero 4 × 4 = 16.
Alla parola ARANCIA (di 7 lettere) corrisponde il numero 7 × 4 = 28.
Alla parola LANCIA (di 6 lettere) corrisponde il numero 6 × 4 = 24.
La risposta corretta è la A.

In determinati quesiti, le cifre dei numeri sono espresse mediante lettere o sequenze di lettere in corrispondenza con numeri.

Un quesito inerente le cifre dei numeri frequentemente somministrato è della tipologia riportata di seguito, in cui le lettere date rappresentano cifre (pari o dispari).

ESEMPIO

Se con la lettera N si indica una qualsiasi cifra (singola), con la lettera P una qualsiasi cifra (singola) pari e con la lettera D una qualsiasi cifra (singola) dispari, allora il prodotto tra i numeri NP e NN è sicuramente un numero:

A. Dispari di quattro cifre
B. Divisibile per qualsiasi numero naturale
C. Pari

La risposta corretta è la C.
Il quesito chiede di trovare quel numero uguale al prodotto tra un numero pari (NP) e un numero pari o dispari (NN) a seconda del valore assegnato a N.
In generale, il prodotto di un numero pari per un qualsiasi numero dà come risultato sempre un numero pari.

3.22 I quesiti di ragionamento numerico-deduttivo

In questo paragrafo analizziamo i quesiti di **ragionamento numerico-deduttivo**.
Tali quesiti sono costituiti da righe di numeri. Accanto a ogni riga, è posta l'indicazione **più** o l'indicazione **meno**.
Tale indicazione denota che le righe **più** sono **valide** ai fini della risoluzione del quesito, mentre le righe **meno** non sono valide ai fini della sua risoluzione.
I numeri delle righe **più** sono legati da uno stesso criterio, valido al fine della risoluzione del quesito. Frequente è il caso in cui i numeri indicati nelle righe **più** sono legati da regole analoghe a quelle sottostanti i quesiti di ragionamento numerico. In generale, tali numeri, per la loro posizione o per una determinata regola, logica o matematica, si ottengono da operazioni aritmetiche oppure richiedono l'analisi della posizione occupata dalle cifre che li costituiscono.
Al fine della risoluzione del quesito, occorre analizzare tutte le righe (**più** e **meno**) in quanto le righe **meno** possono presentare una delle seguenti caratteristiche:

1. Non ripropongono la regola valida per le righe **più**, allora occorre analizzare le risposte e cercare di individuare quella in cui è possibile applicare la regola identificata per le righe **più**.
2. Ripropongono la regola valida per le righe **più**, allora è possibile che risulti necessario individuare un secondo criterio, comune alle righe **più**, ma non a quello delle righe **meno** in cui è applicabile il primo criterio individuato. In questo secondo caso, occorre prestare attenzione a:
   - tipologia dei numeri o delle cifre (ad esempio se ci sono numeri pari o numeri dispari);
   - posizione occupata dalle cifre (prima o seconda cifra di un numero);

– ordine di grandezza delle cifre (nei numeri costituiti da due o più cifre, la cifra minore o la cifra maggiore).

Poiché le tecniche di risoluzione dei quesiti più frequentemente assegnati sono analoghe tra loro, è possibile classificare tali quesiti in **tipologie**.
Di seguito, proponiamo tali tipologie. I casi illustrati, ovviamente, non sono esaustivi di tutti i quesiti appartenenti al ragionamento numerico-deduttivo e, inoltre, possono trovarsi variamente combinati.

Tipologia n. 1

I numeri nelle righe **più** sono legati da **operazioni sui numeri stessi** e/o da **considerazioni sui numeri** (pari/dispari, multipli/divisori, maggiori/minori, consecutivi/antecedenti).
In questa tipologia, si possono individuare 3 principali sotto-tipologie di quesiti.

Sotto-tipologia 1) Quesiti dove **ogni numero** è legato al precedente da un'operazione.
In particolare:

1.1.1 Un numero si ottiene dal precedente aggiungendo (o sottraendo) una certa quantità.
1.1.2 Un numero si ottiene dal precedente moltiplicando (o dividendo) per una certa quantità.
1.1.3 Un numero si ottiene dal precedente mediante una potenza.

ESEMPIO

16	19	27	13	meno
4	6	14	2	più
15	30	12	7	meno
24	26	34	22	più

A. 78 79 88 44
B. 26 32 12 1
C. 14 16 24 12

Il quesito è costituito da 4 righe.
Le righe contraddistinte dalla indicazione **più** sono: la seconda e la quarta.
Le righe **più** sono tali che:

primo numero è dato
primo numero + 2 = secondo numero
secondo numero + 8 = terzo numero
terzo numero – 12 = quarto numero

Seconda riga:
primo numero = 4
secondo numero = 4 + 2 = 6
terzo numero = 6 + 8 = 14
quarto numero = 14 – 12 = 2

Quarta riga:

primo numero = 24 | secondo numero = 24 + 2 = 26

terzo numero = 26 + 8 = 34 | quarto numero = 34 – 12 = 22

La risposta esatta è la C, in quanto, relativamente a tale sequenza di numeri, si ha:

primo numero = 14 | secondo numero = 14 + 2 = 16

terzo numero = 16 + 8 = 24 | quarto numero = 24 – 12 = 12

Sotto-tipologia 2) Quesiti dove **i numeri sono legati a coppie o a terne**.
In particolare:

1.2.1 Una coppia di numeri ha somma (o differenza) uguale a un terzo numero.
1.2.2 Una coppia di numeri ha somma uguale alla somma di un'altra coppia di numeri.
1.2.3 Una coppia di numeri ha somma uguale al prodotto di un'altra coppia di numeri.
1.2.4 Una coppia di numeri ha prodotto uguale al prodotto di un'altra coppia di numeri.
1.2.5 Una terna di numeri ha somma uguale a un quarto numero.

Sotto-tipologia 3) Quesiti dove **l'insieme di numeri ha una data proprietà legata alle operazioni**.
In particolare:

1.3.1 La somma dei numeri è costante.
1.3.2 Il prodotto dei numeri è costante.

Analizziamo, quindi, una seconda tipologia.

Tipologia n. 2

I numeri nelle righe **più** sono legati da **operazioni sulle cifre dei numeri** e/o da **considerazioni relative alle cifre dei numeri** (la cifra più grande, la cifra più piccola, la cifra pari o dispari).

ESEMPIO

94	79	meno
16	82	più
15	53	più
93	94	meno
21	72	meno

A. 28 73
B. 61 12
C. 36 66

Il quesito è costituito da 5 righe.
Le righe contraddistinte dalla indicazione **più** sono: la seconda e la terza.
Le righe **più** sono tali che:

secondo numero è dato   prodotto delle cifre del secondo numero = primo numero

Seconda riga:
secondo numero = 82   primo numero = 8 × 2 = 16

Terza riga:
secondo numero = 53   primo numero = 5 × 3 = 15

La risposta esatta è la C, in quanto, relativamente a tale sequenza di numeri, si ha:
secondo numero = 66   primo numero = 6 × 6 = 36

Analizziamo, quindi, una terza tipologia.

Tipologia n. 3

I numeri nelle righe **più** sono legati dalla **posizione** che occupano le loro **cifre** (la prima cifra, la seconda cifra) e/o da **considerazioni sulle cifre** (cifre pari, cifre dispari, cifre minori, cifre maggiori, cifre ripetute).

ESEMPIO

63	6	più
13	1	più
72	7	meno
55	3	meno
23	2	più

A. 43   4
B. 37   7
C. 52   5

Il quesito è costituito da 5 righe.
Le righe contraddistinte dalla indicazione **più** sono: la prima, la seconda e la quinta.
Le righe **più** sono tali che:

primo numero è dato (e ha per seconda cifra il numero dispari 3)
prima cifra primo numero = secondo numero

Prima riga:
primo numero = 6**3**   secondo numero = **6**

Seconda riga:
primo numero = **13** secondo numero = **1**

Quinta riga:
primo numero = **23** secondo numero = **2**

La risposta esatta è la A, in quanto, relativamente a tale sequenza di numeri, si ha:
primo numero = **43** secondo numero = **4**

Quesiti di verifica 3
Logica numerica e *problem solving*

1) Individuare, tra le alternative proposte, il numero che completa correttamente la seguente successione: 53, ..., 71, 80, 89

A. 63
B. 62
C. 65

2) Completare la seguente successione numerica: ..., ..., 37, 34, 29, 26, 21, 18

A. 42, 45
B. 42, 44
C. 45, 42

3) Completare la successione seguente: 11, 9, 7, 5, ...

A. 2
B. 3
C. 1

4) Proseguire la serie alfanumerica: 7n9n1o 1o3p5p 5q7q9r 9r1s3s 3t5t7u ...

A. 7u1v9v
B. 7u9v1v
C. 9v1v7z

5) Proseguire la serie numerica: 415263 637485 859607 071829 ...

A. 293041
B. 859607
C. 283042

6) Individuare, tra le alternative proposte, il numero che completa correttamente la seguente successione: 26, 52, 104, ...

A. 218
B. 212
C. 208

7) Completare la seguente successione numerica: ..., ..., 35, 32, 27, 24, 19, 16, 11

A. 40, 42
B. 43, 40
C. 41, 43

8) Se si lanciano contemporaneamente tre monete, che probabilità c'è che, in un solo tentativo, esca "testa" sulle tre facce?

A. 1/8
B. 4/9
C. 1/9

9) In uno stadio vi sono 50.000 persone, di cui 35.000 tifano per la squadra di casa. Qual è la percentuale dei tifosi della squadra in trasferta presente nello stadio?

A. 70%
B. 30%
C. 35%

10) Da un'urna contenente 50 palline numerate da 1 a 50, viene estratta, ad occhi bendati, una pallina. Supponendo che tutte le palline abbiano le stesse probabilità di essere estratte, qual è la probabilità che il numero estratto sia divisibile per 5?

A. 1/8
B. 1/15
C. 1/5

11) Se si lanciano contemporaneamente tre monete, qual è la probabilità che esca almeno una "testa"?

A. 3/4
B. 7/8
C. 1/4

12) In un sacchetto sono stati inseriti dei dischetti contenenti tutte le lettere della parola FUNZIONE. La probabilità che, estraendo una lettera a caso, essa sia una lettera della parola FU è:

A. 50%
B. 37,5%
C. 25%

13) In un sacchetto sono stati inseriti dei dischetti contenenti tutte le lettere della parola SCHIVARE. La probabilità che, estraendo una lettera a caso, essa sia una lettera della parola SIRE è:

A. 50%
B. 37,5%
C. 25%

14) Nell'estrarre il primo numero del lotto dall'urna, che probabilità c'è che esca 5 o un numero multiplo di 5?

A. 4/15
B. 4/9
C. 1/5

15) Quali dei seguenti numeri integrano le serie?

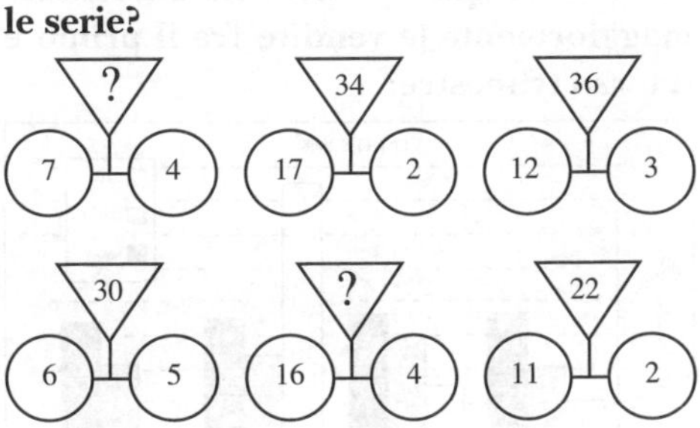

A. 77 e 47
B. 28 e 64
C. 29 e 50

16) Se 3 è "C", 7 è "G", 12 è "N", come si scrive "AEREO" usando numeri invece di lettere?

A. 1 - 5 - 16 - 5 - 13
B. 1 - 3 - 15 - 5 - 13
C. 1 - 20 - 20 - 5 - 3

17) 18 amici si dividono la spesa per giocare all'enalotto e pagano 6 euro ciascuno. Se il gruppo dei giocatori si riduce di un terzo, quanto pagherà ciascuno per effettuare la stessa giocata?

A. 9 euro
B. 10 euro
C. 8 euro

18) Quale dei numeri proposti completa la seguente serie?

31	32	17	43
62	64	34	?

A. 66
B. 70
C. 86

19) Luca e Giovanni partono nello stesso momento sulla stessa strada di 300 km che collega Firenze a Milano. Luca parte da Firenze a 60 km/h, Giovanni parte da Milano e viaggia a 90 km/h. Dove e quando si incontreranno?

A. Dopo quattro ore, a 120 km da Milano
B. Dopo due ore, a 120 km da Firenze
C. Dopo quattro ore, a 120 km da Firenze

20) Cento conigli mangiano, in cento giorni, un quintale di carote. Quanti kg dello stesso alimento mangeranno dieci conigli in dieci giorni?

A. Cento
B. Uno
C. Dieci

21) Quale numero moltiplicato per 5 va sottratto a 2008 per ottenere 998?

A. 83
B. 369
C. 202

22) A una festa di beneficenza intervengono 300 persone. Il biglietto di entrata costa 120 € per gli uomini e 90 € per le donne. Quanti sono gli uomini e quante le donne, sapendo che sono stati incassati in totale 32.700 €?

A. 190 uomini; 110 donne
B. 195 uomini; 105 donne
C. 200 uomini; 100 donne

23) Luca e Giovanni partono nello stesso momento sulla stessa strada di 600 km che collega Roma a Milano. Luca parte da Milano e viaggia a 100 km/h, Giovanni parte da Roma e viaggia a 140 km/h. Dove e quando si incontreranno?

A. Dopo due ore e mezza, a 250 km da Roma
B. Dopo due ore e mezza, a 250 km da Milano
C. Dopo tre ore, a 250 km da Milano

24) Facendo riferimento al grafico, qual è stato il fatturato in Italia nel primo semestre 2008?

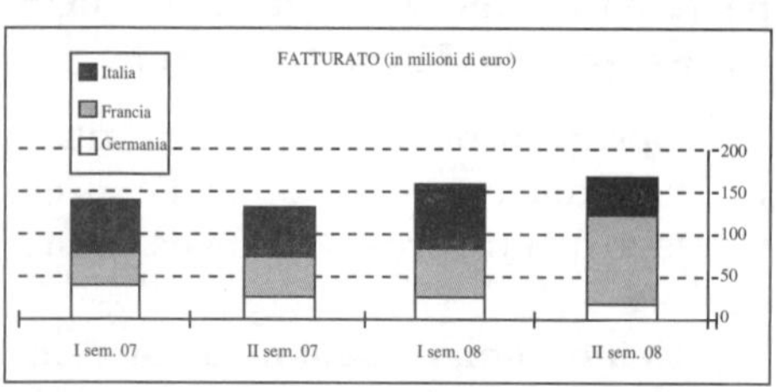

A. Circa 60 milioni di euro
B. Circa 80 milioni di euro
C. Circa 100 milioni di euro

25) Facendo riferimento al grafico, qual è il rapporto tra gli intervistati con più di 20 anni e quelli con meno di 20 anni?

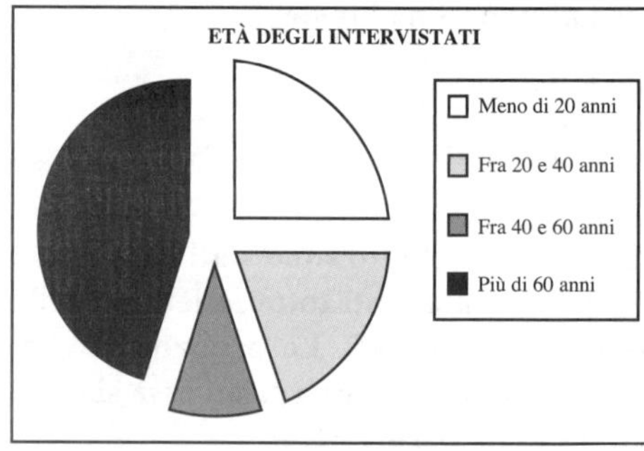

A. Circa 1 a 3
B. Circa 3 a 1
C. Circa 4 a 1

26) Facendo riferimento al grafico e scegliendo fra le risposte proposte, quale divisione (e in quale anno) ha venduto di più?

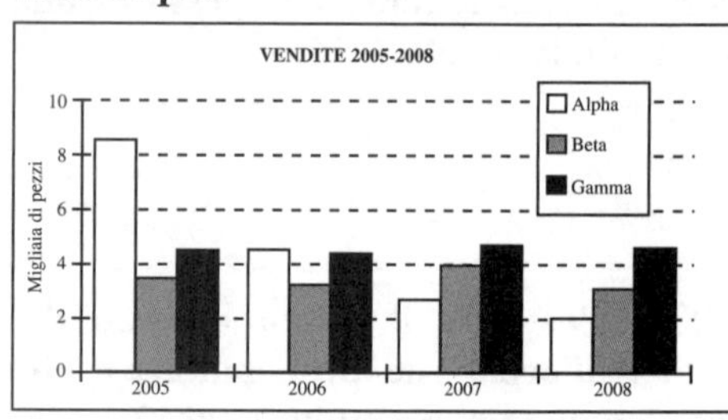

A. La divisione Alpha nel 2005
B. La divisione Gamma nel 2007
C. La divisione Beta nel 2007

27) In base alle informazioni contenute nel grafico quale settore ha aumentato maggiormente le vendite fra il primo e il terzo trimestre?

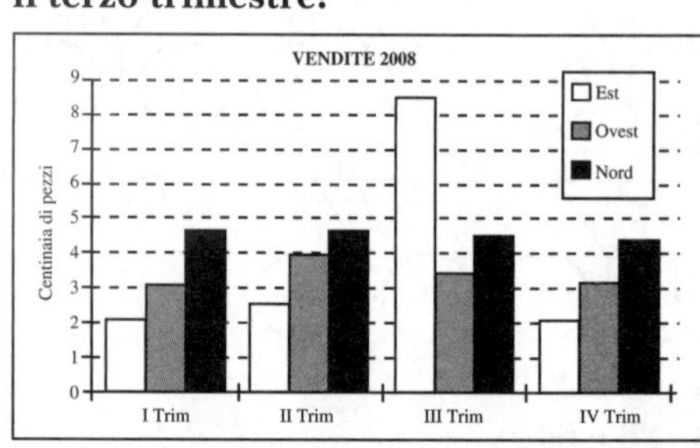

A. Il settore Nord

B. Il settore Ovest
C. Il settore Est

28) Completa la seguente successione: 2, 12, 1112, 3112, 132112, ...

A. 131211211
B. 111211132
C. 1113122112

29) Completa la seguente successione: (124, 3) (287, 4) (4812, 4) (305, 6) (..., ...)

A. 150, 5
B. 151, 5
C. 242, 12

30) Completa la seguente successione: C8, H6, F11, K3, ...1

A. C
B. A
C. B

31) Completa la seguente successione: A17, G11, P2, K7, ...

A. M7
B. N6
C. M5

32) Completare la seguente successione numerica: ..., ..., 16, 13, 26, 23, 46

A. 11, 8
B. 12, 9
C. 6, 11

33) Se Riccardo acquista una moto al prezzo di 13.500 euro più un sovrapprezzo del 20%, quanto pagherà in totale?

A. 16.200 euro
B. 17.000 euro
C. 10.800 euro

34) In una scuola vi sono 70 alunni, di cui 28 sono ripetenti. Qual è la percentuale di non ripetenti presente nella scuola?

A. 30%
B. 60%
C. 25%

35) Il prezzo di un oggetto messo in vendita su internet è di 580,00 €. Sapendo che le commissioni da corrispondere al sito sono pari all'11%, il ricavo netto sarà di:

A. 638
B. 643,8
C. 516,2

36) In un sacchetto ci sono 20 caramelle al limone, 15 alla menta, 10 all'arancia e 5 alla ciliegia. Una bambina prende una caramella a caso. Che probabilità c'è che peschi una caramella alla menta?

A. 3/10
B. 4/9
C. 1/4

37) In un anno si sono avuti 27 incidenti stradali in cui sono stati coinvolti dei ciclisti. Sapendo che gli incidenti stradali, nello stesso periodo, sono stati complessivamente 216, quale percentuale rappresenta il coinvolgimento di ciclisti?

A. 12,5%
B. 11%
C. 10,7%

38) Quali dei seguenti numeri integrano le serie?

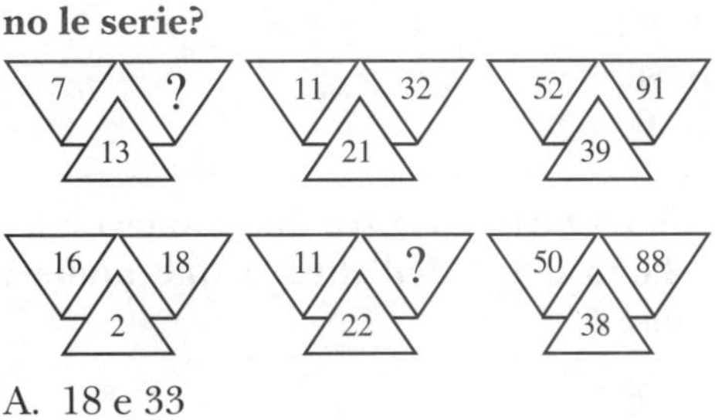

A. 18 e 33
B. 20 e 30
C. 20 e 33

39) Quale dei numeri proposti completa la seguente serie?

6	16	24	21
18	48	72	?

A. 69
B. 63
C. 83

40) Se 5 è "A", 8 è "D", 12 è "H", come si scrive "GRANCHIO" usando numeri invece di lettere?

A. 7 - 18 - 16 - 22 - 5 - 20 - 9 - 17
B. 7 - 19 - 18 - 24 - 5 - 22 - 9 - 17
C. 11 - 20 - 5 - 16 - 7 - 12 - 13 - 17

41) Se 1 è "A", 3 è "B", 11 è "F", come si scrive "SLITTA" usando numeri invece di lettere?

A. 33 - 35 - 31 - 9 - 35 - 35 - 1
B. 33 - 19 - 17 - 11 - 35 - 1
C. 33 - 19 - 17 - 35 - 35 - 1

42) Se: $x + y = 7$; $x = z + 18$ e $z + 4y = 0$ allora y è uguale a:

A. $-15/3$
B. $+5/3$
C. $+11/3$

43) 18 lanterne hanno petrolio per 16 giorni. Se le lanterne fossero 6, quanti giorni durerebbe il petrolio?

A. 92
B. 48
C. 60

44) La differenza tra due numeri è 24 e l'uno è 1/3 dell'altro. I due numeri sono:

A. 36 e 12
B. 145 e 37
C. 84 e 28

45) Rosa ha comprato i 3/7 di una collezione musicale. Sapendo che ha acquistato 54 audiocassette, quante audiocassette deve ancora comprare per acquisire l'intera collezione?

A. 126
B. 72
C. 100

46) Un treno che corre a 30 km/h precede un treno che corre a 50 km/h. Quanti km distano l'uno dall'altro i treni, se occorreranno 15 minuti al treno più rapido per raggiungere il treno più lento?

A. 8
B. 7
C. 5

47) 20 canarini hanno mangime per 19 giorni. Se i canarini fossero 5, quanti giorni durerebbe il mangime?

A. 127
B. 26
C. 76

48) Una libreria ha 6 ripiani; ponendo su ciascuno di essi 21 libri, si occupano solo i primi 4 ripiani. Se si volesse occupare tutta la libreria, invece, quanti libri bisognerebbe disporre su ogni ripiano facendo in modo che il numero di libri sia lo stesso su ogni ripiano?

A. 14
B. 15
C. 16

49) La somma di due numeri è 30 e uno è i 3/7 dell'altro. I due numeri sono:

A. 7 e 23
B. 11 e 19
C. 9 e 21

50) Ad una festa popolare con 50 litri di olio si riescono a cuocere solo i 2/5

delle frittelle preparate. Se l'olio costa 4 euro al litro, quanto si spenderà per l'intera frittura?

A. 350 euro
B. 500 euro
C. 200 euro

51) In una classe i 2/5 degli alunni ha 6 anni, 1/3 ha 7 anni e 4 hanno 5 anni. Quanti sono gli alunni?

A. 11
B. 13
C. 15

52) Sulla base delle informazioni contenute nel grafico, quanti pezzi sono stati venduti dal settore Nord nel terzo trimestre?

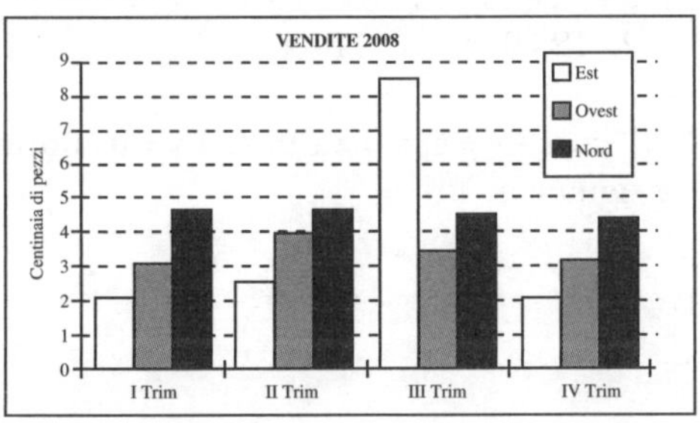

A. Circa 210 pezzi
B. Circa 150 pezzi
C. Circa 450 pezzi

53) Sulla base delle informazioni contenute nel grafico e sapendo che i nati nel 1975 sono 36, quanti sono approssimativamente i nati nel 1972?

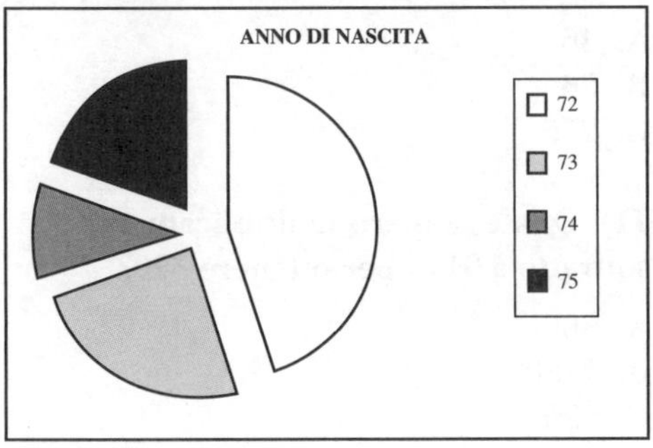

A. Circa 10
B. Circa 20
C. Circa 80

54) Individuare l'alternativa che completa correttamente la seguente successione di numeri: 49, ..., 70, 49, 19, 70, ..., 19

A. 49, 70
B. 19, 49
C. 70, 49

55) Individuare, tra le alternative proposte, il numero che completa correttamente la seguente successione: 38, 76, 152, ...

A. 304
B. 312
C. 214

56) Individuare l'alternativa che completa correttamente la seguente successione di numeri: 2, 8, 4, 7, 8, 6, 16, 5, ..., ...

A. 6, 24
B. 32, 6
C. 32, 4

57) Individuare l'alternativa che completa correttamente la seguente successione di numeri: 1, 9, 8, 14, 15, 19, 22, 24, ..., ...

A. 29, 29
B. 28, 29
C. 29, 30

58) Completare la seguente successione numerica: ..., ..., 34, 31, 62, 59, 118

A. 17, 18
B. 20, 17
C. 15, 20

59) Completare la seguente successione di lettere: ..., S, V, B, E

A. P

B. Q
C. B

60) Proseguire la serie alfanumerica: 6b9v2c 3u6D9t 0e3s6f 7r0G3q 4h7p0i …

A. 2o5L1o
B. 1n4M7m
C. 1o4L7n

61) Nell'estrarre una carta da un mazzo di carte francesi (52 carte) che probabilità c'è che esca un cinque?

A. 1/13
B. 3/4
C. 3/13

62) Un giro del mondo in crociera con un prezzo di listino pari a 20.000 euro viene venduto con uno sconto del 60%. A quanto è ammontato lo sconto?

A. 8.000 euro
B. 12.000 euro
C. 6.000 euro

63) Un flacone di shampoo della capacità di 250 millilitri è pieno per il 60%. Quanto liquido contiene?

A. 1,5 decilitri
B. 0,015 litri
C. 160 millilitri

64) Se si lanciano contemporaneamente due monete, che probabilità c'è che, in un solo tentativo, esca "croce" sulle due facce?

A. 3/5
B. 1/8
C. 1/4

65) Da un'urna contenente 50 palline numerate da 1 a 50, viene estratta, ad occhi bendati, una pallina. Supponendo che tutte le palline abbiano le stesse probabilità di essere estratte, qual è la probabilità che il numero estratto sia maggiore di 20?

A. 7/8
B. 8/25
C. 3/5

66) In una fabbrica vi sono 60 persone, di cui 18 sono donne. Qual è la percentuale di uomini presente nella fabbrica?

A. 42%
B. 70%
C. 65%

67) Se 2 è "C", 6 è "G", 9 è "L", come si scrive "COLLINE" usando numeri invece di lettere?

A. 25 - 14 - 2 - 2 - 14 - 11 - 14
B. 2 - 12 - 10 - 10 - 8 - 11 - 4
C. 2 - 12 - 9 - 9 - 8 - 11 - 4

68) Se: x + y = 6; x = z + 9; 2z + y = 0 allora y è uguale a:

A. –6
B. –2
C. –8

69) Se: x + y =7; x = 2z + 10; z + y = 1 allora y è uguale a:

A. +4
B. –4
C. +5

70) Quale numero moltiplicato per 2 va sottratto a 719 per ottenere 169?

A. 46
B. 26
C. 275

71) Quale numero moltiplicato per 3 va sottratto a 3115 per ottenere 520?

A. 865
B. 1480
C. 129

72) Un corteo è composto da 21 file di persone. Ogni fila contiene 6 persone in più della precedente. Se nella prima fila ci sono 4 persone, nell'ultima fila ci saranno:

A. 93 persone
B. 132 persone
C. 124 persone

73) L'illuminazione di un giardino prevede, lungo il suo perimetro, la posa di lampioni a distanza di 2 metri l'uno dall'altro. Quanti lampioni in più sono necessari per illuminare un giardino quadrato di area quadrupla rispetto a un altro giardino quadrato che ha il perimetro pari a 48 metri?

A. 36
B. 24
C. 72

74) Tra le seguenti terne di numeri, quale è composta da numeri contemporaneamente multipli di 2 e di 3?

A. 2, 12, 36
B. 2, 4, 6
C. 6, 12, 24

75) Un'automobile, che viaggia a velocità costante, percorre 36 km in mezz'ora. Quanti chilometri percorrerà in 1 ora e 20 minuti?

A. 96 km
B. 72 km
C. 108 km

76) Quale numero moltiplicato per 4 va sottratto a 1432 per ottenere 508?

A. 408
B. 231
C. 28

77) Sulla base delle informazioni contenute nel grafico, qual è approssimativamente la percentuale di nati nel 1974?

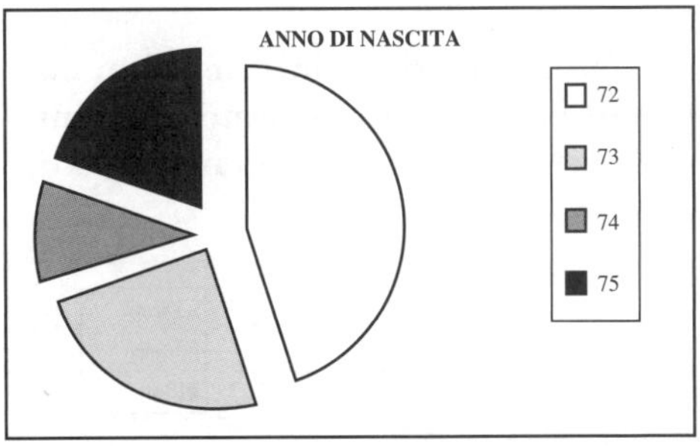

A. Circa 30%
B. Circa 20%
C. Circa 10%

78) Sulla base delle informazioni contenute nel grafico, in quale anno le due divisioni Borsette e Valigie (Zaini esclusi) hanno globalmente venduto di più?

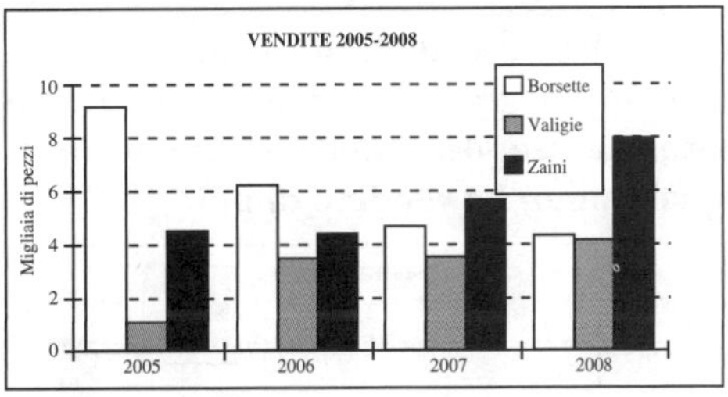

A. Nel 2005
B. Nel 2007
C. Nel 2008

79) Sulla base delle informazioni contenute nel grafico, qual è stato l'utile dell'azienda Beta nel 2005?

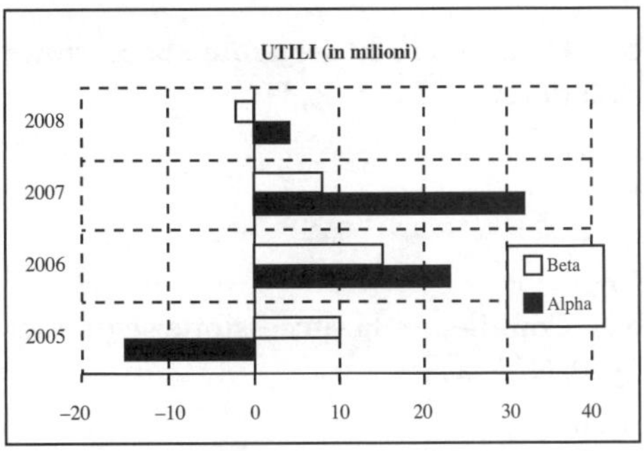

A. Circa 30 milioni

B. Circa 5 milioni
C. Circa 10 milioni

80) Sulla base delle informazioni contenute nel grafico, a quanto ammontano le vendite dell'area Sud nell'arco dei quattro trimestri?

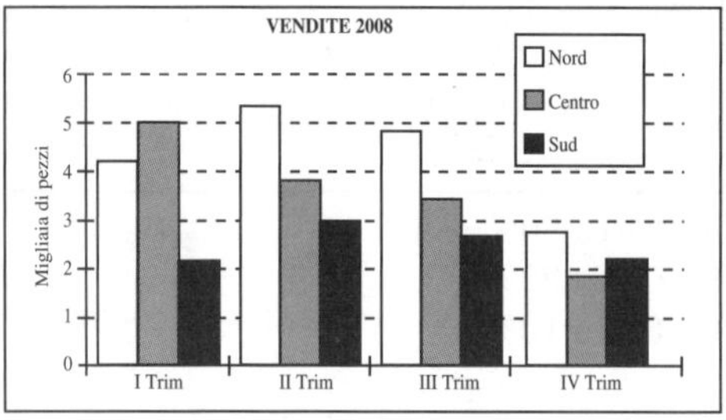

A. Circa 20.000 pezzi
B. Circa 10.000 pezzi
C. Circa 5.000 pezzi

81) Sulla base delle informazioni contenute nel grafico, e scegliendo fra le risposte proposte, quale divisione (e in quale anno) ha venduto di più?

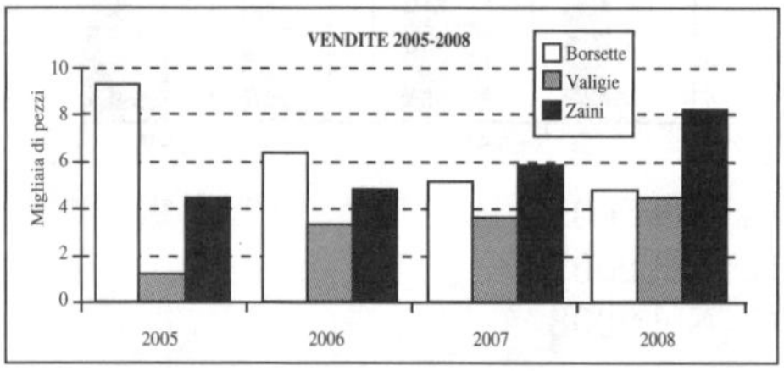

A. La divisione Borsette nel 2006
B. La divisione Valigie nel 2006
C. La divisione Borsette nel 2005

82) Completare la seguente successione di lettere: ..., L, O, R, U

A. H
B. G
C. R

83) Completare la successione seguente: Q, P, N, I, ...

A. F
B. E
C. G

84) Completare la seguente successione numerica: ?, ?, 36, 33, 66, 63, 126

A. 21, 18
B. 18, 15
C. 16, 21

85) Completare la seguente successione numerica: ?, ?, 43, 40, 35, 32, 27, 24, 19

A. 51, 50
B. 48, 50
C. 51, 48

86) Completare la seguente successione numerica: ?, ?, 42, 39, 34, 31, 26, 23, 18

A. 47, 49
B. 50, 47
C. 48, 50

87) Proseguire la serie numerica: 319253 925331 533192 319253 925331

A. 319253
B. 533192
C. 925321

88) Quale dei seguenti numeri integra la serie?

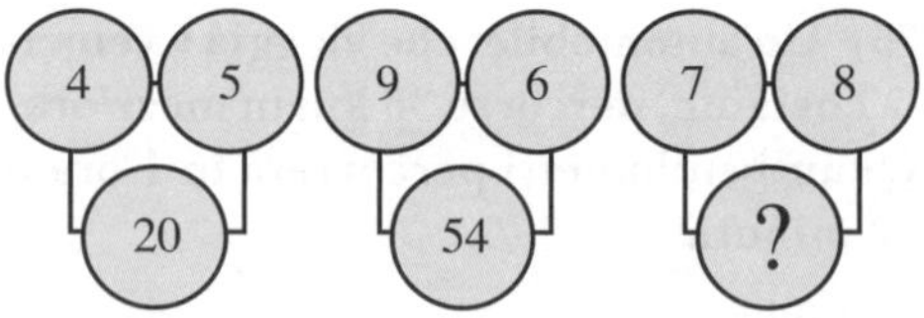

A. 56
B. 15
C. 34

89) Quale dei seguenti numeri integra la serie?

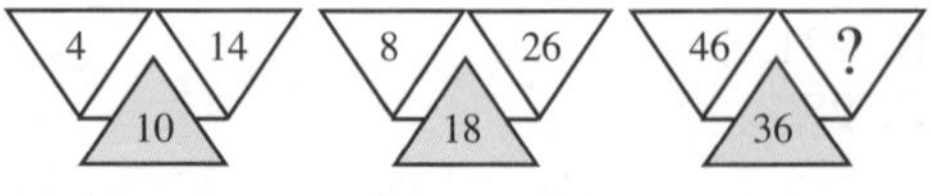

A. 59
B. 82

C. 55

90) Quale dei numeri proposti completa la seguente serie?

18	30	42	54
46	58	70	?

A. 62
B. 68
C. 82

91) Quale numero tra quelli proposti completa la seguente serie?

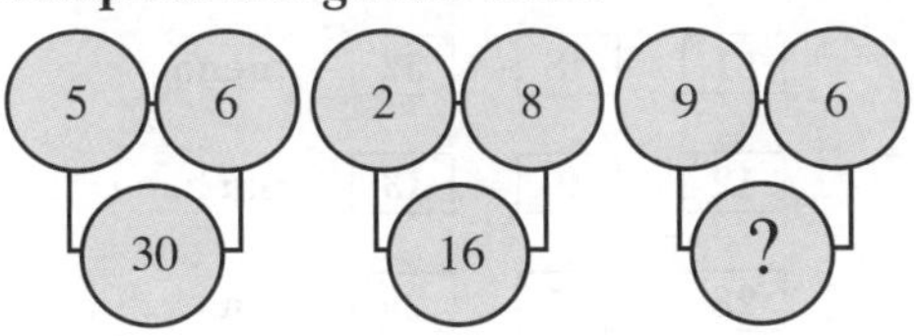

A. 54
B. 56
C. 50

92) Quale dei numeri proposti completa la seguente serie?

7	17	25	22
21	51	75	?

A. 36
B. 70
C. 66

93) Da un sacchetto contenente 40 palline bianche, 50 nere e 70 rosse (tutte uguali per peso e grandezza), si estrae una pallina a caso. La probabilità che la pallina estratta sia bianca o nera è:

A. 4/9
B. 9/16
C. 2/7

94) Nell'estrarre un numero della tombola, quale probabilità c'è che esca un numero maggiore di 80?

A. 1/9
B. 1/18
C. 4/15

95) In una gelateria sono disponibili i seguenti gusti: crema, banana, limone, fragola, cioccolato. Se Amilcare sceglie casualmente un solo gusto, qual è la probabilità che scelga il gusto fragola o crema o banana?

A. 4/5
B. 5/3
C. 3/5

96) Si è recentemente votato per le elezioni locali; la votazione è stata condotta utilizzando il sistema del voto alternativo. Ciò significa che ciascun elettore classifica i candidati in ordine di preferenza. Ciascun candidato è inizialmente classificato sulla base dei votanti che lo hanno collocato al primo posto. Il candidato con il minor numero di voti è escluso e i voti di quelle persone che lo avevano collocato al primo posto sono riassegnati alle rispettive seconde preferenze. Il processo continua fino a quando non si stabilisce un vincitore.
Qui di seguito sono riportati i risultati del primo conteggio.

Andrew	**323**
Godfrey	**211**
Srinivasa	**157**
Stephen	**83**
John	**54**
Bertrand	**21**

Quanti candidati hanno ancora una possibilità di vittoria?

A. 2
B. 3
C. 4

97) Qual è la probabilità di ottenere 11 lanciando due dadi?

A. 1/11
B. 1/18
C. 1/12

98) I codici PIN a quattro cifre si usano per ritirare denaro dagli sportelli bancomat con carte plastificate. Ricordare il proprio PIN può risultare difficile. Io ho un metodo per ricordare il mio: è formato dalle due cifre del mio giorno di nascita (il giorno del mese) invertite, seguite dalle due cifre del mio mese di nascita invertite (usando uno zero come prima cifra se il numero del giorno o del mese dovessero consistere di una sola cifra; maggio, per esempio, sarebbe rappresentato da 05).
Quale di questi PIN non può essere il mio?

A. 3221
B. 5060
C. 1141

99)

12	1	2	3	più
54	4	5	6	più
71	1	3	8	meno
47	7	8	9	meno
59	5	4	3	meno

A. 18 1 5 6
B. 67 7 8 9
C. 35 3 4 5

100)

44	41	37	meno
51	48	52	meno
12	9	13	più
28	25	29	più

A. 87 84 88
B. 41 37 42
C. 84 81 85

RISPOSTE CORRETTE

1) B	21) C	41) C	61) A	81) C
2) C	22) A	42) C	62) B	82) B
3) B	23) B	43) B	63) A	83) B
4) B	24) B	44) A	64) C	84) A
5) A	25) B	45) B	65) C	85) C
6) C	26) A	46) C	66) B	86) B
7) B	27) C	47) C	67) C	87) B
8) A	28) C	48) A	68) A	88) A
9) B	29) C	49) C	69) C	89) B
10) C	30) A	50) B	70) C	90) C
11) B	31) C	51) C	71) A	91) A
12) C	32) A	52) C	72) C	92) C
13) A	33) A	53) C	73) B	93) B
14) C	34) B	54) B	74) C	94) A
15) B	35) C	55) A	75) A	95) C
16) A	36) A	56) C	76) B	96) C
17) A	37) A	57) A	77) C	97) B
18) C	38) C	58) B	78) A	98) C
19) B	39) B	59) A	79) C	99) C
20) B	40) C	60) C	80) B	100) C

Capitolo 4
Ragionamento astratto, spaziale e meccanico. Abilità visiva

I test di **ragionamento astratto e ragionamento spaziale** sono misure non verbali delle abilità cognitive che rilevano se e quanto un soggetto è in grado di eseguire un ragionamento semplice o complesso di fronte a materiale stimolo, che può essere costituito da figure geometriche, disegni di diversa forma, diverso orientamento spaziale, diversi elementi componenti o altre caratteristiche atte a differenziare le diverse componenti, tessiture ecc. Tali quesiti valutano la capacità di ragionare in termini astratti, anche rispetto a una dimensione spaziale, le attitudini percettive e la capacità di lavorare con informazioni astratte; si parla in tal caso di *logica astratta* e *visuo-percettiva*.
Solitamente, appartengono a tale area i seguenti:

- quesiti di completamento di serie figurali, in cui, data una sequenza di immagini, bisogna scegliere, tra le alternative proposte, quella che logicamente completa la sequenza. Per risolvere tali quesiti è consigliabile individuare quali sono le proprietà principali delle figure rappresentate: forma, orientamento spaziale, numero di elementi, tipo di elementi, posizione degli elementi, disposizione-configurazione degli elementi. In questo modo riuscirete a risolvere rapidamente tutti i tipi di serie visuo-spaziali;
- analogie figurali, vere e proprie proporzioni tra figure, in cui, come termini di una proporzione, le due immagini alla sinistra di un'uguaglianza sono legate dallo stesso rapporto che lega le due immagini alla destra dell'uguaglianza: in tali quesiti sono date 3 figure ed è incognita una quarta figura, che può essere uno qualsiasi dei termini della proporzione;
- quesiti di scomposizione e ricomposizione di figure geometriche tridimensionali, che richiedono di saper anticipare in modo corretto quale aspetto assumerà una determinata configurazione in seguito a delle specifiche trasformazioni.

I quesiti di **ragionamento meccanico** misurano la capacità di comprendere i principi fondamentali della fisica, in particolare, la relazione tra forze fisiche ed elementi meccanici (in situazioni astratte o concrete). Tali quesiti non misurano l'attitudine meccanica di base del candidato allo stesso modo in cui i quesiti di ragionamento astratto ne misurano le sue abilità cognitive di base: si può sostenere un test di ragionamento astratto senza averne visto uno prima e ottenere comunque un punteggio ragionevole, lo stesso discorso non vale per un test di ragionamento meccanico, in cui occorre disporre di un bagaglio culturale di base.
I quesiti di **abilità visiva**, infine, vengono utilizzati anche per valutare attitudini particolari quali l'attenzione, la precisione, l'accuratezza.
Di seguito, proponiamo una disamina delle principali tipologie di tali quesiti.

4.1 I test "Culture free" e "Culture fair"

Tra i test di logica una valenza particolare hanno i *Culture free* o *Culture fair*, così detti perché ritenuti liberi, ipoteticamente, da condizionamenti culturali, ovvero composti da materiale stimolo non verbale di tipo grafico-pittorico, visivo-simbolico, e astratto. Tali quesiti sono uno strumento di misura delle capacità di ragionamento "pure", indipendentemente dalle conoscenze, dall'esperienza passata e dal livello culturale. L'obiettivo di tali domande è quello di valutare le attitudini percettive e la capacità di elaborare informazioni astratte.

Agli inizi del '900 si presentò negli Stati Uniti l'esigenza di valutare la potenziale addestrabilità e il potenziale intellettivo del maggior numero di reclute da spedire al fronte nella prima guerra mondiale, ivi comprese persone analfabete oppure non anglofone attraverso strumenti obiettivi di tipo testologico, la cui principale finalità era orientata all'individuazione di quelle persone che potevano ricevere rapidamente un addestramento militare. Gli psicologi, stimolati dalle conoscenze allora emergenti nel campo della misura dell'intelletto, si adoperarono per predisporre dei reattivi che giungessero a valutare e quantificare il potenziale intellettivo di un grande numero di persone in tempi brevissimi.

L'Army Alpha fu il primo test di questo tipo: si trattava però di un test destinato a persone in grado di leggere e scrivere. Successivamente, terminata la prima guerra mondiale, si preparò un test parallelo che poteva essere somministrato anche a persone non alfabetizzate e/o non anglofone: il test Army Beta (versioni aggiornate dell'Army Beta sono ancora in circolazione negli USA).

L'Army Beta fu il primo test di valutazione del potenziale intellettivo che non si avvalse della misura dei tempi di reazione e/o la valutazione delle capacità mnestiche, e non utilizzava neppure materiale stimolo di tipo numerico e verbale. Da allora non esiste test di intelligenza o di valutazione psicoattitudinale che non contenga prove ed esercizi con materiale stimolo di tipo astratto.

Negli anni seguenti, soprattutto negli anni '50-60, il problema di rendere omogenea la valutazione della performance intellettiva delle minoranze etniche e linguistiche si fece sempre più pressante. I reattivi dovevano essere costituiti soltanto da prove non verbali o di performance, in cui si chiedeva ad un soggetto di completare una serie di figure a partire da una determinata sequenza, di scegliere la parte mancante di una matrice con una certa tessitura, ecc. Il materiale era esclusivamente di tipo figurale-grafico.

Questi lodevoli tentativi però si rivelarono ugualmente contaminati dalla cultura, in quanto anche in questo caso le minoranze linguistiche non riuscivano ad ottenere punteggi mediamente equivalenti a quelli dei bianchi anglofoni, per cui da un lato si riaffacciarono le mai sopite tesi di una superiorità intellettiva (e non solo) dei bianchi sui neri (le minoranze esaminate erano perlopiù neri e ispanici), dall'altro ci si rese conto che anche questo tipo di prove non era completamente indipendente da condizionamenti culturali, arrivando alla conclusione che *tutto* il comportamento umano è influenzato da variabili ambientali e culturali.

A partire da queste considerazioni si costruirono prove i cui item implicassero abilità e conoscenze comuni alle diverse culture e subculture. Si trattava di prove prive di item verbali, che dovevano essere illustrate e spiegate oralmente prima della loro

esecuzione, e validate su campioni diversamente stratificati, per renderli equi culturalmente, *Culture fair* appunto.
Le matrici progressive di Raven, il test *Culture fair intelligence* di Cattell, e altre decine di reattivi meno conosciuti in Italia sono l'espressione concreta di questi tentativi.
In nessun caso, tuttavia, si è raggiunta una reale equità e una completa giustizia nella valutazione interculturale del potenziale intellettivo umano.

4.2 Le abilità di ragionamento con materiale visuo-percettivo

Come già accennato, nei quesiti di ragionamento astratto e ragionamento spaziale, il materiale stimolo può essere costituito da figure geometriche, disegni di diversa forma, diverso orientamento spaziale, diversi elementi componenti ecc.
Il compito consiste nel giungere a delle generalizzazioni a partire da materiale visivo astratto che "racchiude" delle relazioni e dei principi soggiacenti senza fare ricorso al linguaggio verbale o al linguaggio simbolico di tipo matematico.
Ci si aspetta che i risultati con questo tipo di test siano scarsamente correlati con le prove di abilità di ragionamento numerico e verbale e che per questo motivo valutino abilità cognitive sovraordinate e "naturali" prescindendo dal nozionismo e dall'apprendimento.
A questo punto sarebbe legittima la domanda "A cosa ci serve sapere che esistono prove costituite da materiale astratto se le abilità di ragionamento da esse misurate sono così profondamente legate a delle abilità cognitive tanto generali da non poter essere apprese con l'esercizio?".
In parte la domanda sarebbe legittima e sensata se queste prove fossero davvero non suscettibili di apprendimento esperienziale, ma ciò non risponde al vero. Infatti, **si può imparare a migliorare la propria performance attraverso l'esercizio mirato e con l'addestramento aspecifico**. L'*esercizio mirato* consiste nell'esercitazione sistematica con materiale stimolo del tutto simile a quello delle prove di esame, l'*addestramento aspecifico* consiste nel potenziamento di abilità che indirettamente favoriscono il miglioramento della performance complessiva con materiale visivo figurativo-astratto, potenziando quello che possiamo chiamare l'"occhio della mente".

ESEMPIO

Esaminiamo questa figura:

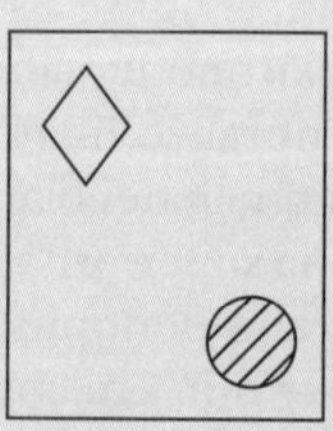

Se provassimo a descrivere dettagliatamente e verbalmente quello che rappresenta diremmo che la figura è un rettangolo che racchiude due figure geometriche posizionate nelle vicinanze degli angoli opposti, l'una raffigurante un rombo nelle vicinanze dell'angolo in alto a sinistra, l'altra raffigurante un cerchio nelle vicinanze

dell'angolo in basso a destra. Dovremmo aggiungere anche che il cerchio presenta una tessitura obliqua.
Questa figura potrebbe ricordare vagamente qualcosa di familiare, come un esemplare molto particolare di una carta da gioco, in quanto il rombo ci ricorda i "quadri" delle carte da gioco e il rettangolo richiama la forma della carta da gioco, ma la figura nella sua totalità non è una carta da gioco a causa della presenza del cerchio. Di fatto la figura non rappresenta integralmente un esempio del concetto carta da gioco, per cui non disponiamo di categorie concettuali sufficienti che ci consentano di denominarla. La figura in esame è un "evento" unico che non rappresenta alcuna categoria nota nella nostra cultura (questa raffigurazione dovrebbe costituire uno stimolo "equo" dal punto di vista culturale).
Diciamo che questa figura è comunque un concetto, un concetto che possiede degli *attributi* particolari che abbiamo poc'anzi descritto o meglio possiede una *congiunzione di attributi*. Il concetto in questo caso corrisponde ad una figura (il rettangolo) con due attributi (il rombo e il cerchio) che possiedono dei *valori* congiuntivi: la collocazione nello spazio all'interno del rettangolo nelle vicinanze degli angoli opposti possiede una determinata grandezza e una certa tessitura. Per favorire la comunicabilità e condivisione con altri del concetto-figura in esame potremmo anche attribuirgli un nome o etichetta: la figura è il QUAROCE.
Immaginiamo due studenti che insieme per la prima volta osservano lo stimolo: ne hanno osservato le caratteristiche distintive e l'hanno chiamato Quaroce.

ESEMPIO

Passiamo ad esaminare quest'altra coppia di figure:

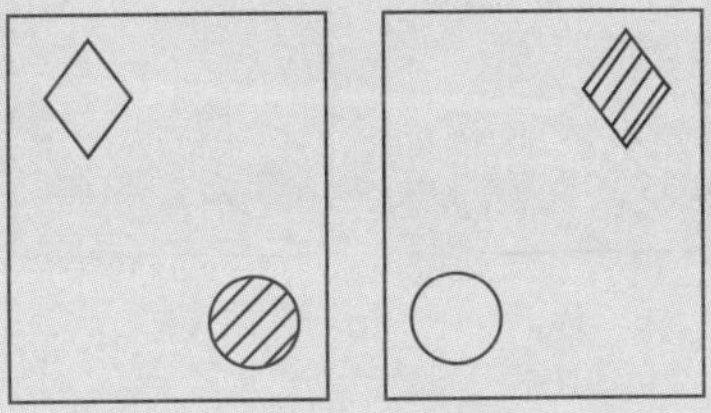

Si nota che le due figure sono in relazione tra loro, si è formato quello che potremmo definire un *concetto relazionale*. Come si può osservare la relazione è specificata dagli attributi che caratterizzano la categoria di appartenenza del concetto, in questo caso dalla riflessività negativa: i due quaroce sono l'uno la riflessione invertita dell'altro, il cerchio con tessitura collocato sull'angolo in basso a destra del rettangolo è riflesso nell'altro quaroce sull'angolo sinistro del rettangolo, senza tessitura, stessa cosa per il rombo. Infatti, il rombo senza tessitura collocato sull'angolo in alto a sinistra del rettangolo è riflesso nell'altro quaroce sull'angolo destro del rettangolo, con tessitura.
Per chiarire meglio cosa intendiamo per concetto relazionale, pensiamo a due persone che si sposano: il matrimonio è un concetto che rappresenta una relazione tra due soggetti.
Anche i nostri quaroce sono in relazione tra loro, una relazione che abbiamo definito *riflessivo negativa*.

Per individuare la relazione tra i due quaroce abbiamo dovuto operare un'astrazione. Il ragionamento astratto è stato indotto da materiale stimolo di tipo visivo-percettivo-figurale ed è per questo motivo che si parla di abilità di ragionamento visuo-percettivo. Il termine astrazione, astrarre, può essere inteso sia come isolare, prescindere da, (Rossi, 2000) considerare qualcosa o un suo particolare aspetto indipendentemente dal resto, sia nel senso di procedimento attraverso il quale e mediante il quale si ottiene il concetto a partire dagli oggetti individuali.

Aumentiamo leggermente la complessità del compito con un esempio in cui, date tre figure, occorre identificare la figura che completa la serie, da scegliere tra diverse alternative di risposta. Il compito del risolutore è facilitato proprio dalla presenza di tali alternative.

ESEMPIO

Esaminate la sequenza sotto riportata:

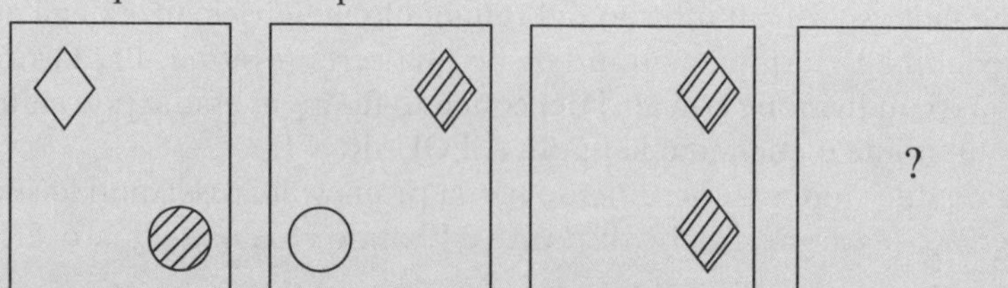

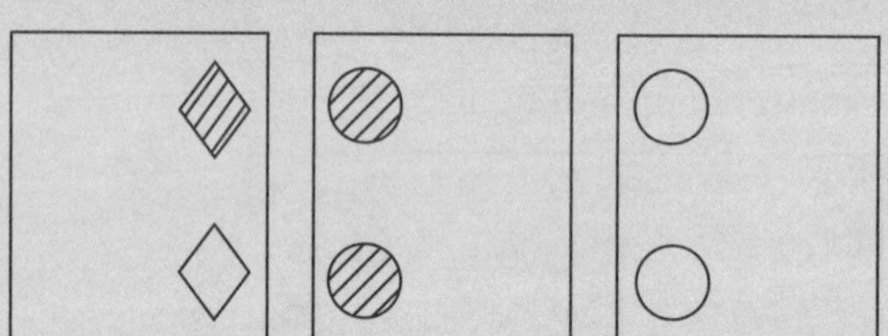

A. B. C.

Quale figura completa la serie?

La nuova figura non è un quaroce, ma qualcos'altro. Quindi, il ragionamento iniziale, se prima era plausibile, ora deve essere riformulato alla luce del nuovo stimolo.

Le risposte alternative costituiranno un grande aiuto perché a partire da esse si potranno formulare e verificare delle ipotesi.

Dunque avevamo introdotto il concetto di specularità negativa che metteva in relazione i due stimoli, il terzo stimolo non esprime questa relazione con alcuna delle due figure stimolo antecedenti, infatti si trovano due rombi con tessitura posti nelle vicinanze dei due angoli in alto e in basso a destra del rettangolo.

Prendiamo in esame rapidamente le risposte suggerite: la risposta A mostra due rombi agli angoli a destra, uno bianco e uno con tessitura, la B due cerchi con tessitura sul lato sinistro, la C due cerchi bianchi sul lato a sinistra del quadrato.

Per trovare la chiave risolutiva del problema è necessario indirizzare il nostro ragionamento su un diverso livello di astrazione: dividiamo mentalmente il quadrato in due parti:

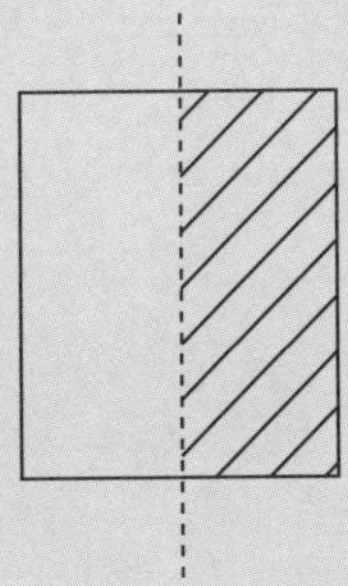

Si evidenzia una regolarità nelle figure, un'unica regolarità, che è ad un livello di astrazione molto meno complesso di quanto si poteva in un primo momento immaginare, infatti tutte le figure collocate sulla parte destra del quadrato sono con tessitura, quelle posizionate a sinistra del quadrato sono senza tessitura, vuote o bianche.
Conseguentemente, se il nostro ragionamento è corretto, dovremmo trovare tra le risposte suggerite almeno quattro alternative che non rispettano la regola. Infatti soltanto una figura rispetta la regola, quella corrispondente alla risposta C.
Secondo questa regola potevano essere considerate risposte corrette (e per questo non previste tra le risposte alternative) anche i seguenti stimoli figurali:

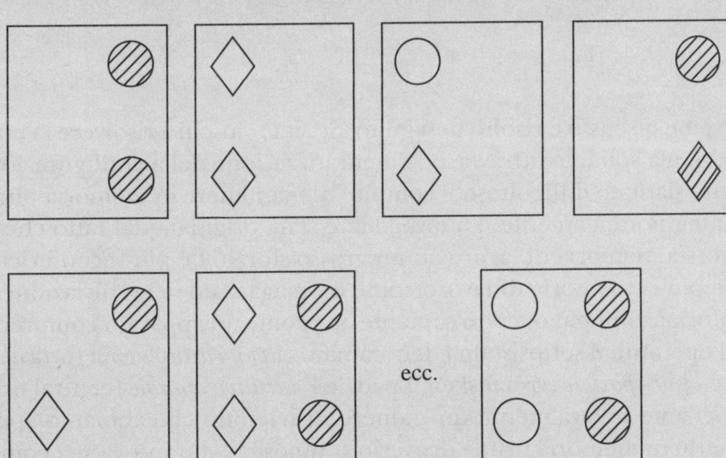

proprio perché tutte le figure rispettano la regola sottintesa.

Se aumentiamo il numero di elementi da tenere contemporaneamente "sotto osservazione", la pressione a cui viene sottoposto il nostro sistema cognitivo può essere enorme. Generalmente il livello di complessità è analogo alla prova successiva che utilizzeremo come modello per assaporare il gusto del sovraccarico della cosiddetta memoria di lavoro.

ESEMPIO

Quale figura completa la matrice? (Magro, Peron e Roncato, 2000)

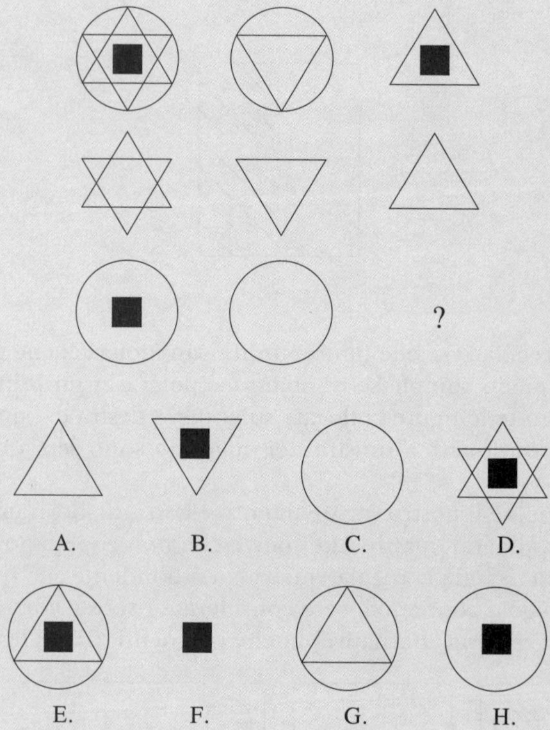

L'esercizio viene discusso e risolto in seguito. Se siete riusciti a risolvere la matrice senza un metodo, ma soltanto attraverso la memorizzazione della configurazione, avrete notato quanto sia stato difficoltoso il compito di mantenere in memoria tutte le informazioni contemporaneamente. La difficoltà è stata originata dal fatto che avete sottoposto la vostra memoria di lavoro ad un grosso sforzo. Le più recenti ricerche non considerano più la memoria di lavoro come un magazzino di archiviazione temporanea delle informazioni più o meno capiente, ma come un apparato comprendente tre sottosistemi operanti: il sottosistema denominato *circuito articolatorio* (*articulatory loop*), il *sottosistema visuo-spaziale* (visual sketch pad) e l'*esecutivo centrale* (central executive).
Quando ripetiamo mentalmente un numero di telefono che abbiamo appena letto per mantenerlo in memoria prima di averlo composto e durante la sua composizione entra in gioco il circuito articolatorio, che è un tipo di memoria fonologica che gioca un ruolo molto importante in attività cognitive come la comprensione di un testo o quando facciamo i calcoli a mente.
Il sottosistema visuo-spaziale invece opera sulle informazioni provenienti dall'organo visivo e sulle informazioni spaziali che vengono raccolte anche se non sono "viste". Facciamo ricorso ad informazioni spaziali quando per esempio siamo in procinto di attraversare una strada ad intenso traffico e decidiamo di passare pur in presenza di un'auto in avvicinamento. Le informazioni spaziali in questo caso corrispondono al

giudizio sulla distanza dell'auto dal nostro punto di osservazione e alla valutazione della sua velocità di avvicinamento.
Il sottosistema visuo-spaziale è quella componente della memoria di lavoro che più delle altre viene attivata con stimoli del tipo sopra rappresentati, in quanto si debbono valutare forme, colori/tessiture, orientamento, dimensioni, relazioni tra figure, configurazioni spaziali, sequenze, ecc. Maggiore è il numero delle componenti da valutare, maggiore sarà lo sforzo "mnestico visuo-spaziale".
Solo per finalità espositive abbiamo separato le componenti della memoria di lavoro in tre parti, ma di fatto sono raccordate e coordinate dal *sistema esecutivo centrale* che coordina le funzioni legate alle componenti fonologiche e visuo-spaziali. Questo sistema programma, distribuisce e valuta se e quante risorse cognitive sono disponibili, se vengono raggiunti i risultati desiderati, e quindi se continuare il lavoro oppure interromperlo.
È il sistema esecutivo centrale la componente che stabilisce se, quante e quali risorse allocare, distribuire e modulare.
È per questo che la memoria di lavoro viene sovraccaricata eccessivamente e inutilmente se procedete confrontando le figure alla rinfusa, senza un metodo, senza un piano esecutivo.

4.3 Il materiale stimolo: figure, forme, tessitura e disposizione spaziale

Da un esame delle tipologie di stimoli più frequentemente presenti nelle prove di selezione si nota una prevalenza di figure geometriche combinate e sovrapposte in vario modo tra loro e figure astratte con attributi numerali (numero di linee, cerchi, settori con o senza tessitura, ecc.).
Riportiamo di seguito alcune figure *stimolo* con determinati attributi e componenti che assumono un certo "valore" in relazione con altre figure.

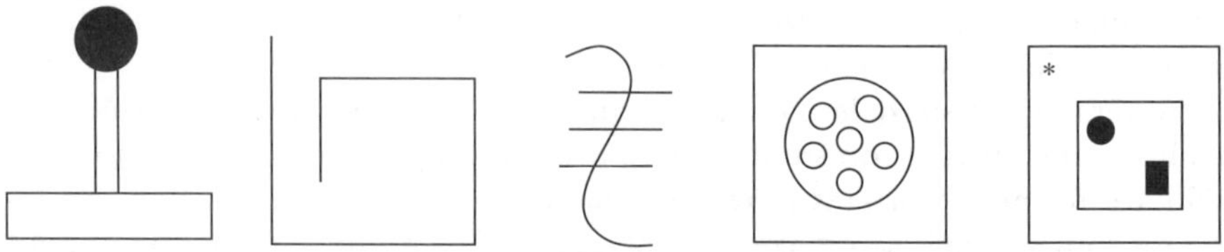

4.4 Rotazioni mentali e orientamento spaziale

Immaginate la lettera B in stampatello maiuscolo, ruotatela in senso orario di 90° (da mezzogiorno alle tre), ruotatela sul suo asse di 180° verso l'alto, ruotatela in senso antiorario di 180° (dalle tre alle nove).
Qual è il risultato delle rotazioni?

A. B. C. D. E.

La difficoltà del compito è dovuta sia alla capacità di comprendere le istruzioni sia all'abilità di eseguire mentalmente le rotazioni.
Per alleggerire il carico di lavoro richiesto al nostro sistema mnestico possiamo aiutarci con degli schemi di questo tipo. Poniamo la lettera B sugli assi cartesiani *x y*, in corrispondenza del punto di origine 0 degli assi:

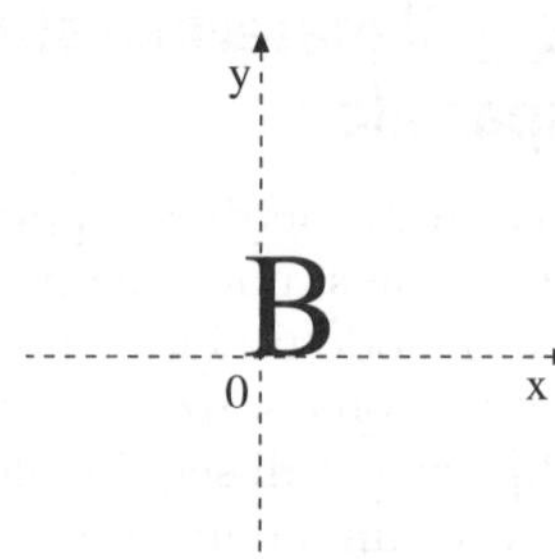

Si richiede di rotare di 90° in senso orario. Un ulteriore chiarimento sul tipo di rotazione richiesta è dato dal suggerimento da mezzogiorno alle tre, cioè si intende una rotazione sul punto di origine verso destra, perché in senso orario, di 90°.

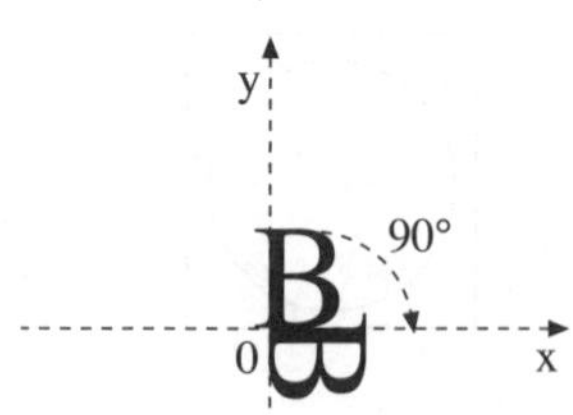

Il secondo comando richiede che la lettera venga ruotata sul suo asse di 180°: qui è necessario eseguire una rotazione sull'asse della lettera B verso l'alto per cui avremo il risultato seguente:

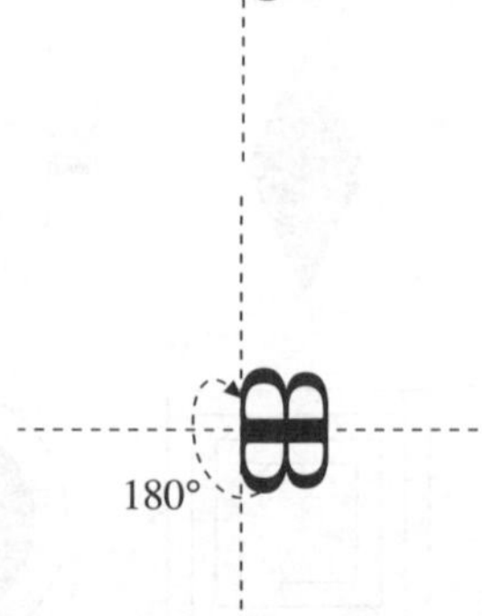

Infine si richiede di operare un'ultima rotazione in senso antiorario di 180°, anche in questo caso la rotazione avviene sull'origine 0 a partire dall'ultima rotazione. La figura quindi assume la seguente posizione sugli assi cartesiani.

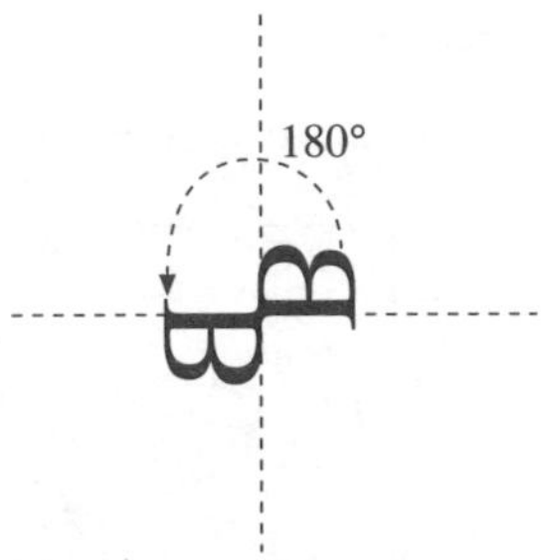

Quindi la risposta corretta è C.

Possiamo provare anche un altro esercizio per favorire la generazione di immagini passando attraverso stadi intermedi. Non servitevi di carta e penna, eseguite l'esercizio mentalmente.
Si immagini la lettera F in stampatello maiuscolo. Sovrapponete alla linea verticale della lettera F, la lettera b in carattere minuscolo.
Ora ruotate la parte curva della lettera b in maniera tale che essa venga a trovarsi alla sinistra della linea verticale.
Quale immagine avete identificato?

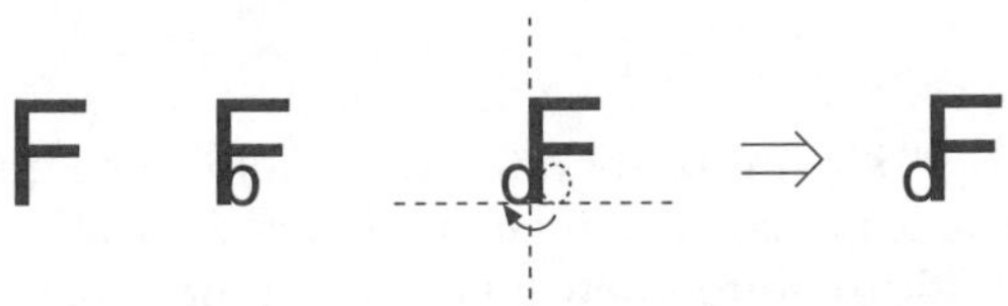

1 2 3

Immaginate la lettera K in stampatello maiuscolo. Inscrivetela in una lettera O in stampatello maiuscolo. Eliminate la metà inferiore della lettera K.
Quale immagine avete identificato?

1 2 3

Immaginate la lettera N in stampatello maiuscolo. Unite i due punti estremi della lettera con una linea diagonale. Ruotate l'immagine di 90°.
Quale immagine avete identificato?

1 2 3

Non sempre, purtroppo, è possibile operare le trasformazioni richieste schematizzandole su carta. Quando dobbiamo risolvere prove come quelle che seguono è letteralmente impossibile ricorrere al metodo grafico a meno che non si riesca a stilizzare rapidamente configurazioni complesse.

ESEMPIO

Osservate le seguenti coppie di figure:

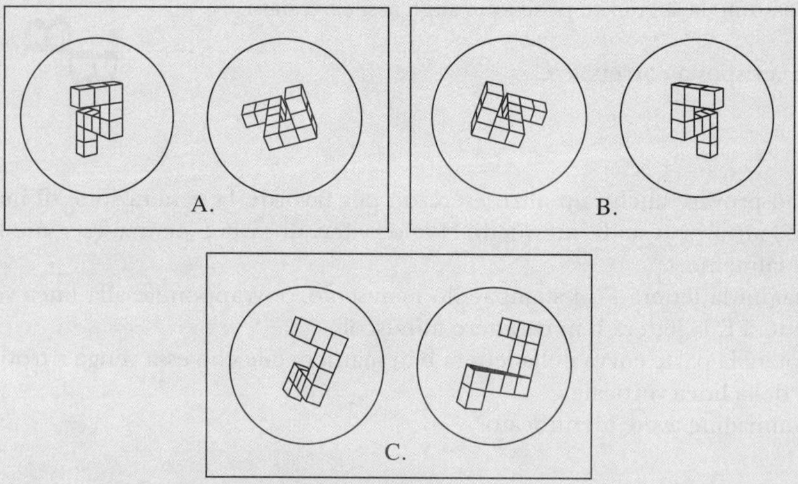

Shepard e Metzeler (1971) utilizzarono figure stimolo come queste per studiare il carattere dinamico delle immagini mentali, in opposizione alla concezione di visualizzazione mentale statica, e sottoposero ad un campione di persone un certo numero di immagini come quelle sopra riportate. Si richiedeva ai soggetti di individuare quali fossero le coppie che rappresentavano lo stesso disegno e quali coppie rappresentavano oggetti diversi. Provate anche voi a rispondere alla domanda osservando attentamente gli stimoli B e C e cercando di capire quale tra questi rappresenta lo stesso oggetto contenuto nella coppia A.
Gli autori scoprirono che non solo i soggetti erano variamente in grado di individuare correttamente le coppie di stimoli identiche e/o diverse, ma che il tempo necessario per dare la risposta variava sulla base della grandezza della rotazione angolare necessaria per allineare gli oggetti: c'è dunque una relazione diretta tra rotazione angolare delle figure e tempo di reazione delle risposte. I tempi di risposta, che variavano sulla base della rotazione angolare, dimostravano che le persone operano una rotazione mentale delle figure, in cui tanto più grande è la rotazione tanto maggiore è il tempo impiegato per eseguire l'allineamento delle figure.
Da allora si concluse che il processo che ci porta ad immaginare un oggetto è simile al processo per mezzo del quale lo stesso oggetto viene percepito (Benjafield, 1995). A proposito: la risposta esatta è B.

4.5 Le serie

Tutti gli esercizi che trattano sequenze di numeri, oggetti, lettere, illustrazioni disposti secondo una sequenza "da scoprire" appartengono al dominio degli esercizi di completamento di serie.
I più semplici tra questi sono gli esercizi che fanno uso di stimoli visivi.

ESEMPIO

Osservate la seguente sequenza di immagini e cercate di individuare tra le alternative quella che completa la serie:

A. B. C.

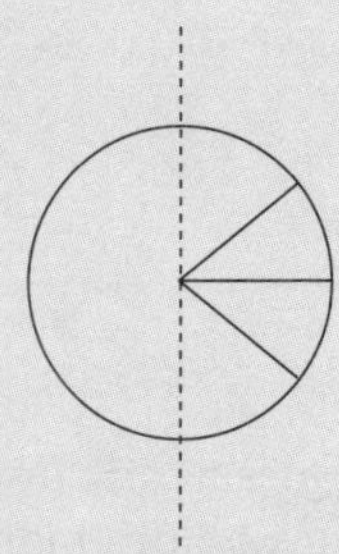

In questo caso è semplice individuare la risposta corretta se siamo riusciti a cogliere il legame logico tra gli elementi. Le figure rappresentano un cerchio con un raggio il cui orientamento cambia progressivamente con una rotazione. Nell'individuare l'alternativa esatta, provate a sovrapporre mentalmente (o graficamente) le tre immagini che costituiscono la serie. Risulterà evidente che il raggio cambia con una progressione costante, evidenziata graficamente dallo spazio che separa i tre raggi, che sono appunto equidistanti.

Ora proviamo a sovrapporre a quest'immagine le varie alternative. Ci accorgiamo che solo l'alternativa A genera una progressione costante del raggio.

Vediamo un altro esempio.

ESEMPIO

A. B. C.

Come per tutti gli esercizi di completamento di serie, dobbiamo cercare di cogliere il legame (la regola costante) che accomuna le immagini della serie. Come risulta lampante, si tratta di figure geometriche di forma diversa. La prima è un triangolo, se osserviamo la seconda ci accorgiamo che i lati sono 4. Esiste infatti una progressione costante del numero dei lati delle figure: 3 → 4 → 5 → 6. Ci aspettiamo dunque che l'incognita debba essere una figura con 7 lati. Infatti la risposta esatta è la C.

Fin qui abbiamo visto, sequenze per così dire, regolari, in cui si segue un ordine progressivo crescente oppure descrescente, in ogni caso si tratta di un ordine lineare, caratterizzato da un'unica relazione. Esistono sequenze più complesse come quelle che osserviamo nei prossimi esempi.

ESEMPIO

Osservate la seguente serie e indicate quale tra le alternative la completa.

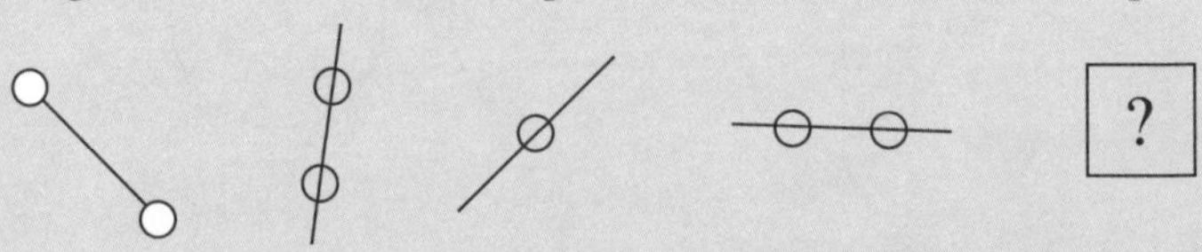

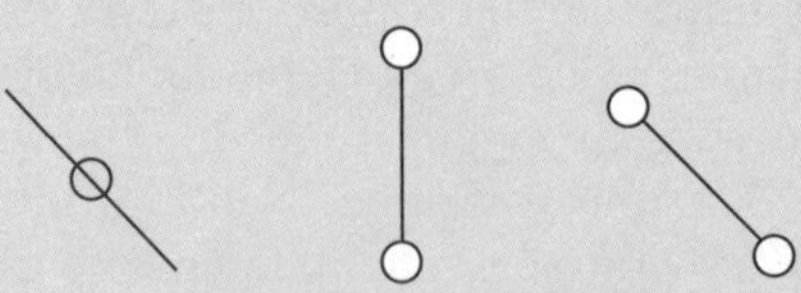

A. B. C.

Questa serie dovrà essere completata seguendo una logica che comprenda al tempo stesso l'orientamento nello spazio del segmento, il numero di cerchi e la posizione dei cerchi sul segmento. Il primo elemento raffigura un segmento orientato alle 10 e 20 (se immaginiamo un orologio a lancette) con due cerchi ai suoi estremi. Il secondo elemento raffigura un segmento alle 12 e 30 con i due cerchi spostati all'interno del segmento ed equidistanti tra loro. La terza figura evidenzia una rotazione del segmento alle 2 e 40 con un unico cerchio perfettamente a metà della figura. Infine la quarta figura mostra un segmento orientato alle 9 e 15 con due cerchi equidistanti dalla metà del segmento e dagli estremi (come la seconda figura della sequenza). Dato che sono tre le proprietà che dobbiamo controllare, l'orientamento nello spazio del segmento, il numero di cerchi e il posizionamento dei cerchi sul segmento, passiamole in rassegna una alla volta.

- **Orientamento:** il segmento ruota in senso orario di circa 45°, quindi la figura che completa la sequenza dovrà prevedere un segmento che, a partire dall'ultima figura della sequenza, rispetti la regola: tra le risposte suggerite abbiamo due figure che rispettano il criterio, quindi questa informazione ci porta ad escludere automaticamente la risposta B.
- **Numero di cerchi e posizionamento:** la sequenza mostra che i due cerchi si spostano verso il centro del segmento fino a "collassare" in uno, per poi riprendere il percorso inverso verso gli estremi. La figura che rispetta il criterio è quella corrispondente alla risposta C, che quindi è la risposta corretta.

Per risolvere efficacemente i test di completamento di serie è consigliabile individuare quali sono le proprietà principali delle figure rappresentate: *forma, orientamento spa-*

ziale, numero di elementi, tipo di elementi, posizione degli elementi, disposizione-configurazione degli elementi. In questo modo riuscirete a risolvere rapidamente tutti i tipi di serie visuo-spaziali.

Osserviamo un'ultima serie.

ESEMPIO

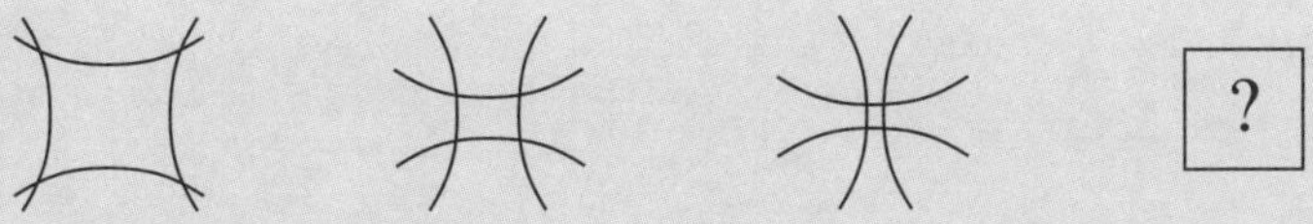

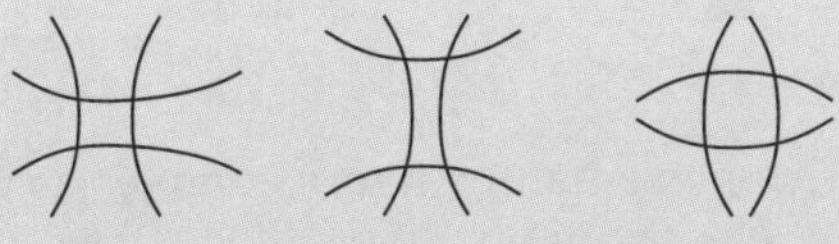

A. B. C.

Le proprietà degli stimoli presentati sono dati dal numero di curve, dal posizionamento delle linee curve, dalla disposizione delle curve. Le quattro curve si intersecano tra loro e progressivamente si spostano verso il centro della figura.
Le risposte A e B rispettano due proprietà, numero di curve e disposizione, ma non il posizionamento atteso.
L'unica figura che rispetta le tre proprietà è quella contrassegnata dalla lettera C, che è infatti la risposta corretta. Questa sequenza risulta di più difficile risoluzione perché la risposta esatta è percettivamente diversa dalla sequenza che l'ha determinata, in quanto forma una figura chiusa, completamente diversa dalle raffigurazioni precedenti.

Il ragionamento fondato sulle proprietà degli stimoli raffigurati può favorire il superamento della fissità o chiusura mentale e portare alla soluzione.

4.6 Le matrici

Tra le prove di abilità cognitiva con materiale visuo-percettivo, le matrici sono quelle maggiormente utilizzate.
La tecnica di costruzione delle matrici è molto semplice e si presta a creare prove di difficoltà crescente sulla base di modifiche da sinistra a destra e dall'alto in basso. Sono solitamente composte da tre stimoli posti orizzontalmente e tre stimoli posti verticalmente che vengono modificati secondo un certo principio in orizzontale e secondo un altro principio in verticale. Il compito consiste nel completare la sequenza sulla base dei principi di costruzione.

ESEMPIO

Esaminiamo la seguente matrice:

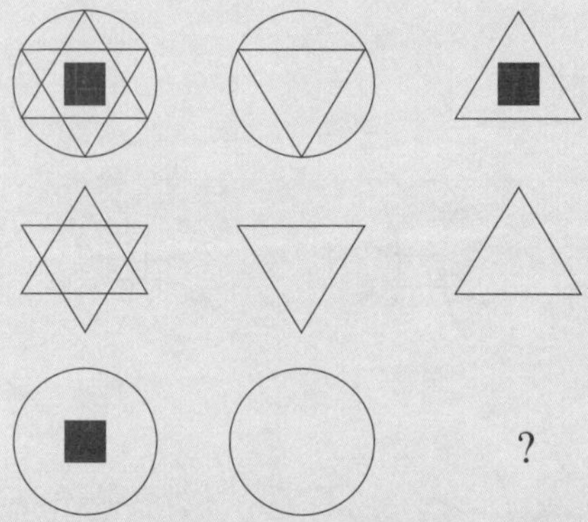

La prima riga della matrice presenta una figura complessa composta da un cerchio che include due triangoli che formano una stella di David, ed un quadrato, all'interno della stella, nero. Osservando lo sviluppo orizzontale si nota che lo stimolo conseguente è formato soltanto da un cerchio che comprende al suo interno un triangolo "capovolto". Lo stimolo successivo è costituito da un triangolo e dal quadrato nero al suo interno. Si deduce che la prima figura è data dalla somma delle altre due. Anche la seconda riga della matrice rispetta la stessa logica: il primo stimolo è dato dalla somma delle due figure alla sua destra. La terza riga, mancante della figura, la esamineremo al termine del ragionamento.
Adesso analizziamo gli stimoli in senso verticale, dall'alto verso il basso. La prima colonna a partire da sinistra è costituita dallo stimolo complesso cerchio, stella di David e quadrato nero, il secondo dalla stella di David, il terzo dal cerchio e dal quadrato.
Dato che a noi interessa, per risolvere il problema, scoprire la logica che sottende lo stimolo da individuare, focalizzeremo la nostra attenzione sull'incrocio dell'ultima riga e dell'ultima colonna. L'ultimo elemento della prima colonna è il risultato della "sottrazione" tra il primo stimolo e il secondo stimolo, cioè cerchio + stella + quadrato – stella = cerchio + quadrato. Anche la seconda colonna è costruita secondo un criterio "sottrattivo": cerchio + triangolo – triangolo = cerchio. L'ultima colonna ci consente dunque di risolvere il quesito: triangolo + quadrato – triangolo = quadrato (nero).

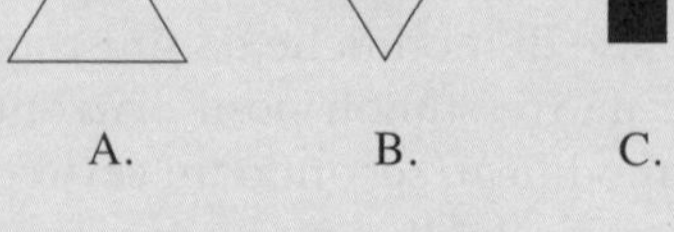

A. B. C. .

La risposta corretta è la C.

Le matrici più complesse sono formate da serie incomplete come quelle che discuteremo nel prossimo esempio.

ESEMPIO

Data la seguente configurazione, individuate la figura mancante.

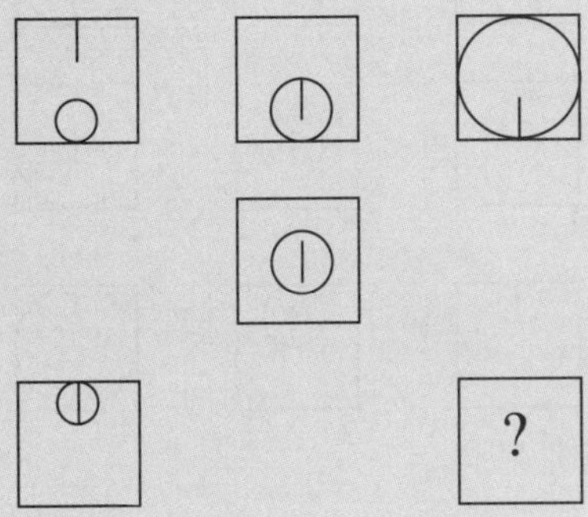

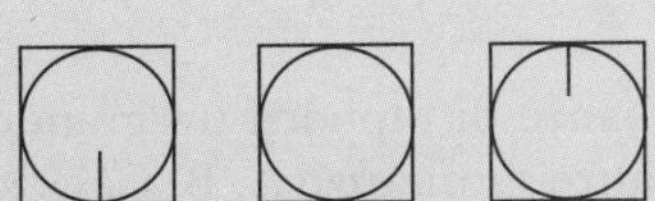

A. B. C.

La difficoltà è data dal fatto che mancano porzioni di matrice che necessariamente dobbiamo ricostruire mentalmente per risolvere il quesito.
La prima riga della matrice è l'unica completa delle tre figure. Si noti come, a partire dalla prima figura in alto a sinistra, il segmento passi dalla posizione in alto alla posizione centrale nella seconda figura e alla posizione in basso nella terza figura. Le figure circolari sono disposte in ordine di grandezza crescente. Esaminando la prima colonna a partire da sinistra si nota che il segmento rimane nella stessa posizione nelle due figure visibili, ma è il piccolo cerchio che si "muove" dal basso verso l'alto, passando evidentemente per il centro, per questo la figura mancante nella I colonna sarà la seguente:

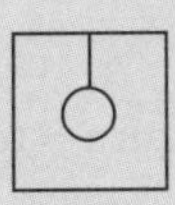

Considerando la seconda colonna si nota che il segmento rimane fisso mentre il cerchio di medie dimensioni sale dal basso verso l'alto, quindi la figura mancante sarà la seguente:

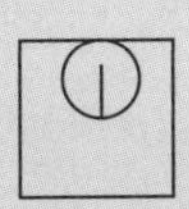

La terza colonna può essere a questo punto ricostruita grazie alla configurazione ora più completa. La figura al centro della terza colonna non può che essere la seguente:

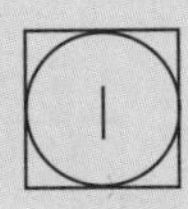

Di conseguenza la quarta figura mancante, che corrisponde alla risoluzione della matrice, sarà quella corrispondente alla lettera C. La matrice completa sarà la seguente.

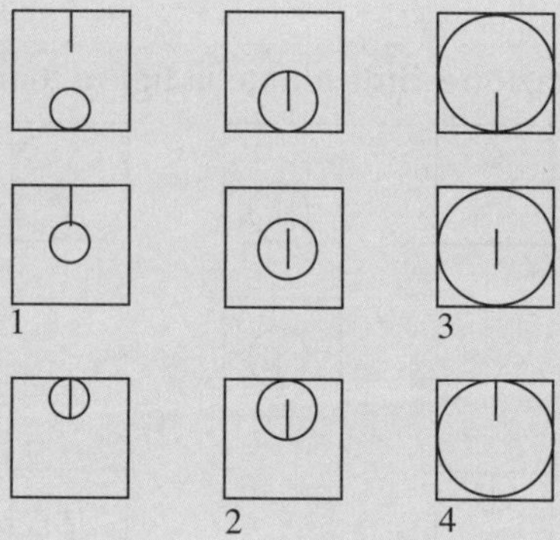

4.7 Le proporzioni

Le proporzioni sono uguaglianze di rapporti tra grandezze o misure di grandezze, a due a due omogenee. Quattro grandezze A, B, C, D, si dicono proporzionali se A e B sono fra loro omogenee e se lo sono anche C e D. A partire da queste premesse gli esercizi di ragionamento astratto, che naturalmente non implicano grandezze o misure di grandezze, bensì configurazioni di stimoli più o meno complessi, comprendono due figure che esprimono la parte nota della proporzione sulla base delle quali iniziare il ragionamento che completi la parte non conosciuta della proporzione.
La proporzione è tale che sono date 3 figure ed è incognita una quarta figura (?), che può essere uno qualsiasi dei termini della proporzione.
Tale figura è da ricercare tra le opzioni di risposta date: occorre individuare la figura che è logico inserire quale primo, secondo, terzo o quarto termine della proporzione data.
Ricordando che in una proporzione:

antecedente : conseguente = antecedente : conseguente

il quiz è del tipo:

prima figura : seconda figura = terza figura : quarta figura

Si tratta, quindi, di una vera e propria uguaglianza tra due coppie di figure di diversa tipologia.

ESEMPIO

Esaminiamo la seguente proporzione (da leggere in questo modo):

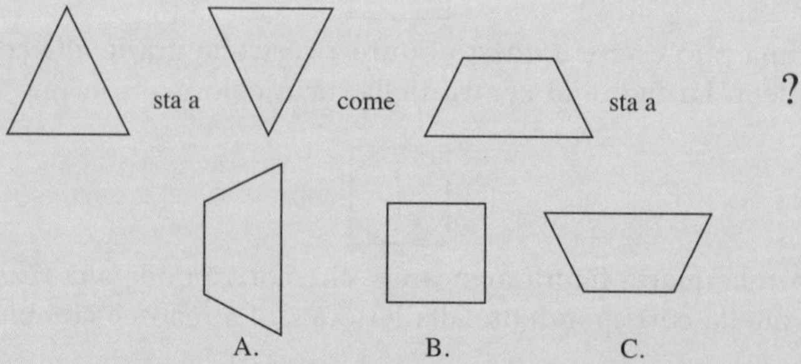

Bisogna considerare gli antecedenti che nella figura sono rappresentati dal primo triangolo e dal trapezio noto, e poi considerare i conseguenti. Nella nostra proporzione l'unico conseguente noto è dato dal triangolo "capovolto": i due triangoli sono in rapporto tra loro in quanto l'uno è il reciproco dell'altro, ovvero sono triangoli che hanno le stesse dimensioni e caratteristiche ma il secondo triangolo è stato ruotato di 180° sull'asse orizzontale. Questa relazione dovrà essere riproposta anche con la figura del trapezio, il conseguente del trapezio dovrà rispettare le caratteristiche del conseguente del triangolo; pertanto la figura che completerà la proporzione sarà data da un trapezio rotato sull'asse orizzontale di 180°. La figura A è data dalla rotazione di 90° sull'incrocio delle diagonali del trapezio, la figura B non è un trapezio, quindi la risposta corretta sarà data dalla figura C.

Esaminiamo una proporzione più complessa.

ESEMPIO

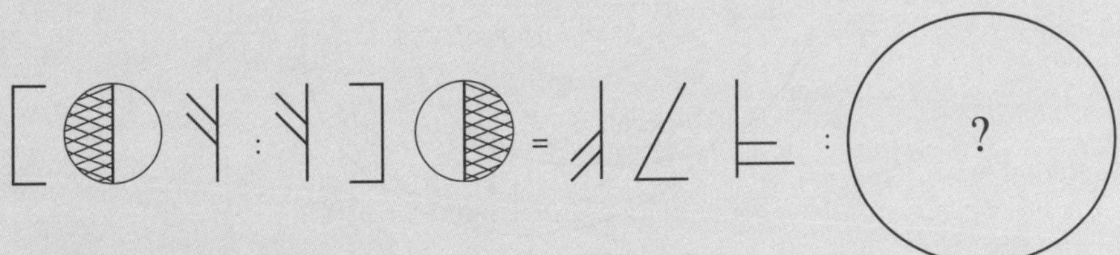

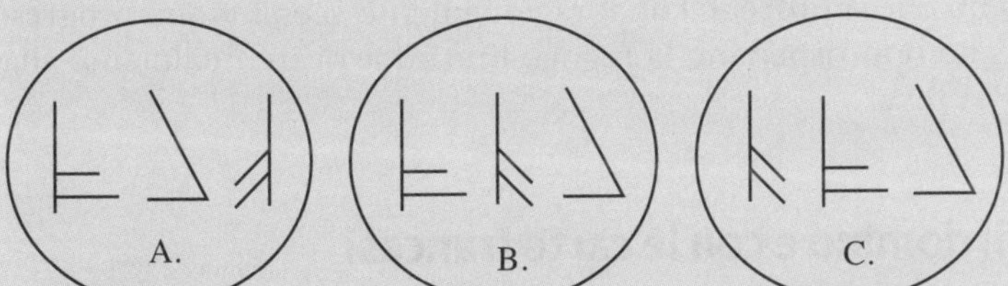

Questa proporzione richiede di confrontare delle figure geometriche astratte seguendo più di una regola.

Per risolverla senza troppa fatica focalizziamo l'attenzione soltanto sui primi due termini della proporzione, dove:

- antecedente e conseguente sono formati da tre elementi;
- l'ultimo elemento dell'antecedente si ripropone senza modifiche come primo elemento del conseguente;
- l'elemento centrale dell'antecedente, il cerchio mezzo bianco e mezzo grigio, si ripropone come ultimo elemento del conseguente ruotato di 180°;
- il primo elemento dell'antecedente si ripropone in modo speculare come elemento centrale del conseguente.

Potete anche aiutarvi con un disegno del tipo riportato di seguito:

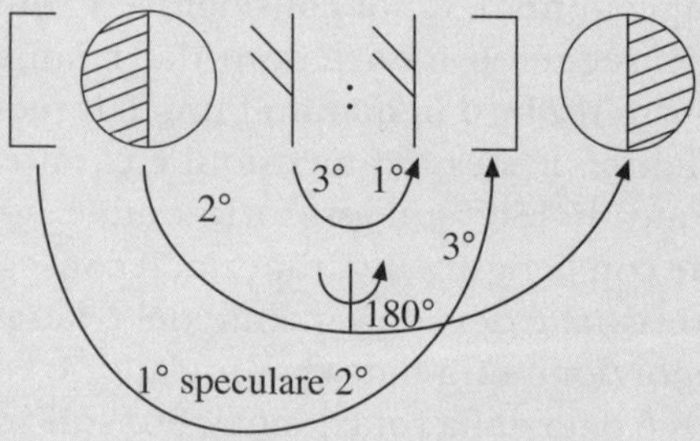

Operate con le stesse trasformazioni sull'altro antecedente della proporzione aiutandovi con le risposte alternative.
In questo modo riuscirete abbastanza rapidamente a trovare la risposta esatta.

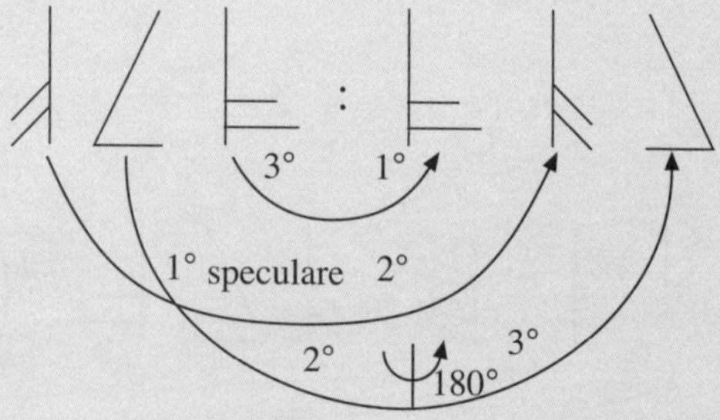

Si nota come man mano che si procede con il ragionamento si escludono progressivamente le risposte che non rispettano la regola, fino ad arrivare finalmente alla risposta corretta, cioè la B.

4.8 Esercizi con il domino e con le carte francesi

Si fa ricorso piuttosto frequentemente anche a stimoli visivi non astratti per realizzare prove che richiedono abilità di ragionamento visuo-percettivo.

4.8.1 Esercizi con il domino

In questa tipologia di esercizi le figure utilizzate sono tessere del domino, ossia due facce di un dado unite a formare un rettangolo.
La tecnica di risoluzione di tali quesiti si focalizza sulla disposizione spaziale (linea, croce, corona) delle tessere.
Poiché si tratta di dadi i numeri vanno da 1 a 6, la faccia bianca corrisponde allo 0. Quindi si ritorna ciclicamente al valore 0.

ESEMPIO

Quale tessera del domino deve essere inserita al posto dei punti interrogativi?

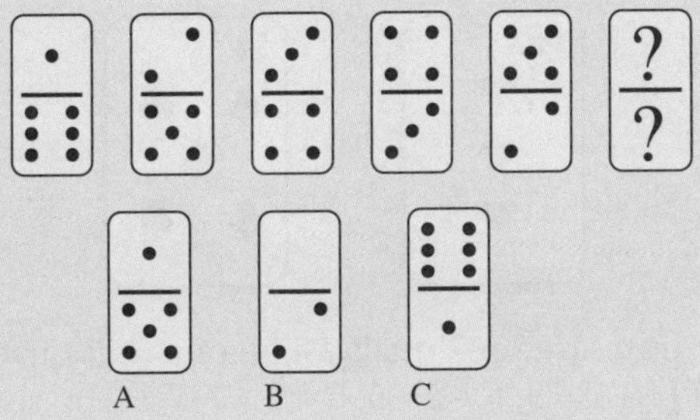

A. La tessera A
B. La tessera C
C. La tessera B

La risposta esatta è la B.

A partire dalla prima, il valore delle tessere in alto cresce di 1, infatti:

- 1 + 1 = 2
- 2 + 1 = 3
- 3 + 1 = 4
- 4 + 1 = 5

La tessera mancante ha valore 5 + 1 = 6.

A partire dalla prima, il valore delle tessere in basso decresce di 1, infatti:

- 6 – 1 = 5
- 5 – 1 = 4
- 4 – 1 = 3
- 3 – 1 = 2

La tessera mancante ha valore 2 – 1 = 1.

La tessera che deve essere inserita al posto dei punti interrogativi è, dunque, la **tessera C**.

4.8.2 Esercizi con le carte francesi

Sarebbe più corretto inserire gli esercizi con le carte tra le prove di ragionamento numerico anziché in questo capitolo, ma in ragione della specialità degli esercizi con le carte faremo un'eccezione. Le carte infatti sono da considerare degli stimoli speciali perché sono ordinali, hanno due colori, quattro semi (cuori, fiori, picche, quadri) e tre figure il cui valore ordinale corrisponde rispettivamente a: Jack = 11, Donna o Regina = 12, Re = 13 punti. Gli esercizi che le comprendono possono sfruttarne tutte le caratteristiche; considerando il valore ordinale delle carte, è necessario eseguire delle operazioni aritmetiche per giungere alla risoluzione.

ESEMPIO

Consideriamo la sequenza:

La carta conseguente non sarà un 7 qualsiasi, ma un 7 di quadri. Infatti la progressione dei numeri è +2 (1 + 2 = 3; 3 + 2 = 5; 5 + 2 = 7) e i semi sono tutti rappresentati tranne i quadri.

Gli esercizi con le carte francesi possono essere anche del tipo di quello riportato di seguito.

ESEMPIO

Quale carta deve essere inserita in sostituzione della carta girata?

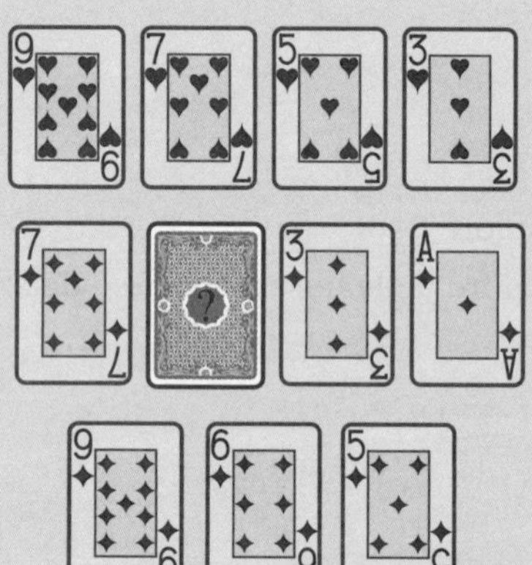

A B C

A. La carta A
B. La carta B
C. La carta C

La risposta esatta è la C.
È interessante studiare come è stata generata la matrice proposta al fine di capire le regole che legano i vari elementi.
Le carte raffigurate nella prima riga sono tutte di cuori. Le carte presenti nella seconda riga sono tutte di quadri. Tutte le carte raffigurate hanno valore dispari.
Il criterio che lega le carte della prima riga è diverso da quello che lega le carte della seconda riga.

Le carte della prima riga decrescono, a partire dalla prima, di volta in volta di 2: dal valore 9 della prima carta, si passa al valore 9 – 2 = 7 della seconda, dal valore 7 della seconda si passa al valore 7 – 2 = 5 della terza, infine la quarta carta è pari a 5 – 2 = 3. Nella seconda riga, invece, c'è 7, poi la carta girata, poi 3, infine 1. Il valore delle carte è decrescente di 2.
La carta girata è 5, poiché deve trattarsi di una carta di quadri, la carta che deve essere inserita in sostituzione della carta girata è la C, 5 di quadri.

4.9 Esercizi con altre figure comuni

Altre tipologie di figure piuttosto frequenti nelle prove di ragionamento visuo-percettivo sono faccine, locomotive, omini stilizzati, aeroplanini, missili, casine ecc.
Le richieste sono sempre le stesse: individuare la figura che segue logicamente una determinata sequenza, proporzione o matrice. Non c'è bisogno di provare tutti gli esercizi che possono capitare: una volta apprese le regole di una tipologia di esercizi sarete in grado di risolverli indipendentemente dalla figura utilizzata.

È importante osservare i particolari delle figure, il numero e il tipo di elementi che compongono una figura, i chiaroscuri, l'entità della rotazione: la complessità aumenta con l'aumentare del numero di caratteristiche da tenere a mente e trasformare.

ESEMPIO

Quale figura completa la serie?

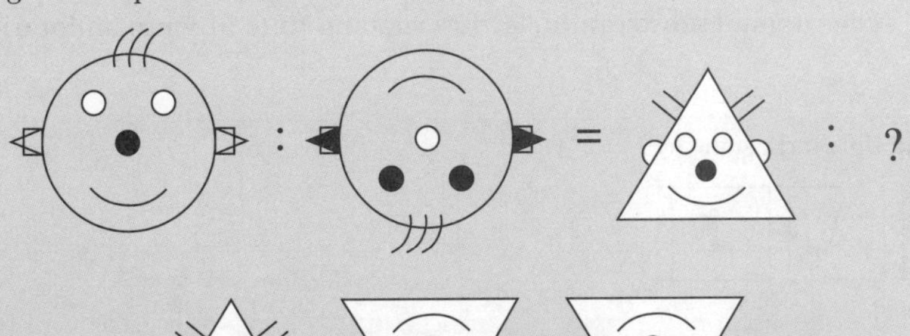

A. B. C.

Nell'esempio occorre prestare attenzione alla *rotazione delle figure*, al *numero di elementi* componenti (capelli, orecchi, occhi, naso e bocca), alle *caratteristiche degli elementi* (bianchi o neri) e naturalmente alla *forma complessiva* (triangolare o circolare). La figura A non è ruotata quindi la scartiamo immediatamente, la figura B sembrerebbe corretta ma non lo è perché il naso non è bianco ed infine la C che è la figura che completa correttamente la proporzione. La differenza tra la risposta B e la risposta C è individuabile nel colore del naso.

4.10 Le categorizzazioni e le classificazioni

Gli esercizi che richiedono di scartare determinate figure di una serie, oppure di individuare coppie di stimoli identici, si possono annoverare tra gli esercizi di classificazione.

Si tratta sostanzialmente di esercizi di riconoscimento. Letteralmente riconoscimento significa "conoscere di nuovo", ma le abilità di riconoscimento richiedono anche di riconsiderare alla luce di quanto si è appreso ed eventualmente correggere.

Ciò che viene riconosciuto viene categorizzato e classificato secondo determinati criteri più o meno generali secondo quanto è stato precedentemente esperito.

Vediamone alcuni esempi.

ESEMPIO

Qual è la figura da scartare?

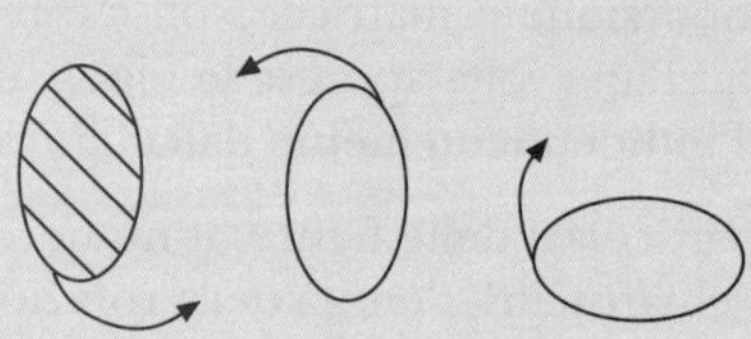

A. B. C.

Qui il colore non ha importanza alcuna, mentre occorre prestare attenzione alla rotazione delle figure: infatti l'unica figura che non rispetta la regola è quella della lettera C, che ruota in senso orario, le altre ruotano tutte in senso antiorario.

ESEMPIO

Qual è la figura da scartare?

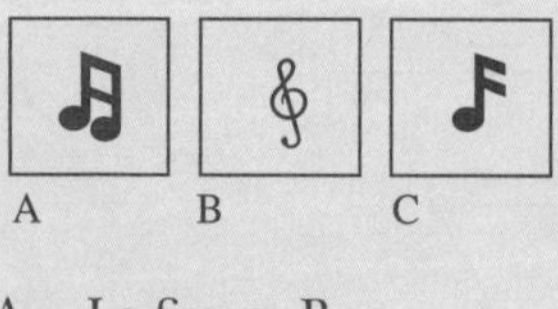

A B C

A. La figura B
B. La figura A
C. La figura C

La risposta esatta è la A.

Le figure rappresentano tutte note musicali, eccetto una che rappresenta la chiave di violino. Pertanto, la figura da scartare è la B.

Un altro esercizio di classificazione che richiede un po' più di attenzione è il seguente (tratto da un test *mensa* pubblicato sulla rivista Genius).

ESEMPIO

Si richiede di trovare le due figure da scartare tra le 16 proposte.

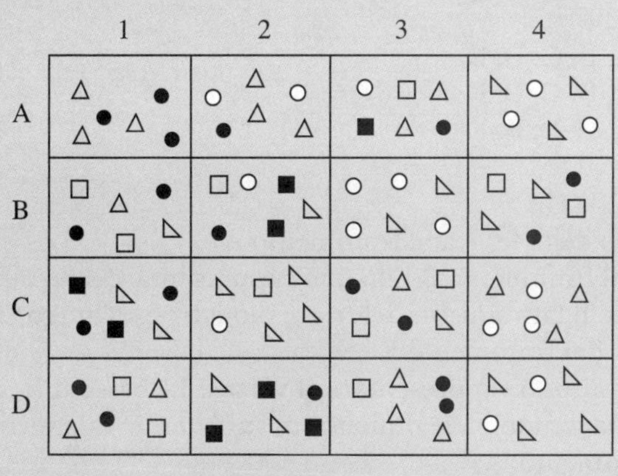

La difficoltà dell'esercizio è dovuta sia al numero di elementi che dobbiamo esaminare sia alla scoperta della "regola per l'eliminazione". Da un rapido sguardo si nota che tutte le tessere contengono lo stesso numero di elementi (sei elementi). Gli elementi sono disposti casualmente, quindi non ha importanza l'ordine. Due tessere hanno quattro elementi neri, due ne hanno tre, altre ne hanno due, ecc.; anche questo non è un criterio valido di esclusione. Sembra anche che non ci sia una figura che contenga lo stesso tipo di elementi: per esserne certi occorre molta attenzione. Infatti ce ne sono due uguali sotto questo aspetto: la tessera all'incrocio 1B contiene lo stesso tipo di elementi della tessera 3C. Queste sono quindi le figure da scartare.

Se siete riusciti a risolverlo entro un minuto di tempo, potete considerarvi molto abili nei compiti di classificazione; nel caso in cui non siate riusciti a risolverlo o ci abbiate messo più tempo, non preoccupatevi troppo, esercizi di questo tipo non sono poi così frequenti.

4.11 Scomposizione e ricostruzione di figure geometriche

Le prove di scomposizione e ricomposizione di figure geometriche, piane o solide, richiedono di saper anticipare in modo corretto quale aspetto assumerà una determinata configurazione in seguito a delle specifiche trasformazioni.

ESEMPIO

La figura data si ricompone solo con 5 frammenti. Quali tra quelli proposti?

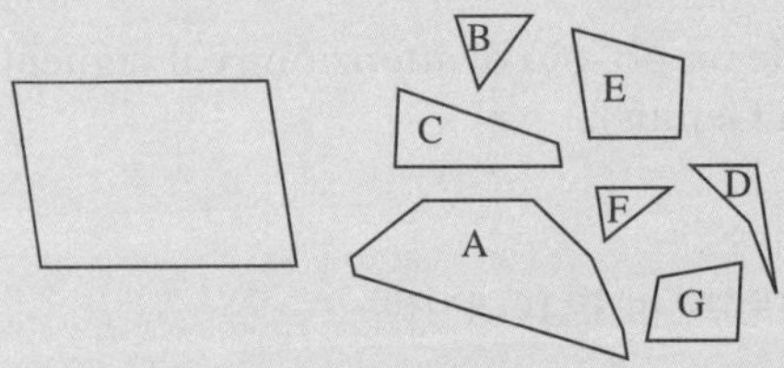

A. I frammenti A, B, C, D, E
B. I frammenti A, B, C, D, F
C. I frammenti A, C, D, E, F

La risposta esatta è la C.
Partiamo dal corpo della figura: il frammento A.
Si nota subito che il frammento B non può rappresentare il vertice in alto a sinistra della figura, perché il lato sinistro del triangolo è troppo lungo. Tale vertice è rappresentato, invece, dal frammento F.
Il frammento G non può rappresentare il vertice in basso a sinistra della figura, perché, anche ruotato, non ha le dimensioni sufficienti. Tale vertice è rappresentato, invece, dal frammento E.
Appare evidente che i frammenti E e C costituiscono la base della figura.
I frammenti che ricompongono la figura sono A, C, D, E e F.

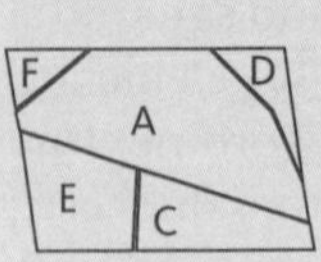

Altri quesiti appartenenti a tale tipologia hanno a oggetto un **solido**.

In generale, in tale tipologia di test si richiede di identificare:

- lo **sviluppo** di un solido, ossia la superficie che si ottiene riportando su un piano le facce che lo compongono. La capacità di sviluppare nel piano i solidi geometrici è la capacità di comprendere come le diverse facce si assemblino in modo che risulti chiara la forma tridimensionale del solido;
- l'**inviluppo** di un solido, ossia la ricomposizione del solido, partendo dalle facce aperte su un piano. L'inviluppo permette alla figura geometrica solida di assumere nuovamente la sua forma specifica nello spazio, ossia la sua composizione volumetrica. La capacità di inviluppare un solido è la capacità di comprendere la struttura del solido.

Queste abilità si ritiene siano prerequisiti fondamentali non soltanto nel settore metalmeccanico, edile, ma anche negli studi di architettura, nel design industriale, nella progettazione di materiali e negli studi ingegneristici. Si è stabilito che i soggetti più

capaci sono quelli che riescono a creare più velocemente una rappresentazione interna esatta e stabile dello stimolo, il che permette loro di attivare processi di trasformazione e confronto rapidi e senza errori.
Gli psicologi sperimentali che si sono dedicati particolarmente allo sviluppo di questo tipo di test, hanno scoperto che figure regolari come il cubo, la piramide ed altre possono essere risolte anche con l'ausilio della verbalizzazione, da ciò, al fine di ottenere prove che fossero in grado di eliminare il fattore verbale, spesso gli esercizi di questo tipo prevedono la ricomposizione o la scomposizione di figure tridimensionali irregolari.

Partiamo con l'analisi di una figura regolare: il cubo.

Il cubo è formato da sei quadrati disposti, su una superficie piana, nel seguente modo.

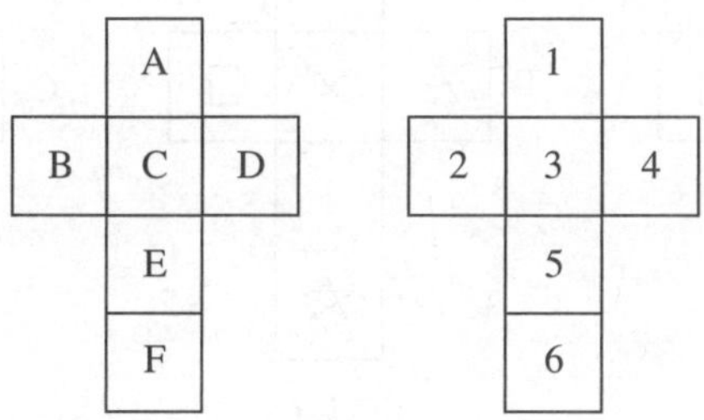

Provate a disegnare su un foglio A4 un cubo di 5 cm × 5 cm × 5 cm.

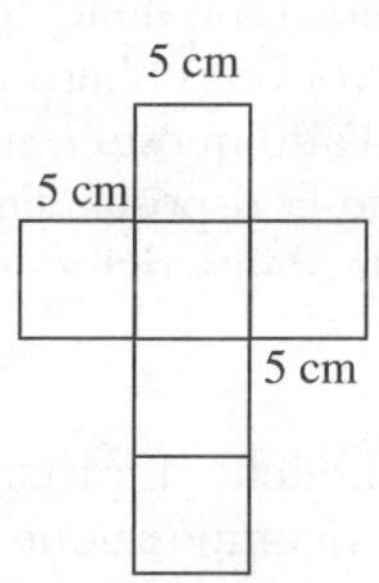

Disegnate con un lapis su ciascuna faccia una figura astratta e provate a visualizzare le trasformazioni che si potrebbero ottenere ricomponendo il cubo.
Questo è un ottimo esercizio soprattutto per coloro che hanno difficoltà nella rotazione mentale di figure complesse.

I test spaziali più semplici richiedono di individuare, a partire da una figura tridimensionale sviluppata e distesa su un piano bidimensionale oppure a partire da una raffigurazione di un solido regolare o irregolare, quale sia la figura esatta corrispondente tra quelle suggerite.

ESEMPIO

Quale tra le alternative fornite riproduce la seguente figura tridimensionale?

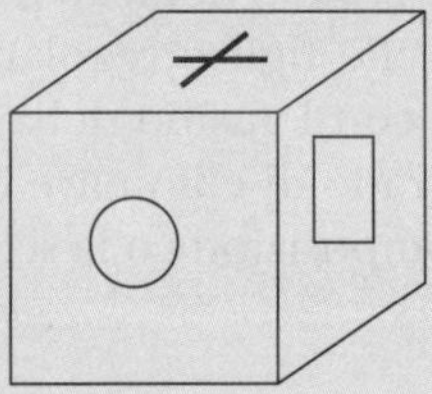

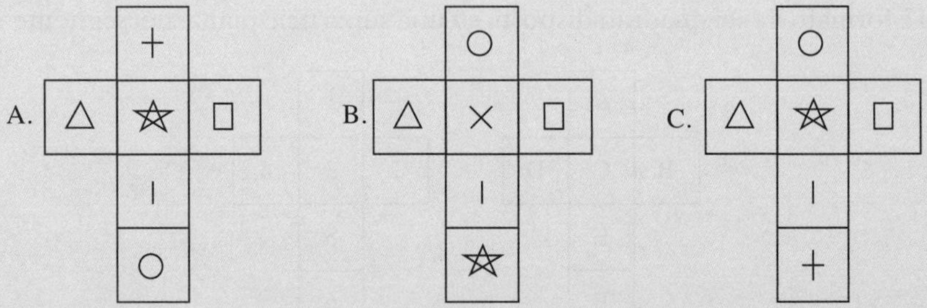

Le persone che non hanno problemi nel ricostruire e rielaborare mentalmente le figure non hanno bisogno dei suggerimenti seguenti, che invece risulteranno molto utili per coloro che al contrario mostrano delle difficoltà. Con una matita riproducete quelle risposte che secondo voi potrebbero riprodurre la figura solida bersaglio sul cubo che avete costruito. Fatto questo e supponendo che in tal modo siate riusciti ad individuare esattamente la risposta, cioè la C, dovreste avere raggiunto una maggiore consapevolezza sulle abilità richieste da questo tipo di compiti.

ESEMPIO

Adesso, senza guardare il vostro modello di carta, riuscite ad individuare quale tra i seguenti cubi non è dato dalla ricomposizione della figura corrispondente alla risposta C?

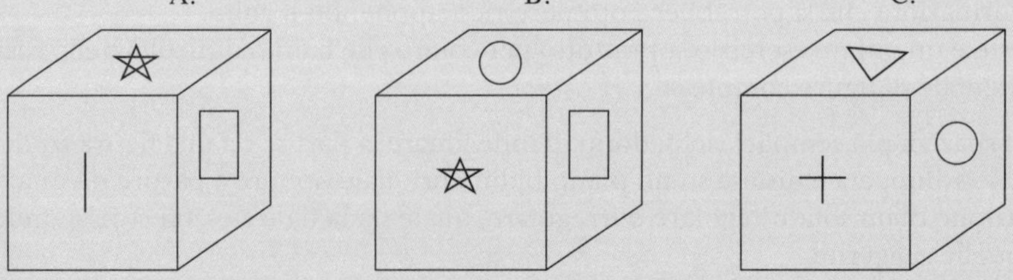

Per verificare la correttezza o meno della vostra risposta controllatela direttamente con il vostro modellino di carta.
La risposta corretta è C.

4.12 Logica meccanica

Generalmente, i quesiti di questa tipologia sono sotto forma di testo seguito da un grafico e la loro risoluzione chiede di applicare un principio meccanico.
Di seguito, proponiamo alcuni test di ragionamento meccanico, selezionati in modo da rappresentare vari settori della fisica.

4.12.1 Le ruote dentate

Questa tipologia di quesiti mostra un sistema di ruote dentate a contatto che possono avere diametri diversi. In queste domande dopo aver fissato un verso di rotazione per un elemento del sistema si chiede di trovare il verso di rotazione di un elemento incognito.
Le regole risolutive sono solamente due e sono semplici.
La **prima regola** prevede che due ruote adiacenti ruotino in senso opposto. Da ciò si deduce che se la ruota A è adiacente alla B e la C è adiacente alla B (A – B – C) si ha che la ruota A gira nello stesso senso della ruota C.
Per esempio:

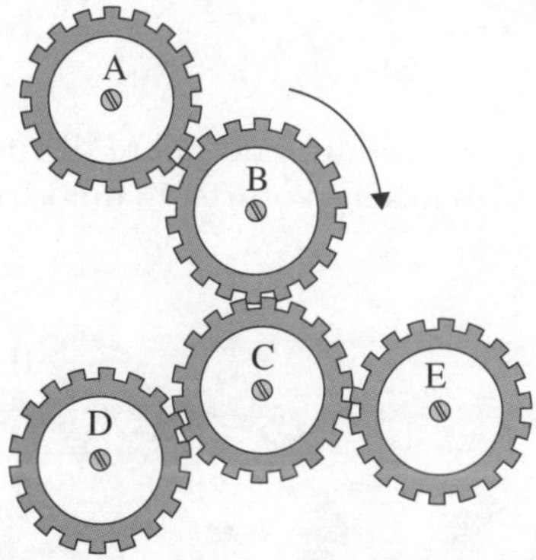

In questo caso poiché la ruota B gira in senso orario si ha che le ruote A e C ruotano in senso antiorario e la D e la E girano come la B.
La **seconda regola** prevede che due ruote di cui una interna all'altra ruotano nello stesso verso.

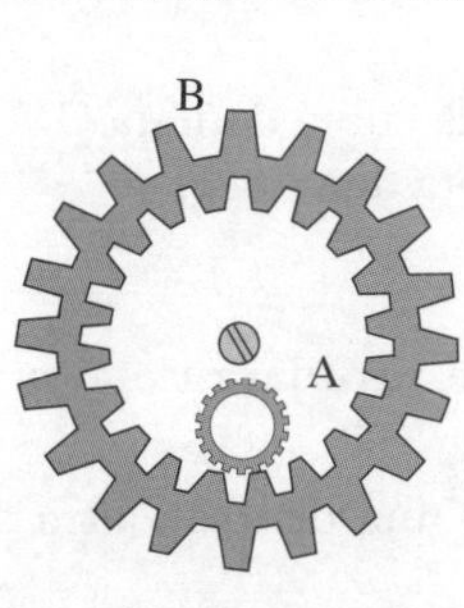

Ciò vuol dire che se la ruota B gira in senso antiorario anche la ruota A gira in senso antiorario.

Vediamo un esempio leggermente più complesso che prevede l'utilizzo congiunto delle due regole descritte precedentemente:

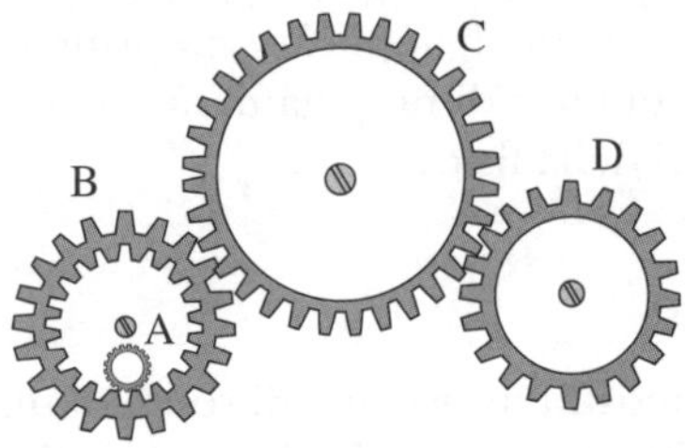

In questo caso ipotizziamo che la ruota B giri in senso orario, allora si avrà:

A ruota in senso orario
C ruota in senso antiorario
D ruota in senso orario

Tutti i quesiti relativi alle ruote dentate richiedono l'applicazione di queste due semplici regole.

Esempio
Nel seguente sistema, le ruote dentate sono libere di ruotare attorno a un perno fisso. Se la ruota dentata C gira in senso orario, in quale senso gira la ruota dentata piccola F?

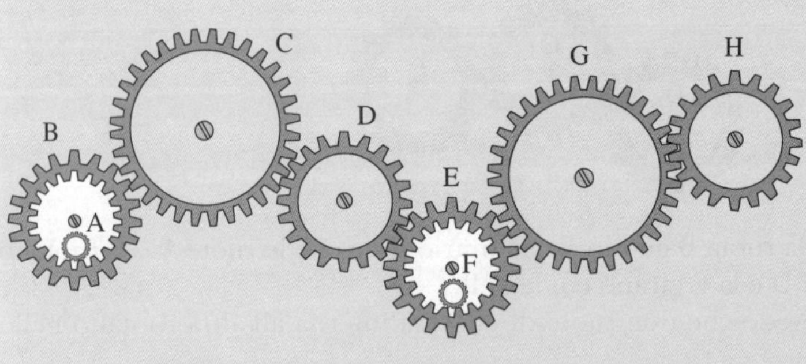

A. In senso inverso rispetto alla ruota dentata C
B. Nello stesso senso della ruota dentata H
C. In senso antiorario

Per risolvere il quesito, occorre ricordare i due principi di funzionamento degli ingranaggi seguenti:

1. Se due ruote dentate sono l'una dentro l'altra allora entrambe ruotano nello stesso senso.
2. Se due ruote sono a contatto hanno sensi di rotazione opposti, per cui se la prima ruota in senso orario, l'altra ruota in senso antiorario e viceversa.

Pertanto, se:

1. La ruota dentata C gira in senso orario, la ruota dentata D gira in senso antiorario.
2. La ruota dentata D gira in senso antiorario, la ruota dentata E gira in senso orario.

Inoltre, poiché la ruota dentata F è all'interno della ruota dentata E, ne avrà lo stesso senso di rotazione (orario).
Pertanto, stabilito che la ruota dentata piccola F ha senso di rotazione orario occorre individuare la risposta corretta.
Poiché tra la ruota dentata C e la ruota dentata H vi è un numero dispari (3) di ruote dentate, i due ingranaggi ruotano nello stesso senso, ossia in senso orario, si può affermare che la ruota dentata piccola F gira nello stesso senso della ruota dentata H: la risposta di cui all'alternativa B è corretta.
La ruota dentata C gira in senso orario, per cui non può essere corretta la risposta A.
La ruota dentata F non gira in senso antiorario, per cui la risposta di cui all'alternativa C non è corretta.

Consideriamo un altro esempio, in cui nel testo del quesito non è mostrato il grafico.

ESEMPIO

In un ingranaggio a due ruote dentate, una ruota ha 90 denti e l'altra 60. Se la ruota più grande compie 2 giri, quanti giri avrà compiuto la ruota più piccola?

A. 2
B. 3
C. Un terzo

Quando la ruota più grande compie 2 giri, ciascun dente si muove di $90 \times 2 = 180$ posti. Poiché nell'ingranaggio le ruote sono incastrate, anche ciascun dente della seconda ruota si muoverà di 180 posti, compiendo, visto che la seconda ruota ha 60 denti, $180 \div 60 = 3$ giri. La risposta corretta è la B.

4.12.2 Le carrucole

I quesiti relativi alle carrucole richiedono di ricavare lo spostamento del sistema, l'equilibrio o il verso di rotazione delle carrucole attraverso la comparazione dei pesi. In realtà non viene richiesto in modo diretto il comportamento gravitazionale del sistema ma in genere si richiede di calcolare il verso di rotazione delle carrucole in conseguenza del differente peso ai lati del sistema.

ESEMPIO

Il sistema indicato in figura si presenta nella sua fase iniziale e ha sfere di metallo tutte della stessa massa e una fune di massa trascurabile.

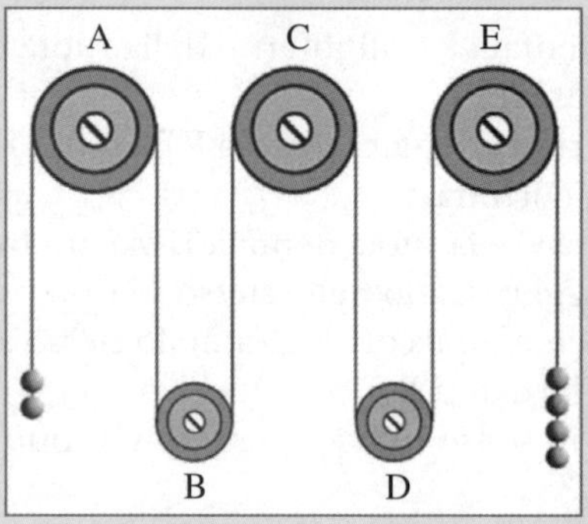

Se il sistema è sottoposto soltanto al campo gravitazionale con assenza di attrito, allora si può concludere che:

A. la carrucola A gira in senso antiorario
B. la carrucola B gira in senso orario
C. la carrucola C gira in senso antiorario

La risposta corretta è riportata nell'alternativa C. Si vede che il peso a destra è maggiore di quello di sinistra. Di conseguenza la carrucola E ruota in senso orario.
A questo punto si utilizzano le stesse regole valide per le ruote dentate, cioè ogni due carrucole si ha lo stesso verso di rotazione. Quindi:

E: orario
D: antiorario
C: orario
B: antiorario
A: orario

La carrucola A gira in senso orario.

Andiamo a risolvere alcuni quesiti considerando che l'unica regola è relativa al peso che fa ruotare il sistema. **Se la carrucola più pesante è a destra la prima carrucola ruota in senso orario, se il peso è maggiore a sinistra la prima carrucola ruota in senso antiorario.**

ESEMPIO

Il sistema indicato in figura si presenta nella sua fase iniziale e ha sfere di metallo tutte della stessa massa e fune di massa trascurabile.

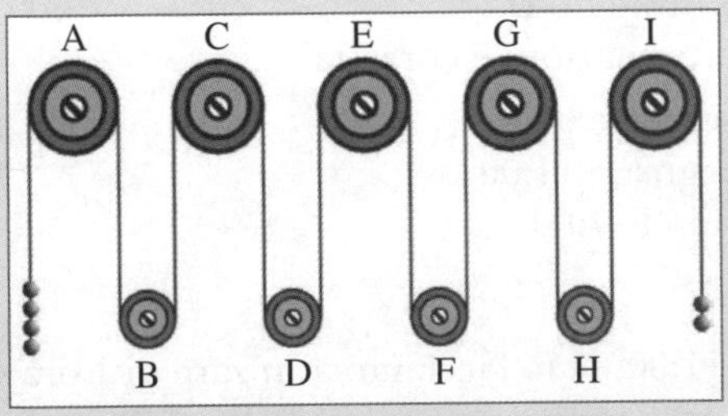

Se il sistema è sottoposto soltanto al campo gravitazionale con assenza di attrito, allora si può concludere che:

A. la carrucola F gira in senso orario
B. la carrucola D gira in senso antiorario
C. la carrucola E gira in senso orario

Il peso è maggiore a sinistra. La prima carrucola che si considera è la A che ruota in senso antiorario. Quindi

A: antiorario
B: orario
C: antiorario
D: orario
E: antiorario
F: orario

La carrucola F ruota in senso orario e la risposta corretta è la A.

4.12.3 Gli orologi

Nei quesiti degli **orologi**, solitamente, si richiede di determinare l'ora segnata da uno o più orologi dopo un certo numero di giri delle lancette. In tali quesiti, occorre prestare attenzione al senso di rotazione delle lancette e al significato di *numero di giri delle lancette*, ad esempio, quando la lancetta dei minuti compie un giro completo, vuol dire che è trascorsa un'ora, quando ne compie 1/2, vuol dire che è trascorsa mezz'ora..., analogo discorso vale per la lancetta delle ore.
Una particolare tipologia di quesito è riportata nell'esempio seguente.

ESEMPIO

Considerare gli orologi in figura:

A B C D

Far avanzare di 1 ora l'orologio A
Portare indietro di 2 ore l'orologio B
Far compiere mezzo giro in senso orario alla lancetta dei minuti dell'orologio C

Far avanzare di 2 ore l'orologio D.
Quale delle seguenti affermazioni è corretta?

A. Nessun orologio segna le 9:00
B. Nessun orologio segna le 11:00
C. Due orologi segnano le 7:00

La risposta esatta è la B.
L'orologio A segna le 11:00, se lo facciamo avanzare di 1 ora segnerà le 12:00.
L'orologio B segna le 9:00, se lo portiamo indietro di 2 ore segnerà le 7:00.
L'orologio C segna le 8:45, se facciamo compiere mezzo giro in senso orario alla lancetta dei minuti segnerà le 9:15.
L'orologio D segna le 7:00, se lo facciamo avanzare di 2 ore segnerà le 9:00.

Pertanto, l'unica affermazione corretta è "Nessun orologio segna le 11:00".

4.12.4 Le aste in equilibrio

Queste domande seguono la legge fisica di equiparazione dei momenti.
Il punto su cui è appoggiata l'asta è il fulcro. In fisica, per i corpi vincolati a ruotare attorno al fulcro è definita una grandezza, detta momento di una forza, che tiene conto sia della forza applicata sia della distanza del punto di applicazione di tale forza dal fulcro, detta braccio della forza.
Si realizza una situazione di equilibrio, ossia una situazione in cui l'asta è in posizione orizzontale, quando la forza applicata a sinistra è controbilanciata dalla tendenza opposta prodotta dalla forza applicata a destra dell'asta. In altri termini, occorre porre la condizione di equilibrio fra i momenti associati alle forze agenti sui due estremi dell'asta, relative ai due bracci. Numericamente, tale equilibrio si realizza quando il prodotto della forza per il braccio è uguale per entrambi i lati dell'asta.

In alcuni quesiti la distanza è misurata in numeri mentre la forza è rappresentata dal peso in gettoni.

ESEMPIO

Un'asse graduata di legno è appoggiata nel suo punto medio e su di essa sono sistemati alcuni gettoni.

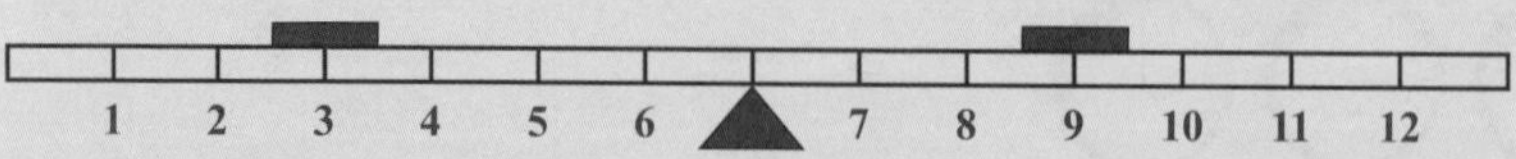

Per equilibrare il sistema in figura è necessario spostare un gettone:

A. Dalla posizione 9 alla posizione 8
B. Dalla posizione 9 alla posizione 10
C. Nessuna delle altre alternative è corretta: l'asse è già in equilibrio

La risposta corretta è la B.
Per risolvere il quesito è necessario che il valore del prodotto del numero di gettoni per la distanza dal centro deve essere uguale a destra e a sinistra.
A sinistra, si ha 1 gettone per 4 di distanza dal centro, cioè: $1 \times 4 = 4$.
A destra, si ha 1 gettone per 3 di distanza dal centro, cioè: $1 \times 3 = 3$.
Quindi si deve spostare il gettone di destra sulla posizione 10.

Consideriamo altri esempi.

ESEMPIO

Quale peso bisogna aggiungere per ottenere l'equilibrio dell'asta?

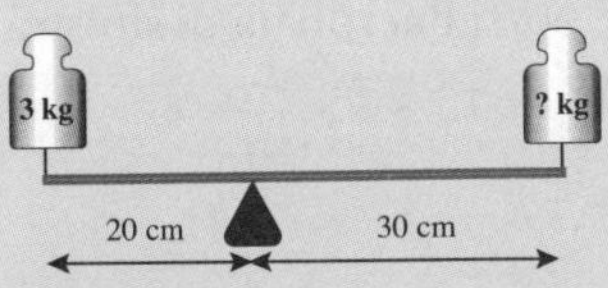

A. 3 kg
B. 1,5 kg
C. 2 kg

La risposta esatta è la C.
A sinistra, a 20 cm dal fulcro è agganciato un peso di 3 kg, con un momento di 3 kg × 20 cm = 60.
I momenti devono essere uguali a destra e a sinistra, per cui, a destra, a 30 cm dal fulcro, deve essere agganciato un peso di x kg, con un momento di x kg · 30 cm = 60.
Pertanto, il peso da agganciare deve essere tale che: $x = 60/30 = 2$ kg.

ESEMPIO

A quale distanza dal centro si deve porre il recipiente affinché l'asse sia in equilibrio?

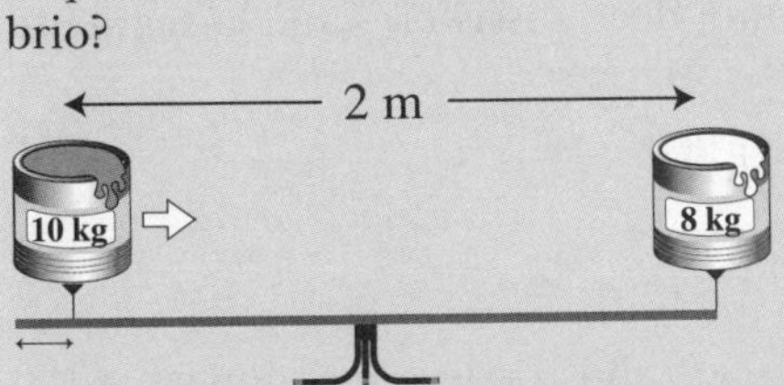

A. A 100 cm
B. A 8 cm
C. A 80 cm

La risposta esatta è la C.
Affinché l'asse sia in equilibrio il prodotto tra il peso agganciato e la distanza dal centro deve essere uguale a sinistra e a destra. A destra c'è un peso di 8 kg a 1 m = 100 cm di distanza dal centro, con un momento di 8 kg × 100 cm = 800. A sinistra

c'è un peso di 10 kg che bisogna posizionare a una certa distanza x dal centro per ottenere lo stesso momento; deve sussistere cioè la seguente relazione:

$$x \text{ cm} \times 10 \text{ kg} = 800$$

da cui:

$$x = = 80 \text{ cm}$$

Quindi, perché l'asse sia in equilibrio, bisogna posizionare il peso di sinistra a 80 cm dal fulcro.

ESEMPIO

Sapendo che l'acrobata di sinistra pesa 70 kg e che quello di destra, già posizionato all'estremità, pesa 56 kg, a quale distanza dal centro deve porsi l'acrobata di sinistra affinché l'asta sia in equilibrio?

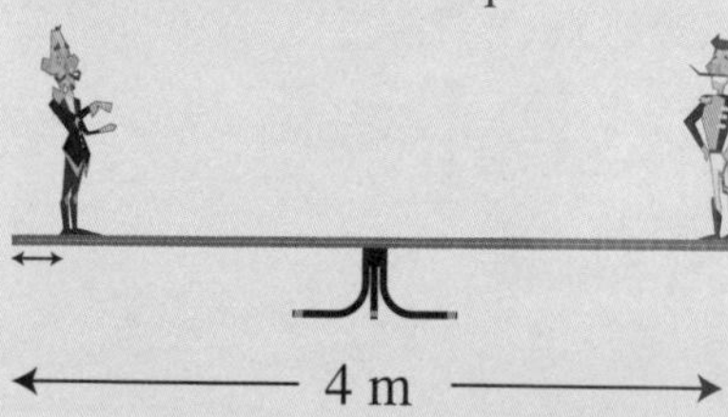

A. A 160 cm
B. A 200 cm
C. A 150 cm

La risposta esatta è la A.
Affinché l'asta sia in equilibrio il prodotto tra il peso dell'acrobata e la distanza dal centro deve essere uguale a sinistra e a destra. A destra, l'acrobata pesa 56 kg ed è a 2 m = 200 cm di distanza dal centro, con un momento di 56 kg × 200 cm = 11.200. A sinistra, l'acrobata pesa di 70 kg e deve posizionarsi a una certa distanza x dal centro per ottenere lo stesso momento; deve sussistere cioè la seguente relazione

$$x \text{ cm} \times 70 \text{ kg} = 11.200$$

da cui:

$$x = = 160 \text{ cm}$$

Quindi, perché l'asta sia in equilibrio, l'acrobata di sinistra deve posizionarsi a 160 cm dal fulcro.

Consideriamo un altro esempio, in cui nel testo del quesito non è mostrato un grafico; quest'ultimo può essere, tuttavia, di ausilio per la risoluzione del quesito.

ESEMPIO

Un'asta di metallo lunga 1 metro è sospesa per il suo centro. A 10 cm da una delle estremità è agganciata una massa di 5 kg. Qual è la massa da applicare all'estremità opposta per equilibrare l'asta e mantenerla in posizione orizzontale?

A. 3 kg
B. 10 kg
C. 4 kg

La risposta corretta è la C.

A 10 cm da una delle due estremità, supponiamo l'estremità sinistra, ossia a 40 cm dal fulcro, è agganciato un peso di 5 kg, con un momento di 5 kg × 40 cm = 200. Per l'uguaglianza dei momenti a destra e a sinistra, a destra, a 50 cm dal fulcro, deve essere agganciato un peso di x kg, con un momento di x kg · 50 cm = 200.

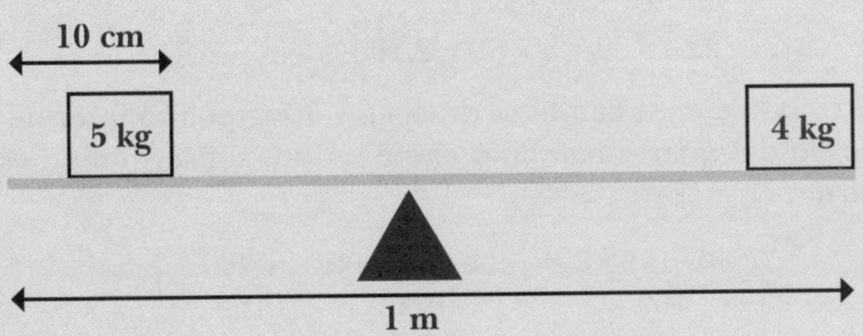

Pertanto, il peso da agganciare deve essere tale che: $x = \frac{200}{50} = 4$ kg.

Di seguito, proponiamo un esempio di tale tipologia di quesiti assegnato spesso nelle selezioni pubbliche.

ESEMPIO

Dei bambini giocano su un'altalena che ha due posti per lato. Il seggiolino esterno dista dal perno 100 cm, mentre quello interno 80 cm.

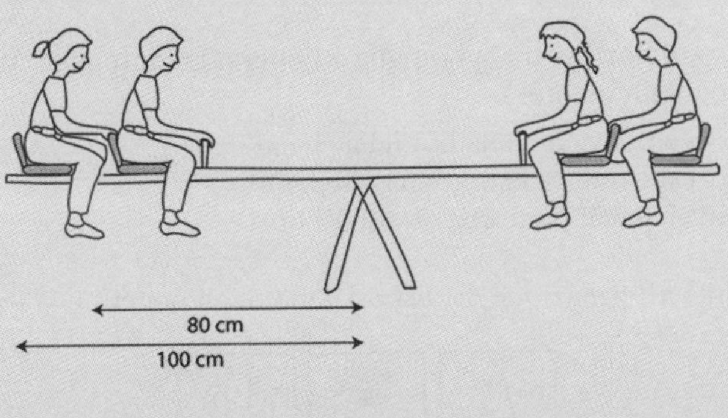

Sul seggiolino esterno del lato destro è seduto un bambino di 22 kg di peso, mentre sul seggiolino interno è seduto un bambino che pesa 4/11 del primo. Sul seggiolino interno del lato sinistro si siede un bambino che pesa 18 kg. Un quarto bambino sale sul seggiolino rimasto libero e l'altalena va in equilibrio. Quanto pesa il bambino?

A. 15 kg
B. 16 kg
C. 14 kg

Per sapere quanto pesa il bambino bisogna ricordare che l'altalena è in equilibrio quando il prodotto tra il peso dei bambini e la distanza dei seggiolini dal perno è uguale da ciascun lato. Sul lato destro dell'altalena ci sono un bambino che pesa 22 kg sul sediolino esterno, quindi a 100 cm dal perno, e un bambino che pesa × 22 = 8 kg sul sediolino interno, cioè a 80 cm dal perno, per cui il risultato da eguagliare per tenere l'altalena in equilibrio è:

$$22 \times 100 + 8 \times 80 = 2.200 + 640 = 2.840$$

Poiché dall'altro lato c'è un bambino di 18 kg sul seggiolino interno, cioè a 80 cm dal perno, il peso del quarto bambino che è seduto sul seggiolino esterno, cioè a 100 cm dal perno, è:

$$\frac{2.840-(18\times 80)}{100}=\frac{2.840-1.440}{100}=\frac{1.400}{100}=14 \text{ kg}$$

La risposta corretta è, dunque, la C.

4.13 Altri esercizi di ragionamento spaziale

In alcuni esercizi, che è possibile definire di ragionamento spaziale, sono date informazioni parziali sulla reciproca posizione di oggetti/individui, e, sulla base di tali informazioni, si richiede di identificare la loro giusta collocazione.
Si consideri l'esempio riportato di seguito.

ESEMPIO

Sul tavolo, il vaso di fiori sta tra la bottiglia e l'oliera. La bottiglia si trova tra l'oliera e il pane. Conseguentemente:

A. il vaso di fiori è più vicino alla bottiglia che al pane
B. il vaso di fiori si trova fra la bottiglia e il pane
C. l'oliera è più vicina al pane che al vaso di fiori

In base alla prima affermazione, la disposizione degli oggetti è la seguente:

In base alla seconda affermazione, la disposizione degli oggetti è la seguente:

Combinando opportunamente le due affermazioni, la collocazione degli oggetti in cucina è la seguente:

La risposta corretta è la A, in quanto il vaso di fiori è sempre più vicino alla bottiglia che al pane.
Tale risposta è quella corretta anche disponendo, in base alla prima affermazione, gli oggetti nel modo seguente:

In base alla seconda affermazione, la disposizione sarebbe, quindi, la seguente:

La disposizione finale degli oggetti sarebbe la seguente:

Altri esercizi di ragionamento spaziale richiedono, presupponendo un movimento, l'identificazione di una posizione (di partenza, …, di arrivo) di un individuo o di un mezzo di locomozione qualsiasi nello spazio, come nell'esempio riportato di seguito.

ESEMPIO

Un esploratore si sposta di un chilometro in direzione sud, un altro chilometro in direzione est e, infine, un altro chilometro in direzione nord. Alla fine del viaggio si ritrova allo stesso punto di partenza. Da dove è partito?

A. Da qualsiasi punto sul meridiano di Greenwich
B. Da qualsiasi punto collocato all'equatore
C. Dal polo Nord

Notiamo dalla figura che il polo nord è l'unico punto della Terra dal quale possiamo partire e ritrovarci nello stesso punto di partenza dopo aver proseguito per 1 km in direzione sud, poi per 1 km in direzione est ed infine per 1 km in direzione nord.

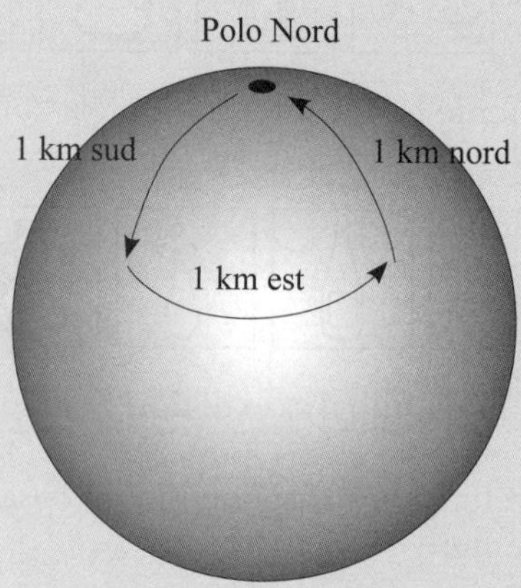

La risposta corretta è C.
Si noti come un discorso analogo possa essere fatto con il Polo Sud.

4.14 Attenzione e precisione

4.14.1 Abilità visiva con lettere e/o con numeri

I quesiti di abilità visiva con lettere e/o con numeri, in generale, non presuppongono calcoli. Tali quiz richiedono di analizzare le parole che compongono il testo, le lettere che compongono le parole o le cifre che compongono i numeri, valutandone il numero dei simboli.
Schematizzando, i quesiti di attenzione richiedono in genere di:

- Individuare la sequenza che presenta un'alternanza continua tra vocale e consonante
- Individuare la sequenza identica a quella data, semmai scritta al contrario
- Individuare la sequenza che contiene più volte una lettera o un gruppo di lettere
- Individuare la nuova sequenza aggiungendo o togliendo alcune lettere
- Riconoscere sequenze uguali o difformi

Si tratta di quesiti molto semplici, che non richiedono ragionamenti particolari e le cui indicazioni non devono essere interpretate, ma semplicemente eseguite con un po' di attenzione.

Sequenze con coppie di lettere di numero uguale tra loro

I quesiti appartenenti a tale tipologia saranno spiegati mediante l'esempio seguente.

ESEMPIO

In quale sequenza di lettere le "I" sono pari al numero delle "E"?

A. HIHUIHEUEHEH
B. EUHEUEIUIHUI
C. IUEEUHIUIHUI

In tutte le alternative di risposta proposte sono indicate sequenze di lettere I, E, U e H. Indicando con la lettera I e con la lettera E, nelle alternative di risposta si ha:

A. : 2 lettere I e 3 lettere E.
B. : 3 lettere I e 3 lettere E.
C. : 4 lettere I e 2 lettere E.

La risposta corretta è, pertanto, la B in cui sono presenti 3 lettere I e 3 lettere E.

Alternanza vocale/consonante in sequenze di lettere

I quesiti appartenenti alla tipologia riportata di seguito forniscono, tra le alternative di risposta, sequenze di lettere; la risoluzione degli stessi richiede l'identificazione della sequenza in cui esiste sempre alternanza vocale-consonante.

ESEMPIO

Indicare in quale delle seguenti alternative viene rispettata la regola di alternanza "vocale-consonante".

A. UCIXEFOMOROSAZQPIDIC
B. UCIXEFOMSAPIDIC
C. UCIXEFOMOROSAZAPIDIC

Sottolineiamo, per comodità di lettura, tutte le vocali presenti nelle sequenze date:

A. UCIXEFOMOROSAZQPIDIC
B. UCIXEFOMSAPIDIC
C. UCIXEFOMOROSAZAPIDIC

L'unica alternativa che rispetta la regola di alternanza "vocale-consonante" è la C.

La sequenza che "riproduce fedelmente" la sequenza data

I quesiti appartenenti a tale tipologia sono costituiti da sequenze alfanumeriche. Di tali sequenze è data una parte nel testo del quesito, la parte restante deve essere identificata tra le alternative di risposta.

ESEMPIO

Data la sequenza XDC456SSCFV89DTHS individuare l'alternativa che la riproduce fedelmente se aggiunta di seguito alla seguente: XDC456S

A. SCCV89DTHS
B. 7SCFV89DTHS
C. SCFV89DTHS

Aggiungiamo alle varie alternative la sequenza **XDC456S**:
A. **XDC456S**SCCV89DTHS
B. **XDC456S**7SCFV89DTHS
C. **XDC456S**SCFV89DTHS

Solo l'alternativa C corrisponde alla sequenza XDC456SSCFV89DTHS.

Sequenze di numeri "pari dispari pari"...

I quesiti appartenenti a tale tipologia forniscono, tra le alternative di risposta, 5 numeri costituiti ciascuno da 30 cifre e chiedono di identificare quello che **rispetta la sequenza** (per cui la dicitura del quesito è *Se la sequenza è "… … …", quale gruppo di numeri è corretto?*).
La sequenza da rispettare è del tipo:

> **pari pari dispari** che è equivalente a **dispari pari pari**;
> **pari dispari dispari** che è equivalente a **dispari dispari pari**;
> **dispari pari dispari** che è equivalente a **pari dispari pari**.

Altri quesiti chiedono di identificare, tra le alternative di risposta, il numero, sempre costituito da 30 cifre, che **non rispetta la sequenza** (per cui la dicitura del quesito è *Se la sequenza è "… … …", quale gruppo di numeri è errato?*).
Per risolvere tali quesiti, occorre dividere il numero in **triplette** di numeri in modo da verificare dove la sequenza è rispettata\non è rispettata a seconda del quesito.

ESEMPIO

Se la sequenza è "pari dispari dispari", quale gruppo di numeri è errato?
A. 893657411257853613478855431257
B. 897657635433215237699879659431
C. 239851475635291655473295811413

Nella sequenza 89365741125785361**3478**855431257, la tripletta 478 **non** rispetta la sequenza **pari dispari dispari**.
La risposta corretta è, dunque, la A.

Alternanza maiuscolo/minuscolo in sequenze di lettere

ESEMPIO

Se la sequenza è "minuscolo maiuscolo", quale stringa è scritta in modo errato?
A. "xWfFcTzTxZxWcHsFfSdGdEkHjK"
B. "jKpDkGjZiWoGuHoJiRuEweE"
C. "yGtJiKuLjRhChJgFpEoDiGpHkE"
Il quesito chiede di individuare la sequenza che **non** propone la corretta alternanza "minuscolo maiuscolo".

Per risolverlo, conviene suddividere la sequenza di ciascuna opzione in gruppi di lettere:
- per l'opzione "xWfFcTzTxZxWcHsFfSdGdEkHjK", si ha "xWfFcTzTxZxWcHsFfSdGdEkHjK" → la sequenza è corretta;
- per l'opzione "jKpDkGjZiWoGuHoJiRuEweE", si ha "jKpDkGjZiWoGuHoJiRuEweE" → la sequenza non è corretta, in quanto il gruppo we presenta due lettere consecutive minuscole;
- per l'opzione "yGtJiKuLjRhChJgFpEoDiGpHkE", si ha "yGtJiKuLjRhChJgFpEoDiGpHkE" → la sequenza è corretta;
- per l'opzione "nBvFcDxSzAqWeDrFtGyHuJiKoL", si ha "nBvFcDxSzAqWeDrFtGyHuJiKoL" → la sequenza è corretta;
- per l'opzione "bVcEdWsMjUhYgTpOmPnUbTcDzA", si ha "bVcEdWsMjUhYgTpOmPnUbTcDzA" → la sequenza è corretta.

La sequenza scritta in modo errato è la B.

Varianti di questa tipologia di quesito sono le seguenti:
1. **Se la sequenza è "minuscolo maiuscolo", quale stringa è scritta in modo corretto?** in cui la stringa da individuare è quella scritta con la giusta alternanza **minuscolo/maiuscolo.**
2. **Se la sequenza è "maiuscolo minuscolo", quale stringa è scritta in modo errato?** in cui la stringa da individuare è quella scritta con l'alternanza sbagliata **maiuscolo/minuscolo.**
3. **Se la sequenza è "maiuscolo minuscolo", quale stringa è scritta in modo corretto?** in cui la stringa da individuare è quella scritta con la giusta alternanza **maiuscolo/minuscolo.**

Successione di lettere (o di numeri) uguale a quelle date

I quesiti appartenenti a questa tipologia sono i quesiti di abilità visiva più diffusi.
Si tratta di quesiti molto semplici, che non richiedono ragionamenti particolari e le cui indicazioni non devono essere interpretate, ma semplicemente eseguite con un po' di attenzione.

ESEMPIO

La successione "QSSWSSQQ" è uguale a:

A. QSSWSSQQ
B. QSSWQSSQ
C. QSWSSSQQ

Per trovare la soluzione, è conveniente suddividere la successione in gruppi; la ripartizione dipende dalla sequenza data. In questo caso, poiché la successione presenta 2 volte 2 lettere S consecutive e 1 volta 2 lettere Q consecutive, evidenziamo le lettere della successione nel modo seguente: Q<u>SS</u>W<u>SS</u>**QQ**.

Per le diverse opzioni di risposta si ha che:

QSSWSSQQ	uguale a quella data
QSSWQSSQ	non è uguale a quella data, perché non compaiono le 2 Q consecutive
QSWSSSQQ	non è uguale a quella data, perché compaiono 3 S consecutive

La risposta corretta à la A.

Gruppo di numeri contrario a quello dato

ESEMPIO

Individuare il gruppo di numeri che risulti esattamente il contrario della seguente base: 7485986448823701209.

A. 9012073288446895847
B. 9021073288448659847
C. 9021073288446895847

Poiché si chiede di individuare il gruppo di numeri contrario a un numero dato, in questa tipologia di quesiti, conviene suddividere i gruppi di numeri in sotto-gruppi ma a partire da destra e procedendo verso sinistra.
Di seguito, suddividiamo la base in sotto-gruppi e scriviamo ciascun sotto-gruppo al contrario:

748	**5986**	**4488**	**2370**	**1209**	sotto-gruppi della base
847	**6895**	**8844**	**0732**	**9021**	sotto-gruppi al contrario

Suddividiamo in sotto-gruppi le alternative di risposta:

5°	**4°**	**3°**	**2°**	**1°**	
9012	0732	8844	6895	847	il quinto sotto-gruppo dovrebbe essere 9021
9021	0732	8844	**8659**	847	il secondo sotto-gruppo dovrebbe essere 6895
9021	0732	8844	6895	847	è esattamente il contrario della base

La risposta corretta è, dunque, la C.

Righe con errori di battitura

ESEMPIO

Quale tra le seguenti righe presenta una discrepanza di almeno 2 errori di battitura tra la colonna di sinistra e quella di destra?

A. 34567129867580 – 34567127867580
B. 44421087699221 – 44421077699221
C. 32106812437212 – 23196812447212

Nelle opzioni di risposta di questa tipologia di quesiti sono date due "colonne" di numeri.
Occorre individuare quale tra le opzioni presenta una differenza di almeno **2** errori di battitura tra la colonna di sinistra e quella di destra.

Consideriamo le diverse opzioni di risposta:

34567129867580 – 34567127867580	un solo errore: 7 invece di 9
44421087699221 – 44421077699221	un solo errore: 7 invece di 8
32106812437212 – 23196812447212	4 errori: 3 invece di 2, 2 invece di 3, 9 invece di 0, 4 invece di 3

La riga 32106812437212 – 23196812447212, che corrisponde all'opzione C, è quella che presenta almeno 2 errori di battitura tra la colonna di sinistra e quella di destra.

Varianti di questa tipologia di quesito sono le seguenti:

1. **Quale tra le seguenti righe presenta una discrepanza di almeno 3 errori di battitura tra la colonna di sinistra e quella di destra?**
   in cui bisogna individuare la **riga** che presenta **almeno 3** errori di battitura **tra le due colonne**
2. **Quale tra le seguenti righe presenta una discrepanza di almeno 4 errori di battitura tra la colonna di sinistra e quella di destra?**
   in cui bisogna individuare la **riga** che presenta **almeno 4** errori di battitura **tra le due colonne**
3. **Quale, tra le seguenti serie di numeri, presenta meno errori di battitura rispetto alla seguente sequenza?**
   in cui bisogna individuare la **serie di numeri** che presenta **meno** errori di battitura rispetto a una **sequenza numerica data**
4. **Quale, tra le serie di codici, presenta il maggior numero di errori rispetto alla base? BASE: ...**
   in cui bisogna individuare la **serie di codici** che presenta il **maggior numero** di errori rispetto a una data **base alfanumerica**.

Stringa numerica in sequenze di cifre

ESEMPIO

In quale, tra le seguenti sequenze di cifre, è presente, almeno una volta, la seguente stringa numerica "2412745"?

A. 5241527452427545694572241374
B. 4127455046784127452412455471
C. 4572241274524152745242754569

La risposta corretta è la C.

Solo nell'opzione 4572**2412745**241527452427554569 è presente una volta, quindi almeno una volta, la stringa 2412745.

Spesso, i quesiti di questa tipologia, che chiedono di identificare la sequenza in cui è presente almeno una volta una sequenza ridotta di numeri o lettere si trovano sotto questa **forma quasi equivalente**:

In quale riga è presente la seguente sequenza: ....?

in cui, tra le opzioni di risposta, occorre individuare quella in cui è presente identica sequenza di **numeri** o di **lettere**.

Gruppo di cifre simmetrico con (0) al centro

Una tipologia di quesito frequentemente assegnata è la seguente.

ESEMPIO

Il gruppo 9034(0)4309 può considerarsi simmetrico con (0) al centro. Quale tra i seguenti è altrettanto simmetrico?

A. 236548197(0)791845632
B. 164213579(0)973512461
C. 357980421(0)213709853

Il quesito può essere risolto eliminando una a una le cifre estreme di ciascun gruppo nelle opzioni di risposta.
Eliminiamo dal gruppo riportato nella risposta A di volta in volta le cifre a sinistra e a destra di (0):

236548197(0)791845632

36548197(0)79184563

6548197(0)7918456

548197(0)791845

48197(0)79184

197(0)791

7(0)7

La risposta corretta è, dunque, la A.

4.14.2 Abilità visiva con immagini

Di seguito proponiamo alcuni esempi di quesiti di abilità visiva in cui si chiede di osservare un'immagine e di contare il numero di elementi in essa presenti.

ESEMPIO

Il numero di ^{3} meno il numero di R è uguale a:

»	R	R	X	&	»	&	&	&	R
<	<	¥	*f*	^{3}	X	*f*	^{3}	»	^{3}
&	^{3}	^{3}	»	#	^{3}	&	R	*f*	X
»	X	*f*	<	*f*	R	R	^{3}	R	*f*
^{3}	*f*	X	X	^{3}	¥	<	X	^{3}	&
R	*f*	»	<	R	#	&	^{3}	»	^{3}
^{3}	&	^{3}	^{3}	^{3}	*f*	»	*f*	X	<
#	<	X	*f*	»	*f*	&	^{3}	*f*	¥
<	»	&	#	<	¥	*f*	R	^{3}	&
»	»	»	*f*	X	^{3}	R	<	#	»

A. 7
B. 8
C. 10

La risposta esatta è la B.
Nello schema sono presenti 19 simboli 3 e 11 simboli R, di conseguenza 19 – 11 = 8.

ESEMPIO

Quanti monitor con antenne sono raffigurati nell'immagine?

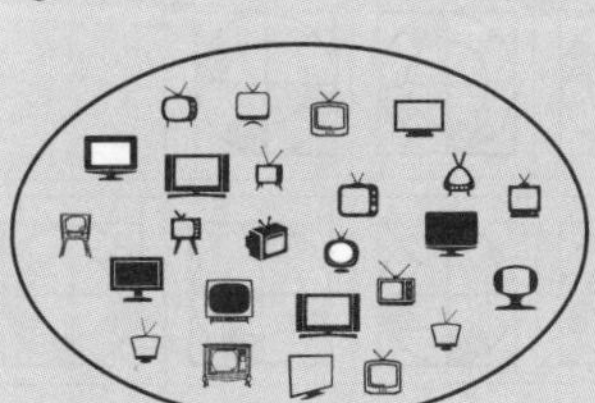

A. 14
B. 12
C. 11

La risposta esatta è la A.
Il quesito richiede semplicemente di contare i monitor con le antenne. In totale, sono 14.

Quesiti di verifica 4
Ragionamento astratto, spaziale e meccanico. Abilità visiva

1) Quale dei disegni proposti integra correttamente la serie?

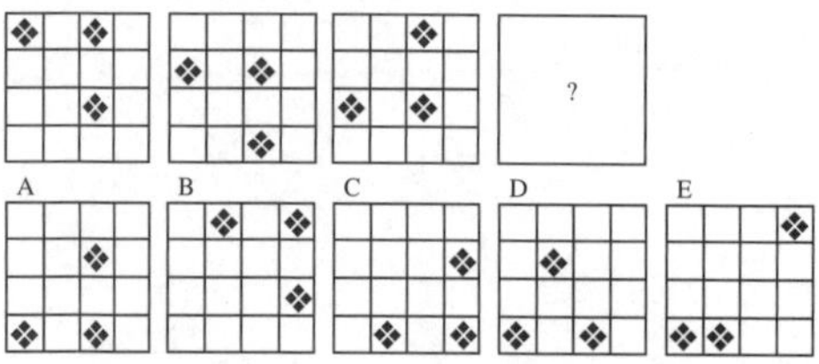

A. Il disegno indicato con la lettera A
B. Il disegno indicato con la lettera C
C. Il disegno indicato con la lettera B

2) Delle figure che seguono, la prima riga costituisce una sequenza logica che prosegue coerentemente in una sola delle figure proposte come soluzione. Di quale si tratta?

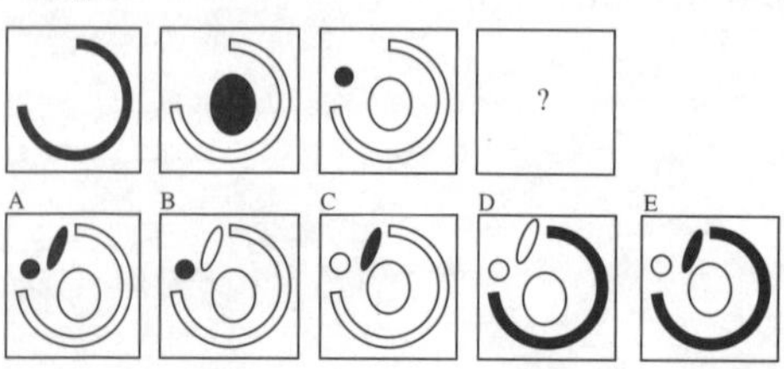

A. Della figura C
B. Della figura E
C. Della figura B

3) Quale dei disegni proposti integra correttamente la serie?

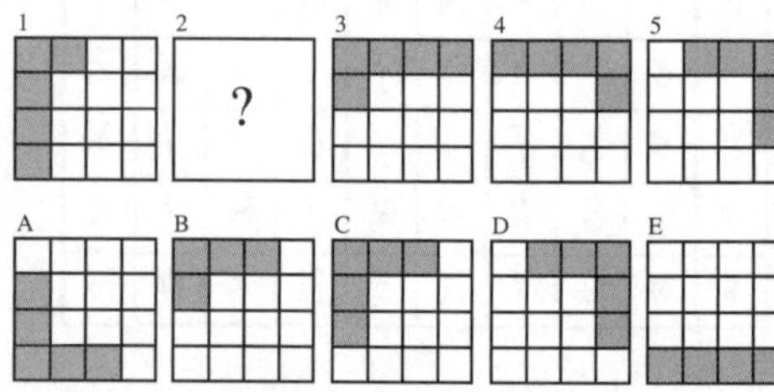

A. Il disegno indicato con la lettera C
B. Il disegno indicato con la lettera E
C. Il disegno indicato con la lettera A

4) È corretto affermare che per completare la serie il disegno da inserire nel box n. 5 è quello contrassegnato con la lettera D?

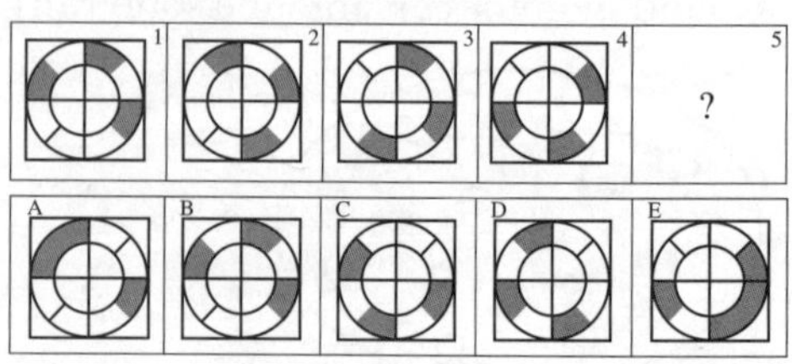

A. No, è il disegno indicato con la lettera E
B. No, è il disegno indicato con la lettera B
C. No, è il disegno indicato con la lettera C

5) Per analogia con le serie 1 e 2 è logico affermare che il completamento della serie 3 è dato da:

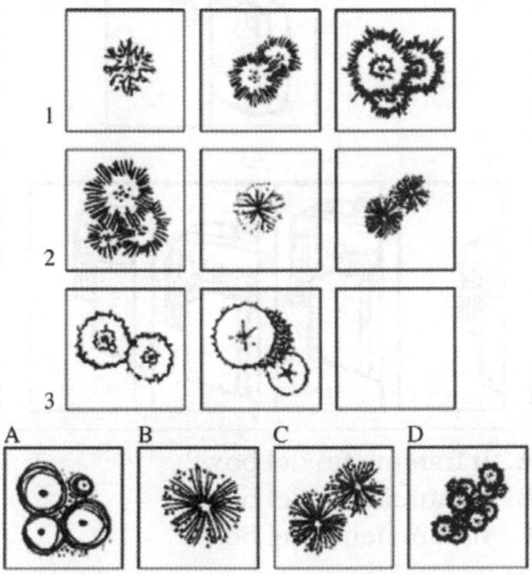

A. La figura mancante è quella indicata con la lettera D
B. La figura mancante è quella indicata con la lettera A
C. La figura mancante è quella indicata con la lettera B

6) Quale tra le figure proposte integra logicamente la proporzione che segue?

A. La figura indicata con la lettera E
B. La figura indicata con la lettera A
C. La figura indicata con la lettera C

7) Quale tra le figure proposte integra logicamente la proporzione che segue?

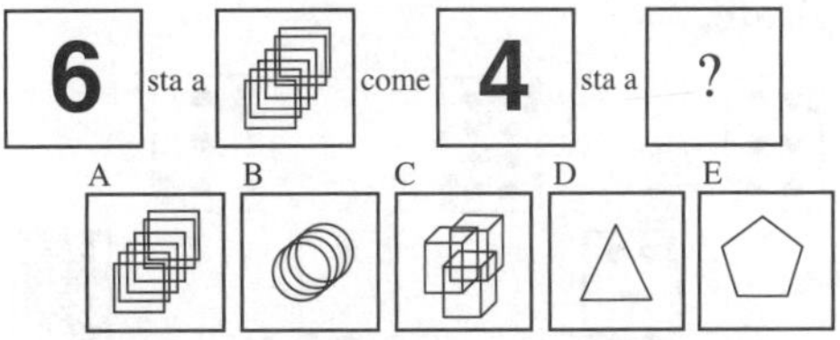

A. La figura indicata con la lettera A
B. La figura indicata con la lettera B
C. La figura indicata con la lettera C

8) Dato il primo termine della proporzione, con quali dei box proposti è possibile per analogia formare il secondo?

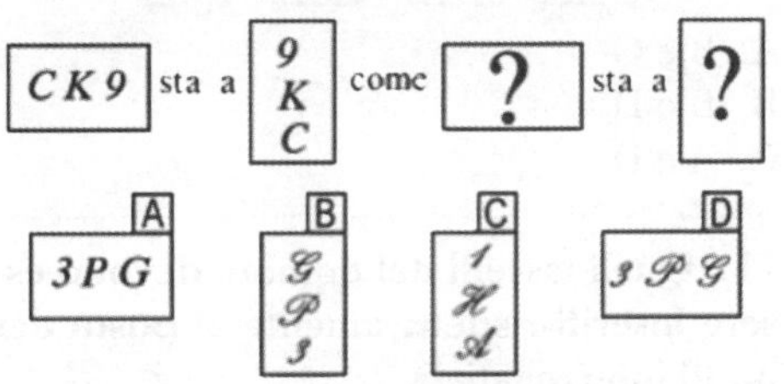

A. Rispettivamente con i box D e B
B. Rispettivamente con i box B e D
C. Rispettivamente con i box A e C

9) Dopo aver osservato i primi due termini della proporzione, individuare fra i cinque disegni proposti (A, B, C, D, E) quali, inseriti rispettivamente come terzo e quarto termine, ne rappresentano il logico completamento.

A. I disegni indicati con le lettere D e A
B. I disegni indicati con le lettere B e D
C. I disegni indicati con le lettere B e A

10) Dopo aver osservato l'insieme delle carte, indicare quali sono le due carte girate.

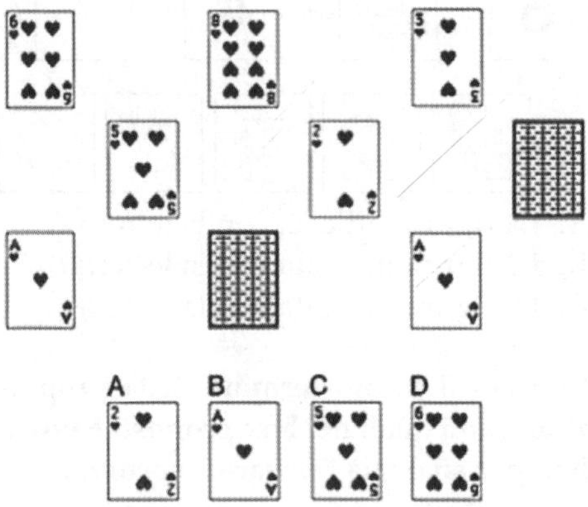

A. B e C
B. B e D
C. A e D

11) Quali tasselli del domino devono essere inseriti rispettivamente al posto dei punti interrogativi?

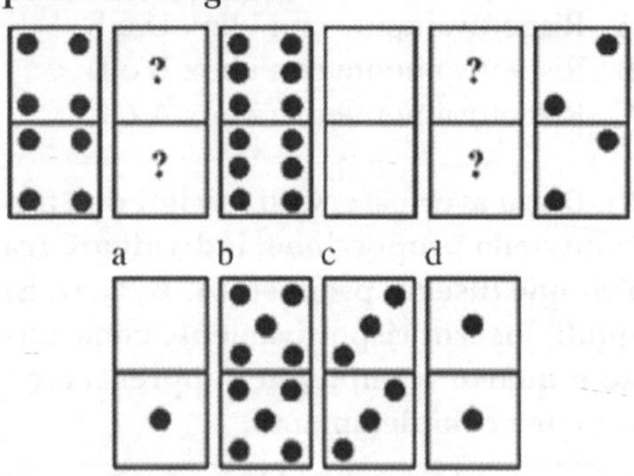

A. I tasselli c, a
B. I tasselli b, d
C. I tasselli a, b

12) Quale dei frammenti indicati è sicuramente da inserire in "A"?

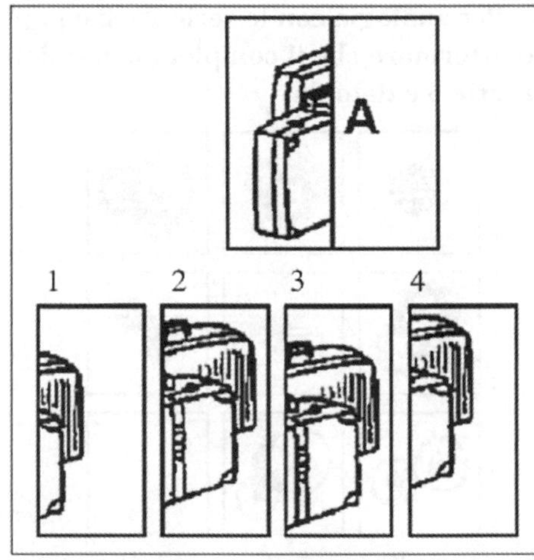

A. Il frammento del box 2
B. Il frammento del box 4
C. Il frammento del box 3

13) Dalla figura a sinistra è stato "ritagliato" un frammento che è presente identico:

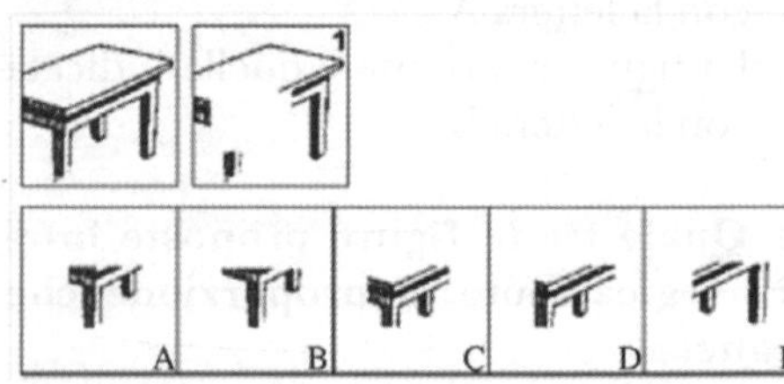

A. Nel box A
B. Nel box D
C. Nel box C

14) Quale dei disegni contrassegnati con i numeri 1, 2, 3, 4 e 5 corrisponde esattamente al disegno contrassegnato dalla lettera "A" dopo essere stato ribaltato e ruotato?

A. Il disegno indicato con il numero 1

B. Il disegno indicato con il numero 2
C. Il disegno indicato con il numero 4

15) Quale dei disegni contrassegnati con i numeri 1, 2, 3 e 4 corrisponde esattamente al disegno contrassegnato dalla lettera "A" dopo essere stato ribaltato e ruotato?

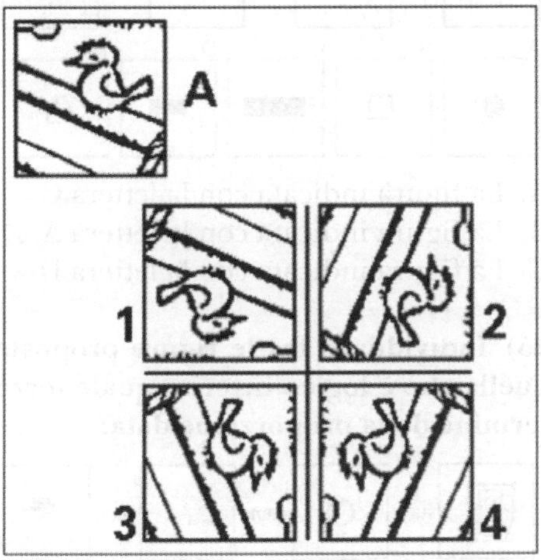

A. Il disegno indicato con il numero 1
B. Il disegno indicato con il numero 4
C. Il disegno indicato con il numero 3

16) Individuare quale delle serie di lettere è identica a quella data:
WVVWVVVWWWVW

A. WVWVVVWWWVW
B. WVVVWVWWWVW
C. WVVWVVVWWWVW

17) Dopo aver osservato attentamente il disegno, indicare quale affermazione non è corretta:

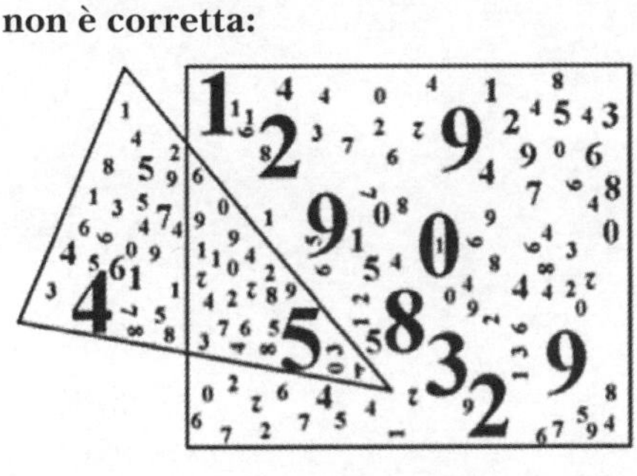

A. I numeri contenuti nel rettangolo sono 115
B. I numeri contenuti solo nel rettangolo sono più di quelli contenuti solo nel triangolo
C. I numeri contenuti solo nel rettangolo sono la metà di quelli contenuti solo nel triangolo

18) In quale dei seguenti gruppi il numero 4 è preceduto dalla lettera T?

A. EMQRBU4TWHBJBVJ4TKSVN-4TIOBfH
B. EMQRBUT4WHBJBVJT4KSVN-4TIOBfH
C. EMORBU4PWHBJBVJSKLSVN-4TIOBfH

19) Osservando attentamente le quattro figure proposte è possibile notare che tre di esse presentano elementi di omogeneità. Quali?

A. Figure A - C - D
B. Figure A - B - C
C. Sono tutte disomogenee

20) Osservando attentamente le cinque figure proposte è possibile notare che quattro di esse presentano elementi di omogeneità. Quali?

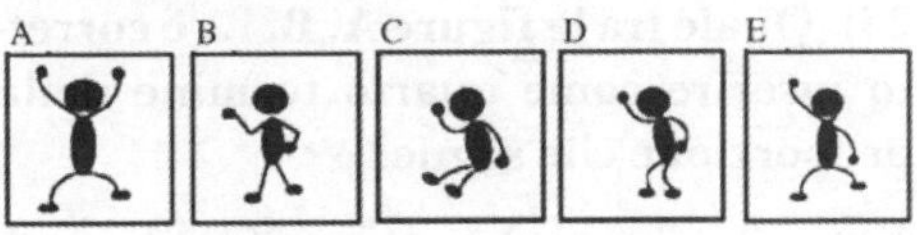

A. Figure A B D E
B. Figure B C D E
C. Figure A B C E

21) Con quale coppia di tasselli incastrati perfettamente è possibile completare logicamente la serie?

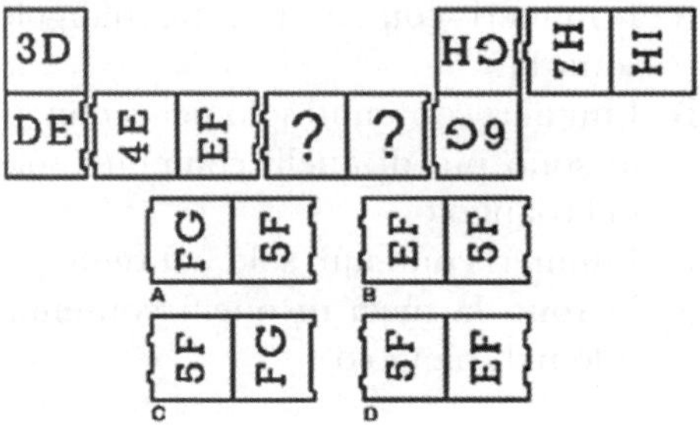

A. Con la coppia D
B. Con la coppia B
C. Con la coppia C

22) Per analogia con le serie date, cosa è logico affermare?

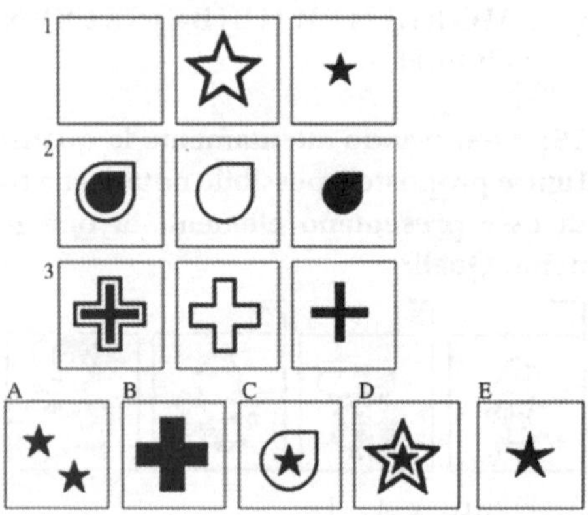

A. La figura mancante è quella indicata con la lettera B
B. La figura mancante è quella indicata con la lettera E
C. La figura mancante è quella indicata con la lettera D

23) Quale tra le figure A, B, ... è corretto inserire come quarto termine della proporzione che segue?

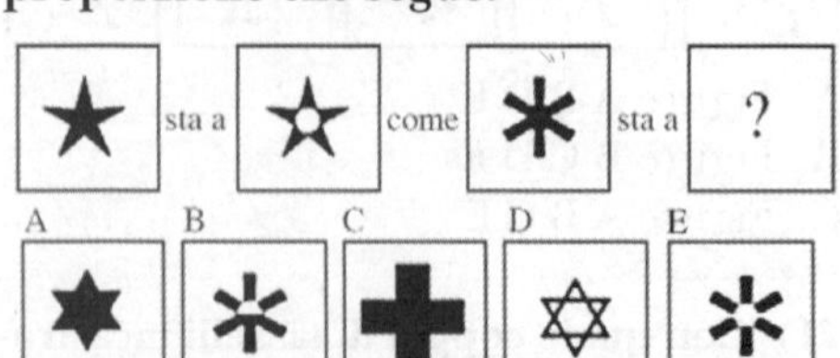

A. La figura D
B. La figura C
C. La figura E

24) Individuare fra le figure proposte quella che è logico inserire quale terzo termine della proporzione data:

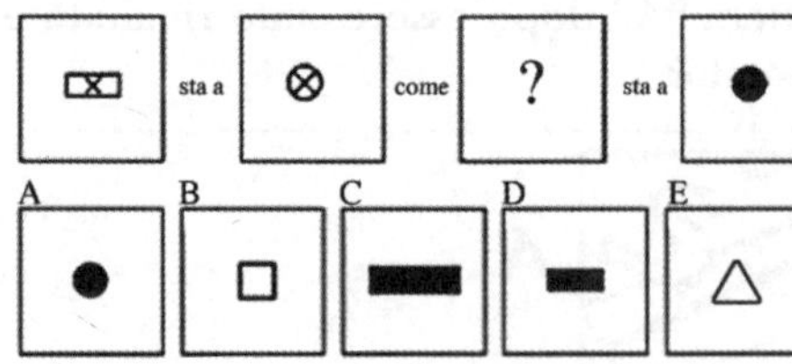

A. La figura indicata con la lettera C
B. La figura indicata con la lettera A
C. La figura indicata con la lettera D

25) Individuare fra le figure proposte quella che è logico inserire quale terzo termine della proporzione data:

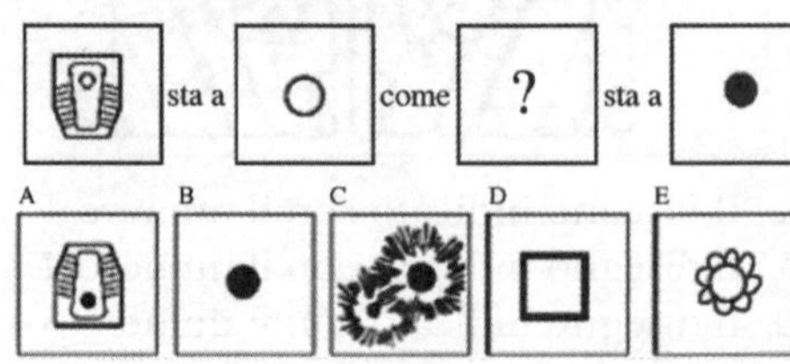

A. La figura che ne rappresenta il logico completamento è quella indicata con la lettera A
B. La figura che ne rappresenta il logico completamento è quella indicata con la lettera B
C. La figura che ne rappresenta il logico completamento è quella indicata con la lettera D

26) Individuare fra le figure proposte quella che è logico inserire quale terzo termine della proporzione data:

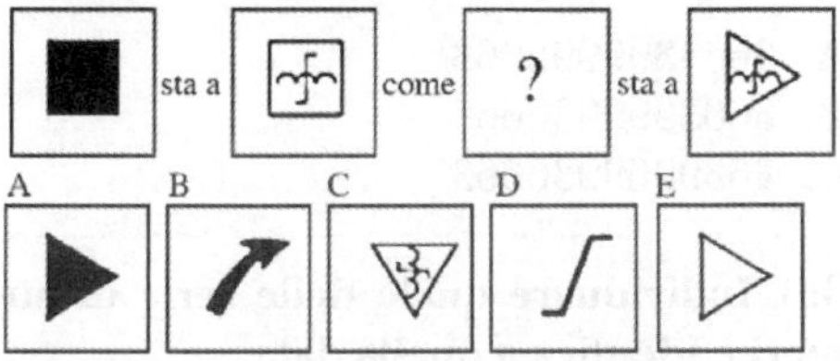

A. La figura indicata con la lettera D
B. La figura indicata con la lettera A
C. La figura indicata con la lettera B

27) Individuare fra le figure proposte quella che è logico inserire quale quarto termine della proporzione data:

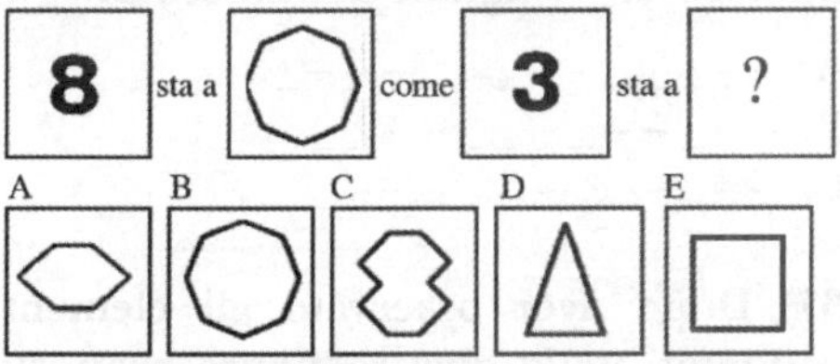

A. La figura indicata con la lettera A
B. La figura indicata con la lettera B
C. La figura indicata con la lettera D

28) Il sistema indicato in figura si presenta nella sua fase iniziale con sfere di metallo tutte della stessa massa e fune di massa trascurabile. Se il sistema è sottoposto soltanto al campo gravitazionale con assenza di attrito, allora si può concludere che:

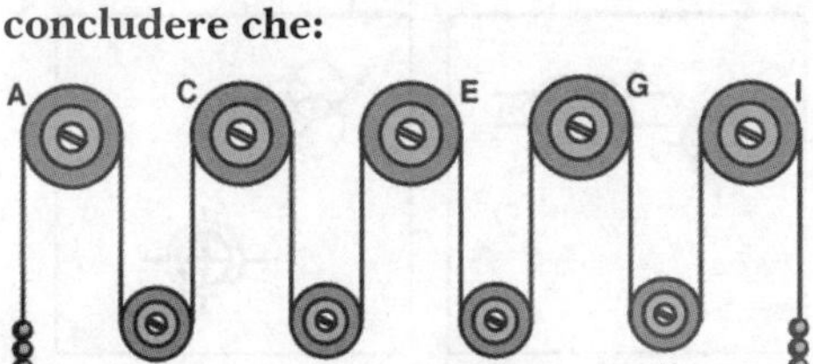

A. il sistema resta fermo perché in equilibrio
B. la carrucola A gira in senso antiorario
C. la carrucola D gira in senso antiorario

29) Nel seguente sistema, le ruote dentate sono libere di ruotare attorno a un perno fisso. Se la ruota dentata C gira in senso antiorario, in quale senso gira la ruota dentata E?

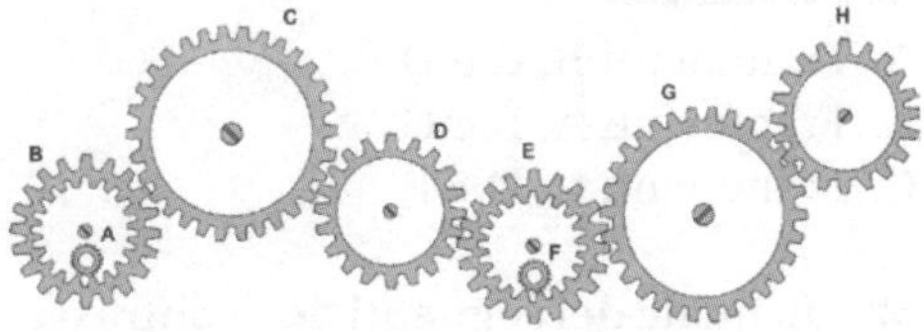

A. In senso orario
B. Nello stesso senso della ruota dentata G
C. Nello stesso senso della ruota dentata H

30) La figura che segue può essere scomposta in 4 dei 5 frammenti riportati. Qual è il frammento residuo?

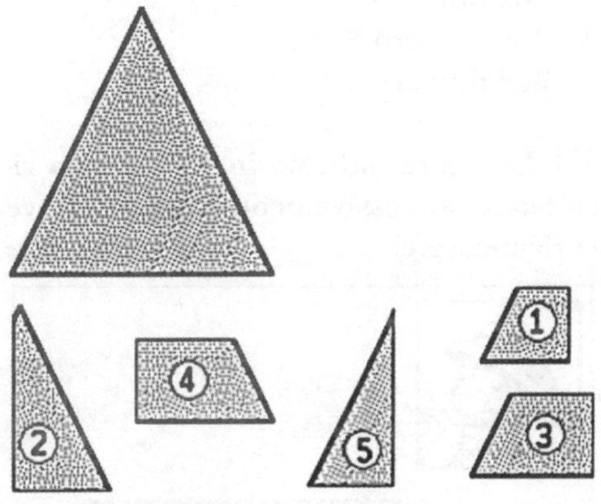

A. Il frammento contrassegnato con il numero 1
B. Il frammento contrassegnato con il numero 4
C. Il frammento contrassegnato con il numero 3

31) La figura che segue può essere ricomposta soltanto con tre dei cinque frammenti proposti. Quali?

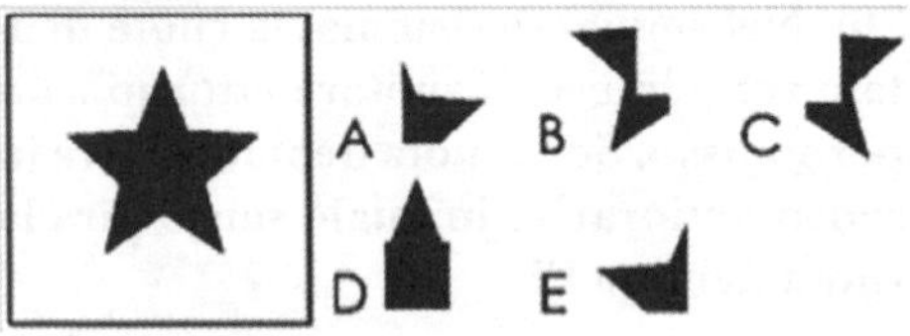

A. Frammenti B, C e D
B. Frammenti A, B e C
C. Frammenti C, D e E

32) In quale dei seguenti box contrassegnati da numeri è riproposto il disegno contrassegnato dalla lettera "A" dopo essere stato ribaltato e ruotato?

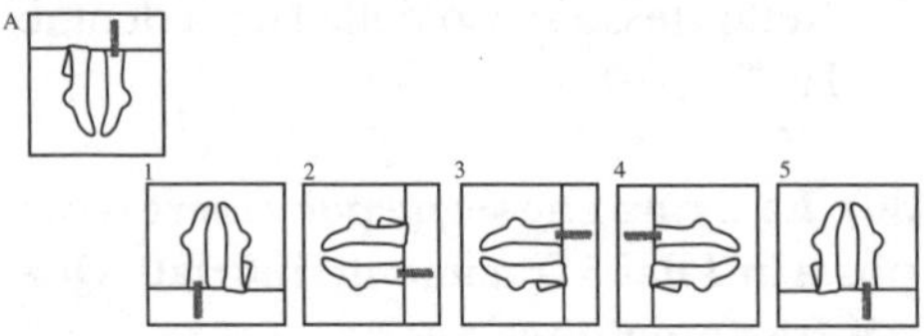

A. Box numero 2
B. Box numero 3
C. Box numero 5

33) La figura indicata in "A" è stata ribaltata e successivamente ruotata. Dove la riconoscete?

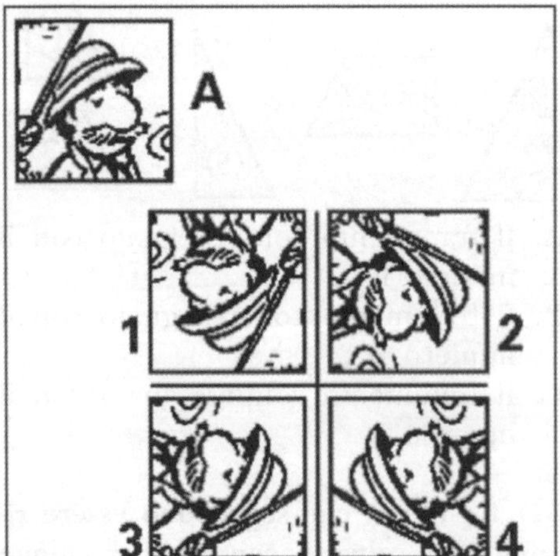

A. Nella figura indicata con il numero 1
B. Nella figura indicata con il numero 3
C. In nessuna delle figure proposte

34) Individuare quale delle serie di numeri è identica a quella data:

3663999936663

A. 3663399996663
B. 3663999936663
C. 3639969936663

35) Individuare quale delle serie di numeri è identica a quella data: 255222522555255252

A. 255222522525255252
B. 255225522555255252
C. 255222522555255252

36) Individuare la riga che contiene un numero di "-" uguale al numero di "_":

A. – – _ _ _ – – _ _ _ – – – _
B. – – _ – – _ – _ _ – – _ _
C. – – _ – _ _ – _ _ – – – _ _ _

37) Dopo aver osservato gli elementi contenuti nelle quattro figure proposte indicare quella estranea al gruppo:

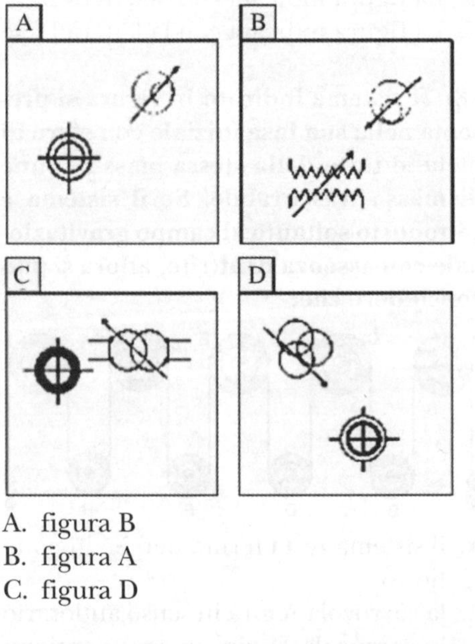

A. figura B
B. figura A
C. figura D

38) Quale figura elimineresti tra quelle proposte?

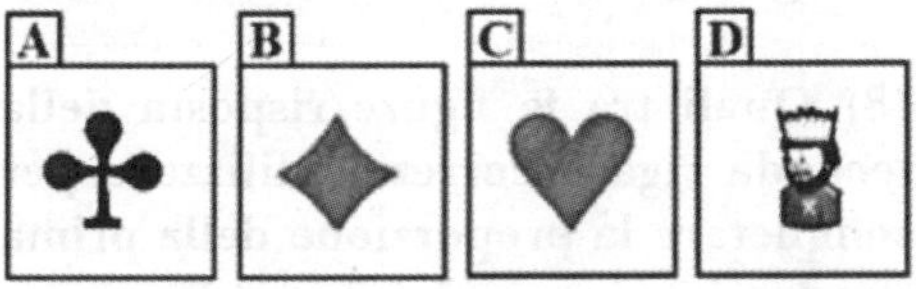

A. La figura C
B. La figura B
C. La figura D

39) Quale tra le seguenti figure è intrusa?

A. La figura D
B. La figura B
C. La figura C

40) Quale figura elimineresti tra quelle proposte?

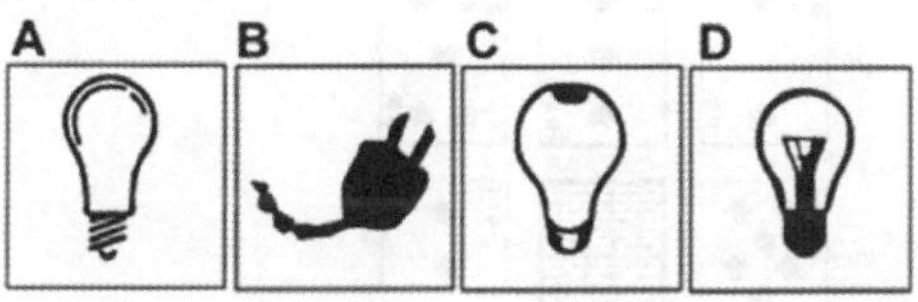

A. Figura D
B. Figura A
C. Figura B

41) Delle figure che seguono, la prima serie costituisce una sequenza logica che prosegue coerentemente in una sola delle figure proposte come soluzione. Di quale si tratta?

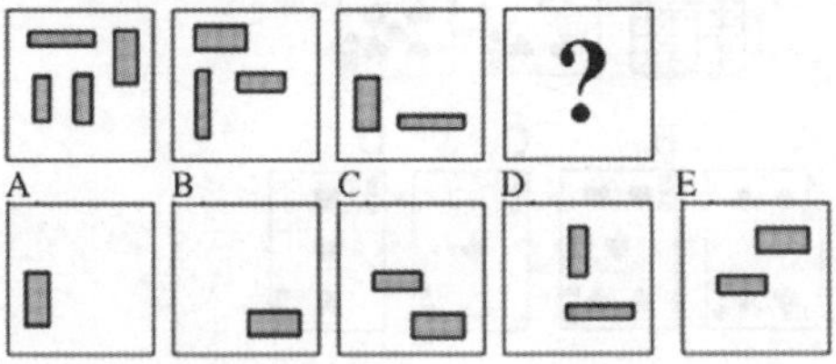

A. Della figura D
B. Della figura A
C. Della figura B

42) Quale dei disegni proposti integra correttamente la serie?

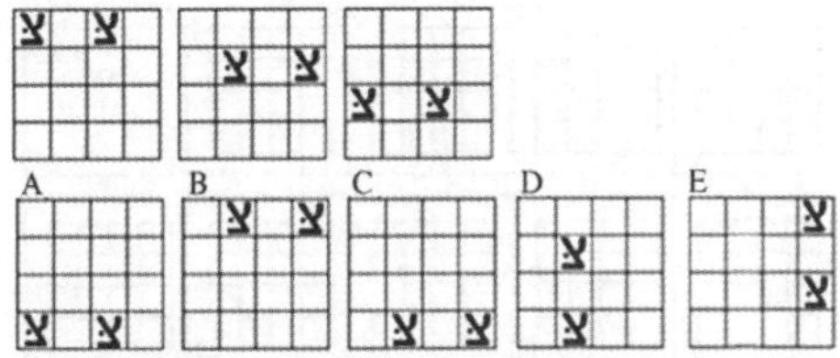

A. Il disegno indicato con la lettera D
B. Il disegno indicato con la lettera B
C. Il disegno indicato con la lettera C

43) Quale dei disegni proposti integra correttamente la serie?

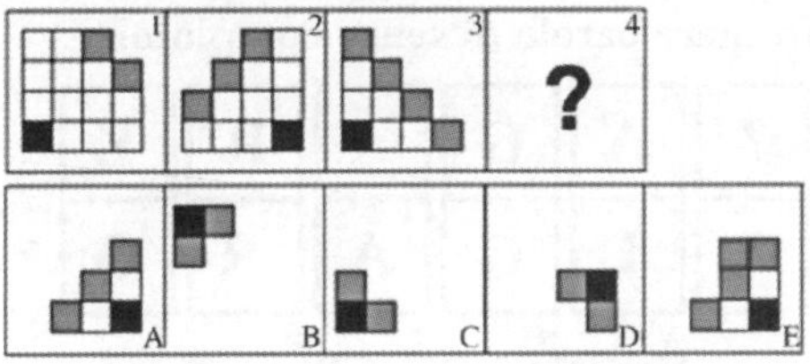

A. Il disegno indicato con la lettera A
B. Il disegno indicato con la lettera B
C. Il disegno indicato con la lettera C

44) Quale dei disegni proposti integra correttamente la serie?

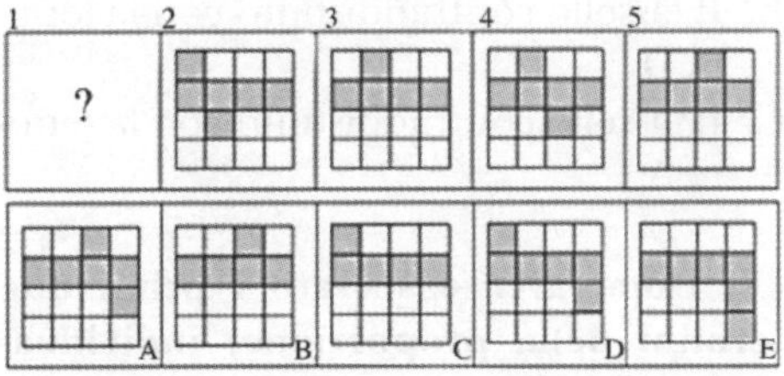

A. Il disegno indicato con la lettera B
B. Il disegno indicato con la lettera D
C. Il disegno indicato con la lettera C

45) Quale dei disegni proposti integra correttamente la serie?

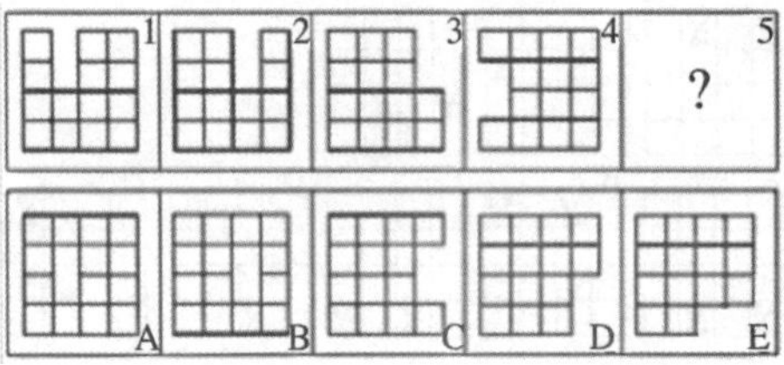

A. Il disegno indicato con la lettera C
B. Il disegno indicato con la lettera B
C. Il disegno indicato con la lettera A

46) Quale dei tasselli proposti inserito al posto dei punti interrogativi permette di formare parole di senso compiuto?

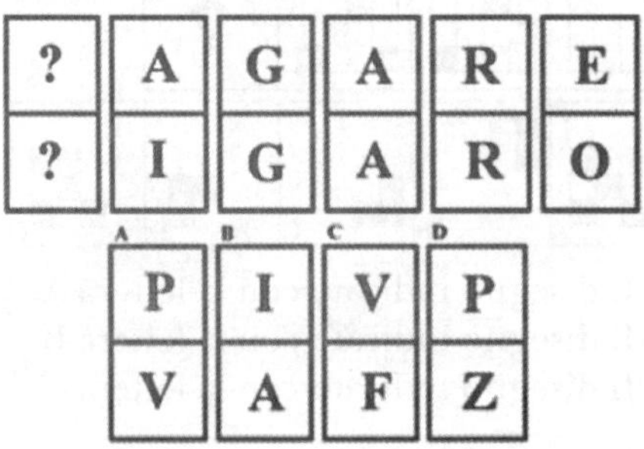

A. Il tassello contraddistinto con la lettera C
B. Il tassello contraddistinto con la lettera D
C. Il tassello contraddistinto con la lettera A

47) Dopo aver osservato i primi due termini della proporzione, individuare fra i cinque disegni proposti (A, B, C, D, E) quali, inseriti rispettivamente come terzo e quarto termine, ne rappresentano il logico completamento.

A. I disegni indicati con le lettere D ed E
B. I disegni indicati con le lettere B e D
C. I disegni indicati con le lettere B e C

48) Quali tra le figure/risposta della seconda riga è corretto utilizzare per completare la proporzione della prima riga lasciata incompleta?

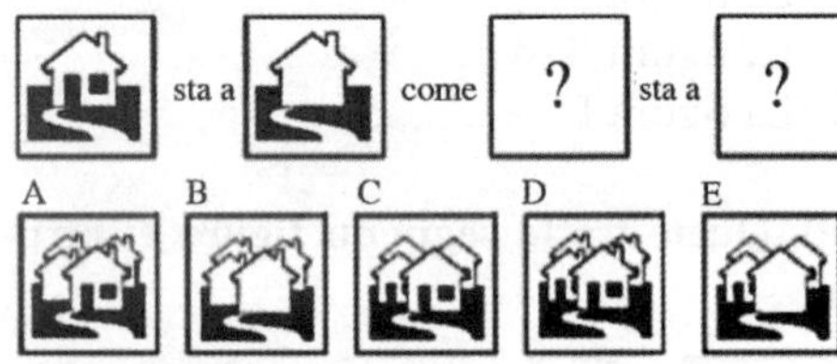

A. Le figure D e B
B. Le figure A ed E
C. Le figure D e A

49) Dopo aver osservato l'insieme delle carte, indicare in quali box sono contenute le due carte girate:

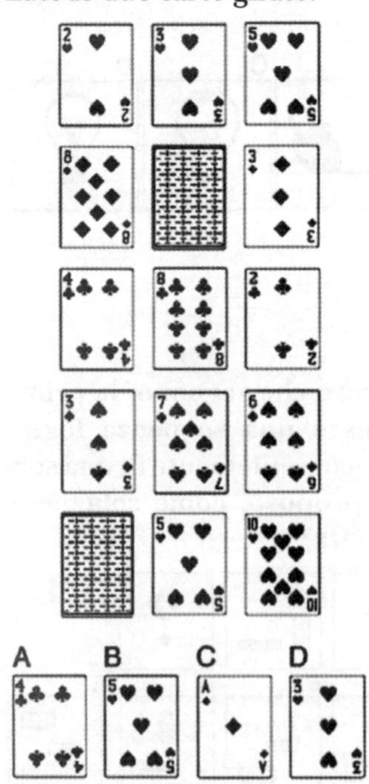

A. Box A e box B
B. Box C e box D
C. Box A e box D

50) Quali tessere del domino devono essere inserite al posto dell'elemento mancante della figura I e della figura II?

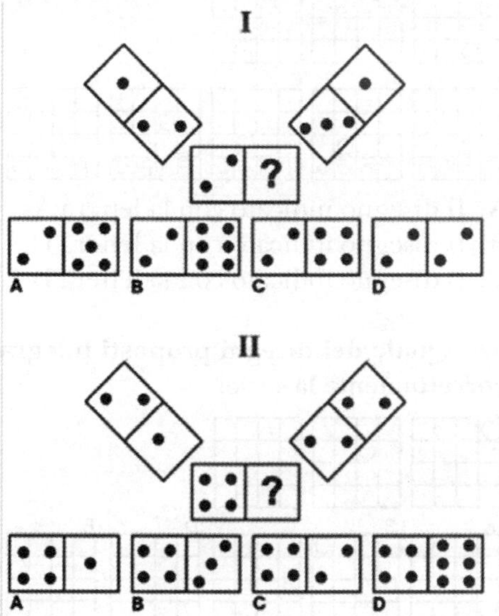

A. Per la figura I la tessera D e per la figura II la tessera B
B. Per la figura I la tessera B e per la figura II la tessera A
C. Per la figura I la tessera A e per la figura II la tessera B

51) La figura che segue può essere scomposta in 4 degli 8 frammenti riportati. Quali sono i frammenti residui?

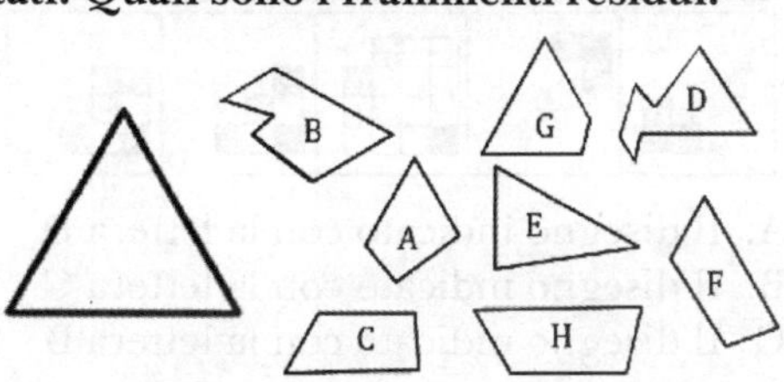

A. I frammenti contrassegnati con le lettere A, C, F, H
B. I frammenti contrassegnati con le lettere A, C, D, H
C. I frammenti contrassegnati con le lettere A, C, E, F

52) La figura che segue può essere ricomposta soltanto con tre dei sei frammenti proposti. Quali?

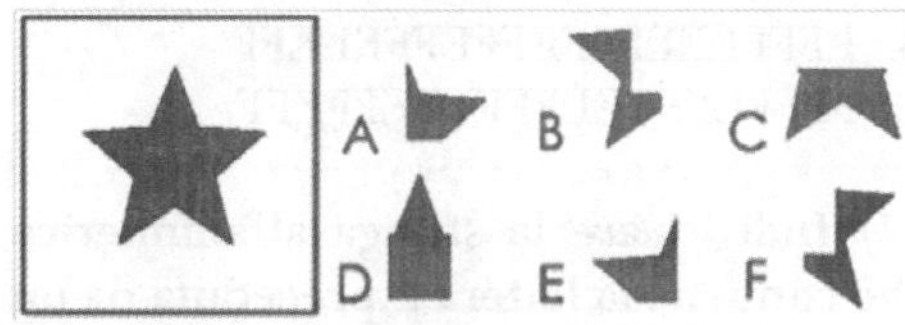

A. Frammenti B, C e D
B. Frammenti B, D e F
C. Frammenti A, B e C

53) La figura che segue può essere ricomposta soltanto con 4 dei 6 frammenti proposti. Quali?

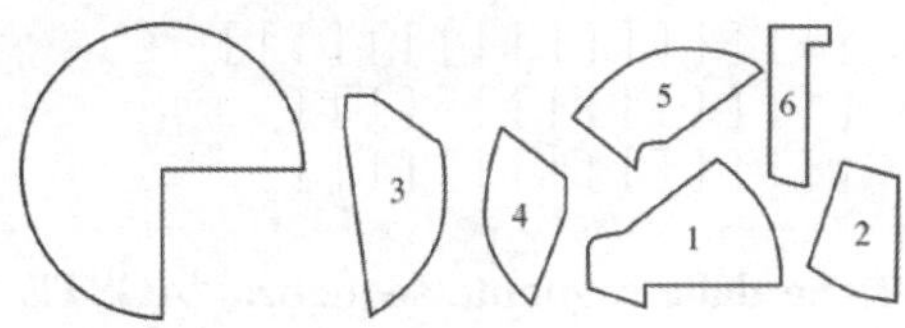

A. Frammenti 1, 3, 4 e 6
B. Frammenti 1, 2, 3 e 4
C. Frammenti 1, 2, 4 e 5

54) La figura che segue può essere ricomposta soltanto con 4 dei 6 frammenti proposti. Quali?

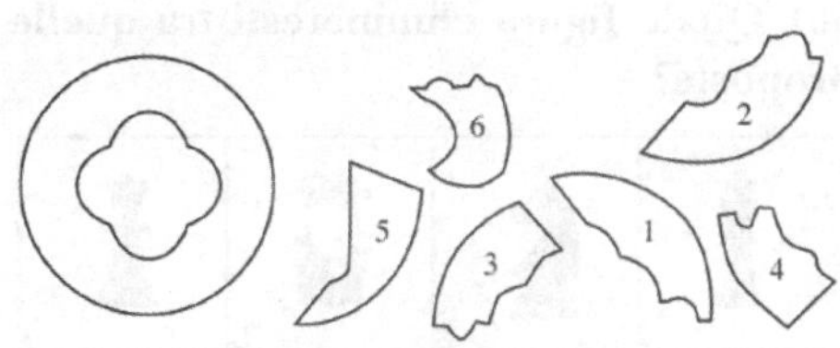

A. Frammenti 1, 2, 3 e 6
B. Frammenti 2, 4, 5 e 6
C. Frammenti 1, 2, 3 e 4

55) Individuare quale delle serie di lettere è identica a quella data: YXYXYXYXYXXYX

A. YXYXYXYXXYXYX
B. YXYXYXYXYXXYX
C. YXYXYXYYXXXYX

56) Individuare la riga che contiene il maggior numero di lettere E:

A. EFFFFEFFFFFEFEEEFEEFF
B. EFFFEEEFFFEFFEFFEEEFF
C. FFFFEFFEEEFFEFEEFFEFF

57) Individuare la stringa alfanumerica che contiene la lettera P preceduta da un numero dispari:

A. FV8P99OBGFDSX5989VFD54W98M
B. KUJNGFD68PFDC347NDS579OVDA
C. 5TGT47HH58HBS3257PKJM7XZA54

58) Individuare la riga che contiene un numero di "[" uguale al numero di "]":

A.]] [[[[[[[[ ]]]]]] [ ]]]
B. [[[[[ ]]]]]]] [[[ ]]
C. [[[[[[ ]]]]]]] [[[ ]]]

59) Se dalla seguente sequenza "AGSTECATEEIESACLMENTCNN" si escludessero le lettere dei termini "AGILMENTE" e "SACCENTE", si otterrebbe la sequenza:

A. MNTENS
B. NAMNCS
C. NTECAS

60) Quale figura elimineresti tra quelle proposte?

A. La figura C
B. La figura D
C. La figura B

61) Quale dei disegni proposti integra correttamente la serie?

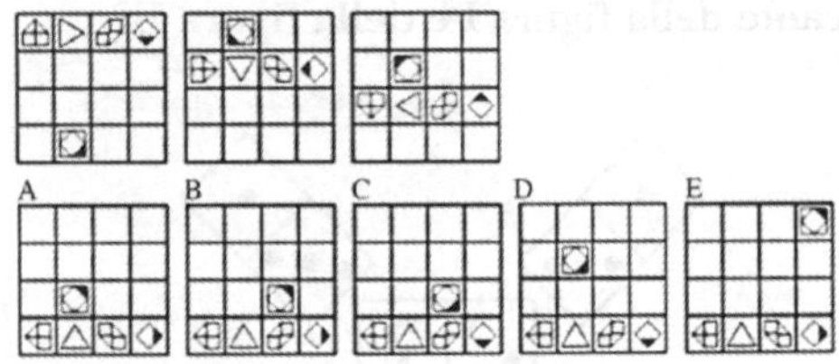

A. Il disegno indicato con la lettera A
B. Il disegno indicato con la lettera C
C. Il disegno indicato con la lettera D

62) Quale dei disegni proposti integra correttamente la serie?

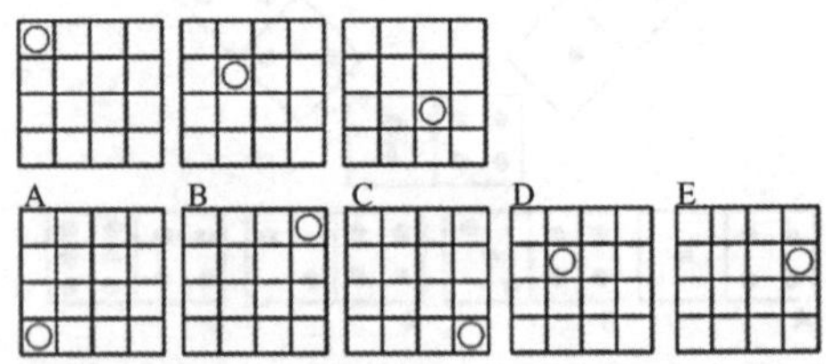

A. Il disegno indicato con la lettera E
B. Il disegno indicato con la lettera C
C. Il disegno indicato con la lettera D

63) Quale dei disegni proposti integra correttamente la serie?

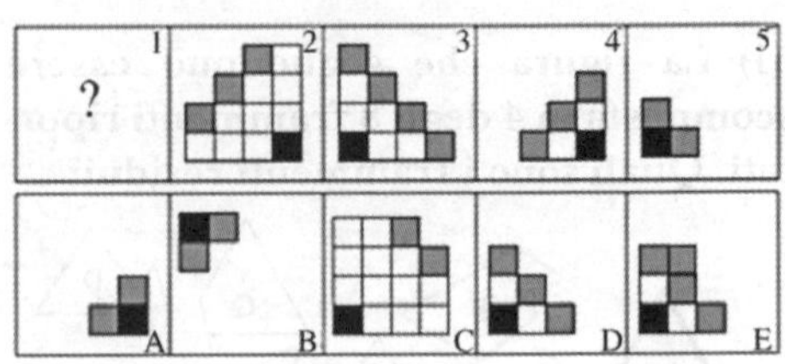

A. Il disegno indicato con la lettera D
B. Il disegno indicato con la lettera C
C. Il disegno indicato con la lettera B

64) Uno solo dei disegni contrassegnati con lettere costituisce il logico completamento della serie di disegni numerata da 1 a 5. Quale?

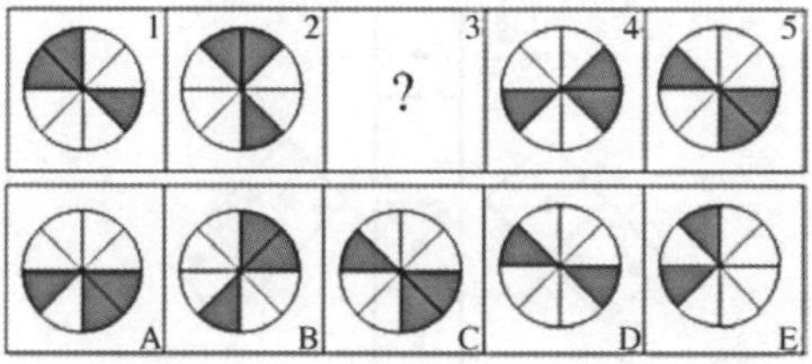

A. Il disegno indicato con la lettera C
B. Il disegno indicato con la lettera D
C. Il disegno indicato con la lettera B

65) Quale dei tasselli proposti, inserito al posto dei punti interrogativi, permette di formare parole di senso compiuto?

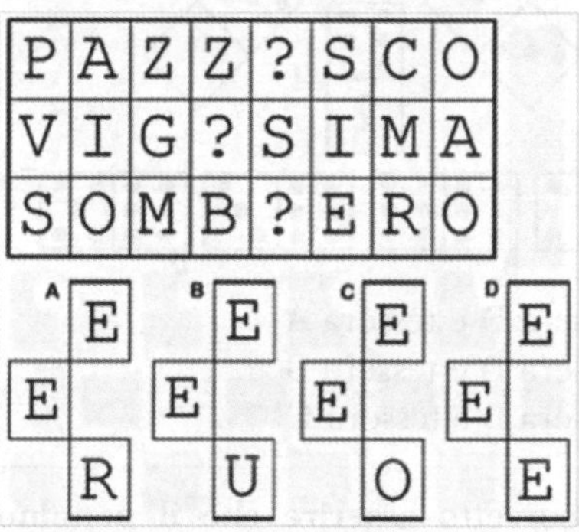

A. Il tassello contraddistinto con la lettera A
B. Il tassello contraddistinto con la lettera D
C. Il tassello contraddistinto con la lettera C

66) Individuare quale delle serie di lettere è identica a quella data:
ILIILIILLLL

A. ILIILIILLLL
B. ILILIILLLLL
C. ILIIILILLLL

67) Quali tra le figure/risposta della seconda riga è corretto utilizzare per completare la proporzione della prima riga lasciata incompleta?

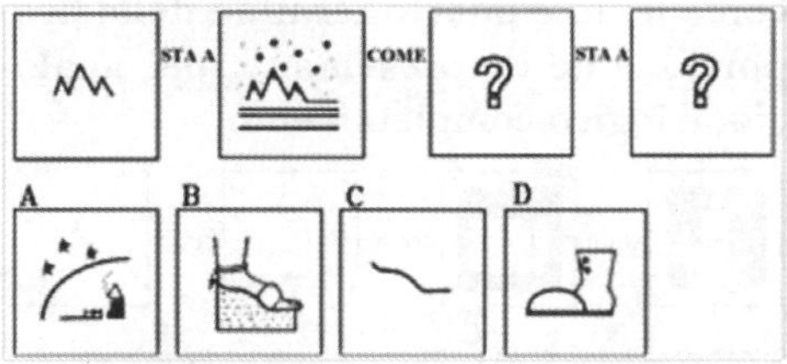

A. Le figure C e B
B. Le figure A e B
C. Le figure C e D

68) Individuare tra le quattro figure/risposta quelle che, inserite rispettivamente come terzo e quarto termine della proporzione, ne rappresentano, per analogia, il logico completamento.

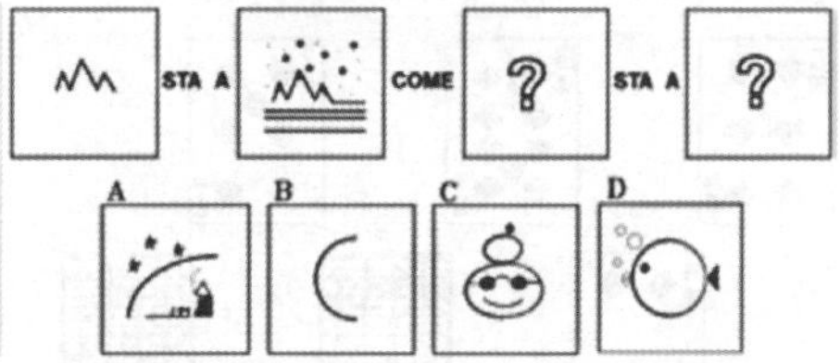

A. Le figure B e A
B. Le figure B e D
C. Le figure C e B

69) Individuare fra le cinque figure quelle che, inserite rispettivamente come terzo e quarto termine della proporzione, ne rappresentano, per analogia, il logico completamento.

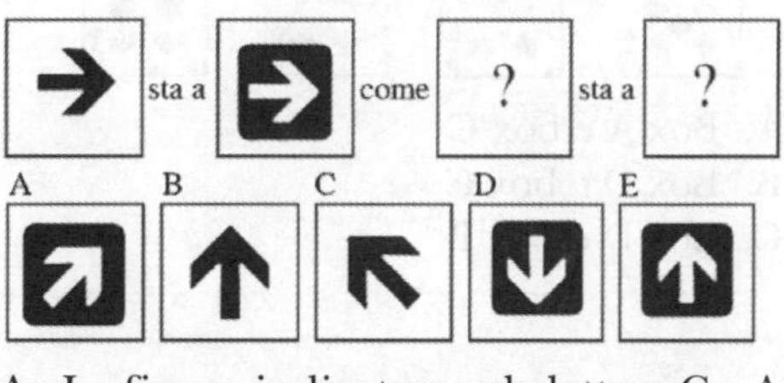

A. Le figure indicate con le lettere C e A
B. Le figure indicate con le lettere B e D
C. Le figure indicate con le lettere D e B

70) Individuare fra le cinque figure quelle che inserite rispettivamente come terzo e quarto termine della proporzione ne rappresentano, per analogia, il logico completamento.

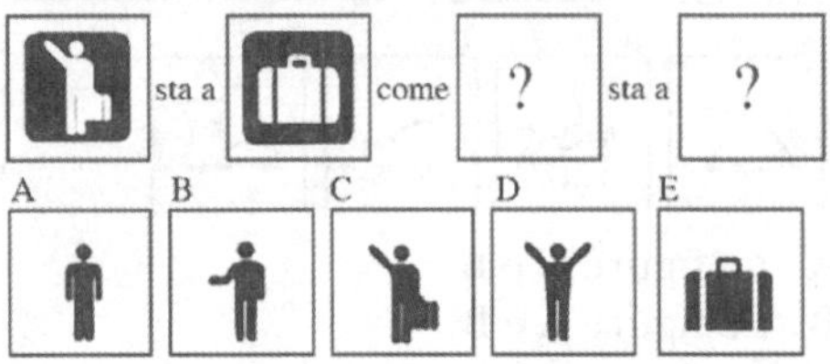

A. Le figure indicate con le lettere A e E
B. Le figure indicate con le lettere B e D
C. Le figure indicate con le lettere C e E

71) Dopo aver osservato l'insieme delle carte indicare in quali box sono contenute le due carte girate:

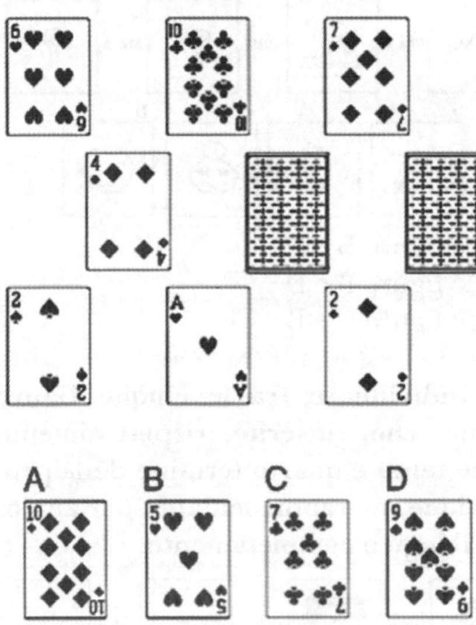

A. Box A e box C
B. Box D e box C
C. Box D e box B

72) Quale tessera del domino deve essere inserita al posto dell'elemento mancante rispettivamente nella figura I e nella figura II?

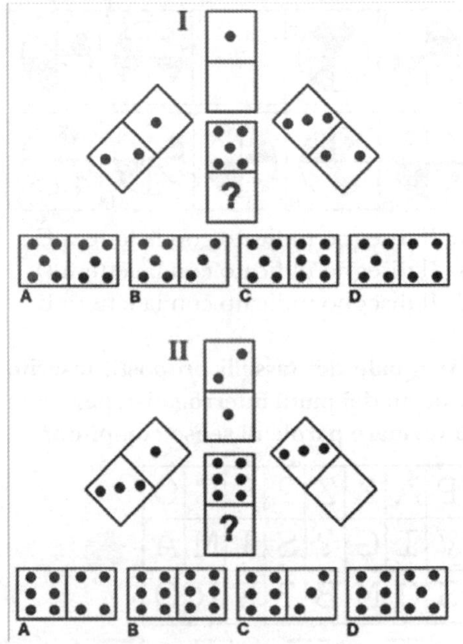

A. Tessera D e tessera A
B. Tessera D e tessera B
C. Tessera B e tessera C

73) È corretto asserire che il pennino può essere ricomposto soltanto con tre dei sei frammenti proposti?

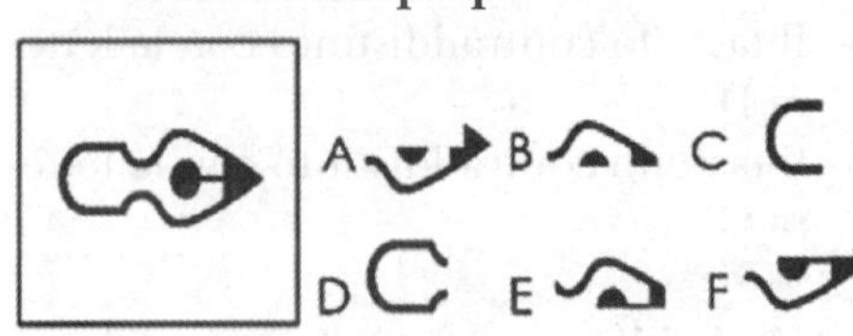

A. No, può essere ricomposto con i frammenti A, B, D e F
B. Sì, può essere ricomposto con i frammenti A, C e E
C. Sì, può essere ricomposto con i frammenti B, D e F

74) Il disegno indicato con la lettera "A", dopo essere stato ribaltato e ruotato è riproposto:

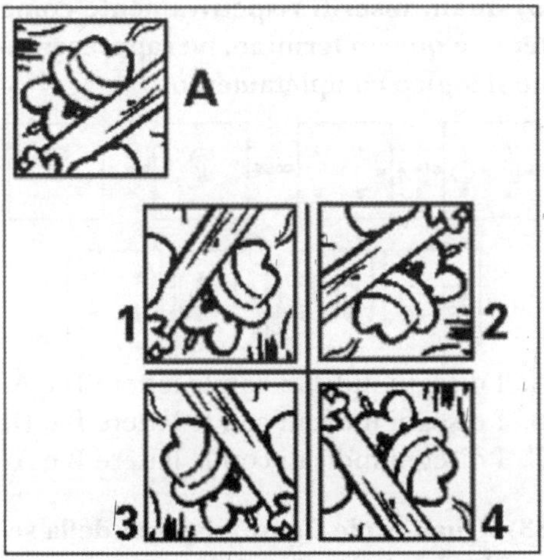

A. Nella figura contrassegnata dal numero 3
B. Nella figura contrassegnata dal numero 4
C. Nella figura contrassegnata dal numero 1

75) Indicare in quale dei seguenti box contrassegnati da numeri è riproposto il disegno contrassegnato dalla lettera "A" dopo essere stato ribaltato e ruotato:

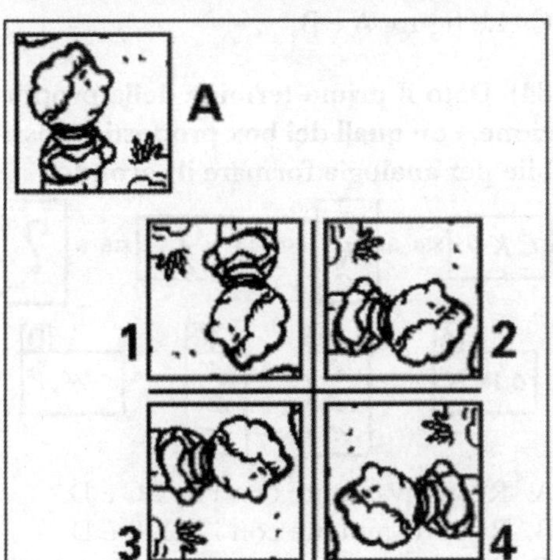

A. Nel box contrassegnato con il numero 4
B. Nel box contrassegnato con il numero 2
C. Sia nel box contrassegnato con il numero 4 sia in quello contrassegnato con il numero 3

76) Il disegno del box "A", dopo essere stato ribaltato e ruotato, è riproposto con tali caratteristiche nel box:

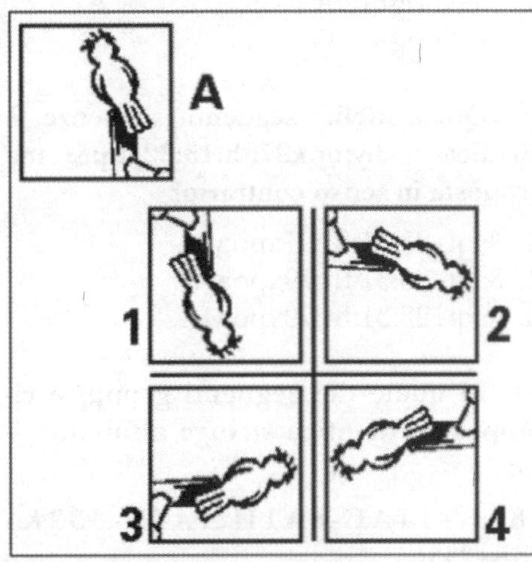

A. Indicato con il numero 3
B. Indicato con il numero 4
C. Indicato con il numero 2

77) In quale figura è possibile collocare il punto nella giusta posizione?

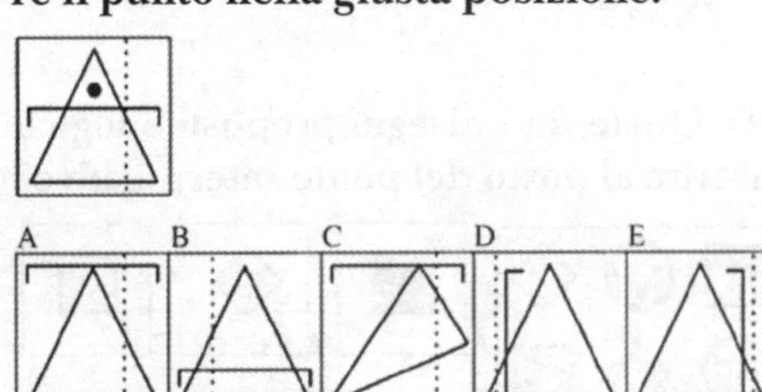

A. Nella figura D
B. Nella figura B
C. Nella figura A

78) In quale figura è possibile collocare il punto nella giusta posizione?

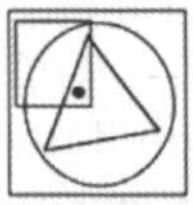

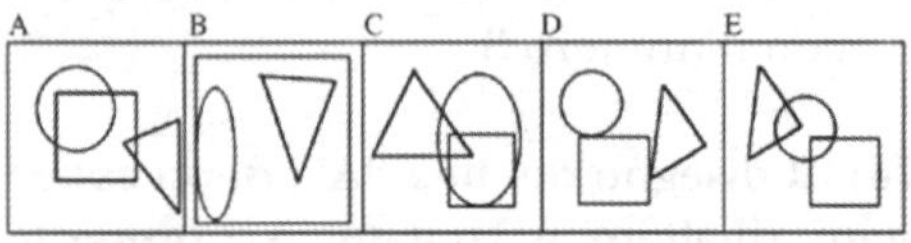

A. Nella figura B
B. Nella figura A
C. Nella figura C

79) Quale delle seguenti sequenze è identica a hy;opx97;th:13:32+tq:& ma proposta in senso contrario?

A. &:qt+23:31:ht;97xpo;yh
B. &:qt+23:31-th;79xpo;yh
C. &:qt+23:31:ht;79xpo;yh

80) In quale dei seguenti gruppi è riproposta l'identica stringa alfanumerica:

78AB+11AC-8A1H:1A1X-332&-7XK+233(/

A. 78AB+11AC-8A1H:1A1X-332@-7XK+233(/
B. 78AB+11AC-8A1H:1A1X-332&-7XK+233[/
C. 78AB+11AC-8A1H:1A1X-332&-7XK+233(/

81) Quale tra i disegni proposti è logico inserire al posto del punto interrogativo?

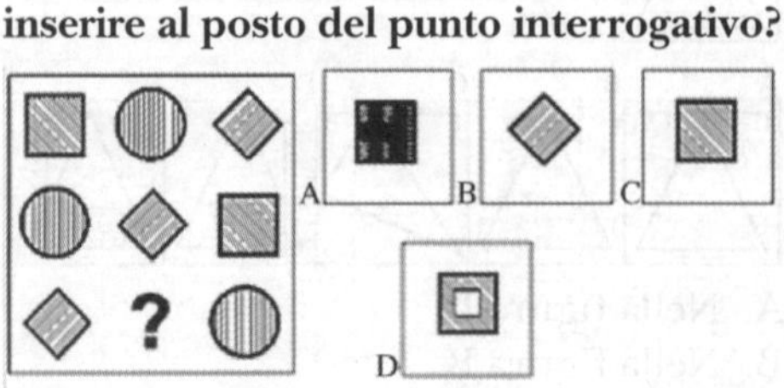

A. Il disegno B
B. Il disegno C
C. Sia il disegno A sia il disegno D

82) Dopo aver osservato i primi due termini della proporzione, individuare fra i quattro disegni proposti (A, B, C, D) quali, inseriti rispettivamente come terzo e quarto termine, ne rappresentano il logico completamento.

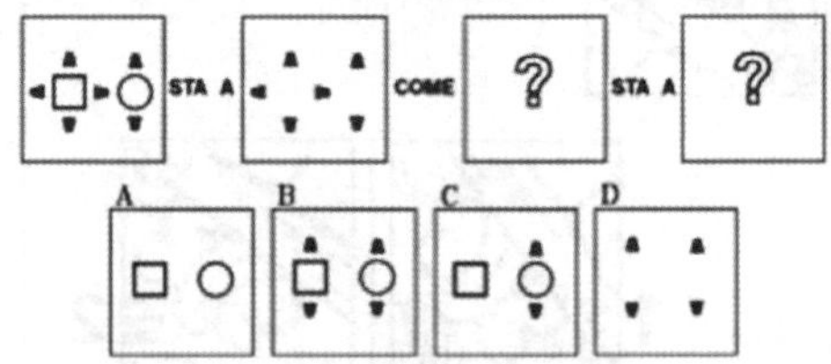

A. I disegni indicati con le lettere D e A
B. I disegni indicati con le lettere B e D
C. I disegni indicati con le lettere B e A

83) Quali tra le figure/risposta della seconda riga è corretto utilizzare per completare la proporzione della prima riga lasciata incompleta?

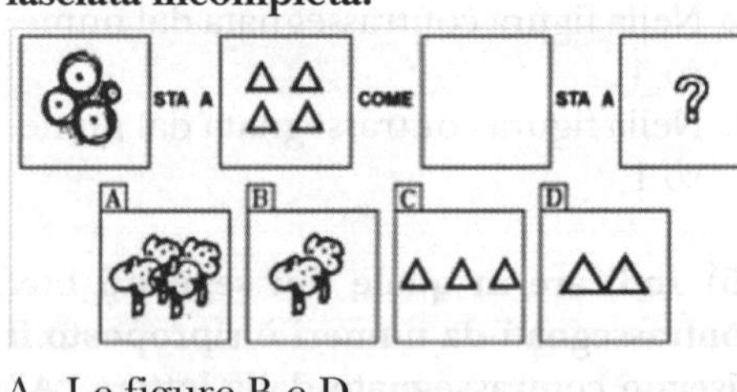

A. Le figure B e D
B. Le figure A e D
C. Le figure A e B

84) Dato il primo termine della proporzione, con quali dei box proposti è possibile per analogia formare il secondo?

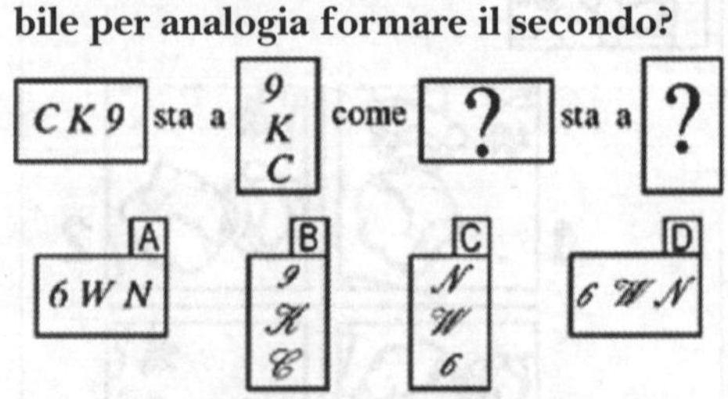

A. Rispettivamente con i box C e D
B. Rispettivamente con i box B e D
C. Rispettivamente con i box D e C

85) Quali tra le figure/risposta della seconda riga è corretto utilizzare per completare la proporzione della prima riga lasciata incompleta?

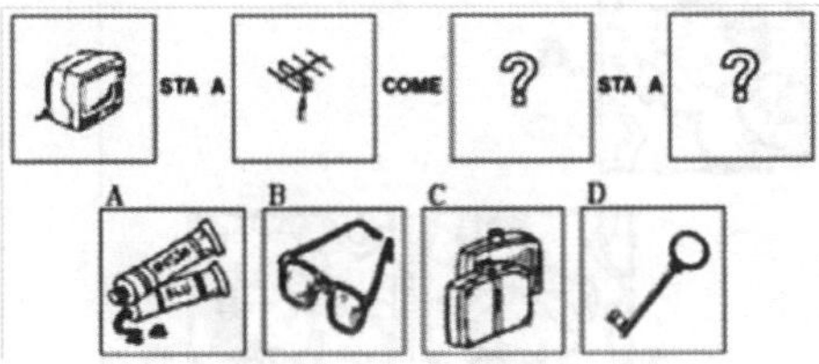

A. Le figure C e D
B. Le figure A e B
C. Le figure C e A

86) Quali tra le figure/risposta della seconda riga è corretto utilizzare per completare la proporzione della prima riga lasciata incompleta?

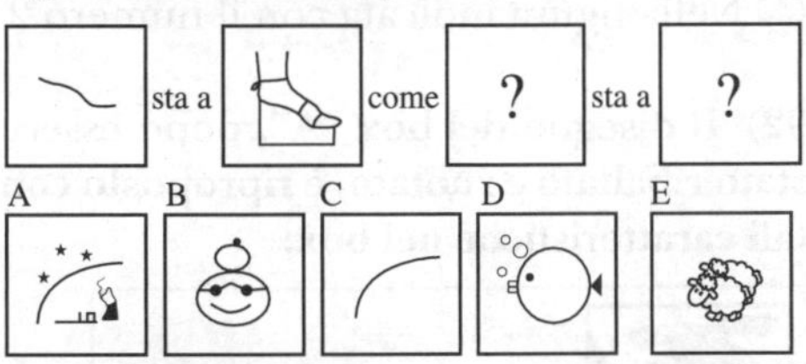

A. Le figure C e B
B. Le figure C e A
C. Le figure E e C

87) Quale carta deve essere inserita al posto di quella girata?

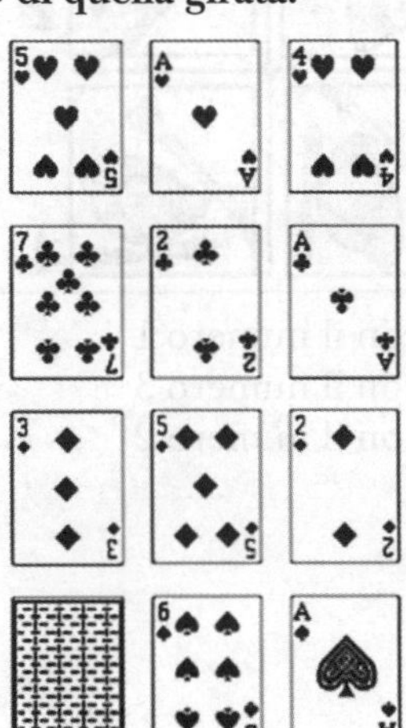

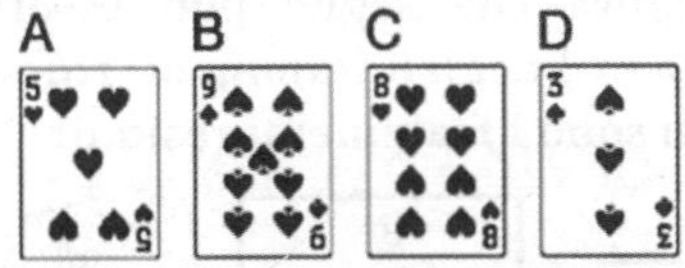

A. La carta contrassegnata con la lettera B
B. La carta contrassegnata con la lettera A
C. La carta contrassegnata con la lettera D

88) Quali tessere del domino devono essere inserite al posto dell'elemento mancante della figura I e della figura II?

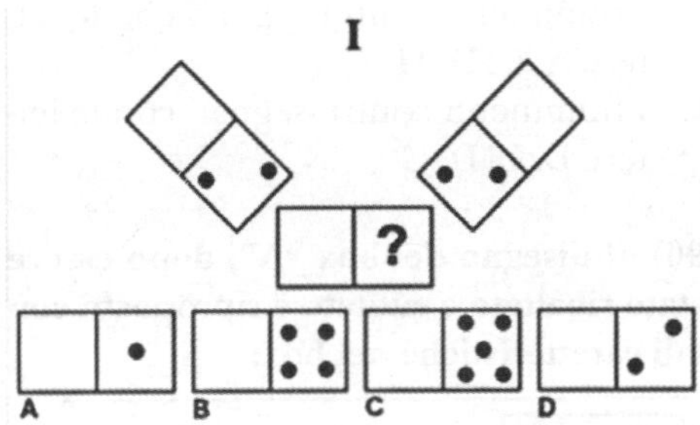

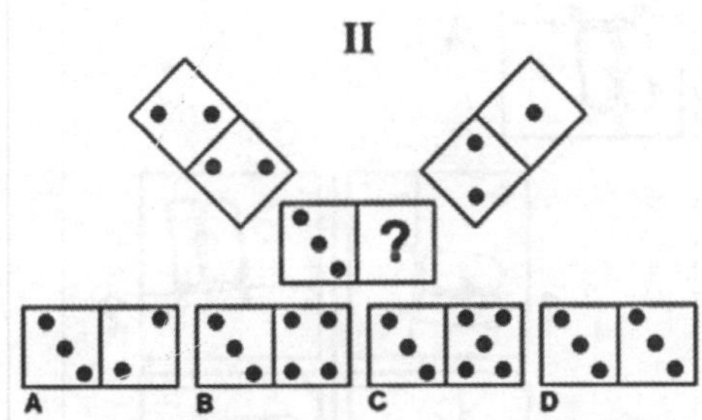

A. Per la figura I la tessera C e per la figura II la tessera A
B. Per la figura I la tessera B e per la figura II la tessera D
C. Per la figura I la tessera B e per la figura II la tessera B

89) La figura che segue può essere scomposta in 4 degli 8 frammenti riportati. Quali sono i frammenti residui?

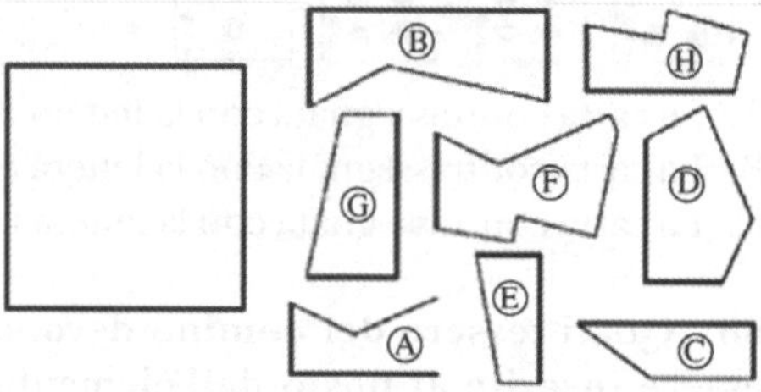

A. I frammenti contrassegnati con le lettere A, C, E, G
B. I frammenti contrassegnati con le lettere A, C, D, H
C. I frammenti contrassegnati con le lettere B, C, D, G

90) Il disegno del box "A", dopo essere stato ribaltato e ruotato è riproposto con tali caratteristiche nel box:

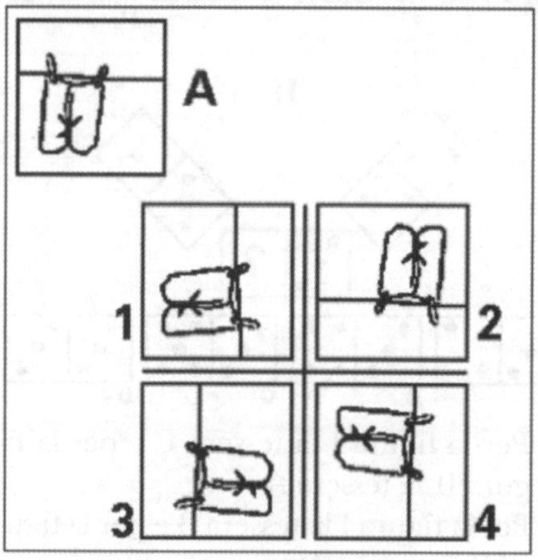

A. Indicato con il numero 4
B. Indicato con il numero 1
C. Indicato con il numero 2

91) La figura indicata in "A" è stata ribaltata e successivamente ruotata. Dove la riconoscete?

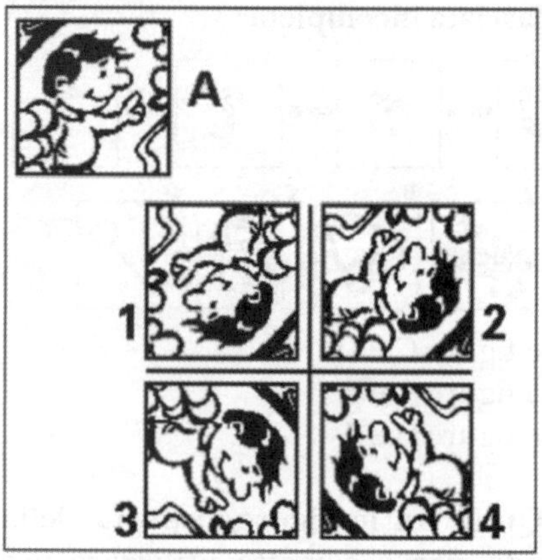

A. Nella figura indicata con il numero 1
B. Nella figura indicata con il numero 4
C. Nella figura indicata con il numero 2

92) Il disegno del box "A", dopo essere stato ribaltato e ruotato, è riproposto con tali caratteristiche nel box:

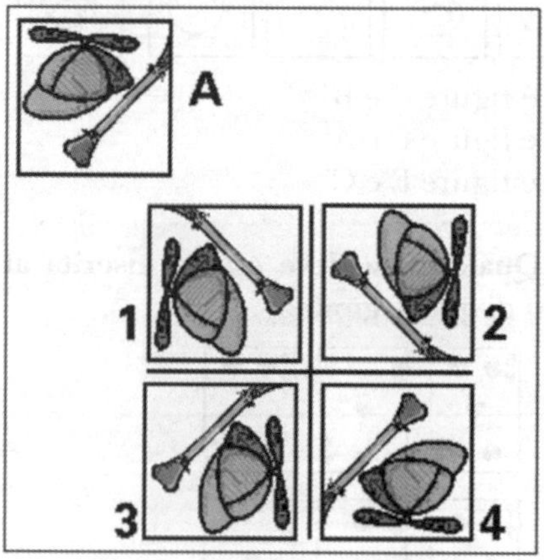

A. Indicato con il numero 1
B. Indicato con il numero 3
C. Indicato con il numero 2

93) Quante vocali e quante consonanti sono presenti rispettivamente nel termine "SCHIACCIASASSI»?

A. 7 e 7
B. 5 e 9
C. 6 e 8

94) Si osservi il testo che segue: "Prima di partire controllate sempre il sito "Viaggiare Sicuri" e ricordatevi di iscrivervi a "Dove siamo nel Mondo". Consentirete all'Unità di Crisi di venirvi incontro, evidentemente solo se necessario". Esso contiene:

A. 2 vocali "à"
B. 27 vocali "i"
C. 30 lettere minuscole

95) In quale dei seguenti gruppi il numero 4 non segue il numero 7?

A. QBW47ER4TY7UI4OPA479SDF7G7K
B. QBW47ER4TY7UI4OPA479SDF7G74
C. QBW74ER4TY7UI4OPA479SDF7G7K

96) Non considerando alcun tipo di spostamento e/o rotazione, quali delle seguenti figure non sono identiche alla 6?

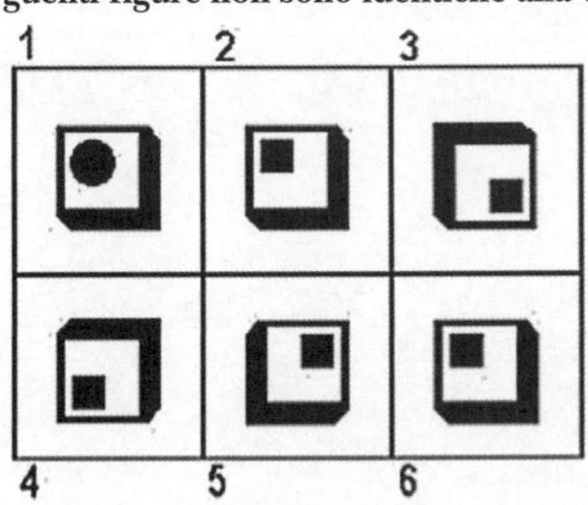

A. Le figure indicate con i nn. 2, 3, 4, 5
B. Le figure indicate con i nn. 1, 3, 4, 5
C. Le figure indicate con i nn. 1, 2, 3, 5

97) Osservando le quattro figure proposte è possibile notare che tre di esse presentano elementi di omogeneità. Quali?

A. Figure B - C - D
B. Figure A - B - C
C. Figure A - C - D

98) Individuare il disegno intruso.

A. Disegno B
B. Disegno D
C. Disegno C

99) Individuare il disegno intruso.

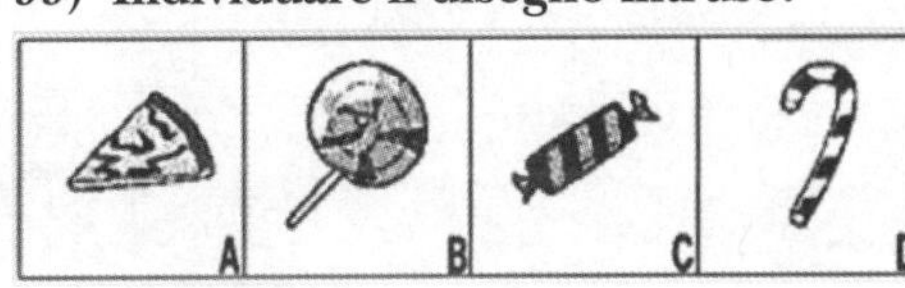

A. Disegno C
B. Disegno B
C. Disegno A

100) Individuare il disegno intruso.

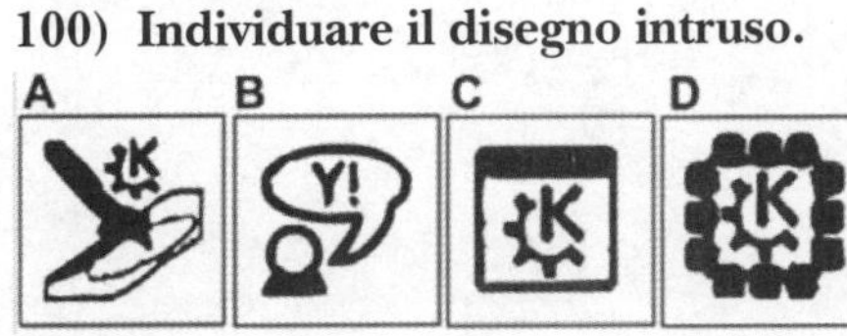

A. Disegno C
B. Disegno D
C. Disegno B

RISPOSTE CORRETTE

1) A	21) C	41) C	61) A	81) B
2) A	22) C	42) C	62) B	82) B
3) A	23) C	43) A	63) B	83) A
4) C	24) C	44) C	64) C	84) C
5) C	25) A	45) C	65) A	85) A
6) B	26) B	46) A	66) A	86) B
7) B	27) C	47) C	67) A	87) C
8) A	28) A	48) A	68) B	88) C
9) C	29) C	49) B	69) C	89) A
10) C	30) A	50) C	70) C	90) B
11) B	31) A	51) C	71) C	91) C
12) A	32) B	52) B	72) A	92) B
13) C	33) B	53) C	73) C	93) C
14) C	34) B	54) C	74) C	94) B
15) C	35) C	55) B	75) B	95) A
16) C	36) A	56) B	76) C	96) B
17) C	37) A	57) C	77) B	97) C
18) B	38) C	58) B	78) C	98) B
19) B	39) A	59) C	79) C	99) C
20) B	40) C	60) A	80) C	100) C

Libro II

Elementi di diritto penale e funzioni della Polizia giudiziaria

SOMMARIO

Capitolo 1
I principi del diritto penale

1.1 I principi garantistici del diritto penale

Il **diritto penale** è quel complesso di norme giuridiche che, prevedendo fatti costituenti reato, ne proibisce la commissione, minacciando al trasgressore una sanzione penale che mira a tutelare i beni giuridici fatti oggetto di protezione da parte del legislatore, prescindendo dalla loro natura, sia essa pubblica ovvero privata.
I **principi cardine** del diritto penale sono:

- la **materialità**: per parlare di reato è necessario porre in essere un comportamento fisicamente tangibile, non rilevando il mero atteggiamento interiore dell'individuo;
- l'**offensività**: il fatto commesso deve essere tale da arrecare effettivamente un'offesa, lesione o messa in pericolo, al bene tutelato;
- la **soggettività** (o colpevolezza). Il reato sussiste quando la condotta è riconducibile all'autore sia sotto il profilo causale (*elemento oggettivo del reato*) sia dal punto di vista psicologico (*elemento soggettivo del reato*); solo se ricorrono entrambi gli elementi è possibile muovere un rimprovero al soggetto agente e conseguentemente punirlo;
- la **sussidiarietà**: il diritto penale deve trovare applicazione solo quando gli altri strumenti giuridici risultino inadeguati a tutelare il bene protetto dall'ordinamento giuridico;
- la **frammentarietà**: il legislatore punisce solo alcune condotte aggressive del bene protetto e occorre dunque che tali condotte siano adeguatamente descritte e determinate;
- l'**autonomia**: il diritto penale è autonomo rispetto agli altri rami del diritto.

I **principi garantistici** del diritto penale sono quattro: il *principio di legalità*, il *principio di materialità*, il *principio di offensività* e il *principio di soggettività*.

1.2 Il principio di legalità

1.2.1 Nozione

L'art. 1 c.p. recita:"*Nessuno può essere punito per un fatto che non sia espressamente preveduto come reato dalla legge né con pene che non siano da essa stabilite*": questa è la base del principio di legalità, disciplinato anche nell'art. 199 c.p., in base al quale "*Nessuno può essere sottoposto a misure di sicurezza che non siano espressamente stabilite dalla legge e fuori dei casi dalla legge stessa preveduti*", nell'art. 25 Cost., per cui "*Nessuno può essere punito se non in forza di una legge che sia entrata in vigore prima del fatto commesso. Nessuno può essere sottoposto a misure di sicurezza se non nei casi previsti dalla legge*", e nell'art. 7 della Convenzione europea per la salvaguardia dei diritti dell'uomo del 4 novembre 1950, ratificata in Italia con L. 4-8-1955, n. 848, a termine del quale "*Nessuno può essere condannato per una azione o una omissione che, al momento in cui è stata commessa, non costituiva reato secondo il diritto interno o internazionale. Parimenti, non può essere inflitta una pena più grave di quella applicabile al momento in cui il reato è stato commesso*".

Il nostro ordinamento ha accolto una concezione in senso formale del principio di legalità, per cui vige il divieto di punire un qualsiasi fatto che, al momento della sua commissione, non sia espressamente previsto dalla legge come reato e con pene che non siano da questa stabilite (*nullum crimen, nulla poena sine lege*).

Tale principio, espresso dal brocardo ***nulla poena sine lege***, costituisce un'importante garanzia per tutti i consociati, in quanto riserva al solo Parlamento la potestà normativa in materia penale, in tal modo assicurando la certezza del diritto e la tutela della libertà personale, che può essere compressa solo mediante atti che siano espressione di un potere riconducibile alla sovranità popolare.

Quello di legalità a sua volta, si articola in **quattro sotto-principi**: *riserva* di legge, *tassatività* della norma penale, *irretroattività* della norma penale e *divieto di analogia* in materia penale.

1.2.2 Riserva di legge

La riserva di legge vincola ad un'espressa statuizione legislativa la previsione dei reati e delle sanzioni penali (pene e misure di sicurezza) ad essi connesse.

Il **monopolio in materia penale** è, quindi, riservato al **potere legislativo**, tramite il quale si esprime la sovranità popolare ed in cui trova ampio spazio il rapporto dialettico tra minoranze e maggioranze politiche, evitandosi così, a garanzia del cittadino, i rischi connessi ad un possibile arbitrio da parte del potere giudiziario od esecutivo ed assicurandosi, pertanto, la reale separazione dei poteri dello Stato.

Il concetto di "legge" espresso dall'art. 25 Cost. e dall'art. 1 c.p. è comunque pacificamente inteso in senso estensivo, tale da ricomprendere sia la legge in senso formale sia gli atti ad essa equiparati (legge in senso materiale). Fonti del diritto penale sono, dunque: le leggi formali, ossia la Costituzione, le leggi costituzionali e le leggi ordinarie emanate dal Parlamento; gli atti emanati da organi diversi dal potere legislativo ma aventi forza di legge, come i decreti-legge ed i decreti legislativi. Sono invece escluse dal novero delle fonti le leggi regionali, in quanto determinerebbero la violazione del principio di eguaglianza sancito dall'art. 3 Cost., con il pericolo di un trattamento sanzionatorio penale differenziato da Regione a Regione, nonché qualsiasi atto normativo del potere esecutivo diverso dai decreti legge e decreti legislativi (es. regolamenti e circolari).

Circa la natura della riserva, la dottrina maggioritaria è concorde nel ritenere che si tratti di una *riserva assoluta* cosiddetta *temperata*, ammettendosi così la possibilità del rinvio ad una normativa secondaria la quale si limiti ad introdurre mere "specificazioni tecniche" di uno o più elementi già enucleati dalla norma primaria.

Dubbi interpretativi hanno riguardato le cosiddette **norme penali in bianco**, ossia quelle norme penali che stabiliscono una sanzione ma rinviano ad altra norma di

rango subordinato (regolamenti, provvedimenti amministrativi ecc.) per completare la descrizione della condotta incriminata. In tal caso il precetto posto dalla norma penale è limitato al dovere di osservanza di un comando o di un divieto posto da altra fonte, mentre è determinata la sanzione. Esempio tipico è costituito dall'art. 650 c.p., che sanziona l'inosservanza dei provvedimenti dell'Autorità emanati per ragioni di giustizia, di sicurezza, di ordine pubblico, d'igiene.
D'altronde, la norma penale in bianco costituisce uno strumento opportuno in settori altamente specializzati e tecnici, in cui l'atto normativo non può che contenere un precetto generico su un obbligo di obbedienza, che deve essere completato dalla normativa secondaria, più idonea ad integrare con dati tecnici il precetto medesimo (si pensi, ad esempio, al decreto del Ministro della Salute di aggiornamento delle tabelle delle sostanze rientranti nel concetto di "stupefacenti").
La riserva di legge impedisce, categoricamente, di annoverare tra le fonti del diritto penale la **consuetudine**, la quale pertanto, al pari di ogni altra fonte secondaria, non può *incriminare* un comportamento, non può *aggravare* un trattamento sanzionatorio predisposto dal legislatore e non può neanche *abrogare* una precedente norma di legge.
Il capitolo delle fonti del diritto penale, dominato dal principio di legalità e dal suo corollario della riserva di legge di cui all'art. 25, co. 2, c.p.p., deve peraltro sempre più fare i conti con l'influsso di fonti sovranazionali nella determinazione dei fatti penalmente rilevanti e delle relative sanzioni.

Il diritto sovranazionale, in particolare il diritto dell'Unione europea (UE), tende a regolare settori sempre maggiori della vita e delle varie attività dei consociati e tale fenomeno crea spazi sempre più ampi di interferenza tra i due ordinamenti, anche nel campo della normazione penale. Se è vero, infatti, che non è configurabile una competenza penale diretta dell'UE, con il conseguente divieto di introdurre direttamente fattispecie penali incriminatrici nell'ordinamento statale, tuttavia, l'UE esercita comunque un'influenza notevole a livello nazionale, anche in virtù del **principio di primazia del diritto dell'Unione sul diritto interno**, per cui le norme penali statali contrastanti con **una norma europea dotata di efficacia diretta** non saranno applicabili e devono, quindi, essere **disapplicate** dal giudice penale, il quale cioè non dovrà tenerne conto ai fini del processo. Le norme europee in grado di rendere inapplicabili le norme statali, anteriori o successive a quelle sovranazionali, possono essere contenute nei trattati, nei regolamenti o nelle direttive (purchè siano dettagliate e sia decorso il termine per la loro attuazione da parte dello Stato membro).

1.2.3 Tassatività e determinatezza

Per rispettare il principio di legalità, il legislatore deve delineare il fatto di reato e lo deve fare in maniera chiara e precisa **(principio di tassatività o di determinatezza)**. Tale principio impone al legislatore l'obbligo di formulare le norme penali incriminatrici con sufficiente chiarezza e determinazione, in modo da rendere edotto il cittadino su quali siano i comportamenti vietati all'interno dell'ordinamento, permettendogli di conoscere i reali confini tra lecito ed illecito e garantendogli il corretto esercizio del diritto di difesa. Si arginano, in tal modo, gli abusi del potere giudiziario, evitando che, in presenza di espressioni generiche ed indeterminate, sia

rimessa al giudice la concreta individuazione della fattispecie criminosa (con conseguente lesione del principio di legalità).
Quando formula la norma, il legislatore penale può utilizzare due modalità di normazione:

- quella **descrittiva**, che utilizza elementi descrittivi, empirici (afferenti alla realtà empirica);
- quella **sintetica**, che utilizza *elementi normativi*, ossia elementi che per la determinazione del loro contenuto devono essere *integrati* da una norma diversa da quella incriminatrice (*elementi normativi della fattispecie*).

Dubbi non nascono se la norma integratrice è *giuridica*, a sua volta ben individuata e determinata nel relativo contenuto; quando invece tale norma è *extragiuridica*, l'interprete ha il compito di verificare che il principio di tassatività non sia violato: ciò in quanto il riferimento a parametri valutativi extragiuridici implica il rinvio a regole sociali, di costume, per definizione mutevoli assai più rapidamente delle norme giuridiche (es. atti osceni, atti contrari alla pubblica decenza, onore, decoro ecc.).

Il principio di tassatività riguarda non solo il **precetto** ma anche la **sanzione**, sebbene poi il legislatore non la preveda in un'unica misura ma la individui in un minimo ed in un massimo, rimettendo al giudice il compito di adattare la sanzione al caso concreto.

1.2.4 Irretroattività

Il principio dell'irretroattività della norma penale trova il suo fondamento normativo nell'art. 25, co. 2, Cost., nell'art. 11 delle preleggi e nell'art. 2, co. 1, c.p. In base a tale principio, non è possibile considerare reati fatti commessi prima dell'entrata in vigore della legge che ha riconosciuto la qualità di illecito penale ad un determinato comportamento.
In particolare, ai sensi dell'art. 11 delle preleggi «*la legge non dispone che per l'avvenire: essa non ha effetto retroattivo*»; analogamente l'art. 25, co. 2, Cost. dispone che «*nessuno può essere punito se non in forza di una legge che sia entrata in vigore prima del fatto commesso*».
Tale principio mira a salvaguardare la libertà personale dei consociati dagli *abusi* del potere legislativo, venendo in rilievo la funzione *general-preventiva* e *special-preventiva* della pena.
Essendo questa la *ratio*, è chiaro che il principio in parola vale solo rispetto alle norme incriminatrici o rispetto a quelle più sfavorevoli. Di fronte, invece, ad una **nuova norma abrogativa o più favorevole** rispetto a quella precedente vige l'opposto **principio della retroattività** (cd. *favor libertatis* o *favor rei*). Dette previsioni trovano una compiuta disciplina nell'art. 2 c.p., che contempla tre distinte ipotesi:

- **nuove norme incriminatrici**: in tal caso vale il principio di irretroattività già illustrato;
- **abolizione di una incriminazione precedente**: in tal caso vale il principio della retroattività, per cui nessuno può essere punito per un fatto che, secondo una legge posteriore, non costituisce più reato. Se vi è stata condanna ne cessano l'esecuzione e gli effetti penali (cd. principio di non ultrattività della norma penale);

> **nuove disposizioni modificative**, ovvero nuove disposizioni che continuano a considerare il fatto come reato, prevedendo per esso un diverso trattamento: in tal caso, per le modificazioni più sfavorevoli al reo vale il principio di irretroattività, per quelle più favorevoli vale il principio di retroattività, salvo che sia stata pronunciata *sentenza irrevocabile*, salva l'ipotesi contemplata dal comma 3 dello stesso art. 2 c.p.

Il **principio della retroattività della legge penale più favorevole incontra due deroghe** riguardanti le leggi penali temporanee e le leggi penali eccezionali.
Con riguardo alle **leggi temporanee**, ovvero a quelle che, per volontà del legislatore, hanno una durata limitata nel tempo, e a quelle **eccezionali**, ossia a quelle emanate in presenza di situazioni anomale e la cui durata è strettamente correlata al perdurare di tali situazioni, l'art. 2, co. 5, c.p. dispone che relativamente ad esse non operano né il principio della legge più favorevole né quello della successione delle leggi penali nel tempo.
In entrambi i casi, il divieto di retroattività della legge più favorevole risponde ad una identica *ratio*, scaturente dalla stessa natura di tali leggi, per cui il ricorso alla disciplina transeunte e peculiare, imposta da una situazione occasionale, ha un senso solo se ed in quanto essa sia applicabile ai fatti commessi nel tempo in cui le leggi temporanee ed eccezionali erano in vigore. Se così non fosse si estenderebbe un trattamento particolare a situazioni rispetto alle quali non sussistono le ragioni che hanno portato all'emanazione delle leggi stesse, che verrebbero così estese oltre i limiti logici ammissibili.

L'ultimo comma dell'art. 2 c.p. afferma l'applicabilità delle disposizioni in esso contenute anche ai **decreti legge decaduti**, **non convertiti** o **convertiti con modificazioni**.
La disposizione, dettata prima dell'entrata in vigore della Costituzione, si adeguava alla previgente disciplina, la quale prevedeva che l'inefficacia del decreto legge non convertito o decaduto operasse *ex nunc*, e cioè dal momento della mancata conversione.
Tuttavia, la successiva disciplina costituzionale ha disposto l'inefficacia del decreto legge non convertito con decorrenza *ex tunc* (art. 77 Cost.), con la conseguente riespansione retroattiva della legge in tutto o in parte sospesa da tale provvedimento. Ne deriva la non ravvisabilità di un'ipotesi di successione di leggi tra il decreto non convertito e la legge che, sospesa dal decreto non ratificato, è destinata a riespandersi in via retroattiva.
Di qui l'impossibilità di applicare retroattivamente la norma penale più mite contenuta nel decreto legge non convertito ai fatti cd. pregressi, ossia commessi antecedentemente l'entrata in vigore del decreto stesso. Ferma restando, al contrario, la necessità di applicare la norma più mite ai **fatti cd. concomitanti**, ossia commessi sotto la vigenza del decreto, stante la prevalenza, sul disposto dell'art. 77, co. 3, Cost., del superiore ed irrinunciabile principio di irretroattività della legge penale più severa, sancito dall'art. 25, co. 2, Cost.
Viceversa, sempre con riferimento ai fatti commessi sotto la provvisoria vigenza del decreto legge non convertito, nel caso di decreto legge contenente disposizioni più sfavorevoli, si ritiene che trovi applicazione il disposto dell'art. 77 Cost., con conseguente reviviscenza della legge sospesa.

I decreti legge non convertiti continueranno quindi ad applicarsi, ove più favorevoli, ai fatti commessi durante il loro vigore, mentre non troveranno applicazione rispetto ai fatti commessi prima e dopo; ove il decreto legge non convertito contenga disposizioni sfavorevoli per il reo, esso, invece, non troverà mai applicazione.
Analoghe conclusioni possono essere estese alla **dichiarazione d'incostituzionalità di leggi penali**.
In tale ipotesi, stante l'efficacia *ex tunc* della dichiarazione d'incostituzionalità e la conseguente rimozione dal mondo giuridico della norma dichiarata incostituzionale, è evidente che, ove la legge contenga **disposizioni sfavorevoli** al reo, esse non potranno più trovare applicazione e, ove sulla scorta di esse, vi sia stata una condanna, ne cesseranno l'esecuzione e gli effetti penali.
Diverso è il discorso ove la legge dichiarata incostituzionale contenga **previsione di favore** per il reo in quanto, in tal caso, in forza del principio di cui all'art. 25 Cost., essa troverà applicazione con riferimento a **fatti posti in essere durante la sua provvisoria vigenza**.
Con la nozione di **"disposizioni più favorevoli al reo"**, l'art. 2, co. 4, c.p. indica la disciplina applicabile nel caso in cui la legge vigente al momento in cui il reato è stato commesso e quella successivamente entrata in vigore, avente ad oggetto la stessa fattispecie, prevedano un *diverso trattamento sanzionatorio*. Per individuare il trattamento sanzionatorio più favorevole occorre considerare non solo il *tipo* e la *misura* della sanzione, ma anche il *regime di procedibilità* del reato.
È opinione pacifica che tale accertamento vada condotto **in concreto**, ipotizzando l'applicazione di entrambe le discipline, rispettivamente contenute nella "nuova" e nella "vecchia" normativa, alla fattispecie che, in concreto, il reo ha realizzato; il giudice dovrà applicare la **normativa** complessivamente **più favorevole nella sua integralità**.

1.2.5 Divieto di analogia e interpretazione della legge penale

Dalla riserva di legge e dalla necessaria determinatezza della fattispecie penale discende il **principio della tipicità**. Poiché è reato solo quel fatto che il legislatore ha espressamente e tassativamente considerato come tale, i reati sono tipici e nominati, costituendo, pertanto, "numero chiuso". Logico sviluppo del principio di tipicità è il **divieto di analogia in campo penale**.
L'analogia è quel procedimento interpretativo che consente di desumere la regolamentazione dei casi non espressamente contemplati dalla legge dalla disciplina dettata per i casi simili o per materie analoghe (*analogia legis*) ovvero dai principi generali dell'ordinamento giuridico (*analogia iuris*). Esso costituisce, pertanto, uno strumento attraverso il quale l'ordinamento giuridico provvede a colmare le eventuali lacune legislative.
Questo particolare procedimento di produzione normativa non è ammesso nel diritto penale, come precisato dall'art. 14 delle *Disposizioni sulla legge in generale*, che stabilisce: "*Le leggi penali e quelle che fanno eccezione a regole generali o ad altre leggi non si applicano oltre i casi e i tempi in esse considerati*".
Tale principio mira a salvaguardare la libertà personale dei consociati dagli *abusi del potere giudiziario*: in ottemperanza al principio della riserva di legge, se fosse consentita

l'interpretazione analogica delle norme incriminatrici, si consentirebbe all'organo giudicante di individuare nuove ipotesi di reato e dunque di sostituirsi al legislatore.
Il divieto di analogia opera, pertanto, sicuramente per le norme penali in senso stretto, ossia le norme penali incriminatrici e quelle che comportano un aggravamento di pena, nonché per le norme eccezionali, ovvero per quelle norme che disciplinano un numero limitato di ipotesi relative ad una certa materia ed il cui contenuto precettivo risulta differente ed antitetico rispetto alle disposizioni generali.
Si ammette, invece, per lo più, l'analogia cosiddetta *in bonam partem*, ovvero con riguardo a quelle norme penali che producono effetti favorevoli nei confronti del soggetto che ha commesso il reato. In questa direzione, rimarrebbero escluse dal divieto le norme cosiddette "scriminanti", ossia quelle che tolgono illiceità al fatto penalmente sanzionato, e quelle che prevedono ipotesi di attenuazione della pena, sempre che non si tratti di norme eccezionali.
Nel diritto penale l'**interpretazione** delle norme soggiace agli stessi principi propri degli altri rami dell'ordinamento.
Per *interpretazione* si intende sia l'attività conoscitiva, strumentale all'accertamento del significato della norma di legge che si intende applicare, sia il risultato cui giunge tale attività.
Anche per applicare la norma penale è necessario comprenderne il *significato* ed inquadrare il suo *ambito operativo*. Il giurista non può ricondurre la fattispecie concreta alla fattispecie incriminatrice astratta (*procedimento di sussunzione*) se prima non interpreta la seconda.
Quanto ai criteri da seguire nell'interpretazione della legge, occorre partire dalla regola preordinata ricavabile dal sistema normativo, che è quella dettata dall'art. 12, co. 1, delle disposizioni della legge in generale. Tale disposizione prevede che "*Nell'applicare la legge non si può ad essa attribuire altro senso che quello fatto palese dal significato proprio delle parole secondo la connessione di esse, e dalla intenzione del legislatore*".
Pertanto, l'interprete di un testo normativo deve tener conto innanzitutto del significato grammaticale delle parole considerate non isolatamente, ma nella loro connessione sintattica (**interpretazione letterale**).
Quando il senso letterale delle parole non è preciso e dà luogo a dubbi interpretativi, l'interpretazione letterale deve essere integrata dall'**interpretazione logica** che, secondo l'art. 12 delle disposizioni sulla legge in generale, deve prendere in considerazione l'intenzione del legislatore (la cosiddetta *voluntas legis*), ovvero lo scopo avuto di mira nel momento in cui ha formulato la norma.
Ulteriori regole interpretative cui far ricorso nei casi in cui una norma è suscettibile di assumere diversi significati sono:

- il **criterio sistematico**, in base al quale la norma di legge va interpretata in stretta correlazione con le altre norme dell'ordinamento, ossia tenendo conto della complessiva disciplina vigente in cui si inserisce la norma da interpretare;
- il **criterio storico**, in base al quale la *voluntas legis* può essere accertata esaminando sia i lavori preparatori alla emanazione della legge sia il contesto storico dell'epoca in cui questa è stata emanata, nonché l'evoluzione storica che l'istituto disciplinato dalla legge ha avuto nel corso degli anni.

Inoltre, per applicare la legge può essere necessario stabilire il suo scopo, in modo tale che la sua applicazione sia conforme alle finalità per cui essa è stata emanata (**in-**

terpretazione teleologica). In questa direzione, il bene giuridico tutelato deve essere inteso non in senso statico, bensì in senso dinamico e cioè in continua evoluzione, di pari passo con i cambiamenti sociali, economici ecc.
Infine, in base al **risultato** cui perviene l'attività interpretativa, si distingue tra interpretazione:

- *dichiarativa*, se il risultato cui si perviene attraverso l'interpretazione letterale coincide con il risultato dell'interpretazione logica;
- *restrittiva*, se attraverso l'interpretazione logica si riduce il significato del dato letterale;
- *estensiva*, se attraverso l'interpretazione logica si amplia il significato del dato letterale.

Deve distinguersi l'analogia dall'interpretazione estensiva, posto che la prima ha carattere creativo, in quanto si realizza al di fuori di qualsiasi previsione normativa, dando una regolamentazione a un caso non disciplinato. Invece, l'interpretazione estensiva opera nell'ambito di una norma e comporta la riconduzione sotto la disciplina di tale norma di una ipotesi apparentemente fuori dal suo ambito di applicazione. In altri termini, in questo secondo caso il contenuto effettivo della norma, accertato con i mezzi consentiti dalla logica e dalla tecnica giuridica, risulta essere più ampio di quello risultante dalle espressioni letterali utilizzate dal legislatore.
Con riferimento all'interpretazione estensiva non trovano, dunque, applicazione i limiti posti dall'art. 14 delle preleggi.

1.3 La successione delle leggi nel tempo

Come già anticipato, l'art. 2 c.p. disciplina, a livello di legge ordinaria, la successione delle leggi penali nel tempo. Come risulta dal testo della norma, successione di leggi penali si ha non solo nell'ipotesi di una nuova legge che si limita a modificare il trattamento penale del fatto già incriminato, ma anche nell'ipotesi di una nuova legge che interviene ad incriminare un fatto prima non costituente reato, nonché nell'ipotesi inversa in cui un fatto cessi di essere considerato reato.
In particolare, il primo comma dell'art. 2 c.p. prevede il **fenomeno della nuova incriminazione**, ossia dell'introduzione di una nuova figura di reato ovvero dell'estensione della portata precettiva di una norma incriminatrice già esistente a fatti prima non rientranti in essa, e sancisce la regola della irretroattività della legge sfavorevole.
Il secondo comma del medesimo articolo contempla il **fenomeno dell'abolizione di una norma incriminatrice** (*abolitio criminis*), che ricorre quando il fatto cessa di essere reato, in quanto una nuova legge abroga la preesistente figura di reato (**abrogazione totale**) oppure ne restringe la portata applicativa solo a taluno dei fatti in essa prima rientranti, con esclusione di quello contemplato dalla nuova legge (**abrogazione parziale**). Qui vale il principio della retroattività della legge favorevole.
Le disposizioni di cui al citato articolo prevedono (ad eccezione che per le leggi di cui al quinto comma) essenzialmente due regole ispirate al *favor rei*: quella della irretroattività della legge sfavorevole, regola di valenza costituzionale (cfr. art. 25, co. 2, Cost.), e quella della retroattività della legge favorevole.
Il quarto comma riguarda il **fenomeno della successione di leggi modificative**, che ricorre quando la nuova legge continua a considerare reato il fatto, prevedendo per esso una diversa disciplina sanzionatoria. Qui convivono la regola della irretroattività

della legge sfavorevole, non potendo essere applicata retroattivamente la modifica sfavorevole, e la regola della retroattività della legge favorevole, dovendo applicarsi retroattivamente la modifica più favorevole.
Con riferimento alle ipotesi descritte dal comma 4 dell'art. 2 c.p., il fenomeno della successione in esame può avvenire, nello specifico:

- riformulando il contenuto della fattispecie incriminatrice preesistente mediante la sostituzione dei suoi elementi costitutivi o l'aggiunta di nuovi elementi, ma senza abrogarla;
- attraverso l'abrogazione della fattispecie preesistente, che continua comunque ad essere rilevante perché rientrerà nell'ambito operativo di un'altra disposizione, anch'essa preesistente, più ampia di quella abrogata, che subisce quindi una espansione.
- Il fenomeno della successione di leggi penali nel tempo riguarda quindi anche i casi in cui può esservi estinzione totale o parziale di una norma incriminatrice accompagnata dalla sopravvivenza della condotta descritta in una norma successiva (o anche preesistente), con la conseguenza che il reato abrogato continua a vivere perché ricompreso in altra norma: da un punto di vista pratico, ci sarà stata, dunque, solo una modificazione della realtà. In ciò, la successione di leggi differisce dalla *abolitio criminis*, fenomeno nel quale non c'è sopravvivenza della norma abrogata.
- Dottrina e giurisprudenza hanno fatto ricorso a molteplici criteri per spiegare la **distinzione fra *abolitio criminis* e successione di leggi nel tempo**:
- il **criterio della continuità**, in base al quale si verifica successione di leggi penali nel tempo e non *abolitio criminis* allorquando permangano, nella nuova fattispecie, lo stesso *interesse tutelato* e le stesse *modalità di aggressione al bene tutelato* contenuti nella vecchia fattispecie;
- il **criterio della continenza**, in base al quale si ha successione di leggi penali nel tempo quando tra la vecchia e la nuova fattispecie sussiste un *rapporto di genere a specie*, per il quale la nuova comprende sia il reato abrogato che quello di successiva creazione legislativa. *È* importante sottolineare che, quando si parla di rapporto di specialità tra fattispecie incriminatrici, si fa riferimento sia alla *specialità per aggiunta*, che sussiste quando una fattispecie, oltre a contenere gli elementi descrittivi di un'altra, contiene una o più elementi aggiuntivi (elementi non presenti nell'altra), sia alla *specialità per specificazione*, che ricorre quando una fattispecie contiene tutti gli elementi descrittivi di un'altra, ma li specifica;
- il **criterio della doppia punibilità in concreto**, secondo il quale occorre prendere le mosse da un'attenta valutazione del fatto concreto realizzato dal soggetto agente: se il fatto storico oggetto del giudizio risulta punibile sia per la norma formalmente abrogata, che per la norma successiva, si è di fronte ad una successione di leggi *ex* art. 2, co. 4, c.p.; se, invece, il fatto era penalmente rilevante per la legge anteriore, ma non lo è *più* per la successiva si avr*à* *abolitio criminis ex* art. 2, co. 2, c.p.

1.4 Il tempo del commesso reato

L'individuazione del *tempus commissi delicti*, ovvero del momento in cui l'illecito è stato commesso, è necessaria per inquadrare la legge applicabile ma rileva anche con riguardo all'accertamento dell'elemento soggettivo del reato, all'imputabilità del reo, alle circostanze del reato, all'operatività dell'amnistia, della prescrizione ecc. I criteri elaborati a tal fine in dottrina sono:

- il **criterio della condotta**, secondo cui il tempo del commesso delitto coincide con il momento in cui si realizza la condotta (commissiva o omissiva);
- il **criterio dell'evento**, che fa coincidere la commissione del reato con la consumazione del medesimo e dunque con la verificazione dell'evento (principio criticato da Antolisei, il quale fa rilevare come non tutti i reati abbiano un evento naturalistico);
- il **criterio misto**, secondo cui il reato si considera indifferentemente commesso quando si verifica la condotta o l'evento, a seconda però degli effetti favorevoli che derivano al reo e dunque in ottemperanza al principio del *favor rei*.

Facendo leva sulla *ratio* dell'art. 2 c.p. si respingono sia la teoria mista che la teoria dell'evento. Quest'ultima perché porterebbe ad un'applicazione retroattiva della legge penale in tutti i casi in cui la condotta sia svolta sotto il vigore di una precedente legge, mentre l'evento si sia verificato dopo l'introduzione di una nuova norma incriminatrice, nel frattempo eventualmente emanata. La prima perché non sembra ragionevole considerare commesso un reato indifferentemente sotto la vigenza di due norme incriminatrici diverse.

1.5 Il principio di territorialità della legge penale

La legge ha efficacia in un determinato spazio, che in genere coincide con il territorio in cui viene esercitata la sovranità dello Stato. Il codice italiano accoglie dichiaratamente il principio di territorialità, sebbene vi apporti poi ampie deroghe.
Il principio di territorialità è sancito innanzitutto dall'art. 3 c.p., che recita: "*La legge penale italiana obbliga tutti coloro che, cittadini o stranieri, si trovano nel territorio dello Stato, salve le eccezioni stabilite dal diritto pubblico interno o dal diritto internazionale*". Inoltre, in base all'art. 6, co. 1, c.p.: "*Chiunque commette un reato nel territorio dello Stato è punito secondo la legge italiana*".
Ai sensi dell'art. 4 c.p. si considera **territorio dello Stato** il territorio (terraferma, mare, spazio aereo e sottosuolo) della Repubblica e ogni altro luogo soggetto alla sovranità dello Stato. Le navi e gli aeromobili italiani sono considerati territorio dello Stato, ovunque si trovino, salvo che siano soggetti, secondo il diritto internazionale, a una legge territoriale straniera (cd. **principio della bandiera**).
L'art. 6, co. 2, c.p. stabilisce che il reato si considera *commesso* nel territorio dello Stato "*quando l'azione o l'omissione, che lo costituisce, è ivi avvenuta in tutto o in parte, ovvero si è ivi verificato l'evento che è la conseguenza dell'azione od omissione*".
Il principio di territorialità subisce una serie di **deroghe** giustificate dall'esigenza di contemperare interessi diversi e a volte contrapposti.
L'art. 3 c.p., dopo aver disposto che la legge penale italiana si applica a tutti coloro che, cittadini o stranieri, *si trovano nel territorio* dello Stato italiano, prevede, al co. 2, una deroga a tale principio: nei casi indicati dalla legge o dal diritto internazionale, la normativa penale italiana opera *anche* nei riguardi di coloro, cittadini o stranieri, che si trovino *all'estero*, come nelle ipotesi contemplate agli artt. 7, 8 e 9 c.p.

Secondo il **principio dell'universalità** si ritiene che la legge dello Stato debba applicarsi ai reati ovunque e da chiunque commessi purché ricorrano determinate circostanze. L'art. 10 c.p. disciplina l'ipotesi dello straniero che commette all'estero delitti comuni a danno dello Stato o di un cittadino italiano, ovvero a danno di uno Stato estero o di uno straniero, subordinando la punibilità dello straniero ad una serie di condizioni che devono sussistere congiuntamente.

1.6 Il principio dell'obbligatorietà della legge penale

L'art. 3, co. 1, c.p., codifica il **principio di obbligatorietà della legge penale**, salve le **eccezioni** stabilite dal diritto pubblico interno o dal diritto internazionale, e le **immunità penali**, che si risolvono nella *sottrazione* di un soggetto all'*applicazione* della *sanzione penale*: non si tratta in tal caso caso di eccezioni all'osservanza della legge penale bensì di *eccezioni all'applicabilità* della sanzione penale.
La *ratio* di questa inoperatività della sanzione penale si rinviene nella **prevalenza** accordata dal legislatore statale ed internazionale alla tutela di alcune **funzioni costituzionali** o **relazioni internazionali** che sono fonti di rapporti amichevoli ed economici fra Stati, rispetto alle esigenze di *giustizia* e di *soddisfacimento delle vittime* che sono sottese al principio dell'obbligatorietà della legge penale.
Le immunità si distinguono anzitutto in **immunità derivanti dal diritto pubblico interno** ed **immunità di diritto internazionale**, a seconda della fonte normativa da cui derivano.
Le **immunità di diritto pubblico interno** non sono privilegi che il legislatore accorda a chi svolge determinate funzioni pubbliche, ma *limiti* all'attività giudiziaria funzionali al *corretto funzionamento* del nostro *sistema politico* interno ed internazionale.
Sono immunità di diritto interno:

- le immunità del **Capo dello Stato**, che è responsabile solo per alto tradimento o per attentato alla Costituzione (art. 90 Cost.);
- le immunità dei membri del **Parlamento** (art. 68, co. 1, Cost.), della **Corte costituzionale** (art. 3, L. cost. 9-2-1948, n. 1), dei **consigli regionali** (art. 122, co. 4, Cost.) e del **Consiglio superiore della magistratura** (art. 5, L. 3-1-1981, n. 1), che non rispondono con riguardo alle *opinioni espresse* e ai *voti dati nell'esercizio* delle loro *funzioni*. Per i parlamentari l'art. 68, co. 2 e 3, Cost., prevede anche immunità di carattere *processuale*, richiedendo l'autorizzazione della Camera di appartenenza nell'ipotesi in cui l'Autorità Giudiziaria intenda porre dei limiti ad alcuni diritti personali.

Le **immunità di diritto internazionale** trovano la propria fonte nelle **convenzioni**, nei **trattati o accordi internazionali** nonché nelle **consuetudini internazionali**. Queste fonti normative operano nel nostro ordinamento *ex* art. 10, co. 1, Cost., ai sensi del quale "*l'ordinamento giuridico italiano si conforma alle norme del diritto internazionale generalmente riconosciute*". Le immunità in questione sono ispirate a ragioni di opportunità politica in virtù dei rapporti che intercorrono tra gli Stati. Esse riguardano:

- la persona del Sommo Pontefice, considerata "sacra ed inviolabile";
- i Capi di Stato esteri e i Reggenti che si trovano in tempo di pace nel territorio italiano;

- gli organi di Stati esteri;
- gli Agenti diplomatici accreditati presso il nostro Stato;
- gli Agenti diplomatici e gli inviati del Governo presso la Santa Sede;
- i Consoli, i Viceconsoli e gli Agenti consolari;
- i giudici della Corte dell'Aja e i giudici della Corte europea dei diritti dell'uomo;
- i membri del Parlamento europeo;
- gli appartenenti a corpi e a reparti di truppe straniere;
- i membri delle istituzioni specializzate dell'ONU e dei rappresentanti delle Nazioni unite;
- i membri e le persone al seguito delle forze armate degli Stati della NATO di stanza nel territorio italiano.

Ulteriore classificazione è quella che distingue tra:
- **immunità funzionali** ed **extra-funzionali**, a seconda che operino solo con riguardo ai reati commessi nell'esercizio di funzioni pubbliche rilevanti a livello costituzionale o internazionale (es. art. 68, co. 1, Cost.), ovvero anche per i reati commessi al di fuori di tali funzioni (es. l'immunità dei Capi di Stato estero);
- **immunità sostanziali** e **processuali**: le prime si riferiscono agli atti compiuti, alle opinioni espresse e ai voti dati nell'esercizio delle proprie funzioni pubbliche, tutte condotte per le quali la legge penale non è applicabile né durante né una volta cessate tali funzioni pubbliche (es. art. 68, co. 1, Cost.); le seconde rappresentano invece un limite all'esercizio dell'azione penale da parte dell'Autorità Giudiziaria per tutto il periodo in cui dura la carica pubblica, cessata la quale, l'autore sarà perseguibile (es. la citata autorizzazione della Camera di appartenenza, richiesta dall'art. 68, co. 2, Cost.).

1.7 Il principio della riserva di codice

Un espresso corollario del principio di legalità, quale specificazione della riserva di legge e monito per il legislatore, è il **principio della riserva di codice**, introdotto nel nostro ordinamento penale dal D.Lgs. 21/2018 in attuazione della L. 103/2017 (*Riforma Orlando*). Il citato decreto legislativo ha aggiunto al codice penale l'art. 3-*bis* a tenore del quale: "*Nuove disposizioni che prevedono reati possono essere introdotte nell'ordinamento solo se modificano il codice penale ovvero sono inserite in leggi che disciplinano in modo organico la materia*".
L'obiettivo è una **razionalizzazione complessiva della normativa penale**, all'esito della quale il cittadino possa trovare le fattispecie idonee a configurare una sua responsabilità penale esclusivamente all'interno del **codice penale** o, in alternativa, all'interno di **leggi di settore** che disciplinino in maniera omogenea ed omnicomprensiva una certa materia (come i **testi unici**, quali ad esempio quello in materia di stupefacenti o in materia di immigrazione).

L'intento del legislatore è stato quello di razionalizzare e rendere, quindi, maggiormente riconoscibile e comprensibile la normativa penale e di porre un freno alla eccessiva, caotica e non sempre facilmente intellegibile produzione legislativa di settore. Ciò in virtù del fatto che le fattispecie incriminatrici nel nostro ordinamento sono state da sempre rinvenibili non solo nel codice penale, ma soprattutto nelle numerose leggi speciali, proliferate negli ultimi decenni. Una tale tecnica legislativa ha delineato un quadro normativo disorganico, a tratti incoerente e frastagliato.

La riserva di codice in materia penale costituisce una novità di non poco conto, dal momento che stabilisce una regola di portata generale, individuando un vero e proprio vincolo per il legislatore nella elaborazione di nuove fattispecie incriminatrici, le quali potranno essere previste solo intervenendo sul codice penale o su leggi settoriali complete ed organiche. Ne è derivata la enunciazione di una norma di principio che attribuisce al codice penale un ruolo propulsivo nell'ambito di un processo volto a limitare la proliferazione della legislazione penale, rimettendo al centro del sistema il codice penale e ponendo le basi per la riduzione dell'area dell'intervento punitivo.
Conformemente all'enunciato principio di "riserva di codice", il decreto interviene altresì sulla **parte speciale** del sistema penale, spostando all'interno del codice penale numerose figure di reato già esistenti nell'ordinamento, con contestuale abrogazione (operata dall'art. 7 D.Lgs. 21/2018) delle corrispondenti disposizioni finora contenute nella normativa complementare.
Tale operazione di riordino della materia penale non ha potuto comportare alcuna modifica sostanziale delle fattispecie criminose vigenti, dovendosi tradurre in una loro **mera traslazione** all'interno del codice penale (pena l'eccesso dalla delega legislativa). Pertanto, con la tecnica della cosiddetta *abrogatio sine abolitio*, il legislatore ha abrogato determinate fattispecie incriminatrici contenute in leggi speciali, con contestuale nuova incriminazione attraverso l'inserimento di norme sostanzialmente identiche nel codice penale.

Numerose sono le fattispecie legali, tutte aventi ad oggetto la tutela di beni di rilevanza costituzionale, le quali, prima collocate nella legislazione complementare, trovano ora una compiuta disciplina e uno specifico *nomen iuris* nel codice penale.

Quesiti di verifica 1
I principi del diritto penale

1) Secondo il principio di legalità formale, costituisce reato:

A. un fatto espressamente previsto come tale dalla legge
B. qualunque fatto socialmente pericoloso
C. qualunque fatto socialmente pericoloso, salvo che la legge ne escluda espressamente la rilevanza penale, perseguendolo con una mera sanzione amministrativa

2) Quale di questi non rappresenta un sotto-principio del principio di legalità?

A. Divieto di analogia
B. Tassatività
C. Materialità

3) Con il principio di irretroattività della legge penale si intende:

A. che è vietata l'applicazione di una norma penale sfavorevole al reo a quelle condotte poste in atto prima della sua entrata in vigore
B. che la legge penale si applica indipendentemente dal fattore temporale
C. che è vietato applicare una legge penale le cui disposizioni siano più sfavorevoli al reo, salvo che sia stata pronunciata sentenza irrevocabile

4) Possono essere fonti di diritto penale i decreti legge e i decreti legislativi?

A. Solo per determinate materie
B. No
C. Sì

5) Cosa sono le norme penali in bianco?

A. Norme penali che rinviano ad altra norma, di rango superiore, per il completamento della descrizione della condotta incriminata
B. Norme che devono essere interpretate in via analogica
C. Norme penali che rinviano ad altra norma, di rango subordinato, per il completamento della descrizione della condotta incriminata

6) La pena da applicare a chi commette un reato deve essere prevista:

A. da una direttiva comunitaria
B. da una legge
C. da una sentenza

7) Il principio della territorialità si applica:

A. esclusivamente ai cittadini italiani
B. a chiunque delinqua nel territorio dello Stato italiano
C. esclusivamente ai cittadini europei

8) A chi si applica l'immunità di diritto interno?

A. Ai funzionari dello Stato
B. Al Sommo Pontefice
C. Al capo dello Stato

9) A chi si applica l'immunità di diritto internazionale?

A. Ai giudici della Corte Internazionale di Giustizia
B. A tutto il personale dei consolati

C. A tutti i soggetti dipendenti di organizzazioni internazionali

10) Qualora un fatto sia previsto come reato dalla legge del tempo in cui fu commesso e da una legge successiva le cui disposizioni sono più favorevoli di quelle della prima, quale legge è applicabile?

A. La legge in vigore al tempo del fatto
B. La legge più favorevole
C. La legge più sfavorevole

RISPOSTE CORRETTE

1) A	6) B
2) C	7) B
3) A	8) C
4) C	9) A
5) C	10) B.

Capitolo 2
Nozione e struttura del reato

2.1 Nozione di reato

Da un punto di vista **formale** il reato è un fatto umano (attivo o omissivo) vietato dall'ordinamento giuridico, cui si ricollega una sanzione penale, incriminato al fine di tutelare uno o più beni giuridici e rientrante nella più ampia categoria dell'illecito.
In ragione della **nozione formale-sostanziale** di reato, è tale ogni fatto umano attribuibile all'autore non solo *materialmente* (*principio di materialità*), ma anche *psicologicamente* (*principio di colpevolezza*), che *offende* (*principio di offensività*) un bene giuridico ritenuto meritevole di tutela in quanto selezionato dal legislatore penale tra i *valori costituzionalmente garantiti* (teoria costituzionalmente orientata), sempre che la misura dell'aggressione sia tale da far ritenere *inevitabile il ricorso alla pena* (*principio di frammentarietà*) e, infine, sanzioni di tipo *non penale non siano sufficienti* a garantire un'efficace tutela (*principio di sussidiarietà*).

2.2 Delitti e contravvenzioni

Il codice Rocco distingue i reati in **delitti** e **contravvenzioni**.
Il legislatore non fornisce alcuna nozione né dei delitti né delle contravvenzioni, limitandosi a distinguerli semplicemente in base alle **pene**: *ergastolo, reclusione* e *multa* per i delitti; *arresto* e *ammenda* per le contravvenzioni.
La distinzione tra delitti e contravvenzioni rileva ai fini dell'**elemento soggettivo** del reato: a differenza dei delitti che, di norma, sono punibili a titolo doloso e, solo eccezionalmente, a titolo colposo, le contravvenzioni sono punibili *indifferentemente* a titolo di *dolo o colpa*.
Differenze di disciplina si riscontrano anche con riguardo al **tentativo**, ammissibile solo per i delitti, e ad alcune **circostanze del reato**, previste soltanto per i delitti.

La differenza tra delitti e contravvenzioni rileva poi ai fini:
- della configurabilità del **reato politico** (sempre delitti);
- dei **reati commessi all'estero** e punibili nello Stato (salvo l'art. 7, n. 5, c.p., sempre delitti);
- dell'operatività delle **misure di sicurezza** (in parte diversa, *ex* artt. 215-217 c.p.);
- del termine di **prescrizione** del reato e di **estinzione della pena** (diversi, *ex* artt. 157 e 172-173 c.p.);
- dell'**oblazione** (solo contravvenzioni);
- dell'**abitualità, professionalità** e **tendenza a delinquere** (la cui disciplina, *ex* artt. 102 ss. c.p., è diversa).

2.3 Oggetto giuridico e materiale del reato

Per **oggetto giuridico** del reato si intende il *bene* o *interesse*, individuale o sovraindividuale (collettivo, pubblico-istituzionale), che risulta *tutelato* dalla norma penale (es. la norma che punisce il reato di omicidio tutela il bene giuridico "vita"). I reati possono essere **monoffensivi** se offendono un solo bene giuridico oppure, se offendono *interessi ulteriori*, **plurioffensivi**. L'oggetto giuridico è un *elemento costitutivo* della norma penale.

Per oggetto **materiale** del reato si intende la *res materialis* su cui incide in concreto la condotta criminosa. Esso può in taluni casi **coincidere**:

- con il *soggetto titolare del bene* protetto dalla norma penale (**soggetto passivo** del reato);
- con *l'autore del reato* (**soggetto attivo**) (es. nel reato di mutilazione fraudolenta della propria persona *ex* art. 642 c.p.).

2.4 Soggetto attivo e soggetto passivo del reato

Il **soggetto attivo** del reato (o **autore** del reato) è *colui il quale realizza la fattispecie penale descritta dal legislatore.*

Tutte le persone fisiche possono essere soggetti attivi del reato, non essendo esclusa la illiceità penale da particolari situazioni concernenti l'età, l'anormalità psico-fisica o le immunità, elementi che rilevano solo ai fini dell'applicabilità della pena.

A *seconda del soggetto attivo,* i reati si definiscono:

- **comuni**, quando possono essere commessi da *chiunque*, senza che occorra il possesso di determinate qualità o qualifiche (es. l'omicidio);
- **propri esclusivi**, quando la legge prevede che il soggetto attivo debba avere necessariamente una particolare qualifica, in mancanza della quale la condotta risulta lecita ed inoffensiva (ad es. nel reato di falsa testimonianza *ex* art. 372 c.p. la mancanza della qualità di testimone esclude la rilevanza penale della condotta);
- **propri non esclusivi**, quando assumono una diversa denominazione a seconda che a commetterli siano soggetti in possesso di particolari qualifiche o qualsiasi altra persona. Ad esempio l'appropriazione di denaro o di cosa mobile altrui di cui si abbia la disponibilità integra il reato di appropriazione indebita (art. 646 c.p., reato comune) se a commetterlo è un soggetto qualsiasi; integra il reato di peculato (art. 314 c.p., reato proprio non esclusivo) se a commetterlo è un pubblico ufficiale o un incaricato di pubblico servizio.

Si definisce **soggetto passivo** del reato il *titolare del bene giuridico tutelato dalla norma penale*, sia *persona fisica* che *persona giuridica*, pubblica o privata.

Concettualmente occorre fare alcune distinzioni:

- *soggetto passivo e oggetto materiale, nozione quest'ultima con cui si allude alla persona o alla cosa sulla quale ricade l'attività dilettuosa;*
- *soggetto passivo* e *danneggiato*, i cui concetti non sempre coincidono, come per esempio nel delitto di omicidio, in cui la vittima è il soggetto passivo e i familiari i danneggiati;

- *soggetto passivo indeterminato*, per cui titolare del bene protetto è una cerchia indeterminata di individui, come nei delitti contro la pubblica incolumità (es. strage, incendio, commercio di sostanze alimentari nocive) o quelli contro la pubblica fede (es. falsità, contraffazione).

È inoltre possibile che la titolarità del bene protetto spetti ad una **pluralità di soggetti passivi determinati**, come nel caso della **calunnia**, in cui viene leso sia l'interesse di un individuo al rispetto della propria onorabilità, sia l'interesse dello Stato alla corretta amministrazione della giustizia. La qualità di soggetto passivo del reato può rilevare sotto vari profili: per la *configurazione* del reato, per la *distinzione* tra reati, per *l'esclusione della pena*, per *l'aggravamento della pena*, per *l'attenuazione della pena* e per *l'operatività delle scriminanti* del consenso dell'avente diritto e della legittima difesa.

2.5 Struttura del reato

Si contendono il campo, per quanto riguarda la struttura del reato, la concezione **bipartita**, più tradizionale, e la concezione **tripartita**, elaborata dalla dottrina più moderna. Secondo la teoria **bipartita** il reato si compone di due elementi fondamentali:

- un **elemento oggettivo**, costituito dalla *condotta* (azione od omissione), dall'*evento naturalistico*, quando si verifica, e dal *nesso di causalità* tra condotta ed evento;
- un **elemento soggettivo** (dolo, colpa, preterintenzione), costituito dall'atteggiamento psicologico richiesto dalla legge ai fini dell'imputazione penale.

Secondo la teoria **tripartita**, invece, il reato si compone di tre elementi fondamentali:

- il **fatto tipico**, comprensivo dei requisiti oggettivi della condotta, dell'evento e del nesso di causalità tra i primi due;
- l'**antigiuridicità**, intesa come contrarietà del fatto all'ordinamento giuridico, ovvero come assenza di norme che, all'interno dell'ordinamento impongano o autorizzino quel comportamento (assenza delle cause di giustificazione di cui agli artt. 50 ss. c.p.);
- la **colpevolezza**, intesa come la volontà del fatto nelle forme del dolo o della colpa.

All'interno della concezione bipartita si nega, pertanto, all'antigiuridicità un rilievo autonomo, mentre le scriminanti vengono definite non *elementi negativi dell'antigiuridicità*, come afferma la concezione tripartita, ma **elementi negativi del fatto tipico**. Così concepita, l'antigiuridicità sarebbe l'*essenza* stessa, l'*in sé* del reato.
Secondo la concezione tripartita, invece, l'antigiuridicità avrebbe *autonomo rilievo* all'interno della struttura del reato in quanto il fatto, per poter assumere rilevanza penale, dovrebbe non solo corrispondere ad una fattispecie astratta (tipicità), ma anche essere *contra ius*, dunque posto in essere *in assenza delle cause di giustificazione* di cui agli artt. 50 ss. c.p. L'antigiuridicità viene pertanto intesa in senso *formale*.
Accanto alla normale antigiuridicità intesa come assenza di cause di giustificazione (concezione tripartita), o come contrasto tra un fatto umano e la norma penale (concezione bipartita), in alcune fattispecie il legislatore descrive la condotta tipica contraddistinguendola con un **elemento di illiceità specifico ed ulteriore** che non

è desumibile dalla norma medesima, ma *rinvia* per la sua concretizzazione *ad una norma diversa*, normalmente *elementi normativi della fattispecie*.
In questi casi l'illiceità del fatto è fondata da uno specifico disvalore di carattere giuridico, da accertare sulla base di una valutazione autonoma rispetto a quella che ha ad oggetto la condotta impiegata (si pensi a tutti quei casi in cui la legge richiede che il fatto sia commesso "illegittimamente", "abusivamente", "arbitrariamente" ecc.).

2.6 Classificazione dei tipi di reato

2.6.1 Classificazione in relazione al soggetto, alla condotta e all'evento

In relazione al *soggetto attivo* del reato, i reati possono poi essere distinti in **comuni** o **propri** (vedi par. 2.4). I primi possono essere commessi indifferentemente da qualunque soggetto mentre i secondi sono riferiti a specifiche persone che rivestono una determinata qualifica (es. pubblico ufficiale nei reati contro la P.A.). In quest'ultimo tipo di reati vi è dunque una stretta connessione tra il fatto compiuto e la qualità rivestita dal soggetto che lo pone in essere.
Sempre in relazione al soggetto attivo del reato, si distingue tra:

- **reati monosoggettivi**, che, secondo la norma incriminatrice, possono essere compiuti anche da una sola persona (es. rapina, art. 628 c.p.). Non è escluso che in concreto tale tipo di reato venga commesso da più persone, nel qual caso si applicheranno le norme di cui agli artt. 110 ss. c.p. sul concorso eventuale di persone nel reato;
- **reati plurisoggettivi** (o altrimenti detti **reati a concorso necessario**), che, secondo la norma incriminatrice, possono essere compiuti solo da più persone (es. associazione per delinquere, art. 416 c.p.). Va precisato che l'ipotesi di concorso eventuale può verificarsi anche nei reati plurisoggettivi, se vi partecipano altri soggetti oltre a quelli necessari previsti dalla legge per commettere il reato.

In relazione alla *condotta del soggetto agente*, si distingue tra:

- **reati commissivi**, in cui l'evento si verifica per un comportamento attivo e volontario del soggetto agente che provoca una lesione a un bene tutelato giuridicamente;
- **reati omissivi**, in cui il danno si concretizza a seguito di una condotta meramente omissiva del soggetto agente.

I reati di **omissione** a loro volta si distinguono in **propri** (che consistono nel mancato compimento dell'azione comandata, per la cui sussistenza non occorre il verificarsi di alcun evento materiale) e **impropri** (o commissivi mediante omissione e consistono nel mancato impedimento di un evento materiale che si aveva l'obbligo di impedire).
Con riguardo alla *descrizione della condotta* si distinguono, poi:

- **i reati a forma vincolata**, quando la legge richiede che la condotta sia posta in essere secondo determinate *modalità* o attraverso determinati *mezzi*;
- **i reati a forma libera**, in cui la legge, considerata la particolare importanza del bene tutelato, non limita la rilevanza penale della condotta a determinate forme, ritenendo sufficiente la sua idoneità ad offendere il bene protetto.

In relazione all'*evento* si distingue tra:

- **reati di mera condotta**, che si realizzano con il solo compimento di una determinata condotta (es. evasione);
- **reati di evento**, per la cui configurazione è richiesto, oltre all'azione o all'omissione, anche il prodursi di un evento esteriore (es. omicidio).

Tale ultima distinzione non può tuttavia prescindere dall'analisi della tradizionale disputa tra i sostenitori dell'**evento in senso naturalistico** e quelli dell'**evento in senso giuridico** (vedi *infra*, cap. 3, par. 3.3).

2.6.2 Reati istantanei, permanenti e abituali

Si definiscono **istantanei** quei reati in cui la realizzazione del fatto tipico *integra e al contempo esaurisce l'offesa* (es. omicidio). Essi, pertanto, si distinguono dai **reati permanenti**, in cui si riscontrano due peculiarità:

- la realizzazione del fatto tipico *integra ma non esaurisce l'offesa*, che *perdura* nel tempo;
- il protrarsi nel tempo dell'offesa è dovuto alla *condotta volontaria* del soggetto attivo, che dunque *può porvi fine in qualsiasi momento (es. sequestro di persona a scopo di estorsione).*

È indispensabile, quindi, non solo l'attività del soggetto volta a causare la lesione del bene, ma anche quella successiva di mantenimento, per un apprezzabile lasso di tempo, dello stato antigiuridico.
Si parla di **reato eventualmente permanente** quando la condotta è realizzabile *alternativamente* in modo *istantaneo* o *permanente.*
Si parla invece di **reato istantaneo ad effetti permanenti** quando *l'offesa si esaurisce* col fatto tipico, ma le sue *conseguenze permangono* nel tempo.
Si definiscono **reati abituali** quelli che si consumano solo a seguito della **reiterazione intervallata** nel tempo di più condotte **identiche** od **omogenee** fra loro, e si distinguono in:

- **propri**, in cui le singole condotte sono, di per sé, *penalmente irrilevanti*;
- **impropri**, in cui le singole condotte sono, di per sé, *penalmente rilevanti* e la reiterazione può dar luogo a un'aggravante o ad una figura di reato più grave.

Esempio classico di reato abituale è quello dei maltrattamenti in famiglia (art. 572 c.p.) che, per consumarsi, richiede la ripetizione nel tempo di più comportamenti offensivi.

Con D.L. 23-2-2009, n. 11, conv. in L. 23-4-2009, n. 38, il legislatore ha configurato in termini di *reato abituale improprio* la fattispecie di **cd. *stalking***, inserendo l'art. 612-*bis* c.p., rubricato "*Atti persecutori*", laddove, nel primo comma (da ultimo modificato dalla L. 69/2019), si stabilisce che salvo che il fatto costituisca più grave reato, si punisce, con la reclusione da 1 anno a 6 anni e 6 mesi chiunque, con **condotte reiterate** pone in essere minacce (art. 612 c.p.) o molestie (art. 660 c.p.) verso taluno, in modo da cagionare un perdurante e grave stato di ansia o di paura ovvero da ingenerare un fondato timore per l'incolumità propria o di un prossimo congiunto o di persona al medesimo legata da relazione affettiva ovvero da costringere lo stesso ad alterare le proprie abitudini di vita.

È configurabile il delitto anche quando le singole condotte sono reiterate in un arco di tempo molto ristretto, a condizione che si tratti di atti autonomi e che la reiterazione di questi sia la causa effettiva di uno degli eventi considerati dalla norma incriminatrice (Cass. pen., Sez. V, 16-6-2015, n. 33563, in relazione a condotte tutte tenute nell'arco di una sola giornata).

2.6.3 Reati di danno e reati di pericolo

A seconda che il bene giuridico tutelato sia effettivamente leso (mediante distruzione, diminuzione o compressione dello stesso) o semplicemente esposto a pericolo, l'offesa del soggetto attivo può assumere due forme: **lesione** (es. omicidio) o **messa in pericolo** (es. incendio). Sulla base di tale distinzione è possibile effettuare un'ulteriore classificazione tra:

- **reati di danno**, nei quali vi è una lesione del bene giuridico, distrutto o diminuito;
- **reati di pericolo**, nei quali basta che il bene venga soltanto minacciato, per cui si ha un'anticipazione della soglia della tutela penale prevista per alcuni beni particolarmente rilevanti per la collettività.

All'interno della categoria dei reati di pericolo è tradizionale la distinzione tra *reati di pericolo concreto* e *reati di pericolo presunto* (o *astratto*), fondata sulla differente posizione che viene assegnata al pericolo nell'ambito della fattispecie normativa.
Nei reati di **pericolo concreto** il pericolo assume carattere di elemento costitutivo della fattispecie e il giudice dovrà quindi accertare, caso per caso, se il bene giuridico abbia corso un effettivo rischio di compromissione. Sono reati di pericolo concreto, per esempio, la *strage* (art. 422 c.p.) e l'*incendio di casa propria* (art. 423, co. 2, c.p.).
Quanto all'accertamento del pericolo concreto, questo deve essere compiuto *ex ante* e il giudice deve procedere in base a *leggi universali, statistiche* e a *massime di esperienza*, potendo, se del caso, anche avvalersi di una *perizia*.
Nei reati di **pericolo astratto o presunto** è invece lo stesso legislatore che, sulla base di regole di esperienza, formula in via preventiva il giudizio di pericolosità in relazione a determinati comportamenti. Il pericolo costituisce in questi casi la *ratio* dell'incriminazione e non un elemento costitutivo della fattispecie criminosa: il giudice, pertanto, non deve accertare l'esistenza del pericolo in concreto, ma solo la ricorrenza del comportamento vietato. È il caso dell'*associazione per delinquere* (art. 416 c.p.) o dell'*avvelenamento* di acque o sostanze alimentari (art. 439 c.p.).

Quesiti di verifica 2
Nozione e struttura del reato

1) La dottrina distingue la nozione di reato in:

A. formale e libera
B. formale e sostanziale
C. sostanziale e dottrinale

2) Che cosa si intende per oggetto materiale del reato?

A. La res materiale su cui incide in concreto la condotta criminosa
B. Solo il soggetto titolare del bene protetto dalla norma penale
C. Solo l'autore del reato

3) Chi è il soggetto passivo del reato?

A. Il titolare del bene giuridico tutelato dalla norma penale, sia persona fisica che persona giuridica, pubblica o privata
B. Il danneggiato
C. L'autore del reato

4) Nella concezione tripartita, quali sono gli elementi costitutivi del reato?

A. Astrattezza, colpevolezza e antigiuridicità
B. Tipicità, non colpevolezza e antigiuridicità
C. Tipicità, colpevolezza e antigiuridicità

5) Il D.Lgs. 231/2001 ha previsto:

A. il principio di personalità della responsabilità penale
B. la responsabilità civile per i danni arrecati dai dipendenti delle persone giuridiche
C. la responsabilità amministrativa degli enti collettivi per i reati commessi dai loro organi o dai loro sottoposti

6) Il soggetto passivo del reato coincide con il soggetto danneggiato dal reato?

A. Sì
B. No
C. Non sempre

7) Nei reati permanenti:

A. il fatto viene commesso in più riprese
B. l'offesa si protrae nel tempo ad intervalli intermittenti
C. il protrarsi dell'offesa dipende dalla volontà dell'autore

8) Si parla di reato proprio esclusivo quando:

A. il fatto commesso da chi non possiede i requisiti richiesti dalla norma è penalmente irrilevante
B. il fatto commesso da chi non possiede i requisiti richiesti dalla norma costituisce altro reato
C. il fatto incriminato può essere commesso da chiunque

9) Si definiscono reati istantanei quelli:

A. in cui l'offesa si concretizza nella effettiva lesione del bene giuridico
B. in cui la realizzazione del fatto tipico integra e al contempo esaurisce l'offesa
C. in cui l'offesa consiste nella messa in pericolo del bene tutelato

10) Si definiscono reati abituali quelli che si consumano:

A. a intervalli regolari nel tempo
B. con la reiterazione nel tempo di più condotte identiche od omogenee
C. con la reiterazione della stessa identica condotta

RISPOSTE CORRETTE

1) B
2) A
3) A
4) C
5) C
6) C
7) C
8) A
9) B
10) B

Capitolo 3
Gli elementi costitutivi del reato: l'elemento oggettivo

3.1 La tipicità del reato

Gli *elementi costitutivi del reato* sono rappresentati dalla **tipicità** (elemento *oggettivo* o *materiale*), dalla **colpevolezza** (elemento *soggettivo*) e, se si sposa la concezione tripartita del reato, dall'**antigiuridicità.**

In base al **principio di materialità**, accolto dal nostro ordinamento, che all'art. 25 Cost. fa riferimento al "fatto commesso", può essere reato solo il comportamento umano che materialmente si estrinseca nel mondo esteriore. Alla luce di tale principio il fatto di reato è costituito da un insieme di componenti che danno luogo al cd. elemento oggettivo (o materiale) del reato, distinto dall'elemento soggettivo (o psicologico).

Quando si parla di **fatto tipico**, e dunque di **elemento oggettivo** (o **materiale**) del reato, si fa riferimento alla *condotta*, all'*evento* conseguente alla condotta e al *nesso causale* che lega l'uno all'altra.

3.2 La condotta

La **condotta** è il *comportamento umano* (*azione* o *omissione*) che *corrisponde alla fattispecie incriminatrice* astrattamente prevista dalla norma penale; se sussiste tale corrispondenza, il fatto è definito *tipico*, (ad es. per configurare il delitto di omicidio è necessario che sia stata posta in essere una condotta idonea a cagionarlo, che si sia verificato l'evento mortale, che quest'ultimo sia effettivamente stato causato dalla predetta condotta).

I reati, in base alle modalità della condotta descritta, possono essere distinti in: **reati a forma libera** e **a forma vincolata**.

La condotta tipica può consistere in un comportamento positivo, cioè in un "fare" (azione in senso stretto), ovvero in un comportamento negativo, cioè nel "non fare" qualcosa (omissione). È bene evidenziare fin d'ora che, affinché un'azione (omissiva o commissiva) possa considerarsi come una condotta penalmente rilevante è necessario che la stessa sia retta da coscienza e volontà (cosiddetta *suitas* della condotta).

3.2.1 L'azione (reato commissivo)

Si definisce azione un *movimento corporeo percepibile all'esterno* (**principio di materialità**) ed *idoneo ad offendere* (**principio di offensività**) il bene giuridico tutelato.

L'azione, più precisamente, può consistere sia in un semplice movimento articolare o spostamento del corpo, quanto nel proferire parole. Inoltre, può manifestarsi con un *unico atto* (**reati unisussistenti**) ovvero con una *pluralità di atti* (**reati plurisussistenti**).

Perciò nell'ipotesi in cui il soggetto agente pone in essere una serie di atti, bisogna attentamente valutare se tali atti diano luogo ad una *pluralità di condotte*, corrispondenti ad altrettanti reati (concorso di reati *ex* artt. 71 ss. c.p.), oppure si realizzi *un'unica condotta* costituente un unico reato cd. plurisussistente.
Si parla, poi, di **reati a condotta plurima** in relazione a quei reati caratterizzati dal fatto che la norma incriminatrice prende in considerazione un ventaglio più o meno ampio di comportamenti, ciascuno dei quali è ritenuto rilevante per il configurarsi della fattispecie tipica (es. art. 635 c.p.: "*Chiunque distrugge, disperde, deteriora o rende, in tutto o in parte, ...*").

3.2.2 L'omissione (reato omissivo)

Mentre nel reato commissivo la condotta si fonda sul compimento di un'azione, nel reato omissivo essa si fonda sulla omissione di un'attività doverosa per legge.
L'omissione, quale mancato compimento dell'azione che si attendeva da un uomo, rileva, naturalmente, solo quando l'omissione contrasta con un precetto dell'ordinamento giuridico, ossia quando consiste nel non compimento di azioni prescritte dall'ordinamento.
La dottrina distingue i reati omissivi in due categorie:

- **reati omissivi propri** (o di **pura omissione**), che sono quelli per la cui sussistenza è necessaria e sufficiente la semplice condotta negativa del reo, non essendo richiesto un ulteriore effetto di tale condotta, ovvero un evento naturalistico come sua conseguenza. Tali reati sono tutti tipizzati dal legislatore ed hanno quali elementi costitutivi oggettivi i presupposti, vale a dire la situazione tipica da cui scaturisce l'obbligo di agire e la condotta omissiva (es. omessa denuncia di reato da parte del pubblico ufficiale *ex* art. 361 c.p.);
- **reati omissivi impropri** (o **commissivi mediante omissione**), nei quali, ai fini della sussistenza del reato, il soggetto deve aver causato, con la propria omissione, un dato evento, che è parte integrante della fattispecie (es: disastro ferroviario per mancata manovra di uno scambio).

Il reato omissivo improprio è previsto dall'art. 40, co. 2, c.p., laddove stabilisce che "*non impedire un evento, che si ha l'obbligo giuridico di impedire, equivale a cagionarlo*".
In altri termini, i reati omissivi impropri si configurano a carico di quei soggetti che non si attivino al fine di evitare la verificazione di un evento dannoso o pericoloso che hanno l'obbligo giuridico di impedire. In tal modo, il comma 2 dell'art. 40 c.p. pone una clausola di equivalenza tra il "non impedire" ed il "cagionare". Gli elementi costitutivi delle fattispecie omissive improprie si individuano pertanto nella posizione di garanzia rivestita dal soggetto agente, nel contegno omissivo di questi, nell'evento e nel nesso di causalità.

Con il termine **posizione di garanzia** si fa riferimento al particolare rapporto che intercorre tra l'agente e il bene giuridico tutelato dall'ordinamento, rapporto in virtù del quale il garante è tenuto per legge a salvaguardare lo stesso avverso la verificazione di determinati eventi.

Mentre i *reati omissivi propri* rinvengono la loro fonte esclusivamente nelle singole norme di parte speciale, per i *reati omissivi impropri*, a prescindere da talune rare ipo-

tesi disciplinate autonomamente dal legislatore, l'origine della relativa previsione risulta dalla combinazione tra l'art. 40, co. 2, c.p. ("*non impedire l'evento che si ha l'obbligo giuridico di impedire equivale a cagionarlo*") e le singole norme di parte speciale, configuranti un reato commissivo.
L'art. 40, co. 2, c.p. svolge, in tale prospettiva, una funzione estensiva, nel senso che, combinandosi con le norme di parte speciale che prevedono ipotesi di reato commissivo, estende la punibilità al caso in cui l'evento sia stato cagionato con una omissione. Tuttavia, *non essendo equiparabile l'azione alla mera inerzia*, non potrà configurarsi una responsabilità penale ove non si accerti che l'omittente aveva *uno specifico obbligo di impedire l'evento.*
Accanto ad obblighi giuridici *espressi*, quali, ad es., quello di intervento nell'omissione di soccorso, vi sono **obblighi giuridici impliciti** che, *ex* art. 40, co. 2, c.p., operano per tutti quei reati in cui il legislatore descrive la condotta *senza prendere espressamente in considerazione la forma omissiva ma utilizzando espressioni generiche* (es. il "cagionare" degli artt. 575, 589 e 430 c.p.).

3.3 L'evento

Ulteriore elemento della fattispecie oggettiva è l'evento, il quale può definirsi come il **risultato esteriore della condotta**, ovvero come *il risultato dell'azione* o *dell'omissione.* Due sono le possibili accezioni che esso può assumere:

- quella di **evento in senso naturalistico**: è qualsiasi modificazione della realtà naturale che consegue alla condotta dell'uomo come un risultato esteriore causalmente riconducibile a quest'ultima, cui l'ordinamento giuridico ricollega determinati effetti;
- quella di **evento in senso giuridico**: è inteso come l'offesa arrecata dal reato consistente nella lesione o messa in pericolo del bene protetto dalla norma.

Ciò posto, l'evento inteso come offesa, ossia come lesione o messa in pericolo del bene tutelato dalla norma, è elemento essenziale di tutti i reati e, pertanto, è sempre presente, giacché tutti i reati sono idonei a ledere o a mettere in pericolo un bene: ogni reato ha, quindi, un suo evento in senso giuridico.
L'evento inteso in senso naturalistico, ovvero come modificazione del mondo esteriore costituisce, invece, elemento essenziale dei soli reati che si sono definiti di "evento", non essendo, infatti, presente nei reati cd. "di pura condotta".
Dunque, sono reati cd. "di pura condotta" (detti anche "formali") quelli nei quali, secondo la concezione naturalistica, manca l'evento, essendo sufficiente la mera condotta (es: evasione). Sono reati "di evento" (detti anche "materiali") quelli per la cui configurabilità è richiesto, sempre secondo la concezione naturalistica, un evento, oltre all'azione o all'omissione tipizzate dalla norma incriminatrice (es. nell'omicidio l'evento è rappresentato dalla morte di un uomo).

3.4 Il nesso causale

3.4.1 Il rapporto di causalità

All'interno dell'elemento oggettivo del reato, accanto alla condotta e all'evento, il legislatore prende in considerazione, negli artt. 40 e 41 c.p., il nesso che collega questi due elementi sotto il profilo eziologico: il cosiddetto **nesso causale**.
In sostanza, il nesso di causalità sussiste quando è possibile attribuire un determinato evento ad una determinata condotta.
Secondo l'art. 40, co. 1, c.p. "*Nessuno può essere punito per un fatto preveduto dalla legge come reato, se l'evento dannoso o pericoloso, da cui dipende la esistenza del reato, non è conseguenza della sua azione od omissione*".
Se il nesso causale fra condotta ed evento appare facilmente spiegabile dal punto di vista naturalistico, più complicato è apparso comprendere come tale relazione possa essere considerata penalmente rilevante e, dunque, quando un determinato soggetto possa essere considerato «autore» dell'evento. Sul punto sono state elaborate nel tempo diverse teorie.
La teoria tradizionale – conosciuta come **teoria della causalità naturale**, o della ***condicio sine qua non*** o, ancora, come **teoria della equivalenza delle condizioni** – poggia su un *procedimento di eliminazione mentale*: se, eliminata mentalmente la condotta, viene meno anche l'evento, può dirsi che l'evento è conseguenza della condotta.
L'inconveniente di questa teoria è che, attraverso il suindicato procedimento mentale, si finisce per mettere *sullo stesso piano tutti gli antecedenti causali* dell'evento, anche se, in realtà, *non tutti hanno inciso nello stesso modo* sulla sua causazione (ad es., nella fattispecie di omicidio, se è innegabile che causa della morte di Tizio è la condotta di chi gli ha materialmente sparato, è però egualmente innegabile, sul presupposto dell'equivalenza delle condizioni, che causa della stessa sia anche chi ha fabbricato l'arma o chi l'ha venduta).
La teoria della **causalità adeguata** non rinnega la teoria condizionalistica, ma tende solo a selezionare tra i molteplici antecedenti causali quelli veramente rilevanti in sede giuridico-penale. In base a tale teoria, infatti, causa dell'evento è solo quella condizione che, secondo la comune esperienza, è più idonea a produrlo: affinché esista un rapporto di causalità giuridicamente rilevante, dunque, occorre che l'agente abbia determinato l'evento con un'azione che, secondo lo sviluppo eziologico normale della vicenda, è adeguata a produrlo. Alla stregua di tale teoria, pertanto, il nesso causale sussiste quando la condotta è non solo *condicio sine qua non* dell'evento ma risulta, *ex ante*, secondo la **prevedibilità ordinaria**, anche *idonea a produrlo*, nel senso che, secondo la comune esperienza, **aumenta notevolmente le probabilità** del suo verificarsi. In altri termini, la condotta umana è causa solo di quegli effetti che, al momento in cui fu posta in essere, erano da ritenersi probabili secondo l'*id plerumque accidit* (ovvero la comune esperienza) e non invece di quelli che di regola non si verificano.
Anche tale teoria non si è sottratta a critiche, soprattutto perché limita eccessivamente l'area della causalità rilevante, per di più alla stregua di criteri assai poco rigorosi, come quello della comune esperienza (*l'id quod plerumque accidit*), che la rendono eccessivamente empirica.

Tra gli opposti estremi della causalità naturale e della causalità adeguata si inserisce la teoria della **causalità umana**, per la quale la condotta umana è causa dell'evento quando ne costituisce *condicio sine qua non* e *l'evento stesso non sia dovuto all'intervento di fattori eccezionali.* Tale teoria si fonda sul presupposto che esiste una sfera d'azione che l'uomo può dominare grazie ai suoi poteri conoscitivi e volitivi; pertanto, solo i risultati che rientrano in questa sfera possono essere causati dall'uomo, che li ha voluti e che, quindi, poteva anche essere in grado di impedirli.
Il nesso di causalità si spiega allora alla luce del fatto che l'evento sia stato posto in essere volontariamente dall'uomo e che non sia il frutto del concorso di fattori eccezionali, gli unici che sfuggono alla signoria dell'uomo.
L'opinione più moderna adotta il **criterio della causalità scientifica**, o della *sussunzione sotto leggi scientifiche,* affermando che può causalmente ricollegarsi alla condotta del soggetto quell'evento che, secondo la *migliore scienza ed esperienza del momento storico* in cui egli ha agito, era prevedibile come conseguenza certa o altamente probabile della sua azione od omissione. Per operare correttamente il giudizio di prevedibilità, il giudice dovrà mentalmente riportarsi al momento della condotta e valutare di quest'ultima tutti i possibili effetti sulla base delle migliori **leggi scientifiche**, esprimenti *certezza,* e delle migliori **leggi statistiche**, esprimenti *probabilità,* che l'agente era in grado di utilizzare in quel momento storico.
Ciò spiega, peraltro, il disposto del secondo comma dell'art. 41 c.p., secondo cui le **cause sopravvenute** escludono il rapporto di causalità quando sono state da sole sufficienti a determinare l'evento: tale norma va interpretata nel senso che il reato è escluso quando l'evento è dovuto al sopraggiungere di un *avvenimento eccezionale.*
Coerentemente, il terzo comma dell'art. 41 c.p. aggiunge che le disposizioni contenute nei primi due commi si applicano anche quando la causa preesistente o simultanea o sopravvenuta consiste nel **fatto illecito altrui**: ciò vuol dire che il fatto del terzo, qualora sopravvenga, esclude il rapporto di causalità soltanto quando, al pari di qualsiasi altra causa sopravenuta, si configura come fattore eccezionale da solo sufficiente a determinare l'evento.

3.4.2 La disciplina delle concause

Bisogna altresì analizzare l'art. 41 c.p. Il primo comma di tale articolo non solleva particolari problemi poiché si limita a sancire l'irrilevanza, in via di principio, delle cd. "**concause**" dell'evento, vale a dire di quegli ulteriori fattori del processo causale produttivo dell'evento, siano essi *preesistenti, concomitanti* o *sopravvenuti* alla condotta. In altri termini, quando la condotta abbia comunque spiegato una efficacia causale nella produzione dell'evento, l'esistenza del nesso causale non è scalfita dall'intervento di fattori con essa concorrenti nella produzione dell'evento medesimo (ad es., nel caso di morte di un pedone conseguente ad un investimento automobilistico, la responsabilità del conducente del veicolo non è esclusa dal fatto che la vittima era di salute malferma - causa preesistente - o dalla circostanza per cui i sanitari hanno commesso errori nella cura successiva all'investimento - causa sopravvenuta -).
Anche il terzo comma è di agevole comprensione, limitandosi a chiarire che le regole contenute nei primi due commi operano anche se le concorrenti circostanze consistono in fatti illeciti altrui (Antolisei).

Difficoltà s'incontrano, invece, riguardo al secondo comma, che testualmente recita: "*Le cause sopravvenute escludono il rapporto di causalità quando sono state da sole sufficienti a determinare l'evento. In tal caso, se l'azione od omissione precedentemente commessa costituisce per sé un reato, si applica la pena per questo stabilita*". Il legislatore fa qui riferimento al cd. **decorso causale atipico**, per il quale le cause sopravvenute *non concorrono*, con la condotta, alla produzione dell'evento, quando sono *di per sé sufficienti* a determinarlo.
Ci si interroga innanzitutto sul **rapporto tra circostanze sopravvenute e condotta dell'agente**. Al riguardo, secondo i sostenitori della teoria condizionalistica, il legislatore avrebbe fatto riferimento alla cd. "**serie causale autonoma**", ovvero a quei fattori sopravvenuti che, non trovando *nella condotta* dell'agente *né causa né occasione*, del tutto *autonomamente dalla medesima* provocano l'evento. Si tratterebbe, cioè, di ipotesi in cui l'evento si è prodotto in modo del tutto indipendente dalla condotta umana e si sarebbe egualmente verificato anche se la condotta non fosse stata tenuta (si pensi all'ipotesi di una persona a cui sia stato somministrato del veleno la quale muoia per cause naturali, del tutto indipendenti dalla condotta dell'agente, prima che il veleno produca i suoi effetti).
L'orientamento dominante in dottrina sostiene che, così ragionando, l'art. 40 c.p. risulterebbe del tutto *superfluo* in quanto, già in base al primo comma, la serie causale autonoma porterebbe a escludere la sussistenza di un nesso materiale tra l'evento e la condotta posta in essere.
Si afferma pertanto che il legislatore ha inteso, in realtà, far riferimento alla "**serie causale apparentemente indipendente**", cioè all'ipotesi in cui alla condotta dell'agente sopravvenga un avvenimento che, *pur non essendo determinato* dalla prima, trovi in essa *l'occasione* e determini l'evento: (es. Tizio cagiona a Caio una ferita non mortale ma mentre è trasportato in ospedale con l'autoambulanza, Caio muore a causa di un incidente stradale. Tizio risponde solo del reato di lesioni).
Ulteriore e forse più adeguata interpretazione sembrerebbe invece quella per cui il nesso di causalità è escluso quando l'evento è dovuto al sopravvenire di un **fattore eccezionale**, dove per tale deve intendersi quel fattore causale che ha reso possibile il verificarsi dell'evento, il quale, secondo la migliore scienza ed esperienza, non è conseguenza neppure probabile di quel tipo di condotta.

3.4.3 Reati omissivi impropri e nesso di causalità

L'analisi del nesso causale nel reato omissivo ha ad oggetto i **soli reati omissivi impropri**, in quanto solo questi sono caratterizzati da un *evento* in senso naturalistico conseguente alla condotta.
Nei reati omissivi occorre accertare *cosa sarebbe accaduto* se, in luogo dell'omissione, l'agente *avesse posto in essere l'azione* richiestagli dall'ordinamento.
Anche qui si ricorre al *procedimento di eliminazione mentale* (teoria condizionalistica) e all'ausilio di *leggi statistiche e scientifiche*: l'omissione è causa dell'evento quando, sostituendo mentalmente ad essa l'azione, l'evento, *con certezza* o *con elevato grado di probabilità*, non si sarebbe verificato.

Quesiti di verifica 3
Gli elementi costitutivi del reato: l'elemento oggettivo

1) Il nesso causale collega:

A. la condotta all'evento
B. l'autore del reato alla condotta
C. l'autore del reato all'evento

2) Ai sensi dell'art. 40, co. 1, del codice penale:

A. il nesso di causalità non riguarda le contravvenzioni
B. il nesso di causalità riguarda i reati dolosi ma non anche quelli colposi
C. l'evento dannoso o pericoloso, dal quale dipende l'esistenza del reato, deve essere conseguenza dell'azione od omissione del reo

3) È corretto affermare che, in base alla teoria della causalità naturale, un'azione può essere condicio sine qua non di un evento se non può essere mentalmente eliminata senza che l'evento stesso venga meno?

A. No
B. Solo in alcuni casi
C. Sì

4) Sono «leggi universali»:

A. quelle valide per tutti
B. quelle in grado di affermare che la verificazione di un evento è inevitabilmente accompagnata dalla verificazione di un altro evento
C. quelle con cui il legislatore prevede i casi in cui c'è nesso di causalità fra condotta ed evento

5) Le cause sopravvenute escludono il rapporto di causalità, quando sono state da sole sufficienti a determinare l'evento?

A. No
B. Se il legislatore le prevede
C. Sì

6) Come definisce l'evento la concezione naturalistica?

A. Offesa del bene o valore tutelato dalla norma penale incriminatrice
B. Modificazione della realtà esteriore suscettibile di percezione sensoria
C. La lesione che naturalmente si verifica quale conseguenza della condotta

7) Il reato può essere commesso:

A. solo attraverso un'azione o un comportamento attivo
B. solo attraverso un'omissione ovvero un comportamento negativo
C. attraverso un'azione, o un comportamento attivo, o un'omissione, ovvero un comportamento negativo

8) Da cosa è costituito l'elemento oggettivo del reato?

A. Nesso causale e evento, per i reati che lo prevedono
B. Condotta, evento, nesso di causalità
C. Azione e nesso di causalità fra questa e l'evento

9) I reati omissivi propri sono quelli per la cui sussistenza è:

A. necessario il profitto del reato
B. necessario un concorso di persone
C. necessaria e sufficiente la semplice condotta negativa del reo

10) L'azione rientra:

A. nell'antigiuridicità
B. fra gli elementi oggettivi del fatto tipico
C. nell'evento

RISPOSTE CORRETTE

1) A
2) C
3) C
4) B
5) C
6) B
7) C
8) B
9) C
10) B.

Capitolo 4
Antigiuridicità e cause di giustificazione

4.1 L'antigiuridicità

Per la concezione *tripartita*, l'antigiuridicità avrebbe *autonomo rilievo* all'interno della struttura del reato in quanto il fatto concretamente realizzato dal soggetto agente, per assumere rilevanza penale, dovrebbe non solo corrispondere ad una fattispecie astratta (tipicità), ma anche essere ***contra ius***, ovverosia posto in essere **in assenza delle cause di giustificazione** (o scriminanti) di cui agli artt. 50 ss. c.p. (antigiuridicità).
Secondo la concezione *bipartita*, invece, la presenza delle cause di giustificazione escluderebbe non l'antigiuridicità del reato bensì la tipicità del medesimo, essendo le stesse configurate quali *elementi negativi interni al fatto oggettivo tipico*, e pertanto devono mancare ai fini della coincidenza tra fatto concreto e fatto tipico.

4.2 Le cause che escludono la pena nel nostro ordinamento

Si individuano **tre categorie** di cause che escludono la pena nel nostro ordinamento: le cause di giustificazione (o **scriminanti**), le cause di esclusione della colpevolezza (o **scusanti**), le cause di esclusione della punibilità in senso stretto (o **esimenti**).
Le **scriminanti** sono particolari situazioni in presenza delle quali il legislatore *consente* o *impone* una determinata *condotta* che altrimenti sarebbe penalmente rilevante.
Si distingue tra scriminanti **comuni**, previste nella parte generale del codice penale, e scriminanti **speciali**, previste nella parte speciale del codice o in leggi speciali con riguardo a determinati reati.
Quando ricorre una **causa di giustificazione** (o scriminante), venendo meno la tipicità (per la concezione bipartita) o l'antigiuridicità (per la concezione tripartita) del fatto, la condotta del soggetto agente risulta **lecita *ab origine***, dunque:

- *non può essere lecitamente impedita o contrastata* da colui che la subisce o da terzi;
- *non sorgono conseguenze* sul piano penale né sul piano civile ed amministrativo (principio dell'unitarietà dell'ordinamento giuridico).

La scriminante:

- *si estende a tutti i concorrenti* nel reato;
- opera obiettivamente, *anche se non conosciuta* dal soggetto agente o, *per errore, ritenuta inesistente*;
- *opera anche in via putativa*, e cioè se erroneamente ritenuta esistente.

Le **scusanti** sono situazioni che, **escludendo l'elemento psicologico del reato,** fanno venir meno la punibilità della condotta. Qui il **fatto resta tipico** ed **antigiuridico**, pur venendo meno la punibilità del soggetto agente; ne consegue che:

- l'azione *può lecitamente essere impedita e contrastata* da colui che la subisce o da terzi;
- possono derivarne *conseguenze sul piano civile*;

- la causa scusante *non si estende* ai concorrenti che hanno agito colpevolmente;
- la causa opera *solo se conosciuta.*

Le **esimenti**, infine, sono tutte quelle situazioni che escludono la pena del reato in quanto, in base a *valutazioni di opportunità politico-criminale,* sull'esigenza di *giustizia* prevalgono *superiori interessi* di altra natura (es. le immunità, ovvero quelle ipotesi di esenzione da ogni conseguenza penale di soggetti titolari di determinati funzioni, rilevanti nell'ambito costituzionale o internazionalistico). Ciò nondimeno il fatto resta **tipico, colpevole ed antigiuridico**. Diversamente dalle cause di giustificazione e dalle cause di esclusione della colpevolezza, queste circostanze lasciano intatta sia l'antigiuridicità del comportamento che la sua esigibilità psicologica, impedendo comunque l'irrogazione della pena prevista. Pertanto: :

- l'azione *può lecitamente essere impedita e contrastata* da colui che la subisce o da terzi;
- possono derivarne *conseguenze sul piano civile* (risarcimento dei danni e delle restituzioni);
- la causa di non punibilità *non si estende* agli altri concorrenti;
- la causa opera obiettivamente, *anche se non conosciuta* dal soggetto agente o, *per errore, ritenuta inesistente*;
- non è ammessa la rilevanza del putativo.

Tra le cause di non punibilità in senso stretto o esimenti (che presuppongono la sussistenza di un reato-fatto antigiuridico e colpevole, ma che riflettono considerazioni di opportunità circa la non applicazione della pena, lasciando impregiudicati gli effetti civili derivanti dal reato) rientra, in particolare, quella contemplata dall'art. 131-*bis* c.p., introdotta dal D.Lgs. 28/2015.

La **non punibilità per particolare tenuità del fatto**, disciplinata dall'art. **131-*bis* c.p.** si applica a tutti quei "*reati per i quali è prevista la pena detentiva non superiore nel massimo a 5 anni, ovvero la pena pecuniaria, sola o congiunta alla predetta pena*". A tenore della norma, "*la punibilità è esclusa quando per le modalità della condotta e per l'esiguità del danno o del pericolo, valutate ai sensi dell'articolo 133, primo comma, l'offesa è di particolare tenuità e il comportamento risulta non abituale*".

Ai sensi del comma 2 dello stesso art. 131-*bis* c.p. (come modificato per effetto del D.L. 53/2019, conv. dalla L. 77/2019, cosiddetto *decreto sicurezza-bis*), "*l'offesa non può essere ritenuta di particolare tenuità, ai sensi del primo comma, quando l'autore ha agito per motivi abietti o futili, o con crudeltà, anche in danno di animali, o ha adoperato sevizie o, ancora, ha profittato delle condizioni di minorata difesa della vittima, anche in riferimento all'età della stessa ovvero quando la condotta ha cagionato o da essa sono derivate, quali conseguenze non volute, la morte o le lesioni gravissime di una persona. L'offesa non può altresì essere ritenuta di particolare tenuità quando si procede per delitti, puniti con una pena superiore nel massimo a due anni e sei mesi di reclusione, commessi in occasione o a causa di manifestazioni sportive, ovvero nei casi di cui agli articoli 336, 337 e 341-bis, quando il reato è commesso nei confronti di un pubblico ufficiale nell'esercizio delle proprie funzioni*".

A confermare la natura giuridica dell'istituto in questione, è intervenuta la V sezione della Suprema Corte (sent. 11 febbraio 2016, n. 5800), la quale ha rilevato l'indubbia natura di causa di esclusione della punibilità della disposizione, considerato che questa trova applicazione in casi in cui il fatto, pur tipico e antigiuridico, non viene sanzionato in ragione della particolare tenuità dell'offesa. D'altra parte, appare chiaro che la "particolare tenuità" implichi, pur sempre, la sussistenza delle connotazioni tipiche di un reato perfetto in tutti i suoi elementi, inclusa la lesione del bene giuridico protetto.

4.3 La disciplina delle cause di giustificazione

L'art. 59, co. 1, c.p., statuisce che le scriminanti operano obiettivamente, ovvero *a prescindere dalla conoscenza* che di esse abbia il soggetto agente. Esse, quindi, operano su un piano oggettivo, vengono cioè valutate a favore dell'agente in virtù della loro sola esistenza, a prescindere dalla consapevolezza che questi ne abbia.

L'art. 59, co. 4, c.p. prevede che se l'agente ritiene *per errore* che esistano circostanze di esclusione della pena, queste sono sempre valutate a favore di lui. Viene, dunque, attribuita rilevanza alla cd. **scriminante putativa**. Se si tratta di errore determinato da colpa, la punibilità non è esclusa, quando il fatto è preveduto dalla legge come delitto colposo.

Come chiarito in dottrina, l'*errore* consente l'operatività della scriminante se verte sui *presupposti di fatto* della scriminante o su una *norma extrapenale* integratrice di un elemento normativo della fattispecie. Non ha efficacia scusante, invece, l'errore di diritto.

Si parla invece di **eccesso colposo**, ai termini dell'art. 55 c.p., allorché, nella realtà obiettiva, **sussistano i presupposti di fatto di una causa di giustificazione**, ma **l'agente per colpa derivata da imperizia, negligenza o prudenza ne travalica i limiti**. In tali casi, dunque, la causa di giustificazione sussiste effettivamente, e fino ad un certo punto scrimina la condotta dell'agente, ma il soggetto eccede i limiti della scriminante per un errore di percezione (errore-motivo) o per un errore nella fase esecutiva della difesa (errore-inabilità), provocando un evento più grave rispetto a quello consentito dalla legge (es. Tizio valuta esattamente la gravità dell'aggressione, e quindi i limiti della liceità della difesa, ma, per un errore nell'uso dei mezzi difensivi, cagiona all'aggressore un'offesa più grave di quella consentita). Il soggetto agente risponderà del fatto a titolo di delitto colposo se la legge ne prevede la punibilità a titolo di colpa.

Nel caso di **eccesso incolpevole** (che ricorre quando il superamento dei limiti di liceità dell'azione dipenda da *caso fortuito* o da *forza maggiore* o da un *errore scusabile di percezione*) il soggetto andrà del tutto esente da responsabilità; in caso di **eccesso doloso**, risponderà invece di reato doloso.

4.4 Il consenso dell'avente diritto

Causa di giustificazione prevista nell'art. 50 c.p., secondo il quale "*non è punibile chi lede o chi pone in pericolo un diritto con il consenso della persona che può validamente disporne*". Tale scriminante non opera nei casi in cui il *dissenso* del soggetto passivo è *elemento costitutivo* del reato.

Il consenso dell'avente diritto rinviene il fondamento della sua efficacia scriminante nel venir meno dell'interesse, da parte dell'ordinamento giuridico, alla tutela di un bene alla cui integrità lo stesso titolare non mostra di avere interesse.

Per poter scriminare, il **consenso deve essere**:

- *libero* e *spontaneo*, cioè immune da errore, violenza e dolo;
- *antecedente o contestuale* alla condotta;
- *espresso* (in qualunque forma) o *tacito* (quando sia desumibile da un comportamento univoco dell'avente diritto);

- *espresso dal titolare* del bene offeso (se vi sono più titolari, occorre il consenso di tutti) o, quando la legge lo consente, dal suo *rappresentante legale o volontario.*

Per poter scriminare, il consenso deve avere ad oggetto **diritti disponibili** (i *diritti patrimoniali* nonché i *diritti della personalità* del singolo individuo quali salute, onore, libertà morale, sessuale, personale e di domicilio); si considerano **non disponibili** gli *interessi facenti capo allo Stato,* il *sentimento religioso,* il *buon costume* e la *pubblica incolumità,* la *fede pubblica* ecc., e quei beni per i quali sussiste un **interesse pubblico non statale** ma della **collettività** alla loro salvaguardia.
Nell'ambito dei *diritti disponibili,* l'offesa all'integrità fisica può essere scriminata dal consenso, *ex* art. 50 c.p., solo nei **limiti di cui all'art. 5 c.c.** Ne deriva che ai fini dell'operatività dell'art. 50 c.p.:

- la lesione *non* può essere *permanente;*
- l'atto di disposizione del proprio corpo *non* deve essere *contrario alla legge, all'ordine pubblico e al buon costume;*
- la lesione *permanente* deve essere necessaria alla salvaguardia di un bene *più importante,* quale la salute psico-fisica del consenziente (l'art. 32 Cost. prevale dunque sull'art. 5 c.c.);
- è certamente *indisponibile il diritto alla vita,* sia perché l'omicidio del consensiente determina l'estinzione del bene e non una lesione circoscritta, sia in quanto l'art. 579 c.p. ("omicidio del consenziente") punisce espressamente tale condotta.

Sebbene l'art. 5 c.c. faccia espresso riferimento alla sola integrità fisica, l'opinione dominante afferma che i principi in esso contenuti troverebbero applicazione, in via analogica, *anche per gli altri diritti della personalità* (salute, onore, libertà morale, sessuale, personale, di domicilio ecc.).

4.5 L'esercizio di un diritto

Scriminante contenuta nell'art. 51, co. 1, c.p., che statuisce: "*l'esercizio di un diritto* [...] *esclude la punibilità*".
La **nozione** di **diritto**, agli effetti di questa norma, è controversa. Si delineano due orientamenti: secondo una prima tesi essa andrebbe limitata ai soli *diritti soggettivi,* mentre per altro orientamento andrebbe ricompresa *ogni situazione giuridica attiva, ogni possibilità di agire* che l'ordinamento riconosce pur non qualificandola come diritto soggettivo, seppur originata da *fonti di rango subordinato alla legge.*
La *ratio* di tale scriminante si rinviene nella **prevalenza dell'interesse** di chi agisce nell'esercizio di un diritto rispetto ai titolari di interessi con tale diritto configgenti oltre che nel **principio di non contraddizione** all'interno di uno stesso ordinamento giuridico.
Affinché la causa di giustificazione possa operare, devono sussistere i seguenti **presupposti**:

- la **prevalenza della norma attributiva del diritto** rispetto alla norma incriminatrice, che si desume in base ai criteri: gerachico (*lex superior derogat legi inferiori*), cronologico (*lex posterior derogat legi anteriori*), della specialità (*lex specialis derogat legi generali*);
- l'**assenza di abuso del diritto** da parte del titolare.

Occorre ulteriormente distinguere **due ipotesi:**

- se il diritto trova la propria **fonte nella *legge ordinaria***, i limiti possono desumersi dalla legge medesima, dalla legge penale e dalle altre leggi contenute nell'intero ordinamento giuridico;
- se il diritto trova la propria **fonte nella *Costituzione***, i limiti non possono essere rinvenuti in fonti di rango subordinato.

Può però verificarsi che la norma penale tuteli beni di rango costituzionale, confliggenti con l'esercizio di diritti *anch'essi di rilievo costituzionale*: in tal caso occorre operare un **bilanciamento tra i beni in conflitto** a seguito del quale, non potendosi far soccombere un interesse rispetto all'altro, si individueranno dei *limiti* entro i quali il bene protetto dalla norma penale potrà essere sacrificato dall'esercizio del diritto costituzionale.
Espressioni di tale bilanciamento sono il **diritto di cronaca giornalistica**, il **diritto di critica**, il **diritto di satira**, riconducibili alla libertà di manifestazione del pensiero di cui all'art. 21 Cost. e potenzialmente in conflitto con il diritto all'onore ed alla reputazione.
Per il **diritto di cronaca giornalistica** si afferma in giurisprudenza che il suo esercizio scrimina se ricorrono congiuntamente le seguenti condizioni:

- esistenza di un *pubblico interesse alla conoscenza dei fatti oggetto di cronaca*;
- *verità dei fatti narrati*, da intendere in senso soggettivo; la condotta del giornalista è scriminata quando, avendo egli diligentemente controllato la notizia attraverso il riferimento a fonti di sicura qualità ed affidabilità, è incorso nell'incolpevole ed involontario errore percettivo sulla corrispondenza al vero del fatto esposto (cd. **continenza sostanziale**);
- *obiettiva e serena esposizione delle notizie*, assenza di espressioni intrinsecamente offensive, denigratorie e ingiuriose (cd. **continenza formale**).

Il **diritto di critica** consiste nell'espressione di un giudizio o, più genericamente, di un'opinione che, come tale, non può pretendersi rigorosamente obiettiva, posto che la critica, per sua natura, non può che essere fondata sull'interpretazione necessariamente soggettiva di fatti e comportamenti.
Il limite essenziale del diritto di critica è costituito dal principio del *neminem laedere* e dal rispetto del decoro; di conseguenza la critica deve mantenersi nell'ambito della correttezza del linguaggio e del rispetto dell'onore e della reputazione altrui.
Anche il **diritto di sciopero**, costituzionalmente riconosciuto dall'art. 40 Cost., scrimina, sempreché siano rispettati:

- i *limiti interni* (derivanti dalla sua *ratio*, che è la tutela di interessi economici, professionali e politici dei lavoratori);
- i *limiti esterni*, rappresentati dagli altri diritti costituzionali (vita, salute ecc.) con cui il diritto di sciopero può entrare in conflitto.

4.6 Adempimento di un dovere

Scriminante contenuta nell'art. 51, co. 1, c.p., a mente del quale "*...l'adempimento di un dovere imposto da una norma giuridica o da un ordine legittimo della pubblica autorità esclude la punibilità*".

Fonti del dovere sono dunque: le **norme giuridiche** e gli **ordini legittimi dell'autorità**. Con riguardo alle **norme giuridiche**, l'indirizzo prevalente in giurisprudenza ritiene che la locuzione "*dovere imposto da una norma giuridica*" vada inteso in senso omnicomprensivo di qualsiasi precetto giuridico, non importa se emanato dal potere legislativo o esecutivo.
L'**ordine dell'Autorità** consiste in una manifestazione di volontà che il soggetto, munito per legge di un potere di supremazia di diritto pubblico, rivolge al subordinato imponendogli di tenere una determinata condotta.
Con riguardo all'*ordine dell'Autorità*, si desumono dalla norma alcuni presupposti necessari affinché si produca l'effetto scriminante:

- la norma prende in considerazione *esclusivamente* i rapporti di subordinazione previsti dal *diritto pubblico,* non anche quelli di diritto privato;
- l'ordine impartito deve essere "*legittimo*"; dunque, devono essere rispettati sia i presupposti di *legittimità formale sia* i presupposti di *legittimità sostanziale.*

Nell'ultimo comma dell'art. 51 c.p. si fa riferimento alla **sindacabilità dell'ordine**. Si desume che ogni subordinato, destinatario dell'ordine, deve, prima di eseguirlo, **controllarne la legittimità formale** e **sostanziale**.
Al riguardo, si osserva che, se la prima, afferendo alla forma ed alla competenza, è *sempre sindacabile,* la legittimità sostanziale, concernendo il *merito* del provvedimento, è sindacabile in misura *inversamente proporzionale alla subordinazione gerarchica* che caratterizza il rapporto. Se il comando impartito dal superiore gerarchico non è legittimo e manca, da parte del sottoposto, ogni possibilità di sindacato, si parla di **ordine illegittimo vincolante**, come accade nei rapporti di natura militare in cui si richiede all'esecutore la più stretta e pronta obbedienza. In ogni caso si ritiene in dottrina e in giurisprudenza che il controllo di *legittimità sostanziale* è *sempre ammesso,* a prescindere dal rapporto gerarchico, ogni qualvolta appaia la *manifesta criminosità dell'ordine.*
Il legislatore afferma che, in caso di **ordine illegittimo**, rispondono penalmente sia chi ha impartito l'ordine sia l'esecutore materiale. Dalla lettura dell'art. 51, co. 2 e 3, c.p. si desume che la punibilità dell'esecutore di un ordine illegittimo è *esclusa* non solo in caso di insindacabilità dell'ordine illegittimo, ma anche se, per *errore di fatto,* si sia *ritenuto di obbedire ad un ordine legittimo.*

4.7 Legittima difesa

4.7.1 Disciplina generale

Scriminante prevista nell'art. 52 c.p., il quale dispone, al comma 1, che "*non è punibile chi ha commesso il fatto per esservi stato costretto dalla necessità di difendere un diritto proprio o altrui contro il pericolo attuale di una offesa ingiusta, sempre che la difesa sia proporzionata all'offesa*". La *ratio* dell'istituto risiede nella *prevalenza attribuita all'interesse* ingiustamente aggredito sull'interesse che si va ad offendere con la condotta coperta dalla scriminante.
La legittima difesa ruota attorno ai due poli dell'**aggressione ingiusta** e della **reazione legittima**. Tanto l'aggressione, per legittimare la reazione, quanto la reazione, per essere legittime, devono presentare determinati requisiti.

Tra i presupposti di operatività della scriminante, ricorre innanzitutto l'esistenza, anche putativa (*ex* art. 59, co. 4, c.p.), del **pericolo attuale di un'offesa ingiusta**, dunque di un'**aggressione**. Al riguardo si deve osservare che:

- **soggetto attivo** dell'aggressione è *l'essere umano*;
- la condotta aggressiva può consistere tanto in *un'azione*, quanto in *un'omissione*;
- il diritto aggredito può essere *patrimoniale* o *personale*;
- *soggetto passivo* dell'aggressione può essere, oltre che il soggetto che si difende, anche un terzo. La scriminante è infatti ammessa anche a tutela di un diritto altrui; in tal caso si parla di soccorso difensivo;
- l'aggressione deve aver provocato un *pericolo attuale di offesa*, ovvero di lesione del diritto. Pericolo attuale di una offesa significa rischio incombente al momento del fatto per cui la reazione non può essere né anticipata (cosiddetto pericolo futuro) né posticipata (cosiddetto o pericolo passato);
- l'*offesa deve essere ingiusta*, arrecata cioè al di fuori di qualsiasi norma che la imponga o la autorizzi;
- il ***pericolo* di un'offesa ingiusta** deve essere *attuale*, ovvero ancora in corso, così da giustificare la reazione difensiva come l'unico mezzo per proteggere il bene. Deve inoltre essere *non volontariamente provocato* dall'aggredito, perché altrimenti verrebbe meno la "necessità della difesa" o la "ingiustizia dell'offesa" di cui parla la norma, *salvo* che la reazione alla provocazione sia del tutto *imprevedibile* e *sproporzionata*.

Di fronte all'ingiusta aggressione, il legislatore ammette la **reazione** difensiva da parte dell'aggredito. I **caratteri** di questa reazione sono la **necessità** e la **proporzione** rispetto all'offesa ingiusta.
Il primo requisito va inteso in termini di **inevitabilità**: è tale la reazione non sostituibile da altra *meno dannosa* ma *ugualmente idonea a proteggere* il bene minacciato. Tale valutazione deve logicamente farsi tenendo conto di tutte le circostanze del caso concreto, come le condizioni dell'aggredito, i mezzi di cui dispone, il tempo ed il luogo dell'attacco ecc.
L'art. 52 c.p. specifica, poi, che la difesa deve essere **proporzionata all'offesa**. Proporzionata è la difesa valutata non più in base al rapporto tra i mezzi disponibili e quelli effettivamente usati (secondo una teoria ormai superata), ma alla stregua dei beni in conflitto e dei disvalori delle condotte poste in essere.

4.7.2 La legittima difesa nelle ipotesi di violazione di domicilio

Con L. 13-2-2006, n. 59, sono stati aggiunti due commi all'art. 52 c.p., ai sensi dei quali, in ipotesi di **violazione di domicilio o di ogni altro luogo ove venga esercitata un'attività commerciale, professionale o imprenditoriale**, sussiste il rapporto di proporzione tra offesa e difesa se il titolare del domicilio violato, o altra persona legittimamente presente nel domicilio, faccia uso di un'arma legittimamente detenuta, o di altro mezzo idoneo, al fine di difendere la propria o l'altrui incolumità o – quando non vi è desistenza e vi è pericolo di aggressione – i beni propri o altrui.
Si è ritenuto che il legislatore abbia qui introdotto una **presunzione relativa di proporzione tra difesa ed offesa**, incombendo sulla pubblica accusa l'onere di provare la sproporzione.

I **presupposti di operatività** di tale presunzione sono:

- aggressione nel *domicilio* o negli *altri luoghi* indicati;
- *presenza legittima*, in tali luoghi, dell'aggredito;
- *detenzione legittima dell'arma* usata per difendersi;
- *identificazione* del bene aggredito nella *incolumità individuale* o nel *patrimonio*;
- *mancata desistenza* da parte dell'aggressore, nonostante la presenza di persone nel domicilio o negli altri luoghi indicati.

Accanto a questi **presupposti** esplicitamente indicati, si pongono tutti quelli di cui al primo comma dell'art. 52 c.p., che, pur non essendo espressamente richiamati non possono mancare, essendo inscindibili dal concetto stesso di legittima difesa, e cioè l'*attualità* del pericolo e la *necessità* della difesa.

È stata dunque approntata una maggior tutela nei confronti dei soggetti che esercitino la propria "reazione" avverso un'aggressione ingiusta all'interno della propria dimora o presso il luogo in cui si esercita un'attività commerciale od affine.

La **L. 36/2019** sulla **legittima difesa domiciliare** ha esteso i margini di impunità di chi subisce aggressioni nel domicilio (intendendosi per esso abitazioni, e altri luoghi di privata dimora, compresi quelli in cui vengono svolte attività commerciali, professionali o imprenditoriali). La riforma ha messo mano sia all'art. 52 c.p., **estendendo l'area della legittima difesa domiciliare come causa di giustificazione** del fatto, sia all'art. 55 c.p., incidendo sulla disciplina dell'**eccesso nelle cause di giustificazione**, dando vita in particolare a un'ipotesi in cui l'**eccesso colposo nella legittima difesa domiciliare non è colpevole perché scusato** in ragione delle particolari circostanze.

Quanto alle modifiche all'art. 52 c.p., la disciplina della legittima difesa domiciliare introdotta nel 2006 ai commi 2 e 3 non è stata affatto sostituita da quella del 2019, che si è limitata a "**rafforzare**" la **presunzione di proporzione** tra difesa e offesa di cui al secondo comma. Detta legge, infatti, modificando il comma 2 dell'art. 52 c.p., ha precisato che nei casi di legittima difesa domiciliare si considera "sempre" sussistente il rapporto di proporzionalità tra la difesa e l'offesa.

In sostanza, con l'introduzione di un semplice avverbio si consente in ogni situazione di scriminare la condotta della persona, legittimamente presente nell'abitazione, oppure nel luogo privato dove si esercita un'attività commerciale o professionale, che usa un'arma legittimamente detenuta o altro mezzo idoneo per difendere la propria od altrui incolumità e i beni propri o altrui, quando non vi è desistenza e vi è pericolo d'aggressione.

Invero, alcuni Autori hanno segnalato l'evidente inganno che si cela dietro l'utilizzo di un termine apparentemente avente la funzione di generalizzare la portata operativa dell'istituto della legittima difesa, ma che, in concreto, non può non scontrarsi con la necessità dell'integrazione di tutti gli altri elementi essenziali della fattispecie scriminante (attualità dell'offesa e necessità della difesa), che ne ridimensionano inevitabilmente l'applicazione. Meglio sarebbe, invece, ritenere che l'introduzione dell'avverbio "sempre" conduca ad una vera e propria "presunzione assoluta" di proporzione.

Nel nuovo quarto comma dell'art. 52 c.p., il legislatore del 2019 ha poi introdotto un'inedita presunzione di legittima difesa (ovvero di tutti i requisiti della scriminante e non della sola proporzionalità tra difesa ed offesa), prevedendo che "*nei casi di cui al secondo e al terzo comma agisce* ***sempre*** *in stato di legittima difesa colui che compie un* *atto per respingere l'intrusione posta in essere, con violenza o minaccia di uso di armi o di altri mezzi di coazione fisica, da parte di una o più persone*".

Il **rinvio ai casi di cui al secondo e terzo comma** implica che l'ipotesi di nuovo conio si riferisce alle medesime situazioni di fatto contemplate da quei commi, a quei casi, cioè, in cui l'aggressore ha violato il domicilio e l'aggredito, ivi legittimamente presente, difenda con un'arma legittimamente detenuta o con un altro mezzo idoneo la propria o altrui incolumità, ovvero i beni propri o altrui. L'elemento di specialità presente nell'ipotesi del nuovo quarto comma dell'art. 52 c.p. risiede nel **carattere violento della violazione di domicilio**, riconducibile all'ipotesi aggravata di cui all'art. 614, co. 4, c.p. (per la quale, peraltro, è stato disposto un inasprimento di pena).

Pertanto, mentre la presunzione (rafforzata) di proporzione di cui all'art. 52, co. 2, c.p. riguarda ipotesi di **violazione di domicilio non aggravata**, la presunzione di legittima difesa (cioè non solo della proporzione tra difesa e offesa, ma anche della necessità della difesa stessa) di cui al nuovo comma 4 dello stesso art. 52 c.p. interessa i **casi di violazione di domicilio aggravata**. Ne consegue che, in tali ipotesi, il giudice dovrebbe limitarsi ad accertare che il fatto (es. un omicidio) è stato commesso a seguito di violazione di domicilio per respingere l'intrusione da parte di una o più persone, realizzata "*con violenza*" (alle persone, o anche solo alle cose) o con "*minaccia di uso di armi o di altri mezzi di coazione fisica*".

Non si è mancato, tuttavia, di rilevare, in proposito, come la maggiore ampiezza della presunzione in parola (coinvolgente anche il requisito della necessità della difesa) rischia di erodere irrimediabilmente il carattere eccezionale e di *extrama ratio* della forma di autotutela della legittima difesa.

4.8 Uso legittimo delle armi

Si tratta della scriminante disciplinata nell'art. 53 c.p., il quale dispone che "*Ferme le disposizioni contenute nei due articoli precedenti, non è punibile il pubblico ufficiale che al fine di adempiere un dovere del proprio ufficio, fa uso ovvero ordina di far uso delle armi o di altro mezzo di coazione fisica, quando vi è costretto dalla necessità di respingere una violenza o di vincere una resistenza all'Autorità, e comunque di impedire la consumazione dei delitti di strage, di naufragio, sommersione, disastro aviatorio, disastro ferroviario, omicidio volontario, rapina a mano armata e sequestro di persona*".

Scopo della norma è quello di assicurare l'**adempimento dei doveri pubblici**, e dunque l'attuazione del principio di *buon andamento* dell'attività amministrativa, sancito dall'art. 97 Cost.

Il legislatore afferma che della scriminante possono beneficiare i **pubblici ufficiali**; sono quindi esclusi gli *incaricati di un pubblico servizio* nonché tutti i pubblici ufficiali che, pur rientrando nella nozione di cui all'art. 357 c.p., non fanno parte della *forza pubblica* (polizia, carabinieri, guardia di finanza, militari in servizio di pubblica sicurezza), in quanto non dotati istituzionalmente di armi e di poteri di coazione fisica. Beneficiano altresì di tale scriminante tutti coloro i quali **prestino assistenza al pubblico ufficiale** a seguito di sua *legittima richiesta*.

Tale scriminante opera se la condotta del pubblico ufficiale è diretta a respingere una **violenza** o a vincere una **resistenza** (art. 53, co. 1, c.p.), dove per **violenza** deve intendersi un *comportamento altrui* diretto ad *impedire* che il pubblico ufficiale *adempia al proprio dovere di ufficio*. La "violenza", oltre che *fisica*, potrebbe anche consistere in una coercizione meramente *psichica*. Quanto al concetto di **resistenza**, per l'orientamento più moderno, non avrebbe alcun rilievo la distinzione tra resistenza attiva e passiva, in quanto la scriminante potrebbe operare in ogni caso purché sussista la **proporzione** congiuntamente:

- tra i *contrapposti interessi* (interesse pubblico all'adempimento del dovere e bene giuridico di chi oppone resistenza);
- tra il *mezzo di coazione* impiegato dal pubblico ufficiale e il *tipo di resistenza* da vincere.

Dalla clausola di riserva posta all'inizio dell'art. 53 c.p. si desume che la scriminante dell'uso legittimo delle armi ha un ambito d'**applicazione residuale** rispetto alla legittima difesa e all'adempimento di un dovere.
L'ultimo comma dell'art. 53 c.p. stabilisce che il legislatore può ampliare l'operatività della scriminante autorizzando l'uso delle armi da parte del pubblico ufficiale anche in altri casi.

4.9 Stato di necessità

Ai sensi dell'art. 54, co. 1, c.p. "*Non è punibile chi ha commesso il fatto per esservi stato costretto dalla necessità di salvare sé od altri dal pericolo attuale di un danno grave alla persona, pericolo da lui non volontariamente causato, né altrimenti evitabile, sempre che il fatto sia proporzionato al pericolo*". Tale norma prende in considerazione l'ipotesi in cui il soggetto attivo agisca a tutela di un interesse proprio o altrui (cosiddetto *soccorso di necessità).*
I requisiti dello stato di necessità sono:

- **attualità del pericolo**, per cui il rischio di danno grave alla persona deve sussistere al momento del fatto;
- l'**involontarietà del pericolo**, nel senso che esso non deve essere imputabile né a dolo né a colpa del soggetto che viene a trovarsi nello stato di necessità;
- il **pericolo deve riguardare un danno grave alla persona**: secondo un orientamento, il legislatore avrebbe inteso riferirsi esclusivamente all'integrità personale e alla vita dell'individuo; per l'opinione dominante, invece, il termine "persona" ricomprenderebbe anche tutti i diritti della personalità dell'individuo *ex* art. 2 Cost.

Il legislatore richiede poi la **proporzionalità della condotta.**
Lo stato di necessità non è invocabile da chi ha un particolare dovere giuridico di esporsi al pericolo, come per es. i vigili del fuoco, gli appartenenti alle forze di polizia ecc.; tali soggetti, infatti, sono istituzionalmente preposti al soccorso altrui (art. 54, co. 2, c.p.).
Nell'ultimo comma dell'art. 54 c.p., si prende in considerazione l'ipotesi in cui *causa* dello stato di necessità sia la **minaccia** posta in essere *da un terzo*: in tal caso la condotta di chi agisce materialmente non sarà punibile *ex* art. 54 c.p., mentre l'autore della minaccia risponde del reato. Anche in tale ipotesi devono sussistere tutti i presupposti di operatività dello stato di necessità.

4.10 Eccesso colposo nelle cause di giustificazione

L'art. 55 c.p. disciplina l'eccesso colposo nelle cause di giustificazione. La norma recita: "*Quando nel commettere taluno dei fatti preveduti dagli articolo 51, 52, 53 e 54, si eccedono colposamente i limiti stabiliti dalla legge o dall'ordine dell'Autorità ovvero imposti dalla necessità, si applicano le disposizioni concernenti i delitti colposi, se il fatto è preveduto dalla legge come delitto colposo*".

L'eccesso colposo ricorre, quindi, allorché sussistano i presupposti di fatto di una causa di giustificazione, ma l'agente **per colpa** ne travalica i limiti. In questo senso l'eccesso colposo si distingue dall'erronea supposizione di una scriminante (art. 59 c.p.), in cui la causa di giustificazione non esiste nella realtà, ma solo nella mente di chi agisce.

Le **condizioni per l'applicabilità dell'art. 55 c.p.** sono:

- l'attività deve essere iniziata in presenza di una scriminante effettivamente esistente *ex* artt. 51, 52, 53, 54 c.p.;
- si siano superati per colpa i limiti dell'agire consentito dalla scriminante. Esempio classico è quello del soggetto che, essendo stato aggredito, a causa di un errore inescusabile di valutazione, fa ricorso ad eccessivi mezzi di difesa in rapporto all'entità del pericolo, arrivando ad uccidere l'aggressore;
- la volontà dell'agente deve essere sempre diretta a realizzare quel fine che, a fronte della determinata situazione di fatto esistente, rende giustificato quel comportamento lesivo: come nel caso di chi, vistosi assalito da uno sconosciuto con un frustino, scambia erroneamente il frustino per un'arma da punta reagendo con una pugnalata mortale. Al contrario, se il fine è diverso non è applicabile la figura in esame: è il caso di Tizio che, pur rendendosi conto che Caio lo sta aggredendo con pugni e calci, volontariamente pugnala e uccide l'aggressore avendo riconosciuto in lui un suo acerrimo nemico; in tali ipotesi, infatti, l'agente, essendo ben a conoscenza della situazione reale e dei mezzi necessari per raggiungere il fine consentito, volontariamente supera i limiti dell'agire scriminato, dato che la volontà è diretta al fine criminoso, onde l'eccesso è doloso e l'agente risponderà a titolo di dolo del reato commesso.

Si distinguono **due forme di eccesso colposo**:

- la prima ricorre quando *si cagiona un determinato risultato volutamente perché si valuta erroneamente la situazione di fatto* (es. Mevio scambiando per la fondina di una pistola il borsello legato alla cintola del suo aggressore, sopravvalutando la necessità della difesa, impugna un bastone e tramortisce l'avversario anticipandone l'attacco);
- la seconda si verifica quando, *valutata esattamente la situazione di fatto, l'agente, per imprudenza, imperizia o negligenza nell'attività esecutiva, eccede, producendo un evento più grave di quello che sarebbe stato necessario cagionare* (es. Sempronio, ufficiale di Polizia Giudiziaria, nell'ammanettare taluno usa impropriamente l'attrezzo, provocando una grave lesione ossea ai polsi del catturato).

Ove non sia possibile muovere un addebito in termini di colpa, anche se il risultato eccede i limiti della causa di giustificazione, il fatto resta pienamente giustificato. Ad esempio, nel caso di Caio che rimane mortalmente colpito all'addome a seguito di un improvviso movimento, pur avendo l'aggredito correttamente mirato a parti non vitali, si applicherà la norma sulla legittima difesa, non essendo l'eccesso riconducibile alla colpa dell'autore.

La L. 36/2019 è intervenuta anche sulla disciplina dell'art. 55 c.p. in materia di **eccesso colposo nelle cause di giustificazione**, inserendo un nuovo comma 2 dal seguente tenore: "*Nei casi di cui ai commi secondo, terzo e quarto dell'articolo 52, la punibilità è esclusa se chi ha commesso il fatto per la salvaguardia della propria o altrui incolumità ha agito nelle condizioni di cui all'articolo 61, primo comma, numero 5, ovvero in stato di grave turbamento, derivante dalla situazione di pericolo in atto*".
Pertanto, mentre il primo comma dell'art. 55 c.p. richiama l'art. 52 c.p. per configurare l'ipotesi dell'**eccesso colposo di difesa**, prevedendo la responsabilità, a titolo di colpa, dell'agente, il neo introdotto secondo comma mira ad escludere quella responsabilità in ipotesi di **eccesso colposo di difesa all'interno del domicilio**.

Invero, in rapporto ad ipotesi di legittima difesa presunta non è affatto immediato ravvisare la configurabilità dell'eccesso colposo: se la legittima difesa è senza limiti, andare oltre quei limiti non è possibile; il fatto è sempre lecito. Senonché, la stessa disciplina dell'art. 55, co. 2, c.p. conferma che la legittima difesa domiciliare non è senza limiti.
In rapporto all'art. 52, co. 2, c.p., è pacifico che valgano tutti i requisiti ordinari della legittima difesa, salva la presunzione di proporzione; un eccesso colposo dalla legittima difesa *ex* art. 52, co. 2, c.p., pertanto, è senz'altro concepibile. Problematico è invece concepire un eccesso colposo rispetto alla legittima difesa *ex* art. 52, co. 4, c.p. L'art. 55, co. 2 può avere, infatti, margini di operatività, in rapporto all'art. 52, co. 4 c.p., solo qualora si ravvisino dei limiti alla reazione difensiva, superando la presunzione legislativa di legittima difesa.

Secondo il disposto dell'art. 55, co. 2, c.p., il fatto deve essere commesso per la **salvaguardia della propria o altrui incolumità**, a fronte, quindi, di un pericolo per beni personali. Chi ecceda i limiti della legittima difesa domiciliare per la salvaguardia dei soli beni patrimoniali non potrà invocare l'applicabilità del citato comma.
L'esenzione da responsabilità penale è poi legata a due diverse situazioni, tra di loro alternative, in cui si deve trovare l'agente: una *minorata difesa* ovvero un *grave turbamento psichico* derivante dalla situazione di pericolo in atto. La situazione di **particolare vulnerabilità** (*sub* specie di minorata difesa e di grave turbamento psichico) nella quale può trovarsi la vittima di aggressioni nel domicilio è stata valutata dal legislatore come circostanza *scusante*. Il fatto è illecito (i limiti della legittima difesa sono stati oltrepassati), è commesso con colpa (l'eccesso è infatti colposo) ma nondimeno non è colpevole (cioè rimproverabile personalmente) perché è *scusato*.
Quanto, in particolare, alla **minorata difesa**, il legislatore ha richiamato la circostanza aggravante comune di cui all'art. 61, co. 1, n. 5), c.p. per descrivere sinteticamente la situazione di un soggetto aggredito che versi in uno stato di particolare debolezza per condizioni proprie (fisiche o psichiche), di tempo o luogo. Spetterà al giudice, pertanto, valutare se ci sia stato un approfittamento da parte dell'aggressore di condizioni, oggettive o soggettive, che abbiano effettivamente ostacolato l'azione difensiva e se ciò abbia determinato l'eccesso di difesa; solo in questo caso potrà escludersi la colpevolezza dell'aggredito per il fatto illecito commesso.
Più complessa appare la descrizione della seconda eventualità considerata dall'art. 55, co. 2, c.p., in considerazione del fatto che il concetto di **grave turbamento** psicologico rappresenta una condizione vaga, idonea ad abbracciare situazioni alquanto eterogenee: dal disagio al panico, passando per l'ansia e la paura, con una infinita serie di sfaccettature intermedie.

Anche in tal caso si impone una valutazione da parte del giudice, il quale dovrà verificare un duplice rapporto causale, dovendo il turbamento essere effetto derivante dalla situazione di pericolo, nonché causa rispetto all'eccesso di difesa, valutato incolpevole dal legislatore. Deve, inoltre, trattarsi di un turbamento "grave", senza altre specificazioni. Pur non essendo chiara la soglia di rilevanza che deve assumere il turbamento per venire in rilievo, si ritiene in ogni caso che la "gravità" non debba giungere a viziare l'imputabilità dell'aggredito.
In definitiva, l'art. 55, co. 2, c.p., viene a configurare una "scusante", fondata su di un giudizio di "inesigibilità" di un comportamento alternativo, che tiene in debita considerazione la difficoltà di reagire in maniera ponderata in condizioni di minorata difesa o di grave turbamento dovute ad una situazione di pericolo in atto.

4.11 Scriminanti non codificate

Da tempo discussa è la rilevanza giuridica delle cosiddette **cause di giustificazione atipiche, non codificate o tacite**: situazioni che, pur non espressamente considerate dalla legge, escludono, secondo l'opinione comune, la rilevanza penale di determinate condotte.
In generale la loro natura atipica può essere affermata solo ammettendo, a monte, l'*applicazione analogica* delle scriminanti tipiche, il che implica il riconoscimento che il divieto di analogia operi solo *in malam partem*, ritenendosi invece ammissibile l'estensione analogica *in bonam partem*.
Tradizionalmente vengono incluse tra le ipotesi di scriminanti non codificate l'**attività medico-chirurgica**, la **violenza sportiva**, gli ***offendicula***, le **informazioni commerciali**.
Con riguardo all'attività **medico-chirurgica**, il problema non si pone nel caso in cui, a seguito di un *errore* del sanitario nell'esecuzione della sua prestazione professionale, derivi un evento lesivo o mortale, pacifica essendo, in tal caso, la sua responsabilità penale a titolo colposo. Lo stesso vale nel caso in cui il sanitario cagioni l'evento lesivo o mortale volontariamente, rispondendo, in tal caso, a titolo doloso.
La questione si pone invece con riguardo al caso in cui le lesioni o la morte del paziente risultano determinati dal sanitario, durante l'esecuzione o al termine della sua prestazione professionale, pur avendo il medesimo agito al fine di migliorare la salute del paziente e nel pieno rispetto dell'*ars medica*, con il consenso informato del paziente. In tal caso egli non può essere chiamato a rispondere di omicidio (art. 589 c.p.) o lesioni (art. 590 c.p.) colpose.

Presupposto indefettibile di liceità dell'attività terapeutica è il **consenso del paziente**, che in questo caso non funge da causa di giustificazione ma costituisce naturale espressione del principio di libertà individuale, inteso anche come libertà di rifiutare le cure mediche in ossequio al principio sancito dall'art. 32 Cost. e con le eccezioni previste in materia di trattamento sanitario obbligatorio a causa della pericolosità per sé e per gli altri del soggetto.
Il consenso deve essere **personale**, ad eccezione dei minori e degli interdetti, per i quali va richiesto ai genitori o al tutore, **espresso** e **consapevole**, necessitando il paziente a tal fine di una preventiva informazione (*consenso informato*), la quale deve riguardare non solo la patologia, ma anche l'attività terapeutica che si intende praticare e i rischi che da questa possono derivare.

Problema analogo a quello dell'attività medico-chirurgica si pone in **materia sportiva**. Anche qui si prendono in considerazione eventi lesivi o mortali che però si realizzano nello svolgimento di una disciplina sportiva e che, in quanto tali, non possono assumere rilevanza penale. Al riguardo è necessario distinguere tra:

- sport a **violenza necessaria**, in cui l'uso della violenza rientra nella natura del gioco (es. il pugilato);
- sport a **violenza eventuale**, in cui la legge ammette il contatto fisico entro limiti assai ristretti (es. il calcio e il rugby);
- sport **privi di violenza**, per i quali la legge vieta in ogni caso il contatto fisico tra gli atleti (es. il nuoto).

Tanto permesso, se l'evento lesivo o mortale si verifica a causa della **volontaria violazione delle regole del gioco** è evidente che in tal caso sussiste una responsabilità penale dell'agente. In particolare il fatto sarà perseguibile:

- a **titolo di colpa**, in caso di *violazione sì volontaria*, ma avvenuta *nel corso di una ordinaria azione di giuoco* e *non finalizzata* ad *arrecare pregiudizi fisici all'avversario*;
- a **titolo di dolo**, ove il fatto sia stato commesso *per ragioni estranee al giuoco.*

Qualora l'evento lesivo o mortale si verifichi nonostante gli atleti **rispettino** le regole del gioco, premesso che ciò può verificarsi solo negli sport a *violenza necessaria*, in tale ipotesi non sussiste certamente la *responsabilità penale* del soggetto agente, ma si pone il problema di individuare come la condotta lesiva o addirittura omicida possa essere scriminata.
A tal proposito, alcuni fanno ricorso alla figura del **consenso dell'avente diritto**, sul presupposto che il consenso giustificherebbe le eventuali lesioni subite dal partecipante all'attività sportiva. Altra dottrina riconduce l'attività sportiva alla scriminante dell'**esercizio di un diritto**, in quanto lo sport è un'attività giuridicamente autorizzata, nonché regolamentata da leggi di settore.
Infine, l'attività sportiva, anche se violenta, viene riconosciuta una utilità sociale, come sottolineato dalla giurisprudenza, consistente nel potenziamento fisico della persona: ciò consente di inserirla nel novero delle **scriminanti non codificate**.

Quesiti di verifica 4
Antigiuridicità e cause di giustificazione

1) Cosa sono le scusanti?

A. Cause di esclusione della punibilità in senso stretto
B. Cause di esclusione della colpevolezza
C. Cause di giustificazione

2) Cosa sono le scriminanti?

A. Cause di esclusione del reato
B. Cause di esclusione della colpevolezza
C. Cause di esclusione della punibilità in senso stretto

3) Se l'agente ritiene per errore che esistano circostanze di esclusione della pena:

A. viene punito in base alla pena prevista per il reato commesso
B. ha una riduzione della pena
C. queste sono sempre valutate a favore di lui

4) Cosa sono le esimenti?

A. Cause di giustificazione
B. Cause di esclusione della colpevolezza
C. Cause di esclusione della punibilità in senso stretto

5) È punibile il medico che, con il consenso del diretto interessato, pratichi una eutanasia?

A. Sì, perché la vita è un bene indisponibile, anche da parte del diretto interessato
B. No, in quanto la sua azione, altrimenti illecita, è scriminata dal consenso dell'avente diritto
C. Sì, se il malato, nel momento in cui ha prestato il consenso, aveva la piena capacità di intendere e di volere

6) Nella legittima difesa il pericolo di un'offesa deve essere:

A. passato
B. attuale
C. seguente

7) Chi può beneficiare dell'uso legittimo delle armi?

A. Incaricati di un pubblico servizio
B. Chiunque
C. Pubblici ufficiali

8) Quale, fra quelle qui di seguito elencate, non è una condizione di validità del consenso scriminante?

A. Il consenso deve essere prestato spontaneamente
B. Il consenso non può essere tacito, ma deve essere sempre espresso
C. Il consenso deve avere un oggetto determinato

9) Ai fini dell'operatività della scriminante dell'adempimento del dovere, quali possono essere le fonti di tale dovere?

A. La legge e il contratto
B. Una norma giuridica o il dovere imposto dall'autorità
C. Anche un regolamento

10) Ai sensi dell'art. 52 c.p. è punibile chi ha commesso il fatto, per esservi stato costretto dalla necessità di difen-

dere un diritto proprio o altrui dal pericolo attuale di un'offesa ingiusta?

A. Sì
B. La non punibilità è prevista solo per la difesa di un diritto proprio, non di un diritto altrui
C. No, se la difesa è proporzionale all'offesa

RISPOSTE CORRETTE

1) B	6) B
2) A	7) C
3) C	8) B
4) C	9) B
5) A	10) C

Capitolo 5
Colpevolezza e cause di esclusione

5.1 La colpevolezza

Ai fini della configurabilità del reato, oltre al fatto materiale occorre un **nesso psichico** tra il soggetto agente e l'evento lesivo; in altri termini, è necessaria l'attribuibilità psicologica del fatto alla volontà dell'agente, come risulta dall'art. 27 della Costituzione, che stabilisce che la responsabilità penale è personale. Il termine **colpevolezza** sta quindi ad indicare l'elemento soggettivo del reato e racchiude in sé i concetti di *dolo, preterintenzione* e *colpa.*

Il principio di colpevolezza è poi intimamente connesso alla finalità rieducativa della pena di cui all'art. 27, co. 3, Cost., non essendo pensabile un'attività di rieducazione nei confronti del soggetto che ha sì materialmente causato il fatto, ma senza la volontà di cagionarlo e senza manifestare verso il bene tutelato indifferenza o non curanza.

Secondo la **concezione psicologica** la colpevolezza consiste in un nesso psicologico tra il soggetto ed il fatto: si tende così a concepire la colpevolezza come categoria idonea a ricomprendere sia il dolo che la colpa. In questa prospettiva la colpevolezza, intesa come un nesso psichico, è uguale per tutti i fatti, per cui non può valere ai fini della graduazione della pena.

La **concezione normativa** nasce dall'esigenza di superare i limiti della concezione psicologica; è oggi la concezione dominante, alla cui stregua la colpevolezza si connota quale **giudizio di rimproverabilità** mosso all'agente *per aver assunto un atteggiamento antidoveroso,* in quanto *contrastante con una norma giuridica,* che avrebbe potuto evitare. In detta prospettiva, pertanto, la colpevolezza esprime il rapporto di contraddizione tra la volontà del soggetto e la norma: il *fatto doloso* è il fatto volontario che non si doveva volere per cui si rimprovera al soggetto di averlo prodotto; il *fatto colposo* è il fatto volontario che non si doveva produrre per cui si rimprovera al soggetto di non averlo impedito. In entrambi i casi il soggetto ha agito in modo difforme da come l'ordinamento voleva che agisse.

In tal modo la colpevolezza vale non solo a fondare ma anche a graduare la punibilità essendo la volontà diversamente rimproverabile in ragione della maggiore o minore antidoverosità.

Il **fondamento normativo del principio di colpevolezza** viene rinvenuto nell'art. 27, co. 1, Cost., che enuncia il *principio di personalità della responsabilità penale.* Ad avviso della dottrina dominante tale principio va inteso nel suo significato minimo di **responsabilità per fatto proprio colpevole**, nel senso che l'applicazione della pena presuppone l'attribuibilità psicologica del singolo fatto di reato alla volontà antidoverosa del soggetto (Bricola, Grosso, Mantovani).

Il principio di colpevolezza, coordinato con quello della personalità della responsabilità penale, impone che il fatto deve essere attribuito al soggetto *almeno a titolo di colpa*; in mancanza di una imputazione al soggetto a titolo di dolo o colpa viene meno il carattere "personale" dell'addebito e un'eventuale attribuzione di responsabilità penale sarebbe in conflitto con l'art. 27, co. 1, Cost.

Il principio di colpevolezza è stato anche posto in correlazione con quello della **funzione rieducativa della pena** di cui all'art. 27, co. 3, Cost. Infatti, tale funzione rieducativa può essere realizzata solo se al soggetto è possibile muovere un rimprovero a titolo di dolo o colpa, e non certo per il semplice fatto di cagionare materialmente un evento lesivo senza che sia possibile muovere alcun rimprovero, nemmeno di disattenzione o imprudenza, al soggetto agente.

Il primo requisito di ordine psichico, che la legge richiede per il configurarsi di un fatto penalmente rilevante è costituito dalla "**coscienza e volontà**" dell'azione e dell'omissione (cosiddetta *suitas* della condotta). L'art. 42, co. 1, c.p., stabilisce infatti che "*Nessuno può essere punito per un'azione od omissione preveduta dalla legge come reato, se non l'ha commessa con coscienza e volontà*".

Secondo la nostra legge, in altre parole, è suscettibile di una valutazione in termini di tipicità, antigiuridicità, colpevolezza, soltanto la condotta che sia sorretta dalla volontà e assistita dalla consapevolezza del proprio operare nel mondo esterno (non sono "azione", dunque, nel senso del diritto penale, i movimenti che si compiono durante il sonno, le parole pronunciate sotto l'effetto della narcosi durante un intervento chirurgico ecc.).

In relazione al reato omissivo, la coscienza e la volontà non va riferita all'omissione, ma al comportamento che il soggetto ha tenuto nel momento in cui doveva adempiere all'obbligo: se tale comportamento è cosciente e volontario, lo sarà anche l'omissione; analogamente accadrà se il comportamento è incosciente e involontario (non può pertanto ritenersi cosciente e volontaria l'omissione di chi è svenuto o in coma: non risponderà di omissione di soccorso la persona cha alla vista del ferito insanguinato, sia svenuta e sia rimasta in stato di incoscienza fino all'arrivo di un nuovo soccorritore).

5.2 L'imputabilità

5.2.1 Nozione e fondamento

L'art. 85 c.p. *condiziona* la *punibilità* del reato alla **imputabilità** del suo autore, cioè alla sua **capacità d'intendere e di volere**. Tale capacità deve sussistere *al momento della commissione* del reato.

Tradizionalmente, la **capacità d'intendere** viene definita come *l'attitudine ad orientarsi nel mondo esterno in base ad una percezione obiettiva del reale*, e, quindi, come la capacità di comprendere il significato del proprio comportamento e di valutarne le possibili conseguenze positive o negative sui terzi.

La **capacità di volere** implica, invece, la *capacità di controllare gli impulsi ad agire e a determinarsi scegliendo il proprio comportamento tra tutte le possibili alternative.*

Chi non ha capacità d'intendere e di volere *non è in grado* di *percepire* né *la minaccia di una sanzione* (funzione general-preventiva della pena), né *il significato del trattamento punitivo* (funzione special-preventiva della pena). Non potendo svolgere le proprie funzioni, la pena non è applicabile, ma il soggetto non imputabile potrà essere assoggettato ad una *misura di sicurezza* (artt. 199 ss. c.p.) qualora sia giudizialmente accertata, attraverso i criteri dettati dall'art. 133 c.p., la *probabilità* che commetta *ulteriori reati* e cioè la sua **pericolosità sociale** (art. 203 c.p.).

5.2.2 Le cause di esclusione dell'imputabilità

La minore età (artt. 97 e 98 c.p.)

Per il **minore di quattordici anni** vige una presunzione *assoluta* di incapacità d'intendere e di volere. Il minore è sottoponibile a misura di sicurezza nel caso in cui sia accertata la sua pericolosità sociale (art. 97 c.p.).
Per i soggetti **tra i quattordici e i diciotto anni** d'età spetta, invece, al giudice accertare se, in concreto, l'agente era capace d'intendere e di volere al momento in cui ha commesso il reato (art. 98, co. 1, c.p.); in tal caso la pena è diminuita. Quando la pena detentiva inflitta è inferiore a cinque anni, o si tratta di pena pecuniaria, alla condanna non conseguono pene accessorie. Invece, se si tratta di pena più grave, la condanna importa soltanto l'interdizione dai pubblici uffici per una durata non superiore a cinque anni, e, nei casi stabiliti dalla legge, la sospensione dall'esercizio della responsabilità genitoriale (art. 98, co. 2, c.p.).
Dai **diciotto anni in su** la capacità d'intendere e di volere è presunta dal legislatore in via relativa, potendo essere esclusa o diminuita in presenza del vizio totale o parziale di mente o delle altre cause legittimamente previste.

L'infermità di mente (artt. 88 e 89 c.p.)

Il legislatore prende in considerazione le ipotesi in cui l'autore di un reato, nel momento in cui ha commesso il fatto, era, a causa di una propria *infermità*, in uno *stato di mentale* tale da:

- *escludere* la capacità d'intendere o di volere (art. 88 c.p.: **vizio totale di mente**), con la conseguenza che il soggetto agente non è punibile bensì sottoponibile a misura di sicurezza nel caso si accerti la sua pericolosità sociale;
- *scemare* grandemente, *senza escluderla*, la capacità d'intendere e di volere (art. 89 c.p.: **vizio parziale di mente**); si prevede, in tal caso, una diminuzione (necessaria) della pena (art. 89 c.p.), oltre che la sottoponibilità del seminfermo alla misura di sicurezza dell'*assegnazione ad una casa di cura e di custodia* (art. 219 c.p.).

L'*infermità* può inoltre essere *permanente o provvisoria*, purché sussista al momento del fatto costituente reato.
Anche i **disturbi della personalità**, possono costituire causa idonea ad escludere o grandemente scemare la capacità di intendere e di volere del soggetto agente ai fini degli artt. 88 e 89 c.p., sempre che siano di consistenza, intensità, rilevanza e gravità tali da concretamente incidere sulla stessa; per converso, non assumono rilievo ai fini della imputabilità gli **stati emotivi e passionali** (art. 90 c.p.).

Ubriachezza e intossicazione da stupefacenti

L'ubriachezza derivata da *caso fortuito* o *forza maggiore*, definita **ubriachezza accidentale**, è disciplinata dall'art. 91 c.p., che la prevede come causa di *esclusione della punibilità* se è tale da rendere il soggetto agente *privo* della capacità d'intendere e di volere; è causa

di *diminuzione della pena* se invece è solo idonea a far *scemare grandemente* tale capacità; la stessa disposizione è ripetuta all'art. 93 c.p. per il caso di assunzione di *sostanze stupefacenti*.
Non è invece causa di esclusione dell'imputabilità l'**ubriachezza volontaria o colposa**, prevista dall'art. 92, co. 1, c.p., essendosi in tal caso il soggetto posto *volontariamente* o *colposamente* in stato di ubriachezza. Anche tale ipotesi opera nel caso di reato commesso sotto l'azione di *sostanze stupefacenti*.
L'ubriachezza può essere anche **preordinata** al fine di commettere un reato o di prepararsi una scusa: in tal caso la legge non solo considera l'autore imputabile, ma dispone anche un aumento della pena (art. 92, co. 2, c.p.), vista la *maggior capacità a delinquere* dimostrata dal reo attraverso tale preordinazione.
È sancito dall'art. 94 c.p. un **aumento di pena** anche per coloro che commettono un reato in stato di ubriachezza o di intossicazione da stupefacenti, i quali siano **dediti all'uso** di bevande alcoliche o sostanze stupefacenti e **frequentemente** *in stato di ubriachezza o di intossicazione* a causa di tale uso. La situazione è definita dal legislatore come "**abituale**". Data la pericolosità sociale di tali soggetti, è prevista anche la possibilità di applicare le *misure di sicurezza* della casa di cura o di custodia ovvero della libertà vigilata (art. 221 c.p.).
La **cronica intossicazione** da alcool o da sostanze stupefacenti determina un'alterazione patologica della psiche (a differenza di quanto accade con l'ubriachezza abituale, che permette intervalli di astinenza nei quali il soggetto riacquista la capacità d'intendere e di volere). Di conseguenza, in tal caso, la capacità del soggetto può essere esclusa in modo permanente o presentarsi come grandemente scemata. Per tali ipotesi l'art. 95 c.p. richiama le norme sul vizio totale e parziale di mente.

Il sordomutismo

L'art. 96 c.p. non prevede alcuna presunzione d'incapacità in caso di **sordomutismo**; statuisce, invece, che occorre procedere ad un accertamento, caso per caso, per verificare se, a causa di tale minorazione, il sordomuto era *incapace o parzialmente incapace* d'intendere e di volere al momento della commissione del reato: nel primo caso, la punibilità è esclusa (comma 1); se invece la capacità d'intendere o di volere risulta "*grandemente scemata, ma non esclusa*", la pena è diminuita (comma 2).

5.2.3 L'actio libera in causa

L'art. 87 c.p. prevede in generale la punibilità di **colui che si pone in stato d'incapacità** al fine di commettere un reato o di prepararsi una scusa. L'ubriachezza o l'assunzione di stupefacenti preordinate al reato o ad una scusa (artt. 92 e 93 c.p.) rappresentano una *specificazione* di questo principio.
Dal combinato disposto degli artt. 92, 93 e 87 c.p. può affermarsi che chi si pone in stato d'incapacità allo scopo di commettere un reato o di prepararsi una scusa è punibile, ma se fa ciò assumendo sostanze alcoliche o stupefacenti, subisce *anche un aumento della pena*.
Si suole inquadrare la regola dettata dall'art. 87 c.p. nella categoria non dogmatica dell'***actio libera in causa***: se, da un lato, al momento della commissione del fatto l'agente *non è libero di agire*, data la sua incapacità, dall'altro lato, prima di commettere

il medesimo, l'agente è certamente *libero di causare* tale stato e il conseguente reato, dunque deve rispondere del medesimo (Vannini).

5.3 Il dolo

5.3.1 Nozione e funzione

Il codice penale richiama il dolo nell'art. 42, co. 2, c.p., a termini del quale "*Nessuno può essere punito per un fatto preveduto dalla legge come delitto se non l'ha commesso* ***con dolo****, salvo i casi di* ***delitto preterintenzionale o colposo*** *espressamente preveduti dalla legge*". In mancanza di indicazione legislativa, il delitto è dunque doloso, a differenza dei delitti colposi e preterintenzionali, che necessitano di una espressa menzione della colpa o della preterintenzione tra i loro elementi costitutivi.
Il dolo rappresenta la **forma più grave della colpevolezza**. Chi agisce con dolo aggredisce il bene protetto in una forma particolarmente intensa.
La definizione del dolo è contenuta nell'art. 43, co. 1, c.p. laddove si dispone che *il delitto è doloso, o secondo l'intenzione, quando* l'*evento dannoso o pericoloso*, che è il risultato dell'azione od omissione e da cui la legge fa dipendere l'esistenza dal delitto, è dall'agente *previsto e voluto* quale conseguenza della propria condotta. In questa norma sono indicati i **due elementi** del dolo: la **previsione** (o **rappresentazione**), che costituisce il momento intellettivo del dolo, e la **volontà**, che rappresenta, appunto, il momento volitivo del dolo. Le due categorie sono concettualmente distinguibili, ma vanno considerate in reciproco rapporto, dal momento che una volontà non accompagnata dall'elemento intellettivo finirebbe con l'essere cieca.
La **rappresentazione** esige che il soggetto si rappresenti e conosca tutti gli elementi che integrano la fattispecie oggettiva di reato. Se l'agente ignora o erra su taluni si avrà errore che esclude il dolo.
Lo **stato di dubbio** in ordine ad uno o più elementi della fattispecie è *compatibile* con l'elemento rappresentativo del dolo, in quanto *non equivale né ad ignoranza né ad erronea conoscenza* degli elementi costitutivi della fattispecie incriminatrice; bensì l'autore si rappresenta la possibilità che una determinata circostanza si verifichi e ciò nonostante agisce, *accettando il rischio* della sua verificazione (**dolo eventuale**).
Non è tuttavia sufficiente la previsione dell'evento, occorrendo anche la volontà del soggetto diretta a realizzarlo. Se manca tale volontà di commettere il reato, di produrre l'evento, il dolo non sarà integrato. In particolare, la **volontà** del soggetto agente deve abbracciare l'intero fatto tipico, ovvero deve configurarsi quale volontà consapevole di realizzare il fatto tipico, dalla condotta fino alla produzione dell'evento lesivo.

La **volontà**, quale elemento costitutivo del dolo, **va distinta dal semplice motivo** (o movente) per cui si agisce: quest'ultimo rappresenta, infatti, soltanto lo *stimolo* che spinge il soggetto ad agire (es. l'odio).
Il motivo rileva giuridicamente solo nei seguenti casi: per l'applicazione di alcune **circostanze** del reato, per la **valutazione della gravità del reato** (art. 133, co. 2, c.p.) e per l'accertamento del **dolo specifico**.
In definitiva, il dolo può definirsi come rappresentazione e volontà di realizzare il fatto costituente reato.

È importante sottolineare che il legislatore richiede che la "volontà" del fatto tipico sussista *al momento in cui si commette* il fatto costituente reato e *perduri* finché si ha il *controllo* sull'accadimento dei fatti, considerando giuridicamente **irrilevanti** sia il **dolo antecedente** che il **dolo susseguente.**
Si suole distinguere tra:

- il **dolo d'impeto**, quando tra la decisione di commettere il reato e la condotta del reato vi è uno stacco temporale minimo o inesistente, forma meno intensa di dolo;
- il **dolo di proposito**, quando tra la decisione di commettere il reato e la condotta del reato v'è un notevole stacco temporale;
- la **premeditazione**, circostanza aggravante dei reati di omicidio e lesioni (artt. 577, co. 1, n. 3, e 582 c.p.), che sussiste allorché il proposito di commettere il reato (elemento soggettivo) persiste per tutto il considerevole *lasso temporale* intercorrente tra la stessa deliberazione criminosa e la condotta (elemento oggettivo). Ciò che evidenzia una maggiore capacità criminale dell'agente.

5.3.2 Oggetto del dolo

Il dolo deve avere ad oggetto **tutti gli elementi tipici** della fattispecie criminosa.
Si ritiene che pertanto debbano essere preveduti e voluti dal soggetto agente i seguenti elementi del reato:

- la *condotta* (nei reati a forma vincolata anche le *specifiche modalità aggressive*);
- il *nesso di causalità*, nei suoi *tratti essenziali* (nei reati a forma vincolata *anche* nei suoi *tratti secondari)*;
- gli *elementi normativi* della fattispecie (es. altruità della cosa nel reato di furto);
- l'*antigiuridicità speciale,* che deve essere voluta e rappresentata dall'agente;
- la *qualifica soggettiva* dell'autore;
- l'*evento naturalistico,* che deve essere previsto come conseguenza della propria azione;
- l'*evento in senso giuridico,* inteso cioè come lesione o messa in pericolo del bene-interesse protetto.

Al contrario, **non rientrano nell'oggetto del dolo**:

- le *circostanze aggravanti ed attenuanti* del reato;
- le *condizioni obiettive di punibilità* previste dall'art. 44 c.p.;
- **l'***illiceità penale* del fatto concreto.

Nei **reati omissivi** il dolo non solo deve avere ad oggetto *tutti gli elementi indicati nella fattispecie incriminatrice,* ma deve anche consistere nella *volontà di non compiere l'azione dovuta,* unita alla consapevolezza di poter agire nel senso richiesto dall'ordinamento.
Nei reati omissivi impropri, è inoltre necessario che l'autore percepisca il valore "causale" della propria omissione: egli deve cioè rappresentarsi il fatto che il compimento dell'azione doverosa avrebbe, con alto grado di probabilità, evitato il verificarsi dell'evento. È infine richiesta, da parte dell'autore, la consapevolezza dei presupposti, giuridici o di fatto, su cui si radica la posizione di garante nei confronti del bene tutelato.

5.3.3 Forme e accertamento del dolo

Tradizionalmente si distinguono, in dottrina e in giurisprudenza, le seguenti **forme** di dolo: *intenzionale* (o diretto di primo grado), *diretto* (o diretto di secondo grado), *eventuale* (o indiretto), alternativo, generico, specifico, *cd. generale.*
Il **dolo intenzionale (o diretto di primo grado)** è caratterizzato dalla *prevalenza della volontà sulla rappresentazione*: l'agente vuole proprio realizzare il fatto tipico che costituisce il fine ultimo per il quale egli agisce.
Nel **dolo diretto (o diretto di secondo grado)** si ha invece *prevalenza della rappresentazione sulla volontà*: l'agente si rappresenta in termini di *certezza* la realizzazione della condotta o dell'evento del reato, ma ciò non è il fine ultimo per il quale agisce, trattandosi solo di uno *strumento* necessario per raggiungere uno *scopo ulteriore.*
Di **dolo eventuale (o indiretto)** si parla con riguardo all'ipotesi in cui l'agente non agisce allo scopo di realizzare l'evento offensivo (a differenza del dolo intenzionale), né si rappresenta tale evento in termini di certezza (a differenza del dolo diretto) e tuttavia accetta il rischio della sua verificazione. In altre parole, sussiste il dolo eventuale quando l'agente si sia rappresentato la significativa possibilità di verificazione dell'evento e si sia determinato ad agire comunque, anche a costo di cagionarlo come sviluppo collaterale o accidentale, ma comunque preventivamente accettato, della propria azione (cd. teoria dell'accettazione del rischio).

La prevalente dottrina e la giurisprudenza sostengono che nel dolo eventuale l'agente *non vuole l'evento*, ma *si limita ad accettare il rischio* che esso si verifichi. Nel dolo eventuale dunque:
- la volontà del reato è *assente*, essendoci solo l'accettazione del rischio che l'evento lesivo si verifichi; dunque si agisce in uno stato di dubbio;
- la rappresentazione del reato *non avviene in termini di certezza*, bensì in termini di mera *possibilità*.

Ricorre poi la figura del **dolo alternativo**, ritenuto compatibile col tentativo, quando l'agente prevede come conseguenza *certa* (dolo diretto) o solo *eventuale* (dolo eventuale) del suo operare il verificarsi di *due eventi*, ma *non sa* quale si realizzerà in concreto, essendo per lui indifferente che si verifichi l'uno o l'altro (rapporto alternativo). Il dolo alternativo, presupponendo il dolo diretto o quello eventuale, *non è un autonomo tipo di dolo* ma una *specificazione*, una *forma* che sussiste nel caso in cui il dolo abbia ad oggetto due eventi alternativi.
Ricorre, invece, **dolo indeterminato** quando l'agente vuole, alternativamente o cumulativamente, più eventi fra loro non compatibili, dei quali, però, uno solo può verificarsi, e vuole, indifferentemente l'uno o l'altro di essi.
Si ha **dolo generico**, costituente l'ipotesi normale, quando è richiesta dalla legge la semplice coscienza e volontà del fatto materiale, essendo indifferente per l'esistenza del reato il fine per cui si agisce. Ai fini della sua sussistenza occorre che, nella fase della consumazione del reato, tutti gli elementi oggetto del dolo si realizzino nella realtà.
Si parla, invece, di **dolo specifico** quando la fattispecie incriminatrice, accanto agli elementi costitutivi del reato oggetto di dolo generico, prevede uno *scopo ulteriore* che, ai fini della consumazione del reato, l'agente deve rappresentarsi e volere, a prescindere dalla sua realizzazione concreta. Si pensi, ad esempio, al reato di furto (art. 624

c.p.), in cui l'agente, oltre a volere l'impossessamento mediante sottrazione di cosa altrui, deve anche perseguire l'ulteriore fine di trarne profitto.
Al pari di ogni altro elemento costitutivo del reato, anche il dolo deve essere provato. L'**accertamento probatorio** non è sempre agevole, trattandosi di indagare su un processo psicologico interno e fisicamente impercettibile. In ogni caso, il giudice deve tener conto di tutte le **circostanze del caso concreto**, e dunque tener conto delle modalità dell'azione (es. il numero dei colpi inferti, la direzione e l'eventuale reiterazione dei medesimi, il mezzo usato ecc.), dello scopo perseguito dall'agente, del comportamento del colpevole successivo al delitto ecc.
Tali circostanze vanno poi valutate, secondo la dottrina (Gallo, Bricola, Eusebi), sulla base delle **regole d'esperienza**, procedendo ad un'estensione analogica al caso individuale di ciò che accade con maggior frequenza, anche se le circostanze del singolo caso possono far disatendere tali regole.
In dottrina si osserva anche che, alla luce del principio di colpevolezza (art. 27, co. 1 e 3, Cost.), l'accertamento del dolo non potrebbe *mai* effettuarsi in base a *presunzioni, sia pur relative*, nonostante le eventuali difficoltà probatorie che si incontrano talvolta in sede di accertamento dell'elemento psicologico.

5.4 La colpa

5.4.1 Nozione e funzione

A fornirci la nozione di colpa è ancora l'art. 43, co. 1, c.p., a mente del quale "*Il delitto è colposo o contro l'intenzione quando l'evento, anche se preveduto, non è voluto dall'agente e si verifica a causa di negligenza, imprudenza o imperizia ovvero, per inosservanza di leggi, regolamenti, ordini o discipline*". Dalla lettura di tale norma emerge innanzitutto che nella colpa, a differenza del dolo, **manca l'elemento volitivo**.

C'è da chiedersi se l'assenza dell'elemento volitivo sia conciliabile con il principio espresso dall'art. 42, co. 1, c.p. in base al quale nessuno può essere punito se non ha agito con *coscienza e volontà*. Si tratta, come anticipato, del **principio della *suitas* della condotta** per cui un fatto assume rilievo penale solo quando è dominato o quantomeno dominabile dalla volontà. Pertanto, ancora prima di stabilire a che titolo soggettivo il reo debba rispondere del fatto commesso, occorre accertare se lo stesso fatto sia qualificabile come una condotta riferibile all'agente.
La *suitas* differisce quindi dall'imputabilità. Quest'ultima presuppone già accertata la *suitas* e consiste nella capacità dell'autore di rendersi conto del valore sociale dell'atto che si accinge a porre in essere, determinandosi liberamente al compimento dello stesso.
Oggi si ritiene siano coscienti e volontarie tutte quelle condotte attribuibili alla volontà del soggetto, essendo tali anche quelle che *con uno sforzo del volere potevano essere impedite*.
Ciò che rileva è, dunque, la concreta impedibilità della condotta o dell'azione offensiva, per cui se l'azione non è impedibile, non sarà attribuibile al soggetto.
Una menzione particolare meritano gli atti cosiddetti *automatici* ed *abituali*. Questi ultimi, infatti, pur privi di una coscienza vigile e di una volontà consapevole, sono sorretti da *suitas* dato che su di essi è possibile esercitare il controllo della coscienza e della volontà da parte del soggetto agente (esempio tipico è quello del fumatore accanito che, gettando per abitudine acquisita il mozzicone per terra, abbia provocato l'incendio del bosco; in tal caso questi comunque risponderà di incendio colposo).

Dalla definizione di cui all'art. 43 c.p. si deduce, inoltre, che occorre che l'evento si sia verificato per **inosservanza di regole cautelari, ossia per imprudenza, negligenza o imperizia, ovvero per la violazione di leggi, regolamenti, ordini o discipline**.
In definitiva, il delitto colposo, modello eccezionale di illecito penale, è un rimprovero al soggetto per avere realizzato un fatto non voluto, sebbene prevedibile, cagionato mediante la violazione di regole cautelari di condotta, fatto che il soggetto poteva evitare se avesse osservato, così come era in suo potere, la regola violata.

Perché sussista la colpa è necessario che l'evento sia prodotto da una particolare forma di manifestazione della condotta, rientrante fra quelle tassativamente stabilite dall'art. 43 c.p., e cioè:

- la **negligenza**, ovvero la mancanza di attenzione nel compimento di un'attività;
- l'**imprudenza**, consistente nell'operare senza le dovute cautele, generando ovvero aumentando il rischio di un danno o pericolo;
- l'**imperizia**, costituente un'ipotesi di imprudenza qualificata, consistente nell'inettitudine o incapacità professionale, generica o specifica, nota all'agente e di cui egli non vuole tener conto.

Si parla di **colpa cosciente** (detta anche "*con previsione*") quando l'agente non vuole commettere il reato ma prevede come possibile la verificazione dell'evento dannoso o pericoloso, pur agendo con la certezza che l'evento medesimo non si verificherà, confidando nella propria capacità di controllare l'azione. Tale figura si distingue dal cd. **dolo eventuale**, che si caratterizza, invece, per l'accettazione del rischio della verificazione di un evento non direttamente voluto.
La struttura psicologica della colpa cosciente è, dunque, contrassegnata da un elemento negativo, costituito dalla non-volizione dell'evento, e da un elemento positivo, costituito dalla rappresentazione (previsione) dell'evento stesso, come possibile conseguenza dell'azione od omissione, associata alla convinzione che esso non si verificherà.

5.4.2 Le regole di condotta (regole precauzionali o cautelari)

Dall'art. 43, co. 1, c.p. emerge che il legislatore ha previsto **due tipi di regole di condotta** (regole *precauzionali* o *cautelari*), la cui violazione da parte dell'agente comporta la responsabilità colposa: regole a **fonte sociale** e regole a **fonte giuridica**.
Entrambi i tipi di regole, a prescindere dalla loro fonte, sono formulate in base ad un **giudizio di prevedibilità ed evitabilità** dell'evento (sulla base dell'**esperienza concreta**): tale giudizio è espresso dalla *società*, nel caso di regole a fonte sociale, e dal *legislatore* nel caso di regole a fonte giuridica. La *prevedibilità* e l'*evitabilità* dell'evento costituiscono il *fondamento* della colpa, nel senso che un rimprovero a titolo di colpa può essere mosso al soggetto solo quando questi avrebbe potuto prevedere ed evitare il fatto di reato. Se questo era imprevedibile o inevitabile nessuna colpa è ravvisabile a carico dell'agente.
Quando la responsabilità per colpa deriva dalla violazione di **regole a fonte sociale** (negligenza, imprudenza ed imperizia), si parla in dottrina di **colpa generica**.
Trattandosi di principi non scritti, le regole a fonte sociale si fondano su *massime d'esperienza,* secondo cui da un determinato comportamento nasce, di norma, un determinato pericolo.

Si parla, invece, di **colpa specifica** quando la responsabilità deriva dalla *violazione di leggi, regolamenti, ordini e discipline.* Al riguardo occorre precisare che:

- la **legge** può essere *extra penale* o *penale* ma, in quest'ultimo caso, occorre che abbia una *specifica finalità cautelare,* e cioè abbia come contenuto *l'impedimento di eventi involontari connessi allo svolgimento di attività lecite*;
- i **regolamenti** sono atti amministrativi dotati di contenuto normativo e dunque a carattere generale;
- le **discipline** sono anch'esse atti normativi, che però possono essere emanati sia da Autorità pubbliche che private;
- gli **ordini** sono atti contenenti regole individuali, anch'essi emanabili sia da Autorità pubbliche che private.

L'inosservanza di tali regole cautelari è sufficiente di per sé all'affermazione della colpevolezza dell'agente, essendo poste al fine di evitare eventi rispetto ai quali il relativo giudizio di prevedibilità ed evitabilità è stato già operato una volta per tutte dal legislatore.

5.4.3 Accertamento e determinazione della colpa

L'imputazione di responsabilità a titolo di colpa presuppone necessariamente l'individuazione della misura di diligenza, prudenza o perizia che, nel *caso concreto,* l'ordinamento *esige dall'agente* (**misura oggettiva**). Si tratta di un accertamento da condursi con giudizio *ex ante.*

È importante precisare che, sebbene il concetto di misura oggettiva della colpa sia, di norma, riferito alle regole di diligenza, prudenza e perizia, l'accertamento di tal misura può essere necessario *anche* nel caso in cui si sia violata una regola cautelare a fonte *giuridica* (es. una legge). Ciò in quanto si ritiene che occorre sempre verificare se le norme scritte esauriscano la misura di diligenza, prudenza o perizia richiesta nel caso concreto: in caso contrario, l'ordinamento ben può pretendere dall'agente una diligenza, prudenza o perizia maggiore e, quando ciò avviene, l'agente, pur avendo rispettato la regola prudenziale scritta, risponde a titolo di colpa dell'evento.

L'**accertamento** della colpa va compiuto dunque **in concreto**: la prevedibilità e l'evitabilità dell'evento (in senso giuridico) devono essere valutate con un giudizio di *prognosi postuma,* collocandosi in una prospettiva *ex ante* – riferita cioè al momento in cui la condotta è stata posta in essere – e tenendo conto di tutte le circostanze concrete conosciute o conoscibili dal soggetto agente.

Individuata la misura oggettiva, occorre procedere all'accertamento della **misura soggettiva** della colpa. In conformità al **principio** di **colpevolezza** (art. 27, co. 1 e 3, Cost.), occorre cioè vedere, tenendo conto delle *caratteristiche fisiche ed intellettuali* dell'agente, *fino a che punto,* nel caso concreto, *si sarebbe potuto esigere* da questi un comportamento conforme alla regola cautelare imposta dall'ordinamento.

Accertata la misura della colpa, sotto il profilo oggettivo e soggettivo, il giudice deve **verificare se l'evento prodotto sia conseguenza necessaria della condotta** che contrasta con le regole precauzionali di origine sociale o giuridica. Si tratta, cioè, di accertare il **nesso causale tra l'evento e la condotta colposa**.

Al termine di tale verifica sono prospettabili le seguenti ipotesi:

- se si accerta che l'evento *non si sarebbe prodotto se fosse stata rispettata* la regola precauzionale, la responsabilità colposa sussiste;
- se si accerta che l'evento *si sarebbe prodotto anche se fosse stata rispettata* la regola precauzionale, sono prospettabili le seguenti ulteriori ipotesi:
  - se risulta che tale regola *esauriva la misura* della diligenza, prudenza o perizia richiesta, la responsabilità colposa è esclusa;
  - se risulta invece che, in concreto, l'ordinamento *poteva esigere una misura maggiore*, la responsabilità colposa sussiste.

Accanto all'accertamento dell'*an*, il legislatore richiede l'accertamento del *quantum* della colpa. L'art. 133 c.p. richiede, infatti, che ai fini della determinazione della pena, si tenga conto del **grado della colpa**. Il *quantum* dell'elemento colposo rientra dunque tra gli indici di commisurazione della pena. Non sono però indicati i *criteri* che devono guidare il giudice in tale graduazione.
A tal fine si propone in dottrina (Fiandaca-Musco, Mantovani) di considerare:

- la *misura* della **difformità tra condotta e regola cautelare** (criterio di graduazione della misura *oggettiva* della colpa);
- la *misura* in cui, nel caso concreto, l'ordinamento avrebbe potuto **pretendere l'ottemperanza alla regola cautelare** da parte dell'agente (criterio di graduazione della misura *soggettiva* della colpa).

5.5 La responsabilità oggettiva

5.5.1 Generalità

L'art. 42 c.p., dopo aver stabilito che del reato si risponde a titolo di dolo, colpa o preterintenzione (vedi *infra*), aggiunge che, in alcuni casi stabiliti dalla legge, l'evento del reato è posto "*altrimenti a carico dell'agente, come conseguenza della sua azione od omissione*".
In quest'ultima norma si rinviene il fondamento della **responsabilità oggettiva** in materia penale, espressamente richiamata nella rubrica dell'art. 42 c.p. ("*Responsabilità obiettiva*"). La responsabilità oggettiva è concepita come una responsabilità penale eccezionale ("*la legge determina i casi*"), per un "evento" indipendente dall'atteggiamento psichico dell'agente, né doloso, né colposo, né preterintenzionale, e addebitato sulla base del **mero nesso di causalità materiale** tra la condotta umana (che comunque deve essere cosciente e volontaria ai sensi dell'art. 42, co. 1, c.p.) e l'evento stesso.
La dottrina dominante ritiene che la responsabilità oggettiva sia in contrasto con il principio della personalità della responsabilità penale sancito dall'art. 27, co. 1, Cost., intesa come responsabilità colpevole. Pertanto, nel diritto penale non vi sarebbe spazio per una responsabilità di tipo oggettivo che, prescindendo dalla colpevolezza del fatto, si fondi esclusivamente sull'esistenza del nesso causale tra la condotta dell'agente e l'offesa realizzata.
È stato però osservato che non appare corretta l'identificazione tra "personale" e "colpevole": l'art. 27 Cost. sancirebbe, infatti, il principio della **responsabilità penale**

personale, ma non anche quello di colpevolezza, intesa questa come ristretta alle sole ipotesi di dolo e colpa. Il principio costituzionale della responsabilità personale comporta che il fatto può essere attribuito se rientrante nella sfera di *dominium* del soggetto agente, il quale non risponderà penalmente solo di ciò che era imprevedibile o inevitabile. La prevedibilità ed evitabilità dell'evento costituiscono, secondo questa interpretazione del dettato costituzionale, i limiti al di là dei quali il fatto cessa di avere il requisito della personalità. In quest'ottica, la responsabilità oggettiva è configurata come un terzo criterio di imputazione del fatto ed è conciliabile con il principio della responsabilità personale di cui all'art. 27 Cost.

Tuttavia, accanto alla dottrina dominante, anche la giurisprudenza ha precisato che l'art. 27 Cost. pone il principio di colpevolezza a fondamento di qualsiasi responsabilità penale, con la conseguenza che il fatto imputato, perché sia legittimamente punibile, deve necessariamente includere *almeno la colpa dell'agente in relazione agli elementi più significativi della fattispecie tipica* (**Corte Cost., sent. 364/1988**). In questa prospettiva devono quindi ritenersi inammissibili le ipotesi di responsabilità oggettiva cd. "pura", in cui cioè si prescinde del tutto dall'elemento soggettivo. Discorso diverso è invece da farsi per le ipotesi di responsabilità oggettiva mista a dolo o colpa, in cui alla base dell'attribuzione del fatto vi è sempre una fattispecie dolosa o colposa (es. condizioni obiettive di punibilità, delitti aggravati dall'evento, preterintenzione, morte o lesione come conseguenza di altro delitto *ex* art. 586 c.p., *aberratio ictus* e *delicti* plurilesive *ex* artt. 82 e 83 c.p., nelle ipotesi di cui al secondo comma).

5.5.2 La preterintenzione

La preterintenzione è definita, accanto al dolo e alla colpa, nell'art. 43, co. 1, c.p., a termini del quale "*Il delitto [...] è preterintenzionale, o oltre l'intenzione, quando dall'azione od omissione deriva un evento dannoso o pericoloso più grave di quello voluto dall'agente*".

La "preterintenzione" è, dunque, un criterio normativo per l'imputazione soggettiva di un evento non voluto dall'autore.

Nel nostro ordinamento le ipotesi pacifiche di preterintenzione sono solo due: l'**omicidio preterintenzionale** (art. 584 c.p.) e l'**aborto preterintenzionale** (art. 593-*ter*, c.p.). Ricorre l'omicidio preterintenzionale quando, con azioni dirette a provocare percosse (art. 581 c.p.) o lesioni (art. 582 c.p.), si cagiona, *come effetto non voluto*, la morte di un uomo; ricorre invece l'aborto preterintenzionale quando, con azioni dirette a provocare lesioni, si cagiona, sempre *come effetto non voluto*, l'interruzione di una gravidanza.

La figura dell'aborto preterintenzionale, originariamente disciplinata dall'art. 18 della legge sull'interruzione della gravidanza (L. 194/1978), è stata trasposta nel codice penale ad opera del D.Lgs. 21/2018, di attuazione della delega in materia di riserva di codice. Detto decreto ha infatti disposto l'introduzione nel codice penale di un nuovo art. 593-*ter* (*Interruzione di gravidanza non consensuale*) e la contestuale abrogazione del citato art. 18 della legge del 1978, limitandosi a trasferire la preesistente fattispecie di reato dalla legge speciale al codice penale, senza variarne il contenuto.

Nei delitti preterintenzionali, la legge, con riguardo all'*evento più grave*, esclude che esso sia voluto dall'agente (in caso contrario si risponderebbe rispettivamente di omicidio doloso, *ex* art. 575 c.p., e di interruzione volontaria della gravidanza *ex* art. 19 L.

194/1978), e fa riferimento *esclusivamente* alla **sua derivazione causale dalla condotta** da lui tenuta.
Ferma dunque la necessaria volizione dell'evento meno grave, con riguardo all'evento più grave si prende in considerazione il mero nesso di causalità, ed è per tale motivo che si sollevano in dottrina dubbi di compatibilità col principio di colpevolezza.
Un primo orientamento dottrinale e giurisprudenziale, sostiene che la preterintenzione non costituisca un autonomo modello di responsabilità rispetto al dolo e alla colpa (così come invece sembrerebbe dal dato testuale dell'art. 43, co. 1, c.p.), ma rappresenti piuttosto un'ipotesi di **dolo misto a responsabilità oggettiva**.

L'art. 43 c.p. richiede, per l'evento *meno grave*, che esso sia *voluto* (dolo), mentre, per l'evento *più grave*, che esso, non voluto, *derivi* dalla azione od omissione (responsabilità oggettiva). Per il secondo evento insomma il legislatore *si accontenterebbe del mero nesso causale*, senza richiedere alcun accertamento sull'elemento psichico.

Un secondo orientamento ravvisa nella preterintenzione un'ipotesi di **dolo misto a colpa generica**: dolo per l'evento meno grave, e colpa generica, quale violazione di regole di prudenza e diligenza, per l'evento più grave.
Un'altra opinione, ancora, ritiene che la preterintenzione sia un'ipotesi di **dolo misto a colpa specifica**. L'evento *più grave* sarebbe imputato a titolo di *colpa* e non di responsabilità oggettiva, in quanto conseguirebbe alla *violazione della norma penale che vieta l'azione dolosa* diretta a commettere l'evento *meno grave* (si parla in tal caso di **colpa cd. presunta**).
C'è infine chi esclude che si possa parlare di preterintenzione come ipotesi di dolo misto a colpa o a responsabilità oggettiva, osservando come la collocazione codicistica induca a ritenere che il legislatore ha considerato la preterintenzione come **autonomo criterio di imputazione della responsabilità**, rappresentando essa, assieme alla colpa, un'eccezione alla regola generale secondo cui i reati sono imputabili a titolo doloso.
Nemmeno in giurisprudenza è possibile registrare un'unanimità di vedute circa la natura giuridica della preterintenzione, discutendosi se possa inquadrarsi come ipotesi di responsabilità mista o in termini di autonomo titolo di responsabilità.

5.5.3 I reati aggravati dall'evento

Si definiscono **aggravati** (o qualificati) **dall'evento** quei reati che ricevono un aumento della pena nel caso in cui si verifichino determinati eventi indicati dal legislatore. L'evento, ulteriore è più grave, si aggiunge dunque ad un fatto che, *già di per sé, rappresenta un reato.*
Ratio dell'aggravamento della pena è la **maggior offesa al bene giuridico** che segue al verificarsi dell'evento.
Premesso che di "reati aggravati dall'evento" si parla con riguardo ai reati commissivi (es. art. 588 c.p.) e omissivi (es. art. 593 c.p.), ai delitti dolosi e colposi (es. art. 452 c.p.) ed alle contravvenzioni (art. 676 c.p.), in dottrina si riscontrano **due tipologie** di eventi aggravatori:

- eventi *la volizione o meno* dei quali, da parte dell'autore, è all'ordinamento *indifferente*, facendosi comunque luogo ad un aumento di pena a prescindere dall'atteggiamento psicologico del soggetto in rapporto all'evento ulteriore;

- eventi che devono essere *necessariamente non voluti* dall'agente perché, se oggetto di volizione, comportano l'operatività di una più grave fattispecie penale.

Quanto alla **natura giuridica** di tali reati, una tesi minoritaria ritiene che gli eventi aggravatori siano *eventi di una fattispecie autonoma di reato* diversa dal reato base; i reati aggravati dall'evento sarebbero dunque **autonome fattispecie di reato**, diverse dalla fattispecie-base non aggravata, e tutti quelli in cui l'evento ulteriore deve essere non voluto sarebbero inquadrabili nell'istituto del *delitto preterintenzionale* di cui all'art. 43 c.p.
Per l'opinione dominante in dottrina e in giurisprudenza, invece, gli eventi aggravatori sarebbero semplici **circostanze aggravanti della fattispecie base**. Il motivo per il quale si preferisce questa opinione risiede nella sua maggior compatibilità col principio di colpevolezza di cui all'art. 27 Cost.: trattandosi, infatti, di circostanze aggravanti del reato, *ex* art. 59, co. 2, c.p., esse non potrebbero operare semplicemente quali conseguenze della condotta del reo (responsabilità oggettiva), occorrendo *anche* la loro *conoscenza o conoscibilità* da parte dell'autore (**responsabilità colposa**).

5.5.4 Ulteriori ipotesi

Ulteriori casi classificati come di responsabilità oggettiva sono: l'*aberratio ictus* (art. 82 c.p.), l'*aberratio delicti* (art. 83 c.p.), la responsabilità del partecipe per reato diverso da quello voluto (art. 116 c.p.), la responsabilità dell'*extraneus* per il reato commesso dall'*intraneus* (art. 117 c.p.) e le condizioni obiettive di punibilità (art. 44 c.p.).

Aberratio ictus (art. 82 c.p.)

Con l'espressione *aberratio* o **reato aberrante** si denominano quelle ipotesi in cui il soggetto agente realizza, *per errore nei mezzi di esecuzione* o *per altra causa*, un reato diverso da quello voluto, o cagiona un'offesa nei confronti di una persona diversa da quella che voleva offendere. Il codice prevede due ipotesi di reato aberrante: l'*aberratio ictus* (art. 82 c.p.) e l'*aberratio delicti* (art. 83 c.p.).
L'art. 82 c.p. dispone che colui che, per errore nell'uso dei mezzi di esecuzione del reato o per altra causa, *cagiona offesa a persona diversa* da quella contro cui la condotta criminosa era diretta, risponde del reato come se lo avesse commesso in danno della persona che voleva offendere, come nel caso di chi spara a Tizio e invece uccide Caio per un errore di mira. Si parla, in questa fattispecie, di *aberratio ictus* **monolesiva**.
In ordine ai criteri di attribuzione della responsabilità, alcuni ritengono che in tal caso si avrebbe un'*imputazione dolosa*, in quanto l'offesa in concreto realizzata equivale a quella voluta dal soggetto, per cui questi, sebbene commetta un errore nell'individuazione della vittima del reato, tuttavia si rappresenta correttamente tutti gli elementi costitutivi della fattispecie.
Una diversa impostazione evidenzia, invece, una divergenza tra ciò che il soggetto si rappresenta e vuole e ciò che, invece, effettivamente realizza, per cui l'imputazione avverrebbe a titolo di *responsabilità oggettiva*.
Si parla di *aberratio ictus* **plurioffensiva** (art. 82, co. 2, c.p.), invece, quando colui che agisce provoca offesa, oltre alla persona avuta di mira, anche ad altra persona. In tal caso l'ordinamento prevede l'applicazione della pena stabilita per il reato più grave

aumentata fino alla metà. Si ritiene comunemente che dell'evento ulteriore l'autore risponda a titolo di responsabilità oggettiva, mentre dell'offesa arrecata alla vittima designata risponda a titolo di dolo.

Aberratio delicti (art. 83 c.p.)

Il legislatore prevede che se, per errore nell'uso dei mezzi di esecuzione del reato o per un'altra causa, si cagiona un *evento diverso da quello voluto* (come nel caso di chi, volendo danneggiare con un sasso una vetrina, colpisce invece un passante, ferendolo), il colpevole risponde, *a titolo di colpa*, dell'evento non voluto, quando il fatto è preveduto dalla legge come delitto colposo (art. 83, co. 1, c.p.).

Il criterio di imputazione della responsabilità è dunque quello della colpa, anche se non si è mancato di ritenere, da parte di qualcuno, che l'evento non voluto sia imputabile al soggetto agente a titolo di responsabilità oggettiva, dovendo l'espressione "a titolo di colpa" essere piuttosto interpretata nel senso che detto evento deve essere trattato, agli effetti penali (es. abitualità, professionalità, amnistia) come se fosse colposo.

Il comma 2 dell'art. 83 c.p. contempla la figura dell'*aberratio delicti* con pluralità di eventi: *se il colpevole ha cagionato altresì l'evento voluto, si applicano le regole sul concorso di reati*. In tal caso, pertanto, l'agente risponderà di un reato doloso in concorso formale con uno più reati colposi.

Responsabilità del partecipe per reato diverso da quello voluto (art. 116 c.p.)

È indubbio che dalla semplice lettura dell'art. 116, co. 1, c.p. ("*Qualora il reato commesso sia diverso da quello voluto da taluno dei concorrenti, anche questi ne risponde se l'evento è conseguenza della sua azione od omissione*") emerga l'intenzione originaria del legislatore di attribuire la responsabilità del reato, in capo al concorrente che non lo ha voluto, sulla base del *mero nesso causale* (**responsabilità oggettiva**). Nella condotta del partecipe manca, infatti, per definizione, il dolo del reato "diverso", e spesso non è neppure riscontrabile un atteggiamento riconducibile alla colpa. La Corte costituzionale, per rendere compatibile la norma col principio di colpevolezza sancito nell'art. 27 Cost., ha chiarito (in una sentenza interpretativa di rigetto) che si risponde del reato diverso da quello voluto soltanto nel caso in cui tale reato rappresenta uno **sviluppo logicamente prevedibile** della condotta inizialmente diretta a realizzare il reato voluto (Corte cost., 31-5-1965, n. 42). Ad esempio, se Tizio incarica Caio, noto pluriomicida, di eseguire una rapina a mano armata, e quest'ultimo, nel corso dell'azione, uccide il rapinato che aveva opposto resistenza, anche Tizio risponderà dell'omicidio benchè egli avesse dato mandato solo per la rapina.

*Responsabilità dell'*extraneus *per il reato commesso dall'*intraneus

L'art. 117 c.p. dispone, con riguardo al concorso di persone nel reato, che se per la qualifica soggettiva posseduta dall'autore muta il titolo del reato per coloro che vi hanno concorso, anche costoro rispondono del diverso reato. La norma prende in esame l'ipotesi del **concorso nel reato proprio**, ossia nel reato che può essere commesso solo da un determinato soggetto che rivesta una particolare qualifica soggettiva, che viene indicato come *intraneus*, e alla cui realizzazione partecipi anche un sog-

getto che sia privo di tale qualifica, detto *extraneus* (ad es. il reato di appropriazione indebita – art. 646 c.p. – si converte nella più grave figura di peculato – art. 314 c.p. – se commesso da un pubblico ufficiale o incaricato di un pubblico servizio, e risponde di peculato anche colui che, senza avere tali qualifiche – *extraneus* – ha concorso, *ex* art. 110 c.p., nel reato posto in essere dal pubblico ufficiale o dall'incaricato di un pubblico servizio – *intraneus*).
Presupposto per l'applicazione dell'art. 117 c.p. è che si abbia, per il concorrente non qualificato, un **mutamento del titolo di reato**, il che implica che questi abbia comunque, posto in essere gli estremi di altro reato comune.
La fattispecie contempla, pertanto, un'ipotesi di *concorso nel reato proprio non esclusivo*, e in tal caso non si richiede che l'estraneo sia a conoscenza del fatto di concorrere in un reato proprio, perché la condotta concorrente posta in essere vale comunque ad integrare l'elemento materiale di un diverso fatto di reato. Per tale ipotesi l'art. 117 c.p. prevede che tutti i concorrenti rispondano del reato proprio, anche in difetto di consapevolezza delle qualità dell'*intraneus*. Circostanza, questa, che ha indotto la dottrina a ritenere che la punibilità *ex* art. 117 c.p. dell'*extraneus* per un reato più grave rispetto a quello volontariamente commesso, posta la mancanza di consapevolezza sulle qualità personali dell'*intraneus*, introduce una forma di *responsabilità oggettiva* a carico dell'*extraneus*.
Viceversa, nel caso in cui l'azione commessa integri l'elemento materiale di un **reato proprio esclusivo**, l'*extraneus* andrà esente da pena quando, in difetto di consapevolezza circa le qualità personali dell'*intraneus*, egli ritenga di compiere un'azione lecita. Nel caso di reato proprio esclusivo, infatti, senza la particolare qualifica soggettiva non residua alcuna fattispecie criminosa.

Condizioni obiettive di punibilità

L'art. 44 c.p. fa riferimento alle ipotesi in cui il legislatore, ai fini della punibilità del reato, richiede il verificarsi di una **condizione ulteriore rispetto alla condotta criminosa**. In tal caso la regola generale è che la punibilità *prescinde dalla volizione dell'evento* da cui dipende il verificarsi della condizione.
Stabilisce, infatti, l'art. 44 c.p.: *"Quando, per la punibilità del reato, la legge richiede il verificarsi di una condizione, il colpevole risponde del reato, anche se l'evento, da cui dipende il verificarsi della condizione, non è da lui voluto."*
Limitando l'analisi delle condizioni obiettive di punibilità ai rapporti con la responsabilità oggettiva (e rinviando l'approfondimento di esse al successivo cap. 11), occorre preliminarmente osservare che la dottrina (Nuvolone, Bricola, Pagliaro), distingue tra:

- condizioni obiettive **intrinseche**, che incidono sull'offesa al bene tutelato, *approfondendo una lesione già implicita* nella condotta dell'agente e così accentuando il disvalore penale della fattispecie;
- condizioni obiettive **estrinseche** che, lasciando invece *invariata l'offesa* provocata dalla condotta, rilevano ai soli fini della punibilità.

Alla luce della sentenza 24-3-1988, n. 364 della Corte costituzionale, che ha sancito il fondamentale principio secondo cui la colpevolezza, almeno nella forma minima della colpa, deve coprire tutti gli *elementi significativi* del fatto, si afferma in dottrina (Angioni)

che le condizioni di punibilità intrinseche, incidendo sull'offesa e dunque sul *disvalore penale* della fattispecie, devono necessariamente essere oggetto *almeno di colpa* e dunque risultare *conosciute* o *conoscibili.*
A conferma di quanto appena detto, l'art. 44 c.p. parla di *non volizione*, escludendo la necessità del dolo, ma *non si pronuncia sulla colpa*, che pertanto può ben ritenersi necessaria.
Viceversa, per le condizioni obiettive di punibilità estrinseche si è osservato che non dovrebbe parlarsi di responsabilità oggettiva, in quanto l'evento condizionante non è un elemento del fatto e dunque punto di riferimento del rimprovero di colpevolezza, quanto piuttosto di mera *rilevanza oggettiva.*

5.6 Le cause di esclusione della colpevolezza (o scusanti)

5.6.1 Generalità

Ai fini della sussistenza di un reato occorre che, accanto alla *tipicità* (e all'antigiuridicità, per la concezione tripartita del reato), si accerti l'esistenza della *colpevolezza.*
Elemento, quest'ultimo, escluso in presenza di *circostanze* che rendono il comportamento delittuoso *necessitato* da parte dell'agente, e dunque a lui *non rimproverabile*: circostanze dunque, in presenza delle quali, l'ordinamento non potrebbe esigere un comportamento diverso da quello concretamente tenuto dall'agente (**inesigibilità**).
Data la non rimproverabilità, tali circostanze sono denominate **scusanti** (o **cause di esclusione della colpevolezza**): il fatto *resta tipico* e dunque illecito, ma non è punibile in quanto *non colpevole.*
Le scusanti trovano **espresso riconoscimento legislativo**: a titolo esemplificativo, possono citarsi il *caso fortuito e la forza maggiore* (art. 45 c.p.), il *costringimento fisico* (art. 46 c.p.), l'*errore di fatto* (art. 47 c.p.).
Esse operano solo con riguardo ai soggetti cui si riferiscono, dunque *non si estendono agli altri concorrenti nel reato*; inoltre si differenziano dalle **scriminanti**, in quanto *lasciano inalterata la tipicità* (e l'antigiuridicità, secondo la concezione tripartita del reato) e dalle **esimenti**, in quanto escludono sia la punibilità del reato che la *colpevolezza.*

5.6.2 La disciplina dell'errore

La tematica dell'errore è strettamente correlata a quella della colpevolezza. Quest'ultima viene meno, infatti, non solo in caso di **mancata conoscenza** degli elementi costitutivi del reato, ma anche nell'ipotesi di **falsa rappresentazione** (errore) dei medesimi: l'agente *non si rende conto* di commettere un reato, e dunque agisce *senza dolo.*
L'errore è pertanto considerato una delle **cause di esclusione della colpevolezza.**
Occorre distinguere tra l'**errore di fatto**, determinato da *mancata o erronea conoscenza* della **realtà esterna**, e l'**errore di diritto**, consistente nella *mancata o erronea conoscenza* (interpretazione) di una **norma giuridica**, penale o extrapenale (errore che rileva ai fini dell'esclusione della punibilità sempreché abbia cagionato un errore di fatto).
Influendo sul *processo formativo della volontà*, l'errore di fatto prende anche il nome di **errore-motivo**, perché si verifica durante la fase *ideativa* del reato.

Sebbene il legislatore parli solo di "errore" (sul fatto o sulla legge), è opinione pacifica che all'errore debba essere equiparata l'**ignoranza** (del fatto o della legge).

Errore di fatto

L'art. 47, co. 1, c.p. esclude la punibilità dell'agente nel caso in cui questi abbia posto in essere la condotta criminosa a causa di un **errore di fatto**, aggiungendo che "*se si tratta di errore determinato da colpa, la punibilità non è esclusa, quando il fatto è preveduto dalla legge come delitto colposo*".
L'errore sul fatto causato da un'erronea percezione della realtà esclude il momento rappresentativo del dolo; tuttavia sussiste una responsabilità per colpa quando può muoversi all'agente il rimprovero di non aver impiegato la diligenza o l'attenzione necessarie ad evitare l'errore, sempre che il fatto sia punito come reato colposo.

In sintesi, la disciplina di tale tipo di errore è la seguente:

- esso esclude sempre il dolo e, se scusabile, ovvero non dovuto a *negligenza, imprudenza* e *imperizia*, esclude anche la colpa;
- se inescusabile, e cioè frutto di *negligenza, imprudenza* e *imperizia*, lascia sussistere la responsabilità a titolo di colpa (ovviamente a condizione che il fatto sia punito come reato colposo).

Si ritiene pacificamente che per "errore di fatto" il legislatore abbia inteso riferirsi all'errore su **elementi essenziali** della fattispecie incriminatrice, mentre l'errore ricadente su **elementi non essenziali** non rileva ai fini dell'esclusione della colpevolezza e, dunque, della punibilità.
L'art. 47, co. 2, c.p. dispone che "l'errore sul fatto che costituisce un determinato reato **non esclude la punibilità per un reato diverso**". Si pensi al caso di Tizio che, ignorando di possedere la qualifica di pubblico ufficiale, si appropria di una somma di denaro di cui ha la disponibilità in ragione del suo ufficio, non risponderà del reato di peculato (art. 314 c.p.) ma di reato di appropriazione indebita (art. 616 c.p.).
L'errore sul fatto può derivare anche dall'**inganno per opera di altra persona**. A questa ipotesi l'art. 48 c.p. estende le medesime previsioni dell'art. 47 c.p., aggiungendo che del fatto commesso dalla persona ingannata risponde chi l'ha determinata a commetterlo.
La non punibilità della vittima dell'inganno presuppone che l'*errore* sia *essenziale* e *incolpevole*; se, invece, è possibile muovere all'agente un rimprovero di imprudenza o negligenza, può sussistere nei suoi confronti una responsabilità per colpa, sempre che il fatto sia previsto dalla legge come reato colposo.

Errore di diritto

Occorre preliminarmente distinguere tra errore su norma **penale** ed errore su norma **extrapenale**.
Si ha **errore su norma penale**, ricadente **sulla norma incriminatrice**, quando l'agente non conosce o mal interpreta tale norma.
Nell'art. 5 c.p. (corretto dalla Corte costituzionale, sentenza 24-3-1988 n. 364), è indicata la disciplina di tale errore: l'ignoranza (o l'erronea interpretazione) della legge penale **non scusa**, e dunque non esclude l'esistenza del reato né la punibilità, *salvo* che si tratti d'**ignoranza** (o erronea interpretazione) **inevitabile** e, come tale, **scusabile**.

L'art. 47, co. 3, c.p. dispone, infine, che, in caso di errore su **norma diversa da quella incriminatrice** ovverosia su norma extrapenale, viene meno la punibilità del reato *solo* se tale errore **determina nell'agente un errore sul fatto che costituisce reato**.
L'esclusione della punibilità si giustifica in tal caso con la mancanza di dolo.
Ad esempio, se Tizio si impossessa di una cosa altrui scambiandola per propria a seguito di erronea interpretazione del contenuto di una sentenza civile intervenuta sull'argomento, cade in un errore di diritto che gli impedisce di riconoscere la "qualità" dell'*altruità* della cosa, percezione necessaria per configurare il dolo del reato di furto.

Reato putativo

Nell'art. 49 c.p., il legislatore prevede la *non punibilità* di colui che commette un fatto *penalmente irrilevante*, ritenendo *erroneamente di commettere un reato*, errore che può essere sia di fatto che di diritto.
Si parla, in tal caso, di **reato putativo**, a voler proprio significare che il fatto criminoso, immaginato come esistente dall'agente, in realtà non lo è. Si distingue tra reato putativo *per errore di fatto* (es. Tizio si impossessa di una cosa propria credendola di altri) e reato putativo *per errore di diritto* (Tizio, tradendo la moglie, ritiene di aver commesso un reato, ma questo non sussiste in quanto l'adulterio non costituisce reato).
In tali casi, pertanto, la legge prevede che la mera convinzione dell'agente di commettere un fatto di reato è priva di rilevanza penalistica; pertanto, chi commette un reato putativo va esente da pena.
Il terzo comma dell'art. 49 c.p. fa salvo il caso in cui concorrano nel fatto gli elementi costitutivi di un reato diverso: in tale ipotesi, quindi, il soggetto risponderà di questo diverso reato.

Reato aberrante

L'errore che rileva ai fini penalistici non è solo quello che interviene nella *fase ideativa* del reato (errore-motivo), ma anche quello che sopraggiunge nella *fase esecutiva* del medesimo (errore-inabilità); quest'ultimo tipo di errore, che comporta una *divergenza tra il voluto e il realizzato*, è preso in considerazione negli artt. 82 (*aberratio ictus*) e 83 (*aberratio delicti*) c.p. In tali ipotesi il legislatore detta specifiche regole con riguardo alla *imputazione* del reato e al *trattamento sanzionatorio*.

Aberratio ictus

Ai sensi dell'art. 82 c.p., ricorre l'ipotesi dell'***aberratio ictus* monolesiva** quando l'agente, per errore nell'uso dei mezzi di esecuzione del reato o per altra causa, realizza il reato nei riguardi di un soggetto passivo diverso da quello designato: in tal caso, ferma restando l'operatività dell'art. 60 c.p. per quanto riguarda le circostanze aggravanti e attenuanti, il colpevole risponde come se avesse commesso il reato in danno della vittima designata e ciò perché ha commesso un fatto identico a quello che aveva intenzione di cagionare, poco importando la diversità della persona offesa.
Ciò vuol dire che l'agente risponde a titolo di dolo, perché ha commesso un fatto conforme alla fattispecie tipica, come si era proposto di fare. Se però si privilegia un'accezione concreta del dolo e dunque, si considera l'evento del reato voluto ori-

ginariamente dall'agente come evento *hic et nunc*, si può affermare la natura obiettiva della responsabilità (data la diversità fra evento in concreto realizzato ed evento astrattamente considerato).

Con riguardo all'**offesa** cagionata dalla condotta, occorre precisare che la norma si riferisce sia alla **lesione** di un bene che alla sua **messa in pericolo**; inoltre l'*aberratio ictus* opera con riguardo a **tutti i reati**, non limitatamente ai delitti contro la persona.

Si sottolinea che l' "offesa" voluta deve essere **identica** a quella cagionata, o almeno **omogenea**, altrimenti si avrebbe la diversa ipotesi di cui all'art. 83 c.p. (*aberratio delicti*).

L'art. 82, co. 2, c.p. prende in considerazione l'ipotesi in cui, oltre alla persona diversa, sia offesa anche quella alla quale l'offesa era diretta. In tal caso, si parla di ***aberratio ictus* bioffensiva** e il colpevole soggiace alla pena prevista per il reato più grave aumentata fino alla metà.

Anche con riguardo all'*aberratio ictus* bioffensiva si pone il problema del **criterio d'imputazione soggettiva**, riproponendosi il contrasto tra chi ritiene la norma compatibile col principio di colpevolezza e chi invece la considera un'ipotesi di responsabilità oggettiva.

Nel caso in cui, oltre alla vittima predesignata (o mancata tale vittima) si cagioni l'offesa **a più soggetti terzi**, si parla di ***aberratio ictus* plurioffensiva** e, non essendo tale ipotesi espressamente considerata dalla legge, si discute in dottrina circa l'aumento della pena applicabile.

Aberratio delicti

Si configura l'ipotesi dell'aberratio delicti (art. 83, co. 1, c.p.) quando, per errore nell'uso dei mezzi di esecuzione del reato (cd. *errore-inabilità*), o per un'altra causa – e cioè per un elemento accidentale – sempre che tale causa non sia da sola sufficiente a modificare la consequenzialità causale, l'agente cagiona un evento diverso da quello voluto: il colpevole risponde, a titolo di colpa, dell'evento non voluto, quando il fatto è preveduto dalla legge come delitto colposo.

Il criterio di attribuzione della responsabilità dell'evento cagionato in luogo di quello voluto è quello della *colpa*, perché ovviamente manca la volontà di cagionarlo; nessuna responsabilità penale può essere addebitata al soggetto se il fatto diverso commesso non costituisce delitto colposo.

Non è mancato, tuttavia, chi ha ritenuto che l'evento non voluto sia imputabile al soggetto agente a titolo di responsabilità oggettiva, richiamando il legislatore la colpa ai soli fini del trattamento punitivo.

Il co. 2 dell'art. 83 c.p. contempla la figura dell'*aberratio delicti* con pluralità di eventi, stabilendo che: «se il colpevole ha cagionato altresì l'evento voluto, si applicano le regole sul con corso di reati». In tal caso, pertanto, l'agente risponderà di un reato doloso in concorso formale con uno o più reati colposi.

Invero, anche per l'*aberratio delicti* plurilesiva si discute se del *reato diverso* da quello voluto si risponda *colposamente*, cioè previo accertamento di una condotta colposa, ovvero sulla base del mero nesso causale, essendo la colpa richiesta solo *quoad poenam* (responsabilità oggettiva).

5.7 Altre cause di esclusione della colpevolezza

In dottrina si prendono in considerazione, ai fini dell'esclusione della colpevolezza, anche le seguenti scusanti: il caso fortuito e la forza maggiore (art. 45 c.p.), il costringimento fisico (art. 46 c.p.), l'ordine criminoso insindacabile della Pubblica Autorità (art. 51, co. 4, c.p.).

Caso fortuito e forza maggiore (art. 45 c.p.)

Ai sensi dell'art. 45 c.p., *non è punibile chi ha commesso il fatto per caso fortuito o forza maggiore.* Il **caso fortuito** è un fatto **imprevedibile ed inevitabile** che sottrae alla pena l'autore del fatto criminoso. Esso risulta dall'incrocio tra un accadimento *naturale* ed una condotta *umana*, per cui il primo viene ad innestarsi su un processo causale messo in moto da un'azione umana, deviandone però il corso al punto che l'evento non può rappresentare più una conseguenza della condotta umana. Dunque, il caso fortuito non esclude l'esistenza dell'azione, ma impedisce che l'agente possa essere chiamato a rispondere dell'evento cagionato con il concorso di fattori che esulano dall'ordine normale delle cose.
Forza maggiore è definita in dottrina (Fiandaca-Musco) come un'energia esterna al soggetto agente, alla quale questi non è in grado di resistere, per cui lo determina necessariamente ad agire. Quando ricorre l'ipotesi della forza maggiore l'evento non è riconducibile alla sfera di azione del soggetto, mancando il requisito della coscienza e volontà della condotta come presupposto per un rimprovero di colpevolezza. Si discute se tale forza esterna debba provenire necessariamente dalla *natura* ovvero possa derivare *anche dal fatto dell'uomo.*

Costringimento fisico (art. 46 c.p.)

L'art. 46 c.p. stabilisce che "*Non è punibile chi ha commesso il fatto per esservi stato da altri costretto, mediante violenza fisica, alla quale non poteva resistere o comunque sottrarsi. In tal caso, del fatto commesso dalla persona costretta risponde l'autore della violenza*". Si definisce il **costringimento fisico** come una mera specificazione della forza maggiore in quanto, in tal caso, la forza irresistibile promana non dalla natura ma dall'uomo (Antolisei, Fiandaca-Musco, Mantovani) (Tizio costringe materialmente Caio a premere il grilletto di una pistola). Il costringimento fisico esclude la coscienza e la volontà della condotta solo se il soggetto si trovava nell'impossibilità di sottrarsi alla violenza fisica subita.
La coartazione deve essere **assoluta**, altrimenti si ricadrebbe nella coazione morale di cui all'art. 54 c.p.

L'ordine criminoso insindacabile della Pubblica Autorità (art. 51, co. 4, c.p.)

Si è precedentemente evidenziato che, salva l'ipotesi di ordini manifestamente criminosi, l'adempimento di un dovere contenuto in un ordine illegittimo insindacabile esclude la punibilità *ex* art. 51, co. 4, c.p.
Si sostiene da una parte della dottrina (Fiandaca-Musco) che, in tal caso, non verrebbe meno l'antigiuridicità come avverrebbe in caso di ordine *legittimo* insindacabile, bensì la colpevolezza. Ciò sul rilievo che, data l'illegittimità dell'ordine, il fatto deri-

vante dalla sua ottemperanza resterebbe tipico, ma verrebbe meno la colpevolezza in quanto, a causa dell'insindacabilità, il destinatario subirebbe una *pressione psicologica* tale da *non poter l'ordinamento esigere, nei suoi riguardi un comportamento diverso* nel caso concreto.

5.8 Cause di esclusione della punibilità in senso stretto: la "particolare tenuità del fatto" (cenni)

Diversamente dalle cause di giustificazione e dalle cause di esclusione della colpevolezza, le cause di non punibilità in senso stretto lasciano intatta sia l'antigiuridicità del comportamento che la sua esigibilità psicologica. L'esclusione della punibilità deriva in tali casi soltanto da valutazioni di opportunità operate dal legislatore essenzialmente su basi politico-sociali o politico-criminali, che come tali non sono estensibili ad eventuali concorrenti e determinano l'inutilizzabilità dell'applicazione analogica.

Tra le cause di esclusione della punibilità in senso stretto rientra la **particolare tenuità del fatto**, introdotta dal D.Lgs. 28/2015 e disciplinata dall'art. 131-*bis* c.p. L'istituto della particolare tenuità del fatto, come causa di non punibilità, prevede che per i reati per i quali è prevista la pena detentiva non superiore nel massimo a 5 anni, ovvero la pena pecuniaria, sola o congiunta alla predetta pena, la punibilità è esclusa quando, per le modalità della condotta e per l'esiguità del danno o del pericolo, valutate ai sensi dell'art. 133, co. 1, c.p., l'offesa è di particolare tenuità e il comportamento risulta non abituale.

La suddetta causa di non punibilità richiede, dunque, una valutazione complessiva di tutte le peculiarità della fattispecie concreta, a norma dell'art. 133, co. 1, c.p., incluse quindi le modalità della condotta e il grado della colpevolezza, e non solo dell'entità dell'aggressione al bene giuridico protetto (Cass. pen., S.U., sent. 13681/2016). Va specificato che il "fatto particolarmente lieve" è comunque un fatto offensivo costituente reato, che tuttavia il legislatore ha preferito non punire, sia per riaffermare la natura di *extrema ratio* della pena e agevolare la rieducazione del condannato, sia per contenere il gravoso carico di contenzioso penale gravante sulla giurisdizione.

Tanto premesso, la Consulta ha (sent. 21-7-2020, n. 156) censurato, alla luce dell'art. 3 Cost., **l'intrinseca irragionevolezza della preclusione dell'applicazione dell'esimente di cui all'art. 131-*bis* c.p.** per i reati che lo stesso legislatore, attraverso l'omessa previsione di un minimo di pena detentiva e la conseguente operatività del minimo assoluto di cui all'art. 23, co. 1, c.p., ha mostrato di valutare in termini di potenziale minima offensività. Pertanto, è stata dichiarata l'illegittimità costituzionale dell'art. 131-*bis* c.p. nella parte in cui non consente l'applicazione della causa di non punibilità per particolare tenuità del fatto ai reati per i quali non è previsto un minimo edittale di pena detentiva.

Quesiti di verifica 5
Colpevolezza e cause di esclusione

1) Qual è, in materia penale, la conseguenza della capacità di intendere e di volere?

A. L'imputabilità
B. La capacità di agire in giudizio
C. La punibilità

2) Il vizio parziale di mente:

A. esclude l'imputabilità, se l'infermità è tale da scemare grandemente la capacità d'intendere e di volere
B. diminuisce la pena, se l'infermità è tale da scemare grandemente, senza escluderla, la capacità d'intendere e di volere
C. non incide sulla quantificazione della pena

3) Gli stati emotivi o passionali:

A. non escludono l'imputabilità
B. incidono sull'imputabilità riducendo la pena
C. incidono sull'imputabilità aggravando la pena

4) Se l'ubriachezza era preordinata a commettere il reato:

A. esclude l'imputabilità, salvo che la legge disponga altrimenti
B. se piena, esclude in ogni caso l'imputabilità
C. la pena è aumentata

5) I minori fra i quattordici ed i diciotto anni:

A. non sono mai punibili
B. sono sempre punibili
C. si presumono relativamente incapaci

6) Che cos'è l'ubriachezza accidentale?

A. L'ubriachezza preordinata al fine di commettere un reato
B. L'ubriachezza di chi per leggerezza si ubriaca
C. L'ubriachezza che deriva dal caso fortuito o da forza maggiore

7) Il legislatore prevede una presunzione di incapacità per il sordomuto?

A. No
B. Sì, all'art. 96 c.p.
C. Sì, una presunzione assoluta

8) Si ha colpa generica quando si ha violazione di regole sociali. Quale non rientra fra tali regole?

A. Inerzia
B. Negligenza
C. Imprudenza

9) Quali sono le ipotesi di delitto preterintenzionale?

A. Aborto e lesioni
B. Omicidio e lesioni
C. Omicidio e aborto

10) Quand'è che deve parlarsi di responsabilità oggettiva?

A. Quando l'evento lesivo da cui dipende l'esistenza del reato è posto a carico dell'autore in base al mero rapporto di causalità materiale
B. Quando dall'azione o dall'omissione deriva un evento dannoso o perico-

loso più grave di quello voluto dall'agente
C. Quando l'evento lesivo da cui dipende l'esistenza del reato è cagionato per inosservanza di leggi, regolamenti, ordini e discipline

11) La colpa deve essere necessariamente prevista?

A. Solo con riferimento alle contravvenzioni
B. Sì
C. Deve essere prevista solo la colpa generica

12) Ai sensi dell'art. 48 c.p., se l'errore sul fatto che costituisce reato è determinato dall'altrui inganno:

A. occorre verificare se l'errore era scusabile
B. in nessun caso l'errore è scusabile
C. del fatto commesso dalla persona ingannata risponde chi l'ha determinata a commetterlo

13) Quale ipotesi concretizza il delitto che, per errore nell'uso dei mezzi di esecuzione, cagiona offesa ad una persona diversa da quella che si voleva offendere?

A. L'aberratio ictus
B. La preterintenzione
C. Il delitto colposo

14) Qual è la differenza fra colpa specifica e colpa generica?

A. La prima deriva dalla violazione delle regole di condotta codificate, la seconda scaturisce da regole cautelari non scritte
B. La prima consegue alla violazione delle cd. leges artis in campo professionale
C. La prima deve essere specificamente provata, la seconda no

15) È imputabile colui che si è messo in stato d'incapacità d'intendere e di volere al fine di commettere il reato?

A. No, salvo che la legge disponga altrimenti
B. Sì, ma solo se ha commesso un delitto e non anche una contravvenzione
C. Sì, è sempre imputabile

RISPOSTE CORRETTE

1) A
2) B
3) A
4) C
5) C
6) C
7) A
8) A
9) C
10) A
11) B
12) C
13) A
14) A
15) C.

Capitolo 6
Le circostanze del reato

6.1 Le circostanze

Si definiscono **circostanze del reato** quegli elementi che "stanno attorno" (*circum stant*) al reato *già perfetto* nella sua struttura, la cui presenza rileva, secondo quanto dispone la legge, ai fini della **modificazione della pena** del reato in termini **quantitativi** o **qualitativi.**
Le circostanze sono **elementi accidentali** del reato (*accidentalia delicti*): in presenza di tali elementi, si parla di **reato circostanziato**. Trattasi dunque di una delle **forme di manifestazione del reato**.
La disciplina delle circostanze del reato svolge una duplice *funzione:* consente un **miglior adeguamento della pena** al disvalore del fatto criminoso e **limita la discrezionalità** del giudice che opera tale adeguamento.
Si distinguono, in dottrina, le seguenti circostanze:

- **aggravanti** e **attenuanti**, a seconda che determinino un inasprimento o un'attenuazione della pena prevista per il reato semplice;
- **comuni**, cioè potenzialmente applicabili ad un insieme non predeterminabile di reati, e **speciali**, ovvero previste solo con riguardo a determinati reati;
- **oggettive**, che cioè operano obiettivamente e dunque *si estendono* a tutti i compartecipi nel concorso di persone nel reato, e **soggettive**, che operano invece nei *soli confronti del soggetto cui si riferiscono*;
- **tipiche** e **generiche** (o anche definite o indefinite), a seconda che siano o meno puntualmente descritte dal legislatore. In tale ultimo caso accade, ad esempio, che la legge si limiti talvolta a stabilire che la pena sia aumentata "nei casi più gravi" o, al contrario, sia diminuita nei casi "di lieve entità";
- **ad effetto ordinario**, che cioè comportano un aumento o una diminuzione della pena in misura *non superiore ad un terzo*, e **ad effetto speciale**, che invece determinano un aumento o una diminuzione della pena in misura *superiore ad un terzo.* Parte della dottrina parla invece di circostanza **ad efficacia speciale** con riguardo all'ipotesi in cui la circostanza determina l'applicazione di una pena di *specie diversa*;
- **obbligatorie e discrezionali**, a seconda che il giudice sia o meno vincolato a tenerne conto.

6.2 Criteri d'identificazione delle circostanze

Se normalmente la natura circostanziale degli elementi di una fattispecie è evidente, non mancano casi dubbi in cui si deve accertare se un elemento abbia *natura circostanziale* ovvero dia luogo ad *un'autonoma fattispecie di reato.*

A tale scopo sono stati elaborati i seguenti **criteri**:

- criterio della **specialità**, in base al quale può parlarsi di circostanza del reato quando l'ipotesi circostanziata si pone in relazione di *specie a genere* rispetto all'ipotesi semplice di reato, cioè *ne contiene tutti gli elementi* ma li specifica (specialità **per specificazione**) o li prevede con l'aggiunta di uno o più *elementi specializzanti* (specialità **per aggiunta**);
- criterio del ***nomen iuris***, in base al quale non può prescindersi dalla *qualificazione giuridica* data direttamente *dal legislatore;*
- criterio della **collocazione sistematica** della norma, in base al quale la formulazione della norma in un *articolo separato* denoterebbe una *fattispecie autonoma* di reato;
- criterio **teleologico**, secondo cui, se la fattispecie dubbia tutela un *bene giuridico diverso* da quello tutelato dalla fattispecie base, si è di fronte ad un reato autonomo; se il bene tutelato è il medesimo, può invece parlarsi di reato circostanziato;
- criterio del ***favor rei***, secondo cui la soluzione da preferire tra l'affermazione di un'autonoma fattispecie di reato e quella di un reato circostanziato sarebbe la più favorevole al reo;
- criterio **strutturale del modo di determinazione della pena**, per il quale si è in presenza di una mera circostanza del reato quando, per la determinazione della pena, il legislatore *si limita a rinviare* alla pena prevista per la fattispecie-base, applicando sulla medesima una *mera variazione frazionaria;*
- criterio **strutturale del mero rinvio**, in base al quale, nel caso in cui una fattispecie è descritta attraverso un *mero rinvio ad altra fattispecie-base*, si è in presenza di una circostanza e non di un'autonoma fattispecie di reato.

Diverse e importanti sono le conseguenze dell'inquadramento di una fattispecie tra le circostanze del reato ovvero come autonoma ipotesi criminosa.
Sotto il profilo della **imputazione soggettiva**, la natura circostanziale di un elemento ne comporta , *ex* art. 59 c.p., l'imputabilità all'autore sulla base della mera *esistenza obiettiva*, a prescindere dalla sua conoscenza (se attenuante) o in quanto *conosciuto o conoscibile* (se aggravante); viceversa, trattandosi di un elemento costitutivo del reato, *ex* art. 42, co. 2, c.p., esso dovrà necessariamente essere *oggetto del dolo* o *della colpa*.
Sotto il profilo del **bilanciamento tra circostanze aggravanti ed attenuanti** (art. 69 c.p.), l'elemento della fattispecie può entrare in *bilanciamento*, ovviamente, solo se ha natura circostanziale.

6.3 Circostanze aggravanti comuni

Le circostanze **aggravanti comuni**, applicabili a qualsiasi reato, sono elencate nell'**art. 61 c.p.** In tale norma si dispone innanzitutto, in virtù del principio del *ne bis in idem sostanziale*, che le circostanze comuni aggravano il reato sempreché non ne siano già *elementi costitutivi* o *circostanze aggravanti speciali*.

Si enumerano poi le **seguenti circostanze**:

1) *l'avere agito per motivi abietti o futili;*
2) *l'aver commesso il reato per eseguirne od occultarne un altro, ovvero per conseguire o assicurare a sé o ad altri il prodotto* (= risultato) *o il profitto* (= vantaggio economico) *o il prezzo* (=

corrispettivo) *ovvero la impunità di un altro reato*". Si parla, al riguardo, di connessione teleologica o consequenziale di reati;

3) *l'avere, nei delitti colposi, agito nonostante la previsione dell'evento;*
4) *l'avere adoperato sevizie, o l'aver agito con crudeltà verso le persone;*
5) *l'avere profittato di circostanze di tempo, di luogo o di persona, anche in riferimento all'età, tali da ostacolare la pubblica o privata difesa;*
6) *l'avere il colpevole commesso il reato durante il tempo, in cui si è sottratto volontariamente alla esecuzione di un mandato o di un ordine di arresto o di cattura o di carcerazione spedito per un precedente reato;*
7) *l'avere, nei delitti contro il patrimonio o che comunque offendono il patrimonio, ovvero nei delitti determinati da motivi di lucro, cagionato alla persona offesa dal reato un danno patrimoniale di rilevante gravità;*
8) *l'avere aggravato o tentato di aggravare le conseguenze del delitto commesso;*
9) *l'avere commesso il fatto con abuso dei poteri, o con violazione dei doveri inerenti a una pubblica funzione o a un pubblico servizio, ovvero alla qualità di ministro di un culto;*
10) *l'avere commesso il fatto contro un pubblico ufficiale o una persona incaricata di un pubblico servizio, o rivestita della qualità di ministro del culto cattolico o di un culto ammesso nello Stato, ovvero contro un agente diplomatico o consolare di uno Stato estero, nell'atto o a causa dell'adempimento delle funzioni o del servizio;*
11) *l'avere commesso il fatto con abuso di autorità o di relazioni domestiche, ovvero con abuso di relazioni di ufficio, di prestazione d'opera, di coabitazione, o di ospitalità;*

11-bis) (con sentenza 8-7-2010, n. 249, la Corte costituzionale ha dichiarato illegittima la circostanza di cui al n. *11-bis,* aggiunto dal D.L. 92/2008, convertito con modificazioni in L. 125/2008, *che prevedeva un aggravamento di pena a carico di chi avesse commesso il fatto mentre si trovava illegalmente sul territorio nazionale);*

11-ter) l'aver commesso un delitto contro la persona ai danni di un soggetto minore all'interno o nelle adiacenze di istituti di istruzione o di formazione;

11-quater) l'avere il colpevole commesso un delitto non colposo durante il periodo in cui era ammesso ad una misura alternativa alla detenzione in carcere";

11-quinquies) l'avere, nei delitti non colposi contro la vita e l'incolumità individuale e contro la libertà personale commesso il fatto in presenza o in danno di un minore di anni diciotto ovvero in danno di persona in stato di gravidanza (numero aggiunto dall'art. 1 D.L. 93/2013, *Disposizioni urgenti in materia di sicurezza e per il contrasto della violenza di genere, nonché in tema di protezione civile e di commissariamento delle province,* conv. dalla L. 119/2013, e così modificato dall'art. 9 L. 69/2019);

11-sexies) l'avere, nei delitti non colposi, commesso il fatto in danno di persone ricoverate presso strutture sanitarie o presso strutture sociosanitarie residenziali o semiresidenziali, pubbliche o private, ovvero presso strutture socio-educative" (numero aggiunto dall'art. 14, co. 1, L. 3/2018).

11-septies) l'avere commesso il fatto in occasione o a causa di manifestazioni sportive o durante i trasferimenti da o verso i luoghi in cui si svolgono dette manifestazioni (numero aggiunto dall'art. 16 D.L. 53/2019, conv. dalla L. 77/2019, cosiddetto *decreto sicurezza-bis*).

Si segnala, poi, che l'art. 5 D.Lgs. 21/2018 ha trasposto nell'art. 61-*bis* c.p. la **circostanza aggravante del reato transnazionale**, in precedenza accolta nell'art. 4 L. 146/2006 (*Ratifica della Convenzione e dei Protocolli delle Nazioni Unite contro il crimine organizzato transnazionale*), che prevede un aumento di pena da un terzo alla metà (trattasi di circostanza aggravante comune a effetto speciale) per tutti quei reati puniti con la pena della reclusione non inferiore nel massimo a quattro anni alla cui realizzazione abbia contribuito "un gruppo criminale organizzato impegnato in attività criminali in più di uno Stato".

6.4 Circostanze attenuanti comuni

Le circostanze attenuanti comuni sono elencate nell'**art. 62 c.p.** e al pari delle aggravanti, operano sempreché non si identifichino già in *elementi costitutivi o in circostanze attenuanti speciali* del reato.

Si prendono dunque in considerazione le seguenti circostanze:

1) *l'avere agito per motivi di particolare valore morale o sociale;*
2) *l'aver reagito in stato di ira, determinato da un fatto ingiusto altrui;*
3) *l'avere agito per suggestione di una folla in tumulto, quando non si tratta di riunioni o assembramenti vietati dalla legge o dall'autorità, e il colpevole non è delinquente o contravventore abituale o professionale, o delinquente per tendenza;*
4) *l'avere, nei delitti contro il patrimonio, o che comunque offendono il patrimonio, cagionato alla persona offesa dal reato un danno patrimoniale di speciale tenuità ovvero, nei delitti determinati da motivi di lucro, l'avere agito per conseguire o l'avere comunque conseguito un lucro di speciale tenuità, quando anche l'evento dannoso o pericoloso sia di speciale tenuità;*
5) *l'essere concorso a determinare l'evento, insieme con l'azione o l'omissione del colpevole, il fatto doloso della persona offesa;*
6) *l'avere, prima del giudizio, riparato interamente il danno, mediante il risarcimento di esso, e, quando sia possibile, mediante le restituzioni; o l'essersi, prima del giudizio e fuori del caso preveduto nell'ultimo capoverso dell'articolo 56, adoperato spontaneamente ed efficacemente per elidere o attenuare le conseguenze dannose o pericolose del reato.*

6.5 Circostanze attenuanti generiche

Ai sensi dell'art. 62-*bis* c.p., rubricato **circostanze attenuanti generiche**, il giudice può prendere in considerazione, oltre alle circostanze sopra indicate, anche *altre circostanze diverse*, se le ritiene *tali da giustificare una diminuzione della pena.*

Si tratta di circostanze indeterminate e non tipizzate, che mirano a consentire un migliore adeguamento della pena al caso concreto. La norma si riferisce a tutte quelle situazioni non prevedibili dal legislatore, ma egualmente rilevanti, la cui individuazione è affidata al giudice attraverso l'esercizio del suo potere discrezionale (es. la confessione spontanea del colpevole, il corretto comportamento processuale, la collaborazione prestata nelle indagini ecc.).

Per effetto delle modifiche introdotte dalla L. 5-12-2005, n. 251 e dal D.L. 23-5-2008, n. 92, convertito in L. 24-7-2008, n. 125, si è molto *ridimensionata l'operatività* della norma in esame, addirittura inserendo il *divieto*, da parte del giudice, di fondare la concessione delle attenuanti generiche sulla base della *mera assenza di precedenti condanne.* Secondo il co. 2, ai fini dell'applicazione della norma non si tiene conto, fra l'altro, dei criteri di cui all'art. 133, co. 1, n. 3) c.p., vale a dire dall'intensità del dolo o dal grado della colpa, mentre, per effetto della sentenza n. 183/2011 della Corte costituzionale, si può tener conto della condotta del reo susseguente al reato.

6.6 La recidiva

La recidiva (letteralmente "ricaduta" nel reato) è la condizione di colui che, avendo riportato una *condanna* (con sentenza passata in giudicato) per *delitto non colposo*, commette *un altro reato* (art. 99 c.p.).
L'istituto comporta un **aggravamento di pena** per il nuovo delitto non colposo, giustificato dal fatto che, nonostante una precedente condanna, il reo, con la ricaduta nel delitto, non ha mostrato né pentimento né ha compreso la funzione rieducativa e di risocializzazione della pena in precedenza inflittagli. L'irrogazione di una pena maggiore andrà, pertanto, effettuata in proporzione alla **maggior capacità a delinquere** dimostrata dal reo (funzione *special-preventiva* della pena).

Si discute se la recidiva possa essere inquadrata tra le **circostanze aggravanti** del reato. L'opinione dominante anche in giurisprudenza propende per la soluzione affermativa, ritenendo, che l'*aumento* di pena sia *facoltativo* ma la *contestazione* della recidiva sia *obbligatoria*. Aderendo a tale tesi, si applicherebbe la disciplina del *bilanciamento* (art. 69 c.p.), si richiederebbe almeno la *conoscibilità* della recidiva (art. 59 c.p.) e troverebbero applicazione, anche in mancanza dell'aumento di pena, *tutti gli effetti negativi* collegati alla medesima. Tale orientamento sembra essere stato accolto dal legislatore attuale.

Quattro sono le forme di recidiva previste nel nostro ordinamento:

- recidiva **semplice**: può aumentarsi la pena *di un terzo* se si commette un delitto non colposo dopo una precedente *condanna irrevocabile* per altro delitto non colposo;
- recidiva **aggravata**: può aumentarsi la pena *fino alla metà* se il nuovo delitto non colposo è della *stessa indole* di quello precedentemente commesso, o se è stato commesso *nei cinque anni dalla condanna precedente* (cd. recidiva *infraquinquennale*), o ancora se è stato posto in essere *durante o dopo l'esecuzione della pena* ovvero *durante il tempo* in cui il condannato *si sottrae volontariamente all'esecuzione della pena*.

Sono considerati **reati della stessa indole** non solo quelli che violano una stessa disposizione di legge, ma anche quelli che, pure essendo preveduti da disposizioni codicistiche diverse ovvero da leggi diverse, presentano nondimeno nei casi concreti, per la natura dei fatti che li costituiscono o dei motivi che li determinarono, caratteri fondamentali comuni (art. 101 c.p.);

- recidiva **pluriaggravata**: si ha quando ricorrono congiuntamente più circostanze tra quelle sinora esposte; l'aumento di pena è, in tal caso, della metà (art. 99, co. 3, c.p.);
- recidiva **reiterata**: ulteriori aumenti di pena sono previsti se il nuovo delitto non colposo è commesso da chi è già recidivo; gli aumenti di pena sono della metà o di due terzi, a seconda che ricorra il primo o il secondo comma dell'art. 99 c.p. (art. 99, co. 4, c.p.).

6.7 Criteri di imputazione delle circostanze

Con riguardo alle **circostanze attenuanti**, l'art. 59 c.p. dispone che, al pari delle scriminanti, esse operano *anche se dal reo non conosciute* o *per errore ritenute inesistenti*: operano, cioè, *a prescindere dalla loro conoscenza o conoscibilità*. Il fondamento di tale norma si rinviene nel **principio del *favor rei***.

Con riguardo alle **circostanze aggravanti**, è stabilito un diverso criterio d'imputazione: dispone l'art. 59 c.p. che esse sono valutate a carico dell'agente soltanto se da lui *conosciute* ovvero *ignorate per colpa* o *ritenute inesistenti per errore colposo.*

Per quanto attiene al riconoscimento della recidiva, essa, in seguito alla sentenza della Corte costituzionale n. 185/2015, che ha espunto definitivamente le ipotesi di recidiva obbligatoria, è affidata esclusivamente alla discrezionalità del giudice. In tutti i casi sopraelencati, pertanto, l'applicazione della recidiva è facoltativa. Per contro, l'aumento di pena in seguito al riconoscimento della recidiva è obbligatorio nel *quantum*.

Pertanto, affinché tali circostanze possano essere riconosciute, occorre un coefficiente soggettivo costituito dalla loro effettiva conoscenza ovvero dalla loro colpevole ignoranza, nel senso che, in tale ultimo caso, l'aggravio di pena è consentito se la circostanza, obiettivamente sussistente, era stata ignorata dal soggetto agente per sua colpa o per errore determinato da colpa.

6.8 Applicazione e concorso di circostanze

La regola generale di applicazione delle circostanze è sancita nell'art. 63, co. 1, c.p., in base al quale, se la legge dispone che la pena sia aumentata o diminuita entro limiti determinati, l'aumento o la diminuzione si *opera sulla quantità di essa* che il giudice *applicherebbe* al colpevole, *qualora non concorresse la circostanza* che la fa aumentare o diminuire.

Nel caso in cui, con riguardo alla medesima fattispecie, sussistano più circostanze, occorre distinguere innanzitutto tra il concorso **omogeneo** (caratterizzato dalla compresenza di circostanze *omogenee*, e cioè tutte aggravanti o tutte attenuanti) ed **eterogeneo** (in cui concorrono contemporaneamente circostanze aggravanti ed attenuanti).

L'art. 63 c.p., per il **concorso omogeneo**, distingue a seconda che rilevino, in concorso tra loro, circostanze *ad effetto comune* o *ad effetto speciale*:

- circostanze ad **effetto comune**: in tal caso l'aumento o la diminuzione di pena si effettua sulla *pena risultante rispettivamente dal precedente aumento o diminuzione*, salvi i limiti previsti nell'art. 66 c.p.;
- circostanze ad **effetto speciale**: in caso di aggravanti, si applica *solo* la pena stabilita per la *circostanza più grave*, mentre in caso di attenuanti opera *solo* la pena stabilita per la *circostanza meno grave*, e il giudice può aumentarla nel primo caso e diminuirla nel secondo;
- circostanze ad **effetto comune in concorso con circostanze ad effetto** o **ad efficacia speciale**: l'aumento o la diminuzione per le circostanze comuni opera *sulla pena determinata a seguito dell'applicazione della circostanza ad effetto o ad efficacia speciale*;
- circostanze che **comprendono in sé altre circostanze**: si applicherà *solo* la circostanza aggravante che comporta il *maggior aumento* di pena e la circostanza attenuante che determina la *maggior diminuzione* di pena.

Limiti agli aumenti ed alle diminuzioni di pena sono previsti negli artt. 66 e 67 c.p.

Se invece si tratta di **concorso eterogeneo**, per cui concorrono circostanze aggravanti ed attenuanti, il giudice deve procedere ad un **bilanciamento** tra le medesime che

si concluderà con un giudizio di *prevalenza* delle circostanze aggravanti o di quelle attenuanti o con un giudizio di *equivalenza*, per cui si procederà al reciproco annullamento e alla semplice applicazione della pena base prevista dal codice penale per quella determinata fattispecie di reato. Tale bilanciamento **non incontra, di norma, alcun limite**, potendo operare *anche* con riguardo alle circostanze ad *effetto speciale* e ad *efficacia speciale*.
È sancito un divieto di prevalenza delle circostanze attenuanti sulle ritenute circostanze aggravanti nei casi di **determinazione al reato di persona non imputabile o non punibile** (art. 111) e **determinazione al reato di minore degli anno diciotto o infermo di mente** (art. 112, co. 1, n. 4), c.p.).
All'**art. 69-*bis* c.p.**, invece, sono disciplinati particolari *casi di esclusione del giudizio di comparazione tra circostanze* prima contemplati dall'art. 7 D.L. 419/1991 e trasposti nel codice penale dal D.Lgs. 21/2018. Si tratta di una speciale disciplina derogatoria, riferita ai **gravi delitti di cui all'art. 407, co. 2, lett. *a*), nn. da 1) a 6) c.p.p.**, per i casi in cui il reo abbia determinato a commettere il reato un soggetto di cui sia genitore esercente la responsabilità genitoriale, ovvero il fratello o la sorella, o ancora si sia avvalso del suo contributo, trovandosi nelle condizioni di cui agli artt. 111 e 112, co. 1, nn. 3) e 4), e co. 2 c.p.

Quesiti di verifica 6
Le circostanze del reato

1) Cosa si intende per circostanze a effetto ordinario?

A. Le circostanze che possono riguardare qualunque tipo di reato
B. Le circostanze che ricorrono più di frequente
C. Le circostanze che comportano l'aumento o la diminuzione di pena in misura non superiore a un terzo

2) Qual è il criterio di imputazione delle circostanze aggravanti?

A. Sono valutate a carico dell'agente solo se da lui conosciute ovvero ignorate per colpa o ritenute inesistenti per errore determinato da colpa
B. Sono valutate a carico dell'agente anche se da lui non conosciute o da lui per errore ritenute inesistenti
C. Sono valutate a carico dell'agente anche le circostanze erroneamente supposte che riguardano i rapporti fra offeso e colpevole

3) A norma dell'art. 61 del codice penale, è considerata circostanza aggravante:

A. aver adoperato malizia
B. aver adoperato imperizia
C. aver adoperato sevizie

4) A norma dell'art. 62 del codice penale è considerata circostanza attenuante:

A. aver adoperato inesperienza
B. aver reagito in stato di ira, determinato da un fatto ingiusto altrui
C. aver agito per motivi futili

5) Quale, fra le seguenti ipotesi, non costituisce circostanza aggravante comune?

A. L'aver agito in stato d'ira determinato da un fatto ingiusto altrui
B. L'aver agito, nei delitti colposi, nonostante la previsione dell'evento
C. L'aver aggravato o tentato di aggravare le conseguenze del delitto commesso

6) Le circostanze a effetto speciale in materia penale:

A. sono quelle previste per alcuni reati soltanto
B. sono quelle che prevedono un aumento o una diminuzione di pena in misura non superiore a un terzo
C. sono quelle che importano l'applicazione di una pena di specie diversa rispetto a quella comminata per la fattispecie non circostanziata

7) In caso di concorso fra circostanze aggravanti e attenuanti, il giudice, ai fini del calcolo della pena da infliggere:

A. procede a un giudizio di comparazione con l'applicazione delle sole circostanze ritenute prevalenti
B. applica le sole aggravanti, salvo le eccezioni previste per talune particolari circostanze attenuanti
C. procede in modo discrezionale

8) La recidiva è «aggravata» se il colpevole, avendo riportato condanna per un reato, commette:

A. un altro reato non colposo

B. un delitto per il quale è previsto l'arresto in flagranza
C. un altro reato della stessa indole

RISPOSTE CORRETTE

1) C	5) A
2) A	6) C
3) C	7) A
4) B	8) C

Capitolo 7
Il tentativo

7.1 Il delitto tentato

Il nostro sistema penale punisce non solo la consumazione del reato, ma anche il **tentativo**, disponendo un trattamento sanzionatorio attenuato, disciplinato *ex* art. 56, c.p., che recita: *"Chi compie atti idonei, diretti in modo non equivoco a commettere un delitto, risponde di delitto tentato, se l'**azione non si compie** o l'**evento non si verifica**"*; nel primo caso si parla di cd. **tentativo incompiuto**, e nel secondo caso, cd. **tentativo compiuto**.
Il delitto tentato rientra tra le **forme di manifestazione del reato**, al pari del reato circostanziato (artt. 59 ss. c.p.), del concorso di reati (artt. 71 ss. c.p.) e del concorso di persone nel reato (artt. 110 ss. c.p.). Si evidenzia in dottrina (Antolisei) che il tentativo poggia sulla *intenzione di commettere un delitto* (dolo), al pari del reato consumato, ma il delitto è realizzato *solo in parte.*
È pacifico che il delitto tentato costituisce un **autonomo titolo di reato** e non una **circostanza attenuante** del reato consumato. Si tratta, cioè, di un illecito autonomo dal delitto consumato, che rileva penalmente mediante la *funzione estensiva della punibilità* svolta dall'art. 56 c.p. *in collegamento* con le singole norme incriminatrici di parte speciale.
La punizione del delitto tentato trova giustificazione nell'intento dell'ordinamento di prevenire l'esposizione a pericolo dei beni giuridicamente protetti.
Requisiti del tentativo punibile sono: l'**univocità** degli atti posti in essere e la **idoneità** della condotta alla commissione di un delitto.
Il requisito della **idoneità** ha **natura oggettiva**, indicando la *capacità obiettiva degli atti compiuti a realizzare il delitto.* Per **atti idonei** devono intendersi, pertanto, gli atti dotati di una potenzialità offensiva effettiva, in modo da integrare un effettivo pericolo per il bene giuridico tutelato.
L'**accertamento dell'idoneità** richiede un giudizio *ex ante* e in concreto (cd. **prognosi postuma**), alla cui stregua il giudice deve verificare se gli atti erano in grado, tenuto conto delle effettive circostanze di tempo e di luogo e di ogni altro fattore, di sfociare nella commissione del reato programmato. Procedendo in tal modo, resterebbero *estranee* al giudizio d'idoneità e come tali irrilevanti, tutte quelle circostanze *non conosciute né conoscibili* dall'agente in concreto che hanno *impedito la consumazione* del delitto.
Il secondo requisito richiesto dall'art. 56 c.p. ai fini della punibilità del tentativo è l'**univocità** degli atti, vale a dire che l'attività posta in essere dall'agente, valutata nel contesto in cui essa è stata realizzata, deve essere atta a denotare in maniera non equivoca il proposito criminoso sotteso.
Posto che in dottrina l'univocità viene intesa in una duplice accezione, secondo la tesi **soggettiva** essa andrebbe vista come la prova dell'intenzione criminosa in sede

processuale. Si è sostenuto, tuttavia, che una tale definizione renderebbe superfluo il requisito in questione, traducendolo nella necessità di fornire la prova dell'elemento soggettivo. Diversamente, la teoria **oggettiva** ritiene l'univocità come una caratteristica appunto oggettiva della condotta, da cui traspaia l'intenzione criminosa dell'agente. In tale ottica la prova dell'elemento soggettivo è problema diverso ed ulteriore rispetto all'accertamento dell'elemento materiale del delitto tentato.
Secondo la prevalente opinione, infatti, i requisiti dell'idoneità ed univocità degli atti attengono alla sfera dell'elemento materiale del reato, il cui accertamento è diverso rispetto a quello dell'elemento soggettivo. In particolare, l'univocità degli atti va desunta dalla condotta in concreto posta in essere dagli agenti, senza dare rilievo, nella fase dell'accertamento dell'elemento materiale, ad atti di volizione interna che non si siano tradotti in attività obiettivamente valutabili. Il proposito criminoso, infatti, va accertato solo successivamente, al fine cioè di stabilire se la condotta, idonea in maniera non equivoca al compimento del reato, sia posta in essere con dolo.

Quanto alla questione dei cosiddetti **atti preparatori**, ovvero se questi siano o meno idonei a configurare il tentativo, si registrano **due orientamenti**. Il primo tende a ritenere che "gli atti diretti in modo non equivoco" a commettere un reato possano essere esclusivamente gli atti esecutivi, ossia gli atti tipici, corrispondenti, anche solo in minima parte, come inizio di esecuzione, alla descrizione legale di una fattispecie delittuosa a forma libera o vincolata.
Il secondo orientamento è portato, invece, a considerare gli atti preparatori parte integrante della fattispecie. Si ritiene, infatti, che anche un atto preparatorio può integrare gli estremi del tentativo punibile quando abbia la capacità, sulla base di una valutazione *ex ante* e in relazione alle circostanze del caso concreto, di raggiungere il risultato prefisso e a tale risultato sia univocamente diretto. In questa prospettiva, pertanto, ai fini del tentativo punibile, assumono rilevanza penale non solo gli atti esecutivi veri e propri del delitto pianificato, ma anche quegli atti che, pur essendo classificabili come meramente "preparatori", tuttavia, per le circostanze del caso concreto (di tempo, di luogo, di mezzi ecc.), fanno fondatamente ritenere che l'azione abbia la rilevante probabilità di conseguire l'obiettivo programmato.

7.2 Tentativo e dolo

Il tentativo presuppone necessariamente il dolo. Esso è certamente **dolo di consumazione**, nel senso che l'agente vuole commettere un delitto, dunque mira alla sua consumazione, ma non ci riesce per cause estranee alla sua volontà. Si discute però se tra il dolo del tentativo e quello della consumazione vi sia *perfetta identità*.
Con riferimento alle varie tipologie di dolo, si esclude tuttavia la compatibilità del delitto tentato con il **dolo eventuale,** per incompatibilità tra l'azione diretta in modo non equivoco a delinquere e la situazione di mera accettazione del rischio, che caratterizza l'elemento psicologico del dolo eventuale.
Nessun dubbio si pone invece con riguardo all'ipotesi in cui si agisca con **dolo alternativo**: in tal caso il tentativo è configurabile in quanto, prevedendo e volendo, con scelta sostanzialmente equipollente, l'uno e l'altro degli eventi (es. morte e lesioni della vittima), l'agente opera con *dolo diretto.*

7.3 Tentativo e reato omissivo

Problemi interpretativi nascono con riguardo alla configurabilità del tentativo in caso di **reati omissivi**.
Al riguardo occorre distinguere tra *reati omissivi propri* e *impropri*. Si ricorda che per **reati omissivi propri** si intendono quelli consistenti nel *mancato compimento di un'azione che la legge penale comanda di realizzare*. In tal caso il disvalore è concentrato sull'azione che non si è compiuta, non sul mancato impedimento degli eventi pregiudizievoli che ne sono conseguiti.
Sono definiti **impropri**, invece, i reati omissivi che consistono nella *violazione dell'obbligo di impedire il verificarsi di un evento tipico ai sensi di una fattispecie commissiva-base*. In questi casi l'ordinamento impone ad un determinato soggetto di impedire che si verifichi un evento, che può essere il risultato di un'azione quanto di un'omissione, attraverso l'assunzione del ruolo di garante della salvaguardia di un bene giuridico.
La dottrina ha generalmente ammesso la possibilità di configurare il tentativo di reato omissivo improprio, poiché generalmente nella struttura si ravvisa un evento. Sicché è possibile configurare un tentativo tutte le volte in cui si riscontra l'omissione, ma l'evento non si verifica per intervento di cause esterne che valgono a scongiurarlo.
Con riferimento ai reati omissivi propri si sono registrate maggiori difficoltà.
La dottrina tradizionale (Antolisei) nega la configurabilità del tentativo e ciò sul rilievo che la condotta penalmente rilevante non è frazionabile: l'atto richiesto o è posto in essere, entro un termine considerato essenziale, o non lo è, per cui si realizza il reato omissivo (si pensi all'omissione di atti di ufficio: se il pubblico ufficiale si attiva, entro il termine prefissato, non v'è reato; se non si attiva, entro quel termine, il reato è già consumato).
Secondo una dottrina più recente (Frosali, Gallo, Caraccioli, Pagliaro, Fiandaca), invece, il tentativo sarebbe configurabile anche nei reati omissivi propri, ogni qual volta il soggetto non si limiti ad un comportamento omissivo ma, prima della scadenza del termine per adempiere all'obbligo di fare, ponga in essere atti positivi diretti in modo non equivoco a **porsi nella futura impossibilità di ottemperare** alla norma penale.

7.4 Configurabilità del tentativo nelle varie figure delittuose

Occorre esaminare la configurabilità del tentativo con riguardo alle varie tipologie di reati:

- **contravvenzioni**: il tentativo è inconfigurabile, facendo l'art. 56 c.p. riferimento ai soli "delitti";
- **delitti colposi**: mancando in essi la volontà delittuosa, il tentativo è inconfigurabile;
- **reati omissivi**: per essi vale quanto detto sopra;
- **delitto preterintenzionale**: in questo caso il tentativo non è mai configurabile poiché la relativa fattispecie è costituita dalla condotta tipica di un delitto minore, che ha però come conseguenza, l'evento di un delitto più grave. Il delitto più grave è infatti un delitto consumato, rispetto al quale mancavano, comunque, gli atti "diretti a" realizzarlo;

- **delitti di attentato**: può dirsi che qui *la fase consumativa coincide con la fase del tentativo* che l'art. 56 c.p. descrive per tutti gli altri reati. Consegue che un tentativo di delitto di attentato equivarrebbe al *tentativo di un tentativo,* con *eccessiva anticipazione della tutela penale* e conseguente violazione dei principi di materialità, offensività ecc.;
- **reati di pericolo**: una parte della dottrina (Petrocelli, Mantovani, Fiandaca-Musco) esclude il tentativo in tali reati per anticipazione eccessiva della soglia di punibilità; altri autori (Antolisei), e parte della giurisprudenza, procedono all'analisi *caso per caso*;
- **reati aggravati dall'evento**: si ritiene in dottrina (Concas, Antolisei) che il tentativo è qui configurabile nelle sole ipotesi in cui *l'evento aggravatore* del reato *può realizzarsi indipendentemente dal completamento della condotta offensiva*;
- **reati condizionati** (**condizioni obiettive di punibilità**): il tentativo è configurabile se la condizione obiettiva di punibilità, per sua natura, può sussistere *indipendentemente dal completamento della condotta*; va invece escluso quando la condizione presuppone, per la sua realizzazione, *il completamento della condotta*;
- **reati abituali**: con riguardo a tale categoria di reati, si registra un contrasto interpretativo. Un primo orientamento dottrinale esclude il tentativo in quanto, nel reato abituale, *le singole azioni non assumono rilevanza penale autonoma* e *si passa da una fase d'irrilevanza penale direttamente alla fase consumativa* del reato. Per altra impostazione (Mantovani), invece, il tentativo sarebbe configurabile ogni qual volta si pongano in essere *atti idonei e diretti in modo non equivoco a realizzare i fatti* che, per legge, integrano la *serie minima* richiesta per la consumazione del reato abituale, senza però che tali fatti si realizzino, *essendo il reiterarsi degli atti destinato all'insuccesso*;
- **reati permanenti**: nulla esclude la configurabilità del tentativo in tali reati, a patto che la condotta sia *frazionabile* e che dunque la situazione offensiva *non sia stata ancora instaurata* o, sebbene instaurata, *non abbia ancora raggiunto quella intensità tale* da determinare la consumazione del reato.

7.5 Tentativo e circostanze

Quando si prendono in considerazione le circostanze del reato (artt. 59 ss. c.p.), occorre preliminarmente distinguere tra due ipotesi:

- **tentativo circostanziato di delitto**, quando le circostanze del reato si realizzano *nel contesto* del tentativo ovvero *preesistono* rispetto ad esso. Per esso, dunque, non sembrano sussistere dubbi circa l'ammissibilità, per cui l'aumento o la diminuzione di pena che consegue all'applicazione della circostanza viene ad operare non sulla pena base prevista per il reato consumato, ma su quella stabilita per il delitto tentato;
- **tentativo di delitto circostanziato**, quando la circostanza del reato è tale da *poter sussistere solo* se la condotta giunge alla fase della *consumazione;* dubbi sorgono in quanto la circostanza, pur presupponendo la consumazione del reato, *rientra nel proposito criminoso* dell'agente e *trova riscontro negli atti idonei e diretti in modo non equivoco* a commettere il delitto circostanziato.

7.6 Desistenza volontaria e recesso attivo

L'art. 56, co. 3, c.p., prevede che "*se il colpevole volontariamente desiste dall'azione, soggiace soltanto alla pena per gli atti compiuti, qualora questi costituiscano per sé un reato diverso*".
Il legislatore fa dunque riferimento all'ipotesi in cui l'agente *volontariamente si astiene dal portare a compimento* la condotta del reato, evitando così la pena, per lo meno quella riconducibile alla fattispecie criminonosa non consumata (ad es. la desinenza volontaria dal furto con scasso non esime l'agente dalla pena prevista per il danneggiamento).

Da un punto di vista **oggettivo**, trattasi della *stessa situazione* che dà luogo al *tentativo incompiuto* di cui al primo comma ("se l'azione non si compie"), ma sotto il profilo **soggettivo** v'è una sostanziale **differenza**: il mancato esaurimento della condotta *è dovuto a libera decisione* dell'agente.

La *ratio* della desistenza, come ipotesi normativa premiale, è tradizionalmente ravvisata nell'opportunità di prevenire la violazione di norme penali e disincentivare così il crimine attraverso la promessa di impunità.
La **volontarietà** della desistenza presuppone la soggettiva convinzione dell'agente di poter completare l'attività esecutiva iniziata (possibilità che non sussiste quando, ad esempio, vi sia una coazione esterna che impone all'agente di abbandonare l'attività intrapresa).
La dottrina dominante e la stessa giurisprudenza concordano nel ritenere che volontarietà non è sinonimo di spontaneità, per cui non è necessario indagare in ordine alla meritevolezza dei motivi che spingono il colpevole a desistere. Ne consegue che la desistenza opererebbe anche se l'agente, affatto pentito della propria condotta, rinunciasse all'azione per un *mero calcolo utilitaristico* (es. rinviando la medesima a un'occasione più propizia); né occorre che l'abbandono presenti il carattere della definitività, perché l'art. 56 c.p. parla di desistenza dall'azione e non già di desistenza dal proposito o dallo scopo criminoso.
L'art. 56, co. 4, c.p. dispone che "*se il colpevole volontariamente impedisce l'evento, soggiace alla pena prevista per il delitto tentato diminuita da un terzo alla metà*".
Si parla al riguardo di **recesso attivo** (o **pentimento operoso**). Qui il legislatore prende in considerazione l'ipotesi in cui la condotta sia stata compiutamente realizzata, ma *l'evento del reato non si sia ancora prodotto* (appare evidente la correlazione con la fase del *tentativo compiuto*).
Mentre la *desistenza* ha carattere negativo, consistendo nel semplice non condurre a termine l'attività prestabilita, il *recesso attivo* ha carattere positivo, richiedendosi che il soggetto si attivi allo scopo di impedire il verificarsi dell'evento.
Per la desistenza si esclude la pena, per il recesso si prevede un'attenuazione della medesima.
Anche per il recesso attivo è richiesta la volontarietà della condotta, per cui l'agire del reo deve risultare libero e non condizionato da fattori esterni.
È pacifico, in dottrina e in giurisprudenza, che il recesso ha natura di **circostanza attenuantespeciale**, in quanto riferibile esclusivamente alla fattispecie del delitto tentato, e altresì **ad effetto speciale**, visto che la variazione della pena supera i due terzi ("da un terzo alla metà") e può aversi *solo nei reati con evento naturalistico.*

7.7 I delitti di attentato

I delitti di attentato appartengono alla categoria dei **reati a consumazione anticipata**. Per essi il legislatore richiede, ai fini della loro consumazione, il compimento di atti che, di per sé, integrerebbero il solo *tentativo* di delitto, ritenendo sufficiente una condotta che sia solo diretta ad offendere il bene tutelato che, per la sua particolare importanza, fa ritenere necessario anticipare la tutela e la soglia della punibilità.
La principale caratteristica dei delitti di attentato è data, dunque, dal fatto che il legislatore considera perfetto il compimento di "atti diretti a" offendere un bene ritenuto meritevole di protezione anticipata perché di rango particolarmente elevato.
Il codice penale non contempla una disciplina generale della figura in esame, limitandosi a prevedere singole ipotesi di attentato, soprattutto nell'ambito dei delitti contro la personalità dello Stato.
La coincidenza tra la struttura dei delitti di attentato e quella del tentativo comporta, come già anticipato, che i delitti di attentato non ammettono il tentativo: il minimo necessario per dar vita a un tentativo è infatti già sufficiente per la consumazione.

7.8 Reato impossibile

Dispone l'art. 49, co. 2, c.p. che la punibilità di un reato "*è esclusa quando, per l'inidoneità dell'azione o per l'inesistenza dell'oggetto di essa, è impossibile l'evento dannoso o pericoloso*".
Si tratta del cosiddetto **reato impossibile**. L'*inidoneità dell'azione* è la mancanza del requisito dell'idoneità degli atti a produrre l'evento; *inesistenza dell'oggetto* è la mancanza dell'oggetto materiale del reato.
La dottrina tradizionale ravvisava in tale disposizione un inutile doppione dell'art. 56 c.p. e quindi dell'istituto del tentativo: si parlava, al riguardo, di "tentativo impossibile". La dottrina più recente, invece, ha posto l'accento su come le due figure differiscano nella sostanza: l'art. 49, co. 2, c.p. infatti, prevede un'ipotesi di inidoneità intrinseca della condotta a conseguire il perfezionamento del proposito criminoso, mentre nel caso dell'art. 56 c.p. la realizzazione del proposito criminoso trova un impedimento in *cause esterne ostative*. In pratica, nel reato impossibile, il soggetto ha portato a termine l'azione criminosa la quale, però, a causa delle sue caratteristiche intrinseche, non poteva ledere il bene protetto (es. Caio vuole uccidere Tizio sparandogli con una pistola giocattolo).
Per accertare l'*inidoneità dell'azione* ovvero l'*inesistenza dell'oggetto*, si dovrà far riferimento al criterio della **prognosi postuma** e dunque all'accertamento ***ex ante***, utilizzato per l'idoneità degli atti nel tentativo. Dunque ai fini della "inidoneità della condotta", deve tenersi conto delle circostanze *conosciute o conoscibili* dall'uomo medio nonché delle *maggiori conoscenze* possedute dall'agente concreto, *nel momento in cui si agisce* (*ex ante*). Ai fini della "inesistenza dell'oggetto", l'assenza del tutto *provvisoria ed occasionale* dell'oggetto non darebbe luogo ad impossibilità del reato, trattandosi di circostanza *ex ante non conoscibile* dall'agente, mentre il contrario varrebbe nel caso di inesistenza *in rerum natura o "originaria ed assoluta"*.

L'autore del reato impossibile non è punibile. In ogni caso l'art. 49, co. 3, c.p. aggiunge che, se nel fatto ricorrono gli elementi costitutivi di un diverso reato, si applica la pena stabilita per il reato effettivamente commesso. Il co. 4 dello stesso art. 49 c.p. aggiunge che il reato impossibile, pur non configurando un illecito penale, non esclude tuttavia la possibilità che all'agente venga applicata una misura di sicurezza.

Quesiti di verifica 7
Il tentativo di reato

1) Quali requisiti deve avere il tentativo per essere punibile?

A. Univocità degli atti e reiterazione delle condotte
B. Univocità ed idoneità degli atti
C. Deve essere intervenuta la fase del perfezionamento del reato ma non quella della consumazione

2) Esiste il tentativo colposo?

A. Sì
B. No
C. Solo per le contravvenzioni

3) Il delitto tentato è:

A. un titolo autonomo di reato
B. una fattispecie punibile soltanto se abbinata ad un delitto consumato
C. punibile anche se la condotta si arresta agli atti meramente preparatori

4) L'atto è idoneo quando:

A. indipendentemente dai fattori oggettivi, l'azione avrebbe posto in pericolo il bene
B. il mezzo era idoneo a cagionare la lesione del bene protetto
C. tenuto conto delle circostanze oggettive l'azione è in grado di ledere il bene

5) L'elemento soggettivo del tentativo è:

A. la colpa con previsione
B. il dolo intenzionale o diretto
C. il dolo eventuale

6) Nei reati omissivi il tentativo è pacificamente ammesso:

A. solo nei reati omissivi propri
B. sempre
C. nei reati omissivi impropri

7) In caso di desistenza volontaria:

A. il soggetto non è punibile
B. se l'evento non si verifica, l'agente va esente da pena
C. l'agente soggiace soltanto alla pena per gli atti compiuti qualora essi costituiscano per sé un reato diverso

8) La desistenza è volontaria se:

A. il soggetto ha desistito perché condizionato da fattori esterni
B. il soggetto, pur potendo continuare, volontariamente non ha portato a termine l'azione
C. il soggetto pur potendo continuare ritiene di sfuggire alla pena interrompendo la sua azione

9) Il recesso attivo si differenzia dalla desistenza perché:

A. il soggetto si redime per circostanze esterne
B. il soggetto non ha realizzato l'azione o l'omissione ma arresta la sua condotta poco prima
C. nel recesso l'agente ha completato l'azione o l'omissione e volontariamente impedisce l'evento

10) Il reato impossibile di cui all'art. 49, co. 2, del codice penale comporta:

A. l'obbligo per il giudice di applicare una misura di sicurezza
B. la non punibilità del soggetto
C. la possibilità per il giudice di punire il soggetto con l'arresto

RISPOSTE CORRETTE

1) B	6) C
2) B	7) C
3) A	8) B
4) C	9) C
5) B	10) B.

Capitolo 8
Il concorso di persone nel reato

8.1 Premessa

Il codice penale contiene una serie di norme disciplinanti l'ipotesi in cui il reato sia commesso da **più persone**, in concorso tra loro. Ai sensi dell'art. 110 c.p. "*Quando più persone concorrono nel medesimo reato, ciascuna di esse soggiace alla pena per questo stabilita...*".

Le norme sul concorso di persone assolvono la funzione di **rendere punibili** comportamenti che non sarebbero tali in base alla norma di parte speciale *isolatamente considerata*; infatti essendo le fattispecie incriminatrici di parte speciale modellate sulla figura dell'*autore individuale*, esse non risultano *direttamente* applicabili a quei concorrenti che, pur contribuendo causalmente alla realizzazione dell'offesa, *non compiono gli atti tipicamente descritti* in tali fattispecie. Ne deriva che l'art. 110 c.p. è considerato norma di carattere generale che, *combinandosi* con le singole norme di parte speciale, **estende la punibilità** a comportamenti che, *formalmente*, non sono considerati da queste ultime, affermando così il **principio della pari responsabilità dei concorrenti**, il cui effettivo contributo causale rileverà solo in seguito, in sede di quantificazione della pena.

Quando per la commissione di un reato la legge ritiene sufficiente la condotta dell'autore individuale il concorso di persone si pone come ipotesi *eventuale*; si tratta di **reati** pertanto denominati **a concorso eventuale** e la cui disciplina è dettata proprio dall'art. 110 c.p.

Esistono, tuttavia, non pochi reati che, per loro intrinseca natura, richiedono necessariamente la condotta di più persone (es. associazione per delinquere). In tali casi si parla comunemente di **reati a concorso necessario** (o necessariamente plurisoggettivi, es. associazione per delinquere).

Inoltre possono distinguersi:

- reati **plurisoggettivi propri**, in cui tutti i concorrenti sono punibili;
- reati **plurisoggettivi impropri**, in cui solo alcuni di essi sono assoggettati a pena.

8.2 Struttura del concorso criminoso: elementi indispensabili

8.2.1 Pluralità di agenti

È lo stesso legislatore a richiedere tale requisito nell'art. 110 c.p. Ai fini del concorso, è necessario che vi sia la partecipazione di *almeno due* soggetti (la legge non pone un limite massimo).

Dubbi sussistono circa la configurabilità del concorso di persone e l'applicabilità della relativa disciplina nel caso in cui uno o più dei concorrenti siano **non punibili** per difetto di dolo, di imputabilità o per altra causa.

Con riguardo a tale evenienza, parte della dottrina fa leva sulla **teoria dell'autore mediato** per escludere che possa esserci concorso quando il reato sia commesso da persona incapace o, comunque, non colpevole, la quale abbia agito quale strumento di altro soggetto capace. In questi casi, autore dell'illecito può essere considerato solo colui che ha spinto a commettere l'azione criminosa (**autore mediato**). Altro orientamento sostiene che il concorso di persone sussiste anche se alcuni dei concorrenti siano incapaci o abbiano agito senza dolo, dal momento che non troverebbe spazio nel nostro ordinamento la figura del cd. autore mediato, ovvero di colui che si avvalga di altro soggetto, non punibile o non imputabile, per porre in essere la propria condotta criminosa.

8.2.2 Realizzazione di un reato

Ai fini della punibilità del concorso di persone, occorre che la condotta rilevi quantomeno sotto forma di **tentativo**; infatti l'art. 115 c.p. dispone che nei casi di accordo ed istigazione non seguiti da reato (tentato o consumato che sia), *non v'è punibilità*. Non è quindi rilevante il mero *tentativo di concorso*, cioè l'attività svolta al fine di concorrere, qualora il reato non sia commesso.
La realizzazione del reato deve essere fatta propria da ciascun partecipe, sia dal punto di vista subiettivo sia dal punto di vista oggettivo. Da tale ultimo punto di vista l'apporto del compartecipe può consistere non solo nell'aver condizionato il verificarsi dell'evento, ma anche nell'averlo facilitato.

8.2.3 Contributo causale di ciascun concorrente: concorso morale e materiale

In base alla *natura* del contributo che ciascun concorrente dà alla realizzazione del reato, si distingue, in dottrina e in giurisprudenza, tra concorso **morale** e concorso **materiale**.
Il **concorso morale** (partecipazione psichica) può aversi in tutte e tre le fasi del reato: *ideativa*, *preparatoria* ed *esecutiva*, potendo assumere due forme:

- la **determinazione**, che *fa nascere* in altri un intento criminoso prima inesistente;
- l'**istigazione**, che è diretta a *rafforzare* nel terzo un intento criminoso *preesistente*.

Il **concorso materiale** (partecipazione fisica) si configura quando uno o più soggetti *intervengono* nella serie degli atti (condotta) che danno vita all'*elemento materiale* del reato, *sin dall'inizio* della realizzazione del reato ovvero *in corso d'opera* (Cass. pen., Sez. IV, 22-4-1997, n. 4243).
Tale concorso non può aver luogo nella fase *ideativa* del reato, bensì nelle sole fasi di *preparazione* ed *esecuzione*.
Il concorrente materiale può essere:

- l'**autore**, cioè colui che compie gli *atti esecutivi* del reato tipicamente previsti nella fattispecie incriminatrice;
- il **coautore**, anch'egli autore della condotta esecutiva insieme ad altro o altri concorrenti;
- l'**ausiliatore**, cioè colui che pone in essere *un'attività atipica* rispetto alla condotta descritta nella fattispecie incriminatrice.

Con riguardo alla configurabilità della **responsabilità penale in capo al concorrente**, ci si chiede, in dottrina, *in che termini* possa ritenersi *penalmente rilevante* il *contributo* che il concorrente dà al verificarsi del fatto criminoso: se cioè il contributo debba essere necessariamente **causale**, o possa essere meramente **agevolatore**, o ancora possa identificarsi addirittura in un **aiuto qualsiasi**.
La già esaminata teoria **condizionalistica** afferma che il contributo del concorrente rileva penalmente se, in base al procedimento di eliminazione mentale, è *condicio sine qua non* del reato. Tesi criticata, ritenendosi che essa non consentirebbe di punire quei contributi che, pur se mentalmente eliminati, non escludono il reato in quanto si limitano ad *agevolarne* la consumazione (Mantovani).
Per superare l'inconveniente, si è accolta in dottrina (Albeggiani) la teoria della **causalità agevolatrice o di rinforzo**. Secondo tale orientamento, deve ritenersi penalmente rilevante non solo il contributo del concorrente che *rende possibile* l'evento, ma anche quello che, pur non indispensabile, *ne agevola* la realizzazione.
L'accertamento del nesso causale deve avvenire secondo un giudizio non *ex ante* ma *ex post*, tenendo in considerazione *tutte le circostanze obiettivamente esistenti* e non solo quelle *conosciute e conoscibili* dal complice.
Si è proposta una terza teoria, della **prognosi postuma** (Ondei, Pagliaro), secondo cui è sufficiente che il contributo del concorrente appaia *ex ante* idoneo ad agevolare la realizzazione del reato, anche se *ex post* si riveli inutile o dannoso. In tal modo, risponderebbe *ex* art. 110 c.p. ad esempio anche chi fornisce uno strumento di scasso poi inutilizzato, nonché il complice maldestro.

8.2.4 Elemento soggettivo: concorso doloso

Le componenti dell'elemento soggettivo nel concorso di persone sono le seguenti:

- **dolo del fatto criminoso**, che deve necessariamente sussistere in *tutti i partecipanti*;
- **dolo del concorso**, da intendere come *volontà di concorrere con altri* nella realizzazione del fatto criminoso.

Non occorre, invece, ai fini della sussistenza del dolo:

- un **previo accordo** tra i partecipanti, essendo punibile anche la condotta di chi, sconosciuto agli altri agenti, agevoli il disegno criminoso in via del tutto estemporanea, in vantaggio di un soggetto ignaro;
- la **reciproca consapevolezza di cooperare con altri**, essendo sufficiente che ciascun agente abbia conoscenza, anche *unilaterale*, del *contributo recato alla condotta altrui*.

In caso di **dolo specifico**, si ritiene che, ai fini della configurabilità del concorso, sia sufficiente che lo *scopo ulteriore* venga perseguito da *almeno uno* dei soggetti che concorrono nella realizzazione del fatto criminoso.
Il **concorso doloso nel delitto colposo** ricorre quando un soggetto *asseconda e sostiene* l'altrui agire colposo, *al fine di realizzare un reato;* **la condotta dolosa è atipica** rispetto a quella descritta nella fattispecie incriminatrice del reato commesso, che viene invece realizzata da colui che agisce colposamente.

L'opinione dominante esclude la configurabilità di tale concorso sulla base dei seguenti argomenti:

- comporterebbe l'imputazione del fatto *a titolo soggettivo diverso* (doloso e colposo), *contrastando* con la *concezione unitaria* del concorso di persone;

- laddove il legislatore ha ritenuto configurabile il concorso di persone in base a titoli soggettivi diversi, lo ha stabilito *espressamente* (es. art. 116 c.p.).

Una dottrina minoritaria (Mantovani), ma accolta dalla giurisprudenza, ammette la configurabilità di tale concorso ritenendo che altrimenti si creerebbe un intollerabile vuoto di tutela.

Ricorre il **concorso colposo nel delitto doloso** quando taluno, *grazie all'altrui agire colposo, ha modo di realizzare dolosamente un reato.* In tal caso, **la condotta dolosa non è atipica**, ma corrisponde a quella descritta nella fattispecie incriminatrice, mentre è la condotta colposa che si pone in termini di atipicità.

8.2.5 Elemento soggettivo: concorso colposo

L'art. 113 c.p. dispone al primo comma: *"Nel delitto colposo, quando l'evento è stato cagionato dalla cooperazione di più persone, ciascuna di queste soggiace alle pene stabilite per il delitto stesso"*.
Si ritiene in dottrina (Antolisei, Mantovani) e in giurisprudenza che la cooperazione colposa presupponga non solo un *agire colposo*, ma anche un *legame psicologico* tra coloro che agiscono colposamente, consistente nella **coscienza e volontà di concorrere nella condotta altrui**, violatrice delle regole cautelari intese a prevenire il verificarsi di eventi dannosi, e non nell'intero fatto criminoso, posto che si sarebbe altrimenti al cospetto dell'elemento psicologico tipico del concorso doloso.
L'opinione prevalente, sia in dottrina che in giurisprudenza, sostiene che la consapevolezza di concorrere nella condotta altrui sarebbe sufficiente ad integrare la cooperazione colposa, senza che occorra la conoscenza delle *specifiche condotte altrui*, del *carattere colposo* di tali condotte e della *identità dei partecipi.*
Secondo altra opinione (Latagliata), ai fini della cooperazione colposa, sarebbe invece necessario che la consapevolezza di ciascun compartecipe abbia ad oggetto *anche il carattere colposo dell'altrui condotta.*
Sotto il **profilo sanzionatorio**, per il concorso colposo si è accolto il più volte citato principio della **pari responsabilità**: il legislatore ha previsto che ciascuno dei compartecipi soggiace alle pene stabilite per il delitto commesso (art. 113, co. 1, c.p.) e la pena è aggravata per chi ha determinato altri a cooperare nel delitto, quando concorrono le condizioni stabilite nell'art. 111 c.p. e nei nn. 3 e 4 dell'art. 112 c.p.
Se la mancanza della volontà di concorrere nella commissione dell'intero fatto criminoso vale a differenziare il concorso colposo da quello doloso, la coscienza e volontà di partecipare alla realizzazione della condotta violatrice della regola prudenziale consente di tracciare il *discrimen* tra la fattispecie di cui all'art. 113 c.p. e quella del **concorso di azioni colpose indipendenti**.
Invero, il tratto distintivo della figura della cooperazione colposa risiede nella necessaria sussistenza, quale requisito strutturale della fattispecie, di un legame psicologico con l'agire altrui. Nel concorso di cause colpose indipendenti l'evento è, invece, il frutto di una coincidenza di più azioni od omissioni non collegate tra loro da alcun vincolo subiettivo. In tal caso si avrà la realizzazione di tanti reati colposi quante sono le condotte.

8.3 L'agente provocatore

Nel nostro ordinamento manca una definizione legislativa di **agente provocatore**. Inizialmente ci si riferiva solo a colui che **istiga** a commettere un reato, nella veste dunque di concorrente morale (di solito appartenente alle forze dell'ordine); nel corso del tempo si è arrivati a ricomprendere le ipotesi in cui l'agente provocatore assume la veste di **soggetto passivo** del reato (come nel caso di chi si presta, per esempio, al gioco di un truffatore per consentirne l'arresto in fragranza), o **si infiltra** in un'associazione a delinquere, allo scopo di *scoprirne la struttura e denunciarne i partecipanti* (cosiddetto *infiltrato*). In tutte le ipotesi esposte, la condotta dell'agente è lecita purché **miri a far scoprire l'autore di un reato e dunque ad assicurarlo alla giustizia**. A livello normativo tale figura può essere ricondotta alla scriminante di cui art. 51 c.p. (adempimento di un dovere).
Ci si interroga se, *al di fuori di alcune speciali ipotesi normative di non punibilità* (es. quelle contemplate dalla L. 146/2006), la condotta dell'agente provocatore, sebbene *istigatrice* di un reato, possa andare *esente da pena*, in considerazione della finalità avuta di mira.

Secondo la **giurisprudenza dominante**, al di fuori delle cause di non punibilità espressamente previste dalla legge, la condotta dell'agente provocatore può essere scriminata solo se rientra nell'esercizio di un dovere di cui all'art. 51 c.p. e, a tal fine, si ritiene necessario che l'agente abbia agito *su ordine legittimo* del suo superiore e si sia limitato ad un'attività *indiretta e marginale*.
La dottrina dominante (Fiandaca-Musco, Mantovani) ritiene che l'agente provocatore **non sia punibile in ogni caso**, poiché, agendo all'*unico scopo* di assicurare i colpevoli alla giustizia e, dunque, *non accettando il rischio* della consumazione del reato, *esulerebbe* dalla sua sfera psichica la *coscienza e volontà* di commettere un reato. Mancherebbe dunque il *dolo di consumazione* che, si è visto, è richiesto anche ai fini del tentativo, dunque neanche quest'ultimo sarebbe configurabile in capo all'agente.

8.4 Concorso di persone e circostanze

Pur adottando il principio della "pari responsabilità", il legislatore ha ritenuto opportuno ammettere la gradazione della pena in relazione al **ruolo** che ciascun compartecipe svolge all'interno del reato. Per questo motivo, lo stesso legislatore ha previsto **circostanze aggravanti ed attenuanti** attraverso cui graduare la pena in funzione dell'effettivo contributo di ciascun concorrente alla realizzazione comune.
Per le **circostanze aggravanti** viene il rilievo l'art. 112 c.p., che prevede l'applicazione *obbligatoria* di alcune specifiche circostanze (ad esempio se il numero delle persone che concorrono al reato è superiore a cinque; per chi ha promosso od organizzato la cooperazione); per quelle **attenuanti**, l'applicazione delle quali è invece *facoltativa*, viene in rilievo l'art. 114 c.p. Ai sensi del comma 1 della norma, il giudice *può* diminuire la pena nei confronti dei correi la cui opera abbia avuto *minima importanza* nella preparazione o nell'esecuzione del reato. Secondo la dottrina dominante, tale circostanza ricorre solo quando l'azione del compartecipe può essere *facilmente sostituita* con la condotta di altre persone e quando l'apporto causale sia del tutto marginale, tale da risultare trascurabile nell'economia generale dell'*iter* criminoso.

Il secondo comma del citato art. 114 c.p. configura una diversa possibilità di applicazione della circostanza attenuante nei confronti di quel soggetto che si sia trovato in condizioni tali da ridurre la capacità di resistenza psicologica alle altrui pressioni ed essere determinato a commettere il reato.

L'art. 118 c.p. stabilisce che alcune delle circostanze cd. soggettive (art. 70 c.p.), ovvero le circostanze che aggravano o diminuiscono le pene concernenti i **motivi a delinquere**, l'**intensità del dolo**, il **grado della colpa** e le **circostanze inerenti alla persona del colpevole**, devono essere valutate soltanto riguardo alle persone cui si riferiscono.

Per contro, le restanti circostanze soggettive non espressamente contemplate dall'art. 118 c.p. (quelle relative alle condizioni, alle qualità personali del colpevole o ai rapporti tra il colpevole e l'offeso) e le circostanze oggettive seguono le regole generali fissate dall'art. 59 c.p. in merito all'imputazione soggettiva delle aggravanti e all'imputazione oggettiva delle attenuanti.

Ai sensi del successivo art. 119 c.p., le **circostanze soggettive di esclusione della pena** (come quelle che escludono il dolo o l'imputabilità) hanno effetto solo con riguardo alla persona a cui si riferiscono; invece, le **cause oggettive di esclusione della pena**, rilevando obiettivamente, hanno effetto per tutti coloro che sono concorsi nel reato. Il riferimento è alle cause di giustificazione (o scriminanti) che operano per tutti i concorrenti.

8.5 La responsabilità del concorrente per reato diverso da quello voluto

L'art. 116 c.p. disciplina la peculiare ipotesi in cui il reato commesso sia un reato diverso da quello voluto da un altro (cd. **concorso anomalo**). L'esempio che può essere richiamato a tal proposito è quello dei soggetti che si accordano per commettere un furto e successivamente gli esecutori materiali commettono, in luogo del furto, una rapina più un sequestro di persona.

> Per contrastare l'opinione, pure sostenuta in dottrina, che individua nella fattispecie del concorso anomalo una particolare forma di *aberratio delicti* (art. 83 c.p.), la giurisprudenza ha sottolineato come nell'art. 116 c.p. il reato realizzato deve necessariamente essere voluto da almeno un concorrente, mentre nell'art. 83 c.p. esso non è voluto da nessuno dei partecipanti, derivando da un errore nell'uso dei mezzi di esecuzione.

Ai sensi dell'art. 116 c.p., qualora il reato commesso sia diverso da quello voluto da taluno dei concorrenti, anche questi ne risponde, se l'evento è conseguenza della sua azione od omissione.

Tuttavia, se il reato commesso è più grave di quello voluto, la pena è diminuita riguardo a chi volle il reato meno grave.

La disposizione in oggetto è apparsa ai più configurare un'ipotesi di responsabilità oggettiva, visto che difetta il dolo di concorrere nel reato diverso commesso dal concorrente.

Al fine di evitare una soluzione rigorosamente oggettivistica, ormai ripudiata dalla dottrina e dalla giurisprudenza in ossequio al principio di responsabilità personale della pena sancito dall'art. 27 Cost., sul punto è intervenuta la Corte costituzionale con una sentenza interpretativa di rigetto (31 maggio 1965, n. 42), rifiutando l'idea che si trattasse di un'ipotesi di responsabilità oggettiva. In particolare, la Corte ha affermato che l'art. 116 c.p. non è in contrasto con l'art. 27 Cost., precisando che la responsabilità ivi stabilita poggia sulla sussistenza:

- del rapporto di *causalità materiale*;
- del rapporto di *causalità psichica*: nel compartecipe deve infatti ricorrere un necessario coefficiente di colpevolezza, dal momento che il reato diverso e più grave deve rappresentarsi nella mente del soggetto quale *sviluppo logicamente prevedibile di quello voluto.*

Si discute circa la nozione di **prevedibilità**. Un primo orientamento ritiene sufficiente che il reato diverso da quello voluto sia prevedibile **in astratto**, e cioè che, a prescindere dalle circostanze del fatto concreto, rappresenti una *conseguenza* del reato originariamente voluto, ponendosi rispetto a questo come reato *omogeneo* (furto-rapina, lesioni-omicidio ecc.). Altro orientamento, dominante, opta invece per la **prevedibilità in concreto**: il reato commesso deve essere *omogeneo* rispetto a quello originariamente voluto ma si richiede, in più, che, considerando il *concreto piano d'azione* previamente concordato tra i concorrenti, le *modalità concrete di svolgimento* del medesimo siano state tali da far ritenere *prevedibile* la commissione del *diverso reato.*

8.6 Concorso nel reato proprio

Oltre che nel reato comune, il concorso è possibile anche nel cd. reato proprio.
È reato cd. **proprio** quello la cui realizzazione richiede che l'autore sia in possesso di una certa qualifica soggettiva (es. la qualità di pubblico ufficiale nel reato di peculato). Sicché ci si chiede se, ed in che casi, colui che è sprovvisto di qualifica (cd. *extraneus*) possa concorrere, *ex* art. 110 c.p., con chi invece tale qualifica riveste (cd. *intraneus*).
Occorre distinguere **due ipotesi di concorso** dell'*extraneus*: nel reato proprio *esclusivo* e nel reato proprio *non esclusivo.*

Reato proprio esclusivo è quello in cui l'illiceità della condotta dipende dalla qualifica soggettiva dell'autore. *Reato proprio non esclusivo* è quello, invece, in cui dalla qualifica soggettiva dell'autore dipende la configurazione di un reato in luogo di un altro. Esempio di scuola di tale ultima ipotesi è quello in cui la condotta tipica è rappresentata dall'appropriazione di beni altrui, che, se commessa dal pubblico ufficiale per ragioni del suo ufficio, integra il reato di peculato (art. 314 c.p.), se invece posta in essere da *chiunque altro* ossia da un soggetto senza qualifica, integra il reato di appropriazione indebita (art. 646 c.p.).

Nel **reato proprio esclusivo**, poiché il reato può essere *commesso materialmente solo dall'intraneus, l'extraneus* può rispondere *esclusivamente* a titolo di *concorso morale* e sempreché sia **a conoscenza della qualifica dell'*intraneus***, altrimenti, trattandosi di reato proprio "esclusivo", egli agirebbe con la *convinzione di concorrere in un fatto penalmente irrilevante.*
Nel **reato proprio non esclusivo**, invece, la condotta può essere realizzata materialmente tanto dall'*intraneus* quanto dall'*extraneus*, mutando solo il titolo di reato. Dunque se l'*extraneus* ha agito **conoscendo** la *qualifica* del primo, si avrà un **concorso** nel reato proprio *ex* art. 110 c.p.; se invece l'*extraneus* ha agito **senza conoscere** tale

qualifica, si pone il problema se egli debba rispondere del reato comune ovvero del reato proprio non esclusivo.
L'art. 117 c.p. sembra fare riferimento proprio a tale ipotesi.
Nel disporre che, mutando il titolo del reato per taluno di coloro che vi sono concorsi, anche gli altri rispondono dello stesso reato, il legislatore avrebbe fatto riferimento al solo caso in cui l'*extraneus* non sia a conoscenza della qualifica dell'*intraneus*, ferma restando la possibilità, da parte del giudice, di *diminuire la pena* se il reato commesso è *più grave*. Tale disciplina non varrebbe per l'ipotesi in cui l'*extraneus* fosse a *conoscenza* della *qualifica* dell'*intraneus* perché, in tal caso, agendo egli con dolo, opererebbe l'ordinaria disciplina di cui all'art. 110 c.p.

La disciplina generale del concorso *ex* art. 110 c.p., richiede, infatti, l'elemento soggettivo del dolo, ovvero la rappresentazione di tutti gli elementi essenziali del reato tipico, e dunque presuppone, ai fini della sua operatività nella fattispecie in esame, la consapevolezza della qualifica soggettiva dell'*intraneus*, costituendo questa elemento essenziale del reato proprio. L'art. 117 c.p. consente proprio di punire la condotta di chi, non essendo in dolo su un elemento essenziale del reato proprio, concorra comunque a commettere quel reato. Il soggetto inconsapevole, pertanto, a tenore dell'art. 117 c.p., risponderà al pari del soggetto agente possessore della qualifica.

Quanto alla **natura giuridica della responsabilità** a carico dell'*extraneus* inconsapevole, si registrano orientamenti contrapposti.
L'opinione minoritaria (Latagliata, Fiore) ritenendo che affermare la responsabilità dell'*extraneus* nel reato proprio non esclusivo, anche in mancanza della conoscenza della qualifica dell'*intraneus*, significherebbe poggiare tale responsabilità sul **mero nesso di causalità** (**responsabilità oggettiva**), violando così l'art. 27, co. 1 e 3, Cost. (principio di colpevolezza). In senso contrario, osserva la tesi dominante (Fiandaca, Mantovani) che se effettivamente il legislatore richiedesse nell'art. 117 c.p. tale conoscenza, la norma risulterebbe *superflua* perché, in caso di conoscenza, opererebbe già l'art. 110 c.p.
Sul punto è intervenuta la giurisprudenza della Cassazione (sent. 25390/2019) che, aderendo alla teoria della responsabilità soggettiva, ha operato una lettura costituzionalmente orientata dell'art. 117 c.p., riconoscendo che la norma introduce una deroga ai principi generali che regolano la disciplina della partecipazione criminosa e della imputazione dolosa.
Sul punto, la Cassazione, uniformandosi anche ad un percorso argomentativo atavico e radicato nella giurisprudenza costituzionale, ha ritenuto che, alla luce del principio di colpevolezza, l'*extraneus* possa essere chiamato a rispondere del reato commesso in concorso con l'*intraneus ex* art. 117 c.p. solo nelle ipotesi in cui la mancata rappresentazione della qualifica soggettiva del correo sia stata determinata da un suo atteggiamento colposo, ancorato cioè ad una violazione di regole cautelari di condotta e ad un coefficiente di prevedibilità-evitabilità. In altre parole, in un'ottica costituzionalmente orientata tale da garantire il principio di colpevolezza, occorre che l'*extraneus* abbia ignorato la qualifica soggettiva "colposamente", nel senso che tale qualifica avrebbe dovuto essere concretamente conoscibile alla stregua di un giudizio analogo a quello adottato in materia di colpa.

8.7 Concorso eventuale e reati associativi

Con riguardo ai reati di **associazione per delinquere** (art. 416 c.p.) ed affini, si pongono principalmente due importanti questioni: a) il distinguo tra l'associazione, quale reato a concorso necessario, e il concorso eventuale; b) la configurabilità di un concorso eventuale nel reato associativo.

Occorre preliminarmente ribadire come nel **concorso necessario** di persone nel reato sia proprio la norma incriminatrice a prevedere che il fenomeno della convergenza di più condotte dia luogo a un solo reato, mentre nel concorso eventuale il reato, che può essere commesso anche da una sola persona, è in realtà commesso da più persone.

Quanto alla **differenza tra concorso di persone e associazione per delinquere**, essa risiede essenzialmente nella natura dell'accordo criminoso. Mentre nel concorso di persone due o più soggetti si accordano occasionalmente per la commissione di uno o più reati ben determinati dopo la realizzazione dei quali l'accordo si scioglie, nell'associazione per delinquere tre o più soggetti si accordano allo scopo di dar vita ad un'entità stabile e duratura diretta alla commissione di una pluralità indeterminata di delitti.

Il problema della configurabilità del **concorso eventuale nel reato associativo** si pone per quelle condotte che, seppur *formalmente* non rientranti nella condotta associativa, *contribuiscono sostanzialmente* all'operato dell'associazione, ciò che avviene quando, pur non potendosi considerare il soggetto esterno come "associato", la sua condotta è *indirettamente di ausilio* al raggiungimento degli scopi associativi: si ravvisa dunque la necessità di considerare tale soggetto come *concorrente esterno* nel reato associativo (**concorso esterno**).

Quesiti di verifica 8
Il concorso di persone nel reato

1) Cosa prevede l'art. 110 del codice penale?

A. La punibilità dei concorrenti che hanno agevolato l'azione criminosa
B. Il principio della pari responsabilità dei concorrenti
C. Il concorso necessario

2) Si configura il concorso di persone nel reato:

A. quando più persone concorrono nella commissione di un reato
B. quando si è in presenza di reati plurioffensivi
C. esclusivamente nei reati associativi

3) Quale dei seguenti requisiti non rientra nell'elemento oggettivo del concorso di persone nel reato?

A. Contributo di ciascun concorrente alla realizzazione del fatto di reato
B. Possibile distanza cronologica fra le violazioni di legge
C. Realizzazione di un fatto materiale di reato

4) Nell'ambito del concorso morale si distingue fra:

A. concorrente interno ed esterno
B. autore e complice
C. determinatore e istigatore

5) Chi abbia concorso nel reato con una minima importanza nella sua preparazione o esecuzione:

A. ha diritto ad una diminuzione della pena purché concorrano altre attenuanti
B. può ottenere una diminuzione di pena, a discrezione del giudice, purché non ricorrano le circostanze aggravanti specificatamente previste dalla legge
C. non ha diritto ad alcuna diminuzione di pena

6) Con riferimento ai reati colposi, è configurabile il concorso di persone?

A. Sì, ma solo per le contravvenzioni
B. Sì, ma solo per i reati associativi
C. Il legislatore parla di cooperazione nel delitto colposo

7) Nell'ipotesi di concorso di persone nel reato, le circostanze soggettive e oggettive che escludono la pena hanno effetto:

A. entrambe per tutti coloro che sono concorsi nel reato
B. le oggettive per tutti coloro che sono concorsi nel reato, le soggettive solo per coloro cui si riferiscono
C. le soggettive per tutti coloro che sono concorsi nel reato, le oggettive solo per coloro cui si riferiscono

8) Si definisce ausiliatore chi:

A. determina in altri soggetti un proposito criminoso prima inesistente
B esegue in tutto o in parte, insieme all'autore, l'azione delittuosa
C. seppur non ponendo in essere l'azione delittuosa, fornisce un qualsiasi contributo causale alla sua realizzazione

9) Secondo il principio di colpevolezza, affinché si abbia il concorso di persone nel reato:

A. è necessario che ciascun compartecipe abbia la coscienza di concorrere con gli altri alla realizzazione del reato
B. è necessario che tutti i compartecipi siano imputabili
C. non è necessario che i compartecipi siano imputabili

10) Un uomo, volendo uccidere la moglie, assolda un sicario, ma questi, dopo aver incassato il compenso pattuito, rifiuta di commettere l'omicidio. Sono entrambi ugualmente punibili?

A. Sì, in quanto individui socialmente pericolosi
B. No, ma possono essere sottoposti a misura di sicurezza, in quanto socialmente pericolosi
C. Sì, eccetto che il sicario restituisca quanto ha ricevuto

RISPOSTE CORRETTE

1) B
2) A
3) B
4) C
5) B
6) C
7) B
8) C
9) A
10) B

Capitolo 9
Concorso di reati e concorso apparente di norme

9.1 Il concorso di reati: premessa

Si parla di concorso di reati quando un soggetto **viola più volte la legge penale** e dunque risponde di *più reati*. La plurima violazione della legge può avere ad oggetto sia la *stessa norma penale*, sia *norme penali diverse*. Sono, pertanto, configurabili le seguenti ipotesi:

- con più azioni od omissioni si cagionano più reati (*concorso materiale*, artt. 71 ss. c.p.);
- con una sola azione od omissione si violano più norme (*concorso formale*);
- con una o più azioni od omissioni si dà luogo ad una pluralità di reati tutti rientranti in un medesimo disegno criminoso dell'agente (*reato continuato*, art. 81 c.p.).

Giova osservare che quando la medesima condotta è *solo apparentemente riconducibile a più fattispecie incriminatrici*, non si ha concorso formale di reati ma **concorso apparente di norme**: il reo risponde dunque di un unico reato.
Alla unità ed alla pluralità di azioni non corrisponde sempre l'unità e la pluralità di reati:

- l'azione (od omissione) unica può, infatti, dar luogo sia ad un reato unico che ad una pluralità di reati (concorso formale);
- la pluralità di azioni (od omissioni) può dar luogo sia ad una pluralità di reati (concorso materiale) che ad un reato unico (es. il reato abituale).

9.2 Concorso materiale

Ricorre tale figura quando, con **più azioni od omissioni**, si cagionano **più reati**.
Se le più violazioni riguardano la *stessa norma penale* si parla di **concorso omogeneo**, se riguardano *norme diverse* si parla di **concorso eterogeneo**.
Il legislatore applica al concorso materiale il regime del **cumulo materiale**, il quale prevede che al colpevole vengano comminate tutte le pene corrispondenti ai reati commessi, fatta salva l'esistenza di limiti destinati a temperarne il rigore. Il legislatore ha introdotto taluni temperamenti diretti a stabilire dei limiti invalicabili di pena agli artt. 72-79 c.p.

9.3 Concorso formale

Il concorso formale di reati sussiste quando il reo, con **una sola azione od omissione**, viola più norme di legge penale, realizzando **più reati**. Il concorso può essere *omogeneo* o *eterogeneo*: è **omogeneo** quando il soggetto viola la stessa norma più volte (es. un automobilista sbanda e uccide più persone); è **eterogeneo** quando il soggetto viola norme diverse (es. chi spara e uccide una persona danneggiando contemporaneamente un'auto in sosta).

Affinché si realizzi il concorso formale di reati sono necessari **tre requisiti essenziali**:

- deve trattarsi di reati commessi da una sola persona;
- i reati devono essere commessi con una sola azione od omissione;
- con la condotta unica devono essere violate diverse disposizioni di legge o devono realizzarsi più violazioni della stessa disposizione.

L'art. 81, co. 1, c.p. dispone che in caso di concorso formale di reati operi il più favorevole regime del **cumulo giuridico**, il quale prevede che si applichi la pena prevista per la *violazione più grave aumentata fino al triplo.*

Come **limite al cumulo giuridico**, l'art. 81, co. 3, c.p. aggiunge che la pena *non può comunque essere superiore* a quella risultante dalla *somma delle pene previste per i singoli reati in concorso tra loro.*

Il motivo per cui il legislatore ha preferito la disciplina meno grave del cumulo giuridico a quella del cumulo materiale risiede principalmente nel fatto per cui chi, con una stessa azione, viola più norme di legge è meno pericoloso di chi viola le stesse norme con più azioni od omissioni.

Con riguardo al significato della formula"**violazione più grave**", sono prospettabili due tesi:

- la prima ritiene che la gravità della violazione sia da accertare **in astratto**, per cui occorre considerare il titolo dei reati concorrenti e la previsione astratta delle pene edittali comminate;
- la seconda propende per un accertamento **in concreto**, per cui occorre prima verificare la pena applicabile nel caso concreto, tenendo conto non solo delle *circostanze del reato* ma *anche* degli *indici di commisurazione della pena di cui all'art. 133 c.p.*, e poi comparare le pene al fine di rinvenire la violazione più grave. Ne deriva che un reato edittalmente più grave può risultare meno grave in concreto; tale criterio, perciò, sebbene minoritario, sembra da preferire.

9.4 Reato continuato

Dispone l'art. 81, co. 2, c.p. che è punito con la pena che dovrebbe infliggersi per la violazione più grave aumentata sino al triplo (cumulo giuridico) chi, **con più azioni od omissioni**, esecutive di un **medesimo disegno criminoso**, commette, anche in tempi diversi, **più violazioni** della stessa o di diverse disposizioni di legge.

Si tratta del cosiddetto **reato continuato**, una figura in cui il legislatore prende in considerazione una pluralità di condotte cui corrisponde una pluralità di reati tra loro *omogenei* o anche *eterogenei* i quali, tuttavia, vengono trattati alla stregua di un unico reato.

La figura è stata inserita dal legislatore nell'articolo dedicato al concorso formale, del quale condivide il trattamento sanzionatorio. Rispetto al concorso formale, il reato continuato si differenzia sotto l'aspetto dell'elemento unificante: nel primo è l'unicità dell'azione o dell'omissione; nel secondo è l'unicità del disegno criminoso all'interno del quale si pongono le varie azioni.

Dunque, nel concorso formale di reati vi è un'unica azione od omissione rilevante, mentre nel reato continuato vi è una pluralità di azioni od omissioni legate dalla medesimezza del disegno criminoso (il reato continuato è configurabile, ad es., nel caso in cui un soggetto rubi un'auto al fine di commettere un omicidio che effettivamente compie, per poi concludere il disegno criminoso occultando il cadavere).
Gli **elementi costitutivi** del reato continuato sono tre:

> una **pluralità di azioni o omissioni**: tale elemento va inteso come *pluralità di condotte autonome che sfociano in più episodi criminosi.* Le azioni o le omissioni possono essere compiute anche in tempi diversi, purché sia ravvisabile l'unicità del disegno criminoso. Tuttavia in giurisprudenza si ritiene che l'unicità può venir meno qualora intervenga un notevole lasso di tempo tra le diverse azioni criminose;
> **più violazioni di legge**: le violazioni di legge possono riguardare *la stessa norma* o *più norme diverse.* La continuazione può ravvisarsi anche tra contravvenzioni e delitti, come pare evincersi dal testo letterale della norma, che parla di "reato" continuato e non di "delitto".
> on sembra invece configurabile tra delitti dolosi e colposi, perché se c'è la colpa manca la volontà dell'evento, e dunque manca necessariamente la volontà di attuare un identico disegno criminoso.

Una questione su cui si è discusso a lungo era se la continuazione potesse essere ravvisata anche tra reati diversi di cui alcuni passati in giudicato e altri in corso di giudizio. A seguito dell'intervento della Corte Costituzionale (sent. 115/1987) la risposta è oggi da ritenersi positiva, perché il principio dell'intangibilità del giudicato può essere suscettibile di deroga tutte le volte in cui si traduca in un ingiusto sacrificio dei diritti del condannato (Fiandaca-Musco);

> il **medesimo disegno criminoso**: si tratta dell'elemento che distingue l'ipotesi del concorso materiale da quella del reato continuato. Se Tizio commette più reati senza uno scopo unitario si ha concorso materiale (e quindi si applica il sistema del cumulo materiale delle pene); se invece gli stessi reati sono commessi con un unico scopo allora abbiamo reato continuato (e si applica il sistema del cumulo giuridico).

Tale unicità si realizza quando le singole azioni delittuose fanno parte di un unico progetto, che deve essere quindi pensato, deliberato nelle sue linee essenziali e atto a conseguire un determinato fine. Si tratta, pertanto, di una iniziale programmazione di compiere una pluralità di reati, sin dall'inizio preordinati alla realizzazione di un unico fine, anche se non è richiesta la preventiva programmazione dettagliata delle modalità attraverso le quali le singole azioni delittuose verranno realizzate.
Sul piano sanzionatorio si applica la pena prevista per il reato più grave aumentata fino al triplo (**cumulo giuridico**) ed operano i limiti previsti nei commi 3 e 4 dell'art. 81 c.p.
Il motivo per cui il legislatore ha scelto di applicare il sistema del cumulo giuridico risiede nella considerazione per cui chi commette più reati con uno scopo unico dimostra minore inclinazione criminale di colui che realizza più reati con più scopi diversi.

9.5 Il concorso apparente di norme

9.5.1 Nozione

Si parla di *concorso apparente di norme* quando **un medesimo fatto concreto è solo apparentemente riconducibile a più norme incriminatrici**: in realtà esso rientra solo in una di tali norme, che quindi troverà applicazione.
Due sono i **presupposti** del concorso apparente di norme: una medesima situazione di fatto e la convergenza (apparente) di una pluralità di norme verso tale situazione. Diversa è invece l'ipotesi in cui un soggetto commetta più azioni che ricadono tutte sotto la stessa norma. In questo caso, infatti, non si ha un concorso apparente di norme, ma un vero e proprio concorso di reati. La disciplina del concorso apparente di norme trova il proprio fondamento nel **principio del *ne bis in idem* sostanziale**, in base al quale si esclude che per un medesimo fatto una persona possa essere chiamata a rispondere di titoli diversi di reato. Tale principio è alla base delle norme di cui agli artt. 15 c.p. (principio di specialità), 84 c.p. (reato complesso), 68 c.p. (concorso apparente di norme circostanziate) e di tutte quelle *clausole di riserva* che escludono il concorso di reati in base al *principio di sussidiarietà* (es. art. 323 c.p.).

9.5.2 Criteri d'individuazione

Ci si interroga su come distinguere il concorso di reati dal concorso apparente di norme. Un primo criterio utilizzabile è quello della **specialità**, dettato dall'art. 15 c.p., ai sensi del quale *"quando più leggi penali o più disposizioni della medesima legge penale regolano la stessa materia, la legge o la disposizione di legge speciale deroga alla legge o alla disposizione di legge generale, salvo che sia altrimenti stabilito"*.
Per **legge speciale** (o disposizione di legge speciale) s'intende una legge che contiene tutti gli elementi costitutivi di una fattispecie generale ma anche uno o più **elementi specializzanti**: tali elementi si aggiungono (**specialità per aggiunta**, es. truffa e truffa ai danni dello Stato) o ne rappresentano una specificazione (**specialità per specificazione** es. violenza privata e violenza sessuale).
Quando il criterio della specialità appare inadeguato alla soluzione del conflitto soccorrono altri criteri non normativizzati ma frutto d'elaborazione dottrinale, quali il **criterio di sussidiarietà** e quello dell'**assorbimento** (o **consunzione**). In base al **criterio di sussidiarietà**, nel caso di norme che prevedono **gradi diversi di offesa di un medesimo bene** (o di beni omogenei), l'offesa maggiore assorbe la minore. Pertanto, nel conflitto apparente di norme trova applicazione la sola **norma che presenta il maggior disvalore penale**, e ciò anche nel caso in cui tra le norme in concorso non sussista alcun rapporto di specialità.

Il fondamento normativo della **sussidiarietà** si individuerebbe nelle norme in cui il legislatore utilizza le **clausole di riserva**: es. la formula "*salvo che il fatto non costituisca un più grave reato*" di cui all'art. 323 c.p. (abuso d'ufficio).
Da tali norme si desumerebbe un principio di carattere generale operativo anche laddove il legislatore non adopera tali clausole. Accanto ad una sussidiarietà espressa, sussisterebbero dunque ipotesi di **sussidiarietà tacita**, quando spetta all'interprete desumerla mediante un raffronto tra le norme in concorso.

La dottrina che nega l'esistenza di criteri diversi da quello espressamente indicato all'art. 15 c.p. (specialità) afferma che l'aver il legislatore adoperato le clausole di riserva solo in alcune specifiche norme è indice del fatto che non può desumersi l'esistenza di un principio generale e che dunque il criterio della sussidiarietà può trovare applicazione nei soli casi previsti dalla legge.

In base al **criterio dell'assorbimento (o consunzione)** il concorso di reati va escluso ogni qual volta, pur mancando tra le fattispecie incriminatrici un rapporto di *species* a *genus*, esse presentano un **disvalore penale omogeneo**, per cui la più grave assorbe la meno grave. In pratica, il criterio dell'assorbimento o della consunzione varrebbe nel caso di un concorso apparente di norme ravvisabile qualora la realizzazione di un reato comporti la realizzazione di un'altra fattispecie criminosa il cui disvalore rimane, tuttavia, assorbito nel primo reato. Ad esempio, per compiere il reato di rapina devo necessariamente sottrarre una cosa a qualcuno (e quindi compiere il reato di furto, che rimane assorbito in quello di rapina). Per spendere monete false (art. 455 c.p.) devo prima commettere il reato di falsificazione di monete (art. 453), che è meno grave.
Tale criterio prescinde dal rapporto di specialità tra le norme, e anche dall'identità od omogeneità del bene tutelato, richiedendo invece l'omogeneità del disvalore penale che assurge, da sola, a presupposto sufficiente ad escludere il concorso di reati.

Si afferma in dottrina (Pagliaro, Fiandaca-Musco) che, quando la realizzazione di un reato comporta necessariamente, secondo l'*id quod plerumque accidit*, la commissione di un altro reato, il secondo finisce con l'essere assorbito dal primo. L'assorbimento avviene in base ad una valutazione normativo-sociale: quando le fattispecie incriminatrici presentano un disvalore penale omogeneo, o meglio avvertito come tale dalla coscienza sociale, una di esse deve necessariamente assorbire l'altra; applicare, in tal caso, la disciplina del concorso di reati determinerebbe un'ingiusta moltiplicazione delle sanzioni penali. L'assorbimento (o consunzione) non è dunque un criterio logico ma un **criterio di valore**.

9.6 Reato complesso

Si parla di reato complesso quando **la legge considera come elementi costitutivi o come circostanze aggravanti di un solo reato fatti che costituirebbero reato per sé stessi**. Tipico esempio è rappresentato dal reato di rapina (art. 628 c.p.), che si compone di furto (art. 624 c.p.) e di violenza privata (art. 610 c.p.).
La disciplina in materia, contenuta nell'art. 84 c.p., prevede che, in presenza di reato complesso non si configuri il concorso formale o materiale tra i reati che lo costituiscono. L'unico reato che andrà punito è quello complesso, quale unico fatto-reato punibile, dal momento che assume piena autonomia rispetto ai reati che lo compongono.
Per aversi il reato complesso non è sufficiente che più fatti costituenti reato abbiano qualche elemento in comune, ma **occorre che uno di essi converga interamente in un'altra figura criminosa** tanto da perdere la sua autonomia e diventare, pertanto, **elemento costitutivo o circostanza aggravante dell'altro.** In mancanza di tali presupposti sussiste, invece, il concorso formale dei reati.
Il reato complesso è, dunque, un **reato unico** che dà luogo a un'ipotesi di concorso apparente di norme. Ciò comporta che, per il principio di specialità, non si effettua il

cumulo delle pene previste per le singole figure delittuose in cui è scomponibile, ma si applica la pena direttamente prevista per la fattispecie complessa (es. nel caso della rapina, incriminata dallo stesso art. 628 c.p.), non si sommano le pene che sarebbero irrogabili per il furto e la violenza privata, ma si applica la pena comminata dall'art. 628. La *ratio* della figura del reato complesso va ravvisata nel principio del *favor rei*, in quanto l'art. 84 c.p. esclude per esso il trattamento sanzionatorio rigoroso previsto in caso di concorso di reati).

Quesiti di verifica 9
Concorso di reati e concorso apparente di norme

1) Si ha concorso di reati quando:

A. più persone concorrono alla commissione di un reato
B. un soggetto collabora alla commissione di un reato
C. un soggetto viola più volte la legge penale

2) Si ha concorso materiale quando:

A. Un soggetto, con più azioni od omissioni, compie una pluralità di reati
B. concorrono più persone nella commissione del reato
C. con una sola azione od omissione si viola più volte la legge penale

3) Quale sistema sanzionatorio si applica nell'ipotesi di concorso materiale di reati?

A. Il cumulo giuridico delle pene
B. Il cumulo materiale delle pene
C. L'assorbimento

4) Nel caso di concorso di reati, il cumulo giuridico consiste:

A. nell'applicazione della pena prevista per il reato più grave aumentata di un terzo
B. nell'applicazione della pena prevista per il reato più grave aumentata fino alla metà
C. nell'applicazione della pena prevista per il reato più grave aumentata sino al triplo

5) Il reato continuato può essere definito come:

A. una pluralità di reati commessi con una sola azione od omissione
B. un reato nel quale sia la condotta che l'evento perdurano per un apprezzabile lasso di tempo
C. una pluralità di azioni od emissioni esecutive di un medesimo disegno criminoso

6) Nella realizzazione di un'attività criminosa, il medesimo disegno criminoso rappresenta:

A. uno degli elementi di valutazione della gravità del reato
B. uno degli elementi costitutivi del reato continuato
C. una circostanza aggravante prevista solo per taluni reati

7) Il disegno criminoso, nel reato continuato, deve essere sorretto:

A. dalla sola rappresentazione criminosa
B. da una unità di scopo che unifichi la serie di reati
C. da una generica volontà delittuosa

8) Si parla di concorso apparente:

A. nei casi in cui la molteplicità di reati è soltanto apparente, in quanto la violazione della norma penale è in realtà una sola
B. nei casi in cui i molteplici reati sono da ricondurre ad un'unica condotta

C. nei casi in cui sembra che vi sia un solo reato, mentre in realtà sono più di uno

9) Quali sono i criteri per risolvere il concorso apparente di norme?

A. Legalità, sussidiarietà e irretroattività
B. Specialità, sussidiarietà e assorbimento
C. Legalità, specialità e assorbimento

10) Il reato complesso è:

A. un'ipotesi particolare di concorso apparente di norme
B. un'unificazione normativa di reati nella quale ciascuno di essi è assunto o come elemento costitutivo o come circostanza aggravante
C. un'unificazione normativa di più reati prevista nei casi in cui questi siano avvinti dal vincolo della continuazione

RISPOSTE CORRETTE

1) C	6) B
2) A	7) B
3) B	8) A
4) C	9) B
5) C	10) B

Capitolo 10
La pena

10.1 Premessa

Si parla di pena per indicare la misura **sanzionatoria**, a carattere necessariamente *afflittivo*, che viene comminata dalla legge penale ed inflitta dall'Autorità giudiziaria a chi viola la legge medesima. La pena può incidere sul bene *libertà personale* e sul bene *patrimonio*.

Nel nostro ordinamento il concetto di **sanzione penale** ricomprende non solo le **pene** ma anche le **misure di sicurezza** (**sistema del doppio binario**).

Tre sono le principali teorie che nel diritto penale moderno si esprimono con riguardo alla **funzione** della pena: *retribuzione*, *prevenzione generale* e *prevenzione speciale*.

Secondo la **teoria retributiva**, la pena servirebbe, appunto, a **retribuire il male** che il reo ha cagionato alla società commettendo il reato. La pena rappresenterebbe, cioè, un *corrispettivo*, una *ricompensa* inflitta per compensare il male cagionato dal reo. Tale teoria è apparsa riduttiva, in quanto non tiene conto della necessità di prevenire la commissione dei reati da parte dei consociati (prevenzione generale), né della esigenza di evitare che chi ha già violato la legge penale ricada nello stesso errore in futuro (prevenzione speciale).

La teoria della **prevenzione generale**, nata nell'ottica garantistica e razionalizzatrice del pensiero illuminista, ritiene che la pena debba mirare a **distogliere i consociati dalla commissione di reati** (prevenzione). In tal senso, la *previsione in astratto* della pena e la *certezza della sua applicazione* in caso di reato rappresenterebbero una *controspinta psicologica* per i consociati rispetto alla volontà di delinquere.

Anche la teoria della **prevenzione speciale** assegna alla pena un fondamento *utilitaristico*: la pena deve essere inflitta a chi ha commesso un reato per **evitare che, in futuro, torni a delinquere**. La concezione special-preventiva della pena nasce nella Scuola Positiva (XIX secolo), e nell'ottica moderna è intesa in un'accezione di **risocializzazione** del reo, cioè di reinserimento del medesimo nella società, onde evitare la futura commissione di ulteriori reati. Accezione recepita dalla Costituzione laddove dispone che "*le pene* [...] *devono tendere alla rieducazione del condannato*" (art. 27, co. 3, Cost.), sancendo così il principio del **finalismo rieducativo della pena**.

Il finalismo rieducativo della pena può essere attuato sia nella fase della *determinazione in concreto* della pena che in quella della sua *esecuzione*, dovendo il giudice tener conto sempre della personalità del reo e di come questa evolve, ai fini della sua risocializzazione.

10.2 Caratteri e classificazioni della pena

Antolisei individua i seguenti **caratteri della pena**: la *personalità* (colpisce solo l'autore del reato), la *legalità* (è fissata dalla legge, che ne disciplina l'applicazione, l'esecuzione e la revoca), l'*inderogabilità* (salve eccezioni, la pena, una volta minacciata per un determinato reato, deve essere sempre applicata all'autore del medesimo) e la *proporzionalità* (deve essere proporzionata al reato).
Le pene si distinguono, in primo luogo, in **principali** e **accessorie**.
Le pene principali per i **delitti** sono:

- l'**ergastolo** (pena detentiva: art. 22 c.p.), che consiste nella privazione *perpetua* della libertà personale;
- la **reclusione** (pena detentiva: art. 23 c.p.), che consiste nella privazione della libertà personale da 15 giorni a 24 anni, con possibilità di aumento;
- la **multa** (pena pecuniaria: art. 24 c.p.), che consiste nel pagamento allo Stato di una somma di denaro e può operare non solo se *espressamente prevista*, ma anche nei casi in cui la legge stabilisce *soltanto la pena della reclusione*, se si tratta di delitti determinati da motivi di lucro e il giudice ritenga di applicarla.

Le sanzioni previste per le **contravvenzioni** sono:

- l'**arresto** (pena detentiva: art. 25 c.p.), che consiste nella privazione della libertà personale da 5 giorni a 3 anni;
- l'**ammenda** (pena pecuniaria: art. 26 c.p.), che consiste nel pagamento allo Stato di una somma di denaro.

La Corte europea dei Diritti dell'Uomo (sent. 13 giugno 2019, n. 77633-16) si è pronunciata sulla compatibilità del cosiddetto *ergastolo ostativo* con la Convenzione europea dei diritti umani, affermando che esso *è contrario all'art. 3 di tale atto, che vieta i trattamenti e le punizioni inumane e degradanti.*
Per **ergastolo ostativo** s'intende la pena che prevede la reclusione a vita. L'espressione, coniata dalla dottrina, indica quel peculiare regime previsto nell'ipotesi in cui l'individuo sia condannato all'ergastolo per uno dei gravi delitti di cui all'art. 4-*bis* L. 354/1975 (legge sull'ordinamento penitenziario), tra i quali figura quello di associazione di tipo mafioso *ex* art. 416-*bis* c.p., e *non collabori* con la giustizia ai sensi dell'art. 58-*ter* L. 354/1975. In queste ipotesi gli ergastolani **non possono accedere ad una serie di benefici penitenziari**, pure contemplati per chi viene condannato all'ergastolo, quali il lavoro all'esterno, i permessi premio, le misure alternative alla detenzione e, ai sensi della L. 203/1991, la liberazione condizionale. In tali casi, dunque, la mancata collaborazione con la giustizia genera una presunzione assoluta di permanenza dei legami con l'organizzazione criminale (in buona sostanza, una **presunzione assoluta di pericolosità sociale**) e l'ergastolo finisce con il presentare tutti i connotati di una vera e propria **pena perpetua**.
Nella citata sentenza, la Corte europea ha ritenuto che l'attuale disciplina dell'ergastolo ostativo violi il principio della dignità umana di cui all'art. 3 CEDU nella parte in cui **restringe alla sola ipotesi di collaborazione con la giustizia** la possibilità per il ricorrente di accedere alla liberazione condizionale. Per la Corte è necessario che l'ordinamento interno assicuri un meccanismo di revisione della condanna alla pena perpetua che offra al condannato, decorso un certo periodo di detenzione, concrete possibilità di liberazione. Infatti, il **principio della dignità umana impedisce** di privare gli individui della propria libertà senza garantire loro, al contempo, la *chance* di poter, un giorno, riacquistare tale libertà.

Monito della Corte è stato, dunque, quello di una *riforma* dell'ergastolo ostativo, in grado di garantire ai detenuti una concreta e reale possibilità di riesame della sentenza di condanna, consentendo loro di rivedere criticamente il proprio percorso criminale, di ricostruire la propria personalità attraverso un reinserimento con la possibilità di recuperare la libertà, anche in assenza di collaborazione con la giustizia.
La Corte costituzionale, con la sentenza n. 253 del 23-10-2019, anche se con riferimento alla sola concessione del beneficio penitenziario consistente nel **permesso premio** (tale essendo alla lettera il tema sottoposto al suo esame dai giudici rimettenti) ha dichiarato che la presunzione assoluta di pericolosità sociale del condannato, sulla base dell'assunto che il rifiuto di collaborazione equivalga a perdurante pericolosità, è illegittima, in quanto non solo irragionevole, ma violativa dell'art. 27, co. 3, Cost., che sancisce la funzione rieducativa della pena ed implica, quindi, la progressività trattamentale e la flessibilità della pena, contro rigidi automatismi.
La decisione, tuttavia, limita la propria portata applicativa al **solo beneficio costituito da permessi premio**, rimanendo invece escluse le misure alternative della semilibertà, dell'affidamento in prova e della libertà condizionale, che ancora oggi, se richieste da un soggetto detenuto per un delitto ostativo non collaborante, soggiacciono alle stesse regole previgenti la decisione costituzionale, per cui la relativa domanda sarà sempre subordinata alla preliminare verifica di una condotta collaborativa, per equipollente nelle forme della impossibilità od inesigibilità (art. 4-*bis*, co. 1 e 1-*bis*, ord penit.).
Si segnala, tuttavia, come con ***ordinanza 18518/2020*** sia stata rimessa alla Corte costituzionale la questione relativa alla legittimità degli artt. 4-*bis*, co. 1, e 58-*ter* L. 354/1975, e dell'art. 2 D.L. 152/1991, conv. dalla L. 203/1991, nella parte in cui escludono che il condannato all'ergastolo, per delitti commessi avvalendosi delle condizioni di cui all'art. 416-*bis* c.p., ovvero al fine di agevolare l'attività delle associazioni in esso previste, che non abbia collaborato con la giustizia, possa essere ammesso alla **liberazione condizionale**.
Dunque, ancora una volta sono all'esame della Consulta le norme dell'ordinamento penitenziario che sottraggono i condannati per determinati reati, considerati di particolare gravità, all'accesso ai benefici premiali, stavolta limitatamente alla liberazione condizionale, a meno che non collaborino con la giustizia.

Pene accessorie sono quelle che, non essendo ritenute *sufficienti* a realizzare gli scopi intimidatori ed afflittivi della repressione (funzione *retributiva*), vanno applicate **congiuntamente** alle pene principali (svolgono dunque solo funzione di *prevenzione speciale* e *generale*).
Possono essere *perpetue* o *temporanee*; se la durata non è dalla legge stabilita, la pena accessoria ha durata *coincidente* con quella della pena principale, *salvo il limite minimo e massimo* di durata fissato dalla legge per ciascuna specie di pena accessoria.
A differenza delle pene principali, quelle accessorie trovano applicazione, di norma, in via **automatica**; eccezionalmente il legislatore prevede ipotesi in cui l'operatività è rimessa alla *discrezionalità* del giudice della cognizione.
La **mancata osservanza** delle pene accessorie è *sanzionata penalmente* dal legislatore con la reclusione (art. 389 c.p.).
Ai sensi dell'art. 19 c.p., le **pene accessorie per i delitti** sono l'*interdizione dai pubblici uffici* (perpetua o temporanea), l'*interdizione da una professione o da un'arte*, l'*interdizione legale*, l'*interdizione dagli uffici direttivi delle persone giuridiche e delle imprese*, l'*incapacità di contrattare con la Pubblica Amministrazione*, l'*estinzione del rapporto d'impiego* o di lavoro e la *decadenza o sospensione dall'esercizio della responsabilità genitoriale*.

Le **sanzioni accessorie per le contravvenzioni**, invece, sono la *sospensione dall'esercizio di una professione o di un'arte e la sospensione dagli uffici direttivi delle persone giuridiche e delle imprese.*
Comune a delitti e contravvenzioni è la *pubblicazione della sentenza penale di condanna* ordinata dal giudice.

Il D.Lgs. 28-8-2000, n. 274 ha devoluto alcuni reati alla competenza del giudice di pace e, contestualmente, ha sostituito le sanzioni *detentive* tipicamente previste per essi con le seguenti nuove sanzioni: *obbligo di permanenza domiciliare* e *lavoro di pubblica utilità* solo su richiesta del condannato.

10.3 La depenalizzazione ex D.Lgs. 7/2016: reati convertiti in illeciti civili

Con l'emanazione dei decreti legislativi n. 7 e n. 8 del 15 gennaio 2016 è stata data attuazione alla L. 28-4-2014, n. 67, che delegava il Governo ad operare una incisiva depenalizzazione, al fine di alleggerire il carico dei procedimenti nei Tribunali e nelle Procure.
Il D.Lgs. 7/2016 ha disposto:

- l'abrogazione dei reati di cui agli artt. 485 (*Falsità in scrittura privata*), 486 (*Falsità in foglio firmato in bianco*), 594 (*Ingiuria*), 627 (*Sottrazione di cose comuni*), 647 (*Appropriazione di cose smarrite, del tesoro e di cose avute per errore o caso fortuito*) del codice penale;
- la riformulazione in funzione di coordinamento con le norme abrogate delle disposizioni di cui agli artt. 488 (*Altre falsità del foglio firmato in bianco. Applicabilità delle disposizioni sulle falsità materiali*), 489 (*Uso di atto falso*), art. 490 (*Soppressione, distruzione e occultamento di atti veri*), 491 (*Documenti equiparati agli atti pubblici agli effetti della pena*); art. 491-*bis* (*Documenti informatici*), 493-*bis* (*Casi di perseguibilità a querela*), 596 (*Esclusione della prova liberatoria*), 597 (*Querela della persona offesa ed estinzione del reato*), 599 (*Ritorsione e provocazione*) c.p.;
- interventi sui delitti di danneggiamento di cui agli artt. 635 (*Danneggiamento*), 635-*bis* (*Danneggiamento di informazioni, dati e programmi informatici*), 635-*ter* (*Danneggiamento di informazioni, dati e programmi informatici utilizzati dallo Stato o da altro ente pubblico o comunque di pubblica utilità*), 635-*quater* (*Danneggiamento di sistemi informatici o telematici*) e 635-*quinquies* (*Danneggiamento di sistemi informatici o telematici di pubblica utilità*) c.p.

L'aspetto di maggiore novità e interesse del citato D.Lgs. 7/2016 consiste nella trasformazione dei reati abrogati in **illeciti civili sottoposti a sanzioni pecuniarie**.
Le fattispecie previste nelle norme penali abrogate, e riprodotte nella disposizione di cui all'art. 4 del decreto, costituiscono ora fatti che, *se dolosi*, obbligano, oltre che alle restituzioni e al risarcimento del danno secondo le leggi civili, anche al pagamento della *sanzione pecuniaria* civile determinata dal giudice in forza dei criteri indicati al successivo art. 5 (gravità della violazione, reiterazione dell'illecito, arricchimento del soggetto responsabile, opera svolta dall'agente per l'eliminazione o l'attenuazione delle conseguenze dell'illecito, personalità dell'agente, condizioni economiche dell'agente).

Sono regolati altresì agli artt. 6 e 7 del decreto i casi di *reiterazione* (il compimento, cioè, di un illecito della stessa indole accertato con provvedimento esecutivo nel termine di 4 anni dalla commissione di altra violazione sottoposta a sanzione pecuniaria civile) e di *concorso di persone* (nel qual caso ogni concorrente soggiace alla sanzione pecuniaria civile stabilita per il fatto commesso).

Le sanzioni pecuniarie civili sono applicate dal **giudice civile competente per l'azione di risarcimento del danno** al termine del giudizio, qualora egli accolga la domanda di risarcimento. Il procedimento è regolato dalle norme del codice di procedura civile, in quanto compatibili con le disposizioni del decreto. La pretesa relativa all'inflizione della sanzione pecuniaria si prescrive in cinque anni, stante l'espresso richiamo, all'art. 3, co. 2, del decreto, della disposizione di cui all'art. 2947, co. 1, c.c.

L'obbligo di pagare la sanzione pecuniaria civile **non si trasmette agli eredi**.

10.4 La depenalizzazione operata dal D.Lgs. 8/2016

Il D.Lgs. 8/2016 ha disposto all'art. 1 la depenalizzazione di tutti i reati puniti con la sola pena pecuniaria della multa o dell'ammenda, compresi quelli che nelle ipotesi aggravate sono puniti con la pena detentiva sola, alternativa o congiunta alla pena pecuniaria (in tal caso le ipotesi aggravate sono da ritenersi fattispecie autonome di reato), ad eccezione:

- dei reati previsti nel codice penale, fatto salvo l'art. 726 del codice (atti contrari alla pubblica decenza);
- dei reati specificamente indicati in un elenco per materia allegato al decreto (edilizia e urbanistica, ambiente, territorio e paesaggio, alimenti e bevande, salute e sicurezza pubblica, giochi d'azzardo e scommesse, armi ed esplosivi, elezioni e finanziamento dei partiti, proprietà intellettuale e industriale);
- dei reati previsti dal D.Lgs. 286/1998 (Testo unico in materia di immigrazione).

In particolare, l'art. 2 D.Lgs. 8/2016 dispone la depenalizzazione dei reati descritti di seguito:

- **atti osceni**. Gli atti osceni in luogo pubblico (o aperto o esposto al pubblico), *ex* art. 527, co. 1, c.p., sono ora puniti con una sanzione pecuniaria, sempre, però, che non ricorra la circostanza aggravante prevista dal secondo comma dello stesso articolo (fatto commesso all'interno o nelle immediate vicinanze di luoghi abitualmente frequentati da minori e se da ciò deriva il pericolo che essi vi assistano), nel qual caso si applica la pena della reclusione da 4 mesi a 4 anni e 6 mesi;
- **pubblicazioni e spettacoli osceni**. Previsto dall'articolo 528 c.p., ma depenalizzato limitatamente alle ipotesi di cui al primo e al secondo comma. È soggetto ora soltanto ad una sanzione amministrativa chi, allo scopo di farne commercio o distribuzione o di esporli pubblicamente, fabbrica, introduce in Italia, acquista, detiene, esporta, o mette in circolazione scritti, disegni, immagini od altri oggetti osceni di qualsiasi specie, nonché chi fa commercio, anche se clandestino, degli stessi oggetti prima indicati o li distribuisce o espone pubblicamente;
- **rifiuto di prestare la propria opera in occasione di un tumulto.** Viene depenalizzato l'art. 652 c.p., che attualmente assoggetta alla sanzione amministrativa pecunia-

ria da 5.000 a 15.000 euro chiunque, in occasione di un tumulto o di un pubblico infortunio o di un comune pericolo, ovvero nella flagranza di un reato, rifiuta, senza giusto motivo, di prestare il proprio aiuto o la propria opera, ovvero di dare le informazioni o le indicazioni che gli siano richieste da un pubblico ufficiale o da una persona incaricata di un pubblico servizio, nell'esercizio delle funzioni o del servizio. Se il colpevole dà informazioni o indicazioni mendaci, è soggetto alla sanzione amministrativa pecuniaria da 6.000 a 18.000 euro;

- **abuso della credulità popolare**. Per la fattispecie contemplata dall'art. 661 c.p. è prevista la sanzione amministrativa da euro 5.000 a euro 15.000;
- **rappresentazioni teatrali o cinematografiche abusive**. È ora configurato come illecito amministrativo il reato precedentemente sanzionato dall'art. 668 c.p., che puniva con l'arresto fino a 6 mesi o con l'ammenda fino a euro 309 chi recitava in pubblico drammi o altre opere o dava in pubblico produzioni teatrali di qualunque genere, senza averli prima comunicati all'autorità oppure chi faceva rappresentare in pubblico pellicole cinematografiche, non sottoposte alla preventiva alla revisione dell'autorità;
- **atti contrari alla pubblica decenza**. L'art. 726 c.p. prevede ora che chiunque, in un luogo pubblico o aperto o esposto al pubblico, compie atti contrari alla pubblica decenza è soggetto alla sanzione amministrativa pecuniaria da euro 5.000 a euro 10.000.

L'autorità competente a ricevere il rapporto ed irrogare le sanzioni amministrative per le violazioni previste dal codice penale è il **Prefetto**. Il procedimento è disciplinato dalle norme di cui alle sezioni I e II del capo I L. 24-11-1981, n. 689.

10.5 Sanzioni sostitutive di pene detentive brevi e misure alternative alla detenzione

Introdotte dalla L. 689/1981, le sanzioni sostitutive sono applicabili in sostituzione delle pene detentive brevi (sono tali le pene che non superano i due anni di durata). Si tratta delle seguenti sanzioni:

- la **semidetenzione**, che comporta l'obbligo di trascorrere almeno 10 ore al giorno negli istituti o nelle sezioni indicate, il divieto di detenere a qualsiasi titolo armi, munizioni ed esplosivi, la sospensione della patente di guida, il ritiro del passaporto;
- la **libertà controllata**, che comporta il divieto di allontanarsi dal Comune di residenza, salvo autorizzazione, l'obbligo di presentarsi almeno una volta al giorno presso il locale ufficio di pubblica sicurezza, il divieto di detenere a qualsiasi titolo armi, munizioni ed esplosivi, la sospensione della patente di guida, il ritiro del passaporto;
- la **pena pecuniaria**, per cui il giudice, nel pronunciare la sentenza di condanna, quando ritiene di dover determinare la durata della pena detentiva entro il limite di 6 mesi può sostituirla con la pena pecuniaria della specie corrispondente, dunque la *reclusione* con una **multa** e l'*arresto* con un'**ammenda**.

Se lo scopo delle sanzioni sostitutive è di evitare che gli autori di reati che destano un modesto allarme sociale subiscano la pena della detenzione, le **misure alternative**

alla detenzione – introdotte dalla L. 26-7-1975, n. 354 (*Ordinamento penitenziario*) – mirano, in fase di esecuzione della pena, a facilitare l'opera di **risocializzazione del condannato**, dando così attuazione al dettato della Costituzione.
Si tratta delle seguenti misure: l'*affidamento in prova al servizio sociale*, la *detenzione domiciliare*, la *detenzione domiciliare speciale*, il *regime di semilibertà*, le *licenze* e la *liberazione anticipata.*

Le misure dell'**affidamento in prova al servizio sociale** e della **detenzione domiciliare** possono essere applicate, anche *oltre i limiti di pena* ivi previsti, nei confronti di soggetti (detenuti o internati) affetti da **AIDS conclamata o da grave deficienza immunitaria**, che abbiano in corso o intendano intraprendere un programma di cura e di assistenza presso le unità operative di malattie infettive, ospedaliere o universitarie, o presso altre unità operative impegnate nell'assistenza ai casi di AIDS.

Al fine di renderle operative, attraverso la predisposizione di **programmi trattamentali**, è stato previsto l'ingresso in carcere di educatori, psicologi, assistenti sociali e del volontariato.
Le modifiche successivamente apportate dalla L. 663/1986 (*riforma Gozzini*), dalla L. 165/1998 (*riforma Simeone*) e dalla L. 277/2002 hanno ampliato il carattere premiale dei benefici e allargato il ventaglio delle misure, la cui applicazione è stata estesa anche a quei condannati che si trovano nello stato di libertà nel momento dell'emissione del provvedimento di esecuzione, senza dover rientrare in carcere per sottoporsi al trattamento individualizzato previsto dall'art. 13 della legge penitenziaria.
Sono stati previsti, inoltre, percorsi trattamentali differenziati per coloro i quali abbiano riportato condanne per i reati più gravi. Il trattamento e le misure possono essere richiesti dal condannato, dall'internato e dai loro prossimi congiunti o proposti dal consiglio di disciplina di ciascun istituto penitenziario.
Competente a disporre l'adozione delle misure è la **giurisdizione di sorveglianza**.

10.6 Determinazione della pena

Si parla di **commisurazione della pena** con riguardo ad una *duplice attività discrezionale* che l'autorità giudiziaria ha il dovere di compiere:

- nella scelta del *tipo* di pena, detentiva o pecuniaria, da applicare in concreto;
- nell'individuazione, in concreto, del *quantum* di pena da applicare, entro i limiti minimo e massimo che, di norma, il legislatore stabilisce nella previsione delle pene.

L'attività di commisurazione della pena, in quanto discrezionale, deve essere svolta alla luce dei **parametri legislativi** indicati negli artt. 133 ss. c.p.
Il legislatore distingue nell'art. 133 c.p. due tipi di **criteri**, gli uni afferenti alla **gravità del reato**, gli altri afferenti alla **capacità a delinquere** del reo.
Dunque, ai fini della determinazione della pena, il giudice deve tener conto della **gravità del reato e della capacità a delinquere**, che devono essere desunti dagli indici riportati specificatamente dalla norma richiamata.
Il legislatore non ha mancato di considerare l'ipotesi in cui la pena pecuniaria *non risulti attuabile* a causa dell'*insolvibilità* del condannato, e ha statuito la conversione della pena pecuniaria nelle sanzioni della libertà controllata (art. 102) o del lavoro sostitutivo (art. 105).

10.7 Gli effetti penali della condanna

Sono **effetti penali della condanna** tutte le altre *conseguenze negative* che, al di fuori delle pene (principali e accessorie) e delle misure di sicurezza, derivano di diritto dalla pronuncia del giudice, come per es. l'iscrizione al casellario, l'acquisto della condizione di recidivo e delinquente abituale o professionale, l'impossibilità di partecipare ai pubblici concorsi, l'impossibilità di usufruire della sospensione condizionale della pena ecc.
Gli effetti penali della condanna sopravvivono alle cause di estinzione del reato o della pena e cessano soltanto per effetto della riabilitazione.

10.8 Le conseguenze civili del reato

Il reato comporta anche conseguenze di ordine civile e, segnatamente, il sorgere di obbligazioni verso lo Stato, al quale il condannato è tenuto a rimborsare quanto è occorso per il suo mantenimento in carcere, e verso le vittime della condotta criminosa, nei cui confronti il condannato è tenuto alle **restituzioni** (art. 185, co. 1, c.p.) e al **risarcimento del danno** (art. 185, co. 2, c.p.).
Stabilisce, infatti, l'art. 185, co. 1 c.p., che ogni reato obbliga alle restituzioni secondo le leggi civili; il co. 2, invece, pone a carico del colpevole, o delle persone che devono rispondere del fatto criminoso secondo le leggi civili (**responsabili civili**), l'obbligo di risarcire il danno patrimoniale o non patrimoniale.
Creditore del rapporto obbligatorio è il danneggiato, che può essere anche una persona diversa dal soggetto passivo del reato (es. il danno morale sofferto dalla moglie cui venga ucciso il marito).
L'estinzione del reato o della pena non importa la estinzione delle obbligazioni civili derivanti dal reato, salvo che si tratti delle obbligazioni civili per le ammende (art. 198 c.p.).

Quesiti di verifica 10
La pena

1) Le pene devono tendere al recupero del condannato?

A. Sì
B. No
C. Solo se si tratta di ergastolo o reclusione

2) Ai sensi dell'art. 25 del codice penale, l'arresto:

A. può durare anche 2 anni
B. è previsto in sostituzione della reclusione
C. si estende da cinque giorni a tre anni

3) Secondo l'art. 17 c.p., le pene principali stabilite per le contravvenzioni sono:

A. l'arresto, la multa e l'ammenda
B. l'arresto e l'ammenda
C. la reclusione e l'arresto

4) Cosa sono le pene accessorie?

A. Quelle previste in aggiunta a una pena pecuniaria
B. Quelle volte alla risocializzazione del condannato
C. Quelle che seguono, di norma automaticamente, alla condanna penale

5) La finalità delle misure alternative alla detenzione è quella:

A. afflittiva
B. di risocializzazione del condannato
C. retributiva

6) Il codice penale definisce pene pecuniarie:

A. la multa e le pene sostitutive
B. l'ammenda e le pene sostitutive
C. la multa e l'ammenda

7) Quand'è che, agli effetti della legge penale, un individuo si considera socialmente pericoloso?

A. Quando, avendo commesso un reato, è probabile che ne commetta altri, anche se non imputabile o non punibile
B. Quando, avendo commesso un reato, è probabile che ne commetta altri, salvo che si tratti di soggetto non imputabile o non punibile
C. Quando, dopo essere stato condannato per un reato, ne commette un altro più grave di quello precedente

8) La dichiarazione di «tendenza a delinquere» può essere pronunciata:

A. in ogni tempo, anche dopo la esecuzione della pena
B. soltanto con la sentenza di condanna
C. non prima del passaggio in giudicato della sentenza di condanna

9) Quale delle seguenti è una misura di sicurezza?

A. La confisca
B. La libertà controllata
C. La sorveglianza speciale

10) Tra le misure di sicurezza personali non detentive rientra, fra l'altro:

A. il ricovero in una casa di cura e di custodia
B. la confisca
C. l'espulsione o allontanamento dello straniero dallo Stato

RISPOSTE CORRETTE

1) A
2) C
3) B
4) C
5) B
6) C
7) A
8) B
9) A
10) C

Capitolo 11
La punibilità

11.1 Premessa

Discussa è, in dottrina, la **nozione di punibilità**.
Un primo orientamento, tradizionalmente dominante, ritiene che, una volta violata la norma penale, nasca un vero e proprio **rapporto giuridico** (cd. *rapporto punitivo*) tra Stato e soggetto agente: il primo diverrebbe, infatti, titolare del *diritto* di infliggere al secondo la pena comminata dalla legge e in capo a quest'ultimo nascerebbe, come corrispettivo, l'*obbligo* di sottostare alla sanzione.
Un secondo orientamento ritiene che, a seguito della commissione di un reato, nasce la **punibilità**, cioè l'*applicabilità della pena*, la sua possibilità di essere irrogata. Così ragionando si afferma che, per effetto dell'illecito penale, rileverebbe in capo allo Stato il *potere di punire* e, in capo al reo, la sua *assoggettabilità alla pena*.
Discussa è anche la **natura giuridica** della punibilità.
Un primo orientamento considera la punibilità come **elemento costitutivo** del reato, accanto a tipicità, colpevolezza ed antigiuridicità (quest'ultima, secondo la concezione tripartita del reato).
L'opinione dominante, osservando che la punibilità *consegue* alla commissione di un reato, la ritiene come un ***quid* esterno** alla struttura del medesimo.
Ai fini della sussistenza della punibilità devono ricorrere **le seguenti condizioni**:

- la commissione di un *reato*;
- l'assenza di *cause personali di esenzione dalla pena*;
- l'esistenza delle *condizioni obiettive di punibilità* eventualmente richieste dalla legge;
- la presenza di eventuali *condizioni di procedibilità* (querela, istanza, autorizzazione a procedere).

11.2 Condizioni obiettive di punibilità

L'art. 44 c.p. dispone che quando per la punibilità del reato la legge richiede il verificarsi di una condizione, il colpevole risponde del reato, anche se l'evento, da cui dipende il verificarsi della condizione, non è da lui voluto.
Sulla base di tale norma, si definisce la condizione obiettiva di punibilità come l'**evento da cui la legge fa dipendere la punibilità del reato, che rileva obiettivamente**, dunque *a prescindere da un collegamento psichico* con l'agente, e che risulta **concomitante** o **successivo** alla condotta, ma **non anche antecedente**.
Il verificarsi di questo evento è un presupposto necessario non perché il reato venga a esistenza, ma perché sia punibile (es. il pubblico scandalo nel delitto di incesto).

All'interno dell'istituto in esame si distingue tra:

- condizioni **intrinseche**, che incidono sull'offesa del bene tutelato, *approfondendo una lesione già implicita nella condotta* dell'agente e, dunque, accentuando il disvalore penale della fattispecie;
- condizioni **estrinseche**, che, lasciando invece *invariata l'offesa* provocata dalla condotta, rilevano ai soli fini della punibilità; parte della dottrina (Giuliani) nega l'esistenza di tali condizioni, ritenendo che, *non provocando esse alcuna lesione* all'interesse protetto, sarebbe più corretto identificarle con le *condizioni di procedibilità* dell'azione penale.

L'esigenza considerata dal legislatore nel condizionare la punibilità del reato è discussa:

- un **primo orientamento** afferma che, attraverso la previsione di specifiche condizioni di punibilità, il legislatore avrebbe inteso *delimitare l'area della punibilità* nei casi in cui una punibilità incondizionata *contrasterebbe con la tutela di altri interessi* meritevoli di considerazione. L'art. 44 c.p. poggerebbe dunque su ragioni di **opportunità politico-criminale**;
- **altra dottrina** riconosce all'istituto in esame una funzione **general-preventiva e repressiva**.

Anche la **natura giuridica** di tali condizioni è discussa. Secondo alcuni Autori, avendo il legislatore considerato le stesse *ai soli fini della punibilità*, dallo stesso art. 44 c.p. sarebbe desumibile che il reato può sussistere ed essere perfetto *a prescindere dalla sua punibilità*. Esse, pertanto, rileverebbero quali condizioni esterne al reato e la loro rilevanza si coglierebbe solo sotto l'aspetto della punibilità ovvero dell'applicazione della pena. L'orientamento contrario accoglie la tesi secondo cui la punibilità rientrerebbe, invece, tra gli elementi costitutivi del reato.

Con riguardo all'**elemento soggettivo**, si osserva che nell'art. 44 c.p. l'intenzione del legislatore è quella di **escludere che le condizioni di punibilità debbano essere oggetto di dolo o colpa**, per cui dell'evento da cui si fa dipendere la punibilità si risponderebbe a titolo di **responsabilità oggettiva**. Tuttavia, la giurisprudenza e la dottrina recenti ritengono che, sulla scorta della valorizzazione nel nostro ordinamento del principio di colpevolezza ad opera della Corte costituzionale (sent. 364/1988), il rapporto tra condizioni obiettive di punibilità e colpevolezza debba essere rivisitato. In particolare, alla luce del fondamentale principio insegnato dalla Corte, per cui la colpevolezza, *almeno nella forma minima della colpa*, deve coprire tutti gli elementi significativi della fattispecie, si sostiene che le *condizioni* di punibilità *intrinseche*, incidendo sull'offesa e dunque *sul disvalore penale* della fattispecie, devono necessariamente essere oggetto **almeno di colpa** e, come tali, risultare all'agente *conosciute o almeno conoscibili*. Diversamente, le condizioni estrinseche possono essere imputate a titolo di responsabilità oggettiva.

Con riguardo al rapporto con la **condotta** del reato, si osserva in dottrina che il legislatore *non ha richiesto l'esistenza di un nesso causale* tra la condotta criminosa e la condizione obiettiva di punibilità, per cui ben potrebbe quest'ultima sussistere del tutto *autonomamente dalla condotta*.

Si può, quindi, concludere che le condizioni obiettive di punibilità operano a prescindere dall'esistenza tanto di un **nesso psichico** quanto di un **nesso causale**.

11.3 Le cause di estinzione della punibilità

Il legislatore distingue tra cause di estinzione del **reato** (artt. 150 ss. c.p.) e cause di estinzione della **pena** (artt. 171 ss. c.p.).
Il tradizionale **criterio distintivo** tra le une e le altre è ravvisato nell'operare, le prime, *antecedentemente* all'intervento di una *sentenza definitiva di condanna*, per estinguere la **punibilità astratta**; le seconde, invece, operano *successivamente* ed eliminano la **punibilità in concreto**.
Diverse sono le regole comuni alle cause di estinzione del reato e della pena:

- **efficacia personale**: entrambe operano solo nei confronti della persona alla quale si riferiscono (art. 182 c.p.);
- **prevalenza della causa estintiva del reato**: in caso di concorso tra cause estintive del reato e cause estintive della pena, prevale la causa che estingue il reato, anche se è intervenuta successivamente (art. 183, co. 2, c.p.);
- **cumulo degli effetti estintivi**: quando intervengono, *in tempi diversi*, più cause di estinzione del reato o della pena, la causa antecedente estingue il reato o la pena e quelle successive fanno cessare gli effetti che non siano ancora estinti in conseguenza della causa antecedente (art. 183, co. 3, c.p.); se più cause intervengono *contemporaneamente*, la causa più favorevole opera l'estinzione del reato o della pena, ma, anche in tal caso, per gli effetti che non siano estinti in conseguenza della causa più favorevole, possono operare le altre cause;
- **non estinzione delle obbligazioni civili conseguenti al reato**, salvo quelle *ex* artt. 196 e 197 c.p.;
- **obbligo di immediata dichiarazione della loro esistenza**, per il giudice, in ogni stato e grado del processo (art. 129 c.p.p.).

La **natura** delle cause di estinzione della punibilità è discussa. Un primo orientamento ritiene che esse abbiano natura *sostanziale*. Altra opinione ne afferma la natura *processuale*, definendole cause di improcedibilità sopravvenuta.

11.4 Le cause di estinzione del reato

Le cause d'estinzione del reato previste dalla legge sono: la morte del reo, l'amnistia propria, la prescrizione, l'oblazione nelle contravvenzioni, la sospensione condizionale della pena, il perdono giudiziale, l'estinzione del reato per condotte riparatorie.

11.4.1 La morte del reo prima della condanna

Stabilisce l'art. 150 c.p. che la morte del reo, avvenuta prima della condanna, estingue il reato.
La morte determina l'effetto estintivo del reato in considerazione della impossibilità di pervenire all'accertamento in merito alla colpevolezza del soggetto, nonché della impossibilità di applicare eventuali pene principali ed accessorie.
Per contro, le obbligazioni civili nascenti dal reato continueranno a sussistere, gravando sul patrimonio del colpevole, e dunque trasmettendosi agli eredi.

Non sono ancora coinvolti dalla vicenda estintiva, dal momento che si riferiscono non tanto al reo quanto al suo patrimonio, il pagamento delle spese processuali e l'esecuzione della confisca.

11.4.2 L'amnistia

L'amnistia è un atto di clemenza di carattere generale con cui lo Stato rinuncia all'applicazione della pena nei confronti di determinate categoria di reati. Si distingue fra amnistia **propria**, che interviene *prima della condanna definitiva*, e amnistia **impropria**, che interviene *dopo*: sebbene quella impropria sia causa di estinzione della pena, e non del reato, l'art. 151, co. 1, c.p., le considera entrambe, dettando una *disciplina unitaria*: l'amnistia estingue il reato e, se v'è stata condanna (amnistia impropria), fa cessare l'esecuzione della condanna e le pene accessorie.

L'estinzione è limitata ai reati commessi a tutto il giorno precedente la data del decreto, salvo che questo stabilisca una data diversa. Il provvedimento può essere sottoposto a condizioni o a obblighi, ma **non può applicarsi ai casi di recidiva aggravata e reiterata né ai delinquenti abituali, o professionali o per tendenza**, salvo che il decreto disponga diversamente.

11.4.3 La prescrizione del reato

Si verifica la prescrizione quando, in considerazione del periodo di tempo che trascorre dalla commissione del reato, viene meno l'esigenza di *prevenzione generale* cui mira la pena e, quindi, l'interesse dello Stato ad accertare il reato e a infliggere la sanzione. In pratica, trascorso un certo periodo, **il reato non può più essere perseguito** e chi è sospettato di averlo commesso non è più processato, ad eccezione dei casi in cui è prevista la pena dell'ergastolo. Sull'istituto ha inciso dapprima la L. 103/2017 (*riforma Orlando*) e, poi, la L. 3/2019 (*riforma della legge anticorruzione*), attraverso modifiche apportate agli artt. 158, 159 e 160 c.p., normativa, quest'ultima, entrata in vigore il 1° gennaio 2020.
La prescrizione del reato opera prima che sia intervenuta la sentenza di condanna. Ai fini dell'operatività, l'art. 157 c.p. richiede che decorra un **tempo corrispondente al massimo della pena edittale stabilita dalla legge**, senza tener conto della diminuzione e dell'aumento per le eventuali *circostanze* attenuanti e aggravanti, **e comunque un tempo non inferiore a 6 anni se si tratta di delitto e a 4 anni se si tratta di contravvenzione**, ancorché puniti con la sola pena pecuniaria.

Stabilisce il co. 6 dell'art. 157 c.p. che **i termini sono raddoppiati** per i reati di cui agli artt. 375, co. 3 (che punisce la *frode in processo penale* e il *depistaggio*), 449 (che si occupa dei *delitti colposi di danno*, ma la Corte costituzionale ha escluso dall'ambito applicativo della disposizione il reato di incendio colposo), 589 (che punisce l'*omicidio colposo*), in particolare quando il fatto è commesso con violazione delle norme per la prevenzione degli infortuni sul lavoro, 589-*bis* (che punisce l'*omicidio stradale*) del codice penale; nonché per alcune ipotesi delittuose previste dal codice di procedura penale (all'art. 51, co. 3-*bis* e 3-*quater*). I termini sono altresì raddoppiati per i delitti di cui al titolo VI-*bis* del libro II (*delitti contro l'ambiente*, inseriti dalla L. 22-5-2015, n. 68), per il reato di cui all'art. 572 e per i reati di cui alla sezione I del capo III del titolo XII del libro II (*delitti contro la personalità individuale*), e di cui agli artt. 609-*bis* (*violenza sessuale*), 609-*quater* (*atti sessuali con minorenne*), 609-*quinquies* (*corruzione di minorenne*) e 609-*octies* (*violenza sessuale di gruppo*), salvo che risulti la sussistenza delle circostanze attenuanti contemplate dal co. 3 dell'art. 609-*bis* ovvero dal co. 4 dell'art. 609-*quater* c.p.

La prescrizione è sempre espressamente **rinunciabile** dall'imputato (art. 157, co. 8, c.p.) e non estingue i reati per i quali la legge prevede la pena dell'**ergastolo**.
Ai sensi dell'art. 158 c.p. (come modificato dalla L. 3/2019) il termine prescrizionale **decorre**:

- per il reato *consumato*, dal giorno della consumazione;
- per il reato *tentato*, dal giorno in cui è cessata l'attività del colpevole;
- per il reato *permanente* o *continuato*, dal giorno in cui è cessata la permanenza o la continuazione;
- in caso di *condizioni obiettive di punibilità* (art. 44 c.p.), dal giorno in cui la condizione si è verificata;
- in caso di reati punibili a *querela*, *istanza* o *richiesta*, dal giorno del commesso reato.

L'art. 1, co. 10, L. 103/2017 ha aggiunto all'art. 158 citato un ultimo comma, stabilendo che per **alcuni reati** (richiamati dall'art. 392, co. 1-*bis*, c.p.p., fra cui *maltrattamenti in famiglia, tratta di persone, sfruttamento sessuale, violenza sessuale* ecc.) **commessi nei confronti di minore**, il termine prescrizionale decorre dal compimento del **diciottesimo anno di età** della persona offesa, salvo che l'azione penale sia stata esercitata precedentemente; in quest'ultimo caso, il termine decorre dall'acquisizione della notizia di reato.
L'art. 159 c.p. disciplina i casi di **sospensione** del corso della prescrizione. In tali casi il tempo necessario a prescrivere un reato viene sospeso nel momento in cui interviene una determinata causa, per poi riprendere il suo corso quando essa viene meno.
Diversa è l'**interruzione** della prescrizione (art. 160 c.p.), in cui il tempo necessario a prescrivere inizia a decorrere *ex novo* dal momento in cui la causa di interruzione si è manifestata.
Ai sensi dell'art. 159 c.p., anch'esso modificato dalla L. 103/2017, il corso della prescrizione rimane **sospeso** in ogni caso in cui la sospensione del procedimento o del processo penale o dei termini di custodia cautelare è imposta da una particolare disposizione di legge, oltre che nei casi di autorizzazione a procedere, deferimento della questione ad altro giudizio, rogatorie all'estero, sospensione del procedimento o del processo penale per ragioni di impedimento delle parti e dei difensori ovvero su richiesta dell'imputato o del suo difensore e anche nei casi di sospensione del procedimento penale ai sensi dell'art. 420-*quater* c.p.p. (*Sospensione del processo per assenza dell'imputato*).
La L. 103/2017 aveva poi previsto che il termine prescrizionale restasse sospeso dal termine per il deposito della motivazione della *sentenza di condanna di primo grado*, anche se emessa in sede di rinvio, fino alla pronuncia del dispositivo della sentenza che definisce il grado successivo di giudizio, per un tempo comunque non superiore a 1 anno e 6 mesi; nonché dal termine per il deposito della motivazione della *sentenza di condanna di secondo grado*, anche se emessa in sede di rinvio, fino alla pronuncia del dispositivo della sentenza definitiva, sempre per un tempo comunque non superiore a 1 anno e 6 mesi (art. 159, co. 2, c.p.).
La L. 3/2019 ha sostituito il secondo comma dell'art. 159 c.p. stabilendo che, oltre che nelle ipotesi contemplate dal comma 1 dello stesso articolo, il corso della pre-

scrizione viene sospeso dalla data di pronuncia della sentenza di primo grado (sia di condanna che di assoluzione) o dal decreto di condanna fino alla data di esecutività della sentenza che definisce il giudizio o alla data di irrevocabilità del citato decreto. Per motivi di coordinamento con le nuove ipotesi di sospensione della prescrizione sono stati poi abrogati il terzo e il quarto comma dello stesso art. 159 c.p.

Se, pertanto, la riforma Orlando aveva disposto una sospensione del corso della prescrizione correlata ai gradi di giudizio, limitatamente alle sole ipotesi in cui fosse intervenuta una sentenza di condanna e comunque per un tempo non superiore a 1 e 6 mesi, con la L. 3/2019 si blocca il corso della prescrizione dopo la sentenza (di condanna o di assoluzione) fino alla data di esecutività della sentenza che definisce il giudizio o della irrevocabilità del decreto di condanna , con l'effetto pratico di rendere in concreto inoperante la ripresa del corso della prescrizione, che non sarebbe possibile a fronte della definitività del provvedimento che definisce il giudizio. La normativa è entrata in vigore il 1° gennaio 2020, per i reati commessi da tale data.

L'art. 160 c.p. elenca una serie di ipotesi in cui, invece, il corso della prescrizione viene **interrotto**. La L. 3/2019, anche in tal caso, per esigenze di coordinamento con quanto previsto dal novellato secondo comma dell'art. 159 c.p., ha abrogato il primo comma dell'art. 160 c.p. che individuava come cause di interruzione del corso della prescrizione proprio la pronuncia della sentenza di condanna o del decreto penale di condanna. Pertanto, dal 1° gennaio 2020 valgono ad interrompere la prescrizione solo le cause indicate dal comma 2 dell'art. 160 c.p.
La L. 103/2017 ha inserito, fra gli atti interruttivi, anche l'*interrogatorio reso alla Polizia Giudiziaria su delega del Pubblico Ministero.*
Dal giorno della interruzione, il termine di prescrizione inizia a decorrere *ex novo.* Se gli atti interruttivi sono più di uno, la prescrizione decorre dall'ultimo di essi, ma – fatta eccezione per i reati di cui all'art. 51, co. 3-*bis* e 3-*quater*, c.p.p. – in nessun caso l'interruzione può comportare il superamento dei limiti temporali stabiliti dall'art. 161, co. 2, c.p., alla cui lettura si fa rinvio e, in particolare, non può comportare l'aumento di più della metà del tempo necessario a prescrivere le principali fattispecie di *reati contro la Pubblica Amministrazione.*
Si stabilisce, infine, e sul punto la L. 103/2017 ha modificato il precedente regime, che l'**interruzione** ha effetto per tutti coloro che hanno commesso il reato, mentre la **sospensione** solo per gli imputati nei cui confronti si sta procedendo.

11.4.4 L'oblazione nelle contravvenzioni

Ammessa per le sole contravvenzioni, l'oblazione consiste nel pagamento, da parte del reo, di una somma di denaro pari a una quota del massimo della pena, prima dell'apertura del dibattimento, ovvero prima del decreto di condanna. Ciò determina la *degradazione* del reato a illecito amministrativo, con conseguente sua estinzione. L'istituto opera sia per le contravvenzioni per le quali la legge stabilisce la *sola pena dell'ammenda* (art. 162 c.p.), che per quelle sanzionate con la *pena alternativa dell'arresto o dell'ammenda* (art. 162-*bis* c.p.).

11.4.5 La sospensione condizionale della pena

Consiste nel sospendere, a decorrere dal passaggio in giudicato della sentenza di condanna, l'esecuzione della pena **per il termine di 5 anni** se la condanna è per delitto, e **di 2 anni** se la condanna è per contravvenzione (art. 163, co. 1, c.p.). Il provvedimento è adottato dal giudice che pronuncia la condanna.
L'esecuzione, ai sensi dell'art. 163, co. 4 c.p. è sospesa **per il termine di un anno** quando la pena inflitta *non è superiore a un anno* e il colpevole, prima della pronuncia di primo grado, ha *riparato interamente il danno* mediante risarcimento e, se possibile, mediante le restituzioni, e si è spontaneamente ed efficacemente adoperato, entro lo stesso termine, per elidere o attenuare le conseguenze dannose o pericolose del reato da lui eliminabili.
La sospensione si estende alle *pene accessorie* (art. 166, co. 1, c.p.). Se, *nei termini stabiliti*, il condannato *non commette* un delitto, ovvero una contravvenzione della stessa indole, e *adempie gli obblighi* impostigli, il **reato è estinto**. In tal caso non ha luogo l'esecuzione delle pene (art. 167 c.p.).

Le **condizioni di operatività** del beneficio sono:
- la *presunzione*, da parte del giudice, avuto riguardo alle circostanze indicate nell'art. 133 c.p., che il colpevole *si asterrà* dal commettere ulteriori reati (art. 164, co. 1, c.p.);
- il non aver il reo riportato una *precedente condanna a pena detentiva per delitto*, anche se è intervenuta la riabilitazione, né essere stato dichiarato *delinquente o contravventore abituale o professionale* (art. 164, co. 2, c.p.);
- che alla pena inflitta *non* debba essere *aggiunta una misura di sicurezza personale* (art. 164, co. 3, c.p.);
- che *non* si tratti di condanna per *reato elettorale* (art. 102, D.P.R. 16-5-1960, n. 570);
- il rispetto dei *limiti quantitativi*, afferenti alla pena in concreto, stabiliti dall'art. 163 c.p. (occorre che la condanna a pena detentiva – reclusione o arresto – o a equivalente pena pecuniaria – sola o congiunta alla pena detentiva –, ragguagliata *ex* art. 135 c.p., non superi i 2 anni; i 3 anni, se il reo è un minore degli anni 18; i 2 anni e 6 mesi se il reo è di età superiore agli anni 18 ma inferiore agli anni 21 o ha compiuto gli anni 70);
- che non si tratti di sanzioni previste per i reati di competenza del *giudice di pace*;
- che la sospensione condizionale della pena *non sia stata già precedentemente concessa* per altra condanna, a meno che la pena da infliggere, cumulata con quella irrogata con la precedente condanna anche per delitto, non superi i suindicati limiti quantitativi (art. 164, co. 3, c.p.).

La sospensione condizionale della pena può essere concessa anche dal **giudice dell'esecuzione** (*ex* art. 671, co. 3, c.p.p.) e, ai sensi dell'art. 165 c.p., **può essere subordinata all'adempimento di alcuni obblighi** (es. restituzioni, pagamento della somma liquidata a titolo di risarcimento del danno ecc.), nonché, salvo che la legge disponga altrimenti, all'*eliminazione delle conseguenze dannose o pericolose del reato*, o ancora, se il condannato non si oppone, alla *prestazione di attività non retribuita a favore della collettività* per un tempo determinato comunque non superiore alla durata della pena sospesa, secondo le modalità indicate dal giudice nella sentenza di condanna.
La subordinazione a taluno di questi adempimenti è obbligatoria quando il beneficio è concesso a persona che ne ha già usufruito. Il giudice stabilisce, nella sentenza, il termine entro il quale gli obblighi devono essere adempiuti.

Stabilisce l'art. 164 c.p. che la sospensione condizionale **non può essere concessa più di una volta**. Tuttavia il giudice, nell'infliggere una nuova condanna, ha la facoltà di fare una **seconda concessione del beneficio** qualora la pena, cumulata con quella irrogata con la precedente condanna, non superi i limiti massimi stabiliti dall'art. 163 c.p.
La L. 3/2019 (*legge anticorruzione o spazzacorrotti*), modificando il comma 4 dell'art. 165 c.p., ha previsto che per alcuni gravi reati contro la Pubblica Amministrazione, la sospensione condizionale della pena è comunque subordinata al pagamento della somma determinata a titolo di riparazione pecuniaria ai sensi dell'articolo 322-*quater* c.p., fermo restando il diritto all'ulteriore eventuale risarcimento del danno.
La **L. 36/2019** (Modifiche al codice penale e altre disposizioni in materia di **legittima difesa**), aggiungendo un nuovo comma all'art. 165 c.p., ha disposto che, nei casi di condanna per *furto in appartamento* e *furto con strappo* (art. 624-*bis* c.p.) la sospensione condizionale della pena sia *subordinata al pagamento integrale dell'importo dovuto per il risarcimento del danno* alla persona offesa.
La successiva legge **L. 69/2019** (in materia di *Tutela delle vittime di violenza domestica*, il cosiddetto **Codice rosso**), mediante l'aggiunta del comma 5 all'art. 165 c.p., ha previsto, per il catalogo di reati che costituiscono manifestazione di violenza domestica e di genere, una specifica condizione per l'accesso alla sospensione condizionale della pena, subordinando la stessa "*alla partecipazione a specifici percorsi di recupero presso enti o associazioni che si occupano di prevenzione, assistenza psicologica e recupero di soggetti condannati per i medesimi reati*". Il percorso terapeutico è condizione obbligatoria sin dalla prima condanna e a prescindere da una manifestazione di volontà del reo; esso prevede una condotta continuativa nel tempo costituita da un *facere* infungibile del reo.
Quanto agli **effetti della sospensione condizionale**, questa, a norma dell'art. 166 c.p., si estende automaticamente alle pene accessorie. Sul punto, la L. 3/2019, incidendo sul testo della norma, ne ha integrato il primo comma prevedendo la possibilità per il giudice, nella sentenza di condanna per specifici reati contro la P.A., di disporre che la sospensione condizionale della pena non estenda i suoi effetti anche all'interdizione dai pubblici uffici e alla incapacità di contrattare con la P.A.
La sospensione condizionale è **revocata** di diritto se, nei termini stabiliti, il condannato (art. 168 c.p.):

- commetta un delitto ovvero una contravvenzione della stessa indole, per cui venga inflitta una pena detentiva;
- non adempia agli obblighi impostigli;
- riporti un'altra condanna – per un delitto anteriormente commesso – a pena che, cumulata a quella precedentemente sospesa, supera i limiti stabiliti dall'art. 163 c.p.

Qualora il condannato riporti un'altra condanna per un delitto anteriormente commesso, a pena che, cumulata a quella precedentemente sospesa, non supera i limiti stabiliti dall'art. 163 c.p., il giudice, tenuto conto dell'indole e della gravità del reato, può revocare l'ordine di sospensione condizionale della pena.
La sospensione condizionale della pena è altresì revocata quando è stata concessa in violazione dell'art. 164, co. 4, c.p. in presenza di cause ostative.

La L. 28-4-2014, n. 67 ha introdotto nel codice penale gli artt. 168-*bis* ss., con cui viene prevista la **sospensione del procedimento con messa alla prova dell'imputato**, per reati puniti con la sola pena edittale pecuniaria o con la pena edittale detentiva non superiore

nel massimo a 4 anni, sola, congiunta o alternativa alla pena pecuniaria, nonché per i delitti indicati dall'art. 550, co. 2, del codice di procedura penale (*violenza o minaccia a un pubblico ufficiale, resistenza a un pubblico ufficiale, oltraggio aggravato a un magistrato in udienza, violazione di sigilli aggravata, rissa aggravata*, con esclusione delle ipotesi in cui nella rissa taluno sia rimasto ucciso o abbia riportato lesioni gravi o gravissime, *lesioni personali stradali*, anche se aggravate, *furto aggravato, ricettazione*).
La messa alla prova comporta la prestazione di condotte volte all'eliminazione delle conseguenze dannose o pericolose derivanti dal reato, nonché, ove possibile, il risarcimento del danno cagionato. Comporta altresì l'**affidamento dell'imputato al servizio sociale**, per lo svolgimento di un programma che può implicare, fra l'altro, attività di volontariato di rilievo sociale. La concessione del beneficio, che non può essere accordato per più di una volta, è inoltre subordinata alla prestazione di **lavoro di pubblica utilità**.
Qualora l'esito della sospensione risulti positivo, si estingue il reato per cui si procede. Tuttavia, l'estinzione del reato non pregiudica l'applicazione delle sanzioni amministrative accessorie.
Il beneficio è **revocato** in caso di *grave o reiterata trasgressione* al programma di trattamento o alle prescrizioni imposte, di *rifiuto alla prestazione del lavoro di pubblica utilità*, e di commissione, durante il periodo di prova, di un nuovo *delitto non colposo* o di un *reato della stessa indole* rispetto a quello per cui si procede.

11.4.6 Il perdono giudiziale

Consiste, ai sensi dell'art. 169 c.p., nella rinuncia da parte dello Stato a condannare il colpevole di un reato, il quale **non abbia ancora raggiunto la maggiore età**, sulla base del principio che nei confronti dei minori è meglio prevenire che reprimere, per cui è più conveniente offrire a chi per la prima volta abbia violato la legge la possibilità di redimersi, piuttosto che incarcerarlo e correre il rischio, date le innegabili influenze negative provenienti dall'ambiente penitenziario, di compromettere ogni finalità rieducativa e di recupero.
Ai fini della concessione del beneficio, occorre che il colpevole non abbia ancora compiuto 18 anni, che per il reato commesso la legge stabilisca una pena restrittiva della libertà personale non superiore nel massimo a 2 anni e che il giudice, avuto riguardo alle circostanze indicate nell'art. 133 c.p., presuma che il colpevole si asterrà dal commettere ulteriori reati.
Il perdono giudiziale estingue il reato, ma **non può essere concesso più di una volta**.

11.4.7 L'estinzione del reato per condotte riparatorie

Si tratta di una nuova causa estintiva introdotta dalla L. 103/2017, che ha inserito nel codice penale l'art. 162-*ter*, ai sensi del quale, nei casi di **procedibilità a querela soggetta a remissione**, il giudice dichiara estinto il reato, sentite le parti e la persona offesa, quando l'imputato ha riparato interamente, entro il termine massimo della dichiarazione di apertura del dibattimento di primo grado, il **danno cagionato dal reato**, mediante le restituzioni o il risarcimento, e ha eliminato, ove possibile, le **conseguenze dannose o pericolose del reato**.

L'imputato che dimostri di non aver potuto adempiere, per **fatto a lui non addebitabile**, può chiedere al giudice la **fissazione di un ulteriore termine**, non superiore a 6 mesi, per provvedere al pagamento, anche in forma rateale, di quanto dovuto a titolo di risarcimento. Se la richiesta è accolta, il giudice sospende il processo e fissa la successiva udienza alla scadenza del termine stabilito (e comunque non oltre 90 giorni da tale scadenza), imponendo specifiche prescrizioni. Durante la sospensione del processo, il **corso della prescrizione** resta *sospeso.*

All'esito positivo delle condotte riparatorie, il giudice dichiara l'estinzione del reato, la quale travolge le pene principali, le pene accessorie, gli effetti penali della condanna e le misure di sicurezza, fatta eccezione per la **confisca obbligatoria** di cui all'art. 240, co. 2 c.p.
La L. 172/2017, mediante l'inserimento di un nuovo comma all'art. 162-*ter* c.p. ha escluso l'applicabilità dell'istituto nei casi contemplati dall'art. 612-*bis* c.p. (*stalking*).

11.5 Cause di estinzione della pena

Sono cause di estinzione della pena: la morte del reo dopo la condanna, l'amnistia impropria (secondo parte della dottrina), l'indulto e la grazia, la prescrizione della pena, la liberazione condizionale, la riabilitazione e la non menzione della condanna nel certificato del casellario giudiziale.

11.5.1 La morte del reo dopo la condanna

Qualora la morte del reo intervenga successivamente alla condanna, l'art. 171 c.p. dispone che si estingue *solo la pena* (detentiva, pecuniaria e accessoria, nonché *tutti gli effetti penali della condanna*).
Non si estinguono, invece: le obbligazioni civili nascenti da reato, come ad esempio il rimborso delle spese giudiziali, che vengono trasmesse agli eredi; il pagamento delle spese processuali di mantenimento in carcere; l'esecuzione della confisca.

11.5.2 L'amnistia impropria: rinvio

Sul punto si fa rinvio a quanto detto nel par. 11.4.2

11.5.3 L'indulto e la grazia

L'indulto, pur essendo un provvedimento di clemenza, **opera solo sulla pena principale**, *condonandola,* in tutto o in parte, o *commutandola* in un'altra specie di pena stabilita dalla legge, senza estinguere le pene accessorie e neppure gli altri effetti penali della condanna (art. 174 c.p.).

L'indulto *prescinde dall'irrevocabilità della condanna* e, al pari dell'amnistia, **non si applica nei riguardi dei recidivi aggravati, pluriaggravati o reiterati né dei delinquenti abituali, professionali o per tendenza.** Può essere *condizionato* o *sottoposto a obblighi.* Nel *concorso di più reati,* l'indulto opera una sola volta, dopo aver cumulato le pene, secondo le norme concernenti il concorso.

La **grazia** è un atto di clemenza *ad personam,* ossia a beneficio di una determinata persona, rimesso alla discrezionalità del Capo dello Stato (art. 87 Cost.). Al pari dell'indulto, essa opera esclusivamente sulla pena principale, condonandola in tutto o in parte. A differenza dell'indulto, invece, il provvedimento di grazia presuppone una sentenza irrevocabile di condanna.

11.5.4 La prescrizione della pena

La prescrizione estingue la punibilità in concreto e presuppone, dunque, una **condanna irrevocabile non ancora eseguita**.
Sono soggette a prescrizione le sole *pene principali*, salvo l'ergastolo, mentre **non si estinguono le pene accessorie e gli altri effetti penali della condanna**.
Nel **concorso di reati**, si ha riguardo a ciascuna violazione, anche se le pene sono state inflitte con la medesima sentenza.

La pena della **reclusione** si estingue col decorso di un tempo pari al doppio della pena inflitta e, in ogni caso, non superiore a 30 e non inferiore a 10 anni; la pena della **multa** si estingue nel termine di 10 anni (art. 172 c.p.).
Le pene dell'**arresto** e dell'**ammenda** si estinguono nel termine di 5 anni. Tale termine è raddoppiato se si tratta di recidivi ovvero di delinquenti abituali, professionali o per tendenza (art. 173 c.p.).
Il termine, in ogni caso, decorre dal giorno in cui la condanna è divenuta irrevocabile ovvero dal giorno in cui il condannato si è sottratto volontariamente alla esecuzione già iniziata della pena.

Quando si tratta di **delitti**, l'istituto *non opera* nei riguardi di:

- recidivi aggravati, pluriaggravati o reiterati *ex* art. 99 c.p.,
- delinquenti abituali, professionali o per tendenza;
- chi, durante il tempo necessario per l'estinzione della pena, riporta una condanna alla reclusione per un delitto della stessa indole.

11.5.5 Liberazione condizionale

Tale istituto comporta la *sospensione* di una pena detentiva (e dell'eventuale misura di sicurezza detentiva) che il reo sta *già espiando* per un determinato periodo di tempo, al termine del quale la pena *si estingue*.
Il giudice (Tribunale di sorveglianza) *può* concedere la liberazione condizionale se esistono i presupposti dettati dall'art. 176 c.p. In particolare, il condannato a pena detentiva, durante il tempo di esecuzione della pena, deve aver tenuto un comportamento tale da far ritenere sicuro il suo ravvedimento, il quale si desume dai rapporti del detenuto con il personale carcerario, con gli altri detenuti, con i propri familiari, dall'attività di lavoro e di studio svolta nell'ambiente carcerario e dall'interessamento nei confronti delle vittime del delitto.

Il beneficio può essere concesso al **condannato non recidivo** che abbia scontato almeno 30 mesi e comunque almeno metà della pena inflittagli e che, durante il periodo di carcerazione, abbia tenuto un comportamento tale da far ritenere sicuro il suo ravvedimento, qualora il rimanente della pena non superi i 5 anni. Nei casi di **recidiva aggravata e reiterata**, invece, il condannato, per essere ammesso alla liberazione condizionale, deve avere scontato almeno 4 anni e non meno di 3/4 della pena inflittagli. Al beneficio

può essere ammesso, peraltro, anche il condannato alla pena dell'**ergastolo** che abbia scontato almeno 26 anni di pena.
La concessione della liberazione condizionale è subordinata all'adempimento delle obbligazioni civili derivanti dal reato, salvo che il condannato dimostri di trovarsi nell'impossibilità di adempierle.

La misura può essere *revocata*, se la persona commette un delitto o una contravvenzione della stessa indole ovvero trasgredisce agli obblighi inerenti alla libertà vigilata. In tal caso, il tempo trascorso in libertà condizionale *non è computato* nella durata della pena e il condannato *non può essere riammesso* alla liberazione condizionale.
Decorso tutto il tempo della pena inflitta senza che sia intervenuta alcuna causa di revoca, la pena rimane *estinta* e sono *revocate le misure di sicurezza personali*, ordinate dal giudice con la sentenza di condanna o con provvedimento successivo.

11.5.6 Riabilitazione

La riabilitazione è un istituto diretto a *favorire il reinserimento sociale* del condannato ravvedutosi, *riconferendogli tutte le facoltà* di cui, a seguito della condanna, è stato privato o limitato (es. l'iscrizione in un albo professionale, i titoli accademici ecc.); *estingue le pene accessorie ed ogni altro effetto penale* della condanna.
L'art. 179 c.p. prevede che la riabilitazione può essere concessa quando siano decorsi almeno 3 anni (almeno 8 per i recidivi e 10 per i delinquenti abituali) dal giorno in cui la pena principale sia stata eseguita o si sia estinta e il condannato abbia dato prove effettive e costanti di buona condotta.
Sussistendo le condizioni analiticamente elencate all'art. 179 c.p., il condannato ha un vero e proprio *diritto* alla riabilitazione, con conseguente *obbligo* di concederla da parte del Tribunale di sorveglianza.
La L. 3/2019, con l'aggiunta di un settimo comma all'art. 179 c.p., ha previsto che la riabilitazione concessa sulla base della disciplina dello stesso articolo non abbia effetto sulle pene accessorie perpetue. Tuttavia, decorso un termine non inferiore a 7 anni dalla riabilitazione, la pena accessoria perpetua è dichiarata estinta, quando il condannato abbia dato prove effettive e costanti di buona condotta.
La sentenza di riabilitazione è *revocata di diritto* se la persona riabilitata commette, entro 7 anni, un delitto non colposo, per il quale sia inflitta la pena della reclusione per un tempo non inferiore a 2 anni o un'altra pena più grave.

11.5.7 La non menzione della condanna nel certificato del casellario giudiziale

Tale istituto va inteso come *causa di sospensione* (o *limitazione*) *degli effetti penali* della condanna.
La sua *funzione* è quella di agevolare la **risocializzazione** e il reinserimento del reo, che sarebbero certamente ostacolati dalla pubblicità che deriverebbe dalla menzione della condanna nel suo casellario giudiziale.
Anche in tal caso, l'art. 175 c.p. indica una serie di *condizioni di operatività*, in presenza delle quali, il giudice, avuto riguardo alle circostanze indicate nell'art. 133 c.p., ha la

facoltà di ordinare, in sentenza, che non sia fatta menzione della condanna nel certificato del casellario giudiziale.
Il legislatore ne prevede la *revoca* nel caso in cui, successivamente alla non menzione, il condannato commetta un delitto (art. 175, co. 3, c.p.).

Quesiti di verifica 11
La punibilità

1) La morte del reo, prima della condanna, rientra fra le cause:

A. di estinzione della pena
B. di giustificazione
C. di estinzione del reato

2) Il decorso di un determinato periodo di tempo (stabilito dalla legge), senza che intervenga la pronuncia di una sentenza di condanna irrevocabile, determina:

A. l'estinzione del reato per prescrizione
B. la prescrizione della pena
C. l'amnistia

3) L'oblazione è:

A. una causa di non punibilità
B. una causa di estinzione della pena
C. una causa di estinzione del reato prevista per le contravvenzioni

4) La sospensione condizionale della pena:

A. si estende alle pene accessorie
B. si estende alla sola interdizione legale
C. si estende solo alla interdizione dai pubblici uffici

5) Quale delle seguenti affermazioni relative al perdono giudiziale è corretta?

A. Può essere concesso due volte, ma solo al minore di diciotto anni
B. Sempre è concesso ai minori
C. Non può essere concesso più di una sola volta

6) L'amnistia:

A. estingue il reato ma non fa mai cessare l'esecuzione della condanna
B. è un provvedimento generale e astratto con il quale lo Stato rinuncia a punire un determinato numero di reati
C. consiste nella possibilità, per il giudice, di rinunciare alla condanna dell'imputato minorenne

7) Cosa si intende per indulto?

A. Atto di clemenza generale che estingue la pena
B. Atto che abroga il reato
C. Atto di clemenza che estingue, riduce o commuta la pena

8) L'art. 179 del codice penale prevede che la riabilitazione può essere concessa quando siano decorsi:

A. almeno 4 anni (almeno 8 per i recidivi e 10 per i delinquenti abituali) dal giorno in cui la pena principale sia stata eseguita o si sia estinta
B. almeno 3 anni (almeno 8 per i recidivi e 10 per i delinquenti abituali) dal giorno in cui la pena principale sia stata eseguita o si sia estinta
C. almeno 5 anni (almeno 8 per i recidivi e 10 per i delinquenti abituali) dal giorno in cui la pena principale sia stata eseguita o si sia estinta

9) L'indulto estingue gli effetti penali della condanna?

A. No
B. Sì
C. Sì, ma solo taluni effetti

10) La grazia estingue le pene accessorie?

A. Sì, ma solo per taluni reati

B. No, salvo che il decreto disponga diversamente

C. Sì, in ogni caso

RISPOSTE CORRETTE

1) C	6) B
2) A	7) C
3) C	8) B
4) A	9) A
5) C	10) B

Capitolo 12
Le misure di sicurezza

12.1 Premessa

Una delle maggiori novità del codice Rocco è stata l'inserimento, accanto alle pene, dell'istituto delle **misure di sicurezza**, che presuppongono, ai fini della loro operatività, la **commissione di un reato** e la **pericolosità sociale del reo**, cioè il pericolo che egli commetta nuovi reati (*recidiva*).

Pur aventi un carattere *sanzionatorio*, le misure di sicurezza sono dotate di una propria funzione, autonoma rispetto alle pene: mentre queste ultime hanno una funzione *retributiva* e di *prevenzione generale*, le misure di sicurezza hanno una funzione di **prevenzione speciale**, mirando a *neutralizzare la pericolosità sociale* del reo.

Essendosi accostato tale istituto a quello delle pene tradizionali, si parla di **sistema del doppio binario**, con ciò intendendosi che il codice affianca alla sanzione penale tradizionale, caratterizzata da una funzione repressiva, la misura di sicurezza, la quale invece riveste una funzione preventiva di tutela della collettività, oltre che rieducativa.

Le misure di sicurezza trovano applicazione nei confronti di soggetti **imputabili**, **semi-imputabili** e **non imputabili**, se socialmente pericolosi. Nei primi due casi operano *congiuntamente* alla pena, nella terza ipotesi operano in modo *esclusivo*, data la non punibilità dei soggetti.

Il codice prevede misure di sicurezza **personali** e misure **patrimoniali** (cauzione di buona condotta e confisca). Le prime si distinguono, poi, in **detentive** (assegnazione ad una colonia agricola o casa di lavoro, il ricovero presso una residenza per l'esecuzione delle misure di sicurezza, il ricovero in un riformatorio giudiziario) e **non detentive** (libertà vigilata, il divieto di soggiorno in uno o più Comuni o in una o più Province, il divieto di frequentare osterie e pubblici spacci di bevande alcoliche, l'espulsione dello straniero dallo Stato).

Le misure di sicurezza hanno durata **indeterminata** per quanto riguarda il limite *massimo* (non possono essere revocate finché permane lo stato di pericolosità sociale del soggetto); il limite *minimo* è **fissato dal legislatore** per ogni singola misura.

Anche le misure di sicurezza sono sottoposte al **principio di legalità**, come prevedono l'art. 199 c.p. e l'art. 25, co. 3, Cost.

Se la legge del tempo in cui deve eseguirsi la misura di sicurezza è diversa da quella vigente al momento in cui la misura è stata disposta, si applica la legge in vigore al tempo dell'esecuzione.

Ai sensi dell'art. 202 c.p., le misure di sicurezza possono trovare applicazione solo al ricorrere di due condizioni: la commissione di un **fatto previsto dalla legge come reato** (presupposto oggettivo) e la **pericolosità sociale del soggetto** (presupposto soggettivo).

Quanto al primo presupposto, esistono due isolate eccezioni costituite dal reato impossibile (art. 49 c.p.) e dall'istigazione a commettere un delitto e dall'accordo criminoso, non seguiti dalla commissione del delitto (art. 115 c.p.). Tali ipotesi rappresentano situazioni prossime al reato, per cui si parla di **quasi reati**.
Quanto al presupposto di carattere soggettivo, l'art. 203 c.p. dispone che: "*Agli effetti della legge penale, è socialmente pericolosa la persona, anche se non punibile, la quale ha commesso taluno dei fatti indicati nell'articolo precedente, quando è probabile che commetta nuovi fatti preveduti dalla legge come reati*".
Le misure di sicurezza sono **ordinate** dal giudice:

- nella stessa sentenza di condanna o di proscioglimento;
- salvo la confisca, nei casi di cui all'art. 205, co. 2, c.p., possono essere adottate, successivamente alla sentenza, dal magistrato di sorveglianza;
- in via provvisoria, possono essere adottate anche nel corso delle indagini preliminari o del giudizio penale.

La **revoca** delle misure di sicurezza *personali* non può aversi finché dura lo stato di pericolosità sociale e, in ogni caso, prima che sia decorso un tempo corrispondente alla durata minima stabilita dalla legge. La pericolosità va dunque *riesaminata* dal giudice *periodicamente*. Con riguardo alle **cause di estinzione della punibilità**, si precisa che:

- l'estinzione del *reato* impedisce l'applicazione delle misure di sicurezza e ne fa cessare l'esecuzione;
- l'estinzione della *pena* impedisce l'applicazione delle misure di sicurezza, ma non impedisce l'esecuzione delle misure di sicurezza che sono state già ordinate dal giudice come misure accessorie di una condanna alla pena della reclusione superiore a 10 anni.

Circa l'**esecuzione** delle misure, l'art. 211 c.p. dispone che le misure aggiunte a pena *detentiva* sono eseguite dopo che la pena è stata scontata o è altrimenti estinta mentre le misure aggiunte a pena *non detentiva* sono eseguite dopo che la sentenza di condanna è divenuta irrevocabile.
Nel caso in cui siano disposte con *sentenza di proscioglimento,* le misure di sicurezza sono eseguite immediatamente.

12.2 Pericolosità sociale "specifica"

La nozione di pericolosità sociale è contenuta nell'art. 203 c.p., laddove è disposto che *"è socialmente pericolosa la persona* [...], *quando è probabile che commetta nuovi fatti preveduti dalla legge come reati"*.
Per poter effettuare il *giudizio prognostico* circa tale probabilità, il giudice è tenuto ad utilizzare gli indici di cui all'art. 133 c.p.
Il legislatore ha peraltro codificato alcuni **tipi legali**, riflettenti forme di pericolosità sociale "specifica". Si tratta del delinquente *abituale,* di quello *per tendenza* e di quello *professionale.*
Per la **delinquenza abituale**, l'art. 102 c.p. distingue fra abitualità *presunta* e abitualità *ritenuta dal giudice.*

Ai sensi dell'art. 102 c.p., *la legge presume delinquente abituale* colui il quale: 1) sia stato condannato alla pena della reclusione in misura superiore complessivamente a 5 anni per 3 delitti non colposi, della stessa indole, commessi entro10 anni; 2) abbia riportato un'altra condanna per un delitto, non colposo, della stessa indole, e commesso entro i 10 anni successivi all'ultimo dei delitti precedenti.
Ai sensi degli art. 103-104 c.p., invece, *l'abitualità nel delitto* (e lo stesso vale per le contravvenzioni) è *ritenuta*, e quindi, *dichiarata dal giudice* contro chi, dopo essere stato condannato per 2 delitti non colposi (o per 3 contravvenzioni della stessa indole), riporta un'altra condanna per un altro delitto non colposo (o per un'altra contravvenzione, anche della stessa indole), e sempre che, tenuto conto della specie e della gravità degli illeciti, del tempo entro il quale sono stati commessi, della condotta e del genere di vita del colpevole e delle altre circostanze indicate nell'art. 133 c.p., si possa ritenere che il colpevole è dedito al reato (delitti o contravvenzioni).

La **professionalità nel reato**, invece, è la condizione di chi, trovandosi nelle condizioni richieste per la dichiarazione di abitualità, riporta condanna per un altro reato. Costui è dichiarato delinquente o contravventore professionale qualora, alla luce dei parametri indicati nell'art. 133 c.p., debba ritenersi che egli viva abitualmente, anche in parte soltanto, dei proventi del reato (art. 105 c.p.).
La **tendenza a delinquere**, infine, è la condizione di chi, sebbene non recidivo o delinquente abituale o professionale, commette un delitto non colposo, contro la vita o l'incolumità individuale il quale, per sé e unitamente alle circostanze indicate nell'art. 133 c.p., riveli una **speciale inclinazione al delitto**, che trovi sua causa nell'*indole particolarmente malvagia* del colpevole (art. 108 c.p.).
La tendenza a delinquere può essere dichiarata soltanto con la sentenza di condanna (art. 109, co. 3). Alla dichiarazione non si fa luogo ove l'inclinazione al delitto sia originata da vizio di mente (artt. 88 e 89).

La dichiarazione di *abitualità* o di *professionalità* nel reato può essere pronunciata in ogni tempo, anche dopo la esecuzione della pena; ma se è pronunciata dopo la sentenza di condanna, non si tiene conto della successiva condotta del colpevole e rimane ferma la pena inflitta (art. 109, co. 2). La dichiarazione di *tendenza a delinquere* può essere pronunciata soltanto con la sentenza di condanna (art. 109, co. 3).

La dichiarazione di abitualità e professionalità nel reato e quella di tendenza a delinquere si estinguono per effetto della riabilitazione.
Oltre agli aumenti di pena stabiliti per la recidiva e i particolari effetti indicati da altre disposizioni di legge, la dichiarazione di abitualità o di professionalità nel reato o di tendenza a delinquere importa dunque l'applicazione di misure di sicurezza.

12.3 Misure di sicurezza detentive

12.3.1 Colonia agricola e casa di lavoro

Tale misura prevede il lavoro come strumento di rieducazione e reinserimento sociale del reo ed è disciplinata dall'art. 216 c.p. Il successivo art. 217 c.p. ne stabilisce la durata minima in un anno; per i delinquenti abituali in 2 anni, per quelli professionali in 3 e per i delinquenti per tendenza in 4. La distinzione tra colonia agricola e casa di lavoro si basa sul tipo di attività che vi si svolge in via prevalente: agricola nella prima, di carattere industriale o artigianale nella seconda. Le misure sono comunque intercambiabili.

12.3.2 Residenze per l'esecuzione delle misure di sicurezza (REMS)

Sono strutture che, dal 1° aprile 2015, hanno sostituito le case di cura e custodia e gli ospedali psichiatrici giudiziari (OPG). Le misure indicate dal codice con riferimento a queste ultime due tipologie di strutture vanno, quindi, ora riferite alla REMS, la cui istituzione è prevista dall'art. 3-*ter* D.L. 211/2011 (conv. dalla L. 9/2012 e relativo ad interventi urgenti per il contrasto della tensione detentiva determinata dal sovraffolamento delle carceri) per l'accoglimento delle persone cui le misure medesime sono applicate.

Il ricovero nelle **case di cura e custodia** (art. 219 c.p.) è una misura stabilita per gli autori di delitto non colposo, condannati ad una pena diminuita a causa dell'infermità psichica o della cronica intossicazione derivante da alcool o da sostanze stupefacenti oppure affetti da sordomutismo. La durata minima varia in relazione alla durata minima della pena detentiva prevista dalla legge in relazione al reato commesso, e viene eseguita dopo che la pena detentiva è stata scontata o si è altrimenti estinta. In casi particolari, è possibile ordinare il ricovero prima dell'esecuzione della pena, per evitare che l'immediata esecuzione di questa possa aggravare le condizioni di infermità psichica del condannato.

Il ricovero in **ospedale psichiatrico giudiziario (OPG)** è una misura di sicurezza (art. 222 c.p.) destinata a persone socialmente pericolose non imputabili a causa di infermità psichica, intossicazione cronica da alcool o da sostanze stupefacenti ovvero per sordomutismo, e a persone sottoposte ad altra misura di sicurezza detentiva colpite da un'infermità psichica tale da richiedere il ricovero.

La durata minima del ricovero è determinata in base alla gravità della pena astrattamente prevista per il reato commesso; è di 10 anni se per il fatto la legge prevede l'ergastolo e di 5 se la pena stabilita è della reclusione per un periodo non inferiore nel minimo a 10 anni.

Con la sentenza n. 253/2003 la Corte costituzionale ha dichiarato l'art. 222 c.p. costituzionalmente illegittimo nella parte in cui "*non dispone* che il ricovero presso l'ospedale psichiatrico giudiziario possa aversi solo se, al momento dell'esecuzione, risulti *persistente la pericolosità sociale* della persona cagionata dalla sua infermità". Nella stessa sentenza ha stabilito che l'articolo è da ritenersi costituzionalmente illegittimo anche nella parte in cui "*non prevede* la possibilità, per il giudice, di adottare, in luogo della misura in esame, *altra misura di sicurezza idonea* ad assicurare adeguate cure all'infermo di mente e a far fronte alla sua pericolosità sociale".

Muovendo dalla sentenza della Corte, il D.L. 52/2014 (conv. dalla L. 81/2014), incidendo sul disposto del citato art. 3-*ter* D.L. 211/2011, ha tuttavia sancito il principio per cui il ricovero in OPG o in una casa di cura e custodia, misure che attualmente **sono applicate in strutture di esclusiva gestione sanitaria (appunto le REMS),** può essere disposto solamente quando ogni altra misura risulti inadeguata in relazione alle esigenze di cura e di controllo della pericolosità sociale.

12.3.3 Riformatorio giudiziario

L'art. 223 c.p. dispone che è misura di sicurezza speciale che si applica ai minori. Va precisato che il D.P.R. 448/1988, disciplinante il processo penale minorile, ha sostanzialmente modificato l'applicabilità della misura in esame, oggi non più eseguita presso istituti di pena minorili, ma presso la nuova forma del **collocamento in comunità**, da attuare in apposite strutture all'uopo autorizzate, le quali sono apparse più idonee al recupero sociale del minore. Pertanto, gli artt. 223-227 c.p., che regolano il ricovero del minore in riformatorio giudiziario, pur rimasti formalmente invariati, vanno raccordati al D.P.R. 448/1988 che ha modificato le forme e i modi di esecuzione delle misure di sicurezza.
La durata minima è di 1 anno. Se per il delitto la legge stabilisce la pena dell'ergastolo o la reclusione non inferiore nel minimo a 3 anni e non si tratta di delitto colposo, è ordinato il ricovero per un tempo non inferiore a 3 anni. Il riformatorio è alternativo rispetto alla libertà vigilata, che sembra oggi costituire la misura di sicurezza ordinaria per i minori.
Qualora tale misura di sicurezza debba essere, in tutto o in parte, applicata o eseguita dopo che il minore abbia compiuto gli anni diciotto, ad essa è sostituita la libertà vigilata, salvo che il giudice, nell'esercizio del suo potere di scelta, ritenga di ordinare l'assegnazione a una colonia agricola, o ad una casa di lavoro.

12.4 Misure di sicurezza non detentive

12.4.1 Libertà vigilata

Tale misura consiste nella limitazione della libertà personale del soggetto posta in essere dall'autorità giudiziaria attraverso una serie di *prescrizioni*, miranti non solo a *prevenire* la commissione di *ulteriori reati*, ma anche a favorire il *reinserimento sociale* del reo. La sorveglianza della persona in stato di libertà vigilata è affidata all'autorità di pubblica sicurezza. La legge prevede dei casi in cui l'applicazione di tale misura è *facoltativa* (art. 229 c.p.), ed altri in cui invece essa è *obbligatoria* (art. 230 c.p.).

12.4.2 Divieto di soggiorno in uno o più Comuni o in una o più Province

Dispone l'art. 233 c.p. che tale misura, che comporta il divieto di soggiornare in uno o più Comuni ovvero in una o più Province, *può* essere imposta, per una durata non inferiore a 1 anno, al colpevole di un delitto contro la personalità dello Stato, contro l'ordine pubblico, commesso per motivi politici o occasionato da particolari condizioni sociali o morali esistenti in un determinato luogo.

12.4.3 Divieto di frequentare osterie e pubblici spacci di bevande alcooliche

Ai sensi dell'art. 234 c.p., tale divieto è sempre aggiunto alla pena, quando si tratta di condannati per ubriachezza abituale o per reati commessi in stato di ubriachezza, sempre che questa sia abituale. Si tratta di una misura di sicurezza in cui, a differenza delle altre, la pericolosità sociale viene presunta dalla legge. Essa, infatti, è sempre ordinata, in aggiunta alla pena, per qualsiasi reato aggravato dall'ubriachezza abituale (art. 94 c.p.) oppure nel caso di condanna per ubriachezza abituale (art. 688 c.p.). La misura ha la durata minima di 1 anno.

12.4.4 Espulsione od allontanamento dello straniero dallo Stato

Ai sensi dell'art. 235 c.p., il giudice ordina l'*espulsione* dello straniero ovvero l'*allontanamento* dal territorio dello Stato del cittadino appartenente ad uno Stato membro dell'Unione europea, oltre che nei casi espressamente preveduti dalla legge, in caso di condanna alla reclusione per un tempo *superiore ai 2 anni*.

L'art. 312 c.p. prevede che l'espulsione dello straniero o l'allontanamento del cittadino appartenente ad uno Stato membro dell'Unione europea siano obbligatorie in seguito alla condanna ad una pena restrittiva per un delitto contro la personalità dello Stato. Tuttavia, è da tener presente che l'irrogazione di misure di sicurezza è sempre subordinata all'accertamento giudiziale, al momento della condanna, della pericolosità sociale del condannato.

12.5 Misure di sicurezza patrimoniali

12.5.1 La cauzione di buona condotta

Tale misura consiste nel *deposito*, presso la Cassa delle ammende, di una *somma* non inferiore a euro 103, 29 né superiore a euro 2.065,83 ovvero, in sostituzione, nella prestazione di una *garanzia* mediante ipoteca o fideiussione solidale.
Nel corso della durata di tale misura (che non può essere inferiore ad 1 anno né superiore a 5) si monitora il comportamento del soggetto che vi è sottoposto e (art. 239 c.p.):

- se commette un *delitto* ovvero una *contravvenzione per la quale la legge stabilisce la pena dell'arresto*, la somma depositata, o per la quale fu data garanzia, è devoluta alla Cassa delle ammende;
- se non commette alcuno dei reati suindicati è ordinata la restituzione della somma depositata o la cancellazione dell'ipoteca.

La misura è disposta dal giudice. Qualora il deposito della somma non sia eseguito, o la garanzia non sia prestata, il giudice *sostituisce* alla cauzione la *libertà vigilata* (art. 238 c.p.).

12.5.2 La confisca

Dalla lettura dell'art. 240 c.p., si definisce la confisca come l'**espropriazione da parte dello Stato delle cose**:

- che sono *servite* o sono state *destinate* a commettere il reato;
- che rappresentano il *prodotto* o il *profitto* del reato;
- che costituiscono il *prezzo* del reato;
- la *fabbricazione*, l'*uso*, il *porto*, la *detenzione* e l'*alienazione* delle quali costituiscono reato.

La funzione della confisca è insita nell'esigenza di evitare che la *disponibilità* di cose funzionali o conseguenti al reato possa *spingere nuovamente* il reo a *delinquere*.
Come risulta dall'art. 240, co. 1, c.p., per principio generale, la confisca è **facoltativa** ed è decisa dal giudice sulla base di un giudizio di pericolosità che deve tener conto dell'effetto induttivo determinato nel colpevole dalla disponibilità della *res*.
La confisca è **obbligatoria** nei casi indicati nel secondo comma, e cioè quando ha ad oggetto: cose che costituiscono il prezzo del reato; beni e strumenti informatici o telematici che risultino essere stati in tutto o in parte utilizzati per la commissione di alcuni reati individuati dalla norma, nonché, per effetto della disciplina introdotta dal D.Lgs. 202/2016 (di attuazione della Direttiva 2014/42/UE) i beni che ne costituiscono il profitto o il prodotto ovvero somme di denaro, beni o altre utilità di cui il colpevole ha la disponibilità per un valore corrispondente a tale profitto o prodotto, se non è possibile eseguire la confisca del profitto o del prodotto diretti; cose la cui fabbricazione, uso, porto, detenzione e alienazione costituiscono reato.

Qualora non sia possibile aggredire il prezzo e il profitto, è possibile, con la **confisca per equivalente** (o **di valore**), espropriare somme di denaro, beni o altre utilità di cui il reo abbia la disponibilità in misura corrispondente al prezzo e al profitto del reato. Si tratta di una forma di confisca sussidiaria, introdotta per la prima volta in relazione al reato di usura dalla L. 108/1996 (art. 644, co. 6, c.p.), ma estesa progressivamente ad altre fattispecie, che presuppone l'impossibilità di reperire nel patrimonio del reo i beni che costituiscono prezzo o profitto del reato.
In rilievo viene anche la cosiddetta **confisca allargata** (o **di valori ingiustificati**), istituto introdotto dal D.L. 8-6-1992, n. 306, conv. dalla L. 7-8-1992, n. 356 e originariamente correlato, con applicazione obbligatoria, alla condanna per delitti di criminalità mafiosa o legati al traffico illecito di sostanze stupefacenti, progressivamente esteso ad ulteriori ipotesi delittuose, come quelle connotate da finalità di terrorismo e di eversione dell'ordine costituzionale o, ancora, ai reati contro la Pubblica Amministrazione.
La confisca "allargata" ha ad oggetto denaro, beni ed altre utilità di cui il condannato non possa giustificare la legittima provenienza e di cui risulti essere titolare o avere la disponibilità, anche per interposta persona, in misura sproporzionata rispetto ai redditi dichiarati o derivanti da attività economiche lecite.
L'art. 12-*sexies* del citato D.L. 306/1992, nel disciplinare la prima volta la figura, ha posto in evidenza la mera sproporzione tra reddito dichiarato e valore dei beni, a prescindere dalla circostanza che essi siano o meno ricollegabili ad uno dei reati-presupposto. La confisca, infatti, può colpire anche beni acquisiti in epoca anteriore o successiva al reato in virtù di una "presunzione di ingiustificata locupletazione", cioè di una presunzione di illiceità della detenzione attuale di quei beni da parte del condannato, sul quale grava l'onere di giustificare la legittima provenienza dei suoi beni.
Si spezza, dunque, il tradizionale legame tra reato e bene confiscato, secondo una riconoscibile linea di tendenza per cui assume sempre maggiore rilievo il contrasto patrimoniale alla criminalità.
Il **D.Lgs. 21/2018** (attuazione della delega in materia di riserva di codice), è intervenuto anche in materia di confisca allargata, radicalmente mutando le norme di riferimento, pur senza alcuna modifica delle stesse sotto il profilo contenutistico.
Contestualmente all'**abrogazione quasi integrale dell'art. 12-*sexies* D.L. 306/1992** (di cui attualmente restano in vigore i soli commi 4-*ter* e 4-*quater*), il legislatore ha infatti suddiviso la disciplina dell'istituto in diverse norme contenute nel codice penale, nel T.U. degli

stupefacenti, nel T.U. in materia doganale, nel codice di procedura penale e nelle sue disposizioni di attuazione.

La principale fonte normativa è ora l'art. 240-*bis* c.p. In detto articolo confluisce la disciplina fondamentale della confisca allargata, relativa ai casi, ai presupposti e alle modalità di applicazione dell'istituto, compresa quella relativa alla confisca "per equivalente".
L'operazione ha consentito di riportare ad unità il catalogo dei reati-presupposto per l'applicazione della misura, a seguito della trasposizione nel codice penale di una serie di delitti, precedentemente collocati nella legislazione speciale, per i quali la confisca allargata era già prevista dal citato art. 12-*sexies* D.L. 306/1991. Per ciò che riguarda, invece, l'applicazione dell'istituto ai reati tuttora presenti nella legislazione speciale (quelli relativi alla disciplina degli stupefacenti e del contrabbando), le relative disposizioni sono state inserite nel testo di legge speciale che regola organicamente la materia, facendo rinvio alla norma di carattere generale oggi rappresentata dall'art. 240-*bis* c.p.
Gli aspetti più propriamente esecutivi dell'istituto hanno trovato una specifica collocazione all'interno delle disposizioni di attuazione del c.p.p. e, in particolare, nei commi da 1-*quater* a 1-*sexies* dell'art. 104-*bis* (ora rubricato *Amministrazione dei beni sottoposti a sequestro preventivo e a sequestro e confisca in casi particolari. Tutela dei terzi nel giudizio*) e nell'art. 183-*quater* (*Esecuzione della confisca in casi particolari*).
Infine, all'interno del codice di procedura penale è stato inserito l'art. 578-*bis* (*Decisione sulla confisca in casi particolari nel caso di estinzione del reato per amnistia o per prescrizione*), che testualmente recepisce il testo del comma 4-*septies* dell'art. 12-*sexies*, D.L. 306/1992, così come introdotto dall'art. 31 L. 161/2017. Tale disposizione prevede che, quando sia stata ordinata la confisca "in casi particolari" prevista dal primo comma dell'art. 240-*bis* c.p. (con eccezione quindi della confisca "allargata" per equivalente) il giudice di appello o la Corte di cassazione, nel dichiarare il reato estinto per prescrizione o per amnistia, decidano sull'impugnazione ai soli effetti della confisca, previo accertamento della responsabilità dell'imputato.

Quesiti di verifica 12
Le misure di sicurezza

1) Qual è la funzione delle misure di sicurezza?

A. Prevenzione speciale
B. Prevenzione generale
C. Funzione repressiva

2) Le misure di sicurezza hanno una durata:

A. indeterminata
B. determinata
C. relativa al tipo di reato commesso

3) Le misure di sicurezza soggiacciono al principio di legalità?

A. No
B. No, tranne ove sia espressamente indicato dal legislatore
C. Sì

4) Le misure di sicurezza vengono applicate:

A. in considerazione della pericolosità sociale del reo
B. in aggiunta ad una pena detentiva
C. con la sentenza di ultimo grado

5) È una misura di sicurezza non detentiva:

A. l'assegnazione ad una REMS
B. il ricovero in un riformatorio giudiziario
C. il divieto di soggiorno in uno o più Comuni o in una o più Province

6) È una misura di sicurezza detentiva personale:

A. la libertà vigilata
B. il ricovero in un riformatorio giudiziario
C. la confisca

7) È una misura di sicurezza patrimoniale:

A. la libertà vigilata
B. la confisca
C. l'assegnazione ad una REMS

8) La libertà vigilata è:

A. una misura di sicurezza di prevenzione
B. una misura di sicurezza detentiva
C. una misura di sicurezza non detentiva

9) La confisca è:

A. per principio generale facoltativa e, nei casi indicati dalla legge, obbligatoria
B. per principio generale obbligatoria e, nei casi indicati dalla legge, facoltativa
C. sempre obbligatoria

10) La durata minima del riformatorio giudiziario è di:

A. diciotto mesi
B. sei mesi
C. un anno

RISPOSTE CORRETTE

1) A	6) B
2) A	7) B
3) C	8) C
4) A	9) A
5) C	10) C

Capitolo 13
I delitti

13.1 Classificazione dei delitti

Dopo la trattazione dei principi generali a cui tutti i reati si riportano, il codice penale, nel Libro II, tratta specificamente dei singoli delitti previsti nel nostro ordinamento.
Il Libro II si suddivide in Titoli, ciascuno dei quali è dedicato alla tutela di un determinato bene giuridico.
Il codice penale, nel classificare i delitti secondo il loro oggetto giuridico, inizia da quelli che offendono direttamente e immediatamente gli interessi pubblici, proseguendo via via con quelli che comportano minaccia o lesione di beni di pertinenza individuale (delitti contro il patrimonio).

Le classi, o categorie, di delitti sono disciplinate nei seguenti Titoli del Libro II c.p.:

I. **Delitti contro la personalità dello Stato** (artt. 241-313 c.p.)
II. **Delitti contro la Pubblica Amministrazione** (ar tt. 314-360 c.p.)
III. **Delitti contro l'Amministrazione della giustizia** (artt. 361-401 c.p.)
IV. **Delitti contro il sentimento religioso e la pietà dei defunti** (artt. 402-413 c.p.)
V. **Delitti contro l'ordine pubblico** (artt. 414-421 c.p.)
VI. **Delitti contro l'incolumità pubblica** (artt. 422-452 c.p.)
VI-*bis*. **Delitti contro l'ambiente** (artt. 452-*bis*/452-*quaterdecies* c.p.)
VII. **Delitti contro la fede pubblica** (artt. 453-498 c.p.)
VIII. **Delitti contro l'economia pubblica, l'industria e il commercio** (artt. 499-518 c.p.)
IX. **Delitti contro la moralità pubblica e il buon costume** (artt. 519-544 c.p.)
IX-*bis*. **Delitti contro il sentimento per gli animali** (artt. 544-*bis*/544-*sexies* c.p.)
X. **Delitti contro la famiglia** (artt. 556/574-*ter* c.p.)
XII. **Delitti contro la persona** (artt. 575/623-*ter* c.p.)
XIII. **Delitti contro il patrimonio** (artt. 624/649-*bis* c.p.)

13.2 I delitti contro la personalità dello Stato

Il Titolo I del Libro II del codice penale disciplina i delitti contro la personalità dello Stato.
Si tratta di delitti che comprendono tutti i **fatti che offendono gli interessi politici dello Stato**, cioè quelli che riguardano lo Stato nella sua essenza unitaria, o che lo interessano in relazione con altre nazioni, o che si riferiscono alla vita interna di esso.
Il generico riferimento alla personalità (internazionale o interna) dello Stato, quale **bene-interesse tutelato**, trova concreta specificazione nel valore supremo della tutela dell'ordine pubblico e della salvaguardia del metodo costituzionale democratico, quando vengono posti in pericolo da condotte di violenza.

Nella categoria rientrano talune importanti fattispecie di **reati associativi**, caratterizzati dall'anticipazione della tutela penale, per cui il legislatore incrimina l'associazione di più persone quando sia diretta a perseguire determinate finalità illecite, sempre che la condotta degli associati presenti un'idoneità oggettiva rispetto alla produzione dell'evento lesivo. Le maggiori innovazioni legislative si sono registrate in relazione alla legislazione dell'emergenza emanata per far fronte all'acuirsi della criminalità terroristica sul finire degli anni Settanta.

Tra le principali figure delittuose si segnala il **delitto di associazione sovversiva** (art. 270 c.p., come sostituito dall'art. 2 L. 85/2006) che punisce chiunque, nel territorio dello Stato, promuove, costituisce, organizza o dirige, ovvero vi partecipa, associazioni dirette e idonee a sovvertire violentemente gli ordinamenti economici o sociali costituiti nello Stato ovvero a sopprimere violentemente l'ordinamento politico e giuridico dello Stato.

L'art. 270-*bis* c.p., in secondo luogo, punisce chi promuove, costituisce, organizza o dirige o finanzia associazioni che si propongono il compimento di **atti di violenza con finalità di terrorismo o di eversione dell'ordine democratico**, ovvero partecipa a tali associazioni.

Nell'**art. 270-*bis*.1 c.p.**, introdotto dall'art. 5, co. 1, lett. *c*), del D.Lgs. 21/2018 sono state trasferite, in modo più ordinato e razionale, le diverse circostanze in materia di **delitti commessi per finalità di terrorismo o di eversione dell'ordine democratico** già previste dal D.L. 625/1979.

Sono puniti altresì l'*assistenza agli associati* (art. 270-*ter* c.p.), l'attività di *arruolamento* (art. 270-*quater* c.p.), l'*organizzazione*, il *finanziamento* o la *propaganda di viaggi in territorio estero finalizzati al compimento di condotte con finalità di terrorismo* (art. 270-*quater*1 c.p.), l'*addestramento ad attività con finalità di terrorismo anche internazionale* (art. 270-*quinquies* c.p.), il *finanziamento di condotte con finalità di terrorismo* (art. 270-*quinquies*1 c.p.).

Con la L. 155/2005 è stata introdotta nel nostro ordinamento una definizione normativa di **attività con finalità di terrorismo** (art. 270-*sexies* c.p.), adeguando la legislazione interna a quella internazionale. Il concetto di **associazione**, comune a una serie di fattispecie penali, individua una struttura stabilmente organizzata, riferendo il vincolo associativo a un programma indefinito di reati, aventi come scopo il sovvertimento dell'ordine democratico e la lotta politica attuati mediante violenza ovvero la creazione di un clima sociale di panico diffuso, e non esige né un numero indeterminato di adepti né la consistenza dei mezzi idonei alla realizzazione dei fini né un concreto pericolo per lo Stato, derivando questo in via presuntiva dalla previsione incriminatrice. La **condotta con finalità eversiva dell'ordine democratico** ricorre quando il programma associativo prevede lo sconvolgimento dell'assetto costituzionale.

L'art. 280 c.p. punisce l'**attentato alla vita o all'incolumità di una persona per finalità terroristiche o di eversione**. Non diversamente dalle normali figure di delitto tentato, si richiede anche qui che gli atti, pur se meramente preparatori, siano tali da dimostrarsi idonei e inequivocabilmente diretti alla realizzazione di quello che, in assenza della previsione specifica, sarebbe il reato consumato.

Con il progredire delle forme di criminalità terroristica, sempre più aggressive, si è reso necessario introdurre nel codice penale, per opera della L. 153/2016, altre due fattispecie delittuose: gli **atti di terrorismo con ordigni micidiali o esplosivi e quelli di terrorismo nucleare** (artt. 280-*bis*, 280-*ter*). Tali norme puniscono, rispettivamente, la condotta di chiunque, per finalità di terrorismo, pone in essere qualsiasi atto diretto a danneggiare cose mobili o immobili altrui, mediante l'uso di dispositivi esplosivi o comunque micidiali, e la condotta di chiunque altro, con le finalità di terrorismo di cui all'art. 270-*sexies*, procura a sé o ad altri materia radioattiva e crea un ordigno nucleare o ne viene altrimenti in possesso, ovvero utilizza materia radioattiva o un ordigno nucleare o, ancora, utilizza o danneggia un impianto nucleare in modo tale da rilasciare, o con il concreto pericolo che rilasci, materia radioattiva.

Ancora da segnalare è l'inserimento, ad opera del D.Lgs. 21/2018, dell'art. **289-*ter* c.p.**, rubricato "*Sequestro di persona a scopo di coazione*", che punisce con la reclusione da 25 a 30 anni (salvo che il fatto sia di "lieve entità") chi "sequestra una persona o la tiene in suo potere minacciando di ucciderla, di ferirla o di continuare a tenerla sequestrata al **fine di costringere un terzo**, sia questi uno **Stato**, una **organizzazione internazionale** tra più governi, una **persona fisica o giuridica** o una **collettività di persone fisiche**, a compiere un qualsiasi atto o ad astenersene". Tale fattispecie, trasfusa nel codice penale, era già configurata nei medesimi termini, pur senza tale *nomen iuris*, dall'art. 3 della L. 218/1985, ora abrogato.

13.3 I delitti dei pubblici ufficiali contro la pubblica amministrazione

I delitti descritti nel Titolo II del Libro II del codice penale sono posti a tutela del **buon andamento** e dell'**imparzialità della Pubblica Amministrazione**. Le fattispecie incriminatrici costituiscono diretta espressione dell'interesse dello Stato a preservare il prestigio degli enti pubblici, nonché il regolare funzionamento della Pubblica Amministrazione attraverso i suoi numerosi apparati.
Sulla disciplina di questi reati hanno inciso in maniera importante dapprima la L. 86/1990, poi la L. 190/2012 (cd. Legge Severino) e la L. 69/2015 cd. Legge Grasso. A tali interventi si aggiunge quello operato dalla riforma introdotta dalla cd. **Legge anticorruzione** (L. 3/2019), che ha disposto una serie di importanti modifiche al codice penale, al codice di procedura penale, al codice civile e ad alcune leggi speciali, proprio con l'obiettivo di potenziare l'attività di prevenzione, accertamento e repressione dei reati contro la Pubblica Amministrazione.
Quelli commessi contro la Pubblica Amministrazione sono prevalentemente *reati propri*, i cui i soggetti attivi devono rivestire la qualifica di **pubblici ufficiali** (art. 357 c.p.), di **incaricati di un pubblico servizio** (art. 358 c.p.) o di **esercenti un servizio di pubblica necessità** (art. 359 c.p.). Alla disciplina di questi reati, in cui l'offesa implica una violazione di *doveri funzionali* da parte di soggetti investiti di mansioni pubbliche, è dedicato il capo I (artt. 314-335-*bis*).

Con riguardo ai reati dei pubblici ufficiali contro la P.A. deve segnalarsi l'emanazione del D.Lgs. 75/2020, di attuazione della Direttiva (UE) 2017/1371, in tema di *lotta contro la frode che leda gli interessi finanziari dell'Unione* (cosiddetta **direttiva PIF** – Direttiva per la Protezione di Interessi Finanziari). Detta direttiva sostituisce ed aggiorna la precedente Convenzione PIF, già recepita nel nostro ordinamento con L. 300/2000.
Il D.Lgs. 75/2020 interviene a modificare alcune disposizioni chiave in materia penale, con l'obiettivo di avvicinare, secondo le finalità della citata Direttiva, il diritto penale degli Stati membri dell'Unione.

In particolare, l'art. 1 modifica gli artt. 316 (*Peculato mediante profitto dell'errore altrui*), 316-*ter* (*Indebita percezione di erogazioni a danno dello Stato*) e 319-*quater* (*Induzione indebita a dare o promettere utilità*) c.p., inasprendone le pene fino a 4 anni quando i fatti ivi previsti ledano gli interessi finanziari dell'UE (avendo a che fare con denaro od altre utilità sottratti al bilancio dell'Unione e ai suoi organismi) e determinino un danno o un profitto superiori a 100.000 euro.
Nella medesima prospettiva, attraverso l'aggiunta di un numero 5-*quinquies* all'art. 322-*bis* c.p. (*Peculato, concussione, induzione indebita a dare o promettere utilità, corruzione e istigazione alla corruzione di membri delle Corti internazionali o degli organi delle Comunità europee o di assemblee parlamentari internazionali o di organizzazioni internazionali e di funzionari delle Comunità europee e di Stati esteri*), si estende l'area della punibilità di alcuni reati anche ai pubblici ufficiali e agli incaricati di pubblico servizio di Stati che non fanno parte dell'UE per fatti offensivi degli interessi finanziari dell'Unione.

Il legislatore, però, si occupa anche dei **delitti contro la Pubblica Amministrazione commessi da soggetti privati**, cioè da parte di comuni cittadini, privi della qualifica di pubblico ufficiale o altra equiparata e, quindi, estranei all'attività funzionale colpita dall'azione criminosa. A questi reati è dedicato il capo II (art. 336-356).

13.3.1 I soggetti attivi

Agli effetti della legge penale, il **pubblico ufficiale** è *chi esercita una pubblica funzione legislativa, giudiziaria o amministrativa* (art. 357 c.p.) e, nell'ambito della Pubblica Amministrazione, *chi esercita poteri deliberativi, autoritativi o certificativi*.
La nozione di **incaricato di pubblico servizio** è, invece, fornita dall'art. 358 c.p., che attribuisce tale qualifica a *chi, a qualunque titolo, presta un pubblico servizio*. Si intende per *«pubblico servizio»*, allo scopo che qui interessa, l'attività disciplinata nelle stesse forme della pubblica funzione, seppur in assenza dei poteri tipici di questa funzione; non rientra nella concezione di pubblico servizio, invece, lo svolgimento di semplici mansioni d'ordine o la prestazione di opere meramente materiali.
Infine, la qualifica di persona **esercente un servizio di pubblica necessità** (art. 359, co. 1, c.p.) appartiene a quei *soggetti privati che esercitano talune professioni specifiche*, fra cui quella forense e quella sanitaria o, comunque, professioni connotate da un duplice requisito:

- il loro esercizio deve essere subordinato al rilascio di una speciale abilitazione statale;
- il pubblico deve essere obbligato per legge a valersi delle dette professioni (come, ad esempio, nel caso dell'attività di assicurazione obbligatoria del rischio di responsabilità civile derivante dalla circolazione dei veicoli e natanti).

Il venir meno di queste qualifiche (pubblico ufficiale, incaricato di pubblico servizio ed esercente un servizio di pubblica necessità), nel momento in cui il reato è commesso, quando la legge le considera come elementi costitutivi o come circostanze aggravanti degli illeciti, non esclude l'esistenza del reato, né la circostanza aggravante, se il fatto si riferisce all'ufficio o al servizio esercitato (art. 360 c.p.).
Viene in tal modo conferita rilevanza alla qualifica pubblica anche se cessata al momento della condotta, sulla base di un suo collegamento al fatto che supera il criterio della coesistenza temporale normalmente richiesto.

13.3.2 Il peculato

Ai sensi dell'art. 314 c.p., commette questo delitto *il pubblico ufficiale o l'incaricato di un pubblico servizio che, avendo per ragione del suo ufficio o servizio il possesso o comunque la disponibilità di denaro o di altra cosa mobile altrui, se ne appropria.*
La pena è attenuata se *il colpevole ha agito al solo scopo di fare uso momentaneo della cosa e questa, dopo l'uso momentaneo, è stata immediatamente restituita.*
Presupposto del reato è il **possesso** o la **disponibilità di beni** per la ragione d'ufficio o di servizio.
La norma prevede due ipotesi di peculato:

- la prima punisce la condotta di **appropriazione del denaro o altra cosa mobile altrui**, di cui il soggetto aveva la disponibilità in ragione dell'ufficio o del servizio;
- la seconda punisce, con una sanzione meno grave, il cosiddetto **peculato d'uso**, ossia il comportamento del pubblico ufficiale o incaricato di pubblico servizio che faccia uso momentaneo delle cose con immediata restituzione.

L'art. 316 c.p., invece, punisce il **peculato mediante profitto dell'errore altrui**, che si configura quando il pubblico ufficiale o l'incaricato di un pubblico servizio, nell'esercizio delle funzioni o del servizio, giovandosi dell'errore altrui, riceve o ritiene indebitamente per sé o per un terzo, denaro o altra utilità.
È dovere del pubblico funzionario non accettare cose che gli siano consegnate per errore e, qualora si accorga dell'errore, di restituirle se le ha ricevute in buona fede. La violazione di questo dovere costituisce l'essenza stessa del reato.
Come anticipato, il D.Lgs. 75/2020, di attuazione della Direttiva (UE) 2017/1371, relativa alla lotta contro la frode che lede gli interessi finanziari dell'Unione, mediante l'inserimento di un nuovo comma all'art. 316 c.p., ha previsto un aumento di pena quando il fatto offende gli interessi finanziari dell'Unione europea e il danno o il profitto sono superiori a 100.000 euro.

13.3.3 La concussione

Commette il delitto di concussione, ai sensi dell'art. 317 c.p., *il pubblico ufficiale o l'incaricato di un pubblico servizio che, abusando della sua qualità o dei suoi poteri, costringe taluno a dare o promettere indebitamente, a lui o a un terzo, denaro o altra utilità.*

Con il termine **abuso dei poteri** la norma ha inteso far riferimento alle ipotesi di condotte rientranti nella competenza tipica del soggetto qualificato (pubblico ufficiale o incaricato di un pubblico servizio), quali manifestazioni delle sue potestà funzionali, ma poste in essere al di fuori dei casi o al di là dei limiti stabiliti dalla legge; si tratta, in sostanza di un esercizio distorto delle attribuzioni dell'ufficio.
Per **abuso delle qualità** deve intendersi, invece, la strumentalizzazione da parte del pubblico funzionario della propria qualifica soggettiva, e dunque della posizione di preminenza ricoperta dal medesimo rispetto al privato.

La riforma del 2012 (L. 190/2012) ha limitato l'ambito operativo della norma alla sola ipotesi in cui la condotta concussiva del pubblico ufficiale o dell'incaricato di pubblico servizio abbia generato un **effetto di costrizione nei confronti del privato**, e, in virtù dei suoi poteri autoritativi, abbia determinato nel privato uno stato di soggezione verso il funzionario, tale da togliere la libertà di autodeterminazione. Sono

state, pertanto, escluse dall'ambito applicativo della norma le condotte di semplice *induzione*, confluite in una nuova fattispecie denominata **induzione indebita a dare o promettere utilità** (art. 319-*quater* c.p.).
Il reato si consuma nel momento e nel luogo in cui viene effettuata la dazione o fatta la promessa.

13.3.4 La corruzione

Il fenomeno della corruzione è previsto e incriminato da più articoli del codice penale, precisamente dall'art. 318 all'art. 322 c.p.
In generale può dirsi che il reato di corruzione è un *reato a concorso necessario*, in quanto la sua essenza consiste nell'accordo fra il pubblico ufficiale o incaricato di pubblico servizio e il privato, accordo che ha per oggetto un atto o un'attività inerente all'esercizio della potestà pubblica. Tratto caratteristico dei delitti di corruzione è il cd. *pactum sceleris* tra il pubblico ufficiale (o l'incaricato di pubblico servizio) ed il privato, avente ad oggetto, da parte del primo, l'esercizio delle sue funzioni, il compimento di un atto contrario ai suoi doveri di ufficio oppure il mancato compimento di un atto del suo ufficio.
Il reato ricorre innanzitutto, ai sensi dell'art. 318 c.p., nei casi in cui *un pubblico ufficiale, per l'esercizio delle sue funzioni o dei suoi poteri, indebitamente riceve, per sé o per un terzo, denaro o altra utilità o ne accetta la promessa* (**corruzione per l'esercizio della funzione o "impropria"**). Per tale fattispecie la L. 3/2019 ha innalzato i precedenti limiti di pena (da 1 a 6 anni) portandoli agli attuali "da 3 a 8 anni".
Pene più gravi sono stabilite dall'art. 319 c.p. per *il pubblico ufficiale che, per omettere o ritardare o per avere omesso o ritardato un atto del suo ufficio, ovvero per compiere o per aver compiuto un atto contrario ai doveri d'ufficio, riceve, per sé o per un terzo, denaro o altra utilità, o ne accetta la promessa* (**corruzione per atto contrario ai doveri d'ufficio o "propria"**).
La dottrina distingue in relazione al momento temporale in cui il pubblico funzionario riceve il denaro o altra utilità (o ne accetta la promessa): si parla di *corruzione antecedente* qualora l'agente qualificato li riceve per un atto che deve ancora compiere, e *corruzione susseguente* se il denaro o altra utilità vengano corrisposti per un atto già compiuto.
Come il pubblico ufficiale, sono puniti dal legislatore anche il **corruttore** (art. 321 c.p.) e l'**incaricato di pubblico servizio** (art. 320 c.p.), ma quest'ultimo fruisce di una riduzione non superiore a un terzo.

In entrambi i casi rileva la **condotta attiva** (il pubblico ufficiale o incaricato di pubblico servizio riceve la retribuzione o ne accetta la promessa). Non è invece necessario che l'atto per il quale è concordato il pagamento venga effettivamente posto in essere o ritardato o omesso. Rilevante, infatti, è la circostanza che la retribuzione in esame sia connessa a uno specifico atto, compiuto o da compiere, conforme o contrario ai doveri d'ufficio.
L'**elemento soggettivo** è rappresentato dal *dolo specifico,* consistente nella coscienza e volontà di ricevere una retribuzione non dovuta per il compimento di un atto dell'ufficio, ovvero per omettere o ritardare un atto del suo ufficio o per compiere un atto contrario ai doveri di ufficio.

Sono puniti anche la *corruzione in atti giudiziari* (art. 319-*ter* c.p.) e l'*induzione indebita a dare o promettere utilità* (art. 319-*quater* c.p.).

Commette, invece, il reato di **istigazione alla corruzione** (art. 322 c.p.) offra o prometta denaro o altra utilità, come retribuzione non dovuta, a un pubblico ufficiale o incaricato di pubblico servizio, per indurlo a compiere un atto del proprio ufficio o servizio (**istigazione alla corruzione impropria**) – nel qual caso si applica la pena prevista dall'art. 318, co. 1, c.p. (*reclusione da 3 a 8 anni*), ridotta di un terzo – ovvero per indurlo a omettere o ritardare un atto del proprio ufficio o servizio, ovvero a fare un atto contrario ai propri doveri (**istigazione alla corruzione propria**), nel caso in cui l'offerta o la promessa non venga accettata. Si applica, nel secondo caso, la pena prevista dall'art. 319 c.p. (*reclusione da 6 a 10 anni*), ridotta, anche qui, di un terzo.

A differenza delle ipotesi criminose di cui agli artt. 318 e 319 c.p., che configurano delle fattispecie a "concorso necessario", l'istigazione alla corruzione è un *reato monosoggettivo*, che si realizza con l'offerta o la promessa di danaro o di altra utilità non dovuta per i fini previsti dalla norma. Elemento essenziale della fattispecie è la **mancata accettazione** da parte del pubblico ufficiale dell'offerta o della promessa.

La norma in esame, anch'essa parzialmente modificata ad opera della L. 190/2012, punisce in via autonoma il **tentativo unilaterale di corruzione** che altrimenti rimarrebbe impunito in virtù del disposto di cui all'art. 115 c.p., che esclude la punibilità dell'istigazione a delinquere non accolta.

Con l'introduzione di tale fattispecie criminosa il legislatore ha voluto anticipare la soglia della punibilità, elevando a titolo autonomo di reato consumato fatti altrimenti costituenti mero tentativo. L'istigazione, infatti, si caratterizza per il compimento di atti idonei e diretti in modo non equivoco al *pactum*, ma che non sfociano nell'accordo per la mancanza delle concordi volontà dei soggetti attivi.

13.3.5 L'induzione indebita a dare o promettere utilità

Commette tale reato, a termini dell'art. 319-*quater* c.p., *salvo che il fatto costituisca più grave reato, il pubblico ufficiale o l'incaricato di pubblico servizio che, abusando della sua qualità o dei suoi poteri, induce taluno a dare o a promettere indebitamente, a lui o a un terzo, denaro o altra utilità.*

È punito, in tali casi, anche chi dà o promette denaro o altra utilità, ma la pena è minore.

L'induzione indebita è stata introdotta dalla L. 190/2012, ed in essa è confluita la fattispecie della concussione per induzione. Soggetti attivi sono sia il pubblico ufficiale che l'incaricato di un pubblico servizio.

In virtù del D.Lgs. 75/2020 (di attuazione della Direttiva (UE) 2017/1371, relativa alla lotta contro la frode che lede gli interessi finanziari dell'Unione), ricorre un aggravamento di pena (fino a 4 anni di reclusione) allorquando il fatto ivi previsto offenda gli interessi finanziari dell'UE e il danno o il profitto siano superiori a 100.000 euro.

Particolarmente incisiva appare l'introduzione dell'art. 322-*quater* c.p., operata dalla L. 69/2015 (articolo poi modificato dalla L. 3/2019) in quanto si stabilisce che con la sentenza di condanna per i reati previsti dagli artt. 314, 317, 318, 319, 319-*ter*, 319-*quater*, 320, 321 e 322-*bis* c.p., è **sempre** ordinato il pagamento di una somma equivalente al prezzo o al profitto del reato a titolo di riparazione pecuniaria in favore dell'amministrazione lesa dalla condotta del pubblico ufficiale o dell'incaricato di un pubblico servizio.

13.3.6 L'abuso d'ufficio

La norma sull'abuso d'ufficio (art. 323 c.p.) ha subito una tormentata evoluzione normativa. Novellata in sede di riforma del '90 (L. 86/1990), con la L. 234/1997 è stata oggetto di una rilevante modifica nel tentativo di circoscrivere in modo più netto l'area del penalmente rilevante; la L. 190/2012 è poi intervenuta sul trattamento sanzionatorio innalzando sia il minimo (da 6 mesi ad 1 anno) che il massimo (da 3 a 4 anni) edittali, così da consentire anche l'adozione di misure cautelari personali.
L'assetto normativo risultante dalla riforma del 1997 prevedeva, all'art. 323 c.p., che "*Salvo che il fatto non costituisca un più grave reato, il pubblico ufficiale o l'incaricato di pubblico sevizio che, nello svolgimento delle funzioni o del servizio,* ***in violazione di norme di legge o di regolamento****, ovvero omettendo di astenersi in presenza di un interesse proprio o di un prossimo congiunto o negli altri casi prescritti, intenzionalmente procura a sé o ad altri un ingiusto vantaggio patrimoniale ovvero arreca ad altri un danno ingiusto è punito con la reclusione da uno a quattro anni*".
Su tale assetto ha da ultimo inciso il D.L. 76/2020 (cosiddetto *decreto semplificazioni* conv. dalla L. 120/2020) che, al fine di definire in maniera più compiuta la condotta rilevante ai fini del reato di abuso di ufficio e di circoscriverne ulteriormente l'applicazione, ha sostituito la previsione codicistica attribuendo rilevanza alla **violazione da parte del pubblico ufficiale o dell'incaricato di pubblico servizio**, nello svolgimento delle pubbliche funzioni, **di specifiche regole di condotta espressamente previste dalla legge o da atti aventi forza di legge**, in luogo del generico riferimento alla "violazione di norme di legge o di regolamento", ritenuto non in grado di specificare la reale portata e l'incidenza di tale violazione sulla condotta delittuosa tenuta dal pubblico ufficiale (o dall'incaricato di pubblico servizio) nel caso concreto.
Con tale intervento normativo, il Legislatore ha puntato, dunque, ad eliminare la figura dell'abuso di ufficio "innominato" e a definire in maniera più compiuta la condotta rilevante ai fini del reato in esame, come pure si evince dalla rilevanza attribuita alla circostanza che dalle *specifiche regole di condotta espressamente previste dalla legge o da atti aventi forza di legge* **non residuino margini di discrezionalità** comportamentali per il soggetto agente.
Tre sono, dunque, gli interventi attraverso i quali il D.L. 76/2020 ha ridimensionato l'abuso d'ufficio:

- è stata **esclusa la rilevanza della violazione di norme contenute in regolamenti**: l'abuso potrà infatti essere integrato solo dalla violazione di "regole di condotta … previste dalla legge o da atti aventi forza di legge", cioè da *fonti primarie*;
- si è precisato che **rileva la sola inosservanza di regole di condotta "specifiche" ed "espressamente previste"** dalle citate fonti primarie;
- si è altresì precisato che **rilevano solo regole di condotta "dalle quali non residuino margini di discrezionalità"**.

L'eccessiva genericità e ampiezza dell'espressione "in violazione di norme di legge o di regolamento" è finita dunque nel mirino della legislazione d'urgenza, al fine di scongiurare la cosiddetta **sindrome della firma** indotta dal timore, nei funzionari pubblici, di firmare provvedimenti e atti (es. provvedimenti autorizzativi, assegnazioni, nulla osta) ed incorrere nelle sanzioni previste per il reato di abuso d'ufficio, ve-

dendosi comminare una responsabilità erariale. Ciò che ha determinato, nel tempo, un rilevante immobilismo.
La nuova fattispecie del reato di abuso di ufficio, a prescindere dal ridimensionamento della condotta tipica, per il resto rimane invariata: l'art. 323 c.p. continua a prevedere, infatti, come condotta alternativa, l'**inosservanza dell'obbligo di astensione in caso di conflitto di interessi**, nonché il **duplice evento**, alternativo, dell'**ingiusto vantaggio patrimoniale** e del **danno ingiusto**, oggetto del dolo intenzionale del pubblico ufficiale o dell'incaricato di pubblico servizio, che agiscano nello svolgimento delle loro funzioni o del servizio.
La pena è aumentata nei casi in cui il vantaggio o il danno hanno un carattere di rilevante gravità.
Per integrare l'elemento oggettivo del reato, **la condotta deve essere compiuta nello svolgimento delle funzioni o del servizio**. La condotta abusiva deve, pertanto, essere collegata all'esercizio dei poteri non solo sul piano temporale, ma anche su quello funzionale.

Si tratta di un **reato di evento**, in quanto il delitto può dirsi integrato solo quando l'agente procuri a sé o ad altri un ingiusto vantaggio patrimoniale ovvero arrechi ad altri un danno ingiusto.
L'attuale formulazione della fattispecie delittuosa delinea un reato di evento a **dolo generico**, il quale viene ad assumere la forma del **dolo intenzionale**.

13.3.7 La rivelazione e l'utilizzazione di segreti di ufficio

L'art. 326 c.p. punisce il pubblico ufficiale o la persona incaricata di un pubblico servizio:

- *che, violando i doveri inerenti alle funzioni o al servizio, o comunque abusando della sua qualità, rivela notizie d'ufficio, le quali debbono rimanere segrete, o ne agevola in qualsiasi modo la conoscenza* (ma il trattamento sanzionatorio è più lieve se l'agevolazione è soltanto colposa);
- *che, per procurare a sé o ad altri un indebito profitto patrimoniale, si avvale illegittimamente di notizie d'ufficio, le quali debbono rimanere segrete* (anche qui la pena è minore se il fatto è commesso al fine di procurare a sé o ad altri un *ingiusto profitto non patrimoniale* o di cagionare ad altri un *danno ingiusto*).

La condotta criminosa consiste nel **rivelare** o nell'**agevolare** in qualsiasi modo la conoscenza di notizie di ufficio che devono rimanere segrete. La *rivelazione* è il comportamento con cui si porta a conoscenza di altri, non legittimati a conoscerlo, un segreto: può assumere qualsiasi forma eccetto quella omissiva. L'*agevolazione* è il comportamento con cui si facilita la presa di conoscenza del segreto da parte di altri: può essere realizzata "in qualsiasi modo" e quindi anche in forma omissiva.

13.3.8 Il rifiuto e l'omissione di atti d'ufficio

L'art. 328 c.p. prevede due figure delittuose:

- commette la prima figura di reato il pubblico ufficiale o l'incaricato di pubblico servizio che indebitamente rifiuta un atto del suo ufficio che, per ragioni di giustizia o di sicurezza pubblica, o di ordine pubblico o di igiene e sanità, deve essere compiuto senza ritardo;

- commette la seconda figura di reato il pubblico ufficiale o l'incaricato di un pubblico servizio che, fuori dai casi precedenti, entro 30 giorni dalla richiesta di chi vi abbia interesse, non compia l'atto del suo ufficio e non risponda per esporre le ragioni del ritardo.

Atti d'ufficio sono gli atti dovuti e appartenenti alla competenza funzionale del soggetto. Il *rifiuto*, consistente nel diniego di compiere un atto doveroso, deve verificarsi *indebitamente*, cioè senza un motivo legittimo.
Agli effetti dell'*omissione penalmente rilevante*, la norma precisa che la *richiesta* deve essere redatta in *forma scritta* e che il termine di *30 giorni* decorre dalla ricezione della stessa.

13.3.9 La malversazione e l'indebita percezione di erogazioni a danno dello Stato

Sebbene collocati fra i delitti dei pubblici ufficiali contro la Pubblica Amministrazione, i reati di malversazione e indebita percezione di erogazioni a danno dello Stato, introdotti con L. 86/1990, non richiedono che il soggetto attivo rivesta la qualifica di pubblico ufficiale, né quella di incaricato di pubblico servizio, né di esercente un servizio di pubblica necessità.
Commette, infatti, il reato di **malversazione a danno dello Stato** (art. 316-*bis* c.p.), **chiunque**, **estraneo alla Pubblica Amministrazione**, *avendo ottenuto dallo Stato o da altro ente pubblico o dalle Comunità europee contributi, sovvenzioni o finanziamenti destinati a favorire iniziative dirette alla realizzazione di opere o allo svolgimento di attività di pubblico interesse, non li destina alle predette finalità.*

Con questa figura delittuosa il legislatore ha inteso garantire il buon fine degli interventi pubblici di sostegno ad opere o attività di pubblico interesse. La **finalità della previsione incriminatrice** è da ravvisare nell'esigenza di tutelare la destinazione dei finanziamenti pubblici, contrastando la condotta di chi, ottenuto un finanziamento con vincolo di destinazione alla soddisfazione di un determinato interesse pubblico, non lo impieghi per soddisfare la finalità preordinata. Il **bene giuridico tutelato** è pertanto costituito dalla corretta gestione delle risorse pubbliche destinate a fini di incentivazione economica e, da questo punto di vista, sarebbe stato forse più opportuno l'inserimento della fattispecie tra i delitti contro l'economia pubblica.

L'art. 316-*ter* c.p., invece, punisce l'**indebita percezione di erogazioni a danno dello Stato**, consistente, al di fuori del reato di cui all'art. 640-*bis* ("*Truffa aggravata per il conseguimento di erogazioni pubbliche*"), nel fatto di *chiunque mediante l'utilizzo o la presentazione di dichiarazioni o di documenti falsi o attestanti cose non vere, ovvero mediante l'omissione di informazioni dovute, consegue indebitamente, per sé o per altri, contributi, finanziamenti, mutui agevolati o altre erogazioni dello stesso tipo, comunque denominate, concessi o erogati dallo Stato, da altri enti pubblici o dalle comunità europee.*
La L. 3/2019, integrando il disposto dell'art. 316-*ter* c.p., ha previsto un'aggravante del delitto di indebita percezione di erogazioni a danno dello Stato quando l'illecito è commesso da un **pubblico ufficiale o da un incaricato di pubblico servizio con**

abuso della sua qualità o dei suoi poteri; in tali ipotesi, la pena è della reclusione da 1 a 4 anni.
Un aggravamento di pena è stato previsto dal D.Lgs. 75/2020 che, integrando il comma 1 dell'art. 316-*ter* c.p., ha previsto la reclusione da 6 mesi a 4 anni se il fatto offende gli interessi finanziari dell'Unione europea e il danno o il profitto sono superiori a 100.000 euro.

13.3.10 Le pene accessorie

La L. 3/2019 (*legge anticorruzione*), attraverso la modifica dell'art. 317-*bis* c.p., ha inteso realizzare un inasprimento delle *pene accessorie* (**interdizione dai pubblici uffici** e **incapacità di contrattare con la P.A.**), sia integrando il catalogo dei reati alla cui condanna conseguono le suddette pene, sia estendendo i casi in cui le pene stesse sono perpetue, sia aumentando considerevolmente la durata di quelle temporanee.
In particolare, alle ipotesi delittuose già contemplate dall'art. 317-*bis* c.p. per l'applicazione in perpetuo delle pene accessorie (peculato, art. 314 c.p., concussione, art. 317 c.p., corruzione propria, art. 319 c.p., e corruzione in atti giudiziari, art. 319-*ter* c.p.), si aggiungono ora:

- corruzione impropria (art. 318 c.p.);
- corruzione propria aggravata (art. 319-*bis* c.p.);
- induzione indebita a dare o promettere utilità (art. 319-*quater*, co. 1, c.p.);
- corruzione di persona incaricata di pubblico servizio (art. 320 c.p.);
- corruzione attiva (art. 321 c.p.);
- istigazione alla corruzione (art. 322 c.p.);
- i reati di corruzione nelle sue diverse forme commessi da membri della Corte penale internazionale, da organi e funzionari dell'Unione europea o di Stati esteri (art. 322-*bis* c.p.);
- traffico di influenze illecite (art. 346-*bis* c.p.).

Nondimeno, se per i citati reati viene inflitta la reclusione per un tempo non superiore a 2 anni o se ricorre la circostanza attenuante prevista dall'art. 323-*bis*, co. 1, c.p., per il caso di particolare tenuità degli illeciti, la condanna importa l'**interdizione** e il **divieto temporanei**, per una durata superiore all'originario limite (tra un minimo di 1 e un massimo di 5 anni), contemplante un tempo non inferiore a 5 anni né superiore a 7 anni.
Si prevede, invece, che l'interdizione temporanea sia compresa tra 1 anno e 5 anni in caso di collaborazione, ovvero quando il condannato si sia efficacemente adoperato per evitare che l'attività delittuosa sia portata a conseguenze ulteriori, per assicurare le prove dei reati e per l'individuazione degli altri responsabili ovvero per il sequestro delle somme o altre utilità trasferite (art. 323-*bis*, co. 2, c.p.).

13.4 Principali delitti dei privati contro la pubblica amministrazione

Gli artt. da 336 a 356 c.p. prendono in esame i delitti commessi dai **privati in danno della Pubblica Amministrazione**.

Le principali figure incriminatrici sono:

- la **violenza o minaccia a un pubblico ufficiale** (art. 336 c.p.), consistente nel fatto di chiunque usi violenza o minaccia a un pubblico ufficiale o incaricato di un pubblico servizio, per costringerlo a fare un atto contrario ai propri doveri, o ad omettere un atto dell'ufficio o del servizio oppure per influire, comunque, su di lui.

  La condotta punita è l'uso di violenza o minaccia, ovvero una condotta che sia oggettivamente idonea a produrre un'azione contraria alla volontà del pubblico ufficiale o a incutergli un reale timore per la verosimiglianza e l'ingiustizia della minaccia a lui diretta. Non è necessario che il pubblico ufficiale commetta effettivamente l'atto richiesto dal soggetto attivo, essendo sufficiente il pericolo che ciò possa accadere;

- la **resistenza a pubblico ufficiale** (art. 337 c.p.), consistente nel fatto di chiunque usi violenza o minaccia per opporsi a un pubblico ufficiale o incaricato di un pubblico servizio, o a coloro che, richiesti, gli prestano assistenza.

  Anche qui la condotta punita è l'uso di violenza o minaccia. Tuttavia, rispetto alla fattispecie precedente, in questa ipotesi di reato la condotta del soggetto attivo si dirige contro una legittima azione del pubblico ufficiale;

- l'**oltraggio a pubblico ufficiale** (art. 341-*bis* c.p.), consistente nel fatto di chiunque, in luogo pubblico o aperto al pubblico e in presenza di più persone, offenda l'onore e il prestigio di un pubblico ufficiale mentre compie un atto d'ufficio ed a causa o nell'esercizio delle sue funzioni.

  L'art. 341-*bis,* co. 2, c.p. prende in considerazione l'*ipotesi aggravata* in cui la condotta si sostanzia nell'attribuzione al pubblico ufficiale di un *fatto determinato.* In tal caso, qualora il fatto attribuito sia stato realmente commesso dal pubblico ufficiale ed egli sia stato condannato, l'autore della presunta offesa non sarà sanzionato penalmente. Costituisce una *causa speciale di estinzione* del reato la *riparazione del danno* operata dall'imputato prima del giudizio, sia nei confronti del pubblico ufficiale "offeso" sia nei confronti dell'ente cui quest'ultimo appartiene (art. 341-*bis,* co. 3 c.p.);

- il **traffico di influenze illecite** (art. 346-*bis* c.p.). La L. 3/2019 ha abrogato il delitto di *millantato credito,* previsto dal previgente art. 346 c.p., per farlo rientrare nella *nuova formulazione del delitto di "traffico di influenze illecite".*
- Attualmente, pertanto, la nuova versione dell'art. 346-*bis* c.p., mantenendo l'originario scopo per il quale fu concepito, risulta integrata anche con la previsione delle condotte che in passato integravano gli estremi del millantato credito. In particolare, ai sensi del novellato comma 1 della norma in questione: "*Chiunque, fuori dei casi di concorso nei reati di cui agli articoli 318, 319, 319-ter e nei reati di corruzione di cui all'articolo 322-bis, sfruttando o vantando relazioni esistenti o asserite con un pubblico ufficiale o un incaricato di un pubblico servizio o uno degli altri soggetti di cui all'articolo 322-bis, indebitamente fa dare o promettere, a sé o ad altri, denaro o altra utilità, come prezzo della propria mediazione illecita verso un pubblico ufficiale o un incaricato di un pubblico servizio o uno degli altri soggetti di cui all'articolo 322-bis, ovvero per remunerarlo in relazione all'esercizio delle sue funzioni o dei suoi poteri, è punito con la pena della reclusione da un anno a quattro anni e sei mesi*".

  Ciò che rileva è senza dubbio un inasprimento della pena edittale per il reato di traffico di influenze illecite (passando dalla reclusione da 1 a 3 anni, come dalla precedente

formulazione della norma, a 1 anno/4 anni e 6 mesi), mentre discorso inverso è da farsi per il reato di millantato credito, punito finora nel massimo fino a 5 anni (nell'ipotesi del comma 1 dell'abrogato art. 346 c.p.) o fino a 6 anni 8 nell'ipotesi più grave del comma 2. Al **secondo comma** dell'art. 346-*bis* c.p. si estende la punibilità anche a "chi indebitamente dà o promette denaro o altro vantaggio patrimoniale". Uno degli effetti della riformulazione della norma è rappresentato dalla previsione della **punibilità del privato** anche nelle ipotesi in cui prima poteva ravvisarsi solo un millantato credito.
Al **terzo** e al **quarto comma** della norma si prevedono due **circostanze aggravanti**, rispettivamente per l'ipotesi in cui il soggetto che riceve la dazione o la promessa "rivesta la qualità di pubblico ufficiale o di incaricato di pubblico servizio" e per i "fatti commessi in relazione all'esercizio di attività giudiziarie" o "per remunerare il pubblico ufficiale o l'incaricato di un pubblico servizio o uno degli altri soggetti di cui all'articolo 322-bis in relazione al compimento di un atto contrario ai doveri d'ufficio o all'omissione o al ritardo di un atto del suo ufficio".

> l'**abusivo esercizio di una professione** (art. 348 c.p.), che, così come riformulato ad opera della L. 3/2018, punisce chiunque eserciti abusivamente una professione per la quale è richiesta una speciale abilitazione dello Stato.

Il requisito dell'*abusività* richiede che la professione sia esercitata in mancanza dei requisiti richiesti dalla legge, come il mancato conseguimento del titolo di studio o il mancato superamento dell'esame di Stato per ottenere l'abilitazione all'esercizio. La norma tutela l'interesse pubblico a che determinate attività delicate, socialmente rilevanti, vengano svolte solamente da che possegga gli accertati requisiti morali e professionali.

L'art. 393-*bis* c.p. prevede una **causa speciale di non punibilità** applicabile ai delitti dei privati contro la Pubblica Amministrazione. Si tratta della **reazione legittima agli atti arbitrari del pubblico ufficiale**. La norma stabilisce che non si applicano le disposizioni degli artt. 336, 337, 338, 341-*bis* e 343 c.p. quando il pubblico ufficiale o l'incaricato di un pubblico servizio ovvero il pubblico impiegato abbia dato causa al fatto previsto negli stessi articoli, eccedendo con atti arbitrari i limiti delle sue attribuzioni.
La disposizione tutela la libertà dei privati rispetto agli eccessi dei funzionari, nel presupposto che sarebbe iniquo punire comportamenti che rappresentano una naturale reazione psicologica a gravi scorrettezze commesse da chi, in virtù della sua posizione, sarebbe tenuto al rispetto della legge.

13.5 I delitti contro l'amministrazione della giustizia

Il Titolo III del Libro II del codice penale si occupa di tutti quei **fatti che turbano il normale svolgimento dell'attività giudiziaria**. In particolare, vengono tutelati l'autorità delle decisioni giudiziarie e l'interesse dello Stato a che l'attività giudiziaria sia svolta solo dagli organi a ciò preposti.
Si descrivono, qui di seguito, le figure delittuose di maggior interesse.

13.5.1 Falsa testimonianza, false informazioni all'Autorità giudiziaria, frode processuale e depistaggio

Commette **falsa testimonianza** (artt. 372 c.p.) chi, deponendo come testimone dinanzi all'Autorità giudiziaria italiana o alla Corte penale internazionale, afferma il

falso o nega il vero, ovvero tace, in tutto o in parte, ciò che conosce intorno ai fatti sui quali è interrogato.
Si tratta di *reato proprio*: la falsa testimonianza, infatti, è ascrivibile solo a chi riveste la qualifica giuridica di testimone in sede civile o penale.

Secondo quanto disposto dall'art. 376 c.p. (*ritrattazione*), il colpevole non è punibile se, nel procedimento penale in cui ha prestato il suo ufficio o reso le sue dichiarazioni, ritratta il falso e manifesta il vero non oltre la chiusura del dibattimento.

L'art. 371-*bis* c.p., in secondo luogo, punisce *chiunque* (si tratta di *reato comune*), nel corso di un procedimento penale, richiesto dal pubblico ministero o dal procuratore della Corte penale internazionale di fornire **informazioni ai fini delle indagini**, renda dichiarazioni false ovvero taccia, in tutto o in parte, ciò che conosce intorno ai fatti sui quali viene sentito.
Infine, la fattispecie di **frode in processo penale e depistaggio** (art. 375 c.p., come sostituito dall'art. 1, co. 1, L. 133/2016) punisce chi nasconde prove o crea false prove per condurre l'indagine lontana dalla verità. Si tratta, in particolare, dell'illecito commesso dal pubblico ufficiale o dall'incaricato di pubblico servizio (si tratta di *reato proprio*), il quale, al fine di impedire, ostacolare o sviare un'indagine o un processo penale – è quindi richiesto il *dolo specifico* –, *immuta artificiosamente il corpo del reato ovvero lo stato dei luoghi, delle cose o delle persone connessi al reato*, ovvero, *richiesto dall'Autorità giudiziaria o dalla polizia giudiziaria di fornire informazioni in un procedimento penale, afferma il falso o nega il vero, ovvero tace, in tutto o in parte, ciò che sa intorno ai fatti sui quali viene sentito.*
Sono stabilite diminuzioni di pena nei confronti di chi si adopera per ripristinare lo stato originario dei luoghi, delle cose, delle persone o delle prove, nonché per evitare che l'attività delittuosa venga portata a conseguenze ulteriori, ovvero aiuta concretamente l'autorità di polizia o l'Autorità giudiziaria nella ricostruzione del fatto oggetto di inquinamento processuale e depistaggio e nell'individuazione degli autori.

Commette, invece, il delitto di **intralcio alla giustizia** (art. 377 c.p., come modificato dalla L. 237/2012) *chiunque* offre o promette denaro o altra utilità alla persona chiamata a rendere dichiarazioni davanti all'Autorità giudiziaria o alla Corte penale internazionale, ovvero alla persona richiesta di rilasciare dichiarazioni dal difensore nel corso dell'attività investigativa, o alla persona chiamata a svolgere attività di perito, consulente tecnico o interprete, per indurla a commettere una falsa testimonianza, perizia o interpretazione, qualora l'offerta o la promessa non sia accettata, ovvero qualora l'offerta o la promessa sia accettata, ma la falsità non sia commessa.

13.5.2 Il favoreggiamento personale e reale

Integra la fattispecie di favoreggiamento la condotta di chi, dopo la commissione di un reato, e fuori dei casi di concorso nel medesimo, aiuta il responsabile a eludere le investigazioni o a sottrarsi alle ricerche dell'Autorità, comprese quelle svolte da organi della Corte penale internazionale (**favoreggiamento personale**: art. 378 c.p.), oppure aiuta taluno ad assicurarsi il profitto, il prodotto o il prezzo di un reato (**favoreggiamento reale**: art. 379 c.p.).

La fattispecie è integrata da qualsiasi atteggiamento, anche omissivo o reticente, inteso a deviare le indagini già in atto o a frapporre ostacoli all'accertamento del reato e alla scoperta del suo autore, ovvero a far conseguire in maniera definitiva all'autore il *prodotto* (es. oggetti preziosi), il *profitto* (es. l'impunità per un precedente reato) o il *prezzo* della sua attività illecita (es. una ricompensa).

Si tratta di *reati a forma libera*, per i quali, cioè, la legge non predetermina i comportamenti sanzionabili: il delitto può essere integrato da una qualsiasi azione od omissione.

13.5.3 Altre fattispecie delittuose

Omessa denuncia di reato (artt. 361-362-363-364 c.p.)

Commettono questo reato il pubblico ufficiale, l'incaricato di un pubblico servizio o il cittadino che omettono o ritardano di denunciare all'Autorità giudiziaria o ad altre Autorità, a cui abbiano l'obbligo di riferirne, un reato perseguibile d'ufficio di cui abbiano avuto conoscenza nell'esercizio o a causa delle loro funzioni. Il delitto è aggravato se il colpevole è un ufficiale o un agente di polizia giudiziaria che ha avuto comunque notizia di un reato.

Simulazione di reato (art. 367 c.p.)

Integra questa fattispecie la condotta di chi, con denuncia, querela, istanza o richiesta, diretta all'Autorità giudiziaria o ad altre Autorità, afferma falsamente l'avvenuta commissione di un reato (*simulazione formale*), ovvero ne simula le tracce, in modo che si possa iniziare un procedimento penale per accertarlo (*simulazione reale*).
In particolare, la norma tutela il corretto funzionamento della giustizia, garantendo che la fase delle indagini preliminari non venga inutilmente avviata.

Evasione (art. 385 c.p.)

È il delitto che commette chi, essendo legalmente arrestato o detenuto per un reato, evade. Tale disposizione si applica anche all'imputato che, essendo in stato di arresto nella propria abitazione (*arresti domiciliari*) o in altro luogo designato nel provvedimento (es. casa di cura), se ne allontani, nonché al condannato ammesso a lavorare fuori dello stabilimento penale.

13.6 I delitti contro l'ordine pubblico

Il Titolo V del Libro II del codice penale prevede tutti quei **fatti che turbano il regolare andamento della vita sociale e quindi la pace sociale**.
Si descrivono, qui di seguito, le figure delittuose di maggior interesse.

13.6.1 L'istigazione a delinquere e l'associazione per delinquere

Commette il delitto di **istigazione a delinquere** (art. 414 c.p.) *chiunque* pubblicamente istiga taluno a commettere uno o più reati: il delitto, punito con minor rigore nell'ipotesi di istigazione a commettere contravvenzioni, sussiste per il solo fatto dell'istigazione, a nulla rilevando che questa venga accolta o meno e a prescindere dai motivi che abbiano spinto l'istigatore ad agire.

È, invece, integrato il delitto di **associazione per delinquere** (art. 416 c.p., come modificato dalla L. 236/2016) quando *3 o più persone si associano al fine* – quindi è richiesto il dolo specifico – *di commettere più delitti.*
Per la configurabilità del reato sono sufficienti un *accordo associativo stabile* e un *programma di delinquenza* volto a commettere una pluralità di delitti.
È punito anche il solo fatto di *partecipare all'associazione,* pur se la pena è più lieve rispetto a quella prevista per coloro che *promuovono, costituiscono* od *organizzano* l'associazione. I capi soggiacciono alle stesse sanzioni previste per i promotori.

La fattispecie è **aggravata** se gli associati sono in numero di 10, se scorrono in armi le campagne o le pubbliche vie (*brigantaggio*) e, inoltre, se l'associazione è diretta a commettere delitti che destano particolare allarme e riprovevolezza sociale, come per esempio quelli contro la libertà e la personalità individuale o quelli di natura sessuale contro minorenni. Il reato si configura come *illecito permanente* e perciò è consumato nel momento in cui l'associazione è costituita e si protrae fintanto che l'associazione perdura.

13.6.2 Le forme di criminalità mafiosa

L'art. 416-*bis* c.p., introdotto dalla L. 646/1982, persegue il fenomeno dell'**associazionismo di tipo mafioso**, anche straniero. Con tale norma, il legislatore ha preso atto della difficoltà di inquadrare l'attività mafiosa, quasi sempre rivolta al conseguimento di scopi apparentemente leciti, nel reato associativo contemplato dall'art. 416 c.p., avendo questo alla base un programma criminoso finalizzato, in maniera generica, al conseguimento di fini palesemente illeciti.
L'associazione per delinquere è di «tipo mafioso» quando persegue i suoi scopi avvalendosi della **forza di intimidazione del vincolo associativo** e della **condizione di omertà e di assoggettamento** che ne deriva, dovendosi intendere per *omertà* qualsiasi forma di reticenza o di rifiuto a collaborare con le autorità dello Stato e per *assoggettamento* quel vincolo di sottomissione incondizionata che scaturisce dalla fama criminale del sodalizio.
È punito chiunque faccia parte di un'associazione di tipo mafioso formata da 3 o più persone. Coloro che *promuovono, dirigono* od *organizzano* l'associazione sono puniti, al pari di quanto è stabilito nell'ipotesi di associazione per delinquere, per il solo fatto di promuoverla, dirigerla od organizzarla.
Sono previste due **circostanze aggravanti**: la prima è costituita dalla *disponibilità di armi o materie esplodenti,* anche se occultate o tenute in luogo di deposito; la seconda, invece, è rappresentata dal *reimpiego dei proventi delittuosi in attività produttive, investimenti e attività imprenditoriali apparentemente lecite.*

Questa disciplina si applica anche alla **camorra** e alle **altre associazioni**, comunque localmente denominate (es. *sacra corona unita, 'ndrangheta* ecc.), nonché alle **associazioni straniere** eventualmente attive nel territorio dello Stato italiano (es. mafia russa, mafia cinese ecc.) che, valendosi della forza intimidatrice del vincolo associativo, perseguono scopi corrispondenti a quelli delle associazioni di tipo mafioso.

Fattispecie delittuosa connessa al fenomeno dell'associazionismo mafioso è lo **scambio elettorale politico-mafioso**. Ai sensi dell'art. 416-*ter* c.p., commette tale delitto *chiunque* accetta la promessa di procurare voti mediante le modalità previste dall'art. 416-*bis* c.p. in cambio dell'erogazione o della promessa di erogazione di denaro o di altra utilità o in cambio della disponibilità a soddisfare gli ineressi o le esigenze dell'associazione mafiosa. Scopo della norma è reprimere il fenomeno del **voto di scambio**. Il reato si consuma nel momento e nel luogo in cui è compiuta la promessa, indipendentemente dalla sua effettiva concretizzazione. La L. 103/2017 (riforma Orlando) ne ha inasprito la pena.

13.7 I delitti contro l'incolumità pubblica

Il Titolo VI del Libro II del codice penale comprende i delitti contro la pubblica incolumità e cioè quei fatti **che potrebbero ledere o mettere in pericolo la vita e l'integrità fisica di diverse persone**.
Questi fatti si articolano in *delitti di comune pericolo mediante violenza* (artt. 422-437 c.p.), *mediante frode* (artt. 438-448 c.p.) e *delitti colposi di comune pericolo* (artt. 449-452 c.p.).

13.7.1 I delitti di comune pericolo mediante violenza

Si inquadrano, in questa categoria, innanzitutto i delitti di **strage** (art. 422 c.p.) e di **incendio** (artt. 423-425 c.p.).

> Commette il delitto di *strage* chi, al fine di uccidere, compie atti tali da porre in pericolo la pubblica incolumità, fuori dei casi di strage contro la sicurezza dello Stato.
> Quanto all'*incendio*, il legislatore prevede due autonome figure di reato: l'*incendio di cosa altrui*, autore del quale può essere chiunque, eccetto il proprietario della cosa data alle fiamme; l'*incendio di cosa propria*, il cui autore deve essere il proprietario o il comproprietario della cosa. Se la prima ipotesi configura un *reato di pericolo presunto*, la seconda si connota come *reato di pericolo concreto*, con la conseguente necessità di accertare, caso per caso, che l'entità e la forza propagatrice del fuoco abbiano effettivamente creato un pericolo per la pubblica incolumità. Oggetto di specifica previsione è l'**incendio boschivo** (art. 423-*bis* c.p.).

Seguono, quindi, le ipotesi di *danneggiamento* (artt. 424, 425, 427, 429 c.p.), i *reati di disastro* (artt. 426, 428, 430, 431, 434 c.p.), di *attentato alla sicurezza dei trasporti e degli impianti*, nonché delle *installazioni nucleari* (artt. 432, 433, 433-*bis* c.p.), la *fabbricazione o detenzione di materie esplodenti* (art. 435 c.p.), la *rimozione od omissione dolosa di cautele contro gli infortuni sul lavoro* (art. 437 c.p.).

13.7.2 I delitti di comune pericolo mediante frode e i delitti colposi di comune pericolo

In questa categoria rientrano tutti quei fatti delittuosi che pongono in pericolo la salute pubblica, primo fra tutti il delitto di **epidemia** (art. 438 c.p.), consistente nel fatto di *chiunque*, mediante la diffusione di germi patogeni, cagioni una malattia infettiva di carattere contagioso. Circostanza aggravante è la morte di più persone.
Seguono, quindi, le ipotesi di *avvelenamento di acque e sostante alimentari* (art. 439 c.p.), *adulterazione* e *contraffazione* (artt. 440, 441 c.p.), *commercio o somministrazione di sostanze*

alimentari adulterate, contraffatte o *nocive* (artt. 442, 444 c.p.), *commercio o somministrazione di medicinali guasti o imperfetti* (art. 443 c.p.) e la *somministrazione di medicinali in modo pericoloso per la salute pubblica* (art. 445 c.p.).

Sotto la denominazione di **delitti colposi di comune pericolo** si raggruppano tutti quei reati di danno e di pericolo contro la pubblica incolumità connotati da una **condotta colposa**, attiva od omissiva, idonea a cagionare incendi, disastri o taluno dei delitti sopra elencati.

13.8 I delitti contro la fede pubblica

L'oggetto giuridico dei reati contro la fede pubblica (Titolo VII), detti anche **reati di falso**, è duplice: il primo è la fede pubblica, il secondo è l'interesse specifico tutelato dalla genuinità e veridicità dei mezzi di prova.
Il presupposto per la punibilità di questi reati è che la falsità sia giuridicamente rilevante e cioè che sia idonea a ingannare la generalità delle persone e ad offendere gli interessi specifici tutelati.

13.8.1 La falsità in monete, in carte di pubblico credito e in valori di bollo

In questa categoria di reati rientrano le ipotesi di **falsificazione di monete, spendita e introduzione nello Stato, previo concerto, di monete falsificate** (*falso nummario*), di cui è tenuto a rispondere (art. 453 c.p.):

- chiunque *contraffà* monete nazionali o straniere, aventi corso legale nello Stato o fuori;
- chiunque *altera* in qualsiasi modo monete genuine, col dare ad esse l'apparenza di un *valore superiore*;
- chiunque, non essendo concorso nella contraffazione o nell'alterazione, ma di concerto con chi l'ha eseguita ovvero con un intermediario, *introduce* nel territorio dello Stato o *detiene* o *spende* o *mette altrimenti in circolazione* monete contraffatte o alterate;
- chiunque, al fine di metterle in circolazione, *acquista* o comunque *riceve* da chi le ha falsificate, ovvero da un intermediario, monete contraffatte o alterate.

Per effetto della L. 125/2016, che ha aggiunto un ulteriore comma all'art. 453 c.p., risponde di questo reato anche chi, **legalmente autorizzato alla produzione**, fabbrica indebitamente, abusando degli strumenti o dei materiali nella sua disponibilità, quantitativi di monete in eccesso rispetto alle prescrizioni.

La tutela apprestata contro i reati di falso nummario è completata dagli artt. 454 e 455 c.p., che incriminano, rispettivamente: chiunque *alteri* monete della qualità indicata nell'art. 453 c.p., *scemandone in qualsiasi modo il valore*, ovvero, rispetto alle monete in tal modo alterate, commetta alcuno dei fatti di cui ai nn. 3 e 4 dell'art. 453 citato (**alterazione di monete**); chiunque, fuori dei casi previsti dagli artt. 453 e 454 c.p., *introduca* nel territorio dello Stato, acquisti o detenga monete contraffatte o alterate, al fine di metterle in circolazione, ovvero le spenda o le metta altrimenti in circolazione (**spendita e introduzione nello Stato, senza concerto, di monete falsificate**). L'art. 457 c.p. infine, punisce chi, avendo ricevuto in buona fede monete contraffatte o alterate, le spenda o le metta altrimenti in circolazione (**spendita di monete falsificate ricevute in buona fede**).

Seguono, quindi, le ipotesi delittuose in materia di *valori di bollo* (art. 459, 464, 466 c.p.), *carta filigranata* e *filigrane* (artt. 460, 461) e *biglietti di pubbliche imprese di trasporto* (art. 462, 465 c.p.).

13.8.2 La falsità in sigilli o strumenti o segni di autenticazione, certificazione o riconoscimento

In questa categoria di reati (artt. 467-475 c.p.) rientrano innanzitutto i casi di *contraffazione del sigillo dello Stato*, destinato a essere apposto sugli atti del Governo, e *uso del sigillo contraffatto*, entrambe contemplate dall'art. 467 c.p., mentre l'art. 468 c.p. punisce *contraffazione e uso di altri pubblici sigilli o strumenti destinati a pubblica autenticazione o certificazione.*

13.8.3 La falsità in atti

Oggetto della tutela apprestata dagli artt. 476-493 c.p. sono i documenti destinati a esplicare una funzione probatoria. La falsità può essere materiale o ideologica. La **falsità materiale** attiene alla falsa formazione di un atto o all'alterazione di un atto vero, mentre la **falsità ideologica** consiste nella falsa attestazione, da parte del pubblico ufficiale, di fatti avvenuti in sua presenza, delle dichiarazioni raccolte o dei fatti dei quali l'atto è destinato a provare la verità.
Gli artt. 485 e 486 c.p., che prevedevano i reati di *falsità in scrittura privata* e *in foglio firmato in bianco*, sono stati abrogati dal D.Lgs. 7/2016.

Sono ricompresi in questa categoria di reati:

- **falsità materiale commessa dal pubblico ufficiale in atti pubblici (art. 476 c.p.)**, della quale risponde il pubblico ufficiale che, nell'esercizio delle sue funzioni, forma, in tutto o in parte, un atto falso o altera un atto vero;
- **falsità ideologica commessa dal pubblico ufficiale in atti pubblici (art. 479 c.p.)**, della quale risponde il pubblico ufficiale che, ricevendo o formando un atto nell'esercizio delle sue funzioni, attesta falsamente che un fatto è stato da lui compiuto o è avvenuto alla sua presenza, o attesta come da lui ricevute dichiarazioni a lui non rese ovvero omette o altera dichiarazioni da lui ricevute o comunque attesta falsamente fatti dei quali l'atto è destinato a provare la verità;
- **soppressione**, **distruzione** e **occultamento di atti veri (art. 490 c.p., come sostituito dall'art. 2 D.Lgs. 7/2016)**, di cui risponde chiunque, in tutto o in parte, distrugge, sopprime od occulta un atto pubblico vero o, al fine di recare a sé o ad altri un vantaggio o di recare ad altri un danno, distrugge, sopprime od occulta un testamento olografo, una cambiale o un altro titolo di credito trasmissibile per girata o al portatore veri.

Da segnalare è poi il trasferimento, ad opera del D.Lgs. 21/2018, nell'**art. 493-*ter* c.p.**, rubricato "**Indebito utilizzo e falsificazione di carte di credito e di pagamento**" del delitto prima contemplato dall'art. 55, co. 5, del D.Lgs. 231/2007 (*legge antiriciclaggio*). La collocazione assunta dalla fattispecie, nel quadro dei "Delitti contro la fede pubblica", trova giustificazione nella considerazione che si tratterebbe di norma posta non a tutela del bene del patrimonio, ma di valori riconducibili nell'ambito dell'ordine pubblico economico e della fede pubblica.

13.8.4 La falsità personale

Oggetto della tutela penale, apprestata dagli artt. 494-498 c.p., è la pubblica fede attribuita ai **contrassegni personali**, ovvero a quei simboli ed elementi relativi all'identificazione del soggetto o relativi all'individuazione della posizione del soggetto nella società.
I reati più importanti sono la *sostituzione di persona* (art. 494 c.p.) e l'*usurpazione di titoli o di onori* (art. 498 c.p.).

13.9 I delitti contro la moralità pubblica e il buon costume

Collocati nel Titolo IX del Libro II, erano originariamente articolati in tre capi, *delitti contro la libertà sessuale* (artt. 519-526 c.p.), *offese al pudore e all'onore sessuale* (artt. 527-538 c.p.) e *disposizioni comuni* (artt. 539-544 c.p.).
A seguito dell'entrata in vigore della L. 66/1996, che ha approvato la **riforma dei reati in materia di violenza sessuale**, collocandone le nuove fattispecie fra i *delitti contro la persona* (Titolo XII) e abrogando la quasi totalità delle norme un tempo raggruppate nel Titolo IX, sono sopravvissute di tale titolo soltanto le ipotesi delittuose indicate di seguito.

13.9.1 Atti osceni (art. 527 c.p.)

Commette tale delitto chiunque, in luogo pubblico o aperto o esposto al pubblico, compie atti osceni.
Il delitto è stato **depenalizzato** dal D.Lgs. 8/2016, ma è stata mantenuta la rilevanza penale delle circostanze, originariamente previste al co. 2 quali aggravanti del reato (commissione del fatto all'interno o nelle immediate vicinanze di luoghi abitualmente frequentati da minori se da ciò deriva il pericolo che essi vi assistano).

13.9.2 Pubblicazioni e spettacoli osceni (art. 528 c.p.)

La norma prevede quattro ipotesi di illecito da parte di:

- chiunque, allo scopo di farne commercio, distribuzione o di esporli pubblicamente, fabbrica, introduce nel territorio dello Stato, acquista, detiene, esporta o mette in circolazione scritti, disegni o immagini o altri oggetti osceni di qualsiasi specie;
- chiunque fa commercio, anche se clandestino, di tali oggetti, ovvero li distribuisce o espone pubblicamente;
- chiunque adopera qualsiasi mezzo di pubblicità atto a favorire la circolazione o il commercio degli oggetti stessi;
- chiunque dà spettacoli teatrali o cinematografici, ovvero audizioni o recitazioni pubbliche che abbiano carattere di oscenità.

Le prime due ipotesi sono state **depenalizzate** dal D.Lgs. 8/2016, che ha però mantenuto la rilevanza penale delle altre due, che erano originariamente previste quali circostanze aggravanti del reato.

13.9.3 Tratta di donne e di minori commessa all'estero (art. 537 c.p.)

Si tratta dei delitti di *tratta di donne e di minori* e di *tratta di donne e di minori mediante violenza, minaccia* o *inganno*, se commessi da un cittadino in territorio estero.

13.10 I delitti contro la famiglia

Collocati nel Titolo XI del Libro II, raggruppano tutti quei **fatti che offendono la famiglia** intesa, in aderenza al dettato costituzionale, come cellula prima della società e formazione sociale fondata sul rapporto di coniugio e di filiazione.
Si descrivono, qui di seguito, le figure delittuose di maggior interesse.

13.10.1 Costrizione o induzione al matrimonio (art. 558-bis c.p.)

Questa fattispecie di reato, introdotta dalla L. 69/2019 (cd. Codice rosso), punisce con la reclusione da 1 a 5 anni, chiunque, con violenza o minaccia, **costringe una persona a contrarre matrimonio o una unione civile** oppure, approfittando delle condizioni di vulnerabilità o di inferiorità psichica o di necessità di una persona, con abuso delle relazioni familiari, domestiche, lavorative o dell'autorità derivante dall'affidamento della persona per ragioni di cura, istruzione o educazione, vigilanza o custodia, la **induce a contrarre matrimonio o unione civile**.
L'articolo 558-*bis* c.p. reca due **circostanze aggravanti** per il caso in cui il reato di matrimonio forzato sia stato commesso in danno di un minore di 18 anni o di un minore di 14 anni.
Nonostante la collocazione sistematica del nuovo reato tra i *delitti contro il matrimonio*, inseriti nel Capo I del Titolo XI, in tema di delitti contro la famiglia, il bene giuridico protetto dalla nuova incriminazione non sarebbe identificabile con la sola tutela dell'istituzione matrimoniale, ma è costituito, soprattutto, dalla **salvaguardia della libertà individuale in relazione alle scelte di vita che coinvolgono la sfera affettiva**.

13.10.2 Incesto (art. 564 c.p.)

Risponde di tale delitto chiunque, in modo che ne derivi pubblico scandalo, commette incesto con un discendente o un ascendente, o un affine in linea retta, ovvero con una sorella o un fratello. Il bene tutelato dalla norma è la **morale familiare**. Per il perfezionamento del reato, tuttavia, è richiesto il **pubblico scandalo**, ossia quel profondo senso di turbamento e disgusto che la relazione incestuosa suscita in un numero indeterminato di persone estranee alla cerchia familiare. Il delitto è aggravato nel caso di **relazione incestuosa**, che si verifica allorché il rapporto sessuale non sia episodico, ma si rinnovi in maniera continuativa.

13.10.3 Violazione degli obblighi di assistenza familiare in caso di separazione o di scioglimento del matrimonio (art. 570-bis c.p.)

L'art. 570-*bis* c.p., introdotto dal D.Lgs. 21/2018, riproduce il testo della precedente disposizione di cui all'art. 12-*sexies* L. 898/1970 (*legge sul divorzio*), sanzionando la condotta del coniuge che si sottragga all'obbligo di corresponsione di ogni tipologia di assegno dovuto in caso di scioglimento, di cessazione degli effetti civili o di nullità del matrimonio. La medesima disposizione ingloba anche la disciplina prima configurata dall'art. 3 della L. 54/2006, sanzionando altresì la **violazione degli obblighi di natura economica** in materia di separazione dei coniugi e di affidamento condiviso dei figli.

13.10.4 Maltrattamenti contro familiari e conviventi (art. 572 c.p.)

Commette questo delitto chi maltratta una persona della famiglia o comunque convivente, o una persona sottoposta alla sua autorità o a lui affidata per ragioni di educazione, istruzione, cura, vigilanza o custodia, o per l'esercizio di una professione o di un'arte.

La L. 69/2019 è intervenuta sul delitto di maltrattamenti contro familiari e conviventi prevedendo innanzitutto un aumento di pena, per cui la reclusione da 2 a 6 anni è stata sostituita con quella della **reclusione da 3 a 7 anni**.

Oggetto giuridico della tutela apprestata dall'art. 572 c.p. non è solo l'interesse dello Stato a salvaguardare la famiglia da comportamenti vessatori o violenti, ma anche la difesa della incolumità fisica o psichica dei suoi membri e la salvaguardia dello sviluppo della loro personalità nella comunità familiare.

La stessa legge del 2019 ha introdotto una fattispecie aggravata, per l'ipotesi in cui il delitto di maltrattamenti sia commesso **in presenza o in danno di minore, di donna in stato di gravidanza o di persona con disabilità, ovvero se il fatto è commesso con armi**: in questi casi la pena è aumentata fino alla metà.

Infine, l'art. 572, co. 4, c.p. stabilisce che il minore di 18 anni che **assista** a "maltrattamenti" si considera **persona offesa dal reato**, in ciò recependo quell'orientamento giurisprudenziale secondo cui il delitto in questione è configurabile anche nel caso in cui i comportamenti vessatori non siano rivolti direttamente in danno dei figli minori ma li coinvolgano indirettamente, quali involontari spettatori delle liti tra genitori che si svolgono all'interno delle mura domestiche (cosiddetta **violenza assistita**), sempre che sia accertata l'abitualità delle condotte e la loro idoneità a cagionare uno stato di sofferenza psicofisica nei minori spettatori passivi.

13.11 I delitti contro la persona

Il Titolo XII del Libro II del codice penale prevede tutti quei **fatti che ledono o mettono in pericolo i beni fondamentali dell'individuo** e cioè la vita, l'integrità fisica, l'onore e la libertà morale e personale.

Deve evidenziarsi come il D.Lgs. 36/2018, attuativo della delega contenuta nella L. 103/2017, abbia esteso la **procedibilità a querela di parte** ai *reati contro la persona* (e *contro il patrimonio*, vedi *infra*) caratterizzati per il **valore privato dell'offesa** o per il loro **modesto valore offensivo**, al fine di migliorare l'efficienza del sistema penale e **favorire strumenti di conciliazione** per i reati di minore gravità, anche attraverso l'istituto della estinzione del reato per condotte riparatorie, che attiene ai reati procedibili a querela rimettibile.

Di seguito le principali figure delittuose rientranti nel Titolo XII.

13.11.1 Le fattispecie di omicidio

L'omicidio è l'uccisione di un uomo cagionata, senza il concorso di cause di giustificazione, da un comportamento umano doloso o colposo. Si parla, nel primo caso, di **omicidio doloso o volontario** (artt. 575 ss. c.p.) e, nel secondo, di **omicidio colposo** (art. 589 c.p.). Costituisce figura intermedia, fra queste due, l'**omicidio preterintenzionale** (art. 584 c.p.).

Se nell'omicidio *doloso* la morte è causata intenzionalmente, in quello *colposo* è la conseguenza di un comportamento contrario a regole di cautela, e in quello *preterintenzionale*, infine, è conseguenza di atti diretti a percuotere o a cagionare lesioni. Si tratta, in ogni caso, di un *reato a forma libera*, potendo essere realizzato con qualsiasi strumento (es. armi, veleno, percosse ecc.), anche di natura psichica (es. procurare uno spavento a un cardiopatico al fine di cagionarne la morte), purché fra il comportamento dell'agente e la morte della vittima esista un rapporto di causalità. L'*evento-morte* ne segna anche il momento consumativo.

È punito anche:

- chi cagiona la morte di un uomo con il suo consenso (**omicidio del consenziente**: art. 579 c.p.), perché il nostro ordinamento considera indisponibile il bene della vita e dunque il consenso della vittima non scrimina l'omicidio;
- chi istiga altri al suicidio o gli presta aiuto (**istigazione o aiuto al suicidio**: art. 580 c.p.);
- la partoriente che, priva dei necessari soccorsi medici e del sostegno psichico e, in generale, degli aiuti che sono consueti in occasione di un parto, cagiona la morte del proprio neonato immediatamente dopo il parto o cagiona la morte del feto durante il parto (**infanticidio o feticidio in condizioni di abbandono materiale o morale**: art. 578 c.p.).

Gli artt. 576 e 577 c.p. prevedono particolari **circostanze aggravanti**, come modificate e/o integrate dalla L. 69/2019.

La L. 41/2016 ha introdotto nel codice penale il delitto di **omicidio stradale** (art. 589-*bis* c.p.). Si tratta di un tipo di omicidio colposo causato dalla violazione delle norme sulla disciplina della circolazione stradale. Costituisce circostanza aggravante l'essersi messo alla guida di un veicolo a motore in stato di **ebbrezza alcolica** o di **alterazione psicofisica conseguente all'assunzione di sostanze stupefacenti o psicotrope**. Aumenti ulteriori di pena sono previsti nel caso che il conducente, dopo aver causato l'evento lesivo, si dia alla **fuga**.

13.11.2 Le lesioni personali

L'art. 582 c.p. punisce *chiunque* cagioni ad alcuno *con dolo* una lesione personale dalla quale derivi una malattia nel corpo o nella mente. Specifiche aggravanti sono previste dall'art. 583 c.p. (es. se dal fatto deriva una malattia che metta in pericolo la vita della persona offesa, ovvero una malattia o un'incapacità di attendere alle ordinarie occupazioni per un tempo superiore a 40 giorni). È stata soppressa dalla L. 69/2019 l'aggravante, pure contemplata dall'art. 583 c.p., relativa all'ipotesi di **deformazione**, ovvero dello **sfregio permanente del viso**, riconoscendosi a tale ipotesi il ruolo di autonoma fattispecie lesiva dall'art. 583-*quinquies* c.p.

L'art. 590 c.p., invece, punisce con pene più lievi le lesioni personali *colpose*. Ciò nondimeno il trattamento sanzionatorio è inasprito in presenza di lesioni gravi o gravissime.
Ancor più afflittive sono le sanzioni irrogate dall'art. 590-*bis* c.p., in presenza di lesioni gravi e gravissime cagionate in **violazione delle norme sulla disciplina della circolazione stradale**. Aumenti ulteriori di pena sono previsti, anche qui, in caso di guida in stato di **ebbrezza alcolica** o di **alterazione psicofisica**, conseguente all'assunzione di sostanze stupefacenti o psicotrope, e in caso di **fuga del conducente**.

13.11.3 La responsabilità colposa per morte o lesioni personali in ambito sanitario

La L. 8-3-2017, n. 24 ha introdotto nel codice penale l'art. 590-*sexies* c.p., che disciplina la responsabilità colposa per morte o lesioni personali in ambito sanitario, prevedendo che se i reati di **omicidio colposo** (art. 589 c.p.) e **lesioni personali colpose** (art. 590 c.p.) sono commessi per **negligenza** o **imprudenza** nell'esercizio della professione sanitaria, si applicano le pene previste dal codice per questi reati.

La punibilità è invece esclusa se l'evento si è verificato a causa di **imperizia**, sempre però che risultino rispettate le *raccomandazioni previste dalle linee guida* o, in mancanza di queste, le *buone pratiche clinico-assistenziali*, e sempre che le raccomandazioni previste dalle linee guida risultino adeguate alle specificità del caso concreto.

13.11.4 I delitti contro la maternità

Una significativa novità apportata dal D.Lgs. 21/2018 è stata la creazione di un Capo I-*bis* del Titolo XII del Libro II del Codice penale, dedicato ai "*Delitti contro la maternità*", in cui sono confluite le fattispecie penali incriminatrici già contenute negli artt. 17 e 18 L. 194/1978 (*legge sull'aborto*). In particolare, all'interno di questo Capo, gli artt. 593-*bis* e 593-*ter* disciplinano, rispettivamente, l'**interruzione colposa di gravidanza** e l'**interruzione della gravidanza non consensuale**.
Non sono state invece interessate dalla riforma le rimanenti fattispecie penali contenute nella legge sull'aborto, e in particolare il delitto di **interruzione volontaria della gravidanza** di cui all'art. 19 della legge del 1978, che include tra i propri soggetti attivi la stessa donna della cui gravidanza si tratta. Nell'ottica del legislatore delegato, tale ultima fattispecie presenta un disvalore del tutto eterogeneo rispetto a quelle che contemplano una specifica forma di offesa alla donna, oltre che al nascituro, e che dunque possono coerentemente inserirsi tra i reati offensivi della maternità in sé.

13.11.5 I delitti contro l'uguaglianza

Il D.Lgs. 21/2018 ha introdotto, nell'ambito del Capo III del Titolo XII, una nuova Sezione I-*bis*, dedicata ai *Delitti contro l'uguaglianza*, trasponendo nell'art. 604-*bis* c.p. la disciplina punitiva delle condotte di **propaganda e istigazione a delinquere per motivi di discriminazione razziale etnica e religiosa**, in precedenza contemplata dall'art. 3 L. 654/1975 (*Ratifica della Convenzione sull'eliminazione di tutte le forme di discriminazione razziale*).

La sezione si completa con l'art. 604-*ter c.p.*, il quale trasla nel codice penale l'aggravante della discriminazione razziale, etnica e religiosa.

13.11.6 I delitti contro la libertà personale: il sequestro di persona

Commette questo delitto, ai sensi dell'art. 605 c.p., chiunque privi una persona della libertà personale in qualsiasi modo e con qualsiasi mezzo, anche con violenza, minaccia o inganno.
Si tratta di un *reato permanente*: per la sua realizzazione, infatti, è necessario che la perdita della libertà si protragga per un periodo di tempo non trascurabile.

Il reato è aggravato se il fatto è commesso in danno di un *ascendente*, di un *discendente* o del *coniuge*, ovvero da un *pubblico ufficiale* con abuso di poteri inerenti alle sue funzioni.
Altre ipotesi aggravanti sono state introdotte dalla L. 94/2009 (cd. pacchetto sicurezza), come il *sequestro perpetrato in danno di minore*, condotta ulteriormente aggravata ove il fatto sia commesso in danno di minore di anni 14 o se il minore sequestrato è condotto o trattenuto all'estero, e si giunge all'ergastolo ove il colpevole cagioni la morte del minore sequestrato.

13.11.7 I delitti in materia di violenza sessuale

La L. 15-2-1996, n. 66 ha coniato la riforma dei reati in materia di violenza sessuale, spostando le ipotesi delittuose dalla categoria dei *reati contro la moralità pubblica e il buon costume* a quella dei *reati contro la persona*.
La nuova disciplina ha accorpato in un'unica fattispecie la *congiunzione carnale* e gli *atti di libidine violenti*, elevandone le pene, ed ha introdotto il nuovo reato di *violenza sessuale di gruppo*; ha inoltre previsto una serie di norme a tutela della dignità e della riservatezza della vittima.
In particolare, il legislatore ha tipizzato le seguenti figure:

- **violenza sessuale** (art. 609-*bis* c.p.), consistente nel fatto di chiunque:
  1) costringa taluno, con *violenza* o *minaccia*, o mediante *abuso di autorità*, a compiere o a subire atti sessuali;
  2) induca taluno a compiere o subire atti sessuali abusando delle *condizioni di inferiorità fisica o psichica* della persona offesa al momento del fatto;
  3) induca taluno a compiere o subire atti sessuali traendo in *inganno* la persona offesa, per essersi il colpevole *sostituito* ad altra persona.

  Per tali ipotesi la L. 69/2019 è intervenuta ad inasprire la risposta sanzionatoria, portandola dai precedenti 5 fino a 10 anni agli attuali 6 fino a 12 anni.

Specifiche aggravanti sono previste dall'art. 609-*ter* c.p., fra cui il fatto commesso nei confronti di persona infraquattordicenne o che non abbia compiuto gli anni 10, il fatto commesso su persona sottoposta a limitazione della libertà personale, o quello commesso con l'uso di armi o di sostanze alcoliche, narcotiche o stupefacenti o di altri strumenti o sostanze gravemente lesivi della salute della persona offesa.
Anche su tali fattispecie aggravate è intervenuta la L. 69/2019, che ha rimodulato le pene quando la violenza sessuale sia commessa in danno di un minore. In particolare, per la violenza commessa in danno di *minori fino a 10 anni* la pena base (reclusione da 6 a 12 anni) è *raddoppiata*, per la violenza nei confronti di *minori da 10 a 14 anni* la pena base è

aumentata della metà, mentre per la violenza nei confronti di *minori da 14 a 18 anni* la pena base è *aumentata di un terzo*.
Detta legge ha previsto altresì che la *violenza sessuale commessa dall'ascendente, dal genitore anche adottivo o dal tutore sia sempre aggravata* (*aumento di un terzo della pena*), a prescindere dall'età della vittima (in passato, invece, era aggravata solo la violenza commessa da questi soggetti in danno di un minorenne).

- **atti sessuali con minorenne** (art. 609-*quater* c.p.), consistente nel fatto di chiunque, al di fuori delle ipotesi previste dall'art. 609-*bis* c.p., compia atti sessuali con persona che al momento del fatto:
  1) non abbia compiuto gli anni 14, per cui è fissata a quest'età la soglia al di sotto della quale vige una presunzione assoluta di invalidità del consenso ad atti sessuali eventualmente prestato dal minore;
  2) non abbia compiuto gli anni 16, quando il colpevole sia l'ascendente, il genitore, anche adottivo, o il di lui convivente, il tutore, ovvero altra persona cui, per ragioni di cura, di educazione, di istruzione, di vigilanza o di custodia, il minore è affidato o che abbia, con quest'ultimo, una relazione di convivenza.

Anche in tal caso la L. 69/2019 (art. 13) ha previsto un'*aggravante* quando gli atti sessuali siano commessi con *minori di anni 14 in cambio di denaro o di qualsiasi altra utilità*, anche solo promessi.
Non è punibile il minorenne che, al di fuori delle ipotesi previste nell'art. 609-*bis* c.p., compie atti sessuali con un minorenne che abbia compiuto gli anni 13, se la differenza di età fra i soggetti non è superiore a 4 anni (art. 609-*quater* c.p., co. 4, come mod. dalla L. 69/2019). La pena è diminuita nei casi di minore gravità e aumentata se la persona offesa non ha compiuto gli anni 10.
La legge di riforma (L. 69/2019) ha inciso sulle *condizioni di procedibilità* degli atti sessuali con minorenni di cui all'art. 609-*quater* c.p., escludendo tali reati dal novero di quelli, menzionati dall'art. 609-*septies*, co. 1, c.p., punibili a querela della persona offesa. Tali reati, pertanto, sono ora sempre *procedibili d'ufficio*.

- **corruzione di minorenne** (art. 609-*quinquies* c.p.), consistente nel fatto di chiunque compia atti sessuali in presenza di persona minore degli anni 14, al fine di farla assistere;

Sono previste specifiche aggravanti, come per esempio l'essere il reato commesso da più persone riunite o con violenze gravi o l'esserne derivato al minore, a causa della reiterazione delle condotte, un pregiudizio grave;

- **violenza sessuale di gruppo** (art. 609-*octies* c.p.), consistente nella partecipazione, da parte di più persone riunite, agli atti di violenza sessuale di cui all'art. 609-*bis* c.p. Per la consumazione del reato è sufficiente anche un solo atto se commesso in presenza e in funzione del gruppo.

La pena, per questo delitto, è stata innalzata dalla L. 69/2019 alla *reclusione da 8 a 14 anni* (in luogo della reclusione da 6 a 12 anni). Inoltre, intervenendo sul terzo comma dell'art. 609-*octies*, la medesima legge ha reso applicabili le circostanze aggravanti previste dall'articolo 609-*ter* c.p.
La pena è diminuita, invece, per il partecipante la cui opera abbia avuto una minima importanza nella preparazione ed esecuzione del reato e per chi sia stato determinato a commettere il reato da una persona alla cui autorità, direzione o vigilanza era soggetto ovvero dai genitori esercenti la responsabilità genitoriale.

13.11.8 Il reato di tortura

Con L. 14-7-2017, n. 110 è stato introdotto nel codice penale il delitto di tortura (art. 613-*bis* c.p.).

Commette questo reato *chiunque*, con *violenze o minacce gravi*, ovvero agendo con *crudeltà*, cagiona **acute sofferenze fisiche** o un **verificabile trauma psichico** a una persona privata della libertà personale o affidata alla sua custodia, potestà, vigilanza, controllo, cura o assistenza, ovvero che si trovi in condizioni di minorata difesa. Condizione ulteriore, ai fini della punibilità, è che il fatto sia commesso mediante **più condotte** ovvero comporti un **trattamento inumano e degradante per la dignità della persona**.

Invece, restano fuori dall'area della punibilità le sofferenze risultanti unicamente dall'esecuzione di legittime misure privative o limitative di diritti.

Il reato è aggravato se i fatti sono commessi da un **pubblico ufficiale** o da un **incaricato di un pubblico servizio**, con *abuso dei poteri* o in *violazione dei doveri* inerenti alla funzione o al servizio.

Aumenti progressivi di pena sono previsti se dai fatti deriva una **lesione personale**, una **lesione personale grave o gravissima** o, quale conseguenza non voluta, la **morte**. Se, invece, il colpevole cagiona volontariamente la morte, trova applicazione la medesima pena prevista per l'omicidio volontario aggravato (ergastolo).

Sono puniti dall'art. 613-*ter* c.p. anche il pubblico ufficiale e l'incaricato di un pubblico servizio i quali, nell'esercizio delle funzioni o del servizio, **istighino in modo concretamente idoneo** altro pubblico ufficiale o altro incaricato di un pubblico servizio a praticare la tortura. La punibilità sussiste per la sola condotta istigatrice, non valendo a escluderla né il fatto che l'istigazione non sia stata accolta né il fatto che sia stata accolta ma il delitto non sia stato commesso.

13.11.9 Altre ipotesi delittuose

Violenza privata (art. 610 c.p.)

Commette tale delitto chiunque, *con violenza* (*vis physica*) *o minaccia* (*vis compulsiva*), costringe altri a fare, tollerare od omettere qualche cosa. Scopo dell'incriminazione è di tutelare quella possibilità di spontanea autodeterminazione, generalmente detta libertà morale, che rappresenta per ciascun individuo uno degli aspetti essenziali e insopprimibili della libertà personale.

Violenza o minaccia per costringere a commettere un reato (art. 611 c.p.)

Commette tale delitto chiunque usa *violenza* o *minaccia* per costringere o determinare altri a commettere un fatto costituente reato. L'azione tipica consiste nel semplice ricorso alla violenza o alla minaccia per conseguire il fine previsto dalla norma. Se il reato è commesso, ne risponde in ogni caso chi ha costretto o determinato a commetterlo.

Atti persecutori, cosiddetto stalking (art. 612-bis c.p.)

Commette il delitto di atti persecutori (cosiddetto *stalking*) chiunque, **con condotte reiterate, minaccia o molesta taluno** in modo da cagionare un perdurante e grave stato di ansia o di paura ovvero da ingenerare un fondato timore per l'incolumità propria o di un prossimo congiunto o di persona al medesimo legata da relazione affettiva ovvero da costringere lo stesso ad alterare le proprie abitudini di vita.

Il reato di *stalking* è entrato a far parte dell'ordinamento penale con il D.L. 11/2009, conv. dalla L. 38/2009, con cui il legislatore, mediante l'introduzione dell'art. 612-*bis* c.p., ha cercato di dare una risposta sanzionatoria appropriata a condotte che fino al 2009 venivano inquadrate in altri meno gravi delitti (minaccia, violenza privata ecc.); fattispecie rivelatesi spesso inidonee a garantire una tutela adeguata alle vittime a fronte di condotte illecite caratterizzate da maggiore gravità, sia per la reiterazione delle stesse, sia per i loro effetti negativi sulla sfera privata e familiare delle persone offese.

Ratio della incriminazione è dunque quella di arginare il fenomeno conosciuto come *stalking*, ovvero il **comportamento assillante ed invasivo della vita altrui**, realizzato mediante la reiterazione insistente di condotte intrusive quali telefonate, appostamenti, pedinamenti, comportamenti ossessivi che mirano a ridurre la vittima in uno stato di soggezione psicologica.
Rileva penalmente la condotta molesta o minacciosa tale da indurre la vittima a cambiare il proprio *modus vivendi*.
Ai fini della configurazione del reato in esame è necessario che le condotte moleste o minacciose siano reiterate.
Per tale fattispecie di reato, la L. 69/2019 (cosiddetto Codice rosso) ha innalzato la pena della reclusione da 6 mesi a 5 anni a quella della reclusione da 1 anno a 6 anni e 6 mesi.

Diffusione illecita di immagini o video sessualmente espliciti (art. 612-ter c.p.)

La L. 69/2019 ha introdotto nel codice penale una nuova fattispecie di reato, volta a reprimere il fenomeno, pericolosamente diffusosi negli ultimi anni, del cosiddetto ***revenge porn***. L'articolo **612-*ter* c.p.** (*Diffusione illecita di immagini o video sessualmente espliciti*) sanziona, con la pena della reclusione da 1 a 6 anni e con la multa da 5.000 a 15.000 euro, la condotta di chiunque, dopo averli realizzati o sottratti, invia, consegna, cede, pubblica o diffonde, senza l'espresso consenso delle persone interessate, immagini o video sessualmente espliciti, destinati a rimanere privati.
Con la stessa pena è sanzionata la diffusione, posta in essere da soggetto diverso da quello che per primo ha diffuso il materiale illecito, di immagini o video privati sessualmente espliciti senza il consenso delle persone rappresentate al fine di recare loro nocumento.
La disposizione configura, per il reato in questione, alcune aggravanti speciali.
La collocazione sistematica dell'art. 612-*ter* all'interno del Titolo XII, Sezione III, relativa ai delitti contro la libertà morale, suggerisce che il bene giuridico tutelato sia, *in primis*, la libertà di autodeterminazione dell'individuo. Tuttavia, la fattispecie in esame è da considerarsi verosimilmente plurioffensiva, in quanto tutela altresì l'onore, il decoro, la reputazione e la privacy, nonché il cosiddetto "onore sessuale" della singola persona, attinente alla vita sessuale e alla reputazione di cui gode.
Di tutta evidenza è la continuità ideologica con cui si pone rispetto al delitto di atti persecutori *ex* art. 612-*bis* c.p., nell'ottica di meglio contrastare la violenza, anche morale, nei confronti delle donne.

Violazione di domicilio (art. 614 c.p.)

Commette il reato di violazione di domicilio chiunque si introduce o si trattiene nell'abitazione altrui, o in un altro luogo di privata dimora, o nelle appartenenze di essi, contro la volontà espressa o tacita di chi ha il diritto di escluderlo, ovvero vi si introduce clandestinamente o con inganno. La *ratio* di tale disposizione si coglie nella considerazione secondo cui i luoghi di privata dimora non sono intesi soltanto nella loro materialità, ma anche quale proiezione spaziale della persona, la cui libertà individuale si estrinseca nell'interesse alla tranquillità e sicurezza dei luoghi in cui si svolge la propria vita privata.

La legge sulla legittima difesa domiciliare (L. 36/2019) ha provveduto ad inasprire le sanzioni previste per il **reato di violazione del domicilio**, innalzando la pena contemplata per l'ipotesi non aggravata (art. 614, co. 1, c.p.) dalla reclusione *da 6 mesi a 3 anni* alla **reclusione da 1 a 4 anni**. La legge è intervenuta ad innalzare altresì, nel minimo e nel massimo, la pena comminata per l'ipotesi aggravata di cui al comma 4 (fatto commesso con violenza sulle cose o alle persone, ovvero da persona palesemente armata): infatti la reclusione da 1 a 5 anni è stata sostituita con la reclusione da 2 a 6 anni.
Tale intervento mira a costituire un più forte deterrente verso la categoria di criminali dediti a furti e rapine nei luoghi di privata dimora.

13.12 I delitti contro il patrimonio

Il Titolo XIII del Libro II del codice penale prevede i delitti contro il patrimonio, cioè quei **fatti che offendono gli interessi patrimoniali delle persone fisiche o giuridiche**.
Ai fini della tutela giuridica, il patrimonio va inteso quale bene funzionale alla conservazione, allo sviluppo e all'autonomia della persona umana, la cui componente più pregnante, il diritto di proprietà, è protetta anche a livello costituzionale.
Si distinguono due categorie: *Delitti contro il patrimonio mediante violenza alle cose e alle persone* (artt. 624-639 c.p.) e *Delitti contro il patrimonio mediante frode* (artt. 640-648 c.p.).

13.12.1 I delitti contro il patrimonio mediante violenza alle cose e alle persone

Si colloca in questa categoria, in primo luogo, il reato di **furto** (artt. 624-626), consistente nel fatto di *chiunque* si impossessi della cosa mobile altrui sottraendola a chi la detiene al fine – quindi è richiesto il *dolo specifico* – di trarne profitto per sé o altri. Quanto al concetto di *cosa mobile*, si considerano non solo le cose che, per loro intrinseca natura, possono essere spostate da un luogo a un altro nello spazio (es. gioielli, denaro, valori ecc.), ma anche quelle che possono essere rese mobili dall'autore del reato per mezzo di attività materiali (es. rimozione, asportazione ecc.) e perfino l'*energia elettrica* e ogni altra energia cha abbia un valore economico.

Sono oggetto di specifica previsione normativa il *furto in abitazione* e il *furto con strappo* (art. 624-*bis* c.p.). Circostanze *aggravanti specifiche* sono previste dall'art. 625 c.p., come per esempio l'aver usato violenza sulle cose, l'essersi avvalso di un mezzo fraudolento, l'aver agito con destrezza ecc.

La L. 36/2019 ha innalzato, sia nel minimo che nel massimo edittale, la pena detentiva per il **furto in abitazione** (art. 624-*bis*, co. 1, c.p.): la reclusione da 3 a 6 anni è stata sostituita con la *reclusione da 4 a 7 anni* e con la multa da 927 a 1.500 euro.
Sono aumentate anche le pene per il **furto aggravato**: la pena è della reclusione da 5 a 10 anni e della multa da 1.000 a 2.500 euro se il reato è aggravato da una o più delle circostanze previste nel primo comma dell'art. 625 c.p. ovvero se ricorre una o più delle circostanze indicate nell'art. 61 c.p.
Attraverso una modifica dell'art. 165 c.p., nel quale viene inserito un sesto comma, si prevede infine che, nel caso di condanna per il reato di cui all'art. 624-*bis* c.p., la *sospensione condizionale della pena deve essere subordinata al pagamento integrale dell'importo dovuto per il risarcimento del danno alla persona offesa.*

Commette, invece, il delitto di **rapina** (art. 628 c.p.) chi, al fine di procurare a sé o ad altri un ingiusto profitto, si impossessa della cosa mobile altrui, sottraendola a chi la detiene, mediante violenza o minaccia alla persona (**rapina propria**), ovvero usa violenza o minaccia immediatamente dopo la sottrazione, anche se a persona diversa dal detentore della cosa, allo scopo di assicurare a sé o ad altri il possesso della cosa sottratta o l'impunità del reato commesso (**rapina impropria**).

Si evince, dalla formulazione della norma, che elementi costitutivi delle due figure delittuose sono il **furto** e la **violenza privata**, che insieme costituiscono il *reato complesso* di rapina. Scopo dell'incriminazione è duplice: la tutela del possesso delle cose mobili e quella della libertà personale, cosicché la rapina deve essere considerata anche come un tipico *reato plurioffensivo.*
Anche sul delitto di rapina ha inciso la L. 36/2019, portando innanzitutto *da 4 a 5 anni il minimo edittale della reclusione per la rapina semplice* (un precedente aumento del minimo edittale della reclusione, da 3 a 4 anni, era stato disposto già dalla L. 103/2017).
Per la *rapina aggravata ex art. 628, co. 3, c.p., la legge citata ha innalzato da 5 a 6 anni il minimo edittale,* oltre ad aumentare, nel minimo e nel massimo, la multa (che nel minimo passa a 2.000 euro e, nel massimo, a 4.000 euro).
L'inasprimento sanzionatorio riguarda anche l'ipotesi di *concorso di circostanze aggravanti,* introdotta nell'art. 628, co. 4, c.p. dalla L. 103/2017: il minimo edittale della reclusione passa da 6 a 7 anni (restando fermo il limite massimo di 20); la pena della multa passa da 1.538-3.098 euro a 2.500-4.000 euro.

Diverso dalla rapina è il reato di **estorsione** (art. 629 c.p.), commesso da chi, con violenza o minaccia, costringe una persona a fare od omettere qualche cosa, per procurare a sé o ad altri un ingiusto profitto con altrui danno. In detta fattispecie la condotta è integrata dalla costrizione mediante violenza o minaccia nei confronti di taluno per fargli commettere determinati comportamenti attivi od omissivi.

Costituisce oggetto di specifica previsione normativa il **sequestro di persona a scopo di estorsione**, consistente nel fatto di *chiunque* sequestri una persona allo scopo di conseguire, per sé o per altri, un ingiusto profitto come prezzo della liberazione (art. 630 c.p.).

13.12.2 I delitti contro il patrimonio mediante frode

Si segnalano, in questa seconda categoria di delitti contro il patrimonio, i reati di truffa e di appropriazione indebita.
Commette il reato di **truffa** (art. 640 c.p.) *chiunque,* con artifizi o raggiri, inducendo taluno in errore, procuri a sé o ad altri un ingiusto profitto con altrui danno. Il con-

senso della vittima, carpito con l'inganno e, dunque, in maniera fraudolenta, caratterizza il delitto e lo distingue sia dal furto sia dall'appropriazione indebita. Scopo dell'incriminazione, infatti, non è soltanto la protezione del patrimonio, ma anche la tutela della libertà del consenso nei negozi patrimoniali.

L'**appropriazione indebita** (art. 646 c.p.) consiste, invece, nel fatto di chi, allo scopo di procurare a sé o ad altri un ingiusto profitto, indebitamente si appropria del denaro o altra cosa mobile altrui, di cui abbia il possesso a qualsiasi titolo. Presupposto della fattispecie criminosa *de qua*, che vale a distinguerla da quella del reato di furto, **è la situazione di possesso della cosa altrui,** sorto in base a qualsiasi titolo, purché non idoneo al trasferimento della proprietà. L'essenza del reato consiste nell'abuso del possessore, il quale dispone della cosa come se ne fosse proprietario, compiendo su di essa atti ai quali non è autorizzato, ovvero non adempia all'obbligo di restituirla, opponendo alla richiesta un rifiuto immotivato o pretestuoso.

Per tale reato la L. 3/2019 ha previsto un inasprimento della pena, prevedendo che la stessa consista nella reclusione da 2 a 5 anni e nella multa da 1.000 a 3.000 euro (in luogo della reclusione fino a 3 anni e della multa fino a 1.032 euro).

Quesiti di verifica 13
I delitti

1) Commette il delitto di violenza sessuale chiunque:

A. ceda consapevolmente ad altri materiale pornografico prodotto mediante lo sfruttamento sessuale dei minori degli anni 18
B. compia atti sessuali con minori di età compresa fra i 14 e i 16 anni, in cambio di denaro o di altra utilità economica
C. con violenza o minaccia, o mediante abuso di autorità, costringa taluno a compiere o subire atti sessuali

2) Nel delitto di associazione per delinquere, è punita anche la sola partecipazione all'associazione?

A. Sì, e la pena non è, per tale motivo, attenuata
B. Sì, ma la pena è attenuata
C. No, salvo che la legge disponga altrimenti

3) Il pubblico ufficiale o l'incaricato di un pubblico servizio che, avendo per ragione del suo ufficio o servizio il possesso o comunque la disponibilità di denaro o di altra cosa mobile altrui, se ne appropria:

A. non commette nessun reato
B. non è punibile, se poi la restituisce
C. commette il reato di peculato

4) Il pubblico ufficiale che, per omettere o ritardare o per aver omesso o ritardato un atto del suo ufficio, ovvero per compiere o per aver compiuto un atto contrario ai doveri di ufficio, riceve, per sé o per un terzo, denaro od altra utilità, o ne accetta la promessa, è colpevole di:

A. corruzione propria
B. abuso d'ufficio
C. corruzione impropria

5) Quando si rientra nella fattispecie di corruzione in atti giudiziari?

A. Quando il colpevole già si trova in carcere per un altro reato
B. Quando la corruzione è posta in essere da un impiegato del Tribunale o dal giudice stesso
C. Se i fatti indicati negli articoli relativi alla corruzione sono commessi per favorire o danneggiare una parte in un processo civile, penale o amministrativo

6) Nel reato di abuso d'ufficio il pubblico ufficiale o l'incaricato di pubblico servizio:

A. compie un atto contrario ai doveri d'ufficio
B. compie una violazione di legge o regolamento
C. agisce con colpa

7) Qual è la differenza fra corruzione e concussione?

A. Nella prima ipotesi, diversamente dalla seconda, si ha un libero accordo fra il pubblico funzionario e il privato
B. Nella prima ipotesi, diversamente dalla seconda, il privato subisce la posizione di supremazia del pubblico funzionario

C. Nella prima ipotesi, diversamente dalla seconda, il pubblico ufficiale percepisce un'indebita erogazione di danaro

8) Quale, fra le condotte di seguito elencate, configura il reato di traffico di influenze illecite?

A. Quella di chiunque che, sfruttando o vantando relazioni esistenti o asserite con un pubblico ufficiale o un incaricato di un pubblico servizio o uno degli altri soggetti di cui all'articolo 322-bis c.p., indebitamente fa dare o promettere, a sé o ad altri, denaro o altra utilità, come prezzo della propria mediazione illecita verso un pubblico ufficiale o un incaricato di un pubblico servizio o uno degli altri soggetti di cui all'articolo 322-bis c.p., ovvero per remunerarlo in relazione all'esercizio delle sue funzioni o dei suoi poteri
B. Quella del pubblico ufficiale che, in violazione di norme di legge o di regolamento, intenzionalmente procuri a sé o ad altri un ingiusto vantaggio patrimoniale
C. Quella del pubblico ufficiale che, per compiere o per aver compiuto un atto contrario ai doveri del suo ufficio, riceve, per sé o per un terzo, denaro od altra utilità, o ne accetta la promessa

9) Commette il reato di oltraggio a pubblico ufficiale:

A. chiunque usi violenza o minaccia a un pubblico ufficiale per costringerlo a fare un atto contrario ai propri doveri
B. chiunque usi violenza o minaccia a un pubblico ufficiale per costringerlo a omettere un atto del suo ufficio
C. chiunque, in luogo pubblico e in presenza di più persone, offenda l'onore e il prestigio di un pubblico ufficiale mentre compie un atto d'ufficio a causa o nell'esercizio delle sue funzioni

10) Il reato di malversazione a danno dello Stato può essere commesso soltanto da un pubblico ufficiale?

A. Sì, può essere commesso solo da un pubblico ufficiale o da un incaricato di pubblico servizio
B. No, può essere commesso solo da un incaricato di pubblico servizio che agisca nell'esercizio delle proprie funzioni
C. No, può essere commesso da chiunque, estraneo alla Pubblica Amministrazione

RISPOSTE CORRETTE

1) C	6) B
2) B	7) A
3) C	8) A
4) A	9) C
5) C	10) C

Capitolo 14
Le funzioni di polizia giudiziaria

14.1 La polizia giudiziaria: attività e struttura

L'attività di P.G. interviene quando si è verificata una violazione della legge penale che l'attività di prevenzione della polizia amministrativa (diretta, più in generale, a prevenire condotte in grado di turbare l'ordine e la sicurezza pubblica), non è riuscita ad evitare. I compiti della P.G. nascono quando vi è stata una particolare condotta antigiuridica definita "reato".

La polizia giudiziaria, codicisticamente inquadrata tra i **soggetti del procedimento**, collocata dopo il Pubblico Ministero e prima dell'imputato, è disciplinata, nella descrizione statica delle funzioni e dei profili strutturali ed organizzativi, dalle norme del Titolo III del Libro I del codice di rito (artt. 55-59 c.p.p.), integrate da quelle del Capo III del Titolo I delle norme di attuazione al codice di procedura penale (artt. 5-20 – disp. att.) e, quanto agli aspetti dinamici della relativa attività, dai Titoli IV e V del Libro V del codice.

Tale disciplina segue immediatamente quella del P.M. al fine di sottolineare "*l'unitarietà di funzioni della polizia giudiziaria con quelle del pubblico ministero*" (Nappi) ed "*il carattere sostanzialmente unitario dell'attività investigativa*", e ne evidenzia il ruolo centrale specie in un processo di impianto accusatorio.

L'art. 326 c.p.p. dispone, infatti, che le indagini preliminari sono svolte, nell'ambito delle rispettive attribuzioni, dalla Polizia Giudiziaria e dal P.M.; nel dirigere le indagini il P.M. dispone direttamente della P.G. (art. 327 c.p.p.). È la stessa Costituzione, all'art. 109, a prevedere il rapporto di disposizione della Polizia Giudiziaria da parte dell'Autorità Giudiziaria: si tratta di una dipendenza funzionale e non organico-strutturale. Tale vincolo funzionale si sostanzia nel potere attribuito al P.M. di chiedere l'intervento della P.G. nell'esercizio dei suoi poteri coercitivi, nel potere di impartire direttive concernenti lo svolgimento delle indagini, nel potere di avvalersi della P.G. per il compimento di attività di indagine e di atti specificamene delegati.

Benché tutte le funzioni di P.G. siano sempre svolte alle dipendenze e sotto la direzione dell'Autorità Giudiziaria, tuttavia l'organico della Polizia Giudiziaria si articola in relazione al differente grado di dipendenza funzionale e, dunque, alla diversa incidenza del potere direttivo del P.M (art. 56 c.p.p.).

Il livello più intenso di dipendenza funzionale è rappresentato dalle **sezioni di P.G.**, in quanto adibite in via esclusiva e continuativa all'attività di P.G. Sono istituite presso ciascun ufficio della Procura della Repubblica e risultano costituite da personale in numero non inferiore al doppio rispetto a quello dei magistrati addetti. Ogni sezione è composta da ufficiali ed agenti di polizia giudiziaria della polizia di Stato, dell'arma dei carabinieri, del corpo della guardia di finanza nonché del corpo forestale dello Stato. Tali soggetti svolgono le loro funzioni alle dipendenze dei magi-

strati che dirigono gli uffici presso i quali sono istituite le sezioni e sono responsabili verso il procuratore della Repubblica presso il Tribunale competente per territorio. Gli appartenenti alle sezioni non possono essere distolti dall'attività di Polizia Giudiziaria, tranne che per disposizione del magistrato da cui dipendono.
Ad un livello intermedio di dipendenza funzionale si collocano i **servizi di P.G.**, i quali sono adibiti, in via esclusiva e continuativa, a compiti investigativi, ma nell'ambito delle istituzioni di provenienza (Questure, Comandi dei Carabinieri e della Guardia di Finanza o altre istituzioni cui appartengono). Pertanto, il P.M., in tal caso, non è l'unico a dirigere il loro lavoro, poiché gli addetti ai servizi di P.G. ricevono direttive anche dalle istituzioni di appartenenza.
La differenza tra servizi e sezioni risiede allora, non solo nella diversità di ubicazione, ma anche nel diverso rapporto con l'A.G.
Il livello più blando di dipendenza funzionale è rappresentato dai generici **organi di P.G.**, poiché essi sono normalmente investiti di funzioni amministrative, ma sono tenuti per legge ad espletare indagini a seguito dell'apprensione di una notizia di reato (es. ispettore del lavoro, vigili urbani, etc.).
Ognuno di questi corpi agisce alle dipendenze e sotto la direzione dell'Autorità Giudiziaria.
Sono **ufficiali** della polizia giudiziaria:

a) i dirigenti, i commissari, gli ispettori, i sovrintendenti e gli altri appartenenti alla polizia di Stato ai quali l'ordinamento dell'amministrazione della pubblica sicurezza riconosce tale qualità;
b) gli ufficiali superiori ed inferiori ed i sottufficiali dei carabinieri, della guardia di finanza, degli agenti di custodia e del corpo forestale dello Stato, nonché gli altri appartenenti alle predette forze di polizia ai quali l'ordinamento delle rispettive amministrazioni riconosce tale qualità;
c) il Sindaco dei Comuni ove non abbia sede un ufficio della polizia di Stato ovvero un comando dell'arma dei carabinieri o della guardia di finanza.

Sono **agenti** della polizia giudiziaria:

1) il personale della polizia di Stato al quale l'ordinamento dell'amministrazione della pubblica sicurezza riconosce tale qualità;
2) i carabinieri, le guardie di finanza, gli agenti di custodia, le guardie forestali, le guardie delle Province e dei Comuni, quando sono in servizio.

La distinzione tra ufficiali ed agenti rileva in quanto il codice legittima al compimento di specifici atti solo gli ufficiali, e non anche gli agenti di P.G., ritenendo necessaria, per l'importanza dell'atto ed i conseguenti riflessi sulla posizione dell'indagato, la presenza di personale in possesso di particolare esperienza e preparazione professionale.

14.2 Le funzioni di Polizia Giudiziaria

14.2.1 Le attività svolte dalla Polizia Giudiziaria

Ai sensi dell'art. 55 c.p. la Polizia Giudiziaria deve, *anche di propria iniziativa* (vale a dire senza una preventiva richiesta da parte dell'autorità giudiziaria), prendere

notizia dei reati (**attività informativa**), impedire che vengano portati a conseguenze ulteriori (**attività repressiva**), ricercarne gli autori (**attività investigativa**), compiere gli atti necessari per assicurare le fonti di prova e raccogliere quant'altro possa servire per l'applicazione della legge penale (**attività assicurativa**).
Se queste funzioni possono essere svolte anche d'iniziativa, la P.G. è tenuta a svolgere "ogni indagine o attività **disposta** o **delegata** dall'autorità giudiziaria" (art. 55, co. 2, c.p.p.).
L'**attività informativa** può essere scissa in due distinti aspetti: quello dell'**acquisizione** della notizia di reato da parte della P.G. e quello della **comunicazione** della notizia di reato al P.M. Questi due momenti essenziali nel quadro delle attribuzioni conferite alla P.G. sono scanditi da una duplice situazione di dovere: quello di "informarsi" e quello di "informare" (D'Ambrosio-Vigna).
Il presupposto dal quale prende avvio l'*iter* investigativo che concreta il procedimento per le indagini preliminari è costituito dalla notizia di reato, ovvero della cd. ***notitia criminis***.
Per *notitia criminis* deve intendersi l'informazione scritta od orale avente ad oggetto una specifica ipotesi di reato effettuata all'Autorità Giudiziaria o ad altra Autorità che abbia l'obbligo di riferirla alla prima. Quindi, per il legittimo inizio delle indagini preliminari è sufficiente l'acquisizione della notizia di un'ipotesi di reato: l'informazione non deve necessariamente includere la descrizione di tutti gli elementi costitutivi della fattispecie criminosa, bastando il riferimento all'elemento oggettivo del reato, ovvero concernere la qualificazione giuridica del fatto, che potrà mutare nel corso delle indagini, o ancora svelare l'identità dell'autore. Occorre, piuttosto, che dalla medesima informazione emerga il *fumus* di un fatto astrattamente, o meglio ipoteticamente, riconducibile ad una specifica previsione.
Dunque, l'attività informativa della Polizia Giudiziaria non si ferma al solo momento dell'acquisizione della notizia di reato, bensì si compone anche di un'altra parte, e cioè quella della comunicazione della stessa al P.M. Obbligo quest'ultimo *ex lege* imposto dall'art. 347 c.p.p., che recita: "Acquisita la notizia di reato, la polizia giudiziaria senza ritardo, riferisce al pubblico ministero, per iscritto, gli elementi essenziali del fatto e gli elementi sino ad allora raccolti, indicando le fonti di prova e le attività compiute, delle quali trasmette la relativa documentazione."

Una volta effettuata detta comunicazione al P.M., questa permetterà a quest'ultimo di apprendere i dati necessari per l'iscrizione della notizia di reato nell'apposito **registro** (art. 335 c.p.p.), facendo così decorrere i termini per le indagini, in modo da porlo in condizione di orientare e dirigere le indagini.
Gli artt. da 1 a 3 L. 19-7-2019, n. 69 (legge sul **Codice rosso**, a *tutela delle vittime di violenza domestica e di genere*) hanno introdotto un percorso procedimentale preferenziale per alcuni reati ritenuti "spia" della degenerazione delle relazioni familiari. Scopo del legislatore è stato quello di garantire la priorità della trattazione delle indagini in tema di violenza domestica e di genere e l'immediata instaurazione del procedimento penale, onde evitare che "eventuali stasi, nell'acquisizione e nell'iscrizione delle notizie di reato o nello svolgimento delle indagini preliminari, possano pregiudicare la tempestività di interventi, cautelari o di prevenzione, a tutela della vittima di reati di maltrattamenti, violenza sessuale, atti persecutori e di lesioni aggravate in quanto commesse in contesti familiari o nell'ambito di relazioni di convivenza".
Pertanto, mediante l'integrazione del comma 3 dell'art. 347 c.p.p., il legislatore del 2019 ha previsto che, oltre che per le fattispecie già indicate dalla norma (i gravi delitti di cui

all'art. 407, co. 2, lett. a), nn. da 1 a 6, c.p.p., nonché, in ogni caso, in presenza di "ragioni di urgenza"), anche per i delitti previsti dagli artt. 572, 609-*bis*, 609-*ter*, 609-*quater*, 609-*quinquies*, 609-*octies*, 612-*bis* e 612-*ter* del codice penale, ovvero dagli articoli 582 e 583-*quinquies* c.p. nelle ipotesi aggravate ai sensi degli artt. 576, co. 1, nn. 2, 5 e 5.1, e 577, co. 1, n. 1, e comma 2, dello stesso codice penale, la Polizia Giudiziaria, acquisita la notizia di reato, debba riferire immediatamente al Pubblico Ministero, anche in forma orale. Alla comunicazione orale deve seguire senza ritardo quella scritta.
Con la detta modifica normativa, il legislatore ha manifestato chiaramente la volontà che i delitti decritti siano trattati con assoluta speditezza per consentire la tutela della vittima. Tale intento appare confermato anche dalla modifica apportata all'art. 362 c.p.p. mediante l'inserimento di un nuovo comma 1-*ter*, il quale prevede, per l'ipotesi in cui si proceda in ordine a delitti in tema di violenza domestica e di genere, il termine di 3 giorni dall'iscrizione della notizia di reato nel registro di cui all'art. 335 c.p.p. entro il quale il P.M. deve assumere informazioni dalla persona offesa e da chi ha presentato denuncia, querela o istanza, salvo che sussistano imprescindibili esigenze di tutela di minori di anni diciotto o della riservatezza delle indagini, anche nell'interesse della persona offesa.

Rientra nell'**attività investigativa** tutta l'attività di iniziativa o delegata dal Pubblico Ministero, finalizzata alla vera e propria investigazione.
La Polizia Giudiziaria è titolare di poteri investigativi decisamente autonomi almeno sino a che il Pubblico Ministero, cui ha obbligo di riferire la *notitia criminis*, non abbia con ciò assunto la direzione delle indagini ed impartito le direttive necessarie. Esiste, in ogni caso, uno spazio nel quale alla Polizia Giudiziaria sono consentiti atti di indagine svincolati dalle indicazioni rese dal Pubblico Ministero, pur dopo l'assunzione della direzione delle indagini.

La L. 69/2019, introducendo nell'art. 370 c.p.p. il nuovo comma 2-*bis*, ha previsto che in ordine ai delitti di violenza domestica e di genere la P.G. debba procedere **senza ritardo** al compimento degli **atti di indagine delegati** dal P.M. Il successivo comma 2-*ter*, inserito nello stesso art. 370 c.p.p., prevede che la P.G. debba porre, sempre "senza ritardo", la documentazione delle attività svolte a disposizione del P.M.
Anche l'integrazione dell'art. 370 c.p.p. ad opera della L. 69/2019 persegue lo scopo di creare una sorta di canale preferenziale per lo svolgimento delle indagini in tema di violenza domestica e di genere.

L'**attività di assicurazione** è specificatamente contemplata all'art. 55 c.p.p., laddove si stabilisce che la Polizia Giudiziaria deve "*compiere gli atti necessari per assicurare le fonti di prova*". L'attività di assicurazione rinvia agli atti di coercizione personale (arresto in flagranza, fermo) e reale (il sequestro probatorio, l'acquisizione dei plichi e di corrispondenza) diretti ad assicurare il colpevole alla giustizia.

14.2.2 L'arresto in flagranza di reato e il fermo di indiziati di delitto

L'art. 13 Cost. sancisce la *inviolabilità* della libertà personale, ammettendone la limitazione ad opera dell'Autorità Giudiziaria nei soli casi previsti dalla legge. In *casi eccezionali*, la Polizia Giudiziaria, per finalità di pubblica sicurezza, può adottare *provvedimenti limitativi provvisori*, da assoggettare a convalida dell'Autorità Giudiziaria entro il termine perentorio di 96 ore.
L'**arresto** e il **fermo** sono provvedimenti limitativi della libertà personale temporanei e **precautelari** in quanto rappresentano un'anticipazione di quella tutela predisposta

mediante le misure cautelari dalle quali si differenziano per il connotato dell'urgenza e l'assenza di un provvedimento dell'Autorità Giudiziaria, che interviene solo successivamente nelle forme della **convalida**. Tanto l'arresto quanto il fermo sono vietati quando il soggetto abbia agito in presenza di una causa di giustificazione o di non punibilità (art. 385 c.p.p.).
In particolare, l'**arresto in flagranza di reato** è disciplinato dall'art. 380 c.p. e consiste in una temporanea privazione della libertà personale che la P.G. dispone a carico di chi venga colto nell'atto di commettere il reato (cosiddetta *flagranza propria*) ovvero di chi, subito dopo il reato, sia inseguito dalla Polizia Giudiziaria, dalla persona offesa o da altre persone ovvero sia sorpreso con cose o tracce dalle quali appaia che egli abbia commesso il reato immediatamente prima (cosiddetta *flagranza impropria* o *quasi flagranza*).

Accanto ad ipotesi di piena ed evidente flagranza, nelle quali l'azione criminosa viene direttamente percepita nel suo dispiegarsi, la realtà propone anche situazioni più sfumate, in cui il soggetto agente è individuato nel momento in cui, avendo già portato a termine il proprio intento criminoso, sta cercando di guadagnare la fuga. Anche in tali situazioni il legislatore ha ritenuto opportuno consentire di procedere all'arresto come forma di misura "precautelare": nell'ambito di una nozione allargata di flagranza, dagli studiosi definita "quasi-flagranza", rientrano quindi anche i casi di chi, subito dopo il reato, sia **inseguito dalla polizia giudiziaria, dalla persona offesa o da altre persone** ovvero di chi sia **sorpreso con cose o tracce dalle quali appaia che egli abbia commesso il reato immediatamente prima**.
Come da ultimo ribadito dalla Cassazione penale (sent. 37303/2019), la situazione di **qualificata evidenza probatoria della colpevolezza** che nelle ipotesi di quasi-flagranza giustifica l'adozione della misura precautelare e l'eventuale successivo giudizio con rito direttissimo si fonda sul concorso di due requisiti: da un lato la percezione, da parte di chi procede all'arresto, di **elementi di fatto tali da collegare un soggetto ad un fatto di reato con alto grado di probabilità**, indispensabile per procedere ad una limitazione della libertà personale tutelata dall'art. 13 Cost.; dall'altro un contesto di **stretta contiguità cronologica tra condotta del reo ed intervento degli operanti**.
Se dunque la P.G. può procedere all'arresto anche dopo aver percepito "cose o tracce del reato" su segnalazione della vittima o di terzi, tali elementi devono tuttavia sempre rispettare la rigida *ratio* di garanzia sottesa agli artt. 380 e ss. c.p.p., consentendo cioè di esprimere un fondato ed elevatissimo, ancorché provvisorio, giudizio di reità a carico dell'arrestato: a tal fine, in sede di convalida, sarà quanto mai opportuna una prudente valutazione di tutti gli elementi noti e disponibili agli operanti nel momento in cui procedevano ad applicare la misura precautelare, in grado di corroborare l'attendibilità della segnalazione ricevuta.

Si tratta, si è detto, di un provvedimento che implica una restrizione della libertà personale e che viene espletato dalla Polizia Giudiziaria nell'esercizio delle proprie funzioni di repressione dei reati, così come anche dal privato cittadino, a condizione che si tratti di delitti perseguibili d'ufficio. Tale provvedimento non può essere attuato in maniera arbitraria, ma soltanto in presenza di alcune specifiche ipotesi previste dalla legge.
Dette specifiche ipotesi sono diversamente modulate in relazione alla circostanza che l'arresto in flagranza di reato si configuri come **obbligatorio** ovvero **facoltativo**, a seconda della diversa gravità del reato.

I presupposti specifici per poter procedere ad **arresto obbligatorio** si articolano in una previsione di carattere generale, per la quale tale misura è ordinata quando si tratti di un delitto non colposo, consumato o tentato, per il quale la legge stabilisce la pena dell'ergastolo o della reclusione non inferiore nel minimo a 5 e nel massimo a 20 anni, e in una previsione di carattere specifico, mediante la elencazione di singoli reati espressamente individuati dall'art. 380 c.p.p. Detta elencazione è stata ampliata dal D.L. 7/2015 (conv. dalla L. 43/2015), recante misure urgenti per il contrasto al terrorismo, dalla L. 41/2016, che ha introdotto il reato di omicidio stradale e quello di lesioni personali stradali, dalla L. 199/2016, che ha introdotto l'obbligo dell'arresto in flagranza per i delitti di intermediazione illecita e sfruttamento del lavoro di cui all'art. 603-*bis* c.p., dalla L. 105/2017, che ha esteso l'obbligatorietà dell'arresto anche al delitto di violenza o minaccia ad un Corpo politico, amministrativo o giudiziario o ai suoi singoli componenti, nonché dal D.L. 53/2019 (decreto sicurezza-*bis*), conv. dalla L. 77/2019, che ha disposto (mediante l'aggiunta di una nuova lett. *m-quinquies*) l'arresto obbligatorio anche nei confronti di chiunque sia colto in flagranza di un delitto di resistenza o violenza contro nave da guerra, in base all'art. 1100 del codice della navigazione.

La L. 401/1989 ha poi previsto un singolare istituto, quello dell'**arresto in flagranza** cosiddetta **differita**. L'art. 8, co. 1-*ter*, di tale legge consentiva, infatti, di procedere non in flagranza di reato, ma comunque **entro 48 ore dal fatto**, all'arresto della persona che, sulla base di documentazione video-fotografica, risultasse inequivocabilmente responsabile di determinati reati commessi a causa o in occasione di manifestazioni sportive.
Il perpetrarsi di gravi episodi di violenza durante lo svolgimento di manifestazioni sportive ha indotto poi il Governo ad intervenire con un nuovo provvedimento d'urgenza, il D.L. 28/2003 (conv. dalla L. 88/2003). Tale decreto ha introdotto modifiche alla L. 401/1989 volte a migliorare ulteriormente gli strumenti di prevenzione e repressione della violenza negli stadi e disciplinando in maniera più organica l'istituto della flagranza differita.
La previsione della possibilità di procedere ad arresto in condizioni di flagranza differita è sempre stata, tuttavia, considerata una misura "a termine". Inizialmente, l'art. 8, co. 1-*ter*, della citata L. 401/1989 avrebbe dovuto avere efficacia sino al 30 giugno 2005; poi il termine di efficacia di tale previsione fu prorogato al 30 giugno 2007 (con D.L. 115/2005); quindi la proroga fu posticipata al 30 giugno 2010 (con il D.L. 8/2007); poi al 30 giugno 2016 (con il D.L. 93/2013) e, infine, con il *decreto Minniti* (*Disposizioni urgenti in materia di sicurezza delle città*, D.L. 14/2017, conv. dalla L. 48/2017), la previsione della possibilità di procedere ad arresto in flagranza differita è stata estesa sino al 30 giugno 2020. Con il *decreto sicurezza-bis* (D.L. 53/2019, conv. dalla L. 77/2019) questa previsione, da temporanea che era, è diventata una previsione ordinaria (essendo stata abrogata l'apposizione del termine di efficacia al 30 giugno 2020 alla previsione normativa in esame). Certo, l'arresto in flagranza differita rimane misura che si applica a chi commette reati in occasione di manifestazioni sportive.
Ai fini della stabilizzazione dell'istituto il decreto suddetto è intervenuto sull'art. 10 D.L. 14/2017 **sopprimendo,** ai commi 6-*ter* e 6-*quater*, **il riferimento temporale al 30 giugno 2020**, termine dell'efficacia delle disposizioni sull'arresto in flagranza differita per i reati collegati alle manifestazioni sportive (comma 6-*ter*) e per quelli commessi in presenza di più persone, anche nelle occasioni pubbliche (comma 6-*quater*). Alla soppressione di cui al comma 6-*ter* consegue, per i reati nelle manifestazioni sportive e in caso di violazione del **DASPO**, anche la messa a regime della possibile applicazione di misure coercitive in deroga ai limiti ordinari di pena previsti dal codice di rito penale.

L'intervento è stato motivato in considerazione del fatto che lo strumento dell'arresto differito ha costituito uno dei cardini del complesso sistema delle misure di contrasto della violenza sportiva, rappresentando uno dei principali fattori alla base della positiva inversione di tendenza registratasi con riguardo agli episodi di violenza durante le manifestazioni sportive e, soprattutto, nell'ambito delle competizioni calcistiche.
Il **DASPO** (Divieto di Accedere alle manifestazioni SPOrtive) è una misura amministrativa che, come da acronimo, comporta l'**interdizione a carico di taluni soggetti di presenziare a specifiche manifestazioni sportive**. Tale provvedimento viene preso nei confronti di quanti vengano ritenuti soggetti socialmente pericolosi, a seguito di fatti occorsi *in occasione o a causa di manifestazioni sportive*. La necessità di prevedere una simile misura trae origine dall'escalation di violenze verificatesi, soprattutto all'interno degli stadi di calcio, a partire dagli anni '80.
In Italia, la norma di riferimento in materia è l'**art. 6 L. 401/1989**, che, per l'appunto, introduceva il **DASPO**. La disciplina relativa a tale misura è stata oggetto di diversi interventi normativi, tra i quali una rilevanza particolare assume il D.L. 53/2019 (cosiddetto *decreto sicurezza-bis*), che ha ampliato notevolmente la portata applicativa dell'istituto.

Anche le ipotesi di **arresto facoltativo** si articolano in una previsione di carattere generale, per la quale gli ufficiali e gli agenti di P.G. possono procedere all'arresto di chiunque sia colto in flagranza di delitti non colposi, consumati o tentati, per i quali la legge stabilisce la pena della reclusione superiore nel massimo a tre anni ovvero di un delitto colposo per il quale la legge stabilisce la pena della reclusione non inferiore nel massimo a cinque anni, e in una di carattere specifico, che vede le singole fattispecie di reato che lo legittimano elencate dall'art. 381 c.p.p. Il ricorso all'arresto facoltativo deve essere giustificato dalla gravità del fatto ovvero dalla pericolosità del soggetto desunta dalla sua personalità o dalle circostanze del fatto.
Il **privato** può procedere all'arresto (cd. **arresto facoltativo** – art. 383 c.p.p.) quando l'arresto è obbligatorio per la P.G. e si versi in flagranza di un reato perseguibile d'ufficio.
Inoltre, che, in caso di esecuzione dell'arresto da parte di agenti di polizia giudiziaria, questi devono darne immediata notizia all'ufficiale di Polizia Giudiziaria dal quale dipendono, in base all'art. 120 disposizioni attuative al codice di procedura penale.
Il **fermo di indiziato di delitto**, l'altra misura precautelare prevista dal codice di rito, viene delineato dall'art. 384 c.p.p., in base al quale: "*Anche al di fuori dei casi di flagranza, quando sussistono specifici elementi che, anche in relazione alla impossibilità di identificare l'indiziato, fanno ritenere fondato il pericolo di fuga, il pubblico ministero dispone il fermo della persona gravemente indiziata di un delitto per il quale la legge stabilisce la pena dell'ergastolo o della reclusione non inferiore nel minimo a 2 anni e superiore a 6 anni ovvero di un delitto concernente le armi da guerra e gli esplosivi o di un delitto commesso per finalità di terrorismo, anche internazionale, o di eversione dell'ordine democratico*".
Quindi, affinché il fermo possa trovare applicazione, è necessaria la sussistenza di **gravi indizi di colpevolezza** e del **pericolo di fuga**. Quest'ultimo requisito, di cui è fatta menzione negli artt. 274, lett. b), e 384 c.p.p., può essere ritenuto sussistente ogni qualvolta, sulla base di elementi e fatti obiettivi, desumibili anche dalla natura degli addebiti, sia ravvisabile la ragionevole probabilità che l'inquisito, ove non si intervenisse, farebbe perdere le proprie tracce.

Nella sua ipotesi classica, il fermo è un provvedimento provvisorio disposto dal Pubblico Ministero titolare del procedimento ma, sempre in presenza dei presupposti sopra enucleati, quando l'organo inquirente non ha ancora assunto la direzione delle indagini, gli ufficiali e agenti di Polizia Giudiziaria procedono d'iniziativa al compimento dell'atto.
Egualmente procede la Polizia Giudiziaria, anche quando il Pubblico Ministero abbia già assunto la direzione delle indagini ma non sia possibile, per la situazione di urgenza, attendere il provvedimento da parte sua e siano sopraggiunti specifici elementi che rendano fondato il pericolo che l'indiziato stia per darsi alla fuga.

L'art. 14 del decreto sicurezza-*bis* (D.L. 53/2019, conv. dalla L. 77/2019) ha integrato l'art. 77 del Codice antimafia (D.Lgs. 159/2017) per consentire il fermo di indiziato di delitto, **in deroga ai limiti di pena previsti dal codice di procedura penale**, anche per coloro che risultino **gravemente indiziati di un delitto commesso in occasione o a causa di manifestazioni sportive**. Per procedere al fermo è comunque richiesto che il **reato** per il quale si procede sia contemplato tra quelli per i quali è **consentito l'arresto facoltativo in flagranza**. (art. 381 c.p.p.).

A differenza dell'arresto il fermo, se ne ricorrono i presupposti, è **sempre obbligatorio** e non può mai essere eseguito dai privati.
Gli ufficiali e gli agenti di Polizia Giudiziaria che hanno eseguito l'arresto o il fermo o hanno avuto in consegna l'arrestato, ne danno immediata notizia al Pubblico Ministero del luogo ove l'arresto o il fermo è stato eseguito.
Essi, inoltre, sono tenuti ad informare l'arrestato o il fermato della facoltà di nominare un difensore di fiducia.
Ancora, **incombe sulla Polizia Giudiziaria** il dovere di:

- informare immediatamente il difensore di fiducia eventualmente nominato o quello di ufficio designato dal P.M. dell'avvenuto arresto o fermo;
- porre l'arrestato o il fermato a disposizione del P.M. al più presto e comunque non oltre 24 ore dall'arresto o dal fermo conducendolo nella casa circondariale o mandamentale del luogo dove l'arresto o il fermo è stato eseguito;
- redigere il verbale di arresto o di fermo contenente l'eventuale nomina del difensore di fiducia, l'indicazione del giorno, dell'ora e del luogo in cui l'arresto o il fermo è stato eseguito e l'enunciazione delle ragioni che lo hanno determinato;
- trasmettere il verbale non oltre 24 ore dall'arresto o dal fermo, salvo che il P.M. autorizzi una dilazione maggiore;
- trasmettere il verbale di fermo anche al P.M. che ha disposto la misura, se questo è diverso da quello del luogo in cui la stessa è stata eseguita;
- con il consenso dell'arrestato o del fermato informare i familiari dello stesso dell'avvenuto arresto o fermo;
- in caso di arresto o fermo di madre di prole di minore età, immediata comunicazione al P.M. del luogo ove l'arresto o il fermo è stato eseguito, nonché al Procuratore della Repubblica presso il Tribunale per i minorenni del luogo dell'arresto o del fermo (art. 387-*bis* c.p.p., inserito dal D.L. 113/2018, conv. dalla L. 132/2018).

Dal canto suo, **compete al P.M.** (artt. 388-390 c.p.p.):

- interrogare l'arrestato o il fermato, dandone tempestivo avviso al difensore;

- disporre con decreto motivato la liberazione dell'arrestato o del fermato:
  - se risulta che l'arresto o il fermo sono stati eseguiti per errore di persona o fuori dei casi previsti dalla legge;
  - se l'arresto o il fermo sono divenuti inefficaci perché l'arrestato o fermato non è stato messo a disposizione del P.M. e il verbale dell'atto non è stato trasmesso a costui entro 24 ore dall'arresto o fermo oppure perché lo stesso P.M. entro 48 ore dall'arresto o fermo non ha chiesto la convalida al giudice;
  - se ritiene di non dover chiedere al giudice l'applicazione all'arrestato o fermato di una misura coercitiva;
- ove non ordini la liberazione, richiedere la convalida al giudice per le indagini preliminari competente in relazione al luogo dove l'arresto o il fermo sono stati eseguiti entro 48 ore dall'arresto o dal fermo;
- nel caso in cui non partecipi all'udienza di convalida, trasmettere al giudice le richieste in ordine alla libertà personale con gli elementi su cui le stesse si fondano.

14.2.3 L'udienza di convalida

Entro 48 ore dall'arresto o dal fermo il Pubblico Ministero, qualora non debba ordinare la immediata liberazione dell'arrestato o del fermato, richiede la **convalida** al giudice per le indagini preliminari competente in relazione al luogo dove l'arresto o il fermo è stato eseguito.
Il giudice fissa l'udienza di convalida al più presto e comunque entro le 48 ore successive dandone avviso, senza ritardo, al Pubblico Ministero e al difensore (art. 390 c.p.p.).
L'udienza di convalida consente il controllo giurisdizionale sulla legittimità dei provvedimenti precautelari adottati anche dal Pubblico Ministero (nel caso di fermo) ma soprattutto dalla Polizia Giudiziaria (nel caso di entrambe le misure).
L'udienza si svolge in camera di consiglio con la **partecipazione necessaria del difensore** dell'arrestato o del fermato o di un suo sostituto nominato dal giudice se non reperito o non comparso. Il P.M., se comparso (**presenza facoltativa del P.M.**), indica i motivi dell'arresto o del fermo e formula le richieste in ordine all'applicazione di misure cautelari. Il GIP interroga l'arrestato o il fermato, se comparso, ed il suo difensore. A questo punto il GIP può:
convalidare con ordinanza (cd. **ordinanza di convalida**) l'arresto o il fermo quando risultino legittimamente eseguiti ed osservati i termini per mettere a disposizione del P.M. l'arrestato/fermato;
non convalidare l'arresto o il fermo. In entrambi i casi l'ordinanza è impugnabile con ricorso per cassazione sia dall'arrestato/fermato (nel caso di convalida) sia dal P.M. (nel caso di mancata convalida).
In ogni caso l'arresto o il fermo cessano di avere efficacia se l'ordinanza di convalida non è pronunciata o depositata nelle 48 ore successive al momento in cui l'arrestato o il fermato sono stati posti a disposizione del giudice.
Poiché l'ordinanza di convalida attiene solo al controllo giurisdizionale sull'atto privativo di libertà operato dalla P.G. o dal P.M., ma non vale a legittimare l'ulteriore protrazione dello stato di arresto o fermo, se il GIP non dispone anche l'applicazione

di una **misura coercitiva** deve in ogni caso ordinare l'immediata **liberazione** dell'arrestato o fermato. Pertanto, sia nell'ipotesi di mancata convalida che in quella di convalida non seguita dall'irrogazione di una misura coercitiva, il GIP dovrà disporre la liberazione dell'arrestato o fermato.

14.2.4 Perquisizioni, acquisizione di plichi o corrispondenza e sequestri

Tipici mezzi a disposizione della P.G. per la ricerca di fonti di prova sono le perquisizioni e i sequestri, nonché l'acquisizione di plichi o di corrispondenza finalizzata ad un eventuale sequestro.
Nella flagranza del reato o nel caso di evasione, gli ufficiali di Polizia Giudiziaria, anche senza munirsi del preventivo decreto dell'autorità giudiziaria, procedono a **perquisizione personale** o **locale** quando hanno fondato motivo di ritenere che sulla persona si trovino occultate cose o tracce pertinenti al reato che possono essere cancellate o disperse ovvero che tali cose o tracce si trovino in un determinato luogo o che ivi si trovi la persona sottoposta alle indagini o l'evaso (art. 352, co. 1, c.p.p.).

In caso di **esecuzione di custodia cautelare** o di **ordine di carcerazione** per reati *ex* art. 380 c.p.p., ovvero in caso di **esecuzione di fermo di indiziato di delitto**, l'ufficiale di P.G. procede a perquisizione personale e locale se l'urgenza non consente l'emissione di un decreto di perquisizione del P.M. (art. 352, co. 2, c.p.p.).
Nella flagranza del reato, ovvero nei casi indicati dal comma 2 dell'art. 352 c.p.p., gli ufficiali di Polizia Giudiziaria, adottando misure tecniche dirette ad assicurare la conservazione dei dati originali e ad impedirne l'alterazione, procedono altresì alla perquisizione di sistemi informatici o telematici, ancorché protetti da misure di sicurezza, quando hanno fondato motivo di ritenere che in questi si trovino occultati dati, informazioni, programmi informatici o tracce comunque pertinenti al reato che possono essere cancellati o dispersi.

Il difensore ha facoltà di assistere senza diritto di essere preventivamente avvisato (si tratta di un atto cd. "a sorpresa"). Quando la P.G. agisce di propria iniziativa il verbale di perquisizione va convalidato entro 48 ore dal P.M.
Qualora invece la Polizia Giudiziaria sia delegata dal P.M. allo svolgimento di una perquisizione da questi disposta, non dovrà dimostrarsi la sussistenza di alcun presupposto ed il verbale dovrà limitarsi a riferire le modalità di esecuzione dell'atto; in tale circostanza, la Polizia Giudiziaria avrà altresì cura di notificare all'interessato il decreto con il quale il P.M. ha disposto la perquisizione.
Una speciale disciplina è dettata per l'attività di assicurazione ad iniziativa della Polizia Giudiziaria consistente nell'**acquisizione di plichi o di corrispondenza**, trattandosi di attività che va ad incidere sul diritto dei privati di corrispondere o comunicare liberamente o riservatamente. Nel rispetto della garanzia costituzionale relativa alla libertà e alla segretezza della corrispondenza e di ogni altra forma di comunicazione, la cui limitazione "*può avvenire soltanto per atto motivato dell'autorità giudiziaria*" (art. 15 Cost.), l'art. 353 c.p.p. prevede che, nel corso delle operazioni, l'ufficiale di Polizia Giudiziaria, quando vi è necessità di acquisire plichi sigillati o altrimenti chiusi, debba trasmetterli "intatti" al Pubblico Ministero per l'eventuale sequestro.
Ove vi sia il fondato motivo di ritenere che i plichi contengano notizie utili alla ricerca e all'assicurazione di fonti di prova che potrebbero andare disperse a causa del ri-

tardo, l'ufficiale di Polizia Giudiziaria informa col mezzo più rapido il Pubblico Ministero il quale può autorizzarne l'apertura immediata e l'accertamento del contenuto.
Le operazioni di perquisizione e quelle di acquisizione di plichi o di corrispondenza possono sfociare, in caso positivo, in verbali di **sequestro**, il quale risponde ad esigenze puramente probatorie, in coerenza con la fondamentale funzione di assicurazione delle fonti di prova (art. 348 c.p.p.).
Gli ufficiali e gli agenti di Polizia Giudiziaria curano che le tracce e le cose pertinenti al reato siano conservate e che lo stato dei luoghi e delle cose non venga mutato prima dell'intervento del Pubblico Ministero (art. 354 c.p.p.).
Se vi è pericolo che le cose, le tracce e i luoghi indicati nel comma 1 dell'art. 354 c.p.p. si alterino o si disperdano o comunque si modifichino e il Pubblico Ministero non può intervenire tempestivamente, ovvero non ha ancora assunto la direzione delle indagini, gli ufficiali di Polizia Giudiziaria compiono i necessari **accertamenti e rilievi sullo stato dei luoghi e delle cose**.
In occasione delle perquisizioni e degli accertamenti urgenti sui luoghi e sulle cose, gli ufficiali e gli agenti di Polizia Giudiziaria procedono, se del caso, di propria iniziativa al **sequestro** del corpo del reato e delle cose ad esso pertinenti (art. 354, co. 2, c.p.p.).

> Sono definite "**corpo del reato**" le cose sulle quali o mediante le quali il reato è stato commesso, nonché le cose che ne costituiscono il prodotto, il profitto o il prezzo (art. 253 c.p.p.)
> "**Cose pertinenti al reato**" sono, invece, quelle che servono, anche indirettamente, ad accettare l'illecito e il suo autore.

Nel caso in cui la P.G. agisca di propria iniziativa deve trasmettere il relativo verbale senza ritardo, e comunque non oltre le 48 ore, al P.M. del luogo in cui il sequestro è stato eseguito. Nelle successive 48 ore, il P.M. convalida con decreto motivato il sequestro, ove ne ricorrano i presupposti (art. 355 c.p.p.). Se il P.M. non provvede tempestivamente, il provvedimento di sequestro perde efficacia e l'interessato può attivare la procedura di restituzione delle cose sequestrate.
L'atto di sequestro ha natura sostanzialmente irripetibile, trattandosi di tipico atto "a sorpresa"; la stessa natura rivestono gli **accertamenti urgenti sui luoghi, sulle cose e sulle persone**, quando vi è pericolo di alterazione, modificazione o dispersione (art. 354 c.p.p.).
Il carattere irripetibile di tali atti comporta che il difensore abbia facoltà di assistervi senza tuttavia diritto di essere preventivamente avvisato (art. 356 c.p.p.).

14.2.5 Le altre attività di Polizia Giudiziaria

Oltre a quelle appena esaminate, la P.G. compie una serie di ulteriori attività essenzialmente dirette ad assicurare le fonti di prova, attività compiute in via autonoma nella immediatezza. La funzione di assicurazione, dopo l'intervento del P.M., prosegue a cura della P.G. come attività delegata, oppure ancora di propria iniziativa.
Rientrano tra tali ulteriori attività:

- l'**identificazione della persona indagata e di quelle informate dei fatti**, che può essere compiuta "eseguendo, ove occorra, rilievi dattiloscopici, fotografici e antropometrici nonché altri accertamenti" (art. 349 c.p.p.);

- l'**accompagnamento nei propri uffici** delle persone che rifiutino di farsi identificare ovvero forniscano generalità o documenti di identificazione che si ritengono falsi (art. 349 c.p.p.) per un tempo non superiore alle 12 ore o 24 nel caso di identificazione complessa;
- l'**assunzione di sommarie informazioni dalla persona indagata**, a condizione che quest'ultima non si trovi in stato di arresto o fermo e che il suo difensore sia presente (art. 350 c.p.p.). Tali informazioni hanno valenza investigativa e non possono essere preordinate a costituire prova;
- l'**assunzione di sommarie informazioni sul luogo e nell'immediatezza del fatto dalla persona indagata**, anche se non in stato di libertà e in assenza del difensore. Di tali notizie, utili ai fini dell'immediata prosecuzione delle indagini, "è vietata ogni documentazione e utilizzazione" (art. 350 c.p.p.);
- la **ricezione di dichiarazioni spontanee dalla persona indagata**, anche se non in stato di libertà e in assenza del difensore. Tali informazioni sono utilizzabili sia nella fase delle indagini preliminari che in quella dibattimentale come fonti di prova, ma solo dopo le contestazioni (art. 350 c.p.p.);
- l'**assunzione di sommarie informazioni dalle persone informate dei fatti** (art. 351 c.p.p.), che devono essere verbalizzate ed acquisite al fascicolo del P.M. Tali informazioni sono utilizzabili nel dibattimento ai soli fini della contestazione come prova della credibilità;
- l'**assunzione di sommarie informazioni da persona imputata in un procedimento connesso ovvero da persona imputata di un reato collegato a quello per cui si procede** (art. 351 c.p.p.), purché assistite da un difensore. Tali informazioni sono utilizzabili nel dibattimento ai soli fini della contestazione come prova della credibilità.

Anche **dopo che il P.M. abbia assunto la direzione delle indagini**, la P.G. continua a compiere atti di propria iniziativa, raccogliendo in specie ogni elemento utile alla ricostruzione del fatto e alla individuazione del colpevole.
Oltre a tale attività, la P.G. (art. 348 c.p.p.):

- compie gli atti che le vengono specificamente **delegati** dal P.M. ivi compresi "gli interrogatori ed i confronti cui partecipi la persona sottoposta alle indagini che si trovi in stato di libertà, con l'assistenza necessaria del difensore" (art. 370 c.p.p.);
- compie gli atti necessari per ottemperare alle **direttive** di indagine impartite dal P.M.;
- svolge di propria iniziativa, informandone prontamente il Pubblico Ministero, tutte le altre attività di indagine per accertare i reati ovvero richieste da elementi successivamente emersi e assicura le nuove fonti di prova.

Tutti gli atti di indagine preliminare svolti dalla P.G. devono essere documentati e successivamente trasmessi al P.M. (art. 357 c.p.p.) e inseriti nel **fascicolo delle indagini**.

Quesiti di verifica 14
Le funzioni di Polizia giudiziaria

1) Le indagini preliminari, ai sensi dell'art. 326 c.p.p., sono svolte:

A. dal P.M. e dalla Polizia giudiziaria
B. esclusivamente dalla Polizia giudiziaria
C. esclusivamente dal P.M.

2) Tra la Polizia giudiziaria e l'Autorità giudiziaria vi è un rapporto:

A. di subordinazione
B. organico
C. di dipendenza funzionale

3) Le Sezioni di Polizia giudiziaria sono istituite:

A. presso ogni tribunale
B. presso ogni ufficio della Procura della Repubblica
C. presso ogni Corte d'Appello

4) Quale tra i seguenti soggetti non rientra tra gli ufficiali della Polizia giudiziaria?

A. I carabinieri
B. I dirigenti appartenenti alla Polizia di Stato
C. I sottoufficiali dei carabinieri

5) Quale tra i seguenti soggetti non rientra tra gli agenti della Polizia giudiziaria?

A. I carabinieri
B. Gli ufficiali superiori ed inferiori della guardia di finanza
C. Le guardie di finanza

6) L'arresto e il fermo sono misure:

A. precautelari
B. cautelari
C. di sicurezza

7) L'arresto in flagranza è:

A. sempre obbligatorio
B. sempre obbligatorio, tranne nelle ipotesi espressamente indicate dalla legge
C. obbligatorio ovvero facoltativo, a seconda della diversa gravità del reato

8) Presupposti del fermo di indiziato di delitto sono:

A. la commissione di determinati delitti
B. il pericolo della reiterazione della condotta criminosa
C. la sussistenza di gravi indizi di colpevolezza e del pericolo di fuga

9) A seguito dell'arresto o del fermo, il P.M. ne chiede la convalida al giudice per le indagini preliminari entro:

A. 76 ore
B. 48 ore
C. 24 ore

10) In caso di sequestro, ove la Polizia giudiziaria agisca di propria iniziativa deve trasmettere il relativo verbale al P.M.:

A. immediatamente
B. senza ritardo e comunque non oltre le 24ore
C. senza ritardo e comunque non oltre le 48 ore

RISPOSTE CORRETTE

1) A	6) A
2) C	7) C
3) B	8) C
4) A	9) B
5) B	10) C

Libro III

Lingua inglese

SOMMARIO

Capitolo 1
Il verbo

1.1 Il presente del verbo essere (*to be*)

1.1.1 Forme del verbo

Il presente del verbo essere (to be) ha tre uscite:

> **am** alla 1ª persona singolare;
> **are** alla 2ª persona singolare, alla 1ª, 2ª e 3ª persona plurale;
> **is** alla 3ª persona singolare (maschile, femminile e neutro).

Attenzione!
Il pronome personale soggetto I va **sempre** scritto **in maiuscolo**, anche se si trova all'interno della frase e non all'inizio. Alla 3ª persona singolare gli inglesi usano *he*, *she* e *it*: *He* viene usato se ci si riferisce al genere maschile, *she* al genere femminile e *it* al neutro. Si fa notare che in italiano si attribuisce il genere maschile e femminile anche alle cose.

La **forma interrogativa** si costruisce anteponendo il verbo al soggetto. La **forma negativa** mettendo not dopo il verbo. La **forma interro-negativa** si costruisce anteponendo il verbo al soggetto e mettendo il not dopo quest'ultimo.

Forma lunga			
Affermativa	*Interrogativa*	*Negativa*	*Interro-negativa*
I am	am I?	I am not	am I not?
you are	are you?	you are not	are you not?
he is she is it is	is he? is she? is it?	he is not she is not it is not	is he not? is she not? is it not?
we are	are we?	we are not	are we not?
you are	are you?	you are not	are you not?
they are	are they?	they are not	are they not?

Forma breve			
Affermativa	*Interrogativa*	*Negativa*	*Interro-negativa*
I'm	am I?	I am not/I'm not	am I not?
you're	are you?	you're not/you aren't	aren't you?
he's she's it's	is he? is she? is it?	he's not/he isn't she's not/she isn't it's not/it isn't	isn't he? isn't she? isn't it?
we're	are we?	we're not/we aren't	aren't we?
you're	are you?	you're not/you aren't	aren't you?
they're	are they?	they're not/they aren't	aren't they?

Risposte brevi

La risposta breve inglese corrisponde al *sì* e *no* italiani:

- affermativa: *Yes* + pronome personale corrispondente al soggetto + verbo essere;
- negativa: *No* + pronome personale corrispondente al soggetto + verbo essere al negativo.

Affermativa	Negativa
Yes, I am	No, I'm not
Yes, you are	No, you aren't
Yes, he is	No, he isn't
Yes, she is	No, she isn't
Yes, it is	No, it isn't
Yes, we are	No, we aren't
Yes, you are	No, you aren't
Yes, they are	No, they aren't

Attenzione!

Questa forma, per le risposte brevi, **NON** è possibile:

Yes, I'm
Yes, you're

Yes, he's
Yes, she's
Yes, it's

Yes, we're
Yes, you're
Yes, they're

1.1.2 There is/there are

Questa forma traduce c'è e ci sono:

there is c'è
there are ci sono

La **forma interrogativa** si costruisce anteponendo il verbo essere a *there*. La **forma negativa** mettendo *not* dopo il verbo essere. La **forma interro-negativa** si costruisce anteponendo il verbo essere a *there* e mettendo il *not* dopo quest'ultimo.

Forma lunga			
Affermativa	*Interrogativa*	*Negativa*	*Interro-negativa*
there is	is there?	there is not	is there not?
there are	are there ?	there are not	are there not?

Forma breve			
Affermativa	*Interrogativa*	*Negativa*	*Interro-negativa*
there's	is there?	there isn't	isn't there?
	are there?	there aren't	aren't there?

Risposte brevi

La risposta breve inglese corrisponde al *sì* e *no* italiani:

- affermativa: *Yes* + *there* + verbo essere;
- negativa: *No* + *there* + verbo essere al negativo.

Affermativa	Negativa
Yes, there is	No, there isn't
Yes, there are	No, there aren't

Usi particolari di *to be*

avere fame	*be hungry*	avere ragione	*be right*
avere sete	*be thirsty*	avere torto	*be wrong*
avere sonno	*be sleepy*	avere paura	*be afraid*
avere caldo	*be hot*	fare tardi	*be late*
avere freddo	*be cold*	andare di fretta	*be in a hurry*

1.2 Il presente del verbo avere (*to have*)

Il presente del verbo avere (*to have*) ha due uscite:

- **has** alla 3ª persona singolare;
- **have** a tutte le altre.

Have got è più usato nella lingua parlata.

La **forma interrogativa** si costruisce anteponendo il verbo al soggetto. La **forma negativa** mettendo *not* dopo il verbo. La **forma interro-negativa** si costruisce anteponendo il verbo al soggetto e mettendo il *not* dopo quest'ultimo.

Forma lunga			
Affermativa	*Interrogativa*	*Negativa*	*Interro-negativa*
I have got	have I got?	I have not got	have I not got?
you have got	have you got?	you have not got	have you not got?
he has got she has got it has got	has he got? has she got? has it got?	he has not got she has not got it has not got	has he not got? has she not got? has it not got?
we have got	have we got?	we have not got	have we not got?
you have got	have you got?	you have not got	have you not got?
they have got	have they got?	they have not got	have they not got?

Forma breve	
Affermativa	*Interrogativa*
I've got	have I got?
you've got	have you got?
he's got she's got it's got	has he got? has she got? has it got?
we've got	have we got?
you've got	have you got?
they've got	have they got?
Negativa	*Interro-negativa*
I've not got/I haven't got	haven't I got?
you've not got/you haven't got	haven't you got?
he's not got/he hasn't got she's not got/she hasn't got it's not got/it hasn't got	hasn't he got? hasn't she got? hasn't it got?
we've not got/we haven't got	haven't we got?
you've not got/you haven't got	haven't you got?
they've not got/they haven't got	haven't they got?

Risposte brevi

La risposta breve inglese corrisponde al *sì* e *no* italiani:

- affermativa: *Yes* + pronome personale corrispondente al soggetto + verbo avere;
- negativa: *No* + pronome personale corrispondente al soggetto + verbo avere al negativo.

Affermativa	Negativa
Yes, I have	No, I haven't
Yes, you have	No, you haven't
Yes, he has Yes, she has Yes, it has	No, he hasn't No, she hasn't No, it hasn't
Yes, we have	No, we haven't
Yes, you have	No, you haven't
Yes, they have	No, they haven't

Attenzione!
Questa forma, per le risposte brevi, **NON** è possibile:

Yes, I've
Yes, you've

Yes, he's
Yes, she's
Yes, it's

Yes, we've
Yes, you've
Yes, they've

Attenzione!
Have è più usato nell'*American English*, mentre *have got* nel *British English*.

La forma interrogativa, negativa e interro-negativa si può costruire anche considerando il verbo *have* come un qualsiasi verbo, utilizzando un pleonastico, un ausiliare, il *do* (*does* alla terza persona singolare, e quindi non più *has* ma *have*). Questa regola **NON** può essere applicata al verbo essere (*to be*) e al verbo avere con il *got* (*to have got*). Il *do* e il *does* non hanno alcun significato e non vanno tradotti.

Forma interrogativa = *do/does* + soggetto + verbo avere alla forma base. **Forma negativa** = soggetto + *do/does* + *not* + verbo avere alla forma base. **Forma interro-negativa** = *do/does* + soggetto + *not* + verbo avere alla forma base.

Forma lunga			
Affermativa	*Interrogativa*	*Negativa*	*Interro-negativa*
I have	do I have?	I do not have	do I not have?
you have	do you have?	you do not have	do you not have?
he has she has it has	does he have? does she have? does it have?	he does not have she does not have it does not have	does he not have? does she not have? does it not have?
we have	do we have?	we do not have	do we not have?
you have	do you have?	you do not have	do you not have?
they have	do they have?	they do not have	do they not have?

Forma breve			
Affermativa	*Interrogativa*	*Negativa*	*Interro-negativa*
I've	do I have?	I don't have	don't I have?
you've	do you have?	you don't have	don't you have?
he's she's it's	does he have? does she have? does it have?	he doesn't have she doesn't have it doesn't have	doesn't he have? doesn't she have? doesn't it have?
we've	do we have?	we don't have	don't we have?
you've	do you have?	you don't have	don't you have?
they've	do they have?	they don't have	don't they have?

Risposte brevi

La risposta breve inglese corrisponde al *sì* e *no* italiani:

> affermativa: *Yes* + pronome personale corrispondente al soggetto + *do/ does*;
> negativa: *No* + pronome personale corrispondente al soggetto + *don't/ doesn't*.

Affermativa	Negativa
Yes, I do	No, I don't
Yes, you do	No, you don't
Yes, he does Yes, she does Yes, it does	No, he doesn't No, she doesn't No, it doesn't
Yes, we do	No, we don't
Yes, you do	No, you don't
Yes, they do	No, they don't

1.2.1 Altri usi di *have*

Come abbiamo visto, *have* traduce *avere*. Viene utilizzato nella formazione dei tempi composti attivi, seguito dal *to* ha il significato di *dovere*.

Have può avere anche altri significati, come:

> *mangiare, bere* (e.g.: "Mike sta mangiando un panino", "*Mike is having a sandwich*"; "Bevi qualcosa!", "*Have a drink!*");
> seguito dall'espressione *a ride* significa *cavalcare*;
> seguito da *a look* significa *guardare*.

1.3 Il *simple present*

Il *simple present* inglese è uguale per tutte le persone, fatta eccezione per la 3ª persona singolare, alla quale si aggiunge una *-s*:

> alla 3ª persona singolare, se il verbo termina per *-s, -ss, -sh, -ch, -x, -o, -z*, si aggiunge *-es*;

> alla 3ª persona singolare, se il verbo termina in *-y* preceduta da consonante, la *-y* cade e si trasforma in *-i* prima di aggiungere *-es* (e.g.: *I study, he studies*); se il verbo termina in *-y* preceduta da vocale, non succede niente e si aggiunge semplicemente una *-s* (e.g.: *I play, he plays*).

Si usa per azioni che indicano *routine*, per fatti che rimangono immutati a lungo, per esprimere opinioni e stati d'animo.

La forma interrogativa, negativa e interro-negativa si ottiene con un pleonastico, un ausiliare, il *do* (*does* alla terza persona singolare) e il verbo alla forma base.

Attenzione!
Il *do* e il *does* non hanno alcun significato e non vanno tradotti.

Forma interrogativa = *do/does* + soggetto + verbo alla forma base. **Forma negativa** = soggetto + *do/does* + *not* + verbo alla forma base. **Forma interro-negativa** = *do/does* + soggetto + *not* + verbo alla forma base.

Il *simple present* viene usato anche per il **presente narrativo**, cioè per raccontare una storia, un *film* o una telecronaca sportiva, per rendere il tutto più immediato.

Forma lunga			
Affermativa	*Interrogativa*	*Negativa*	*Interro-negativa*
I live	do I live?	I do not live	do I not live?
you live	do you live?	you do not live	do you not live?
he lives she lives it lives	does he live? does she live? does it live?	he does not live she does not live it does not live	does he not live? does she not live? does it not live?
we live	do we live?	we do not live	do we not live?
you live	do you live?	you do not live	do you not live?
they live	do they live?	they do not live	do they not live?

Forma breve			
Affermativa	*Interrogativa*	*Negativa*	*Interro-negativa*
I live	do I live?	I don't live	don't I live?
you live	do you live?	you don't live	don't you live?
he lives she lives it lives	does he live? does she live? does it live?	he doesn't live she doesn't live it doesn't live	doesn't he live? doesn't she live? doesn't it live?
we live	do we live?	we don't live	don't we live?
you live	do you live?	you don't live	don't you live?
they live	do they live?	they don't live	don't they live?

Risposte brevi

La risposta breve inglese corrisponde al *sì* e *no* italiani:

- affermativa: *Yes* + pronome personale corrispondente al soggetto + *do/ does*;
- negativa: *No* + pronome personale corrispondente al soggetto + *don't/ doesn't*.

Affermativa	Negativa
Yes, I do	No, I don't
Yes, you do	No, you don't
Yes, he does Yes, she does Yes, it does	No, he doesn't No, she doesn't No, it doesn't
Yes, we do	No, we don't
Yes, you do	No, you don't
Yes, they do	No, they don't

1.4 Il *present continuous*

Il *present continuous* viene utilizzato per un'azione che si sta svolgendo nel momento in cui si parla e corrisponde all'espressione italiana **sto + gerundio**. Si forma con **soggetto + verbo essere al presente + verbo in** -ing. Talvolta corrisponde al nostro presente (e.g..: "Che fai?" "Mangio!", *"What are you doing?" "I'm eating!"*).
Si usa anche per indicare un'azione che si svolge in un periodo di tempo limitato (e.g.: "*She's learning French this year*", "Sta studiando francese quest'anno").

Viene utilizzato anche per un tipo di futuro, denominato **futuro programmato**, e serve a specificare che è già stato fatto un programma per il futuro. È chiaro che, essendo uguale la forma, le frasi devono essere contestualizzate (e.g.: "Che fai stasera?" "Gioco a tennis", "*What are you doing tonight?*" "*I'm playing tennis!*").
L'utilizzo di *always*, posto tra *be* e il verbo in *-ing*, denota un'azione che infastidisce chi parla e che si ripete troppo spesso (e.g.: "*I'm always paying for your coffee!*", "Pago sempre io il tuo caffè!").

Alcuni verbi non possono avere la forma in *-ing*:

- attività di pensiero [*believe* (credere), *forget* (dimenticare), *know* (sapere), *remember* (ricordare), *think* (credere), *understand* (capire)];
- stati d'animo e sensazioni [*hate* (odiare), *like* (piacere), *want* (volere), *wish* (desiderare)];
- verbi che introducono un discorso indiretto [*answer* (rispondere), *ask* (chiedere), *say* (dire), *tell* (dire)];
- verbi che esprimono possesso [*belong* (appartenere), *have* (avere), *own* (possedere)];
- verbi che esprimono uno stato [*appear* (sembrare), *cost* (costare), *need* (aver bisogno), *seem* (sembrare), *weigh* (pesare)].

Attenzione!
Gli inglesi utilizzano i verbi di percezione (e.g.: see) con *can* (e.g.: "*I can see a car*", "Vedo una macchina!").

La **forma interrogativa** si costruisce anteponendo il verbo essere al soggetto + verbo in *-ing*. La **forma negativa** mettendo *not* dopo il verbo essere + verbo in *-ing*. La **forma interro-negativa** si costruisce anteponendo il verbo essere al soggetto e mettendo il *not* dopo quest'ultimo + verbo in *-ing*.

Forma lunga			
Affermativa	*Interrogativa*	*Negativa*	*Interro-negativa*
I am speaking	am I speaking?	I am not speaking	am I not speaking?
you are speaking	are you speaking?	you are not speaking	are you not speaking?
he is speaking she is speaking it is speaking	is he speaking? is she speaking? is it speaking?	he is not speaking she is not speaking it is not speaking	is he not speaking? is she not speaking? is it not speaking?
we are speaking	are we speaking?	we are not speaking	are we not speaking?
you are speaking	are you speaking?	you are not speaking	are you not speaking?
they are speaking	are they speaking?	they are not speaking	are they not speaking?

Forma breve		
Affermativa	*Negativa*	*Interro-negativa*
I'm speaking	I'm not speaking	am I not speaking?
you're speaking	you're not speaking/you aren't speaking	aren't you speaking?
he's speaking she's speaking it's speaking	he's not speaking/he isn't speaking she's not speaking/she isn't speaking it's not speaking/it isn't speaking	isn't he speaking? isn't she speaking? isn't it speaking?
we're speaking	we're not speaking/we aren't speaking	aren't we speaking?
you're speaking	you're not speaking/you aren't speaking	aren't you speaking?
they're speaking	they're not speaking/they aren't speaking	aren't they speaking?

Risposte brevi

La risposta breve inglese corrisponde al *sì* e *no* italiani:

- affermativa: *Yes* + pronome personale corrispondente al soggetto + verbo essere;
- negativa: *No* + pronome personale corrispondente al soggetto + verbo essere al negativo. non avrebbe senso.

Affermativa	Negativa
Yes, I am	No, I'm not
Yes, you are	No, you aren't
Yes, he is Yes, she is Yes, it is	No, he isn't No, she isn't No, it isn't
Yes, we are	No, we aren't
Yes, you are	No, you aren't
Yes, they are	No, they aren't

Attenzione!
Questa forma, per le risposte brevi, **NON** è possibile:

Yes, I'm	Yes, he's	Yes, we're
Yes, you're	Yes, she's	Yes, you're
	Yes, it's	Yes, they're

Attenzione!
Alla 3ª persona singolare, per la formazione del *simple present*, quando il verbo termina in *-y* preceduta da consonante, la *-y* cade e si trasforma in *-i* prima di aggiungere *-es* (e.g.: *I study, he studies*); se è preceduta da vocale, non succede niente e si aggiunge semplicemente una *-s* (e.g.: *I play, he plays*). Nella formazione del gerundio, ovvero quando si aggiunge *-ing*, la regola summenzionata non si applica **MAI** (e.g.: *study, studying; play, playing*), cioè la *-y* non cade **MAI**. Se il verbo termina per *-e*, la *-e* cade prima di aggiungere *-ing*. Se ci troviamo di fronte ad un monosillabico con uno, l'ultima consonante raddoppia per mantenere lo stesso suono. Che significa monosillabico? Un verbo formato da una sola sillaba. Che significa con uno? Che ha una sola vocale prima dell'ultima consonante (e.g.: *stop, stopping; run, running*).

1.5 Il passato del verbo essere (*to be*)

Il passato del verbo essere (*to be*) consta di due uscite:

- **was** alla 1ª e alla 3ª persona singolare;
- **were** alla 2ª persona singolare e alla 1ª, 2ª e 3ª persona plurale.

In italiano corrisponde al passato prossimo, al passato remoto e all'imperfetto.

La **forma interrogativa** si costruisce anteponendo il verbo al soggetto. La **forma negativa** mettendo *not* dopo il verbo. La **forma interro-negativa** si costruisce anteponendo il verbo al soggetto e mettendo il *not* dopo quest'ultimo.

Forma lunga			
Affermativa	*Interrogativa*	*Negativa*	*Interro-negativa*
I was	was I?	I was not	was I not?
you were	were you?	you were not	were you not?
he was she was it was	was he? was she? was it?	he was not she was not it was not	was he not? was she not? was it not?
we were	were we?	we were not	were we not?
you were	were you?	you were not	were you not?
they were	were they?	they were not	were they not?

Forma breve	
Negativa	*Interro-negativa*
I wasn't	wasn't I?
you weren't	weren't you?
he wasn't she wasn't it wasn't	wasn't he? wasn't she? wasn't it?
we weren't	weren't we?
you weren't	weren't you?
they weren't	weren't they?

Risposte brevi

La risposta breve inglese corrisponde al *sì* e *no* italiani:

- affermativa: *Yes* + pronome personale corrispondente al soggetto + verbo essere al passato;
- negativa: *No* + pronome personale corrispondente al soggetto + verbo essere al passato negativo.

Affermativa	Negativa
Yes, I was	No, I wasn't
Yes, you were	No, you weren't
Yes, he was Yes, she was Yes, it was	No, he wasn't No, she wasn't No, it wasn't
Yes, we were	No, we weren't
Yes, you were	No, you weren't
Yes, they were	No, they weren't

1.5.1 There was/there were

Questa forma traduce *c'era* e *c'erano*:

there was c'era
there were c'erano

La **forma interrogativa** si costruisce anteponendo il verbo essere a *there*. La **forma negativa** mettendo *not* dopo il verbo essere. La **forma interro-negativa** si costruisce anteponendo il verbo essere a *there* e mettendo il *not* dopo quest'ultimo.

Forma lunga			
Affermativa	*Interrogativa*	*Negativa*	*Interro-negativa*
there was	was there?	there was not	was there not?
there were	were there?	there were not	were there not?

Forma breve		
Interrogativa	*Negativa*	*Interro-negativa*
was there?	there wasn't	wasn't there?
were there?	there weren't	weren't there?

Risposte brevi

La risposta breve inglese corrisponde al *sì* e *no* italiani:

- affermativa: *Yes* + *there* + verbo essere;
- negativa: *No* + *there* + verbo essere al negativo.

Affermativa	Negativa
Yes, there was	No, there wasn't
Yes, there were	No, there weren't

1.6 Il passato del verbo avere (*to have*)

Il passato del verbo avere (*to have*) ha una sola uscita: **had** a tutte le persone.

In italiano corrisponde al passato prossimo, al passato remoto e all'imperfetto.

La **forma interrogativa** si costruisce anteponendo il verbo al soggetto. La **forma negativa** mettendo *not* dopo il verbo. La **forma interro-negativa** si costruisce anteponendo il verbo al soggetto e mettendo il *not* dopo quest'ultimo.

Forma lunga			
Affermativa	***Interrogativa***	***Negativa***	***Interro-negativa***
I had	had I?	I had not	had I not?
you had	had you?	you had not	had you not?
he had she had it had	had he? had she? had it?	he had not she had not it had not	had he not? had she not? had it not?
we had	had we?	we had not	had we not?
you had	had you?	you had not	had you not?
they had	had they?	they had not	had they not?

Forma breve		
Affermativa	***Negativa***	***Interro-negativa***
I'd	I hadn't	hadn't I?
you'd	you hadn't	hadn't you?
he'd she'd it'd	he hadn't she hadn't it hadn't	hadn't he? hadn't she? hadn't it?
we'd	we hadn't	hadn't we?
you'd	you hadn't	hadn't you?
they'd	they hadn't	hadn't they?

Risposte brevi

La risposta breve inglese corrisponde al *sì* e *no* italiani:

- affermativa: *Yes* + pronome personale corrispondente al soggetto + verbo avere al passato;
- negativa: *No* + pronome personale corrispondente al soggetto + verbo avere al passato negativo.

Affermativa	Negativa
Yes, I had	No, I hadn't
Yes, you had	No, you hadn't
Yes, he had Yes, she had Yes, it had	No, he hadn't No, she hadn't No, it hadn't
Yes, we had	No, we hadn't
Yes, you had	No, you hadn't
Yes, they had	No, they hadn't

Attenzione!
Questa forma, per le risposte brevi, **NON** è possibile:

Yes, I'd
Yes, you'd
Yes, he'd
Yes, she'd
Yes, it'd
Yes, we'd
Yes, you'd
Yes, they'd

La forma interrogativa, negativa e interro-negativa si può costruire anche considerando il verbo *have* come un qualsiasi verbo, utilizzando un pleonastico, un ausiliare, il *did*. Questa regola **NON** può essere applicata al verbo essere (*to be*) e al verbo avere con il *got* (*to have got*). Il *did* non ha alcun significato e non va tradotto.

Forma interrogativa = *did* + soggetto + verbo alla forma base. **Forma negativa** = soggetto + *did* + *not* + verbo alla forma base. **Forma interro-negativa** = *did* + soggetto + *not* + verbo alla forma base.

Forma lunga			
Affermativa	*Interrogativa*	*Negativa*	*Interro-negativa*
I had	did I have?	I did not have	did I not have?
you had	did you have?	you did not have	did you not have?
he had she had it had	did he have? did she have? did it have?	he did not have she did not have it did not have	did he not have? did she not have? did it not have?
we had	did we have?	we did not have	did we not have?
you had	did you have?	you did not have	did you not have?
they had	did they have?	they did not have	did they not have?

Forma breve			
Affermativa	*Interrogativa*	*Negativa*	*Interro-negativa*
I'd	did I have?	I didn't have	didn't I have?
you'd	did you have?	you didn't have	didn't you have?
he'd she'd it'd	did he have? did she have? did it have?	he didn't have she didn't have it didn't have	didn't he have? didn't she have? didn't it have?
we'd	did we have?	we didn't have	didn't we have?
you'd	did you have?	you didn't have	didn't you have?
they'd	did they have?	they didn't have	didn't they have?

Risposte brevi

La risposta breve inglese corrisponde al *sì* e *no* italiani:

- affermativa: *Yes* + pronome personale corrispondente al soggetto + *did*;
- negativa: *No* + pronome personale corrispondente al soggetto + *didn't*.

Affermativa	Negativa
Yes, I did	No, I didn't
Yes, you did	No, you didn't
Yes, he did Yes, she did Yes, it did	No, he didn't No, she didn't No, it didn't
Yes, we did	No, we didn't
Yes, you did	No, you didn't
Yes, they did	No, they didn't

1.7 Il *simple past*

I verbi inglesi si dividono, in linea di massima, in verbi regolari e verbi irregolari.

1.7.1 Verbi regolari

Per formare il passato dei verbi regolari si aggiunge *-ed* alla forma base del verbo (e.g.: *I want, I wanted*).
Se il verbo termina per *-e* si aggiunge solo *-d* (e.g.: *I dance, I danced*).
Se il verbo termina in *-y* preceduta da consonante, la *-y* cade e si trasforma in *-i* prima di aggiungere *-ed* (e.g.: *I study, I studied*); se il verbo termina in *-y* preceduta da vocale, non succede niente e si aggiunge semplicemente *-ed* (e.g.: *I play, I played*).
Se ci troviamo di fronte ad un monosillabico con uno, l'ultima consonante raddoppia per mantenere lo stesso suono. Che significa monosillabico? Un verbo formato da una sola sillaba. Che significa con uno? Che ha una sola vocale prima dell'ultima consonante (e.g.: *stop, stopped; plan, planned*).
Se ci troviamo di fronte ad un verbo terminante in *-l*, quest'ultima raddoppia (e.g.: *I travel, I travelled*): questa regola vale solo nel *British English*, **NON** raddoppia nell'*American English* (e.g.: *I travel, I traveled*).

Attenzione!
La regola del raddoppio **NON** vale se l'ultima consonante è *-w* o *-y*. **NON** vale neanche se l'ultima consonante è preceduta da un'altra consonante o dalla *-x*. Se ci troviamo di fronte ad un monosillabico con due, cioè ci sono due vocali anziché una, **NON** c'è il raddoppio dell'ultima consonante. Nel caso di plurisillabici, la regola del raddoppio vale se l'accento è posto sulla parte finale della parola.

1.7.2 Verbi irregolari

Per formare il passato dei verbi irregolari non esiste alcuna regola: è necessario imparare a memoria i paradigmi, cioè una tabella sulla quale sono trascritti, in ordine, la forma base, il passato e il participio passato. I più comuni sono riportati a fine volume (e.g.: *go, went, gone*). Il *simple past* dei verbi irregolari corrisponde alla seconda

colonna. Il *simple past* inglese è uguale per tutte le persone, compresa la terza persona singolare, alla quale **NON** si aggiunge la *-s*.
La forma interrogativa, negativa e interro-negativa si ottiene con un pleonastico, un ausiliare, il *did*. Il *did* non ha alcun significato e non va tradotto.

Forma interrogativa = *did* + soggetto + verbo alla forma base. **Forma negativa** = soggetto + *did* + *not* + verbo alla forma base. **Forma interro-negativa** = *did* + soggetto + *not* + verbo alla forma base.
Il *simple past* si usa per parlare di un evento trascorso del tutto, corrisponde ai tempi italiani del passato prossimo, del passato remoto e dell'imperfetto.

Forma lunga			
Affermativa	*Interrogativa*	*Negativa*	*Interro-negativa*
I lived	did I live?	I did not live	did I not live?
you lived	did you live?	you did not live	did you not live?
he lived she lived it lived	did he live? did she live? did it live?	he did not live she did not live it did not live	did he not live? did she not live? did it not live?
we lived	did we live?	we did not live	did we not live?
you lived	did you live?	you did not live	did you not live?
they lived	did they live?	they did not live	did they not live?

Forma breve			
Affermativa	*Interrogativa*	*Negativa*	*Interro-negativa*
I lived	did I live?	I didn't live	didn't I live?
you lived	did you live?	you didn't live	didn't you live?
he lived she lived it lived	did he live? did she live? did it live?	he didn't live she didn't live it didn't live	didn't he live? didn't she live? didn't it live?
we lived	did we live?	we didn't live	didn't we live?
you lived	did you live?	you didn't live	didn't you live?
they lived	did they live?	they didn't live	didn't they live?

Risposte brevi

La risposta breve inglese corrisponde al *sì* e *no* italiani:

- affermativa: *Yes* + pronome personale corrispondente al soggetto + *did*;
- negativa: *No* + pronome personale corrispondente al soggetto + *didn't*.

Affermativa	Negativa
Yes, I did	No, I didn't
Yes, you did	No, you didn't
Yes, he did	No, he didn't
Yes, she did Yes, it did Yes, we did	No, she didn't No, it didn't No, we didn't
Yes, you did	No, you didn't
Yes, they did	No, they didn't

1.8 Il *past continuous*

Il *past continuous* si forma con **soggetto** + **verbo essere al passato** + **verbo in** ***-ing***. Viene utilizzato per un'azione che si stava svolgendo in un momento preciso del passato e corrisponde all'espressione italiana **stavo** + **gerundio**. Inoltre si usa per un'azione in fase di svolgimento interrotta da un'altra azione (e.g.: "Shirley stava facendo una doccia quando squillò il telefono", "*Shirley was taking a shower when the telephone rang*").

Attenzione!
Se le due azioni sono consecutive, si usa il simple past per entrambe (e.g.: "Quando Lisa chiamò, io andai fuori", "*When Lisa rang, I went out*"),

Forma lunga			
Affermativa	*Interrogativa*	*Negativa*	*Interro-negativa*
I was speaking	was I speaking?	I was not speaking	was I not speaking?
you were speaking	were you speaking?	you were not speaking	were you not speaking?
he was speaking she was speaking it was speaking	was he speaking? was she speaking? was it speaking?	he was not speaking she was not speaking it was not speaking	was he not speaking? was she not speaking? was it not speaking?
we were speaking	were we speaking?	we were not speaking	were we not speaking?
you were speaking	were you speaking?	you were not speaking	were you not speaking?
they were speaking	were they speaking?	they were not speaking	were they not speaking?

Forma breve	
Negativa	*Interro-negativa*
I wasn't speaking	wasn't I speaking?
you weren't speaking	weren't you speaking?
he wasn't speaking she wasn't speaking it wasn't speaking	wasn't he speaking? wasn't she speaking? wasn't it speaking?
we weren't speaking	weren't we speaking?
you weren't speaking	weren't you speaking?
they weren't speaking	weren't they speaking?

Risposte brevi
La risposta breve inglese corrisponde al *sì* e *no* italiani:

- affermativa: *Yes* + pronome personale corrispondente al soggetto + *was/were*;
- negativa: *No* + pronome personale corrispondente al soggetto + *wasn't/weren't*.

Affermativa	Negativa
Yes, I was	No, I wasn't
Yes, you were	No, you weren't
Yes, he was Yes, she was Yes, it was	No, he wasn't No, she wasn't No, it wasn't
Yes, we were	No, we weren't
Yes, you were	No, you weren't
Yes, they were	No, they weren't

Attenzione!
Alla 3ª persona singolare, quando il verbo termina in *-y* preceduta da consonante, la *-y* cade e si trasforma in *-i* prima di aggiungere *-es* (e.g.: *I study, he studies*); se è preceduta da vocale, non succede niente e si aggiunge semplicemente una *-s* (e.g.: *I play, he plays*). Nella formazione del gerundio, ovvero quando si aggiunge *-ing*, la regola summenzionata non si applica **MAI** (e.g.: *study, studying; play, playing*), cioè la *-y* non cade **MAI**. Se il verbo termina per *-e*, la *-e* cade prima di aggiungere *-ing*. Se ci troviamo di fronte ad un monosillabico con uno, l'ultima consonante raddoppia per mantenere lo stesso suono. Che significa monosillabico? Un verbo formato da una sola sillaba. Che significa con uno? Che ha una sola vocale prima dell'ultima consonante (e.g.: *stop, stopping; run, running*).

1.9 Il *present perfect*

Il *present perfect* corrisponde, in linea di massima, al nostro passato prossimo.

Si forma **soggetto** + ***have/has*** + **participio passato**.

Attenzione!
Mentre in italiano, per la formazione dei tempi composti attivi, si usano i verbi ausiliari *essere* e *avere*, in inglese si usa solo il verbo *avere*.

Per formare il participio passato dei verbi regolari si aggiunge *-ed* alla forma base del verbo (e.g.: *I have cleaned*).

Se il verbo termina per *-e* si aggiunge solo *-d* (e.g.: *I have danced*).
Se il verbo termina in *-y* preceduta da consonante, la *-y* cade e si trasforma in *-i* prima di aggiungere *-ed* (e.g.: *I have studied*).
Se il verbo termina in *-y* preceduta da vocale, non succede niente e si aggiunge semplicemente *-ed* (e.g.: *I have played*).

Per formare il participio passato dei verbi irregolari non esiste alcuna regola: è necessario imparare a memoria i paradigmi, riportati a fine volume (e.g.: *become, became, become*). Il participio passato dei verbi irregolari corrisponde alla terza colonna.
Le forme interrogativa, negativa e interro-negativa si ottengono con le stesse regole usate per il verbo *have*, cioè:

- la forma interrogativa si costruisce anteponendo il verbo avere al soggetto;
- la forma negativa mettendo *not* dopo il verbo avere;
- la forma interro-negativa si costruisce anteponendo il verbo avere al soggetto e mettendo il *not* dopo quest'ultimo.

Si usa il present perfect per:

- un'azione accaduta da poco (e.g.: "Ho appena visto Tom!", "*I've just seen Tom!*");
- un'azione non ancora attuata (e.g.: "Non ho ancora visto Sarah", "*I haven't seen Sarah yet*");
- un'azione compiuta in un periodo di tempo non ancora terminato (e.g.: "Non ho visto il Sig. Brown questa settimana", "*I haven't seen Mr. Brown this week*");
- un'azione rimasta inalterata fino al presente (e.g.: "Tom vive qui da gennaio", "*Tom has lived here since January*");
- un'azione iniziata nel passato e che va fino al presente (e.g.: "Hai mai viaggiato in aereo?", "*Have you ever travelled by plane?*").

Attenzione!
Talvolta esiste qualche differenza d'uso tra *British English* e *American English*, cioè gli inglesi utilizzano il *present perfect* in frasi in cui gli americani usano il *simple past* (e.g.: "*Hai già visto Bob?*", "*Did you see Bob yet?*").

Forma lunga			
Affermativa	***Interrogativa***	***Negativa***	***Interro-negativa***
I have cleaned	have I cleaned?	I have not cleaned	have I not cleaned?
you have cleaned	have you cleaned?	you have not cleaned	have you not cleaned?
he has cleaned she has cleaned it has cleaned	has he cleaned? has she cleaned? has it cleaned?	he has not cleaned she has not cleaned it has not cleaned	has he not cleaned? has she not cleaned? has it not cleaned?
we have cleaned	have we cleaned?	we have not cleaned	have we not cleaned?
you have cleaned	have you cleaned?	you have not cleaned	have you not cleaned?
they have cleaned	have they cleaned?	they have not cleaned	have they not cleaned?

Forma breve			
Affermativa	*Interrogativa*	*Negativa*	*Interro-negativa*
I've cleaned	have I cleaned?	I haven't cleaned	haven't I cleaned?
you've cleaned	have you cleaned?	you haven't cleaned	haven't you cleaned?
he's cleaned she's cleaned it's cleaned	has he cleaned? has she cleaned? has it cleaned?	he hasn't cleaned she hasn't cleaned it hasn't cleaned	hasn't he cleaned? hasn't she cleaned? hasn't it cleaned?
we've cleaned	have we cleaned?	we haven't cleaned	haven't we cleaned?
you've cleaned	have you cleaned?	you haven't cleaned	haven't you cleaned?
they've cleaned	have they cleaned?	they haven't cleaned	haven't they cleaned?

Risposte brevi

La risposta breve inglese corrisponde al *sì* e *no* italiani:

- affermativa: *Yes* + pronome personale corrispondente al soggetto + verbo avere;
- negativa: *No* + pronome personale corrispondente al soggetto + verbo avere al negativo.

Affermativa	Negativa
Yes, I have	No, I haven't
Yes, you have	No, you haven't
Yes, he has Yes, she has Yes, it has	No, he hasn't No, she hasn't No, it hasn't
Yes, we have	No, we haven't
Yes, you have	No, you haven't
Yes, they have	No, they haven't

Attenzione!

Questa forma, per le risposte brevi, **NON** è possibile:

Yes, I've	Yes, he's	Yes, we've
Yes, you've	Yes, she's	Yes, you've
	Yes, it's	Yes, they've

È opportuno a questo punto anticipare qualcosa sugli **avverbi di frequenza**: questi ultimi indicano con quanta assiduità avviene un'azione. Di solito si trovano in *mid position*, cioè al centro. Qualche esempio:

always	sempre
often	spesso
sometimes	qualche volta
occasionally	occasionalmente

(e.g.: "Michelle mangia sempre alle 3:00 di pomeriggio", "*Michelle always eats at 3 o'clock p.m.*").

Sometimes, normally, usually e *occasionally* possono avere anche una *front position* o una *mid position. Often* può avere una *end position* (e.g.: "Qualche volta Sharon legge un libro", "*Sharon sometimes reads a book*", oppure "*Sometimes Sharon reads a book*").

Nei tempi semplici vanno posti:

- prima del verbo;
- dopo il verbo *be*;
- dopo il pleonastico *do/ does* e prima del verbo.

Nei tempi composti: tra *have* e il participio passato.

Qualche parola sull'uso di *since* e *for*: si usa **since** per un tempo preciso (e.g.: dal 1995, da venerdì), **for** per ciclicità d'azione (e.g.: da 3 ore, da 2 settimane).

Differenza tra *been to* e *gone to*
Been to e *gone to* sono due participi passati, rispettivamente di essere (*to be*) e andare (*to go*). Vengono utilizzati con significati diversi: *been to*=andato e tornato, *gone to*=andato e NON tornato (e.g.: "Sei mai andato in Giappone?" "*Have you ever been to Japan?*"; "Steve è andato in Giappone. Ritornerà il mese prossimo", "*Steve has gone to Japan. He will be back next month*"). È chiaro che nel primo esempio, l'interlocutore è davanti alla persona che pone la domanda, quindi, qualora fosse andato in Giappone, è anche tornato. Nel secondo esempio Steve non è presente (non è ancora tornato), e l'interlocutore è una terza persona.
Qualche altro esempio: "*My grandfather's gone to Liverpool today*", "Mio nonno è andato a Liverpool oggi" (non è ancora tornato); "*My grandfather's been to Liverpool today*", "Mio nonno è andato a Liverpool oggi" (è già tornato).

Attenzione!
Se vogliamo chiedere a qualcuno se è stato in un posto (e quindi abbiamo il nostro interlocutore davanti), dobbiamo dire: "Have you been to Bristol before?", e **NON** "*Have you gone to Bristol before?*".

1.10 Il present perfect continuous

Si usa il *present perfect continuous* per azioni iniziate nel passato e continuate fino al presente (e.g.: "Da quanto tempo Keith aspetta l'autobus?", "*How long has Keith been waiting for the bus?*").
Il *present perfect continuous* si forma **soggetto + have/has + been + verbo in -ing.**
Le forme interrogativa, negativa e interro-negativa si ottengono con le stesse regole utilizzate per il verbo *have.*

La **forma interrogativa** si costruisce anteponendo *have/has* al soggetto seguito da *been*. La **forma negativa** mettendo *not* dopo *have/has*: soggetto + *have/has* + *not* + *been*. La **forma interro-negativa** si costruisce anteponendo *have/has* al soggetto e mettendo il *not* dopo quest'ultimo seguito da *been*.

Forma lunga	
Affermativa	***Interrogativa***
I have been working	have I been working?
you have been working	have you been working?
he has been working she has been working it has been working	has he been working? has she been working? has it been working?
we have been working	have we been working?
you have been working	have you been working?
they have been working	have they been working?
Negativa	***Interro-negativa***
I have not been working	have I not been working?
you have not been working	have you not been working?
he has not been working she has not been working it has not been working	has he not been working? has she not been working? has it not been working?
we have not been working	have we not been working?
you have not been working	have you not been working?
they have not been working	have they not been working?

Forma lunga	
Affermativa	***Interrogativa***
I've been working	have I been working?
you've been working	have you been working?
he's been working she's been working it's been working	has he been working? has she been working? has it been working?
we've been working	have we been working?
you've been working	have you been working?
they've been working	have they been working?
Negativa	***Interro-negativa***
I haven't been working	haven't I been working?
you haven't been working	haven't you been working?
he hasn't been working she hasn't been working it hasn't been working	hasn't he been working? hasn't she been working? hasn't it been working?
we haven't been working	haven't we been working?
you haven't been working	haven't you been working?
they haven't been working	haven't they been working?

Risposte brevi

La risposta breve inglese corrisponde al *sì* e *no* italiani:

- affermativa: *Yes* + pronome personale corrispondente al soggetto + *have/ has*;
- negativa: *No* + pronome personale corrispondente al soggetto + *haven't/hasn't.*

Affermativa	Negativa
Yes, I have	No, I haven't
Yes, you have	No, you haven't
Yes, he has Yes, she has Yes, it has	No, he hasn't No, she hasn't No, it hasn't
Yes, we have	No, we haven't
Yes, you have	No, you haven't
Yes, they have	No, they haven't

Attenzione!
Questa forma, per le risposte brevi, **NON** è possibile:

Yes, I've	Yes, he's	Yes, we've
Yes, you've	Yes, she's	Yes, you've
	Yes, it's	Yes, they've

1.11 Il past perfect

Il *past perfect* corrisponde ai nostri trapassati.

Si forma **soggetto** + **had** + **participio passato**.

Attenzione!
Mentre in italiano, per la formazione dei tempi composti attivi, si usano i verbi ausiliari *essere* e *avere*, in inglese si usa solo il verbo *avere*.

Le forme interrogativa, negativa e interro-negativa si ottengono con le stesse regole usate per il verbo *have*.

La **forma interrogativa** si costruisce anteponendo il verbo avere al soggetto. La **forma negativa** mettendo *not* dopo il verbo avere. La **forma interro-negativa** si costruisce anteponendo il verbo avere al soggetto e mettendo il *not* dopo quest'ultimo.

Attenzione!
Per la costruzione delle forme negative, interrogative e interronegative **NON** si può utilizzare il pleonastico *did*.

Quando abbiamo due azioni passate, di cui una è avvenuta prima della seconda, si usa il *past perfect* per l'azione più vecchia (e.g.: "Andy non aveva la macchina sabato scorso. L'aveva venduta", "*Andy didn't have his car last Saturday. He had sold it*"). Se le due azioni sono collegate da un avverbio come *then* o *afterwards*, allora si deve usare il *simple past* per entrambe (e.g.: "Vedemmo il film e poi andammo al pub", "*We saw the film and then we went to a pub*").

Forma lunga			
Affermativa	*Interrogativa*	*Negativa*	*Interro-negativa*
I had cleaned	had I cleaned?	I had not cleaned	had I not cleaned?
you had cleaned	had you cleaned?	you had not cleaned	had you not cleaned?
he had cleaned she had cleaned it had cleaned	had he cleaned? had she cleaned? had it cleaned?	he had not cleaned she had not cleaned it had not cleaned	had he not cleaned? had she not cleaned? had it not cleaned?
we had cleaned	had we cleaned?	we had not cleaned	had we not cleaned?
you had cleaned	had you cleaned?	you had not cleaned	had you not cleaned?
they had cleaned	had they cleaned?	they had not cleaned	had they not cleaned?

Forma lunga			
Affermativa	*Interrogativa*	*Negativa*	*Interro-negativa*
I'd cleaned	had I cleaned?	I hadn't cleaned	hadn't I cleaned?
you'd cleaned	had you cleaned?	you hadn't cleaned	hadn't you cleaned?
he'd cleaned she'd cleaned it'd cleaned	had he cleaned? had she cleaned? had it cleaned?	he hadn't cleaned she hadn't cleaned it hadn't cleaned	hadn't he cleaned? hadn't she cleaned? hadn't it cleaned?
we'd cleaned	had we cleaned?	we hadn't cleaned	hadn't we cleaned?
you'd cleaned	had you cleaned?	you hadn't cleaned	hadn't you cleaned?
they'd cleaned	had they cleaned?	they hadn't cleaned	hadn't they cleaned?

Risposte brevi

La risposta breve inglese corrisponde al *sì* e *no* italiani:

- affermativa: *Yes* + pronome personale corrispondente al soggetto + *had*;
- negativa: *No* + pronome personale corrispondente al soggetto + *hadn't*.

Affermativa	Negativa
Yes, I had	No, I hadn't
Yes, you had	No, you hadn't
Yes, he had Yes, she had Yes, it had	No, he hadn't No, she hadn't No, it hadn't
Yes, we had	No, we hadn't
Yes, you had	No, you hadn't
Yes, they had	No, they hadn't

Attenzione!

Questa forma, per le risposte brevi, **NON** è possibile:

Yes, I'd	Yes, he'd	Yes, we'd
Yes, you'd	Yes, she'd	Yes, you'd
	Yes, it'd	Yes, they'd

1.12 Il *past perfect continuous*

Si usa il *past perfect continuous* per azioni iniziate nel passato e continuate fino ad un momento del passato (e.g.: "Da quanto tempo aspettavi quando Keith è arrivata?", "*How long had you been waiting when Keith arrived?*").
Il *past perfect continuous* si forma **soggetto** + **had been** + **verbo in -ing**.
Le forme interrogativa, negativa e interro-negativa si ottengono con le stesse regole valide per il verbo *have*.

La **forma interrogativa** si costruisce anteponendo *had* al soggetto seguito da *been* + verbo in *-ing*. La **forma negativa** mettendo *not* dopo *had*: soggetto + *had* + *not* + *been* + verbo in *-ing*. La **forma interro-negativa** si costruisce anteponendo *had* al soggetto e mettendo il *not* dopo quest'ultimo seguito da *been* + verbo in *-ing*.

Forma lunga	
Affermativa	***Interrogativa***
I had been working	had I been working?
you had been working	had you been working?
he had been working she had been working it had been working	had he been working? had she been working? had it been working?
we had been working	had we been working?
you had been working	had you been working?
they had been working	had they been working?
Negativa	***Interro-negativa***
I had not been working	had I not been working?
you had not been working	had you not been working?
he had not been working she had not been working it had not been working	had he not been working? had she not been working? had it not been working?
we had not been working	had we not been working?
you had not been working	had you not been working?
they had not been working	had they not been working?

Forma breve	
Affermativa	***Interrogativa***
I'd been working	had I been working?
you'd been working	had you been working?
he'd been working she'd been working it'd been working	had he been working? had she been working? had it been working?
we'd been working	had we been working?
you'd been working	had you been working?
they'd been working	had they been working?

(segue)

Negativa	*Interro-negativa*
I hadn't been working	hadn't I been working?
you hadn't been working	hadn't you been working?
he hadn't been working she hadn't been working it hadn't been working	hadn't he been working? hadn't she been working? hadn't it been working?
we hadn't been working	hadn't we been working?
you hadn't been working	hadn't you been working?
they hadn't been working	hadn't they been working?

Risposte brevi

La risposta breve inglese corrisponde al *sì* e *no* italiani:

- affermativa: *Yes* + pronome personale corrispondente al soggetto + *had*;
- negativa: *No* + pronome personale corrispondente al soggetto + *hadn't*.

Affermativa	Negativa
Yes, I had	No, I hadn't
Yes, you had	No, you hadn't
Yes, he had Yes, she had Yes, it had	No, he hadn't No, she hadn't No, it hadn't
Yes, we had	No, we hadn't
Yes, you had	No, you hadn't
Yes, they had	No, they hadn't

Attenzione!

Questa forma, per le risposte brevi, **NON** è possibile:

Yes, I'd	Yes, he'd	Yes, we'd
Yes, you'd	Yes, she'd	Yes, you'd
	Yes, it'd	Yes, they'd

1.13 La forma *used to*

Used to viene utilizzato per un'azione che si era soliti fare in passato, e che ora non si fa più. Corrisponde al nostro imperfetto, e traduce l'espressione **ero solito + infinito**. La forma negativa si può costruire seguendo la regola del *simple past*, cioè usando il pleonastico *did* + *not* + *use to* + infinito, oppure soggetto + *used not to* + infinito, oppure, in maniera più enfatica, con soggetto + *never used to* + infinito.

Soggetto + *be* + *used to* + verbo in *-ing* ha il significato che si è abituati a fare una certa azione (e.g.: "Sono abituato a studiare inglese!", "*I'm used to learning English!*").

Forma lunga	
Forma lunga	
Affermativa	***Interrogativa***
I used to work	did I use to work?
you used to work	did you use to work?
he used to work she used to work it used to work	did he use to work? did she use to work? did it use to work?
we used to work	did we use to work?
you used to work	did you use to work?
they used to work	did they use to work?
Negativa	***Interro-negativa***
I did not use to work/ I used not to work/ I never used to work	did I not use to work?
you did not use to work / you used not to work / you never used to work	did you not use to work?
he did not use to work/ he used not to work/ he never used to work she did not use to work/ she used not to work/ she never used to work it did not use to work/ it used not to work/ it never used to work	did he not use to work? did she not use to work? did it not use to work?
we did not use to work/ we used not to work/ we never used to work	did we not use to work?
you did not use to work/ you used not to work/ you never used to work	did you not use to work?
they did not use to work/ they used not to work/ they never used to work	did they not use to work?

Forma breve	
Affermativa	***Interrogativa***
I used to work	did I use to work?
you used to work	did you use to work?
he used to work she used to work it used to work	did he use to work? did she use to work? did it use to work?
we used to work	did we use to work?
you used to work	did you use to work?
they used to work	did they use to work?

(segue)

Negativa	*Interro-negativa*
I didn't use to work/ I used not to work/ I never used to work	didn't I use to work?
you didn't use to work/ you used not to work/ you never used to work	didn't you use to work?
he didn't use to work/ he used not to work/ he never used to work she didn't use to work/ she used not to work/ she never used to work it didn't use to work/ it used not to work/ it never used to work	didn't he use to work? didn't she use to work? didn't it use to work?
we didn't use to work/ we used not to work/ we never used to work	didn't we use to work?
you didn't use to work/ you used not to work/ you never used to work	didn't you use to work?
they didn't use to work/ they used not to work/ they never used to work	didn't they use to work?

Risposte brevi

La risposta breve inglese corrisponde al *sì* e *no* italiani:

- affermativa: *Yes* + pronome personale corrispondente al soggetto + *did*;
- negativa: *No* + pronome personale corrispondente al soggetto + *didn't*.

Affermativa	Negativa
Yes, I did	No, I didn't
Yes, you did	No, you didn't
Yes, he did Yes, she did Yes, it did	No, he didn't No, she didn't No, it didn't
Yes, we did	No, we didn't
Yes, you did	No, you didn't
Yes, they did	No, they didn't

1.14 Il futuro

In inglese esistono diverse forme per tradurre il futuro semplice italiano: a seconda dell'utilizzo, intendiamo dare un'informazione precisa, un messaggio chiaro al nostro interlocutore.

Si usa ***will*** per indicare un futuro lontano o fatti futuri fuori dalla volontà di chi parla, oppure quando si decide di compiere un'azione nel momento stesso in cui si parla (e.g.: "La gente vivrà più a lungo", "*People will live longer*"; "Aspetta un attimo! Compro un panino", "*Wait a minute! I'll buy a sandwich*").

Attenzione!
Talvolta si può sostituire *will* di prima persona singolare e di prima persona plurale con *shall*, e chiaramente *won't* (*will not*) con *shan't* (*shall not*).

Si usa ***to be going to*** per parlare di un futuro intenzionale, per esprimere previsioni (corrisponde all'espressione italiana **stare per + infinito**). Per le intenzioni e le previsioni nel passato si usa *was/were going to* + infinito (e.g.: "Sta per piovere!", "*It's going to rain!*", "Stava per nevicare!", "*It was going to snow!*").

Si usa il ***present continuous*** quando si parla di un programma, quando si è deciso di fare qualcosa. Stesso significato viene espresso da *will be* + forma in *-ing* (e.g.: "Studierò inglese tutta la notte!", "*I'll be studying English all night long!*").

I programmi ufficiali vengono espressi con ***be to*** (e.g.: "Il Presidente del Consiglio visiterà Napoli", "*The Prime Minister is to visit Naples*").

Qualcosa che sta per accadere si traduce con ***to be about to*** + **infinito** (e.g.: "Sto per andare via", "*I'm about to go away*").

Per parlare di un orario o di un programma futuro si utilizza il *simple present* (e.g.: "Il treno parte alle 10.00", "*The train leaves at ten o'clock*").
Il futuro anteriore italiano si traduce con ***will have*** **+ participio passato** (e.g.: "Che stai facendo?" "Sto scrivendo una lettera, ma avrò finito per le 17.00", "*What are you doing?*" "*I'm writing a letter, but I'll have finished it by about five*").

Forma interrogativa = *will* + soggetto + verbo alla forma base. **Forma negativa** = soggetto + *will* + *not* + verbo alla forma base. **Forma interro-negativa** = *will* + soggetto + *not* + verbo alla forma base.

Forma lunga			
Affermativa	*Interrogativa*	*Negativa*	*Interro-negativa*
I will leave	will I leave?	I will not leave	will I not leave?
you will leave	will you leave?	you will not leave	will you not leave?
he will leave she will leave it will leave	will he leave? will she leave? will it leave?	he will not leave she will not leave it will not leave	will he not leave? will she not leave? will it not leave?
we will leave	will we leave?	we will not leave	will we not leave?
you will leave	will you leave?	you will not leave	will you not leave?
they will leave	will they leave?	they will not leave	will they not leave?

Forma breve			
Affermativa	*Interrogativa*	*Negativa*	*Interro-negativa*
I'll leave	will I leave?	I won't leave	won't I leave?
you'll leave	will you leave?	you won't leave	won't you leave?
he'll leave she'll leave it'll leave	will he leave? will she leave? will it leave?	he won't leave she won't leave it won't leave	won't he leave? won't she leave? won't it leave?
we'll leave	will we leave?	we won't leave	won't we leave?
you'll leave	will you leave?	you won't leave	won't you leave?
they'll leave	will they leave?	they won't leave	won't they leave?

Risposte brevi

La risposta breve inglese corrisponde al *sì* e *no* italiani:

- affermativa: *Yes* + pronome personale corrispondente al soggetto + *will*;
- negativa: *No* + pronome personale corrispondente al soggetto + *won't.*

Affermativa	Negativa
Yes, I will	No, I won't
Yes, you will	No, you won't
Yes, he will Yes, she will Yes, it will	No, he won't No, she won't No, it won't
Yes, we will	No, we won't
Yes, you will	No, you won't
Yes, they will	No, they won't

Attenzione!

Questa forma, per le risposte brevi, **NON** è possibile:

Yes, I'll	Yes, he'll	Yes, we'll
Yes, you'll	Yes, she'll	Yes, you'll
	Yes, it'll	Yes, they'll

La **forma interrogativa** del *to be going to* si costruisce anteponendo il verbo essere al soggetto. La **forma negativa** mettendo *not* dopo il verbo essere. La **forma interro-negativa** si costruisce anteponendo il verbo essere al soggetto e mettendo il *not* dopo quest'ultimo.

Forma lunga	
Affermativa	***Interrogativa***
I am going to play	am I going to play?
you are going to play	are you going to play?
he is going to play she is going to play it is going to play	is he going to play? is she going to play? is it going to play?
we are going to play	are we going to play?
you are going to play	are you going to play?
they are going to play	are they going to play?
Negativa	***Interro-negativa***
I am not going to play	am I not going to play?
you are not going to play	are you not going to play?
he is not going to play she is not going to play it is not going to play	is he not going to play? is she not going to play? is it not going to play?
we are not going to play	are we not going to play?
you are not going to play	are you not going to play?
they are not going to play	are they not going to play?

Forma breve	
Affermativa	***Interrogativa***
I'm going to play	am I going to play?
you're going to play	are you going to play?
he's going to play she's going to play it's going to play	is he going to play? is she going to play? is it going to play?
we're going to play	are we going to play?
you're going to play	are you going to play?
they're going to play	are they going to play?
Negativa	***Interro-negativa***
I'm not going to play	am I not going to play?
you're not going to play/ you aren't going to play	aren't you going to play?
he's not going to play/ he isn't going to play she's not going to play/ she isn't going to play it's not going to play/ it isn't going to play	isn't he going to play? isn't she going to play? isn't it going to play?
we're not going to play/ we aren't going to play	aren't we going to play?
you're not going to play/ you aren't going to play	aren't you going to play?
they're not going to play/ they aren't going to play	aren't they going to play?

Risposte brevi

La risposta breve inglese corrisponde al *sì* e *no* italiani:

- affermativa: *Yes* + pronome personale corrispondente al soggetto + verbo essere;
- negativa: *No* + pronome personale corrispondente al soggetto + verbo essere al negativo.

Affermativa	Negativa
Yes, I am	No, I'm not
Yes, you are	No, you aren't
Yes, he is Yes, she is Yes, it is	No, he isn't No, she isn't No, it isn't
Yes, we are	No, we aren't
Yes, you are	No, you aren't
Yes, they are	No, they aren't

Attenzione!
Questa forma, per le risposte brevi, **NON** è possibile:
Yes, I'm
Yes, you're
Yes, he's
Yes, she's
Yes, it's
Yes, we're
Yes, you're
Yes, they're

1.15 Futuro nel passato (*future in the past*)

Quando al passato si parla di un evento futuro non ancora verificatosi, ci troviamo nel *future in the past*. Da un punto di vista grammaticale bisogna usare la struttura del futuro, ma è necessario sostituire le forme del verbo:

- ***was/were going to*** al posto di *am/are/is going to* (e.g.: "L'ultima volta che vidi Darleen, stava per partire per l'Inghilterra", "*Last time I saw Darleen, she was going to leave for England*");
- il **passato progressivo** al posto del presente progressivo (e.g.: "Quando Howard arrivò non avevo molto tempo per discutere con lui, perché avrei iniziato la lezione entro pochi minuti", "*When Howard arrived I didn't have much time to discuss with him, because I was starting the lesson in few minutes*);
- ***should*** e ***would*** al posto di *shall* e *will* (e.g.: "Arrivammo a Napoli nel 1950, dove avremmo passato tutta la nostra vita", "*We arrived in Naples in 1950, where we should have spent all our life*");
- ***was/were to*** al posto di *am/are/is to* (e.g.: "Justine guardò la chiesa dove si sarebbe sposata", "*Justine looked at the church where she was to get married*").

1.16 L'imperativo e la forma *let's*

L'imperativo viene usato per dare ordini, istruzioni, per ammonire, per invitare. È la forma base del verbo, e chiaramente esiste solo la 2ª persona singolare e plurale. Talvolta si pone *you* davanti al verbo. Per aumentare l'enfasi si può mettere il pleonastico *do* davanti al verbo stesso. La forma negativa si ottiene ponendo *don't* davanti al verbo (e.g.: "Non andare!", "*Don't go!*"; "Non essere pigro!", "*Don't be lazy!*"). Per fare proposte o suggerimenti si usa *let's* (forma contratta di *let us*); la forma negativa si ottiene in due modi: *don't let's* e *let's not.*

1.17 *Question tags*

Le *question tags* sono quelle domande che si pongono alla fine di un'affermazione (positiva o negativa), per chiedere conferma di quanto si è detto. Di solito corrispondono all'italiano "vero?", "non è vero?" (e.g.: "Sei inglese, vero?").

Attenzione!
Mentre in italiano l'uso di "vero?" e di "non è vero?" è indifferente, in inglese, se ciò che si afferma è positivo, bisogna usare "non è vero?", invece se ciò che si afferma è negativo, bisogna usare "vero?".

Le domande "vero?" e "non è vero?" devono essere costruite: si ripete l'ausiliare e si aggiunge il pronome personale corrispondente al soggetto (e.g.: "Sei inglese, non è vero?", "*You are English, aren't you?*"; "Non sei inglese, vero?", "*You aren't English, are you?*"; "Parli italiano, non è vero?", "*You speak Italian, don't you?*"; "Non parli italiano, vero?", "*You don't speak Italian, do you?*"; "Sai suonare la chitarra, non è vero?", "*You can play the guitar, can't you?*"; "Non sai suonare la chitarra, vero?", "*You can't play the guitar, can you?*").

1.18 Accordo e disaccordo

Ad un'affermazione di un nostro ipotetico interlocutore si possono verificare quattro casi:

- il nostro interlocutore fa un'affermazione positiva, e noi siamo d'accordo (e.g.: "Mi piace la musica rock!", "Anche a me!");
- il nostro interlocutore fa un'affermazione negativa, e noi siamo d'accordo (e.g.: "Non mi piace la musica rock!", "Neanche a me!");
- il nostro interlocutore fa un'affermazione positiva, e noi non siamo d'accordo (e.g.: "Mi piace la musica rock!", "A me no!");
- il nostro interlocutore fa un'affermazione negativa, e noi non siamo d'accordo (e.g.: "Non mi piace la musica rock!", "A me sì!").

Le risposte per esprimere accordo e disaccordo devono essere costruite: analizziamo caso per caso.

Quando il nostro interlocutore fa un'affermazione positiva, e noi siamo d'accordo, si ha questa costruzione: ***so*** + **ausiliare** + **pronome** (e.g.: "Mi piace la musica rock!", "Anche a me!"; "*I like rock music!*", "*So do I!*"; "Sono italiano!", "Anch'io!", "*I am Italian!*", "*So am I!*").

Quando il nostro interlocutore fa un'affermazione negativa, e noi siamo d'accordo, si ha questa costruzione: ***neither/nor*** + **ausiliare** + **pronome** (e.g.: "Non mi piace la musica rock!", "Neanche a me!"; "*I don't like rock music!*", "*Neither/Nor do I!*"; "Non sono italiano!", "Neanch'io", "*I am not Italian!*", "*Neither/Nor am I!*").

Quando il nostro interlocutore fa un'affermazione positiva, e noi non siamo d'accordo, si ha questa costruzione: **pronome** + **ausiliare al negativo** (e.g.: "Mi piace la musica rock!", "A me no!"; "*I like rock music!*", "*I don't!*"; "Sono italiano!", "Io no!", "*I am Italian!*", "*I am not!*").

Quando il nostro interlocutore fa un'affermazione negativa, e noi non siamo d'accordo, si ha questa costruzione: **pronome** + **ausiliare al positivo** (e.g.: "Non mi piace la musica rock!", "A me sì!"; "*I don't like rock music!*", "*I do!*"; "Non sono italiano!", "Io sì!", "*I am not Italian!*", "*I am!*").

1.19 *Reply questions*

Le *reply questions* sono quelle domande che esprimono un commento, uno stato d'animo come stupore, rabbia, sorpresa.
Anche le *reply questions* devono essere costruite: si ripete l'ausiliare e si aggiunge il pronome personale, ma a differenza delle *question tags*, devono essere positive se l'affermazione fatta dall'interlocutore è positiva, viceversa negative se l'affermazione è negativa (e.g.: "Non mi piace la pizza!", "Veramente? Io la adoro!", "*I don't like pizza!*", "*Don't you? I love it!*"; "Odio cucinare!", "Davvero?", "*I hate cooking!*", "*Do you?*").

1.20 I verbi modali (*can, could, may, might, will, would, shall, should, ought to, must, need, dare*)

In inglese esistono i cosiddetti verbi modali: esprimono il modo in cui avviene l'azione. Sono verbi difettivi, dal latino *deficere* (mancare), quindi sono verbi che difettano, mancano cioè di alcune forme: non hanno il *to* all'infinito, non prendono la *-s* alla 3ª persona singolare. Per le forme negative, interrogative e interronegative non si possono usare i pleonastici *do, does* e *did*, ma si seguono le regole del verbo *to be.*

La **forma interrogativa** si costruisce anteponendo il verbo al soggetto. La **forma negativa** mettendo *not* dopo il verbo. La **forma interro-negativa** si costruisce anteponendo il verbo al soggetto e mettendo il *not* dopo quest'ultimo.

Alcuni esempi di verbi modali: *can, could, may, might, will, would, shall, should, ought to, must, need, dare.*

Forma lunga			
Affermativa	*Interrogativa*	*Negativa*	*Interro-negativa*
I can	can I?	I cannot	can I not?
you can	can you?	you cannot	can you not?
he can	can he?	he cannot	can he not?
she can it can we can	can she? can it? can we?	she cannot it cannot we cannot	can she not? can it not? can we not?
you can	can you?	you cannot	can you not?
they can	can they?	they cannot	can they not?

Forma breve	
Negativa	*Interro-negativa*
I can't	can't I?
you can't	can't you?
he can't she can't it can't	can't he? can't she? can't it?
we can't	can't we?
you can't	can't you?
they can't	can't they?

Risposte brevi

La risposta breve inglese corrisponde al *sì* e *no* italiani:

- affermativa: *Yes* + pronome personale corrispondente al soggetto + verbo *can*;
- negativa: *No* + pronome personale corrispondente al soggetto + verbo *can't*.

Affermativa	Negativa
Yes, I can	No, I can't
Yes, you can	No, you can't
Yes, he can Yes, she can Yes, it can	No, he can't No, she can't No, it can't
Yes, we can	No, we can't
Yes, you can	No, you can't
Yes, they can	No, they can't

Forma lunga			
Affermativa	*Interrogativa*	*Negativa*	*Interro-negativa*
I could	could I?	I could not	could I not?
you could	could you?	you could not	could you not?
he could she could it could	could he? could she? could it?	he could not she could not it could not	could he not? could she not? could it not?
we could	could we?	we could not	could we not?
you could	could you?	you could not	could you not?
they could	could they?	they could not	could they not?

Forma breve	
Negativa	*Interro-negativa*
I couldn't	couldn't I?
you couldn't	couldn't you?
he couldn't she couldn't it couldn't	couldn't he? couldn't she? couldn't it?
we couldn't	couldn't we?
you couldn't	couldn't you?
they couldn't	couldn't they?

Risposte brevi

La risposta breve inglese corrisponde al *sì* e *no* italiani:

- affermativa: *Yes* + pronome personale corrispondente al soggetto + verbo *could*;
- negativa: *No* + pronome personale corrispondente al soggetto + verbo *couldn't*.

Affermativa	Negativa
Yes, I could	No, I couldn't
Yes, you could	No, you couldn't
Yes, he could Yes, she could Yes, it could	No, he couldn't No, she couldn't No, it couldn't
Yes, we could	No, we couldn't
Yes, you could	No, you couldn't
Yes, they could	No, they couldn't

Can e ***may*** significano *potere*. La differenza sta nel fatto che mentre *can* indica capacità fisica e permesso, *may* indica solo permesso.

Il passato di *can* è ***could***, il passato di *may* è ***might***, ma *could* e *might* traducono anche il condizionale.

È impossibile usare *will* con *can* o con *may* per la formazione del futuro. È necessario usare due perifrasi: ***can*** = ***to be able to***, ***may*** = ***to be allowed to***. L'uso di tali perifrasi è obbligatorio per il futuro, è invece facoltativa per la formazione del presente e del passato. Le due perifrasi si possono usare anche nei tempi composti (e.g.: "Non sono riuscito a trovare la strada!", "*I haven't been able to find the right way!*") e con i modali (e.g.: "Dovrei riuscire a trovare la strada!", "*I should be able to find the right way!*").

May e ***might*** vengono utilizzati per indicare possibilità nel presente e nel futuro. *Might be*, rispetto a *may be*, indica un'incertezza maggiore. Forma negativa di *may*: *may not*; forma negativa di *might*: *might not/mightn't*.

Attenzione!
Al passato si usa *could* per un'azione che si era in grado di fare, ma non è detto che la si è fatta. Invece si usa *was/were able* to per un'azione che si era in grado di fare, e la si è fatta veramente.

Forma lunga	
Affermativa	***Interrogativa***
I will be able to drive	will I be able to drive?
you will be able to drive	will you be able to drive?
he will be able to drive she will be able to drive it will be able to drive	will he be able to drive? will she be able to drive? will it be able to drive?
we will be able to drive	will we be able to drive?
you will be able to drive	will you be able to drive?
they will be able to drive	will they be able to drive?
Negativa	***Interro-negativa***
I will not be able to drive	will I not be able to drive?
you will not be able to drive	will you not be able to drive?
he will not be able to drive she will not be able to drive it will not be able to drive	will he not be able to drive? will she not be able to drive? will it not be able to drive?
we will not be able to drive	will we not be able to drive?
you will not be able to drive	will you not be able to drive?
they will not be able to drive	will they not be able to drive?

Forma breve	
Affermativa	***Interrogativa***
I'll be able to drive	will I be able to drive?
you'll be able to drive	will you be able to drive?
he'll be able to drive she'll be able to drive it'll be able to drive	will he be able to drive? will she be able to drive? will it be able to drive?
we'll be able to drive	will we be able to drive?
you'll be able to drive	will you be able to drive?
they'll be able to drive	will they be able to drive?

(segue)

Negativa	*Interro-negativa*
I won't be able to drive	won't I be able to drive?
you won't be able to drive	won't you be able to drive?
he won't be able to drive she won't be able to drive it won't be able to drive	won't he be able to drive? won't she be able to drive? won't it be able to drive?
we won't be able to drive	won't we be able to drive?
you won't be able to drive	won't you be able to drive?
they won't be able to drive	won't they be able to drive?

Risposte brevi

La risposta breve inglese corrisponde al *sì* e *no* italiani:

- affermativa: *Yes* + pronome personale corrispondente al soggetto + *will*;
- negativa: *No* + pronome personale corrispondente al soggetto + *won't*.

Affermativa	Negativa
Yes, I will	No, I won't
Yes, you will	No, you won't
Yes, he will Yes, she will Yes, it will	No, he won't No, she won't No, it won't
Yes, we will	No, we won't
Yes, you will	No, you won't
Yes, they will	No, they won't

Attenzione!

Questa forma, per le risposte brevi, **NON** è possibile:

Yes, I'll
Yes, you'll
Yes, he'll
Yes, she'll
Yes, it'll
Yes, we'll
Yes, you'll
Yes, they'll

Forma lunga	
Affermativa	*Interrogativa*
I am able to drive	am I able to drive?
you are able to drive	are you able to drive?
he is able to drive she is able to drive it is able to drive	is he able to drive? is she able to drive? is it able to drive?
we are able to drive	are we able to drive?
you are able to drive	are you able to drive?
they are able to drive	are they able to drive?

Negativa	*Interro-negativa*
I am not able to drive	am I not able to drive?
you are not able to drive	are you not able to drive?
he is not able to drive she is not able to drive it is not able to drive	is he not able to drive? is she not able to drive? is it not able to drive?
we are not able to drive	are we not able to drive?
you are not able to drive	are you not able to drive?
they are not able to drive	are they not able to drive?

Forma breve	
Affermativa	*Negativa*
I'm able to drive	I'm not able to drive
you're able to drive	you aren't able to drive
he's able to drive she's able to drive it's able to drive	he isn't able to drive she isn't able to drive it isn't able to drive
we're able to drive	we aren't able to drive
you're able to drive	you aren't able to drive
they're able to drive	they aren't able to drive

Risposte brevi

La risposta breve inglese corrisponde al *sì* e *no* italiani:

- affermativa: *Yes* + pronome personale corrispondente al soggetto + verbo *be*;
- negativa: *No* + pronome personale corrispondente al soggetto + verbo *be* al negativo.

Affermativa	Negativa
Yes, I am	No, I'm not
Yes, you are	No, you aren't
Yes, he is Yes, she is Yes, it is	No, he isn't No, she isn't No, it isn't
Yes, we are	No, we aren't
Yes, you are	No, you aren't
Yes, they are	No, they aren't

Attenzione!

Questa forma, per le risposte brevi, **NON** è possibile:

Yes, I'm
Yes, you're

Yes, he's
Yes, she's
Yes, it's

Yes, we're
Yes, you're
Yes, they're

Forma lunga	
Affermativa	*Interrogativa*
I was able to drive	was I able to drive?
you were able to drive	were you able to drive?
he was able to drive she was able to drive it was able to drive	was he able to drive? was she able to drive? was it able to drive?
we were able to drive	were we able to drive?
you were able to drive	were you able to drive?
they were able to drive	were they able to drive?
Negativa	*Interro-negativa*
I was not able to drive	was I not able to drive?
you were not able to drive	were you not able to drive?
he was not able to drive she was not able to drive it was not able to drive	was he not able to drive? was she not able to drive? was it not able to drive?
we were not able to drive	were we not able to drive?
you were not able to drive	were you not able to drive?
they were not able to drive	were they not able to drive?

Forma breve	
Affermativa	*Interrogativa*
I was able to drive	was I able to drive?
you were able to drive	were you able to drive?
he was able to drive she was able to drive it was able to drive	was he able to drive? was she able to drive? was it able to drive?
we were able to drive	were we able to drive?
you were able to drive	were you able to drive?
they were able to drive	were they able to drive?
Negativa	*Interro-negativa*
I wasn't able to drive	wasn't I able to drive?
you weren't able to drive	weren't you able to drive?
he wasn't able to drive she wasn't able to drive it wasn't able to drive	wasn't he able to drive? wasn't she able to drive? wasn't it able to drive?
we weren't able to drive	weren't we able to drive?
you weren't able to drive	weren't you able to drive?
they weren't able to drive	weren't they able to drive?

Risposte brevi

La risposta breve inglese corrisponde al *sì* e *no* italiani:

- affermativa: *Yes* + pronome personale corrispondente al soggetto + verbo *be* al passato;
- negativa: *No* + pronome personale corrispondente al soggetto + verbo *be* al passato negativo.

Affermativa	Negativa
Yes, I was	No, I wasn't
Yes, you were	No, you weren't
Yes, he was Yes, she was Yes, it was	No, he wasn't No, she wasn't No, it wasn't
Yes, we were	No, we weren't
Yes, you were	No, you weren't
Yes, they were	No, they weren't

Forma lunga	
Affermativa	*Interrogativa*
I have been able to drive	have I been able to drive?
you have been able to drive	have you been able to drive?
he has been able to drive she has been able to drive it has been able to drive	has he been able to drive? has she been able to drive? has it been able to drive?
we have been able to drive	have we been able to drive?
you have been able to drive	have you been able to drive?
they have been able to drive	have they been able to drive?
I have not been able to drive	have I not been able to drive?
you have not been able to drive	have you not been able to drive?
he has not been able to drive she has not been able to drive it has not been able to drive	has he not been able to drive? has she not been able to drive? has it not been able to drive?
we have not been able to drive	have we not been able to drive?
you have not been able to drive	have you not been able to drive?
they have not been able to drive	have they not been able to drive?

Forma breve	
Affermativa	*Interrogativa*
I've been able to drive	have I been able to drive?
you've been able to drive	have you been able to drive?
he's been able to drive she's been able to drive it's been able to drive	has he been able to drive? has she been able to drive? has it been able to drive?
we've been able to drive	have we been able to drive?
you've been able to drive	have you been able to drive?
they've been able to drive	have they been able to drive?

(segue)

Negativa	*Interro-negativa*
I haven't been able to drive	haven't I been able to drive?
you haven't been able to drive	haven't you been able to drive?
he hasn't been able to drive she hasn't been able to drive it hasn't been able to drive	hasn't he been able to drive? hasn't she been able to drive? hasn't it been able to drive?
we haven't been able to drive	haven't we been able to drive?
you haven't been able to drive	haven't you been able to drive?
they haven't been able to drive	haven't they been able to drive?

Risposte brevi

La risposta breve inglese corrisponde al *sì* e *no* italiani:

- affermativa: *Yes* + pronome personale corrispondente al soggetto + *have*;
- negativa: *No* + pronome personale corrispondente al soggetto + *haven't*.

Affermativa	Negativa
Yes, I have	No, I haven't
Yes, you have	No, you haven't
Yes, he has Yes, she has Yes, it has	No, he hasn't No, she hasn't No, it hasn't
Yes, we have	No, we haven't
Yes, you have	No, you haven't
Yes, they have	No, they haven't

Attenzione!

Questa forma, per le risposte brevi, **NON** è possibile:

Yes, I've	Yes, he's	Yes, we've
Yes, you've	Yes, she's	Yes, you've
	Yes, it's	Yes, they've

Forma lunga	
Affermativa	*Interrogativa*
I will be allowed to drive	will I be allowed to drive?
you will be allowed to drive	will you be allowed to drive?
he will be allowed to drive she will be allowed to drive it will be allowed to drive	will he be allowed to drive? will she be allowed to drive? will it be allowed to drive?
we will be allowed to drive	will we be allowed to drive?
you will be allowed to drive	will you be allowed to drive?
they will be allowed to drive	will they be allowed to drive?

(segue)

Negativa	*Interro-negativa*
I will not be allowed to drive	will I not be allowed to drive?
you will not be allowed to drive	will you not be allowed to drive?
he will not be allowed to drive she will not be allowed to drive it will not be allowed to drive	will he not be allowed to drive? will she not be allowed to drive? will it not be allowed to drive?
we will not be allowed to drive	will we not be allowed to drive?
you will not be allowed to drive	will you not be allowed to drive?
they will not be allowed to drive	will they not be allowed to drive?

Forma breve	
Affermativa	*Interrogativa*
I'll be allowed to drive	will I be allowed to drive?
you'll be allowed to drive	will you be allowed to drive?
he'll be allowed to drive she'll be allowed to drive it'll be allowed to drive	will he be allowed to drive? will she be allowed to drive? will it be allowed to drive?
we'll be allowed to drive	will we be allowed to drive?
you'll be allowed to drive	will you be allowed to drive?
they'll be allowed to drive	will they be allowed to drive?
I won't be allowed to drive	won't I be allowed to drive?
you won't be allowed to drive	won't you be allowed to drive?
he won't be allowed to drive she won't be allowed to drive it won't be allowed to drive	won't he be allowed to drive? won't she be allowed to drive? won't it be allowed to drive?
we won't be allowed to drive	won't we be allowed to drive?
you won't be allowed to drive	won't you be allowed to drive?
they won't be allowed to drive	won't they be allowed to drive?

Risposte brevi

La risposta breve inglese corrisponde al *sì* e *no* italiani:

- affermativa: *Yes* + pronome personale corrispondente al soggetto + *will*;
- negativa: *No* + pronome personale corrispondente al soggetto + *won't*.

Affermativa	Negativa
Yes, I will	No, I won't
Yes, you will	No, you won't
Yes, he will Yes, she will Yes, it will	No, he won't No, she won't No, it won't
Yes, we will	No, we won't
Yes, you will	No, you won't
Yes, they will	No, they won't

Qualche parola in più su *allow*

- può essere seguito dalla costruzione *complemento oggetto + infinito* (e.g.: "Non ti permetto di fumare in camera da letto!", "*I do not allow you to smoke in the bedroom!*");
- quando non c'è il complemento oggetto, dopo *allow* può essere usata la forma in *-ing* (e.g.: "Non permetto di fumare in camera da letto!", "*I do not allow smoking in the bedroom!*");
- nelle frasi passive possono essere utilizzate entrambe le forme (e.g.: "Non è permesso fumare in camera da letto!", "*They are not allowed to smoke in the bedroom!*", "*Smoking is not allowed in the bedroom!*"), e si ricorda che l'impersonale NON è ammesso. L'esempio seguente è **errato:** "Non è permesso fumare in camera da letto!", "*It is not allowed to smoke in the bedroom!*".

Forma lunga	
Affermativa	***Interrogativa***
I am allowed to drive	am I allowed to drive?
you are allowed to drive	are you allowed to drive?
he is allowed to drive she is allowed to drive it is allowed to drive	is he allowed to drive? is she allowed to drive? is it allowed to drive?
we are allowed to drive	are we allowed to drive?
you are allowed to drive	are you allowed to drive?
they are allowed to drive	are they allowed to drive?
Negativa	***Interro-negativa***
I am not allowed to drive	am I not allowed to drive?
you are not allowed to drive	are you not allowed to drive?
he is not allowed to drive she is not allowed to drive it is not allowed to drive	is he not allowed to drive? is she not allowed to drive? is it not allowed to drive?
we are not allowed to drive	are we not allowed to drive?
you are not allowed to drive	are you not allowed to drive?
they are not allowed to drive	are they not allowed to drive?

Forma breve	
Affermativa	***Negativa***
I'm allowed to drive	I'm not allowed to drive
you're allowed to drive	you aren't allowed to drive
he's allowed to drive she's allowed to drive it's allowed to drive	he isn't allowed to drive she isn't allowed to drive it isn't allowed to drive
we're allowed to drive	we aren't allowed to drive
you're allowed to drive	you aren't allowed to drive
they're allowed to drive	they aren't allowed to drive

Risposte brevi

La risposta breve inglese corrisponde al *sì* e *no* italiani:

- affermativa: *Yes* + pronome personale corrispondente al soggetto + verbo *be*;
- negativa: *No* + pronome personale corrispondente al soggetto + verbo *be* al negativo.

Affermativa	Negativa
Yes, I am	No, I'm not
Yes, you are	No, you aren't
Yes, he is Yes, she is Yes, it is	No, he isn't No, she isn't No, it isn't
Yes, we are	No, we aren't
Yes, you are	No, you aren't
Yes, they are	No, they aren't

Attenzione!
Questa forma, per le risposte brevi, **NON** è possibile:

Yes, I'm
Yes, you're
Yes, he's
Yes, she's
Yes, it's
Yes, we're
Yes, you're
Yes, they're

Forma lunga	
Affermativa	***Interrogativa***
I was allowed to drive	was I allowed to drive?
you were allowed to drive	were you allowed to drive?
he was allowed to drive she was allowed to drive it was allowed to drive	was he allowed to drive? was she allowed to drive? was it allowed to drive?
we were allowed to drive	were we allowed to drive?
you were allowed to drive	were you allowed to drive?
they were allowed to drive	were they allowed to drive?
Negativa	***Interro-negativa***
I was not allowed to drive	was I not allowed to drive?
you were not allowed to drive	were you not allowed to drive?
he was not allowed to drive she was not allowed to drive it was not allowed to drive	was he not allowed to drive? was she not allowed to drive? was it not allowed to drive?
we were not allowed to drive	were we not allowed to drive?
you were not allowed to drive	were you not allowed to drive?
they were not allowed to drive	were they not allowed to drive?

Forma breve	
Affermativa	***Interrogativa***
I was allowed to drive	was I allowed to drive?
you were allowed to drive	were you allowed to drive?
he was allowed to drive she was allowed to drive it was allowed to drive	was he allowed to drive? was she allowed to drive? was it allowed to drive?
we were allowed to drive	were we allowed to drive?
you were allowed to drive	were you allowed to drive?
they were allowed to drive	were they allowed to drive?
Negativa	***Interro-negativa***
I wasn't allowed to drive	wasn't I allowed to drive?
you weren't allowed to drive	weren't you allowed to drive?
he wasn't allowed to drive she wasn't allowed to drive it wasn't allowed to drive	wasn't he allowed to drive? wasn't she allowed to drive? wasn't it allowed to drive?
we weren't allowed to drive	weren't we allowed to drive?
you weren't allowed to drive	weren't you allowed to drive?
they weren't allowed to drive	weren't they allowed to drive?

Risposte brevi

La risposta breve inglese corrisponde al *sì* e *no* italiani:

- affermativa: *Yes* + pronome personale corrispondente al soggetto + verbo *be* al passato;
- negativa: *No* + pronome personale corrispondente al soggetto + verbo *be* al passato negativo.

Affermativa	Negativa
Yes, I was	No, I wasn't
Yes, you were	No, you weren't
Yes, he was Yes, she was Yes, it was	No, he wasn't No, she wasn't No, it wasn't
Yes, we were	No, we weren't
Yes, you were	No, you weren't
Yes, they were	No, they weren't

Must e ***have (got) to*** significano *dovere. Must* esprime la decisione di chi parla, *have (got) to* la decisione di un'altra persona o di un'entità esterna (e.g.: una Legge). **Il passato di *must* non esiste**, si utilizza il passato di *have (got) to,* cioè *had to.* **Il futuro di *must* non esiste**, si utilizza il futuro di *have to,* cioè *will have to.*

Forma lunga			
Affermativa	*Interrogativa*	*Negativa*	*Interro-negativa*
I must go	must I go?	I must not go	must I not go?
you must go	must you go?	you must not go	must you not go?
he must go she must go it must go	must he go? must she go? must it go?	he must not go she must not go it must not go	must he not go? must she not go? must it not go?
we must go	must we go?	we must not go	must we not go?
you must go	must you go?	you must not go	must you not go?
they must go	must they go?	they must not go	must they not go?

Forma breve	
Negativa	*Interro-negativa*
I mustn't go	mustn't I go?
you mustn't go	mustn't you go?
he mustn't go she mustn't go it mustn't go	mustn't he go? mustn't she go? mustn't it go?
we mustn't go	mustn't we go?
you mustn't go	mustn't you go?
they mustn't go	mustn't they go?

Risposte brevi

La risposta breve inglese corrisponde al *sì* e *no* italiani:

- affermativa: *Yes* + pronome personale corrispondente al soggetto + verbo *must*;
- negativa: *No* + pronome personale corrispondente al soggetto + verbo *mustn't*.

Affermativa	Negativa
Yes, I must	No, I mustn't
Yes, you must	No, you mustn't
Yes, he must Yes, she must Yes, it must	No, he mustn't No, she mustn't No, it mustn't
Yes, we must	No, we mustn't
Yes, you must	No, you mustn't
Yes, they must	No, they mustn't

Forma lunga	
Affermativa	***Interrogativa***
I have (got) to go	do I have to go?
you have (got) to go	do you have to go?
he has (got) to go she has (got) to go it has (got) to go	does he have to go? does she have to go? does it have to go?
we have (got) to go	do we have to go?
you have (got) to go	do you have to go?
they have (got) to go	do they have to go?
Negativa	***Interro-negativa***
I do not have to go	do I not have to go?
you do not have to go	do you not have to go?
he does not have to go she does not have to go it does not have to go	does he not have to go? does she not have to go? does it not have to go?
we do not have to go	do we not have to go?
you do not have to go	do you not have to go?
they do not have to go	do they not have to go?

Forma breve		
Affermativa	***Negativa***	***Interro-negativa***
I've (got) to go	I don't have to go	don't I have to go?
you've (got) to go	you don't have to go	don't you have to go?
he's (got) to go she's (got) to go it's (got) to go	he doesn't have to go she doesn't have to go it doesn't have to go	doesn't he have to go? doesn't she have to go? doesn't it have to go?
we've (got) to go	we don't have to go	don't we have to go?
you've (got) to go	you don't have to go	don't you have to go?
they've (got) to go	they don't have to go	don't they have to go?

Risposte brevi

La risposta breve inglese corrisponde al *sì* e *no* italiani:

- affermativa: *Yes* + pronome personale corrispondente al soggetto + *do*;
- negativa: *No* + pronome personale corrispondente al soggetto + *don't*.

Affermativa	Negativa
Yes, I do	No, I don't
Yes, you do	No, you don't
Yes, he does Yes, she does Yes, it does	No, he doesn't No, she doesn't No, it doesn't
Yes, we do	No, we don't
Yes, you do	No, you don't
Yes, they do	No, they don't

Needn't e ***mustn't*** hanno il significato di *dovere* al negativo: *needn't* si usa quando non è necessario fare una cosa, ma qualora la si volesse fare, si è liberi di farla. *Mustn't* si usa quando non è permesso o non è necessario fare una cosa.
Il verbo **need** significa *aver bisogno*. Questo verbo può avere una doppia costruzione: o come verbo modale o come verbo normale con *to*. Se lo si considera come verbo modale, ovviamente, deve essere seguito dall'infinito senza *to*. Entrambe le forme hanno il medesimo significato.

Forma lunga			
Affermativa	*Interrogativa*	*Negativa*	*Interro-negativa*
I need to	do I need to?	I do not need to	do I not need to?
you need to	do you need to?	you do not need to	do you not need to?
he needs to she needs to it needs to	does he need to? does she need to? does it need to?	he does not need to she does not need to it does not need to	does he not need to? does she not need to? does it not need to?
we need to	do we need to?	we do not need to	do we not need to?
you need to	do you need to?	you do not need to	do you not need to?
they need to	do they need to?	they do not need to	do they not need to?

Forma breve			
Affermativa	*Interrogativa*	*Negativa*	*Interro-negativa*
I need to	do I need to?	I don't need to	don't I need to?
you need to	do you need to?	you don't need to	don't you need to?
he needs to she needs to it needs to	does he need to? does she need to? does it need to?	he doesn't need to she doesn't need to it doesn't need to	doesn't he need to? doesn't she need to? doesn't it need to?
we need to	do we need to?	we don't need to	don't we need to?
you need to	do you need to?	you don't need to	don't you need to?
they need to	do they need to?	they don't need to	don't they need to?

Risposte brevi

La risposta breve inglese corrisponde al *sì* e *no* italiani:

- affermativa: *Yes* + pronome personale corrispondente al soggetto + *do/ does*;
- negativa: *No* + pronome personale corrispondente al soggetto + *don't/ doesn't*.

Affermativa	Negativa
Yes, I do	No, I don't
Yes, you do	No, you don't
Yes, he does Yes, she does Yes, it does	No, he doesn't No, she doesn't No, it doesn't
Yes, we do	No, we don't
Yes, you do	No, you don't
Yes, they do	No, they don't

Should e ***ought to*** hanno il significato di *dovere* non imposto ma necessario, una cosa opportuna da fare. Talvolta *ought to* è un po' più incisivo di *should*.

Forma lunga			
Affermativa	***Interrogativa***	***Negativa***	***Interro-negativa***
I should go	should I go?	I should not go	should I not go?
you should go	should you go?	you should not go	should you not go?
he should go she should go it should go	should he go? should she go? should it go?	he should not go she should not go It should not go	should he not go? should she not go? should it not go?
we should go	should we go?	we should not go	should we not go?
you should go	should you go?	you should not go	should you not go?
they should go	should they go?	they should not go	should they not go?

Forma breve	
Negativa	***Interro-negativa***
I shouldn't go	shouldn't I go?
you shouldn't go	shouldn't you go?
he shouldn't go she shouldn't go it shouldn't go	shouldn't he go? shouldn't she go? shouldn't it go?
we shouldn't go	shouldn't we go?
you shouldn't go	shouldn't you go?
they shouldn't go	shouldn't they go?

Risposte brevi

La risposta breve inglese corrisponde al *sì* e *no* italiani:

- affermativa: *Yes* + pronome personale corrispondente al soggetto + verbo *should*;
- negativa: *No* + pronome personale corrispondente al soggetto + verbo *shouldn't*.

Affermativa	Negativa
Yes, I should	No, I shouldn't
Yes, you should	No, you shouldn't
Yes, he should Yes, she should Yes, it should	No, he shouldn't No, she shouldn't No, it shouldn't
Yes, we should	No, we shouldn't
Yes, you should	No, you shouldn't
Yes, they should	No, they shouldn't

Forma lunga			
Affermativa	***Interrogativa***	***Negativa***	***Interro-negativa***
I ought to go	ought I to go?	I ought not to go	ought I not to go?
you ought to go	ought you to go?	you ought not to go	ought you not to go?
he ought to go she ought to go it ought to go	ought he to go? ought she to go? ought it to go?	he ought not to go she ought not to go it ought not to go	ought he not to go? ought she not to go? ought it not to go?
we ought to go	ought we to go?	we ought not to go	ought we not to go?
you ought to go	ought you to go?	you ought not to go	ought you not to go?
they ought to go	ought they to go?	they ought not to go	ought they not to go?

Forma breve	
Negativa	***Interro-negativa***
I oughtn't to go	oughtn't I to go?
you oughtn't to go	oughtn't you to go?
he oughtn't to go she oughtn't to go it oughtn't to go	oughtn't he to go? oughtn't she to go? oughtn't it to go?
we oughtn't to go	oughtn't we to go?
you oughtn't to go	oughtn't you to go?
they oughtn't to go	oughtn't they to go?

Should e ***ought to*** hanno pressappoco lo stesso significato: tuttavia *should* ha natura soggettiva, mentre *ought to* oggettiva.
In questo esempio l'utilizzo di *should* e *ought to* è indifferente: "Qualche volta dovresti andare a trovare i tuoi genitori!", "*Sometimes you should go/ought to go and see your parents!*", mentre nell'esempio seguente *should* non va utilizzato, perché dare un consiglio a se stessi e poi sostenere subito dopo che probabilmente non lo si seguirà è alquanto bizzarro: "Dovrei andare a trovare i miei genitori la settimana prossima, ma non penso che lo farò!", "*I ought to go and see my parents next week, but I don't think I will do it!*".

Should e *ought to* possono essere usati al presente e al futuro, ma non al passato. L'esempio che segue è **ERRATO**: "Beatrix sarebbe dovuta arrivare alle 9.00, ma non si è fermata qui!", "*Beatrix should arrive at 9 o'clock, but she didn't stop here!*".

Would si usa per le situazioni immaginarie (e.g.: "Sarebbe bello!", "*It would be nice!*").

La **forma interrogativa** si costruisce anteponendo *would* al soggetto. La **forma negativa** mettendo *not* dopo *would*. La **forma interro-negativa** si costruisce anteponendo *would* al soggetto e mettendo il *not* dopo quest'ultimo.

Forma lunga			
Affermativa	***Interrogativa***	***Negativa***	***Interro-negativa***
I would	would I?	I would not	would I not?
you would	would you?	you would not	would you not?
he would she would it would	would he? would she? would it?	he would not she would not it would not	would he not? would she not? would it not?
we would	would we?	we would not	would we not?
you would	would you?	you would not	would you not?
they would	would they?	they would not	would they not?

Forma breve	
Negativa	***Interro-negativa***
I wouldn't	wouldn't I?
you wouldn't	wouldn't you?
he wouldn't she wouldn't it wouldn't	wouldn't he? wouldn't she? wouldn't it?
we wouldn't	wouldn't we?
you wouldn't	wouldn't you?
they wouldn't	wouldn't they?

Risposte brevi

La risposta breve inglese corrisponde al *sì* e *no* italiani:

> affermativa: *Yes* + pronome personale corrispondente al soggetto + *would*;
> negativa: *No* + pronome personale corrispondente al soggetto + *wouldn't*.

Affermativa	Negativa
Yes, I would	No, I wouldn't
Yes, you would	No, you wouldn't
Yes, he would	No, he wouldn't
Yes, she would Yes, it would Yes, we would	No, she wouldn't No, it wouldn't No, we wouldn't
Yes, you would	No, you wouldn't
Yes, they would	No, they wouldn't

Must e ***can't*** si utilizzano nelle deduzioni (e.g.: "Deve essere ricco!", "*He must be rich!*"; "Non deve essere ricco!", "*He can't be rich!*"). Anche *will* può avere la stessa funzione.

Shall e ***will***. *Shall* si usa per indicare: futuro con *I* e *we*, offerte, proposte e promesse. *Will* si usa per esprimere: richieste, futuro, rifiuti, decisioni, ordini, inviti, promesse e certezze.

***Should* e *would*.** *Should* si usa nelle frasi condizionali e per indicare opportunità e consigli. *Would* si usa nel discorso indiretto, situazioni immaginarie, e per esprimere desideri, preferenze, richieste e inviti.

***Dare*.** Il verbo *dare* significa *osare*. Questo verbo può avere una doppia costruzione: o come verbo modale o come verbo normale, con *to* o senza *to*. Se lo si considera come verbo modale, ovviamente, deve essere seguito dall'infinito senza *to*.

La **forma interrogativa** si costruisce anteponendo *dare* al soggetto. La **forma negativa** mettendo *not* dopo *dare*. La **forma interro-negativa** si costruisce anteponendo *dare* al soggetto e mettendo il *not* dopo quest'ultimo.

Forma lunga			
Affermativa	*Interrogativa*	*Negativa*	*Interro-negativa*
I dare	dare I?	I dare not	dare I not?
you dare	dare you?	you dare not	dare you not?
he dare she dare it dare	dare he? dare she? dare it?	he dare not she dare not it dare not	dare he not? dare she not? dare it not?
we dare	dare we?	we dare not	dare we not?
you dare	dare you?	you dare not	dare you not?
they dare	dare they?	they dare not	dare they not?

Forma breve	
Negativa	*Interro-negativa*
I daren't	daren't I?
you daren't	daren't you?
he daren't	daren't he?
she daren't it daren't we daren't	daren't she? daren't it? daren't we?
you daren't	daren't you?
they daren't	daren't they?

Risposte brevi

La risposta breve inglese corrisponde al *sì* e *no* italiani:

- affermativa: *Yes* + pronome personale corrispondente al soggetto + verbo *dare*;
- negativa: *No* + pronome personale corrispondente al soggetto + verbo *daren't*.

Affermativa	Negativa
Yes, I dare	No, I daren't
Yes, you dare	No, you daren't
Yes, he dare	No, he daren't
Yes, she dare Yes, it dare	No, she daren't No, it daren't
Yes, we dare	No, we daren't
Yes, you dare	No, you daren't
Yes, they dare	No, they daren't

Forma lunga			
Affermativa	***Interrogativa***	***Negativa***	***Interro-negativa***
I dare (to)	do I dare (to)?	I do not dare (to)	do I not dare (to)?
you dare (to)	do you dare (to)?	you do not dare (to)	do you not dare (to)?
he dares (to) she dares (to) it dares (to)	does he dare (to)? does she dare (to)? does it dare (to)?	he does not dare (to) she does not dare (to) it does not dare (to)	does he not dare (to)? does she not dare (to)? does it not dare (to)?
we dare (to)	do we dare (to)?	we do not dare (to)	do we not dare (to)?
you dare (to)	do you dare (to)?	you do not dare (to)	do you not dare (to)?
they dare (to)	do they dare (to)?	they do not dare (to)	do they not dare (to)?

Forma breve	
Negativa	***Interro-negativa***
I don't dare (to)	don't I dare (to)?
you don't dare (to)	don't you dare (to)?
he doesn't dare (to) she doesn't dare (to) it doesn't dare (to)	doesn't he dare (to)? doesn't she dare (to)? doesn't it dare (to)?
we don't dare (to)	don't we dare (to)?
you don't dare (to)	don't you dare (to)?
they don't dare (to)	don't they dare (to)?

Risposte brevi

La risposta breve inglese corrisponde al *sì* e *no* italiani:

- affermativa: *Yes* + pronome personale corrispondente al soggetto + *do/ does*;
- negativa: *No* + pronome personale corrispondente al soggetto + *don't/ doesn't*.

Affermativa	Negativa
Yes, I do	No, I don't
Yes, you do	No, you don't
Yes, he does Yes, she does Yes, it does	No, he doesn't No, she doesn't No, it doesn't
Yes, we do	No, we don't
Yes, you do	No, you don't
Yes, they do	No, they don't

Per esprimere possibilità, opportunità, certezza, situazioni immaginarie, si può usare la seguente costruzione:

- **verbo modale** + ***be*** + **verbo in** ***-ing***
  (e.g.: "Forse domani verrà Lennie", "*Lennie may be coming tomorrow*").

Per esprimere possibilità, opportunità, necessità, situazioni immaginarie, tutto nel passato, si può usare la seguente costruzione:

- **verbo modale** + ***have*** + **participio passato**
  (e.g.: "Milena non può essersene dimenticata!", "*Milena couldn't have forgotten about it!*").

1.21 La forma passiva

La forma passiva inglese è speculare a quella italiana: ***be*** + **participio passato**. La differenza sta nel fatto che noi possiamo usare *essere* e *venire* come ausiliari, gli inglesi usano solo *essere*. Chiaramente la forma passiva può essere costruita solo con i verbi transitivi e serve per evidenziare il complemento oggetto che viene posto all'inizio della frase. Il complemento d'agente viene introdotto da *by*, ma se è ovvio, viene omesso (e.g.: "La polizia arrestò il ladro", "*The police arrested the thief*", "Il ladro fu arrestato", "*The thief was arrested*").

present perfect	*have / has been* + participio passato	Geoffrey ha letto tre libri. Tre libri sono stati letti da Geoffrey. *Geoffrey has read three books.* *Three books have been read by Geoffrey.*
past perfect	***had been*** + participio passato	Elaine aveva scritto la lettera mentre eri al lavoro. La lettera era stata scritta da Elaine mentre eri al lavoro. *Elaine had written the letter while you were at work.* *The letter had been written by Elaine while you were at work.*
present continuous	*am/are/is being* + participio passato	Martin sta ascoltando la radio. La radio viene ascoltata da Martin. *Martin is listening to the radio.* *The radio is being listened by Martin.*
past continuous	*was/were being* + participio passato	Quando Gregory arrivò, Anita stava facendo le valigie. Quando Gregory arrivò, le valigie venivano fatte da Anita. *When Gregory arrived, Anita was packing the cases.* *The cases were being packed by Anita when Gregory arrived.*
verbi modali e *will*	dopo i verbi modali e *will* si usa *be* + participio passato	Non si può guidare la macchina prima dei 18 anni. *Cars cannot be driven before you are 18 years old.*

1.21.1 Il verbo *to get*

La forma passiva può essere costruita anche con *get* anziché con *be* (e.g.: "Quando si sono sposati Mike e Wendy?", "*When did Mike and Wendy get married?*"). Viene utilizzata quando in italiano abbiamo un verbo intransitivo (e.g.: *sposarsi*) o un verbo riflessivo (e.g.: *ferirsi*).

1.21.2 *Have/get* + oggetto + participio passato

La costruzione ***have/get*** + **oggetto** + **participio passato** viene utilizzata quando si vuole far capire al nostro interlocutore che l'azione di cui si parla non è fatta personalmente, ma da una terza persona. L'esempio più chiaro, a nostro avviso, è la frase "Domani mi taglio i capelli!": spesso si sente questa espressione, e sta ad indicare che colui che parla domani andrà dal barbiere. Dunque, per far intendere che non ci si taglierà i capelli da soli, si dovrà tradurre in questo modo: *I'm having/getting my hair* *cut tomorrow*, in cui *my hair* è l'oggetto della proposizione, *cut* è il participio passato di *tagliare*, e *have* (o *get*) è costruito secondo il tempo appropriato, in questo caso un futuro programmato.

Usi di *have*, *get* e *go*	
farsi la doccia/il bagno	*have a shower/a bath*
fare colazione/pranzo/cena	*have breakfast/lunch/dinner*
fumare una sigaretta	*have a cigarette*
fare un riposino	*have a rest*
fare una festa	*have a party*
litigare	*have an argument*
partorire	*have a baby*
divertirsi	*have a good time*
arrivare a casa	*get home*
prendere un taxi	*get a taxi*
ricevere un regalo	*get a present*
ricevere una lettera	*get a letter*
vestirsi	*get dressed*
alzarsi	*get up*
comprare un giornale	*get a newspaper*
andare fuori città	*go away*
uscire	*go out*
viaggiare con l'autobus	*go by bus*
andare a fare una passeggiata	*go for a walk*
andare a casa	*go home*
andare in visita turistica	*go sightseeng*
andare a dormire	*go to bed*
andare al mare	*go to the beach*

1.21.3 La costruzione con *it*

Con un verbo passivo si può avere la costruzione con *it* prima di un infinito (e.g.: "Fu disposto di ...", "*It was arranged to* ...") o prima di una frase che è introdotta da *that* (e.g.: "Si ritiene che ...", "*It is considered that* ...").

1.22 Il periodo ipotetico

Il periodo ipotetico, ovviamente, indica un'ipotesi, il grado di chance del verificarsi di una certa azione. Possiamo iniziare a dire che esistono 3 tipi di periodo ipotetico: probabilità, possibilità e irrealtà. La difficoltà non sta nella traduzione in inglese, ma nell'individuazione del tipo. Nella nostra esperienza di insegnanti abbiamo attuato un sistema che può essere utile al fine di una buona padronanza dell'argomento. Innanzitutto noi italiani abbiamo difficoltà ad identificare nettamente le sfumature di significato tra probabile e possibile, perciò divideremo, per nostra comodità, le frasi ipotetiche in 1°, 2° e 3° tipo, tralasciando la suddivisione accademica probabile, possibile e irreale. Ecco alcuni esempi:

1° tipo	**2° tipo**	**3° tipo**
se gioco	se giocassi	se avessi giocato
se mangio	se mangiassi	se avessi mangiato
se esco	se uscissi	se fossi uscito
se parlo	se parlassi	se avessi parlato
se nuoto	se nuotassi	se avessi nuotato
se studio	se studiassi	se avessi studiato

Qualsiasi verbo potrebbe essere inserito in questo schema. Una volta capito il meccanismo dell'individuazione del tipo, si passa alla tabella sottostante, che va imparata a memoria.

1° tipo (probabilità)	if	*simple present*	*can/will/may*	infinito
2° tipo (possibilità)	if	*simple past*	*could/would/might*	infinito
3° tipo (irrealtà)	if	*past perfect*	*could have/would have/might have*	participio passato

Attenzione!

Per facilitare il processo di memorizzazione, bisogna imparare la tabella in verticale e non in orizzontale, cioè: *if - if - if / simple present - simple past - past perfect / can - could - could have / will - would - would have / may - might - might have*, così ci sarà sempre una parola che richiama la precedente, come una filastrocca. La scelta di *can*, *will*, o *may*, dipende dalla sfumatura di significato che vogliamo dare alla frase, esattamente come in italiano. Lo stesso dicasi per *could, would, might e could have, would have, might have*. Per completare le frasi di 1° e di 2° tipo, cioè dopo *can*, *will* e *may*, e dopo *could*, *would* e *might* il verbo va all'infinito; dopo *could have*, *would have* e *might have* il verbo va al participio passato.

1° tipo (probabilità)	*If you* ***go out*** *before 10 o'clock, you* ***can/will/may/might*** *take the train*
2° tipo (possibilità)	*If you* ***went out*** *before 10 o'clock, you* ***could/would/might take*** *the train*
3° tipo (irrealtà)	*If you* ***had gone out*** *before 10 o'clock, you* ***could have/would have/might*** *have taken the train*

Attenzione!

Come si sa, le frasi condizionali sono formate, di solito, da una frase principale e da una secondaria introdotta da *if*. In italiano e in inglese è possibile invertirle, cioè possiamo avere la frase principale seguita dalla secondaria, o la secondaria seguita dalla principale. Lo schema proposto si riferisce alla secondaria seguita dalla frase principale, quindi, qualora avessi la necessità di tradurre una frase condizionale formata da una principale seguita dalla secondaria, lo schema deve essere invertito.

Esistono anche altri tipi di frasi condizionali. Per esempio il periodo ipotetico di tipo zero. È un tipo di frase che manifesta verità assolute, fatti reali, e si traduce in questo modo:

Tipo 0 (verità assolute)	if	*simple present*	*simple present*

Affermativa		Negativa
Altri tipi di periodo ipotetico		
if	*will/would*	verbo modale
if	*should*	verbo modale/imperativo
if	*simple present*	imperativo
if	*verbo modale*	verbo modale
if	*present continuous/ present perfect*	verbo modale

Qualche esempio:

- **tipo 0 (verità assolute, fatti reali):** "Se mangi molto, ingrassi!", "*If you eat a lot, you put on weight!*";
- **1° tipo (probabilità):** "Se incontro Dionne, glielo dico!", "*If I meet Dionne, I will tell her!*";
- **2° tipo (possibilità):** "Se tu conoscessi Isabelle, la penseresti diversamente!", "*If you knew Isabelle, you would think otherwise!*";
- **3° tipo (irrealtà):** "Se tu avessi telefonato, sarei venuto alla festa!", "*If you had rung me up, I would have come to the party!*";
- ***If* + *will/would* + verbo modale:** "Se mi dai il numero di telefono di Baldwin, posso fargli un colpo di telefono!", "*If you will give me Baldwin's telephone number, I can call him!*";
- ***If* + *should* + verbo modale/imperativo:** "Se dovesse piovere, non uscire!", "*If it should rain, don't go out!*";
- ***If* + *simple present* + imperativo:** "Sta piovendo a catinelle! Se vuoi uscire con Jasmine, prendi un ombrello!", "*It's raining cats and dogs! If you want to go out with Jasmine, take an umbrella!*".

Attenzione!
Nella costruzione del periodo ipotetico di 2° tipo (possibilità), si usa sempre were anziché *was*: "Se fossi in te, mi metterei a dieta!", "*If I were you, I would go on a diet!*".

1.23 Reporting verbs

Ci sono diversi verbi che introducono il discorso indiretto, e vengono chiamati *reporting verbs.* I più usati sono *say* e *tell.* Il primo, a differenza di *tell,* quando introduce il discorso indiretto, NON può essere seguito dal complemento di termine (e.g.: "Janet dice che ...", "*Janet says (that)...*"). Altri *reporting verbs: mention, answer, think, be sure, explain, agree.*

Ask viene utilizzato per le interrogative indirette (e.g.: "Diane chiese a Sarah ...", "*Diane asked Sarah ...*").

***Tell* + persona + infinito** per riportare gli ordini (e.g.: "Non devi gridare!", "Mia madre mi ha detto di non gridare", "*You mustn't shout!*", "*My mother told me not to shout*"), ma può essere usato anche *must* o *be to* (e.g.: "Non devi gridare!", "Mia madre mi ha detto di non gridare", "*You mustn't shout!*", "*My mother said I mustn't shout*", oppure "*My mother said I was not to shout*").

***Ask* + persona + infinito** per riportare le richieste.

***Ask for* + persona + infinito** per riportare le richieste finalizzate ad ottenere qualcosa (e.g.: "Adam mi chiese un fazzoletto", "*Adam asked (me) for a handkerchief*").

Attenzione!
Gli avverbi, gli aggettivi e i pronomi personali cambiano al passaggio dal discorso diretto a quello indiretto.

Se il *reporting verb* è al tempo presente (e.g.: "Diane dice che ...", "*Diane says (that) ...*"), chiaramente i tempi dei verbi del discorso indiretto sono uguali a quelli del discorso diretto.
Se il *reporting verb* è al tempo passato (e.g.: "Arnold disse che ...", "*Arnold said (that) ...*"), i verbi al presente nel discorso diretto, passato al passato nel discorso indiretto.
Se il *reporting verb* è al tempo passato (e.g.: "Lennie disse che ...", "*Lennie said (that) ...*"), i verbi al passato nel discorso diretto, passano al trapassato nel discorso indiretto. Possono anche restare uguali se ciò che è stato affermato è ancora vero quando viene riportato.
Would, should, ought to, could e *might* restano uguali.

Nelle frasi interrogative indirette:
- nelle *yes/no questions*, il *se* è tradotto con *if* o con *whether* (e.g.: "È andata a Edimburgo?", "Martin voleva sapere se eri andata a Edimburgo", "*Has she gone to Edinburgh?*", "*Martin wanted to know if you had gone to Edinburgh*"),
- le *wh-questions* vengono introdotte da aggettivi, pronomi e avverbi interrogativi (e.g.: "Che aereo ha preso Edith?", "Sally mi ha chiesto che aereo aveva preso Edith", "*Which plane did Edith take?*", "*Sally asked me which plane Edith had taken*").

1.24 L'infinito con *to* e senza *to*. La forma in *-ing*

L'infinito può essere usato con o senza *to*.
Si usa il *to*:
- dopo gli aggettivi (e.g.: "Kelly è contenta di vedere Peter", "*Kelly is glad to see Peter*");
- dopo alcuni verbi (vedi tabella sottostante);
- dopo un nome (e.g.: "Sono le 5. Devi prendere la pillola!", "*It's five o'clock. You have a pill to take!*");

> dopo il verbo + complemento oggetto (e.g.: "Vorrei che tu cucinassi qualcosa", "*I would like you to cook something*"), dopo i pronomi, gli avverbi e gli aggettivi interrogativi (e.g.: "È tardi. Sapete dove dormire?", "*It's late. Do you know where to sleep?*").

Non si usa il *to*:

> dopo i verbi difettivi (e.g.: "Sai suonare la chitarra?", "*Can you play the guitar?*"), dopo *make/ see/ hear* + complemento oggetto (e.g.: "Mary Rose mi fa ridere", "*Mary Rose makes me laugh*");
> dopo *had better*;
> e dopo *would rather* (e.g.: "Preferirei vedere questo film", "*I would rather see this film*").

agree	essere d'accordo	*learn*	apprendere
arrange	sistemare	*manage*	riuscire a
attempt	tentare	*need*	aver bisogno di
be	essere	*offer*	offrire
choose	scegliere	*ought to*	dovere
dare	osare	*plan*	progettare
decide	decidere	*prepare*	preparare
expect	attendere	*promise*	promettere
fail	fallire	*refuse*	rifiutare
forget	dimenticare	*seem*	sembrare
have	avere	*want*	volere
hope	sperare	*wish*	desiderare

La forma in *-ing* deve essere usata dopo alcuni verbi come:

avoid	evitare	*mind*	preoccuparsi
dislike	non gradire	*keep*	mantenere
enjoy	divertirsi	*miss*	mancare
finish	terminare	*practise*	addestrarsi a
go on	proseguire	*risk*	rischiare
imagine	immaginare	*stop*	smettere

Dopo ***intend*** (avere intenzione), ***start*** (cominciare), ***begin*** (iniziare) e *continue* (continuare) può essere usato sia l'infinito con *to*, sia la forma in *-ing* (e.g.: "Trevor cominciò a correre", "*Trevor began to run*", oppure "*Trevor began running*").
Dopo ***love*** (amare), ***like*** (piacere), ***hate*** (odiare) e ***prefer*** (preferire) può essere usato sia l'infinito con *to*, sia la forma in *-ing* (e.g.: "Melanine ama cucinare", "*Melanine loves to cook*", oppure "*Melanine loves cooking*"). Si usa l'infinito dopo *like* per sottolineare qualcosa che si fa ma non è gradevole farla (e.g.: "A Don piace andare dal dentista due volte l'anno", "*Don likes to go to the dentist's twice a year*").

Attenzione!
Dopo *would like, would prefer, would have e would love* **NON** si può usare la forma in *-ing*: si deve usare l'infinito con *to*.

Dopo ***not forget*** (non dimenticare) e ***remember*** (ricordare) può essere usato sia l'infinito con *to*, sia la forma in *-ing*. Si userà la prima forma quando chi parla intende ricordare di fare qualcosa; si userà la seconda forma quando chi parla intende ricordare qualcosa del passato.

Dopo ***try*** (provare) può essere usato sia l'infinito con *to*, sia la forma in *-ing*. Si userà la prima forma quando chi parla intende l'azione di fare un tentativo; si userà la seconda forma quando chi parla intende l'azione di fare una prova.

Dopo ***stop*** (smettere) può essere usato sia l'infinito con *to*, sia la forma in *-ing*. Si userà la prima forma quando ci si ferma per fare qualcosa; si userà la seconda forma qundo chi parla intende un'azione che termina.

Dopo ***hear*** (sentire), ***see*** (vedere), ***watch*** (guardare) e ***listen*** (ascoltare) può essere usato sia l'infinito senza *to*, sia la forma in *-ing*. Si userà la prima forma quando si riporta un'azione intera, completa; si userà la seconda forma quando si riporta un'azione non intera, ma solo una parte.

Dopo ***go*** (andare) può essere usato sia l'infinito con *to*, sia la forma in *-ing*. Si userà la seconda forma quando ci si riferisce a passatempi, ad azioni di divertimento, soprattutto con verbi tipo *ride* (cavalcare), *skate* (pattinare), *walk* (passeggiare), *climb* (scalare), *fish* (pescare). Si userà la prima forma per gli tutti gli altri casi.

1.25 *Want someone to do something*

Questa è la regola dell'**accusativo + infinito con *to***, che *want* e *would like* possono avere.
Di solito, quando in classe si chiede di tradurre frasi come "Vorrei che tu lavassi la macchina", i ragazzi tendono a rispondere "*I would like that you…*". Allora, per far comprendere la regola *want someone to do something*, abbiamo adottato uno stratagemma: chiediamo se ai ragazzi piacciono i film *western*, di solito la risposta è affermativa (altrimenti è un problema!!). Chiediamo poi come verrebbe doppiato in italiano l'attore che fa la parte dell'indiano dicendo questa frase: "Voglio che tu lavi il mio cavallo". La risposta dei ragazzi è "Io voglio tu lavare mio cavallo": è esattamente l'**accusativo + infinito con *to***. Chiediamo poi di tradurre "Io voglio tu lavare mio cavallo", e i ragazzi "*I want you to wash my horse*". Ecco applicata la regola *want someone to do something*.

Attenzione!
Non si può usare il *that* per introdurre frasi dopo *would like* e *want*.

Analoga costruzione si può avere con *tell* (dire), *ask* (chiedere), *want* (volere), *teach* (insegnare), *persuade* (persuadere), *force* (costringere), *expect* (aspettare), *invite* (invitare), *advise* (consigliare), *allow* (permettere), *remind* (ricordare) e *warn* (avvertire): e.g.: "La mamma di Rebecca non le permetterà di uscire", "*Rebecca's mother will not allow her to go out*".

Qualora principale e oggettiva avessero il medesimo soggetto, non bisogna ripeterlo (e.g.: "Vorrei che Amy mi invitasse alla festa", "*I would like Amy to invite me to the party*").

Oltre all'**accusativo + infinito con *to***, abbiamo la regola dell'**accusativo + infinito senza *to:*** *let* e *make* seguono quest'ultima regola (e.g.: "Hanno concesso ai bambini solo uno spuntino", "*They let children have only a snack*").

1.26 Confusing verbs

I *confusing verbs* si chiamano in questo modo perché gli italiani tendono a confonderli, visto che hanno significati similari. Ecco di seguito i più comuni:

ricordarsi, tenere a mente	*to remember*
far ascoltare, ricordare a qualcuno	*to remind*
dare in prestito	*to lend*
prendere in prestito	*to borrow*
fare la conoscenza di una persona per la prima volta	*to meet*
conoscere una persona da un po' di tempo	*to know*
portare lontano da chi parla, accompagnare	*to take*
portare verso chi parla	*to bring*
andare a prendere e riportare	*to fetch*
portare addosso, indossare	*to wear*
trasportare	*to carry*

1.27 *Phrasal verbs*

I verbi fraseologici sono quei verbi che cambiano di significato a seconda della particella che segue. Si possono dividere in quattro categorie:

1ª categoria	sono quei verbi fraseologici che non reggono il complemento oggetto (e.g.: *to get up*);
2ª categoria	sono quei verbi fraseologici che reggono il complemento oggetto (e.g.: *to turn on*);
3ª categoria	sono quei verbi fraseologici che dopo la particella reggono sempre un complemento (e.g.: *look after*);

4ª categoria sono quei verbi fraseologici composti da tre parti: verbo + particella + preposizione (e.g.: *keep up with*).

Ecco un elenco di verbi fraseologici più comuni appartenenti alle quattro categorie:

1ª CATEGORIA

indietreggiare	*back*	*away*
essere in programma	*be*	*on*
partire	*be*	*off*
alzarsi in piedi	*stand*	*up*
sedersi	*sit*	*down*
lasciarsi	*break*	*up*
andare in giro	*get*	*around*
fare progressi	*get*	*on*
alzarsi (dal letto)	*get*	*up*
andare fuori per il fine settimana	*go*	*away*
continuare	*go*	*on*
aumentare	*go*	*up*
rimanere in linea (telefono)	*hold*	*on*
decollare	*take*	*off*
consumarsi	*wear*	*off*

2ª CATEGORIA

scassinare	*break*	*into*
educare	*bring*	*up*
continuare	*carry*	*on*
riempire	*fill*	*in*
smettere	*give*	*up*
investigare	*look*	*into*
distinguere	*make*	*out*
rimandare	*put*	*off*
indossare	*put*	*on*
ospitare	*put*	*up*

spegnere/accendere	*switch*	*on/off*
togliersi indumenti	*take*	*off*
dedicarsi ad uno sport o passatempo	*take*	*up*
accendere/spegnere	*turn*	*on/off*
alzare/abbassare il volume	*turn*	*up/down*
buttare via	*throw*	*away*

3ª CATEGORIA

rompere un accordo	*break*	*off*
imbattersi	*come*	*across*
riprendersi	*get*	*over*
esaminare	*go*	*through*
curare	*look*	*after*
assomigliare	*take*	*after*

4ª CATEGORIA

urtare/imbattersi	*come*	*up against*
abolire	*do*	*away with*
sentirsi in grado	*feel*	*up to*
farla franca	*get*	*away with*
andare d'accordo	*get*	*on with*
liberarsi da un obbligo o cattiva abitudine	*get*	*out of*
mantenersi aggiornato	*keep*	*up with*
non vedere l'ora di	*look*	*forward to*
venire a mancare	*run*	*out of*
sopportare	*put*	*up with*

1.28 Verbi seguiti dalle preposizioni

Ecco un elenco di alcuni verbi più comuni seguiti da una preposizione:

scusarsi con qualcuno di/per qualcosa	*to apologize to somebody for something*
presentare una domanda	*to apply for something*
chiedere qualcosa a qualcuno	*to ask somebody about something*
credere in	*to believe in*
appartenere a	*to belong to*
lamentarsi con qualcuno di qualcosa	*to complain to somebody about something*
dipendere da	*to depend on*
avere notizia di qualcuno	*to hear from somebody*
ridere di	*to laugh at*
ascoltare	*to listen to*
cercare	*to look for*
pagare	*to pay for something*
spendere soldi per	*to spend (money) on*
riuscire a fare qualcosa	*to succeed in something*
ringraziare qualcuno per qualcosa	*to thank somebody for something*

Quesiti di verifica 1
Il verbo

1) Choose the correct answer to this question. "Hasn't Henry got your e-mail address?".

A. No, he hadn't
B. No, he hasn't
C. No, he hasn't got

2) Fill in the blank. "Mark and Joe … squash together two or three times a week".

A. play
B. are playing
C. played

3) Fill in the blank. "I'm quite lazy, so I … much at weekends".

A. don't do
B. can't do
C. wasn't doing

4) Choose the correct sentence.

A. Who Katie plays tennis with?
B. Who does play tennis with Katie?
C. Who plays tennis with Katie?

5) Choose the correct sentence.

A. Why does she want to stay at home?
B. Why wants she to stay home?
C. Why is she wanting to stay home?

6) Choose the correct answer to this question. "Does she like her job?".

A. Yes, she likes
B. Yes she does
C. She would like to be a dancer

7) Choose the correct sentence.

A. Jamie is metting the boss after lunch
B. Jamie meets the boss after lunch
C. Jamie is meeting the boss after lunch

8) Choose the correct sentence.

A. Why don't you come with me?
B. Why do not come with me?
C. Why you not come with me?

9) Fill in the blank. "Ben … very cooperative at the moment".

A. isn't
B. isn't being
C. doesn't be

10) Fill in the blank. "I wonder who … ; do you know that man?".

A. Beth is talking
B. is talking Beth
C. Beth is talking to

11) Fill in the blank. "Why … some plants for our flat?".

A. don't we get
B. we don't get
C. don't get we

12) Choose the correct answer to this question. "Is Mark coming to the cinema with us tonight?".

A. I not think so
B. I'm thinking so
C. I don't think so

13) Fill in the blank. "Sam and Anna … in love when they met at a party".

A. fell
B. fall
C. fallen

14) Fill in the blank. "Mr and Mrs Elnan … to France last week".

A. went
B. leaved
C. have gone

15) Fill in the blank. "Sorry, I … you were here".

A. wasn't realizing
B. didn't realize
C. don't realized

16) Fill in the blank. "I … our hotel room. Can I change it?".

A. don't like
B. 'm not liking it
C. not like

17) Choose the correct answer to this question. "Has Sarah gone into town?".

A. Yes, she has
B. Yes, she has gone
C. Yes, she has been

18) Choose the correct sentence.

A. Where you grew up?
B. Where did grow up you?
C. Where did you grow up?

19) Fill in the blank. "My sister … with me for a few days".

A. has been
B. came
C. has been being

20) Fill in the blank. "The thief … from the police when he ran into the forest".

A. run away
B. got away
C. got on

21) Fill in the blank. " … ready? I'm waiting for him!".

A. Be he
B. Is he
C. Does he

22) Fill in the blank. "I … stop smoking".

A. go
B. will go to
C. am going to

23) Fill in the blank. "Do you think it … tomorrow?".

A. rains
B. will rain
C. is raining

24) Fill in the blank. "She is studying now and she … go out".

A. doesn't must
B. cannot
C. doesn't can

25) Complete the following sentence. "You were born in Italy, … ?".

A. don't you
B. aren't you
C. weren't you

26) Fill in the blank. "I … to fly kites when I was young".

A. was used
B. use to
C. used

27) Fill in the blank. "John is studying at the moment. … disturb him!".

A. You mustn't
B. Doesn't
C. You don't have to

28) Fill in the blank. "Susie … here on holiday last month".

A. goes
B. has come
C. came

29) Fill in the blank. "I ... afraid it is too expensive".

A. is
B. be
C. am

30) Fill in the blank. "The war reporter ... injured in an explosion".

A. just has been
B. has just been
C. has been just

31) Fill in the blank. "Sheila ... when I entered the room".

A. isn't sleeping
B. slept
C. wasn't sleeping

32) Fill in the blank. "The book I'm reading ... Henry Fielding".

A. wrote
B. was wrote by
C. was written by

33) Fill in the blank. "My brother ... getting up late in the morning".

A. likes
B. is liking
C. likes to

34) Fill in the blank. "Two years ago we ... leave our job".

A. had to
B. have to
C. musted

35) Fill in the blank. "Next week we ... finish the job".

A. have been able to
B. no be able
C. will be able to

36) Complete the following dialogue. "What time will you get to the airport?". "At 7.30. I'll give you a call when I ... ".

A. will arrive
B. arrive
C. arrived

37) Fill in the blank. "You ... eat more: you look so pale".

A. want to
B. can
C. should

38) Fill in the blank. "When ... you born?".

A. were
B. are
C. was

39) Fill in the blank. "Look at those dark clouds: we ... a storm in a few minutes".

A. are going to have
B. will have
C. are having

40) Fill in the blank. "I haven't ... Mary since I moved away".

A. seen
B. seed
C. saw

41) Fill in the blank. "I ... any photos of my latest holiday".

A. haven't got
B. don't got
C. don't has

42) Fill in the blank. "That house ... in 1970".

A. was built
B. was builded
C. had built

43) Complete the following sentence. "If you heat a metal bar it ... ".

A. meets
B. grows
C. expands

44) Fill in the blanks. "She's an old friend; I … her … year".

A. 've known; for
B. know; for
C. 've known; since

45) Fill in the blank. "She is … the radio now".

A. listen
B. listening to
C. hear

46) Fill in the blank. "We … tonight".

A. are go dancing
B. dance
C. are going dancing

47) Fill in the blank. "I … home at eight last night".

A. was walking
B. had walked
C. walked

48) Fill in the blank. "Sandra … that film".

A. has yet seen
B. have already seen
C. has already seen

49) Fill in the blank. "When … we'll go out".

A. you'll arrive home
B. you arrive home
C. arrive to home

50) Complete the following sentence. "She likes … ".

A. windsurfing
B. windsurf
C. do windsurf

51) Fill in the blank. "My parents … at home last night".

A. were
B. was
C. did be

52) Fill in the blank. "She … cards at Christmas".

A. writes always
B. always writes
C. always writing

53) Fill in the blank. "My aunt … a lot of TV".

A. watches
B. watch
C. watchs

54) Fill in the blank. "You … take care of yourself".

A. should
B. have
C. not

55) Complete the following sentence. "As soon as the concert is over, we … ".

A. leave
B. leaving
C. will leave

56) Fill in the blank. "I do wish the doctor … so rude to the patients".

A. oughtn't be
B. didn't be
C. wouldn't be

57) Fill in the blank. "When was the last time you … your brother?".

A. were seeing
B. saw
C. had seen

58) Fill in the blank. "If she loses her job, she … be able to pay her rent".

A. didn't
B. would not
C. won't

59) Fill in the blank. "I … to your dinner tomorrow night; I've got to do some research".

A. won't coming
B. have not to come
C. won't be coming

60) Fill in the blank. "By the time I arrive in Paris, my sister … there for two weeks".

A. is
B. would be
C. will have been

61) Complete the following sentence. "The nurse is tired of asking the patient … ".

A. not to smoke
B. don't smoke
C. to not smoke

62) Fill in the blank. "If I … about her earlier I would have told you".

A. heard
B. would know
C. had known

63) Complete the following sentence. "My old car is always … ".

A. breaking down
B. broken down
C. break down

64) Fill in the blank. "James didn't see Helen at the party, so he … the conclusion she wasn't there".

A. reached for
B. decided on
C. came to

65) Fill in the blank. "Jack the Ripper is said … the vital organs from some of his victims".

A. to have extracted
B. to amputate
C. to having removed

66) Replace the words in square brackets with the correct ones. "Yesterday I was alone, because my girlfriend [is been studying for all the afternoon]".

A. studied for all the afternoon
B. was been studying since all the afternoon
C. had been studying for all the afternoon

67) Fill in the blank. "How long … been playing the double-bass?".

A. have you
B. did you
C. can you

68) Fill in the blank. "I knocked at the door but nobody answered. John … there".

A. must have been
B. can't have been
C. can be

69) Fill in the blank. "You … write on the walls".

A. mustn't
B. don't have to
C. needn't

70) Fill in the blank. "My father wants my sister … harder".

A. to study
B. study
C. studies

RISPOSTE CORRETTE

1) B	15) B	29) C	43) C	57) B
2) A	16) A	30) B	44) A	58) C
3) A	17) A	31) C	45) B	59) C
4) C	18) C	32) C	46) C	60) C
5) A	19) A	33) A	47) A	61) A
6) B	20) B	34) A	48) C	62) C
7) C	21) B	35) C	49) B	63) A
8) A	22) C	36) B	50) A	64) C
9) A	23) B	37) C	51) A	65) A
10) C	24) B	38) A	52) B	66) C
11) A	25) C	39) A	53) A	67) A
12) C	26) C	40) A	54) A	68) B
13) A	27) A	41) A	55) C	69) A
14) A	28) C	42) A	56) C	70) A

Capitolo 2
Il nome

2.1 Il plurale

Generalmente per ottenere il plurale dei sostantivi in inglese si aggiunge una *-s* al singolare (e.g.: *car, cars*; *pencil, pencils*). Tuttavia ai sostantivi che terminano per *-s*, *-ss*, *-sh*, *-ch*, *-x*, *-o* e *-z* si aggiunge *-es* (e.g.: *box, boxes*; *church, churches*; *potato, potatoes*; *tomato, tomatoes*) per evitare problemi di cacofonia.

Se il sostantivo termina in:

- *-y* preceduta da consonante, la *-y* cade e si trasforma in *-i* prima di aggiungere *-es* (e.g.: *lady, ladies*);
- se il sostantivo termina in *-y* preceduta da vocale, non succede niente e si aggiunge semplicemente una *-s* (e.g.: *boy, boys*; *key, keys*);
- i nomi terminanti in *-f* e *-fe*, fanno cadere la *-f* e la *-fe* prima di aggiungere *-ves* (e.g.: *knife, knives*; *wife, wives*; *shelf, shelves*).

Attenzione!
Cliff (scogliera), *chief* (comandante) e *roof* (tetto) non seguono questa regola, ma aggiungono semplicemente la *-s* (e.g.: *cliffs, chiefs, roofs*).

Come in italiano esistono dei plurali irregolari (e.g.: *uomo, uomini*; *bue, buoi*), anche in inglese esistono dei sostantivi che al plurale hanno un'uscita propria. Ecco alcuni esempi:

man	uomo	*men*	uomini
woman	donna	*women*	donne
child	bambino	*children*	bambini
ox	bue	*oxen*	buoi
foot	piede	*feet*	piedi
tooth	dente	*teeth*	denti
goose	oca	*geese*	oche
mouse	topo	*mice*	topi
aircraft	aereo	*aircraft*	aerei
sheep	pecora	*sheep*	pecore
spacecraft	astronave	*spacecraft*	astronavi

Alcuni sostantivi derivanti da altre lingue, pur terminando in *-o*, fanno il plurale in *-s*, e non in *-es* (e.g.: *photo, photos*; *piano, pianos*; *radio, radios*).

2.2 Il genitivo sassone

Il genitivo sassone è la forma possessiva del nome: il genitivo, infatti, indica in latino il complemento di specificazione. Si costruisce facilmente apostrofando il possessore, seguito da una *s* ed infine dalla cosa posseduta.

Andy's pen	La penna di Andy
George's car	L'auto di George

Se il possessore termina in *-s* ed è singolare, la regola è la stessa, ma cambia la pronuncia: bisogna leggere come se al posto dell'apostrofo ci fosse una *e*. Si sottolinea che oggi questa regola è piuttosto disattesa: abbiamo visto spesso che se il possessore termina in *s* ed è singolare, qualcuno aggiunge solo l'apostrofo.

Charles's pen	La penna di Charles

Se il possessore termina in *-s* ed è plurale, si aggiunge solo l'apostrofo e non si mette la *s*.

sisters' car	L'auto delle sorelle

Se il possessore non termina in *-s* ed è plurale, si aggiunge l'apostrofo e la *s*:

children's toys	I giocattoli dei bambini

Se i possessori sono due e la cosa posseduta è in comune, l'apostrofo e la *s* vanno solo al secondo possessore:

Dennis and Britney's dad	Il papà di Dennis e Britney

Se i possessori sono due e la cosa posseduta non è in comune, l'apostrofo e la *s* vanno ad entrambi i possessori:

Cristal's and Gloria's cars	Le auto di Cristal e Gloria

Laddove la cosa posseduta è ovvia, la si può omettere. È una semplice regola che applichiamo anche in italiano (e.g.: "Stasera ci vediamo da Marco!": dove? A casa di Marco; "Devi andare dal dentista!": dove? Nello studio del dentista): anche in inglese è possibile omettere la cosa posseduta (e.g.: *"You must go to the dentist's!"*): basti ricordare il celeberrimo *McDonald's* nelle insegne di tutto il mondo, dove sono ovviamente omesse le parole *fast food restaurant*.

Attenzione!
La forma possessiva del nome si può fare solo se il possessore è *animato*, quindi espressioni come "la porta della classe" non possono essere tradotte con il genitivo sassone, ma con l'ausilio di *of* (e.g.: *the door of the classroom*). Quando scriviamo *animato* non intendiamo necessariamente *vivo*: gli inglesi, per esempio, considerano il tempo *animato*, quindi l'espressione "il giornale di ieri" si traduce *yesterday's newspaper*.

2.3 Aggettivazione dei sostantivi

Pensiamo sia necessario spendere qualche parola sull'aggettivazione dei sostantivi. C'è la possibilità di usare i sostantivi al posto degli aggettivi (e.g.: regalo di Natale, *Christmas present*; sacchetto di carta, *paper bag*). L'errore più comune è quello di applicare la regola del genitivo sassone (e.g.: sacchetto di carta, *paper's bag*) oppure di mettere al plurale l'aggettivo (e.g.: hotel a 4 stelle, *4-stars hotel*): **l'aggettivo NON può avere il plurale, e questa regola si applica anche per l'aggettivazione dei sostantivi** (e.g.: hotel a 4 stelle, *4-star hotel*). Qualche volta i due sostantivi sono separati da uno spazio (e.g.: cartella, *school bag*), o separati da un trattino (e.g.: spiccioli, *pocket-money*), o attaccati insieme (e.g.: faccende domestiche, *housework*).

2.4 Nomi numerabili e non numerabili

Come in italiano, in inglese esistono sostantivi che si possono numerare (*countable*) e altri no (*uncountable*). Ecco alcuni esempi:

sostantivi numerabili		**sostantivi non numerabili**	
glass	bicchiere	*milk*	latte
cigarette	sigaretta	*tea*	tè
bottle	bottiglia	*sugar*	zucchero
litre	litro	*meat*	carne
orange	arancia	*oil*	olio
banana	banana	*water*	acqua
egg	uovo	*bread*	pane

Sia con i nomi numerabili che con quelli non numerabili è possibile usare un'espressione costruita con *of* (e.g.: un chilo di banane, *a kilo of bananas*; un bicchiere di latte, *a glass of milk*).

Attenzione!
È possibile usare al plurale qualche sostantivo non numerabile quando si ordinano bevande al bar o cibi al ristorante, esattamente come facciamo in italiano (e.g.: "Due caffè, per favore", "*Two coffees, please*"), oppure quando si vuole far intendere all'interlocutore che si sta parlando di tipi diversi, per esempio, di formaggio, di vino (e.g.: "Ho vari tipi di vino", "*I have got different wines*").

2.4.1 *A piece of/a bit of*

È possibile rendere numerabili alcuni sostantivi non numerabili con l'espressione *a piece of* o *bit of*. Ecco alcuni esempi di nomi non numerabili:

information	informazioni
news	notizie
furniture	mobili
money	denaro
travel	viaggi
housework	faccende domestiche
homework	compiti
work	attività
weather	condizioni atmosferiche
luggage	bagagli

(e.g.: "Ho sentito una bella notizia", "*I have heard a beautiful piece of news*").

2.4.2 *Pair nouns*

Spesso, in italiano, si sente dire forbice, pantalone: in realtà questi nomi non hanno il singolare e si dovrebbe dire forbici, pantaloni, anche se ci si riferisce ad una singola unità. I nomi di vestiti o oggetti formati da due parti uguali sono considerati sempre plurali: quindi si accordano nel numero con il verbo (e.g.: "Il tuo binocolo è laggiù", "*Your binoculars are over there*"; "Il pigiama di Tom è giallo", "*Tom's pyjamas are yellow*"). Un dubbio: come si fa quando ci si riferisce a più pigiama, a più pantaloni? Si usa *a pair of/a pairs of* (e.g.: "Sue ha dieci paia di pantaloni", "*Sue has got ten pairs of trousers*"). Ecco alcuni esempi di *pair nouns*:

tights	collant
pants	mutande
spectacles	occhiali
scales	bilancia
pliers	pinze
scissors	forbici

Abbiamo poi altri sostantivi che, pur avendo soltanto la forma plurale, possono essere usati con il verbo al singolare, al plurale, o indifferentemente al singolare o plurale:

con il verbo al singolare		**con il verbo al plurale**		**con il verbo al singolare o al plurale**	
politics	politica	*goods*	merce	*means*	mezzo
athletics	atletica	*clothes*	vestiti	*headquarters*	sede centrale
gymnastics	ginnastica	*contents*	contenuto	*works*	fabbrica
measles	morbillo	*troops*	truppe		
news	telegiornale	*earnings*	guadagni		
mathematics	matematica	*savings*	risparmi		

Attenzione!
Dopo i nomi collettivi (e.g.: *family*) si può usare il verbo al plurale o al singolare. Il verbo va al plurale se ci si riferisce ai singoli appartenenti al gruppo, invece va al singolare se ci si riferisce all'intero gruppo. *Police* (polizia) e *cattle* (bovini/marmaglia) vogliono sempre il verbo al plurale. Altri esempi di nomi collettivi:

group	gruppo	*gang*	banda
club	club	*team*	squadra
crowd	folla	*audience*	pubblico
commitee	commissione	*class*	classe
company	compagnia	*army*	esercito

Per i quesiti di verifica del Capitolo 2 si rinvia ai Quesiti di verifica 2 che seguono il Capitolo 4

Capitolo 3
L'articolo

3.1 Gli articoli indeterminativi

Gli articoli indeterminativi sono *a* e *an*:

- ***a*** si usa davanti a sostantivi che iniziano per consonante (e.g.: una penna, *a pen*; una scatola, *a box*);
- ***an*** davanti a sostantivi che iniziano per vocale (e.g.: una mela, *an apple*; un'arancia, *an orange*).

Ovviamente *a* e *an* si usano davanti a sostantivi numerabili singolari. Al posto di *a* e *an* si usa *one* quando si focalizza l'attenzione sul numero (e.g.: "C'è solo una penna sul banco", "*There is only one pen on the desk*").

È obbligatorio usare gli articoli indeterminativi davanti ai nomi che indicano un mestiere, una religione, una nazionalità (e.g.: "Mio padre è ingegnere", "*My father is an engineer*"; "Sono cattolico", "*I am a Catholic*"; "(lui) È italiano", "*He is an Italian*").

A e *an* possono avere anche valore distributivo (e.g.: al chilo, *a kilo*).

3.2 L'articolo determinativo

Il, lo, la, i, gli, le sono tradotti in inglese con l'articolo determinativo *the*.

***The* si usa**:

- sia con nomi numerabili che non numerabili;
- per indicare una categoria (*the poor*);
- per indicare un'intera nazione (può anche essere omesso);
- davanti a sostantivi nominati in precedenza nel discorso;
- con nomi come luna (*moon*) o sole (*sun*), in quanto unici;
- con nomi non numerabili se ci si riferisce a qualcosa in particolare;
- davanti a *school* (scuola), *hospital* (ospedale), *church* (chiesa), *university* (università), *court* (corte), *market* (mercato), *home* (casa), *sea* (mare), *prison* (prigione), *work* (lavoro), *college* (college), *class* (classe), *town* (città) e *bed* (letto) quando ci si riferisce a loro come edifici o alla funzione che hanno, e quando c'è un aggettivo per meglio qualificare questi sostantivi (e.g.: la vecchia prigione, *the old prison*);
- davanti ai cognomi per indicare tutta la famiglia (e.g.: i Signori Walker, *the Walkers*). Il cognome, in questo caso, si mette al plurale;

- davanti alle nazioni che hanno un senso plurale (e.g.: gli USA, *the USA*);
- davanti ai nomi di fiumi, mari e canali (e.g.: il fiume Mersey, *the River Mersey*);
- davanti ai nomi di teatri, alberghi, gallerie e cinema (e.g.: il teatro Curtain, *the Curtain Theatre*).

***The* non si usa**:

- con nomi non numerabili se si parla in generale;
- per indicare un'intera nazione (può anche essere utilizzato);
- davanti a *school* (scuola), *hospital* (ospedale), *church* (chiesa), *university* (università), *court* (corte), *market* (mercato), *home* (casa), *sea* (mare), *prison* (prigione), *work* (lavoro), *college* (college), *class* (classe), *town* (città) e *bed* (letto) quando ci si riferisce a loro come istituzioni o alla funzione che hanno;
- davanti ai nomi di persone (e.g.: il Sig. Birch, *Mr. Birch*);
- davanti ai nomi dei continenti (e.g.: l'Oceania, *Oceania*);
- davanti alle nazioni (e.g.: l'Italia, *Italy*);
- davanti ai nomi di montagne (e.g.: il Monte Robson, *Mount Robson*);
- davanti ai nomi di laghi (e.g.: il lago Huron, *Lake Huron*);
- davanti ai nomi di paesi e città (e.g.: il New Jersey, *New Jersey*);
- davanti ai nomi di strade, ponti e parchi (e.g.: in Downing Street, *in Downing Street*);
- davanti ai nomi di edifici (e.g.: l'Abbazia di Fleury, *Fleury Abbey*).

Per i quesiti di verifica del Capitolo 3 si rinvia ai Quesiti di verifica 2 che seguono il Capitolo 4

Capitolo 4
I pronomi e le loro classificazioni, gli aggettivi determinativi, gli articoli partitivi

4.1 Pronomi personali soggetto, pronomi personali complemento, aggettivi possessivi e pronomi possessivi

I **pronomi personali soggetto** sono *I, you, he, she, it, we, you, they*: **pronomi** = al posto del nome; **personali** = si riferiscono a persone, animali o cose; **soggetto** = hanno funzione di soggetto. Come già detto in precedenza, il pronome personale soggetto *I* va sempre scritto in maiuscolo, anche se si trova all'interno della frase.

I **pronomi personali complemento** sono *me, you, him, her, it, us, you, them*: **pronomi** = al posto del nome; **personali** = si riferiscono a persone, animali o cose; **complemento** = hanno funzione di complemento.

Gli **aggettivi possessivi** sono *my, your, his, her, its, our, your, their.* Devono essere sempre accompagnati da un nome (perché sono aggettivi). In italiano mettiamo l'articolo all'aggettivo possessivo (e.g.: la mia macchina): in inglese NON si può fare (e.g.: la mia macchina, *my car*).

I **pronomi possessivi** sono *mine, yours, his, hers, ——, ours, yours, theirs.* NON devono essere mai accompagnati da un nome (perché sono pronomi). In italiano mettiamo l'articolo al pronome possessivo (e.g.: la mia macchina e la sua): in inglese NON si può fare (e.g.: la mia macchina e la sua (di lei), *my car and hers*; la tua macchina e la sua (di lui), *your car and his*). Come si desume, il pronome personale neutro di 3ª persona NON esiste.

Attenzione!
In italiano gli aggettivi e i pronomi possessivi hanno la stessa uscita, cioè sono uguali nella forma, ma non nella funzione: è necessario dunque capire bene la loro funzione per la corretta traduzione in inglese.

Riteniamo sia utile fornire una **tabella riepilogativa** sui pronomi personali soggetto, pronomi personali complemento, aggettivi possessivi e pronomi possessivi, in quanto, in base alla nostra esperienza, è facile confondersi.

Pronomi personali soggetto	Pronomi personali complemento
I = io *you* = tu *he* = egli, lui *she* = ella, lei *it* = esso *we* = noi *you* = voi *they* = essi	*me* = mi, me *you* = ti, te *him* = gli, lo, lui *her* = le, la, lei *it* = lo/la, esso/essa *us* = ci, noi *you* = vi, voi *them* = loro/gli/li/le
Aggettivi possessivi	**Pronomi possessivi**
my = il mio, i miei, la mia, le mie *your* = il tuo, i tuoi, la tua, le tue *his* = il suo, i suoi, la sua, le sue *her* = il suo, i suoi, la sua, le sue *its* = il suo, i suoi, la sua, le sue *our* = il nostro, i nostri, la nostra, le nostre *your* = il vostro, i vostri, la vostra, le vostre *their* = il loro, i loro, la loro, le loro	*mine* = il mio, i miei, la mia, le mie *yours* = il tuo, i tuoi, la tua, le tue *his* = il suo, i suoi, la sua, le sue *hers* = il suo, i suoi, la sua, le sue —— = il suo, i suoi, la sua, le sue *ours* = il nostro, i nostri, la nostra, le nostre *yours* = il vostro, i vostri, la vostra, le vostre *theirs* = il loro, i loro, la loro, le loro

4.2 Pronomi riflessivi e pronomi reciproci

È importante capire la differenza mediante due esempi: se due ragazzi cadono dalle scale, posso dire che si sono fatti male? Sì. Se due ragazzi si picchiano, posso dire che si sono fatti male? Sì. Ma qual è la differenza? Nel primo esempio ognuno dei ragazzi, cadendo, ha fatto male a se stesso. Nel secondo esempio ognuno dei ragazzi ha fatto male all'altro. Dunque, nel primo caso devo usare un pronome riflessivo, nel secondo un pronome reciproco (e.g.: "I due ragazzi si sono fatti male", *The two boys hurt themselves*; "I due ragazzi si sono fatti male", *The two boys hurt each other*).

Pronomi riflessivi

myself
yourself
himself
herself
itself
ourselves
yourselves
themselves

I pronomi riflessivi si usano per la formazione dei verbi riflessivi e come complementi dopo un verbo. Non esiste una corrispondenza lineare con i verbi riflessivi italiani. Per enfatizzare il concetto di una frase, si può porre alla fine della stessa il pronome (e.g.: "Fallo tu!"; "*Do it yourself!*").

On my own/by myself

On my own e *by myself* traducono l'espressione *da solo* (e.g.: "Vivo da solo!", "*I live on my own!/I live by myself!*"). È possibile utilizzarle per tutte le persone.

on my own	*by myself*
on your own	*by yourself*
on his own	*by himself*
on her own	*by herself*
on its own	*by itself*
on our own	*by ourselves*
on your own	*by yourselves*
on their own	*by themselves*

4.3 Aggettivi e pronomi dimostrativi

Servono per indicare persone o cose vicine o lontane da chi parla: possono avere funzione aggettivale (e.g.: questo cane, *this dog*, quell'auto, *that car*, queste penne, *these pens*, quelle scatole, *those boxes*) o pronominale (e.g.: questa è una bella macchina, *this is a beautiful car*, quella è mia moglie, *that is my wife*, queste sono le tue matite, *these are your pencils*, quelli sono i miei libri, *those are my books*).

this = questo/questa	*these* = questi/queste
that = quello/quella	*those* = quelli/quelle

4.3.1 *One e ones*

Servono per sostituire sostantivi singolari e plurali, al fine di non appesantire l'eloquio o una lettera. *One* si usa al posto dei sostantivi singolari, mentre *ones* al posto di quelli plurali. *One* e *ones* si usano dopo:

- un aggettivo (e.g.: "Quale cintura vuoi? Una nera?", "*Which waistband do you want? A black one?*");
- *the* (e.g.: "Il mio negozio è quello sulla destra", "*My shop is the one on the right*");
- *every* (e.g.: "Quelle sono le nostre cravatte: ognuna ha un disegno", "*Those are our ties: everyone has a pattern*");
- *each* (e.g.: "In questa classe ci sono 20 bambini. Ognuno ha un cappellino rosso", "*In this classroom there are 20 children. Each one has a red hat*");
- aggettivo dimostrativo (e.g.: "Quale maglietta vuoi? Questa?", "No, quella!", "*Which t-shirt do you want? This one?*" "*No, that one!*");
- *which* (e.g.: "Queste sono le nostre sciarpe di lana! Quale vuoi?", "*These are our wool scarfs! Which one do you want?*").

4.4 Aggettivi indefiniti

Gli aggettivi indefiniti sono: *every* (ogni, ciascuno, tutti), *each* (ogni, ciascuno), *any* (del, dello, della, dei, degli, delle, qualche, un po'), *a lot of/lots of* (molto, assai), *many* (molti, numerosi, svariati, parecchi), *much* (molto, assai, parecchio, tanto), *a few* (pochi), *a little* (poco, qualcosa), *more* (più, ancora, altro, dell'altro, in aggiunta), *most* (la maggior parte di, la maggioranza di, il più di, quasi tutto), *fewer* (meno), *fewest* (la parte minore di), *less* (meno, minor) e *least* (minimo, il più piccolo).
Analizziamoli:

- ***Every*** si usa quando ci si riferisce ad un nutrito gruppo di cose o di persone (e.g.: "Tutti gli uomini devono lavorare", "*Every man has to work*");
- ***Each*** quando ci si riferisce alle singole persone o cose di un gruppo (e.g.: "Ogni studente può scegliere il suo corso di laurea", "*Each student can choose his degree course*");
- ***Any*** quando ci si riferisce ad una persona o cosa qualsiasi di un gruppo (e.g.: "Jeff può scegliere qualsiasi regalo", "*Jeff can choose any gift*");
- ***A lot of*** e ***lots of*** si usano in frasi affermative indistintamente con sostantivi numerabili e non numerabili (e.g.: "Angela ha molte bambole", "*Angela has got a lot of dolls*");
- ***Many*** e ***much*** si usano in frasi negative e interrogative: il primo viene usato con sostantivi numerabili, il secondo con quelli non numerabili (e.g.: "Quanti soldatini di piombo ha Toby?", "*How many tin soldiers has Toby got?*");
- ***A few*** si usa con i sostantivi numerabili (e.g.: "Ci sono poche banane nella credenza", "*There are a few bananas in the kitchen cupboard*") e *a little* con quelli non numerabili (e.g.: "C'è poco latte nel frigo", "*There is a little milk in the fridge*");
- ***More*** e ***most*** si usano in frasi indistintamente con sostantivi numerabili e non numerabili (e.g.: "Jackie ha più giocattoli di Wendy", "*Jackie has got more toys than Wendy*");
- ***Fewer*** e ***fewest*** si usano con i nomi numerabili (e.g.: "Astrid ha meno libri di Sven", "*Astrid has got fewer books than Sven*"), mentre *less* e *least* con i non numerabili.

Attenzione!
Some, any, many, much, a few, a lot e a little possono essere usati anche con funzione di pronome.

4.4.1 Composti: *some-, every-, any- e no-*

Nell'*American English* si sente spesso *someplace, everyplace, anyplace* e *noplace.* Nel *British English,* invece, si hanno composti differenti. *Someone, somebody, everyone, everybody, anyone, anybody, no one* e *nobody* si riferiscono alle persone (e.g.: "A tutti piace mangiare", "*Everyone likes eating*"); *something, everything, anything* e *nothing* alle cose (e.g.: "C'è qualcosa in questo bicchiere", "*There is something in this glass*"); *somewhere, everywhere, anywhere* e *nowhere* ai luoghi (e.g.: "Le mie chiavi devono essere da qualche parte", "*My keys must be somewhere*").

4.5 Differenza tra *enough* e *plenty of*

Enough e *plenty of* significano *abbastanza, a sufficienza.* Entrambi possono essere usati con sostantivi numerabili e non numerabili. La differenza sta nel fatto che *enough* indica una quantità sufficiente al fabbisogno di chi parla, *plenty of* una quantità maggiore, in abbondanza rispetto a quanto richiesto da chi parla (e.g.: "C'è abbastanza pane per tutti", "*There is enough bread for everybody*", "C'è abbastanza pane per tutti (in eccedenza)", "*There is plenty of bread for everybody*").

4.6 *Question words*

Le *question words* vengono utilizzate per le domande:

> ***what*** si usa quando ci si riferisce a cose o azioni (e.g.: "Che stai facendo?", "*What are you doing?*");
> ***who*** si usa quando ci si riferisce a persone (e.g.: "Chi sei?", "*Who are you?*");
> ***where*** si usa quando ci si riferisce ai luoghi (e.g.: "Dov'è Mike?", "*Where is Mike?*");
> ***when*** si usa quando ci si riferisce al tempo (e.g.: "Quando ci sei andato?", "*When did you go there?*");
> ***why*** si usa quando ci si riferisce alla causa, alla motivazione (e.g.: "Perché è venuta Sophie?", "*Why has Sophie come?*");
> ***how*** si usa quando ci si riferisce al modo (e.g.: "Come lo hai fatto?", "*How did you do it?*");
> ***whose*** si usa quando ci si riferisce al possesso (e.g.: "Di chi è questa macchina?", "*Whose car is this?*").

Riepilogando:

what	per le cose
who	per le persone
where	per i luoghi
when	per il tempo
why	per la causa
how	per il modo
whose	per il possesso

4.7 Le frasi relative

Le frasi relative hanno una doppia tipologia: attributiva (*defining*) e appositiva (*non defining*). La prima è necessaria per la completezza del senso della frase, mentre la seconda potrebbe anche essere omessa, e la frase continuerebbe ad avere senso. Di solito le frasi *non defining* sono poste tra due virgole.

Who e ***which*** sono pronomi relativi: il primo si riferisce alle persone (e.g.: "Lo studente che viene dagli Stati Uniti è molto bravo a tennis", "*The student who comes from*

the USA is very good at tennis"), il secondo alle cose (e.g.: "Questa è la racchetta che Christopher ha comprato l'anno scorso", "*This is the racket which Christopher bought last year*"). Entrambi possono avere funzione di soggetto o oggetto della frase.
That può sostituire i pronomi relativi precedenti (e.g.: "Lo studente che viene dagli Stati Uniti è molto bravo a tennis", "*The student that comes from the USA is very good at tennis*"; "Questa è la racchetta che Christopher ha comprato l'anno scorso", "*This is the racket that Christopher bought last year*").
I tre pronomi summenzionati (*who, which* e *that*) possono essere omessi quando hanno la funzione di oggetto della frase, o quando abbiamo una preposizione. Chiaramente quando *who, which* e *that* hanno funzione di soggetto NON possono essere omessi (e.g.: "Questo è il quadro che Sven ha comprato due anni fa", "*This is the painting Sven bought two years ago*").
Anche il pronome relativo ***whom*** si usa per le persone. *Whom* sostituisce *who* quando ha funzione di complemento oggetto o quando vi è una preposizione.
Whose, pronome relativo che indica possesso, si riferisce a persone, cose, paesi e animali.
Anziché usare un pronome relativo, si può usare **l'infinito senza il pronome**, dopo i superlativi, dopo *the only*, dopo *the next* e dopo *the* + ordinale (e.g.: "Usein Bolt fu il primo corridore a tagliare il traguardo", "*Usein Bolt was the first runner to cross the finishing line*").
Anziché usare un pronome relativo seguito da un verbo attivo, si può usare **il participio presente senza il pronome** (e.g.: "Gli studenti che vogliono superare l'esame devono studiare sodo!", "*The students wanting to pass the exam must study hard!*").
Anziché usare un pronome relativo seguito da un verbo passivo, si può usare **il participio passato senza il pronome** (e.g.: "Un palazzo costruito 30 anni fa deve essere ristrutturato", "*An apartment block built 30 years ago must be renovated*").

4.8 Gli articoli partitivi

Gli articoli partitivi sono quattro: *some, any, no* e *none.* Indicano una parte non definita, un po': del, dello, della, dei, degli, delle.

Some si usa in frasi positive (e.g.: "Diane ha delle matite", "*Diane has got some pencils*"). Si usa in frasi interrogative solo quando si chiede o si offre qualcosa (e.g.: "Vuoi del tè?", "*Would you like some tea?*").
Any in frasi interrogative, negative e interronegative (e.g.: "Non ci sono tovaglioli sul tavolo", "*There aren't any napkins on the table*").

No in frasi di senso negativo: quando si hanno due negazioni in una frase, questa diventa positiva (e.g.: "Non dirmi che non vieni!", cioè: "Dimmi che vieni!"), quindi, se desidero utilizzare il partitivo *no*, devo mettere il verbo senza negazione (e.g.: "Non hai nessuna macchina!", "*You have no cars!*", equivalente a: "*You haven't any cars!*").

None si usa come pronome (e.g.: "Nessuno di voi ci capisce!", "*None of you understand(s) us!*").

Quesiti di verifica 2
Nomi, articoli, pronomi e aggettivi

1) Fill in the blank. "The police are looking for … in his twenties".

A. an unemployed man
B. the unemployed
C. a unemployed man

2) Complete the following sentence. "I can't remember the name of the museum we visited in Madrid. Was it …?".

A. Museum Prado
B. Prado's Museum
C. Prado

3) Complete the following sentence. "We normally have four lessons … ".

A. at week
B. the week
C. a week

4) Fill in the blank. "On his birthday Jason invited … friends to the cinema".

A. all
B. all his
C. some of

5) Fill in the blank. "How much of … she says is true?".

A. what
B. that
C. which

6) Fill in the blank. "It is surprising how … little errors of fact are published by journalists".

A. lots
B. much
C. many

7) Complete the following sentence. "I don't like the green trousers. I prefer … ".

A. the blue ones
B. the ones blue
C. the blue

8) Complete the following sentence. "I want you to meet … ".

A. this friend of my
B. this my friend
C. this friend of mine

9) Fill in the blank. "I'm … university student in Naples".

A. an
B. the
C. a

10) Fill in the blank. "I can't stand people … don't tell the truth".

A. who
B. whom
C. which

11) Fill in the blanks. "The family … lives above us is always having parties, … is annoying".

A. who; what
B. who; which
C. whom; which

12) Fill in the blank. "Tracy, … husband is a vet, lives on a farm".

A. whose
B. of whom
C. who

13) Complete the following sentence. "Do you know … ".

A. whose umbrella this is?
B. the umbrella to whom is?
C. the umbrella whose this is?

14) Fill in the blank. "Has … seen my rubber?".

A. anybody
B. somebody
C. everybody

15) Complete the following sentence. "Would you like something … ?".

A. other
B. more
C. else

16) Fill in the blank. "Does your family sit down together … day to share a meal?".

A. most
B. some
C. every

17) Fill in the blank. " … one would you like?"

A. What
B. Which
C. Why

18) Fill in the blank. "Jane and Bob have grown up. Now … are 16".

A. them
B. they
C. we

19) Complete the following sentence. "This is … ".

A. the car of James's
B. car's James
C. James's car

20) Complete the following dialogue. A: "Do we need … cheese from the market?". B: "Yes, can you get a piece of parmesan cheese, please?".

A. a
B. the
C. any

21) Fill in the blank. "James, I told … not to speak to me like that!".

A. he
B. you
C. your

22) Fill in the blank. "Sean Connery came in … hotel last year".

A. yours
B. ours
C. our

23) Complete the following sentence. "He doesn't have time for his many … ".

A. hobbyes
B. hobbies
C. hobbys

24) Fill in the blank. "I am leaving: I am not staying here … longer".

A. any
B. few
C. none

25) Fill in the blank. "He thought it was over and he changed … mind".

A. him
B. his
C. is

26) Complete the following dialogue. "… is the station from the school?". "Just 1 km".

A. How much
B. How far
C. How many

27) Fill in the blank. "Men and … were outside".

A. womans
B. woman
C. women

28) Fill in the blank. "Is … answering?".

A. anyone
B. everyone
C. each one

29) Fill in the blank. "I have got two sisters but … brothers".

A. no
B. none
C. any

30) Complete the following sentence. "I took a lot of …".

A. fotos
B. photoes
C. photos

31) Fill in the blank. "I don't think … on this website is correct".

A. the information
B. the informations
C. an information

32) Fill in the blank. "Do you know … who can speak Spanish?".

A. anyone
B. there is someone
C. if someone

33) Choose the correct sentence.

A. Don't leave children in the kitchen on themselves
B. Don't leave children in the kitchen on theirs own
C. Don't leave children in the kitchen on their own

34) Choose the correct sentence.

A. Good friend respect them other
B. Good friends respect themselves
C. Good friends respect each other

35) Choose the correct reply to this sentence. "We've got a dog".

A. So do we
B. So have we
C. So we have

36) Fill in the blank. "There are … things I like more than staying in bed late on Sunday".

A. a few
B. few
C. some

37) Fill in the blank. "There isn't … to finish the game now".

A. little time
B. time enough
C. enough time

38) Fill in the blank. "This is the shop … I used to work".

A. where
B. that
C. which

39) Complete the following dialogue. "Would you like chocolate cake or ice cream?". "I don't mind. … is fine".

A. Each
B. All
C. Either

40) Complete the following sentence. "She asked her doctor … ".

A. some advices
B. an advice
C. for some advice

41) Fill in the blank. "Would you like ... pasta?".

A. a little of
B. no
C. some more

42) Complete the following sentence. "That's the flat ... last month".

A. at which Christopher stayed at
B. that Christopher stayed
C. where Christopher stayed

43) Fill in the blank. "Obesity can be caused by eating ... when you're a child".

A. too much
B. food
C. too many

44) Choose the alternative which means the same as this sentence. "I didn't see anything strange in the street".

A. It was strange not to see anything in the street
B. The street was not strange
C. I saw nothing strange in the street

45) Fill in the blank. "Alex and Jane are friendly, but ... of them likes talking to strangers".

A. neither
B. none
C. either

46) Fill in the blank. "The test was a disaster because I answered ... of the questions".

A. most
B. some
C. none

47) Fill in the blank. "Yesterday it was so sunny that we sunbathed ... afternoon".

A. every
B. whole
C. each

48) Complete the following sentence. "Many people are scared by ... ".

A. large spiders
B. the large spiders
C. large spider

49) Fill in the blank. "English children start going ... when they're five".

A. to the school
B. to school
C. school

50) Fill in the blank. "School children don't wear ... uniform in Italy".

A. an
B. some
C. a

51) Fill in the blank. "They got ... late".

A. to the school
B. to school
C. to a school

52) Complete the following dialogue. A: "I think class 3 B has some very promising pupils". B: " ... ".

A. So they have
B. Neither do I
C. So do I

53) Fill in the blank. "Keynes warned in the 1930s that ageing societies with high levels of saving, and not ... investment opportunities, face a deflationary nightmare".

A. lots
B. much
C. many

54) Fill in the blank. "Does ... agree with the principal's suggestions?".

A. everyone

B. all of you
C. any people

55) Fill in the blank. "My parents gave me ... pocket money when I was a child".

A. very
B. few
C. little

56) Fill in the blank. "She doesn't look like ... her father or her mother".

A. either
B. neither
C. or

57) Fill in the blank. "This jumper is ... big for me".

A. too many
B. too much
C. too

58) Fill in the blank. "Ann and Peter phone ... every day".

A. them
B. themselves
C. each other

59) Fill in the blank. "He has got ... money".

A. much
B. many
C. a lot of

60) Fill in the blank. "He was wearing ... riding boots".

A. red old Spanish leather
B. old leather red Spanish
C. old red Spanish leather

61) Fill in the blanks. "Everyone is hungry. ... all want to have ... breakfast".

A. She; her
B. They; their
C. We; our

62) Fill in the blank. "It's ... ... I told the news".

A. his; whose
B. he; whom
C. him; who

63) Complete the following sentence. "If you are not in the sun, you are ..."

A. on the moon
B. in the shade
C. in the shadow

64) Fill in the blank. "The first thing we need to do is to find ... location".

A. a right
B. a fitful
C. a suitable

65) Fill in the blanks. "We have ... time but not ..."

A. much; a lot
B. some; much
C. any; a lot

66) Fill in the blank. "... do you like your job?"

A. What
B. Who
C. Why

67) Fill in the blank. "Angela told me ... was said at the meeting".

A. what
B. which
C. that which

68) Fill in the blank. "My friend Catherine is a journalist. ... job is very interesting".

A. Their
B. His
C. Her

69) Fill in the blanks. "She felt … when she first arrived because she had … to talk to".

A. lone; no one
B. alone; somebody
C. lonely; nobody

70) Fill in the blank. "A flashlight is a battery-powered light … you can carry around with you".

A. an order
B. that
C. so that

RISPOSTE CORRETTE

1) A	15) C	29) A	43) A	57) C
2) C	16) C	30) C	44) C	58) C
3) C	17) B	31) A	45) A	59) C
4) B	18) B	32) A	46) C	60) C
5) A	19) C	33) C	47) C	61) B
6) C	20) C	34) C	48) A	62) B
7) A	21) B	35) B	49) B	63) B
8) C	22) C	36) B	50) C	64) C
9) C	23) B	37) C	51) B	65) B
10) A	24) A	38) A	52) C	66) C
11) B	25) B	39) C	53) C	67) A
12) A	26) B	40) C	54) A	68) C
13) C	27) C	41) C	55) C	69) C
14) A	28) A	42) C	56) A	70) B

Capitolo 5
Gli aggettivi qualificativi

5.1 La collocazione dell'aggettivo

Gli aggettivi qualificativi vengono usati per attribuire una qualità ad un sostantivo. Mentre in italiano gli aggettivi seguono il sostantivo, in inglese lo precedono. L'aggettivo, in italiano, si accorda nel numero e nel genere al sostantivo al quale si riferisce, in inglese è invariabile. Alcuni aggettivi seguono il verbo essere, come *alone* (solo), *well* (bene), *ill* (malato), *afraid* (spaventato), *asleep* (addormentato), *awake* (sveglio). Tali aggettivi, generalmente, non precedono il sostantivo. Può capitare di avere più aggettivi qualificativi che accompagnano uno stesso nome, allora si deve tener conto di una semplice considerazione: si va dal generale al particolare. Si fa dunque riferimento alla seguente tabella:

Opinione	Dimensione	Età	Forma	Colore	Origine	Materiale	Scopo	Sostantivo

5.1.1 I comparativi

Esistono tre tipi di comparativi:

> maggioranza;
> uguaglianza;
> minoranza.

Partiamo da quello più semplice, il **comparativo di minoranza**. Prima dell'aggettivo si mette la parola *less*, dopo l'aggettivo *than* (e.g.: "Una Jaguar è meno costosa di una Ferrari", "*A Jaguar is less expensive than a Ferrari*"; "Gilbert è meno alto di Jerome", "*Gilbert is less tall than Jerome*"). Stessa cosa per gli avverbi.

Nel **comparativo di uguaglianza** si mette, prima e dopo l'aggettivo, la parola *as* (e.g.: "Una Bentley è tanto costosa quanto una Ferrari", "*A Bentley is as expensive as a Ferrari*"; "Bryan è tanto alto quanto Andy", "*Bryan is as tall as Andy*"). Stessa cosa per gli avverbi. In frase negativa si può sostituire il primo *as* con un *so* (e.g.: "Una Mercedes non è tanto costosa quanto una Ferrari", "*A Mercedes isn't so expensive as a Ferrari*"; "Archibald non è tanto alto quanto Ernest", "*Archibald isn't so tall as Ernest*"): questa regola è facoltativa (e.g.: "Una Mercedes non è tanto costosa quanto una Ferrari", "*A Mercedes isn't as expensive as a Ferrari*"; "Freddy non è tanto alto quanto Horace", "*Freddy isn't as tall as Horace*").

Come si è visto, non è stato fatto alcun cenno alla lunghezza dell'aggettivo: negli esempi precedenti sono stati usati *expensive* (costoso) e *tall* (alto), il primo plurisillabico, il secondo monosillabico. Nel **comparativo di maggioranza** è necessario focalizzare l'attenzione sulla lunghezza, perché **la traduzione cambia al variare dell'aggettivo**.

Se ci troviamo di fronte ad un **aggettivo monosillabico** (e.g.: alto, *tall*, economico, *cheap*), il comparativo si forma aggiungendo *-er*, mentre il secondo termine di paragone viene introdotto da *than* (e.g.: "Una Rolls-Royce è più economica di una Ferrari", "*A Rolls-Royce is cheaper than a Ferrari*"; "Alexander è più alto di David", "*Alexander is taller than David*"). Se l'aggettivo è un monosillabico con uno, questi raddoppia l'ultima consonante prima di aggiungere *-er* (e.g.: grande, più grande, *big, bigger*; grasso, più grasso, *fat, fatter*). Che significa monosillabico? Un aggettivo formato da una sola sillaba. Che significa con uno? Che ha una sola vocale prima dell'ultima consonante (e.g.: "Denny è più grasso di George", "*Denny is fatter than George*").

Attenzione!
La regola del raddoppio **NON** vale se l'ultima consonante è *-w* o *-y*. **NON** vale neanche se l'ultima consonante è preceduta da un'altra consonante o dalla *-x*. Se ci troviamo di fronte ad un monosillabico con due, cioè ci sono due vocali anziché una, **NON** c'è il raddoppio dell'ultima consonante. Nel caso di plurisillabici, la regola del raddoppio vale se l'accento è posto sulla parte finale della parola.

Se ci troviamo di fronte ad un **aggettivo plurisillabico** (e.g.: interessante, *interesting*; costoso, *expensive*), il comparativo si forma mettendo *more* davanti all'aggettivo, mentre il secondo termine di paragone viene introdotto ancora da *than* (e.g.: "Una Ferrari è più costosa di una Lamborghini", "*A Ferrari is more expensive than a Lamborghini*").
Gli aggettivi che terminano in *-ed* di solito seguono la regola dei plurisillabici (e.g.: annoiato, *bored*, sorpreso, *surprised*, stanco, *tired*).
Alcuni bisillabici possono avere una doppia costruzione: divertente, *funny*, sporco, *dirty*, sciocco, *silly*, intelligente, *clever*, silenzioso, *quiet*, semplice, *simple*, di solito si comportano come i monosillabici, ma possono anche essere costruiti come i plurisillabici.
Altri, come utile, *useful*, fiducioso, *hopeful*, corretto, *correct*, moderno, *modern*, famoso, *famous*, attento, *careful*, noioso, *boring*, faticoso, *tiring*, disposto, *willing*, si comportano come plurisillabici. Educato, *polite*, stupido, *stupid*, comune, *common*, bello, *handsome*, piacevole, *pleasant*, stretto, *narrow*, possono avere una doppia costruzione.
Gli avverbi che terminano in *-ly* si comportano come i plurisillabici (e.g.: più lentamente, *more slowly*), quelli che hanno la stessa forma degli aggettivi si comportano come i monosillabici (e.g.: più velocemente, *faster*). Come in italiano, anche in inglese abbiamo aggettivi irregolari. Di seguito è riportata una tabella che anticipa anche i superlativi irregolari:

Aggettivo	Comparativo di maggioranza	Superlativo
good = buono	*better* = migliore	*the best* = il migliore
bad = cattivo	*worse* = peggiore	*the worst* = il peggiore

far = lontano	*farther* = più lontano	*the farthest* = il più lontano
	further = più (in) avanti	*the furthest* = il più distante
little = piccolo	*less* o *lesser* = minore	*the least* = il minimo
much = molto	*more* = più	*the most* = la maggior parte di
old = vecchio	*older* = più vecchio	*the oldest* = il più vecchio
	elder = maggiore	*the eldest* = il maggiore

L'**espressione *sempre più*** si rende in questo modo: per gli aggettivi monosillabici si ripete due volte l'aggettivo terminante in *-er* con in mezzo *and* (e.g.: sempre più alto, *taller and taller*), per gli aggettivi plurisillabici si ripete due volte *more* con in mezzo *and*, e il secondo *more* viene seguito dall'aggettivo (e.g.: sempre più costoso, *more and more expensive*). Il comparativo correlativo, che corrisponde all'espressione italiana *quanto più… tanto più*, o *quanto meno… tanto meno*, si costruisce anteponendo l'articolo *the* all'aggettivo che termina in *-er* (e.g.: "Più grande è la tua volontà, migliori saranno i tuoi risultati", *"The bigger your will is, the better your results"*).

5.1.2 Il superlativo

Nella formazione del superlativo è necessario focalizzare l'attenzione sulla lunghezza dell'aggettivo, perché **la traduzione cambia al variare dell'aggettivo**. Se ci troviamo di fronte ad un **aggettivo monosillabico** (e.g.: alto, *tall*; economico, *cheap*), il superlativo si forma aggiungendo *-est* all'aggettivo, che è preceduto dell'articolo *the* (e.g.: "La Mercedes-Benz SLR è la più economica", "*The Mercedes-Benz SLR is the cheapest*"; "Douglas è il più alto", *"Douglas is the tallest"*). Se l'aggettivo è un monosillabico con uno, questi raddoppia l'ultima consonante prima di aggiungere *-est* (e.g.: grande, il più grande, *big, the biggest*; grasso, il più grasso, *fat, the fattest*). Che significa monosillabico? Un aggettivo formato da una sola sillaba. Che significa con uno? Che ha una sola vocale prima dell'ultima consonante (e.g.: "Harvey è il più grasso", "*Harvey is the fattest*").

Attenzione!

La regola del raddoppio **NON** vale se l'ultima consonante è *-w* o *-y*. **NON** vale neanche se l'ultima consonante è preceduta da un'altra consonante o dalla *-x*. Se ci troviamo di fronte ad un monosillabico con due, cioè ci sono due vocali anziché una, **NON** c'è il raddoppio dell'ultima consonante. Nel caso di plurisillabici, la regola del raddoppio vale se l'accento è posto sulla parte finale della parola.

Se ci troviamo di fronte ad un **aggettivo plurisillabico** (e.g.: interessante, *interesting*; costoso, *expensive*), il superlativo si forma mettendo *the most* davanti all'aggettivo (e.g.: "Una Ferrari è la più costosa", "*A Ferrari is the most expensive*").
Gli aggettivi che terminano in *-ed* di solito seguono la regola dei plurisillabici (e.g.: annoiato, *bored*, sorpreso, *surprised*, stanco, *tired*). Alcuni bisillabici possono avere una doppia costruzione: divertente, *funny*, sporco, *dirty*, sciocco, *silly*, intelligente, *clever*, silenzioso, *quiet*, semplice, *simple*, di solito si comportano come i monosillabici, ma possono anche essere costruiti come i plurisillabici.

Altri, come utile, *useful*, fiducioso, *hopeful*, corretto, *correct*, moderno, *modern*, famoso, *famous*, attento, *careful*, noioso, *boring*, faticoso, *tiring*, disposto, *willing*, si comportano

come plurisillabici. Educato, *polite*, stupido, *stupid*, comune, *common*, bello, *handsome*, piacevole, *pleasant*, stretto, *narrow*, possono avere una doppia costruzione.
Gli avverbi che terminano in *-ly* si comportano come i plurisillabici (e.g.: più lentamente, *most slowly*), quelli che hanno la stessa forma degli aggettivi si comportano come i monosillabici (e.g.: più velocemente, *fastest*). Come in italiano, anche in inglese abbiamo aggettivi irregolari: di seguito è riportata nuovamente la tabella.

Aggettivo	**Comparativo di maggioranza**	**Superlativo**
good = buono	*better* = migliore	*the best* = il migliore
bad = cattivo	*worse* = peggiore	*the worst* = il peggiore
far = lontano	*farther* = più lontano	*the farthest* = il più lontano
	further = più (in) avanti	*the furthest* = il più distante
little = piccolo	*less* o *lesser* = minore	*the least* = il minimo
much = molto	*more* = più	*the most* = la maggior parte di
old = vecchio	*older* = più vecchio	*the oldest* = il più vecchio
	elder = maggiore	*the eldest* = il maggiore

Attenzione!
Riportiamo una tabella di qualche aggettivo particolare:

latest	il più recente	*last**	l'ultimo
nearest	il più vicino	*next*	il prossimo
further/farther	più lontano	*further*	in più

*esiste anche l'espressione "lo scorso fine settimana", *last weekend*, oppure "la settimana scorsa", *last week*.

Quando ci si vuole riferire ad una categoria in particolare, si usa l'espressione ***the* + aggettivo** (e.g.: i giovani, *the young*). Stesso criterio per le idee astratte (e.g.: l'assurdo, *the absurd*).

5.1.3 Gli aggettivi di nazionalità

A differenza dell'italiano, i nomi e gli aggettivi di nazionalità si scrivono con la lettera iniziale maiuscola. Per comodità divideremo gli aggettivi di nazionalità in quattro gruppi:

1° gruppo: stessa forma per l'aggettivo e il sostantivo singolare. Di solito terminano in *-an*.

Nazione	**Aggettivo**	**Sostantivo singolare**	**Sostantivo plurale**
Africa	*African*	*an African*	*the Africans*
America	*American*	*an American*	*the Americans*
Asia	*Asiatic*	*an Asiatic*	*the Asiatics*

Australia	*Australian*	*an Australian*	*the Australians*
Austria	*Austrian*	*an Austrian*	*the Austrians*
Belgium	*Belgian*	*a Belgian*	*the Belgians*
Canada	*Canadian*	*a Canadian*	*the Canadians*
Europe	*European*	*an European*	*the Europeans*
Germany	*German*	*a German*	*the Germans*
Italy	*Italian*	*an Italian*	*the Italians*
Russia	*Russian*	*a Russian*	*the Russians*

2° gruppo: stessa forma per l'aggettivo, il sostantivo singolare e il sostantivo plurale. Terminano in *-se* e *-ss*.

Nazione	Aggettivo	Sostantivo singolare	Sostantivo plurale
China	*Chinese*	*a Chinese*	*the Chinese*
Japan	*Japanese*	*a Japanese*	*the Japanese*
Switzerland	*Swiss*	*a Swiss*	*the Swiss*

3° gruppo: stessa forma per l'aggettivo e il sostantivo plurale.

Nazione	Aggettivo	Sostantivo singolare	Sostantivo plurale
England	*English*	*an Englishman*	*the English*
France	*French*	*a Frenchman*	*the French*
Ireland	*Irish*	*an Irishman*	*the Irish*
Scotland	*Scottish*	*a Scottishman/ a Scot*	*the Scots/ the Scottish people*
Wales	*Welsh*	*a Welshman*	*the Welsh*

4° gruppo: forme diverse per l'aggettivo e il sostantivo singolare.

Nazione	Aggettivo	Sostantivo singolare	Sostantivo plurale
Britain	*British*	*a Briton*	*the Britons*
Denmark	*Danish*	*a Dane*	*the Danes*
Poland	*Polish*	*a Pole*	*the Poles*
Spain	*Spanish*	*a Spaniard*	*the Spaniards*
Sweden	*Swedish*	*a Swede*	*the Swedes*

Per i quesiti di verifica del Capitolo 5 si rinvia ai Quesiti di verifica 3 che seguono il Capitolo 6

Capitolo 6
Gli avverbi e le preposizioni

6.1 Gli avverbi

Esistono diversi tipi di avverbi:

- di modo;
- di luogo;
- di tempo;
- di frequenza;
- frasali.

Possono trovarsi all'inizio (*front position*), in mezzo (*mid position*) o alla fine della frase (*end position*).

6.1.1 Gli avverbi di modo

Gli avverbi di modo, che terminano in *-ly*, modificano il verbo (e.g.: lentamente, *slowly*, facilmente, *easily*, a voce alta, *loudly*, attentamente, *carefully*). Di solito si trovano in *end position*, cioè a fine frase, qualche volte in *mid position*, cioè al centro. NON possono trovarsi mai tra verbo e complemento oggetto (e.g.: "Ho superato facilmente l'esame", "*I passed the exam easily*", oppure "*I easily passed the exam*").

Attenzione!
Se un aggettivo termina in *-le*, per farlo diventare un avverbio, la *-e* cade e si trasforma in *-y* (e.g.: possibile, *possible*, forse, *possibly*; probabile, *probable*, probabilmente, *probably*).

6.1.2 Gli avverbi di luogo e tempo

Di solito si trovano in *front position* o in *end position*, cioè all'inizio o alla fine della frase, qualche volta in *mid position*, cioè al centro. Qualche esempio:

yesterday	ieri
tomorrow	domani
here	qui
over there	laggiù

(e.g.: "Ieri ho incontrato il Sig. Blake", "*Yesterday I met Mr. Blake*", oppure "*I met Mr. Blake yesterday*").

6.1.3 Gli avverbi di frequenza

Gli avverbi di frequenza indicano con quanta assiduità avviene un'azione. Di solito si trovano in *mid position*, cioè al centro. Qualche esempio:

always	sempre
often	spesso
sometimes	qualche volta
occasionally	occasionalmente

(e.g.: "Michelle mangia sempre alle 3:00 di pomeriggio", "*Michelle always eats at 3 o'clock p.m.*").

Sometimes, normally, usually e *occasionally* possono avere anche una *front position* o una *mid position. Often* può avere una *end position.*

(e.g.: "Qualche volta Sharon legge un libro", "*Sharon sometimes reads a book*", oppure "*Sometimes Sharon reads a book*").

6.1.4 Gli avverbi di quantità

Gli avverbi di quantità rafforzano o indeboliscono un aggettivo. Chiaramente l'avverbio precede l'aggettivo a cui si riferisce (e.g.: "Il Sig. Blake è molto alto!", "*Mr. Blake is very tall!*"), a parte *enough* (*abbastanza*), che lo segue (e.g.: "Il Sig. Blake non è abbastanza alto!", "*Mr. Blake is not tall enough!*").

6.1.5 Gli avverbi frasali

Gli avverbi frasali indicano come si pone chi parla rispetto a ciò che dice (e.g.: "Naturalmente Emil può venire", "*Of course Emil can come*"). Possono avere una *front position*, una *mid position* o una *end position.* Qualche esempio:

really	davvero
surely	certamente
in fact	in fatti
maybe	forse, può darsi
perhaps	forse, può darsi
unluckily	sfortunatamente
luckily	fortunatamente
possibly	forse, può darsi
naturally	naturalmente

Alcuni avverbi hanno la stessa uscita dell'aggettivo corrispondente.

aggettivo		**avverbio**	
hard	duro	*hard*	accanitamente, con tenacia
early	iniziale, primo	*early*	presto, di buon'ora
fast	sicuro, saldo	*fast*	fermamente, saldamente
low	basso, poco profondo	*low*	basso, in basso
late	tardi, in ritardo	*late*	tardi, in ritardo
long	lungo	*long*	per molto tempo, a lungo
high	alto	*high*	in alto, alto
deep	profondo, fondo	*deep*	profondamente, in profondità
near	vicino	*near*	vicino, a poca distanza
daily	quotidiano, giornaliero	*daily*	quotidianamente, ogni giorno
yearly	annuale, annuo	*yearly*	una volta all'anno
monthly	mensile	*monthly*	mensilmente, ogni mese
hourly	ogni ora, a ogni ora	*hourly*	ogni ora

Alcuni possono trarre in inganno: abbiamo visto che nella tabella sono presenti *high, hard, late* e *near*. Aggiungiamo anche *most. Highly, hardly, lately, nearly* e *mostly* sono avverbi, ma hanno un significato diverso rispetto a quelli presentati sopra:

hardly	appena
highly = very	molto
lately = recently	ultimamente
nearly = almost	quasi
mostly = usually/mainly	di solito, soprattutto

Altri avverbi:

yet	ancora	*end position*	interrogative/negative
still	ancora	*mid position*	interrogative/affermative
still	ancora	*dopo il soggetto*	negative
already	ancora	*mid position*	interrogative/affermative
already	ancora	*end position*	per enfatizzare

6.2 Le preposizioni

6.2.1 Le preposizioni, di posizione e movimenti

Qualche esempio:

at	a, in
on	su, sopra
in	in, a
towards	verso, in direzione di
away from	lontano dal
opposite	opposto, (posto) di fronte

in front of	davanti a, di fronte a
below	sotto, al di sotto di
over/above	sopra, su
inside	dentro
between	tra, fra, in mezzo a (2 persone o cose)
among	tra, fra (più di 2 persone o cose)
next to	accanto a, vicino a
by/beside	accanto a, presso
under/underneath	sotto, al di sotto di
behind	dietro, al di là di
onto	su, sopra
into	in, dentro a
up	su (per)
down	giù per, lungo
off	giù da
through	in, attraverso
over	su, sopra
round	intorno a, attorno a
along	lungo
past	dopo, più tardi di

6.2.2 Le preposizioni di tempo

at	*at ten o'clock*	alle dieci
	at Christmas	a Natale
	at the weekend	nel fine settimana
	at night	di notte
	at breakfast	a colazione
	at that time	a quel tempo
in	*in May*	a maggio
	in winter	in inverno
	in 1998	nel 1998
	in the morning	di mattina
on	*on September 9th*	il 9 settembre
	on Sunday morning	domenica mattina
	on Monday(s)	di lunedì
	on the next day	il giorno successivo
	on my birthday	il giorno del mio compleanno

Qualche esempio:
"Incontrerò Danielle alle 8 in punto!", "*I will meet Danielle at 8 o'clock!*"; "Haze studia meglio di notte!", "*Haze studies best at night*!"; "Ci vediamo sabato sera!", "*See you on Saturday night!*"; "Jillie è nata a dicembre", "*Jillie was born in December*"; "Carola va in Inghilterra in estate", "*Carola usually goes to England in the summer*".

Attenzione!
Gli inglesi dicono "at the weekend", gli americani invece "on the weekend".

Quesiti di verifica 3

Aggettivi (qualificativi), avverbi e preposizioni

1) Fill in the blank. "Is there anybody … home?".

A. at
B. in
C. inside

2) Fill in the blank. " … are you leaving for the summer holidays?".

A. What
B. Where
C. When

3) Choose the alternative which does not change the meaning of the phrase in square brackets in the following sentence. "This car is [cheaper] than that one".

A. nicer
B. faster
C. less expensive

4) Complete the following sentence. "More people live in London … ".

A. then in Milan
B. that Milan
C. than in Milan

5) Fill in the blank. "That hotel is … town".

A. the expense in
B. the most expensive in
C. the more expensive in

6) Choose the synonym of the word between square brackets. "John was very [glad] about your success".

A. happy
B. envious
C. sad

7) Fill in the blank. "The books are … the shelves".

A. till
B. up
C. on

8) Complete the following sentence. "My sister … you at tennis".

A. is better than
B. is best than
C. is as goor

9) Choose the synonym of the word between square brackets. "Henry is very [clever]".

A. tall
B. nice
C. intelligent

10) Fill in the blank. "He left … the 3 o'clock train".

A. by
B. with
C. from

11) Fill in the blank. "He is … teacher in the school".

A. goodest
B. the better
C. the best

12) Fill in the blank. "I ... go out in the evening: the last time I did was three months ago".

A. always
B. often
C. seldom

13) Complete the following sentence. "We are ... as you are".

A. so rich not
B. rich
C. not as rich

14) Complete the following sentence. "It has been ... experience of my life".

A. the worst
B. the most bad
C. the worse

15) Complete the following sentence. "She should drive ... than usual".

A. most slowly
B. more slower
C. more slowly

16) Fill in the blank. "He got ... the car and left!".

A. on
B. into
C. to

17) Fill in the blanks. "Pietro was born ... 11 am ... the third of March".

A. at; on
B. on; on
C. at; for

18) Fill in the blank. "What time does the train arrive ... Milan?". "At about 5 o'clock".

A. for
B. from
C. in

19) Fill in the blank. "I always go to the restaurant ... Saturdays".

A. on the
B. at
C. on

20) Fill in the blank. "At the dinner party, Patricia sat ... Peter".

A. over to
B. near to
C. next to

21) Fill in the blank. "We're going ... Spain for a holiday".

A. to
B. since
C. in

22) Fill in the blank. "I'm ... than you in English".

A. better
B. good
C. well

23) Fill in the blank. "This car is ... as yours".

A. as faster
B. faster
C. as fast

24) Complete the following sentence. "I ... to work on Sundays".

A. don't never go
B. never go
C. go never

25) Fill in the blank. "The children were very ... last night".

A. tiring
B. tyred
C. tired

26) Complete the following sentence. "She speaks French better than ... ".

A. you
B. you are
C. yours

27) Fill in the blank. "A scooter is ... than a bike".

A. heavy
B. heavier
C. more heavy

28) Fill in the blank. "Milan is ... larger than Florence".

A. very
B. so
C. much

29) Complete the following sentence. "She works ... ".

A. hardly
B. more hard
C. hard

30) Fill in the blank. "I haven't been to London ... five years".

A. at
B. in
C. for

31) Fill in the blank. "He was afraid ... his enemies".

A. of
B. in
C. by

32) Fill in the blank. "The workers are fed ... with doing overtime".

A. on
B. against
C. up

33) Fill in the blank. "They washed their swimsuits ... hand".

A. with
B. of
C. by

34) Fill in the blank. "We have been in London ... three months".

A. during
B. since
C. for

35) Choose the alternative which does not change the meaning of the phrase in square brackets in the following sentence. "I hope he will be able to do the job [properly]".

A. in the right way
B. quickly
C. alone

36) Complete the following sentence. "The book I read was ... as I expected".

A. so through
B. more touching
C. as touching

37) Complete the following sentence. "Chinese is ... language in the world".

A. the most spoken
B. the least spoked
C. the more spoken

38) Choose the right synonym of the word between square brackets. "My secretary is very [fast] in doing things".

A. slow
B. quick
C. precise

39) Choose the right synonym to the word between square brackets. "The show has been very [amusing]".

A. entertaining
B. noisy
C. long

40) Fill in the blank. "I haven't seen Rita ... I was 12".

A. since
B. from
C. when

41) Fill in the blank. "The teacher explains the lessons ... the students".

A. to
B. at
C. for

42) Fill in the blank. "A Viennese journalist, writing ... the end of the eighteenth century, observed that these serenades occurred almost every fine summer evening".

A. by
B. adjacent
C. towards

43) Complete the following sentence. "My mother speaks French ... than my teacher".

A. most faster
B. most fluently
C. more fluently

44) Fill in the blank. "Robert broke his arm and had to have it put ... plaster".

A. off
B. on
C. in

45) Fill in the blank. "The scenery was ... beautiful, I had to take a photograph".

A. so
B. such
C. such a

46) Fill in the blank. "It looks ... it is going to rain".

A. at
B. as
C. like

47) Complete the following sentence. "Their postcard ... ".

A. has arrived since three weeks
B. arrived three weeks ago
C. arrived since three weeks

48) Fill in the blank. "I am very worried ... him".

A. onto
B. around
C. about

49) Fill in the blank. "I won't go out ... he telephones me".

A. unless
B. even then
C. for all

50) Fill in the blank. "How did you find out about the date of the elections?". "I read about it ... the newspaper".

A. on
B. from
C. in

51) Complete the following sentence. "The traffic in cities is getting ... ".

A. more worse
B. worse and worse
C. always worser

52) Complete the following sentence. "This is a ... bike".

A. fantastic old American
B. old fantastic American
C. American fantastic old

53) Complete the following sentence. "Try to write ... ".

A. less clearler
B. the best clearly
C. a bit more clearly

54) Complete the following sentence. "I told him to come ... possible".

A. more soon than
B. as soon as
C. the more soon

55) Fill in the blanks. " ... school I am going ... ".

A. After; to home
B. After; home
C. Before; at home
D. Before; to the home

56) Fill in the blanks. "They have put ... the meeting ... next week".

A. on; by
B. up; for
C. off; until

57) Fill in the blank. "He's very good ... languages!"

A. in
B. about
C. at

58) Fill in the blank. "Turn ... the lights when you come in, will you?"

A. at
B. out
C. for

59) Fill in the blank. "I have lived in Worcester ... ten years".

A. for
B. as
C. since

60) Fill in the blank. "Mr. Smith doesn't work ... Fridays".

A. by
B. at
C. on

61) Complete the following sentence. "Choose the best phrase to complete this sentence: Rome is ..."

A. a city very beautiful
B. the city very beautiful
C. a very beautiful city

62) Fill in the blank. "I haven't seen him ... 1989".

A. since when
B. from
C. since

63) Fill in the blank. "Please, hurry up! I have to call Jim ... 5 o'clock".

A. by
B. from
C. to

64) Fill in the blank. "The cottage is ... fire".

A. on
B. of
C. at

65) Fill in the blank. "I have worked here ... 1990".

A. from
B. since
C. for

66) Fill in the blank. "He's terribly ... He doesn't remember anything you tell him".

A. stable
B. easygoing
C. outgoing

67) Complete the following sentence. "Tom has just left the office. In other words he's ..."

A. out
B. up
C. in

68) Fill in the blank. "I work ... Ministry of Agriculture and Forestry".

A. at
B. at the
C. in

69) Complete the following sentence. "She can't play the piano! In fact, she's ..."

A. Sly
B. Hopeless
C. Artful

70) Fill in the blank. "On my first trip abroad, I lived for a month ... a German family".

A. on
B. by
C. with

RISPOSTE CORRETTE

1) A	15) C	29) C	43) C	57) C
2) C	16) B	30) C	44) C	58) B
3) C	17) A	31) A	45) A	59) A
4) C	18) C	32) C	46) C	60) C
5) B	19) C	33) C	47) B	61) C
6) A	20) C	34) C	48) C	62) C
7) C	21) A	35) A	49) A	63) A
8) A	22) A	36) C	50) C	64) A
9) C	3) C	37) A	51) B	65) B
10) A	24) B	38) B	52) A	66) C
11) C	25) C	39) A	53) C	67) A
12) C	26) A	40) A	54) B	68) B
13) C	27) B	41) A	55) B	69) B
14) A	28) C	42) C	56) C	70) C

Libro IV

Office automation

SOMMARIO

Capitolo 1
Fondamenti teorici dell'ICT

1.1 Componenti del computer

Un computer è costituito da una serie di elementi elettronici e non, in grado di interagire con utenti umani o altri computer al fine di elaborare dati (*input*) e fornire risultati (*output*), che in linea di massima sono rappresentati da immagini, stampati, suoni o quant'altro abbia significato per l'uomo. **Computer** vuol dire *calcolatore*, dall'inglese *to compute*. Infatti la funzione principale di un computer è proprio quella di operare o sviluppare dei calcoli, ovvero di coordinare tutte le componenti che lo costituiscono, elaborando i dati che vengono immessi e fornendo all'esterno il risultato delle elaborazioni, il tutto grazie a una sorta di cervello che si indica col nome di **CPU** (*Central Processing Unit*). Le istruzioni fornite alla CPU per svolgere una particolare funzione o per agire secondo le esigenze dell'utente costituiscono i programmi, i quali vengono indicati col termine generico di **software** e di solito si dividono in base alla funzione che svolgono.

1.2 Unità centrale di elaborazione (CPU)

L'unità centrale di elaborazione, in inglese indicata dall'acronimo CPU e nota anche come **microprocessore**, è un insieme di circuiti elettronici in grado di effettuare ad una velocità molto elevata operazioni con i numeri. Più precisamente, tutto il funzionamento del computer si basa su un tipo di aritmetica che prende il nome di **aritmetica binaria**, in cui ogni numero viene rappresentato mediante una sequenza di simboli 0 e 1, il Bit (*Binary digIT*).
La CPU è costituita da due sub-unità: **Unità Logico-Aritmetica** (ALU) e **Unità di controllo** (CU) e nei moderni computer è collegata ad altre componenti fondamentali in accordo con il cosiddetto **Modello di Von Neumann**. Secondo questo schema, oltre alla CPU sono presenti la **Memoria centrale** ed uno o più **Dispositivi di I/O** (dispositivi di input/output noti anche come periferiche). La memoria centrale è una sorta di taccuino sul quale vengono «annotate» le istruzioni che il cervello elabora e gli stessi risultati delle elaborazioni. Le periferiche sono dispositivi in grado di interagire con l'utente in vari modi e comunicano con la CPU e la stessa memoria centrale attraverso un sistema di conduttori elettrici noto come **BUS di sistema**.
La CPU in definitiva ha il compito di:

- coordinare e gestire le varie componenti descritte nel modello di Von Neumann;
- gestire la memoria;
- eseguire operazioni logico-aritmetiche e le istruzioni fornite dai software.

Il microprocessore, s'è detto, è un complesso insieme di circuiti elettronici, all'interno del quale l'**Unità di controllo** recupera dalla memoria le istruzioni da eseguire

e l'**Unità Logico-Aritmetica** si occupa, appunto, di eseguire le operazioni logiche e aritmetiche.
Il microprocessore può interpretare l'informazione legata al passaggio o meno di corrente attraverso dei conduttori: al passaggio di corrente si associa il valore 1, all'assenza di passaggio di corrente il valore 0. Matematicamente si può codificare questo concetto attraverso l'aritmetica binaria, ovvero un sistema aritmetico che, a differenza di quello decimale che conosciamo dalle scuole elementari, è costituito solo da due numeri: 0 e 1. Un **BIT** (*Binary digIT*) è costituito da un valore binario ed è l'unità più piccola dell'informazione che un processore può gestire. Per questo motivo esso è anche «l'unità di misura» della quantità d'informazione. Ogni concetto che abbia senso per l'uomo deve essere codificato in bit affinché abbia senso anche per una CPU. Per codificare, ad esempio, un semplice carattere alfanumerico digitato dalla tastiera, sono necessari 8 bit. Da qui si evince che il numero massimo di caratteri rappresentabili da 8 bit sono 256 in quanto ogni bit può avere due valori (0 oppure 1): 2 valori per tutti gli 8 bit ammontano a 2^n e quindi 2^8 combinazioni, per un totale di 256. Un insieme di 8 bit viene definito **Byte** (*BinarY ocTEt*).
Tutto questo discorso s'inquadra in una disciplina scientifica che prende il nome di **Informatica**, termine che deriva dal connubio di due vocaboli quali *informazione* e *automatica*, solitamente utilizzati per definire la *Scienza dell'informazione* o, in parole semplici, tutto ciò che tecnicamente viene realizzato per trattare, elaborare e trasmettere in maniera automatica le informazioni. Oggi si parla di **IT** e **ICT**, rispettivamente acronimi di *Information Technology* (tecnologia dell'informazione) e *Information and Communication Technology* (tecnologia dell'informazione e comunicazione). Quest'ultimo si riferisce al connubio tra la tecnologia dell'informazione e i mezzi di comunicazione. Oggigiorno, poiché le IT si basano fortemente su Internet e su altri mezzi di comunicazione, è molto più comune l'uso del termine ICT che abbraccia un contesto più ampio.

1.3 Hardware

Dispositivi di I/O, memoria centrale, CPU e tutte le altre componenti ad essi collegati costituiscono l'**Hardware**. Tale termine indica tutto ciò che è correlato alle componenti elettroniche o meccaniche di un computer e spesso viene usato anche in contesti più ampi (es.: avere un problema di natura hardware vuol dire che si è verificato un guasto ad una delle componenti fisiche del calcolatore).
Tutte le componenti sono collegate attraverso una componente hardware fondamentale di un PC: la **scheda madre** (o *mainboard*). Essa si presenta come un circuito stampato di estrema complessità ed è costituita da una serie di alloggiamenti dove vengono montati fisicamente la CPU, le memorie principali e secondarie, le periferiche di input e quelle di output.

1.4 Memorie

Abbiamo già visto che per **Memoria** si intende una delle unità costituenti il modello di Von Neumann. In generale con tale termine si indicano diversi tipi di dispositivi di memorizzazione, con sostanziali differenze. Noi analizzeremo le memorie, suddividendole nelle seguenti categorie:

> Memoria RAM

- Memoria ROM
- Memorie di massa

1.4.1 Memoria RAM e memoria ROM

La **memoria RAM** (*Random Access Memory*), ovvero *memoria ad accesso casuale*, è definita anche **memoria principale.**
Il nome deriva dal fatto che la CPU può accedervi in un punto a caso e prelevare o depositare un dato elaborato o ancora da elaborare. Fisicamente è costituita da una serie di «cellette» che possono contenere un byte (8 bit) ognuna ed ogni cella ha un proprio indirizzo così da poter essere identificata in maniera univoca e permettere la giusta lettura o scrittura del dato in essa contenuto. Durante l'elaborazione i dati vengono temporaneamente immessi nella memoria principale, la quale perde il suo contenuto una volta che il PC viene spento o riavviato.
La memoria RAM fisicamente è un piccolo circuito rettangolare che va installato sulla scheda madre.
La **memoria ROM** è una memoria di sola lettura (*Read Only Memory*) ed è usata dalla CPU per prelevare le istruzioni necessarie all'avvio del PC (che altrimenti rimarrebbe inutilizzabile). Queste istruzioni costituiscono un software ben preciso che prende il nome di **BIOS** (*Basic Input Output System*), un programma che fornisce una serie di funzioni di base per l'accesso all'hardware e alle periferiche e che in realtà è configurabile secondo le esigenze dell'utente (di solito un utente esperto). A differenza della memoria RAM, la ROM non perde il suo contenuto una volta spento il PC.

1.4.2 Memorie di massa

Le memorie di massa (memorie secondarie) sono usate per conservare i dati anche dopo lo spegnimento del PC e spesso hanno dimensioni molto ridotte. Si tratta di supporti fissi o rimovibili, più o meno veloci, che permettono di avere dati importanti sempre a portata di mano. Si possono distinguere due categorie di memorie di massa:

- Memorie ad accesso sequenziale
- Memorie ad accesso casuale

Le prime sono ormai cadute in disuso, poiché per accedere ai dati in esse contenuti spesso occorrevano tempi di attesa troppo lunghi; o comunque si tratta di tipi di memoria usati per scopi molto particolari. Noi ci occuperemo nello specifico delle memorie secondarie ad accesso casuale.
Si tratta di memorie che oggi hanno enormi capacità in termini di byte memorizzabili, i cui tempi di accesso e velocità di scrittura dipendono molto dalla tecnologia utilizzata. In particolare abbiamo:

- *Hard disk* – È costituito da una scatola metallica contenente i supporti su cui avviene la scrittura e la lettura dei dati. È chiamato anche **disco rigido** o **disco fisso**. Le principali caratteristiche di un disco rigido sono la **capacità**, il **tempo medio di accesso** e la **velocità di trasferimento**. La *capacità* è in genere espressa in *gigabyte* (GB), ma in commercio si trovano ormai a poco prezzo dischi rigidi per capacità anche di alcuni TB (*terabyte*, che equivale a più di mille miliardi di byte). Il *tempo medio di* *accesso* indica, in maniera molto grossolana, l'arco temporale necessario a che i dati presenti nel disco possano essere reperiti e di sicuro rappresenta la variabile più importante per valutarne le prestazioni. La *velocità di trasferimento* infine è, in termini semplici, la quantità di dati fornita dal disco rigido in un determinato tempo (generalmente si prende come riferimento un secondo). Gli *hard disk* possono anche essere esterni al computer e in questo caso si presentano come dispositivi rimovibili utilizzati, di solito, per le copie di sicurezza dei dati. Oggi esistono particolari evoluzioni dell'hard disk, con tempi di accesso molto rapidi, chiamate «memorie a stato solido» e indicate dall'acronimo SSD (Solid-State Drive).

> *DVD-ROM* e *CD-ROM* – Sono supporti su cui è possibile registrare dati con dispositivi appositi chiamati **masterizzatori**. Hanno una capienza di alcune centinaia di MB per i CD, fino ad alcune migliaia di Megabyte per i DVD; la comodità è rappresentata dal fatto che questi supporti sono letti in maniera universale da qualsiasi dispositivo di lettura DVD-ROM, per cui sono memorie di massa portatili.
> *BD-ROM* – Noto come **blu ray disc**, è l'evoluzione del DVD ed ha capacità notevolmente più ampie. Come per i CD-ROM e i DVD-ROM necessita di apposite periferiche per la lettura e di appositi masterizzatori per la scrittura dei dati, anche se ormai ci sono periferiche «ibride» ovvero con attitudini di lettura e masterizzazione insieme.
> *Memoria USB* (anche nota come *USB flash drive*) – Si tratta di una memoria di massa dalle dimensioni molto ridotte (pochi centimetri) in grado di immagazzinare anche enormi quantità di dati; è un piccolo dispositivo che si può portare sempre con sé.
> *Scheda SD* (anche nota come scheda Secure Digital) – È un tipo di memoria molto diffusa e dalle dimensioni tali da renderla adatta all'utilizzo in dispositivi di piccole dimensioni quali smartphone, tablet e macchine fotografiche digitali. Col tempo si sono imposte sul mercato schede SD dalle dimensioni ancora più piccole note come *mini SD* e *micro SD*.
> *Floppy disk* – Si tratta di una memoria dalla capacità estremamente ridotta, ormai caduta in disuso anche per i tempi di accesso notevolmente più lunghi rispetto alle altre memorie presenti oggi sul mercato.

1.4.3 Capienza di una memoria

Le moderne memorie hanno capienza di miliardi di byte poiché il progresso ha consentito di localizzare in spazi ridotti l'enorme mole di informazioni richiesta dai software sempre più sofisticati. Per quantificare grosse quantità di byte, in tal modo indicando la capienza di una memoria, è bene utilizzare dei multipli del byte, così come si fa per i metri (km) o i grammi (kg). Il primo multiplo del byte è il **Kilobyte** (kB) che indica 1024 byte (non 1000 come avviene per i grammi e le altre unità di misura). Gli altri multipli usati sono il **Megabyte** (MB) che equivale a 1024 kB e quindi a 1024^2 byte, il **Gigabyte** (GB), che equivale a 1024 Megabyte, e, infine, il **Terabyte**, che è pari a 1024 Gigabyte. L'equivalenza tra due multipli consecutivi si ottiene sempre moltiplicando per 1024 (o dividendo se il passaggio avviene da un multiplo più piccolo ad uno più grande).

Indichiamo alcuni multipli del byte con relativi valori, partendo da un **Terabyte**:

Unità	Simbolo	Valore
Terabyte	TB	1 TB
Gigabyte	GB	1 TB × 1024 = 1024 GB
Megabyte	MB	1024 GB × 1024 = 1.048.576 MB
Kilobyte	kB	1.073.741.824 kB
Byte	B	1.099.511.627.776 B

In definitiva un *Terabyte* equivale a più di mille miliardi di byte.

1.4.4 Memorizzazione delle informazioni sulle memorie di massa

Abbiamo già indicato il byte come l'unità più piccola presente su una memoria. Ma sulle memorie di massa, le informazioni, le istruzioni che la CPU deve elaborare e i risultati delle elaborazioni sono memorizzate sotto forma di **file** (si pronuncia '*fail*'), ovvero insiemi di byte preposti al medesimo scopo o contenenti le istruzioni da far eseguire alla CPU per ottenere il funzionamento di un software.
Un file, poiché contiene insiemi di byte, ha una dimensione dipendente dal numero di byte contenuti. Pertanto, per poter memorizzare un file di una determinata dimensione, è necessario che la memoria apposita sia sufficientemente capiente.
Di solito i file sono contenuti in strutture logiche chiamate **directory** o anche **cartelle** con il mero scopo di tenerli in ordine secondo un determinato criterio.
Per poter contenere i dati, le memorie di massa necessitano della **formattazione,** un'operazione eseguita sempre dal computer, che crea delle strutture logiche all'interno della memoria, dividendola in una serie di blocchi di uguali dimensioni.

1.5 Periferiche I/O

Abbiamo parlato di dispositivi di I/O (input-output), noti anche come periferiche, che hanno la funzione di interagire con l'utente. Questo tipo di interazione può avvenire in due «sensi»: dal computer verso l'utente, come risposta alle elaborazioni richieste, o viceversa, relativamente ad un'immissione di dati, da parte dell'utente verso il computer: nel primo caso parliamo di **output**, nel secondo si tratta di **input**. Ne deriva che le periferiche possono essere definite **dispositivi di input** e **dispositivi di output** (esistono anche alcuni casi in cui una stessa periferica svolge entrambe le funzioni).

1.5.1 Periferiche di Input

Sono dispositivi che hanno il compito di immettere dati destinati ad essere elaborati. Tra di esse ricordiamo in particolare:

> *Tastiera* – Permette l'inserimento di caratteri qualora il software lo richieda. Essa è formata da: **tasti alfanumerici**, che consentono di immettere numeri e lettere; **tasti funzionali**, allineati nella parte superiore, che permettono di svolgere particolari funzioni; **tasti cursore**, che servono per muovere il cursore nell'area dello schermo.

Particolarmente utili sono la **barra spaziatrice**, con cui si inseriscono spazi bianchi tra una parola e l'altra quando si digita un documento, nonché i **tasti Backspace** e **Invio**, grazie ai quali è possibile eseguire cancellazioni e andare a capo (o anche confermare l'immissione dei dati).

- *Mouse* – Si tratta di un piccolo dispositivo dalla forma più o meno ovale il cui movimento da parte dell'utente viene trasferito al **puntatore**, un elemento grafico presente nei software più moderni. Esistono peraltro **mouse ottici**, che al posto della tradizionale pallina sono dotati di un sensore ottico, nonché **mouse senza fili** (wireless) alimentati a batteria, che inviano segnali al computer sfruttando un piccolo ricevitore (collegato all'elaboratore via cavo) con il quale comunicano attraverso onde radio, raggi infrarossi o via Bluetooth.
- *Touchpad* – Ha la stessa funzione del mouse, ma il movimento del puntatore è reso possibile dal passaggio di un dito su una superficie piana.
- *Scanner* – Consente l'acquisizione di immagini cartacee per renderle disponibili a determinati software in grado di elaborarle per gli scopi più disparati. Una particolare funzione di uno scanner è legata all'utilizzo combinato con un software noto con la sigla OCR. Tale acronimo sta per Optical Character Recognition, ovvero riconoscimento ottico dei caratteri. Con software del genere è possibile, attraverso uno scanner, effettuare la scansione di un foglio con testo (non scritto a mano) al fine di renderlo riconoscibile da un programma di videoscrittura e poterlo successivamente modificare.

Altre periferiche di input sono il *microfono* con evidente funzione per la digitalizzazione di audio e la *webcam*, una telecamera dalle dimensioni estremamente ridotte, in grado di acquisire immagini video dell'utente che la utilizzi.

1.5.2 Periferiche di Output

Il risultato delle elaborazioni della CPU deve essere reso disponibile per l'utente e le periferiche di output svolgono proprio questa funzione. Tra i vari dispositivi ricordiamo:

- *Monitor* – Molto simile ad un televisore, mostra in maniera visiva le caratteristiche di natura grafica e multimediale dei software. Esso si basa sulle stesse tecnologie dei televisori, per cui le sue dimensioni vengono misurate in pollici ed esistono monitor a tubo catodico (ormai obsoleti) e LCD (*Liquid Crystal Display*). Per funzionare il monitor deve essere collegato ad un componente chiamato **scheda video** o **adattatore grafico** che ha la funzione di «tradurre» in immagini le informazioni elaborate dalla CPU.
- *Stampante* – Ha il compito di trasferire su carta i dati elaborati dai software. A seconda della tecnologia utilizzata si possono avere:
  - *stampanti laser*, che garantiscono risultati di eccellente qualità sfruttando un raggio laser ad una certa lunghezza d'onda;
  - *stampanti a getto d'inchiostro*, in cui le testine di stampa sono fissate su un carrello che si muove per tutta la lunghezza del foglio spruzzando microgocce di inchiostro;
  - *stampanti a sublimazione*, che utilizzano alte temperature.
- *Altoparlanti* e *cuffie* – Hanno la funzione di riprodurre suoni e, come il microfono, sono collegati alla **scheda audio**, un dispositivo in grado di *digitalizzare* (codificare in bit) i suoni.

Esistono **periferiche con duplice attitudine** (input e output allo stesso tempo). Una di queste è il *touchscreen*, un monitor che consente di effettuare anche operazioni simili a quelle tipiche di un mouse. Tale tipo di dispositivo è ormai diventato elemento fondamentale di smartphone e tablet.

1.6 Porte di comunicazione

Le periferiche e le memorie comunicano con la CPU attraverso delle apposite **porte di comunicazione** a cui si collegano fisicamente mediante connettori. Le porte di comunicazione si distinguono in base al tipo di tecnologia e alla velocità di trasmissione dei dati. Eccone un elenco:

- *Porta USB* – Molto diffusa, consente il collegamento della maggior parte delle periferiche e di alcune memorie di massa. È una tecnologia che permette un'elevata velocità di passaggio di dati nell'unità di tempo (di solito si misura in B/s, byte al secondo, o con i multipli kB/s, MB/s e GB/s).
- *Porta seriale* – È una porta per lo scambio dei dati attraverso la quale i bit sono trasmessi in serie uno alla volta. Ha una velocità molto ridotta ed è ormai caduta in disuso quasi completamente.
- *Porta parallela* – A differenza della porta seriale, attraverso la porta parallela i bit vengono trasmessi in «parallelo», contemporaneamente su più conduttori alla volta. Un tempo era molto usata per collegare stampanti, ma adesso è stata soppiantata dalla più veloce porta USB.
- *Porta Ethernet* – Attraverso questa porta si collegano i computer tra di loro realizzando delle reti di PC, argomento che affronteremo nei prossimi paragrafi.
- *Porta Firewire* – È un tipo di porta spesso nota anche col nome del suo standard: **IEEE 1394**. Permette trasferimenti di dati ad alta velocità ed è molto usata per acquisire filmati da telecamere o come interfaccia per collegare memorie di massa esterne.

1.7 Gestione dei dispositivi I/O

Meccanismo fondamentale nel funzionamento di un computer è la gestione dell'input/output delle periferiche. Abbiamo detto che la CPU è il cervello del computer e pertanto spetta ad essa il controllo anche delle periferiche, o per meglio dire, dei dati che devono essere inviati o ricevuti. Durante l'esecuzione di un programma la CPU interroga ciclicamente ogni periferica per verificare se quest'ultima sia pronta per inviare o ricevere dei dati. Tale procedura, nota col termine *polling*, presenta diversi lati negativi. Naturalmente con l'aumentare del numero delle periferiche aumentano i tempi di attesa impiegati per interrogare puntualmente ogni dispositivo. Per ovviare a tale limite si ricorre a un altro tipo di procedura più efficiente attraverso l'uso di un *interrupt*. Con questo metodo è la periferica stessa a generare una interruzione (da qui il termine «interrupt») nel momento in cui è pronta a inviare dati alla CPU; quest'ultima, ricevuto il segnale di interrupt, sospende ciò che stava eseguendo in precedenza per soddisfare la richiesta di interruzione del dispositivo di I/O, prima di riprendere l'esecuzione delle altre istruzioni. Una procedura ancora più rapida, infine, è rappresentata dal cosiddetto *accesso diretto in memoria* (DMA). Attraverso il

DMA, le periferiche accedono ai dati in memoria direttamente, senza «costringere» il processore ad essere parte in causa di tutto il processo, consentendogli quindi di svolgere altri compiti.

1.8 Tipi di computer

Un computer è sempre costituito dalle componenti base del modello di Von Neumann, ma le periferiche di I/O possono cambiare a seconda dei modelli e diverse possono anche essere le dimensioni. In base al tipo di calcolatore, alle periferiche montate, alle dimensioni e ad altre caratteristiche secondarie, distinguiamo:

> *Personal computer* – Grazie al progresso e all'abbassamento dei costi sono diventati molto comuni nelle case e negli uffici di tutto il mondo. Sono noti con l'acronimo **PC** o anche col termine **desktop PC** e sono ormai usati per ogni tipo di scopo: contabilità, grafica, design, utilizzi ludici, multimediali, ecc.
> *Laptop* – Sono i cosiddetti PC portatili, di dimensioni ridotte, che integrano in poco spazio periferiche di solito ingombranti come monitor e tastiera. I nuovi modelli hanno anche webcam e microfoni incorporati per scopi multimediali e di comunicazione. Sono altresì noti col termine **notebook**.
> *Netbook* – Si tratta di particolari tipi di laptop di dimensioni e prestazioni più ridotte, adatti principalmente alla navigazione su Internet.
> *Tablet PC* – Sono particolari computer portatili costituiti da un unico monitor touchscreen molto maneggevole e pratico.
> *Palmari* – Sono dei computer di dimensioni e prestazioni molto ridotte, noti anche come **PDA**.
> *Smartphone* – Si tratta di telefoni cellulari con funzionalità avanzate tipiche di un vero e proprio computer (si può dire che siano dei PDA evoluti).
> *Smart TV* – Sono dei televisori LCD dotati di un computer dove è installato un vero e proprio sistema operativo, muniti di diversi software per la fruizione di vari servizi e contenuti *on demand* (a richiesta).

1.9 Velocità e prestazioni

Una CPU, durante il proprio funzionamento, si trova a dover elaborare miliardi di informazioni e, poiché i software sono sempre più sofisticati, col tempo è nata l'esigenza di microprocessori in grado di eseguire le elaborazioni in maniera più rapida. La velocità di una CPU è correlata alla sua **frequenza** che viene espressa in **Hertz** (unità di misura della frequenza, indicata con Hz). Per i processori moderni le velocità sono pari ad alcune migliaia di Mhz (un multiplo dell'hertz) e vengono generalmente espresse in **Gigahertz** (Ghz). Un Ghz equivale ad un miliardo di hertz. Poiché esiste un limite fisico oltre il quale una CPU non può avere frequenze che superino un certo valore, oggi i nuovi microprocessori hanno un nucleo costituito da più CPU insieme i cui contributi in fatto di velocità delle elaborazioni sono additivi. Al di là della velocità della CPU, bisogna tuttavia tener conto di altri fattori che possono ridurre le prestazioni di un PC:

- *Memoria RAM* – La capienza ridotta della memoria principale può rappresentare un problema: se la memoria di lavoro con cui la CPU si relaziona è insufficiente, il microprocessore è costretto a rallentare le proprie prestazioni per fare fronte alla mancanza di spazio.
- *Memoria cache* – Poiché la memoria RAM ha tempi di accesso inferiori rispetto alle capacità di elaborazione delle CPU, queste ultime sono fornite di una sorta di piccola memoria interna in cui vengono memorizzate le informazioni a cui devono accedere più spesso senza dover fare riferimento alla memoria principale, più lenta. Un fattore che migliora le prestazioni di un PC è proprio la dimensione della memoria *cache*, che dipende dalle caratteristiche della CPU (e quindi dal costo).
- *Velocità del BUS* – La velocità di transito dei dati attraverso i relativi canali di comunicazione è ridotta rispetto a quella della CPU, e ciò può rappresentare un altro fattore penalizzante che dipende dalle caratteristiche del sistema.
- *Velocità dell'hard disk e relativa capienza* – La velocità con cui il disco rigido permette l'accesso alle informazioni è senza dubbio un fattore limitante, ma lo è anche la capienza, poiché con i moderni software, parte del disco rigido può essere usata come estensione della memoria principale (memoria virtuale).

1.10 Software

Il termine «software», contrapposto ad «hardware» (che designa la componente fisica del computer), è genericamente utilizzato per indicare tutti i programmi che permettono al calcolatore di funzionare. Più precisamente un software è un insieme di istruzioni che la CPU elabora per svolgere un determinato compito. I software sono scritti da tecnici specializzati chiamati «programmatori» attraverso un **linguaggio di programmazione**, una sorta di codice noto al programmatore che viene successivamente tradotto in **linguaggio macchina**, la lingua della CPU, che può quindi eseguire le istruzioni del programma secondo le direttive del programmatore. In base alla funzione, esistono diversi tipi di software:

- Software di sistema
- Software applicativo
- Software multimediale

1.10.1 Software di sistema

Quando un PC viene avviato, la CPU è istruita sul da farsi dalle istruzioni contenute nella memoria ROM. Una volta esaurito il compito della ROM, il controllo passa ad un software detto **sistema operativo** (o software di sistema) che ha le seguenti funzioni principali:

- gestire la memoria e il flusso di dati tra la CPU e le altre periferiche di sistema;
- garantire l'interazione uomo-macchina attraverso una **GUI** (interfaccia grafica) o attraverso una interfaccia di tipo testuale.

Oggi sono presenti molti sistemi operativi, tra cui vale la pena ricordare:

- Microsoft Windows 10 e versioni precedenti come Windows 8, Windows 7, Vista, XP, 98 e 95

- Linux
- FreeBSD
- MacOS

I moderni sistemi operativi forniscono tutti una interfaccia grafica (GUI: *Graphical User Interface*) che agevola di molto l'interazione con l'utente. Un tempo, infatti, i comandi durante l'utilizzo di un PC erano inseriti in una interfaccia testuale molto primitiva che complicava enormemente l'uso dell'elaboratore, rendendolo uno strumento alla portata di pochi esperti. Una interfaccia di tipo grafico, invece, facilita di molto il lavoro poiché tutte le operazioni si basano su simboli grafici, anche accattivanti, di utilizzo senza dubbio più semplice.

1.10.2 Software applicativo e multimediale

Per operazioni specifiche l'utente ha a disposizione una serie di **software applicativi** capaci di svolgere i compiti più disparati. Di solito ogni software ha una funzione specifica e tra i vari programmi ricordiamo:

- *Elaborazione testi* – Ad esempio **Microsoft Word** e **Write** di Apache OpenOffice.
- *Programmi di foglio elettronico* – Come **Microsoft Excel** e **Calc** di Apache OpenOffice.
- *Gestione basi di dati* – Ad esempio **Microsoft Access** e **Base** di Apache OpenOffice.
- *Applicativi per presentazioni con diapositive* – Come **Microsoft PowerPoint** e **Impress** di Apache OpenOffice.
- *Programmi per navigare in Internet e gestire la posta elettronica* – Tra questi, **Microsoft Explorer**, **Mozilla Firefox** e **Google Chrome** per navigare e **Microsoft Outlook** e **Mozilla Thunderbird** per la posta elettronica.

L'elenco potrebbe essere infinito poiché esistono anche i cosiddetti **software multimediali** come quelli per il foto-ritocco, la grafica tridimensionale, il montaggio audio/video, l'editoria elettronica e tutto ciò che si basi sulla multimedialità ovvero sull'uso combinato di più mezzi di percezione allo stesso tempo: immagini, audio, video, ecc.

1.10.3 Licenze d'uso dei software

Il termine «licenza», in ambito informatico, indica l'insieme delle condizioni d'uso che generalmente accompagnano un software, garantendo diritti all'utente e al tempo stesso imponendogli degli obblighi e delle restrizioni.
L'utilizzo di un programma in base al tipo di licenza d'uso può prevedere o meno l'acquisto del software stesso. In pratica, esistono software a pagamento e software gratuiti.
Per utilizzare un software, spesso è richiesta l'accettazione di una sorta di contratto di licenza, definito **EULA** (*End User License Agreement*), che stabilisce le modalità con cui l'utente si impegna ad utilizzare il software e le responsabilità sia dell'utente che del produttore del software. L'EULA, di solito legato ai software a pagamento, talvolta è usato anche per i software gratuiti, avendo anche in questo caso la funzione di stabilire cosa devono o possono fare rispettivamente il produttore e l'utente finale.
Ogni volta che l'uso di un programma è gratuito si parla genericamente di software **freeware**, ma il discorso su tali tipi di software merita un approfondimento.

Come abbiamo accennato, esistono licenze di diversi tipi, alcune che prevedono l'uso gratuito del software ed altre che richiedono il pagamento per l'acquisto della licenza d'uso. Tra le licenze che prevedono l'uso gratuito del programma ricordiamo:

- GNU GPL
- Common Public License
- Licenza BSD modificata

In particolare, per quanto riguarda la licenza **GNU GPL**, va detto innanzitutto che questa è legata al concetto di software libero, il che non vuol dire che il software sia semplicemente gratuito, ma che è liberamente utilizzabile ed eventualmente modificabile, purché lo si ridistribuisca con le modifiche apportate. Questo concetto si lega anche a quello dell'**Open Source**, una modalità di distribuzione del software in cui gli autori del programma ne permettono lo studio e la modifica da parte di programmatori indipendenti, così che il prodotto possa essere migliorato e adattato a determinate esigenze. Non tutti i produttori distribuiscono i propri software secondo i principi dell'open source o del software libero, soprattutto per quanto riguarda i software a pagamento. In tal caso si parla di **software proprietario** che prevede alcune restrizioni sull'uso e sulla distribuzione del programma stesso, anche se non è detto che il software proprietario sia esclusivamente a pagamento.
Un'ultima tipologia di licenza software molto comune è la **shareware**, attraverso la quale il programma è liberamente ridistribuibile (spesso ottenibile mediante Internet o riviste del settore), ma il suo funzionamento è limitato nel tempo o nelle funzioni, richiedendo un pagamento per poter continuare ad usarlo. Molti software non gratuiti, infatti, prevedono l'utilizzo con alcune funzioni limitate (versioni **demo**) o permettono di usare il software per un periodo circoscritto di tempo prima di disattivarsi e di richiedere l'acquisto (versioni **trial**).

1.10.4 Software e diritto d'autore

In seguito all'emanazione del *decreto legislativo 518/92*, la vecchia legge 633/41 sul diritto d'autore viene estesa anche alla tutela dei software, per disciplinare gli usi consentiti del programma e i diritti di chi detiene il **copyright** (modo improprio per definire la legislazione inerente il diritto d'autore), analogamente a quanto avviene nel campo dell'editoria, nell'industria delle etichette discografiche e nel mercato delle opere audiovisive in genere. Le norme degli ultimi anni, quali il decreto-legge 22 marzo 2004, n. 72, convertito poi nella *legge n. 128 del 21 maggio 2004*, contrastano anche la diffusione abusiva per via telematica di materiale audiovisivo protetto dal diritto d'autore (musica e film).
Il software appartiene alla categoria delle **creazioni intellettuali**. Al creatore del software sono attribuiti i *diritti esclusivi di riproduzione in qualsiasi forma, distribuzione e adattamento del programma alle specifiche necessità*. Violazioni di tali diritti sono il **possesso** e il **commercio di copie illecite**, nonché il commercio e il possesso di prodotti che in qualsiasi modo facilitino la rimozione dei dispositivi tecnici di protezione del software. La tutela si estende anche all'**interfaccia grafica**, il sistema che organizza per immagini e icone i dati e i comandi.
Un fenomeno purtroppo abbastanza diffuso, infatti, è quello dell'utilizzo di **software pirata**, che sono programmi dotati di caratteristiche identiche all'originale ma

privi della licenza alla vendita e all'uso. Questa pratica, oltre ad essere assolutamente illegale e punita dalla legge, è anche poco sicura in quanto dietro ai software pirata si possono nascondere insidie quali virus e *malware* in genere, programmi nocivi che potrebbero danneggiare il sistema di chi li usa. È sempre bene conoscere la provenienza dei software che si intende installare sul proprio sistema nonché il tipo di licenza che vincola l'utilizzo di quel dato programma e, nel caso s'intenda installare software con licenze commerciali, assicurarsi di averne acquistato una copia originale e non una copia pirata (molto spesso un software originale presenta un talloncino filigranato o un segno di riconoscimento sulla confezione, che ne attesti l'effettiva autenticità).

1.10.5 Realizzazione di un software

Per realizzare un software occorrono dei **programmatori** che, attraverso un linguaggio di programmazione, successivamente tradotto in un secondo linguaggio compreso dalla CPU, il **linguaggio macchina**, creano il programma che svolge le funzioni desiderate.
Scrivere un software prevede una serie di passi preliminari:

- Studio di fattibilità e analisi
- Progettazione
- Programmazione
- Implementazione
- Test
- Revisione e manutenzione

Tralasciando i primi punti, passiamo subito alla scelta del linguaggio di programmazione, che fondamentalmente dipende dalle preferenze del programmatore, oltre che dal tipo di software che s'intende creare.

Linguaggi di programmazione

Per indurre la CPU ad eseguire le operazioni da noi richieste è necessario un linguaggio di programmazione che, in base alla «vicinanza» al linguaggio macchina in cui viene successivamente tradotto, si distingue in **linguaggio di alto livello** e **linguaggio di basso livello**: i linguaggi di alto livello hanno una sintassi più vicina a quella dell'uomo, dunque più comprensibile, mentre quelli di basso livello sono più complessi e vicini al linguaggio macchina.
Tra i linguaggi di alto livello ricordiamo:

- BASIC
- PASCAL
- COBOL
- C
- C++

e i più recenti:

- Visual Basic
- Delphi
- C#

> Java
> Visual C++

Il C e il C++, in particolare, sono spesso considerati linguaggi di livello più basso rispetto agli altri, poiché permettono di accedere anche a livelli più vicini a quelli della macchina.
Tra i linguaggi di basso livello il più noto è l'*assembly*, tanto complesso quanto potente, che dipende dalle caratteristiche di fabbrica del processore, in quanto le istruzioni cambiano in base al produttore del processore. I linguaggi di alto livello, invece, sono indipendenti dal tipo di processore su cui si sta lavorando, in quanto vengono successivamente tradotti da un software apposito chiamato **compilatore** (o interprete per alcuni linguaggi), che si occupa di rendere eseguibile il programma nel linguaggio macchina adatto al tipo di CPU.

Algoritmi
Scrivere un programma comporta la risoluzione di una serie di piccoli problemi, attraverso una sequenza finita di istruzioni, univocamente interpretabili e che portino ad un risultato in un tempo finito. Questa sequenza finita di istruzioni è definita **algoritmo** ed è uno dei fondamenti su cui si basa la programmazione. Possiamo definire un algoritmo anche una semplice operazione di tutti i giorni che non riguardi il mondo dei computer, come ad esempio prepararsi un caffè. Un'operazione come riempire una moka può essere scomposta in vari passi elementari fino a costituire un algoritmo:

1. INIZIO
2. Prendere la moka
3. Riempire la caldaia con acqua
4. Riempire il filtro con la miscela di caffè
5. Chiudere la moka
6. Accendere il fornello
7. Posizionare la caffettiera sul fornello
8. Attendere
9. Il caffè è pronto? Se sì vai al punto 10 altrimenti torna al punto 8
10. Versare il caffè nella tazza
11. Aggiungere lo zucchero
12. FINE

Questa sequenza è senza dubbio finita, costituita da una serie di istruzioni elementari univocamente interpretabili che portano alla risoluzione di un problema in un tempo finito. Essa costituisce pertanto un vero e proprio algoritmo. Spesso si preferisce utilizzare un sistema grafico chiamato **diagramma di flusso** per schematizzare un algoritmo in maniera visuale.

Bug e debug
Molto spesso quando si parla di software si utilizza il termine «bug» (o baco) per indicare un malfunzionamento o in generale un'anomalia dell'applicazione in uso che non ne consente il corretto funzionamento. Con tale parola si fa riferimento in genere a un errore commesso dal programmatore durante la programmazione del

software. Per ridurre al massimo la presenza di uno o più bug, infatti, gli sviluppatori di software effettuano una procedura detta di «debug» attraverso la quale, eseguendo il programma in una modalità ben precisa (detta appunto «debug mode»), sono in grado di avere una completa visione di tutto ciò che accade durante l'esecuzione del software in modo da prevenire la presenza di bug (da qui il nome DE-BUG, che vuol dire rimuovere i bug).

1.11 Le reti informatiche

Le reti di computer rappresentano un collegamento effettuato attraverso mezzi fisici quali cavi o connessioni via etere, al fine di realizzare lo scambio di informazioni e la condivisione di periferiche. In base alla loro estensione, distinguiamo tre categorie:

- *LAN (Local Area Network)* – Si tratta di collegamenti tra computer situati in una stessa stanza, in uno stesso edificio o in una estensione territoriale non superiore a qualche chilometro. Qualora il collegamento avvenga via etere attraverso dispositivi di trasmissione si parla di *WLAN*.
- *MAN (Metropolitan Area Network)* – È una rete di computer più vasta della LAN.
- *WAN (Wide Area Network)* – Collega un gran numero di computer sparsi per vaste reti geografiche. La WAN per eccellenza è **Internet**.

1.11.1 Protocolli di rete

Per comunicare tra loro i computer in rete utilizzano particolari protocolli che specificano con quali modalità vengono scambiati i dati. Molti di questi protocolli sono impiegati per lo scambio di dati attraverso **Internet**, una vasta rete geografica che collega i computer di tutto il mondo. I più usati sono:

- TCP/IP
- HTTP
- FTP
- SMTP
- POP3

L'**HTTP** è il protocollo usato per la trasmissione di pagine web attraverso Internet, funzionante secondo un meccanismo di richiesta/risposta (client/server): il client esegue una richiesta e il server restituisce la risposta.
Alcuni protocolli verranno esaminati in maniera più approfondita nel capitolo 7.

1.11.2 Internet

Si tratta di una rete nata per volere del Pentagono, per scopi militari, verso la fine degli anni '50, che nel corso dei decenni successivi si è evoluta, allargata ed è stata resa disponibile per scopi di ricerca universitaria. A inizio degli anni '90, Internet è diventata la rete che conosciamo oggi, utilizzata ogni giorno da milioni di utenti, grazie ai tanti servizi che offre e alla facilità con cui è possibile accedervi. Tra i servizi maggiormente sfruttati dagli «internauti» vanno menzionati i seguenti:

> *WWW (World Wide Web)* – È un servizio che fornisce documenti ipertestuali multimediali, molto usato su Internet: in pratica si tratta dei classici siti web. La ricerca di siti che contengano documenti di nostro interesse è facilitata dall'uso dei **motori di ricerca**, siti web a loro volta in grado di indirizzare verso altri siti, attraverso la ricerca di parole chiave inerenti l'argomento di nostro interesse.
> *E-Commerce* – Si tratta di particolari siti web che rappresentano veri e propri negozi virtuali attraverso cui è possibile acquistare prodotti o servizi di ogni genere.
> *E-Learning* – Rappresenta un modo particolare di somministrazione didattica per l'apprendimento a distanza, senza presenza fisica di personale docente.
> *E-Banking* – È un vero e proprio sportello bancario virtuale messo a disposizione da quasi tutte le banche per fornire gli stessi servizi di sportello anche attraverso il web.
> *E-Government* – Consiste nel mettere i servizi burocratici ed erogati dalla pubblica amministrazione a disposizione dei cittadini anche attraverso Internet.
> *E-Mail* – Noto anche come *posta elettronica,* consente di ricevere messaggi e/o vere e proprie missive presso una casella di posta, consultabile attraverso software specifici, chiamati **client di posta elettronica**, che utilizzano alcuni protocolli menzionati in precedenza, quali **POP3** e **SMTP**.
> *IM (Instant messaging)* – Si tratta di un servizio che permette di scambiare brevi messaggi di testo attraverso due o più computer connessi in rete.
> *VOIP (Voice Over IP Protocol)* – È un sistema che consente vere e proprie chiamate telefoniche attraverso Internet, grazie ad algoritmi sempre più efficienti, che garantiscono un'alta qualità della chiamata.
> *Feed RSS* – Si tratta di un servizio attraverso il quale è possibile pubblicare contenuti (di solito news o informazioni di altro tipo), consultabili poi attraverso specifici software.
> *Blog* – È un sito web che ha le sembianze di un vero e proprio diario personale o dove ogni utente può pubblicare articoli, anche di carattere multimediale, a proprio piacimento.
> *Podcast* – Si tratta di un servizio basato su RSS i cui contenuti, anziché essere testuali, sono di natura audio/visiva.

1.11.3 Velocità di scambio dati

Così come avviene per le periferiche, anche nei collegamenti in rete tra più computer ha senso parlare di velocità di scambio dati. La misura di questa velocità di solito avviene in *bps* (bit per secondo) o meglio in *Mbps* (Mega bit per secondo) o *Gbps* (Giga bit per secondo) poiché oggigiorno le velocità di comunicazione via rete sono nell'ordine di milioni di bit al secondo. Per gli scambi attraverso Internet, i contratti stipulati con le compagnie telefoniche offrono un'ampia gamma di opzioni.

Velocità di connessione attraverso Internet

Per accedere ad Internet attraverso una linea telefonica domestica, sono disponibili diversi tipi di tecnologie:

> *PSTN (Public Switched Telephone Network)* – La tradizionale rete telefonica pubblica commutata con cui si eseguivano le connessioni attraverso una particolare periferica detta **Modem**. Le velocità raggiungibili erano inferiori ai 60000 bps.

- *ISDN (Integrated Services Digital Network)* – Col tempo nuove tecnologie sono state messe a disposizione dai **provider Internet** (fornitori di accesso ad Internet). Con l'ISDN è possibile raggiungere velocità fino a 128000 bps.
- *ADSL (Asymmetric Digital Subscriber Line)* – Insieme alle successive evoluzioni come l'ADSL2+, rappresenta il mezzo più usato per connettersi ad Internet attraverso la linea telefonica tradizionale. Può arrivare a velocità anche ai 20 Mbps;
- *Fibra ottica.* È una rete staccata da quella telefonica (anche se talvolta utilizza le stesse infrastrutture) che può garantire velocità fino a 1 Gbps (anche se attualmente lo standard varia da 30 a 100 Mbps).

Oggi è anche possibile l'accesso ad Internet attraverso la rete di telefonia mobile e in base al tipo di protocollo utilizzato si raggiungono velocità differenti. In ordine crescente di velocità di scambio dati abbiamo le seguenti tecnologie:

- **GPRS** (*General Packet Radio Service*), un sistema di trasmissione che consente, tramite la rete di telefonia cellulare GSM, di navigare in Internet e d'inviare e ricevere e-mail;
- **EDGE** (*Enhanced Data Rates for Global Evolution*), una tecnologia radio che aumenta la capacità di trasmissione dati fino a 200 Kbit/s, utilizzando come infrastruttura la rete GSM;
- **UMTS** (*Universal Mobile Telecommunication System*), una modalità di accesso radio ai servizi radiomobili capace di garantire una velocità addirittura maggiore per la trasmissione dati (fino ad un massimo di 384 Kbit/s), nonché la possibilità di effettuare videochiamate;
- **HSDPA** (*High Speed Downlink Packet Access*), una tecnologia radio che consente di aumentare sensibilmente la capacità di trasmissione dati offerta dalla rete UMTS;
- **HSUPA** (*High Speed Uplink Packet Access*), la stessa tecnologia radio utilizzata per HSDPA e applicata anche per il traffico dati inviato dal telefonino alla rete;
- **LTE** (*Long Term Evolution*), rappresenta il protocollo di quarta generazione (4G) in grado di raggiungere velocità ancora più sostenute nell'invio e nella ricezione dei dati. È lo standard attualmente più diffuso per le connessioni da telefonia mobile;
- **5G (Fifth Generation)** in fase di sperimentazione e che potrà garantire in futuro connessioni mobili ultraveloci.

Intranet ed Extranet

Due particolari tipi di rete, sempre correlati ad Internet, sono le **Intranet** e le **Extranet**. Le Intranet sono una sorta di reti locali, che utilizzano gli stessi protocolli utilizzati per Internet, ma riservati allo stretto ambito aziendale. Le Extranet sono reti locali anch'esse destinate ad una ristretta cerchia di utenti, il cui accesso può avvenire anche dall'esterno attraverso Internet, con credenziali riservate. La si può anche definire come una Intranet a cui è possibile accedere dall'esterno.

Quesiti di verifica 1
Fondamenti teorici dell'ICT

1) La RAM, rispetto a un hard disk, è:

A. più lenta
B. più veloce
C. più capiente

2) Per collegare i record di una tabella con quelli di un'altra è necessario che abbiano in comune:

A. un metodo
B. un record
C. un campo

3) Il touchscreen è:

A. un dispositivo che permette al monitor di attivare il "savescreen"
B. un dispositivo hardware che consente all'utente di interagire con un computer toccando lo schermo
C. un dispositivo del monitor che avvisa quando lo schermo è sporco

4) Quale, tra i seguenti nomi, non identifica un tipo di stampante?

A. InkJet
B. Binprint
C. Laser

5) Una libreria software è:

A. un insieme di programmi
B. l'insieme di trentadue file di testo che trattano lo stesso argomento
C. una guida all'uso del computer

6) Cosa significa che la risoluzione di uno schermo è 640 × 480?

A. Che si può visualizzare un'immagine di 640 × 480 punti
B. Che l'area dello schermo è di 640 × 480 mm
C. Che l'area dello schermo è suddiviso in 640 × 480 punti

7) Il termine software indica:

A. l'insieme dei programmi e delle componenti fisiche del computer
B. solamente il sistema operativo che controlla tutte le operazioni di base, consentendo il funzionamento dell'hardware
C. l'insieme dei programmi e dei dati relativi: sistema operativo, programmi applicativi e linguaggi di programmazione

8) Quale dei seguenti elementi è indispensabile in un computer?

A. La scheda audio
B. La scheda video
C. La webcam

9) Quando su un PC sono installate diverse stampanti, quella predefinita è quella:

A. collegata alla porta parallela
B. collegata alla porta seriale
C. dove il computer effettua di default le stampe a meno che non vengano date istruzioni diverse

10) Lo schermo di un PC viene connesso al computer:

A. a una qualsiasi porta parallela disponibile
B. a una interfaccia SCSI
C. tramite l'apposito connettore della scheda grafica

11) L'Universal Serial Bus (USB) è:

A. uno standard di comunicazione seriale basato su cablaggi in fibra ottica
B. uno standard di comunicazione analogica che consente di collegare più dispositivi video (monitor, videoproiettori, etc.) a un computer
C. uno standard di comunicazione seriale che consente di collegare diverse periferiche ad un computer

12) Quale dei seguenti elementi è indispensabile in un computer?

A. La tastiera
B. Il lettore DVD
C. Il mouse

13) Quale componente hardware, tra quelle indicate, influenza maggiormente le prestazioni del computer?

A. La tastiera
B. Il mouse
C. La memoria cache

14) Fare il Back-up di una Pen Drive significa:

A. controllare lo stato della Pen Drive
B. eseguire la scansione della Pen Drive
C. riportare il contenuto della Pen Drive su altro supporto

15) Il programmatore è un tecnico che:

A. gestisce una rete di computer
B. progetta e scrive le istruzioni che compongono un programma
C. ripara i guasti Hardware

16) Quale dei seguenti elementi non è indispensabile in un computer?

A. La scheda madre
B. La scheda video
C. Il mouse

17) Quale tra i seguenti NON è un dispositivo di puntamento?

A. Touchscreen
B. Tastiera
C. Mouse

18) È corretto affermare che disporre di una scheda audio non è indispensabile per l'utilizzo di un computer?

A. Sì, gli unici elementi indispensabili per poter utilizzare un computer sono la scheda madre e la stampante
B. Sì. Per poter utilizzare un computer non è indispensabile avere una scheda audio
C. No, per poter utilizzare un computer è indispensabile avere la scheda madre, la scheda video e la scheda audio

19) Quale delle seguenti affermazioni riguardanti le stampanti è vera?

A. Le stampanti a colori stampano esclusivamente fotografie
B. Le stampanti si connettono al computer esclusivamente tramite la porta parallela
C. Esistono stampanti di tipo laser

20) Nel normale utilizzo di un computer quale operazione tra le seguenti è consigliabile fare periodicamente per evitare ogni rischio di perdita di dati?

A. Memorizzare i dati in una particolare area del disco fisso
B. Effettuare una copia su carta di tutti i dati presenti sul disco fisso
C. Effettuare una copia di back-up dei dati su cui si lavora

21) Un byte è composto da:

A. 8 bit
B. 16 bit
C. 4 bit

22) Quale dei seguenti elementi è indispensabile in un computer?

A. La stampante
B. Il mouse
C. L'alimentatore

23) In una rete di computer, è possibile stampare sulle stampanti connesse ad altri PC della rete?

A. Sì, se queste sono condivise
B. Solo se sono stampanti PostScript
C. No, si possono usare solo le stampanti direttamente connesse al PC

24) Che tipo di stampante identifica il termine "InkJet"?

A. Ad aghi
B. Termica
C. A getto d'inchiostro

25) Gli organi di elaborazione del sistema hardware sono:

A. monitor, stampante, drive, modem
B. processore e memoria RAM
C. tastiera, mouse, scanner

26) Un programma è un insieme di:

A. istruzioni
B. record
C. campi

27) Un disco fisso è:

A. un disco di un computer che non può essere trasportato per non perdere i dati memorizzati su di esso
B. il disco più grande di un gruppo di computer collegati in rete tra loro
C. un disco, interno al computer, usato per memorizzare grandi quantità di dati

28) Una scheda di rete permette di:

A. connettere il computer direttamente alla rete a 380 Volt
B. connettere il computer ad Internet
C. connettere il computer ad altri computer formando così una rete

29) Quale tra i seguenti nomi logici si riferisce alla porta parallela di un computer?

A. LPT1
B. COM2
C. COM1

30) In uno schermo i pixel misurano:

A. la dimensione
B. il numero di colori
C. la risoluzione

31) Il cuore di un computer si chiama CPU, cosa vuol dire questa sigla?

A. Center Police Units
B. Certificato Pubblico Unico
C. Central Processing Unit

32) Si dice che uno schermo è da 17 pollici se:

A. l'altezza dello schermo è di 17 pollici
B. il tubo catodico dello schermo misura 17 pollici
C. la diagonale dello schermo misura 17 pollici

33) Quali sono le due componenti principali di un computer?

A. Mouse e tastiera
B. Hardware e monitor
C. Hardware e software

34) Quale tra le seguenti non è una memoria per dati?

A. Disco fisso
B. Scheda di rete
C. Chiavetta USB

35) Un lettore CD-ROM comune può leggere anche i DVD?

A. No, è necessario possedere un lettore DVD-ROM

B. Solo i DVD+R
C. Sì, sempre

36) In informatica, la visualizzazione con una determinata risoluzione dipende:

A. solo dal tipo di monitor
B. solo dal tipo di scheda grafica
C. dal tipo di monitor e dal tipo di scheda grafica

37) Il modem:

A. si limita esclusivamente a ricevere dati
B. costituisce l'unità centrale di elaborazione di dati e programmi
C. serve a mandare e ricevere dati connettendosi a una rete telematica tramite una comune linea telefonica

38) Tramite cosa è possibile scrivere su CD-R?

A. Lettore CD-ROM
B. Mouse
C. Masterizzatore

39) In quale dei seguenti dispositivi viene archiviato in modo permanente un file?

A. Cache
B. Hard Disk
C. RAM

40) Ai fini dell'utilizzazione di un elaboratore:

A. non può assolutamente mancare la scheda audio
B. non possono assolutamente mancare i moduli RAM
C. non può assolutamente mancare la scheda di rete

41) Cosa succede se si collega un monitor a risoluzione 1024 × 768 ad una scheda grafica con risoluzione 800 × 600?

A. La risoluzione massima sarà 1024 × 768
B. Non è possibile un'operazione di questo tipo
C. La risoluzione massima sarà 800 × 600

42) È corretto affermare che disporre del mouse non è indispensabile per l'utilizzo di un computer?

A. Sì, gli unici elementi indispensabili per poter utilizzare un computer sono la scheda madre e il modem
B. Sì. Per poter utilizzare un computer non è indispensabile avere il mouse
C. No, per poter utilizzare un computer è indispensabile avere il mouse

43) Che differenza c'è tra i termini «hardware» e «software»?

A. Software indica tutte le parti fisiche, elettroniche e meccaniche di un computer, hardware indica l'insieme dei programmi che permettono ad un computer di funzionare
B. Nessuna differenza, sono due termini sinonimi di «componente di un computer»
C. Hardware indica tutte le parti fisiche, elettroniche e meccaniche di un computer, software indica l'insieme dei programmi che permettono ad un computer di funzionare

44) In una stampante laser è necessario cambiare periodicamente:

A. le testine di stampa
B. il nastro
C. il toner

45) In una rete di computer, viene nominato Server di rete:

A. il computer che sovrintende le operazioni della rete e sul quale sono residenti i programmi di gestione e amministrazione della rete stessa
B. il computer che è dotato del microprocessore più potente

C. il responsabile dell'ufficio EDP dell'azienda

46) Una periferica che riporta su carta i dati di un applicativo è definita:

A. modem
B. mouse
C. stampante

47) Quale dei seguenti è un programma per l'elaborazione di immagini?

A. Unix
B. Writer
C. Photoshop

48) Su un PC, modificando l'impostazione della risoluzione dello schermo da 640 × 480 a 1024 × 768, si otterrà l'effetto di:

A. rimpicciolire gli oggetti mostrati a video
B. aumentare il numero di colori possibili
C. ingrandire gli oggetti mostrati a video

49) Cosa si intende per "laptop"?

A. Un programma musicale
B. Un computer portatile
C. Un cartella contenente i file più estesi

50) Quale tra questi dispositivi di memoria può avere la capacità più elevata?

A. CD-ROM
B. Hard disk
C. Zip disk

RISPOSTE CORRETTE

1) B	11) C	21) A	31) C	41) C
2) C	12) A	22) C	32) C	42) B
3) B	13) C	23) A	33) C	43) C
4) B	14) C	24) C	34) B	44) C
5) A	15) B	25) B	35) A	45) A
6) C	16) C	26) A	36) C	46) C
7) C	17) B	27) C	37) C	47) C
8) B	18) B	28) C	38) C	48) A
9) C	19) C	29) A	39) B	49) B
10) C	20) C	30) C	40) B	50) B

Capitolo 2
Uso del sistema operativo

2.1 Nozioni introduttive

Le funzioni principali dei software di sistema riguardano:

- gestione della memoria e del flusso di dati tra la CPU e le altre periferiche di sistema;
- gestione dei processi in esecuzione;
- interazione uomo-macchina attraverso una **GUI** (interfaccia grafica) o attraverso un'interfaccia di tipo testuale, definita anche «a riga di comando» ancora oggi molto usata in particolari sistemi operativi.

In altre parole il software di sistema istruisce l'elaboratore su come comportarsi una volta esaurite le istruzioni presenti nella memoria ROM.
Strutturalmente un sistema operativo è costituito da una serie di componenti software che lavorano in sinergia e il nucleo del sistema operativo prende il nome di **Kernel**. Il kernel ha la funzione di gestire le componenti hardware del computer (CPU, memoria, ecc.) consentendone il funzionamento delle relative applicazioni che l'utente ha necessità di utilizzare. Esistono diversi tipi di kernel in base a diverse strategie progettuali, tra cui vale la pena ricordare:

- Kernel monolitico
- Microkernel

La scelta sul tipo di kernel da adottare è stata spesso oggetto di discussione e la maggior parte dei sistemi operativi utilizza microkernel. Tra i sistemi operativi che utilizzano il kernel monolitico invece ricordiamo Linux, sistema operativo sviluppato da Linus Torvalds negli anni '90.
Un'altra componente fondamentale di un sistema operativo è lo **scheduler** che ha la funzione di gestire i processi in esecuzione che necessitano di essere eseguiti secondo una certa priorità.
Tra i sistemi operativi più famosi, alcuni dei quali non più usati, ricordiamo:

- Unix
- Linux
- Minix
- BSD
- Windows
- Mac OS
- AmigaOS
- BeOS
- OS/2
- Solaris
- DR-DOS

> MS-DOS

In questo capitolo esamineremo le modalità di utilizzo e la struttura dell'interfaccia grafica di uno dei più comuni software di sistema esistenti ed attualmente molto usato: **Microsoft Windows 10**.

2.2 Uso della tastiera e del mouse

La **tastiera** è la periferica di input per eccellenza. Essa è costituita da una serie di tasti, la cui pressione permette la scrittura, l'inserimento di dati, ma anche l'attivazione di particolari funzioni secondo il software che si sta usando. Alcuni tasti, detti **modificatori**, se premuti insieme con altri, ne modificano la funzione. Ad esempio, una determinata lettera, se premuta insieme al tasto «maiuscolo», è scritta appunto in maiuscolo. Se si schiaccia, invece, il numero «5» che si trova sopra i tasti delle lettere «R» e «T», un software di videoscrittura inserirà il carattere «5», ma se questo tasto dovesse essere premuto insieme al tasto «maiuscolo», allora verrà inserito il simbolo di percentuale «%». Altri tasti modificatori, invece, permettono l'attivazione di particolari funzioni del software che si sta usando. In definitiva i tasti modificatori sono:

Tasto	Nome esteso	Funzione
⇧	*Maiuscolo o Shift*	Immette la lettera maiuscola premuta o il carattere indicato nella parte alta del tasto.
Ctrl	Control	Ha diverse funzioni in base al software che si sta usando.
Alt	*Alternate*	È simile a Control e si usa anche in combinazione con esso.
Alt Gr	*Alternate Graphic*	È usato per ottenere il carattere presente sulla parte destra di un tasto o caratteri poco comuni normalmente non visualizzati sui tasti. A seconda del software che si usa, assume diverse funzioni.

Il **mouse** è una periferica di input attraverso la quale è possibile muovere l'elemento grafico di puntamento dei sistemi operativi ad interfaccia grafica. Il suo movimento è trasferito al puntatore, che normalmente ha la forma di una freccia e che, una volta posizionato sull'area interessata, può interagire con un dato elemento attraverso due tasti:

1. *il tasto sinistro*: attraverso un **clic singolo** (premendolo una sola volta) di solito si seleziona l'elemento desiderato se si tratta di icone o si attiva una finestra oppure si passa da un'applicazione all'altra. Un **doppio clic** (due clic singoli ravvicinati) permette l'apertura di un determinato file o di un'applicazione se si tratta di icone (elementi grafici collegati a file o a particolari funzioni del sistema operativo). Per convenzione, quando si dice «cliccare un determinato elemento», ci si riferisce semplicemente al clic singolo. Nel caso sia necessario un doppio clic per una determinata operazione, sarà specificato chiaramente di eseguire un doppio e non un singolo clic;
2. *il tasto destro*: prevede soltanto il singolo clic che, salvo rarissimi casi, permette l'apertura del **menu contestuale**, una sorta di elenco di operazioni che è possibile eseguire con l'elemento cliccato.

2.3 Windows 10

2.3.1 Caratteristiche generali

Questo software di sistema è genericamente indicato col termine **Sistema Operativo**, così come i suoi «colleghi» Linux, Unix, Mac OS di cui abbiamo parlato nel capitolo precedente. Come i suoi predecessori e come la maggior parte degli altri sistemi operativi a interfaccia grafica (Windows 95, Windows 98, Windows Xp, ecc.), è caratterizzato da una GUI di facile utilizzo.

La **GUI** (*Graphical User Interface*) di un software (o **interfaccia grafica**) ha la funzione di interagire con l'utente attraverso strutture grafiche capaci di rendere le procedure di utilizzo di un computer molto più semplici.
All'accensione del computer e dopo le procedure di controllo hardware portate a termine dal BIOS presente nella memoria ROM, il controllo passa al software di sistema. Chi ha Windows 10 come sistema operativo vedrà una prima schermata di avvio, durante le prime elaborazioni di caricamento e, successivamente, apparirà la schermata principale del nostro sistema operativo che nel caso di Windows 10 ed altri sistemi operativi è costituito dal **desktop**.
Letteralmente desktop (Figura 2.1) vuol dire «scrivania» e inizialmente, in base alle impostazioni e agli altri programmi installati, può contenere una serie di **icone** (Figura 2.2) ovvero di piccole immagini rappresentanti un file o un programma. Nei moderni sistemi operativi l'interazione con tali immagini costituisce il metodo standard per il lancio delle applicazioni.

Figura 2.1 – Desktop

Il desktop è un'area di lavoro di solito arricchita da un'immagine di sfondo, sulla quale è possibile porre le cartelle e i file a cui si lavora, proprio come si fa sulla scrivania dell'ufficio o di casa.
Attualmente sono disponibili diverse modalità di configurazione del desktop e ciascun utente può scegliere quella che più si adatta alle sue esigenze.

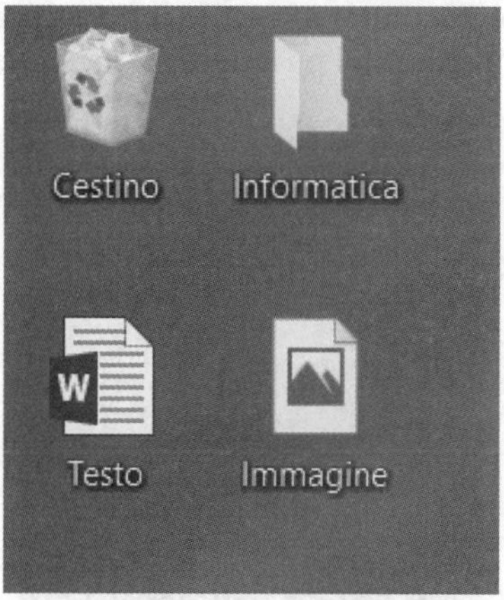

Figura 2.2 – Icone

Nella parte inferiore dello schermo troviamo la **barra delle applicazioni** (detta anche **taskbar**), che di norma è sempre visibile durante il nostro lavoro ed è costituita da tre porzioni, a partire da sinistra e andando verso destra:

- pulsante Start (Figura 2.3);
- un'ampia porzione centrale dove sono visibili le applicazioni e altri elementi a cui stiamo lavorando (Figura 2.4);
- l'area di notifica dove si può accedere a determinati programmi, attivi in maniera silente, o dov'è possibile visualizzare l'orologio di sistema (Figura 2.5).

Figura 2.3 – Pulsante Start

Figura 2.4 – Barra delle applicazioni

Figura 2.5 – Area di notifica

Cliccando sul pulsante **Start** si aprirà un menu diviso in due colonne (Figura 2.6), che darà, tra le altre cose, la possibilità di accedere ai software installati o alle varie sezioni delle memorie di massa del nostro computer. Una voce in basso a sinistra, se cliccata con il tasto sinistro del mouse, apre un elenco di tutti i programmi installati.

La casella di testo che riporta la scritta «Scrivi qui per eseguire la ricerca» consente di cercare il nome del software desiderato, senza dovere scorrere l'elenco dei vari programmi. Man mano che s'inserisce il nome del programma da cercare, saranno visualizzati quelli il cui nome comincia con le lettere inserite. In questo modo sarà possibile avviare anche i software del pacchetto Office che analizzeremo nei capitoli successivi.

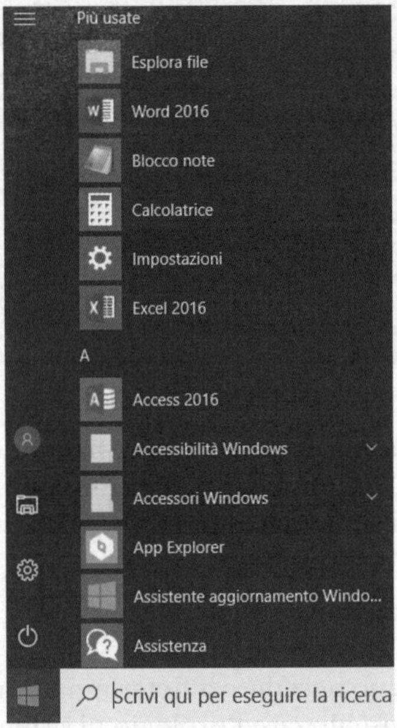

Figura 2.6 – Menu del pulsante Start

Sulla parte sinistra del menu Start si trova un tasto a forma di cartella (Esplora file) attraverso il quale sarà possibile accedere alle varie sezioni delle memorie di massa del nostro computer. Se, infatti, clicchiamo su tale tasto e successivamente sull'icona «Questo PC» si aprirà una finestra nella quale sono indicate le memorie di massa installate sul nostro elaboratore, che a seconda del modello, potranno differire notevolmente (Figura 2.7).

La memoria di massa a disco rigido contenente i nostri dati è indicata da un'icona a forma di hard disk. Per accedere al contenuto, basterà fare doppio clic col tasto sinistro del mouse sull'icona in questione. Si aprirà una finestra che contiene una certa quantità di file e cartelle sempre indicate da icone. Le cartelle non sono altro che una sorta di scatole contenenti file e altre cartelle al fine di mantenere un certo ordine logico. Le memorie di massa in Windows sono anche chiamate «unità» e sono indicate con una lettera dell'alfabeto seguita dai due punti (esempio: «unità C:», «unità D:», ecc.). Cliccando col tasto destro su una delle icone delle memorie di massa, si potrà accedere alla finestra delle proprietà da cui sarà possibile controllare la capacità totale e quella disponibile dell'unità selezionata.

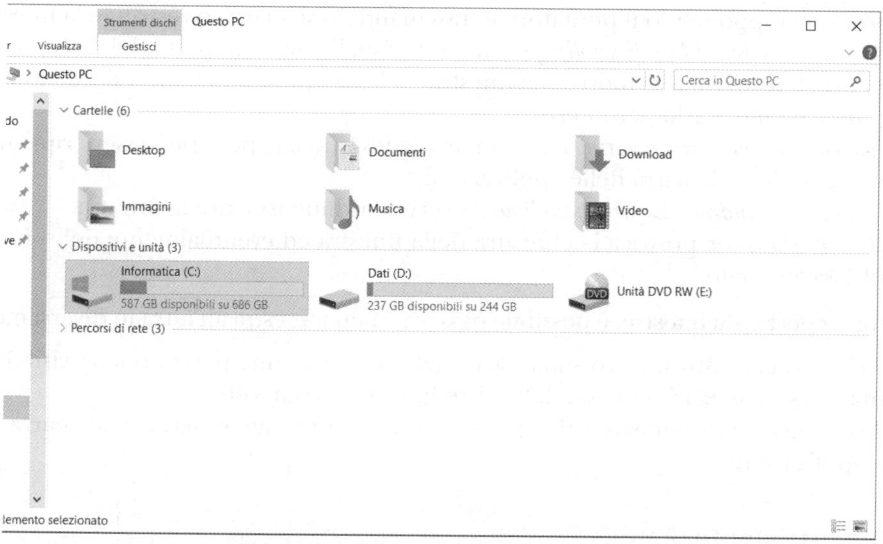

Figura 2.7 – Memorie di massa installate

2.3.2 Gestione delle finestre

Una finestra è una sorta di casella che può contenere l'interfaccia grafica di un software o delimitare il contenuto di una cartella. Essa può essere spostata, rimpicciolita, ingrandita e dispone normalmente di una serie di elementi con cui è possibile interagire (oltre al contenuto).

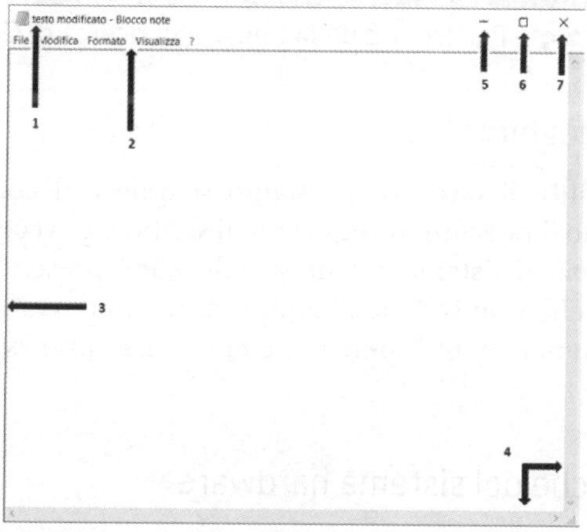

Figura 2.8 – Elementi di una finestra

Strutturalmente una finestra presenta i seguenti elementi (Figura 2.8):

1. *Barra del titolo*: riporta il nome del software che si sta usando ed eventualmente altre informazioni.
2. *Barra dei menu*: permette di usare alcuni comandi in maniera rapida.

3. *Bordo*: sovrapponendo il puntatore e trascinandolo si allarga o restringe la finestra.
4. *Barre di scorrimento (o di scroll)*: permette di visualizzare una parte del documento, mentre il resto rimane fuori dalla finestra, nel caso quest'ultima non sia abbastanza grande da mostrarlo per intero.
5. *Tasto di minimizzazione*: serve a nascondere la finestra che però può essere ripristinata cliccando sulla barra delle applicazioni.
6. *Tasto di ingrandimento e rimpicciolimento*: serve a ridimensionare la finestra.
7. *Tasto di chiusura*: provoca la chiusura della finestra ed eventualmente del software ad essa associato.

Se sono **aperte più finestre**, è possibile passare da una finestra all'altra in diversi modi:

- cliccando col tasto sinistro sulla barra del titolo o su una parte appena visibile di una finestra, magari nascosta dalle altre finestre sovrapposte;
- cliccando col tasto sinistro sul rispettivo riquadro presente in basso, sulla barra delle applicazioni.

2.3.3 Assistente digitale

A partire dalla versione 10 di Windows, l'utente ha a disposizione un software particolare, chiamato *Cortana*, che svolge le funzioni di assistente digitale al quale è possibile porre domande di ogni tipo (sia scrivendole in una casella che pronunciando a voce le richieste), inviare messaggi, impostare la sveglia, effettuare ricerche su Internet e tanto altro (Figura 2.9).

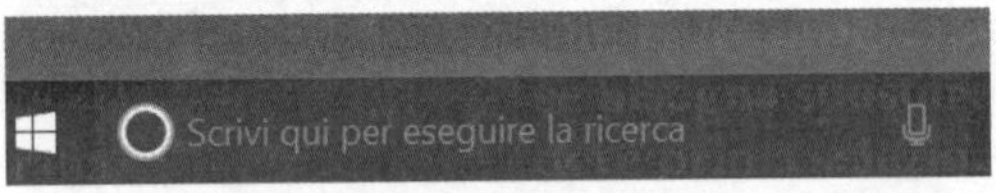

Figura 2.9 – Particolare della finestra di ricerca di Cortana

2.3.4 Riavvio e spegnimento

Quando abbiamo finito di lavorare possiamo spegnere il computer andando nel menu Start e cliccando il pulsante raffigurante il simbolo di accensione/spegnimento e scegliendo poi **Arresta il sistema**. Come si vede, sono presenti anche altre voci, tra cui **Riavvia il sistema** che non spegne il computer ma lo riavvia (come se si spegnesse e riaccendesse in automatico, un'operazione che spesso può essere richiesta in particolari situazioni).

2.3.5 Caratteristiche del sistema hardware

Nel primo capitolo abbiamo parlato di memoria principale e frequenza della CPU, elementi importanti di un computer. È possibile controllare le caratteristiche hardware del proprio calcolatore inserendo la voce **Pannello di controllo** all'interno della casella di ricerca. Un metodo rapido per accedere alle impostazioni del PC è attraverso il tasto a forma di ingranaggio nel menu Start. Il pannello di controllo permette anche di modificare le impostazioni di base del sistema, installando o rimuovendo software, cambiando le opzioni di accessibilità, controllando gli account degli utenti, ecc. Aperta la finestra, sarà sufficiente cercare la voce **Sistema**

e sicurezza e cliccarvi sopra una sola volta; successivamente basterà cliccare sulla voce **Sistema**.
La finestra che si apre riporterà nella parte centrale le caratteristiche peculiari del sistema, tra cui tipo di processore e quantità di memoria RAM (Figura 2.10).

Visualizza informazioni di base relative al computer

Edizione Windows

Windows 10 Home

© 2016 Microsoft Corporation. Tutti i diritti sono riservati.

Sistema

Produttore:	
Modello:	
Processore:	Intel(R) Core(TM) i7-7500U CPU @ 2.70GHz 2.90 GHz
Memoria installata (RAM):	12,0 GB (11,9 GB utilizzabile)
Tipo sistema:	Sistema operativo a 64 bit, processore basato su x64
Penna e tocco:	Nessun input penna o tocco disponibile per questo schermo

Supporto per

Sito Web:	Supporto tecnico

Impostazioni relative a nome computer, dominio e gruppo di lavoro

Nome computer:	
Nome completo computer:	
Descrizione computer:	
Gruppo di lavoro:	WORKGROUP

Figura 2.10 – Caratteristiche del sistema

2.3.6 Struttura del file system

Col termine **file system** si indica soprattutto la struttura logica con cui sono organizzati file e cartelle in una memoria di massa. Infatti, i dati contenuti in un computer seguono solitamente una struttura gerarchica di cartelle contenenti a loro volta altre cartelle e file. Secondo questo modello esiste una cartella principale che contiene tutte le altre. Quando clicchiamo sull'icona dell'hard disk, come abbiamo già visto, non facciamo altro che accedere alla cartella principale di quella memoria di massa che a sua volta conterrà altre cartelle che ne conterranno altre ancora e così via. Una cartella contenuta in un'altra viene indicata anche come **sottocartella**. Spesso, per coerenza con i sistemi operativi del passato, le cartelle sono indicate col termine **directory** e le sottocartelle **sub-directory**.
Di norma, le cartelle su cui un utente può lavorare sono quelle personali che si trovano sul desktop o in un'altra particolare cartella chiamata **Documenti**, a cui si può accedere sempre grazie all'apposita voce presente nella parte destra del menu Start oppure cliccando sulla relativa icona. È importante mantenere un ordine all'interno

del proprio elaboratore, anche per evitare di accedere a cartelle di sistema che contengono file destinati al funzionamento del sistema operativo o di altre applicazioni, che non interessano minimamente gli scopi dell'operatore, il quale potrebbe arrecare danni al sistema, se non esperto.

2.3.7 Configurazione degli elementi principali

Alcuni elementi di Windows 10 possono essere configurati e impostati secondo le personali esigenze e il gusto dell'utente, tra cui:

- Sfondo del desktop
- Screensaver
- Orologio di sistema

Sfondo del desktop
Come abbiamo avuto modo di illustrare in precedenza, il desktop può essere arricchito da un'immagine di sfondo scelta da un elenco di immagini predefinite o da un file di tipo immagine. È anche possibile fare in modo che lo sfondo cambi ad intervalli regolari, automaticamente. Dal **Pannello di controllo** a cui si può accedere attraverso il menu **Start**, si può scegliere la voce **Aspetto e personalizzazione** e subito dopo la voce **Personalizzazione** che consente, tra le altre cose, di cambiare lo sfondo del desktop, di impostare un tema e di cambiare lo screensaver.

Screensaver
Col termine **screensaver** (salvaschermo) si intende un particolare software che, in base ad un timer impostato dall'utente, avvia un'animazione continua sul monitor oppure lo oscura completamente, al fine di salvaguardare la vita del monitor stesso, evitando che mostri sempre la stessa immagine fissa per diverso tempo, cosa che a lungo andare, soprattutto per i vecchi monitor CRT, poteva rappresentare un problema poiché gli elementi costitutivi di uno schermo possono col tempo danneggiarsi se utilizzati in maniera impropria (ad esempio, visualizzando a lungo immagini fisse e molto luminose). Il salvaschermo si avvia in automatico una volta trascorso il tempo impostato in precedenza, senza che ci sia stata attività da parte dell'utente relativa all'uso del mouse o della tastiera. Per impostare uno screensaver si dovrà visualizzare il **Pannello di controllo**, poi **Aspetto e personalizzazione** e subito dopo la voce **Personalizzazione**. Come per il cambio di sfondo del desktop sarà possibile impostare anche lo screensaver col relativo tempo di attesa.

Orologio di sistema
L'orologio presente sulla barra di notifica in basso a destra può essere impostato cliccandovi col tasto destro e scegliendo l'opzione **Modifica data/ora**.

2.4 File e cartelle

2.4.1 Tipi di file

Il file è un contenitore di informazioni digitalizzate leggibili solo da appositi software. Esso è graficamente rappresentato da un'icona, che presenta un'immagine diversa in base al tipo. Ogni file ha un nome e un'estensione, separati da un punto, per cui un file avrà un nome nella forma *nomefile.estensione*. L'estensione di solito è costituita da tre lettere che definiscono il tipo di file. Quest'ultimo dipende dal contenuto del file, ovvero dalle informazioni in esso presenti e, in base a ciò, possiamo distinguere diversi tipi di file:

Tipo di file	Estensioni più comuni
Eseguibili	.exe
Immagini	.jpg .gif .bmp .png
Video	.avi .mpeg .mp4
Audio	.wav .mp3
Testo	.txt
Documenti	.doc .docx .rtf .pdf
Excel	.xls
Powerpoint	.ppt .pps
Access	.mdb
File compressi	.zip .rar .gz .bz2

Cartelle e file possono essere creati, spostati o copiati in altre cartelle, secondo le proprie esigenze. È possibile creare cartelle per organizzare al meglio altri file e sottocartelle. Nei paragrafi che seguono illustreremo come gestire i file, insieme ad una dettagliata gamma di operazioni, usando il desktop come area di lavoro.

2.4.2 Creare una nuova cartella

Se si clicca il tasto destro su un punto libero del desktop, si aprirà il menu contestuale tra cui ci sarà la voce **Nuovo** con una freccia posta di lato. Collocando il puntatore su questa voce, si aprirà un sottomenu da cui sarà possibile scegliere la voce **Cartella** e, cliccando col tasto sinistro su di essa, apparirà una cartella alla quale potremmo subito assegnare un nome a nostro piacimento (Figura 2.11). In questo modo avremo creato una nuova cartella sul desktop, che potrà essere aperta cliccandoci sopra due volte col tasto sinistro del mouse o una volta sola col tasto destro e scegliendo **Apri** dal menu contestuale.

Figura 2.11 – Nuova cartella appena creata

2.4.3 Creare un file di testo

Soffermandosi sempre sul desktop, cliccando ancora il tasto destro in un punto libero da icone, scegliamo la voce **Nuovo** dal menu contestuale e questa volta non creeremo una nuova cartella, bensì un nuovo documento di testo a cui imposteremo proprio il nome «testo», così come abbiamo fatto per la cartella. In ogni momento è possibile cambiare nome a un file o una cartella cliccandoci su con il tasto destro del mouse e scegliendo il comando **Rinomina** dal menu contestuale.

2.4.4 Apertura e modifica di un file di testo

Un documento di testo (o file di testo) è un semplice file che contiene caratteri alfanumerici.
Facendo doppio clic su una cartella, si provoca l'apertura di una finestra che ne mostra il contenuto (solitamente uno o più file allineati secondo un certo ordine), ma facendo doppio clic su un file qualsiasi, che non sia un eseguibile con estensione .exe, se ne consente l'apertura attraverso un software apposito, se installato, in grado di leggerne il contenuto. Ad esempio, se avessimo un file con estensione .jpg, che contenga quindi una foto, facendo doppio clic su di esso si invocherebbe l'apertura di un programma associato dal sistema alla visualizzazione di foto.
Un doppio clic sul file di testo appena creato, quindi, ne provoca l'apertura attraverso il software **Blocco note,** un programma per leggere e scrivere (ed eventualmente stampare) file di testo. Se si apre il file appena creato, questo risulterà vuoto, poiché ancora non abbiamo scritto nulla. Provando a scrivere una semplice parola al suo interno (Figura 2.12), il risultato è quello mostrato nella figura.

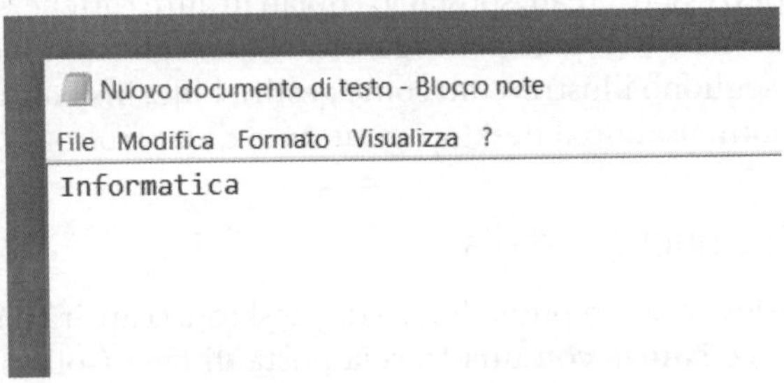

Figura 2.12 – File di testo

Dopodiché, cliccando sulla voce **File** della barra dei menu, si otterrà l'apertura di un menu a tendina nel quale si potrà scegliere il comando **Salva con nome** (Figura 2.13). Si aprirà automaticamente una finestra di dialogo (che ci permette di effettuare una determinata operazione in base alle nostre esigenze), grazie alla quale sarà possibile scegliere la posizione in cui salvare il nostro file. Scorrendo quindi le varie sottocartelle presenti sul desktop sarà possibile salvarlo in una di queste. Facendo doppio clic sulla cartella creata da noi in precedenza e che abbiamo chiamato «Edises», entreremo in essa (tutto ciò sempre attraverso la finestra di dialogo) e nella casella di testo sottostante con la scritta **Nome file**, sarà possibile impostare un nome diverso al file di testo. Chiamiamolo «testo modificato» e clicchiamo sul pulsante **Salva**, posto in basso (Figura 2.14).

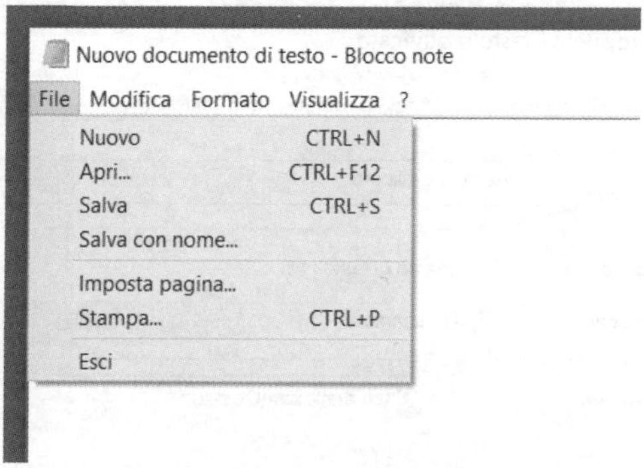

Figura 2.13 – Salvataggio di un file di testo

Figura 2.14 – Pulsante «Salva»

Chiudiamo ora il Blocco note, con il pulsante di chiusura oppure attraverso la voce **Esci** presente nel menu **File** e, ritornando sul desktop, apriamo la cartella «Edises» facendo doppio clic su di essa: si potrà notare il file appena salvato da noi.

2.4.5 Proprietà di file e cartelle

Dal menu contestuale conseguente al clic col tasto destro su di un file (nell'esempio ci siamo riferiti al file «testo modificato» presente nella cartella Edises sul desktop), è possibile scegliere la voce **Proprietà**: si aprirà una finestra di dialogo che ci darà una serie di informazioni sul file (Figura 2.15).
Dall'alto verso il basso sono indicate le seguenti voci:

- *Tipo di file* – Riguarda il contenuto delle informazioni presenti all'interno del file, in questo caso è un file di testo.
- *Apri con* – Si riferisce al programma associato all'apertura del file con doppio clic.
- *Percorso* – Indica la posizione esatta del file nella memoria di massa, partendo dalla lettera indicante la memoria e le varie sottocartelle, separate dal simbolo «\» noto come *backslash*.
- *Dimensioni* – In base al contenuto i file occupano un certo spazio espresso in byte.
- *Dimensioni su disco* – Lo spazio reale occupato da un file dipende dalla struttura del file system della memoria di massa. Un file, anche se molto piccolo, occupa comunque uno spazio minimo che nell'esempio è pari a 4 kB.
- *Date di creazione, ultima modifica* e *ultimo accesso* – Queste voci indicano la data esatta in cui è stato creato, modificato o aperto un file.
- *Attributi* – Un file può essere impostato di «sola lettura» per evitare di modificarne il contenuto. Un file, inoltre, può essere nascosto se non riveste alcuna importanza per il lavoro che l'utente sta svolgendo e ha magari una funzione di sistema che non interessa l'utente personalmente.

Una finestra simile appare anche nel caso si tratti di cartelle.

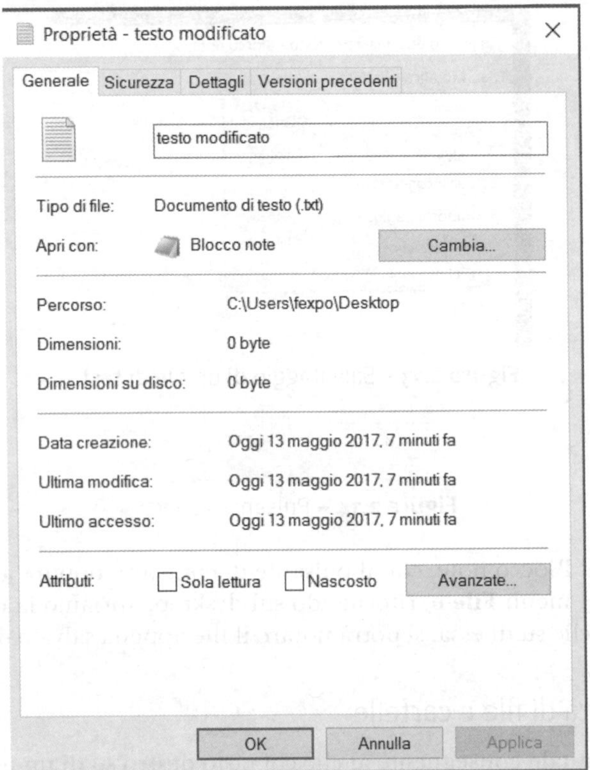

Figura 2.15 – Proprietà di un file

2.5 Operazioni con i file

2.5.1 Copiare un file

Un file può essere copiato in un'altra cartella presente nella stessa memoria di massa o in altra unità. Per copiare un file, attraverso il menu contestuale, si preme il tasto destro del mouse sul file da copiare e si sceglie la voce **Copia**. Successivamente basterà andare nella cartella dove si vuole copiare il file, premere il tasto destro in un punto libero della finestra della cartella e scegliere la voce **Incolla**.

2.5.2 Spostare un file

Se si tiene premuto il tasto sinistro del mouse sull'icona di un file, mentre si muove il mouse, si potrà trascinare l'icona per tutta l'area del desktop o della finestra all'interno della quale essa si trova. In questo modo è possibile spostare un file da una cartella a un'altra semplicemente trascinandolo dal punto di partenza e sovrapponendolo sulla nuova cartella, rilasciando poi il tasto del mouse. Quest'operazione è nota come *drag & drop* («trascina e rilascia») e può essere eseguita anche attraverso i comandi **Taglia** e **Incolla** dal menu contestuale (si sceglie «taglia» dal menu contestuale del file e «incolla» sempre dal menu contestuale ottenuto con un clic con il tasto destro in un punto libero della cartella in cui si voglia spostare il file): il risultato è uno spostamento per cui il file viene cancellato dalla sua posizione di partenza e copiato nella nuova cartella scelta.

2.5.3 Eliminare un file

Quando si decide di eliminare un file, si può spostare l'icona in una speciale cartella di «pre-eliminazione» chiamata **Cestino** da cui si può tornare indietro in caso di errore o ripensamento. Per spostare un file nel cestino è possibile cliccare col tasto destro del mouse su di esso e scegliere la voce **Elimina**. Una finestra di dialogo ci chiede conferma della nostra intenzione. Per eliminare il file definitivamente sarà necessario svuotare il cestino (che potrà contenere altri file da noi eliminati). Per far questo basta cliccare col tasto destro sull'icona del cestino presente sul desktop e scegliere la voce **Svuota cestino**. Un'icona può anche essere spostata nel cestino attraverso il «drag & drop» illustrato precedentemente: il risultato sarà lo stesso. Per ripristinare un file spostato nel cestino, sarà necessario fare doppio clic sull'icona del cestino stesso e, una volta individuato il file che si vuole riportare nella sua posizione originaria, si sceglie la voce **Ripristina** dal menu contestuale che appare cliccando su di esso col tasto destro del mouse.

2.5.4 Selezionare le icone

Ogni icona, che si trovi sul desktop o in qualsiasi altra cartella o unità, può essere selezionata con un semplice clic del tasto sinistro del mouse. Per selezionare più icone contemporaneamente, bisogna cliccarci sopra, tenendo premuto il tasto CTRL sulla tastiera. Se le icone da selezionare sono adiacenti, allora si può cliccare in un punto libero (dove non sono presenti icone) della cartella o del desktop e iniziare a muovere il mouse: l'utente noterà un rettangolo che si ingrandisce o rimpicciolisce in base al movimento del puntatore. Ingrandendo il rettangolo fino ad inglobare le icone adiacenti che si desidera selezionare si otterrà la loro selezione, che verrà indicata graficamente dalla comparsa di un retino che rende più scure le icone selezionate (Figura 2.16).

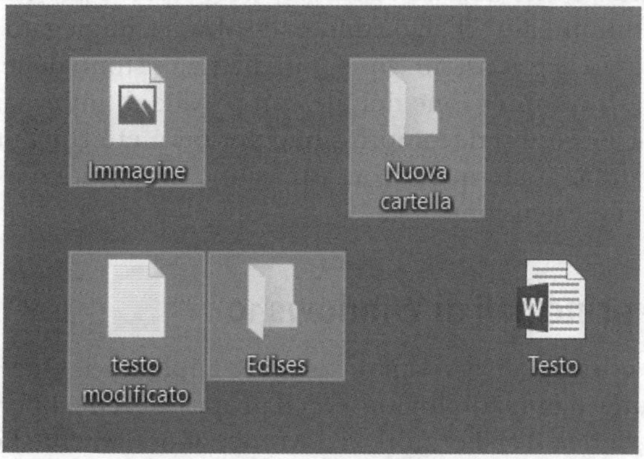

Figura 2.16 – Selezione di icone

Selezionare più icone può essere utile nel caso si vogliano spostare più file in una cartella o nel cestino.

2.5.5 Riordinare le icone

Cliccando col tasto destro del mouse in un punto libero (non occupato da icone) all'interno di una cartella o del desktop, apparirà il solito menu contestuale da cui è possibile scegliere anche la voce **Ordina per**. Grazie a questo comando sarà possibile allineare le icone, disponendole secondo il criterio scelto nel sottomenu (nome, dimensione, tipo di file, ecc.) (Figura 2.17).

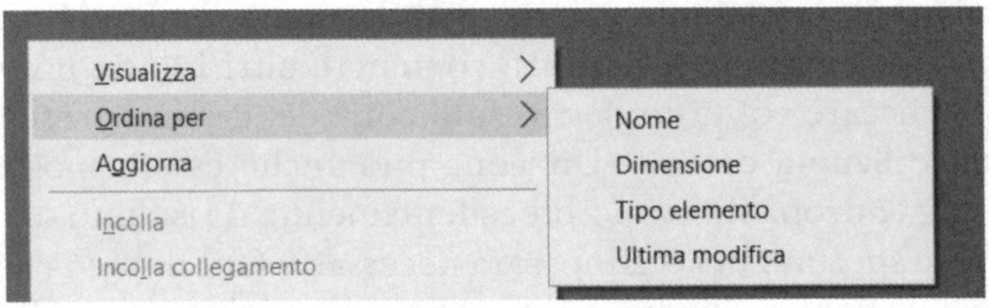

Figura 2.17 – Ordinamento icone

2.5.6 File compressi

Esistono dei software particolari di **compressione dati** che hanno la funzione di ridurre le dimensioni di un file così che esso occupi meno spazio nella memoria di massa. In realtà la compressione dati è utilizzata in molti altri frangenti con il semplice scopo di ridurre i bit e conseguentemente accorciare i tempi di elaborazione e/o trasmissione dell'informazione. Per ridurre la dimensione dei file sono disponibili diversi software che li comprimono per poi scompattarli quando devono essere riutilizzati, in quanto un file compresso con questi programmi perde la sua funzionalità momentaneamente. L'algoritmo di compressione di un file, quindi, deve essere reversibile, bisogna cioè poter ottenere il file originale attraverso un algoritmo inverso di decompressione. In tal caso si parla di compressione senza perdita d'informazione o **loseless**. File compressi, che devono essere poi decompressi per essere utilizzati, hanno diverse estensioni in base all'algoritmo e al software impiegato per comprimerli. Tra queste ricordiamo le estensioni .zip e .rar, ma ne esistono delle altre. Ci sono anche delle tecniche di compressione dei file con perdita di informazione (**lossy**), che non necessitano di successiva decompressione per permetterne l'utilizzo. È il caso di alcuni tipi di file audio come quelli con estensione .mp3, video e immagini, tra cui ricordiamo quelli con estensione .jpg.

2.6 Software principali di Windows 10

Come accennato, esistono diversi tipi di software applicativi. Questi vanno installati sul proprio computer (compatibilmente con il proprio sistema operativo). Per avviare i programmi installati sull'elaboratore si dovrebbe teoricamente fare doppio clic sui rispettivi **file eseguibili** (.exe) aggiunti alla cartella di installazione. Tuttavia, per facilitare le cose, la procedura di installazione crea automaticamente un collegamento all'eseguibile, cui è possibile accedere dal menu **Start**, cliccando su **Tutti i program-**

mi (ovviamente l'elenco dei programmi varia da computer a computer, a seconda dei software che vi sono installati dall'utente o dal rivenditore). Alcuni software in dotazione con Windows 10 si trovano nella cartella del menu **Start** chiamata **Accessori Windows**. Se clicchiamo sul pulsante Start e infine Accessori Windows ci apparirà un elenco di software, tra cui:

> il già noto *Blocco note* per i documenti di testo;
> *Paint*, un programma che serve a creare e modificare file grafici come quelli con estensione .bmp;
> *Wordpad*, un programma per creare documenti.

Per avviare un software da questo menu è sufficiente un clic singolo e non un doppio clic come avviene per le icone.
Se abbiamo acquistato i software del pacchetto Office, andando in *Start* dovremmo trovare una cartella chiamata **Microsoft Office** che contiene i collegamenti agli eseguibili per avviare alcuni programmi specifici. In particolare, il pacchetto Microsoft Office è una suite di software, che include fra gli altri:

> *Word* – Software di videoscrittura.
> *Excel* – Software di foglio elettronico.
> *Access* – Programma per creare e gestire basi di dati.
> *PowerPoint* – Programma per creare slide.

Per avviarne uno qualsiasi sarà sufficiente cliccare una sola volta sull'icona desiderata, presente nell'elenco di cui abbiamo parlato, ma spesso le icone di avvio di questi programmi sono presenti anche sul desktop: in tal caso sarà necessario fare un doppio clic sull'icona del software che si vuole utilizzare. Una volta avviato il programma (ad esempio Microsoft Word), questo potrà essere successivamente chiuso usando l'apposito pulsante in alto a destra o attraverso i comandi messi a disposizione dal software stesso.

Quesiti di verifica 2
Uso del sistema operativo

1) Quale programma è più appropriato per installare il Sistema Operativo di Windows?

A. Setup
B. Defrag
C. Backup

2) Per stampare un documento normalmente:

A. dopo aver selezionato il testo che si desidera stampare, si preme il tasto sinistro del mouse
B. si seleziona Stampa dal menù File
C. dopo aver selezionato il testo che si desidera stampare, si preme il tasto destro del mouse

3) Quando si avvia un programma di videoscrittura, normalmente, cosa accade?

A. È necessario specificare su quale unità si vuole salvare il documento
B. Viene aperto un nuovo documento vuoto
C. È necessario specificare il nome del documento nuovo o da aprire

4) Per stampare un file grafico in ambiente Windows è possibile utilizzare una stampante ad aghi?

A. No, occorre una stampante laser o una stampante a getto d'inchiostro
B. Solo se è una stampante a 24 aghi
C. Sì, purché sia installato il relativo driver

5) È possibile utilizzare i comandi UNIX su un sistema Windows?

A. Solo se si ha accesso ad Internet
B. Solo se il computer dispone di periferiche SCSI
C. No, mai

6) Su una tastiera estesa per PC, i tasti contrassegnati come F1 - F12 sono denominati:

A. tasti funzione
B. tasti per applicazioni
C. tasti invio

7) Quale delle seguenti affermazioni relative al Sistema operativo Linux è falsa?

A. È generalmente considerato non molto performante ancorché poco costoso o addirittura gratuito
B. È stato originariamente progettato e realizzato da Linus Torvald
C. È un sistema operativo Unix-like

8) "Pannello di Controllo" di Windows è una funzionalità che permette di:

A. far funzionare il computer a distanza, a mezzo di apposito telecomando
B. controllare gli accessi remoti al computer da parte di altri utenti
C. configurare tutte le periferiche connesse e il sistema operativo

9) Per abbandonare un documento senza salvare le modifiche effettuate:

A. si chiude il documento e si seleziona "NO" sulla finestra che appare successivamente alla chiusura del file
B. bisogna selezionare dal menù File l'opzione Chiudi senza Salvare
C. si chiude il documento e si seleziona "ANNULLA" sulla finestra che appa-

re successivamente alla chiusura del file

10) Per eliminare un file in ambiente Windows, si deve:

A. cliccare con il tasto destro del mouse sulla sua icona e selezionare dal menù a tendina il comando Elimina
B. trascinare l'icona del Cestino sull'icona del file
C. cliccare sul tasto destro del mouse sulla sua icona e selezionare dal menù a tendina il comando Taglia

11) In ambiente Windows, all'accensione del computer, premendo il tasto F8:

A. il computer esegue un Reset
B. il computer si spegne
C. il computer si avvia in modalità provvisoria

12) Nei programmi per Windows, la sequenza dei tasti "Alt+F4" nella finestra attiva consente:

A. la chiusura automatica della finestra attiva
B. l'apertura di una nuova finestra
C. la visualizzazione della guida rapida

13) In un sistema operativo quale Windows come si attiva (si esegue) comunemente un programma?

A. Per mezzo del mouse, puntando il cursore sull'icona corrispondente ed eseguendo un doppio click
B. Per mezzo di un comando vocale
C. Per mezzo di un comando specifico impartito da tastiera

14) In gestione risorse di Windows, il tasto F6 permette di:

A. espandere la cartella selezionata
B. comprimere la cartella selezionata
C. passare dai riquadri di sinistra a quelli di destra

15) In ambiente Windows, un "contenitore" di file è indicato con il termine:

A. cassetto
B. pacco
C. cartella

16) Il sistema operativo Windows può supportare più di un video su uno stesso computer?

A. Sì, solo se si è connessi ad Internet
B. Sì, solo se il computer è connesso ad una rete NT
C. Sì, sempre

17) In Windows è possibile usare una stampante di rete con un vecchio programma MS-DOS?

A. Sì, solo se si ha un programma particolare per la redirezione delle porte
B. Sì, ma solo se si avvia il computer in modalità MS-DOS
C. Sì, purché la stampante sia configurata come connessa ad una porta stampante (come ad es. LPT1)

18) Quale dei seguenti nomi identifica un sistema operativo?

A. Avast!
B. Open Office
C. Windows 7

19) In ambiente Windows, per selezionare due icone non adiacenti, dopo aver selezionato la prima icona con un clic tramite il tasto sinistro del mouse, ci si sposta sulla seconda icona, e prima di un nuovo clic si deve tenere premuto il tasto:

A. F1
B. CTRL
C. SHIFT

20) Con il sistema operativo Windows è possibile installare una stampante di tipo PostScript?

A. Sì

B. Solo se è una stampante laser a getto d'inchiostro
C. Solo se è una stampante ad aghi

21) In Windows si può impostare l'intervallo temporale oltre il quale lo schermo si spegne o entra in pausa?

A. Sì, sempre
B. Solo nei monitor a 17 pollici
C. Solo nei monitor a cristalli liquidi

22) In Windows cliccando l'icona tastiera del pannello di controllo, tra l'altro, è possibile:

A. riavviare il computer
B. modificare il tipo di tastiera utilizzata e la velocità con cui lampeggia il cursore
C. avere un elenco dei tasti mal funzionanti

23) Si possono rinominare file e cartelle?

A. Sì
B. Solo le cartelle
C. Sì, ma solo nel caso in cui le cartelle siano vuote

24) L'accesso remoto di Windows consente di:

A. accedere alle informazioni condivise su un altro computer
B. usare il computer anche ad utenti con difficoltà motorie
C. leggere un file dopo aver spento il computer

25) Quale, tra i seguenti, non è il nome di un sistema operativo?

A. Unix
B. Linux
C. Microsoft Office Professional

26) Quale tra le seguenti affermazioni relativamente al sistema operativo Windows è falsa?

A. Windows XP è sistema operativo
B. Si trova nella memoria principale (RAM) quando il computer viene usato
C. In caso di necessità può essere cancellato dal disco fisso per creare spazio ad un programma applicativo

27) Su una tastiera estesa per PC il tasto «BlocNum» ha la funzione di:

A. bloccare i numeri nei fogli di calcolo in modo che non siano modificabili
B. bloccare il tastierino numerico in modo che non sia utilizzabile
C. far sì che il tastierino numerico sulla destra della tastiera possa essere utilizzato per introdurre dei numeri

28) Prima di digitare la parentesi tonda in una tastiera italiana:

A. si tiene premuto il tasto ALT
B. si tiene premuto il tasto MAIUSC (SHIFT)
C. si tiene premuto il tasto ALTGR

29) Quale comando si può usare per installare applicazioni attraverso Windows?

A. Copia
B. Esegui
C. Installazioni

30) Dopo che si è attivata una finestra in Windows, che cosa succede?

A. La finestra è istantaneamente posizionata in primo piano sul desktop e la barra del titolo è evidenziata
B. Scompare la finestra attivata e appare la barra degli strumenti
C. Si attiva il salvataggio automatico

31) Il singolo clic del tasto sinistro del mouse su un oggetto serve in genere:

A. per eliminare l'oggetto
B. per fare una copia dell'oggetto
C. a selezionarlo

32) In Windows, per accedere ad un'unità connessa in rete di norma si deve:

A. connettere l'unità voluta ad una directory operando dal pannello di controllo
B. impostare la connessione all'avviamento premendo il tasto F8 durante il caricamento di Windows
C. connettere l'unità voluta tramite l'icona «risorse di rete» ad una lettera identificativa di unità

33) I tasti Shift:

A. servono a cancellare i caratteri alla sinistra del cursore
B. sono tasti programmabili, che cambiano funzione a seconda dell'applicazione in uso
C. servono a battere le maiuscole o i simboli superiori dei tasti che presentano due simboli

34) Quale dei seguenti caratteri non può essere contenuto nel nome di un file?

A. !
B. @
C. \

35) Su una tastiera estesa per PC, il tasto «STAMP»:

A. permette di salvare negli Appunti del computer l'immagine che appare sullo schermo
B. invia alla stampante l'intero documento attivo
C. invia alla stampante l'immagine che appare sullo schermo

36) Se viene trascinata l'icona di un programma presente sul Desktop sul pulsante Avvio, che cosa si ottiene?

A. Il programma viene aggiunto nel menù Avvio
B. Il programma viene posto nel Cestino
C. Il programma viene eseguito

37) Quale delle seguenti affermazioni è vera?

A. Un file con estensione «.EXE» è un file eseguibile
B. Un file con estensione «.TXT» è un file eseguibile
C. Un file con estensione «.TXT» è un file di sistema

38) Qual è l'utilizzo dello Screen saver?

A. Definire i guasti inerenti allo schermo
B. Posizionare in modo ordinato le finestre nel desktop
C. Ridurre il deterioramento del monitor nei periodi di accensione del computer senza utilizzo dello stesso da parte dell'operatore

39) In ambiente Windows, quale tasto funzione si utilizza per aggiornare la finestra attiva?

A. F1
B. F5
C. F12

40) Le Icone:

A. rappresentano applicazioni, documenti, cartelle o dispositivi
B. rappresentano i programmi attualmente caricati in memoria
C. rappresentano solo file eseguibili

41) L'estensione .MDB identifica un file utilizzato dall'applicazione:

A. Access
B. Calc
C. Writer

42) Quale dei seguenti è un sistema operativo?

A. Fortran
B. Pascal
C. Linux

43) Cosa si trova negli "appunti" di Windows?

A. I file cancellati ma non salvati nel Cestino di Windows
B. Tutti i siti Internet di rilevante interesse per l'operatore
C. I dati precedentemente copiati o tagliati, utilizzando i comandi Copia o Taglia

44) Che cosa rappresenta il formato MP3?

A. Uno standard per la compressione di immagini
B. Uno standard per la compressione di messaggi SMS
C. Uno standard per la compressione di suoni

45) Quale, tra le seguenti estensioni di file è un file musicale?

A. «.Jpg»
B. «.Wma»
C. «.Doc»

46) In ambiente Windows, il pulsante d'Avvio:

A. è all'interno del Cestino
B. è il primo comando all'interno di ogni applicazione per Windows
C. è il primo pulsante a sinistra nella barra delle applicazioni

47) Il file "Italia.jpg" é:

A. un file video
B. un file audio
C. un'immagine

48) In Windows come possono essere cambiate le proprietà del mouse?

A. Definendo subito il metodo con cui si vuole accedere alle informazioni, in questo caso attraverso l'icona Accesso facilitato, e poi seguendo il procedimento con Avvio, Impostazione, Pannello di controllo
B. Premendo l'icona Accesso e aprendo la finestra di dialogo dove si ha il pannello di controllo
C. Premendo il pulsante Avvio selezionando Impostazioni, Pannello di controllo (del sottomenu Impostazione) e attivando Accesso facilitato o l'icona Mouse.

49) In ambiente Windows, cliccando su Avvio e selezionando Dati recenti, cosa viene visualizzato?

A. I file utilizzati recentemente
B. Le stampe fatte recentemente
C. Il numero di caratteri digitati recentemente

50) In una finestra di Esplora Risorse di Windows, quale comando permette di visualizzare la finestra precedentemente visualizzata?

A. Livello Superiore
B. Avanti
C. Indietro

RISPOSTE CORRETTE

1) A	11) C	21) A	31) C	41) A
2) B	12) A	22) B	32) C	42) C
3) B	13) A	23) A	33) C	43) C
4) C	14) C	24) A	34) C	44) C
5) C	15) C	25) C	35) A	45) B
6) A	16) C	26) C	36) A	46) C
7) A	17) C	27) C	37) A	47) C
8) C	18) C	28) B	38) C	48) C
9) A	19) B	29) B	39) B	49) A
10) A	20) A	30) A	40) A	50) C

Capitolo 3
Elaborazione testi

3.1 Nozione di videoscrittura

Col termine **videoscrittura** s'intende la redazione di un testo attraverso un apposito software applicativo che ne consente la stesura su un foglio virtuale, permettendone altresì la correzione e la formattazione tipografica prima di procedere alla stampa definitiva su carta.
Tra i vari software di videoscrittura presenti sul mercato oggi i più noti sono **Writer** (della suite Apache OpenOffice) e **Microsoft Word**, del quale ci occuperemo in questo capitolo.

3.2 Struttura di Microsoft Word e degli altri programmi di Office

3.2.1 Interfaccia grafica

Word, insieme ad Excel, Access e PowerPoint, fa parte di un pacchetto software chiamato **Office**. Tutti i software del pacchetto Office si somigliano molto, sia dal punto di vista dell'interfaccia grafica che della modalità. L'interfaccia grafica – che ha sostituito i menu, le toolbar e i principali pannelli di comando – è caratterizzata da una **barra multifunzione** (Figura 3.1), costituita da schede, suddivise a loro volta in gruppi, con lo scopo di distribuire in maniera coerente i vari **pulsanti comando** (Figura 3.2) presenti. Se ci si sofferma col puntatore del mouse su ogni pulsante, senza effettuare alcun clic, dovrebbe apparire, dopo alcuni secondi, un piccolo riquadro che riassume la funzione del pulsante selezionato.

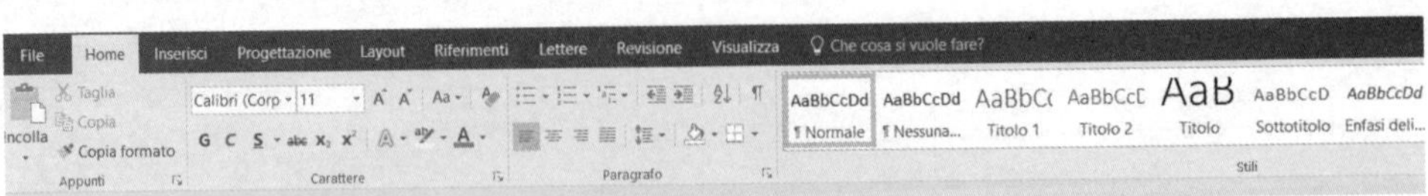

Figura 3.1 – Barra multifunzione

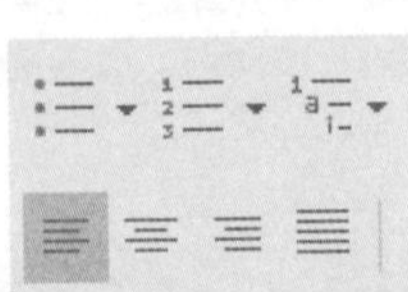

Figura 3.2 – Pulsanti comando

In ogni momento è possibile accedere ad una guida di Word attraverso il tasto F1 o inserendo la parola guida nella casella individuata dalla scritta «Che cosa si vuole fare?» (Figura 3.3). Con tale casella è possibile accedere a tutti i comandi di Word scrivendo semplicemente il nome del comando.

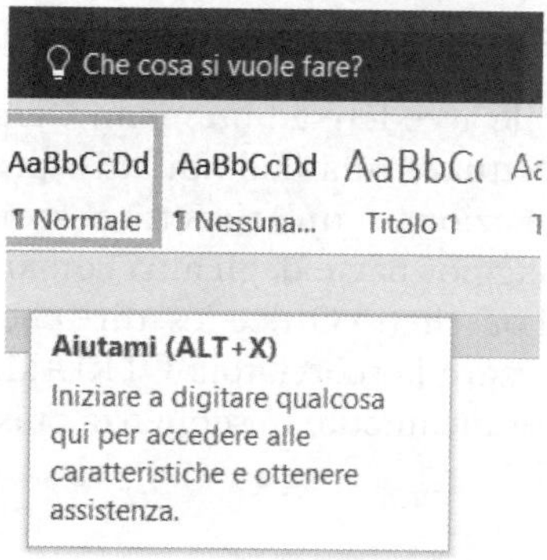

Figura 3.3 – Accedere alla guida

La GUI dei programmi del pacchetto Office, quindi, è caratterizzata da una struttura molto simile alle versioni precedenti (a partire da Office 2007). Nella versione 2007 in alto a sinistra era presente il **pulsante di Office** (Figura 3.4a) che consentiva di accedere a funzioni di base tra cui:

- Apertura file
- Salvataggio
- Stampa

Figura 3.4a – Pulsante di Office presente nella versione 2007

A partire dalla versione 2010 il pulsante di Office lascia il posto ad una scheda «File» nella quale sono presenti i suddetti comandi (Figura 3.4b).

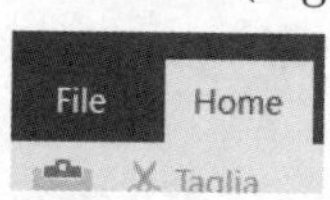

Figura 3.4b – Scheda «File»

In alto troviamo la **barra di accesso rapido**, che contiene un pulsante per salvare il documento a cui si sta lavorando e i due pulsanti per annullare le ultime operazioni effettuate (in caso di errore) e quello per ripristinare le azioni annullate (Figura 3.5).

Figura 3.5 – Barra di accesso rapido

3.2.2 Operazioni di base

Dalla scheda «File» è possibile accedere ad un menu **Comandi** dal quale selezionare la voce che permette di effettuare una delle quattro procedure principali per ciascuna delle quali è possibile azionare una rispettiva scorciatoia da tastiera indicata accanto, così come per la maggior parte degli altri comandi disponibili in Word e in tutti gli altri programmi del pacchetto Office (es. dire che per mandare in stampa un documento è possibile utilizzare la scorciatoia CTRL+MAIUSC+F12 significa che è possibile premere contemporaneamente in sequenza i tasti CTRL, MAIUSC e infine F12).

Nuovo documento (CTRL + N)

Selezionando la voce **Nuovo** attraverso la scheda «File» si aprirà la finestra di dialogo **Nuovo documento** che ci consentirà di scegliere se aprire un modello predefinito (lettere, fax, volantini, brochure, biglietti da visita e quant'altro) o un documento vuoto, costituito da una semplice pagina bianca.

Apertura (CTRL + F12)

La voce **Apri** determina l'apertura di una finestra di dialogo da dove è possibile selezionare un file salvato in precedenza, al quale si intende lavorare nuovamente (Figura 3.6). La procedura di navigazione all'interno delle cartelle è stata già trattata nei capitoli precedenti.

Figura 3.6 – Comando «Apri»

Salvataggio (MAIUSC + F12)

Il salvataggio di un file prevede una procedura simile all'operazione di apertura: selezionando la voce in figura si sceglie un'unità ed una cartella su cui memorizzare il file e si procede al salvataggio (Figura 3.7). Una volta salvato il lavoro in tal modo, la finestra di dialogo non si aprirà più ad un successivo clic su questa voce, ma il lavoro sarà salvato sempre sul file scelto in precedenza. Se si desiderasse salvare il proprio lavoro su un altro file, allora sarà necessario scegliere la voce successiva: **Salva con nome**.

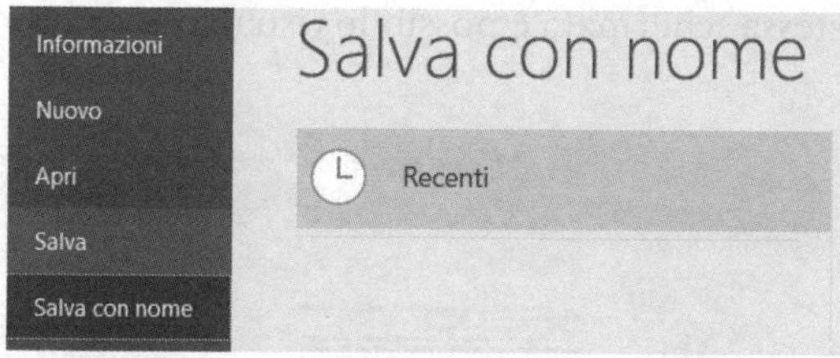

Figura 3.7 – Comando «Salva con nome»

Stampa (CTRL + MAIUSC + F12)

La comodità di un programma di videoscrittura sta proprio nella possibilità di correggere e rivedere il proprio lavoro prima di stamparlo definitivamente su carta. La stampa avviene selezionando il comando **Stampa** dalla scheda «File» (Figura 3.8) ed, eventualmente, modificando le opzioni riguardanti il numero di pagine da stampare, il numero di copie ed altri parametri (Figura 3.9) attraverso l'apposita sezione.

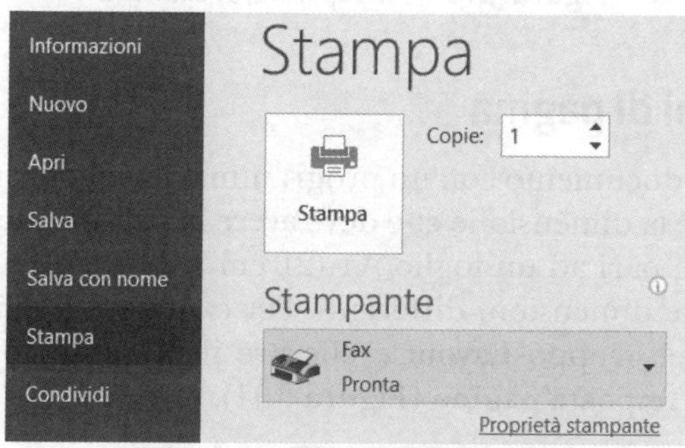

Figura 3.8 – Comando «Stampa»

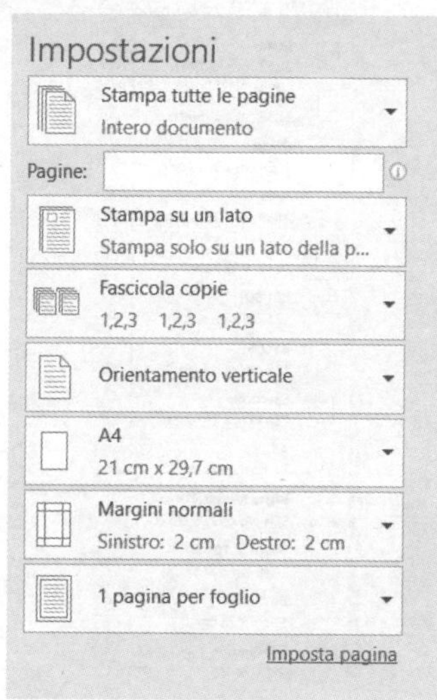

Figura 3.9 – Impostazioni di stampa

Sul lato destro della stessa schermata è possibile visualizzare una **Anteprima di stampa** (Figura 3.10).

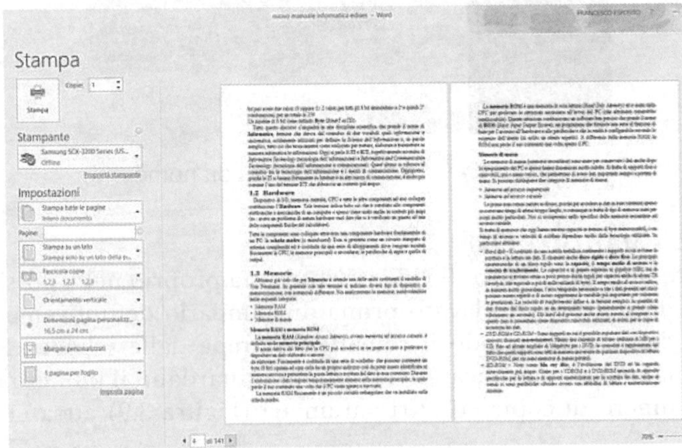

Figura 3.10 – Anteprima di stampa

3.3 Impostazioni di pagina

Quando si redige un documento con un programma di videoscrittura, il primo parametro da impostare è la dimensione che deve avere la pagina. Molto spesso le misure più usate sono quelle pari ad un foglio A4 (21 cm x 29,7 cm), ma talvolta potrebbe essere utile impostare dimensioni differenti. Per cambiare le misure della pagina è sufficiente andare nel gruppo **Layout** e cliccare il pulsante comando **Dimensioni** presente nel gruppo **Imposta pagina** (Figura 3.11).

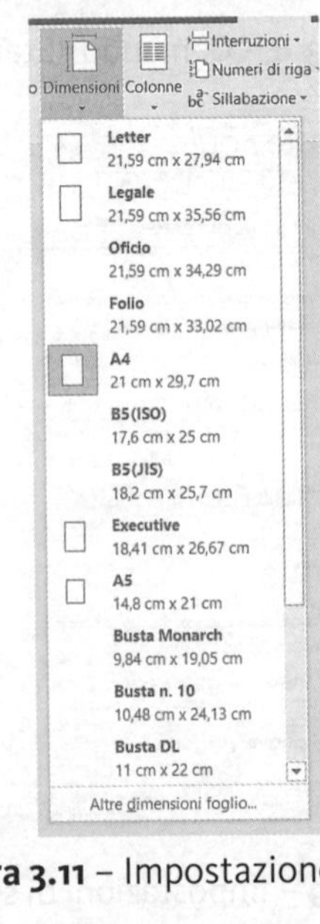

Figura 3.11 – Impostazione pagina

Come si nota dalla figura, l'utente ha la possibilità di scegliere tra più formati predefiniti, secondo le proprie esigenze, ma può anche impostare delle misure a proprio piacimento selezionando la voce in basso **Altre dimensioni foglio**.
L'area di un foglio, che effettivamente contiene il testo scritto (cosiddetto «ingombro»), è di solito inferiore a quella della pagina totale. Parte del foglio, infatti, è riservata alle eventuali intestazioni, note a piè di pagina, e ai margini sinistro e destro che in genere si lasciano vuoti per dare una certa simmetria all'impaginazione o per includere lo spazio da destinare, eventualmente, ad una rilegatura successiva. Utilizzando il pulsante **Margini** presente nel gruppo **Imposta pagina,** è possibile modificare le dimensioni dei margini, delle intestazioni e del piè di pagina. Nello stesso gruppo è presente il pulsante **Orientamento** grazie al quale si può modificare l'orientamento del foglio (Figura 3.12).

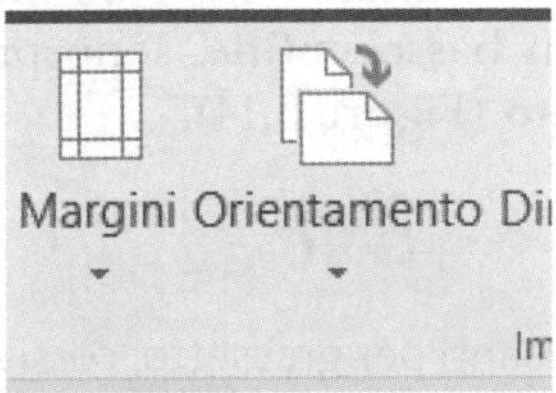

Figura 3.12 – Margini e orientamento di pagina

3.4 Scrittura

Un file prodotto attraverso Microsoft Word è una versione molto evoluta di un file di testo, in cui è possibile aggiungere foto o disegni, applicare particolari stili di formattazione (abbellimenti grafici o enfasi del testo come grassetto e corsivo), curare l'aspetto grafico dell'impaginazione prima di stampare il testo e tante altre funzioni avanzate rispetto ad un normale file *txt*. Come per i file di testo, quindi, la scrittura avviene premendo i tasti presenti sulla tastiera, e i caratteri – lettere, numeri e segni di punteggiatura – vengono via via inseriti sul foglio a partire dalla sinistra del cursore (quella piccola linea verticale lampeggiante, presente sul foglio). Per cancellare uno o più caratteri inseriti erroneamente, sarà possibile utilizzare i tasti **Canc** o **Backspace** (quest'ultimo, di solito indicato sulla tastiera con una freccia verso sinistra, è posizionato nella fila in alto, dopo i caratteri numerici). La differenza tra il tasto «Canc» e «Backspace» sta nel fatto che col primo si cancellano i caratteri presenti alla destra del cursore, col secondo, viceversa, quelli presenti alla sinistra di esso.

3.4.1 Formattazione

Un testo può essere scritto utilizzando diversi tipi di carattere, connotati da stili grafici diversi, che prendono il nome di **font**. La scelta del font dipende dal gusto dell'utente, ma anche dalle sue esigenze. Per scegliere un tipo di carattere, il suo colore ed eventuali stili come il grassetto o il corsivo, è possibile far riferimento al gruppo **Carattere** della scheda **Home** (Figura 3.13).

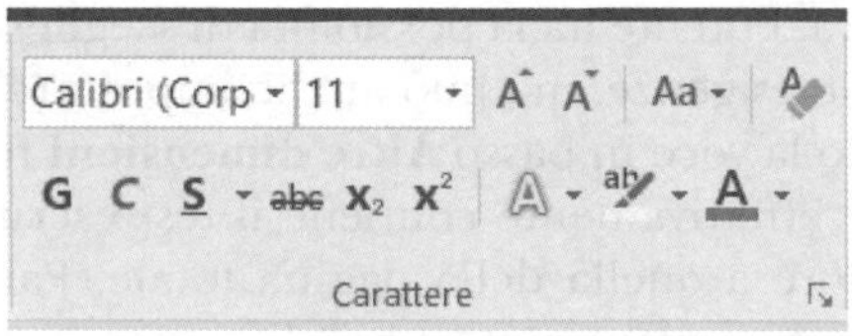

Figura 3.13 – Gruppo «Carattere» per la formattazione del testo

Nella figura, partendo dall'alto e procedendo verso destra, si incontrano le caselle in cui impostare il tipo di font (tra cui i più noti: *Arial, Times New Roman, Verdana, Calibri,* ecc.), la dimensione dei caratteri (inserendone il valore desiderato o utilizzando i pulsanti raffiguranti due lettere «A» di dimensioni differenti, per ingrandire o rimpicciolire il carattere) e un pulsante per eliminare ogni stile di formattazione precedentemente applicato. In basso, infine, sono presenti i comandi per gli stili **grassetto**, **corsivo** e **sottolineato** (Figura 3.14).

Figura 3.14 – Pulsanti per grassetto, corsivo e sottolineato

Ogni impostazione di formattazione è applicata al testo inserito subito dopo l'applicazione dell'impostazione. Per modificare la formattazione di un testo già inserito, bisogna selezionarlo posizionandosi col puntatore del mouse sulla prima parola da includere nella selezione e, tenendo premuto il tasto sinistro, spostare il puntatore in modo da includere tutte le parole successive che si desidera selezionare. Al testo selezionato, solitamente evidenziato da una striscia di colore azzurro, è possibile applicare una qualsiasi impostazione di formattazione, secondo le proprie esigenze.

3.4.2 Allineamento

L'allineamento si riferisce alla posizione assoluta che occupa il testo all'interno di una pagina: di norma il testo è allineato a sinistra, ma è anche possibile allinearlo a destra, centrarlo o giustificarlo, in maniera tale che risulti equidistante dal margine sinistro e destro. Per impostare l'allineamento è possibile utilizzare gli appositi pulsanti indicati in figura, contenuti nel gruppo **Paragrafo** della scheda **Home** (Figura 3.15).

Figura 3.15 – Pulsanti di allineamento del testo

3.4.3 Elenchi puntati e numerati

I primi due pulsanti del gruppo **Paragrafo** della scheda **Home** (Figura 3.16), consentono di inserire un elenco puntato e un elenco numerato. Un esempio di elenco puntato è il seguente:

> A
> B
> C
> D

Un elenco numerato è identico a quello puntato, differendo solo per la presenza di numeri a capo riga:

13. A
14. B
15. C
16. D

È possibile utilizzare i **formati predefiniti** o **personalizzare** gli elenchi o, ancora, **selezionare altri formati** e persino convertire un elenco a un livello in un elenco a più livelli. È possibile inoltre formattare i punti elenco o i numeri in modo diverso rispetto al testo dell'elenco, nonché spostare un intero elenco verso sinistra o verso destra (in quest'ultimo caso è sufficiente cliccare su un punto dell'elenco e trascinarlo in una nuova posizione).

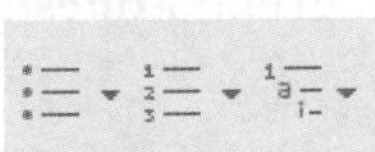

Figura 3.16 – Elenchi puntati e numerati

3.4.4 Spaziatura e interlinea

Rimanendo sempre all'interno del gruppo **Paragrafo** il pulsante indicato nella figura seguente ci consente di impostare l'interlinea del paragrafo, ovvero, la distanza tra due righe consecutive (Figura 3.17).

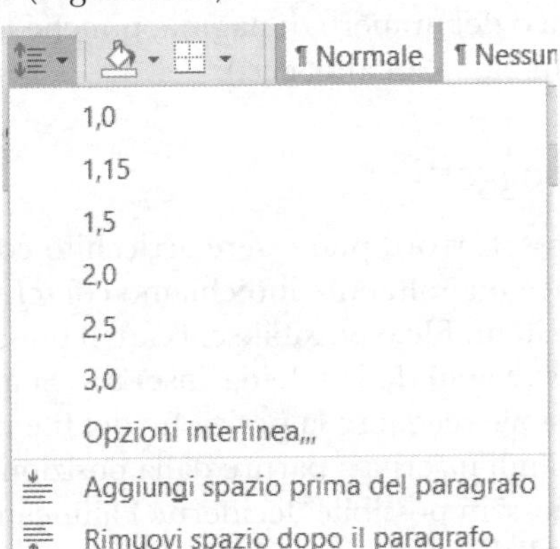

Figura 3.17 – Interlinea

3.4.5 Copia, incolla e taglia

Il meccanismo di selezione spiegato in precedenza consente, tra le altre cose, di copiare il testo selezionato in memoria in un altro punto del foglio o addirittura in un altro documento. L'operazione in questione viene definita in gergo **copia e incolla**, poiché con «copia» si intende appunto l'atto di copiare in memoria il testo per poi «incollarlo» (ricopiarlo) in un altro punto o in un altro documento. Se si desidera cancellare il testo copiato, prima di incollarlo altrove, è possibile effettuare un **taglia e incolla** (o spostamento del testo). I pulsanti destinati alla funzione di copia, taglia e incolla sono presenti nel gruppo **Appunti** della scheda **Home** e sono disattivati a meno che non si selezioni del testo con la procedura indicata precedentemente (Figura 3.18).

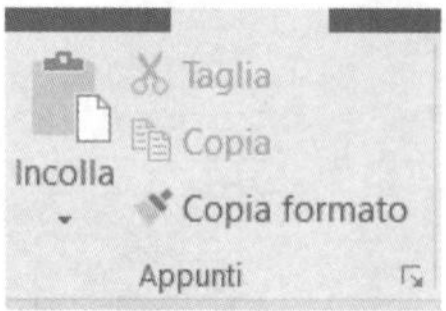

Figura 3.18 – Copia, taglia e incolla

3.4.6 Intestazioni, piè di pagina e numeri di pagina

In precedenza avevamo parlato delle dimensioni dei margini (superiore e inferiore) che possono ospitare intestazioni e note a piè di pagina. L'inserimento di testo nell'intestazione, nel piè di pagina o un semplice inserimento dei numeri di pagina, è possibile attraverso i pulsanti comando presenti nel gruppo **Intestazione e piè di pagina** della scheda **Inserisci** (Figura 3.19).

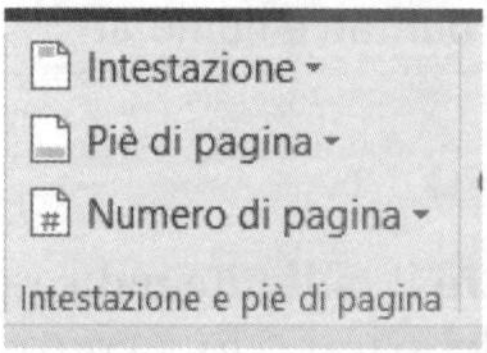

Figura 3.19 – Intestazione e piè di pagina

I pulsanti indicati in figura permettono l'inserimento e la scelta dello stile delle intestazioni, dei piè di pagina o del numero di pagina, nonché la posizione desiderata di questi ultimi (al centro, in basso, in alto, ecc.).

3.4.7 Inserimento di oggetti

Un testo scritto con Microsoft Word può essere arricchito con immagini, diagrammi, grafici e altri elementi che generalmente indichiamo col termine «oggetto». Per inserire una figura contenuta in un file è possibile cliccare il pulsante comando **Immagine** presente nel gruppo **Illustrazioni** della scheda **Inserisci**. Si aprirà una finestra di dialogo dalla quale sarà possibile scegliere la posizione del file immagine che si desidera inserire. La figura sarà quindi inserita a partire dalla posizione corrente del cursore e, selezionandola con un clic, sarà possibile deciderne l'allineamento con i comandi che abbiamo già illustrato per l'allineamento del testo. Per quanto riguarda l'inserimento di forme, la selezione del pulsante **Forme** consente l'apertura di un menu a tendina che raccoglie forme di diverso tipo quali frecce, decorazioni, diagrammi di flusso, ecc.

(Figura 3.20). Una volta selezionato il disegno desiderato con un clic, è possibile inserirlo nel proprio testo tenendo premuto il tasto sinistro del mouse e trascinando il puntatore, finché la forma abbia assunto le dimensioni richieste.

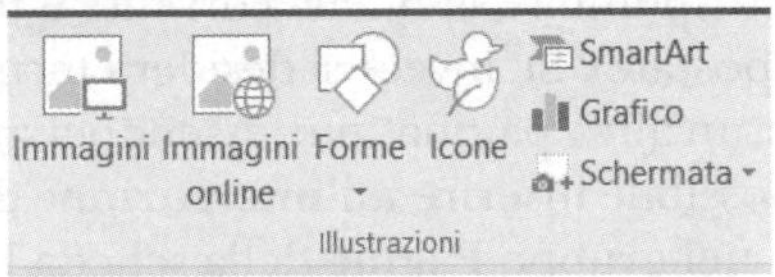

Figura 3.20 – Inserimento oggetti

3.4.8 Inserimento di tabelle

Spesso è opportuno inserire una tabella all'interno delle pagine di un documento Word. Una tabella è costituita da una griglia che ha lo scopo di presentare una serie di dati in maniera ordinata, come resoconti, elenchi di nomi con dati anagrafici, calendari, ecc. Per inserire una tabella sarà necessario cliccare il pulsante comando **Tabella** del gruppo **Tabelle** presente nella scheda **Inserisci** (Figura 3.21). Il sottomenu che apparirà consentirà di scegliere le dimensioni della tabella da inserire (colonne e righe) agendo sulla griglia raffigurata o servendosi della voce **Inserisci tabella**, grazie alla quale sarà possibile stabilire le caratteristiche che dovrà avere la tabella attraverso la finestra di dialogo che si aprirà (Figura 3.22). È anche possibile **copiare e incollare** una tabella esistente in un'altra tabella, nonché **convertire in tabella un testo già disponibile** (o viceversa), in quest'ultimo caso inserendo caratteri separatori (es. una virgola) per indicare il punto esatto in cui si vuole dividere il testo in colonne e utilizzare i segni di paragrafo per indicare il punto in cui si vuole iniziare una nuova riga.

Figura 3.21 – Inserimento tabella

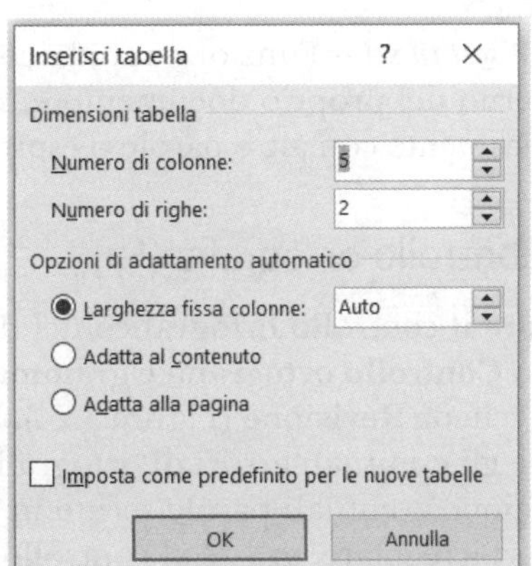

Figura 3.22 – Impostazioni di una tabella

3.4.9 Interruzioni di pagina

Quando si scrive un testo, Word inserisce automaticamente una nuova pagina nel momento in cui lo spazio disponibile su quella corrente è terminato (in base alle dimensioni della pagina impostate). Se invece si desidera terminare la pagina corrente e continuare a scrivere in un'altra pagina, pur essendoci ancora spazio da riempire nella pagina corrente, è possibile inserire un'**interruzione di pagina** cliccando il pulsante comando omonimo nel gruppo **Pagine** della scheda **Inserisci** (Figura 3.23).

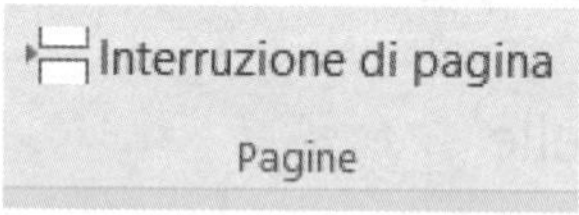

Figura 3.23 – Interruzione di pagina

La procedura corretta per ottenere una nuova pagina è quella appena illustrata; raggiungere la pagina successiva inserendo una serie di righe vuote (attraverso il tasto **Invio**) è assolutamente da evitare, poiché equivarrebbe ad immettere una serie di paragrafi vuoti, falsando la struttura del documento documento e incorrendo in problemi in caso di aggiunta o eliminazione di testo.
L'interruzione di pagina può essere inserita in un punto qualsiasi del documento; inoltre è possibile specificare dove si desidera che vengano applicate interruzioni di pagina automatiche.

3.5 Altre funzioni

Oltre ai semplici strumenti legati alla scrittura del testo, Word fornisce anche comodi strumenti di revisione, tra cui:

- *Controllo ortografia* – Permette di controllare l'ortografia e la forma grammaticale del proprio documento, secondo le regole della lingua impostata.
- *Thesaurus* – Strumento utile per il suggerimento di sinonimi o contrari durante la scrittura.
- *Trova e sostituisci* – Funzione rapida con cui si cerca una parola o un'espressione all'interno del proprio documento e, se presente, è possibile anche sostituirla automaticamente con altre parole o espressioni per tutte le corrispondenze trovate.

3.5.1 Controllo ortografia (F7)

Per avviare il controllo ortografico del documento è sufficiente cliccare il pulsante comando **Controllo ortografia e grammatica** presente nel gruppo **Strumenti di correzione**, scheda **Revisione** (Figura 3.24). Una finestra di dialogo si aprirà e indicherà all'utente gli eventuali errori di ortografia e grammaticali. In realtà, anche durante la digitazione eventuali parole scritte in modo errato saranno sottolineate con una linea rossa irregolare, grazie al controllo ortografico automatico, attivo di norma in Word.

Figura 3.24 – Controllo ortografia

3.5.2 Thesaurus (MAIUSC + F7)

In Word è presente un comodo strumento di suggerimento di sinonimi e contrari noto come **Thesaurus**. Per utilizzarlo è sufficiente cliccare il pulsante comando **Thesaurus** presente nel gruppo **Strumenti di correzione** della scheda **Revisione**, dopo aver selezionato o aver posizionato il cursore sulla parola da voler sostituire. Apparirà un riquadro sulla destra che contiene un elenco di sinonimi, divisi per significato, ed uno o più contrari. Per sostituire la parola con uno dei termini suggeriti nel riquadro, sarà sufficiente cliccare col tasto destro sulla parola scelta e selezionare **Inserisci** dal menu contestuale (Figura 3.25).

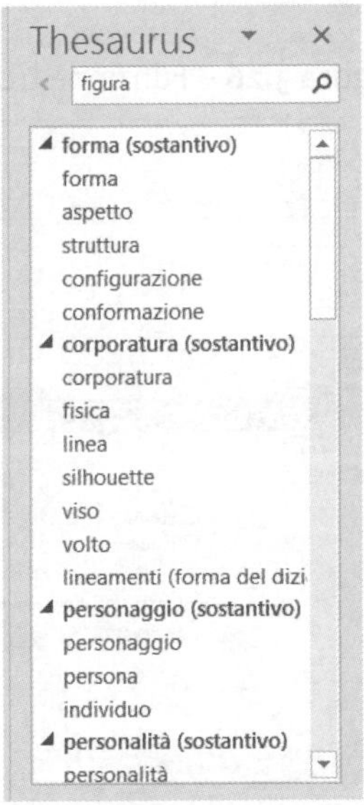

Figura 3.25 – Funzione Thesaurus

3.5.3 Trova e sostituisci

Nella scheda **Home**, gruppo **Modifica**, sono presenti due pulsanti comando: **Trova** e **Sostituisci**. Il primo ci consente di trovare una parola o un'espressione all'interno del nostro testo, evidenziandola. Il secondo non solo trova la parola o l'espressione, ma la sostituisce automaticamente con altre espressioni da noi impostate. Dalle figure riportate sotto si nota che la finestra di dialogo della funzione **Trova** presenta una sola casella in cui inserire la parola (o l'espressione) da cercare (Figura 3.26). La finestra di dialogo della funzione **Sostituisci**, invece, presenta due caselle: nella prima si inserisce ciò che intendiamo cercare e nella seconda i caratteri o le parole con cui si desidera sostituire l'espressione indicata nella prima casella (Figura 3.27). Entrambe le finestre consentono di specificare le opzioni di ricerca.

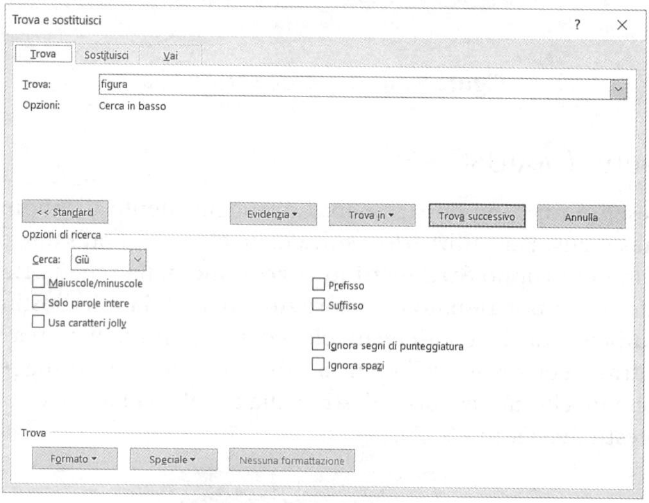

Figura 3.26 – Funzione trova

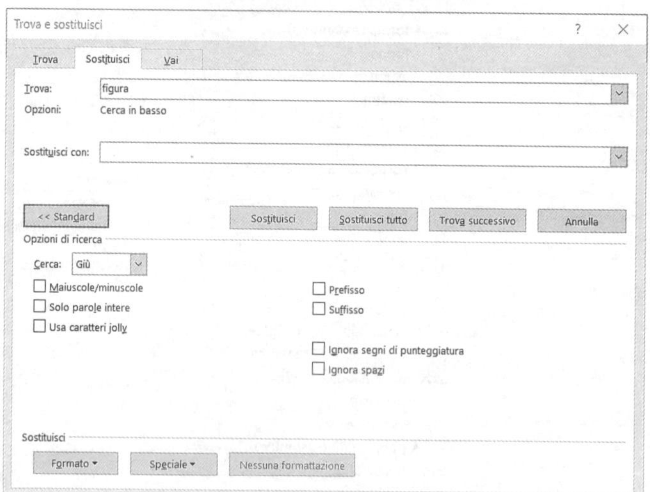

Figura 3.27 – Funzione sostituisci

3.5.4 Inserimento di simboli

Talvolta può essere necessario inserire caratteri o simboli non ottenibili normalmente attraverso la tastiera. Per ovviare a questo problema, si potrà utilizzare la funzione di inserimento simboli presente nel gruppo **Simboli** della scheda **Inserisci**: cliccando sul pulsante comando **Simbolo** (Figura 3.28) sarà possibile inserire un carattere speciale comune, presente nella finestra a tendina che si aprirà, o scorrere l'ampio elenco di caratteri speciali a disposizione, cliccando la voce **Altri simboli**.

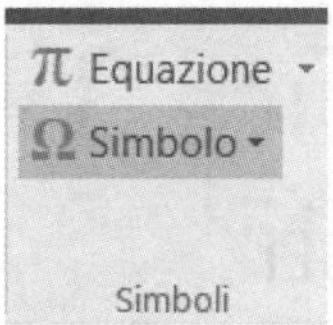

Figura 3.28 – Inserimento simboli

La finestra di dialogo che si aprirà di conseguenza permetterà di scegliere da una vasta gamma di simboli e caratteri speciali (Figura 3.29).

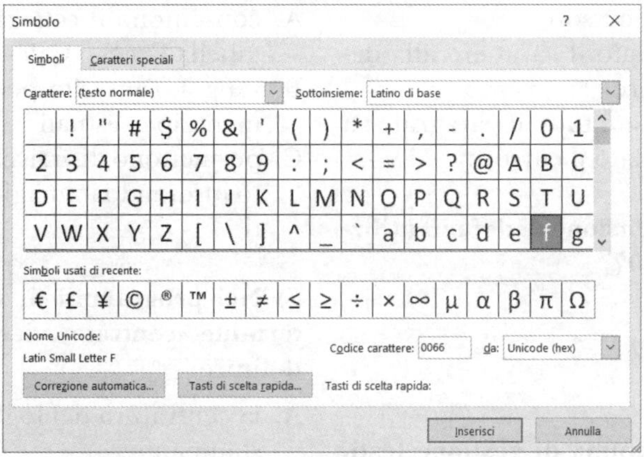

Figura 3.29 – Finestra di dialogo «Simbolo»

Quesiti di verifica 3
Elaborazione testi

1) Che effetto si ottiene se viene premuto il tasto Canc all'interno di un testo?

A. Viene cancellata tutta la riga su cui è posizionato il cursore
B. Viene cancellato il carattere alla destra del cursore
C. Viene cancellato tutto il paragrafo su cui è posizionato il cursore

2) Quale è l'estensione di default utilizzata da Word 2007?

A. «.Rtf»
B. «.Txt»
C. «.Docx»

3) In un programma di gestione testi, se si vuole mandare a capo una parte di testo all'interno di un paragrafo, dopo aver posizionato il cursore nel punto in cui si vuole mandare a capo la parte di testo bisogna premere il tasto:

A. Fine
B. INS
C. Invio

4) Un file con estensione .TXT:

A. è un file di testo
B. è un file eseguibile
C. è un file di sistema

5) Cosa accade tenendo premuto a lungo il tasto della lettera «D» mentre si è in un documento "Word" o "Writer"?

A. Viene ripetuto più volte il carattere D
B. Vengono cercate tutte le lettere D contenute nel documento
C. Viene cancellato (delete) l'intero documento

6) Nei programmi di videoscrittura "Word di Microsoft" o "Writer di Open Office", le ClipArt:

A. consentono il collegamento con una tabella Excel o Calc
B. vengono inserite per creare collegamenti ipertestuali
C. permettono di arricchire il documento inserendo immagini, suoni e filmati

7) Nei programmi di videoscrittura il termine «centrato» viene utilizzato per definire:

A. la centratura del foglio di carta nella stampante
B. il posizionamento automatico del testo, che verrà centrato rispetto ai margini destro e sinistro
C. la posizione centrata del documento all'interno della finestra di visualizzazione

8) In un documento di testo, premendo il tasto FINE?

A. Il cursore si sposta alla fine della riga corrente
B. Il cursore si sposta alla fine del documento
C. Si chiude il documento

9) In un applicativo di videoscrittura, per annullare l'ultima operazione effettuata si devono premere i tasti:

A. CTRL + *
B. CTRL + Z
C. CTRL + H

10) È corretto affermare che premere a lungo il tasto della lettera «G» mentre si è in un documento "Word di Microsoft" o "Writer di Open Office" equivale a "Giustificare" il paragrafo?

A. No, tenendo premuto a lungo il tasto della lettera «G» mentre si è in un documento Word o Writer viene ripetuto più volte il carattere G
B. Si
C. No, apparirà un messaggio d'errore per ricordare di non esercitare eccessiva pressione sui tasti e non tenerli premuti a lungo

11) Nei più diffusi programmi di videoscrittura la funzione "controllo ortografico":

A. consente di avere un rapporto riepilogativo degli errori riscontrati
B. consente di evidenziare gli eventuali errori di ortografia, proponendo le possibili alternative
C. consente di correggere automaticamente gli errori di digitazione

12) Nei più diffusi programmi di videoscrittura:

A. è possibile stampare un documento orientando il foglio "A4" solo in senso verticale
B. è possibile stampare un documento orientando il foglio "A4" solo in senso orizzontale
C. è possibile stampare un documento orientando il foglio "A4" sia in senso orizzontale che verticale

13) Cosa s'intende per «tabulazione»?

A. L'operazione di allineamento delle finestre presenti a video
B. L'operazione di allineamento del testo alle figure e ai disegni presenti nel documento
C. L'impostazione di un riferimento in una determinata posizione orizzontale, immediatamente raggiungibile con la pressione del tasto TAB

14) Con un programma di videoscrittura è possibile cambiare la dimensione dei caratteri?

A. Sì
B. Solo con dimensioni multiple di 10
C. No

15) In un programma di videoscrittura la combinazione di tasti "Ctrl+X" consente di:

A. stampare l'elemento precedentemente selezionato
B. iconizzare il documento attivo
C. tagliare l'elemento selezionato

16) Utilizzando l'operazione di copia e incolla di Windows, dove si trovano i dati copiati?

A. Nella cartella Documenti
B. Nel Desktop
C. Negli Appunti

17) Writer, Calc e Base fanno parte dei programmi:

A. dedicati all'acquisizione dei formati Pdf
B. di foglio di calcolo
C. contenuti nel pacchetto applicativo Open Office.org

18) Di norma, in videoscrittura, è possibile visualizzare più documenti contemporaneamente?

A. Dipende dal tipo di PC
B. Solo attivando più copie del programma di videoscrittura
C. Sì, sempre

19) Nella cartella Documenti esiste il file Doc1.doc; cosa accade se, nella stessa cartella, si copia un altro file avente lo stesso nome?

A. Il nuovo file viene aggiunto alla fine del primo
B. Il sistema operativo avvisa e chiede di confermare la sostituzione
C. Il primo file viene rinominato Doc2.doc

20) In un programma di videoscrittura, in ambiente Windows, la combinazione di tasti "Ctrl+Freccia destra":

A. sposta il cursore alla fine della pagina corrente
B. sposta il cursore alla parola successiva
C. sposta il cursore alla fine della riga corrente

21) Se un documento di Windows con un dato font di caratteri viene portato su di un computer che non presenti tale font nella sua tabella:

A. Windows richiede se deve essere aggiunto quel font
B. il computer visualizzerà un messaggio di errore
C. il font viene sostituito con un altro

22) Per quale delle seguenti attività è appropriato utilizzare un word processor?

A. Scrivere una biografia
B. Effettuare una ricerca in internet
C. Gestire il magazzino

23) In un programma di videoscrittura, per spostarsi sul testo già scritto sulla riga precedente o sulla successiva si usa/usano:

A. il tasto INVIO
B. i tasti freccette
C. la barra spaziatrice

24) Quali file non si possono leggere con un programma di videoscrittura?

A. I file di testo
B. I file eseguibili
C. I file di testo contenenti un numero di caratteri maggiore a 100

25) È possibile inserire un'immagine in un documento di testo?

A. No, mai
B. Sì, sempre
C. Solo se il programma di videoscrittura lo permette

26) In merito ai tasti Backspace e Canc (o Del), è corretto affermare che:

A. servono entrambi a cancellare i caratteri alla destra del cursore
B. il primo cancella i caratteri a sinistra del cursore; il secondo quelli a destra o sotto il cursore; entrambi cancellano la selezione corrente
C. servono entrambi a cancellare i caratteri alla sinistra del cursore

27) Nel linguaggio informatico il termine "impaginazione" viene sempre più spesso sostituito da:

A. "InDesign"
B. "Layout"
C. "PageMaker"

28) In un programma di videoscrittura, se bisogna spostare un parte di testo, si deve prima selezionarlo?

A. Sì, sempre
B. Sì, ma solo se il testo è composto da più di una parola
C. Sì, ma solo se il testo è composto da più di una riga

29) In un programma di videoscrittura, se durante la digitazione di un testo in minuscolo si vuole digitare rapida-

mente un carattere in maiuscolo, come si può operare?

A. Selezionando il menu Formato e utilizzando la procedura Carattere
B. Mantenendo premuto per almeno 10 secondi il tasto corrispondente al carattere desiderato in maiuscolo
C. Mantenendo premuto il tasto "Shift", si digita il tasto corrispondente al carattere desiderato in maiuscolo

30) La formattazione di un testo:

A. cancella tutti i file di testo contenuti in una cartella
B. modifica l'aspetto del testo
C. elimina il testo che è stato selezionato
D. trasforma un file testuale in un file grafico

31) Di norma, in Windows, la pressione del tasto destro del mouse provoca:

A. la rinominazione dell'oggetto puntato
B. la copia dell'oggetto puntato
C. la cancellazione dell'oggetto puntato

32) Il tasto Invio (o Enter o Return):

A. serve a confermare le scelte e i comandi, o ad andare a capo in un programma di videoscrittura
B. serve a battere le maiuscole, se tenuto premuto mentre si digita un tasto alfabetico
C. serve ad annullare l'operazione in corso

33) In videoscrittura il termine «font» viene utilizzato per indicare:

A. un tipo particolare di oggetto per la realizzazione di grafici
B. il tipo di carattere
C. un file contenente dei dati (ad esempio una lista di indirizzi)

34) Una formattazione testo grassetto-corsivo può coesistere?

A. Sì, sempre
B. Sì, solo se il carattere ha dimensioni inferiori a 12pt
C. No, una formattazione testo esclude l'altra

35) Un programma di tipo "WORD PROCESSOR" è detto anche:

A. di calcolo
B. processatore di immagini
C. di videoscrittura

36) Tenendo premuto il tasto "Shift" mentre digitiamo un testo:

A. viene selezionato il testo digitato finché il tasto "Shift" viene tenuto premuto
B. viene sovrascritto il testo precedentemente digitato
C. si inverte il formato del carattere da minuscolo in maiuscolo o viceversa

37) Su una tastiera estesa per PC il tasto denominato «Caps Lock» ha la funzione di:

A. simulare la presenza di una tastiera di una nazionalità diversa
B. far sì che le lettere siano riprodotte in maiuscolo
C. simulare la continua pressione del tasto «Shift» (Maiuscolo) per tutti i tasti della tastiera

38) Per digitare la "u accentata" (ù) in una tastiera italiana:

A. non si tiene premuto nessun altro tasto
B. si tiene premuto il tasto MAIUSC (SHIFT)
C. si tiene premuto il tasto ALT

39) Una cartella può contenere:

A. file e menu
B. solo file
C. file e cartelle

40) In un programma di videoscrittura, la combinazione di tasti "Ctrl+Fine":

A. sposta il cursore alla fine del documento
B. sposta il cursore alla fine della riga corrente
C. sposta il cursore alla pagina successiva del documento

41) In un programma di elaborazione testi come "Word di Microsoft" o "Writer di Open Office" è possibile attivare la sillabazione del testo. In che cosa consiste tale operazione?

A. Nella suddivisione in sillabe di una parola quando questa non fa parte del dizionario di Word o di Writer
B. Nella suddivisione in sillabe di una parola quando questa non rientra nella larghezza del paragrafo ed è necessario andare a capo
C. Nella suddivisione in sillabe di una parola quando questa non è digitata correttamente

42) L'allineamento del paragrafo, nei programmi di videoscrittura, è una procedura che permette di:

A. posizionare il testo all'interno della pagina rispetto ai margini della stessa
B. impostare la spaziatura tra una riga del paragrafo e quella successiva
C. individuare tutti gli a capo, e quindi i paragrafi del testo

43) Quale di queste funzioni non è propria di un programma di videoscrittura?

A. Stampare
B. Ordinare dati
C. Cercare parole

44) Che cosa si intende per paragrafo nei programmi di videoscrittura?

A. La porzione di testo tra un a capo e quello successivo
B. Il testo selezionato
C. Il contenuto di un'intera pagina

45) Quale tra i seguenti software è più adatto per la riproduzione di un testo?

A. "Base" di Open Office
B. "Writer" di Open Office
C. "Excel" di Microsoft Office

46) Qual è la lunghezza massima consentita per un file di testo?

A. Inferiore a 65 Kbyte
B. Qualsiasi
C. Non più di 100 pagine

47) Che cosa si intende per «testo giustificato» in un programma di elaborazione testi?

A. Testo su cui è stato effettuato un controllo ortografico
B. Testo in cui ogni riga del paragrafo è allineata a sinistra o a destra rispetto ai margini della pagina
C. Testo in cui la larghezza di ogni riga del paragrafo è adattata ai margini della pagina

48) In un programma di videoscrittura, la combinazione di tasti "Ctrl+Freccia sinistra":

A. sposta il cursore alla parola precedente
B. sposta il cursore all'inizio della pagina corrente
C. sposta il cursore alla fine della riga corrente

49) Nei programmi di videoscrittura Word o Writer, per cambiare il colore ad una parte di testo già scritto:

A. si effettua copia ed incolla con il nuovo colore
B. si deve riscrivere cambiando prima il colore al carattere
C. si seleziona il testo e sulla barra degli strumenti si seleziona il nuovo colore

50) L'interlinea:

A. è la spaziatura tra una riga e l'altra
B. è un parametro che indica quando andare a capo spezzando la linea di testo in due, quando questa risulta essere troppo lunga
C. è un comando per suddividere due paragrafi

RISPOSTE CORRETTE

1) B	11) B	21) C	31) C	41) B
2) C	12) C	22) A	32) A	42) A
3) C	13) C	23) B	33) B	43) B
4) A	14) A	24) B	34) A	44) A
5) A	15) C	25) C	35) C	45) B
6) C	16) C	26) B	36) C	46) B
7) B	17) C	27) B	37) B	47) C
8) A	18) C	28) A	38) A	48) A
9) B	19) B	29) C	39) C	49) C
10) A	20) B	30) B	40) A	50) A

Capitolo 4
Foglio elettronico

4.1 Nozione e caratterisiche

Un foglio elettronico è un software in grado di svolgere operazioni automatizzate di calcolo, elaborazioni di dati e rappresentazioni grafiche, molto utilizzato in tutte quelle occasioni nelle quali si renda necessario disporre di un potente strumento, che faciliti il calcolo e la reportistica ad esso correlata.

Per meglio chiarire la funzione di un foglio elettronico (che in inglese viene indicato col termine *spreadsheet*), immaginiamo un comune foglio di quaderno con quadrettatura. Un foglio elettronico non è molto differente: strutturalmente è diviso in tanti rettangoli chiamati **celle**, le quali sono riempite dall'utente secondo le proprie esigenze. Facciamo un esempio pratico. Se io sul mio quaderno scrivessi *2 + 2 = 4* non avrei fatto altro che rappresentare una semplicissima addizione, che analogamente potrei scrivere anche nel mio foglio elettronico, con la differenza che grazie alle potenzialità di quest'ultimo potrei limitarmi a scrivere solamente la prima parte dell'operazione (2 + 2) e il risultato (4) comparirebbe in automatico. Da questo semplice concetto si possono immaginare le potenzialità dei software di foglio elettronico, pensando alle varie operazioni complesse e strutturate che in molti settori (soprattutto quello finanziario) spesso ci si trova ad affrontare. In definitiva, possiamo dire che un foglio elettronico è costituito da un insieme di celle nelle quali possono essere inseriti dati numerici (ed anche non numerici) di cui è necessaria un'elaborazione automatizzata atta a facilitare il compito dell'utente.

Esistono diversi software di foglio elettronico: tra i primi ricordiamo **Visicalc** e **Lotus 1-2-3**. Oggi i software più usati sono **Calc** (della suite Apache OpenOffice) e **Microsoft Excel** (contenuto nel pacchetto Microsoft Office). Noi ci occuperemo in maniera approfondita di quest'ultimo, ma gran parte dei concetti contenuti in questo capitolo sono applicabili anche per gli altri software di foglio elettronico.

4.2 Struttura di Microsoft Excel

La GUI di Microsoft Excel è molto simile a quella di Microsoft Word di cui abbiamo parlato nel capitolo precedente. Anche qui è presente in alto a sinistra la scheda «File» che permette di accedere alle funzioni di base come *apertura file, salvataggio* e *stampa*. Procedendo verso l'alto troviamo la *barra di accesso rapido* (Figura 4.1) che contiene il pulsante per salvare il lavoro, i due pulsanti per annullare le ultime operazioni effettuate (in caso di errore) e quello per ripristinare le azioni annullate (in caso di ripensamento).

Figura 4.1 – Barra di accesso rapido

4.2.1 La cartella di lavoro

Un documento di Excel è chiamato **cartella di lavoro**. La cartella è costituita da una serie di fogli; inizialmente sono presenti tre fogli (Figura 4.2), ma è possibile aggiungerne di nuovi o eliminarne alcuni.

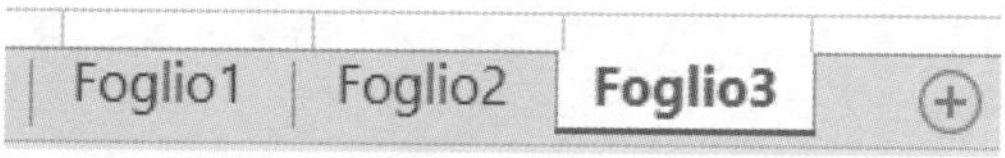

Figura 4.2 – Fogli di una cartella di lavoro

È possibile inoltre rinominare a piacimento i fogli presenti in una cartella di lavoro: per modificare il nome di un foglio è sufficiente scegliere l'apposita voce dal menu contestuale ottenuto attraverso un clic col tasto destro sul foglio da rinominare (Figura 4.3) (dallo stesso menu, selezionando le apposite voci, si potrà inserire un nuovo foglio, eliminare il foglio corrente, evidenziare uno dei fogli della cartella con un colore diverso).

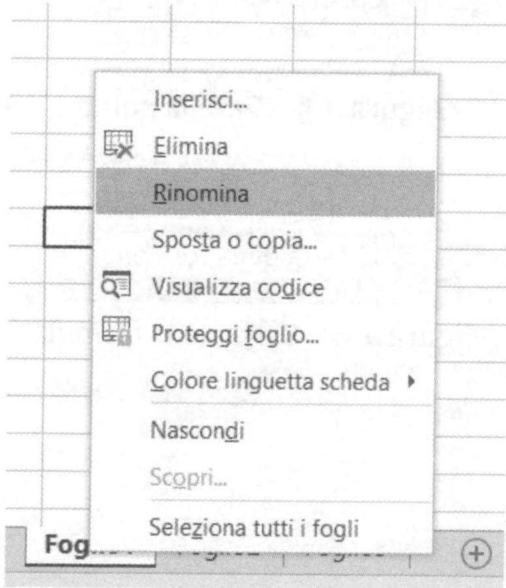

Figura 4.3 – Rinominare un foglio di lavoro

Strutturalmente un foglio Excel è costituito da una serie di rettangoli chiamati **celle** suddivisi in righe e colonne ed individuabili univocamente attraverso delle coordinate: le colonne sono indicate con lettere e le righe con numeri, pertanto una cella è identificabile attraverso una sigla costituita dalla lettera della colonna e dal numero della riga corrispondente (Figura 4.4). Nelle figure seguenti sono ben visibili la **casella nome**, dove sono indicate le coordinate della cella selezionata in quel momento (Figura 4.5), la **barra della formula**, fondamentale per gestire il contenuto di una cella (Figura 4.6), e le intestazioni di riga e colonna (Figure 4.7 e 4.8).

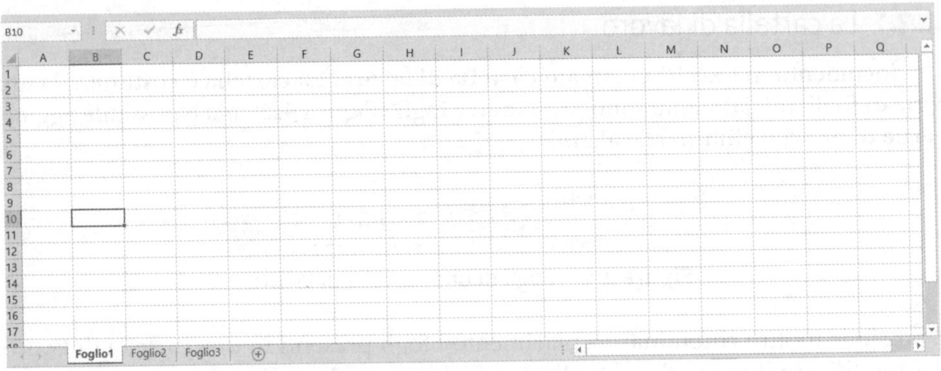

Figura 4.4 – Area di lavoro

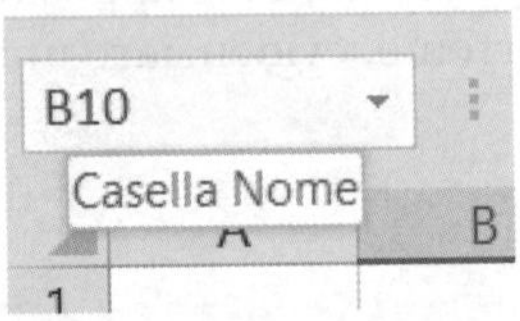

Figura 4.5 – Casella nome

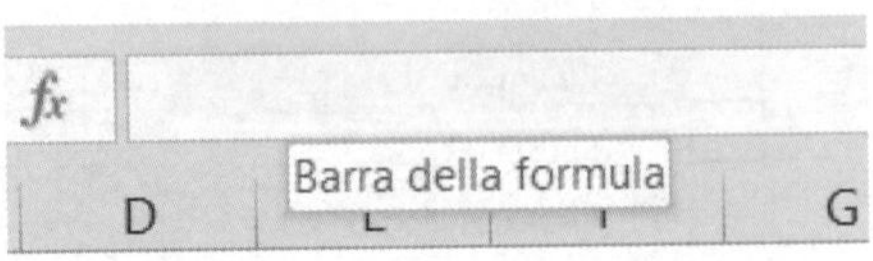

Figura 4.6 – Barra della formula

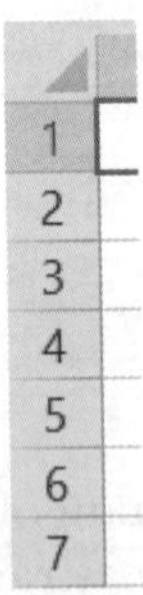

Figura 4.7 – Intestazione di riga

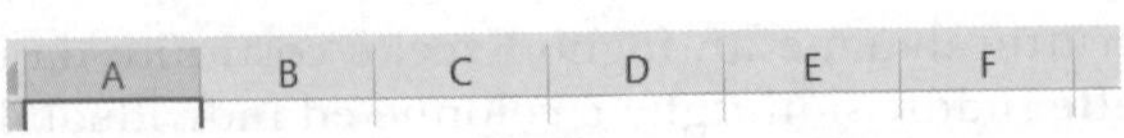

Figura 4.8 – Intestazione di colonna

4.2.2 Selezione di una singola cella

Una cella può essere selezionata con un singolo clic del tasto sinistro del mouse, ma è anche possibile spostare la selezione (rappresentata da un bordo più scuro della cella), con il tasto cursore della tastiera. La selezione della cella corrente indica che qualsiasi cosa verrà scritta, attraverso la tastiera, sarà inserita nella cella in quel momento selezionata (Figura 4.9).

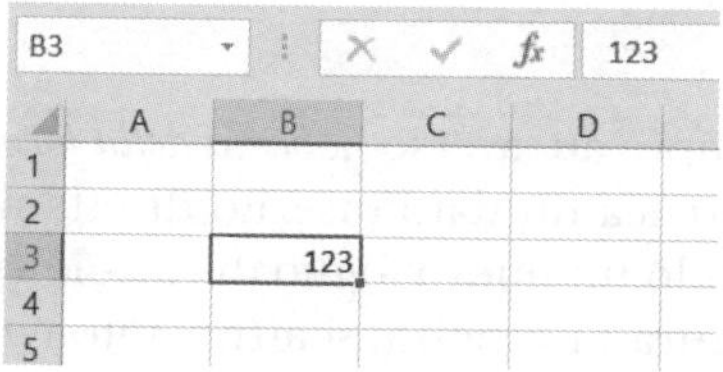

Figura 4.9 – Cella selezionata

4.2.3 Tipi di dato di una cella

Una cella può contenere del semplice testo (da usare ad esempio come etichetta per indicare il contenuto dei dati di una determinata colonna), ma soprattutto numeri e formule, che in realtà rappresentano lo scopo primario di un foglio elettronico: quello di automatizzare il calcolo di dati. Ogni cella, quindi, ha un formato in base al tipo di dato in essa contenuto: testo, numerico, data e ora, ecc. È importante definire il tipo di dato (numerico o testuale) che una o più celle dovranno contenere. In questo modo Excel sarà in grado di gestire il dato contenuto in ogni cella secondo le esigenze dell'utente, rappresentando correttamente eventuali punti separatori delle migliaia, le virgole per i decimali, simboli di valuta ecc. Per modificare il tipo (o formato) di una cella si può adoperare il piccolo pulsante indicato in Figura 4.10, nella scheda **Home**, nel gruppo **Numeri**.

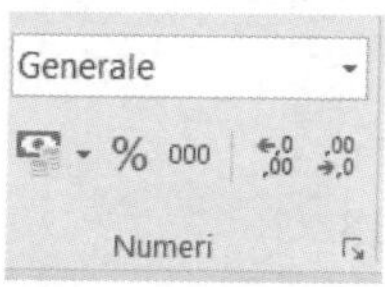

Figura 4.10 – Formato numeri

Cliccando il pulsante indicato si aprirà la seguente finestra di dialogo (Figura 4.11), attraverso la quale sarà possibile impostare il formato della cella selezionata, in ragione dell'esigenza da soddisfare.

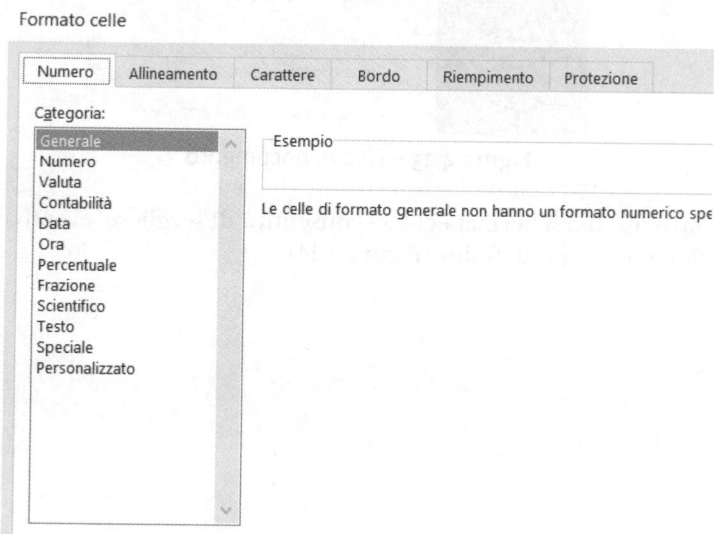

Figura 4.11 – Formato celle

4.2.4 Barra della formula

Il contenuto di ogni cella va verificato sempre attraverso la *barra della formula* (Figura 4.12), in quanto ciò che si vede può essere sia un dato inserito direttamente dall'utente sia il risultato di una formula. Quando un nuovo foglio di calcolo viene aperto, la prima cella, evidenziata da una bordatura più spessa, si attiva automaticamente e il suo contenuto, insieme alle sue coordinate, viene visualizzato nella barra della formula. Se ci si sposta in un'altra cella, l'area di riferimento della barra della formula mostrerà l'eventuale nuovo contenuto.

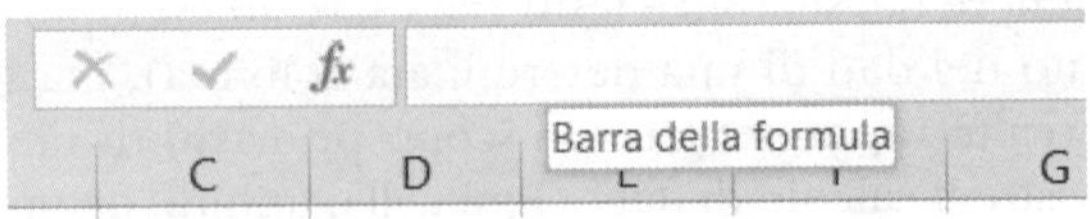

Figura 4.12 – Barra della formula

4.2.5 Operazioni di base

Dalla scheda **File** posta in alto a sinistra è possibile selezionare la voce desiderata per effettuare una delle quattro procedure principali; ognuna di esse può essere eseguita anche attraverso la rispettiva scorciatoia da tastiera indicata accanto al titolo del sottoparagrafo, tra parentesi.

Nuovo documento (CTRL + N)

Scegliere l'apposita voce evidenziata in Figura 4.13.

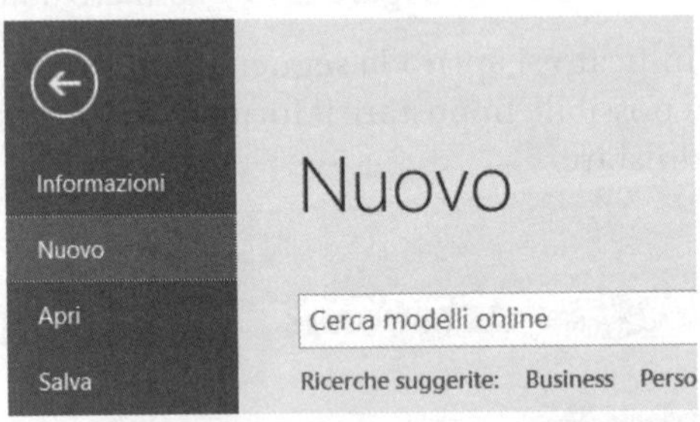

Figura 4.13 – Nuovo documento

Accanto comparirà una schermata che ci consentirà di scegliere, eventualmente, un modello di documento predefinito (Figura 4.14).

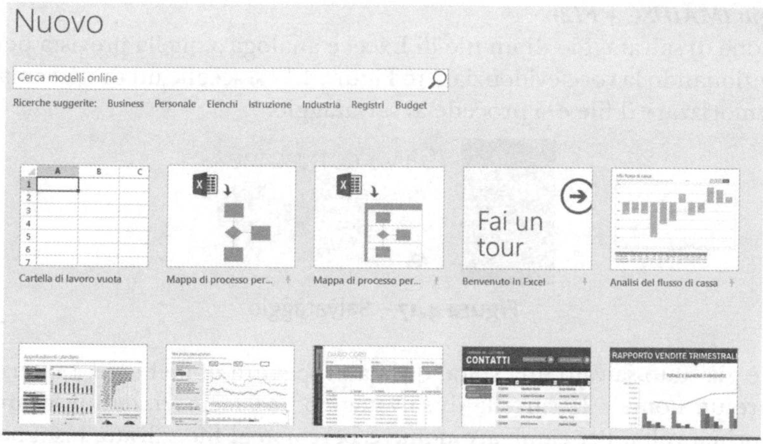

Figura 4.14 – Nuova cartella di lavoro

A noi per il momento interessa la scelta generica di **cartella di lavoro vuota** che oltretutto è l'opzione predefinita nel caso si preferisca usare la scorciatoia da tastiera.

Apertura (CTRL + F12)

La voce indicata in Figura 4.15 ci consentirà di scegliere un file recente o una posizione in memoria di massa dove sarà possibile selezionare il file a cui s'intende lavorare (Figura 4.16). Spesso può essere necessario aprire file presenti su unità rimovibili come DVD o unità USB. Se si sceglie la voce «sfoglia» si aprirà una finestra di dialogo caratteristica che ci consentirà appunto di scegliere la posizione esatta dove è presente il file che dovrà essere aperto.

Figura 4.15 – Apertura file

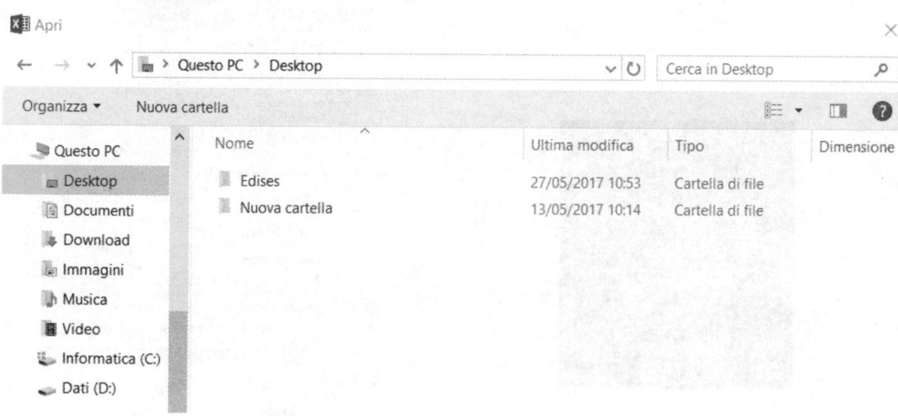

Figura 4.16 – Finestra di dialogo «Apri»

Salvataggio (MAIUSC + F12)

L'operazione di salvataggio di un file di Excel è analoga a quella prevista per i file di word: selezionando la voce evidenziata in Figura 4.17 si sceglie un'unità e una cartella su cui memorizzare il file e si procede al salvataggio.

Figura 4.17 – Salvataggio

Se il file è già stato salvato una volta, questa procedura non chiederà ulteriormente di indicare un nome e la cartella di salvataggio, ma memorizzerà il lavoro sul file scelto la prima volta. Per cambiare nome e percorso al file salvato, bisogna usare il comando **Salva con nome**.

Stampa (CTRL + MAIUSC + F12)

Come già spiegato nei capitoli precedenti, è possibile stampare un documento selezionando la voce in Figura 4.18 ed eventualmente modificando, attraverso «Impostazioni» (Figura 4.19), le opzioni di numero di stampe, numero di copie, ma anche scegliendo se stampare solo il foglio corrente o l'intera cartella di lavoro, data la particolare struttura di Excel.

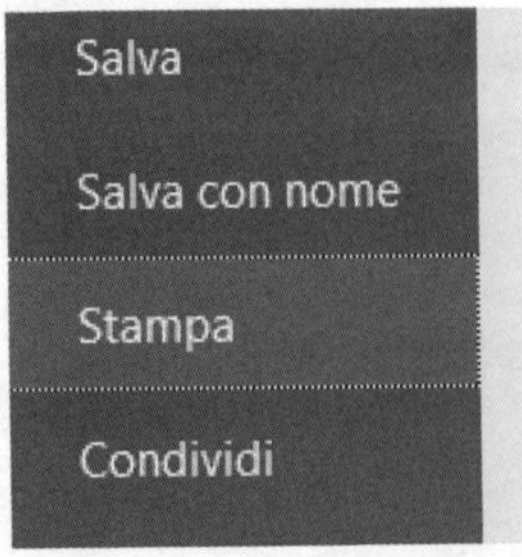

Figura 4.18 – Stampa

Figura 4.19 – Impostazione di «Stampa»

Nella schermata a destra, è possibile visualizzare un'anteprima di stampa per rendersi conto di come sarà il nostro lavoro una volta stampato.

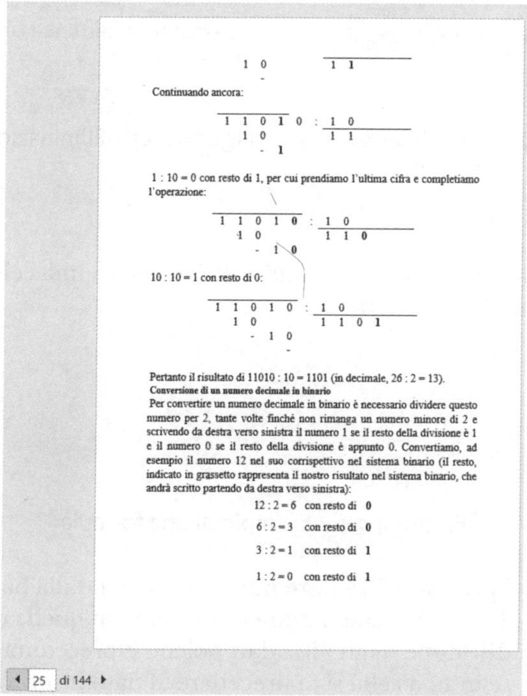

Figura 4.20 – Anteprima di stampa

4.2.6 Ridimensionamento celle

Se il testo in una cella è troppo lungo (o troppo corto) per la sua dimensione, la cella può essere ingrandita in larghezza o altezza (e, nell'ipotesi opposta, ristretta) ponendo il puntatore sull'intestazione di colonna o di riga tra due colonne o righe adiacenti (il puntatore assumerà la forma di due frecce divergenti come in Figura 4.21), tenendo premuto il tasto sinistro e muovendo infine il mouse nella direzione di allargamento o restringimento desiderata.

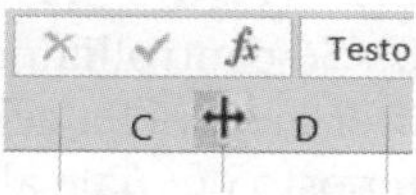

Figura 4.21 – Ridimensionamento celle

4.2.7 Aggiungere ed eliminare righe e colonne

L'aggiunta e l'eliminazione di righe e colonne può avvenire attraverso gli appositi pulsanti comando presenti nel gruppo **Celle** della scheda **Home** della barra multifunzione (Figure 4.22 e 4.23).

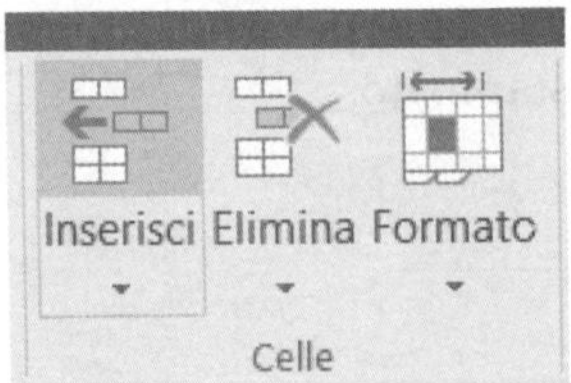

Figura 4.22 – Inserimento celle

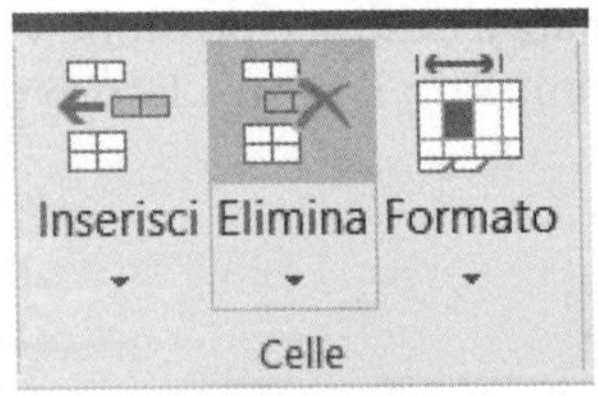

Figura 4.23 – Eliminazione celle

4.3 Formule

Proviamo ad inserire una semplice formula all'interno di una cella, per comprendere le peculiarità di un foglio elettronico:

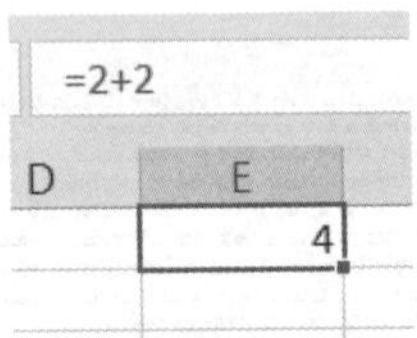

Figura 4.24 – Esempio di una formula

La cella in Figura 4.24 contiene il valore numerico 4, ma dalla barra della formula si legge invece «=2+2». Ciò indica che il numero presente in quella cella è il risultato di una formula, che si distingue dagli altri dati poiché è preceduta dal simbolo dell'uguale. In definitiva, se in una cella si fa precedere al dato inserito il simbolo «=» non si fa altro che dire al nostro foglio elettronico: «i dati che sto per inserire devono essere calcolati». Vediamo un esempio:

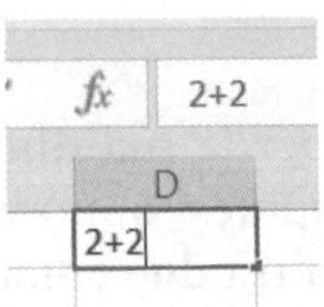

Figura 4.25 – Semplice testo (non è una formula)

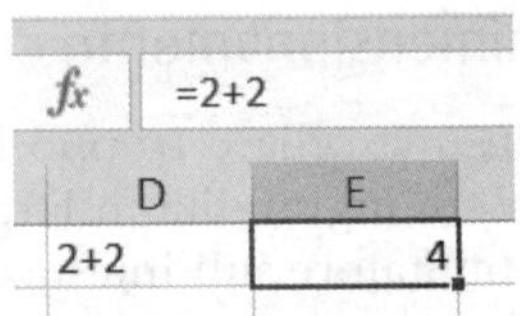

Figura 4.26 – Formula

Nella cella D1 compare il dato «2+2» (Figura 4.25), mentre nella cella E1 compare il dato numerico «4» (Figura 4.26). Se controlliamo la barra della formula per ogni cella, notiamo una sostanziale differenza: nella cella dove compare il numero 4 c'è una formula (poiché abbiamo anteposto l'uguale al dato inserito), nell'altra cella, invece, manca il simbolo «=», per cui Excel non effettua calcoli su questo dato inserito. Naturalmente le formule possono essere più complesse:

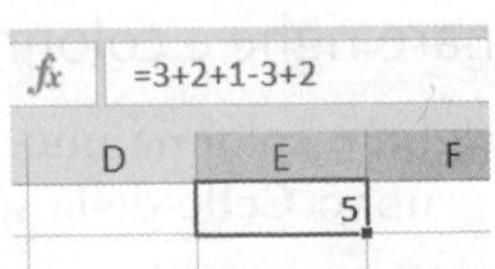

Figura 4.27 – Altro esempio di formula

Il numero 5 presente nella cella selezionata proviene dal calcolo della formula «=3+2+1-3+2», come si evince dalla barra della formula stessa (Figura 4.27).
Un'importante caratteristica dei fogli elettronici è rappresentata dai riferimenti nelle formule. Se invece di scrivere «=2+2» avessimo scritto «=D1+E1» non avremmo fatto altro che creare un riferimento. In altre parole, chiediamo al foglio elettronico di sommare il valore presente nella cella D1 col valore presente in E1. Naturalmente, se nelle celle a cui si fa riferimento non fosse contenuto alcun valore, la somma sarebbe uguale a 0 poiché equivarrebbe ad addizionare 0 + 0.

4.4 Funzioni

Le funzioni sono formule particolari attraverso le quali è possibile ottenere risultati inserendo opportuni parametri. Nell'esempio precedente, la semplice formula «=D1+E1» non faceva altro che sommare tra di loro i valori contenuti rispettivamente nella cella D1 e nella cella E1; lo stesso risultato si ottiene con la funzione **SOMMA()**, la quale sommerà tutti i valori e i riferimenti contenuti tra le parentesi. Chiariamo tutto con un esempio:

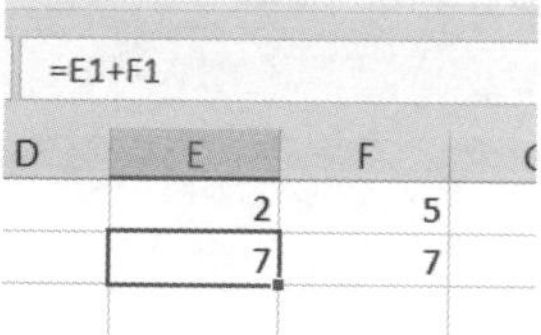

Figura 4.28 – Addizione attraverso una formula

Come si vede in Figura 4.28, la cella E1 contiene il numero 2, mentre la cella F1 contiene il numero 5. Le celle E2 e F2 contengono entrambe il numero 7, risultato della somma dei valori presenti in E1 e F1. La differenza sta nel fatto che mentre in E2 il risultato scaturisce dalla formula =E1+F1, nella cella F2 esso è frutto di una funzione SOMMA(). In quest'ultimo caso si nota che la funzione è scritta SOMMA(E1;F1) (Figura 4.29).

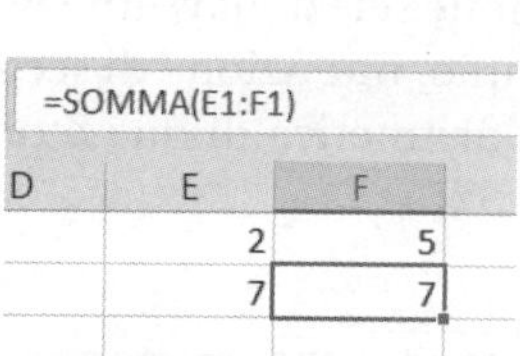

Figura 4.29 – Addizione attraverso la funzione «SOMMA()»

Una funzione è una formula predefinita che effettua calcoli e, più in generale, operazioni utilizzando specifici argomenti (o parametri), racchiusi tra le parentesi tonde, che rappresentano i valori o i riferimenti che devono essere calcolati dalla funzione stessa. Nell'esempio precedente avevamo scritto SOMMA(E1;F1), il cui nome ci indica le caratteristiche della funzione (in questo caso la funzione SOMMA() non fa altro che sommare tra di loro gli argomenti), mentre i valori tra parentesi separati dal punto e virgola rappresentano gli addendi da sommare.
Fortunatamente esiste una **procedura guidata per l'inserimento delle funzioni** che facilita notevolmente il compito dell'utente meno esperto.

Si deve, per prima cosa, selezionare la cella del foglio elettronico nella quale si desidera inserire la funzione stessa e, successivamente, la scheda **Formule** dalla barra multifunzione, cliccando il pulsante comando **Inserisci funzione**, come in Figura 4.30.

Figura 4.30 – Pulsante «Inserisci funzione»

Si aprirà la seguente finestra di dialogo (Figura 4.31) dalla quale sarà possibile scegliere una funzione.

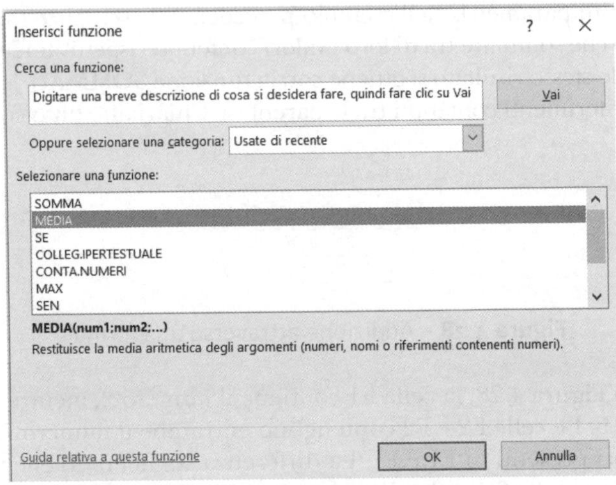

Figura 4.31 – Finestra di dialogo «Inserisci funzione»

Per velocizzare la ricerca è possibile selezionare una delle categorie indicate nel menu a tendina. Se avessimo, ad esempio, intenzione di scegliere la funzione **MEDIA()** che permette di calcolare la media aritmetica di due o più valori, allora selezioniamo la categoria **Statistiche** (Figura 4.32).

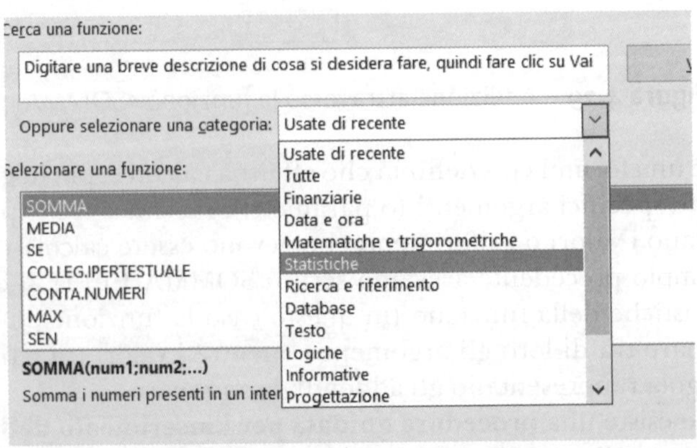

Figura 4.32 – Funzioni statistiche

Successivamente basterà scorrere l'elenco delle funzioni e scegliere quella che ci occorre (Figura 4.33).

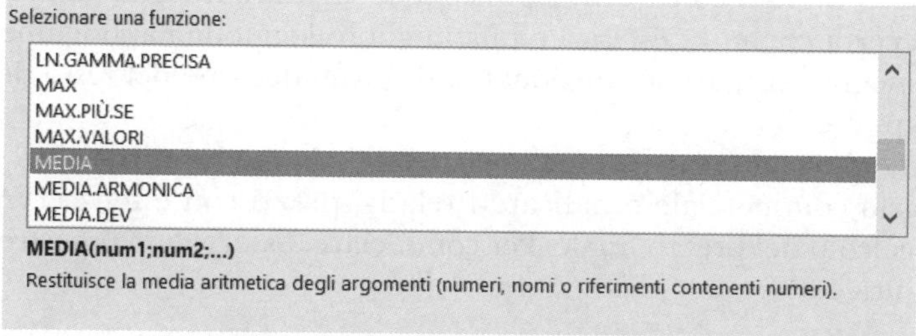

Figura 4.33 – Funzione «MEDIA()»

Cliccando su OK apparirà una seconda finestra che ci chiederà di inserire gli argomenti della funzione appena scelta (Figura 4.34).

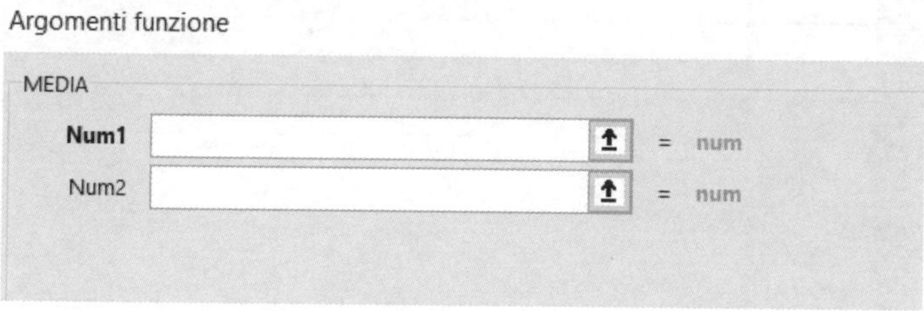

Figura 4.34 – Inserimento degli argomenti della funzione

Ogni casella contraddistinta dall'etichetta Num1, Num2, ecc., rappresenta un argomento della funzione e in ognuna di esse è possibile inserire un valore o un riferimento ad una cella (ad esempio A3). Premendo il pulsante di lato a forma di freccia, è anche possibile scegliere una cella cliccandoci direttamente col tasto sinistro del mouse (Figura 4.35).

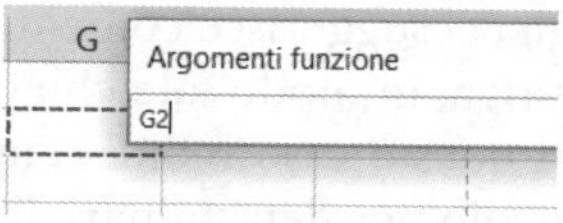

Figura 4.35 – Inserimento diretto degli argomenti

Terminata la selezione degli argomenti che dovranno essere calcolati dalla funzione, si clicca OK e la cella immediatamente assume il valore risultante dalla funzione appena scelta.
Un discorso analogo può essere fatto per tutte le altre funzioni a cui è possibile accedere anche tramite i vari pulsanti comando presenti nella barra multifunzione nella scheda **Formule**, gruppo **Libreria di funzioni** (Figura 4.36).

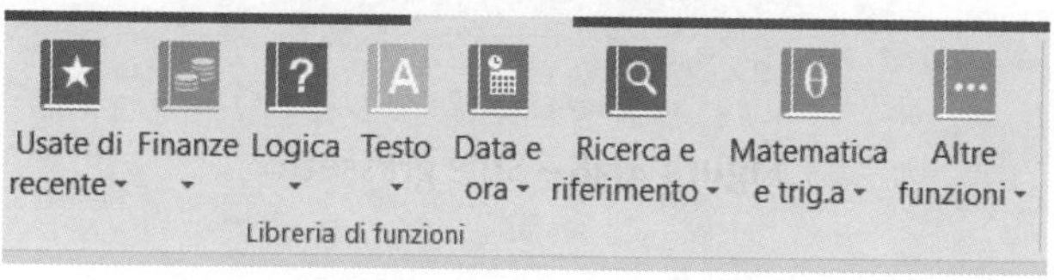

Figura 4.36 – Libreria di funzioni

4.5 Formattazione di un foglio elettronico

Al pari dei testi digitati con Word, è possibile formattare il foglio elettronico al fine di dare una certa coerenza estetica e una migliore leggibilità al documento a cui si lavora. Per meglio spiegare le funzionalità di formattazione del testo descriveremo ora un caso pratico.
Immaginiamo di voler creare un foglio elettronico in cui inserire l'elenco di articoli di un esercizio commerciale e indicare i relativi prezzi con e senza IVA, al fine di facilitare il calcolo del prezzo finale. Per cominciare, osserviamo il nostro foglio elettronico (Figura 4.37).

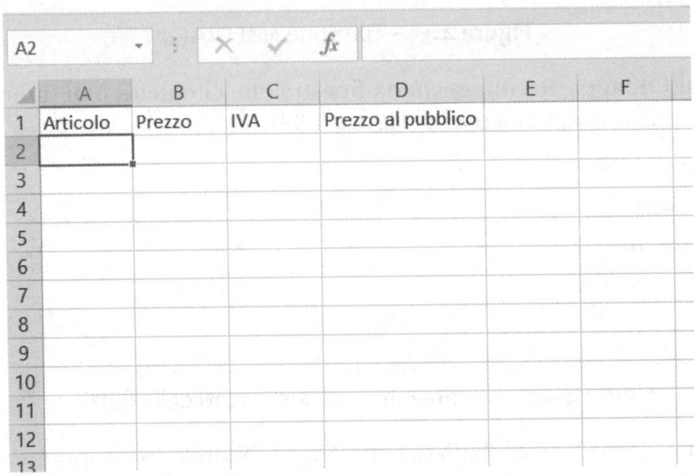

Figura 4.37 – Esempio pratico

4.5.1 Stili del carattere

La struttura tipicamente a griglia ci suggerisce come inserire le intestazioni delle voci che ci interessano nella prima riga, in modo tale che ogni singola colonna contenga una certa tipologia di dato. In questo caso molto semplice, abbiamo ipotizzato che l'utente utilizzi un foglio di calcolo per determinare il prezzo finale degli articoli del proprio negozio, comprensivi di IVA. Per abbellire e facilitare la lettura, potrebbe essere utile applicare uno stile **Grassetto** al testo presente nella prima riga in modo da distinguerlo dal resto dei dati. Per ottenere quanto detto, basterà posizionare il riquadro di selezione su ogni singola cella, e applicare il grassetto cliccando il pulsante comando indicato (Figura 4.38).

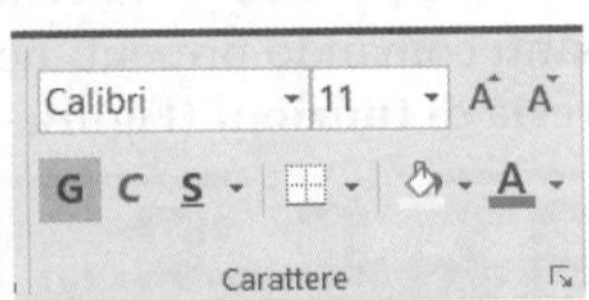

Figura 4.38 – Stile grassetto

Se un determinato stile di formattazione deve essere applicato ad un'intera riga o ad un'intera colonna, è possibile cliccare l'intestazione corrispondente alla riga (o alla colonna) a cui applicare lo stile (Figura 4.39).

Figura 4.39 – Selezione intera colonna

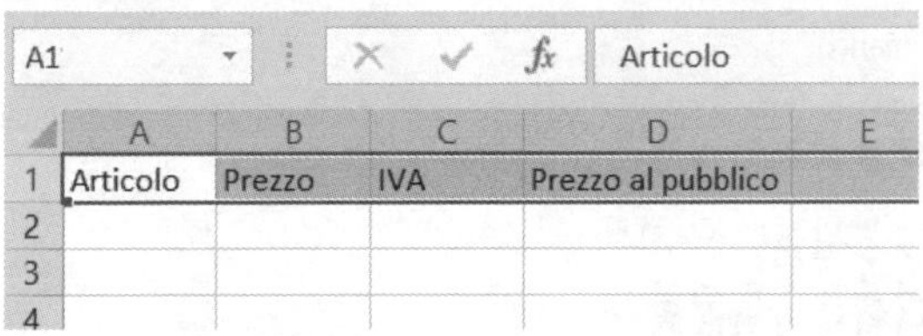

Figura 4.40 – Selezione intera riga

In Figura 4.40 è stata selezionata la riga intera, cliccando sul numero di riga corrispondente: qualsiasi stile di formattazione applicato interesserà tutta la selezione. Il nostro foglio elettronico, con il grassetto applicato a tutta la prima riga, risulterà, pertanto, come in Figura 4.41.

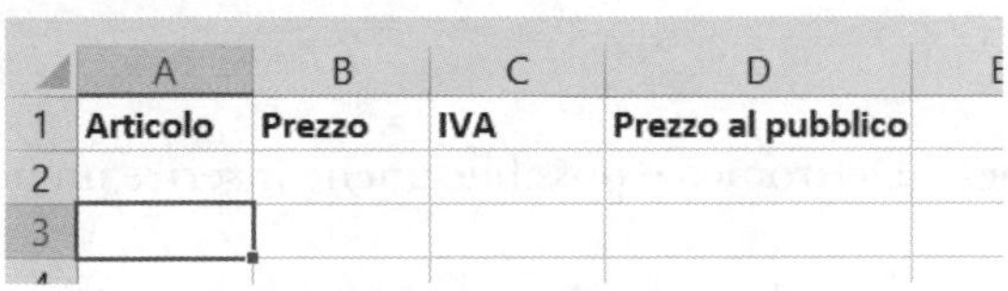

Figura 4.41 – Grassetto applicato alla prima riga

Analogamente al grassetto è possibile inserire anche lo stile corsivo, qualora lo si desideri, attraverso la scorciatoia da tastiera (CTRL + I) oppure con l'apposito pulsante di comando (Figura 4.42).

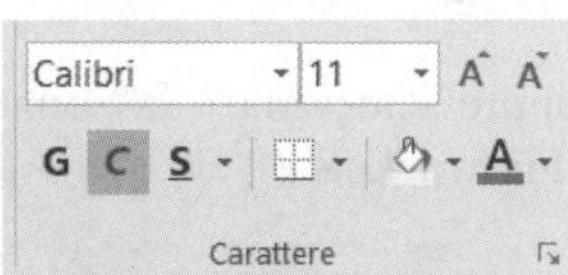

Figura 4.42 – Corsivo

Possiamo anche cambiare le dimensioni e il tipo di carattere tramite i menu indicati nelle Figure 4.43 e 4.44.

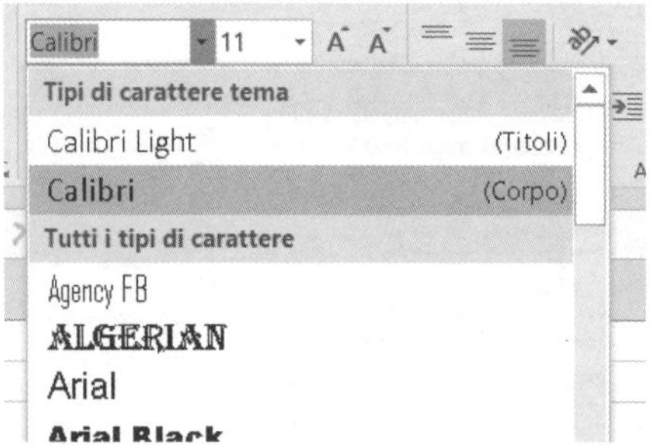

Figura 4.43 – Cambiare il tipo di carattere

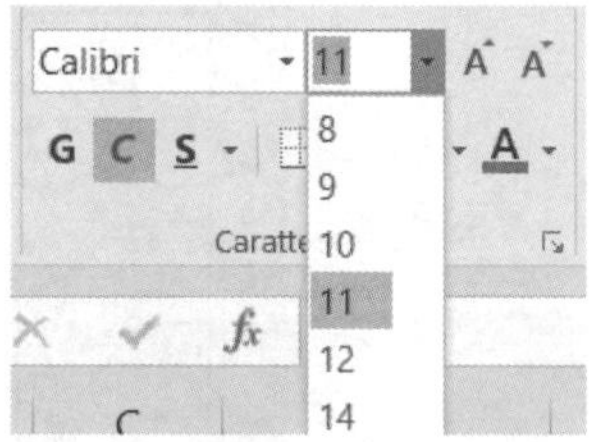

Figura 4.44 – Cambiare le dimensioni del carattere

Si può anche cambiare colore al carattere oppure impostare un colore diverso dal bianco per la cella con i seguenti pulsanti comando (Figure 4.45 e 4.46):

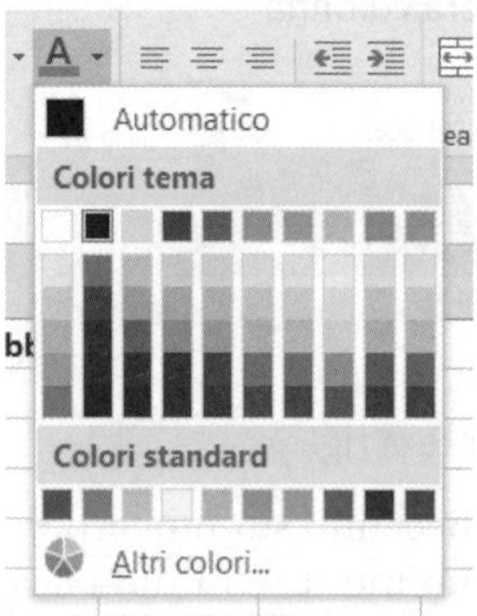

Figura 4.45 – Cambiare colore del testo

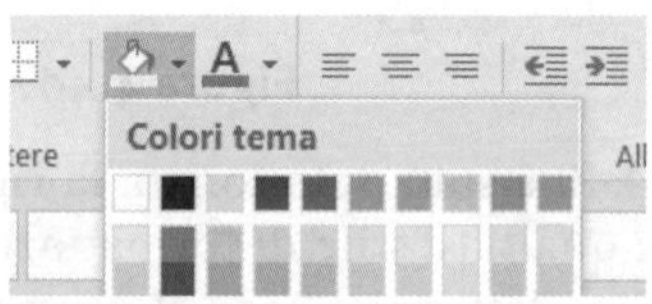

Figura 4.46 – Cambiare colore delle celle

4.5.2 Bordi

Per abbellire un foglio elettronico è possibile anche inserire un bordo come in Figura 4.47.

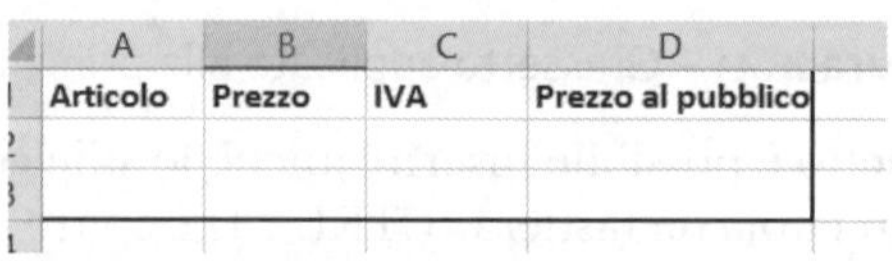

Figura 4.47 – Bordo

Per inserire un bordo è sufficiente selezionare la zona da circondare ed utilizzare il pulsante comando indicato in Figura 4.48.

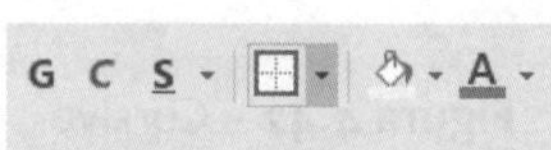

Figura 4.48 – Pulsante comando per inserimento di bordi

Si aprirà un menu a tendina da cui sarà possibile scegliere i bordi da inserire (Figura 4.49, nella figura precedente abbiamo optato per **Bordi esterni spessi**).

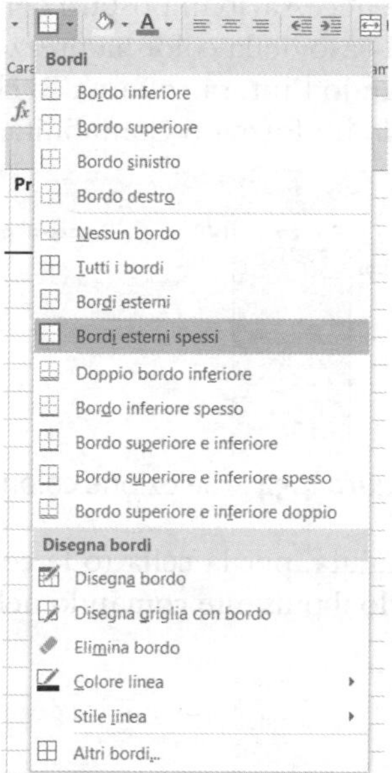

Figura 4.49 – Scelta tipo di bordo

4.5.3 Allineamento del testo

Il testo all'interno di una cella può essere allineato a proprio piacimento, come avviene anche in Word, attraverso i pulsanti comando nelle Figure 4.50, 4.51 e 4.52.

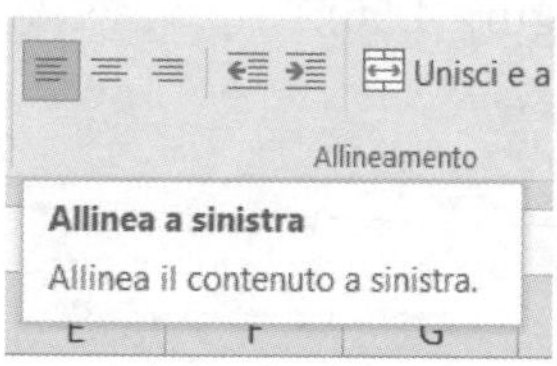

Figura 4.50 – Allineamento a sinistra

Figura 4.51 – Centratura testo

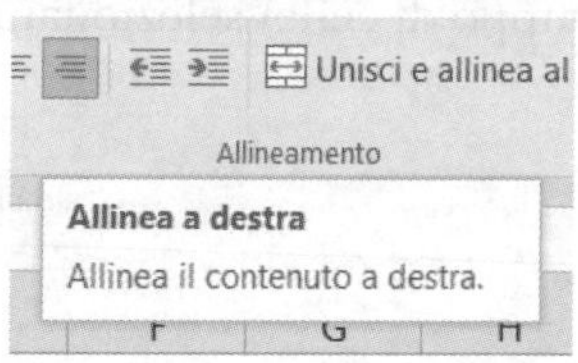

Figura 4.52 – Allineamento a destra

4.5.4 Formato celle

Proviamo ad inserire dei dati nel nostro foglio (immaginiamo di trattare articoli di cartoleria).

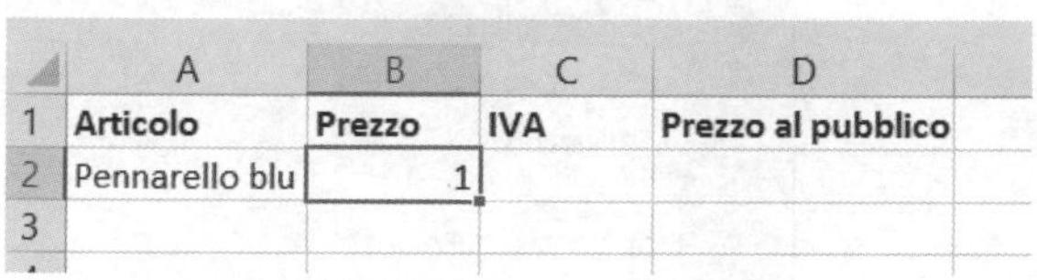

Figura 4.53 – Inserimento dati

Come si vede dalla Figura 4.53, è stato inserito il primo articolo nella relativa colonna e indicato un prezzo per questo prodotto. Per progettare un foglio elettronico formalmente corretto, però, è necessario impostare per ogni cella la tipologia di dati che essa dovrà contenere. Nel caso della colonna prezzo, infatti, imposteremo il tipo di dato **Contabilità**, selezionando l'intera colonna B, cliccandone la relativa intestazione di colonna e impostando un formato Contabilità (Figura 4.54).

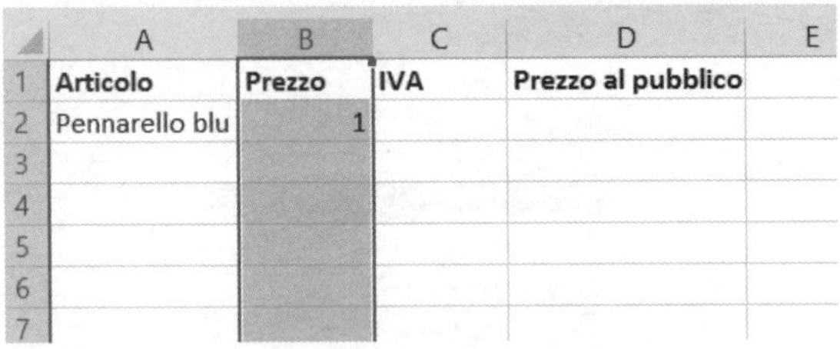

Figura 4.54 – Selezione colonna

L'impostazione del formato valuta, per la cella (o le celle come in questo caso) selezionata, può avvenire cliccando il pulsante comando nel gruppo **Numeri** della scheda **Home** (Figura 4.55).

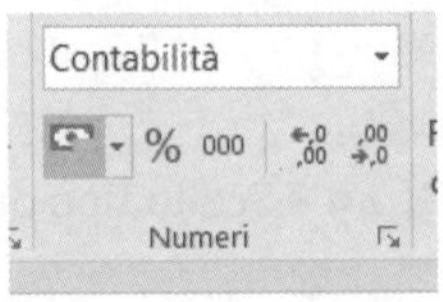

Figura 4.55 – Pulsante «Contabilità»

Un altro modo per impostare un tipo di dato di una cella (o un gruppo di esse) consiste nell'accedere al menu contestuale **Formato celle** cliccando su una cella (o un gruppo di celle) selezionata col tasto destro del mouse (Figura 4.56).

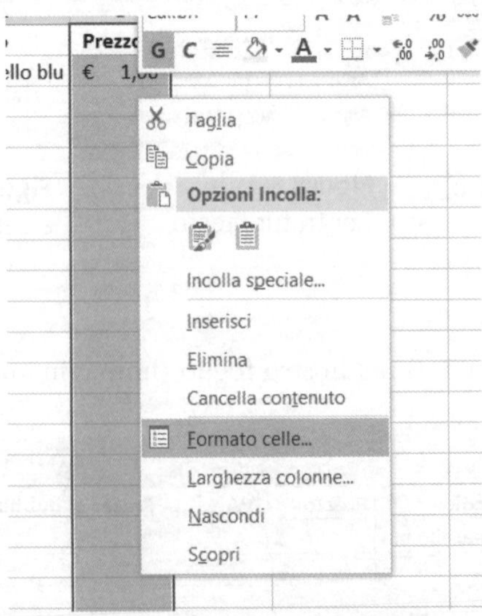

Figura 4.56 – Formato celle

Si aprirà la finestra di dialogo già vista in precedenza da cui si dovrà selezionare la voce **Contabilità** (Figura 4.57).

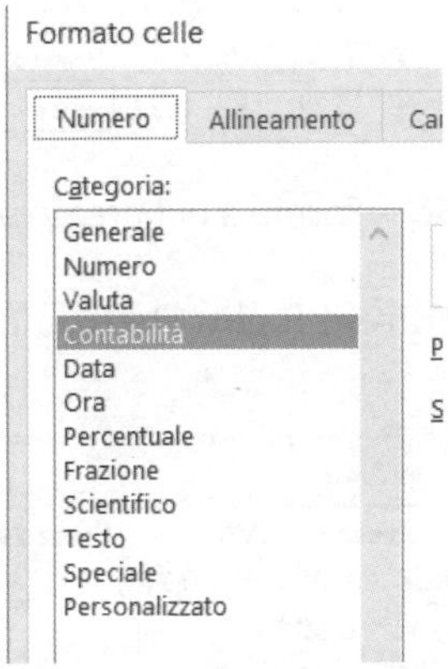

Figura 4.57 – Formato celle: Contabilità

Il nostro foglio di lavoro assumerà questa forma (Figura 4.58):

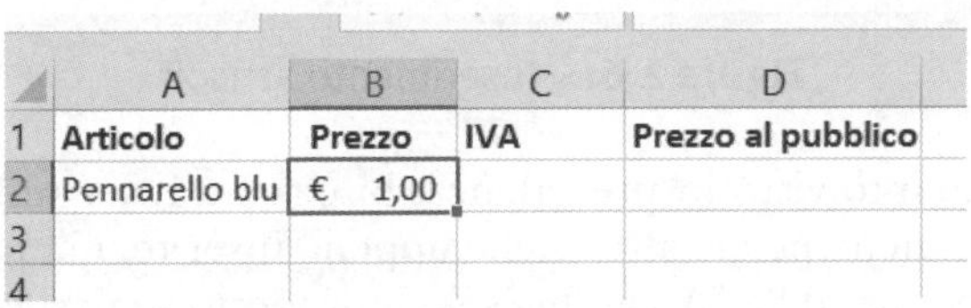

Figura 4.58 – Formato cella impostato

Per quanto riguarda la colonna relativa all'IVA, sarà necessario soffermarci a riflettere su cosa andrà inserito nelle celle relative ad essa. L'IVA è una tassa che si quantifica a partire dal prezzo iniziale di un prodotto e calcolandone la relativa percentuale. Questo ci fa capire che la cella della colonna IVA deve essere un campo calcolato: sarà pertanto necessaria una formula. Considerando, ad esempio, un'aliquota IVA del 22% (quindi il 22% del prezzo di base si ottiene moltiplicandolo per 0,22), la formula da scrivere sarà la seguente (Figura 4.59):

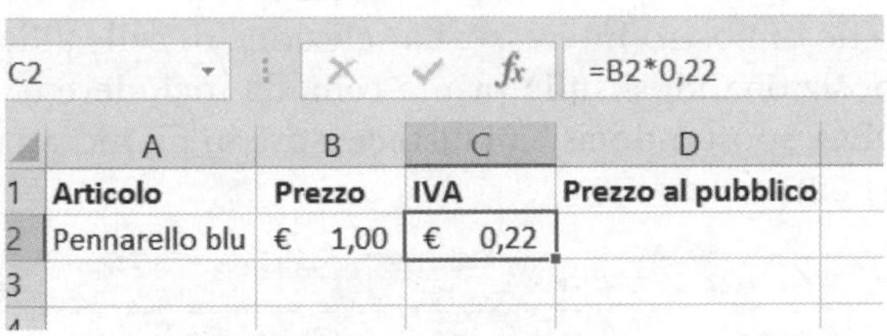

Figura 4.59 – Formula per l'IVA

Come si evince dalla barra della formula, la cella viene calcolata moltiplicando (l'asterisco * indica l'operatore di moltiplicazione) il valore della cella B2 per il numero 0,22. Il risultato è proprio 0,22 € ovvero il 22% di 1 €. Il prezzo al pubblico, invece, sarà ottenuto con una formula che calcoli la somma della cella B2 + C2 (Figura 4.60).

D2 =B2+C2

	A	B	C	D	E
1	**Articolo**	**Prezzo**	**IVA**	**Prezzo al pubblico**	
2	Pennarello blu	€ 1,00	€ 0,22	€ 1,22	
3					

Figura 4.60 – Formula del prezzo al pubblico

Immaginiamo adesso di arricchire il foglio elettronico con altri prodotti del nostro negozio (Figura 4.61).

	A	B	C	D	E
1	**Articolo**	**Prezzo**	**IVA**	**Prezzo al pubblico**	
2	Pennarello blu	€ 1,00	€ 0,22	€ 1,22	
3	Matita	€ 0,50			
4	Righello	€ 1,70			
5	Risma di fogli	€ 3,20			
6					
7					
8					

Figura 4.61 – Inserimento articoli

Analogamente a quanto visto in precedenza, bisognerà inserire le formule relative al calcolo dell'IVA anche per le altre righe appena inserite, ma poiché la formula è la stessa (l'IVA è sempre al 22%), cambia solo il prodotto a cui si fa riferimento. Sarà possibile ricopiare la formula utilizzata per la riga precedente, anche nelle righe sottostanti.

4.6 Copiare, tagliare e incollare

Come abbiamo già visto nel capitolo *Elaborazione testi,* anche in Excel è possibile copiare e incollare il contenuto di una o più celle in altre. Per far questo occorre selezionare la cella (o il gruppo di celle) che si intende copiare, tenendo premuto il tasto sinistro del mouse mentre si trascina il puntatore fino a creare una selezione che racchiuda le celle di nostro interesse. La selezione di celle adiacenti potrà essere effettuata anche posizionandosi sulla prima cella da includere e, tenendo premuto il tasto MAIUSCOLO, spostandocisi coi tasti cursore in maniera tale da estendere la selezione (Figura 4.62).

	A	B	C	D	E
1	**Articolo**	**Prezzo**	**IVA**	**Prezzo al pubblico**	
2	Pennarello blu	€ 1,00	€ 0,22	€ 1,22	
3	Matita	€ 0,50			
4	Righello	€ 1,70			
5	Risma di fogli	€ 3,20			
6					

Figura 4.62 – Selezione

Per copiare la selezione si potrà usare la combinazione da tastiera CTRL + C oppure il pulsante comando presente nella scheda **Home,** nel gruppo **Appunti** (Figura 4.63).

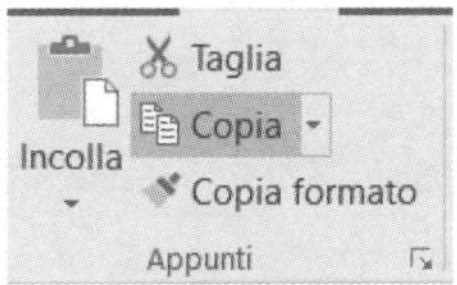

Figura 4.63 – Copia

La selezione verrà circondata da un bordo con un effetto movimento, per indicare che è stata copiata. A questo punto sarà possibile scegliere una nuova posizione in cui inserire il testo cliccando sulla cella nella quale si desidera incollare ciò che è stato copiato (in questo caso la cella che selezioniamo coinciderà con la prima cella della nuova selezione incollata) e usare la combinazione da tastiera CTRL + V oppure l'apposito pulsante comando indicato in Figura 4.64.

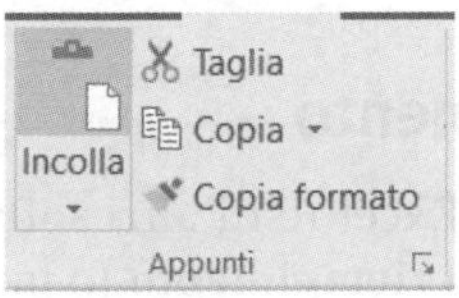

Figura 4.64 – Incolla

Il risultato sarà il seguente (Figura 4.65).

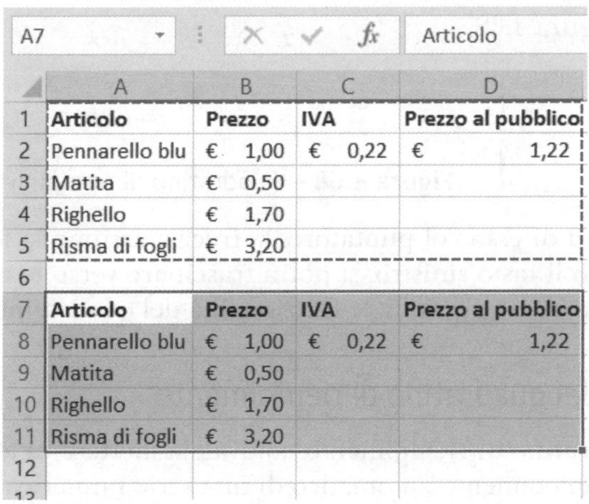

	A	B	C	D
1	**Articolo**	**Prezzo**	**IVA**	**Prezzo al pubblico**
2	Pennarello blu	€ 1,00	€ 0,22	€ 1,22
3	Matita	€ 0,50		
4	Righello	€ 1,70		
5	Risma di fogli	€ 3,20		
6				
7	**Articolo**	**Prezzo**	**IVA**	**Prezzo al pubblico**
8	Pennarello blu	€ 1,00	€ 0,22	€ 1,22
9	Matita	€ 0,50		
10	Righello	€ 1,70		
11	Risma di fogli	€ 3,20		
12				

Figura 4.65 – Selezione appena incollata

Se avessimo voluto spostare i dati, invece di un «copia e incolla» avremmo dovuto effettuare un «taglia e incolla»: il comando taglia (CTRL + X), oltre a copiare, cancella il testo presente nella selezione, prima di incollarlo altrove (Figure 4.66 e 4.67).

Figura 4.66 – Taglia

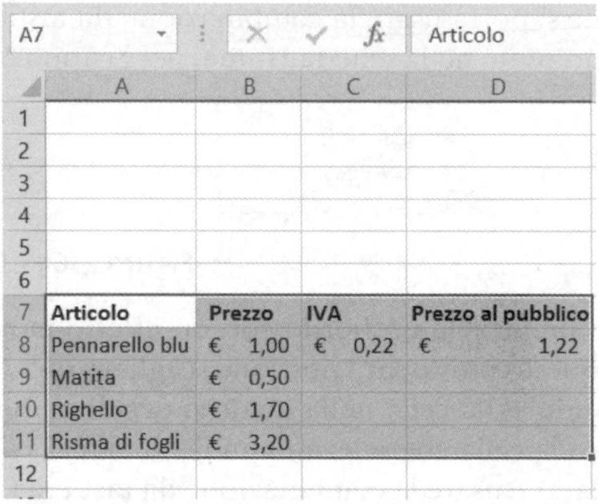

Figura 4.67 – Selezione spostata attraverso un «taglia e incolla»

4.7 Il quadratino di riempimento

Una funzionalità molto comoda di Excel (e di altri software di foglio elettronico) è correlata al cosiddetto **quadratino di riempimento** (o maniglia di riempimento), con il quale è possibile facilitare notevolmente l'inserimento dei dati all'interno delle celle. Questo quadratino è situato nel bordo della selezione in basso a destra, come si può vedere in Figura 4.68.

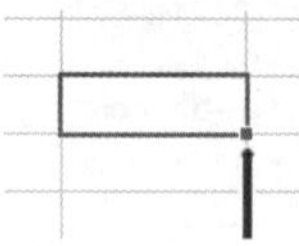

Figura 4.68 – Quadratino di riempimento

Se ci si posiziona su di esso col puntatore, la freccia assume la forma di una croce e, tenendo premuto il tasto sinistro, si potrà trascinare verso le quattro direzioni la selezione, mettendo in atto, quindi, le funzionalità del quadratino.

4.7.1 Funzioni del quadratino di riempimento

Trascinare il quadratino di riempimento equivale a mettere in atto alcune automazioni tra cui il completamento automatico di una serie numerica o anche dei giorni della settimana o dei mesi dell'anno. Si immagini di voler scrivere nella colonna A i numeri da 1 a 100 per creare, ad esempio, un elenco (Figura 4.69).

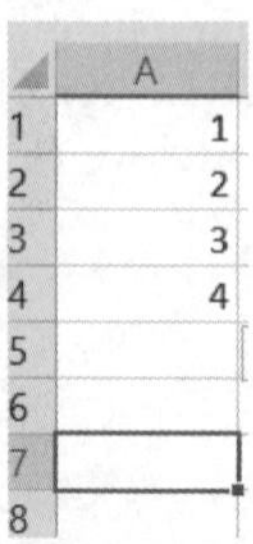

Figura 4.69 – Numeri in serie

Per evitare che l'utente sia costretto a inserire manualmente tutti i numeri dell'elenco che intende formare, operazione che richiederebbe parecchio tempo, Excel prevede un automatismo per cui è sufficiente digitare i primi numeri soltanto e poi selezionarli come in Figura 4.70.

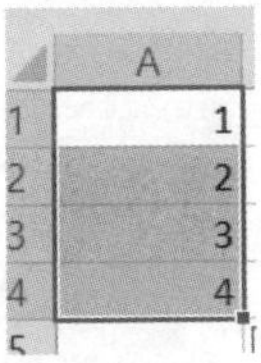

Figura 4.70 – Selezione serie

Successivamente, trascinando il quadratino di riempimento verso il basso, l'utente segnala al software che si sta cercando di riempire automaticamente le celle sottostanti secondo lo stesso criterio dei numeri scritti fino a quel momento, presenti nella selezione, per cui avremo (Figura 4.71).

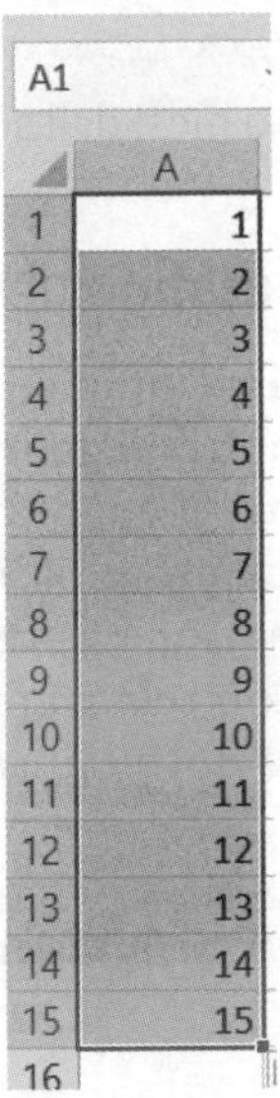

Figura 4.71 – Completamento serie

Come si vede, sono stati immessi solo i primi quattro numeri e, grazie alla funzionalità del quadratino di riempimento, è stato possibile completare con un solo gesto la serie fino a 15; trascinando più a lungo, si può arrivare al valore desiderato di 100 (ma anche 1000, 5000 e così via).
Stesso discorso vale per altri tipi di valori come i mesi dell'anno (Figura 4.72).

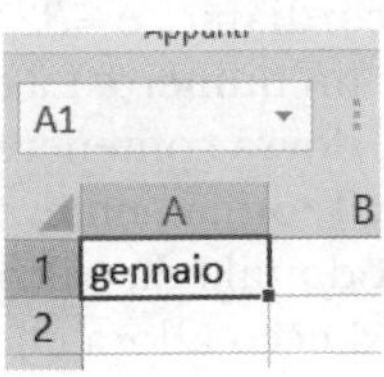

Figura 4.72 – Mesi dell'anno in serie

Anche in questo caso basterà inserire soltanto il primo mese, selezionarlo e trascinare il quadratino di riempimento fino al punto desiderato (nel caso volessimo fermarci a dicembre, trascineremo il quadratino per altre undici celle verso il basso, Figura 4.73).

	A
1	gennaio
2	febbraio
3	marzo
4	aprile
5	maggio
6	giugno
7	luglio
8	agosto
9	settembre
10	ottobre
11	novembre
12	dicembre
13	

Figura 4.73 – Completamento mesi dell'anno

4.7.2 Inserimento di formule attraverso il quadratino di riempimento

Abbiamo esaminato le funzionalità del quadratino di riempimento nel caso di una cella contenente un semplice dato. Il discorso si complica leggermente nel caso di celle contenenti una formula con riferimenti. Trascinare il quadrato di riempimento in questi casi comporta un aggiornamento dei riferimenti in base alla direzione in cui avviene il trascinamento. Chiariremo quest'affermazione riprendendo l'esempio precedente del nostro elenco di articoli di cartoleria con relativi prezzi: avevamo appena immesso le formule relative all'IVA che avremmo dovuto inserire anche per gli altri articoli (Figura 4.74).

Articolo	Prezzo	IVA	Prezzo al pubblico
Pennarello blu	€ 1,00	€ 0,22	€ 1,22
Matita	€ 0,50		
Righello	€ 1,70		
Risma di fogli	€ 3,20		

Figura 4.74 – Articoli cartoleria

La formula inserita per il calcolo dell'imposta, lo ricordiamo, è *=B2*0,22* che contiene un riferimento ad una cella (B2) moltiplicato per un numero. La cella relativa alla colonna dell'IVA, ma riguardante la riga successiva, dovrà contenere un riferimento alla cella B3, relativa al prezzo dell'articolo «Matita». Teoricamente, quindi, nella cella C3 dovremmo scrivere la formula *=B3*0,22* in modo tale da calcolare in maniera corretta l'imposta anche per l'articolo successivo. Ed ecco allora che la funzionalità del quadratino di riempimento ci viene incontro evitandoci di riscrivere la stessa formula per tutti gli articoli dell'elenco. Selezionando, infatti, la cella contenente la formula e trascinandola verso il basso, ne estenderemo l'inserimento anche alle celle sottostanti (Figura 4.75).

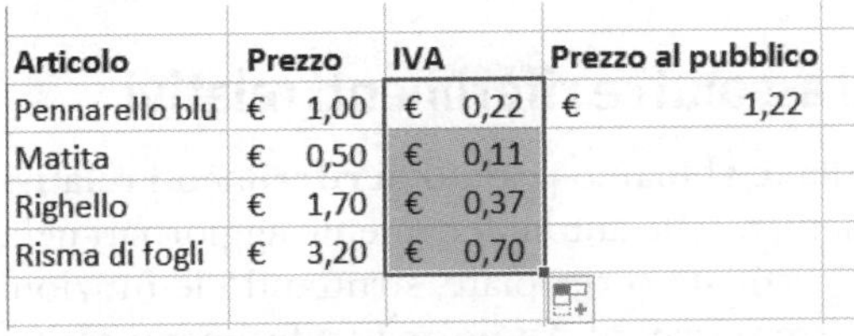

Articolo	Prezzo	IVA	Prezzo al pubblico
Pennarello blu	€ 1,00	€ 0,22	€ 1,22
Matita	€ 0,50	€ 0,11	
Righello	€ 1,70	€ 0,37	
Risma di fogli	€ 3,20	€ 0,70	

Figura 4.75 – Riempimento con formula

Se andiamo a verificare ogni singola formula presente nelle altre tre celle che abbiamo riempito automaticamente, noteremo che Excel ha aggiornato in automatico il riferimento in base al numero di righe per cui abbiamo trascinato il quadratino di riempimento. La formula iniziale inserita manualmente nella cella C2 pari a *=B2*0,22* in C3 diventa *=B3*0,22* e in C4 diventa *=B4*0,22* e così via (Figura 4.76).

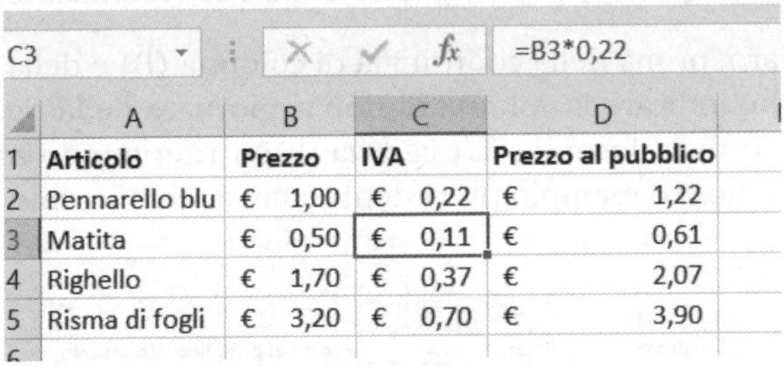

C3 | =B3*0,22

	A	B	C	D
1	Articolo	Prezzo	IVA	Prezzo al pubblico
2	Pennarello blu	€ 1,00	€ 0,22	€ 1,22
3	Matita	€ 0,50	€ 0,11	€ 0,61
4	Righello	€ 1,70	€ 0,37	€ 2,07
5	Risma di fogli	€ 3,20	€ 0,70	€ 3,90

Figura 4.76 – Riferimento aggiornato

Quando inseriamo un riferimento in una formula, quindi, introduciamo di norma un **riferimento relativo** ovvero un riferimento ad una o più celle che, nel caso che si ricopi la cella contenente la formula in un'altra, viene aggiornato in base al numero di righe e colonne di cui ci si è spostati: la formula in C2 reca un riferimento relativo a B2, ma la formula in C3 presenta un riferimento a B3, poiché Excel ha aggiornato il riferimento compatibilmente col numero di righe di cui ci si è spostati. Da C2 a C3 c'è una riga di distanza, pertanto il riferimento contenuto nella formula avrà anch'esso una riga di distanza (da B2 a B3). La formula in C5 infatti sarà *=B5*0,22*, proprio perché da C2 a C5 ci si è spostati di tre righe verso il basso. Per finire, utilizziamo l'illustrata funzionalità anche per la colonna D relativa al prezzo al pubblico. La cella D2 contiene la formula *=B2+C2*, pertanto dovremo aspettarci un incremento del riferimento relativo in base al numero di celle distanti dalla cella iniziale (Figura 4.77).

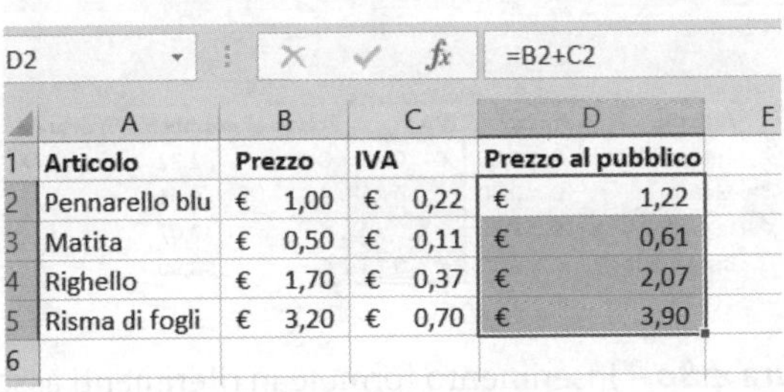

D2 | =B2+C2

	A	B	C	D	E
1	Articolo	Prezzo	IVA	Prezzo al pubblico	
2	Pennarello blu	€ 1,00	€ 0,22	€ 1,22	
3	Matita	€ 0,50	€ 0,11	€ 0,61	
4	Righello	€ 1,70	€ 0,37	€ 2,07	
5	Risma di fogli	€ 3,20	€ 0,70	€ 3,90	
6					

Figura 4.77 – Riempimento automatico del prezzo al pubblico

Come mostrato in figura, la formula in D2 è *=B2+C2*, quella in D3 sarà *=B3+C3* e in definitiva tutti i riferimenti relativi sono aggiornati di conseguenza.

4.8 Riferimenti assoluti e riferimenti relativi

Nel paragrafo precedente abbiamo parlato di **riferimenti relativi** che possono essere definiti come riferimenti a celle automaticamente aggiornati nel caso in cui le formule vengano copiate e incollate o ricopiate, sfruttando le funzionalità del quadratino di riempimento, in altre posizioni. Di norma i riferimenti scritti nelle formule sono sempre relativi, ma in molti casi può essere necessario indicare dei **riferimenti assoluti**, che non vengono modificati nel caso in cui la formula sia ricopiata altrove. Per definire un riferimento assoluto bisogna far precedere il simbolo dollaro ($) alle due coordinate della cella (Figura 4.78).

=B2+10

Figura 4.78 – Esempio di formula con riferimento assoluto

Il simbolo del dollaro, prima della coordinata di colonna (B) e della coordinata di riga (2), non fa altro che indicare la volontà di non aggiornare né la riga né la colonna in caso di spostamento della formula. L'esigenza di un riferimento assoluto può essere spiegata sempre col nostro esempio precedente a cui aggiungeremo una voce nuova.

C2 | =B2*E2

	A	B	C	D	E
1	**Articolo**	**Prezzo**	**IVA**	**Prezzo al pubblico**	**IVA attuale**
2	Pennarello blu	€ 1,00	€ 0,22	€ 1,22	22%
3	Matita	€ 0,50			
4	Righello	€ 1,70			
5	Risma di fogli	€ 3,20			
6					
7					

Figura 4.79 – Riferimento assoluto

La Figura 4.79 mostra che abbiamo aggiunto la voce «IVA attuale» e abbiamo indicato il valore 22% nella cella E2. In questo modo la formula in C2 che precedentemente era *=B2*0,22* può essere riscritta come *=B2*E2*. Così facendo, se un giorno dovesse cambiare il tasso di IVA, non dovremmo fare altro che aggiornare un solo valore in E2 e l'intero foglio elettronico ricalcolerà istantaneamente i nuovi prezzi.
Analogamente a quanto fatto in precedenza, ricopiamo la formula per le righe successive, sfruttando il quadratino di riempimento (Figura 4.80).

C2 | =B2*E2

	A	B	C	D	E
1	**Articolo**	**Prezzo**	**IVA**	**Prezzo al pubblico**	**IVA attuale**
2	Pennarello blu	€ 1,00	€ 0,22	€ 1,22	22%
3	Matita	€ 0,50	€ 0,11	€ 0,61	
4	Righello	€ 1,70	€ 0,37	€ 2,07	
5	Risma di fogli	€ 3,20	€ 0,70	€ 3,90	
6					
7					

Figura 4.80 – Inserimento formule in riferimenti assoluti

Osservando la barra della formula per le celle C3, C4 e C5, si rileva l'aggiornamento per il riferimento relativo, come ci si aspettava, ma il riferimento assoluto è rimasto invariato (E2) poiché questo era il nostro intento (Figura 4.81). Se avessimo usato un riferimento relativo anche per E2, quest'ultimo sarebbe stato aggiornato automaticamente a E3, E4 ed E5, che avrebbero fatto riferimento a celle vuote. In definitiva i riferimenti assoluti sono molto usati per indicare celle contenenti valori costanti (come nel caso dell'IVA).

C5 | fx =B5*E2

	A	B	C	D	E
1	**Articolo**	**Prezzo**	**IVA**	**Prezzo al pubblico**	**IVA attuale**
2	Pennarello blu	€ 1,00	€ 0,22	€ 1,22	22%
3	Matita	€ 0,50	€ 0,11	€ 0,61	
4	Righello	€ 1,70	€ 0,37	€ 2,07	
5	Risma di fogli	€ 3,20	€ 0,70	€ 3,90	
6					
7					

Figura 4.81 – Riferimento relativo e riferimento assoluto

Quando il dollaro viene anteposto solo alla coordinata di colonna o solo a quella di riga ($A2 oppure A$2), si parla di **riferimenti misti**, che rappresentano casi particolari di cui non ci occuperemo oltre.

4.9 Grafici e diagrammi in Excel

Una comodissima caratteristica di Excel sta nella possibilità di inserire grafici di diverso tipo per la rappresentazione dei dati.
Dato un foglio di lavoro in cui si voglia riprodurre la suddivisione della popolazione di una piccola città in base all'età (Figura 4.82):

	A	B	C	D	E
1	**Uomini**	**Donne**	**Adolescenti**	**Bambini**	**Totale**
2	11344	20908	4006	3098	39356
3					

Figura 4.82 – Esempio

per ottenere un grafico a torta che evidenzi il peso di ogni categoria sul totale si deve selezionare l'intervallo di celle a cui si fa riferimento (Figura 4.83).

	A	B	C	D	E
1	**Uomini**	**Donne**	**Adolescenti**	**Bambini**	**Totale**
2	11344	20908	4006	3098	39356

Figura 4.83 – Selezione per il grafico

Dalla selezione è stato ovviamente escluso il totale, costituendo questo la sommatoria delle diverse fette. Il grafico potrà essere inserito attraverso la scheda **Inserisci,** gruppo **Grafici**, pulsante di comando **Grafico a torta**. Dall'apposito menu a tendina sarà possibile scegliere dei sottotipi particolari di grafico (nell'esempio scegliamo un grafico a torta 2D (Figura 4.84).

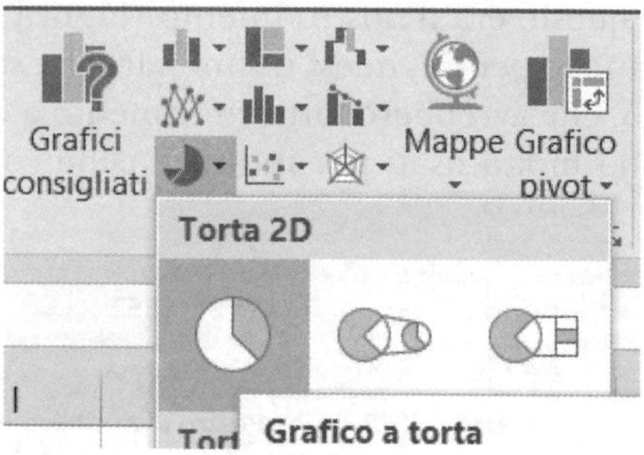

Figura 4.84 – Pulsante di inserimento grafico

Il risultato finale sarà (Figura 4.85):

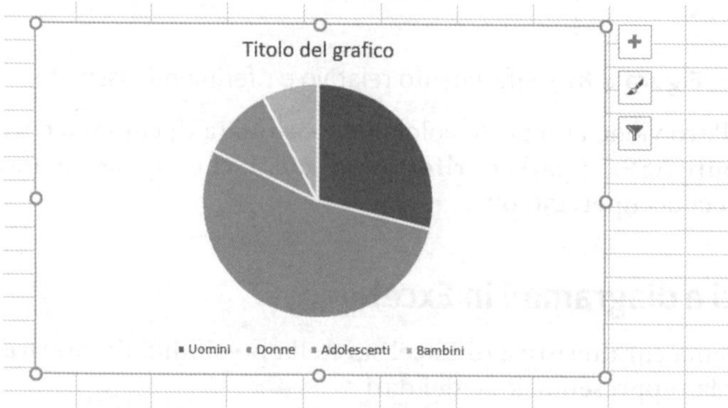

Figura 4.85 – Grafico a torta 2D

Analogamente si potranno inserire istogrammi, grafici a linee, grafici a dispersione e così via, in base al tipo di dato da rappresentare.

4.10 Ordinamento dati

Spesso è necessario disporre i dati presenti in un foglio elettronico in maniera crescente o decrescente secondo un ordine alfabetico o numerico. A tale scopo immaginiamo di avere un foglio elettronico come in Figura 4.86.

	A	B	C
1	**Nome**	**Cognome**	**Età**
2	Mario	Rossi	43
3	Anna	Bianchi	39
4	Luca	Verdi	21
5	Luisa	Neri	57
6			
7			

Figura 4.86 – Esempio di elenco da ordinare

Per sistemare questo elenco in ordine alfabetico secondo il cognome, è sufficiente utilizzare il pulsante comando **Ordina e filtra** presente nel gruppo **Modifica** della scheda **Home** della barra multifunzione (Figura 4.87):

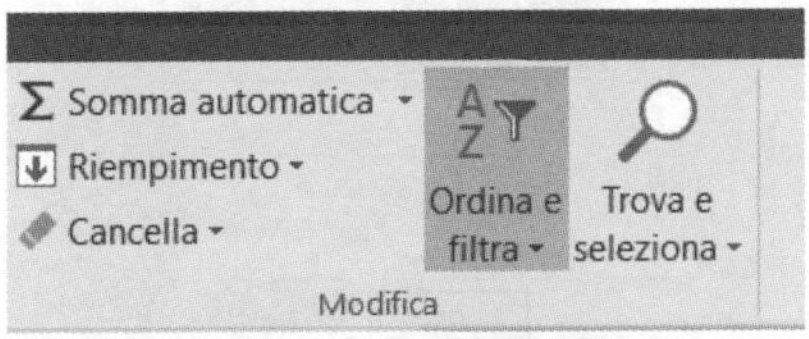

Figura 4.87 – Comando «Ordina e filtra»

Dal menu a tendina si seleziona poi la voce **Ordinamento personalizzato**, come in Figura 4.88.

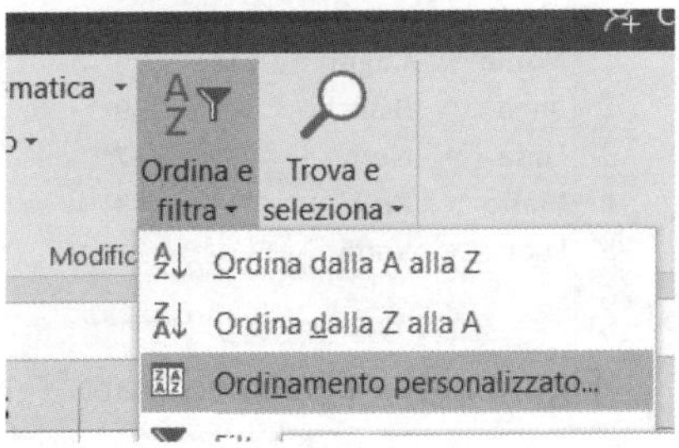

Figura 4.88 – Ordinamento personalizzato

Nella finestra di dialogo **Ordina**, utilizzando una serie di menu a tendina, sarà possibile scegliere il criterio in base al quale ordinare l'elenco (Figura 4.89).

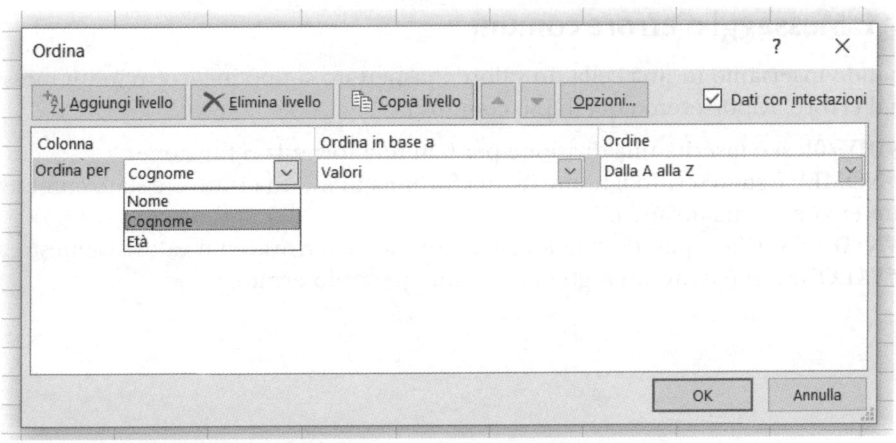

Figura 4.89 – Ordinamento secondo una determinata colonna

L'ordine crescente o decrescente può essere impostato attraverso il menu a tendina **Ordine** (Figura 4.90).

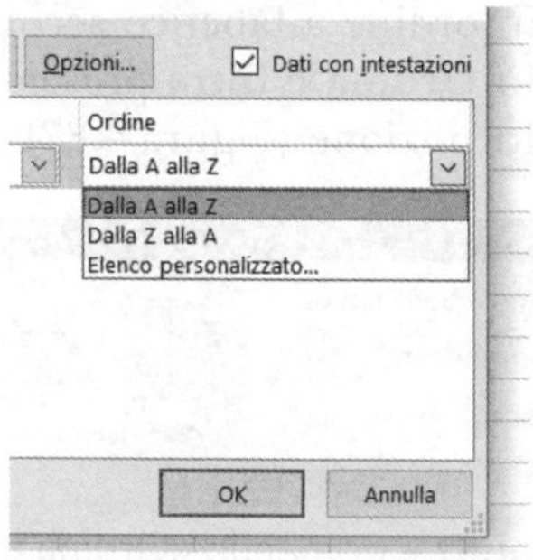

Figura 4.90 – Scelta del criterio di ordinamento

Il risultato è quello previsto (Figura 4.91).

	A	B	C
1	**Nome**	**Cognome**	**Età**
2	Anna	Bianchi	39
3	Luisa	Neri	57
4	Mario	Rossi	43
5	Luca	Verdi	21
6			

Figura 4.91 – Elenco ordinato

Analogamente avremmo potuto ordinare per età o per nome, variando la scelta nel menu a tendina **Colonna**, oppure per valori variando la scelta nell'apposito menu **Ordina in base a**.

4.11 Messaggi d'errore comuni

Quando inseriamo in una cella un valore inaspettato si può incorrere in un messaggio d'errore. Riporteremo quelli più comuni:

- **#DIV/0!**: si è inserita una divisione per 0 in una formula o funzione.
- **#NOME!**: è stato scritto il nome di una formula in modo errato o è stato commesso un errore in una formula.
- **#N/D!**: si verifica quando una formula non riesce a trovare un valore richiesto.
- **#VALORE!**: si è usato un argomento o un operando errato.

Quesiti di verifica 4
Foglio elettronico

1) Quale tipo di software è definito dal termine «foglio di calcolo»?

A. I programmi per la gestione e il calcolo di tabelle di dati
B. I programmi che servono per la gestione di gruppi di dati logicamente omologhi tra loro
C. I programmi realizzati per permettere la stesura e la modifica di file di testo

2) In un foglio di calcolo, "C8" rappresenta:

A. il valore dell'ultima cella utilizzata
B. un richiamo a verificare il contenuto della cella attiva
C. il riferimento ad una cella

3) I pulsanti della barra degli strumenti standard di "Excel" o "Calc" consentono di effettuare ordinamenti di tipo:

A. esclusivamente cronologico
B. crescente e decrescente
C. esclusivamente alfabetico

4) Un file con estensione .XLS:

A. è un file di sistema
B. è un file eseguibile
C. è un file di calcolo

5) Una formula, in una cella di un foglio elettronico, indica:

A. quale sistema operativo si sta utilizzando
B. un'operazione particolare prima di chiudere il programma
D. quale operazione deve essere eseguita

6) In Calc o in Excel, l'istruzione: =F3*5%:

A. moltiplica per 5 il valore contenuto nella cella F3
B. causa un messaggio d'errore
C. calcola il 5% del valore inserito nella cella F3

7) In "Excel di Microsoft Office" o in "Calc di Open Office", con quale simbolo si indica l'operazione di divisione?

A. "$"
B. "/"
C. "!"

8) Le celle, che formano i fogli di lavoro di un foglio elettronico, sono:

A. cornici di contorno di grafici, creati con i dati del foglio
B. etichette di riga e di colonna
C. intersezioni tra righe e colonne

9) È possibile selezionare più celle contemporaneamente in un foglio di calcolo?

A. Sì
B. Sì, ma solo sulla stessa colonna o sulla stessa riga
C. No, in Excel non è possibile effettuare alcuna selezione

10) Dovendo realizzare una tabella (e relativo diagramma) contenente il riepilogo delle vendite mensili di un'azienda, quale tipo di software sarà preferibile adottare?

A. Database
B. Foglio di lavoro
C. Videoscrittura

11) In "Excel di Microsoft Office" o in "Calc di Open Office", qual è l'effetto dell'istruzione: =D9/4?

A. Ripete il carattere "/" per quattro volte
B. Nessuno, riporta il valore dell'istruzione
C. Divide per 4 il valore della cella D9

12) In "Excel di Microsoft" o in "Calc di Open Office", quale è l'effetto dell'istruzione: =G1-30?

A. Sottrae 30 al valore della cella G1
B. Nessuno, riporta il valore dell'istruzione
C. Causa un messaggio di errore

13) In un foglio di calcolo, è possibile selezionare celle non adiacenti tra loro?

A. Sì, selezionando la prima cella e quindi, tenendo premuto il tasto Alt, selezionare le altre
B. Sì, selezionando la prima cella e quindi, tenendo premuto il tasto Ctrl, selezionare le altre
C. Sì, selezionando la prima cella e quindi, tenendo premuto il tasto Shift, selezionare le altre

14) In "Excel" o in "Calc", se si seleziona Ordina dal menù Dati:

A. viene visualizzato prima il grafico e dopo i dati
B. viene riordinata la parte selezionata della tabella
C. viene creata una tabella mettendo prima le formule e poi i testi

15) In un foglio di calcolo, l'intersezione di una colonna e di una riga formano:

A. una cella
B. un operando
C. un indirizzo

16) In "Excel di Microsoft" o in "Calc di Open Office", è possibile gestire dei grafici?

A. Sì, ma solo grafici di tipo Istogramma
B. Sì, di qualsiasi tipo
C. Sì, ma non si possono in alcun caso stampare

17) Un foglio elettronico si differenzia da un editor di testo:

A. perché permette di stampare con orientamento orizzontale
B. perché struttura i documenti secondo uno stile tabellare
C. perché permette di strutturare dati su più tabelle correlate

18) In un foglio elettronico è possibile inserire delle formule per effettuare calcoli. In che modo si può prelevare il contenuto di una cella per inserirlo nella formula?

A. Con la procedura di «copia e incolla»
B. Specificando le coordinate della cella, ma avendo abilitato la cella ad essere inserita nella formula con l'opzione di «formattazione cella»
C. Specificando le coordinate della cella

19) In "Calc di Open Office" o in "Excel di Microsoft", che cosa indica il riferimento D4?

A. Le prime quattro colonne della riga 4
B. La cella situata all'intersezione della colonna D con la riga 4
C. La cella situata all'intersezione della riga D con la colonna 4

20) In "Calc di Open Office" o in "Excel di Microsoft", qual è l'effetto dell'istruzione: =B3/B4?

A. Divide il valore contenuto nella cella B3 per quello contenuto nella cella B4

B. Moltiplica il valore contenuto nella cella B3 per quello contenuto nella cella B4
C. Causa un messaggio di errore

21) In un foglio elettronico, con quali elementi si identifica una cella?

A. Il testo in essa contenuto
B. Il tipo di formula
C. La lettera che individua la colonna ed il numero che individua la riga

22) Un file con estensione .XLS:

A. è un file di sistema
B. è un file eseguibile
C. è un file di calcolo

23) In "Calc di Open Office" o in "Excel di Microsoft", quale tra i seguenti non è un operatore aritmetico?

A. *
B. /
C. &

24) In "Excel di Microsoft" o in "Calc di Open Office", le funzioni vanno inserite all'interno di una formula, quindi inizieranno sempre:

A. con il simbolo "="
B. con il simbolo "%"
C. con il simbolo "+"

25) Quale tra i seguenti programmi applicativi è più indicato per elaborare dati finanziari in formato tabella?

A. Acrobat Adobe
B. Google Chrome
C. Calc di Open Office

26) Quale di questi non è un software per la gestione di un foglio di calcolo?

A. Acrobat Adobe
B. Calc di Open Office
C. Excel di Microsoft

27) Per controllare, attraverso il correttore ortografico una piccola parte del foglio di lavoro di Excel o di Calc:

A. occorre selezionare l'intervallo di celle desiderato
B. è necessario controllare tutto il foglio di lavoro, senza selezionare intervalli di celle
C. occorre evidenziare l'indirizzo delle celle nella barra della formula ed avviare il correttore

28) Utilizzando "Excel" o "Calc", è possibile riordinare l'intero foglio di lavoro o parte di esso?

A. Sì, ma il riordino sarà possibile solo per le celle contenenti dati numerici
B. Sì, ma il riordino sarà possibile solo per le celle formato testo
C. Sì, selezionando l'intero foglio o la porzione di celle che si vuole riordinare

29) In che cosa consiste la formattazione di una cella in un foglio di calcolo come "Excel di Microsoft Office" o come "Calc di Open Office"?

A. Nella correzione ortografica del contenuto della cella
B. Nel calcolo di formule inserite nella cella stessa
C. Nella specificazione delle caratteristiche di forma di ciò che è contenuto nella cella

30) è possibile, con un semplice "copia e incolla", importare dei dati da un foglio di "Calc" o di "Excel" a un documento di "Word" o di "Writer"?

A. No, l'unico modo per importare i dati di Excel o di Calc in un documento di Word o di Writer è quello di salvare il foglio nello standard previsto per Word

B. Sì, i dati copiati saranno visualizzati come un testo normale, ma suddivisi in tante colonne

C. Sì, sarà creata una tabella, con i dati copiati, all'interno del documento di Word o di Writer

RISPOSTE CORRETTE

1) A	7) B	13) B	19) B	25) C
2) C	8) C	14) B	20) A	26) A
3) B	9) A	15) A	21) C	27) A
4) C	10) B	16) B	22) C	28) C
5) C	11) C	17) C	23) C	29) C
6) C	12) A	18) C	24) A	30) C

Capitolo 5
Internet

5.1 Nozione e architettura di sistema

Internet è una rete globale che comprende milioni di computer, in grado di comunicare tra loro attraverso determinati protocolli, sfruttando un medesimo canale, grazie al quale vengono trasmesse le informazioni secondo il cosiddetto metodo del **Packet Switching** (o *commutazione di pacchetto*).
In una rete, oltre ai computer utilizzati dagli utenti, possono essere presenti dispositivi che svolgono funzioni particolari. Tra questi ricordiamo:

- Router
- Gateway
- Hub e switch

Il **router** è un dispositivo che ha la funzione di instradare i pacchetti di dati verso il giusto indirizzo di destinazione. Può essere presente sia in reti complesse, come quelle aziendali, che anche in piccole reti domestiche, dove di solito funge da «instradatore» di pacchetti tra il proprio computer e il modem connesso alla linea telefonica, che fornisce accesso alla rete Internet.
Il **gateway** è un dispositivo che funge da punto di ingresso di una rete che utilizzi un protocollo differente dalla rete interconnessa.
Un **hub** è un dispositivo che diffonde i dati in arrivo fungendo da ripetitore a tutti gli altri nodi connessi ad esso e si differenzia dallo switch che invece smista i dati verso un particolare destinatario in maniera selettiva.

5.2 Topologia di una rete

Abbiamo già parlato di reti di computer, come un sistema di connessione che permette a vari calcolatori di comunicare tra loro e di condividere le risorse, come ad esempio memorie di massa o dispositivi di output.
Una rete può anche essere costituita da soli due computer collegati tra di loro, ma normalmente ci sono più calcolatori (anche centinaia). In base alla struttura del collegamento si distinguono varie **topologie di rete**, tra cui le principali sono:

- ad anello
- a stella
- a bus
- ad albero
- a maglia

La struttura di una rete dipende dalla forma che assume in base alla connessione fisica dei vari computer ed ogni topologia ha, di solito, caratteristiche differenti e nella fase progettuale di una rete, la scelta dipende dalle reali esigenze degli utenti.

5.2.1 Topologia ad anello

Nella topologia ad anello, ogni computer è collegato direttamente ad altri due computer della rete e così via fino ad assumere una struttura ad anello come in figura. Quando un computer trasmette un dato, questo raggiunge quello successivo che, se non è il destinatario, lo ritrasmette a quello ancora seguente fino al raggiungimento del destinatario. Gli svantaggi di questa struttura sono rappresentati dal fatto che in caso di guasto di uno dei calcolatori, la rete teoricamente non può più funzionare.

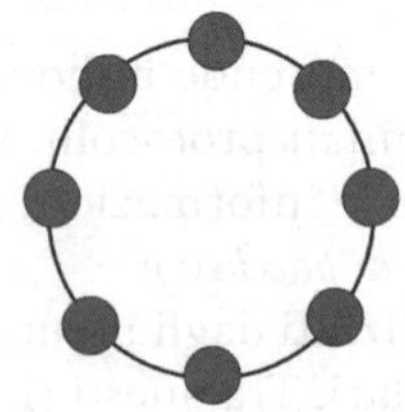

Figura 5.1 – Topologia ad anello

5.2.2 Topologia a stella

Nella topologia a stella, tutti i computer sono collegati ad un nodo centrale comune (hub) che si occupa di instradare il dato inviato dal mittente verso il giusto destinatario o verso tutti i nodi della rete, qualora sia necessario. A differenza della topologia ad anello, nella topologia a stella in caso di malfunzionamento di uno dei computer (eccetto l'hub), la rete può continuare a funzionare senza problemi.

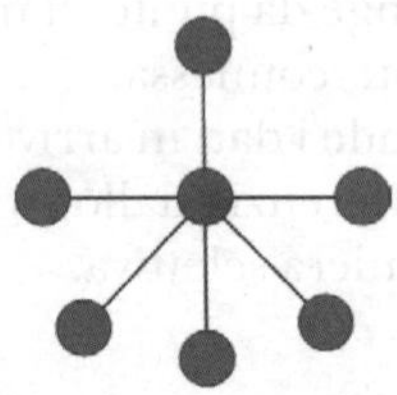

Figura 5.2 – Topologia a stella

5.2.3 Topologia a bus

Nella topologia a bus, tutti i computer sono collegati tra di loro grazie ad un canale comune (bus) che consente il passaggio dei dati, ma ogni computer è indipendente dall'altro, così in caso di guasti, la rete può continuare a funzionare senza problemi.

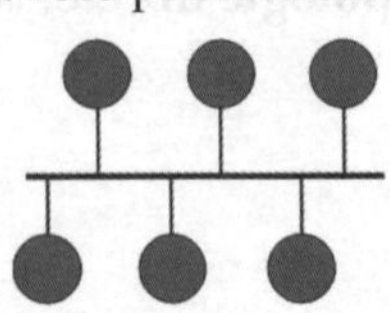

Figura 5.3 – Topologia a bus

5.2.4 Topologia ad albero

Nella topologia ad albero tutti i computer sono connessi tra di loro in maniera ramificata ed ogni ramo della rete può comprendere uno o più computer. Lo svantaggio di questa rete è rappresentato dal fatto che nel caso di malfunzionamento, tutta la rete o parte di essa può smettere di funzionare.

5.2.5 Topologia a maglia

In questo tipo di topologia, ogni computer è connesso a tutti gli altri (o a gran parte di essi). Si tratta di una struttura ad alta affidabilità in quanto in caso di guasti, la rete può ugualmente continuare a funzionare grazie al fatto che ogni computer presenti interconnessioni con tutti gli altri, ma naturalmente i costi per la realizzazione di questa rete sono più elevati.

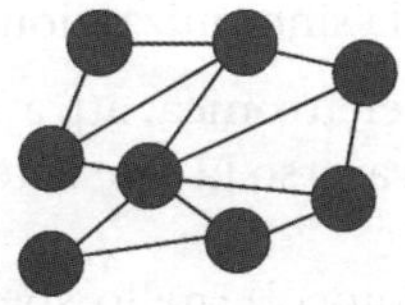

Figura 5.4 – Topologia a maglia

La scelta della giusta topologia dipende dalle esigenze pratiche, ma in linea di massima anche dal budget economico a disposizione, essendo i costi molto variabili a seconda della struttura che si sceglie di implementare.
Internet rende disponibile una vasta gamma di servizi fruibili grazie ad alcuni software supportati da specifici protocolli di comunicazione, caratteristici per ogni servizio. Nel primo capitolo avevamo indicato un elenco dei servizi utilizzabili su Internet; in questo capitolo ci occuperemo, in particolare, del **World Wide Web** e della **Posta elettronica**.

5.3 I protocolli di comunicazione

5.3.1 Caratteristiche

Le comunicazioni tra uno o più computer in rete avvengono attraverso dei protocolli standard, in modo tale che ogni elaboratore, in qualsiasi parte del mondo si trovi, possa interagire in rete con altri, a prescindere dalla localizzazione geografica o dalla tecnologia usata per effettuare la connessione.
Strutturalmente una connessione di rete si basa su uno standard che definisce un insieme di protocolli utilizzati, chiamato **Modello ISO/OSI**, che descrive un'organizzazione dei protocolli strutturati a livelli gerarchicamente ordinati:

1. Livello fisico
2. Livello data link
3. Livello rete
4. Livello trasporto
5. Livello sessione
6. Livello presentazione
7. Livello applicazione

Evitando di andare nello specifico, diciamo semplicemente che uno scambio di informazioni attraverso la rete Internet, da parte di due computer che utilizzano un servizio qualsiasi, avviene attraversando l'intera struttura secondo lo standard ISO/OSI, dal primo al settimo livello, il tutto in maniera modulare e ben definita.

5.3.2 Protocolli legati a Internet

I protocolli legati ai servizi Internet sono numerosi e tra di loro, in particolare, abbiamo:

- *HTTP* e *HTTPS* – Protocolli legati al trasferimento di pagine web.
- *FTP* – Protocollo inerente al trasferimento di file.
- *SMTP* e *POP3* – Protocolli di posta elettronica.
- *Telnet* e *SSH* – Protocolli utilizzati per la gestione remota da riga di comando.
- *NTP* – Protocollo utilizzato per la sincronizzazione degli orologi di sistema.

Oltre al servizio WWW e la posta elettronica, attraverso specifici protocolli è possibile utilizzare anche altri servizi attraverso la rete Internet, come ad esempio il servizio **FTP** e **Telnet**.
Il servizio FTP (File Transfer Protocol), nello specifico, consente di trasferire file attraverso computer collegati ad Internet. Il protocollo Telnet consente di ottenere i privilegi per inserire comandi sul computer remoto attraverso l'interfaccia a riga di comando, analogamente ad un altro protocollo, chiamato **SSH** (Secure Shell) il cui trasferimento dati, però, è cifrato.
Un'altra modalità di accesso ad un computer remoto, attraverso interfaccia GUI, è la cosiddetta modalità Desktop Remoto, attraverso la quale è possibile operare sul computer remoto provvisto di sistema operativo con interfaccia grafica. Naturalmente sia per le sessioni Telnet che per quelle di Desktop Remoto, è necessario disporre di privilegi di accesso attraverso username e password, sul computer che si voglia raggiungere e sul quale si intenda operare.

5.4 Il web

Il servizio **WWW** (*World Wide Web*), comunemente chiamato anche **Web**, permette di accedere ad una serie di contenuti multimediali denominati genericamente **Pagine Web**, che strutturalmente sono costituite da testo, immagini, clip audio/video e altri elementi con cui l'utente può interagire. Una pagina web è fondamentalmente un ipertesto, ovvero un documento che può essere relazionato ad altri documenti attraverso collegamenti a parole chiave o a parti dell'ipertesto stesso che vengono definiti **link** o **collegamenti ipertestuali**.
Una pagina web può anche essere molto complessa e consentire una serie pressoché infinita di operazioni quali ascoltare musica, guardare filmati, effettuare prenotazioni di viaggi o spettacoli, acquistare prodotti, ecc.
Un insieme di pagine web viene spesso definito **sito web**, quando è caratterizzato da un unico dominio (concetto che illustreremo in seguito).

5.4.1 I web-browser

Le pagine web sono documenti scritti in un linguaggio noto come **HTML** che, interpretato da programmi detti «web-browser», consentono di interagire con l'utente che visita il documento. Fisicamente una pagina web è memorizzata su una memoria di massa di un computer, detta *server*, collegata alla rete Internet. Un utente che chiede di visualizzare una pagina web inoltra, attraverso il suo personal computer, una richiesta, agendo dunque da **client**. Il computer sul quale è memorizzata la pagina gli risponde inviandogliela attraverso la rete Internet, agendo da **server**. Si instaura quindi un rapporto tra client e server in cui il primo è il richiedente e il secondo fornisce il documento richiesto. A ricoprire il ruolo di client sono proprio i web-browser (che di seguito indicheremo semplicemente col termine «browser») che si collegano ad un computer in cui è in esecuzione un altro software, che si comporti da server, chiamato semplicemente **web-server**. La comunicazione tra browser e server, per lo scambio di documenti ipertestuali, avviene attraverso un protocollo di livello applicazione chiamato **HTTP** (*HyperText Transfer Protocol*). L'azione di visualizzare le varie pagine web attraverso il proprio browser è spesso riassunta con le frasi «navigare nel web» o anche «visitare un sito web». Esistono molti web-browser, tra cui ricordiamo **Mozilla Firefox**, **Safari**, **Opera**, **Google Chrome**, **Microsoft Internet Explorer** e **Microsoft Edge**: proprio di quest'ultimo ci occuperemo in seguito, illustrandone le funzioni più comuni e indispensabili per navigare in Internet.

5.4.2 Indirizzi IP e URL

Così come accade per un'abitazione che, attraverso il suo indirizzo, può essere raggiunta da qualsiasi parte del mondo via posta ordinaria, anche un computer connesso ad una rete deve essere identificabile in maniera univoca al fine di poter essere individuato. A tale scopo, ogni computer connesso in una rete (e quindi anche in Internet) è individuabile attraverso il cosiddetto **indirizzo IP**, costituito da una serie di quattro numeri compresi tra 0 e 255, separati da un punto. Ad esempio, un indirizzo IP può essere il seguente: 192.168.1.1. (nella realtà un numero di questo tipo non individua un computer connesso ad Internet, ma serve comunque a rendere l'idea di come sia composto un indirizzo IP). Per usufruire dei vari servizi Internet è fondamentale, infatti, che ogni computer disponga di un modo per essere raggiunto da qualsiasi punto della rete: se un client vuole accedere ad una certa pagina web deve conoscere l'esatto indirizzo del computer e la posizione all'interno della memoria di massa su cui è presente la pagina in questione.
Fortunatamente esiste un metodo più semplice per accedere alle pagine web e ad altre risorse memorizzate nei computer connessi ad Internet: l'accesso, infatti, è garantito dal cosiddetto **URL** (*Uniform Resource Locator*), un indirizzo costituito da parole, più propriamente da una sequenza di caratteri, e quindi più pratico da gestire, soprattutto dal punto di vista mnemonico, che individua una risorsa presente su un computer agente da web server.
Spesso il termine URL viene sostituito dall'espressione «indirizzo web», per indicare che si tratta di un indirizzo relativo ad un sito web. Un URL di un sito web, di solito, è costituito da tre parole separate da un punto, a cui viene anteposto il protocollo di livello applicazione usato per il trasferimento delle informazioni: *protocollo://*

www.secondolivello.primolivello. La prima parte dell'URL indica appunto il protocollo di livello applicazione, utilizzato per il trasferimento del documento e di solito può essere http:// o anche https:// nel caso di connessioni crittografate. La prima parte costituita dalla sigla *www* è usata per convenzione ad indicare che si tratti di un URL che identifica una risorsa del World Wide Web (ma può essere anche differente). La seconda parte, indicata nell'esempio con *secondolivello*, individua proprio un dominio di secondo livello. Esso è costituito da una parola, che di solito suggerisce il contenuto della pagina oppure indica il nome dell'azienda che decide di disporre di un sito web o comunque una parola (o un insieme di parole senza spazi) di senso compiuto e facile da ricordare. La parte finale dell'URL identifica il dominio di primo livello che può essere di due o più lettere ed indicare una sigla di una nazione (come *.it* per l'Italia, *.de* per la Germania, *.ch* per la Svizzera, *.jp* per il Giappone, ecc.), un ente governativo statunitense (*.gov*, *.mil*), un sito commerciale (*.com* e *.biz*) e così via. (Ad esempio, un URL valido potrebbe essere il seguente: *http://www.edises.it*).

5.4.3 Server DNS

Un server DNS è un servizio in grado di tradurre un indirizzo alfanumerico (URL, facile da ricordare per un utente) nel corrispondente indirizzo IP, indispensabile al fine di individuare correttamente un computer sulla rete sia per la navigazione web che per altri servizi.

5.4.4 Server DHCP

Quando un calcolatore si collega ad una rete basata su protocollo IP necessita appunto di un tale indirizzo per essere individuato univocamente su quella rete e poter comunicare con gli altri computer. Poiché su reti complesse i computer potrebbero collegarsi in maniera dinamica e potrebbe quindi non essere noto a priori il numero di calcolatori che faranno parte di quella rete, deve essere possibile assegnare indirizzi IP all'occorrenza. Il servizio che ha la funzione di assegnare in maniera dinamica gli indirizzi ai computer che ne dovessero fare richiesta ove necessario è il **server DHCP** (Dynamic Host Configuration Protocol).

5.5 Uso di Microsoft Edge

Edge è uno dei tanti web-browser disponibili per visualizzare le pagine del servizio WWW di Internet ed è di norma già preinstallato nelle versioni dei sistemi operativi Microsoft.

5.5.1 Interfaccia grafica di Edge

All'apertura del software, attraverso il menu Start, come illustrato nel secondo capitolo, la schermata iniziale potrebbe differire leggermente in base alle impostazioni di sistema, ma gli elementi principali dell'interfaccia grafica di Edge dovrebbero comunque essere ben riconoscibili (nelle Figure 5.5, 5.6 e 5.7 sono indicati da frecce numerate secondo l'elenco seguente):

1. *Barra degli indirizzi* – Attraverso di essa si inseriscono gli URL relativi ai siti web che si desidera visitare.
2. *Pulsanti 'Indietro' e 'Avanti'* – Consentono di tornare alle pagine precedentemente visitate durante una sessione di navigazione o di ritornare a quelle visitate per ultime.
3. *Pulsanti 'Aggiorna'* e *'Termina'* – Inviano di nuovo la richiesta per la visualizzazione di una pagina web o ne terminano il caricamento attuale. Questi due pulsanti sono utili in caso di malfunzionamenti nel caricamento di una pagina e nel caso di pagine web aggiornate in maniera molto repentina dal gestore del sito quando si vogliano visualizzare le informazioni più recenti o comunque quando sia necessario il caricamento di una pagina o la sua interruzione. In figura è mostrato il pulsante **Aggiorna**. Il pulsante **Termina** assume la forma di una «X» e sostituisce il pulsante precedente quando la pagina è in caricamento.
4. *Barra dei comandi* – Permette, attraverso la semplice pressione di un pulsante, l'accesso a determinate funzionalità del software, tra cui accedere alle impostazioni attraverso il tasto **Altro** rappresentato da 3 punti allineati (Figura 5.6).

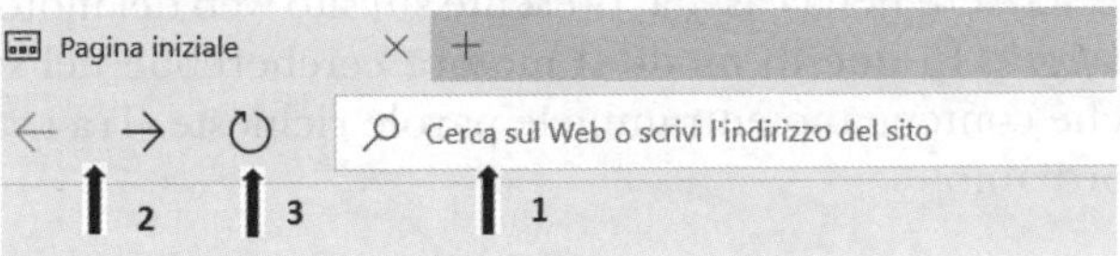

Figura 5.5 – Barra degli indirizzi, pulsanti «Avanti e Indietro» e pulsante «Aggiorna»

Figura 5.6 – Barra dei comandi

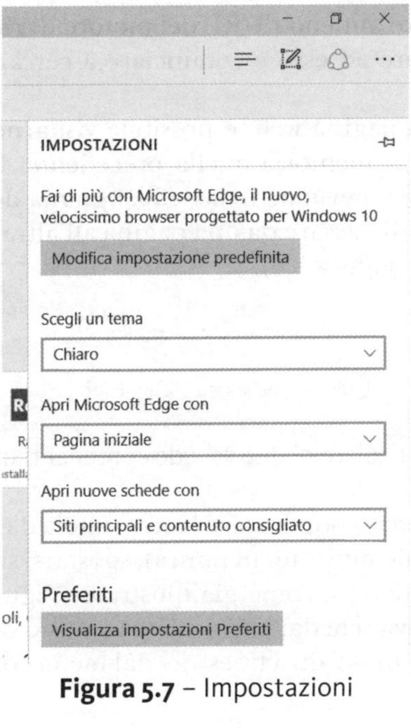

Figura 5.7 – Impostazioni

5.5.2 Configurazione di Edge

Attraverso la barra dei comandi o la barra dei menu, cliccando sulla voce **Altro**, rappresentata da 3 punti allineati, sarà possibile scegliere la voce **Impostazioni**. Dalla finestra di dialogo che si aprirà di lato, sarà possibile effettuare una serie di operazioni. Illustreremo di seguito le più frequenti.

Visitare un sito

Per visitare un sito web bisogna disporre dell'URL esatto da inserire nella barra dell'indirizzo. Abbiamo già detto che la prima parte dell'URL è costituita dal protocollo (di solito http://), ma all'atto dell'inserimento nella barra dell'indirizzo, questo si può anche omettere. Se non si conosce l'indirizzo di una pagina web ci si può affidare ai cosiddetti **motori di ricerca**, particolari siti web che attraverso un database interno, in cui sono inseriti svariati milioni di pagine, consentono di cercare pagine e documenti in base ad una o più parole chiave inserite in una casella di ricerca. Se, ad esempio, si volesse cercare una pagina web in cui sia descritta la ricetta della torta millefoglie, si potrebbero scrivere nella casella, presente sul sito web del motore di ricerca, le parole *torta millefoglie*. In questo modo il motore cercherebbe nel suo database tutte le pagine web che contengano entrambe le parole richieste. Tra i vari motori di ricerca esistenti ricordiamo:

- Google
- Bing
- Virgilio
- Yahoo

È indispensabile conoscere almeno l'URL del motore di ricerca, come punto di partenza, per potersi collegare ad esso e cominciare a cercare pagine web secondo le proprie esigenze.
Quando si visualizza una pagina web, è possibile visitarne un'altra con un indirizzo diverso, mantenendo in memoria quella precedente. Edge, infatti, permette la suddivisione della propria schermata in **schede**, ognuna delle quali presenti diverse pagine web, consentendo di passare da una pagina all'altra semplicemente cliccando la scheda che la contiene (Figura 5.8).

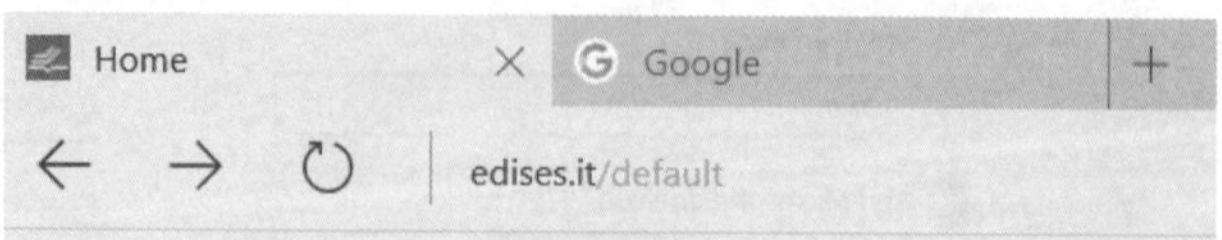

Figura 5.8 – Particolare di due schede contenenti due siti differenti

Per aprire una nuova scheda si potrà usare la scorciatoia da tastiera CTRL+T (oppure cliccare il simbolo «+» come mostrato in figura), spostarsi sulla scheda appena aperta e poi inserire l'URL desiderato, come già illustrato (Figura 5.9). È anche possibile aprire un link in una nuova scheda, cliccandovi col tasto destro (invece del sinistro) e scegliendo la voce «Apri in un'altra finestra» dal menu contestuale corrispondente.

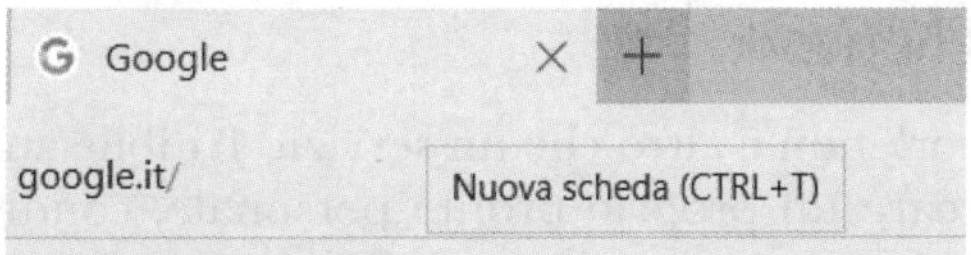

Figura 5.9 – Apertura di un link in una nuova scheda

Sintassi dei motori di ricerca

Le parole chiave, inserite nelle caselle dei motori di ricerca, possono essere scritte secondo una sintassi particolare. In base ad essa, i risultati delle ricerche possono variare. Se scriviamo, ad esempio, *Carlo Magno*, il motore di ricerca **Google** e molti altri suoi «colleghi» si mettono a cercare tutte le pagine in cui sono presenti sia la parola *Carlo* che la parola *Magno*, siano esse consecutive o sparse per il testo del documento. Per trovare invece la cosiddetta **frase esatta**, cioè solo le pagine in cui le parole richieste siano adiacenti, bisogna racchiuderle tra virgolette: *«Carlo Magno»*. È anche possibile escludere dalla ricerca alcune parole, anteponendo il segno meno (-) prima della parola stessa: *Carlo -Magno* (Figura 5.10). In quest'ultimo caso, saranno cercate le pagine in cui sarà presente la parola *Carlo*, ma non la parola *Magno*.

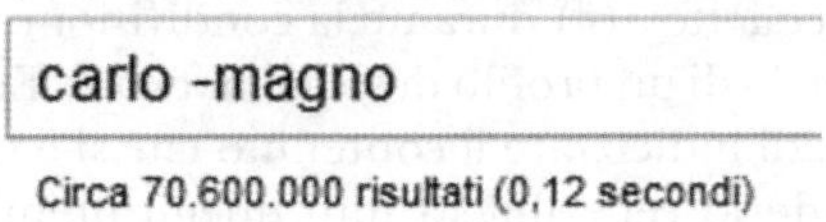

Figura 5.10 – Ricerca effettuata con esclusione di una parola

Concetti di base della navigazione web

Una pagina web è un documento ipertestuale multimediale, costituito di norma da testo e immagini. Gli elementi della pagina web possono avere funzione di collegamento ipertestuale, rimandando ad altre pagine web coerenti con il testo o l'immagine agente da collegamento, e ciò con il semplice clic del tasto sinistro del mouse: quando un elemento di una pagina web agisce da link (collegamento ipertestuale), se ci si sofferma su di esso col puntatore del mouse senza cliccare, quest'ultimo (una freccia) di norma cambia forma e diventa una mano con un indice puntato (Figura 5.11). Un tale cambiamento serve proprio a far capire all'utente che con un semplice clic del tasto sinistro si può passare alla pagina collegata a quel particolare elemento. In basso a sinistra, inoltre, appare l'URL del collegamento, che può appartenere anche ad un altro dominio e quindi ad altro sito web (Figura 5.12).

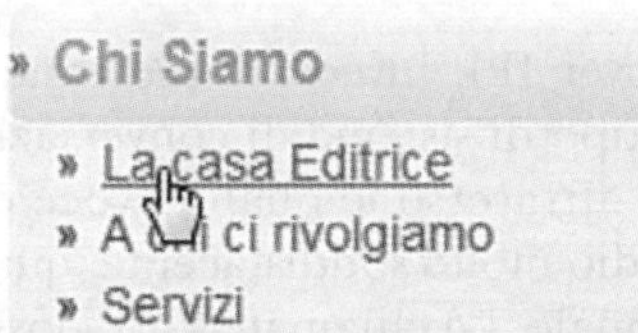

Figura 5.11 – Particolare di un link

Figura 5.12 – Barra di stato indicante la destinazione del link

5.5.3 Siti di social network

Un sito di social network non è altro che un servizio fruibile attraverso il web basato sulla possibilità di creare un proprio profilo personale, condivisibile con una rete di utenti, che a loro volta gestiscono un proprio profilo. In base al tipo di servizio e alla struttura del sito di social network, che può essere orientato alla propria carriera lavorativa, alla sfera sentimentale, ad interessi prettamente artistici o a contenuti più generalisti, è possibile, nel proprio profilo personale, condividere contenuti multimediali di ogni genere, creando così una propria rete di conoscenze virtuali (che possono anche corrispondere a conoscenze reali) con possibilità di espansione. Tra i vari siti di social network ricordiamo:

- Facebook
- LinkedIn
- Twitter
- Instagram

Negli ultimi anni a proposito di social network è andato sempre più affermandosi il concetto di **hashtag**. Scrivere un hashtag vuol dire aggiungere una o più parole precedute dal simbolo «cancelletto» (#) durante la condivisione di un qualsiasi elemento grafico o testuale all'interno di un profilo di social network. Etichettare una parola con questo simbolo consente di indicizzare il contenuto che si è condiviso in base a quella parola, in modo da renderlo reperibile a tutti quegli utenti che effettueranno una ricerca usando proprio tale termine. L'hashtag funge così da aggregatore tematico.

5.5.4 Instant messaging e VOIP

I sistemi di messaggistica istantanea si basano su software in grado di inviare brevi messaggi di testo tra due o più computer, in tempo reale. Tra i vari software di messaggistica istantanea, alcuni di questi non più esistenti, ricordiamo:

- Windows Live Messenger
- ICQ
- Skype
- Google Talk
- Yahoo! Messenger
- aMSN
- EBuddy

Col termine **VoIP** (Voice over IP), invece, si indicano la tecnologia e i protocolli che stanno alla base di un tipo di sistema di conversazione telefonica basato su reti IP (Internet è una di esse), attraverso le quali la voce è inviata in forma digitale in tempo reale, con qualità audio molto soddisfacente, quasi come se si trattasse di una chiamata telefonica tradizionale. Le chiamate VoIP possono essere effettuate sia con sistemi hardware dedicati, sia con software in esecuzione sul proprio PC. Esistono molti software in grado di effettuare chiamate, completamente gratuiti per le chiamate tra due o più PC e, dietro pagamento di una tariffa, possono essere anche usati per chiamare reti telefoniche fisse e mobili. Tra i vari programmi, molti di essi usati anche come software di messaggistica istantanea, vale la pena ricordare **Skype**.

5.5.5 Netiquette

Col termine «netiquette» si fa riferimento a una serie di regole non scritte di buona educazione, relativamente all'uso di quei servizi Internet che coinvolgono più utenti quali l'invio di mail, le chat, l'utilizzo di social network, la partecipazione a forum e newsgroup ecc. Molto spesso in rete si notano comportamenti scorretti, quali insulti ripetuti tra utenti in disaccordo su forum o newsgroup oppure continue molestie ad utenti di chat pubbliche o invio di messaggi a scopo pubblicitario: condotte che non rispettano le norme di buon comportamento che si addicono ad un utente di Internet oltre ad essere perseguibili per legge, qualora dovessero provocare gravi disagi a chi li subisce.
Una tipica azione poco tollerata su Internet è il cosiddetto «spamming». Con tale termine si indica l'invio di messaggi indesiderati, attraverso posta elettronica, o anche in forum, newsgroup o in chat pubbliche, a scopi solitamente commerciali (pubblicità indesiderata).

5.6 La posta elettronica

Uno dei servizi più usati su Internet è la posta elettronica, un sistema di consegna pressoché istantanea di messaggi testuali o multimediali, che avviene tra un mittente ed uno o più destinatari, provvisti di indirizzo di posta elettronica o **e-mail** (termine tecnico per indicare questo servizio). Lo scambio di e-mail avviene attraverso protocolli di posta, tra cui **SMTP**, **POP3** e il più sofisticato **IMAP**, che tra l'altro consente che una stessa casella di posta sia consultata da più clienti simultaneamente. Per usufruire di questo servizio di posta è necessario un software chiamato **client di posta elettronica**, che permette la connessione ai server di posta in entrata e ai server di posta in uscita, attraverso i protocolli suddetti. Tra questi software ricordiamo **Mozilla Thunderbird**, **Microsoft Outlook**, **Microsoft Windows Mail** e il pratico programma installato in Windows 10 noto semplicemente come **Posta**. Noi ci occuperemo di quest'ultimo, analizzando le modalità di invio e ricezione di una e-mail e accennando alle procedure di configurazione del software.

5.6.1 Posta

Questo programma dovrebbe essere già installato se si dispone del sistema operativo Windows 10 e per avviarlo sarà sufficiente mettere in atto le procedure già illustrate attraverso il menu Start o utilizzando la barra di ricerca.
Se Posta non è stato mai avviato in precedenza, al suo avvio sarà necessario configurare un account (Figura 5.13) con i dati della propria casella di posta (indirizzo di posta elettronica, dati dei server di posta, ecc.).

Figura 5.13 – Particolare della finestra di configurazione

Configurazione

Se si clicca la voce **Configurazione avanzata**, seguita dalla voce «Posta Internet», si accederà alla finestra di configurazione manuale di un account (Figura 5.14) nella quale andranno specificate le credenziali di accesso.

Figura 5.14 – Aggiunta account di posta elettronica

La procedura guidata ci consentirà di inserire i vari dati richiesti per la configurazione, ma niente di più oltre all'indirizzo e alla password, cercando di reperire automaticamente altri dati tecnici legati alla configurazione. Se ciò non dovesse andare a buon fine, allora sarà necessario impostare anche altri dettagli. In generale i dati da inserire per configurare un account di posta sono:

- *Nome visualizzato* – Si tratta di un nome che viene visualizzato dal destinatario accanto all'indirizzo di posta, per consentire un più rapido riconoscimento del mittente.

- *Indirizzo di posta elettronica* – È un indirizzo costituito da un nome utente e un dominio, separati dal simbolo di chiocciola @ (es. *nome utente@dominio.xyz*) (Figura 5.15).
- *Tipo di account* – In molti software è richiesto di specificare il protocollo utilizzato dal server di posta in arrivo (POP3 oppure IMAP).
- *Server posta in arrivo* – Indirizzo esatto del server di posta in arrivo, specificato dal fornitore del servizio (Figura 5.16).
- *Server posta in uscita* (SMTP) – Indirizzo del server di posta in uscita, altro dato specificato dal fornitore del servizio di posta elettronica (Figura 5.16).
- *Nome utente di posta elettronica* – Può essere quella parte dell'indirizzo e-mail che precede la chiocciola (esclusa) oppure l'intero indirizzo di posta, dettaglio di solito specificato dal fornitore del servizio.
- *Password* – Parola d'ordine che ha la funzione di rendere l'accesso esclusivo al possessore dell'indirizzo di posta per evitare che altri leggano le e-mail a lui indirizzate o che possano assumere la sua identità nell'invio di e-mail.

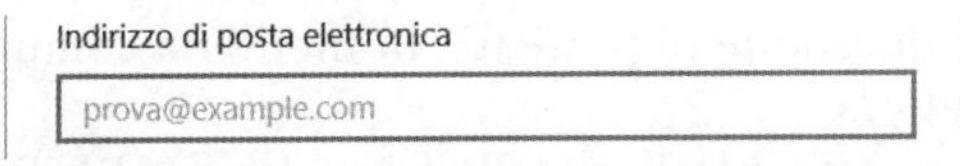

Figura 5.15 – Impostazione indirizzo e-mail

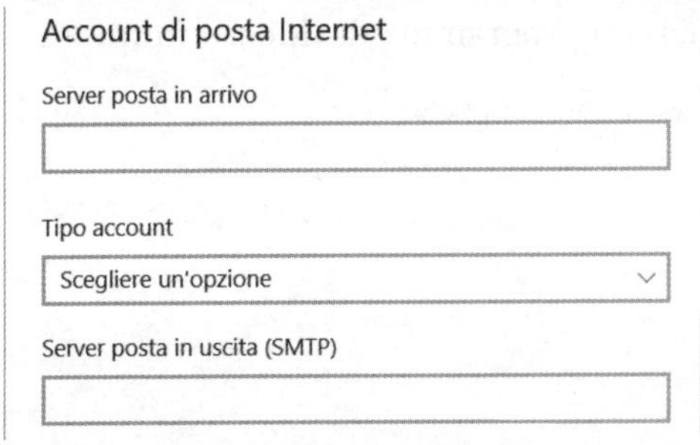

Figura 5.16 – Impostazione dei server di posta

Una volta configurato il proprio account sarà possibile inviare e ricevere messaggi di posta elettronica.

GUI di Posta

L'interfaccia grafica di Windows Mail è molto agevole, costituita da un menu con pulsanti comando posto sulla sinistra e da una parte centrale nella quale compaiono le e-mail scaricate. È presente, inoltre, un pulsante comando a forma di cartella dov'è possibile accedere alle cosiddette **Cartelle locali** in cui vengono conservati i messaggi di posta elettronica ricevuti (**Posta in arrivo**) e quelli inviati (**Posta inviata**). Selezionando la cartella (**Posta in uscita**), sarà possibile invece visualizzare i messaggi in uscita, non ancora inviati. La cartella **Posta eliminata**, infine, contiene i messaggi di posta sia ricevuti che inviati, ma che sono stati cancellati dall'utente (si tratta di una sorta di cestino, dove sono riposti momentaneamente i messaggi prima di eliminarli definitivamente).

Inviare messaggi

Per inviare un messaggio si potrà cliccare il pulsante **Nuovo messaggio** indicato dal simbolo «+». Si aprirà una finestra sul lato destro, in cui sarà necessario specificare i seguenti dati (Figura 5.17):

- *A* – È il campo in cui va inserito l'indirizzo e-mail del destinatario.
- *Cc* – In questo campo vanno eventualmente specificati altri destinatari a cui va indirizzata la e-mail per conoscenza (Cc sta appunto per «copia per conoscenza»).
- *Ccn* – Analogamente al campo *Cc*, questo campo permette di specificare destinatari per conoscenza, nascondendone però l'indirizzo agli altri che riceveranno la e-mail, in modo tale da non lasciare percepire ai destinatari presenti in *A* e in *Cc* la presenza di ulteriori destinatari. Questo campo normalmente non è visibile. Affinché appaia è necessario usare il menu **Visualizza** scegliendo la voce **Tutte le intestazioni**.
- *Oggetto* – È una voce facoltativa che rappresenta il contenuto della e-mail. È utile soprattutto per una questione di praticità, in modo da comunicare al destinatario l'argomento della lettera.
- *Corpo della e-mail* – La parte inferiore della finestra accoglie il corpo della e-mail ovvero il contenuto vero e proprio della lettera che va scritto analogamente a quanto si fa mediante un qualsiasi programma di videoscrittura.

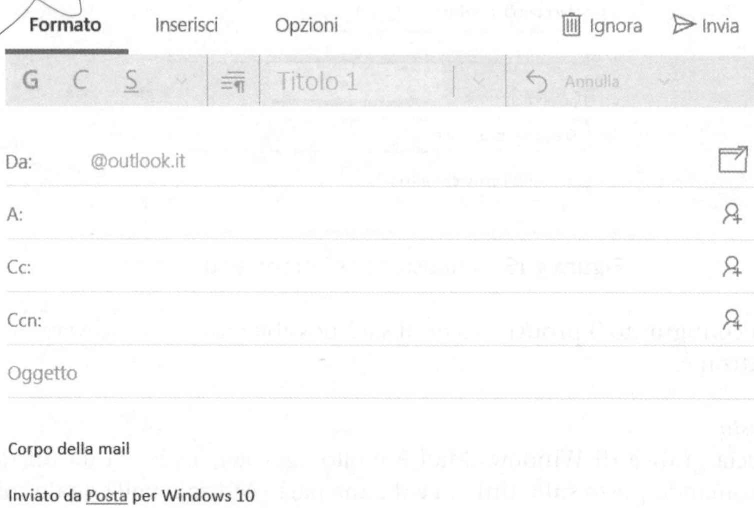

Figura 5.17 – Finestra d'invio nuovo messaggio

Una volta inseriti tutti i campi necessari, si potrà scrivere il contenuto della e-mail e successivamente inviarla cliccando il pulsante apposito **Invia**: la e-mail verrà posizionata nella cartella di posta in uscita e il programma tenterà di inviarla al destinatario istantaneamente.

Inviare una e-mail con allegato

I messaggi di posta elettronica possono contenere anche **allegati**, oltre al semplice testo. Un allegato può essere un qualsiasi file inviato insieme alla e-mail. Per aggiungere un **attachment** (termine anglosassone con cui si è soliti indicare un allegato), in Posta è possibile farlo durante l'invio di un nuovo messaggio attraverso la scheda **Inserisci**, che presenta un tasto «aggiungi file», come indicato nella Figura 5.18.

Figura 5.18 – Pulsante comando per allegare un file

Si aprirà una finestra di dialogo (Figura 5.19) da cui sarà possibile scegliere il file che si desidera allegare, spostandosi tra le varie cartelle delle memorie di massa installate sul PC in quel momento.

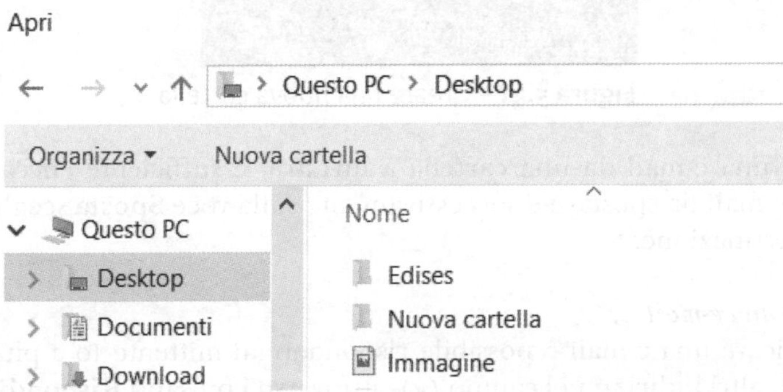

Figura 5.19 – Particolare della finestra di dialogo per allegare file

Ricevere messaggi

Per controllare se nella propria casella di posta siano o meno presenti messaggi, è sufficiente cliccare il tasto **Sincronizza la visualizzazione** che consentirà di scaricare nuove e-mail dal server di posta. Se nella nostra casella di posta ci sono nuovi messaggi, questi verranno aggiunti all'elenco presente nella cartella «Posta in arrivo» (Figura 5.20), accanto alla quale comparirà un numero, che indica il numero di nuovi messaggi ancora non letti.

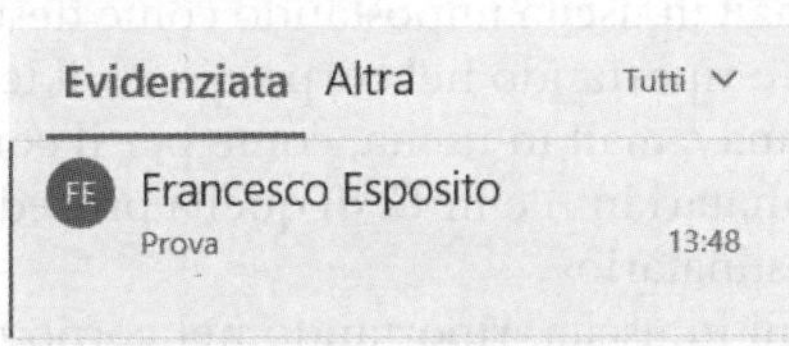

Figura 5.20 – Mail ricevuta

Creare nuove cartelle e spostare messaggi

È possibile organizzare i propri messaggi di posta elettronica creando cartelle ulteriori rispetto a quelle già presenti. Per creare una cartella, bisogna cliccare l'apposito pulsante a forma di cartella presente a sinistra e successivamente aggiungere una nuova cartella con l'apposito tasto a forma di croce (Figura 5.21), indicando poi un nome nella casella di testo che compare.

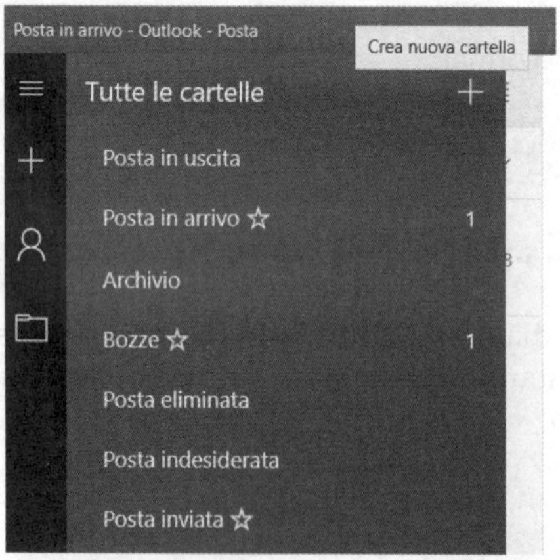

Figura 5.21 – Creare una nuova cartella

Per spostare una e-mail da una cartella a un'altra, è sufficiente cliccare col tasto destro sulla e-mail da spostare e successivamente sulla voce **Sposta** scegliendo poi la cartella di destinazione.

Rispondere a una e-mail

Quando si riceve una e-mail è possibile rispondere al mittente (o a più mittenti se sono presenti altri indirizzi nel campo *Cc*), attraverso i pulsanti **Rispondi** e **Rispondi a tutti**, che diventano disponibili quando è selezionata una e-mail in «Posta in arrivo». Il terzo pulsante, **Inoltra**, ha la funzione di inoltrare la e-mail appena ricevuta ad un nuovo destinatario:

Figura 5.22 – Rispondere a una e-mail

In definitiva, i tre pulsanti in figura hanno la seguente funzione:

- *Rispondi* – Crea una e-mail in uscita impostando come destinatario il mittente della lettera appena ricevuta e riportando nel corpo di essa il testo della medesima.
- *Rispondi a tutti* – Crea una e-mail in uscita, come per il comando precedente, indirizzandola a tutti i destinatari in *A* e in *Cc* di quella precedente, nel caso si trattasse di una e-mail «multi-destinatario».
- *Inoltra* – Crea una e-mail in uscita, riportando nel corpo della lettera il testo della e-mail appena ricevuta, ma permette di indirizzarla a uno o più destinatari diversi dai precedenti.

5.7 Sicurezza su Internet

Durante l'uso dei vari servizi Internet si è esposti a diverse minacce, molte delle quali possono essere scongiurate dall'utilizzo di software antivirus e firewall, come accennato nel primo capitolo, ma è comunque fondamentale saper riconoscere eventuali e-mail o siti web sospetti, al fine di ridurre il rischio di incorrere in problemi. Le fonti di minaccia più comuni su Internet sono:

- malware
- siti di *phishing*

Per i primi è indispensabile munirsi di software antivirus e firewall (ne esistono anche versioni gratuite), che blocchino gli effetti di siti o e-mail dannose, prima che un malware qualsiasi entri nel proprio sistema. È bene evitare di aprire allegati di e-mail di cui non si è sicuri, anche se questi dovessero essere stati inviati da persone conosciute (spesso i malware inviano allegati dannosi utilizzando indirizzi di persone presenti nella propria rubrica).

Un sito di *phishing*, invece, è una copia fasulla di un sito web (di solito banche o altri siti in cui è necessario inserire le proprie credenziali di accesso), grazie alla quale un malintenzionato inganna l'utente, che credendo di accedere al sito web della propria banca oppure della propria casella di posta elettronica o altro sito con accesso protetto, inserisce la propria password o altri dati sensibili, che però vengono memorizzati dal malintenzionato (che da quel momento può indebitamente servirsene), poiché, come già detto, il sito in questione è una copia esatta di quello ufficiale, realizzata esclusivamente per rubare i dati ai malcapitati. Discernere un sito di *phishing* da uno autentico è soprattutto questione di esperienza: un modo per evitare problemi di questo tipo consiste nell'accedere ai siti della propria banca o altro digitando sempre l'URL esatto all'interno della barra degli indirizzi del proprio browser ed evitando di accedervi tramite clic su un collegamento presente in e-mail ricevute (caso tipico di tentativo di *phishing*). Nel caso ci si renda conto di essere caduti nella trappola di un sito di *phishing*, è necessario richiedere subito la modifica delle password o dei codici di accesso personali alla propria banca o al gestore del servizio di cui si ha il sospetto di aver svelato le password personali.

Quesiti di verifica 5
Internet

1) In Microsoft Outlook, la presenza di un "punto esclamativo" di colore rosso in corrispondenza di un messaggio?

A. Indica che il messaggio ha un contenuto dubbio, quindi occorre fare attenzione ad aprirlo
B. Indica che al messaggio è allegato un file
C. Indica che il messaggio è stato inviato con "Alta Priorità"

2) In allegato ad un messaggio di posta elettronica è possibile inserire un file con estensione ".JPG"?

A. No, in allegato ad un messaggio di posta elettronica possono essere inviati solo file di testo (.DOC, .TXT, etc.)
B. Sì, l'allegato di un messaggio di posta elettronica può avere qualsiasi estensione
C. Sì, ad un messaggio di posta elettronica è possibile allegare solo immagini (.JPG, .BMP, etc.) e/o testi (.DOC, .TXT, etc.)

3) In un messaggio di posta elettronica, il campo «CCN» indica:

A. Un destinatario del messaggio il cui nome sarà visibile a tutti i destinatari
B. La priorità di inoltro del messaggio
C. Un destinatario del messaggio il cui nome non sarà visibile agli altri destinatari

4) Il "link" è:

A. un protocollo Internet
B. un collegamento ad una pagina internet
C. l'insieme delle azioni eseguite da un processore quando esegue un programma

5) Nell'URL www.regione.lazio.it, qual è il "Top Level Domain"?

A. www
B. it
C. regione

6) A quale paese appartiene il sito "http://www.madrid.de"?

A. Germania
B. Svezia
C. Italia

7) Indicare quale tra le seguenti affermazioni su Internet ed il suo utilizzo è corretta.

A. Un sito Internet può contenere un numero di pagine non superiore a 100
B. Internet è un particolare tipo di rete di calcolatori utilizzata nei centri di calcolo
C. È possibile effettuare un collegamento senza utilizzare una linea telefonica, purché il computer sia collegato ad una rete

8) Quale dei seguenti non è un tipo di comunicazione che avviene "in tempo reale"?

A. Instant Messaging
B. IRC
C. E-mail

9) Il sito Internet "www.google.it" è un potente:

A. browser di collegamento ad Internet

B. gestore di posta elettronica
C. motore di ricerca

10) Indicare quale tra le seguenti affermazioni su Internet ed il suo utilizzo è corretta.

A. Word e Writer sono software per la navigazione in Internet
B. Internet è un insieme di reti di computer dislocati in tutto il mondo che condividono informazioni mediante lo stesso protocollo di comunicazione
C. Un sito Internet può contenere un numero qualsiasi di pagine, ma non più di 50 fotografie o disegni

11) In allegato ad un messaggio di posta elettronica è possibile inserire un file con estensione ".ZIP"?

A. Sì, ad un messaggio di posta elettronica è possibile allegare qualsiasi tipo di file
B. Sì, ma solo se chi riceve il file possiede un programma di decompressione
C. Sì, ma solo se il file ha una grandezza inferiore a 1 Mb

12) Quale, tra i seguenti, non è un indirizzo di posta elettronica formalmente valido?

A. italia@tin.gov
B. bella@italia.uni.gov
C. www.bella.\italia@tin.gov

13) Per digitare la "chiocciola" (@) in una tastiera italiana:

A. non si tiene premuto nessun altro tasto
B. si tiene premuto il tasto MAIUSC
C. si tiene premuto il tasto ALT GR

14) Quale tra i seguenti indirizzi Internet è formalmente corretto?

A. http://http.www.centro.communication
B. http://www.fbi.gov
C. http://ftp.akel.cal.mips.connecticut

15) Con il termine telelavoro si indica:

A. il lavoro degli operatori televisivi (cameramen, elettricisti specializzati, addetti alle luci, etc.)
B. il lavoro realizzato senza la necessità di recarsi in "ufficio" mediante l'utilizzo di sistemi informatici (computers e sistemi di comunicazione)
C. l'insieme dei posti di lavoro generati dai programmi TV offerti dalla televisione digitale

16) Dopo ripetute navigazioni avete cancellato Cronologia, Moduli, Cookies e file temporanei di Internet: avete veramente eliminato tutte le tracce della vostra navigazione?

A. Sì
B. Rimangono solo gli eventuali file LOG del firewall
C. L'indirizzo di tutti i siti visitati rimane indelebile fino a formattazione nel relativo file index.dat

17) Quale tra i seguenti indirizzi Internet appartiene ad un sito del Portogallo?

A. http://www.roma.it
B. http://www.parigi.fr
C. http://www.lisbona.pt

18) Quale, tra i seguenti, non è un indirizzo di posta elettronica formalmente valido?

A. ciao@maria.uni.com
B. www.ciao./maria@libero.com
C. ciao.maria@server.com

19) Come viene normalmente definito l'insieme delle norme che regolano il "buon" comportamento in rete?

A. Netiquette

B. CNB (Correct Network Behaviour)
C. NP (Network Policy)

20) In Microsoft Outlook, è possibile ordinare i messaggi di posta elettronica presenti nella cartella "Posta in arrivo" in ordine di ricezione?

A. Sì, ma solo tramite una query
B. Sì, tramite le tabelle
C. Sì, se nella visualizzazione corrente della cartella "Posta in arrivo" è presente il campo "Ricevuto"

21) Quale, tra i seguenti, non è un indirizzo di posta elettronica formalmente valido?

A. globe@worldtrotter.hotmail.net
B. world@globetrotter.msn.hotmail.it
C. www.globetrotter.\world@msn.com

22) Come si chiama il server della posta in uscita?

A. FTP – file transfer protocol
B. POP3 – post office protocol 3
C. SMTP – simple mail transport protocol

23) Quale dei seguenti collegamenti ad Internet è considerato a banda larga?

A. ADSL
B. GPRS
C. Modem

24) Cosa viene usato per identificare univocamente il mittente di un messaggio di posta elettronica?

A. Una password necessaria per l'apertura della e-mail
B. La Firma Digitale
C. La crittografia

25) Che cosa identifica il termine "Web"?

A. L'internazionalizzazione dei network televisivi
B. Il software di collegamento di un computer alla linea telefonica
C. La interconnessione globale di reti di computer

26) Una pagina WEB può essere salvata in formato "solo testo"?

A. Sì, senza nessun problema
B. No, perché sarebbero salvate le immagini ma non i testi
C. Sì, ma si perdono le immagini e le formattazioni della pagina

27) Quale tra i seguenti programmi non è un browser?

A. Internet Explorer
B. Mozilla
C. Outlook

28) Con un programma di tipo Browser è possibile:

A. gestire dal proprio computer un sito Internet
B. connettersi ad un Internet Provider
C. navigare in Internet

29) Cosa è un "Internet caffè"?

A. È la denominazione di un'attività in franchising per la vendita tramite Internet
B. È il sito Internet ufficiale dell'Associazione Produttori del Caffè (www.internet.caffè.apc.it)
C. È una struttura all'interno di un'attività commerciale in cui vi sono varie postazioni informatiche che, a noleggio, permettono di navigare su Internet

30) Cosa è una linea ADSL (Asymmetric Digital Subscriber Line)?

A. Il collegamento dei telefoni domestici per via satellitare
B. Una tecnica di connessione a larga banda che utilizza il doppino telefonico

C. La connessione ad internet che utilizza la porta parallela del computer

31) Indicare fra i seguenti il nome del sito Internet che non è definibile come «motore di ricerca».

A. Microsoft
B. Google
C. Yahoo

32) Quale tra i seguenti è un programma per la gestione della posta elettronica?

A. Power Point
B. Outlook Express
C. Post it

33) Nel dominio "www.camcom.it", quale parte della stringa costituisce il secondlevel domain?

A. ".www"
B. ".camcom"
C. ".it"

34) Quale tra i seguenti è un linguaggio usato per la realizzazione delle pagine WEB?

A. Basic
B. RpgII
C. HTML

35) È possibile navigare in Internet quando il PC è avviato in «Modalità Provvisoria»?

A. Sì
B. Dipende dal modem
C. No

36) Esiste un numero massimo di immagini per una pagina HTML?

A. Sì, non più di 100
B. Sì, non più di 10
C. No

37) In Internet, qual è la funzione principale di un "Pop Server"?

A. Spedire la posta elettronica
B. Ricevere la posta elettronica
C. Catalogare il contenuto delle pagine Web

38) Durante una navigazione in Internet, dove viene eseguito il Browser?

A. Nel server web a cui si è connessi
B. Nel PC dell'utente
C. Nei sistemi di rete

39) In ambito informatico, a che cosa si riferisce il termine «protocollo SMTP»?

A. Ad un accordo tra produttori di software didattico
B. Ad una modalità operativa delle stampanti a colori
C. Alla posta elettronica

40) La pagina iniziale di un sito Internet si chiama:

A. Init page
B. House page
C. Home page

41) Normalmente una parola che appare sottolineata in una pagina web è:

A. un errore
B. un collegamento (link) ad un'altra pagina web
C. una parola particolarmente importante

42) Cosa si deve conoscere, del destinatario, per inviare un messaggio di posta elettronica?

A. L'indirizzo E-Mail
B. L'indirizzo E-Mail e l'indirizzo Internet
C. L'indirizzo Internet

43) A quale paese appartiene il sito "http://www.vienna.ro"?

A. Italia

B. Spagna
C. Romania

44) In informatica, a che cosa ci si riferisce parlando di «URL»?

A. All'indirizzo di una pagina Web
B. Ad uno dei parametri tecnici per collegarsi ad Internet
C. Ad un tipo di virus

45) Quale tasto funzione può essere utilizzato per aggiornare la pagina Web che si sta visualizzando?

A. F1
B. F4
C. F5

46) Conoscendo l'indirizzo di posta elettronica di un'azienda, cosa è possibile fare?

A. Inviare un fax
B. Inviare una e-mail
C. Accedere al sito internet dell'azienda

47) Uno dei seguenti indirizzi Internet contiene un errore di forma. Quale?

A. http://www.turismo.pratonevoso.it
B. http://www.saintmoritz.ch.eu
C. http://www.hotels;troisetoils.fr/index.html

48) Quale tra i seguenti è un programma per la gestione della posta elettronica?

A. Access
B. Microsoft Outlook
C. Calc

49) Con quale strumento archiviato nel disco fisso di un utente è possibile ottenere informazioni sulle abitudini di quell'utente quali, ad esempio, il numero di volte che ha visitato un sito Web?

A. Info-byte
B. Cookie
C. Info-bit

50) Quando si accede ad un sito Internet, occorre passare necessariamente per la home page?

A. No, si può sempre accedere direttamente alla pagina desiderata
B. Dipende dai siti
C. Sì, bisogna iniziare obbligatoriamente dalla home page del sito

RISPOSTE CORRETTE

1) C	11) A	21) C	31) A	41) B
2) B	12) C	22) C	32) B	42) A
3) C	13) C	23) A	33) B	43) C
4) B	14) B	24) B	34) C	44) A
5) B	15) B	25) C	35) C	45) C
6) A	16) C	26) C	36) C	46) B
7) C	17) C	27) C	37) B	47) C
8) C	18) B	28) C	38) B	48) B
9) C	19) A	29) C	39) C	49) B
10) B	20) C	30) B	40) C	50) A